梁·劉勰 撰
林其錟 陳鳳金 集校

增訂
文心雕龍集校合編

華東師範大學出版社

圖書在版編目(CIP)數據

增訂文心雕龍集校合編 / 林其錟、陳鳳金著. —上海：華東師範大學出版社，2010.12
（歷代文史要籍注釋選刊）
ISBN 978-7-5617-8321-4

Ⅰ.①文… Ⅱ.①林… Ⅲ.①文學理論—中國—南朝時代②文心雕龍—注釋 Ⅳ.①I206.2

中國版本圖書館CIP數據核字（2010）第242660號

歷代文史要籍注釋選刊・文心雕龍

增訂文心雕龍集校合編

著　　者　林其錟 陳鳳金
特約編輯　黄曙輝
項目編輯　方學毅
裝幀設計　勞　韌

出版發行　華東師範大學出版社
社　　址　上海市中山北路3663號　郵編 200062
網　　址　www.ecnupress.com.cn
電　　話　021-60821666　行政傳真　021-62572105
客服電話　021-62865537
門市（郵購）電話　021-62869887
地　　址　上海市中山北路3663號華東師範大學校内先鋒路口
網　　店　http://ecnup.taobao.com/

印 刷 者　杭州富陽永昌印刷有限公司
開　　本　787×1092　16開
印　　張　63
字　　數　900千字
版　　次　2011年8月第1版
印　　次　2011年8月第1次
書　　號　ISBN 978-7-5617-8321-4/I・742
定　　價　298.00元

出 版 人　朱傑人

出版説明

《增訂文心雕龍集校合編》係校編者對今存《文心雕龍》三個孤本——唐寫本、宋本《太平御覽》引、元至正刊本費二十餘年之功，積漸而成的成果。初校成果當屬發表於一九八八年《中華文史論叢》第一期上的《敦煌遺書文心雕龍殘卷集校》並提交「《文心雕龍》八八國際研討會」的抽印本。隨後校編者又擴大範圍、深入復校，乃有一九九一年由上海書店出版的《敦煌遺書文心雕龍殘卷集校》（附《宋本〈太平御覽〉引〈文心雕龍〉輯校》）；一九九六年由中華書局出版的《元至正本〈文心雕龍〉匯校》（作爲周振甫主編的《文心雕龍辭典》的一部分）；二〇〇一年由上海書店出版社出版的《新校白文文心雕龍》（作爲張光年《駢體語譯文心雕龍》的附録）；以及二〇〇二年由臺灣暨南出版社出版的《文心雕龍集校合編》。這個「增訂本」在承繼上述諸書的校勘成果之上，又作了如下四個方面的補充：〔一〕參校版本增補了明王惟儉《文心雕龍訓故》本；〔二〕增加了兩個附録：⑴校編者研究論文選録；⑵選取了四十二家七十八通〔則〕學術通信而成的《承教録》；〔三〕對全書進行了復校，更正了前面諸書因誤判、失校和印刷而發生的訛舛衍脱；〔四〕對全書重新進行了標點。所以，《增訂文心雕龍集校合編》實是承舊啟新之作。

目録

宋本《太平御覽》引《文心雕龍》輯校

元至正刊本《文心雕龍》集校

附録

張光年　十二通(則)
王元化　一則
楊明照　二通
顧廷龍　一通(附一則)
周振甫　六通(附二通)
詹　鍈　一通
祖保泉　一通
敏　澤　一通
王運熙　一通
張少康　一通
穆克宏　一通
郁　沅　一通
石家宜　一通
李　淼　二通
周勛初　二通
張文勛　二通
劉文忠　一通
韓湖初　一通
劉　淦　一通
邱世友　二通
蔡鍾翔　二通
涂光社　一通
羅立乾　一通
周偉民、唐玲玲　二通
傅　杰　二通
戚良德　一通
蔣述卓　一通
張可禮　一通
卓支中　一通
吳林伯　一通
蘇北海　一通
李希泌　一通
郭晉稀　一通
黃廣華　一通
王更生(中國臺灣)　一通
張　錯(美國)　三通
尚德拉(意大利)　五通
興膳　宏(日本)　三通

王元化序

一九八四年上海舉行中日學者《文心雕龍》研討會，印行了《文心雕龍》元至正刻本。承擔影印工作的上海古籍出版社，擬將《文心雕龍》敦煌殘卷本一並刊行，但由於北京圖書館所藏斯五四七八號微縮影片脱漏一葉，長期未能補入，因而影印工作也就擱置下來。會議期間，我和與會的户田浩曉教授談及此事。承他盛情，回國後不久，即將自己所藏北京圖書館脱漏的那一葉惠寄給我，從而補足敦煌殘卷本的全文。越二年，又承潘重規先生將其所刊《唐寫文心雕龍殘本合校》見贈。爾後，上海社會科學院王志平研究員應牛津大學之邀請訪問倫敦，又從大英博物館攝回了原件微縮影本。以上饋贈給我的文獻資料，不敢自秘，遂請托林其錟、陳鳳金賢伉儷整理出版，以供學人研究之用。這就是這部合編出版的緣由。

其錟、鳳金伉儷願意承擔爲許多人不屑一顧的所謂「掃葉拂塵」的校勘工作，在今天不能不説是難能可貴的。校勘考據之學可以説是研究古代文獻必不可少的基本功，如果不從此入手，那就不能辨别書中的訛舛衍脱，從而也就談不到作精確的文字訓詁與愜恰的義理闡發。現在影印的這部《文心雕龍》敦煌殘卷在這方面具有重要意義。趙萬里曾説，倘據以校嘉靖本，其勝處殆不可勝數。又説，殘卷之文與《太平御覽》所引及黄叔琳本輒合，而黄本妄訂臆改處，亦可得以取正。户田浩曉教授稱敦煌殘卷有六善：一曰可糾形似之訛，二曰可改音近之誤，三曰可正語序之倒錯，四曰可補脱文，五曰可去衍文，六曰可訂正記事内容。不過，北圖所有的大英博物館藏《文心雕龍》殘卷影件，由於字跡漫漶，殊難審理，以致過去校勘者，文字互異，歧義疊出，如今有了經過以新技術處理的影印本，這些窒礙和疑難也就一掃而空了。

本書校者就是在這個基礎上將殘卷影印出來的。過去，現存《文心雕龍》一書人多以爲明代刻本最多，時代也最早。一九八四年影印元至正刻本，學人稱善。現在得海内外學者之助，敦煌殘卷本又問世，宿願得償，感到欣慰的恐非我和校者幾個人而已。

宋人於《文心雕龍》著録、品評、採摭、引證、考訂諸方面均有建樹。據鄭樵《通志·藝文略》等著録可以推知：宋槧《文心雕龍》不止一種，但均已亡佚。今傳宋槧書籍中僅存《太平御覽》所採《文心雕龍》之摘句，從中尚可窺見當時流傳《文心雕龍》版本之一斑。本書《宋本〈太平御覽〉引〈文心雕龍〉輯校》也具有一定意義。輯校《太平御覽》引文共四十三則，九千八百餘字，佔《文心雕龍》全書四分之一强。有此輯録，就填補了《文心雕龍》版本上所缺的環節，使之上承唐卷，下接元本。並且除可供版本的研究外，還有檢索之便，而省查找之煩。

上圖館藏元至正乙未刊本《文心雕龍》是迄今發現的《文心雕龍》最早刊刻的孤本。此本爲明、清諸多版本的祖本。此本有四分之三異文較養素堂本爲優，其中半數與唐寫本同，而唐寫本之誤亦多加以改正，此一刻本在校定《文心雕龍》原文方面所具有的資料價值彌足珍貴。但是此本流傳既久，文多漫漶，僅《序志》一篇其脱文及難辨之處達四百九十餘字。《元至正刊本文心雕龍集校》對此本作了全面校理，爲釐定《文心雕龍》原文，供研究者的參證也具有重要意義。

本書集校各家之説，一一加以比勘。校者用力勤，用心細，時獲創見。自然這也是在前人成果的基礎上取得的收獲。所謂後來居上，大概就是指後學只要治學嚴謹，肯下功夫，就可在總結前人經驗上利用以前尚不具備的條件在學術長河中增添新的因素。就這種意義來説，本書的校勘可謂集大成之作。

唐寫本、宋《御覽》、元刊本《文心雕龍集校合編》是集校者十多年校理《文心雕龍》勞作的成果，今在美國「張敬國學基金」等的資助下在臺灣出版，是一件頗有意義的事。本書不僅有諸本的原文和校文，而且將原件全部影印，這也具有文獻價值。本書還附有《宋本〈太平御覽〉引〈文心雕龍〉索引》和《唐寫本、宋〈御覽〉、元刊本〈文心雕龍〉異文對照表》，更爲研究者提供了很大的方便。《文心雕龍集校合編》的出版，體現了海内外《文心雕龍》學界的協作和對弘揚中華文化的努力，這都是值得發揚的。

二〇〇〇年十一月十日記於滬上清園

王更生序

林其鋑先生，「龍學」界有心人也。負責熱誠，耿介篤實，見地不落俗套。於學無不窺，獨於《文心雕龍》會心有得，獲稱道於師友朋儕之間。

一九九五年在北京參加「《文心雕龍》國際學術研討會」，結識先生。晤敘之下，恍若老友重逢，頗有恨晚之感！月前，接先生函，囑爲其近著《唐宋元〈文心雕龍〉集校合編》略序數語。今特就讀後心得，不揣譾陋，陳述如次：

劉勰《文心雕龍》，經過唐人傳鈔，宋元翻刻，明清校註與評點，歷代學者們於其間投注了大量的精力，近百年來，西方文論隨着文化交流的腳步，悄然東漸；由於新鋭們的吹捧，戛戛乎大有凌駕我傳統文論的聲勢。於是有識之士如夢南者，於一九〇七年一月十日的《豫報》，發表《説氣》一文，首揭《文心雕龍》爲文重氣的面紗。接着，黄侃於一九二七年經北平文化學社出版了他在北大講學的心得《文心雕龍札記》，此書雖只收《神思》以下二十篇，但頗引起學術界的關注，使沉寂已久的文論園地，泛起了層層波瀾。正當風氣乍開之際，抗日聖戰興起，繼而內戰頻仍；直到一九七八年，雨過天青，生機勃發，使原本幾陷停頓的《文心雕龍》研究，如草木逢春，綻放了多彩多姿、空前未有的榮景；並將其譯成多國語文。時至今日，劉勰《文心雕龍》的發展，不僅百年鋭於千載；且正式跨越國家領土的界閾，榮登世界文學理論之林，被尊爲當代「顯學」。

《文心雕龍》的研究，當以版本校勘爲首務。因爲我國文字有單音獨體的特性。加以秦漢篆隸的變遷，魏晉正草的混淆，隋唐俗書的流失，宋元明清校槧的删改，途徑百出，多歧亡羊。若從事研究者，對《文心雕龍》本身的行文措詞尚有不明，又如何能進而探本窮源，得見劉勰爲文的用心呢？其鋑先生有鑒乎此，遂以其不同於衆的靈心慧眼，投注於版本校勘工作。並朝於斯，夕於斯，寢饋其間者垂二十年，其所以鉤深窮高，發疑正讀者，正想藉着校勘考據之功，以恢復《文心雕龍》的本真。所謂「行千里者，始於足下」，他這種選定目標，鍥而不捨的努力，不僅大有貢獻於《文心雕龍》研究水平的提升，且爲後學者樹立良好的治學榜樣。 此其一。

先生從事唐宋元《文心雕龍》集校的步驟，凡正文皆以原件影印置於前，移録標點集校殿於後，以方便讀者對照。 至於宋本《太平御覽》由於引文分散，編排參差，查找不易，爲此，特編《宋本〈太平御覽〉引〈文心雕龍〉索引》附列於後。 又以爲三書分立，各有校記，對讀者互相比勘，不免有顧此失彼的困擾。因而，先生復將唐寫本、宋《御覽》、元刊本，彼此牽涉的篇章，製成《唐寫本、宋〈御覽〉、元刊本〈文心雕龍〉異文對照表》，録於全書之末。如此，不但讀之醒目，且可三本合參，節省翻檢之勞。 回想清初黄叔琳造《文心雕龍輯註》，盛讃王惟儉《文心雕龍訓故》援據豐贍，强梅慶生《音註》甚多，而梅慶生《音註》的校正之功，更五倍於楊升菴《批點》，後之紀昀爲《文心雕龍評》，卻説黄氏的《輯註》，校字多從梅本。 民元以來，范文瀾註《文心》，王利器爲《校證》，莫不捃摘前賢校勘的英華，益以個人博考之所得，成《文心雕龍》校註之偉業。然而對唐寫、元刊多未親見，即令親見，亦大多分别讎校，不及對勘摩合，發生棄取失調之弊。 今先生綜理三大孤本，於精校之後又製表對照，使初學入門與學而有得者，均能於參稽時兩得其便，而無前人校字揀擇上的失誤。 此其二。

版本校勘的方法，大抵以底本之互勘爲初步工夫；但不能墨守一家，必須廣徵别本，互相參證；或求之本書，或旁徵他籍，所謂「合理假設，小心求證」。（更生案：此説見《胡適文存》第一集《清代學者的治學方法》而略有更動。）《文心雕龍》傳世一千五百年來，清代以前，其流傳之版本而今可以考見者，計手鈔本十五種，單刻本四十種，叢書本十二種，校本二十七種，註釋本三種。而手鈔本之最早者，莫過敦煌莫高窟《文心雕龍》殘卷； 最早的單刻本，則爲元至正乙未（更生案： 至正乙未，元順帝十五年）刊於嘉興郡學的本子。 宋刻雖亡，而南宋慶元五年（更生案： 慶元，南宋寧宗年號； 五年，即一一九九年）的蜀刻《太平御覽》，尚留殘本九百四十五卷； 其中所含大量引文，頗能見宋本《文心雕龍》的仿佛。 茲以唐寫本《文心雕龍》殘卷爲例，用睹先生博採中外當代通人之説，不以個人成見，決定文字的是非。如黄叔琳《文心雕龍輯註》、黄侃《文心雕龍札記》、趙萬里《唐寫本〈文心雕龍〉校記》、范文瀾《文心雕龍註》、劉永濟《文心雕龍校釋》、楊明照《文心雕龍校註拾遺》、郭晉稀《文心雕龍註譯》、王利器《文心雕龍校證》、潘重規《唐寫〈文心雕龍〉殘本合校》、户田浩曉《作爲校勘資料的〈文心雕龍〉敦煌本》。又因此本近古，學術價值高，不僅可據以糾正形似音近之訛誤，語序之錯置，舉凡删衍補脱，訂正記事的内容，均可通過校勘，使原本鉤棘難通者，得以曠然昭寤，宿疑冰釋。他這種兼採衆長，淹貫各家的態度，不僅拾遺補闕，收執簡馭繁之功；更可造福後學，傳信千載，此其三。

孔子説：「古之學者爲己，今之學者爲人。」朱熹作《集註》，受到荀卿《勸學》篇的誤導，以爲求學的人，大多爲了獵取功名富貴，才肯學習。實際上，人們讀書治學，若是爲己而能深造自得，則其爲人亦必能本乎己立立人，己達達人的原則，與人爲善。故老聃有「生而不有，爲而不恃，功成而弗居」，正可與孔子之説相生發。所以學問之道，在能修己以及物，有功於家國社會。如孟子的距楊墨，韓愈的闢佛老，哪一位不是以切己自勵之心，行正人心，息邪説之志。百年以來，研究《文心雕龍》的學者，大多以内容之闡發，理論之探討爲主，很少在版本校勘之間，下董理密察的工夫。殊不知《文心雕龍》文深義隱，奥衍難解者，所在多有。此劉勰所謂「簡蠹帛裂，三寫易字」，「一字詭異，羣句震驚」者，正是有見而發。

今其鋑先生好學深思，本其爲學濟世的觀念，人棄我取的卓識，在人乏問津，世少知音的情況下，埋首點勘，自闢户牖；積將近二十年的辛勤鉤考，成此拂塵掃葉之事功。更生僻處海隅，欣觀其皇皇鉅典之付梓，而預期洛陽紙貴之可待，特將讀後一得，聊布簡端，以告世之同道云。

王更生序於二〇〇一年一月七日

臺灣臺北市退思齋

前言

作爲我國第一部「體大慮周，籠罩羣言」、「標心萬古，送懷千載」，有着完整體系的古代文藝理論巨著《文心雕龍》，若從多數學者認同的成書時間南齊末年（大約公元五〇〇年左右）算起，迄今已有一千五百年左右的歷史了。《文心雕龍》成書之時「未爲時流所稱」，得不到人們的重視，經隋入唐，流傳漸廣，跨宋歷元，到了明清以後，研究者漸多，特别是在近數十年間，《文心雕龍》研究已經成了一門「顯學」了。

《文心雕龍》今見最早的著録是唐貞觀十年（公元六三六年）成書的《隋書·經籍志》和同年成書的《梁書·劉勰傳》，爾後歷代公私書目多有著録。在國外，最早著録《文心雕龍》的，當是《日本國見在書目》，此書目成書於日本寬平年間（公元八八九～八九七年），相當於我國唐昭宗初期和中期。《文心雕龍》傳世迄今已有十五個世紀，在漫長的流播過程中，産生了繁富的版本。據史料記載及今存的版本統計，清代以前（含清代）的版本就有一百零七種，其中寫本十五種，單刻本四十種，叢書本九種，選本十三種，校本二十七種，註本三種。 今存的最早寫本爲敦煌遺書《文心雕龍》殘卷，最早的單刻本爲元至正乙未嘉興郡學刊本。宋刻本《文心雕龍》久已亡佚，但今存的南宋刻本《太平御覽》，内有大量引文，將分散於各卷的引文加以輯録，亦可依稀窺見宋槧面目，多少填補了從唐到元有宋一代版本的空缺。

歷代産生的繁多《文心雕龍》版本，由於經過多次的傳抄轉刻，訛舛衍脱實屬難免，歧文異句自然紛呈。因此，考校比勘、糾謬訂字也就成了研究《文心雕龍》的基本功了。唐寫本、宋《御覽》、元刊本，都因其近古，所以在《文心雕龍》研究中的地位與作用，也就不言而喻了。

〔一〕

現存的敦煌遺書《文心雕龍》殘卷，係於一九〇〇年（清德宗光緒二十六年庚子）六月廿二日在敦煌鳴沙山千佛洞第十七窟被發現的，據説不止一種。楊明照《文心雕龍校註拾遺》有「近人黄文弼唐寫殘卷」的著録，王利器《文心雕龍校證》亦有「前北京大學西北科學考察團員某藏唐寫本，約長三尺」的記載；上海圖書館已故館長、版本目録學家顧廷龍生前也稱：曾于一九四六年十月廿二日由張元濟親帶一種黑底白字、楷書的敦煌本《文心雕龍》殘卷扣照本交其與《四部叢刊》本《文心雕龍》讀校。可惜以上種種記録的《文心雕龍》殘卷，今皆不見了，而可見到的唯有被匈牙利人斯坦因·M·奥雷爾(Stein M. Aurel)於一九〇七年掠去，今藏英國倫敦大英博物館，原編目爲斯五四七八號(S.5478)、翟理斯(Giles)新編列爲七二八三號的《文心雕龍》殘卷。

關於斯五四七八號《文心雕龍》殘卷，大英博物館館方有如下説明：「《文心雕龍》，内容爲對文學流派的評述。梁朝(第六世紀)劉勰著。全書五十篇，現存第一篇(僅有末段)至第十五篇(僅有首段)。係用整齊的行書字體繕寫在光滑的革紙上的抄本，封面部分破損。長十七釐米，寬十二釐米，二二一一册」。[一]斯五四七八號原本蝴蝶裝册頁，共二十二葉。四界，烏絲欄；每半葉十行或十一行，每行二十至二十三字不等。起《原道第一·贊》的第五句「體」字，迄《諧讔第十五》篇題，計存：《徵聖》、《宗經》、《正緯》、《辨騷》、《明詩》、《樂府》、《詮賦》、《頌讚》、《祝盟》、《銘箴》、《誄碑》、《哀弔》、《雜文》十三整篇，《原道第一·贊》末十三字，《諧讔第十五》篇題五字。《明詩第六》前題「卷第二」，《銘箴第十一》前題「卷第三」，五篇合爲一卷，表明此書爲十卷本，正合《隋書·經籍志》著録。在《徵聖》篇題下和「卷第三」、《銘箴第十一》篇題下以及欄外，有信筆塗鴉：「大」、「大寶積經」、「大寶積經第一」、「佛」、「言」等二十多字，字體與正文不相屬。第一葉反面《徵聖第二》第十七行欄下註「好」字，第四葉反面《正緯第四》第十三行天頭註「東序」二字，第十三葉正面《頌讚第九》第十三行天頭註「淺」字，第十七葉反面《誄碑第十二》第十六行天頭註「烈」字，皆是過讀者箋明該行「辭尚體要，不唯好異」、「昔康王《河圖》，列在東序」、「唯深淺不同，詳略各異」、「周史歌文，上闡后稷之烈」等句中「好」、「東序」、「淺」、「烈」等書寫難識之字。在第五葉正面《辨騷第五》第三行至第七行欄下註：「皭靖也」、「淄黑色」、「涅水中黑」，蓋讀者偶釋正文「皭然涅而不淄」之義，這大概是今存直接可見的《文心雕龍》最早的註釋了。全卷「淵」作「渕」、「世」作「丗」、「民」作「巳」，皆避唐高祖李淵、唐太宗李世民諱。其書體倫敦大英博物館説明作「行書」，潘重規認爲是「章草」，在章草專家王蘧常先生生前，我們曾持此卷的複印本向王先生求教，並請他鑑定，王先生認爲當是「行書」。本卷亦多簡體字和同音假借字。

關於此卷的書寫時間，趙萬里以爲：「卷中『淵』字、『世』字、『民』字均闕筆，筆勢遒勁，蓋出中唐學士大夫所書，西陲所出古卷軸，未能或之先也。」〔二〕楊明照認爲：「卷中『淵』字『世』字『民』字均闕筆。『民』字亦有改作『人』字者。由《銘箴篇》『張昶』誤爲『張旭』推之，當出玄宗以後人手。『照』字卻不避。」〔三〕姜亮夫根據趙萬里「蓋中唐學士大夫所書」之説推斷：「八五三年唐宣宗大中七年癸酉，或書《文心雕龍》。」〔四〕鈴木虎雄卻認爲：「敦煌本《文心雕龍》，敦煌莫高窟出土本，蓋係唐末鈔本。」〔五〕案：張旭事跡見於《新唐書》二〇二卷《李白傳》，云：「旭自言始見公主擔夫争道，又聞鼓吹而得筆法意；觀倡公孫舞劍器得其神。後人論書，歐、虞、褚、陸皆有異論，至旭無非短者。傳其法惟崔邈、顔真卿云。」這裏所謂「公孫舞劍器」者，當是指公孫大娘舞劍器事。公孫大娘是唐玄宗開元年間有名的女舞蹈家，詩人杜甫在《觀公孫大娘舞劍器行》一詩的序裏有一段記載：「開元五載，余尚童穉，記於郾城觀公孫氏舞劍器渾脱，瀏灕頓挫，獨出冠時。自高頭宜春、梨園二伎坊内人洎外供奉，曉是舞者，聖文神武皇帝初，公孫一人而已……往者吴人張旭，善草書書帖，數常於鄴縣見公孫大娘舞西河劍器，自此草書長進，豪蕩感激，即公孫可知矣。」〔六〕今察此卷，「淵」、「世」、「民」皆缺避，而「忠」（唐高宗太子諱忠）、「弘」（高宗太子諱弘）、「照」（武后諱曌）、「顯」（中宗諱顯）、「豫」（代宗諱豫），均不避。《頌贊第九》有「仲治流别」，「治」此卷作「冶」。楊明照校云：「『冶』乃『治』之誤。」〔七〕可見高宗李治諱亦不改避。「旦」（睿宗諱旦）作「⿱口一」，史諱有改作「明」而無作「⿱口一」之例。從以上事實推斷，此卷書寫時間至遲當不晚於開、天之世，有很大可能殆出初唐人手。因此姜氏、鈴木氏之斷，恐未的確。

唐寫本是迄今發現的最早的《文心雕龍》版本。因其近古，學術價值極大。趙萬里以爲：「據以迻校嘉靖本，其勝處殆不可勝數。又與《太平御覽》所引及黃本所改輒合，而黃本妄訂臆改之處，亦得據以取正。彥和一書，傳誦於人世者殆遍，然未有如此卷之完勝者也。」〔八〕楊明照也認爲：「比對諸本，勝處頗多。吉光片羽，確屬可珍。」〔九〕户田浩曉則稱此本「是現存《文心雕龍》中最古老的貴重文獻」。並且從「糾正形似之訛」、「糾正音近之誤」、「糾正語序的錯倒」、「補入脱文」、「删去衍文」、「訂正記事内容」等六個方面，具體肯定了唐寫本在「校定《文心雕龍》原文方面所具有的資料價值。」〔一〇〕此外，潘重規還肯定其書體「亦工美獨具風格」。〔一一〕以上評價，驗之事實，並無溢美之處。此本雖然僅存全書百分之二十六强，但就諸家比較一致認爲可據以校正今本文字者，已有四百七十餘字之多。諸如：《辨騷篇》今本「至於託雲龍，説迂怪，豐隆求宓妃，鴆鳥媒娀女，詭異之辭也」。而此卷在「豐隆」上有「駕」字，在「鴆鳥」上有「憑」字。諸家均認爲當據唐寫本訂正。這樣，不僅使後二句與上句「託雲龍説迂怪」句一律，而且更合屈原《離騷》「吾令豐隆乘雲兮，求宓妃之所在」。「望瑶臺之偃蹇兮，見有娀之佚女。吾令鴆爲媒兮，鴆告余以不好」。而使辭意更明。否則，脱漏「駕」、「憑」兩個使動詞，「求宓妃」、「媒娀女」的主體便起了變化，從而發生辭意不清令人費解了。《哀弔篇》寫本「胡阮之《弔夷齊》，褒而無間」。「間」，後之諸本並作「聞」或「文」，遂使文意晦澀而難解。唐寫本出，諸家皆以爲是，認爲當據之校正。潘重規云：「胡廣、阮瑀、王粲均有《弔夷齊》文。胡、阮則褒嘉無間然之辭，仲宣則譏訶，有傷之之意。宜從唐寫本作『無間』，文義方貫。」〔一二〕户田浩曉認爲：「敦煌本作『無間』是正確的。『無間』即『無間然』之意，本《論語·泰伯篇》『禹，吾無間然矣』……後世歷來認爲此句難解，今乃因敦煌本的出現，多年的疑問遂一旦冰釋。」〔一三〕類似的事例還多，於此已足見唐寫本之可貴。

當然，唐寫本也不可能是無瑕的完璧，因爲雖然它近古，但畢竟不是彥和原稿本。既然是傳鈔本，總不免有訛舛衍脱的現象發生，唐寫本自然也不會例外。例如：《頌贊篇》「武仲之美顯宗」，唐寫本「武仲」誤倒作「仲武」；《銘箴篇》「張昶《華陰》之碣」，唐寫本「張昶」訛誤作「張旭」。《辨騷篇》「故其陳堯舜之耿介，稱禹湯之祗敬，典誥之體也；譏桀紂之猖披，傷羿澆之顛隕，規諷之旨也」，唐寫本竟脱漏二十一字，作

「故其陳堯舜之耿介，稱禹湯之祇敬也」，致使上下文義不能通貫。《銘箴篇》：「蓋臧武仲之論銘也，曰天子令德，諸侯計功，大夫稱伐。」唐寫本也脱漏「武」及「銘也」下三句十三字。此類事例當然還不止這一些。加之鈔寫者用的是行書體，並且囿於當時鈔書習俗，多用簡體字、同音假借字，如「曰」作「乛」，「標」作「摽」，「眄」作「[illegible]」；「辭」「詞」、「採」「采」、「已」「以」、「第」「弟」、「歌」「哥」、「影」「景」、「班」「斑」……等同音字混同（敦煌遺書其他寫本亦多此現象），這些也不免給後人辨析字義帶來不少麻煩。但是，儘管有這些缺憾，仍然瑕不掩瑜，唐寫本是不會失去其真正價值的。

由於唐寫本《文心雕龍》殘卷早年就被掠奪，因此國内多數學者無緣窺見原件，一般是依靠從國外攜回的微縮影片、照片、鈔本進行研究。這些複製資料，或由影片之缺漏，或因影片之不清，或是因鈔寫之訛誤，所見參差，遂致誤解紛呈。例如北京圖書館（今已改名爲國家圖書館）所藏之斯五四七八號影片，就脱漏自《徵聖篇》「（此隱義）以藏用」起，訖《宗經篇》「重以八索，申以九丘」止整一葉。加之早年拷貝質量不高，年久霉變，許多文字已難以辨認。所以諸家録文雖云同據唐本，而文字互異，各執一詞，以訛傳訛，以訛糾正，相互非難置疑者時有發生。饒宗頤《唐寫文心雕龍景本序》即已提出：「然審各家校語，《徵聖篇》下半，每引唐寫本，豈此顯微影本，由第一頁至第二頁中間攝影時有奪漏耶？」[一四]又如：《詮賦篇》「彦伯梗槩」，原寫作「槩梗」，但在「梗」上右角作「√」乙倒號，而鈴木虎雄、趙萬里未察，校云：「『梗概』作『槩梗』。」「唐寫本『梗槩』作『槩梗』」。《祝盟篇》「故知信不由衷」，「不由」原寫作「由不」，但在「不」上右角亦有乙倒號「√」，而鈴木虎雄、趙萬里又未察，校云：「（唐寫本）『不由』作『由不』。」楊明照《文心雕龍校註拾遺》云：「『不由』，唐寫本作『由不』。按唐寫本誤倒，非是。」（二〇〇〇年中華書局版《增訂文心雕龍校註》仍依舊未改）。[一五]所以，潘重規《唐寫文心雕龍殘本合校》指出：「唐寫本乙倒，實作『不由』。楊又襲趙而誤。」[一六]范文瀾《文心雕龍註》脱稿於一九二三年，印行於一九二五年，具有「徵引詳覈，考據精審，於訓詁義理，皆多所發明」（梁啟超語）的優點；但是他所據校的唐寫本文字，均轉引自鈴木虎雄、趙萬里、孫蜀丞諸氏，脱漏訛誤者尤多，甚至如前引之唐寫本大段脱漏文字，也因未能親見原卷文字而失校，後來學者襲范而誤者也不少。於此可見：直接用唐寫本考校文字，具有何等重要的意義！

〔二〕

有宋一代，隨着印刷術的發明與進步、文化事業的發達，《文心雕龍》也從寫本到刊本，傳播範圍是更加廣泛了。從今存史料可以見到：宋人於《文心雕龍》著録者八，品評者七，采摭者十二，引證者十一，考訂者三。〔二七〕其中不僅如李昉等人的《太平御覽》、潘自牧的《記纂淵海》、王應麟的《玉海》等類書有大量採摭，而且還有「辛處信註《文心雕龍》十卷」（見《宋史·藝文志》、《通志·藝文略》、《宋四庫闕書目》）的記載。令人感到遺憾的是：在流傳下來的三千多部二千多版種的宋槧書籍中，宋版單刻本《文心雕龍》竟一部也沒有。而採摭數量較大的前述幾部類書，只有宋槧《太平御覽》尚存，從中可窺見宋時流傳的《文心雕龍》之一斑。

《太平御覽》是巨型類書，分五十五部，五千四百二十六類，約四百七十萬字。初名《太平總類》，又名《太平類編》、《太平編類》，北宋李昉（九二五～九九六）等奉敕編纂，成書於太平興國八年十二月十九日（公元九八四年一月廿四日），宋太宗趙光義爲炫燿好學，詔令改爲今名。

今傳世者有南宋閩刊本（或稱建本）和南宋蜀刊本的殘本。據宋蜀本蒲叔獻作於宋寧宗慶元五年（公元一一九九年）的序「《太平御覽》以載籍繁夥，無復善本，惟建寧所刊，多磨滅舛誤，漫不可考」；和宋蜀本的牌記「建寧所刊，舛誤甚多，因以別本參考，並從經史及其他傳記校正」等記載，可知閩刊本刻於蜀本之前，即在慶元以前即已槧版行世了。現存宋閩刊本《太平御覽》，原爲明內府藏本，後流落在外，清乾隆時爲吳郡朱文游所得，並爲吳中著名經學家惠棟借讀，後歷經周錫瓚、黄丕烈轉歸陸心源皕宋樓，在流傳中多有損失。光緒末年，皕宋樓所藏三百五十一卷殘本流入日本東京岩崎氏静嘉堂文庫。刊於南宋慶元五年七月的蜀刊本，國內無存，唯有日本帝室圖書寮藏有一部，乃楓山官庫舊物；日本京都東福寺也藏有殘本。此外尚有日本仿宋刊本，或稱日本活字本。此本係日本侍醫喜多村直寬於日本安政二年乙卯（公元一八五五年）得醫官曲直瀨所藏明影宋鈔本《太平御覽》，以楓山官庫所藏宋槧本校勘，用活字排印，至文久元年辛酉（公元一八六一年）竣工。民國十七年戊辰（公元一九二八年），張元濟赴日本訪書，在帝室圖書寮、京都東福寺獲見宋蜀刊本，因借影印；又於静嘉堂文庫借攝所藏閩刊本（建本）。民國二十四年乙亥（公元一九三五年）上海涵芬樓將張元濟從日本借照攜歸的宋閩刊本、宋蜀刊本《太平御覽》影印，編入商務印書館出版的《四部叢刊三編》子部，其宋蜀本、宋閩本所缺本、缺葉，則以日本活字本補足。此即本書據以輯校並影印之本子。此本（《四部叢刊》本）宣紙蝴蝶裝烏絲欄，每半葉十三行，行滿二十二字，中縫魚尾向下，上標卷數，中標頁數，下標刻工名字。引文中「殷」、「恒」並缺末筆作「殷」、作「恒」，乃避宋太祖趙匡胤和宋太宗趙光義之父「弘殷」和宋真宗（光義子）「恒」之諱。

《太平御覽》引書據宋人增編《圖書綱目》稱，計有一千六百九十種，尚不計雜書、詩賦等；據近人馬念祖考訂，其引書爲二千五百七十九種，今十之七八已佚。其中採摭的《文心雕龍》有《原道》、《宗經》、《明詩》、《詮賦》、《頌贊》、《銘箴》、《誄碑》、《哀弔》、《雜文》、《史傳》、《論説》、《詔策》、《檄移》、《章表》、《奏啟》、《議對》、《書記》、《神思》、《風骨》、《定勢》、《事類》、《指瑕》、《附會》等二十三篇的大部或部分，共計四十三則，九千八百六十八字，所涉篇章占《文心雕龍》五十篇的百分之四十六；總字數約占《文心雕龍》三萬七千二百九十字的百分之二十六點四六，比唐寫敦煌殘卷還多一千多字。其中《明詩》、《詮賦》、《頌讚》、《銘箴》、《誄碑》、《哀弔》、《史傳》、《詔策》、《檄移》、《章表》、《奏啟》等十一篇幾近全篇，《原道》、《雜文》、《論説》、《議對》、《書記》等篇也徵引了大部分。因此，把宋槧《太平御覽》採摭的《文心雕龍》文字加以輯録，不啻爲今傳之宋刻《文心雕龍》殘卷，使之上承唐寫殘卷，下接迄今尚存的元至正刊本，多少可以彌補《文心雕龍》版本流變過程中唐元之間有宋一段的空白。

宋槧《太平御覽》因其僅次唐寫本而近古，並且是刊印本，因而其校勘的價值，歷來爲學術界所肯定。開明書店編輯部章錫琛在一九三六年就説：「最近得涵芬樓影印日本帝室圖書寮京都東福寺東京岩崎氏静嘉堂文庫藏宋刊本《太平御覽》，偶加尋檢，其中所引《雕龍》文字，頗有同異。尤足珍者，如《哀弔篇》『汝陽王亡』，註（按指黄叔琳輯註，下同。）謂：『汝陽王不知何帝子』，今此本（按：指宋刊《太平御覽》，下同。）『王』作『主』，則是崔瑗作哀辭者乃公主，非帝子（按：周振甫後來進一步考證云：「『汝陽王』，《御覽》卷五九六作『汝陽主』。《後漢書·后紀》，汝陽長公主，和帝女，名劉廣。」）《史傳篇》『左史記事者，右史記言者』，註謂『彦和用《玉藻》説』。此本作『左史記言，右史書事』，則用《漢志》説。《論説篇》『仰其經目』，註謂『疑當作抑其經目』，此本果作『抑』。又如《頌讚篇》『義兼』之爲『讚兼』，《誄碑篇》改『盻』之爲『顧眄』，《史傳篇》『同異』之爲『周曲』，『迍敗』之爲『屯貶』，《章表篇》『蓋闕』之爲『然闕』，《書記篇》『遺子反』之爲『責子反』，『激切』之爲『激昂』，《神思篇》『綴慮』之爲『輟翰』，《指瑕篇》『頗疑』之爲『頗擬』，義胥較長。他類是者尚衆，不遑舉縷。」〔一八〕

宋本《太平御覽》因其與敦煌唐寫本較近，不少文字可以互爲印證，闡發《文心雕龍》之本義。例如《宗經篇》「禮以立體」，「以」，至正本、馮舒本、汪一元本、佘誨本並作「季」；元本、傳校元本、張之象本、《兩京遺編》本、何允中本、日本活字本、王惟儉訓故本、梅慶生音註本、凌雲本、梅慶生第六次校定本、陳璞藏鈔本、鍾惺本、梁本、日本刊本、王謨《漢魏叢書》本、張松孫本並作「記」；而敦煌唐寫本和宋本《太平御覽》同作「以」。范文瀾《文心雕龍註》云：「《漢書·藝文志》『《禮》以明體』，《法言·寡見》『説體者莫辯乎《禮》』，立體猶言明『體』。」詹鍈《文心雕龍義證》指出：「作『以』爲是。」又如《明詩》「張左潘陸」，元至正本、黄叔琳輯註本等並作「張潘左陸」，而宋本《太平御覽》引則與唐寫本合，並作「張左潘陸」。楊明照《文心雕龍校註拾遺》云：「按《詮賦》、《時序》、《才略》三篇所敘兩晉作者，皆左先於潘，此亦應爾。《宋書·謝靈運傳論》『潘陸特秀』，《南齊書·文學傳論》『潘陸齊名，機岳之文永異』，《梁書·文學上·庾肩吾傳》『太子與湘東王書……近則潘陸顔謝』，《詩品》上『景陽潘陸，自可坐於廊廡之間矣』，亦並以潘陸連稱。」〔一九〕於此可見：敦煌唐寫本和宋本《太平御覽》引，可能更近於原貌。

宋本《太平御覽》引文同樣存在訛舛衍脱問題，如《詔策篇》「其在三代」，「代」訛爲「王」；《銘箴篇》「橋公之箴」，「橋」誤爲「矯」等等。作爲一部類書，其對諸書的採摭是按照編者的需要摘取和編排的，所以在引文中間任意删節、不同篇章的引文連綴成文等都時時可見。例如《明詩篇》「感物吟志，莫非自然」下删節了「昔葛天……理不空綺」十八字，直接與「堯有《大唐》之歌，虞造《南風》之詩」相銜；在卷五八五葉四下至五上一段引文，就是引《事類篇》「夫薑桂因地……雖美少功」同《附會篇》「才童學文……心敏而辭當也」連綴成文的。至於同一篇文字而被分引散編各卷者那是更多了。此外，宋本《太平御覽》引文雖是刻本，但是，可能因離唐代寫本不遠，所以仍遺留有不少唐寫本的痕跡，如「木」旁常作「扌」旁，例「標」作「摽」；又如同音假借，例「昭」作「照」，「包」作「苞」等等，這也爲後人辨析字義增加了麻煩。

〔三〕

元代《文心雕龍》至少有三種刻本：元至正本、黄丕烈校元本、倫明校元本。楊明照説：「黄丕烈所校元本，行款悉與此本（按：指元至正本）同，字則有異，當非一刻。倫明所校元本，字既有異，行款亦復不同（每半葉九行，行十七字；首行題「《文心雕龍》卷之一」，次行題「梁通事舍人東莞劉勰撰」），則又另一刻也。」〔二〇〕可是，黄丕烈和倫明所校之元本均已佚傳（北京圖書館有傳校元本《文心雕龍》，底本是廣東朱墨套印紀評本），今可見者，唯有上海圖書館藏的元至正刊本。此本因是孤本，長期以來鮮爲人知，包括范文瀾在内的許多學者未能親見，更有不知天地間猶存此瑰寶者，以爲「徒存其名，至今並無實物傳世」。

元至正本係於元至正十五年（公元一三五五年），由劉貞主持刻於嘉興郡學。此本烏絲欄，蝴蝶裝，框高二三二毫米，寬一五六毫米，每半葉十行，行二十字，五篇相接爲一卷，分卷另起，共計十卷。卷前有「曲江錢惟善」作於「至正十五年龍集乙未秋八月」的序，繼有「《文心雕龍》目録」二葉。卷首第一行頂格題「《文心雕龍》卷第一」（後諸卷格式俱同），次行下署：「梁通事舍人劉勰彦和述」（後諸卷均不再署），卷末隔數行頂格作「《文心雕龍》卷第×」。中縫上魚尾之上頂格記數（有少量空白）；之下記卷數「文心卷×」；下魚尾之上記頁數（每卷起數）；之下沉底記刻工楊青、楊茂、謝茂（或僅刻「謝」字）等姓名。卷五闕第九葉，《隱秀篇》無後之傳本自「始正而末奇」起迄「朔風動秋草」的「朔」字止四百字；《序志》脱自「執丹漆之禮器」起迄「觀瀾而索源」的「而」字止三百二十二字。書中版面或有漫漶，尤其《史傳》、《程器》、《序志》諸篇爲甚。在錢惟善序題下方，有「明善堂覽書畫印記」和「安樂堂藏書記」印，均爲清代怡親王藏書印記，可見此本曾爲怡親王收藏過。在目録第一頁首行「文心雕龍目録」下，有「徐乃昌讀」章。徐乃昌生於清同治元年（一作七年），卒於民國二十五年，安徽南陵人，爲翁同龢門生，官候補道。長居上海，曾兩度至日本，藏書頗富，多有清代稀本、抄本，一生刊著甚多。此本留有他的印記，可能是從怡親王府散出後曾被他收藏過；最終才歸之於上海圖書館收藏。

根據卷首錢惟善的《序》記述：「嘉興郡守劉侯貞，家多藏書，其書皆先御史節齋先生手録。侯欲廣其傳，思與學者共之，刊梓郡庠，令余敘其首。」由此可知：此刻本之母本係劉貞家藏其先人劉節齋的「手録」本，劉貞「欲廣其傳」故主持刻於嘉興郡學的。錢序還自述：「三十年前嘗獲聆節齋先生教而拜牀下，今侯爲政是郡，不失其清白之傳，文章政事爲時所推，余嘗職教於其地而目擊者。」由此可見：劉節齋和劉貞都是地方官，劉節齋任御史，是掌管糾察百官善惡、政治得失的官員。劉貞經歷不詳。但從錢惟善《序》稱其「嘉興郡守劉侯貞」和「爲政是郡」情況看，他在元至正年間刊梓《文心雕龍》時，當是嘉興知府。「郡守」乃秦代官名。秦廢封建立郡縣，郡設守、丞、尉各一人，郡守掌治其郡，丞、尉爲佐。宋以後郡改爲府，知府亦即郡守。《序》的作者錢惟善，也是學官，曾任副提舉。至於劉節齋「手録」本《文心雕龍》所據的底本何屬？因無資料難以確考，但從此刻本字體秀逸剛勁，猶存宋槧遺風，以及書中諸如《議對篇》「魯桓務議」之「桓」沿宋本真宗諱缺末筆作「桓」而未及改，還有沿唐、宋本「標」作「摽」，「以」作「已」等未及改的情況看，源於宋槧大概是可信的。

《四庫全書總目》內府藏本《文心雕龍》提要云：「是書自至正乙未刻於嘉禾（興），至明弘治、嘉靖、萬曆間凡經五刻。」這裏指出了元明間《文心雕龍》版刻的情況。元至正本不僅是現存最早的一部《文心雕龍》單刻本，同時也是明、清諸多版本的祖本，實際形成了元至正本——弘治本——汪一元私淑軒本——何焯校本——黄叔琳輯註本的版本系列，其中還派生了諸如佘誨本、何允中《漢魏叢書》本、王謨《漢魏叢書》本等等，由此可見此本的地位與影響。

關於元至正本的勝處，王元化曾作如下評論：「通過楊著的校語（按：指楊明照《文心雕龍校註拾遺》以養素堂爲底本校以元至正本所得一百七十多條校語），可以看出元至正刻本有這樣幾個特點：一、在校出的異文中，有四分之三左右較底本爲優。二、與唐寫本殘卷相比，在同樣的篇幅內，元至正本的異文有一半與唐寫本完全一致的。三、弘治甲子吳門本、嘉靖庚子新安本、嘉靖癸卯新安本、萬曆己卯張之象本、萬曆壬午《兩京遺編》本等，與元至正本出入甚少，由此可推出它們大抵屬於同一版本系統。以上三點説明此一刻本在校定《文心雕龍》原文方面所具有的資料價值，彌足珍貴。」〔二二〕還有人指出：「以校勘而論，元本多與明本同，許多地方率先改正了唐寫本之誤。如唐本《徵聖篇》『書契決斷以象史』，元本作『書契斷決以象夬』，『夬』與下文『文章昭哲（按：應作「晢」）以象（按：應作「效」）離』之『離』字互爲對文，都是《易》卦名；又《辨騷篇》『稱湯武之祇敬』，明刻諸本同此，唐寫本作『禹湯』，元刻本作『湯禹』；唐寫本此句下脱『典誥之體也；譏桀紂之猖披，傷羿澆之顛隕，規諷之旨』等二十一字，元本則行文完整，足見其長處。較之明刻諸本，元本正而明本誤者更不乏其數。」〔二三〕按照筆者集校統計，元至正本同唐寫本一致者一〇五條，同宋本《太平御覽》一致者八十條，同黃叔琳註本一致者一五四條（均以四種版本相涉部分統計）。這表明：此本雖是沿唐源宋，但卻已經校改更正了唐寫本和宋刊本中存在的許多訛誤。

當然，元至正本存在的問題也不少，筆者對其全書進行集校時，就出校記一千二百四十多條，其中除二十五條屬於《隱秀篇》補文不應歸之本身之外，其他一千二百多條都是此本自身的問題。按分類統計，其中因衍文而刪者四十五條，占總數的百分之零點三七；因訛、舛而改正者八百二十六條，占百分之六十七點九三；屬於因脱文、漫漶而增補者三百七十二條，占百分之三十點五九。此本漫漶嚴重，脱文也不少，僅《序志》一篇脱文即達三百二十三字，漫漶一百七十三字，兩者共計達四百九十六字，占全篇總字數的百分之六十點二七。當然，《序志篇》因處於書末，損壞程度特別嚴重而已。

〔四〕

《文心雕龍》的現代研究，如果以一九〇七年一月十日《豫報》上發表署名夢南的《説氣》算起，迄今已近一個世紀。現在不僅在中國，而且在世界，關注和研究《文心雕龍》的人也越來越多了。《文心雕龍》不僅有多種的現代漢語註本和譯本，而且已經出版了日、英、韓、意四種文字的譯本，德、俄譯本也即將面世，西班牙文和法文的翻譯據説也在進行中。現在已出版的研究《文心雕龍》的專著和專集已經超過一百五十部，已發表的研究論文約有二千五百篇。一部古書，流傳如此之廣，研究成果如此之多，應該説是罕見的。

研究《文心雕龍》，首先要考慮版本和校勘。「所謂『百宋』、『千元』、『大典』、『四庫』，以及歷來官私珍藏的其他善本，在傳抄刊刻中訛舛衍脱，亦所難免。而以訛傳訛，將錯就錯，互相援引，遂至約定成俗者有之；後人輕改前人字句，妄加刪補，以致有些古籍篇目陷於難讀費解，或表面上文從字順，而實質上失其原意者更有之。」〔二三〕所以，無論註釋、專題研究，都必須以一本比較正確、完善的版本爲前提，否則以訛傳訛，背離原意，也就談不上有什麼精確的文字訓詁和愜恰的義理闡發了。正因爲如此，無論科技如何進步，研究方法與研究手段如何變化，校勘考據之學仍然是研究古代文獻必不可少的基本功，通過校勘考據，糾正倒置錯簡，匡正倒文、衍字、脱句、訛體，疏通本文，在準確把握原意基礎上，進一步探求微旨、發揮研究者的創意。「無徵不信」，是中國乾嘉學派倡導的學風，這種學風在研究歷史、研究古代文獻中，是永遠值得提倡的。正如著名學者王元化所説：「研究古籍，如果只拿觀點而沒有扎實的考據作基礎，那麼論點是空的，是立不住的。」〔二四〕

現在奉獻在讀者面前的《唐寫本宋〈御覽〉元刊本〈文心雕龍〉集校合編》是我們十多年校理《文心雕龍》的結集。八十年代初，我們從事《劉子》的校理，同時也旁及《文心雕龍》。在一九八五年和一九八六年先後完成了《劉子集校》和《敦煌遺書劉子殘卷集録》二書（前者於一九八六年出版，後者於一九八八年出版》的工作之後，便把主要精力投向《文心雕龍》的校理。一九八七年，王元化先生通過友人幾經周折直接從英國倫敦大英博物館攝回了斯五四七八號敦煌唐寫殘卷的微縮影片，承蒙不棄將其交給我們校理，經過近一年工作，於一九八八年四月完成《敦煌遺書〈文心雕龍〉殘卷集校》初稿，並在《中華文史論叢》一九八八年第一期刊布，另有抽印本提交由中國《文心雕龍》學會主辦，於一九八八年十一月在廣州舉行的「《文心雕龍》八八國際研討會」，分送與會的學者。會後，在繼續完善唐寫本集校的同時，我們又着手宋本《太平御覽》引《文心雕龍》的輯佚與校理。一九九一年十月，《敦煌遺書〈文心雕龍〉殘卷集校》（附《宋本〈太平御覽〉引〈文心雕龍〉輯校》）出版，此書由王元化作序，張光年題簽，並且用從英國倫敦大英博物館攝回的影片影印了敦煌唐寫本殘卷。之後，我們又應北京中華書局周振甫先生之邀，着手元至正本《文心雕龍》的校理；歷經一年有餘的時間，於一九九二年十二月完成《元至正本〈文心雕龍〉匯校》初稿，後又幾經修訂，於一九九六年八月作爲由周振甫主編的《文心雕龍辭典》的組成部分出版了。校理元至正刊本《文心雕龍》，是在校理唐寫本《文心雕龍》殘卷和宋本《太平御覽》引《文心雕龍》的基礎上進行的。如果説在校理唐寫本殘卷和宋《御覽》引文時我們着重於其自身文字的比勘和訂正的話，在校理元至正刊本時，除了其自身文字的比勘和訂正之外，我們還有一個追求，即儘可能周備地吸納前賢和時賢在《文心雕龍》版本文字校勘考據的成果，通過對元至正本的集校，向讀者提供一種集諸家成果、比較完備的新版本；所以捃摭的範圍較廣，篇幅稍大。後來因限於辭典的性質，只好壓縮以《匯校》付刊。這次出版《合編》，不僅恢復了《集校》被删節的部分、更正刊梓中的訛誤，而且還新增了一些内容。本着版本有據、考辨合理的原則，我們訂正的文字若以范文瀾《文心雕龍註》比較，約有六百五十餘字，但爲慎重計，原本文字均予保留，另用括號標示，以備讀者考核。

《唐宋元〈文心雕龍〉集校合編》正文皆以原件影印置於前，移録標點集校殿於後，以便於讀者的對照。宋本《太平御覽》引文分散，編排參差，較難查找，特編《宋本〈太平御覽〉引〈文心雕龍〉索引》附於文末以便讀者檢索。比勘唐宋元不同時代《文心雕龍》版本文字的異同，不僅於校正文字有重要意義，也對版本的流變與聯繫的考察有實際意義；爲便讀者考核與研究，茲比勘唐寫本、宋《御覽》、元刊本相涉的篇章，製成《唐寫本宋〈御覽〉元刊本文心雕龍異文對照表》作爲附録以供參考。

清人黄蕘圃云：「書之難校，『掃葉拂塵』。」可謂至論〔二五〕。由於我們囿於識見和水平，疏失乖謬之處難以避免。我們誠懇地希望得到專家和讀者的批評和指正。

二〇〇〇年八月十五日

林其錟　陳鳳金　謹識

注　解

〔一〕轉引自（日）户田浩曉《文心雕龍研究》，曹旭譯，上海古籍出版社一九九二年版第一〇七～一〇八頁。

〔二〕〔八〕趙萬里：《唐寫本文心雕龍殘卷校記》，《清華學報》一九二六年第三卷第一期。

〔三〕〔七〕〔九〕〔一五〕〔一七〕〔一九〕〔二〇〕楊明照《文心雕龍校註拾遺》，上海古籍出版社一九八二年版第七五九頁、第七六頁、第五〇～五一頁、第七六三頁。《增訂文心雕龍校註》，中華書局二〇〇〇年版第一三六頁。

〔四〕姜亮夫：《莫高窟年表》，上海古籍出版社一九八五年版第三九五～三九六頁。

〔五〕（日）鈴木虎雄：《黄叔琳本文心雕龍校勘記》，轉引自范文瀾《文心雕龍註》，人民文學出版社一九六二年版第八頁。

〔六〕馮至：《杜甫詩選》，作家出版社一九五六年版第二四二頁。

〔一〇〕〔一三〕（日）户田浩曉《文心雕龍研究》，同前揭第一〇九～一一九頁。

〔一一〕〔一二〕〔一六〕潘重規：《唐寫文心雕龍殘本合校》，新亞研究所一九七〇年版第三頁、第四八頁、第三七頁。

〔一四〕饒宗頤：《唐寫文心雕龍景印本·序》，轉引自潘重規《唐寫文心雕龍殘本合校》第二～三頁。

〔一八〕范文瀾《文心雕龍註·校記》，同前揭第七四五～七四六頁。

〔二一〕王元化：元至正影印本（綫裝）《文心雕龍·前言》。

〔二二〕府樂：《雕龍此推第一槧》，《古籍書訊》第十九期，一九八四年十一月九日。

〔二三〕馬伯煌：《劉子集校·序》，林其錟、陳鳳金《劉子集校》，上海古籍出版社一九八五年版序第二頁。

〔二四〕王元化：《在日本岡村繁教授講演會上的致辭》，引自《社會科學報》二〇〇〇年四月二〇日《以扎實的考據作基礎》。

〔二五〕黄丕烈：明鈔本《劉子註十卷・跋》。

敦煌遺書《文心雕龍》殘卷（斯・五四七八號）

體龜書呈貌天文斯觀民胥以効

徵聖第二 大大大大大大大大大大大

夫作者曰聖述者曰明陶鑄性情功在上哲夫子文章可得

而聞則聖人之情見乎文辭矣先王聲教布在方冊夫子文

章溢乎格言是以遠稱唐世則煥乎為盛近褒周代則

郁哉可從此政化貴文之徵也鄭伯入陳以立辭為功宋置

折俎以多文舉禮此事蹟貴文之徵也褒美子產則云言

以足志文以足言泛論君子則云情欲信辭欲巧此脩身貴

文之徵也然則志足而言文情信而辭巧乃含章之玉牒

秉文之金科矣夫鑒周日月妙極機神文成規矩思合符

契或簡言以達旨或博文以該情或明理以立體或隱義以藏

S.5478

以隱用故春秋一字以褒貶喪服舉輕以包重此簡言以達
旨也邠詩聯章以積句儒行縟說以繁辭此博文以該
情也書契決斷以象夬文章昭晰以效離此明理以立體
也四象精義以曲隱五例微辭以婉晦此隱義以藏用
也故知繁略殊形隱顯異術抑引隨時變通會適
徵之周孔則文有師矣是以論文必徵於聖窺聖必宗於經
易稱辨物正言斷辭則備書云辭尚體要不惟好異故
知正言所以立辯體要所以成辭辭成無好異之尤辯
立有斷辭之美雖精義曲隱無傷其正言微辭婉晦
不害其體要體要與微辭偕通正言共精義並用聖

七子

人之文章亦可見也顔闔以爲仲尼飾羽而畫徒事華
辭雖欲訾聖不可得也然則聖文之雅麗固銜華而
佩實者也天道難聞且或鑽仰文章可見胡寧勿思徵
聖立言則文其庶矣　贊曰妙極生知睿哲惟宰精
理爲文秀氣成采鑒懸日月辭富山海百齡影徂千
載心在

宗經第三

三極彝訓其書言經經也者恒久之至道不刊之鴻教也
故象天地効鬼神參物序制人紀洞性靈之奧區極文
章之骨髓者也皇世三墳帝代五典重以八索申以九丘

2

歲曆綿曖條流紛糅自夫子刪述而大寶啓耀於是
易張十翼書標七觀詩列四始禮正五經春秋五例義
既極乎性情辭亦匠於文理故能開學養正昭明有融
然而道心惟微聖謨卓絕牆宇重峻而吐納自深譬万
鈞之洪鐘無錚錚之細響矣夫易惟談天入神致用
故繫稱旨遠辭文言中事隱韋編三絕固哲人之驪淵
也書實記言而訓詁茫昧通乎爾雅則文意曉然故子
夏歎書昭昭若日月之代明離離如星辰之錯行言
照灼也詩主言志詁訓同書摛風裁興藻辭譎喻溫
柔在誦故最附深衷矣禮以立體據事制範章條纖
曲執而後顯採掇片言莫非寶也春秋辨理一字見義

五石六鷁以詳略成文雉門兩觀以先後顯旨其婉
章志晦諒以邃矣尚書則覽文如詭而尋理即暢春
秋則觀辭立曉而訪義方隱此聖文之殊致表裏之
異體者也至根柢盤固枝葉峻茂辭約而旨豐
事近而喻遠是以往者雖舊而餘味日新後進追取而
非晚前修久用而未先可謂太山遍雨河潤千里者也故
論說辭序則易統其首詔策章奏則書發其源賦
頌歌讚則詩立其本銘誄箴祝則禮總其端紀傳
盟檄則春秋為根並窮高以樹表極遠以啟疆所以百
家騰躍終入環內若稟經以制式酌雅以富言是即山
而鑄銅煮海而為鹽者也故文能宗經體有六義一則

情深而不詭二則風清而不雜三則事信而不誕四則義直而不回五則體約而不蕪六則文麗而不淫揚子比雕玉以作器謂五經之含文也夫文以行立行以文傳四教所先符采相濟勵德樹聲莫不師聖而建言修辭鮮克宗經是以楚艷漢侈流弊不還正末歸本不其懿歟

贊曰三極彝道訓深稽古致化惟一分教斯五性靈鎔匠文章奧府淵哉鑠乎群言之祖

正緯第四

夫神道闡幽天命微顯馬龍出而大易興神龜見而洪範燿故繫辭稱河出圖洛出書聖人則之斯之謂也但

世夐文隱好生矯託真雖存矣偽亦憑焉夫六經彪
炳而緯候稠疊孝論昭晳而鉤讖葳蕤按經驗緯其
偽有四蓋緯之成經其猶織綜絲麻不雜布帛乃成
今經正緯奇倍摘千里其偽一矣經顯世訓緯隱神教
世訓宜廣神教宜約而緯多於經神理更繁其偽二
矣有命自天乃稱符讖而八十一篇皆託於孔子則是堯
造綠圖昌制丹書其偽三矣商周之前綠圖頻見春秋
之末群經方備先緯後經體乖織綜其偽四矣偽既
倍摘則義異自明經足訓矣緯何預焉夫綠圖之見乃
4 昊天休命事以瑞聖義非配經故河不出圖夫子有歎

陳序

如或可造，無勞喟然。昔康王河圖，陳於東序，故知前世符命，歷代寶傳，仲尼所撰，序錄而已。於是伎數之士，附以詭術，或說陰陽，或序災異，若鳥鳴似語，蟲葉成字，篇條滋蔓，必假孔氏，通儒討覈，謂起哀平，東序秘寶，朱紫亂矣。至光武之世，篤信斯術，風化所靡，學者比肩，沛獻集緯以通經，曹褒選讖以定禮，乖道謬典，亦已甚矣。是以桓譚疾其虛偽，尹敏戲其浮假，張衡發其僻謬，荀悅明其詭託，四賢博練，論之精矣。若乃羲農軒皞之源，山瀆鍾律之要，白魚赤雀之符，黃銀紫玉之瑞，事豐奇偉，辭富膏腴，無益經典而有助文章。是以後來詞人，捃摭英華，平子恐其迷學，奏令禁絕，仲豫

惜其雜真未許煨燔前代配經故詳論焉　讚曰
榮河溫洛是孕圖緯神寶藏用理隱文貴世歷二
漢朱紫騰沸芟夷譎詭採其雕蔚

辨騷第五

自風雅寢聲莫或抽緒奇文鬱起其離騷哉固已軒
翥詩人之後奮飛辭家之前豈去聖之未遠而楚人
之多才乎昔漢武愛騷而淮南作傳以為國風好色而
不淫小雅怨誹而不亂若離騷者可謂兼之蟬蛻穢濁之中
浮遊塵埃之外皭然涅而不緇雖與日月爭光可也斑固
以為露才揚己忿懟沉江羿澆二姚與左氏不合崑崙玄
圃非經義所不載然其文辭雅為詞賦之宗雖非明哲可

皭靜也　緇黑色　涅水中黑

謂妙才王逸以為詩人提耳屈原婉順離騷之文依經
立義駟虯乘鷖則時乘六龍崑崙流沙則禹貢敷土
名儒詞賦莫不擬其儀表所謂金相玉質百世無匹者
也及漢宣嗟歎以為皆合經傳揚雄諷味亦云體同詩
雅四家舉以方經而孟堅謂不合傳褒貶任聲抑揚
過實可謂鑒而不精翫而未覈者矣將覈其論必徵
言焉故其陳堯舜之耿介稱禹湯之祗敬也虬龍以
喻君子雲蜺以譬讒邪比興之義也每一顧而掩涕
歎君門之九重忠怨之詞也觀茲四事同乎風雅者也
至於託雲龍說迂怪駕豐隆求宓妃鴆鳥媒娀

6

女詭異之詞也康回傾地夷羿彃日木夫九首土伯三目
譎怪之談也依彭咸之遺則從子胥以自適狷狹之志
也士女雜坐亂而不分指以為樂娛酒不廢沉湎日夜
舉以為歡荒淫之意也摘此四事異乎經典者也故論
其典誥則如彼語其夸誕則如此固知楚辭者體憲於三
代而風雜於戰國乃雅頌之博徒而詞賦之英傑也觀
其所樹骨鯁所樹肌膚所附雖取鎔經意亦自鑄偉
辭騷經九章朗麗以哀志九歌九辯綺靡以傷情遠
遊天問瓌詭而惠巧招魂大招耀艷而采華卜居標放
言之致漁父寄獨往之才故能氣往轢古辭來切今驚

采絕艷難與並能矣自九懷已下遽躡其跡而屈宋逸步莫之能追故其敘情怨則鬱伊而易感述離居則愴怏而難懷論山水則循聲而得貌言節候則披文而見時是以枚賈追風以入麗馬楊沿波而得奇其衣被詞人非一代也故才高者菀其鴻裁中巧者獵其艷詞吟諷者銜其山川童蒙者拾其香草若能憑軾以倚雅頌懸轡以馭楚篇酌奇而不失其貞翫華而不墜其實則顧盼可以驅辭力欬唾可以窮文致亦不復乞靈於長卿假寵於子淵矣

贊曰不有屈原豈見離騷驚才風逸壯志烟高山川無極情理實勞金相玉式艷溢錙毫

卷第二

7

明詩第六

大舜云詩言志歌永言聖謨所析義已明矣是以在心
為志發言為詩舒文載實其在茲乎詩者持也持
人情性三百之蔽義歸無邪持之為訓有符焉爾人
稟七情應物斯感感物吟志莫非自然昔葛天樂辭云
玄鳥在曲黃帝云門理不空綺至堯有大章之歌舜造
南風之詩觀其二文辭達而已及大禹成功九序惟歌太
康敗德五子咸諷順美匡惡其來久矣自商暨周雅
頌圓備四始彪炳六義環深子夏監絢素之章子貢悟
琢磨之句故商賜二子可與言詩自王澤殄竭風人
輟采春秋觀志諷誦舊章酬酢以為賓榮吐納而成

身文逮楚國諷怨則離騷爲刺秦皇滅典亦造仙詩漢
初四言韋孟首唱匡諫之義繼軌周人孝武愛文柏梁
列韻嚴馬之徒屬詞無方至成帝品錄三百餘篇朝
章國采亦云周備而詞人遺翰莫見五言所以李陵班婕
妤見疑於後代也案召南行露始肇半章孺子滄浪亦
有全曲暇豫優歌遠見春秋邪徑童謠近在成世閱時
取證則五言久矣又古詩佳麗或稱枚叔其孤竹一篇則
傅毅之詞比采而推兩漢之作也觀其結體散文
直而不野婉轉附物怊悵切情實五言之冠冕也至於
張衡怨篇清典可味仙詩緩歌雅有新聲暨建安

8

之初五言騰踊文帝陳思縱轡以騁節王徐應劉望
路而爭驅並憐風月狎池苑述恩榮敘酣宴慷慨以
任氣磊落以使才造懷指事不求纖密之巧驅辭逐貌
唯取昭晰之能此其所同也及正始明道詩雜仙心何
晏之徒率多浮淺唯嵇志清峻阮旨遙深故能標焉
若乃應璩百一獨立不懼辭譎義貞亦魏之遺直也
晉世群才稍入輕綺張潘左陸比肩詩衢采縟於正
始力柔於建安或析文以為妙或流靡以自妍此其大略也
江左篇製溺乎玄風嗤笑徇務之志崇盛亡機之
談袁孫已下雖各有雕采而詞趣一揆莫與爭雄所以景

然仙篇挺拔而為俊矣宋初文詠體有因革莊老告退而山水方滋儷采白字之偶爭價一句之奇情必極貌以寫物辭必窮力而追新此近世之所競也故鋪觀列代而情變之數可監撮舉同異而綱領之要可明矣若夫四言正體則雅潤為本五言流調則清麗居宗華實異用惟才所安故平子得其雅叔夜含其潤茂先凝其清景陽振其麗兼善則子建仲宣偏美則太沖公幹然詩有恆裁思無定位隨性適分鮮能圓通若妙識所難其易也將至忽以為易其難也方來至於三六雜言則出自篇什離合之發則萌於圖讖回文所興則道原為始聯句共韻則柏梁餘製巨細或殊情理同致總歸詩囿

9

故不繁云　贊曰民生而志詠歌所含興發皇世風流二
南神理共契政序相參英華彌縟万代永耽
樂府第七
樂府者聲依永律和聲也鈞天九奏既其上帝葛
天八闋爰及皇時自咸英之降亦無得而論矣至於塗山歌
於候人始為南音有娀謠乎飛燕始為北聲夏甲歎於
東陽東音以發殷整思於西河西音以興音聲推移亦不
一概矣匹夫庶婦謳吟土風詩官采言樂胥被律志
感絲篁氣變金石是以師曠覘風於盛衰季札鑒微於
興廢精之至也夫樂本心術故響浹肌髓先王慎焉務塞
淫濫敷訓胄子必歌九德故能情感七始化動八風自雅聲

淫濫溺音騰沸秦燔樂經漢初紹復制氏紀其鏗鏘叔孫定其容與於是武德興於高祖四時廣於孝文雖摹韶夏而頗襲秦舊中和之響闃其不還暨武帝崇禮始立樂府總趙代之音撮齊楚之氣延年以曼聲協律朱馬以騷體製歌桂華雜曲麗而不經赤雁群篇靡而非典河間薦雅而罕御故汲黯致譏於天馬也至宣帝雅詩頗效鹿鳴逮及元成稍廣淫樂正音乖俗其難也如此暨後漢郊廟惟雜雅章辭雖典文而律非夔曠至於魏之三祖氣爽才麗宰割辭調音靡節平觀其北上衆引秋風列篇或述酣宴或傷羈戍

10

志不出於慆蕩辭不離於哀思雖三調之正聲實韶
夏之鄭曲也逮於晉世則傅玄曉音創定雅歌以詠祖
宗張華新篇亦充庭萬然杜夔調律音奏舒雅荀勗
改懸聲節哀急故阮咸譏其離聲後人驗其銅尺和樂
之精妙固表裏而相資矣故知詩為樂心聲為樂體樂體在
聲瞽師務調其器樂心在詩君子宜正其文好樂無荒晉
風所以稱美伊其相謔鄭國所以云亡故知季札觀辭
不直聽聲而已若夫艷歌婉孌怨詩訣絕淫辭在曲正
響焉生然俗聽飛馳職競新異雅詠溫恭必欠伸魚
睨奇辭切至則拊髀雀躍詩聲俱鄭自此階矣凡樂詞

曰詩詠聲曰歌聲來被辭辭繁難節故陳思稱左延年閑
於增損古辭多者則宜減之明貴約也觀高祖之詠大
風孝武之歎來遲歌童被聲莫敢不協子建士衡
咸有佳篇並無詔伶人故事謝絲管俗稱乖調蓋未
思也至於軒岐鼓吹漢世鐃挽雖戎喪殊事而總入樂
府繆朱不改亦有可算焉昔子政品文詩與歌別故略
序樂篇以標區界也　贊曰八音摛文樹辭為體謳吟
坰野金石雲陛韶響難追鄭聲易啟豈惟觀樂於
焉識禮

詮賦第八

詩有六義其二曰賦賦者鋪也鋪采摛文體物寫志也昔

邵公稱公獻詩師箴瞽賦傳云登高能賦可為大夫詩
序則同義傳說則異體總其歸塗實相枝幹故劉向
明不歌而頌班固稱古詩之流也至如鄭莊之賦大隧士
蔿之賦狐裘結言短韻詞自己作雖合賦體明而未融
及靈均唱騷始廣聲貌然賦也者受命於詩人而拓宇
於楚辭也於是荀況禮智宋玉風鈞爰錫名號與詩畫
境六義附庸蔚成大國遂客主以守引極形貌以窮文
斯蓋別詩之原始命賦之厥初也秦世不文頗有雜賦
漢初詞人順流而作陸賈扣其端賈誼振其緒枚馬播
其風王揚騁其勢皋朔已下品物畢圖繁積於宣
時校閱於成世進御之賦千有餘首討其源流信興楚

而盛漢矣夫京殿苑獵述行序志並體國經野義
尚光大既履端於唱序亦歸餘於總亂序以建言首引
情本亂以理篇寫送文勢案那之卒章閔馬稱亂故
知殷人輯頌楚人理賦斯並鴻裁之環域雅文之樞轄
也至於草區禽族庶品雜類則觸興致情因變取會
擬諸形容則言務纖密象其物宜則理貴側附斯又
小制之區畛奇巧之機要也觀夫荀結隱語事數自
環宋發夸談實始淫麗枚乘菟園舉要以會新相如上
林繁類以成艷賈誼鵩鳥致辨於情理子淵洞簫窮變
於聲貌孟堅兩都明絢以雅贍張衡二京迅拔以宏富子

12

云甘泉構深偉之風延壽靈光含飛動之勢凡此十
家並詞賦之英傑也及仲宣靡密發篇必遒偉長博
通時逢壯采太沖安仁策勳於鴻規士衡子安底績於流
制景純綺巧縟理有餘彥伯梗概情韻不匱亦魏晉
之賦首也原夫登高之旨蓋覩物興情情以物興故義
必明雅物以情覩故詞必巧麗麗詞雅義符采相勝如組
織之品朱紫畫繪之著玄黃文雖新而有質色雖糅
而有本此立賦之大體也然逐末之儔蔑棄其本雖讀千
賦愈惑體要遂使繁華損枝膏腴害骨無貴風軌
莫益勸戒此揚子所以追悔於雕蟲貽誚於霧縠者也

讚曰賦自詩出異派分流寫物圖貌蔚似彫畫抑滯必
揚言曠無隘風歸麗則辭翦稊稗

頌讚第九

四始之至頌居其極頌者容也所以美盛德而述形容也昔
帝嚳之世咸墨為頌以歌九招自商以下文理允備夫化
偃一國謂之風風正四方謂之雅雅容告神謂之頌風雅序
人故事兼變正頌主告神故義必純美魯以公旦次編商
以前王追録斯乃宗廟之正歌非讌饗之恒詠也時邁
一篇周公所製哲人之頌規式存焉夫民各有心勿壅惟
口晉輿之稱原田魯民之刺裘鞸直言不詠短辭以諷
丘明子高並諜為頌斯乃野頌之變體浸被於人事矣

13

浇

及三閭橘頌情采芬芳比類寓意乃覃及細物矣
至于秦政刻文爰頌其德漢之惠景亦有述容沿世並
作相繼於時矣若夫子雲之表充國孟堅之序戴侯武仲
之美顯宗史岑之述熹后或擬清廟或範駉那雖淺深
不同詳略各異其褒德顯容典章一也至於班傅之北征
西征變為序引豈不褒過而謬體哉馬融之廣成上林
雅而似賦何弄文而失質乎又崔瑗文學蔡邕樊渠並
致美於序而簡約乎篇摯虞品藻頗為精覈至云
雜以風雅而不辨旨趣徒張虛論有似黃白之偽說矣
及魏晉雜頌鮮有出轍陳思所綴以皇子為標陸機積
篇惟功臣最顯其褒貶雜居固末代之訛體也原夫頌惟

典雅詞必清鑠敷寫似賦而不入華侈之區敬慎如銘而
異乎規戒之域揄揚以發藻汪洋以樹義唯纖巧曲致與
情而變其大體所底如斯而已　讚者明也助也昔虞舜
之祀樂正重讚蓋唱發之詞也及益讚于禹伊陟讚
於巫咸並颺言以明事嗟歎以助辭故漢置鴻臚以唱
拜爲讚即古之遺語也至相如屬筆始讚荊軻及史
班固書託讚褒貶約文以總錄頌體而論詞也又紀傳
後評亦同其名而仲治流別謬稱爲述失之遠矣及景
純注爾雅動植讚之義兼美惡亦猶頌之變耳然本其
爲義事生獎歎所以古來篇體促而不曠必結言於四

14

字之句盤桓乎數韻之詞約舉以盡情照灼以送文此其
體也發源雖遠而致用蓋寡大抵所歸其頌家之細條
乎 讚曰容德底頌勳業垂讚鏤影摛聲文理有爛年
積愈遠音徽如旦降及品物炫辭作翫

祝盟第十

天地定位祀遍群神六宗既禋三望咸秩甘雨和風是
生黍稷兆民所仰美報興焉犧盛惟馨本於明德祝
史陳信資乎文辭昔伊耆始蜡以祭八神其辭云土反其
宅水歸其壑昆蟲無作草木歸其澤則上皇祝文爰在茲
矣舜之祠田云荷此長耜耕彼南畝四海俱有利民之

志頗形於言矣至於商履聖敬日躋玄牡告天以万方罪己即郊禋之詞也素車禱旱以六事責躬即雩禜之文也及周之太祝掌六祝之辭是以庶物咸生陳於天地之郊旁作穆穆唱於迎日之拜夙興夜處言於祔廟之祝多福無疆布於少牢之饋宜社類禡莫不有文所以寅虔於神祇嚴恭於宗廟也自春秋以下黷祀諂祭祀幣史辭靡神不至至於張老成室致美於歌哭之禱蒯聵臨戰獲祐於筋骨之請雖造次顛沛必於祝矣若夫楚詞招魂可謂祝辭之組纚者也逮漢氏群祀肅其百禮既總碩儒之儀亦參方士之術所以秘祝移過異乎成湯之心侲子驅疫同於越巫之祝禮失之

15

術也至如黃帝有咒邪之文東方朔有罵鬼之書於是
後之譴咒務於善罵唯陳思誥咎裁以正義矣若乃
禮之祭祝事止告饗而中代祭文兼讚言行祭而兼讚
蓋引神之作也又漢代山陵哀策流文周喪盛姬內
史執策然則策本書賵因哀而為文也是以義同於誄而
文實告神誄首而哀末頌體而祝儀太祝所讀固祝
之文者也凡群言務華而降神務實修辭立誠在於
無媿祈禱之式必誠以敬祭奠之楷宜恭且哀此其
大較也班固之祀涿山祈禱之誠敬也潘岳之祭庾
婦祭奠之恭哀也舉彙而求昭然可鑒矣　盟者明
也騂旄白馬珠盤玉敦陳辭乎方明之下祝告於神明

者也在昔三王詛盟不及時有要誓結言而退周衰屢
盟弊及要劫始之以曹沫終之以毛遂及秦昭盟夷設
黃龍之詛漢祖建侯定山河之誓然義存則克終道
廢則渝始崇替在人祝何預焉若夫臧洪歃血辭截
雲蜺劉琨鐵誓精貫霏霜而無補漢晉而反為仇
讎故知信由不衷盟無益也夫盟之大體必序危機
獎乎忠孝存亡戮力祈幽靈以取鑒指九天以為正感
激以立誠切至以敷詞此其所同也然非詞之難處辭
為難後之君子宜存殷鑒忠信可矣無恃神焉
贊曰秘祀歃血祝史惟談立誠在肅修詞必甘季代彌

絺絢之朱藍神之來格所貴無慙

卷第三　大寶積經　一大寶積佛

銘箴第十一　一大寶積　大寶　言　大寶積經卷一

昔帝軒刻輿几以弼違大禹勒筍簴而招諫成湯盤
盂著日新之規武王戶席題必誡之訓周公慎言於金
人仲尼革容於欹器則先聖鑒戒其來久矣銘者名也
觀器必名焉正名審用貴乎慎德蓋臧仲之於銘
也夏鑄九牧之金周勒肅慎之楛矢令德之事也呂望銘
功於昆吾仲山鏤績於庸器計功之義也魏顆紀勳於
景鐘孔悝表勤於衛鼎稱伐之類也若乃飛廉有石

靈公有奪里之謚銘發幽石吁可怪也趙靈
勒跡於番吾秦昭刻博於華山夸誕示後吁可笑也詳
觀衆例銘義見矣至於始皇勒岳政暴而文澤亦
有疏通之美焉若班固燕然之勒張昶華陰之碣序
亦盛矣蔡邕銘思獨冠古今橋公之鉞吐納典謨朱
穆之鼎全成碑文溺所長也至如敬通雜器準矱武銘
而事非其物繁略違中崔駰品物贊多戒少李尤積篇
義儉辭碎蓍龜神物而居博弈之下衡斛嘉量而
在臼杵之末曾名品之未暇何事理之能閑哉魏文九
寶器利辭鈍唯張載劍閣其才清采迅足駸駸後發前
至勒銘岷漢得其宜矣　箴者針也所以攻疾防患

17

箴石也斯文之興盛於三代夏商二箴餘句頗存周
之辛甲百官箴闕唯虞箴一篇體義備焉迄至春
秋微而未絕故魏絳諷君於后羿楚子訓人於在勤戰
代之末弃德務功銘詞代興以箴文委絕至楊雄稽古始
範虞箴作卿尹州牧廿五篇及崔胡補綴總稱百官指事
配位鞶鑑有徵信所謂追清風於前古攀辛甲於後代者
也至於潘勖符節要而失淺溫嶠侍臣博而患繁王
濟國子引多而事寡潘尼乘輿義正而體蕪凡斯繼
作鮮有克衷至於王朗雜箴乃寘巾履得其戒慎而
失其所施觀其約文舉要憲章武銘而水火井竈繁辭
不已志有偏也夫箴誦於官銘題於器名目雖異而警

砥矣同箴全禦過故文資确切銘兼褒讚故體貴弘
潤其取事也必覈以辨其摛文也必簡而深此其大要也
於矣云之道著著屬屬尚之者人倫而以箴銘寡用罕
施後代惟秉文君子宜酌其遠大焉　讚曰銘實器
表箴惟德軌有佩于言無鑒于水秉茲貞厲警乎
立履義典則弘文約為美

○

誄碑第十二
周世盛德有銘誄之文大夫之才臨喪能誄誄者累也累
其德行旌之不朽也夏商已前其詳靡聞周雖有誄未

賤

被於士又賤不誄貴幼不誄長其在萬乘則稱天以誄之

18

讀誄定謚其節文大矣自魯莊戰乘丘始及於士
逮尼父之卒哀公作誄觀其慭遺之辭嗚呼之歎
雖非叡作古式存焉至柳妻之誄惠子則辭哀而
韻長矣暨于漢世承流而作揚雄之誄元后文實繁
穢沙麓撮其要而摯疑成篇安有累德述尊而闊略四
句乎杜篤之誄有譽前代吳誄雖工而他篇頗疏豈
以見稱光武而改盼千金哉傅毅所制文體倫序孝
山崔瑗辨絜相參觀其序事如傳辭靡律調固誄
之才也潘岳構思專師孝山巧於序悲易入新切所以隔
代相望能徵厥聲者也至如崔駰誄趙劉陶誄黃並

烈

得憲章工在簡要陳思叨名而體實繁緩文皇誄末百
言而自陳其乖甚矣若夫殷臣詠湯追褒玄鳥之祚
周史歌文上闡后稷之烈誄述祖宗蓋詩人之則也至
於序述哀情則觸類而長傅毅之誄北海云白日幽光
雰霧杳冥始序致感遂為後式景而效者彌取於功
矣詳夫誄之為製蓋選言錄行傳體而頌文榮始而
哀終論其人也曖乎若可覿述其哀也悽焉如可傷
此其旨也　碑者埤也上古帝王紀號封禪樹石埤岳
故曰碑也周穆紀跡于弇山之石亦碑之意也又宗廟有
碑樹之兩楹事止麗牲未勒勳績而庸器漸缺故後
代用碑以石代金同乎不朽自廟徂墳猶封墓也自後漢

烈

19

之末碑碣云起才鋒所斷莫高蔡邕觀楊賜之碑
骨鯁訓典陳郭二文句無擇言周胡衆碑莫非清允其
叙事也該而要其綴采也雅而澤清詞轉而不窮巧
義出而卓立察其為才自然而至矣孔融所創有摹
伯喈張陳兩文辯給足采亦其亞也及孫綽為文志
在於碑温王郗庾辭多枝雜桓彝一篇最為辯裁矣夫
屬碑之體資乎史才其序則傳其文則銘標序盛德
必見清風之華昭紀鴻懿必見峻偉之烈此碑之致也
夫碑實銘器銘實碑文因器立名事先於誄是以勒
讚勳者入銘之域樹碑述亡者同誄之區焉　贊曰
寫遠追虛碑誄以立銘德纂行光采允集觀風似面聽辭

烈

焉以注石贊鐫美敘勳之識

哀弔第十三

賦憲之謚短折曰哀哀者依也悲實依心故曰哀也以辭
遣哀蓋下流之悼故不在黃髮必施夭昏昔三良殉
秦百夫莫贖事均夭枉黃鳥賦哀抑亦詩人之哀辭乎
暨漢武封禪而霍嬗暴亡帝傷而作詩亦哀辭之類
矣降及後漢汝陽王亡崔瑗哀辭始變前式然履突
鬼門怪而不辭駕龍乘雲仙而不哀又卒章五言頗
似歌謠亦髣髴乎漢武也至於蘇順張升並述哀文雖
發其華而未極其心實建安哀辭惟偉長差善行

20

女一篇時有惻怛及潘岳繼作實鍾其美觀其慮贍辭
變情洞哀苦敘事如傳結言摹詩促節四言鮮有緩句
故義直而文婉體舊而趣新金鹿澤蘭莫之或繼
原夫哀辭大體情主於痛傷而辭窮乎愛惜幼未成
德故譽止乎察惠弱不勝務故悼加乎膚色隱心而結
文則事愜觀文而屬心則體奢奢體為辭則雖麗不哀
必使情往會悲文來引泣乃其貴耳　弔者至也詩云
神之弔矣言神之至也君子令終定謚事極理哀故
賓之慰主以至到為言也壓溺乖道所以不弔又宋水
鄭火行人奉辭國災民亡故同弔也及晉築虒臺齊襲

燕城史趙蘇秦翻賀為弔虐民搆敵亦亡之道凡斯之
例弔之所設也或驕貴以殞身或狷忿而乖道或有志
而無時或行美而兼累追而慰之並名為弔自賈誼浮
湘發憤弔屈體同而事覈辭清而理哀蓋首出之
作也及相如之弔二世全為賦體桓譚以為其言惻愴讀
者歎息及卒章要切斷而能悲也揚雄弔屈思積功寡
意深反騷故辭韻沈膇班彪蔡邕並敏於致詰然
影附賈氏難為並驅耳胡阮之弔夷齊褒而無聞仲宣
所制譏呵實工然胡阮嘉其清王子傷其隘各其
志也禰衡之弔平子縟麗而輕清陸機之弔魏武
序巧而文繁降斯以下未有可稱者矣夫弔雖古義

21

而華詞末造華過韻緩則化而為賦固宜正義以繩
理昭德而塞違剖析褒貶哀而有正則無奪倫矣
讚曰辭之所表在彼弱弄苗而不秀自古斯慟雖有
通才迷方失控千載可傷寓言以送

雜文第十四

智術之子博雅之人藻溢於詞辭盈乎氣苑囿文情
故日新而殊致宋玉含才頗亦負俗始造對問以申其
志放懷寥廓氣實使之及枚乘摛艷首製七發腴
辭雲構夸麗風駭蓋七竅所發發乎嗜欲始邪末
正所以戒膏粱之子也揚雄覃思文閣業深綜述碎
文璅語肇為連珠珠連其辭雖小而明潤矣凡三此文

文章之枝泒暇豫之末造也自對問已下復東方朔効而廣之名為客難託古慰志疏而有辨揚雄解嘲雜以諧謔迴環自釋頗亦為工班固賓戲含懿采之華崔駰達旨吐典言之式張衡應問密而兼雅崔寔客譏整而微質蔡邕釋誨體奧而文炳郭璞客傲情見而采蔚雖迭相祖述然屬篇之高者也至於陳思客問辭高而理疏庾敳客諮意榮而文悴斯類甚衆無所取才矣原夫茲文之設乃發憤而表志身挫憑乎道勝時屯寄於情泰莫不淵岳其心麟鳳其采此立本之大要也自七發已下作者繼踵觀枚氏

22

首唱信獨拔而偉麗矣及傅毅七激會清要之工
崔駰七依入雅博之巧張衡七辨結采綿靡崔瑗七
厲指義純正陳思七啓取美於宏壯仲宣七釋致辨
於事理自桓麟七說以下左思七諷以上枝附影從十有
餘家或文麗而義暌或理粹而辭駁觀其大抵所
歸莫不高談宮館壯語畋獵窮瑰奇之服饌極蠱
媚之聲色甘意搖骨體艷詞洞魂識雖始之以淫侈
終之以居正然諷一勸百勢不自反子雲所謂騁鄭聲
曲終而奏雅者也唯七厲敘賢歸以儒道雖文非拔群
而意實卓爾矣自連珠以下擬者間出杜篤賈逵之

902

曹劉珍潘勖之輩欲穿明珠多貫魚目可謂壽陵
匍匐非復邯鄲之步里醜捧心不關西施之嚬矣唯士
衡思新文敏而裁章置句廣於舊篇豈慕朱仲四
寸之璫乎夫文小易周思閑可贍足使義明而詞淨事
圓而音澤磊磊自轉可稱珠耳詳夫漢來雜文名號
多品或典誥誓問或覽略篇章或曲操弄引或吟諷
謠詠總括其名並歸雜文之區甄別其義各入討論之
域類聚有貫故不曲述也　贊曰偉矣前修學堅才飽
文餘力飛靡弄巧枝辭攢映嘒若參昴慕嚬之於
心焉祇攪

諧讔第十五

敦煌遺書《文心雕龍》殘卷集校

敦煌遺書《文心雕龍》殘卷集校

凡　例

一、本書以敦煌遺書《文心雕龍》殘卷（斯・五四七八號）爲底本，所據資料爲：倫敦大英博物館藏斯・五四七八號縮微影片、《敦煌寶藏》（臺灣省黄永武主編）、唐寫《文心雕龍殘卷》（潘重規《唐寫文心雕龍殘本合校》附印）。校以上海涵芬樓影印日本帝室圖書寮、京都東福寺、東京岩崎氏静嘉堂文庫藏宋刊本《太平御覽》引《文心雕龍》（簡稱《御覽》）、上海圖書館藏元至正十五年（公元一三五五年）嘉興郡學刊本（簡稱「至正本」）、明王惟儉《文心雕龍訓故》（簡稱《訓故》）和清黄叔琳輯註本（簡稱「黄本」）。

二、本書主要以如下十三家校勘成果進行集校：

（一）明王惟儉《文心雕龍訓故》（簡稱《訓故》）；

（二）清黄叔琳輯註《文心雕龍》（簡稱「黄本」）；

（三）黄侃《文心雕龍札記》（簡稱「《札記》」）；

（四）鈴木虎雄《敦煌本文心雕龍校勘記》（簡稱「《校勘記》」）；

（五）趙萬里《唐本文心雕龍校記》（簡稱「《校記》」）；

（六）范文瀾《文心雕龍註》（簡稱「范註」）；

（七）劉永濟《文心雕龍校釋》（簡稱「《校釋》」）；

（八）楊明照《文心雕龍校註拾遺》（簡稱「《拾遺》」）；

（九）郭晉稀《文心雕龍註譯》（簡稱「《註譯》」）；

（十）王利器《文心雕龍校證》（簡稱「《校證》」）；

（十一）潘重規《唐寫文心雕龍殘本合校》（簡稱「《合校》」）；

（十二）户田浩曉《作爲校勘資料的文心雕龍敦煌本》（簡稱「《資料》」）；

（十三）詹鍈《文心雕龍義證》（簡稱「《義證》」）。

三、本書前部分影印倫敦大英博物館藏斯·五四七八號照片（全），以備讀者直接檢核。

四、本書正文標校，遇有改補者，原文以圓括號（）標明，改補文字以方括號〔〕標明，以示區別。

五、本書校記次序：對校本文字、校註文字、諸家釋文；凡抒己見，皆冠「按」字。

六、諸家文字，凡有標點者，原則不動；無標點者，則加標點；凡書名號、括號均予統一。

七、諸家徵引前人文字，遇有相同者，以先引者出之，後者在引文處用「原文××已具」標明，以省篇幅。

八、諸家排列，略按出版時間爲序。

原道第一

□體，龜書呈貌；天文斯觀〔一〕，民胥以（効）〔傚〕〔二〕。

校　記

〔一〕天文斯觀　「觀」，至正本、《訓故》、黃本同。○鈴木虎雄《校勘記》：「『觀』誤作『親』。此本例『觀』皆作『親』。」○楊明照《拾遺》：「（《銘箴篇》）『觀器必也正名』，唐寫本作『親器必銘焉』。按唐寫本僅『親』字有誤，唐寫本『觀』皆作『親』，餘並是也。」○潘重規《合校》：「重規案：唐寫本『觀』旁『勸』旁草書皆與『親』相似，實非誤字。」○按：潘説是。細察唐寫本「觀」字、「歡」字左旁草書皆與「親」相似，足見唐人筆法，確非誤字。

〔二〕民胥以効　「効」，至正本、《訓故》作「俲」，黃本作「傚」。○楊明照《拾遺》：「按《詩·小雅·角弓》：『爾之教矣，民胥傚矣。』『俲』爲『傚』之俗。」○按：「胥」，唐寫本均作「肙」。《正字通》：「肙，古文胥。」

徵聖（弟）〔第〕二〔一〕

夫作者曰「聖」，述者曰「明」，陶鑄性情，功在上哲，「夫子文章，可得而聞」，則聖人之情，見乎辭矣〔二〕。先王聲教〔三〕，布在方册；夫子（文章）〔風采〕，溢於格言〔四〕。是以遠稱唐世，則煥乎爲盛；近褒周代，則郁哉可從。此政化貴文之徵也。鄭伯入陳，以立辭爲功〔五〕；宋置折俎，以多文舉禮〔六〕。此事績貴文之徵也〔七〕。褒美子產，則云「言以足志，文以足言」；泛論君子，則云「情欲信，辭欲巧」。此修身貴文之徵也。然則志足以言文〔八〕，情信而辭巧，乃含章之玉牒〔九〕，秉文之金科矣。

夫鑒周日月，妙極機神，文成規矩，思合符契；或簡言以達旨，或博文以該情，或明理以立體，或隱義以藏用。故《春秋》一字以褒貶，《喪服》舉輕以苞重〔一〇〕，此簡言以達旨也。《邠詩》聯章以積句，《儒行》縟說以繁(詞)〔辭〕〔一一〕，此博文以該情也。書契決斷以象《(史)〔夬〕》〔一二〕，文章昭晳以(効)〔效〕《離》〔一三〕，此明理以立體也。「四象」精義以曲隱，「五例」微辭而婉晦〔一四〕，此隱義以藏用也。故知繁略殊制〔一五〕，隱顯異術，抑引隨時，變通適會〔一六〕，徵之周孔，則文有師矣。

是以論文必徵於聖，窺聖必宗於經〔一七〕。《易》稱「辨物正言，斷(詞)〔辭〕則備」〔一八〕；《書》云「辭尚體要，不唯好異」〔一九〕。故知正言所以立辨〔二〇〕，體要所以成辭，辭成則無好異之尤〔二一〕，辨立則有斷辭之美〔二二〕。雖精義曲隱，無傷其正言；微辭婉晦，不害其體要。體要與微辭偕通，正言共精義並用，聖人之文章，亦可見也。顏闔以爲：「仲尼飾羽而畫，徒事華(詞)〔辭〕〔二三〕。」雖欲訾聖〔二四〕，不可得也〔二五〕。然則聖文之雅麗，固銜華而佩實者也。天道難聞，且或鑽仰〔二六〕；文章可見，(寧曰)〔胡寧〕勿思〔二七〕。〔若〕徵聖立言〔二八〕，則文其庶矣。

(讚)〔贊〕曰〔二九〕：妙極生知，叡哲惟宰〔三〇〕。精(精)〔理〕爲文〔三一〕，秀氣成采。鑒懸日月，辭富山海。(白)〔百〕齡影徂〔三二〕，千載心在。

校記

〔一〕徵聖弟二　潘重規《合校》：「重規案：『第』，唐寫本作『弟』，以下各篇同。」○按：「弟」、「第」同音假借；然范、楊、王、郭諸家均未出校。敦煌寫本中同音假借者甚多，如伯二七二一卷《隨身寶》之「已」「以」，「皇」「黃」，「義」「羲」，「恬」「甜」，「雨」「羽」，「注」「著」，「照」「昭」，「煞」「殺」，「呂」「侶」，「刑」「行」，「善」「膳」，「我」「餓」等等；本卷類似情況亦多。有人對此普遍現象，稱之謂「『標音系』的古書。」（寧希之《標音系的古書與變文中假借字的解讀》）。本書「第」作「弟」，以下諸篇同，不贅。

〔二〕見乎辭矣　「辭」，至正本、《訓故》、黃本作「文辭」。○范註：「《易·下繫辭》『聖人之情見乎辭』。唐寫本無『文』字。案『文』謂文章，『辭』謂言辭。義有廣狹，似不可刪。循繹語氣，亦應有『文』字。」○楊明照《拾遺》：「按無『文』字與《易·繫辭下》合。今本蓋涉上下諸『文』字而衍，當據刪。」○按：楊說是。《易·繫辭下》第一章：「聖人之情見乎辭。」

〔三〕先王聲教　「聲教」，至正本、《訓故》、黄本作「聖化」。○楊明照《拾遺》：「按唐寫本是也。《練字篇》：『先王聲教，書必同文。』句法與此同，可證。『聲教』二字見《書·禹貢》。」○按：《夏書·禹貢》：「東漸於海，西被於流沙，朔南暨聲教，訖於四海。」孔《傳》曰：「漸，入也。被，及也。此言五服之外，皆與王者聲教而朝見。」

〔四〕夫子文章溢於格言　「文章」，至正本、《訓故》、黄本作「風采」；「於」，至正本作「于」。○楊明照《拾遺》：「按唐寫本作『文章』，與上重複，非是。《書記篇》：『詳觀書體，本在盡言，所以散鬱陶，託風采。』彼以書能託『風采』，則此謂孔子之『風采』溢於格言，持論正相一致。」○詹鍈《義證》：「唐寫本作『文章』。如作『文章』，則與上文『夫子文章』重出，仍以『風采』爲是。《漢書·霍光傳》：『政自己出，天下想聞其風采。』師古註：『采，文采。』《書記篇》云：『所以散鬱陶，託風采。』『風采』謂風度文采。」○按：楊、詹説是。從至正本等改。又：鈴木《校勘記》以唐寫本「文章」爲「文采」，非是。

〔五〕鄭伯入陳以立辭爲功　「立」，至正本、《訓故》同；黄本作「文」。黄叔琳校云：「一作『立』。」○范文瀾校云：「鈴木云：案諸本作『立』，敦煌本亦作『立』。」又註：「《左傳》襄公二十五年『仲尼稱子産曰：志有之，言以足志，文以足言。不言，誰知其志？言之無文，行而不遠。晉爲伯鄭入陳，非文辭不爲功，慎辭也。』」○楊明照《拾遺》：「按『立』字是。唐寫本、元本、弘治本、活字本、汪本、佘本、張本、《兩京》本、何本、胡本、《訓故》本、梅本、淩本、《合刻》本、梁本、《秘書》本、謝鈔本、《彙編》本、《別解》本、清謹軒本、岡本、尚古本、文津本、王本、張松孫本、鄭藏鈔本、《崇文》本、《諸子彙函》本並作『立』。黄氏據馮舒、何焯説改『立』爲『文』，雖與《左傳》襄公二十五年合，而昧其與下『多文』句之詞性不侔且相複也。」○按：楊説是。《周易·乾卦》：「修辭立其誠。」「立辭」與下「多文」對。

〔六〕宋置折俎以多文舉禮　「文」，至正本作「方」。○黄叔琳校云：「元作『方』，孫改。」○范文瀾校云：「鈴木云：『案諸本作『方』，敦煌本作『文』。』」又註：「《左傳》襄公二十七年『宋人享趙文子，司馬置折俎，禮也。仲尼使舉是禮也，以爲多文辭。』杜註：『折俎體解節折，升之於俎，合卿享宴之禮。』《正義》曰：『此文甚略，本意難知。蓋於此享也，賓主多有言辭，時人跡而記之；仲尼以爲此享多文辭，以文辭可爲法，故特使弟子記録之。』」○郭晉稀《註譯》：「今案：本文以『舉禮』與『爲功』對文，則謂折俎之禮得以推行，賴於多文辭也。」○按：郭説是。且「文」與「辭」對文，「方」非是，當作「文」。

〔七〕此事績貴文之徵也　「績」，至正本、《訓故》、黄本作「蹟」。○范註：「『蹟』唐寫本作『績』，是。《爾雅·釋詁》：『績，功也。』」○郭晉稀《註譯》：「『事績』，元作『事蹟』。今案：『績』，功也。上文皆謂以文辭立事功，故依唐寫本校改。」

〔八〕志足以言文　「志」，至正本、《訓故》、黄本同。○黄叔琳校云：「元作『忠』，謝改。」○楊明照《拾遺》：「按此爲回應上文『言以足志，文以足言』之辭，謝改『志』，是也。」「以」，至正本、黄本作「而」。○按：當作「以」，與上「言以足志，文以足言」合，且與下「而」不複。

〔九〕乃含章之玉牒　「乃」，至正本、《訓故》、黄本作「廼」。

〔一〇〕喪服舉輕以苞重　「苞」，至正本、《訓故》、黄本並作「包」。○楊明照《拾遺》：「按『包』與『苞』通。《書·禹貢》『草木漸包』，《説文·艸部》引作『蕲苞』，是其證。《章表篇》『表體多包』，《御覽》五九四引作『苞』。《序志篇》『苞會通』，元本、弘治本等作『包』。」

〔一一〕儒行縟説以繁詞　「詞」，至正本、《訓故》、黄本作「辭」。○鈴木《校勘記》：「案『辭』『詞』兩字，此本與黄本，其用大抵相反。」○詹鍈《義證》：「『辭』，唐寫本作『詞』。辭，詞通用。」

〔一二〕書契決斷以象史　「決斷」，至正本、《訓故》、黄本作「斷決」。○楊明照《拾遺》：「按唐寫本是也。《七略》：『《書》以決斷，斷者，義之證也。』」。「史」，至正本、《訓故》、黄本作「夬」。○鈴木《校勘記》：「『夬』誤作『央』。」○户田浩曉《資料》：「敦煌本作『決斷』，是。但敦煌本『夬』誤作『史』。鈴木博士《校勘記》云：『夬誤作央。』如果不是博士誤記，當是印刷上的誤植。」○詹鍈《義證》：「按夬、決皆有斷義。《夬》，《易》卦名，《乾》下《兑》上。《彖》曰：『夬，決也，剛決柔也。健而説，決而和。』《夬》卦，五爻爲陽，一爻爲陰，故剛勝柔。『夬』，決也，書契的斷決萬事象之。唐寫本『夬』作『史』，誤。」○按：「史」乃「夬」之形誤，非是；當作「夬」。《易·繫辭》下：「上古結繩而治，後世聖人易之以書契，百官以治，萬民以察，蓋取諸《夬》。」韓註：「夬，決也。書契所以決斷萬事也。」從至正本等改。

〔一三〕文章昭晢以効離　「晢」，至正本、《訓故》作「晢」。黄本作「晰」。「効」，至正本、《訓故》、黄本作「象」。○鈴木《校勘記》：「案『効』即『傚』也。」○黄侃《札記》：「孫（詒讓）君云：元本晰作晢，晢爲晰之借，晰乃晰之訛。《説文·日部》：昭晢，明也。《易》曰：明辯晢也。《釋文》云：晢又作晢。後《正緯》《明詩》《總術》篇昭晰字，元本皆作晢。按彦和用經字多異於今本，如發揮作發輝是也。」○范文瀾校云：「譚校『晰』作『晢』」。又註：「《易·離卦彖辭》：『離，麗也。』離爲日爲火，皆文明之象。陳壽祺《左海經辨·晢晢辨》曰：『《説文·白部》：晢，人白色也。《日部》：哲，昭晰，明也。從日，折聲。《玉篇》中『晰，之逝切。哲晰並同上。哲哲二字判然。今經典相沿，往往互亂。且哲誤爲哲（按：原文如此，疑有誤。），哲則字書所無，不可用。』」○楊明照《拾遺》：「按唐寫本並是。《玉篇・日部》：『晰，之逝切，明也。哲、晰並同上。』『晰』俗字，當以作『晰』爲正。何本、《合刻》本、梁本、岡本、尚古本、王本、崇文本作『晰』，不誤。《漢書・司馬相如傳》下『闇昧昭晰』，《後漢書・張衡傳贊》『孰能昭晰』，《文選》何晏《景福殿賦》『猶眩曜而不能昭晰也』，《古文苑》班婕妤《擣素賦》『煥若荷華之昭晰』，並作『晰』。《總術篇》『辯者昭晰』尚未誤。《正諱篇》『孝論昭晰』，《明詩篇》『唯取昭晰之能』，亦當從唐寫本改作『晰』。『象離』與上句『象夬』複，唐寫本作『効』，是也。『効』，『效』之俗寫。本書『效』字，唐寫本皆作『効』。」○王利器《校證》：「『昭晰』原作『昭晰』，元本、傳校元本、馮本、汪本、佘本、《兩京》本、王惟儉本、《彙函》本作『哲』，徐校作『晰』。孫詒讓曰：『案《説文・日部》云：昭哲，明也。哲或作晰，晰即晰之譌體。此書多作「哲」者，用通借字也。《易・大有》四象云：明辯哲也。《釋文》：哲又作哲。後《正緯》《明詩》《總術》三篇昭晰字，元本、馮鈔本亦並作哲，今本皆譌。彦和用經語，多從別本，如前《原道篇》「幽讚神明」，亦本《易》《釋文》或本，與此可互證。』案徐校孫説是，今據改。」又：「『効』，原作『象』，唐寫本作『効』。案上文以『積句』與『繁辭』異文作對，下文以『曲隱』與『婉晦』異文作對，則此亦當以異文作對，不當俱作『象』也。今據唐寫本改。」○潘重規《合校》：「重規按：『晰』，原卷作『哲』，《正諱篇》『哲』亦作『哲』，皆不作『晰』。」

〔一四〕五例微辭而婉晦　「而」，至正本、《訓故》、黄本作「以」。○按：當作「而」。杜預《春秋左氏傳序》：「爲例之情有五：一曰微而顯……二曰志而晦……三曰婉而成章……四曰盡而不汙……五曰懲惡而勸善……」

〔一五〕繁略殊制　「制」，至正本、《訓故》、黄本作「形」。○楊明照《拾遺》：「按唐寫本是。『制』謂體制。」○郭晉稀《註譯》：「『制』是文章體制，『術』是行文方法，相對而言。『制』原作『形』，非，故依唐寫本改。」○詹鍈《義證》：「唐寫本『形』作『制』，應據改。制是文章體制。」

〔一六〕變通適會　「適會」，至正本、《訓故》、黄本作「會適」。○趙萬里《校記》：「案上云『抑引隨時』，與此句相對成文，則以作『適會』爲是，當據唐本乙。」○范註：「作『適會』是。《易・下繫辭》：『唯變所適。』韓康伯註曰：『變動貴於適時，趣舍存乎其會也。』」○楊明照《拾遺》：「按唐寫本是。《章句篇》『隨變適會』，《練字篇》『詩騷適會』，《養氣篇》『優柔適會』，並其證也。《高僧傳・支遁傳》『默語適會』，又《唱導論》『適會無差』，亦以『適會』爲言。」○郭晉稀《註譯》：「『適會』，原作『會適』，誤倒，今依唐寫本校改……前三處（按：指《章句篇》、《練字篇》、《養氣篇》）皆用『適會』連文，不作『會適』，故知此文誤倒。」○詹鍈《義證》：「『適會』，適乎其會。」並引《易・繫辭下》韓註曰：「變通貴於適時，趨舍存乎其會也。」

〔一七〕是以論文必徵於聖窺聖必宗於經　至正本作「是以政論文必徵於聖必宗於經」；《訓故》作「是以□政論文必徵於聖必宗於經」；黄本作「是以子政論文必徵於聖稚圭勸學必宗於經」。○黄叔琳校云：「（子）元脱，楊補。」「（稚圭勸學）四字元脱，楊補。」○劉永濟《校釋》：「舊校『子』、『稚圭勸學』五字原脱，楊慎補。唐寫本作……（原文上已具）當從。升庵所補非也。」○范註：「趙君萬里曰：『案唐本是也，黄本依楊校，『政』上補『子』字，『必宗於經』句上補『稚圭勸學』四字，臆説非是。」○王利器《校證》：「『是以論文』二句，原作『是以政論文，必徵於聖，必宗於《經》』。王惟儉本『政』前有一『□』，楊補作『是以子政論文，必徵於聖；稚圭勸學，必宗於《經》』。謝鈔本作『是以子政論文，必徵於聖；□□□□，必宗於《經》』。今案《宗經篇》：『邁德樹聲，莫不師聖；而建言修辭，鮮克宗《經》。』《史傳篇》：『立義選言，宜依經以樹則；勸戒與奪，必附聖以居宗。』又云：『宗經矩聖之典。』《論説篇》：『述聖通經，論家之正體也。』皆與此『徵聖』『宗經』意同，並撮略爲言，而不必指實爲何人。《樂府篇》：『昔子政論文，詩與歌別。』楊氏蓋涉彼妄補，不可從。今改從唐寫本。」○户田浩曉《資料》：「按：因汪一元校本等有『是以政論文』，《樂府篇》又有『昔子政論文』句，楊慎因此而補入『子』字，但細勘前後文義，插入子政（劉向之字）、稚圭（匡衡之字）等專用名詞實無必要。故宜從敦煌本，删去楊慎所補五字，另補入『窺聖』二字。」○詹鍈《義證》引橋川時雄《文心雕龍校讀》：「按唐寫本無『子政』二字，二字後人强附，當删，未聞劉向有論文也。」又：「『稚圭勸學』徐校不及此四字，何校惟從楊補，亦無所考，未詳楊據何本所增。唐寫本亦無此四字，而有『窺聖』二字，句順意通。以各本無『窺聖』二字，前後意不通，故後人任意改補。」

〔一八〕辨物正言斷詞則備　「詞」，至正本、《訓故》、黄本作「辭」。○按：當作「辭」。《易・繫辭下》：「夫《易》彰往而察來，而微顯闡幽，開而當名，辨物正言，斷辭則備矣。」又：下「辨立則有斷辭之美」亦可證。

〔一九〕辭尚體要不唯好異　「不唯」，至正本、《訓故》、黄本作「弗惟」。○按：僞《古文尚書・畢命》：「政貴有恒，辭尚體要，不惟好異。」○楊明照《拾遺》：「按『弗』作『不』與僞《畢命》合。本書今作『弗』者，唐寫本或《御覽》均作『不』。」

〔二〇〕正言所以立辨　「辨」，至正本、《訓故》、黄本作「辯」。○楊明照《拾遺》：「按此語承上『易稱辨物正言』句，當以作

「辨」爲是。下『辯立』亦然。張本、謝鈔本、清謹軒本、文溯本作『辨』，與唐寫本合。」

〔二一〕辭成則無好異之尤　至正本、《訓故》、黄本無「則」字。

〔二二〕辨立則有斷辭之美　至正本、《訓故》、黄本「辨」作「辯」；無「則」字；「美」作「義」。○楊明照《拾遺》：「按『美』『義』二字易譌。《劉子·傷讒篇》『譽人不增其美』，諸本亦誤『美』爲『義』也。（按：《劉子》舊合字本、影抄本、孫鑛評本、《五家言》本均不誤。）此當作『美』，始能與上句之『尤』字對。」○郭晉稀《註譯》：「『美』元作『義』，今案『尤』與『美』一正一反，相對成文，作『義』者誤。《禮記·少儀》：『言語之美』，連用五『美』字，鄭註：『美皆當爲儀，字之誤也。』蓋『儀』亦作『義』，此『美』『義』形近易訛之證也。故依唐寫本校改。」

〔二三〕徒事華詞　「徒」，至正本、《訓故》、黄本同。○黄叔琳校云：「徒，《莊子》作從。」○按：《莊子·列禦寇》：「仲尼方且飾羽而畫，從事華辭，以支爲旨。忍性以視民，而不知不信，受乎心，宰乎神，夫何足以上民。」「詞」，至正本、《訓故》、黄本作「辭」。○按：作「辭」是，同上《莊子》引文。

〔二四〕雖欲訾聖　「訾」，黄本同。至正本、《訓故》作「此言」。○黄叔琳校云：「『訾』字一作『此言』二字，誤。」○楊明照《拾遺》：「黄氏據馮舒、何焯説改『訾』，是也。」○按：「訾」，毁也。此承上顔闔訾毁仲尼而言，「此言」無義。《淮南子·汜論訓》：「訾行者不容於衆。」高誘註：「訾毁人行，自獨卑藏。衆人所疾而不容之也。一曰：訾，毁也，行有毁缺者，不爲衆人所容。」

〔二五〕不可得也　至正本、《訓故》、黄本「不」作「弗」，「也」作「已」。○楊明照《拾遺》：「『已』，亦當從唐寫本作『也』。《議對篇》：『雖欲求文，弗可得也。』句法與此同，可證。」○按：至正本「已」多刻作「巳」。

〔二六〕天道難聞且或鑽仰　「且」，至正本、《訓故》、黄本作「猶」。

〔二七〕寧曰勿思　「寧曰」，至正本、《訓故》、黄本作「胡寧」。○楊明照《拾遺》：「按《詩·小雅·四月》、《大雅·雲漢》並有『胡寧忍予』之文。是『胡寧』二字原有所本。《南齊書·王儉傳》『胡寧無感』，《文選》王粲《贈文叔良詩》『胡寧不師』，張華《勵志詩》『胡寧自舍』，王讚《雜詩》『胡寧久分析』，傅亮《爲宋公求加贈劉前軍表》『胡寧可昧』，亦並以『胡寧』爲言。唐寫本作『寧曰』，蓋涉次行『贊曰』之『曰』字而誤。」○按：楊説是。從至正本、《訓故》、黄本改。

〔二八〕徵聖立言　至正本、《訓故》、黄本作「若徵聖立言」。○按：「若」字當有，與下「則」對。從至正本等補。

〔二九〕讚曰　至正本、《訓故》、黄本「讚」並作「贊」。下諸篇同，不贅。○范註：（《原道》「贊曰」）「本書《頌贊篇》云『贊者，明也，助也。』案《周禮》州長、充人、大行人註皆曰：『贊，助也。』《易·說卦傳》云：『幽贊於神明而生蓍。』韓康伯註曰：『贊，明也。』此彥和說所本。《說文》無讚字，自以作贊爲是。」

〔三〇〕叡哲惟宰　「叡」，至正本、《訓故》、黄本作「睿」。○楊明照《拾遺》：「按『睿』『叡』古今字。以《誄碑篇》『雖非叡作』、《史傳篇》『叡旨幽隱』例之，唐寫本作『叡』爲是。」○郭晉稀《註譯》：「《書·洪範》：『明作哲……睿作聖。』故後世以睿哲連文，張衡《東京賦》：『睿哲玄覽。』宰，主宰。」○按：此贊總《徵聖》，「睿哲（聖哲）惟宰」似更合徵聖主旨。

〔三一〕精精爲文　「精精」，至正本、《訓故》、黄本作「精理」。○潘重規《合校》：「規案：唐寫本『精理』作『精精』，蓋誤。」○詹鍈《義證》：「《文選》王僧虔《答顔延年》詩『珪璋既文府，精理亦道心』。李善註：『言珪璋之麗，既光於文府；精理之妙，亦窮於道心。』《時序篇》云：『微言精理，函滿玄席。』『精理』，謂精深之義理。」○按：當作「精理」，唐寫本次「精」字乃涉上而誤。

〔三二〕白齡影徂　「白」，至正本、《訓故》、黄本作「百」。○鈴木《校勘記》：「案此本『百』『白』二字通用。」○潘重規《合校》：「規案：唐寫本『百』作『白』。」○按：作「白」非是，當作「百」。唐寫本「百」或有寫作草字「ㄅ」者。

宗經（第）〔第〕三

三極彝訓，其書曰「經」〔一〕。「經」也者，恒久之至道，不刊之鴻教也。故象天地，（効）〔效〕鬼神〔二〕，參物序，制人紀，洞性靈之（區奥）〔奥區〕〔三〕，極文章之骨髓者也。皇世《三墳》，帝代《五典》，重以《八索》，申以《九丘》〔四〕，歲曆綿曖〔五〕，條流紛糅。自夫子刪述〔六〕，而大寶啟耀〔七〕。於是《易》張《十翼》，《書》（摽）〔標〕「七觀」，《詩》列「四始」，《禮》正「五經」，《春秋》「五例」。義既（挺）〔埏〕乎性情〔八〕，辭亦匠（乎）〔於〕文理〔九〕，故能開學養正，昭明有融。然而道心惟微，聖謨卓絶〔一〇〕，墻宇重峻，吐納自深〔一一〕。譬（万）〔萬〕鈞之洪鐘，無錚錚之細響矣。

夫《易》惟談天〔一二〕，入神致用〔一三〕。故《繫》稱：旨遠、（詞高）〔辭文〕、言中、事隱〔一四〕。韋編三絶，（故）

〔固〕哲人之驪淵也〔一五〕。《書》實（紀）〔記〕言〔一六〕，而詁訓（芒）〔茫〕昧〔一七〕，通乎《爾雅》，則文意曉然。故子夏歎《書》：「昭昭若日月之代明，離離如星辰之錯行」〔一八〕，言照灼也〔一九〕。《詩》（之）〔主〕言志，詁訓同《書》〔二〇〕；摛《風》裁「興」，藻辭譎喻，温柔在誦，最附深衷矣〔二一〕。《禮》以立體〔二二〕，據事制範〔二三〕，章條纖曲，執而後顯，採綴片言，莫非寶也。《春秋》辨理，一字見義〔二四〕，「五石」、「六鶂」，以詳略成文〔二五〕，「雉門」「兩觀」，以先後顯旨；其婉章志晦，諒已邃矣〔二六〕。《尚書》則覽文如詭，而尋理即暢；《春秋》則觀辭立曉而訪義方隱。此聖文之殊致〔二七〕，表裏之異體者也。至於根柢盤固〔二八〕，枝葉峻茂，辭約而旨豐，事近而喻遠，是以往者（唯）〔雖〕舊，而餘味日新〔二九〕，後進追取而非晚〔三〇〕，前修久用而未先〔三一〕，可謂太山遍雨〔三二〕，河潤千里者也。

故論、說、辭、序，則《易》統其首；詔、策、章、奏，則《書》發其源；賦、頌、歌、讚，則《詩》立其本；銘、誄、箴、祝，則《禮》總其端；記、傳、盟、檄〔三三〕，則《春秋》爲根。並窮高以樹表，極遠以啟疆，所以百家騰躍，終入環内〔三四〕。若稟「經」以（制）〔製〕式〔三五〕，酌「雅」以富言，是即山而鑄銅，煮海而爲鹽者也〔三六〕。故文能宗「經」，體有六義：一則情深而不詭，二則風清而不雜，三則事信而不誕，四則義貞而不回〔三七〕，五則體約而不蕪，六則文麗而不淫。故揚子比雕玉以作器〔三八〕，謂「五經」之含文也。夫文以行立，行以文傳，四教所先，符采相濟，邁德樹聲〔三九〕，莫不師聖，而建言修（詞）〔辭〕〔四〇〕，鮮克宗「經」。是以楚艷漢侈，流（獘）〔弊〕不還〔四一〕，（極正）〔正末〕歸本〔四二〕，不其懿哉〔四三〕！

（讚）〔贊〕曰：三極彝道，訓深稽古〔四四〕。致化惟一〔四五〕，分教斯五。性靈鎔匠，文章奧府。淵哉鑠乎，羣言之祖〔四六〕。

校記

〔一〕其書曰經　「曰」，《御覽》同，至正本、《訓故》、黄本作「言」。○范註：「唐寫本『言』作『曰』，是。」○楊明照《拾遺》：「按『曰』字是。《論説篇》：『聖哲彝訓曰經。』《總術篇》：『常道曰經。』並其證。《博物志》四：『聖人制作曰經。』《御覽》

六百八引正作「曰」，不誤。」

〔二〕効鬼神　「効」，至正本、《訓故》、黄本作「效」。「効」即「效」，見《徵聖》校記〔十三〕。

〔三〕洞性靈之區奥　「區奥」，至正本、《訓故》、黄本作「奥區」。○范註：「奥區見《文選・西京賦》。」○楊明照《拾遺》：「按唐寫本誤倒。贊中『奥府』，與此『奥區』同意。《文選》張衡《西京賦》：『實惟地之奥區神皋。』蓋舍人『奥區』二字所本。《後漢書・班固傳》『防禦之阻，則天下之奥區焉』，《文選》王融《三月三日曲水詩序》『福地奥區之湊』，亦並作『奥區』。《事類篇》：『實羣言之奥區。』亦可證。」○按：楊説是，當從至正本、《訓故》、黄本改。

〔四〕申以九丘　「丘」，至正本、《訓故》同；黄本作「邱」。○范註：「《左傳》昭公十二年《正義》：『孔安國《尚書序》云：……九州之志，謂之《九邱》，邱，聚也，言九州所有，土地所生，風氣所宜，皆聚此書也。』賈逵云：『……《九邱》，九州亡國之戒。』彦和此語，用僞孔安國《尚書序》義。」○楊明照《拾遺》：「按此『邱』字乃黄氏例避孔子諱所改，當依各本作『丘』。」

〔五〕歲曆綿曖　「曆」，至正本、《訓故》、黄本作「歷」。○按：「曆」、「歷」古通。

〔六〕自夫子删述　「删」，黄本同，至正本、《訓故》作「刊」。○王利器《校證》：「馮本、汪本、張之象本、《兩京》本、王惟儉本『删』作『刊』，徐𤊹云：『刊當作删。』」○按：「删」是。僞孔安國《尚書序》：「先君孔子生於周末，覩史籍之煩文，懼覽者之不一，遂乃定《禮》《樂》，明舊章，删《詩》爲三百篇，約史記而修《春秋》……斷自唐虞以下迄於周，芟夷煩亂，翦裁浮辭，舉其宏綱，撮其機要，足以垂世立教，典謨訓誥誓命之文，凡百篇。」

〔七〕大寶啟耀　「啟」，《御覽》同，至正本、《訓故》、黄本作「咸」。○黄叔琳校：「一作啟。」○范文瀾校：「趙云：『咸作啟。』《御覽》引此文亦作『啟』。」○楊明照《拾遺》：「『咸』，黄校云：『一作啟。』何焯改『啟』。按唐寫本及《御覽》引並作『啟』。『啟』草書與『咸』相近，故誤。此當以作『啟』爲長。」○詹鍈《義證》：「『咸』字唐寫本作『啟』，亦可通。」

〔八〕義既挺乎性情　「挺」，《御覽》作「埏」；至正本、《訓故》、黄本作「極」。○范註：「趙君萬里曰：『唐寫本『極』作『挺』，《御覽》六百八引作『埏』，以下文『辭亦匠於文理』句例之，則作『埏』是也。唐本作『挺』，即『埏』字之譌。』案趙説是。」○郭晉稀《註譯》：「『埏』，猶言陶冶。元作『極』，非，『埏』與『匠』相對成文，今依宋本《御覽》校改。」○王利器《校證》：「『挺』原作『極』，唐寫本及銅活字本《御覽》作『挺』，宋本《御覽》、明鈔本《御覽》作『埏』。按『挺』『埏』俱『挻』形近之誤，《老子》十一章：『挻埴以爲器。』『挻』與『匠』義正相比，今改。」○潘重規《合校》：「重規案：挺蓋挻之譌。《説文》：「挻，長也。」《字林》同。《聲類》云：「柔也。」（據《釋文》引。）《老子》：「挻埴以爲器」，字或誤作「埏」。朱駿聲曰：「柔，今字作揉，猶煣也。凡柔和之物，引之使長，搏之使短，可析可合，可方可圓，謂之挻。陶人爲坯，其一端也。」」○詹鍈《義證》：「按『挻』通『埏』，此處猶言陶冶。」○按：作「埏」義長，從《御覽》改。

〔九〕辭亦匠乎文理　「乎」，至正本、《訓故》、黄本作「於」。○王利器《校證》：「《御覽》『於』作『乎』。」○按：作「於」較長，不與上複。

〔一〇〕聖謨卓絶　「謨」，《御覽》、黄本同；至正本、《訓故》作「謀」。○黄叔琳校云：「元作謀，改謨。」○趙萬里《校記》：「案黄本『謀』改『謨』，與唐寫本正合。」○楊明照《拾遺》：「『謨』，黄校云：『元作謀，改謨。』此沿梅校。徐𤊹、何焯並校爲『謨』。按唐寫本及《御覽》引並作『謨』，改『謨』是也。」○王利器《校證》：「今案唐寫本及《御覽》正作『謨』，《明詩篇》亦云：『聖謨所析』。」○詹鍈《義證》：「『謨』舊作『謀』，『謨』是謀議，『謨』『謀』可通。」

〔一一〕吐納自深　至正本、《訓故》、黄本在「吐納」上並有「而」字。《御覽》「自」作「者」。○趙萬里《校記》：「案：唐本是也，今本即涉上文而衍。」○楊明照《拾遺》：「『而』，唐寫本無，《御覽》引同。按二句一意貫注，『而』字實不應有，當據删。」○郭晉稀《註譯》校「自」爲「者」，並註：「『者』，元作『自』，蓋『者』字上半脱壞，故誤作『自』，今依宋本《御覽》校改。」

〔一二〕夫易惟談天　黄本同；至正本、《訓故》無「夫」字。○黄叔琳校云：「『夫』字從《御覽》增。」○趙萬里《校記》：「案《御覽》六百八所引，均與唐本合，當據訂。」○范註：「陳先生曰：『《宗經篇》「易惟談天」至「表裏之異體者也」二百字，並本王仲宣《荆州文學志》文。』案仲宣文見《藝文類聚》三十八、《御覽》六百八。」○楊明照《拾遺》：「按《類聚》卷三八引王粲《荆州文學記官志》無此文，《御覽》卷六百七所引者亦然。其卷六百八引『自夫子删述』至『表裏之異體者也』二百餘字，明標爲《文心雕龍》，非《荆州文學官志》也。陳氏蓋據嚴輯《全後漢文》（卷九　）爲言；范氏所註出處，亦係迻録嚴書。皆不曾一檢《類聚》及《御覽》，故爲嚴可均所誤。」○王利器《校證》：「馮校云：『《易》上《御覽》有「夫」字。黄叔琳云：「夫字從《御覽》增。」』今案唐寫本正有『夫』字。」

〔一三〕入神致用　「入」，《御覽》、黄本同，至正本、《訓故》作「人」。○黄叔琳校云：「一作『人』，從《御覽》改。」○范文瀾校：「鈴木云：　案諸本作『人』，燉煌本作『入』。」並註：「《易·下繫辭》：『精義入神，以致用也』。」

〔一四〕故繫稱旨遠詞高言中事隱　「詞高」，至正本作「辭高」，《御覽》、《訓故》、黄本作「辭文」。○黄叔琳校云：「文，原作高，孫改。」並註云：「《易・繫辭》：『其旨遠，其辭文，其言曲而中，其事肆而隱。』」○黄侃《札記》：「旨遠辭文二句，《正義》曰：『其旨遠者，近道此事，遠明彼事，是其旨意深遠，若龍戰於野，近言龍戰，乃遠明陰陽鬥争，聖人變革，是其旨遠也。其辭文者，不直言所論之事，乃以義理明之，是其辭文飾也，若黄裳元吉，不直言得中居職，乃云黄裳，是其辭文也。』韓康伯註曰：『變化無恒，不可爲典要。故其言曲而中也。其事肆而隱者，事顯而理微也。』」○楊明照《拾遺》：「按唐寫本亦作『高』。杜預《春秋左傳集解序》：『言高則旨遠。』《陳書・周弘正傳》：『(梁武帝詔)設卦觀象，事遠文高。』遺辭似均出自《易・繫》，其作『高』與此同。」○王利器《校證》：「『文』原作『高』，唐寫本同。《御覽》作『文』。王惟儉本、日本刊本作『文』，梅從孫汝澄改作『文』。」○詹鍈《義證》：「按唐寫本正作『辭高』。『高』『遠』對文，《雜文篇》亦有『辭高而理疎』語。」○按：此句直指「《繫》稱」，當依《易・繫辭》作「辭文」。

〔一五〕故哲人之驪淵也　「故」，《御覽》、至正本、《訓故》、黄本作「固」。○詹鍈《義證》：「『固』，唐寫本作『故』。橋川時雄：『按固故兩通。』」

〔一六〕書實紀言　「紀」，《御覽》、《訓故》同，至正本、黄本作「記」。○王利器《校證》：「唐寫本『記』作『紀』，王惟儉本、《御覽》同。」○按：敦煌寫本同音假借字甚夥，「紀」、「記」通。「書實紀言」本《漢書・藝文志》：「左史記言……言爲尚書。」

〔一七〕而詁訓芒昧　「詁訓」，至正本同；《御覽》作「誥訓」，黄本作「訓詁」。「芒」，至正本、黄本作「茫」。○范文瀾校：「孫云：唐寫本『訓詁』作『詁訓』。譚校作『詁訓』。」○楊明照《拾遺》：「『訓詁』，唐寫本作『詁訓』。《御覽》引作『誥訓』，『誥』乃『詁』之誤。按：元本、弘治本、活字本、汪本、佘本、張本、《兩京》本、胡本、《訓故》本、梁本、《四庫》本亦並作『詁訓』。謝鈔本作『訓詁』，馮舒乙爲『詁訓』。以下文『詁訓同書』及《練字篇》『《雅》以淵源詁訓』例之，此似以作『詁訓』爲得。《中論・治學篇》『矜於詁訓』，《文選》左思《三都賦》序『歸諸詁訓』，亦並以『詁訓』爲言。」○按：「芒」，鈴木《校勘記》作「茫」。唐寫本實作「芒」。「詁訓」，《爾雅》十九篇，前三篇篇名爲「釋詁」、「釋言」、「釋訓」，故作「詁訓」爲得。○《訓故》「而詁訓芒昧通乎《爾雅》則文意曉然」句作「然覽文如詭而尋理即暢」。

〔一八〕昭昭若日月之代明離離如星辰之錯行　《御覽》、至正本、《訓故》、黄本無「代」字、「錯」字。○范註：「黄註『《尚書大傳》：子夏讀《書》畢，見於夫子。夫子問焉，子何爲於《書》？子夏對曰，《書》之論事也，昭昭如日月之代明，離離若參辰之錯行，上有堯舜之道，下有三王之義，商所受於夫子，志之於心，不敢忘也。』郝懿行曰：『子夏歎《書》之言，見《尚書大傳》，而《韓詩外傳》二卷則稱子夏言《詩》，是知《詩》《書》之襟帶。』唐寫本『明』字上有『代』字，『行』字上有『錯』字。《荆州文學志》無『代』『錯』二字。」○楊明照《拾遺》：「按唐寫本是。舍人此語本《尚書大傳·略説》（原文范註已引），而《大傳》原有『代』『錯』二字。當據增。《禮記·中庸》：『辟如四時之錯行，如日月之代明。』亦其旁證。」○按：此句上之「子夏歎書」，《御覽》「子夏」誤爲「子貢」。

〔一九〕言照灼也　「照」，《御覽》、至正本、《訓故》、黄本作「昭」。○楊明照《拾遺》：「按『照』字與上『昭昭』句避複，作『昭』蓋涉上而誤，當據改。《西京雜記》六『照灼涯涘』，《文選》謝靈運《擬魏太子鄴中集詩》『照灼爛霄漢』，又鮑照《舞鶴賦》『對流光之照灼』，《昭明太子集·詠同心蓮》『照灼本足觀』，並其證。」○按：楊説雖有理，但敦煌寫本中「昭」「照」同音假借例亦夥，如伯二七二一卷《雜抄》：「《文選》梁照明太子召天下才子相共撰謂之《文選》。」可證。

〔二〇〕詩之言志詁訓同書　《御覽》、至正本、《訓故》、黄本「之」作「主」，至正本無「詁」字。《訓故》「詁」作「義」。○黄侃《札記》：「《詩疏》曰：『毛以《爾雅》之作，多爲釋《詩》，而篇有《釋詁》《釋訓》，故依雅訓而爲《詩》立傳。』據此，則《詩》亦須通古今語而可知，故曰詁訓同書。」○王利器《校證》：「唐寫本『主』作『之』。」又：「傳校元本、《兩京》本、王惟儉本、梅六次本、張松孫本『詁』作『義』，馮本、汪本、佘本無『詁』字。徐補『詁』字。馮校云：『志下《御覽》有詁字。』日本刊本、崇文本『詁訓』作『訓詁』。」○詹鍈《義證》：「唐寫本『主』作『之』，亦可通。」○按：《書·堯典》：「詩言志。」《毛詩序》：「主文而譎諫。」「之」作「主」爲得。「詁」字當有，後《練字篇》「《雅》以淵源詁訓」可證。

〔二一〕最附深衷矣　《御覽》「深衷」作「哀」。至正本「最」上有「敢」字。《訓故》「最」作「取」，無「矣」字。下有「而詁訓茫昧通乎《爾雅》則文意曉然」十五字。黄本「最」上有「故」字。○趙萬里《校記》：「『敢』即『最』之譌而衍者，《御覽》六百八引亦無『敢』字，黄本改作『故』，非是。」○范註：「『故最附深衷矣』，《文學志》作『最稱衷矣』。鈴木《校勘記》：『《四部叢刊》覆嘉靖本故作敢，恐非是。《御覽》敦煌本無故字。』」○王利器《校證》：「『故最附深衷矣』，元本、傳校元本、《兩京》本、王惟儉本作『敢附深衷』，馮本、汪本、佘本、張之象本、梅本作『敢最附深衷矣』，《御覽》作『最附衷矣』。又此句下，元本、傳校元本、《兩京》本、王惟儉本、梅六次本、張松孫本俱有『而訓詁（《兩京》本作『詁訓』）茫昧，通乎《爾雅》，則文意曉然矣』三句十五字。」○按：至正本（王稱元本）「最附深衷矣」下，並無三句十五字。○詹鍈《義證》：「此句元本、弘治本、汪本、佘本、張之象本……俱作『敢最附深衷矣』。《校證》本（王利器）校記此處有誤。橋川時雄：『按作最附深衷矣尤通，敢字當從唐寫、《御覽》删。梅本改「敢」作「故」，亦無謂也。』」

「附」，接近。「深衷」，内心的深處。」

〔一二二〕禮以立體　「以」，《御覽》、黄本同，至正本作「季」。《訓故》「以」作「記」，「立體」作「立體弘用」。○黄叔琳校云：「一作貴」。○范文瀾校引鈴木云：「黄註『貴』疑『記』誤。」○王利器《校證》：「『以』，梅云：『一作貴。』元本、傳校元本、張之象本、《兩京》本、何允中本、日本活字本、王惟儉本、梅本、凌本、梅六次本、陳本、鍾本、梁本、日本刊本、王謨本、張松孫本『以』作『記』，馮本、汪本、佘本作『季』，謝云『季一作記爲是』。」○范註：「《漢書・藝文志》：『《禮》以明體。』《法言・寡見》：『説體者莫辯乎《禮》。』立體猶言明體。」○詹鍈《義證》：「『以』，元本、弘治本作『季』，謝恒抄本作『記』，馮舒校云：『《御》以。』按唐寫本、黄本作『以』，作『以』爲是。」○按：當從《漢書・藝文志》作「以」爲得。○「立體」，黄叔琳校云：「一本下有『弘用』二字。」○范校：「鈴木云：『案諸本作禮記立體宏用。』岡本『宏』作『弘』。嘉靖本『體』下無『宏用』二字。」○楊明照《拾遺》：「按本段分論諸經，發端皆四字句，此似不應獨爲六字句也。唐寫本、元本、弘治本、活字本、汪本、佘本、張本、萬曆梅本、謝鈔本、《四庫》本並無『弘用』二字，《御覽》亦無。《兩京》本、何本、胡本、《訓故》本、凌本、《合刻》本、梁本、《秘書》本、天啟梅本、《别解》本、《增定别解》本、清謹軒本、岡本、尚古本、王本、鄭藏鈔本、崇文本有，非是。」○王利器《校證》：「元本、傳校元本、《兩京》本、何允中本、日本活字本、王惟儉本、凌本、梅六次本、鍾本、梁本、日本刊本、清謹軒鈔本、王謨本、張松孫本、崇文本『立體』下有『弘用』二字。王謨本『弘』作『宏』，此避清諱，後並改訂，不悉出也。」○詹鍈《義證》：「又按此句在《兩京》本『立體』下有『弘用』二字。其後多種版本從之。但元刻本並無此二字。橋川時雄云：『弘用二字，後人妄附，宜删。』」○按：至正本（王稱元本）「立體」下並無「弘用」二字，《校證》誤。

〔一二三〕據事制範　「制」，至正本、《訓故》、黄本作「剬」。《御覽》無「制範」二字。○楊明照《拾遺》：「按『剬』當依唐寫本改作『制』。已詳《原道篇》『剬詩緝頌』條。」又《原道篇》「剬詩緝頌」條註云：「『剬詩緝頌』，『剬』，徐𤊹校云：『當作制。』《御覽》引作『制』。《文儷》作『顓』。按以《宗經篇》『據事剬範』唐寫本作『制範』論之，此必原是『制』字。『制』之篆文作『制』，隸作『制』，與『剬』相似，因而致誤，非古通用也。梅、黄兩家音註並非，紀昀、李詳曲爲之説，亦謬。王念孫（《讀書雜誌》三）、錢大昕（《三史拾遺》一）、梁玉繩（《史記志疑》一）並謂《史記・五帝本紀》『依鬼神以剬義』之『剬』爲『制』之譌。又按《國語・周語中》：『周文公之詩曰：兄弟鬩於牆，外禦其侮。』《漢書・劉向傳》：『文王既没，周公思慕歌詠文王之德，其詩曰：於穆清廟……秉文之德。』《吕氏春秋・古樂篇》：『周公旦乃作詩曰：文王在上……其命維新。以繩文王之德。』是《小雅·常棣》、《大雅·文王》、《周頌·清廟》並周公所制，故舍人云然。《文儷》作『顯』，蓋由『剬』致誤。」〇王利器《校證》：「『制』原作『剬』，唐寫本、梅六次本、張松孫本俱作『制』，今從之。『制』『剬』之譌，説已詳《原道篇》。」又：「《原道篇》（制《詩》輯《頌》）『制』原作『剬』，今據《御覽》改。『制』『剬』隸書形近而譌。《宗經篇》：『據事剬範。』唐寫本『剬』作『制』。《史記·五帝本紀》：『依鬼神以剬義。』《正義》：『剬，古制字。』又《正義·論字例》：『制字作剬，此之般流，緣古少字，通共用之。』此『制』譌爲『剬』之證。」（《正義》以『制』『剬』爲古今字，非。）〇按：《揚子法言》：「魯仲連傷而不剬，藺相如剬而不傷。」新編《辭海》「剬」同「制」，引宗咸註：「傷，古蕩字。剬，古制字。」註：「剬有制義。《淮南子·主術訓》：『人君揄策廟堂剬有司。』」

〔二四〕章條纖曲執而後顯採綴片言莫非寶也春秋辨理一字見義　至正本奪「執而後顯採綴片言莫非寶也春秋辨理」十六字。《訓故》「章條纖曲」下作「觀辭立曉而訪義方隱春秋則一字見義」。《御覽》「綴」作「掇」，「辨」作「辯」。黄本「綴」作「掇」，「片」作「生」。〇黄叔琳校云：「四句一十六字元脱，朱按《御覽》補。」又：「（生）疑作片。」〇鈴木《校勘記》：「片字是也。」〇趙萬里《校記》：「唐寫本此（按：指『章條纖曲』）下有『執而後顯採掇（按：唐本作『綴』，趙引誤。）片言莫非寶也春秋辨理』十六字。案《御覽》六百八引亦有此文，黄本已據《御覽》增，惟『片』字誤作『生』。」〇楊明照《拾遺》：「『生』，黄校云『疑作片』。此襲何焯説。紀昀云：『生字疑聖字之訛。』天啟梅本、張松孫本、崇文本作『王』。按『片』字是。唐寫本及《御覽》引正作『片』。當據改。文溯本、《詩法萃編》作『片』。紀説未可從。作『王』亦非。朱彝尊《經義考》卷一百三十引作『片』，蓋以意改。」〇王利器《校證》：「按唐寫本、譚校本及宋本《御覽》正作『片』，今從之。《史傳篇》：『貶在片言，誅深斧鉞。』此亦本書作『片言』之證。」

〔二五〕五石六鶂以詳略成文　「鶂」，《御覽》同，至正本、《訓故》、黄本同，《御覽》作「鷁」。「略」，至正本、《訓故》、黄本作「備」。〇黄叔琳《註》：「《春秋》：『僖公十六年正月，隕石於宋五，六鷁退飛過宋都。』《公羊傳》：『曷爲先言殞而後言石？殞石記聞，聞其磌然，視之則石，察之則五。曷爲先言六而後言鷁退飛？記見也，視之則六，察之則鷁，徐而察之則退飛。』」〇范文瀾校云：「（鷁）孫云《御覽》作『鶂』。」「（略）孫云《御覽》作『備』。」又《註》：「陳（漢章）先生曰：『五石六鷁以詳略成文，《文學志》略字作備，與《穀梁傳》所云盡其辭合，不當作略字。』臧琳《經義雜記》：『《説文·鳥部》：鶂，鳥也，從鳥兒聲。案《春秋》僖十六年：六鷁退飛。《正義》：『鷁字或作鶂。』《釋文》：『六鷁五歷反，本或作鶂，音同。』又《公羊穀梁釋文》皆云『六鷁五歷反。』可證三《傳》本皆作鶂，與《説文》同。今《公羊注疏》皆作鶂，惟何休六鶂無常，此一字未改。《穀梁注疏》皆作鶂，惟經文六鷁退飛此一字從益。蓋唐時《左傳》已有作鷁者，故後人據以易二傳也。」《春秋》僖公十六年《公羊傳》：「『霣石于宋五，六鷁退飛過宋都。曷爲先言霣而後言石？記聞，聞其磌然，視之則石，察之則五。曷爲先言六而後言鷁？六鷁退飛，記見也。視之則六，察之則鷁。徐而察之，則退飛。』」

〔二六〕諒已邃矣　《御覽》「諒」作「源」，「已」作「巳」。「已」，至正本、《訓故》、黄本作「以」。○范文瀾校云：「（諒已）孫云《御覽》作『源巳』。唐寫本『以』作『已』。」范註：「『諒已邃矣』，《文學志》作『原已邃矣』。」○楊明照《拾遺》：「按『已』字較勝。《正緯篇》『亦已甚矣』，句法與此同，可證。」○詹鍈《義證》：「按作『已』義長。」○按：《御覽》、至正本「已」、「己」常作「巳」。又：《訓故》無此句下之「《尚書》則覽文如詭而尋理即暢，《春秋》則觀辭立曉而訪義方隱」二十四字。

〔二七〕此聖文之殊致　「文」，至正本、《訓故》、黄本作「人」。《御覽》無「之」字。○范註：「『聖人』，《文學志》作『聖文』，唐寫本亦作『聖文』。」○劉永濟《校釋》：「唐寫本『人』作『文』。按彦和本書習用聖文二字。如《徵聖篇》云：『聖文之雅麗。』《史傳篇》云：『聖文之羽翮。』皆足爲此文之證。《御覽》同。」○楊明照《拾遺》：「按『文』字是。《漢書·敘傳》下《儒林傳》述：『獷獷亡秦，滅我聖文。』即『聖文』二字之所自出。《後漢書·張純曹褒鄭玄傳論》：『自秦焚《六經》，聖文埃滅。』《弘明集》顔延之《重釋何衡陽》：『藉意探理，不若析之聖文。』《徵聖篇》『聖文之雅麗』，《史傳篇》『聖文之羽翮』，亦並以『聖文』爲言，皆謂儒家經典也。」

〔二八〕至於根柢盤固　至正本、《訓故》、黄本無「於」字；「盤固」作「槃深」。○楊明照《拾遺》：「按以《總術篇》『夫不截盤根』例之，作『盤』前後一律。」○詹鍈《義證》引橋川時雄：「按有『於』是。作『槃固』、『槃深』並是。」

〔二九〕是以往者唯舊而餘味日新　至正本、《訓故》、黄本「唯」作「雖」，無「而」字。○趙萬里《校記》：「唐寫本『雖』作『唯』，『餘』上有『而』字。案『而』字今本脱，當據補。」○詹鍈《義證》引橋川時雄：「有『而』字是。」又：「唐寫本『雖』作『唯』，各本作『雖』，時按唯、雖兩通。」

〔三〇〕後進追取而非晚　「晚」，《訓故》、黄本同，至正本作「曉」。○黄叔琳校云：「元作曉。」○趙萬里《校記》：「案黄本『曉』改『晚』，與唐本正合。」○楊明照《拾遺》：「『晚』，黄校云：『元作曉』，此沿梅校。徐𤊹校『晚』。按唐寫本、何本、謝鈔本作『晚』。徐、梅校改是也。」○王利器《校證》：「『晚』原作『曉』，徐改『晚』，何允中本、日本活字本、梅本、日本刊本俱作『晚』。今案唐寫本正作『晚』。」

〔三一〕前修久用而未先　「久」，至正本、《訓故》、黄本作「文」。○黄叔琳校云：「一作運。」○鈴木《校勘記》：「案『久』字是也。」○趙萬里《校記》：「案唐寫本作『久』，是，『先』疑即『完』字之譌。」○范註：「唐寫本『文』作『久』，是。」○楊明照《拾遺》：「案唐寫本作『久』，是也。『文』其形誤。『久用』與上句『追取』相對爲文。天啟梅本據曹學佺説改作『運』，非是。」○王利器《校證》：「『運』原作『文』，曹云：『文用疑作運用。』梅六次本、張松孫本改作『運』，今從之。唐寫本作『久用』。」○户田浩曉《資料》：「按：楊説甚是。此句應從敦煌本『前脩久用』改。王利器氏雖云敦煌本作『久用』，卻又據梅慶生《音註》本等改爲『運用』，這是不妥當的。」○潘重規《合校》：「重規案：班固《典引》：『久而愈新，用而不竭。』『久用未先』，正本班語。『未先』與『非晚』亦相對爲文，非『完』字之譌也。」

〔三二〕可謂太山遍雨　「遍」，至正本、《訓故》、黄本作「徧」。○詹鍈《義證》引橋川時雄：「唐寫『徧』作『遍』，時按：徧、遍兩通。」

〔三三〕記傳盟檄　「記」、「盟」，至正本、《訓故》、黄本作「紀」、「銘」。○黄叔琳校云：「銘，朱云當作移。」○黄侃《札記》：「『紀傳銘（朱云：當作移）檄，則《春秋》爲根』，紀傳乃紀事之文，移檄亦論事之文耳。」○趙萬里《校記》：「案唐本作『盟』，是，黄本引朱云『銘當作移』，臆説未安。」○范註：「唐寫本『紀』作『記』，『銘』作『盟』，是。《漢書·藝文志》云：『右史記事，事爲《春秋》。』《左傳》僖公九年葵丘之盟曰：『凡我同盟之人，言歸於好。』」○劉永濟《校釋》：「舊校：『銘，朱云當作移。』按唐寫本『紀』作『記』，『銘』作『盟』，是。銘乃盟之音誤。」○楊明照《拾遺》：「『銘』，黄校云：『朱云：當作移。』此沿梅校。唐寫本作『盟』。清謹軒本作『符』。按『銘』字與上『銘誄箴祝』句複，唐寫本作『盟』，是也。《春秋左氏傳》中所載盟辭至夥，如桓元年越不盟，僖九年葵丘之盟等不下十篇。故舍人云然。移文漢世始有，見《漢書·律曆志》上、《公孫弘傳》、《劉歆傳》、《張安世傳》等，周代尚無其體，不得與檄相提並論。朱氏謂『銘』當作『移』，蓋據本書第二十篇《檄移》爲説，而昧其時序之不合也。清謹軒本作『符』，亦非。」○郭晉稀《註譯》：「『銘』當作『盟』，前已有『銘、誄、箴、祝』，不應於此重出。銘與盟音同，故誤『盟』作『銘』也。今依唐寫本校改。」○王利器《校證》：「唐寫本『紀』作『記』。『盟』原作『銘』，唐寫本作『盟』，今據改。朱、徐俱云『銘』當作『移』。今案上文云：『銘誄箴祝，則《禮》統其端。』已出『銘』字，此不當復及之。《定勢篇》云：『符檄書移，則楷式於明斷；箴銘碑誄，則體制於弘深。』分別部居，與此正復相同。《御覽》五九七引李充《翰林論》云：『盟檄發源於師旅。』此

『盟檄』連文之證。朱校『銘』作『移』，其義近是，但非彥和之舊耳。」○潘重規《合校》：「重規案：《祝盟篇》及《檄移篇》敘盟與檄之體皆原於《春秋》，作『盟檄』者是也。今本以音同而誤。嚴輯李充《翰林論》云：『盟檄發源於師旅』，亦『盟檄』連文之證。」

〔三四〕終入環内　至正本、《訓故》、黄本作「終入環内者也」。

〔三五〕若稟經以制式　「制」，至正本、《訓故》、黄本作「製」。○詹鍈《義證》：「『制』，原本作『製』，古通。」

〔三六〕是即山而鑄銅煮海而爲鹽者也　「即」，至正本、《訓故》、黄本作「仰」，無「者」字。○趙萬里《校記》：「案『者』字今本脱，當據補。」○范註：「『仰』，唐寫本作『即』，是。《漢書・貨殖傳》：『即鐵山鼓鑄。』師古曰：『即，就也。』」○楊明照《拾遺》：「案唐寫本並是。《史記・吴王濞傳》：『乃益驕溢，即山鑄錢，煮海水爲鹽。』《索隱》：『即者，就也。』《漢書・晁錯傳》：『上曰：吴王即山鑄錢，煮海爲鹽。』顔註：『即，就也。』此舍人遣詞所本。則作『仰』者乃形近之誤也。」

〔三七〕四則義貞而不回　「貞」，至正本、《訓故》、黄本作「直」。○楊明照《拾遺》：「按唐寫本是也。《明詩篇》『辭譎義貞』，《論説篇》『必使時利而義貞』，並其證。《廣雅・釋詁》一：『貞，正也。』《詩・小旻》《傳》：『回，邪也。』」○郭晉稀《註譯》：「『義貞』，元作『義直』。形近致訛也，今依唐寫本校改。貞，正也。回，邪也。貞邪相對成文。」

〔三八〕故揚子比雕玉（按：正文作器，旁小字作玉）以作器　至正本「揚」作「楊」，黄本、《訓故》、至正本上無「故」字。○范文瀾校云：「孫云唐寫本『揚』上有『故』字。鈴木云岡本、王本、嘉靖本『揚』並從木，不從手。」○楊明照《拾遺》：「『揚』，弘治本、汪本、佘本、張本、《兩京》本、何本、《合刻》本、梁本、《秘書》本、《别解》本、岡本、尚古本、王本作『楊』。按子雲之姓本從木不從手，段玉裁、王念孫曾有詳覈考證。孫志祖《讀書脞録》卷六亦云：『古人但有從木之楊姓，無從扌之揚姓。』弘治本等作『楊』，尚未爲俗所亂。」○按：敦煌卷子「木」多寫作「扌」，例「標」作「摽」、「析」作「折」等等。

〔三九〕邁德樹聲　「邁」，至正本、《訓故》、黄本作「勱」。○范註：「僞《大禹謨》：『皋陶邁種德。』枚《傳》曰：『邁，行也。』今本『邁』誤作『勱』，唐寫本不誤。《左傳》文公六年：『樹之風聲。』」○楊明照《拾遺》：「按『邁』字是。《左傳》莊公八年：『《夏書》曰：皋陶邁種德。』杜註：『邁，勉也。』《書》僞《大禹謨》有此語（枚《傳》訓『邁』爲『行』）。又僖公二十八年：『距躍三百，曲踊三百。』杜註：『百，猶勱也。』《釋文》：『勱，音邁。』疏本誤『勱』爲『勵』，與此同。蓋初由『邁』作

『勱』，後遂譌爲『勵』耳。」○郭晉稀《註譯》：「『勱德』，元作『勵德』。『勱』『勵』形近致訛。勱，勉也；音邁，徐鍇亦音厲，故兩字不獨形近抑且音近也。唐寫本作『邁』，則『勱』之借字。《尚書·大禹謨》：『皋陶邁種德。』《左傳》文公六年：『樹之風聲。』」○潘重規《合校》：「重規案：《書·大禹謨》：『皋陶邁種德。』邁字通作勱，《書·立政》：『用勱相我國家。』此文『邁德』用《大禹謨》，當從唐本作『邁』。字或作『勱』，故誤爲『勵』耳。」

〔四〇〕而建言修詞　「詞」，至正本、《訓故》、黃本作「辭」。○按：當作「辭」。《易·乾·文言》：「修辭立其誠，所以居其業也。」

〔四一〕流獘不還　「獘」，至正本、《訓故》、黃本作「弊」。○按：「獘」、「弊」同，「獘」乃「弊」之本字。

〔四二〕極正歸本　至正本、《訓故》、黃本作「正末歸本」。○楊明照《拾遺》：「按唐寫本非是。『末』字偶脱，『極』字涉次行贊文而誤。」○按：楊説是。從至正本、《訓故》、黃本改。

〔四三〕不其懿哉　「哉」，至正本、《訓故》、黃本作「歟」。○潘重規《合校》：「唐寫本『歟』作『哉』。」○詹鍈《義證》引橋川時雄：「唐寫『歟』作『哉』，時按：歟、哉兩是。」

〔四四〕三極彝道訓深稽古　至正本、《訓故》、黃本同。○鈴木《校勘記》：「案『三極彝訓』已見正文，『道訓』兩字疑錯置。」○王利器《校證》：「『三極彝訓，道深稽古』，原作『三極彝道，訓深稽古』。鈴木云：『案三極彝訓，已見正文，此道、訓二字疑錯置。』案鈴木説是，今據改。」○按：《易·上繫辭》：「六爻之動，三極之道也。」《正義》曰：「六爻遞相推動而生變化，是天地人三才至極之道。」「道」「訓」二字諸本一致，鈴木意見未必是，故亦無須臆改。

〔四五〕致化惟一　「惟」，至正本、《訓故》、黃本作「歸」。○楊明照《拾遺》：「案『惟一』與『斯五』對，唐寫本是也。《書》僞《大禹謨》：『惟精惟一。』」

〔四六〕黃叔琳云：「是篇梅本『書實記言』以下有『而訓詁茫昧，通乎《爾雅》，則文意曉然』云云，無『然覽文』以下十字；『章條纖曲』下有『執而後顯，採掇生辭，莫非寶也。《春秋》辨理』云云，註：『四句十六字元脱，朱從《御覽》補。』無『觀辭立曉』以下十二字。『諒以邃矣』下有『《尚書》則覽文如詭，而尋理即暢；《春秋》則觀辭立曉，而訪義方隱』云云。按《爾雅》本以釋《詩》，無關《書》之訓詁，且五經分論，不應獨舉《書》與《春秋》，贅以覽文云云。鬱儀所補四句，辭亦不類，宜從王惟儉本。」紀（昀）云：「癸巳三月，與武進劉青垣編修在《四庫全書》處，以《永樂大典》所載舊本校勘，正與梅本相同，知王本爲明人臆改。」

正緯(弟)〔第〕四

夫神道闡幽，天命微顯，馬龍出而大《易》興，神龜見而《洪範》耀〔一〕。故《繫(詞)〔辭〕》稱〔二〕：「河出圖，洛出書，聖人則之」，斯其謂也〔三〕。但世夐文隱，好生矯託〔四〕，真雖存矣，僞亦憑焉。

夫「六經」彪炳，而緯候稠疊；《(考)〔孝〕論》昭晳〔五〕，而《鉤》、《讖》葳蕤，酌經驗緯〔六〕，其僞有四：蓋緯之成經，其猶織綜，絲麻不雜，布帛乃成；今經正緯奇，倍摘千里〔七〕，其僞一矣。經顯世訓，緯隱神教〔八〕；世訓宜廣，神教宜約；而緯多於經〔九〕，神理更繁，其僞二矣〔一〇〕。有命自天，乃稱符讖〔一一〕，而八十一篇，皆託於孔子，則是堯造緑圖〔一二〕，昌制丹書，其僞三矣。商周已前，緑圖頻見〔一三〕，春秋之末，羣《經》方備，先緯後經，體乖織綜，其僞四矣。僞既倍摘，則義異自明。經足訓矣，緯何預焉〔一四〕！

夫緑圖之見，乃昊天休命〔一五〕，事以瑞聖，義非配經。故河不出圖，夫子有歎，如或可造，無勞喟然。昔康王河圖，陳於東序，故知前聖符命〔一六〕，歷代寶傳，仲尼所撰，序録而已。於是技數之士〔一七〕，附以詭術，或說陰陽，或敘災異〔一八〕，若鳥鳴似語，蟲葉成字，篇條滋蔓，必徵孔氏〔一九〕，通儒討覈，謂僞起哀平〔二〇〕，東序秘寶，朱紫亂矣。至光武之世〔二一〕，篤信斯術，風化所靡，學者比肩，沛獻集緯以通經，曹褒選讖以定禮〔二二〕，乖道謬典，亦已甚矣。是以桓譚疾其虛僞，尹敏戲其浮假〔二三〕，張衡發其僻謬，荀悅明其詭託〔二四〕，四賢博練，〔論〕之精矣〔二五〕。

若乃羲、農、軒、皥之源，山瀆鍾律之要，白魚赤雀之符〔二六〕，黄銀紫玉之瑞〔二七〕，事豐奇偉，辭富膏腴，無益經典而有助文章。是以古來(詞)〔辭〕人〔二八〕，捃摭英華〔二九〕，平子慮其迷學〔三〇〕，奏令禁絶；仲豫惜其雜真，未許煨燔；前代配經，故詳論焉。

(讚)〔贊〕曰：(采)〔榮〕河温洛〔三一〕，是孕圖《緯》。神寶藏用，理隱文貴。世歷二漢，朱紫騰沸。芟夷譎詭，採其雕蔚〔三二〕。

校記

〔一〕神龜見而洪範耀　「耀」，至正本、《訓故》、黄本作「燿」。○王利器《校證》：「唐寫本『燿』作『曜』。」○按：「曜」「耀」通，而唐寫本實作「耀」。

〔二〕故繫詞稱　「詞」，至正本、《訓故》、黄本作「辭」。○按：作「辭」是。

〔三〕斯其謂也　「其」，至正本、《訓故》、黄本作「之」。

〔四〕好生矯託　「託」，至正本、《訓故》、黄本作「誕」。○郭晉稀《註譯》：「『托』，原作『誕』，今依唐寫本作『托』。矯托，猶言假托，詐托。」○詹鍈《義證》引橋川時雄：「各本作『誕』，唐寫本作『託』。按『託』『誕』兩通，然下有『皆託於孔子』句，作『託』似妥。」

〔五〕考論昭哲　「考」，至正本、《訓故》、黄本作「孝」。「哲」，至正本、《訓故》作「哲」；黄本作「晢」。○黄叔琳校云：「元作哲，許改。」○黄侃《札記》：「孝論，即《孝經》《論語》。」○鈴木《校勘記》：「案『孝論』指《孝經》《論語》，『考』字非是。」○楊明照《拾遺》：「按『孝』，《孝經》也；『論』，《論語》也。《孝經》有《鉤命訣》，《論語》有《讖》，故繼云『《鉤》《讖》葳蕤』。猶上之先言『六經』而繼云『緯候』然也。唐寫本作『考』，非是。『晢』當從唐寫本作『哲』。」○王利器《校證》：「今案《孝經序疏》引鄭玄《六藝論》云：『孔子以六藝題目不同，指意殊別，恐道離散，後世莫知根源，故作《孝經》以總會之。』趙岐《孟子題辭》云：『《論語》者，五經之錧鎋，六藝之喉衿也。』據此，則《孝經》爲六藝之總會，《論語》爲五經之錧鎋，敷讚聖旨，義已昭哲，復有葳蕤之《鉤》《讖》，則是打重臺矣。舊作『孝』是，唐本作『考』，非。」○按：「考」爲「孝」之形誤，「哲」、「晢」、「哲」已見前校。

〔六〕酌經驗緯　「酌」，至正本、《訓故》、黄本作「按」。○詹鍈《義證》：「『按』，唐寫本作『酌』。橋川時雄：『按酌字妥。』斯波六郎：『酌者，引經據典斟酌之意也，更好地表達了以經爲本體的觀點。』」○按：唐寫本是。

〔七〕倍摘千里　「倍摘」，至正本、《訓故》、黄本作「倍擿」。○黄侃《札記》：「孫云：此與下文『倍擿』字並與『適』通。《方言》云：『適，牾也。』倍適，猶背迕矣。」○劉永濟《校釋》：「『倍擿，唐寫本作『倍摘』。」並引孫詒讓《札迻》（引文《札記》已具）並云：「郭註云：『相觸迕也』。『倍適，猶言背迕也。』按『倍擿』、『倍摘』亦作『倍譎』。《莊子·天下篇》：『俱誦墨經而倍譎不同，謂之別墨。』又作『倍僪』。《吕氏春秋・明理篇》：『其日有鬥蝕，有倍僪。』註謂『日旁之危氣。兩旁反出爲倍，在上反出爲僪。』此文言經與緯相反若千里之遠也。後『倍摘』同。」○楊明照《拾遺》：「按『擿』『摘』二字本通，猶『指摘』之爲『指擿』，『發摘』之爲『發擿』也。然以下文『僞既倍摘』例之，此當依唐寫本作『摘』，上下始能一律。」○王利器《校證》：「『倍』，何校云：『疑作掊』。」

〔八〕經顯世訓緯隱神教 「世」，至正本、《訓故》、黄本作「聖」（下「世訓宜廣」同），「訓」下、「教」下並有「也」字。○范註：「唐寫本無兩『也』字。尋譯語氣，兩『也』字似不可删。『聖』字唐寫本皆作『世』，義亦通。」○楊明照《拾遺》：「按唐寫本是。《夸飾篇》：『雖詩書雅言，風俗（原誤『格』，此據謝鈔本）訓世，事必宜廣。』此云『世訓』（因與下句『神教』對，故作『世訓』），彼云『訓世』，其誼一也。」○按：本卷「世」字避唐太宗諱，並缺筆作「丗」。

〔九〕而緯多於經 至正本、《訓故》、黄本「而」下有「今」字。○詹鍈《義證》：「唐寫本無『今』字。橋川時雄：『尋前後語意，無『今』字是。』」

〔一〇〕其僞二矣 《訓故》、黄本同。至正本無「僞」字，「矣」作「也」。○范文瀾校云：「『矣』，顧校作『也』。」○王利器《校證》：「汪本、佘本、《兩京》本『矣』作『也』，顧校作『也』。謝鈔本此句作『其二也』。」○按：「僞」字當有，上下一律。

〔一一〕乃稱符讖 「乃」，至正本、《訓故》、黄本作「迺」。○按：唐寫本「竹」多寫成「艹」，例「符」寫成「苻」、「簡」寫作「蕳」。

〔一二〕則是堯造緑圖 「緑」，《訓故》、黄本同，至正本作「録」。○詹鍈《義證》引橋川時雄：「唐寫及張、王、黄本作『緑』，何校『録』改『緑』，汪、佘、胡、梅本作『録』。黄校云云，按《春秋》隱公十年《公羊傳》云：《春秋》録内而略外。蓋古人文字著在方策，即從木刻之義，而引伸之也。录、録、箓、籙皆通用。然緑圖與丹書對稱，並非方册之謂，改作『録』『籙』皆非。又按緑録亦通，通緑，劍名。《荀子・性惡篇》『文王之録』，註云：與緑同，以色名。」

〔一三〕商周已前緑圖頻見 「已」，至正本、《訓故》、黄本作「以」。「緑圖」，至正本作「圖録」，《訓故》、黄本作「圖籙」。○詹鍈《義證》：「『以』，唐寫本作『已』，古通。」○范註：「圖録，籙圖散見緯書中。陶潛《聖賢羣輔録》引《論語摘輔象》『天老受天籙』，宋均註：『籙，天教命也。』」○王利器《校證》：「唐寫本『圖籙』作『緑圖』，舊本『籙』俱作『録』。馮校云：『録』疑作『籙』。黄註本改。案《文選・運命論》註引《春秋元命苞》：『應籙以次相代。』《王命論》註引『籙』作『録』。則『籙』『録』古通，不必改作。」○詹鍈《義證》引橋川時雄：「按唐寫已作『緑圖』，從之似是。然圖籙、録圖之語，多見緯書中，則不必改，録籙亦兩是。」

〔一四〕緯何預焉　「預」，至正本、《訓故》、黄本作「豫」。○楊明照《拾遺》：「按以《祝盟篇》『祝（原作『呪』，此從唐寫本）何預焉』及《指瑕篇》『何預情理』例之，作『預』前後一律。」

〔一五〕夫緑圖之見乃昊天休命　至正本、《訓故》、黄本「夫」上有「原」字，「緑圖」作「圖籙」，「乃」作「迺」。○王利器《校證》：「唐寫本無『原』字，『圖籙』作『緑圖』。張之象本、清謹軒鈔本、日本刊本『籙』作『録』。」又：「『唐寫本、清謹軒鈔本『迺』作『乃』。」

〔一六〕故知前聖符命　「聖」，至正本、《訓故》、黄本作「世」。

〔一七〕於是技數之士　「技」，至正本、《訓故》、黄本作「伎」。○周振甫《註釋》：「伎數，同技數，如陰陽、災異、術數。」○詹鍈《義證》引橋川時雄：「按作『技』誤。《後漢書・列傳・桓譚傳》『伎數之人』作『伎』。」○按：周説是，「技」「伎」古通，音義並同。《淮南子・道應》：「失其宗本，技能雖多，不若其寡也。」又「聖人之處世，不逆有伎能之士。」

〔一八〕或敘災異　「敘」，至正本、《訓故》、黄本作「序」。

〔一九〕必徵孔氏　「徵」，至正本、《訓故》、黄本作「假」。○鈴木《校勘記》：「燉煌本『假』作『徵』。」○楊明照《拾遺》：「『假』，唐寫本作『徵』。按緯書多稱引孔子爲説，唐寫本作『徵』較勝。」

〔二〇〕謂僞起哀平　至正本、《訓故》、黄本無「僞」字。○范註：「《尚書序正義》曰：『緯文鄙近，不出聖人，前賢共疑，有所不取，通人考正，僞起哀平。』《正義》之文，蓋本彦和。唐寫本作「謂僞起哀平」，語意最明。又《洪範正義》：『緯候之書，不知誰作，通人討覈，謂僞起哀平。』正與唐寫本合。」○楊明照《拾遺》：「按唐寫本是也。《書・洪範》《正義》：『緯候之書，不知誰作，通人討覈，謂僞起哀平。』孔氏即襲用舍人語，正有『僞』字。傳寫者蓋求其句整而删耳。《玉海》六三引作『謂爲起哀平』，亦足爲原有『僞』字之證（《玉海》『僞』作『爲』，或由寫刻致誤）。」○郭晉稀《註譯》：「《後漢書・張衡傳》上疏云：『劉向父子領校秘書，閱定九流，亦無讖録，成、哀之後，乃始聞之……則知圖讖成於哀、平之際也。』」

〔二一〕至光武之世　至正本、《訓故》、黄本「至」下有「於」字。○楊明照《拾遺》：「按此爲承上敘述之辭，『於』字不必有，當據删。」○王利器《校證》：「唐寫本、《玉海》無『於』字。」

〔二二〕曹褒選讖以定禮　「選」，至正本、《訓故》、黄本作「撰」。○范文瀾校云：「孫云：『唐寫本撰作選。』鈴木云：『岡本撰作制。』」○范註：「《後漢書·曹褒傳》：『褒受命制禮，乃次序禮事，依準舊典，雜以五經讖記之文，撰次天子至於庶人冠婚吉凶終始制度，以爲百五十篇。』」○楊明照《拾遺》：「按唐寫本是。『選讖』，即《後漢書》本傳所謂『雜以五經讖記之文』之意。若作『撰』，則非其指矣。」○王利器《校證》：「唐寫本『撰』作『選』，古通，《史記·司馬相如傳》：『歷撰列辟。』《集解》引徐廣曰：『撰，一作選。』是其證。又何允中、日本活字本、岡本『撰』作『制』。」○詹鍈《義證》引橋川時雄：「撰、選兩是。」

〔一三〕尹敏戲其浮假　「戲」，至正本、《訓故》、黄本同。○黄叔琳校：「疑作巇。」○黄侃《札記》：「案戲字不誤。《後漢書·儒林傳》曰：『帝以敏博通經記，令校圖讖，使蠲去崔發所爲王莽箸録次比。敏對曰：讖書非聖人所作，其中多近鄙别字，頗類世俗之辭，恐疑誤後生。帝不納。敏因其闕文增之曰：君無口，爲漢輔。帝見而怪之，召敏問其故。敏對曰：臣見前人增損圖書，敢不自量，竊幸萬一。帝深非之。』此文所謂戲，即增闕事也。」○范文瀾校云：「鈴木云：戲字諸本同，《玉海》嘉靖本作戲。」○王利器《校證》：「何校、黄註並云：『戲疑作巇』（紀本誤『爔』）。案《鬼谷子》有《抵巇篇》，巇，罅也。此黄改字所本。尋《後漢書·儒林傳》：『敏因其闕文增之曰：君無口，爲漢輔。』此所謂戲也。《諧讔篇》『嗤戲形貌』、『謬辭抵戲』、『空戲滑稽』，《時序篇》『戲儒簡學』，用法正與此同，無事獻疑也。」○「浮假」，至正本、黄本作「深瑕」。○趙萬里《校記》：「案此文與上句『桓譚疾其虚僞』，相對成文，則唐寫本作『浮假』是也。」○范註：「『深瑕』應作『浮假』，字形相近而誤。」○劉永濟《校釋》：「唐寫本作『戲其浮假』，是也。按《後漢書·儒林傳》謂：（原文已具）蓋敏欲開悟光武，使知圖讖本前人浮僞之作，不可信，故戲增闕文也。」○楊明照《拾遺》：「按唐寫本是。『浮假』，謂其虚而不實也。《麗辭篇》『浮假者無功』，亦以『浮假』連文。」○詹鍈《義證》引斯波六郎：「『戲其深瑕』不可解。唐寫本作『浮假』，當從之。『浮假』者，無根據之意也。」

〔一四〕荀悦明其詭託　「託」，至正本、《訓故》、黄本作「誕」。○楊明照《拾遺》：「按《申鑒·俗嫌篇》：『世稱緯書仲尼之作也……終張之徒之作乎？』『詭託』，即『終張之徒之作』之意。應從唐寫本改『誕』爲『託』。」

〔一五〕四賢博練之精矣　至正本、《訓故》、黄本「之」上有「論」字。○潘重規《合校》：「唐寫本『論』字無。」○按：「論」字當有，上承桓譚、尹敏、張衡、荀悦四賢精辟言論，有「論」字義安，且諸本一律。

〔一六〕白魚赤雀之符　「雀」，至正本、《訓故》、黄本作「烏」。○范註：「《史記·周本紀》：『武王渡河，中流，白魚躍入王舟中。武王俯取以祭。既渡，有火自上復於下，至於王屋。流爲烏，其色赤，其聲魄云。』」○楊明照《拾遺》：「按《史記・周本紀》(原文范註已具)《尚書中候・雒師謀》:「有火自天，出於王屋，流爲赤烏。」鄭玄註云:「文王得赤雀丹書，今武王致赤烏。」(《御覽》卷八四引)《論衡・初稟篇》:「文王得赤雀，武王得白魚赤烏。」是赤雀爲文王事，赤烏爲武王事矣。然古亦混言不別，《吕氏春秋・應同篇》:「及文王之時，天先見火赤烏銜丹書集於周社。」是以赤烏屬之文王也。舍人此文，殆原作「赤雀」，傳寫者求其與白魚同爲武王事而改之耳。」

〔二七〕黄銀紫玉之瑞　「銀」，至正本、《訓故》、黄本作「金」。○范註:「唐寫本「金」作「銀」，是。《禮斗威儀》:「君乘金而王，其政象平，黄銀見，紫玉見於深山。」」「瑞」，至正本、《訓故》、黄本同。○黄叔琳校云:「元作理，孫改。」○趙萬里《校記》:「案黄本依孫校，改「理」爲「瑞」，與唐本正合。」○楊明照《拾遺》:「「瑞」，黄校云:「元作理，孫改。」此沿梅改。徐𤊹「理」校「瑞」。按:唐寫本、元本、弘治本、佘本、《兩京》本、何本、《訓故》本、梁本、謝鈔本、《别解》本、清謹軒本、岡本、尚古本、《四庫》本、王本、鄭藏鈔本、崇文本並作「瑞」。黄省曾《申鑒・俗嫌篇》註、《讖語》三、《文通》一、《振綺類纂》二引，亦並作「瑞」。孫改徐校是也。」

〔二八〕是以古來詞人　至正本、《訓故》、黄本「古」作「後」，「詞」作「辭」。○楊明照《拾遺》:「按「後」、「古」於此皆通。唐寫本作「古」，蓋舍人自其身世以前言之。」○潘重規《合校》:「重規案:《物色篇》云:「古來辭人，異代接武。」當依唐寫本作「古」。」

〔二九〕捃摭英華　「捃」，至正本、《訓故》、黄本作「採」。○楊明照《拾遺》:「按以《事類篇》「捃摭經史」例之，唐寫本作「捃」，是也。《史記・十二諸侯年表序》:「及如荀卿、孟子、公孫固、韓非之徒，各往往捃摭《春秋》之文以著書。」《漢書・刑法志》:「攈(古捃字)摭秦法。」又《藝文志》:「武帝時，軍政楊僕捃摭遺逸，記奏兵録。」並以「捃摭」二字連文。」

〔三〇〕平子慮其迷學　「慮」，至正本、《訓故》、黄本作「恐」。○郭晉稀《註譯》:「《張衡傳》字平子，其上疏中有「宜收藏圖讖，一禁絶之」。」

〔三一〕采河温洛　「采」，至正本作「滎」，《訓故》、黄本作「榮」。○黄叔琳註:「《尚書中候》:「帝堯即政，榮光出河，休氣四塞。」」○楊明照《拾遺》:「「榮」，唐寫本作「采」。元本、弘治本、活字本、張乙本、《兩京》本、何本、梅本、凌本、《合刻》本、梁本、《祕書》本、謝鈔本、《彙編》本、《别解》本、清謹軒本、岡本、尚古本、王本、張松孫本、鄭藏鈔本、崇文本作「滎」。何焯云:「榮，謂榮光也。作「滎」非。」按「采」、「滎」二字並誤。《文選》江淹《詣建平王上書》:「榮光塞河。』李註：『《尚書中候》曰：成王觀於洛河，沈璧，禮畢，王退。俟至於日昧，榮光並出幕河。』《初學記》卷九帝王部事對：『温洛、滎河。』《事類賦》卷七地部水：『温洛滎河之瑞。』並引《易乾鑿度》及《尚書中候》以註（原文黄註已具）尤爲切證。」○楊説是，從《訓故》、黄本改。

〔三二〕採其雕蔚　「採」，至正本、《訓故》、黄本作「糅」。○楊明照《拾遺》：「『糅』，唐寫本作『採』。《兩京》本、胡本作『揉』。按『糅』、『揉』並非。唐寫本作『採』，是也。『採其雕蔚』，即篇末『捃摭英華』之意。」○詹鍈《義證》引橋川時雄：「胡本作『糅』……如作『糅』，意不通暢，作『採』甚是。」

辨騷〔一〕（弟）〔第〕五

自《風》《雅》寢聲，莫或抽緒，奇文鬱起，其《離騷》哉！固已軒翥詩人之後，奮飛辭家之前，豈去聖之未遠，而楚人之多才乎！昔漢武愛《騷》，而淮南作《傳》，以爲「《國風》好色而不淫，《小雅》怨誹而不亂〔二〕，若《離騷》者，可謂〔兼之〕〔三〕。蟬蛻穢濁之中，浮（遊）〔游〕塵埃之外〔四〕，皭然涅而不緇，雖與日月争光可也。」（斑）〔班〕固以爲〔五〕「露才揚己，忿懟沉江，羿、澆二姚，與《左氏》不合；崑崙、玄圃〔六〕，非經義所載，然其文麗雅〔七〕，爲（詞）〔辭〕賦之宗，雖非明哲，可謂妙才」。王逸以爲「詩人提耳，屈原婉順，《離騷》之文，依經立義，駟虬乘翳〔八〕，則時乘六龍；崑崙流沙，則《禹貢》敷土，名儒（詞）〔辭〕賦〔九〕，莫不擬其儀表，所謂金相玉質，百世無（疋）〔匹〕者也」〔一〇〕。及漢宣嗟嘆，以爲皆合經傳〔一一〕；楊雄（談）〔諷〕味〔一二〕，亦言體同《詩·雅》。四家舉以方經，而孟堅謂不合傳，褒貶任聲，抑揚過實，可謂鑒而不精〔一三〕，翫而未覈者矣〔一四〕。

將覈其論，必徵言焉。故陳堯舜之耿介，稱禹湯之祇敬，〔典誥之體也；譏桀紂之猖披，傷羿澆之顛隕，規諷之旨〕也〔一五〕。虬龍以喻君子，雲蜺以譬讒邪〔一六〕，比興之義也。每一顧而掩涕〔一七〕，歎君門之九重，忠怨之（詞）〔辭〕也〔一八〕；觀茲四事，同（乎）〔於〕《風》《雅》者也〔一九〕。至於託雲龍，説迂怪，駕豐隆，求宓妃，憑鴆鳥，媒娀女〔二〇〕，詭異之（詞）〔辭〕也〔二一〕；康回傾地，夷羿彃日〔二二〕，木夫九首〔二三〕，土伯三目〔二四〕，譎怪之談也；依彭咸之遺則，從子胥以自適，狷狹之志也；士女雜坐〔二五〕，亂而不分，指以爲樂，娛酒不廢，沉湎日夜，舉以爲歡〔二六〕，荒淫之意也；指此四事〔二七〕，異於經典者也〔二八〕。故論其典誥則如彼，語其夸誕則如此〔二九〕，固知《楚（詞）〔辭〕》者〔三〇〕，體憲於三代，而風雜於戰國〔三一〕，乃《雅》、《頌》之博徒，而詞賦之英傑也。觀其骨鯁所樹，肌膚所附，雖取鎔經旨〔三二〕，亦自鑄（緯）〔偉〕辭〔三三〕。《騷經》、《九章》〔三四〕，朗麗以哀志；《九（哥）〔歌〕》《九（辨）〔辯〕》〔三五〕，靡妙以傷情〔三六〕；《遠遊》《天問》，瓌詭而慧巧〔三七〕；《招魂》《大招》〔三八〕，耀艷而采華〔三九〕；《卜居》（摽）〔標〕放言之致，《漁父》寄獨往之才。故能氣往轢古，辭來切今，驚采絶艷，難與並能矣。

自《九懷》（已）〔以〕下〔四〇〕，遽躡其（迹）〔跡〕〔四一〕，而屈、宋逸步，莫之能追。故其敘情怨，則鬱伊而易感；述離居，則愴快而難懷；論山水，則循聲而得貌；言節候，則披文而見時。是以枚、賈追風以入麗〔四二〕，馬、楊沿波而得奇，其衣被辭人〔四三〕，非一代也。故才高者苑其鴻裁〔四四〕，中巧者獵其艷（詞）〔辭〕〔四五〕，吟諷者銜其山川，童蒙者拾其香草。若能憑軾以倚《雅》、《頌》，懸轡以馭楚篇，酌奇而不失（居）〔其〕貞〔四六〕，翫華而不墜其實，則顧盼可以驅辭力〔四七〕，欬唾可以窮文致，亦不復乞靈於長卿，假寵於子淵矣。

（讚）〔贊〕曰：不有屈平〔四八〕，豈見《離騷》？驚才風逸，壯采煙高〔四九〕。山川無極，情理實勞。金相玉式，艷逸錙毫〔五〇〕。

校記

〔一〕 辨騷 「辨」，黄本同。至正本、《訓故》作「辯」。○王利器《校證》：「汪本、佘本、張之象本、《兩京》本、何允中本、日本活字本、鍾本、梁本、日本刊本、王謨本、《四庫》本、《崇文》本『辨』作『辯』。」○詹鍈《義證》引橋川時雄：「《楚辭》及各本作『辨』，唐寫本作『辨』。《楚辭》芙蓉館、汲古閣本亦作『辨』，汪、張、佘、胡及《四庫》本作『辯』。《説文・辡部》：『辯，治也。』段註云：『俗多與辨不别。』時按：辯、辨二字同音義近，非關假借，通用已久。」

〔二〕小雅怨誹而不亂　「誹」，黄本同，至正本、《訓故》作「謗」。○黄叔琳校云：「元作『謗』，許改。」○趙萬里《校記》：「案黄本依許校改，改『謗』作『誹』，與唐本正合。」○楊明照《拾遺》：「『誹』，黄校云：『元作謗，許（無念）改。』徐𤊹亦校爲『誹』。按唐寫本、《楚辭補註》、《廣廣文選》、謝鈔本、《諸子彙函》、《賦略緒言》作『誹』。許改徐校是也。」○按：作「誹」是。《史記・屈原列傳》：「《國風》好色而不淫，《小雅》怨誹而不亂。」正是彦和所本。

〔三〕可謂　至正本、《訓故》、黄本「可謂」下並有「兼之」二字。○潘重規《合校》：「趙云：『案唐寫本是也。此文即承下文「蟬脱穢濁之中，浮遊塵埃之外」爲句，「兼之」二字，當是後人妄加。』重規案：『兼之』二字當有，唐寫本誤脱。《史記・屈原傳》云：『《國風》好色而不淫，《小雅》怨誹而不亂，若《離騷》者，可謂兼之矣。』正用淮南傳之成文，『兼之』承上《國風》《小雅》而言，趙説誤。」○按：潘説是，當從至正本、《訓故》、黄本補。

〔四〕浮遊塵埃之外　「遊」，至正本、《訓故》、黄本作「游」。○按：「游」從水，「遊」從辵。在古文中，「游」可代「遊」，而「遊」則不可代「游」，作「游」爲得。屈原《離騷》：「和調度以自娱兮，聊浮游而求女。」

〔五〕斑固以爲　「斑」，至正本、《訓故》、黄本作「班」。○鈴木《校勘記》：「『班』誤作『斑』，下同。」○按：本書「班固」「班」並寫作「斑」，非是。下不贅。

〔六〕崑崙玄圃　「玄」，至正本、《訓故》、黄本作「懸」。○黄叔琳校云：「一作玄。」楊明照《拾遺》：「按唐寫本、何本、《别解》本、清謹軒本、崇文本作『玄』。《文選》張衡《東京賦》：『右睨玄圃。』李註：『《淮南子・墬形》又曰：『懸圃在崑崙閶闔之中。』』『玄』與『懸』古字通。」○按：楊説是。《離騷》：「朝發軔於蒼梧兮，夕余至乎懸圃。」《劉子・韜光篇》：「石充體於玄圃。」唐寫本「玄」亦作「懸」。《藝文類聚》山部・崑崙山：「《葛仙公傳》曰：『崑崙一曰玄圃，一曰積石瑶房，一曰閬風臺，一曰華蓋，一曰天柱，皆仙人所居。』」

〔七〕然其文麗雅　至正本、《訓故》、黄本「文」下有「辭」字。「雅」，黄本同，至正本作「稚」。○詹鍈《義證》引橋川時雄：「唐寫無『辭』字，各本及《楚辭》芙蓉館本有『辭』。『其文辭麗雅』，本班固序，無『辭』字似是。序作『雅麗』。」○按：唐寫本是，「辭」字不必有。班固《離騷序》：「然其文弘博麗雅，爲辭賦宗。」此處直接稱引班文，當從本文爲得。下「詞」亦當作「辭」。至正本「雅」作「稚」，實手民之誤。

〔八〕駟虬乘翳　「駟」，至正本、《訓故》同，黄本作「駉」。「翳」，至正本、黄本同，《訓故》作「鷖」。○鈴木《校勘記》：「案洪興祖本『駉』作『駟』，『翳』作『鷖』，可從。」○范文瀾校云：「鈴木云洪本『翳』作『鷖』，可從。諸本皆誤。」○楊明照

《拾遺》:「按舍人用字，多從別本，此亦爾也。《離騷》:「駟玉虬以乘鷖兮。」舊校云:「鷖，一作翳。」《後漢書·馮衍傳》李註亦引作「翳」。是「鷖」、「翳」二字，古本相通。從鳥與從羽一實。不能謂爲「諸本皆誤」也。《訓故》本、《廣廣文選》、《諸子彙函》即作「鷖」。「駉」、「駉」並誤，當據各本改作「駟」。」○詹鍈《義證》:「「駟」，黄註本作「駉」，誤。按唐寫本、元刻本、弘治本均作「駟」。」

〔九〕名儒詞賦　「詞」，至正本、《訓故》、黄本作「辭」。○詹鍈《義證》引橋川時雄:「唐寫及《楚辭》芙蓉館、汲古閣本作「詞」，各本作「辭」。」

〔一〇〕百世無疋者也　「疋」，至正本、《訓故》、黄本作「匹」。○按：王逸《楚辭章句序》:「所謂金相玉質，百世無匹，名垂罔極，永不刊滅者矣。」本作「匹」。但在敦煌寫本中，「疋」、「匹」互通。伯二七二一卷《隨身寶》:「復有草馬，母子兩疋。」可爲例證。

〔一一〕以爲皆合經傳　「傳」，至正本、《訓故》、黄本作「術」。○按：唐寫本是也，下文「孟堅謂不合傳」可證。

〔一二〕楊雄談味　「談」，至正本、《訓故》、黄本作「諷」。○楊明照《拾遺》:「「諷」，唐寫本作「談」。「味」，《稗編》七三、《古論大觀》三五作「咏」。褚德儀云:「味疑咏字之譌。」按「談」、「咏」並誤。《晉書·袁宏傳》「(王)珣諷味久之」，《世説新語·賞譽篇》「諷味遺言」，釋慧遠《與桓太尉論料簡沙門書》「二者諷味遺典」(《弘明集》十二)，阮孝緒《七録序》「講説諷味，方軌孔籍」(《廣弘明集》三)，並「諷味」連文之證。」○詹鍈《義證》:「唐寫本「諷」作「談」，誤。斯波六郎:「户田浩曉氏《校勘記補》曰：鍾本味作詠。案應作諷味爲是。諷味之用例，見晉東海王越之《敕世子毗》諷味遺言。」」○按：楊、詹説並是，從至正本、《訓故》、黄本改。

〔一三〕鑒而不精　「不」，至正本、《訓故》、黄本作「弗」。

〔一四〕翫而未覈者矣　「矣」，至正本、《訓故》、黄本作「也」。

〔一五〕稱禹湯之祇敬也　「禹湯」，至正本作「湯禹」，《訓故》、黄本作「湯武」。至正本、黄本在「祇敬」下有「典誥之體也譏桀紂之猖披傷羿澆之顛隕規諷之旨」四句二十一字。○鈴木《校勘記》:「此二十二字缺。」(按:「也」字不缺，實缺二十一字。)○范註:「「湯武」，唐寫本作「禹湯」。據《離騷》應作「湯禹」。」○楊明照《拾遺》:「按《離騷》「湯禹儼而祇敬兮」，又「湯禹嚴而求合兮」，並作「湯禹」；《九章·懷沙》「湯禹久遠兮」，亦作「湯禹」。疑舍人此文，原從《離騷》作「湯禹」。傳寫者以爲失敘，乃改爲「湯武」耳。若本作「禹湯」，恐不致誤也。《漢書·宣元六王傳》:「湯禹所以成大功也。』《論衡・知實篇》：『雖湯禹之察，不能過也。』其敘湯禹次第，與《離騷》同，亦可作爲旁證。」○按：「祇敬」下四句二十一字當有，唐寫本脱誤。除鈴木《校勘記》、潘重規《合校》、詹鍈《義證》外，諸家均失校。

〔一六〕雲蜺以譬讒邪　鈴木《校勘記》：「『雲』上有『虹』字。」○按：唐寫本「雲」上有「虹」字，但右旁有「……」刪號。至正本、《訓故》、黄本並無「虹」字。

〔一七〕每一顧而掩涕　「掩」，《訓故》、黄本同，至正本作「淹」。○按：唐本是。《離騷》：「長太息以掩涕兮，哀民生之多艱。」

〔一八〕忠怨之詞也　「詞」，至正本、《訓故》、黄本作「辭」。

〔一九〕同乎風雅者也　「乎」，至正本、《訓故》作「于」，黄本作「於」。○范註：「詩無典誥之體。彦和云『觀茲四事，同於《風》、《雅》』，似宜云『同於《書》《詩》』。」○按：范説是，從黄本改。

〔二〇〕駕豐隆求宓妃憑鴆鳥媒娀女　至正本、《訓故》、黄本無「駕」、「憑」二字。○趙萬里《校記》：「案此處上下文均三字爲句，『駕』字當據唐本補。」又：「案（憑）唐寫本是也，今本有脱誤，當據訂。」○劉永濟《校釋》：「唐寫本『豐』上有『駕』字，是。」○楊明照《拾遺》：「按『駕』、『憑』二字當據增，始能與上『託雲龍説迂怪』句一例，否則辭意不明矣。」○按：《離騷》：「吾令豐龍乘雲兮，求宓妃之所在」，「望瑶臺之偃蹇兮，見有娀之佚女。吾令鴆爲媒兮，鴆告余以不好。」在「豐隆」、「鴆」上並有使動詞，故「駕」、「憑」二字不可無。

〔二一〕詭異之詞也　「詞」，至正本、《訓故》、黄本作「辭」。

〔二二〕夷羿斃日　「斃」，至正本作「蔽」，《訓故》、黄本作「彈」。○黄叔琳校云：「元作『蔽』，孫改。」黄註：「《天問》：『羿焉彈日？烏焉解羽？』註：『《淮南》言堯時十日並出，草木枯死。堯命羿仰射十日，中其九日。日中九烏皆死，墜其羽翼。』《説文》：『彈，射也。』」○趙萬里《校記》：「按唐本是也。黄本依孫校，改『蔽』爲『彈』，臆説未安。」○范註：「案《淮南》語在《本經訓》。《説文・弓部》：『彈，射也。從弓，畢聲。《楚詞》曰：𢏚焉彈日？』又：『𢏚，帝嚳射官，夏少康滅之。從弓，並聲。《論語》曰：𢏚善射。』」○楊明照《拾遺》：「按唐寫本是也。《楚辭・天問》：『羿焉彈日？』舊校云：『彈，一作斃。』舍人用傳記文，多從別本，此必原是『斃』字。《楚辭補註》、《廣廣文選》作『弊』；元本、弘治本、活字本、汪本、佘本、張本、《兩京》本、胡本、文津本、《古論大觀》作『蔽』，皆音同形近之誤。《諸子篇》『羿弊十日』，《玉海》三五引作『斃』；元本、弘治本、活字本、汪本、佘本、張本、《兩京》本、何本、胡本、梅本、《合刻》本、梁本、謝鈔本等同。尤爲切證。江淹《遂古篇》：「羿迺斃日，事豈然兮？」（《廣弘明集》卷三）亦作「斃」。稱「羿」爲「夷羿」，見《左傳》襄公四年《虞人箴》。」○王利器《校證》：「『弊』即『獘』之隸變，『蔽』又『獘』之形誤。『斃』『獘』音義俱同，今從唐寫本。」

〔二三〕木夫九首　「木」，《訓故》作「一」。「夫」，黄本同，至正本作「天」。○黄叔琳校云：「元作『天』，謝改。」黄註：「《招魂》：『一夫九首，拔木九千些。』註：『有丈夫一身九頭，强梁多力，從朝至暮，拔大木九千株也。』」○趙萬里《校記》：「案黄本依謝校，據《招魂》改『天』作『夫』，與唐本正合。」○楊明照《拾遺》：「按謝改與《招魂》合，是也。唐寫本、《楚辭補註》、《兩京》本、何本、《訓故》本、梁本、《别解》本、岡本、尚古本、文溯本、王本、鄭藏鈔本、《崇文》本、《廣廣文選》、《文儷》、《詩源辨體》，並作『夫』，未誤。」

〔二四〕土伯三目　「目」，《訓故》、黄本同，至正本作墨釘。○黄叔琳校云：「元作『足』，朱改。」黄註：「《招魂》：『土伯九約，其角觺觺些。』『參目虎首，其身若牛些。』註：『土伯，后土之侯伯也，其貌如虎，而有三目，身又肥大，狀如牛也。』」○趙萬里《校記》：「案黄本依朱校，據《招魂》改『足』作『目』，與唐寫本正合。」○楊明照《拾遺》：「按朱改是也。唐寫本、《楚辭補註》、活字本、何本、《訓故》本、梁本、謝鈔本、《别解》本、岡本、尚古本，正作『目』。《廣廣文選》、《文儷》、《詩源辨體》引，亦作『目』。」

〔二五〕士女雜坐　「坐」，《訓故》、黄本同；至正本作「座」。○范註：「《招魂》：『士女雜坐，亂而不分些。』王註：『言醉飽酣樂，合罇促席，男女雜坐，比肩齊膝，恣意調戲，亂而不分别也。』」○王利器《校證》：「馮本、佘本、張之象本、《兩京》本、何允中本、日本活字本、鍾本、梁本、王謨本、《崇文》本、《古論大觀》『坐』作『座』。清謹軒鈔本誤作『陳』。」

〔二六〕舉以爲歡　「歡」，至正本、《訓故》、黄本作「懽」。○范文瀾校云：「鈴木云：『洪本作歡。』」○王利器《校證》：「案清謹軒鈔本作『歡』。」

〔二七〕指此四事　「指」，至正本、《訓故》、黄本作「摘」。○詹鍈《義證》：「唐寫本『摘』作『指』。」橋川時雄：「《楚辭》芙蓉館、汲古閣本作摘。」《綴補》（王叔岷《文心雕龍綴補》）：「按上文『指以爲樂』，此文『摘』作『指』，與上『指』字複，疑涉上文而誤。《楚辭補註》本『摘』作『適』，古字通用。」

〔二八〕異於經典者也　「於」，至正本、《訓故》、黄本作「乎」。至正本無「也」字。○王利器《校證》：「馮本無句末『也』字，徐校補『也』字。」

〔二九〕語其夸誕則如此　「夸」，《訓故》、黄本同，至正本作「本」。〇按：唐本是。「本」無義。曹學佺評云：「摘其夸誕，此愛而知惡也，彦和欲扶風雅之切如此。」

〔三〇〕固知楚詞者　「詞」，至正本、《訓故》、黄本作「辭」。

〔三一〕體憲於三代而風雜於戰國　「憲」，至正本、《訓故》同，黄本作「慢」。「雜」，至正本、《訓故》、黄本作「雅」。鈴木《校勘記》「雜」録爲「雅」，恐是誤記或印刷誤植。唐寫本實作「雜」。〇黄叔琳校云：「（慢）元作『憲』，朱據宋本《楚辭》改。」〇趙萬里《校記》：「案唐本是也，今本即涉下文『乃雅頌之博徒』而誤。」〇范註：「『體慢』應據唐寫本作『體憲』。憲，法也。體法於三代，謂同乎風雅之四事。『風雅』亦應據唐寫本作『風雜』。『風雜於戰國』，謂異於經典之四事。」〇劉永濟《校釋》：「唐寫本『慢』作『憲』，『雅』作『雜』，是也。按屈子之文體法三代，故能『取鎔經旨』；風雜戰國，故又『自鑄偉辭』。此二字於辨章屈文最爲切要，當據改。」〇楊明照《拾遺》：「按『憲』字不誤，朱改非也。唐寫本、元本、弘治本、活字本、汪本、佘本、張本、《兩京》本、胡本、《訓故》本、謝鈔本、文津本、《稗編》、《廣廣文選》、《文儷》、《古論大觀》、《賦略緒言》、《觀妙齋楚辭》並作『憲』。《詔策篇》『體憲風流矣』，亦以『體憲』爲言。」又：「『雅』，唐寫本作『雜』。按唐寫本是。《時序篇》：『屈平聯藻於日月，宋玉交彩於風雲，觀其艷説，則籠罩雅頌，故知暐燁之奇意，出乎縱横之詭俗也。』正可作爲『風雜於戰國』一語註腳。」

〔三二〕觀其骨鯁所樹肌膚所附雖取鎔經旨　「旨」，至正本、《訓故》、黄本作「意」。〇王利器《校證》：「『旨』原作『意』，唐寫本、《玉海》二〇四作『旨』，今定從之。」〇按：唐寫本「骨鯁」上衍「所樹」二字，但右旁有「……」删號。

〔三三〕亦自鑄緯辭　「緯」，至正本、《訓故》、黄本作「偉」。鈴木《校勘記》録作「偉」，恐乃誤記或誤植。〇黄侃《札記》：「『雖取鎔經意，亦自鑄偉詞』二語最諦。異於經典者，固由自鑄其詞；同於《風》、《雅》者，亦再經鎔湅，非徒貌取而已。」〇趙萬里《校記》：「案唐本是也，『緯辭』與上句『經意』相對成文，『緯』譌作『偉』，則文不成義矣。」〇范註：「唐寫本『偉』作『緯』，誤。」〇楊明照《校註拾遺》：「按唐本非是。『偉辭』，猶奇辭也。《説文》：『偉，奇也。』此云『偉辭』，上云『奇文』，意本相承，誼亦可通。唐本蓋因經緯多相對舉而誤。《書敘指南》五、《玉海》二百四引、元本、活字本、汪本等，並作『偉』。」〇郭晉稀《註譯》：「『瑋』，奇也。元作『偉』，唐寫本作『緯』，皆借字，今校作『瑋』。」〇王利器《校證》：「『偉』，唐寫本誤『緯』，翻宋本《楚辭》、《玉海》、《書敘指南》五並作『偉』，不誤。『偉辭』與上『奇文』相承。《詔策篇》：『辭義多偉。』《書記篇》：『實志高而文偉。』義與此相同。」〇按：郭説亦得。王逸《遠遊序》：「是以君子珍重其志，而瑋其辭焉。」「偉」、「瑋」兩通。從至正本、黄本改。

〔三四〕騷經九章　至正本、《訓故》、黄本「騷經」上有「故」字。

〔三五〕九哥九辨　「哥」、「辨」，至正本、《訓故》、黄本並作「歌」、「辯」。○詹鍈《義證》引橋川時雄：「『歌』，唐寫作『哥』。時按：哥，聲也，古文以爲『歌』字，《漢書》多用『哥』爲『歌』也。」又：「按《楚辭》芙蓉館本《九辨》作『辨』，是。王逸序云：辨，變也，謂陳道德以變説君也。　故作『辯』非。」

〔三六〕靡妙以傷情　「靡妙」，至正本、《訓故》、黄本作「綺靡」。○郭晉稀《註譯》：「『靡妙』，元作『綺靡』，今依唐寫本校改。案上文有『朗麗以哀志』。『郎麗』來母雙聲，下文有『瓌詭而慧巧』，『耀艷而采華』。『瓌詭』見母雙聲，『耀艷』喻母雙聲，皆用雙聲字。『靡妙』爲明母雙聲，故當以唐寫本爲是。」

〔三七〕瓌詭而慧巧　「慧」，至正本、《訓故》、黄本作「惠」。○范註：「《莊子・天下篇》《釋文》：『瓌瑋，奇特也。』『惠』『慧』古通用。」○郭晉稀《註譯》：「『惠』『慧』古通用。『慧』本字，『惠』借字，故依唐寫本改寫。」

〔三八〕招魂大招　「大招」，《訓故》同。至正本、黄本作「招隱」。○黄叔琳校云：「馮云：『《招隱》，《楚辭》本作《大招》』。下云『屈宋莫追』，疑《大招》爲是。」黄註：「『大招』，王逸曰：『《大招》者，屈原之所作也。或曰景差，疑不能明也。屈原放流，恐命將終，所行不遂，故憤然大招其魂。』又曰：『《招隱士》者，淮南小山之所作也。小山之徒，閔傷屈原，雖身沉没，名德顯聞，與隱處山澤無異，故作《招隱士》之賦以章其志也。』」○黄侃《札記》：「《招隱》宜從《楚辭補註》本作《大招》。」○鈴木《校勘記》：「案洪本亦作『大招』，是也。」○户田浩曉《資料》：「所謂洪本，即指《楊升庵先生批點文心雕龍》（明張墉、洪吉臣參註，康熙三十四年重鐫，武林抱青閣刊）。」○趙萬里《校記》：「案唐本是也。黄本引馮校，與唐本正合。」○范註：「《招隱》唐寫本作《大招》，是。」○劉永濟《校釋》：「舊校疑是《大招》，按唐寫本正作『《大招》』。」○户田浩曉《資料》：「據王逸之説，『招隱』（士）爲漢人淮南小山之作。彦和在創作《文心雕龍》時看到的《楚辭》應是王逸本，因此不可能把淮南小山的作品超越賈誼《惜誓》之上，使之與宋玉的《招魂》並列，而應該是把王逸所稱或爲景差之作的《大招》列於《招魂》之次。故作《招隱》之本都是因《招魂》兩字而竄改錯了的。所以敦煌本正是把馮允中『疑《大招》爲是』的校語從疑問轉爲肯定的絶好資料。」

〔三九〕耀艷而采華　「采」，至正本、《訓故》、黄本作「深」。○楊明照《拾遺》：「按唐寫本是。『深』正作『罙』，蓋『采』初譌爲『罙』，後遂變爲『深』也。」

〔四〇〕自九懷已下　「已」，至正本、《訓故》、黄本作「以」。

〔四一〕遽躡其迹　「迹」，至正本、《訓故》、黄本作「跡」。

〔四二〕是以枚賈追風以入麗　「入」，《訓故》、黄本同，至正本殘佚。

〔四三〕其衣被辭人　「辭」，至正本、《訓故》、黄本作「詞」。

〔四四〕才高者苑其鴻裁　「苑」，至正本、《訓故》、黄本作「菀」。○趙萬里《校記》云：「案唐本是也，苑與蘊通，《廣雅》云：『蘊，聚也』，是其義。」○范註：「苑訓鬱，訓蘊，是自動詞，下列三句中『獵』『銜』『拾』三字皆他動詞，語氣不順，疑苑即捥之假字，《集韻》：『捥，取也。』捥其鴻裁，謂取鎔屈宋製作之大義，以自鑄新辭，然此非淺薄所能，故曰『才高者捥其鴻裁』也。」○郭晉稀《註譯》：「『範』，元作『菀』，唐寫本作『苑』，今校改。」並註云：「『范』，元作『菀』，唐寫本作『苑』。范文瀾云：（范註已具）。今案范解文意近是，然『菀』非『捥』之借字，蓋『笵』之誤字也，『菀』或作『苑』（唐寫本），『笵』或訛『范』（《禮運》：『范金合土』），『范』『苑』形近，所以致訛。全書中用『笵』『範』字者最多，絶無用『捥』字者。且『鴻裁』不得云『捥』，應當言『笵』，故今校『苑』作『笵』。」○楊明照《拾遺》：「按『苑』字是。『菀』與『苑』古雖相通，但本書則全用『苑』字。《詮賦篇》『夫京殿苑獵』，以『苑獵』連文，與此以『苑』『獵』對舉，其比正同。《雜文篇》『苑囿文情』，《體性篇》『苑囿其中矣』，《練字篇》『頡以苑囿奇文』，其用『苑』字誼亦並與此同。此固不應單作『菀』也。《總術篇》『制勝文苑哉』，元本、活字本『苑』作『菀』，是『苑』『菀』二字易淆之證。」○王利器《校證》：「『菀』，唐寫本作『苑』，古通，《漢書·谷永傳》註云：『菀，古苑字。』又《百官公卿表》上，太僕屬官之牧師菀令，即苑令也。《管子·水地篇》：『地者，諸生之根菀也。』舊註：『菀囿，城也。』皆『苑』『菀』古通之證。《詮賦篇》『京殿苑獵』，以『苑獵』對文，與此正同。《雜文篇》云：『苑囿文情。』《體性篇》云：『文辭根葉，苑囿其中。』《練字篇》云：『苑囿奇文。』『苑』字義並與此同。蓋《離騷》一書，辭藻豐蔚，多所蘊蓄，若草木禽獸之苑囿然，後人多在其中討生活，所謂『衣被詞人，非一世也』。《詮賦篇》云：『故知殷人輯頌，楚人理賦，斯並鴻裁之寰域，雅文之樞轄也。』亦『苑其鴻裁』之意也。」○潘重規《合校》：「重規案：《漢書·谷永傳》師古註云：『菀，古苑字。』苑囿字，六朝人往往書作菀，此菀即苑也。苑囿用作動詞，蓋範圍包括之意。《詮賦篇》云：『故知殷人輯頌，楚人理賦，斯並鴻裁之寰域，雅文之樞轄。』才高者苑其鴻裁，謂才高者能盡得其體製也。」○按：王、潘説是。「苑」「菀」古通，不必枝解。鈴木《校勘記》録「苑」爲「菀」，實誤。

〔四五〕中巧者獵其艷詞　「詞」，至正本、《訓故》、黄本作「辭」。

〔四六〕酌奇而不失居貞　「居貞」，至正本、黄本作「其真」。《訓故》作「其貞」。○劉永濟《校釋》：「其真，唐寫本作『居貞』。按作『貞』是。貞者，正也。對奇而言貞，與實對華而言同。居字無義，當係訛誤。」○楊明照《拾遺》：「按『貞』字是，『居』則非也。《楚辭補註》、《訓故》本、《廣廣文選》作『其貞』。貞，正也（《廣雅・釋詁》一）；誠也（《文選・思玄賦》舊註）。《銘箴篇》『秉茲貞厲』、《論説篇》『必使時利而義貞』，活字本並誤『貞』爲『真』；《事類篇》『則改事失真』，活字本又誤『真』爲『貞』。是『貞』『真』二字固易淆誤也。」

〔四七〕則顧眄可以驅辭力　「眄」，至正本、《訓故》、黄本作「盻」。○楊明照《拾遺》：「『盻』，唐寫本作『眄』（《楚辭補註》作『眄』）；梅本作『盼』。按『眄』『盻』『盼』三字，形音誼俱别。《説文・目部》：『眄，目偏合視也。』又：『盻，恨視也。』《玉篇・目部》：『盼，黑白分也。』三字形近，每致淆誤。此當以作『眄』爲是。《楚辭補註》作『眄』，又『眄』之俗體。」○潘重規《合校》：「重規案：六朝人眄字，俗寫作眄，眄字是。」○按：楊、潘説並是。「眄」亦寫作「眄」（見《魏趙郡王元毓墓志》）。

〔四八〕不有屈平　「屈平」，至正本、《訓故》、黄本作「屈原」。○楊明照《拾遺》：「按《時序篇》『屈平聯藻於日月』，《物色篇》『然屈平所以能洞鑒風騷之情者』，《知音篇》『昔屈平有言』，並稱屈子之名。則此當從唐寫本作『平』，前後始能一律。」

〔四九〕壯采煙高　「壯采」，至正本、《訓故》、黄本作「壯志」。○范註：「『壯志』，唐寫本作『壯采』，是。」○劉永濟《校釋》：「唐寫本作『壯采』，是。」○楊明照《拾遺》：「按『采』字是。《詮賦篇》『時逢壯采』，亦以『壯采』連文。」

〔五〇〕艷逸錙毫　《訓故》、黄本「逸」作「溢」；至正本作「絶益稱豪」。○黄叔琳校云：「元作『絶益稱豪』，朱考宋本《楚辭》改。」○趙萬里《校記》：「案黄本引朱校，據宋本《楚辭》改作『艷溢錙毫』，與唐本正合，惟『逸』作『溢』，乃聲近之誤。」○郭晉稀《註譯》：「『緇』，原作『錙』，今校改。緇，帛黑色也。此處單指帛言，緇毫，即紙筆。作錙，形近致訛。」○周振甫《註釋》：「錙豪：極細微處都充滿著文采。錙：六銖爲錙，二十四銖爲兩。」○王利器《校證》：「『艷溢錙毫』，原作『絶益稱豪』，梅從朱考宋本《楚辭》改。徐校作『艷溢錙豪』：謝云：『一作絶艷稱豪。』案唐寫本正作『艷溢錙毫』，今據改。日本刊本『溢』作『益』，不可據。」○詹鍈《義證》引橋川時雄：「唐寫作『艷逸錙毫』，《楚辭》芙蓉館、汲古閣本作『艷溢錙毫』。徐校云……時按諸本紛雜，難得一是。然唐寫本、《楚辭》僅差一字。逸、溢兩通。『溢』字妥。他本異同，皆出摸索，不問之可也。」〇按：唐本是，作「鎰」爲得，不須改。又至正本篇末隔三行頂格有「文心雕龍卷第一」七字。

卷(弟)〔第〕二[一]

明詩(弟)〔第〕六

大舜云：「詩言志，(哥)〔歌〕永言[二]。」聖謨所(折)〔析〕[三]，義已明矣。是以「在心爲志，發言爲詩」，舒文載實，其在茲乎？故詩者，持也[四]，持人情性；三百之蔽，義歸「無邪」，持之爲訓，信有符焉爾[五]。人稟七情，應物斯感，感物吟志，莫非自然。昔葛〔天〕樂辭，《玄鳥》在曲[六]；黄帝《雲門》，理不空絃[七]。至堯有《大章》之(哥)〔歌〕[八]，舜造《南風》之詩，觀其二文，(詞)〔辭〕達而已[九]。及大禹成〔功〕[一〇]，九序惟(哥)〔歌〕[一一]；太康敗德，五子咸諷[一二]；順美匡惡，其來久矣。自商暨周，《雅》《頌》圓備，四始彪炳，六義環深。子夏鑒絢素之章[一三]，子貢悟琢磨之句，故商賜二子，可與言《詩》矣[一四]。自王澤殄竭[一五]，風人(掇彩)〔輟采〕[一六]；春秋觀志，諷誦舊章，酬酢以(成)〔爲〕賓榮[一七]，吐納而成身文。逮楚國諷怨，則《離騷》爲刺。秦皇滅典，亦造《仙詩》。漢初四言，韋孟首唱，匡諫之義，繼軌周人。孝武愛文，《柏梁》列韻，嚴、馬之徒，屬(詞)〔辭〕無方[一八]。至成帝品録，三百餘篇，朝章國采，亦云周備；而詞人遺翰，莫見五言；所以李陵(斑)〔班〕婕，見疑於後代也[一九]。案《邵南·行露》[二〇]，始肇半章；孺子《滄浪》，亦有全曲；《暇豫》優(哥)〔歌〕[二一]，遠見春秋；《邪徑》童謡，近在成世；閱時取徵[二二]，則五言久矣。又《古詩》佳麗，或稱枚叔，其《孤竹》一篇，則傅毅之辭[二三]，比(彩)〔采〕而推[二四]，(故)〔固〕兩漢之作也[二五]。觀其結體散文，直而不野，婉轉附物，怊悵切情，實五言之冠冕也。至如張衡《怨篇》[二六]，清典可味[二七]；《仙詩》緩(哥)〔歌〕[二八]，雅有新聲。暨建安之初[二九]，五言騰躍[三〇]，文帝、陳思，縱轡以騁節；王、徐、應、劉[三一]，望路而争驅；並憐風月，狎池苑，述恩榮，敘酣宴[三二]，慷慨以任氣，磊落以使才；造懷指事，不求纖密之巧；驅(詞)〔辭〕逐貌[三三]，唯取昭晳之能；此其所同也[三四]。及正始明道[三五]，詩雜僊心[三六]，何晏之徒，率多浮淺。唯嵇志清峻〔三七〕，阮旨遥深，故能（摽）〔標〕焉〔三八〕。若乃應（瑒）〔璩〕《百壹》〔三九〕，獨立不懼，辭譎義貞，亦魏之遺直也〔四〇〕。晉世羣才，稍入輕綺，張、左、潘、陸〔四一〕，比肩詩衢，采縟於正始，力柔於建安，或（折）〔析〕文以爲妙〔四二〕，或流靡以自妍〔四三〕，此其大略也。江左篇製，溺乎玄風〔四四〕，羞笑徇務之志〔四五〕，崇盛忘機之談〔四六〕，袁、孫已下，雖各有雕采，而（詞）〔辭〕輒一揆〔四七〕，莫能争雄〔四八〕，所以景純《仙篇》，挺拔而爲（儁）〔俊〕矣〔四九〕。宋初文詠，體有因革，（嚴）〔莊〕老告退〔五〇〕，而山水方滋，儷采百字之偶，争價一句之奇，情必極貌以寫物，辭必窮力而追新〔五一〕，此近世之所競也〔五二〕。

故鋪觀列代，而情變之數可鑒〔五三〕，撮舉同異，而綱領之要可明矣。若夫四言正體，則雅潤爲本；五言流調，則清麗居宗〔五四〕；華實異用，唯才所安。故平子得其雅，叔夜（合）〔含〕其潤，茂先（擬）〔凝〕其清，景陽（震）〔振〕其麗〔五五〕。兼善則子建、仲宣，偏美則太沖、公幹。然詩有恒裁，思無定位，隨性適分，鮮能圓通〔五六〕。若妙識所難，其易也將至；忽以爲易，其難也方來〔五七〕。至於三六雜言，則出自篇什〔五八〕；（合離）〔離合〕之發〔五九〕，則亦萌於圖讖〔六〇〕；迴文所興〔六一〕，則道原爲始；聯句共韻，則柏梁餘製；巨細或殊，情理同致，總歸詩囿，故不繁云。

（讚）〔贊〕曰：民生而志，詠（哥）〔歌〕所含〔六二〕。興發皇世，風流二《南》。神理共契，政序相參。英華彌縟，萬代永耽。

校記

〔一〕卷第二　至正本作「文心雕龍卷第二」；《訓故》作「文心雕龍訓故卷之二」；黄本作「文心雕龍卷二」。

〔二〕哥永言　「哥」，至正本、《訓故》、黄本作「歌」。○王利器《校證》：「案《漢書・藝文志》引《舜典》此文亦作『哥』，《説文》：『哥，聲也，從二可，古文以爲謌字。』」○詹鍈《義證》：「按『永』字通『詠』。」○按：唐寫本「歌」並寫作「哥」，當以「歌」爲正，據至正本等改，下不贅。

〔三〕聖謨所折　「謨」，《訓故》、黄本同；至正本作「謀」。「折」，至正本、《訓故》、黄本作「析」。○趙萬里《校記》：「案唐本是也。本書「謀」「謨」多形近互譌。」○范註：「『聖謀』，唐寫本作『聖謨』，黄校本亦改『謀』作『謨』，《尚書・僞伊訓》『聖謨洋洋，嘉言孔彰』，作『聖謨』是。」○王利器《校證》：「『謨』原作『謀』，梅改。今案唐寫本、王惟儉本正作『謨』。《詩紀》亦作『謨』。」○按：作「析」是。唐寫本「木」旁多寫作「扌」。

〔四〕故詩者持也　至正本、《訓故》、黄本無「故」字。○楊明照《拾遺》：「按『故』字於此爲承上領下之詞，實不可少，應據增。」

〔五〕信有符焉爾　至正本、《訓故》、黄本無「信」字。「爾」，《御覽》、至正本作「尒」。

〔六〕昔葛樂辭玄鳥在曲　《御覽》無此句八字。至正本、《訓故》、黄本作「昔葛天氏樂辭云玄鳥在曲」。○趙萬里《校記》：「案此文疑當作『昔葛天樂辭，玄鳥在曲』，方與下文『黄帝《雲門》，理不空綺』相對成文，今本衍『氏』字『雲』字，唐本奪『天』字，均有誤，然終以唐本近是。」○范註：「案趙説是也。《吕氏春秋・仲夏紀・古樂篇》『昔葛天氏之樂，三人摻牛尾投足以歌八闋：一曰《載民》；二曰《玄鳥》；三曰《遂草木》；四曰《奮五穀》；五曰《敬天常》；六曰《達帝功》；七曰《依地德》；八曰《總禽獸之極》。』高誘註曰：『上皆樂之八篇名也。』」○劉永濟《校釋》：「唐寫本無『天氏云』三字，疑本作『昔葛天樂辭』。」○楊明照《拾遺》：「唐寫本無『天』『氏』『云』三字。郝懿行云：『按云字疑衍』。按唐寫本脱『天』字，『氏』『云』二字則當據删。《樂府篇》『葛天八闋』，《事類篇》『按葛天之歌』並止作『葛天』，無『氏』字。《玉海》一百六引，正作『昔葛天樂辭』，未衍未脱。」○按：諸説並是，從諸家補「天」字。

〔七〕黄帝雲門理不空絃　《御覽》無此句八字。「絃」，至正本、《訓故》、黄本作「綺」。《訓故》「理不空綺」標疑作「理不空綺」。○黄叔琳校云：「朱云：『當作絃。』」○黄侃《札記》：「『理不空絃』者，以其既得樂名，必有樂詞也。」○趙萬里《校記》：「案唐本是也。黄本引朱校『綺當作絃』，與唐本正合。」○范註：「唐寫本作『理不空絃』，是。《詩譜序》《正義》『大庭有鼓籥之器，黄帝有《雲門》之樂，至周尚有《雲門》，明其音聲和集。既能和集，必不空絃，絃之所歌，即是詩也。』案《正義》『必不空絃』之語，即本彦和，是作『綺』者誤也。」○楊明照《拾遺》：「按朱説是。唐寫本及《玉海》引並作『絃』，當據改。」

〔八〕至堯有大章之哥　《御覽》無「至」字。至正本、《訓故》、黄本「章」作「唐」；「哥」作「歌」。○黄叔琳校云：「唐，一作章。」黄註：「《尚書大傳》：『維五紀，奏鍾石，論人聲，及乃鳥獸咸變於前，秋養耆老而春食孤子，乃勃然韶樂興於大麓之野，執事還歸，二年談然，乃作《大唐之歌》，一作《大章》。』《漢・禮樂志》：『堯作《大章》。』」○黄侃《札記》：

「『唐』，一作『章』。《尚書大傳》云：『報事還歸，二年談然，乃作《大唐之歌》。』鄭注曰：『《大唐之歌》，美堯之禪也。』據此文，是大唐乃舜作以美堯，則作《大章》者爲是。《樂記》曰：『《大章》，章之也。』鄭注曰：『堯樂名』。」○范註：「《禮記·樂記》：『《大章》，章之也。』鄭註：『堯樂名也。言堯德章明也。《周禮》闕之，或作《大卷》。』《尚書大傳》：『談然乃作《大唐之歌》。樂曰：舟張辟雍，鶬鶬相從。八風回回，鳳皇喈喈。』鄭註：『談，猶灼也。《大唐之歌》，美堯之禪也。』案《大唐》乃舜美堯禪之歌，不得云堯有，似當作《大章》爲是。然鄭註《樂記》『大章』，已云《周禮》闕之。彦和所見，當即《尚書大傳》大唐之歌，行文偶誤耳。」

〔九〕詞達而已　「詞」，至正本、《訓故》、黃本作「辭」。○按：當作「辭」。《論語·衛靈公》：「子曰：『辭達而已矣』。」

〔一〇〕及大禹成　「成」，至正本、《訓故》、黃本作「成功」。○鈴木《校勘記》：「脱『功』字。」○按：「功」字當有，唐寫本脱。「大禹成功」與下文「太康敗德」相對成文。

〔一一〕九序惟哥　「哥」，至正本、《訓故》、黃本作「歌」。

〔一二〕五子咸諷　「諷」，《御覽》同；至正本、《訓故》、黃本作「怨」。○趙萬里《校記》：「案作『諷』義較長，《御覽》五八六引亦作『諷』，與唐本正合。」○劉永濟《校釋》：「唐寫本『怨』作『諷』，《御覽》同。是也。」○楊明照《拾遺》：「徐𤊹校作『五字感諷』。按『諷』字是。上云『歌』，此云『諷』，文本相對爲義。故下言『順美匡惡』也。『順美』指『大禹』二句，『匡惡』指『太康』二句。傳寫者蓋泥於僞《五子之歌》文而改耳。徐校非。」○詹鍈《義證》：「『怨』字，唐寫本、《御覽》並作『諷』。《考異》：『五子咸怨句本《尚書·五子之歌》，諷字非。』按本書《才略篇》『五子作歌，辭義温雅』，仍以『怨』字爲長。」

〔一三〕子夏鑒絢素之章　「鑒」，《御覽》同；至正本、《訓故》、黃本作「監」。○趙萬里《校記》：「作『鑑』，非。」○范文瀾校云：「鈴木云：『《御覽》亦作鑒。』」○劉永濟《校釋》：「唐寫本及《御覽》五八六『監』並作『鑑』，是也。」

〔一四〕可與言詩矣　《御覽》「與」作「以」。至正本、《訓故》、黃本無「矣」字。

〔一五〕自王澤殄竭　「殄」，至正本、《訓故》、黃本同。鈴木《校勘記》斷唐寫本爲「彌」。○楊明照《拾遺》：「『殄』，《御覽》引作『弥』。按『弥』爲『彌』之簡書，『殄』又作『㱱』，形近易誤。此當以作『殄』爲是。殄，盡也；絶也。《漢書·禮樂志》：『王澤既竭，而《詩》不能作。』《兩都賦序》：『王澤竭而《詩》不作。』」○潘重規《合校》：「重規案：唐寫本作『弥』，正是殄字。《讚》云『英華彌縟』，《祝盟篇讚》云『季代彌飾』，則作『弥』。《御覽》引作『弥』，乃『殄』之誤。」○

按：潘説是也。斷唐寫本爲『彌』者，乃疏於「𠄎」「弓」之別所致。

〔一六〕風人掇彩　「掇彩」，至正本、《訓故》、黄本作「輟采」。○鈴木《校勘記》：「『輟』誤作『掇』，『采』作『彩』。」○潘重規《合校》：「重規案：唐寫本誤。」○按：潘説是。從至正本等改。

〔一七〕諷誦舊章酬酢以成賓榮　《御覽》「諷」上有「以」字。「成」，至正本、《訓故》、黄本作「爲」。○潘重規《合校》：「重規案：唐寫本誤。」○按：潘説是，當作「爲」。《左傳》襄公二十七年，「趙孟曰：『《詩》以言志，志誣其上而公怨之，以爲賓榮，其能久乎？』」「成」乃涉下「吐納而成身文」而誤。又：下文「吐納而成身文」，《御覽》「身」作「聲」。從至正本等改。

〔一八〕屬詞無方　「詞」，至正本、《訓故》、黄本作「辭」。下「而詞人遺翰」亦同。

〔一九〕所以李陵斑婕見疑於後代也　「斑婕」，《御覽》同；「疑」作「擬」，「後」作「前」。至正本、《訓故》、黄本作「班婕好」。○趙萬里《校記》：「案『好』字可省，《御覽》五八六引亦無『好』字，與唐本正合。」○范文瀾校云：「孫云唐寫本無『好』字，《御覽》亦無『好』字。」「孫云《御覽》『後』作『前』，顧校亦作『前』。」○劉永濟《校釋》：「唐寫本無『好』字，《御覽》五八六亦無『好』字，『疑』作『擬』，『後』作『前』。據此，是舍人明言李陵、班婕好之作，乃前代之人擬作者。前代者，齊代以前，西漢以後也。」○楊明照《拾遺》：「『疑』，《御覽》引作『擬』。『好』，唐寫本、《御覽》引無。按上文明言『辭人遺翰，莫見五言』，則此當以作『疑』爲是。顔延之《庭誥》：『逮李陵衆作，總雜不類，是假託，非盡陵制。』(《御覽》五八六引)。此李陵詩見疑後代之尚可考者。曹植《班婕好畫贊》：『有德有言，實惟班婕。』(《初學記》十引)陸厥《中山王孺子妾歌》：『班婕坐同車。』(《文選》)並止稱『班婕』。則此當據唐寫本及《御覽》删『好』字。」○王利器《校證》：「《御覽》『疑』作『擬』。按《宋書·顔延之傳》延之《庭誥》云：(楊引已具)則『疑』讀作『擬』，亦通。馮校本、譚校本作『儗』。」○按：從至正本等改「斑」作「班」。

〔二〇〕案邵南行露　「案」、「邵」，至正本、《訓故》、黄本作「按」、「召」。《御覽》「召」亦作「邵」。○趙萬里《校記》：「案《御覽》五八六引亦作『邵』，與唐本正合。」○楊明照《拾遺》：「『召』唐寫本作『邵』；宋本、鈔本、鮑本《御覽》引同。倪本、活字本《御覽》作『郡』，『郡』即『邵』之誤。按《詩大序》『故繫之召公』《釋文》：『召，本亦作邵，同上照反，後《召南》、召公皆同。』舍人用字，多從别本，再以《詮賦篇》『昔邵公稱公卿獻詩』相證，此必原作『邵』也。」

〔二一〕暇豫優哥　「哥」，《御覽》、至正本、《訓故》、黄本作「歌」。

〔二二〕閱時取徵　「徵」，《御覽》同，至正本、《訓故》、黃本作「證」。○黃叔琳校云：「一作徵。」○楊明照《拾遺》：「按唐寫本及《御覽》引並作『徵』。釋僧祐《弘明論》：『指事取徵。』則作『徵』是。」

〔二三〕則傅毅之辭　「辭」，《御覽》、至正本、《訓故》、黃本作「詞」。

〔二四〕比彩而推　「彩」，《御覽》、至正本、《訓故》、黃本作「采」。○黃叔琳校云：「一作類。」○楊明照：「『采』，黃校云：『一作類。』何焯校『類』。紀昀云『類字是』。按黃氏所稱『一作類』者，蓋指何焯校本。唐寫本作『彩』，《誄碑篇》『文采允集』，唐寫本亦作『彩』。《御覽》引作『采』，則何校非是。」

〔二五〕故兩漢之作也　《御覽》「故」作「固」，「也」作「乎」；至正本、《訓故》、黃本無「故」字，「也」作「乎」。○趙萬里《校記》：「案《御覽》五八六引『兩』上有『固』字，『固』『故』音近而訛，疑此文當作『固兩漢之作也』，今本有脱誤。」○范註：「案趙説是也。」○潘重規《合校》：「重規案：『固』『故』字通，六朝文辭以『故』爲『固』者不勝枚舉，趙説未諦。」○按：作「固」義長，從《御覽》改。

〔二六〕至如張衡怨篇　「如」，《御覽》、至正本、《訓故》、黃本作「於」。

〔二七〕清典可味　「典」，《御覽》、黃本同；至正本、《訓故》作「曲」。○黃叔琳校云：「一作『曲』，從《紀聞》改。」○李詳《補註》：「明梅慶生、凌雲兩本並作『清曲』。黃據《困學紀聞》改『典』，非也；紀氏亦以『清曲』爲是，云曲字作婉字解。」○鈴木《校勘記》：「案《御覽》、《玉海》、《困學紀聞》及此本皆作『典』，『典』字是也。」○趙萬里《校記》：「案黃校改『曲』作『典』，與唐本及《御覽》五八六引均合。」○范註：「『典』一作『曲』，紀云『典字是。曲字作婉字解』。」又「案作『典』字是。《怨詩》四言，義極典雅。」○楊明照《拾遺》：「按作『典』是也。唐寫本、《御覽》、《玉海》五九引，並作『典』。《陸士衡集·遂志賦》：『思玄精練而和惠，欲麗前人，而優遊清典，漏幽通矣。』亦以『清典』連文。」

〔二八〕仙詩緩哥　「哥」，《御覽》、至正本、《訓故》、黃本作「歌」。

〔二九〕暨建安之初　《御覽》、黃本同；至正本、《訓故》無「之」字。

〔三〇〕五言騰躍　「躍」，《御覽》、至正本、《訓故》作「踴」；黃本作「踊」。○楊明照《拾遺》：「『踊』，唐寫本作『躍』。《御覽》、《玉海》引作『踴』；元本、弘治本、活字本、汪本、佘本、張本、《兩京》本、何本、《訓故》本、梅本、凌本、《合刻》本、梁本、《秘書》本、謝鈔本、《彙編》本、《別解》本、清謹軒本、岡本、尚古本、文津本、王本、張松孫本、鄭藏鈔本、崇文本、《漢魏詩乘總録》、《詩源辨體》四、《讀書引》同。按『躍』、『踴』通用。以《宗經篇》『百家騰躍』，《總術篇》『義味騰躍而生』例之，此當以作『躍』爲是。其作『踊』者，殆『踴』之殘誤。」○詹鍈《義證》：「《玉海》卷五十九引『踊』作『踴』。徐復《文心雕龍正字》：『按踊本當作涌。《程器篇》有江河所以騰涌句，是正字，此以聲同假用。』按《程器篇》的『騰涌』是形容江河的，此處『騰踊』二字不必説是假借也可以通。唐寫本『踊』字作『躍』，意思也是一樣的。」

〔三一〕王徐應劉　《御覽》「劉」誤作「對」。

〔三二〕述恩榮敘酣宴　《御覽》「恩」誤作「思」；「敘」作「序」。

〔三三〕驅詞逐貌　「詞」，至正本、《訓故》、黄本作「辭」。

〔三四〕唯取昭哲此其所同也　「哲」，至正本、《訓故》作「晢」；黄本作「晣」。「同」，《御覽》作「用」。○楊明照《拾遺》：「『晣』，唐寫本作『晣』；《御覽》引同。徐𤊹云：『哲當作晢。』按『晣』字是。已詳《徵聖篇》『文章昭晣以象離』條。」

○按：「用」乃「同」之形誤。

〔三五〕及正始明道　「及」，至正本、《訓故》、黄本作「乃」。《訓故》「明道」二字標疑作「明道」。○范文瀾校云：「孫云：唐寫本作『及』，《御覽》亦作『及』。」○楊明照《拾遺》：「按『及』字是。」○王利器《校證》：「作『乃』，與下文『若乃』複矣。」○按：當作「及」，「乃」是「及」之形誤。

〔三六〕詩雜僊心　「僊」，至正本、《訓故》、黄本作「仙」。

〔三七〕唯嵇志清峻　「志」，《御覽》、黄本同；至正本、《訓故》作「旨」。○楊明照《拾遺》：「按《文選》向秀《思舊賦序》：『余與嵇康、吕安居止接近，其人並有不羈之才；然嵇志遠而疏。』」○王利器《校證》：「馮本、汪本、佘本、張之象本、《兩京》本、何允中本、日本活字本、王惟儉本、梅本、凌本、梅六次本、陳本、鍾本、梁本、謝鈔本、日本刊本、張松孫本、《崇文本》、《詩紀》、《讀書引》『志』作『旨』，馮校作『志』。」

〔三八〕故能摽焉　《御覽》無「故能摽焉」四字。「摽」，至正本、《訓故》、黄本（楊明照校本）同。○范文瀾校本、郭晉稀《校譯》、周振甫《註釋》、陸侃如、牟世金《譯註》、王利器《校證》並作「標」。○范文瀾校云：「孫云：『《御覽》無此一句。』」○按：當作「標」。唐寫本「木」旁多寫作「扌」。

〔三九〕若乃應瑒百壹　《御覽》、至正本、《訓故》、黄本「瑒」作「璩」；「壹」作「一」。○潘重規《合校》：「重規案：唐寫本作『瑒』，誤。」○楊明照《拾遺》：「按《才略篇》：『休璉風情，則《百壹》標其志。』此當從唐寫本作『壹』，前後始能一律。」

○按：潘、楊二氏説並是。應璩字休璉，作《百壹》詩；應瑒字德璉，乃休璉之兄也。唐寫本作「瑒」，誤。

〔四〇〕辭謡義貞亦魏之遺直也　《御覽》「辭」作「詞」，「貞」誤「具」，無「亦」字。

〔四一〕張左潘陸　至正本、《訓故》、黄本作「張潘左陸」。○趙萬里《校記》：「案唐寫本是也。與《御覽》五八六引合。」○楊明照《拾遺》：「按《詮賦》、《時序》、《才略》三篇所敘西晉作者，皆左先於潘，此亦應爾。《宋書·謝靈運傳論》『潘陸特秀』，《南齊書·文學傳論》『潘陸齊名，機岳之文永異』，《梁書·文學》上《庾肩吾傳》『《太子與湘東王書》……近則潘陸顔謝』，《詩品》上『景陽潘陸，自可坐於廊廡之間矣』，亦並以潘陸連稱。」

〔四二〕或折文以爲妙　「折」，至正本、《訓故》、黄本作「枂」（按：范文瀾校本衍一「枂」字，作「枂枂」）。○《御覽》「妙」作「武」。○范文瀾校云：「『枂』，趙云作『折』。」范註：「『枂文』，唐寫本作『析文』，按『析文』是。張遷、孔耽二碑『析』變作『枂』。《麗辭篇》『至魏晉羣才，析句彌密，聯字合趣，剖毫析釐。』」○楊明照《拾遺》：「『枂』，唐寫本、《兩京》本、《訓故》本、《龍谿》本作『析』；活字本、鮑本《御覽》引同。按『枂』爲『析』之俗體，當據正。」○按：唐寫本「析」寫作「折」。唐寫本「木」旁常寫成「扌」旁。「武」無義，作「妙」是。

〔四三〕或流靡以自妍　「妍」，《御覽》作「研」。○按：「研」乃「妍」之形誤。

〔四四〕溺乎玄風　「乎」，《御覽》作「於」。

〔四五〕羞笑徇務之志　「羞」，《御覽》同；至正本、《訓故》、黄本作「嗤」。○趙萬里《校記》：「案《御覽》五八六引『嗤』亦作『羞』，與唐本正合。」

〔四六〕崇盛忘機之談　「忘」，《御覽》同；至正本、《訓故》、黄本作「亡」。○趙萬里《校記》：「案唐本是也，與《御覽》五八六引合。」○范文瀾校云：「趙云『亡』作『忘』；孫云《御覽》亦作『忘』；郝云梅本作『忘機』。」○楊明照《拾遺》：「『亡』，徐𤊹云：『當作忘。』郝懿行説同。按徐、郝説是。唐寫本正作『忘』；《御覽》引同。《選詩約註》一引亦作『忘』（徐氏蓋據《御覽》校）。天啟梅本已改『忘』，當從之。《祕書》本、張松孫本已照改。」○詹鍈《義證》：「按作『忘機』是。『忘機』指忘記人世一切機巧之事的一種淡泊寧静的心境。李白《下終南山過斛斯山人宿置酒》詩：『我醉君復樂，陶然共忘機』。」

〔四七〕而詞輒一揆　「詞」、「輒」，至正本、《訓故》、黄本作「辭」、「趣」。○劉永濟《校釋》：「唐寫本『趣』作『輒』，是。」○按：鈴木《校勘記》誤認唐寫本「輒」爲「輙」，唐寫本實作「輒」。

〔四八〕莫能争雄　「能」，至正本、《訓故》、黄本作「與」。○郭晉稀《註譯》：「『莫能争雄』，謂皆不足以爲雄長也。元作『莫與争雄」，非。今依唐寫本校改。」

〔四九〕挺拔而爲儁矣　「儁」，《御覽》同，至正本、《訓故》、黄本作「俊」。○范文瀾校云：「孫云唐寫本作『雋』，《御覽》作『雋也』。」○王利器《校證》：「唐寫本『俊』作『雋』，徐校作『儁』，宋本《御覽》作『儁』。明鈔本《御覽》、銅活字本《御覽》『俊』作『儁』，『矣』作『也』。」○按：唐寫本、《御覽》實作『儁』；『儁』爲『俊』之異體。

〔五〇〕嚴老告退　「嚴」，《御覽》同，至正本、《訓故》、黄本作「莊」。○趙萬里《校記》：「按《御覽》五八六引亦作『嚴』，與唐本正合。」○楊明照《拾遺》：「按《史通·五行志·錯誤篇》『莊公』並作『嚴公』，自註云：『漢避明帝諱，改『莊』曰『嚴』。是舍人此文或原作『嚴』，與《論説篇》『莊尤』之作『嚴尤』同。故唐寫本及《御覽》仍作『嚴』也。它篇之『莊周』卻不作『嚴』。」

〔五一〕辭必窮力而追新　《御覽》無「辭」字。「追」，《訓故》、黄本同；至正本作「迫」。

〔五二〕此近世之所競也　「世」，《御覽》作「代」。

〔五三〕而情變之數可鑒　至正本、《訓故》、黄本作「監」。○趙萬里《校記》：「按《御覽》五八六引亦作『鑒』，與唐寫本正合。」

〔五四〕若夫四言正體則雅潤爲本五言流調則清麗居宗　《御覽》、黄本同；至正本、《訓故》無兩「則」字。○黄叔琳校云：「兩『則』字從《御覽》增。」○趙萬里《校記》：「案《御覽》五八六引亦有兩『則』字，與唐本正合，當據補。」○王利器《校證》：「案馮、黄校是。唐寫本正有兩『則』字。」

〔五五〕叔夜合其潤茂先擬其清景陽震其麗　「合」、「擬」、「震」，《御覽》「合」、「擬」同，「震」作「振」；至正本、《訓故》、黄本作「含」、「凝」、「振」。○楊明照《拾遺》：「『含』，唐寫本作『合』。宋本、鈔本、倪本、喜多本、鮑本《御覽》引同。『凝』，唐寫本作『擬』。宋本、鈔本、倪本、活字本、鮑本《御覽》引同。『振』，唐寫本作『震』。按『含』、『凝』、『振』三字並是。《文鏡秘府論》（南卷）《論文意篇》：『古人云……叔夜含其潤，茂先凝其清，景陽振其麗。』當即引此文。是空海所見，與今本正同。」○按：楊説是。從至正本等改。

〔五六〕鮮能圓通　「圓通」，《御覽》同；至正本、《訓故》、黄本作「通圓」。○趙萬里《校記》：「案唐本是也，與《御覽》五八六引合。」○范文瀾校云：「孫云唐寫本作『圓通』，《御覽》亦作『圓通』。」○楊明照《拾遺》：「按作『圓通』是也。《論説篇》『義貴圓通』，《封禪篇》『辭貫圓通』，並其證。庾亮《釋奠祭孔子文》『應感圓通』，釋僧祐《出三藏記·集胡漢譯經音義同異記序》「終隔圓通」，舍人《滅惑論》「觸感圓通」，《高僧傳・釋僧遠傳》「業行圓通」，亦並以「圓通」爲言。」

〔五七〕忽以爲易其難也方來　「以」，至正本、《訓故》、黄本作「之」；《御覽》「方來」下有「矣」字。○范文瀾校云：「孫云唐寫本『之』作『以』，《御覽》亦作『以』。」又註：「《國語・晉語》：『文公謂郭偃曰：「始也吾以治國爲易，今也難。」對曰：「君以爲易，其難也將至矣；君以爲難，其易也將至矣。」』彦和語本此。」

〔五八〕則出自篇什　「出自」，《御覽》、黄本同；《訓故》、至正本作「自出」。○王利器《校證》：「汪本、佘本『出自』作『自出』，《詩紀》同。」○按：唐寫本是，「自出」乃「出自」之誤倒。

〔五九〕合離之發　「合離」，《御覽》、至正本、《訓故》、黄本作「離合」。○黄註：「《文章緣起》：『孔融作四言《離合》詩。』」○潘重規《合校》：「重規案：唐本誤。」○按：潘説是。從至正本等改。

〔六〇〕則亦萌於圖讖　《御覽》同，至正本、《訓故》、黄本「則」下無「亦」字；「萌」作「明」。○趙萬里《校記》：「案《御覽》五八六引亦作『萌』，與唐本正合。」○范註：「『明』唐寫本作『萌』，是。緯書多言卯金刀以射劉字，又當塗高射魏字（《文選》謝玄暉《和伏武昌登孫權故城詩》註引《保乾圖》），音之于射曹字（《南齊書・祥瑞志》引《尚書中候》）。」○楊明照《拾遺》：「『明』，徐𤊹校『萌』；馮舒校同。按唐寫本及《御覽》引，並作『萌』。徐、馮兩家所校，是也。」

〔六一〕迴文所興　「迴」，至正本、《訓故》、黄本作「回」。

〔六二〕詠哥所含　「哥」，至正本、《訓故》、黄本作「歌」。

樂府（弟）〔第〕七

樂府者，「聲依永，律和聲」也。鈞天九奏，（暨）〔既〕其上帝〔一〕；葛天八闋〔二〕，爰乃皇時。（已）〔自〕《咸》、《英》已降〔三〕，亦無得而論矣。至於塗山（哥）〔歌〕於「候人」〔四〕，始爲南音；有娀謠（乎）〔於〕「飛（鷰）〔燕〕」〔五〕，始爲北聲；夏甲歎於東陽，東音以發；殷（釐）〔整〕思於西河〔六〕，西音以興；心聲推移〔七〕，亦不一概矣。及（疋）〔匹〕夫庶婦〔八〕，謳吟土風，詩官（采）〔採〕言〔九〕，樂胥被律〔一〇〕，志感絲簧〔一一〕，氣變金竹〔一二〕。

是以師曠覘風於盛衰，季札鑒微於興廢，精之（志）〔至〕也〔一三〕。

夫樂本心術，故響浹肌髓，先王慎焉，務塞淫濫。敷訓胄子，必（哥）〔歌〕九德〔一四〕，故能情感七始，化動八風。自雅聲浸微，溺音騰沸，秦燔《樂經》，漢初紹復，制氏紀其鏗鏘，叔孫定其容典〔一五〕；於是《武德》興於高祖〔一六〕，《四時》廣於孝文，雖摹《韶》、《夏》，而頗襲秦舊，中和之響，闃其不還。暨武帝崇祀〔一七〕，始立樂府，總趙代之音，撮齊、楚之氣，延年以曼聲協律，朱、馬以《騷》體（制）〔製〕〔哥〕〔歌〕〔一八〕，《桂華》雜曲，麗而不經；《赤雁》羣篇〔一九〕，靡而非典；河間（篇）〔薦〕雅而罕御〔二〇〕，故汲黯致譏於《天馬》也。至宣帝雅詩，頗（効）〔效〕《鹿鳴》〔二一〕；逮及元、成〔二二〕，稍廣淫樂；正音乖俗，其難也如此。暨後漢郊廟，惟新雅章〔二三〕，（詞）〔辭〕雖典文〔二四〕，而律非夔曠。至於魏之三祖，氣爽才麗，宰割（詞）〔辭〕調，音靡節平。觀其「北上」衆引〔二五〕，「秋風」列篇，或述酣宴，或傷羈戍，志不出於慆蕩〔二六〕，辭不離於哀思，雖三調之正聲，實《韶》、《夏》之鄭曲也。逮於晉世，則傅玄曉音，創定雅（哥）〔歌〕〔二七〕，以詠祖宗；張華新篇，亦充庭《萬》。然杜夔調律，音奏舒雅，荀勗改懸，聲節稍急〔二八〕，故阮咸譏其離磬〔二九〕，後人驗其銅尺；和樂之精妙〔三〇〕，固表裏而相資矣。故知詩爲樂心，聲爲樂體，樂體在聲〔三一〕，瞽師務調其器；樂心在詩，君子宜正其文。「好樂無荒」，晉風所以稱（美）〔遠〕〔三二〕；「伊其相謔」，鄭國所以云亡。故知季札觀（辭）〔樂〕〔三三〕，不直聽聲而已。

若夫艷（哥）〔歌〕婉戀〔三四〕，（宛）〔怨〕詩訣絶〔三五〕，淫辭在曲，正響焉生！然俗聽飛馳，職競新異，雅詠溫恭，必欠伸魚睨；奇辭切至，則拊髀（爵）〔雀〕躍〔三六〕；詩聲俱鄭，自此階矣〔三七〕。凡樂詞曰詩，詠聲曰（哥）〔歌〕〔三八〕，聲來被詞，（詞）〔辭〕繁難節〔三九〕；故陳思稱左延年閑於增損古辭〔四〇〕，多者則宜減之，明貴約也。覩高祖之詠「大風」〔四一〕，孝武之歎「來遲」，（哥）〔歌〕童被聲〔四二〕，莫敢不協；子建、士衡，亟有佳篇〔四三〕，並無詔伶人，故事謝絲管，俗稱乖調，蓋未思也。至於軒、歧《鼓吹》〔四四〕，漢世《鐃》《挽》，雖戎喪殊事，而總入樂府〔四五〕，繆（朱）〔襲〕所改〔四六〕，亦有可算焉。昔子政品文，詩與（哥）〔歌〕別〔四七〕，故略序樂篇，以（摽）〔標〕區界也〔四八〕。

（讃）〔贊〕曰：八音摛文，樹詞爲體〔四九〕。謳吟坰野〔五〇〕，金石雲陛。韶響難追，鄭聲易啟。豈惟觀樂〔五一〕，於焉識禮。

校記

〔一〕暨其上帝　「暨」，至正本、《訓故》、黄本作「既」。○范註：「郝懿行曰：『案其字疑錯，然《章表篇》有既其身文句，與此正同，又疑非誤。』」○楊明照《拾遺》：「『既』，唐寫本作『暨』。『其』，《玉海》一百六引作『具』。按『暨』、『具』二字並誤。《章表篇》『既其身文』，《奏啟篇》『既其如茲』，句法並與此同。舍人《剡山石城寺石像碑》『金剛既其比堅』，亦可證。」○詹鍈《義證》：「按《程器篇》『名之抑揚，既其然矣。位之通塞，亦有以焉。』《書記篇》：『言既身文。』《章表篇》：『既其身文。』言其既爲身之文也。《註訂》（張立齋《文心雕龍註訂》）『既其上帝，爰乃皇時——此二句視九奏八闋，皆爲倒裝句法也，六朝文多有之。』」

〔二〕葛天八闋　「闋」，《訓故》、黄本同；至正本作「閲」。○按：唐寫本是，當作「闋」。《呂氏春秋·仲夏紀·古樂篇》：「昔葛天氏之樂，三人摻牛尾投足以歌八闋。」

〔三〕已咸英已降　至正本、《訓故》、黄本上「已」作「自」；下「已」作「以」。○潘重規《合校》：「重規按：『自』作『已』，唐寫本誤。」○按：潘説是也，上「已」誤。下「已」同「以」。「已」「以」，敦煌寫本互借常見。伯二七二一卷《隨身寶》「蓋聞天地開闢已來」，「略述數言已傳後代云耳」，「已上十事並須剥除」等，文中「以」皆作「已」。

〔四〕至於塗山哥於候人　「哥」，至正本、《訓故》、黄本作「歌」。

〔五〕有娀謡乎飛鷰　「乎」，至正本、《訓故》、黄本同。○王利器《校證》校作「於」，並註云：「『於』原作『乎』，《玉海》作『于』，以上下文例之，作『于』爲是，今改作『於』。」○按：改「於」爲得，與上下一律。「鷰」，至正本、《訓故》、黄本作「燕」。按：「鷰」乃「燕」之異體。

〔六〕殷鼇思於西河　至正本「鼇」作「氂」；「於」作「于」。《訓故》、黄本「鼇」作「整」。《訓故》「於」作「于」。○趙萬里《校記》：「案《呂氏春秋·音初篇》云：『殷整甲徙宅西河，猶思故處，實始作爲西音』，此文當本《呂覽》，自以作『整』爲是，『整』『氂』『鼇』均形近致訛。」○王利器《校證》：「『整』原作『氂』，唐寫本作『鼇』，梅據朱改。徐校作『整』。馮校云：『氂謝本作整。』案《玉海》、王惟儉本正作『整』。」○按：趙説是，從黄本改。

〔七〕心聲推移　「心」，至正本、《訓故》、黄本作「音」。○劉永濟《校釋》：「唐寫本『音』作『心』，是也。」○郭晉稀《註譯》：「元作『音』，今依唐寫本校改。」又註云：「《法言・神問》（按：當作《問神》）：『言，心聲也。』」○楊明照《拾遺》：「按唐寫本是。『心聲』二字出揚子《法言・問神篇》，此指歌辭。《書記》、《夸飾》、《附會》三篇並有『心聲』之文。高誘《淮南子・修務篇》註：『推移，猶轉易也。』」

〔八〕及疋夫庶婦　至正本、《訓故》無「疋」字；黄本無「及」字，「疋」作「匹」。○黄叔琳《校云》：「元作『及』，許改。」○趙萬里《校記》：「案唐寫本是也，當據補，黄本依許校，改『及』作『匹』，非是。」○楊明照《拾遺》：「按唐寫本是。許改以前各本均作『及夫庶婦』，乃『及』下脱一『匹』字。許改於文意雖合，於語勢則失矣。」○按：「疋」應從黄本改作「匹」。

〔九〕詩官采言　「采」，至正本、《訓故》、黄本作「採」。○按：作「採」是，從至正本、《訓故》、黄本改。

〔一〇〕樂胥被律　「胥」，至正本作「育」；《訓故》、黄本作「盲」。○黄叔琳《校云》：「元作『育』，許改。」○范註：「此云樂盲，當指大師瞽矇而言。」○楊明照《拾遺》：「『盲』黄校云：『元作育，許改。』（此沿萬曆梅本校語）《彙編》本、《祕書》本、崇文本作『盲』。清謹軒本作『音』。徐𤇾云：『樂胥，大胥。見《禮記》。』按徐説是。『育』、『盲』、『肓』、『音』並誤。天啟梅本改『胥』，註云：『許改。』是許乃改『育』爲『胥』，非改爲『盲』也。唐寫本作『肙』，即『胥』之或體（《韓勑碑》、《桐柏廟碑》『胥』並作『肙』。《廣韻・九魚》：『胥，俗作肙』）。《周禮・春官・大司樂》：『大胥中士四人，小胥下士八人。』《禮記・王制》：『小胥，大胥。』鄭註並云：『樂官屬也。』《尚書大傳・略説》：『胥與就膳徹。』鄭註亦云：『胥，樂官也。』即其義。此作『樂胥』，與上句『詩官』相對。《玉海》一百六引正作『胥』，不誤。當據改。」

〔一一〕志感絲簧　「簧」，至正本、《訓故》、黄本作「篁」。○劉永濟《校釋》：「唐寫本作『絲簧』，是也。」○楊明照《拾遺》：「按《總術篇》『聽之則絲簧』，亦以『絲簧』連文，則此當從唐寫本改作『簧』。《文選》馬融《長笛賦》有『漂凌絲簧』語。」

〔一二〕氣變金竹　「竹」，至正本、《訓故》、黄本作「石」。○楊明照《拾遺》：「按《詩品序》：『古曰詩頌，皆被之金竹。』疑此原亦作『金竹』。寫者蓋狃於『金竹』連文不習見而改耳。」○王利器《校證》：「唐寫本『石』作『竹』，不可從，上已言『篁』，此不當復言『竹』；《書記篇》雖有『金竹』之文，但彼謂銅虎符及竹使符，與八音之『金竹』又有别也。」

〔一三〕精之志也　「志」，至正本、黄本作「至」。○詹鍈《義證》：「唐寫本『至』作『志』。《綴補》：『按至、志古通，《荀子》中多此例。」」

〔一四〕必哥九德　「哥」，至正本、《訓故》、黄本作「歌」。

〔一五〕叔孫定其容典　「典」，至正本、《訓故》、黄本作「與」。○范註：「『容與』唐寫本作『容典』，案《後漢書·曹褒傳論》正作『容典』。」○劉永濟《校釋》：「唐寫本『與』作『典』，是。」○楊明照《拾遺》：「按唐寫本是。《後漢書·曹褒傳論》：『漢初，天下創定，朝制無文，叔孫通頗採《經禮》，參酌秦法，雖適物觀，時有救崩；然先王之容典，蓋多闕矣。』章懷註：『容，禮容也；典，法則也；謂行禮威儀俯仰之容貌也。』舍人所謂『定容典』者，蓋指其制宗廟樂之禮容法則也。《新唐書·歸崇敬傳》：『治禮家學，多識容典。』亦可爲此當作『容典』之證。」

〔一六〕於是武德興於高祖　「於」，至正本、《訓故》、黄本作「乎」。

〔一七〕暨武帝崇祀　「祀」，至正本、《訓故》、黄本作「禮」。○趙萬里《校記》：「案《漢書·禮樂志》云：『武帝定郊祀之禮，乃立樂府。』則當以作『祀』，于義爲長。」○范註：「『禮』，唐寫本作『祀』，義亦通。《宋書·樂志》一『漢武帝雖頗造新哥，然不以光揚祖考，崇述正德爲先，但多詠祭祀見事及其祥瑞而已，商周《雅》《頌》之體闕焉。』是可爲崇祀之證。《漢書·禮樂志》云：『至武帝定郊祀之禮……乃立樂府，采詩夜誦。』顔師古曰：『始置之也。樂府之名蓋起於此。哀帝時罷之。』《志》又謂：『孝惠二年使樂府令夏侯寬，備其簫管。』沈欽韓以爲以後制追述前事，是也。」○郭晉稀《註譯》：「『祀』，元作『禮』，今依唐寫本校改。《史記·孝武本紀》及《漢書·郊祀志》皆言武帝初即位，『尤敬鬼神之祀』，《宋書·樂志一》：（范註已具）。皆武帝崇祀之證。『祀』與『礼』形近易訛，『礼』即古文『禮』字。」○王利器《校證》：「『禮』唐寫本作『祀』。案《兩都賦》序：『至於武宣之世，乃崇禮官，考文章，内設金馬石渠之署，外興樂府協律之事。』此蓋彦和所本。唐寫本作『祀』，未可從。」

〔一八〕朱馬以騷體制哥　「制哥」，至正本、《訓故》、黄本作「製歌」。○黄侃《札記》：「案『朱馬』爲字之誤。《漢書·禮樂志》云：『以李延年爲協律都尉，多舉司馬相如等數十人，造爲歌賦。』《佞幸傳》亦云：『是時上欲造樂，令司馬相如等作詩頌，延年輒承意弦歌所造詩，謂之新聲曲。』據此，『朱馬』乃『司馬』之誤。」○范文瀾校云：「譚云：沈校『朱』改『枚』。」又註：「陳先生曰『朱馬或疑爲司馬之誤，非是。案朱或是朱買臣。《漢書》本傳言買臣疾歌謳道中，後召見，言《楚辭》，帝甚説之。又《藝文志》有《買臣賦》三篇，蓋亦有歌詩，志不詳耳。』謹案師説極精。買臣善言《楚辭》，彦和謂以騷體製歌，必有所見而云然。唐寫本亦作『朱馬』，明『朱』非誤字也。」○劉永濟《校釋》：「『朱』疑

「枚」誤。按《漢書》：《佞幸傳》、《李延年傳》皆言司馬相如等作詩頌。《枚乘傳》言：『乘子皋，從行至甘泉、雍、河東。東巡狩封泰山，塞決河宣房，遊觀三輔離宮館，臨山澤弋獵，射馭狗馬，蹵鞠刻鏤。上有所感，輒使賦之。』又與司馬相如比論。或疑買臣善《楚辭》。朱乃買臣也，恐非。」○楊明照《拾遺》：「『朱』，沈巖校作『枚』。吳翌鳳校同。《文體明辨》六有此文，『朱』作『司』。《詩法萃編》同。按『朱』字不誤。朱爲朱買臣，王惟儉、梅慶生所註是也。沈、吳校爲『枚』，徐、許改作『司』，並非。」

〔一九〕赤雁羣篇　「赤」，《訓故》、黄本同；至正本作「亦」。○按：「亦」誤，當作「赤」。《漢書・禮樂志》：「《郊祀歌象載瑜》十八，太始三年，行幸東海，獲赤鴈作。」

〔二〇〕河間篇雅而罕御　「篇」，至正本、《訓故》、黄本作「薦」。○王利器《校證》：「『薦』唐寫本作『篇』，誤。」○按：王説是。《漢書・禮樂志》：「河間獻王有雅材，亦以爲治道非禮樂不成，因獻所集雅樂。天子下大樂官常存肄之。歲時以備數，然不常御；常御及郊廟皆非雅聲。」

〔二一〕至宣帝雅詩頗効鹿鳴　至正本、《訓故》、黄本「詩」上有「頌」字，無「詩」下「頗」字；「効」作「效」。○趙萬里《校記》：「案唐本是也，當據訂。」○范註：「唐寫本作『至宣帝雅詩，頗效《鹿鳴》』。」案宣帝時君臣侈言福應，正宜有『頌』字方合。」○劉永濟《校釋》：「唐寫本作『宣帝雅詩，頗效《鹿鳴》』，是。」○楊明照《拾遺》：「按唐寫本是。今本『頌』字即『頗』之倒誤。『頗效《鹿鳴》』者，即《漢書・王褒傳》『選好事者，令依《鹿鳴》之聲，習而歌之』之意。」○王利器《校證》：「『宣帝雅詩，頗效《鹿鳴》』，原作『宣帝雅頌，詩效《鹿鳴》』，今據唐寫本改正。蓋『頗』初誤作『頌』，繼又誤乙在『詩』前也。『頗效』與『稍廣』對文。」

〔二二〕逮及元成　「逮」，至正本、《訓故》、黄本作「邇」。○劉永濟《校釋》：「唐寫本作『逮及』，是。」○楊明照《拾遺》：「按『逮』字是，當據改。」○按：「逮」是，下文「逮於晉世」可證。

〔二三〕暨後漢郊廟惟新雅章　至正本、《訓故》、黄本「後」下無「漢」字；「新」作「雜」。《訓故》「惟」標疑作惟。○范註：「唐寫本『後』下有『漢』字，是。『雜』作『新』，亦是。『惟新雅章』，指東平王蒼所制也。《後漢書・曹褒傳》，顯宗即位，曹充上言請制禮樂，引《尚書璇璣鈐》曰：『有帝漢出，德洽作樂名予。』帝善之，下詔曰：『今且改太樂官曰《太予樂》。歌詩曲操以俟君子。』據此，後漢之樂，一仍前漢之舊。《宋書・樂志》漢明帝初，東平王蒼制《舞歌》一章，薦之光武之廟。」○詹鍈《義證》：「按『雜』字義長，意謂後漢郊廟樂雜用雅樂。」

〔二四〕詞雖典文　「詞」，至正本、《訓故》、黄本作「辭」。下「宰割詞調」同。

〔二五〕觀其北上衆引　「北」，《訓故》、黄本同；至正本作「兆」。○按：「兆」非是。魏太祖武帝操《苦寒行》：「北上太行山，艱哉何巍巍！」「兆」乃「北」之形誤。

〔二六〕志不出於慆蕩　「慆」，至正本、《訓故》作「滔」；黄本作「淫」。○黄註：「他若文帝於譙作《孟津》諸作，則又或述酣宴，志不出於淫蕩之證也。」○劉永濟《校釋》：「《五家言》本『淫』作『滔』，按『滔』乃『慆』誤。」○楊明照《拾遺》：「按『慆』字是。《滔》蓋『慆』之形誤；『淫』非由字譌，即寫者妄改。《左傳》昭公元年：『先王之樂，所以節百事也……於是乎有煩乎淫聲，慆堙心耳……君子之近琴瑟，以儀節也，非以慆心也。』此『慆』字誼當與彼同。」○王利器《校證》：「『滔』元本、傳校元本、黄註本、王謨本作『淫』，唐寫本作『慆』，今從汪本、佘本、王惟儉本、日本刊本、《崇文》本等，定作『滔』。」○詹鍈《義證》引王叔岷《文心雕龍綴補》：「按明嘉靖本『淫』作『滔』，《古詩紀別集》一引同。『滔蕩』複語，『滔』亦『蕩』也。（《淮南子・本經篇》：『共工振滔洪水。』高誘註：『滔，蕩也。』）唐寫本作『惂』（林按：唐寫本實作『慆』不作『惂』。）『惂』乃『慆』之誤。滔、慆正假字。黄本作『淫』，蓋妄改。《淮南子・精神篇》：『五藏搖動而不停，則血氣滔蕩而不休矣；血氣滔蕩而不休，則精神馳騁於外而不守矣』（又見《文子・九守篇》）。《劉子・防欲篇》（林按：誤，應作《劉子・精神篇》。）：『志氣縻於趣捨，則五藏（臟）滔蕩而不安。』並以滔蕩連文，與此取義亦同。」○李明高《文心雕龍譯讀》：「『志不出於滔蕩』之『滔』字，多有校作『慆』字者。明高按：校作『慆』字，依唐寫本而爲，誤，應爲『滔』字。《漢語大字典》釋『滔』：『傲慢、放任。』《文選・曹植贈丁翼（按：當作丁廙）詩》：『滔蕩固大節，世俗多所拘。』《呂氏春秋・音初》：『流闢、誂越、慆濫之音出，則滔蕩之氣、邪慢之心感矣。』正爲『滔蕩』連文。」○按：兩王及李説並是。「滔蕩」連詞多見，而卻未見有「慆蕩」連詞者，當從至正本、《訓故》改。

〔二七〕創定雅哥　「哥」，至正本、《訓故》、黄本作「歌」。

〔二八〕聲節稍急　「稍」，至正本、《訓故》、黄本作「哀」。

〔二九〕故阮咸譏其離磬　「磬」，至正本、《訓故》、黄本作「聲」。○楊明照《拾遺》：「按唐寫本是也。《禮記・明堂位》：『垂之和鐘，叔之離磬。』鄭註：『和、離，謂次序其聲縣也。』《正義》：『叔之離磬者，叔之所作編離之磬……和、離謂次序其聲縣也者，聲解和也，縣解離也，言縣磬之時，其磬希疏相離。』據此，咸譏荀勗之離磬者，蓋以其改懸依杜夔所造鐘磬有所參池而言。若作『聲』，則非其指矣。」

〔三〇〕和樂之精妙　至正本、《訓故》、黄本無「之」字。○趙萬里《校記》：「案唐寫本是也，當據補。」○范註：「唐寫本『和樂』下有『之』字，是。表謂樂體，裏謂樂心。」

〔三一〕聲爲樂體樂體在聲　《訓故》同。至正本無上「體」字；下「樂體」作分行小字。

〔三二〕晉風所以稱美　「美」，至正本、《訓故》、黄本作「遠」。○范註：「《左傳》襄二十九年，季札見歌《唐》，曰『思深哉，其有陶唐氏之遺民乎？不然，何憂之遠也！』」○周振甫《註釋》：「唐在晉地，所以稱『晉風』。」○劉永濟《校釋》：「唐寫本『遠』作『吴』，按『吴』乃『美』誤。」○按：劉説非是。唐寫本實作「美」，不作「吴」。

〔三三〕故知季札觀辭　「札」，《訓故》、黄本同；至正本作「扎」。「辭」，至正本、黄本同。○楊明照《拾遺》：「按『辭』字蓋涉下文而誤，當作『樂』。事見《左傳》襄公二十九年。贊中亦有『豈惟觀樂』語。《禮記・樂記》：『君子之聽聲，非聽其鏗鏘而已。』」○王利器《校證》：「『觀樂』原作『觀辭』，今依《左》襄二十九年《傳》改。『觀樂』與下文『聽聲』相屬，且本贊亦作『觀樂』。」○按：楊、王説是，從《左傳》改。

〔三四〕艷哥婉戀　至正本、《訓故》、黄本「哥」作「歌」；「戀」作「孌」。

〔三五〕宛詩訣絶　「宛詩」，至正本、《訓故》、黄本作「怨志」。「訣」，至正本同；《訓故》、黄本作「詄」。○鈴木《校勘記》：「案『宛』字非是，『訣』字是也。」○趙萬里《校記》：「案唐寫本近是，疑此文當作『怨詩訣絶』，與上句相對。」○范註：「『怨志詄絶』唐寫本作『宛詩訣絶』。案唐本近是。『宛』疑是『怨』之誤。古辭《白頭吟》『聞君有兩意，故來相決絶。』《艷歌何嘗行》『上慚滄浪之天，下顧黄口小兒』，殆即彦和所指者耶？」○劉永濟《校釋》：「唐寫本作『怨詩訣絶』，是。」○楊明照《拾遺》：「『詄』，譚獻校改『訣』。按譚校是。唐寫本、元本、《兩京》本、胡本正作『訣』，未誤，當據改。」○詹鍈《義證》引户田浩曉《黄叔琳本文心雕龍校勘記補》：「艷歌與怨詩相對而成文，『詩』字似是。」○按：劉説非；唐寫本作「宛」不作「怨」。作「怨」是，從至正本、《訓故》、黄本改。

〔三六〕則拊髀爵躍　「爵」，至正本、《訓故》、黄本作「雀」。○按：「爵」、「雀」通，古今字，通行作「雀」。《莊子・在宥》：「雲將東遊，過扶摇之枝，而適遭鴻濛，鴻濛方將拊髀雀躍而遊。」

〔三七〕自此偕矣　「偕」，至正本、《訓故》、黄本作「階」。○詹鍈《義證》：「『階』，唐寫本作『偕』。《集註》（顔虚心《文心雕龍集註》）：《毛詩・小雅・巧言》『彼何人斯，居河之麋。無拳無勇，職爲亂階。』箋云：『爲亂作階，言亂由之來也。』又《大雅・瞻卬》：『懿厥哲婦，爲梟爲鴟。婦有長舌，維厲之階。』箋云：『階，所由上下也。』此處指通向浮靡的階梯。」

〔三八〕凡樂詞曰詩詠聲曰哥　至正本、《訓故》、黄本「詞」作「辭」，「咏」作「詩」，「哥」作「歌」。〇楊明照《拾遺》：「『詩聲』，唐寫本作『咏聲』。按唐寫本是。《漢書·藝文志》：『誦其言謂之詩，詠其聲謂之歌。』舍人語似本此。《禮記·樂記》：『歌，詠其聲也。』《國語·魯語》下：『歌所以詠詩也。』並其旁證。今本蓋涉上『詩』字而誤，當據正。」〇王利器《校證》：「『咏聲』原作『詩聲』，據唐寫本改。《漢書·藝文志·六藝略》云：『誦其言謂之詩，詠其聲謂之歌。』此彦和所本。《玉海》五九及一〇六兩引俱作『詩聲』，則宋本已誤也。」

〔三九〕聲來被詞詞繁難節　至正本、《訓故》、黄本兩「詞」並作「辭」。

〔四〇〕故陳思稱左延年閑於增損古辭　「左延年」，至正本、《訓故》、黄本作「李延年」。〇黄侃《札記》：「按『李延年』當作『左延年』。左延年，魏時之擅鄭聲者，見《魏志·杜夔傳》。」〇范註：「『李延年』唐寫本作『左延年』，是。左延年見《魏志·杜夔傳》，善鄭聲者也。亦見《晉書·樂志》。」〇劉永濟《校釋》：「唐寫本作『左延年』。按左延年，魏時善歌者，見《魏志·杜夔傳》。」〇郭晉稀《註譯》：「『左』原作『李』，非，李延年漢武時人，左延年則與曹植同時，故依唐寫本校改。」〇王利器《校證》：「案范説是，此蓋淺人習聞李延年、少見左延年致誤耳。今據改。」

〔四一〕覘高祖之詠大風　「覘」，至正本、《訓故》、黄本作「觀」。

〔四二〕哥童被聲　「哥」，至正本、《訓故》、黄本作「歌」。

〔四三〕子建士衡亟有佳篇　「亟」，至正本、《訓故》、黄本作「咸」。〇楊明照《拾遺》：「按作『亟』是。『亟』，屢也（《漢書·刑法志》顔註）。《諸子篇》『鶡冠綿綿，亟發深言』，《時序篇》『微言精理，亟（此依《訓故》本）滿玄席』，其用『亟』字，誼與此同。」

〔四四〕至於軒歧鼓吹　「軒歧」，《訓故》作「軒岐」；　至正本、黄本作「斬伎」。〇黄叔琳校云：「（斬）俞羨長云：疑作『軒』。」「（伎）疑作『岐』。」〇楊明照《拾遺》：「按作『軒岐』是。《東觀漢記·樂志》：『黄門鼓吹……其短簫鐃歌，軍樂也。其傳曰：『黄帝岐伯所作，以建威揚德，風敵（此字原脱，今補）勸士也。』』天啟梅本改『伎』爲『代』，蓋緣不得其解，而又求與下句『漢世鐃挽』相儷耳。」〇王利器《校證》：「『軒岐』原作『斬伎』，俞云『斬疑作軒』。徐云『斬一作軒』。梅六次本、張松孫本、《崇文》本改作『軒』。『伎』梅六次本、張松孫本作『代』，黄註云：『疑作岐。』按作『軒岐』是。唐寫本、王惟儉本正作『軒岐』，今據改。」〇郭晉稀《註譯》：「『軒岐』，元作『斬伎』，蓋以形近致訛。軒，黄帝軒轅氏，岐，岐伯。」○按：「歧」、「岐」古通。

〔四五〕而總入樂府　至正本、《訓故》、黄本在「而」下有「並」字。○范註：「唐寫本無『並』字，是。」

〔四六〕繆朱所改　「朱」、「改」，至正本、《訓故》、黄本作「襲」、作「致」。○黄注：「《文章志》：繆襲字熙伯，作《魏鼓吹曲》及《挽歌》。」○范註：「『繆襲』唐寫本作『繆朱』，恐誤。繆襲作《魏鼓吹曲》十二首，又造《挽歌》一首。紀評曰：『致當作制。』」○劉永濟《校釋》：「『繆襲所致』，唐寫本作『所製』，是。」○楊明照《拾遺》：「按唐寫本『致』作『改』是，『朱』則非也。以其字形推之，『朱』當作『韋』。蓋草書『韋』、『朱』形近，故『韋』誤爲『朱』。『繆』是繆襲；『韋』是韋昭。『所改』，謂繆襲所改《魏鼓吹曲》十二篇，韋昭所改《吴鼓所曲》十二篇也（歌辭並見《宋書·樂志四》及《樂府詩集》十六）。《晉書·樂志》下：『漢時有短簫鐃歌之樂，其曲有《朱鷺》……《釣竿》等曲，列於鼓吹，多序戰陣之事。及魏受命，改其十二曲，使繆襲爲詞，述以功德代漢。改《朱鷺》爲《楚之平》，言魏也……改《上邪》爲《太和》，言明帝繼體承統，太和改元，德澤流布也。其餘並同舊名。是時，吴亦使韋昭製十二曲名，以述功德受命。改《朱鷺》爲《炎精缺》，言漢室衰，孫堅奮，迅猛志合在匡救，王迹始乎此也；改《上邪》曲爲《玄化》，言其時主修文武，則天而行，仁澤流洽，天下喜樂也。其餘亦用舊名，不改。』（《樂府詩集》十六所敘略同）據此，舍人僅就鼓吹曲而言，黄、范兩家註涉及熙伯《挽歌》，恐非。」○王利器《校證》：「唐寫本『襲』誤『朱』。又『制』原作『致』，紀云：『當作制。』案紀説是。《頌贊篇》『周公所制』，《誄碑篇》『傅毅所制』、《哀弔篇》『仲宣所制』、《史傳篇》『袁張所制』，與此句例正同。『制』『致』音近易誤，《誄碑篇》『此碑之制也』，《御覽》五八九引『制』作『致』，是其證。」○按：楊説是；紀、劉、王三家説非也。唐寫本實作「改」，不作「製」。

〔四七〕詩與哥別　「哥」，至正本、《訓故》、黄本作「歌」。

〔四八〕故略序樂篇以摽區界也　「序」，至正本、《訓故》、黄本作「具」；「界」下無「也」字。「摽」，至正本同；黄本作「標」。○范註：「唐寫本『具』作『序』，是。」○郭晉稀《註譯》：「彦和以歌列入《樂府》，不入《明詩》，故云：『略具樂篇，以標區界』。『具』，唐寫本作『序』，非也。范氏以爲『作序是』，不可從。」○楊明照《拾遺》：「按凌本作『敘』，與唐寫本合。」

〔四九〕樹詞爲體　「詞」，至正本、《訓故》、黄本作「辭」。

〔五〇〕謳吟埛野　「埛」，至正本、《訓故》、黄本作「坰」。○鈴木《校勘記》：「『坰』作『埛』。」

〔五一〕豈惟覩樂　「覩」，至正本、《訓故》、黄本作「觀」。

詮賦(弟)〔第〕八

《詩》有六義，其二曰「賦」。「賦」者，鋪也；鋪(彩)〔采〕摛文〔一〕，體物寫志也。昔邵公稱「公〔卿〕獻詩，師箴(瞽)〔瞍〕賦〔二〕。」《傳》云：「登高能賦，可爲大夫。」《詩序》則同義，《傳》說則異體，總其歸塗，實相枝幹。故劉向明「不(哥)〔歌〕而頌」，(斑)〔班〕固稱「古詩之流也」〔三〕。至如鄭莊之賦「大隧」，士蔿之賦「狐裘」，結言短韻〔四〕，(辭)〔詞〕自己作〔五〕，雖合賦體，明而未融。及靈均唱《騷》，始廣聲貌，然則賦也者，受命於詩人，而拓宇於《楚(詞)〔辭〕》也〔六〕。於是荀況《禮》、《智》，宋玉《風》《(均)〔釣〕》〔七〕，爰錫名號，與詩畫境，「六義」附庸，蔚成大國。遂客主以(守)〔首〕引〔八〕，極形貌以窮文〔九〕，斯蓋別詩之原始，命賦之厥初也。

秦世不文，頗有《雜賦》。漢初詞人〔一〇〕，循流而作〔一一〕，陸賈扣其端，賈誼振其緒，枚、馬播其風，王、揚騁其勢〔一二〕，皐、朔已下〔一三〕，品物畢圖。繁積於宣時〔一四〕，校閲於成世，進御之賦，千有餘首，討其源流，信興楚而盛漢矣。若夫京殿苑獵〔一五〕，述行叙志〔一六〕，並體國經野，義尚光大，既履端於唱序，亦歸餘於總亂〔一七〕。序以建言，首引情本，亂以理篇〔一八〕，寫送文勢〔一九〕。案《那》之卒章，閔馬稱「亂」〔二〇〕，故知殷人緝《頌》〔二一〕，楚人理賦，斯並鴻裁之寰域〔二二〕，雅文之樞轄也。至於草區禽族，庶品雜類〔二三〕，則觸興置情〔二四〕，因變取會，擬諸形容，則言務纖密，象其物宜，則理貴側附，斯又小製之區畛〔二五〕，奇巧之機要也。

觀夫荀結隱語，事數自環；宋發夸談〔二六〕，實始淫麗。枚乘《(兔)〔菟〕園》〔二七〕，舉要以會新；相如《上林》，繁類以成艷；賈誼《(畏服)〔鵩鳥〕》，致辨於情叓〔二八〕，子淵《洞簫》，窮變於聲貌；孟堅《兩都》，明絢以雅贍〔二九〕；張衡《二京》，迅拔以宏富〔三〇〕；子雲《甘泉》，(搆)〔構〕深偉之風〔三一〕；延壽《靈光》，含飛動之勢〔三二〕；凡此十家，並(詞)〔辭〕賦之英傑也〔三三〕。及仲宣靡密，發篇必遒〔三四〕；偉長博通，時逢壯采；太沖、安仁，策勳於鴻規〔三五〕；士衡、子安，底績於流制；景純綺巧，縟理有餘；彥伯梗概〔三六〕，情韻不匱；亦魏、晉之賦首也。

原夫登高之旨，蓋覩物興情。情以物興，故義必明雅〔三七〕；物以情覩〔三八〕，故詞必巧麗。麗詞雅義，符采相勝，如組織之品朱紫，畫繪之差玄黃〔三九〕，文雖雜而有質〔四〇〕，色雖糅而有(義)〔儀〕〔四一〕，此立賦之大體也。然逐末之儔，蔑棄其本，雖讀千賦，愈惑體要，遂使繁華損枝〔四二〕，膏腴害骨，無實風軌〔四三〕，莫益勸戒，此揚子所以追悔於雕蟲〔四四〕，貽誚於霧縠者也。

(讚)〔贊〕曰：賦自《詩》出，異流分派〔四五〕。寫物圖貌，蔚似雕畫。抑滯必揚，言曠無隘〔四六〕。風歸麗則，(詞)〔辭〕翦稊稗〔四七〕。

校　記

〔一〕鋪彩摛文　「彩」，至正本、《訓故》、黄本作「采」。○按：「鋪彩」當作「鋪采」，「采」，辭藻。從至正本、黄本改。

〔二〕昔邵公稱公獻詩師箴瞽賦　《御覽》次「公」下有「卿」字。至正本、黄本次「公」下有「卿」字；「箴」下無「瞽」字。《訓故》次「公」下有「卿」字，「瞽」作「瞍」。○黄叔琳校云：「『邵』，《吕覽》作『召』。」○趙萬里《校記》：「按《御覽》五八七引『箴』下亦有『瞽』字。《周語》云：『天子聽政，使公卿至於列士獻詩，瞽獻典(按：當作曲)，史獻書，師箴，瞍賦，矇頌(按：當作誦)，百工諫。』據此則瞽字當從唐本及《御覽》訂。」○范註：「唐寫本『公』下無『卿』字，非是。『箴』下有『瞽』字，應據《國語》改爲『瞍』字。」○劉永濟《校釋》：「唐寫本『賦』上有『瞽』字，《御覽》同。是也。」○楊明照《拾遺》：「按『邵』字未誤。『公』字當有。舍人此文本《國語·周語》下(按：當作《國語·周語》上)，應以作『師箴瞍賦』爲是。《史記·周本紀》、《潛夫論·潛歎篇》亦並作『師箴瞍賦』。」○王利器《校證》：「『瞽』字原脱，謝校作『師箴瞍賦』，王惟儉本同，徐校作『師瞽箴賦』，紀校同謝；譚引沈校云：『賦上當脱瞍字。』梅六次本、張松孫本作『師箴瞍賦』。案唐寫本、《御覽》五八七作『師箴瞽賦』，今從之。此文本《國語·周語》上，《國語》作『師箴瞍賦』，彦和作『瞽』，蓋記憶偶疎。」○按：從《訓故》補、改。

〔三〕故劉向明不哥而頌斑固稱古詩之流也　《御覽》「哥」作「歌」，「斑」作「班」，無「也」字。至正本、《訓故》、黄本「劉向」上無「故」字，下有「云」字；「哥」作「歌」；「斑」作「班」。○趙萬里《校記》：「案《御覽》五八七引與唐本正合。」○范註：「唐寫本『劉向』上有『故』字，是。『云』字衍，應删。《漢書·藝文志》『不歌而誦謂之賦』。『賦者，古詩之流也」，班固《兩都賦序》語。」○劉永濟《校釋》：「《御覽》五八六（按：當作五八七）「劉」上有「故」字，「向」下無「云」字，唐寫本同。是也。」○楊明照《拾遺》：「郝懿行云：『按明字疑衍。』按「故」字當據增，「云」字應照删。「不歌而頌」，本見《漢志・詩賦略》（原出《詩・鄘風・定之方中》《傳》），而云「劉向」者，因《漢志》出於《七略》，而《七略》又本諸《别録》故也。」

〔四〕結言短韻　「短」，《御覽》同；至正本、《訓故》、黄本作「拞」。○范註：「『拞』即『短』之譌别字。《逢盛碑》『命有悠拞』，『悠拞』即修短也。《廣韻》上聲《二十四緩》『短，都管切。拞同上。』『結言短韻』，謂鄭莊之賦僅二句，士蔿之賦僅三句也，唐寫本『短』字不誤。」○劉永濟《校釋》：「唐寫本作『短韻』，是。短、拞形似而誤。」○楊明照《拾遺》：「『拞』，唐寫本作『短』，《御覽》引同。倫明所校元本『拞』作『擷』；《兩京》本、胡本同。徐𤊹校『拞』爲『短』。郝懿行云：『按《集韻》「拞與短同」。』按『短』字是。『拞』爲『短』之俗體。『擷』又由『拞』而誤。《文賦》：『或託言於短韻。』即『短韻』二字之所自出。《宋書・索虜傳》：『（宋文帝詔）吾少覽篇籍，頗愛文義……感慨之來，遂成短韻。』《才略篇》『季鷹辨切於短韻』。亦並以短韻爲言，皆謂篇體不廣也。」

〔五〕辭自己作雖合賦體　「辭」，至正本、《訓故》、黄本作「詞」。《御覽》「己」作「巳」，「合」作「合作」。

〔六〕然則賦也者受命於詩人而拓宇於楚詞也　至正本、《訓故》、黄本「然」下無「則」字；「人」下無「而」字；「詞」作「辭」；「拓」，黄本同；至正本、《訓故》作「招」。《訓故》「招宇」二字標疑作「招宇」。《御覽》「也」作「者也」。○黄叔琳校云：「（拓）疑作（括）。」○趙萬里《校記》：「案唐本是也，《御覽》五八七引此文『辭』下有『者』字，餘均與唐本正合，今本有脱誤，當從二書訂補。」○范註：「唐寫本作『然則賦也者』，是。黄疑『拓』作『括』，非是。唐寫本正作『拓』。紀評曰『拓字不誤，開拓之義也。顔延年《宋郊祀歌》：奄受敷錫，宅中拓宇。李善註引《漢書》虞詡曰：先帝開拓土宇。』案李註引范曄《後漢書・虞詡傳》，紀評誤脱後字。」○劉永濟《校釋》：「唐寫本『然』下有『則』字，是。」○楊明照《拾遺》：「按『則』字實不可少，《御覽》、《類要》三一引並有『則』字。《賦略緒言》引亦有『則』字。當據增。」又：「『拓宇』梅本作『招宇』，引孫（汝澄）云：『疑是體憲。』黄校云：『（拓）疑作括。』郝懿行云：『按拓宇於義自通，不必作括。』按『而』字當據增。唐寫本、《御覽》、《玉海》五九引並作『拓宇』，是也。《古文苑・楊雄益州牧箴》『拓開疆宇』，《文選》班固《封燕然山銘》『恢拓境宇』，《宋書・王景文傳》『拓宇開邑』，並足爲此當作『拓宇』之證。孫、黄說皆非。」○王利器《校證》：「案紀說是。唐寫本、《御覽》正作『拓宇』，今從之。」

〔七〕宋玉風均　「均」，至正本作「鈞」；黄本、《訓故》作「釣」。○鈴木《校勘記》：「『釣』誤作『鈞』。」○趙萬里《校記》：「當依黄本作『風釣』。」○范註：「宋玉賦自《楚詞》《文選》所載外，有《諷》、《笛》、《釣》、《大言》、《小言》五篇，皆在《古文苑》。張惠言以爲皆五代宋人聚斂假託爲之。《文選》有《風賦》，當可信。」○王利器《校證》：「馮本、汪本、佘本、張之象本、《兩京》本、何允中本、日本活字本、清謹軒鈔本、日本刊本、王謨本、《御覽》『釣』誤『鈞』，唐寫本誤『均』。《古文苑》有宋玉《釣賦》。」

〔八〕遂客主以守引　至正本、《訓故》「主」作「至」，「守」作「首」；黄本「守」作「首」。○黄叔琳校云：「（遂）許云：『當作述』。」「（主）元作『至』。」○鈴木《校勘記》：「案『首』字是也。」○趙萬里《校記》：「案《御覽》五八七引『至』亦作『主』，與黄校及唐本均合，當據改。」○范註：「《漢書·藝文志》雜賦十二家，首列《客主賦》十八篇。沈欽韓曰：『子墨客卿翰林主人蓋用其體。』《荀子·賦》皆用兩人問對之體，《客主賦》當取法於此。述客主以首引，謂荀卿賦。」○王利器《校證》：「梅引許云：『遂當作述。』徐校作『述』。《四庫》本、《崇文》本、《讀書引》十二作『述』。唐寫本、《御覽》、《玉海》仍作『遂』。」又：「『主』原作『至』，徐、梅校作『主』，馮校云：『客至《御覽》作客主。』黄本從之。案唐寫本、《御覽》正作『主』。」又：「『首』唐寫本作『守』。案下文『首引情本』，亦『首引』連文，作『守』者音近而誤。」○詹鍈《義證》：「按（遂）作『述』義長。」

〔九〕極形貌以窮文　至正本、《訓故》無「形」字；《御覽》、黄本「形」作「聲」。○黄叔琳校云：「（聲）元脱，曹補。」○趙萬里《校記》：「案唐本是也，當據補。黄本依曹校，於『貌』上補『聲』字，與《御覽》五八七雖合，似未可據訂。」○王利器《校證》：「『聲』字原脱，梅據曹補，徐、馮校亦補『聲』字。案《御覽》有『聲』字，唐寫本則作『形』字。」

〔一〇〕漢初詞人　「詞」，黄本同；《御覽》、《訓故》、至正本作「辭」。

〔一一〕循流而作　「循」，《御覽》同；至正本、《訓故》、黄本作「順」。○趙萬里《校記》：「案唐本是也，與《御覽》五八七引合。」

〔一二〕枚馬播其風王揚騁其勢　「播」，至正本、黄本作「同」。《訓故》「同」字標疑作「同」。《御覽》「播」作「洞」，「騁」作「聘」。○趙萬里《校記》：「案《御覽》五八七引作『洞』，又與唐本異。」○楊明照《拾遺》：「按漢賦至枚馬發揚光大，唐寫本作『播』是。播，揚也（《左傳》昭公四年杜註）；猶揚也（《周禮·大師》鄭玄註）。」○王利器《校證》：「案作『播』義長，今據改。」

〔一三〕皐朔已下　「朔」，《御覽》、《訓故》、黄本同；至正本作「翔」。《御覽》「已」作「以」。○黄叔琳校云：「(朔)元作「翔」，曹改。」○趙萬里《校記》：「案唐本是也。與《御覽》五八七及黄本引曹校均合。」○范註：「案皐製賦最多，而皐賦今不可見……《藝文志》不載東方朔賦……《御覽》三百五十有朔《對驃騎難》。」○王利器《校證》：「『朔』原作『翔』，梅據曹改。徐校亦作『朔』。按唐寫本、《御覽》、王惟儉本正作『朔』。」

〔一四〕繁積於宣時　唐寫本「繁」下有「閲」字，但右旁有「……」删號。至正本、《訓故》、黄本無「閲」字。

〔一五〕若夫京殿苑獵　《御覽》同；至正本、《訓故》、黄本「夫」上無「若」字。○趙萬里《校記》：「案唐本是也，與《御覽》五八七引合，當據補。」

〔一六〕述行敘志　「敘」，至正本、《訓故》、黄本作「序」。

〔一七〕既履端於唱序亦歸餘於總亂　「唱」，至正本、《訓故》同；《御覽》、黄本作「倡」。「序」，《御覽》、黄本同；至正本、《訓故》作「敘」。「亂」，《御覽》作「詞」。○楊明照《拾遺》：「『倡』，唐寫本作『唱』；《御覽》引同。何焯《義門讀書記・文選》第一卷、《讀書引》十二同。按《説文・口部》：『唱，導也。』又《人部》：『倡，樂也。』此當以作『唱』爲是。元本、弘治本、活字本、汪本、佘本、張本、《兩京》本、何本、胡本、《訓故》本、梅本、凌本、《合刻》本、謝鈔本、《彙編》本、《别解》本、《秘書》本、岡本、尚古本、張松孫本、王本、鄭藏鈔本、《崇文》本並作『唱』，不誤。」○王利器《校證》：「『亂』《御覽》誤『詞』，《楚辭・離騷》王註：『亂，理也，所以發理辭指，總撮其要也。』彦和『總亂』字本此。」

〔一八〕亂以理篇　「亂」，黄本同，《御覽》作「詞」，至正本、《訓故》作「辭」。○趙萬里《校記》：「案唐本是也，與黄本同。《御覽》五八七作『詞』，與嘉靖本同誤。」○王利器《校證》：「汪本、佘本、張之象本、《兩京》本、王惟儉本『亂』誤作『辭』，《御覽》又誤作『詞』。」○按：作「亂」是，承上「亦歸餘於總亂」。

〔一九〕寫送文勢　《御覽》同；至正本、《訓故》、黄本作「迭致文契」。○趙萬里《校記》：「案《御覽》五八七引此文，與唐本正合。」○范註：「案唐寫本是。『寫送』是六朝人常語，意謂充足也。《附會篇》『克終底績，寄深寫送』，亦謂一篇之終，當文勢充足也。」○劉永濟《校釋》：「《御覽》五八七作『寫送文勢』，唐寫本同。應從。」○楊明照《拾遺》：「按作『寫送文勢』是也。『寫送』二字見《晉書・文苑・袁宏傳》及《世説新語・文學篇》註引《晉陽秋》。《高僧傳・釋曇智傳》：『雅好轉讀，雖依擬前宗，而獨拔新異，高調清澈，寫送有餘。』又附《釋曇調》：『寫送清雅，恨功夫未足。』亦並以『寫送』爲言。《文鏡秘府論・論文意篇》：『開發端緒，寫送文勢。』正以『寫送文勢』成句。今本『迭』『契』二字，乃『送』『勢』之形誤，致文不成義。」○王利器《校證》：「『寫送文勢』，原作『迭致文契』，今從唐寫本、《御覽》改。《世說新語·文學篇》桓宣武命袁彦伯作《北征賦》條註引《晉陽秋》云：『於寫送之致，如爲未盡。』此彦和所本。《附會篇》亦有『寄在寫以遠送』之語。意俱謂收筆有不盡之勢也。《文鏡秘府論》南册《定位篇》有『寫送文勢』之語，即本《文心》。」○户田浩曉《資料》：「按『寫送』兩字確是屢見於六朝文獻之中，但其意義則如上述：衆說紛紜，莫衷一是。斯波博士所引《高僧傳》卷十三中，在《釋曇調》條下有『寫送清雅，恨工夫未足』的評語，與前引釋曇智語並見於經師項下，仍可解釋爲經文轉讀之際音聲的收束方式很是清雅。因此，我主張採用斯波博士之說，將『寫送』釋爲『收束』。總之，敦煌本『寫送文勢』四字顯示了彦和著作的本來面目，是值得珍視的文字。」

〔二〇〕閔馬稱亂　「馬」，《御覽》、《訓故》、黄本同；至正本作「焉」。○黄叔琳校云：「元作『焉』，朱改。」○王利器《校證》：「『馬』原作『焉』，馮校云：『焉，謝作馬。』張之象本作『言』，此蓋初由『馬』『焉』形近誤作『焉』，繼又由『焉』『言』音近遂誤作『言』也。梅據朱改作『馬』，徐校亦作『馬』。按唐寫本正作『馬』。」○按：「馬」者，閔馬父也；上承「《那》之卒章」，作「馬」是。《國語·魯語》下：「閔馬父曰：『昔正考父校《商》之名頌十二篇於周大師，以《那》爲首。其輯之亂曰：自古在昔，先民有作，温恭朝夕，執事有恪。』」此即彦和所本。

〔二一〕故知殷人緝頌　「緝」，至正本、《訓故》、黄本作「輯」。

〔二二〕斯並鴻裁之環域　「環」，至正本、《訓故》、黄本作「寰」。

〔二三〕庶品雜類　「庶」，《訓故》、黄本同，至正本作「鹿」。○黄叔琳校云：「元作『鹿』，曹改。」○王利器《校證》：「『庶』原作『鹿』，梅據曹改。案唐寫本、王惟儉本正作『庶』。徐校亦作『庶』。」

〔二四〕觸興置情　「置」，至正本、黄本作「致」。

〔二五〕斯又小製之區畛　「製」，至正本、《訓故》、黄本作「制」。

〔二六〕事數自環宋發夸談　《御覽》「數」作「義」，「環」作「懷」；「夸」，《御覽》作「誇」，至正本、《訓故》、黄本作「巧」。○王利器《校證》：「『環』《御覽》誤『懷』。《韓子·五蠹篇》：『自環謂之私。』《說文》引作『自營』，謂自相周旋也」。○趙萬里《校記》：「案作『夸』義較長，《御覽》五八七引亦作『誇』。」○范註：「『巧談』唐寫本作『夸談』，是。」○楊明照《拾遺》：「按『夸』字是，『誇』與『夸』通，『巧』其形誤也。《夸飾篇》：『自宋玉、景差，夸飾始盛。』即其證。」○詹鍈《義證》：「按《玉海》引此句仍作『巧談』，是本兩傳，『巧』，未必爲形誤。《註訂》（張立齋《文心雕龍註訂》）：『巧談』者，不依正則也。如宋玉有《好色》、《神女》諸賦，故下句譏以『實始淫麗』。」○按：「數」與下之「始」之相對，作「義」非是。

〔二七〕枚乘兔園　「兔」，《御覽》、黄本同，至正本、《訓故》作「菟」。○趙萬里《校記》：「案《御覽》五八七所引，與唐本正合。」○王利器《校證》：「『菟園』原作『兔園』，唐寫本、元本、傳校元本、汪本、佘本、張之象本、《兩京》本、何允中本、日本活字本、王惟儉本、鍾本、梁本、日本刊本、清謹軒鈔本、《四庫》本、王謨本、《崇文》本及《御覽》、《玉海》俱作『菟園』。案《古文苑》載枚氏此文，正作『菟園』，《比興篇》亦作『菟園』，今據改。」○按：唐寫本不作『菟園』，王誤。

〔二八〕賈誼畏服致辨於情衷　《御覽》「畏服」作「□鳥」；至正本、《訓故》、黄本「畏服」作「鵩鳥」；「情衷」作「情理」。○潘重規《合校》：「唐寫本『鵩鳥』作『畏服』，『理』作『衷』。」○按：《史記·賈生列傳》：「賈生爲長沙王太傅。三年，有鴞飛入賈生舍，止於坐隅。楚人命鴞曰服。賈生既以適居長沙，長沙卑溼，自以爲壽不得長，傷悼之，乃爲賦以自廣。」但《文選》實稱《鵩鳥賦》，當從至正等本改。

〔二九〕明絢以雅贍　「明絢」，黄本同，至正本作「朋約」。《訓故》作「朗約」。《御覽》「雅贍」作「贍雅」。○黄叔琳校云：「（明絢）元作『朋約』，考《御覽》改。」○趙萬里《校記》：「案唐本是也。與《御覽》五八七引正合。」○王利器《校證》：「『明絢』原作『朋約』，梅從朱考《御覽》改。徐校亦作『明絢』。案唐寫本正作『明絢』。王惟儉本作『朗約』。《新箋決科古今源流至論》前集二引『絢』作『則』。」又：「『雅贍』，《御覽》作『贍雅』，《源流至論》誤作『彩儋』。」

〔三〇〕迅拔以宏富　「拔」，《御覽》、《訓故》，至正本同；黄本作「發」。《御覽》無「以」字。○黄叔琳校云：「（發）一作『拔』。」○楊明照《拾遺》：「『發』，黄校云：『一作拔。』唐寫本、元本、弘治本、活字本、汪本、佘本、張本、《兩京》本、胡本、《訓故》本、《文津》本作『拔』；《御覽》、《類要》、《新箋決科古今源流至論前集》二、《經史子集合纂類語》九引同。按作『拔』是，『發』蓋涉上下文而誤。六朝習用『拔』字，如《晉書·文苑·袁宏傳》『辭文藻拔』，《梁書·文學》上《庾肩吾傳》『謝客吐言天拔』，又《吴均傳》『均文體清拔』，《世説新語·文學篇》『支道林……出藻奇拔』，《詩品》中『氣調勁拔』，蕭統《陶淵明集序》『辭彩精拔』，是也。本書《明詩篇》『景純仙篇，挺拔而爲俊矣』，《雜文篇》『觀枚氏首唱，信獨拔而偉麗矣』，《隱秀篇》『篇中之獨拔者也』，其用『拔』字誼與此同。」

〔三一〕搆深偉之風　《御覽》同。「搆」，至正本同；《訓故》、黄本作「構」。「偉」，至正本、《訓故》、黄本作「瑋」。○王利器《校證》：「『偉』原作『瑋』，據唐寫本、《御覽》改。徐校亦作『偉』。」○詹鍈《義證》：「按『深瑋』之『瑋』，乃據原賦『遊

「觀屈奇瑰瑋」而來，不必誤。「瑋」，深奇。」○按：「搆」當作「構」。本卷「木」旁多寫作「扌」。

〔三二〕含飛動之勢　「含」，《御覽》、《訓故》、黄本同，至正本作「合」。○楊明照《拾遺》：「『含』，元本、汪本、佘本、張本、《兩京》本、何本、胡本、梅本、凌本、《合刻》本、梁本、《秘書》本、謝鈔本、《別解》本、清謹軒本、岡本、尚古本、文津本、張松孫本、崇文本作『合』。何焯云：『合，疑作含。』按『合』爲『含』之形誤。宋劉沆《謝啟》：『對靈光之殿，難含飛動之詞。』遺辭即出於此，可證。」

〔三三〕並詞賦之英傑也　「詞」，《御覽》、至正本、《訓故》、黄本作「辭」。「英傑」，《御覽》、黄本同，至正本、《訓故》作「流」。○趙萬里《校記》：「案唐本是，與《御覽》五八七所引及黄本均同。」○楊明照《拾遺》：「『英傑』二字，元本、弘治本、活字本、汪本、佘本、張本、《兩京》本、何本、胡本、《訓故》本、梅本、凌本、《合刻》本、梁本、《秘書》本、謝鈔本、《彙編》本、《別解》本、清謹軒本、岡本、尚古本、文津本、王本、張松孫本、鄭藏鈔本、崇文本作『流』。按『流』字過於空泛，當以作『英傑』爲是。《文選》皇甫謐《三都賦序》：『至如相如《上林》、楊雄《甘泉》、班固《兩都》、張衡《二京》、馬融《廣成》、王生《靈光》……皆近代辭賦之偉也。』彼言爲『偉』，此言爲『英傑』，其義無異也。《辨騷篇》：『固知楚辭者……而詞賦之英傑也。』句法與此相同，亦可證。唐寫本、文溯本作『英傑』，不誤。《御覽》、《類要》、《玉海》、《小學紺珠》四引，亦並作『英傑』。」

〔三四〕發篇必遒　「篇」，至正本、《訓故》、黄本作「端」。「遒」，《御覽》作「道」。○趙萬里《校記》：「案《御覽》五八七所引，與唐本正合。」○范註：「『發端』唐寫本作『發篇』，是。嚴可均《全後漢文》輯粲賦有《大暑》、《游海》、《浮淮》、《閑邪》、《出婦》、《思友》、《寡婦》、《初征》、《登樓》、《羽獵》、《酒》、《神女》、《槐樹》等賦，雖頗殘闕，然篇率遒短，故彥和云然。」○劉永濟《校釋》：「唐寫本『端』作『篇』，《御覽》同。是。」○按：《御覽》「道」乃「遒」之形誤。

〔三五〕策勳於鴻規　「勳」，至正本作「勛」。○《訓故》句下「士衡子安底績於流制」，「制」標疑作「[制]」。

〔三六〕彥伯梗概　唐寫本「梗概」原寫作「槩梗」，但在「梗」右上角已加乙倒號「√」。《御覽》、至正本、《訓故》、黄本作「梗概」。○鈴木《校勘記》：「『梗概』作『槩梗』。」○趙萬里《校記》：「唐本『梗槩』作『槩梗』。」○范註：「張衡《東京賦》薛綜註：『梗概不纖密，言粗舉大綱如此之言也。』《東征賦》述名臣功業，皆略舉大概，故云彥伯梗概。」○楊明照《拾遺》在引《世説新語·文學篇》彥伯作《北征賦》並劉註後云：「據此，則『梗概』應與《時序篇》『梗概多氣』之『梗概』同，猶言慷慨也……范註謂：『《東征賦》述名臣功業，皆略舉大概，故云彥伯梗概。』似有未安。」○潘重規《合校》：

「重規案：唐寫本乙倒，實亦作『梗槩』。」○按：鈴木、趙萬里皆因疏於乙倒號「√」而誤判。

〔三七〕故義必明雅　「必」，《御覽》、黃本同；至正本、《訓故》作「以」。○趙萬里《校記》：「案唐本是也，與《御覽》五八七所引，及黃本均合。」○王利器《校證》：「元本、傳校元本、馮本、汪本、佘本、張之象本、《兩京》本、王惟儉本、《讀書引》『必』作『以』，徐云：『以當作必。』」

〔三八〕物以情覩　《御覽》同；至正本、《訓故》、黃本作「觀」。○趙萬里《校記》：「案《御覽》五八七引與唐本合，作『覩』義較長。」○郭晉稀《註譯》：「『覩』，原作『觀』，形近致訛，與上文『覩』字相應，故依唐寫本校改。」○楊明照《拾遺》：「按唐寫本是也。上云『覩物興情』，故承之曰『情以物興』；此當作『物以情覩』，始將上句文意完足。《御覽》引亦作『覩』，當據改。」

〔三九〕畫繪之差玄黃　「差」，《御覽》同；至正本、《訓故》、黃本作「著」。○范文瀾校云：「孫云《御覽》作『差』。」○王利器《校證》：「《御覽》『著』誤『差』。」○詹鍈《義證》：「『著』字，唐寫本、《御覽》作『差』。《綴補》：『差猶別也。』説亦可通。」

〔四〇〕文雖雜而有質　「雜」，至正本、《訓故》、黃本作「新」。「質」，《御覽》作「實」。○楊明照《拾遺》：「按作『雜』是。《淮南子・本經篇》高註：『雜，糅也。』《廣雅・釋詁》一：『糅，雜也。』此云『雜』，下云『糅』，文本相對爲義。若作『新』，則不倫矣。宋本、鈔本、倪本、喜多本《御覽》引作『雜』，不誤。徐𤊹蓋依《御覽》校。」

〔四一〕色雖糅而有義　「義」，《御覽》、至正本、《訓故》作「儀」；黃本作「本」。○黃叔琳校云：「一作『儀』。」○趙萬里《校記》：「按作『義』是也，《御覽》五八七引，及黃校引一本作『儀』，亦其證。」○楊明照《拾遺》：「按唐寫本作『義』；《御覽》、《玉海》、《喻林》八八引作『儀』。此句就色采言，當以作『儀』爲是。唐寫本作『義』，蓋偶脱『亻』旁耳。元本、弘治本、佘本、《兩京》本、胡本、《訓故》本、謝鈔本並作『儀』。『本』字殆涉下文而誤。」

〔四二〕雖讀千賦愈惑體要遂使繁華損枝　《御覽》「賦」作「首」，「損」作「折」。○王利器《校證》：「徐校作『首』。」○按：「賦」、「首」兩可。《西京雜記》卷二：「或問揚雄爲賦，雄曰：『讀千首賦乃能爲之。』」

〔四三〕無實風軌　「實」，《御覽》作「貫」；至正本、《訓故》、黃本作「貴」。○楊明照《拾遺》：「『貴』，唐寫本作『實』。宋本、鈔本、活字本、喜多本、鮑本《御覽》引作『貫』，倪本《御覽》作『貴』。按『實』字較勝。『貫』乃『實』字脱其『宀』頭，而『貴』又『貫』之譌。」

〔四四〕此揚子所以追悔於雕蟲　《御覽》、黃本同；至正本、《訓故》「追悔」下無「於」字。○趙萬里《校記》：「按唐本是，與

《御覽》五八七所引，及黄本均合。」

〔四五〕異流分派　至正本、黄本作「分歧異派」。《訓故》作「分枝異派」。○王利器《校證》：「唐寫本『分歧異派』作『異流分派』，王惟儉本作『分枝異派』。」○郭晉稀《註譯》：「『分枝異派』，元作『分歧異派』，各家依唐寫本校作『異流分派』。今案『歧』乃『枝』之形誤，『分枝異派』即『異流分派』也，不必依唐寫本盡改。紀昀云：『此分歧異派，非指賦與《詩》分，乃指京殿一段、草區一段言之，而其語仍側註小賦一邊。』今案『分枝』承上，自謂賦爲《詩》之分枝（原作『分歧』，義亦似通，因此不如校作『分枝』爲勝也），『異派』則謂大賦與小賦區分也。『分枝異派』，即謂賦爲《詩》之分枝而賦又有大賦與小賦兩派。」

〔四六〕抑滯必揚言曠無隘　至正本、《訓故》、黄本「抑」作「枡」；「曠」作「庸」。○范註：「唐寫本『枡』作『抑』，『庸』作『曠』。孫君蜀丞曰：『陸士衡《文賦》云，言曠者無隘，此彦和所本。』」○劉永濟《校釋》：「唐寫本『枡』作『抑』，是。」又：「唐寫本『庸』作『曠』。孫人和校本引《文賦》『言曠者無隘』，謂『此彦和所本』，是。」○楊明照《拾遺》：「郝懿行云：『按枡字疑片之譌。』按唐寫本是。郝説非。賦主於鋪張揚厲，故曰『抑滯必揚，言曠無隘』。《文賦》『言窮者無隘，論達者唯曠』二語，與此本不甚愜，孫人和誤引爲『言曠者無隘』，非是。」○王利器《校證》引孫人和語，並云：「案孫説是，今據改。」○按：楊説是。《文賦》：「故夫夸目者尚奢，愜意者貴富，言窮者無隘，論達者唯曠。」孫人和誤引，而諸家皆信而誤。

〔四七〕詞翦稊稗　至正本、《訓故》、黄本「詞」作「辭」，「稊」作「美」。黄侃《札記》：「『美』當作『荑』。《孟子·告子》上：『不如荑稗』。荑與稊通。」○范註：「『美稗』唐寫本作『稊稗』，是。《孟子·告子》上『苟爲不熟，不如荑稗。』荑與稊通。」○楊明照《拾遺》：「按《孟子·告子》上『不如荑稗』，《長短經·善亡篇》引作『稊稗』。是『稊』與『荑』通。『美』乃『荑』之形誤。」

頌（讚）〔贊〕（弟）〔第〕九〔一〕

「四始」之至，頌居其極。頌者，容也，所以美盛德而述形容也。昔帝嚳之世，咸黑爲頌，以（哥）〔歌〕《九招》〔二〕。自《商頌》已下〔三〕，文理允備。夫化偃一國謂之風，風正四方謂之雅，雅容告神謂之頌〔四〕。風雅序人，故事兼變正；頌主告神，故義必純美〔五〕。魯以公旦次編，商以前王追録〔六〕，斯乃宗廟之政（哥）〔歌〕〔七〕，非饗讌之恒詠也〔八〕。《時邁》一篇，周公所（制）〔製〕〔九〕，哲人之頌，規式存焉。夫民各有心，勿壅惟口，晉輿之稱「原田」〔一〇〕，魯民之刺「裘（鞸）〔韠〕」〔一一〕，直（不言）〔言不〕詠〔一二〕，短辭以諷，丘明、子高，並（諜）〔謂〕爲頌，斯則野頌之變體，浸被於人事矣〔一三〕。及三閭《橘頌》，辭（彩）〔采〕芬芳〔一四〕，比類寓意，乃覃及乎細物矣〔一五〕。至（乎）〔於〕秦政刻文〔一六〕，爰頌其德；漢之惠、景，亦有述容；沿世並作，相繼於時矣。若夫子雲之表充國，孟堅之序戴侯，（仲武）〔武仲〕之美顯宗〔一七〕，史岑之述（燕）〔熹〕后〔一八〕，或擬《清廟》，或範《駉〔駉〕》、《那》〔一九〕，雖深淺不同〔二〇〕，詳略各異，其褒德顯容，典章一也。至於（斑）〔班〕傅之《北征》《西征》〔二一〕，變爲序引，豈不褒（通）〔過〕而謬體哉〔二二〕！馬融之《廣成》《上林》〔二三〕，雅而似賦，何弄文而失質乎！又崔瑗《文學》，蔡邕《樊渠》，並致美於序，而簡約乎篇；摯虞品藻，頗爲精覈，至云「雜以風雅」，而不辨旨趣〔二四〕，徒張虚論，有似黄白之僞説矣。及魏晉雜頌〔二五〕，鮮有出轍。陳思所綴，以《皇子》爲（摽）〔標〕〔二六〕，陸機積篇，唯《功臣》最顯；其褒貶雜居，固末代之訛體也。

原夫頌惟典懿〔二七〕，（詞）〔辭〕必清鑠〔二八〕，敷寫似賦，而不入華侈之區；敬慎如銘，而異乎規戒之域，揄揚以發藻，汪洋以樹儀〔二九〕，雖纖巧曲致〔三〇〕，（興）〔與〕情而變〔三一〕，其大體所弘〔三二〕，如斯而已。

（讚）〔贊〕者，明也，助也〔三三〕。昔虞舜之祀，樂正重讚，蓋唱發之（詞）〔辭〕也〔三四〕。及益贊於禹〔三五〕，伊陟贊於巫咸〔三六〕，並颺言以明事，嗟歎以助辭〔三七〕。故漢置鴻臚，以唱拜爲（讚）〔贊〕，即古之遺語也。至相如屬筆，始（讚）〔贊〕荆軻〔三八〕。及史、（斑）〔班〕因書〔三九〕，託（讚）〔贊〕褒貶〔四〇〕。約文以總録，頌體而論（詞）〔辭〕也〔四一〕。又紀傳後評〔四二〕，亦同其名。而仲（冶）〔治〕《流别》〔四三〕，謬稱爲「述」，失之遠矣。及景純注《爾雅》〔四四〕，動植贊之〔四五〕，事兼美惡〔四六〕，亦猶頌之（訟）〔變〕耳〔四七〕。然本其爲義〔四八〕，事生奬歎，所以古來篇體，促而不曠〔四九〕，必結言於四字（字）〔之〕句，盤桓於數韻之（詞）〔辭〕〔五〇〕；約舉以盡情，照灼以送文〔五一〕，此其體也。發源雖遠〔五二〕，而致用蓋寡，大抵所歸，其頌家之細條乎〔五三〕！

（讚）〔贊〕曰：容德底頌〔五四〕，勳業垂讚。鏤影摛聲，文理有爛〔五五〕。年迹逾遠〔五六〕，音徽如旦。降及品物，炫辭作翫。

校記

〔一〕頌讚弟九　〔弟〕，至正本、《訓故》、黄本作「第」。「讚」，至正本、《訓故》、黄本同。○范註：「案《周禮》州長、充人、大行人註皆曰『贊，助也。』《易説卦傳》云：『幽贊於神明而生蓍。』韓康伯註曰：『贊，明也。』此彦和説所本，《説文》無『讚』字，自以作『贊』爲是。」

〔二〕咸黑爲頌以哥九招　《御覽》「黑」作「累」，「哥」作「歌」；至正本、《訓故》、黄本「黑」作「墨」，「哥」作「歌」；「招」作「韶」。○黄註：「『墨』應作『黑』。《吕氏春秋》：『帝嚳命咸黑作爲聲歌，《九招》《六列》《六英》』。」○趙萬里《校記》：「案唐本是也，《吕氏春秋·古樂篇》云：『帝嚳命咸黑，作爲聲歌』，是其證。」○范註：「《吕氏春秋·仲夏紀·古樂篇》『帝嚳命咸黑作爲聲歌，《九招》《六列》《六英》……帝舜乃令質修《九招》《六列》《六英》，以明帝德。』畢沅校云：『《招》《列》《英》至此始見，上（指帝嚳句所云）乃衍文明矣。』案《困學紀聞》四『帝嚳命咸黑作爲聲歌……然則《九招》作於帝嚳之時，舜修而用之。』『墨』唐寫本作『黑』，『韶』唐寫本作『招』，是。」○楊明照《拾遺》：「『咸墨』，唐寫本作『咸黑』；《事物考》二、《文通》八引同。宋本、鈔本、倪本、活字本《御覽》五八八引作『咸累』。喜多本、鮑本作『咸墨』。《路史·後紀疏仡紀》引作『成累』，《廣博物志》三三引同。按作『咸黑』是。咸黑事見《吕氏春秋·古樂篇》。《古樂志》亦云：『古之善歌者有咸黑。』『咸墨』、『咸累』、『成累』，均誤。」又：「『韶』，唐寫本作『招』；宋本、倪本、活字本、喜多本、鮑本《御覽》引同。按作『招』與《吕氏春秋·古樂篇》合。《事物紀·原集類》四、《玉海》六十、《風雅逸篇》十、《詩紀·前集附録》、《事物考》二、《唐類函》一百五引，亦並作『招』。當據改。」

〔三〕自商頌已下　《御覽》同；至正本、《訓故》、黄本無「頌」字。○趙萬里《校記》：「案唐本是也，當據補，與《御覽》五八八引合。」○劉永濟《校釋》：「嘉靖本『商』字作『頌』。《御覽》五八八、唐寫本皆作『商頌』，應從。」○楊明照《拾遺》：「按有『頌』字，語意始明。《御覽》、《唐類函》引亦並有之。當據增。」○詹鍈《義證》引張立齋《文心雕龍考異》：「此言自商以下之文理允備，非專指頌而言，故下文列舉風、雅、頌各體也。唐寫本『頌』字衍。」

〔四〕雅容告神謂之頌　《御覽》同，至正本、《訓故》、黄本「容」上無「雅」字，「神」下有「明」字。○劉永濟《校釋》：「唐寫本作『雅容告神』，無『明』字，是。」詹鍈《義證》引李曰剛《文心雕龍斠詮》：「『雅容告神謂之頌。』此據《詩大序》立説，與《釋名》所謂『頌，容也，序説其成功之形容也』及『稱頌成功謂之頌』如出一轍。」又：「案《淵鑑類函》一九九引『雅容』作『雍容』。」

〔五〕風雅序人故事兼變正頌主告神故義必純美　《御覽》「兼」作「資」；至正本、《訓故》、黄本「事」上、「義」上並無「故」字。○趙萬里《校記》：「案《御覽》五八八引此文，正與唐本合，今本有脱字，當據補。」○范註：「此文宜從唐寫本作『風雅序人，故事兼變正，頌主告神，故義必純美。』」○楊明照《拾遺》：「按唐寫本是。《御覽》、《唐類函》引，亦有兩『故』字，與唐寫本合。『兼』《御覽》誤作『資』。」

〔六〕魯以公旦次編商以前王追録　《御覽》無「公」字；「魯」，至正本同；《訓故》作「魯人」；黄本作「魯國」。至正本、《訓故》、黄本在「商」下有「人」字。○黄叔琳校云：「(國)元脱，曹補。」○趙萬里《校記》：「案唐寫本是也，《御覽》五八八所引，正與唐本同(按：宋本《御覽》五八八引『公旦』作『旦』，脱『公』字。)當據刪。」○楊明照《拾遺》：「『國』，黄校云：『元脱，曹補。』(此沿梅校)張本、《訓故》本作『人』。唐寫本『國』『人』二字並無；《御覽》引同。《玉海》引無『國』字；元本、弘治本、活字本、汪本、佘本、《兩京本》、胡本、謝鈔本同。按『國』『人』二字均不必有。《玉海》、元本等有『人』字，乃涉上下文誤衍者，曹學佺因配補『國』字，非是。」○户田浩曉《資料》：「按：梅本『國』字下校云：『元脱。曹補。』則『國』字當由曹學佺補入，原因可能是『商』字下有『人』字，故亦與之對應。張之象本、《訓故》本之所以作『魯人』，恐因汪一元本及《兩京遺編》本中『魯』與『商人』不成對語，才在『魯』字下補入『人』字的，這是由於不諳彦和句法而錯改的實例……《玉海》卷六十《文心雕龍》引文與敦煌本同；《御覽》卷五百八十八引文作『魯以旦次編，商以前王追録』，除『旦』字上脱一『公』之外，餘均與敦煌本一致。因此應根據敦煌本刪去『魯』字下『人』或『國』字及『商』字下『人』字。」

〔七〕斯乃宗廟之政哥　《御覽》、至正本、《訓故》、黄本「政」作「正」；「哥」作「歌」。

〔八〕非饗讌之恒詠也　《御覽》同；「饗讌」，至正本、《訓故》同；黄本作「讌饗」。「恒詠」，至正本、《訓故》、黄本作「常詠」。○楊明照《拾遺》：「『讌饗』，唐寫本作『饗讌』，宋本、活字本、喜多本、鮑本《御覽》引作『饗讌』。『饗』鈔本《御覽》誤作『響』；倪刻本又誤作『嚮』。謝鈔本作『燕饗』，馮舒乙爲『饗燕』。按元本、弘治本、汪本、佘本、張本、《兩京》本、《訓故》本、文津本並作『饗讌』，與唐寫本合。《玉海》引亦作『饗讌』。『燕』與『讌』通。」

〔九〕周公所制　「制」，《御覽》、至正本、《訓故》、黄本作「製」。

〔一〇〕晉輿之稱原田　「輿」，《訓故》、黄本同；至正本作「興」。○黄叔琳校云：「（輿）元作『興』，曹改。」「（田）元作『由』，曹改。」○黄註：「《左傳》：晉侯聽輿人之頌曰，『原田每每，舍其舊而新是謀。』」○趙萬里《校記》：「案唐本是也。黄本依曹校改『興』作『輿』，與唐本正合。」○楊明照《拾遺》：「按曹改與《左傳》僖公二十八年合，是也。唐寫本、黄丕烈所校元本、活字本、何本、訓故本、謝鈔本、清謹軒本、《四庫》本、《詩紀前集》三、《文通》八、並作『晉輿之稱原田』，不誤。弘治本、汪本、佘本、張本、《兩京》本、胡本之『田』字尚未誤。」

〔一一〕魯民之刺裘韠　「韠」，至正本、《訓故》、黄本作「韠」。

〔一二〕直不言詠　至正本、《訓故》、黄本作「直言不詠」。○楊明照《拾遺》（校註本）：「按唐本誤倒。『直言不詠，短辭以諷』，文本相對。」○郭晉稀《註譯》改『詠』爲『諱』，並註云：「『諱』，元作『詠』，『詠』不辭，蓋『詠』與『諱』形近，所以致訛，今校改。」

〔一三〕並諜爲頌斯則野頌之變體浸被於人事矣　至正本、《訓故》、黄本「諜」同，兩「頌」字並作「誦」；「於」作「乎」。○劉永濟《校釋》：「『諜』疑『謂』誤。『誦』應從唐寫本作『頌』。」○郭晉稀《註譯》：「『並謂爲頌』『野頌之變體』，兩『頌』字原文皆作『誦』，皆後人依《左傳》、《孔叢子》校改也。不知彦和以誦爲頌，故字作『頌』，以之作爲頌之一例，唐寫本作『頌』是也，今依校改。」○王利器《校證》：「『謂』原作『諜』，『頌』原作『誦』，唐寫本『誦』作『頌』，今據改，並改『諜』爲『謂』，文意始合。」○詹鍈《義證》：「唐寫本『乎』作『於』，應據改。」

〔一四〕及三閭橘頌辭彩芬芳　「及」，《御覽》作「夫」；「辭彩」，至正本、《訓故》、黄本作「情采」。○詹鍈《義證》引斯波六郎：「作『辭采』者是。此句專謂形式。」○按：作「辭采」較勝，與下「比類寓意」合。

〔一五〕比類寓意乃覃及乎細物矣　《御覽》「寓意」作「屬興」，無「物」字；至正本、《訓故》、黄本「乃」作「又」；無「乎」字。

〔一六〕至乎秦政刻文　「乎」，《御覽》、至正本、《訓故》、黄本作「於」。

〔一七〕仲武之美顯宗　「仲武」，《訓故》、至正本同；《御覽》、黄本作「武仲」。○王利器《校證》：「元本、傅校元本、汪本、王惟儉本、清謹軒鈔本、日本刊本、《四庫》本『武仲』作『仲武』，誤。」○潘重規《合校》：「重規案：唐寫本蓋誤。」○按：王潘二氏説是也。《後漢書》卷一一〇上《傅毅傳》：「傅毅字武仲……毅追美孝明皇帝功德最盛，而廟頌未立，乃依《清廟》作《顯宗頌》十篇奏之。」「仲武」乃「武仲」之誤倒。

〔一八〕史岑之述燕后　「燕」，《御覽》、至正本、《訓故》作「僖」；黃本作「熹」。○黃叔琳校云：「元作『僖』，曹改。」○黃侃《札記》：「此史岑字孝山，在和帝時，與王莽時謁者史岑字子孝者爲二人，見《文選・出師頌》註。《和熹頌》今亦佚。」○范註：「《文選》史孝山《出師頌》李善註云：『史岑有二：子孝者，仕王莽之末；字孝山者，當和熹之際。』史岑《和熹鄧后頌》文佚；惟存《出師頌》。」○楊明照《拾遺》：「按唐寫本作『燕』，蓋即『熹』之形誤。《玉海》引作『熹』，《文通》八同。何本、謝鈔本、清謹軒本亦作『熹』，未誤。」○詹鍈《義證》：引《左庵文論》：「傅毅《明帝頌》，史岑《和熹頌》，俱見《全後漢》文。」

〔一九〕或範駉那　《御覽》同；「駉」，至正本、《訓故》作「坰」；黃本作「駉」。○趙萬里《校記》：「案唐本是也，《御覽》五八八所引，正與唐本合，黃本亦同。」○王利器《校證》：「元本、傅校元本、馮本、汪本、佘本、張之象本、《兩京》本、王惟儉本、《四庫》本、顧校本、譚校本『《駉那》』作『《坰那》』。」○按：作「駉」是。○《魯頌・駉》：「駉駉牡馬，在坰之野，薄言駉者。」唐寫本實作「駉」。《正字通》：「駉，駉字之譌。」

〔二〇〕雖深淺不同詳略各異　「深淺」，至正本、《訓故》同；黃本作「淺深」。《御覽》「各」作「有」。○楊明照《拾遺》：「『淺深』，唐寫本作『深淺』；《御覽》引同。按元本、弘治本、活字本、汪本、佘本、張本、《兩京》本、何本、《訓故》本、《合刻》本、梁本、《別解》本、岡本、尚古本、《四庫》本、王本、崇文本並作『深淺』，未倒。」

〔二一〕至於斑傅之北征西征　「斑」，至正本、《訓故》、黃本作「班」。「西征」，至正本、《訓故》作「西逝」；《訓故》「西逝」標疑作「西逝」。黃本作「西巡」。○黃叔琳校云：「（巡）元作逝」。○黃侃《札記》：「班有《竇將軍北征頌》、《東巡頌》、《南巡頌》；傅有《竇將軍北征頌》、《西征頌》。班之《北征頌》在《古文苑》。」○趙萬里《校記》：「案唐本是也，傅毅有《西征賦》，《御覽》卷三百五十一引之。」○范註：「『西巡』唐寫本作『西征』，是。」○楊明照《拾遺》：「按『逝』字固誤，黃氏徑改爲『巡』，亦非。當依唐寫本作『征』。武仲所撰《西征頌》，《御覽》三五一尚引其殘文。」

〔二二〕豈不褒通而謬體哉　「通」，至正本、《訓故》、黃本作「過」。○楊明照《拾遺》：「『褒』，唐寫本作『通』。按唐寫本非是。『褒』亦過也，讀如《史記・司馬穰苴傳贊》『如其文也，亦少褒矣』之『褒』，若作『通』，則不可解矣。」○詹鍈《義證》：「唐寫本『過』作『通』，誤。」○按：楊説非也，唐寫本『褒』字無誤，乃『褒』下作「通」；「通」乃「過」之形誤。（楊著二〇〇〇年中華書局版之《增訂文心雕龍校註》仍沿舊誤。）

〔二三〕馬融之廣成上林　「成」，《訓故》、黃本同；至正本誤作「城」。○黃叔琳校云：「（上林）疑作『東巡』。」○黃侃《札記》：「廣成頌見《後漢書》本傳。《上林》無可考，黄註謂《上林》疑作《東巡》。案《全後漢文》十八有《東巡頌》佚文，其體頗與《廣成》相類。」○范註：「郝懿行曰：『案黄註《上林》疑作《東巡》，從《馬融傳》也。然摯虞《文章流别》作《廣成》《上林》，是必舊有其篇，不見於本傳而後亡之耳。』案《藝文類聚》引《典論》逸文，亦稱融撰《上林頌》，是融確有此文矣。《廣成頌》文繁冗不録。（頌文載《融傳》）。《東巡頌》載《藝文類聚》三十九，《初學記》十三，《御覽》五百三十七。」○楊明照《拾遺》：「案舍人此評，本《文章流别論》。既沿用仲治之語，想必得見季長之文。《玉燭寶典》三引馬融《上林頌》曰：『鶉鴿如煙』。是季長此頌，隋世尚存，故杜氏得徵引之也。何能因其頌文久佚，而遽疑作『東巡』耶！」

〔二四〕而不辨旨趣　「辨」，至正本、《訓故》、黄本作「變」。○楊明照《拾遺》：「按『辨』字誼長。蓋謂摯虞『雜以風雅』之評語過於籠統也。」○詹鍈《義證》引李曰剛《文心雕龍斠詮》：「彦和此節論摯虞《文章流别論》之品藻……其所謂『不辨』云者，自指摯虞之評語但言其然而未申述其所以然而言。若作『變』，則係轉爲楊傅二家之頌有所辯護，無論於語氣辭意，俱嫌脱節，故以改從唐寫本爲勝。」《義證》：「唐寫本『變』作『辨』，按作『辨』是。」

〔二五〕及魏晉雜頌　「雜」，至正本作「辧」；《訓故》、黄本作「辨」。《訓故》「辨」字標疑作「辨」。○范註：「『辨』唐寫本作『雜』，是。」○楊明照《拾遺》：「按『辨』字蓋涉上文『而不辨（此依唐寫本）旨趣』而誤，當據唐寫本改作『雜』」。○按：至正本作「辧」更誤。

〔二六〕以皇子爲摽　至正本、黄本同作「摽」。《訓故》作「標」。○楊明照《拾遺》：「按『摽』當依各本改作『標』。」

〔二七〕原夫頌惟典懿　「懿」，《御覽》同；至正本、《訓故》、黄本作「雅」。○趙萬里《校記》：「案《御覽》五八八引此文，正與唐本合。」○楊明照《拾遺》：「『雅』，徐𤊹校作『懿』。《御覽》引作『懿』。按徐蓋據《御覽》校。唐寫本正作『懿』。」○詹鍈《義證》：「按『雅』亦通。」

〔二八〕詞必清鑠　「詞」，《御覽》同；至正本、《訓故》、黄本作「辭」。

〔二九〕而異乎規戒之域揄揚以發藻汪洋以樹儀　《御覽》「乎」作「於」，「戒」作「式」，「揄揚」作「揄楊」。「儀」，至正本、《訓故》、黄本作「義」。○黄叔琳校云：「一作儀。」○王利器《校證》：「唐寫本、梅六次本、張松孫本及《御覽》『義』作『儀』。」○按：作「揄揚」是。班固《兩都賦序》：「雍容揄揚」。李善註：「揄，引也；揚，舉也。」

〔三〇〕雖纖巧曲致　《御覽》同；至正本、《訓故》、黄本作「唯纖曲巧致」。○趙萬里《校記》：「案唐本是也，《御覽》五八八引此文，正與唐本合。」○楊明照《拾遺》：「唐寫本作『雖纖巧曲致』，宋本、鈔本、喜多本、鮑本《御覽》引同。活字本誤作『典致』，倪刻本誤作『委曲』。按作『雖纖巧曲致』是。『唯』係『雖』之殘誤（《訓故》本『雖』字未誤），『曲巧』二字誤倒。《諧隱篇》『纖巧以弄思』，正以『纖巧』連文；《神思篇》『文外曲致』，亦以『曲致』爲言。《文章緣起註》引作『唯纖巧曲致』。」○詹鍈《義證》引李曰剛《文心雕龍斠詮》：「案仍從今本爲勝。蓋『纖曲』與『巧致』上下對文，二者皆狀名短語，而非並列複詞，如此始可與下句『與情而變』相貫串，否則便難於索解矣。《佩文韻府》卷六十三、四『寘』三『巧致』條引與今本同。」

〔三一〕興情而變　「興」，《御覽》、至正本、《訓故》、黄本作「與」。○王利器《校證》：「唐寫本、《御覽》『與』作『興』，不可從。《明詩篇》『情變之數可監』、《神思篇》『情變所孕』、《風骨篇》『洞曉情變』、《隱秀篇》『文情之變深矣』、《指瑕篇》『斯實情訛之所變』、《總術篇》『備總情變』，是『情變』一詞，本書習見，此文亦以『情變』爲言，非以『興情』連文也。《宋書·謝靈運傳論》：『若夫平子艷發，文以情變。』亦作『情變』。」○按：宋本《御覽》實作『與』，不作「興」。

〔三二〕其大體所弘　《御覽》同；至正本、《訓故》、黄本「弘」作「底」。○劉永濟《校釋》：「唐寫本、《御覽》『底』均作『弘』，是。」○楊明照《拾遺》：「『底』，唐寫本作『弘』，《御覽》引同。僅鮑本因避清高宗諱改作『宏』。按『弘』字是。『弘』與『宏』通，『底』蓋『宏』之形誤。《通變篇》『宜宏大體』，語意與此同，可證。」○王利器《校證》：「案『弘』讀如《序志篇》『弘之已情』之『弘』，亦通。」

〔三三〕讚者明也助也　《御覽》、黄本同，至正本、《訓故》無「助也」二字。○黄叔琳校云：「（助也）二字從《御覽》增。」○黄侃《札記》：「彦和兼舉明、助二義，至爲賅備。詳贊字見經，始於《皋陶謨》。鄭君註曰：明也。蓋義有未明，賴贊以明之。故孔子贊《易》，而鄭君復作《易》贊，由先有《易》而後贊有所施，《書贊》亦同此例。至班孟堅《漢書贊》，亦由紀傳意有未明，作此以彰顯之，善惡並施。故贊非贊美之意……史贊之外，若夏侯孝若《東方朔畫贊》，則贊爲畫施；郭景純《山海經、爾雅圖讚》，則贊爲圖起，此贊有所附者，專以助爲義也。」○趙萬里《校記》：「案黄本從《御覽》五八八引，補『助也』二字，與唐本正合。」○范註：「譚獻校云：『案《御覽》有助也二字，黄本從之，似不必有。』案譚説非。唐寫本亦有『助也』二字。下文『並颺言以明事，嗟嘆以助辭。』即承此言爲説，正當補『助也』二字。」○郭晉稀《註譯》：「《周禮》州長、充人、大行人注，皆曰：『贊，助也。』《易·説卦傳》韓註：『贊，明也。』」

〔三四〕蓋唱發之詞也　「詞」，至正本、《訓故》、黄本作「辭」。

〔三五〕及益贊于禹　「贊」，《御覽》同；至正本、《訓故》、黄本作「讚」。「于」，至正本同，黄本作「於」。○趙萬里《校記》：「案《御覽》五八八所引，與唐本正合。」○楊明照《拾遺》：「『讚』，唐寫本作『贊』；《御覽》、《玉海》六二、《事物紀原》集類四、《事物原始》、《新鐫古今事物原始》十一、《事物考》二引同。按本段共用八『讚』字，僅此與下句唐寫本及《御覽》等作『贊』，餘亦作『讚』。以《原道篇》『幽讚（此依元本、弘治本、活字本等，黄本已改爲贊。）神明』及《宗經篇》『賦頌謌讚』相證，舍人於『讚』字皆用或體。《書》僞《大禹謨》：『三旬，苗民逆命。益贊於禹曰：唯德動天，無遠弗屆……至誠感神，矧茲有苗！』是此句唐寫本等作『贊』，乃據僞《大禹謨》改也。」

〔三六〕伊陟贊於巫咸　「贊」，《御覽》、至正本、《訓故》同，黄本作「讚」。○范註：「《書序》『伊陟贊於巫咸，作《咸乂》四篇』。」○楊明照《拾遺》：「『讚』，唐寫本、弘治本、汪本、佘本、張本、《兩京》本、何本、《訓故》本、梅本、《合刻》本、《祕書》本、謝鈔本、《彙編》本、《别解》本、清謹軒本、文溯本、王本、鄭藏鈔本、崇文本作『贊』；《御覽》、《玉海》、《事物紀原》集類、《事物原始》、《新鐫古今事物原始》、《事物考》引同。按唐寫本以下各本作『贊』，蓋亦據《書序》改，未必是舍人之舊也。」○王利器《校證》：「按作『贊』是。」

〔三七〕嗟歎以助辭　至正本、《訓故》、黄本「助辭」下有「也」字。

〔三八〕始讚荆軻　「軻」，《訓故》、黄本同，至正本作「輙」。○按：「軻」是，「輙」乃「軻」之形誤。「讚」亦當改作「贊」。

〔三九〕及史斑因書　《御覽》作「及史班書記」；至正本作「及史班固書」；《訓故》作「班固史書」；黄本作「及遷史固書」。○楊明照《拾遺》：「唐寫本作『及史斑囙書』。《御覽》、《玉海》引作『及史班書記』。按唐寫本是也。本書『班』字唐寫本均作『斑』。『囙』乃『因』之或體。《史傳篇》『史班立紀』（此依《訓故》本）及『故張衡摘史班之舛濫』，可證。元本、弘治本、活字本、汪本、佘本、張本、《兩京》本、胡本並作『及史班固書』，『固』乃『因』之誤（或寫者妄改）。今本及《御覽》、《玉海》所引皆非，當據唐寫本校正。」○王利器《校證》：「『及遷史固書，託讚褒貶』，唐寫本作『及史班固書，託讚褒貶』。」○潘重規《合校》：「重規案：王利器云：『唐寫本作及史班固書』，誤認『囙』字。」

〔四〇〕託讚褒貶　《御覽》「託」作「以」；「讚」，至正本、《訓故》作「贊」。○范註：「《史記》於紀傳之後，必綴『太史公曰』。《漢書》每篇之後，必加『贊曰』。」○按：當作『贊』，前黄侃《札記》已辨甚詳。

〔四一〕頌體而論詞也　至正本、《訓故》、黄本「而」作「以」；「詞」作「辭」；無「也」字。《御覽》無「也」字。○趙萬里《校記》：「案《御覽》五八八引『以』亦作『而』，與唐本正合。」○王利器《校證》：「《御覽》『以』作『而』，『辭』作『詞』。」○詹鍈《義證》：「按下『以』字，唐寫本、《御覽》均作『而』，是。」

〔四二〕又紀傳後評　「後」，《御覽》、黄本同，至正本作「⿰氵多」。《訓故》作「侈」，且標疑爲「侈」。○黄叔琳校云：「元作『侈』，朱考《御覽》改。」○趙萬里《校記》：「案黄本依朱校，據《御覽》改『侈』爲『後』，與唐本正合。」

〔四三〕而仲治流別　「治」，《御覽》作「治」；　至正本、《訓故》同，楊明照校黄本作「治」；　范文瀾校黄本作「洽」。○鈴木《校勘記》：「案養素堂本黄本輯註作『治』，原不誤；《御覽》作『治』可從。」○楊明照《拾遺》：「『治』，《四庫》本剜改作『洽』；　蕓香堂本、翰墨園本、思賢講舍本同。鈔本《御覽》引作『治』；唐寫本、元本、弘治本、汪本同。按『治』，『洽』二字形近，故摯虞之字，《世説新語·文學篇》作『仲治』，劉註引王隱《晉書》同，而唐修《晉書·虞傳》，則又作『仲洽』。是史傳已不一致矣。然以《序志篇》『仲治流別』論之，此當作『仲治』，始能一律。『洽』乃『治』之誤。倪刻本《御覽》作『仲長統別』尤謬。」

〔四四〕及景純注爾雅　《御覽》「注」作「任」，無「爾」字；　至正本、《訓故》、黄本「注」下無「爾」字。○按：《爾雅》書名，「爾」字當有。郭璞注《爾雅》，並作《爾雅圖贊》。

〔四五〕動植贊之　「贊之」，至正本、《訓故》作「讚之」；《御覽》、黄本作「必讚」。○黄叔琳校云：「一作『讚之』，從《御覽》改。」○楊明照《拾遺》：「按唐寫本、清謹軒本作『贊之』，元本、弘治本、活字本、汪本、佘本、張本、《兩京》本、何本、胡本、《訓故》本、梅本、《合刻》本、梁本、《祕書》本、謝鈔本、《彙編》本、《別解》本、岡本、尚古本、王本、張松孫本、鄭藏鈔本、崇文本並作『讚之』，於此自通，不必依《御覽》改。」○王利器《校證》：「案《玉海》與《御覽》同。徐校亦云：『讚之』一作『必讚。』」

〔四六〕事兼美惡　「事」，《御覽》作「讚」；　至正本、《訓故》、黄本作「義」。○趙萬里《校記》：「案《御覽》五八八引作『讚』，唐本又異。」○王利器《校證》：「『義』唐寫本作『事』，《御覽》作『讚』。」

〔四七〕亦猶頌之⿰言反耳　「⿰言反」，《御覽》作「有變」，至正本、《訓故》、黄本作「變」。○鈴木《校勘記》：「『變』作『⿰言反』。案《集韻》：⿰言反，甫遠切，者反，權言合道也。此疑變字音近之訛。」

〔四八〕然本其爲義　《御覽》、黄本同；　至正本、《訓故》「然」下無「本」字。○黄叔琳云：「本字從《御覽》增。」○趙萬里《校記》：「案唐本是也，黄本據《御覽》於『然』下增『本』字，與唐本正合。」

〔四九〕促而不曠　「曠」，至正本、《訓故》同；《御覽》、黄本作「廣」。○黄叔琳校云：「一作『曠』，從《御覽》改。」○楊明照

《拾遺》：「按『曠』亦『廣』也。（《漢書・鄒陽傳》顔註：『曠，廣也。』）無煩改字。唐寫本、元本、弘治本、活字本、汪本、佘本、張本、《兩京》本、何本、胡本、《訓故》本、梅本、《合刻》本、梁本、《祕書》本、凌本、謝鈔本、《彙編》本、《別解》本、清謹軒本、岡本、尚古本、文溯本、王本、張松孫本、鄭藏鈔本、崇文本並作『曠』，《文體明辨》四八、《文通》十二引，亦作『曠』。」

〔五〇〕必結言於四字字句盤桓於數韻之詞　唐寫本在上「字」下「句」字上作「：」，係重「字」字；《御覽》、至正本、《訓故》、黄本作「之」。至正本、黄本「於」作「乎」；「詞」作「辭」。〇按：唐寫本重「字」字，非是；「字句」當作「之句」。

〔五一〕照灼以送文　「照」，《御覽》同；至正本、《訓故》、黄本作「昭」。〇楊明照《拾遺》：「『昭』唐寫本作『照』；《御覽》引同。按『照』字是。」〇王利器《校證》：「唐寫本、《御覽》『昭』作『照』。何允中本、日本活字本、清謹軒本、日本刊本、王謨本『送』作『述』。梅六次本、張松孫本『送文』作『述義』，謝校、徐校亦作『述義』。」

〔五二〕發源雖遠　「源」，《御覽》誤爲「言」。

〔五三〕其頌家之細條乎　「乎」，《御覽》作「也」。

〔五四〕容德底頌　「德」，至正本、《訓故》、黄本作「體」。〇劉永濟《校釋》：「唐寫本作『容德』，是。」〇楊明照《拾遺》：「按唐寫本是。『容德』與『勳業』對。『底』亦疑爲『厎』之誤。《左傳》昭公十三年：『盟以厎信』。杜註：『厎，致也。』釋文：『厎，音旨』。」

〔五五〕鏤影擒聲文理有爛　「影」，至正本同，《訓故》、黄本作「彩」。「聲」、「文」，至正本、《訓故》、黄本作「文」、「聲」。〇趙萬里《校記》：「案唐本是也，黄本作『鏤彩擒文』，非是。」又「（文）唐本是也，當據改。」〇劉永濟《校釋》：「唐寫本『文』、『聲』二字互易，當從。」〇楊明照《拾遺》：「按唐寫本是也。元本、弘治本、活字本、汪本、佘本、張本、《兩京》本、何本、胡本、梅本、凌本、《合刻》本、梁本、《祕書》本、謝鈔本、《彙編》本、清謹軒本、岡本、尚古本、文津本、王本、張松孫本、鄭藏鈔本、崇文本，『彩』並作『影』，與唐寫本合，惟『聲文』二字誤倒（佘本作『文理』）。『影』『聲』相對成義，『文理』連文亦本書所恒見。舍人《剡山石城寺石像碑》有『朱桂鏤影』語。」

〔五六〕年迹逾遠　「迹」，至正本、《訓故》、黄本「迹」作「積」。「逾」至正本、《訓故》同；黄本作「愈」。〇楊明照《拾遺》：「『積』，唐寫本作『迹』。按『迹』字是。『年迹』與下『音徽』對。」〇潘重規《合校》：「唐寫本『積』作『述』。」〇詹鍈《義證》：「按『積』字亦可通。本文『陸機積篇，惟《功臣》最顯。』」〇按，唐寫本作「迹」不作「述」。

祝盟（弟）〔第〕十

天地定位，禮遍羣神〔一〕。「六宗」既禋，「三望」咸（祑）〔秩〕，甘雨和風，是生（禝）〔稷〕黍〔二〕，兆民所仰，美報興焉。犧盛惟馨，本於明德，祝史陳信，資（于）〔乎〕文（詞）〔辭〕〔三〕。昔伊耆始蜡〔四〕，以祭「八神」。其詞云〔五〕：「土反其宅，水歸其壑，昆蟲無作，草木歸其澤〔六〕。」則上皇祝文，（曖）〔爰〕在茲矣〔七〕。舜之祠田云：「荷此長耜，耕彼南畝，與四海俱有。」利民之志，頗形於言矣〔八〕。至於商履，聖敬日躋，玄牡告天，以萬方罪己，即郊禋之辭也〔九〕；素車禱旱，以六事責躬〔一〇〕，即雩（榮）〔禜〕之文也〔一一〕。及周之太祝，掌「六祝」之辭〔一二〕，是以「庶物咸生」，陳於天地之郊，「旁作穆穆」，唱於迎日之拜，「夙興夜（寐）〔處〕」〔一三〕，言於祔廟之祀〔一四〕；「多福無（彊）〔疆〕」〔一五〕，布於少牢之饋；宜社、類禡，莫不有文。所以寅虔於神祇〔一六〕，嚴恭於宗廟也。自春秋已下〔一七〕，黷祀諂祭，祝（獘）〔幣〕史（詞）〔辭〕〔一八〕，靡神不至。至如張老賀室，致美於（哥）〔歌〕哭之禱〔一九〕，蒯聵臨戰，獲祐於筋骨之請〔二〇〕；雖造次顛沛，必於祝矣。若夫《楚（詞）〔辭〕·招魂》〔二一〕，可謂祝辭之組麗者也〔二二〕。逮漢氏羣祀〔二三〕，肅其百禮〔二四〕，既總碩儒之（義）〔議〕〔二五〕，亦參方士之術。所以祕祝移過〔二六〕，異乎成湯之心〔二七〕；（振）〔侲〕子毆疫〔二八〕，同於越巫之說〔二九〕；體失之漸也〔三〇〕。至如黃帝有《呪耶》之文〔三一〕，東方朔有《罵鬼》之書，於是後之譴呪，務於善罵。唯陳思《誥咎》〔三二〕，裁以正義矣。若乃《禮》之祭祝〔三三〕，事止告饗；而中代祭文，兼（讚）〔贊〕言行〔三四〕。祭而兼贊，蓋引（神）〔伸〕之作也〔三五〕。又漢代山陵，哀策流文；周喪盛姬，「內史執策」。然則策本書賵，因哀爲文也〔三六〕。是以義同於誄，而文實告神，誄（體）〔首〕而哀末〔三七〕，頌體而祝儀〔三八〕，太祝所讀，固祝之文者也〔三九〕。凡羣言務華，而降神務實〔四〇〕。修（詞）〔辭〕立誠，在於無愧〔四一〕。祈禱之式，必誠以敬；祭奠之楷，宜恭且哀；此其大較也。（斑）〔班〕固之《祠涿山》〔四二〕，（禱祈）〔祈禱〕之誠敬也〔四三〕；潘岳之《祭庾婦》，祭奠之恭哀也〔四四〕；舉彙而求，昭然可鑒矣。

盟者，明也。騂旄白馬〔四五〕，珠盤玉敦，陳（詞）〔辭〕乎方明之下〔四六〕，祝告於神明者也。在昔三王，詛盟不及，時有要誓，結言而退。周衰屢盟，（獘）〔弊〕及要劫〔四七〕，始之以曹沫，終之以毛遂。及秦昭盟夷，設黄龍之詛；漢祖建侯，定山河之誓。然義存則克終，道廢則渝始，崇替在人，祝何預焉〔四八〕。若夫臧洪歃血，辭截雲蜺〔四九〕；劉琨鐵誓，精貫霏霜；而無補漢晉，而反爲仇讎〔五〇〕。故知信不由衷〔五一〕，盟無益也。夫盟之大體，必序危機，獎乎忠孝〔五二〕，存亡戮力〔五三〕，祈幽靈以取鑒，「指九天以爲正」，感激以立誠，切至以敷（詞）〔辭〕〔五四〕，此其所同也。然非（詞）〔辭〕之難〔五五〕，處辭爲難。後之君子，宜存殷鑒〔五六〕，忠信可矣，無恃神焉。

（讚）〔贊〕曰：（祕）〔毖〕祀歃血〔五七〕，祝史惟談。立誠在肅，修（詞）〔辭〕必甘〔五八〕。季代彌飾，絢言朱藍。神之來格，所貴無慚。

校記

〔一〕禮遍羣神　「禮」，至正本、《訓故》、黄本作「祀」；「神」，《訓故》、黄本同，至正本作「臣」。〇黄叔琳校云：「（神）元作『臣』，朱改。」〇楊明照《拾遺》：「按《書·舜典》『徧於羣神』，《論衡·祭意篇》、《北堂書鈔》卷八八引，並作『徧於羣臣』。是書本有作『臣』字者，或爲今古文之異。『神』與『臣』字形不近，疑舍人此文原是『臣』字。」〇王利器《校證》：「『神』原作『臣』，梅據朱改。王惟儉本作『神』，徐校亦作『神』」。〇按：唐寫本「祀」作「禮」，「徧」作「遍」（徧、遍古今字），「臣」正作「神」。

〔二〕三望咸袟甘雨和風是生禝黍　「袟」、「禝黍」，至正本、《訓故》、黄本作「秩」、「黍稷」。〇鈴木《校勘記》：「此本『稷』皆作『禝』。」〇户田浩曉《資料》：「按彦和此句當出《詩·小雅·甫田》『琴瑟擊鼓，以御田祖，以祈甘雨，以介我稷黍，以谷我士女』，故以敦煌本爲是。諸本作『黍稷』是根據比較普通的説法無意中把這兩字倒置了。又敦煌本『稷』字作『禝』並不適切，《誄碑篇》『上闡后稷之烈』的『稷』字，敦煌本亦作『禝』，兩字並宜改爲『稷』。」

〔三〕資于文詞　至正本、黄本「于」作「乎」；「詞」作「辭」。

〔四〕昔伊耆始蜡　「耆」，黄本同；至正本、《訓故》作「祈」。〇黄叔琳校云：「元作『祁』，柳改。」〇趙萬里《校記》：「案唐本是也。黄本依柳校，改『祈』作『耆』，與唐本正同。」○范文瀾校云：「元作祁，柳改。顧校作祈。」○楊明照《拾遺》：「按《禮記·郊特牲》釋文：『(伊耆氏)或云即帝堯。』《詩·含神霧》：『慶都與赤龍合婚，生赤帝伊祁堯。』(《初學記》九引)《帝王世紀》：『堯，伊祁姓也(同上)。《史記·五帝紀》《索隱》：『(堯)姓伊祁氏。』是『伊耆』之『耆』本有作『祁』者，不必依《郊特牲》改爲『耆』也。」

〔五〕其詞云　至正本、《訓故》、黄本「詞」作「辭」。

〔六〕土反其宅水歸其壑昆蟲無作草木歸其澤　「反」，《訓故》、黄本同；至正本作「及」。「無」，至正本、《訓故》同；黄本作「毋」。○黄叔琳校云：「元作『及』，許改。」○趙萬里《校記》：「案唐本是也。黄本依許校，改『及』作『反』，與唐本正同。」○楊明照《拾遺》：「按改『反』是。唐寫本、活字本、《兩京》本、何本、梁本、謝鈔本、清謹軒本、《别解》本、岡本、尚古本、《四庫》本，並作『反』不誤。」○按：作「反」是。「及」乃「反」之形誤。《禮記·郊特牲》載《伊耆氏蜡辭》：「土反其宅，水歸其壑，昆蟲毋作，草木歸其澤。」○詹鍈《義證》：「唐寫本『毋』作『無』。陳澔註：『土安則無崩圮，水歸則無泛濫，昆蟲謂螟蝗之屬害稼者。作，起也。草本各歸根於藪澤，不得生於耕稼之上也。毋無通。』」

〔七〕暧在兹矣　「暧」，至正本作「愛」；黄本作「爰」。○王利器《校證》：「『爰』，唐寫本作『暧』，馮本、汪本、佘本、張之象本作『愛』，俱誤。馮校云：『愛謝本作爰。』」

〔八〕舜之祠田云荷此長耜耕彼南畝與四海俱有利民之志頗形於言矣　《訓故》「祠」作「祝」。至正本、《訓故》、黄本在「四」上無「與」字。○趙萬里《校記》：「案唐本是也，『與』字當據補。《御覽》八十一引『尸子』云：『舜兼愛百姓，務利天下，其田歷山也，荷彼耒耜，耕彼南畝，與四海俱有其利。』觀《路史後記》十二注及王應麟《困學記聞》十，即彦和此文所本，是其證。」○楊明照《拾遺》：「按《尸子》：(原文趙引已具)正有『與』字。當據增。又按《路史後紀疏仡紀》：『(帝舜)故祠于田曰：荷此長耜，耕彼南畝，四海俱有。志利民也。』長源以三語爲祠田文，與舍人同。」○詹鍈《義證》：「唐寫本『四』上有『與』字，是。」「按此處疑當作『與四海俱有其利，愛民之志，頗形於言矣。』」

〔九〕即郊禋之辭也　「辭」，《訓故》同。至正本、黄本作「詞」。

〔一〇〕以六事責躬　至正本、《訓故》、黄本同。唐寫本「責」下本有「人」字，但右旁有黑點删號。

〔一一〕即雩滎之文也　至正本、《訓故》、黄本「即」作「則」；「滎」作「禜」。○鈴木《校勘記》：「『禜』誤作『滎』」。○范註：「《説文》『雩，夏祭樂於赤帝，以祈甘雨也。』又『禜，設緜蕝爲營，以禳風雨雪霜水旱癘疫於日月星辰山川也。』」○

按：當作「禜」，唐寫本非是。

〔一二〕掌六祝之辭　「祝」，《訓故》、黄本同；至正本作「祀」。○范文瀾校云：「（祝）孫云唐寫本作『祀』。」○王利器《校證》：「唐寫本、元本、傳校元本、馮本、汪本、佘本、張之象本、《兩京》本、梅本、凌本、梅六次本、鍾本、梁本、清謹軒鈔本、日本刊本、張松孫本、《崇文》本『祝』作『祀』。」○按：唐寫本作「祝」，不作「祀」；孫、王二氏皆辨誤。

〔一三〕夙興夜寐　「寐」，至正本、黄本作「處」。○范註：「《儀禮・士虞禮》『……曰，孝子某孝顯相（稱孝者，吉祭，顯相，助祭者也。）夙興夜處，小心畏忌不惰……』。」○王利器《校證》：「案《士虞禮》載祔廟之祝，作『夙興夜處』，唐寫本作『寐』，此傳鈔者以習見改鮮見也。」

〔一四〕言於祔廟之祀　「祔」，《訓故》、黄本同；至正本作「附」。「祀」，至正本、黄本作「祝」。○王利器《校證》：「『祔』舊俱作『附』，謝校、徐校作『祔』，黄註本剜改。案唐寫本正作『祔』。」○詹鍈《義證》引張立齋《文心雕龍註訂》：「祔廟——《説文》：『後死者合食於先祖。』又合葬亦曰祔。」又引《釋名・釋喪制》：「又祭曰祔，祭於祖廟，以後死孫祔於祖也。」又引李曰剛《文心雕龍斠詮》：「『祀』原作『祝』，形近而誤。」

〔一五〕多福無彊　「彊」，至正本、《訓故》、黄本作「疆」。○鈴木《校勘記》：「『疆』誤作『彊』。」

〔一六〕所以寅虔於神祇　「虔」「祇」，《訓故》、黄本同；至正本作「處」、「祇」。○黄叔琳校云：「（虔）許補。」○楊明照《拾遺》：「按『許補』當從梅本作『許改』。元本等乃誤『虔』爲『處』（弘治本作『處』），非有脱落也。唐寫本、《兩京》本、胡本、《訓故》本、《別解》本、謝鈔本、清謹軒本、岡本、尚古本、文溯本並作『虔』。『祇』，當依唐寫本、弘治本、汪本、梅本改作『祇』。」○詹鍈《義證》引斯波六郎：「『虔』疑當作『畏』，《尚書・無逸》：『嚴恭寅畏，天命自度。』蓋彦和所本。」又引李曰剛《斠詮》：「寅虔，謂寅畏虔誠也。」

〔一七〕自春秋已下　至正本、《訓故》、黄本無「自」字。

〔一八〕祝獘史詞　至正本、《訓故》、黄本「獘」作「幣」；「詞」作「辭」。至正本「祝」作「祀」。○鈴木《校勘記》：「『幣』誤作『獘』。」○范文瀾校云：「（祝）鈴木云：梅本、閔本、岡本、張本『祝』作『祀』。」○楊明照《拾遺》：「『祝』，元本、弘治本、汪本、佘本、張本、《兩京》本、何本、胡本、梅本、凌本、《合刻》本、梁本、《祕書》本、謝鈔本、《彙編》本、清謹軒本作『祀』。謝兆申『祀』校『祝』。何焯校同。『幣』，唐寫本作『獘』。按『祀』『獘』二字皆誤。《左傳》成公五年：『梁山崩……故山崩川竭，君爲之不舉……祝幣，史辭以禮焉。』杜註：『（祝幣）陳玉帛；（史辭）自罪責。』又昭公十七年』：『祝，用幣；史，用辭。』杜註：『用幣於社，用辭以自責。』並其證。」

〔一九〕至如張老賀室致美於哥哭之禱　至正本、《訓故》、黄本「如」作「於」；「賀」作「成」；「美」作「善」；「哥」作「歌」。○趙萬里《校記》：「案唐本是也，《檀弓》下云：『晉獻文子成室，晉大夫發焉，張老曰：美哉輪焉，美哉奐焉，歌於斯，哭於斯，聚國族於斯。』即此文所出，當據唐本訂正。」○范註：「唐寫本『成』作『賀』，『善』作『美』，是。」○楊明照《拾遺》：「按《禮記·檀弓》下：（原文《校記》已具）鄭註：『善頌，謂張老之言；善禱，謂文子之言。』則此『禱』字當作『頌』。舍人蓋誤記。『成』『善』亦當依唐寫本改作『賀』『美』。」

〔二〇〕獲祐於筋骨之請　「祐」，至正本、《訓故》、黄本作「佑」。○楊明照《拾遺》：「按《兩京》本、胡本作『祐』，與唐寫本合。《説文·示部》：『祐，助也。』」

〔二一〕若夫楚詞招魂　「詞」，至正本、《訓故》、黄本作「辭」。

〔二二〕可謂祝辭之組麗者也　至正本、《訓故》、黄本「麗」作「纚」，無「者」字。○范註：「又案『纚也』敦煌本作『麗也』，是。《揚子法言·吾子篇》『霧縠組麗』。李軌註『霧縠雖麗，蠹害女工』。此彦和所本。」

〔二三〕逮漢氏羣祀　至正本、《訓故》、黄本無「逮」字，「氏」作「之」。○趙萬里《校記》：「按『逮』字當據唐本補。」○楊明照《拾遺》：「按《詔策篇》『晉氏中興』，《奏啟篇》『晉氏多難』，句法與此同，則唐寫本作『氏』是也。」○詹鍈《義證》引張立齋《文心雕龍考異》：「蓋『氏』指晉氏族業之興衰，此二字爲指事類之相屬，『之』字爲長。」

〔二四〕肅其百禮　「百」，至正本、《訓故》、黄本作「旨」。○黄叔琳校云：「（旨）一作百。」○楊明照《拾遺》：「按『旨』不可解，作『百』是。『百禮』蓋概括之辭，言其禮多耳。《詩·小雅·賓之初筵》、《周頌·豐年》及《載芟》並有『以治百禮』之文，皆謂合聚衆禮以祭也。《誄碑篇》『百（此依唐寫本及《御覽》）言自陳』，今本『百』作『旨』，其誤與此同。」

〔二五〕既總碩儒之義　「義」，至正本、《訓故》、黄本作「儀」。○范註：「『儀』唐寫本作『義』，案當作『議』爲是。『既總碩儒之議，亦參方士之術』，謂如武帝命諸儒及方士議封禪，公玉帶上黄帝時《明堂圖》之類。」○楊明照《拾遺》：「按范説是。《史記·司馬相如傳》『（封禪文）乃遷思回慮，總公卿之議，詢封禪之事。』（《文選》吕向註：『總，納。』）可證。」○按：范、楊説是，從其改作「議」。

〔二六〕所以秘祝移過　「秘」，至正本、《訓故》、黄本作「祕」。○按：「秘」「祕」通。

〔二七〕異乎成湯之心　「乎」，至正本、《訓故》、黄本作「於」。

〔二八〕振子毆疫　至正本作「侲子毆疾」;《訓故》、黄本作「侲子毆疫」。○黄叔琳校云:「(毆疫)元作「歐疾」,王改。」○黄注:「《後漢·禮儀志》:『大儺謂之逐疫,選中黄門子弟十歲以上、十二以下百二十人爲侲子』。」○趙萬里《校記》:「案作『疫』,是也,與黄本依王氏校改正合。《後漢書·禮儀志》云:(原文黄注已具)是其證。」○按:作「侲子毆疫」是。「振」是「侲」之形誤;「毆疾」乃「毆疫」之形誤。從至正本、《訓故》、黄本改。

〔二九〕同於越巫之説　至正本、《訓故》、黄本「於」作「乎」;「説」作「祝」。○詹鍈《義證》:「按『越』,《漢書·郊祀志》作『粵』。唐寫本『祝』作『説』,意謂和越巫騙人的説法相同。」

〔三〇〕體失之漸也　「體」,至正本《訓故》同;黄本作「禮」。○楊明照《拾遺》:「『禮』,唐寫本、元本、弘治本、汪本、佘本、張本、《兩京》本、何本、胡本、《訓故》本、梅本、《合刻》本、《祕書》本、謝鈔本、《彙編》本、《别解》本、張松孫本、崇文本作『體』,《文通》十四引同。何焯校『體』爲『禮』。《四庫》本剜改爲『禮』。按『體』謂事體,即上所云『漢氏羣祀』。其字未誤,無庸從何焯改爲『禮』也。《文選·皇甫謐三都賦序》:『誇競之興,體失之漸。』即舍人所本。」

〔三一〕至如黄帝有呪耶之文　「呪耶」,至正本、《訓故》、黄本作「祝邪」。○潘重規《合校》:「重規案:六朝人『邪』『耶』同作。」○詹鍈《義證》:「唐寫本『祝邪』作『呪耶』。張君房《雲笈七籤·軒轅本紀》:『帝巡狩東至海,登桓山,於海濱得白澤神獸,能言,達於萬物之情。因問天下鬼神之事,自古精氣爲物,遊魂爲變者,凡萬一千五百二十種。白澤能言之,帝令以圖寫之,以示天下。帝乃作《祝邪》之文以祝之。』黄叔琳云:『祝,又音晝,《詩·大雅》:侯詛侯祝是也。俗作呪,非。故詛罵亦祝之一體。』」

〔三二〕唯陳思詰咎　至正本、《訓故》、黄本「詰」作「誥」。至正本無「咎」字。○黄叔琳校云:「(咎)元脱,曹補。」○王利器《校證》:「案曹補是。唐寫本正有『咎』字。子建《詰咎文》見《藝文類聚》一百(『詰』誤『誥』)《困學紀聞》十七云:『曹子建《詰咎文》,假天帝之命,以詰風伯雨師。』是也。」

〔三三〕若乃禮之祭祝　「祝」,至正本、《訓故》、黄本作「祀」。○范註:「『祀』唐寫本作『祝』,是。《儀禮·少年饋食禮》『主人西面,祝在左,主人再拜稽首。祝祝曰……』」○王利器《校證》:「『祝』原作『祀』,從唐寫本改。告饗之祝,見《儀禮·少牢饋食禮》。」○潘重規《合校》:「重規案:唐本是。」

〔三四〕兼讚言行　「讚」,至正本、《訓故》、黄本作「贊」。○按:「讚」當改作「贊」,與下「祭而兼贊」一律。

〔三五〕蓋引神之作也　「之」,至正本、《訓故》、黄本作「而」。○鈴木《校勘記》:「案『神』當作『伸』,字若申字也。」○楊明照《拾遺》：「『神』，徐𤊟校作『伸』；沈岩、徐乃昌校同。凌本、《秘書》本作『伸』；《文通》十四引同。按此言祝文體制之蕃衍，『伸』字是。《易·繫辭》上：『引而伸之』。」○詹鍈《義證》：「『而』，唐寫本作『之』。『引伸』，謂從哀祭引出贊德行來。」

〔三六〕然則策本書賵因哀爲文也　至正本、《訓故》、黄本「賵」作「贈」；「哀」下有「而」字。○范註：「『書贈』，唐寫本作『書賵』，均通。」○劉永濟《校釋》：「唐寫本『贈』作『賵』是。」○楊明照《拾遺》：「按《儀禮·既夕禮》：『書賵於方』。鄭註：『方，板也。書賵奠賻贈之人名與其物於板。』則唐寫本作『賵』是也。『賵』、『贈』二字形近，每易淆誤。《左傳》襄公二十九年：『楚人使公親襚』。杜註：『諸侯有遺使賵襚之禮。』《釋文》：『賵，一本作贈。』是其例。」

〔三七〕誄體而哀末　「體」，至正本、《訓故》、黄本作「首」。○鈴木《校勘記》：「案『首』字是也。」○按：當作「首」，與「末」對，且不與下「頌體」複。

〔三八〕頌體而祝儀　「祝」，《訓故》、黄本同；至正本作「呪」。○黄叔琳校云：「一作呪。」○劉永濟《校釋》：「『儀』疑作『義』。」○王利器《校證》：「元本、傳校元本、馮本、汪本、佘本、張之象本、《兩京》本『祝』作『呪』，古通。」○詹鍈《義證》：「按仍應作『儀』。哀策文開頭像誄，結尾是哀詞，體裁像頌，而進行儀式像祝。」

〔三九〕太祝所讀固祝之文者也　至正本、《訓故》、黄本作「太史所作之讚因周之祝文也」。○范註：「案太常卿屬官，有太史令一人。《禮儀志》載太史令奉謚哀策，則彦和所云『太史作讚』，當爲指漢代而言矣。唐寫本作『太祝所讀，固祝之文者也』。語意似不甚明。」○劉永濟《校釋》：「『太史所作之讚，因周之祝文也。』此二句唐寫本作『太祝所讀，固祝之文者也』。按漢之太史，屬於奉常，《禮儀志》載太史令奉謚哀策，是此二句應作太史所讀，固周之祝文也。言漢之哀策，與祝文實同一物也。」○郭晉稀《註譯》：「所作之謚，『謚』元作『讚』，唐寫本作『讀』。今案『讚』、『讀』皆形近致誤，字當作『謚』。《後漢書·續禮儀志》：『司徒太史令奉謚哀策』。『所作之謚』，謚即謚策。『固周』，原作『因周』，形近致誤，今依唐寫本校改。」○楊明照《拾遺》：「按唐寫本是，語意甚明。《續漢·百官志二》：『太祝令一人，六百石。本註曰：凡國祭祀，掌讀祝及迎送神。』《宋書·百官志上》：『太祝令一人，丞一人。掌祭祀，讀祝迎送神。』今本實不可解，當據唐寫本改正。」

〔四〇〕凡羣言務華而降神務實　「務華」，至正本、《訓故》、黄本作「發華」。《訓故》「發」標疑作「[發]」。「務實」，《訓故》、黄本同；至正本作「實務」。○王利器《校證》：「『務』，原作『發』，據唐寫本改。」又：「元本、傳校元本、馮本、汪本、佘本、張之象本、《兩京》本、何允中本、日本活字本、梅本、凌本、梅六次本、鍾本、梁本、日本刊本、《四庫》本、王謨本、張松孫本、崇文本、《文章緣起註》『務實』誤作『實務』。馮校云：『實務』當作『務實』。」

〔四一〕修詞立誠在於無愧　至正本、《訓故》、黃本「詞」作「辭」，「愧」作「媿」。

〔四二〕班固之祠涿山　至正本、《訓故》、黃本作「班固之祀濛山」。○趙萬里《校記》：「案唐本是也，《文選》顏延之《曲水詩序註》、王儉《褚淵碑文註》、虞羲《詠霍將軍北伐詩註》、《宣德皇后令註》、《丘遲與陳伯之書註》均引班固《涿邪山祝文》，今本譌『涿』爲『濛』，遂使後無從考索矣。」○范註：「班固《祀濛山文》不可考。唐寫本『濛』作『涿』，嚴可均《全後漢文》二十六輯得《涿邪山祝文》四句。」○劉永濟《校釋》：「唐寫本作《祀涿山》。按固有《涿邪山祝文》。今亦訛『涿』爲『濛』。」○王利器《校證》：「『涿』原作『濛』，今從唐寫本改正。」

〔四三〕禱祈之誠敬也　「禱祈」，至正本、《訓故》、黃本作「祈禱」。○按：唐寫本誤倒，當作「祈禱」，上文「祈禱之式，必誠以敬」亦以「祈禱」連詞可證。

〔四四〕祭奠之恭哀也　「祭奠」，至正本、《訓故》、黃本作「奠祭」。○楊明照《拾遺》：「按唐寫本是。上文『祈禱之式，必誠以敬』，故承之曰：『祈禱之誠敬也』。此當作『祭奠之恭哀也』，始能與上『祭奠之楷，宜恭且哀』句相應。」

〔四五〕騂旄白馬　「旄」，至正本、《訓故》、黃本作「毛」。○趙萬里《校記》：「按唐寫本是也。『騂旄』出《左》襄十年傳，當據改。」○范註：「《左傳》襄公十年，瑕禽曰：『昔平王東遷，吾七姓從王，牲用備具，王賴之而賜之騂旄之盟。』杜註『騂旄，赤牛也。舉騂旄者，言得重盟，不以犬雞』。案『騂毛』當依《左傳》作『騂旄』，唐寫本正作『騂旄』。」

〔四六〕陳詞乎方明之下　「詞」，至正本、《訓故》、黃本作「辭」。

〔四七〕獘及要劫　至正本、《訓故》、黃本作「以及要契」。○范註：「『以及要契』唐寫本作『弊及要劫』，是。『要』，謂如《左傳》襄公九年『晉士莊子爲載書（載書即盟書）曰，自今日既盟之後，鄭國而不唯晉命是聽，而或有異志者，有如此盟（如違盟之罰），公子騑趨進曰，天禍鄭國，使介居二大國之間，大國不加德音而亂以要之（謂以兵亂之力强要鄭）。　子展曰，要盟無質，神弗臨也』之類。『劫』，謂如曹沬毛遂之類。」○楊明照《拾遺》：「按唐寫本是，《公羊傳》莊公十三年：『莊公升壇，曹子手劍而從之……已盟，曹子摽劍而去之。　要盟可犯，而桓公不欺；　曹子可讎，而桓公不怨。』《解詁》：『臣約束君曰要，彊見要脅而盟爾，故云可犯。　以臣劫君，罪可讎。』是『要劫』不能如范氏截然分爲兩事作註，明矣。且舍人於此語下，即緊接『始之以曹沬，終之以毛遂』二句，『要劫』史實已爲指明，何勞他求耶？」○按：唐寫本「弊」實作「獘」。

〔四八〕祝何豫焉　至正本、《訓故》、黄本「祝」作「呪」；「豫」作「預」。

〔四九〕若夫臧洪啑血辭截雲蜺　至正本、《訓故》、黄本作「若夫臧洪歃辭氣截雲蜺」。○鈴木《校勘記》：「作臧洪唾血，辭截雲蜺」。案「唾」「歃」之訛。」○趙萬里《校記》：「唐寫本『歃辭』作『唾血』，『氣』作『辭』。」○范文瀾校云：「孫云唐寫本作唾血。」並註：「《後漢書·臧洪傳》『乃與諸牧守大會酸棗，設壇場。將盟，既而更相辭讓，莫敢先登，咸共推洪。洪乃攝衣升壇，歃血而盟曰……』。」○劉永濟《校釋》：「唐寫本『歃辭』作『唾血』，『氣截』作『辭絶』。『唾』乃『歃』誤。此文當作『臧洪歃血，辭絶雲霓』。」○楊明照《拾遺》：「唐寫本『歃辭』作『唾血』，『氣』作『辭』。按《後漢書·臧洪傳》：『洪乃攝衣升壇，歃血而盟。』《三國志·魏志·臧洪傳》：『(洪)親登壇，歃血而盟。』則此當作『歃血』。《穀梁傳》桓公三年范註『不歃血而誓盟』釋文：『歃，本又作啑。』唐寫本蓋先由『歃』作『啑』，後遂譌爲『唾』耳。元明以來各本因脱去『血』字，故移『辭』字屬上，而增一『氣』字以彌縫其闕，於文殊不辭矣。幸有唐寫本可資訂正。」○王利器《校證》：「唐寫本『歃辭』作『唾血』。『唾』乃『歃』誤。」○潘重規《合校》：「重規案：唐寫本實作『若夫臧洪啑血辭截雲蜺』。『歃』通作『啑』，《後漢書·馮衍傳》『啑血昆陽』。唐寫本『歃』寫作『唖』，乃『啑』字；欬唾字作『唾』，見《辨騷篇》，如此篇乃『啑』字，非『唾』字也。」○詹鍈《義證》引李曰剛《文心雕龍斠詮》：「唐寫本『歃』作『啑』字通。《後漢書·馮衍傳》：『啑血昆陽。』唐寫本行書如此。」○按：潘、李説是，諸家皆未辨「唖」、「啑」，因而誤認「啑」爲「唾」矣。

〔五〇〕劉琨鐵誓精貫霏霜而無補漢晉而反爲仇讎　至正本、《訓故》、黄本「補」下有「於」字；「漢晉」作「晉漢」；無「反」上「而」字。《訓故》「鐵」字標疑作「鐵」。○劉永濟《校釋》：「唐寫本『晉漢』互易，『而』字在『反』字上，是。」○楊明照《拾遺》：「按唐寫本是。『無補晉漢』與『反爲仇讎』，文正相對。」○王利器《校證》：「唐寫本無『於』字。『漢晉』原作『晉漢』，今從唐寫本乙正。又，唐寫本『晉』下有『而』字，兩『而』字當衍其一。」

〔五一〕故知信不由衷　「不由」，唐寫本寫作「由不」，旁有乙倒記號「√」。至正本、《訓故》、黄本並作「不由」。○鈴木《校勘記》：「『不由』作『由不』。」○趙萬里《校記》：「(唐寫本)『不由』作『由不』。」○楊明照《拾遺》：「『不由』，唐寫本作『由不』。按唐寫本誤倒，非是。《左傳》隱公三年：『君子曰：信不由中(衷與中通)，質無益也。』又桓公十二年：『君子曰：苟信不繼，盟無益也。』」○潘重規《合校》：「重規案：唐寫本乙倒，實作『不由』。楊又襲趙而誤。」○

按：鈴木、趙因疏於乙倒號而誤判。而楊明照《校註》、《拾遺》襲趙而誤，二〇〇〇年中華書局版《增訂文心雕龍校註》仍未改。

〔五二〕獎乎忠孝　至正本、《訓故》、黄本「獎」下無「乎」字。

〔五三〕存亡勠力　至正本、《訓故》、黄本作「共存亡戮心力」。

〔五四〕切至以敷詞　「詞」，至正本、《訓故》、黄本作「辭」。

〔五五〕然非詞之難　「詞」，至正本、《訓故》、黄本作「辭」。

〔五六〕宣存殷鑒　「存」，至正本、《訓故》、黄本作「在」。〇楊明照《拾遺》：「按『在』、『存』二字形近，每易淆誤，此當以唐寫本作『存』爲長。」

〔五七〕秘祀唏血　至正本、《訓故》、黄本作「毖祀欽明」。〇趙萬里《校記》：「唐寫本作『毖祀唾血』。」〇范註：「《尚書·洛誥》『予沖子夙夜毖祀』。《孔傳》『言我童子徒早起夜寐，慎其祭祀而已。』唐寫本『欽明』作『唾血』，非是。」〇楊明照《拾遺》：「『祀』，活字本作『祝』。『欽明』，唐寫本作『唾血』。按《書·召誥》：『毖祀于上下。』又《洛誥》：『予沖子夙夜毖祀。』（《孔傳》均訓毖爲慎）此『毖祀』二字所本。活字本作『祝』，非是。『欽明』，疑爲『方明』之誤（篇中有『方明』之文）。此句本統言祝與盟二者，『毖祀方明』，即慎祀上下四方神明之意。於祝於盟，均能關合。作『欽明』，既不愜洽，若據唐寫本之『唾血』改爲『唏血』，則又不能施之於祝矣。」〇王利器《校證》：「唐寫本『欽明』作『唾血』，『唾』亦『歃』誤。」〇潘重規《合校》：「重規案：唐寫本實作『祕祀唏血。』」〇按：「秘」，從至正本、《訓故》、黄本改。

〔五八〕修詞必甘　「詞」，至正本、《訓故》、黄本作「辭」。

＊　至正本篇末頂格有「文心雕龍卷第二」七字。《訓故》篇末頂格有「文心雕龍訓故卷之二終」十字。

卷(弟)〔第〕三〔一〕

銘箴(弟)〔第〕十一

昔帝軒刻《輿》、《几》以弼違，大禹勒《簨》、《簴》以招諫〔二〕，成湯《盤》、《盂》，著「日新」之規，武王《户》、《席》，題必誡之訓〔三〕，周公「慎言」於《金人》，仲尼「革容」於欹器，列聖鑒戒〔四〕，其來久矣。銘者，名也。觀器必名焉，正名審用，貴乎慎德〔五〕，蓋臧(武)仲之論銘也，〔曰：「天子令德，諸侯計功，大夫稱伐。」〕〔六〕夏鑄九牧之金〔鼎〕，周勒肅慎之楛〔矢〕〔七〕，「令德」之事也；呂望銘功於昆吾，仲山鏤績於庸器，「計功」之義也，魏顆紀勳於景鍾〔八〕，孔悝表勤於衛鼎，「稱伐」之類也〔九〕。若乃飛廉有石槨之錫〔一〇〕，靈公有「(舊)〔奪〕里」之謚〔一一〕，銘發幽石，噫可怪也〔一二〕。趙靈勒跡於潘吾〔一三〕，秦昭刻博於華山〔一四〕，夸誕示後，吁可笑也〔一五〕。詳觀衆例，銘義見矣。至於始皇勒岳，政暴而文澤，亦其疎通之美焉〔一六〕。(斑)〔班〕固《燕然》之勒〔一七〕，張(旭)〔昶〕《華陰》之碣〔一八〕，序亦盛矣。蔡邕銘思，獨冠古今。橋公之《鉞》〔一九〕，則吐納典謨〔二〇〕；朱穆之《鼎》，全成碑文，溺所長也。至如敬通雜器，(准)〔準〕矱武銘〔二一〕；而事非其物，繁略違中。崔駰品物，(讚)〔贊〕多戒少；李尤積篇，義儉辭碎。蓍龜神物，而居博奕之下〔二二〕；衡斛嘉量，而在杵臼之末〔二三〕；曾名品之未暇，何事理之能閑哉！魏文《九寶》，器利辭鈍。唯張載《劍閣》〔二四〕，清采其才〔二五〕，迅足駸駸，後發前至，詔勒岷、漢〔二六〕，得其宜矣。

箴者，針也〔二七〕，所以攻疾防患，喻箴石也〔二八〕。斯文之興〔二九〕，盛於三代。《夏》、《商》二箴，餘句頗存。周之辛甲，《百官箴》闕，唯《虞箴》一篇〔三〇〕，體義備焉。迄至春秋，微而未絶。故魏絳諷君於后羿，楚子訓人於在勤〔三一〕。戰(伐)〔代〕已來〔三二〕，棄德務功，銘(詞)〔辭〕代興〔三三〕，箴文萎絶〔三四〕，至楊雄稽古，始範《虞箴》，〔作〕《卿尹》、《州牧》二十五篇〔三五〕。及崔、胡補綴，總稱《百官》，指事配位，鞶鑑有徵〔三六〕，可謂追清風於前古〔三七〕，攀辛甲於後代者也。至於潘勗《符節》，要而失淺；温嶠《侍臣》〔三八〕，博而患繁；王濟《國子》，引多而事寡〔三九〕；潘尼《乘輿》，義正而體蕪〔四〇〕；凡斯繼作，鮮有克衷。至於王朗《雜箴》，乃寘巾、履〔四一〕，得其誠慎〔四二〕，而失其施〔四三〕。觀其約文舉要，憲章武銘〔四四〕，而水火井竈，繁辭不已，志有偏也。

夫箴誦於官，銘題於器，名用雖異〔四五〕，而警戒實同。箴全禦過，故文資確切〔四六〕；銘兼褒（讚）〔贊〕，故體貴弘潤；其取事也必覈以辨〔四七〕，其摛文也必簡而深，此其大要也〔四八〕。然矢言之道蓋闕〔四九〕，庸器之制久淪，所以箴銘寡用〔五〇〕，罕施後代〔五一〕。唯秉文君子，宜酌其遠大者焉〔五二〕。

（讚）〔贊〕曰：銘實器表〔五三〕，箴唯德軌。有佩（于）〔於〕言，無鑒（于）〔於〕水。秉兹貞厲，警乎立履〔五四〕。義典則弘，文約爲美。

校記

〔一〕卷弟三　至正本作「文心雕龍卷第三」；《訓故》作「文心雕龍訓故卷之三」；黄本作「文心雕龍卷三」。

〔二〕昔帝軒刻輿几以弼違大禹勒簨簴以招諫　《御覽》「帝軒」作「軒轅帝」，無「几」字；「大」作「太」；「簨」作「筍」。至正本、《訓故》、黄本「簨」作「筍」；「以」作「而」。○趙萬里《校記》：「案《御覽》五九〇引，『而』作『以』。」○范註：「留存《事始》『《文心》曰，軒轅輿几，與弼不逮，即爲箴也。』留存唐人，引《文心》作『輿几』，是彦和本作『輿几』，別有所本也。」又「《鬻子》『夏禹之治天下也，以五聲聽。門懸鐘鼓鐸磬而置鞀，以待四海之士。爲銘於簨簴曰，教寡人以道者擊鼓……』《淮南子・氾論訓》作『以待四方之士。爲號曰……』文小異。『筍』，唐寫本作『簨』。《周禮・春官・典庸器》註引杜子春曰：『筍讀如博選之選。横者爲筍；從者爲鐻。』《釋文》：『鐻今或作簴。』」○楊明照《拾遺》：「按『筍』『簨』音同誼通。《禮記・明堂位》：『夏后氏之龍簨簴。』《釋文》：『簨，本作筍。』即其例。」○詹鍈《義證》：「按《周禮・春官・典庸器》：『帥其屬而設筍簴。』『筍簴』同簨簴，古代縣鐘磬的架。」

〔三〕題必誡之訓　「誡」，《御覽》同；至正本、《訓故》、黄本作「戒」。○趙萬里《校記》：「案《御覽》五九〇所引，與唐本正合。」

〔四〕列聖鑒戒　《御覽》同；至正本、《訓故》、黄本作「則先聖鑒戒」。○趙萬里《校記》：「案唐本是也，《御覽》五九〇所引，正與唐本合。」○楊明照《拾遺》：「按唐寫本、《御覽》是也。今本『則』字乃『列』之形誤。『則聖鑒戒』，於文不辭，故又增『先』字以足之耳。《封禪篇》『騰休明於列聖之上』，正以『列聖』連文。《宋書·孝武帝紀》『（大明七年詔）列聖遺式』，又《謝莊傳》『（秦改定刑獄）示列聖之恒訓』，《南齊書·海陵王紀》『（皇太后令）列聖繼軌』，《文選》左思《魏都賦》『列聖之遺塵』，又顏延之《應詔讌曲水詩》『業光列聖』，並其證。」

〔五〕銘者名也觀器必名焉正名審用貴乎慎德　《御覽》、至正本、黄本『銘』上有『故』字；『必名焉』作『必也』。至正本、黄本『慎』作『盛』。「銘者名也」，黄本同；至正本『名』作『銘』。○趙萬里《校記》：「《御覽》五九〇引『盛』作『慎』，與唐本合。」○劉永濟《校釋》：「唐寫本作『觀器必名焉』爲句，『正名』屬下『審用』爲句。是也。」○楊明照《拾遺》：「唐寫本作『銘者，名也；觀器必名焉。正名審用，貴乎慎德。』徐𤊹『盛』校『慎』。按唐寫本僅『親』字有誤（唐寫本『觀』皆作『親』），餘並是也。今本作『觀器必也正名』，蓋寫者涉《論語·子路》『必也正名乎』之文而誤。後遂於『名』字下加豆。『盛』，《御覽》、《玉海》六十並作『慎』，與唐寫本合。（餘同今本）《法言·修身篇》：『或問銘？曰：銘哉！銘哉！有意於慎也。』是銘之用，固在慎德矣。《頌讚篇》：『敬慎如銘。』亦可證。」○潘重規《合校》：「重規案：唐寫本觀旁勸旁草書皆與親相似，實非誤字。」

〔六〕蓋臧仲之論銘也　《御覽》、至正本、《訓故》、黄本『臧仲』作『臧武仲』。在『論銘也』下有『曰天子令德，諸侯計功，大夫稱伐（按：至正本『伐』作『代』）』三句十三字。○鈴木《校勘記》：「凡此十三字脱。」潘重規《合校》：「『曰天子令德諸侯計功大夫稱伐』唐寫本此三句脱。」○按：『武』字及三句十三字當有，唐寫本均脱。《左傳》襄公十九年：「季武子以所得於齊之兵作林鍾，而銘魯功焉。臧武仲謂季孫曰：『非禮也。夫銘，天子令德，諸侯言時計功，大夫稱伐。』」此正是彦和所本。

〔七〕夏鑄九牧之金周勒肅慎之楛　《御覽》同；至正本、《訓故》、黄本『金』下有『鼎』字；『楛』下有『矢』字。○趙萬里《校記》：「案《御覽》五九〇所引與唐本正合。」○詹鍈《義證》：「唐寫本『鼎』字『矢』字均缺。」

〔八〕魏顆紀勳於景鍾　『鍾』，《御覽》、《訓故》、黄本同；至正本作『銘』。○黄叔琳校云：「元作『銘』，曹改。」○范註：「《國語·晉語》七『昔克潞之役，秦來圖敗晉功，魏顆以其身卻退秦師於輔氏，親止杜回。其勳銘於景鍾。』（事在魯宣公十五年，韋昭註：『景鍾，景公鍾。』）」○楊明照《拾遺》：「按曹改是。唐寫本、何本、《訓故》本、梁本、《別解》本、岡本、尚古本、清謹軒本、文溯本正作『鍾』。《御覽》、《玉海》六十又二百四引，並作『鍾』，《金石例》九、《文通》

十二同。『鍾』與『鐘』通。」○潘重規《合校》：「唐寫本實作『鍾』。」

〔九〕稱伐之類也　《御覽》、《訓故》、黄本同；至正本「代」作「伐」。按：作「伐」是，承上「大夫稱伐」（唐寫本脱）。「代」乃「伐」之形誤。

〔一〇〕若乃飛廉有石槨之錫　「槨」，《御覽》、《訓故》、黄本同；至正本作「廓」。○范註：「《史記・秦本紀》『蜚廉爲紂石北方（文有誤。徐廣曰：「皇甫謐云『作石椁於北方。』」）還無所報，爲壇霍太山。而報得石棺。銘曰：帝令處父，不與殷亂，賜爾石棺以華氏。死，遂葬於霍太山。』《索隱》曰：『言處父至忠，國滅君死，而不忘臣節，故天賜石棺以光華其族。事蓋非實，譙周深所不信。』彦和意同譙周，故云可怪。『石槨』，當據《史記》作『石棺』。」

〔一一〕靈公有舊里之謚　《御覽》「靈公」作「雲公」，「舊里」作「奪理」。「舊」，至正本、《訓故》、黄本作「蒿」。鈴木《校勘記》：「『蒿』誤作『舊』，『謚』誤作『諡』。下同。」○范註：「《莊子・則陽篇》『豨韋曰：夫靈公也死，卜葬於故墓，不吉；卜葬於沙丘而吉。掘之數仞，得石槨焉。洗而視之，有銘焉。曰：不馮其子，靈公奪而里。』……『蒿』唐寫本作『舊』，疑『蒿』字不誤。《玉篇》『薨里，黄泉也，死人里也。』以蓬蒿字爲蒿里，乃流俗所作。薨里之謚，猶言薨里中石槨已爲靈公作謚耳。」○劉永濟《校釋》：「按『舊』乃『奪』之誤字。宋本《御覽》五九〇引作『奪里』，即《莊子・則陽篇》所記《石槨銘》『靈公奪而里』也。」○楊明照《拾遺》：「『蒿』，唐寫本作『舊』。《御覽》引作『奪』。按『奪』字是。『舊』蓋『奪』之形誤，『蒿』則寫者臆改。『奪里』見《莊子・則陽篇》，黄、范兩家註已具。《博物志》八文略同。」

〔一二〕噫可怪也　《御覽》同；至正本、《訓故》、黄本作「吁可怪矣」。○趙萬里《校記》：「案《御覽》五九〇所引與唐本正合。」

〔一三〕趙靈勒迹於潘吾　「迹」，《御覽》至正本、《訓故》、黄本作「跡」。「潘吾」，至正本作「番禺」；黄本作「番吾」。○黄叔琳校云：「（吾）元作『禺』，楊改。」○趙萬里《校記》：「案唐本是也，《御覽》五九〇引此文，亦作『番吾』，張榜本《韓子・外儲説左上》正作『潘吾』，與唐本合，『番』『潘』古通用。」○楊明照《拾遺》：「按《韓非子》《道藏》本、張榜本、趙用賢本並作『潘吾』，與唐本合。『番』與『潘』音同得通。《廣韻》二十二元：『番、翻、盤、潘三音。』楊改『禺』作『吾』，是也。《金石例》九、《文通》十二引並作『番吾』。」○按：《御覽》實作「潘」，不作「番」。

〔一四〕秦昭刻博於華山　「博」，《訓故》、黄本同；《御覽》、至正本作「傳」。黄叔琳校云：「元作『傳』，朱改。」○趙萬里《校記》：「案唐本是也，與《御覽》五九〇所引合，黄本依朱氏校改同。」○范註：《韓非子・外儲説左上》：「『秦昭王令工施鉤梯而上華山，以松柏之心爲博。箭長八尺，棊長八寸。而勒之曰，昭王常與天神博於此。」」○楊明照《拾遺》：「按唐寫本、《訓故》、謝鈔本並作『博』；《玉海》引同。《御覽》亦誤作『傳』。朱改是也。」

〔一五〕吁可笑也　「笑」，《御覽》、黄本同；至正本作「茂」。《訓故》標疑作「茂」。○黄叔琳校云：「元作『茂』，又作『戒』。」○趙萬里《校記》：「案唐本是也，與《御覽》五九○所引合，黄校同。」○楊明照《拾遺》：「按曹學佺改『茂』爲『笑』（見梅本）黄氏從之，是也。唐寫本，何本、《別解本》、謝鈔本、岡本、尚古本作『笑』；《御覽》引同。《諧隱篇》『至魏文因俳說以著笑書』，元本、弘治本等亦誤『笑』爲『茂』，與此同。『笑』與『茂』草書形近。」

〔一六〕亦其疎通之美焉　「其」，《御覽》、至正本、《訓故》、黄本作「有」。

〔一七〕斑固燕然之勒　《御覽》、至正本、《訓故》、黄本「斑固」作「班固」，上有「若」字。《御覽》「若」下有「乃」字。○王利器《校證》：「唐寫本無『若』字，《御覽》『若』下有『乃』字。」

〔一八〕張旭華陰之碣　「旭」，《御覽》同；至正本、《訓故》、黄本作「昶」。○范註：「張昶，唐寫本作張旭，《古文苑》十八載昶此文亦一作張旭。昶文又見《藝文類聚》七、《初學記》五。」○楊明照《拾遺》：「『昶』，唐寫本作『旭』；《御覽》引同。按『旭』爲『昶』形近之誤。郭緣生《述征記》：『華岳三廟前立碑，段煨所刻；其文，弘農張昶所造。』《初學記》五引《文舒碑序》，標目亦誤作張旭。（各本皆然）是張昶、張旭易誤之證。《玉海》六十引作『昶』，未誤。」

〔一九〕橋公之鉞　《訓故》、黄本同；《御覽》「橋」作「橘」；「鉞」作「鋮」。至正本作「僑公之箴」。○黄叔琳校云：「(橋)元作『僑』，孫改。」又：「『鉞』，元作『箴』。」○楊明照《拾遺》：「按唐寫本正作『橋公之鉞』；《玉海》引同。《御覽》各本均誤。謝鈔本、《別解》本、岡本、尚古本作『橋公之銘』，『橋』字未誤」。○王利器《校證》：宋本《御覽》、銅活字版《御覽》作『橘』，即『橋』形近之誤。」「『鉞』原作『箴』，梅改作『銘』，黄註本改作『鉞』。案黄改是，唐寫本正作『鉞』，今從之。」

〔二〇〕則吐納典謨　《御覽》「謨」作「謩」；至正本、《訓故》、黄本無「則」字。

〔二一〕敬通雜器准矱武銘　《御覽》「雜」作「新」，「准」作「淮」。至正本、《訓故》、黄本「准」作「準」；「武」作「戒」。○范註：「『戒銘』唐寫本作『武銘』，是。馮衍字敬通。《全後漢文》二十輯衍銘文有《刀陽》、《刀陰》、《杖》、《車》、《席前右》、《席後右》、《杯》、《爵》等，蓋擬《武王踐阼》諸銘爲之。」○劉永濟《校釋》：「唐寫本『戒銘』作『武銘』，是。下文『憲章戒銘』同，皆指武王器銘也。作『戒』乃形誤字。宋本《御覽》皆作『武』，可證。鮑刻本惟後句未誤。」○按：

「准」，敦煌殘卷同音相借，宜從至正本、《訓故》、黄本改。

〔二二〕而居博奕之下 《御覽》同；「下」，至正本、《訓故》、黄本作「中」。○趙萬里《校記》：「案《御覽》五九○所引，與唐本正合。」○楊明照《拾遺》：「按『中』字與上『繁略違中』句複，作『下』是。」○詹鍈《義證》：「按『下』字是。『下』與『末』相對成文。」

〔二三〕而在杵臼之末 《御覽》同；至正本、《訓故》、黄本作「臼杵」。

〔二四〕唯張載劍閣 「張載」，《御覽》、《訓故》、黄本同；至正本作「張采」。○黄叔琳校云：「（載）元作『采』，謝改。」○趙萬里《校記》：「案唐本是也，《御覽》五九○所引，正與唐本合，黄本依謝氏校改同。」○楊明照《拾遺》：「按謝改是也。唐寫本、何本、梁本、謝鈔本、《四庫》本正作『載』；《御覽》、《玉海》、《文通》引同。『采』字蓋涉下句而誤。」

〔二五〕清采其才 《御覽》「采」作「彩」；至正本、《訓故》、黄本作「其才清采」。○王利器《校證》：「《御覽》『采』作『彩』。」

〔二六〕詔勒岷漢 《御覽》「詔勒」作「銘勒」。「岷」作「崏」。至正本、《訓故》、黄本「詔勒」作「勒銘」。○趙萬里《校記》：「案《御覽》五九○所引，正與唐本合。」○劉永濟《校釋》：「唐寫本『勒銘』作『詔勒』，是。」○楊明照《拾遺》：「按唐寫本是也。『詔勒』，即《晉書》載本傳『武帝遣使鐫之於劍閣山』之意。今本蓋寫者據銘末『勒銘山河』句而改耳。」○王利器《校證》：「《御覽》『勒銘』作『銘勒』，又『岷』作『崏』。」

〔二七〕箴者針也 《御覽》無「者針也」三字；至正本、《訓故》、黄本無「針也」二字。○范註：「《説文·竹部》：『箴，綴衣箴也。從竹，咸聲。』又《金部》：『鍼，所以縫也。從金，咸聲。』『箴』與『鍼』通。『鍼』俗作『針』。『箴者』下應從唐寫本補『鍼也』二字。韋昭註《周語》曰：『箴，箴刺王闕以正得失也。』」○郭晉稀《註譯》：「各種文體如頌、贊、盟、銘，皆以聲訓，則本文亦當作『箴者，鍼也』。唐寫本作『箴者，針也』是矣。惟『針』當作『鍼』，與下文『鍼石』字始相應。」○楊明照《拾遺》：「按本書釋名，概繫二字以訓，此應從唐寫本增『針也』二字。」○户田浩曉《資料》：「按《明詩篇》有『詩者持也』、《詮賦篇》有『賦者鋪也』、《頌贊篇》有『頌者容也，贊者明也助也』、《祝盟篇》有『盟者明也』、《銘箴篇》有『銘者名也』。《誄碑》以下諸篇中此種用例尚多。由此可見此係彦和文章體例，宜從敦煌本補入『針也』二字。」

〔二八〕所以攻疾防患喻箴石也 「箴」，至正本同；《訓故》、黄本作「鍼」。《御覽》「防」作「除」；「喻箴石也」作「喻針石垣」。

〔二九〕斯文之興　《御覽》、《訓故》、黄本同；至正本無「之」字。○趙萬里《校記》：「案唐本是也，《御覽》五八八引同。」

〔三〇〕周之辛甲百官箴闕唯虞箴一篇　至正本、《訓故》、黄本「周」上有「及」字；「百官箴」下無「闕唯《虞箴》」四字。《御覽》「周」上有「及」字。○趙萬里《校記》：「案唐本是也，《御覽》五八八引同。《左・襄四年傳》曰『昔周辛甲之爲大史也，命百官官箴王闕，于虞人之《箴》曰：芒芒禹跡，畫爲九州，經啟九道，民有寢廟（中略）獸臣司原，敢告僕夫。』即此文所出，各本俱脱，當據唐本補訂。」○范註：「唐寫本無『及』字，『箴』下有『闕唯《虞箴》』四字，是。依唐本應作『周之辛甲，百官箴闕，惟《虞箴》一篇，體義備焉』。孫君蜀丞云：『《御覽》五八八引此文云：及周之辛甲，百官箴闕，惟《虞箴》一篇，本義存焉。』《左傳・襄公四年》『魏絳對晉侯曰（原文《校記》已具）。』」○楊明照《校註拾遺》：「按今本文意不明，當據唐寫本及《御覽》訂補。《事物考》二引作『及周辛甲，百官箴闕，虞人之《箴》，體義備焉』；《文章緣起》註引作『及周之辛甲，百官箴闕，惟《虞人箴》一篇，體義備焉』。詞句雖小異，要足以證今本之非。」○户田浩曉《資料》：「按：《學海類編》本《文章緣起註》無『闕惟《虞人箴》』五字，而《邵武徐氏叢書》本有此五字。《邵武徐氏叢書》本《文章緣起註》方熊補註有云：『古有《夏商》二箴，見於《尚書大傳》及《吕氏春秋》。然餘句雖存，而全文已缺。及周太史辛甲，命百官箴王闕。而《虞人》一篇，備載於《左傳》。於是楊雄仿而爲之。大抵用韻語，以垂敬戒。』此處所云係《左傳・襄公四年》記事，魏絳爲晉侯語中有『昔周辛甲之爲大史也。命百官，官箴王闕』，並載箴文。彦和此句蓋本《左傳》，故宜據敦煌本補入『闕唯虞箴』四字。」

〔三一〕楚子訓人於在勤　「人」，至正本、《訓故》、黄本作「民」。○趙萬里《校記》：「案與《御覽》五八八所引合。」

〔三二〕戰伐已來　《御覽》、至正本同；《訓故》、黄本作「戰代以來」。○王利器《校證》：「馮本、汪本、佘本、張之象本、《兩京》本、何允中本、日本活字本、鍾本、梁本、清謹軒鈔本、王謨本、崇文本『戰代』誤『戰伐』，『戰代』本書常語。《諸子篇》『戰代所記』、《養氣篇》『戰代枝詐，攻奇飾説』，《才略篇》『戰代任武，而文士不絶』，並本書作『戰代』之證。」○按：「伐」當作「代」；「已」「以」古通。

〔三三〕銘詞代興　「詞」，《御覽》、至正本、《訓故》、黄本作「辭」。

〔三四〕箴文萎絶　「萎」，《御覽》同；至正本、《訓故》、黄本作「委」。○趙萬里《校記》：「案與《御覽》五八八所引合。」○楊明照《拾遺》：「按『萎』字是。《楚辭・離騷》：『雖萎絶其何傷兮。』王註：『萎，病也。』又《九章・思美人》：『遂萎絶而離異。』並作『萎』。《夸飾篇》：『言在萎絶。』尤爲明證。今本作『委』，蓋寫者偶脱艸頭耳。」

〔三五〕卿尹州牧二十五篇　「州」，至正本、《訓故》、黄本同。黄本「卿尹」上有「作」。至正本「二十」作「廿」。○范文瀾校：「（作）孫云唐寫本及《御覽》皆無『作』字。」又：「（州牧二十五）鈴木云《御覽》無『五』字。」○楊明照《拾遺》：「『作』，唐寫本、弘治本、活字本、汪本、佘本、張本、《兩京》本、胡本、萬曆梅本、《訓故》本、謝鈔本、《彙編》本無；《御覽》、《玉海》、《金石例》引同。何焯增『作』字。按『作』字實不可少。《漢書・揚雄傳贊》：『箴莫善於《虞箴》，作州箴。』《後漢書・胡廣傳》：『初，揚雄依《虞箴》作十二州二十五官箴。』崔駰《敘箴》：『昔揚子雲讀《春秋傳》虞人箴而善之，於是作爲九州及二十五官（原誤作管）箴。』（《御覽》五八八引）摯虞《文章流別論》：『揚雄依《虞箴》作十二州十二（有脱誤）官箴。』（《書鈔》一百二引）《左傳》襄公四年《正義》：『漢成帝時，揚雄愛《虞箴》，遂依仿之，作十二州二十五官箴。』並足以證此文應有『作』字。」○按：「九」，鈴木《校勘記》校作「州」；范文瀾校：「孫云唐寫本有『九』字。」潘重規《合校》：「唐寫本『州』作『九』。」今驗之《草字編》，唐寫本字在「九」、「州」、「乃」三字疑似之間。以本篇「魏文九寶」筆法看，似不當作「九」。

〔三六〕鞶鑑有徵　「有」，《御覽》同；至正本、《訓故》、黄本作「可」。○趙萬里《校記》：「案唐本是也，《御覽》五八八引同。」○范註：「《左傳》莊公二十一年杜註『鞶鑑』曰『鞶帶而以鑑爲飾也。』《正義》曰『鞶是帶也，鑑是鏡也。』此與定六年《傳》皆鞶鑑雙言，則鞶鑑一物，故知以鏡飾帶。」『可』唐寫本作『有』。『鞶鑑有徵』，猶言明而有徵。」○楊明照《拾遺》：「按作『有徵』是。『可』字蓋涉下句『可謂』而誤。『有徵』二字出《左傳》昭公八年，《議對》、《總術》兩篇並用之。」

〔三七〕可謂追清風於前古　「可謂」，《御覽》同；至正本、《訓故》、黄本作「信所謂」。○趙萬里《校記》：「案唐本是也，《御覽》五八八引同。」○楊明照《拾遺》：「《玉海》、《金石例》引亦無『信』字，與唐寫本、《御覽》合。」○詹鍈《義證》引斯波六郎：「從文義推，作『可』者是。」

〔三八〕温嶠侍臣　「侍」，《御覽》、《訓故》同；至正本、黄本作「傳」。○趙萬里《校記》：「案唐本是也，《御覽》五八八引同。《晉書・温嶠傳》云：『嶠在東宮，數陳規諷，獻《侍臣箴》。』是其證。」○范註：「今本誤『侍』爲『傳』，唐寫本不誤。」○楊明照《拾遺》：「按作『侍』與《晉中興書》（《類聚》四九、《初學記》十引）及《晉書》嶠本傳合。當據改。」

〔三九〕引多而事寡　《御覽》無「而」字；至正本作「引廣事」。《訓故》、黄本作「引廣事雜」。○黄叔琳校云：「（廣）一作『多』。」又：「（雜）一作『寡』。」○趙萬里《校記》：「案唐本是也，與《御覽》五八八及黄校引一本均合。」○楊明照《拾遺》：「黃校云：『（廣）一作多，（雜）一作『寡』。徐𤊹云：『雜，一作寡』，是。何焯（廣）改『多』，（雜）改『寡』。按唐寫本作『引多而事寡』；《御覽》引同。《玉海》引作『文多事寡』，惟『文』字有異。徐校何改是也。」

〔四〇〕潘尼乘輿義正而體蕪　《御覽》「尼」作「君」，無「而」字；至正本、《訓故》、黃本「義正」下無「而」字。

〔四一〕乃寘巾屨　「屨」，至正本、黃本作「履」。《訓故》作「履」。○詹鍈《義證》：「唐寫本『履』作『屨』。《雜箴》已散失，僅存數句。其中有《巾箴》、《履箴》，當是寫在巾履上。」

〔四二〕得其誡慎　「誡」，《御覽》、至正本、《訓故》、黃本作「戒」。

〔四三〕而失其施　《御覽》、至正本、《訓故》、黃本「施」上有「所」字。

〔四四〕憲章武銘　「武」，《御覽》同；至正本、《訓故》、黃本作「戒」。○趙萬里《校記》：「案唐本是也，與《御覽》五八八引合。」○楊明照《拾遺》：「按『武』字是。『武銘』者，武王所題《席》、《機》等十七銘也。景興雜箴，多所則效之，故云。」

〔四五〕名用雖異　《御覽》同；「用」，至正本、《訓故》、黃本作「目」。○楊明照《拾遺》：「『目』唐寫本作『用』；《御覽》引同。按此承上『箴誦於官，銘題於器』之詞，『用』字是也。」○按：《御覽》此句上「箴誦於官」，「官」作「經」。

〔四六〕故文資确切　《御覽》同；黃本同；至正本、《訓故》「資」作「質」，但《訓故》標疑作「質」；「确」作「確」。○黃叔琳校云：「（确）元作『確』，朱改。」並註：「确，堅正也。《崔寔傳》：『指切時要，言辯而确。』」○趙萬里《校記》：「案唐本是也，與《御覽》五八八引合，黃本依朱改同。」○范註：「《說文》『确，礐石也。』『礐，堅也。』确有堅正之義，音胡角反。」○楊明照《拾遺》：「按唐寫本及《御覽》引並作『确』。以《奏啟篇》『表奏确切』例之，自以作『确』爲是。」

〔四七〕故體貴弘潤其取事也必覈以辨　《訓故》同。《御覽》「體」作「理」，「弘潤」下删十六字。「覈」，黃本同；至正本作「覆」。○黃叔琳校云：「（覈）元作覆。」○楊明照《拾遺》：「按『覈』字是。唐寫本、張本、何本、《訓故》本、凌本、梁本、謝鈔本、《彙編》本、《別解》本、岡本、尚古本、文溯本、王本、崇文本作『覈』。《辭學指南》、《金石例》、《文斷總論》、《何氏類鎔》、《文通》引，亦並作『覈』。」

〔四八〕此其大要也　《御覽》作「取其要也」。

〔四九〕然矢言之道蓋闕　「矢言」，《御覽》作「天言」。○按「天」乃「矢」之形誤。

〔五〇〕所以箴銘寡用　「寡」，《御覽》作「實」；至正本、《訓故》、黃本作「異」。○楊明照《拾遺》：「『異』，唐寫本作『寡』。」

宋本、喜多本《御覽》引作「實」。按上文明言「矢言之道蓋闕，庸器之制久淪」，則「寡」字是。《御覽》作「實」，乃「寡」之形誤。」○詹鍈《義證》引張立齋《文心雕龍考異》：「作『寡』是，承上文蓋闕久淪之意也。」

〔五一〕罕施後代　《御覽》同；至正本無「後」字；《訓故》「後」作空圍「□」；黄本「後」作「於」。○趙萬里《校記》：「案唐本是也，與《御覽》五八八引合，黄本『施』下有『於』字，即『後』字之譌。」○王利器《校證》：「『後』原作『於』，據唐寫本、《御覽》改。謝、徐校補『後』字，作『罕施於後代』，馮本作『罕施代』，王惟儉本作『罕施於□代』。」

〔五二〕唯秉文君子宜酌其遠大者焉　《御覽》「焉」作「矣」；至正本、《訓故》、黄本「大」下無「者」字。○楊明照《拾遺》：「『秉』，汪本、佘本、張本、《兩京》本、胡本作『乘』。按『乘』字誤。《徵聖》、《章表》、《時序》三篇並有『秉文』之文。《詩·周頌·清廟》：『秉文之德。』《毛傳》：『執文德之人也。』」

〔五三〕銘實器表　「器表」，至正本、《訓故》、黄本作「表器」。○趙萬里《校記》：「按唐本是也。『器表』與下句『德軌』相儷見義。」

〔五四〕警乎立履　至正本、《訓故》、黄本作「敬言乎履」。《訓故》「履」作「履」。○趙萬里《校記》：「案唐本是也，當據訂。」○鈴木《校勘記》：「案『立言』字之訛也，一句當作『警乎言履』也。」○王利器《校證》：「『警乎立履』原作『敬言乎履』，今據唐寫本改正。『警』之作『敬言』，此一字誤爲兩字也。鈴木云：『當作警乎言履』，『言』、『乎』二字，易地亦通。」

誄碑（弟）〔第〕十二

周世盛德，有銘、誄之文。大夫之才，臨喪能誄。誄者，累也〔一〕，累其德行，旌之不朽也。夏商已前，其（詞）〔辭〕靡聞〔二〕。周雖有誄，未被於士〔三〕。又「賤不誄貴，幼不誄長」，其在萬乘〔四〕，則稱「天以誄之」。讀誄定謚，其節文大矣。自魯莊戰乘丘，始及於士；逮尼父之卒〔五〕，哀公作誄，觀其「（愸）〔憖〕遺」之辭〔六〕，「烏呼」之歎，雖非睿作〔七〕，古式存焉〔八〕。至柳（翣）〔妻〕之誄惠子〔九〕，則辭哀而韻長矣。暨（于）〔乎〕漢世〔一〇〕，承流而作。揚雄之誄元后，文實繁穢〔一一〕，「沙鹿」撮要，而（執）〔摯〕疑成篇〔一二〕，安有累德述尊，而闊略四句乎！杜篤之誄〔一三〕，有譽前代。《吴誄》雖工，而他篇頗疎〔一四〕；豈以見稱光武而改眄千金哉〔一五〕！傅毅所製〔一六〕，文體倫序，蘇順、崔瑗〔一七〕，辯潔相參〔一八〕，觀其序事如傳〔一九〕，辭靡律調，固誄之才也。潘岳（搆）〔構〕思〔二〇〕，專師孝山，巧於叙悲，易入新切〔二一〕，所以隔代相望，能徽厥聲者也〔二二〕。至如崔駰《誄趙》，劉陶《誄黄》，並得憲章，工在簡要。陳思叨名，而體實繁緩，《文皇誄》（未）〔末〕，百言而自陳〔二三〕，其乖甚矣。若夫殷臣詠湯，追褒《玄鳥》之祚〔二四〕；周史（哥）〔歌〕文〔二五〕，上闡后（禝）〔稷〕之烈〔二六〕。誄述祖宗，蓋詩人之則也。至於序述哀情，則觸類而長。傅毅之《誄北海》，云：「白日幽光，雰霧杳冥」；始序致感〔二七〕，遂爲後式；影而（効）〔效〕者〔二八〕，彌取於功矣〔二九〕。詳夫誄之爲製〔三〇〕，蓋選言録行，傳體而頌文，榮始而哀終。論其人也，曖乎若可覿；述其哀也，悽焉（其）〔如〕可傷〔三一〕；此其旨也。

碑者，裨也〔三二〕。上古帝王，紀號封禪〔三三〕，樹石裨岳〔三四〕，故曰碑也。周穆紀跡於弇山之石，亦碑之意也〔三五〕。又宗廟有碑，樹之兩楹，事止麗牲〔三六〕，未勒勳績，而庸器漸闕〔三七〕，故後代用碑，以石代金，同乎不朽，自廟徂墳，猶封墓也。自後漢已來〔三八〕，碑碣雲起；才鋒所斷，莫高蔡邕。觀《楊賜》之碑，骨鯁訓典；《陳》《郭》二文，句無擇言〔三九〕。《周》《胡》衆碑〔四〇〕，莫非清允。其叙事也該而要，其綴采也雅而澤。清辭轉而不窮〔四一〕，巧義出而卓立。察其爲才，自然而至矣〔四二〕。孔融所創，有摹伯喈〔四三〕；《張》《陳》兩文，辯給足采〔四四〕，亦其亞也。及孫綽爲文，志在於碑〔四五〕，《温》《王》《郗》《庾》〔四六〕，辭多枝雜，《桓彝》一篇，最爲辨裁矣〔四七〕。夫屬碑之體，資乎史才，其叙則傳〔四八〕，其文則銘，（摽）〔標〕叙盛德〔四九〕，必見清風之華；昭紀鴻懿，必見峻偉之烈；此碑之致也〔五〇〕。夫碑實銘器，銘實碑文，因器立名，事先於誄〔五一〕。是以勒器讚勳者〔五二〕，入銘之域；樹碑述亡者〔五三〕，同誄之區焉。

（讚）〔贊〕曰：寫遠追虚〔五四〕，碑誄以立。銘德纂行〔五五〕，光（彩）〔采〕允集〔五六〕。觀風似面，聽辭如泣。石墨鐫華，頹影豈戢〔五七〕。

校記

〔一〕大夫之才臨喪能誄誄者累也　「大夫」，《御覽》作「士大夫」；無「累也」二字。「才」，《訓故》同。至正本、黃本作「材」。○楊明照《拾遺》：「『材』，馮舒校作『才』。宋本、活字本、喜多本《御覽》五九六引作『才』。黃註云：『大夫之材，見《詮賦篇》登高能賦註。』按唐寫本作『才』。馮校（蓋據《御覽》）是也。『喪紀能誄，可以爲大夫』，止見《詩・鄘風・定之方中》《傳》；黃氏於《詮賦篇》『登高能賦』句註亦止引《漢志》『傳曰：不歌而頌（當作誦）謂之賦，登高能賦，可以爲大夫。』三句。與此原不相涉，而云『見《詮賦篇》登高能賦註』，不僅前後失照，其未一檢《漢志》，尤繆。」

〔二〕夏商已前其詞靡聞　《御覽》「已」作「以」，「詞」作「詳」。「詞」，至正本、《訓故》、黃本作「詳」。○趙萬里《校記》：「案唐本是也，當據改。」○范註：「唐寫本『詳』作『詞』，是。《逸周書・謚法解》：『維周公旦大公望開嗣王業，建功於牧之野，終將葬，乃制謚。遂敘謚法。謚者，行之跡也；號者，功之表也；車服，位之章也。是以大行受大名，細行受小名，行出於己，名生於人。』《御覽》引《禮記外傳》曰：『古者生無爵，死無謚，謚法周公所爲也。堯舜禹湯皆後追議其功耳。』然殷代亦閒有謚號，如成湯武丁之屬，故《白虎通・論謚》曰：『《禮・郊特牲》曰：古者生無爵，死無謚。此言生有爵，死當有謚也。』其誄詞世無傳者，故曰其詞靡聞。」○楊明照《拾遺》：「按唐寫本是也。『詞』通作『辭』，（本書『辭』字，唐寫本多作『詞』。）而『辭』俗又作『辞』，與『詳』形近，故誤。《文章流別論》：『詩頌箴銘之篇，皆有往古成文，可放依而作；惟誄無定制，故作者多異焉。』（《御覽》五九六引）舍人謂『其詞靡聞』者，即仲治無『往古成文』之意。」

〔三〕未被於士　「於」，至正本、《訓故》同；黃本作「于」。

〔四〕幼不誄長其在萬乘　《御覽》「幼」下有「而」字；無「在」字。至正本、《訓故》、黃本「在」上無「其」字。○劉永濟《校釋》：「唐寫本『在』上有『其』字，是。」○楊明照《拾遺》：「唐寫本『在』上有『其』字；倪本《御覽》引同。宋本、鈔本、活字本《御覽》有『其』字無『在』字。按『其』字當有。於『乘』下加豆，文勢較暢。《詔策篇》『其在三代，事兼誥誓』，《檄移篇》『其在金革，則逆黨用檄』，《章表篇》『其在文物，赤白曰章』，句法並與此同，可證。」

〔五〕逮尼父之卒　《御覽》「逮」作「迨」；至正本、《訓故》、黄本「尼父」下無「之」字。○趙萬里《校記》：「案唐本是也，與《御覽》五九六引同。」○楊明照《拾遺》：「按有『之』字，語勢較勝。」

〔六〕觀其慭遺之辭　「慭」，《訓故》作「慭」；至正本作「慭」。黄本（范註）作「憖」。「辭」，至正本、黄本作「切」。○劉永濟《校釋》：「唐寫本『切』作『辭』，《御覽》五九六同。」○按：作「慭」非；「慭」乃「憖」之俗。當從黄本改。詳見至正本《誄碑》校記〔六〕。

〔七〕雖非睿作　「睿」，至正本、《訓故》作「屧」；黄本作「叡」。

〔八〕古式存焉　「古」，《訓故》、黄本同；至正本作「玄」。○按：作「古」是，與《御覽》五九六引正合。

〔九〕至柳翌之誄惠子　「翌」，《御覽》、至正本、《訓故》、黄本作「妻」。○按：作「妻」是。《列女傳》二：「柳下既死，門人將誄之。妻曰：『將誄夫子之德邪？則二三子不如妾知之也。』乃誄曰：（略）」翌，《説文》：「棺羽飾也。」《周禮·天官·女御》：「后之喪持翌。」于此無義，非也。

〔一〇〕暨于漢世　「于」，至正本、《訓故》、黄本作「乎」。○按：作「乎」義長。「于」乃「乎」之形訛。

〔一一〕文實繁穢　「繁」，至正本、《訓故》、黄本作「煩」。

〔一二〕沙鹿撮要而執疑成篇　黄叔琳在此句下校云：「有脱誤。」○《御覽》「要」作「其要」；至正本、《訓故》、黄本「鹿」作「麓」；「要」上有「其」字；「執」作「摯」。○鈴木《校勘記》：「『摯』誤作『執』。」○趙萬里《校記》：「案明抄本《御覽》五九六，引此文有『其』字，餘與唐本同。」○范註：「『摯疑成篇』句，黄云有脱誤。姚範《援鶉堂筆記》四十云：『按此蓋謂摯虞讀雄此誄，而疑《漢書》所載爲全篇耳。』孫詒讓《札迻》十二云『案此謂揚雄作《元后誄》，《漢書·元后傳》僅撮舉四句，非其全篇也。『摯疑成篇』，摯當即摯虞。蓋揚文全篇，虞偶未見，撰《文章流别》遂疑全篇止此四句，故彦和難以累德述尊，必不如此闊略也。文無脱誤。』按姚孫二氏説是也。《漢書·元后傳》莽詔大夫揚雄作誄曰『太陰之精，沙麓之靈，作合於漢，配元生成』。《元后誄》全文見《藝文類聚》十五、《古文苑》二十。」○楊明照《拾遺》：「『麓』唐寫作『鹿』；《御覽》引同。按《春秋經》僖公十四年『秋八月辛卯，沙鹿崩』作『鹿』，舍人必原用『鹿』字。今本蓋寫者據《漢書·元后傳》改耳。」○詹鍈《義證》：「按『其』字不當有，『沙麓撮要』者，謂《元后誄》『沙麓之靈，太陰之精……作合於漢，配元生成。』四句，已撮舉全文的要領。因沙麓，指元后生長的地方。全文煩穢，實際上撮其要領，也不過是這四句話。」

〔一三〕杜篤之誄　「篤」，《訓故》、黄本同；至正本作「萬」。《御覽》「誄」作「誄德」。

〔一四〕而他篇頗疎　《御覽》「他篇」作「結篇」；「疎」，至正本、《訓故》同；黄本作「疏」。

〔一五〕而改眄千金哉　《御覽》「改」作「頋」。「眄」，《訓故》、黄本作「盻」；至正本作「盼」。○楊明照《拾遺》：「『盻』，唐寫本作『眄』；喜多本、鮑本《御覽》引同。宋本、活字本《御覽》作『眄』。鈔本、倪本《御覽》作『盻』。梅本、《秘書》本、王本、張松孫本作『盼』。按『眄』字是，餘並非也。已詳《辨騷篇》『則顧盻可以驅辭力』條。」○王利器《校證》：「《御覽》『改盻』作『顧眄』，顧校『盻』作『盼』。」○按：唐寫本實作「眄」，楊説是。

〔一六〕傅毅所製　「製」，至正本、《訓故》、黄本作「制」。

〔一七〕蘇順崔瑗　「蘇順」，《御覽》、至正本、《訓故》、黄本作「孝山」。○趙萬里《校記》：「案孝山乃蘇順字，此處不當稱字，當從唐本訂正。」○范註：「《後漢書·文苑·蘇順傳》『順字孝山，所著賦、論、誄、哀辭、雜文凡十六篇。』彦和於傅毅、崔瑗皆稱名，不容獨字蘇順，當據唐寫本改正。」

〔一八〕辯潔相參　「辯潔」，《御覽》作「辨潔」；至正本、《訓故》、黄本作「辨絜」。○范註：「辨絜，猶言明約。」○楊明照《拾遺》：「『絜』，唐寫本作『潔』；鈔本、喜多本、鮑本《御覽》引同。宋本、倪本、活字本《御覽》作『潔』，當是『潔』之殘字。馮舒校作『潔』。按以《議對篇》『文以辨潔爲能』例之，『潔』字是。」○按：「辨潔」，明辨簡潔，作「辨潔」是。《御覽》字一誤一殘。

〔一九〕觀其序事如傳　《御覽》、黄本同。至正本、《訓故》「觀」下無「其」字；「序」下無「事」字。○范文瀾校云：「黄云：活字本無『其』『事』二字。」○王利器《校證》：「舊本無『其』字『事』字，謝、徐校補二字，梅六次本亦補二字。案謝、梅補是，唐寫本正有二字。《哀弔篇》亦有『觀其……敘事如傳』之語。」

〔二〇〕潘岳搆思　「搆思」，《御覽》、《訓故》作「搆意」。至正本、黄本作「構意」。

〔二一〕巧於敘悲易入新切　「敘」，至正本、《訓故》、黄本作「序」。「切」，至正本、《訓故》、黄本同。《御覽》作「麗」。○黄叔琳校云：「（切）《御覽》作麗。」○王利器《校證》：「唐寫本、徐校本、譚校本、《御覽》『切』作『麗』。」○按：王説非，唐寫本實作「切」，不作「麗」。

〔二二〕能徽厥聲者也　「徽」，《御覽》、至正本、《訓故》、黄本作「徵」。○范註：「唐寫本『徵』作『徽』，是。徽，美也。」○王利器《校證》：「『徽』，原作『徵』，謝校作『徽』。按唐寫本正作『徽』，今據改。」

〔二三〕文皇誄未百言而自陳　《御覽》「未」作「末」，無「而」字。至正本、《訓故》、黃本「未」作「末」；「百」作「旨」；「言」下無「而」字。但《訓故》「旨」標疑作「旨」。○范註：「陳思王所作《文帝誄》，全文凡千餘言。誄末自『咨遠臣之渺渺兮，感兇諱以怛驚』以下百餘言，均自陳之辭。唐寫本作『百』，是。」○劉永濟《校釋》：「唐寫本作『百言』，是。」○王利器《校證》：「『百言』原作『旨言』，謝校作『百言』。案唐寫本、《御覽》作『百言』，謂《文帝誄》末百餘言，均自陳之辭，今據改。」○潘重規《合校》：「唐寫本『末』誤『未』，『旨』作『百』，『言』下有『而』字。」

〔二四〕若夫殷臣詠湯追褒玄鳥之祚　「詠」，《御覽》、至正本、《訓故》、黃本作「誄」。「玄」，《御覽》、至正本、《訓故》同；黃本作「元」。○范註：「紀評云：『誄湯之說未詳。』案『誄』，唐寫本作『詠』是也。《商頌·長發序》云：『《長發》大禘也。』《正義》曰：『成湯受天明命，誅除元惡，王有天下；又得賢臣爲之輔佐，此皆天之所祐，故歌詠天德，因此大禘而爲頌。』『玄鳥之祚』，即簡狄吞鳦卵而生契之事，《正義》所謂『歌詠天德』也。若然，彦和文意當指《長發篇》言之。」○楊明照《拾遺》：「按此文明言『追褒玄鳥之祚』，而《長發》七章，並無詠述簡狄吞鳦卵生契詞句，恐非舍人所指。《玄鳥篇》首以『天命玄鳥，降而生商』發端，即『追褒玄鳥之祚』也；『篇中曰武湯，曰后，曰先后，曰武王，皆謂湯。』（陳奐《詩毛氏傳》疏《玄鳥篇》中語）即『詠湯』也。然則此二句所指，其爲《商頌》之《玄鳥篇》乎？又按『誄』當依唐寫本作『詠』；『元』亦應從各本改『玄』。『祚』，《兩京》本作『祥』（徐𤊹校同），疑是。」

〔二五〕周史哥文　「哥」，《御覽》、至正本、《訓故》、黃本作「歌」。

〔二六〕上闡后稷　「稷」，《御覽》、至正本、《訓故》、黃本作「稷」。○按：作「稷」是，從諸本改。

〔二七〕始序致感　「感」，《御覽》、黃本同，至正本殘而難辨。《訓故》標疑作「感」。○黃叔琳校云：「一作惑，從《御覽》改。」○趙萬里《校記》：「案唐本是也，與《御覽》五九六所引合。」

〔二八〕影而効者　《御覽》「効」作「效」。至正本、《訓故》、黃本「影」作「景」；「効」作「效」。○楊明照《拾遺》：「『景』，唐寫本作『影』；宋本、喜多本《御覽》引同。按本書率用『影』字，疑此原亦作『影』。」○王利器《校證》：「『影』原作『景』，從唐寫本、《御覽》改。」

〔二九〕彌取於切矣　「切」，《御覽》同；至正本作「功」；《訓故》標疑作「功」；黃本作「工」。○黃叔琳校云：「元作『功』，謝改。」○楊明照《拾遺》：「『工』，黃校云：『元作功，謝改』，此沿梅校。宋本、鈔本、活字本《御覽》引作『切』。倪本

《御覽》作『巧』。按以《辨騷篇》『辭來切今』，《祝盟篇》『切至以敷辭』，《比興篇》『以切至爲貴』，《奏啟篇》『何必躁言醜句，詬病爲切哉』，《物色篇》『故巧言切狀』例之，疑以作『切』爲是。唐寫本止作『切』，當據改。」〇王利器《校證》：「『工』原作『功』，謝改。徐云『功當作切，承上新切語意』。案唐寫本作『功』，宋本《御覽》作『切』，銅活字本《御覽》、譚校本作『巧』。」〇詹鍈《義證》引李曰剛《文心雕龍斠詮》：「案黄從謝改是。功工古通。切與巧皆功之形誤。」〇按：唐寫本實作「切」，不作「功」。

〔三〇〕詳夫誄之爲製蓋選言録行　《御覽》「製」作「制」，「選」作「遐」，「言」下有「以」字。「製」，至正本、《訓故》、黄本作「制」。

〔三一〕論其人也曖乎若可覿述其哀也悽焉其可傷　《御覽》「曖」作「瞬」，「述」作「送」，「其」作「如」。至正本、《訓故》、黄本「述」作「道」；下「其」作「如」。〇按：宋本《御覽》五八九引「述」作「送」；下「其」亦作「如」。下「其」作「如」較勝，不與上「其」複。

〔三二〕碑者裨也　「裨」，至正本、《訓故》、黄本作「埤」。〇趙萬里《校記》：「案（唐寫本）與《御覽》五八九所引同。」〇范註：「《説文·石部》『碑，豎石也。從石，卑聲。』《釋名·釋典藝》『碑，被也。此本王葬時所設也。施其轆轤，以繩被其上，以引棺也。臣子追述君父之功美以書其上，後人因焉，故建於道陌之頭顯見之處，名其文，就謂之碑也。』埤裨二字，皆有增益之義，然裨訓接益也，埤訓增也，用埤字較適。」〇劉永濟《校釋》：「唐寫本作『裨也』，下『埤岳』同。《御覽》五八九同。按二字古通用。」

〔三三〕上古帝王紀號封禪　「王」，《御覽》、至正本、《訓故》、黄本作「皇」。「紀」，《御覽》、黄本同，至正本作「始」。〇趙萬里《校記》：「案（唐寫本）與《御覽》五八九所引同。」〇范註：「唐寫本『皇』作『王』，是。王，謂禹湯周成王之屬。」〇楊明照《拾遺》：「按《禮記·逸禮》：『三王禪雲雲，五帝禪亭亭。』（《文選》王融《曲水詩序》李註引）《漢書·兒寬傳》：『封泰山，禪梁父，昭姓考功，此帝王之盛節。』《東觀漢紀》趙熹上言曰：『自古帝王，每世之隆，未嘗不封禪。』作『王』是。」

〔三四〕樹石裨岳　「裨」，至正本、《訓故》、黄本作「埤」。〇趙萬里《校記》：「案（唐寫本）與《御覽》五八九所引同。」

〔三五〕亦碑之意也　至正本、《訓故》「碑」上有「石」字；《御覽》、黄本「碑」上有「古」字。〇楊明照《拾遺》：「『古』，唐寫本無。元本、弘治本、汪本、佘本、張本、《兩京》本、何本、胡本、《訓故》本、梅本、凌本、《合刻》本、梁本、祕書本、謝鈔本、《彙編》本、《別解》本、清謹軒本、岡本、尚古本、王本、張松孫本、鄭藏鈔本作『石』。馮舒『石』校『古』，何焯校同。按『石』字誤；馮舒、何焯據《御覽》校爲『古』，亦非。《玉海》六十引無『古』字，與唐寫本正合。當據刪。」

〔三六〕事止麗牲　「止」，《訓故》、黃本同；至正本作「正」。《御覽》「牲」作「壯」。○黃叔琳校云：「元作正。」○趙萬里《校記》：「案唐本是也，與《御覽》五八九所引，及黃校均合。」○楊明照《拾遺》：「按『止』字是。唐寫本、謝鈔本正作『止』；《御覽》、《玉海》引同。《祝盟篇》『事止告饗』，句法與此同，亦可證。《禮記・祭義》：『祭之日，君牽牲，穆答君，卿大夫序從；既入廟門，麗于碑。』鄭註：『麗，猶繫也。』《正義》：『君牽牲入廟門，繫著中庭碑也』。」○王利器《校證》：「案唐寫本、《御覽》、《玉海》正作『事止』。《祝盟篇》云：『事止告饗。』句法同。」○按：《御覽》「壯」爲「牲」之形誤。

〔三七〕而庸器漸闕　「闕」，至正本、《訓故》同；黃本作「缺」。

〔三八〕自後漢已來　「已」，至正本同，《御覽》作「巳」；《訓故》、黃本作「以」。

〔三九〕句無擇言　「句」，至正本、《訓故》同；《御覽》、黃本作「詞」。○黃叔琳校云：「一作『句』，從《御覽》改。」○楊明照《拾遺》：「按『句』字不誤。唐寫本、元本、弘治本、汪本、佘本、張本、《兩京》本、何本、胡本、《訓故》本、梅本、凌本、《合刻》本、梁本、《祕書》本、謝鈔本、《彙編》本、張松孫本、崇文本並作『句』；《文通》十七引，亦作『句』。『言』作『字』解，『句無擇言』者，謂每句無敗字也。」

〔四〇〕周胡衆碑　「胡」，《御覽》同；至正本、《訓故》、黃本作「乎」。○鈴木《校勘記》：「案『胡』字是也，《御覽》同。」○趙萬里《校記》：「案唐本是也，與《御覽》五八九引合，《蔡中郎文集》有《汝南周勰碑》、《陳留太守胡碩碑》、《太傅胡廣碑》，今本『胡』譌作『乎』，則文義殊乖矣。」○劉永濟《校釋》：「唐寫本『乎』作『胡』，《御覽》同。是。按《中郎集》有胡廣、胡碩等碑，故曰『衆碑』。」

〔四一〕其綴采也雅而澤清辭轉而不窮　《御覽》「也」作「巳」。「辭」，至正本、《訓故》、黃本作「詞」。

〔四二〕自然而至矣　《御覽》無「而」字；至正本、《訓故》、黃本無「矣」字。○趙萬里《校記》：「案唐寫本是也，與《御覽》五八九引合。」○王利器《校證》：「『矣』字原無，據唐寫本、《御覽》補。」

〔四三〕有摹伯喈　「摹」，《御覽》、至正本、《訓故》、黃本作「慕」。○楊明照《拾遺》：「按『摹』字是。樂府篇『雖摹韶夏』，《哀弔篇》『結言摹詩』，《體性篇》『故宜摹體以定習』，皆謂其摹仿也。」

〔四四〕辯給足采　《御覽》作「辭洽之來」。「辯」，至正本殘而難辨；《訓故》、黃本作「辨」。○按：當作「辯」。《韓非子·難言》：「捷敏辯給，繁於文采，則見以爲史。」

〔四五〕志在於碑　至正本、《訓故》、黃本作「志在碑誄」。○楊明照《拾遺》：「唐寫本作『志在於碑』；《御覽》引同。按《晉書》綽本傳止稱其善爲碑文，本段亦單論碑，『誄』字實不應有，當據訂。《南齊書·文學傳論》：『孫綽之碑，嗣伯喈之後。』亦足以證『誄』字誤衍。」

〔四六〕温王郗庾辭多枝雜　「郗」，至正本、《訓故》、黃本作「郤」。《御覽》「辭」作「詞」，「雜」作「離」。○鈴木《校勘記》：「案『郗』字是也。」○王利器《校證》：「『郗』原作『郤』，今據唐寫本、《御覽》、徐校改。」○按：唐寫本是也。《晉書·孫綽傳》：「温王郗庾諸公之薨，必須綽爲碑文，然後刊石焉。」所謂「温王郗庾」者，即温嶠、王導、郗鑒、庾亮也。《藝文類聚》有孫綽撰《丞相王導碑》、《太宰郗鑒碑》、《太尉庾亮碑》等殘文。

〔四七〕最爲辨裁矣　《御覽》在「矣」下衍「此碑之致也」五字。至正本、《訓故》、黃本無「矣」。○楊明照《拾遺》：「唐寫本『裁』下有『矣』字；《御覽》引同。倪刻《御覽》『裁』作『才』。按有『矣』字語勢較勝，當據增。范甯《穀梁傳集解序》：『《公羊》辯而裁，其失也俗。』楊疏：『辯，謂説事分明；裁，謂善能判斷。』則作『才』非是。《議對篇》：『辭裁以辨』。亦可證。」

〔四八〕夫屬碑之體資乎史才其敘則傳　《御覽》無「夫」字，「體」作「耻」，「敘」作「序」。「敘」，至正本、《訓故》、黃本作「序」。

〔四九〕摽敘盛德　「摽」、「敘」，至正本、《訓故》、黃本作「標」、「序」。

〔五〇〕此碑之致也　「致」，《御覽》同；至正本、《訓故》、黃本作「制」。○楊明照《拾遺》：「『制』唐寫本作『致』；《御覽》引同。按『致』字是。致，極也（《國語·吴語》韋註）。《神思篇》：『其思理之致乎？』其『致』字誼與此同，亦可證。」○詹鍈《義證》：「唐寫本『制』作『致』，誤。○陳懋仁《文章緣起註》『碑』條引《抱朴子》云：『宏邈淫艷，非碑誄之施。』」

〔五一〕事先於誄　「先」，《御覽》、至正本、《訓故》、黃本作「光」。○黃叔琳校云：「當作先。」○楊明照《拾遺》：「『光』，黃校云：『當作先。』此沿梅校。徐𤊹云：『（光）當作先。』按唐寫本作『先』。徐、梅校是也。」

〔五二〕是以勒器讚勳者　「器」，《御覽》同；至正本、《訓故》、黃本作「石」。○趙萬里《校記》：「案（唐寫本）與《御覽》五八九引同。」○劉永濟《校釋》：「『勒石』，唐寫本作『勒器』。《御覽》同。是。」○楊明照《拾遺》：「按『器』字是。《銘箴篇》『銘題於器』。即其義也。」

〔五三〕樹碑述亡者　「亡」，《御覽》同；至正本、黃本作「已」。《訓故》作「巳」。○劉永濟《校釋》：「唐寫本作『述亡』，是。亡、已形近而誤。」○楊明照《拾遺》：「『已』，唐寫本作『亡』；《御覽》引同。徐𤊹校『亡』字。按『亡』是。『已』其形誤也。《裨編》七五引作『亡』。」

〔五四〕寫遠追虛　「遠」，至正本、《訓故》、黃本作「實」。○劉永濟《校釋》：「『寫實』，唐寫本作『寫還』，是。」○楊明照《拾遺》：「『實』，唐寫本作『遠』。按唐寫本是。『寫遠』，謂寫成文字以傳之久遠也。今本蓋寫者緣『虛』字而改。」○按：唐寫本作「遠」不作「還」，劉説非。

〔五五〕銘德纂行　「纂」，《訓故》同。至正本、黃本作「慕」。○趙萬里《校記》：「案作『纂』義較長。」○楊明照《拾遺》：「按唐寫本是。『纂』謂纂集。《練字篇》『《爾雅》者，孔徒之所纂』（此依《訓故》本），諸本多誤爲『慕』，與此同。」○王利器《校證》：「『纂』原作『慕』，從唐寫本改。《練字篇》『《爾雅》者，孔徒之所纂。』舊本『纂』亦作『慕』，此本書『纂』『慕』二字相誤之證。又《練字篇》：『揚雄以奇字纂訓。』《時序篇》：『明帝纂戎。』用字義同。」

〔五六〕光彩允集　「光彩」，至正本、《訓故》、黃本作「文采」。○劉永濟《校釋》：「『文采』，唐寫本作『光采』，是。」○楊明照《拾遺》：「『文采』，唐寫本作『光彩』。按唐寫本是。『光彩』承上『銘德纂行』句，則指其人之『德』『行』，非謂碑誄之文彩也。本書『采』字，唐寫本均作『彩』。」

〔五七〕頹影豈戢　「戢」，至正本、《訓故》、黃本作「忒」。○鈴木《校勘記》：「『忒』作『㦸』。案『㦸』疑『戢』字。」○趙萬里《校記》：「本贊純用緝韻，此當以作『戢』爲是；若作『忒』，則失其韻矣。」○范註：「案唐寫本作『戢』是，本贊純用緝韻，若作『忒』則失韻。《禮記·緇衣》『其儀不忒』，《釋文》『忒一作貳』。而『貳』俗文又作『貣』，與『戢』形近，故『戢』初誤爲『貣』，繼又誤爲『忒』也。」○楊明照《拾遺》「按本贊純用緝韻（立、集、泣、戢，《廣韻》悉入緝韻，且係獨用。）此當以作『戢』爲是。若作『忒』，則失其韻矣（忒在德韻）……《文選》夏侯湛《東方朔畫贊》：『墟墓徒存，精靈永戢。』劉良註：『戢，藏也。』孫綽《庾公誄》：『永戢話言，口誦心悲』（《世説新語·方正篇》劉註引）。」○王利器《校證》：「《類聚》九七引傅咸《螢火賦》：『當朝陽而戢影。』此彥和所本。」

哀弔(弟)〔第〕十三

賦憲之謚，「短折曰哀」。哀者，(依)〔偯〕也。悲實(依)〔偯〕心，故曰哀也。以辭遣哀，蓋下流之悼〔一〕，故不在黃髮，必施夭昏。昔三良殉秦，百夫莫贖，事均夭枉〔二〕，《黃鳥》賦哀，抑亦詩人之哀(詞)〔辭〕乎〔三〕！暨漢武封禪，而霍嬗暴亡〔四〕，帝傷而作詩，亦哀辭之類矣。降及後漢〔五〕，汝陽王亡，崔瑗哀辭，始變前式〔六〕。然「腹突鬼門」〔七〕，怪而不〔辭〕〔八〕；「駕龍乘雲」，仙而不哀；又卒章五言，頗似(哥)〔歌〕謠〔九〕，亦髣髴乎漢(式)〔武〕也〔一〇〕。至於蘇順、張升〔一一〕，並述哀文，雖發其華，而未極其心實〔一二〕。建安哀(詞)〔辭〕〔一三〕，唯偉長差善，《行女》一篇〔一四〕，時有惻怛。及潘岳繼作，實鍾其美〔一五〕。觀其慮贍辭變〔一六〕，情洞哀苦〔一七〕，敘事如傳，結言摹《詩》，促節四言，鮮有緩句；故能義直而文婉，體舊而趣新，《金鹿》《澤蘭》，莫之或繼〔一八〕。原夫哀辭大體，情主於痛傷，而辭窮乎愛惜。幼未成德，故譽止(乎)〔於〕察惠〔一九〕；弱不勝務，故悼加乎膚色。隱心而結文則事愜，觀文而屬心則體夸。夸體爲辭，則雖麗不哀〔二〇〕，必使情往會悲，文來引泣，乃其貴耳。

弔者，至也。《詩》云：「神之弔矣。」言神之至也〔二一〕。君子令終定謚，事極理哀，故賓之慰主，以至到爲言也。壓溺乖道，所以不弔〔二二〕。又宋水、鄭火，行人奉辭，國災民亡，故同弔也。及晉築虒臺〔二三〕，齊襲燕城，史趙、蘇秦〔二四〕，翻賀爲弔，虐民構敵，亦亡之道。凡斯之例，弔之所設也。或驕貴以殞身〔二五〕，或狷忿而乖道〔二六〕，或有志而無時，或行美而兼累〔二七〕，追而慰之，並名爲弔。自賈誼浮湘，發憤《弔屈》，然體周而事覈〔二八〕，辭清而理哀，蓋首出之作也。及相如之《弔二世》，全爲賦體，桓譚以爲其言惻愴，讀者歎息；及卒章要切，斷而能悲也〔二九〕。揚雄弔屈，思積功寡〔三〇〕，意深《反騷》〔三一〕，故辭韻沈膇。(斑)〔班〕彪、蔡邕，並敏於致詰〔三二〕，然影附賈氏，難爲並驅耳。胡、阮之《弔夷齊》，褒而無間〔三三〕，仲宣所製〔三四〕，譏呵實工。然則胡、阮嘉其清，王子傷其隘，各其志也〔三五〕。禰衡之《弔平子》，縟麗而輕清；陸機之《弔魏武》，序巧而文繁。降斯已下〔三六〕，未有可稱者矣。夫弔雖古義，而華(詞)〔辭〕(未)〔末〕造〔三七〕；華過韻緩，則化而爲賦。固宜正義以繩理，昭德而塞違，剖（拐）〔析〕褒貶〔三八〕，哀而有正，則無奪倫矣。

（讚）〔贊〕曰：辭之所哀〔三九〕，在彼弱弄。苗而不秀，自古斯慟。雖有通才，迷方失控〔四〇〕。千載可傷，寓言以送。

校記

〔一〕賦憲之謚短折曰哀哀者依也悲實依心故曰哀也以辭遺哀蓋下流之悼　「賦憲之謚」，至正本、黃本同，《訓故》「賦憲」標疑作「賦憲」。○哀者依也悲實依心故曰哀也　《御覽》、至正本、黃本同；《訓故》兩「依」並作「偯」。○按：作「偯」是，詳見本書至正本《哀弔》校記〔一〕。從《訓故》改。○「下流」，《御覽》同；至正本、《訓故》作「下淚」；黃本作「不淚」。○范註引鈴木《校勘記》：「《御覽》敦煌本作『下流』，可從。下流，指卑者而言。《指瑕篇》曰：『施之下流』，《雕龍》下流之義可知。」○楊明照《拾遺》：「『不淚』。唐寫本作『下流』；宋本、鈔本、喜多本《御覽》五九六引同。倪刻《御覽》作『下淚』。何焯改作『不淚』。按作『下流』是。《三國魏志·閻溫傳》載張就被拘執與父恭《疏》，有『願不以下流之愛，使就有恨於黃壤也』語，其用『下流』二字義，正與此同。元本及各明本『不』皆作『下』，惟誤『流』爲『淚』耳。黃本從何焯改『下』爲『不』，非是。」○按：刊於大正十五年五月《支那學論叢》（弘文堂刊行）上的鈴木《敦煌本文心雕龍校勘記》云：「『不淚』作『下流』，《御覽》同。案非是。」此與范註引意相反，豈是《校勘記》有不同版本？

〔二〕事均夭枉　「枉」，《御覽》同；至正本、《訓故》、黃本作「横」。○趙萬里《校記》：「案（唐本）與《御覽》五九六引合。」○楊明照《拾遺》：「按『枉』字是。《帝王世紀》：『伏羲氏……乃嘗味百藥而制九針，以拯夭枉焉。』（《御覽》七二一引）《華陽國志·巴志》：『是以清儉，夭枉不聞。』《文選》謝靈運《廬陵王墓下詩》：『脆促良可哀，夭枉特兼常。』並其證。」○王利器《校證》：「『枉』原作『横』，據唐寫本、《御覽》改。」

〔三〕抑亦詩人之哀詞乎　「詞」，《御覽》、至正本、《訓故》、黃本作「辭」。

〔四〕而霍嬗暴亡　「嬗」，《御覽》、《訓故》同；至正本空缺；黃本作「子侯」。○黃叔琳校云：「元作『光病』，曹改。」又一本作「霍嬗」。○范註：「《史記·封禪書》『天子獨與侍中奉車子侯上泰山。』《漢書·霍去病傳》『去病子嬗。嬗字子侯，上愛之，爲奉車都尉，從封泰山而薨。』《風俗通義》二《封泰山禪梁父》條云：『奉車子侯暴病而死，悼傷而已。』（《通鑑·武帝紀》元封元年，奉車霍子侯暴病，一日死。上甚悼之。）武帝《傷霍嬗詩》亡。」○楊明照《拾遺》：「按黄氏所稱一本是也。唐寫本、《訓故》本及《御覽》引，並作『霍嬗』。宗本作『霍去病』，謝兆申校作『霍侯』，徐𤊹校作『霍光』，皆非。曹改非是。《史記·封禪書》：『天子既已封太山，無風雨災。而方士更言：蓬萊諸神，若將可得。於是上欣然，庶幾遇之。乃復東至海上，望冀遇蓬萊焉。奉車子侯暴病，一日死。』《漢書·郊祀志》上同（范註引《風俗通義》及《通鑑》，均嫌晚）《漢書·霍去病傳》：『嬗字子侯。』」

〔五〕降及後漢　至正本、《訓故》、黄本無「降」字。○趙萬里《校記》：「案唐本是也，與《御覽》五九六引合。」○劉永濟《校釋》：「唐寫本『及』上有『降』字，是。」

〔六〕汝陽王亡崔瑗哀辭始變前式　「汝陽王」，至正本、《訓故》、黄本同；《御覽》作「汝陽主」。○范註：「汝陽王，不知何帝子。崔瑗仕當安順帝朝，皆未有子封王；哀辭本文又亡，無可考矣。」○章錫琛宋刊本《太平御覽》引《文心雕龍》校記：「尤足珍者，如《哀弔篇》『汝陽王亡』，註謂『汝陽王不知何帝子』，今此本『王』作『主』，則是崔瑗作哀辭者，乃公主，非帝子。」○周振甫《文心雕龍註釋》：「『汝陽王』，《御覽》卷五九六作『汝陽主』。《後漢書·后紀》，汝陽長公主，和帝女，名劉廣。崔瑗，字子玉，善文辭，所作《汝陽主哀辭》，已散失。」○「式」，《御覽》、黄本同；至正本作「戒」。《訓故》標疑作「戒」。○黄叔琳校云：「元作『戒』，謝改。」○趙萬里《校記》：「案唐本是也，與《御覽》五九六引合，黄本據謝氏校改同。」○王利器《校證》：「『式』原作『戒』，謝改『代』梅本從之。徐云：『《御覽》作式。』何校改『式』，黄註本作『式』，云：『元作戒，謝改。』則非也。今按作『式』是，唐寫本作『式』。」

〔七〕然腹突鬼門　「腹」，《御覽》作「腹」；至正本、黄本作「履」。《訓故》作「履」。○王利器《校證》：「唐寫本、《御覽》『履』作『復』。」○按：王説非，《御覽》實作「腹」。作「腹」是。詳見本書至正本《哀弔》校記〔六〕。

〔八〕怪而不□　唐寫本「不」下空缺一字。《御覽》、至正本、《訓故》、黄本「不」下作「辭」。○范文瀾校云：「孫云：唐寫本『辭』作『式』；《御覽》亦作『式』。」又註：「唐寫本『辭』作『式』，似非是。」○郭晉稀《註譯》：「唐寫本作『式』。」○王利器《校證》：「『辭』唐寫本空格。梅六次本、張松孫本『辭』作『式』。」○潘重規《合校》：「唐寫本『辭』字缺。」○按：王、潘二氏説是，孫、郭説非。唐寫本實作空格，范註又緣孫説而致誤。今從《御覽》、至正本等補。

〔九〕頗似哥謡　「哥」，《御覽》、至正本、《訓故》、黄本作「歌」。

〔一〇〕亦髣髴乎漢武也　至正本、《訓故》、黄本作「亦彷彿乎漢武也」。○范註：「瑗《哀辭》卒章五言，蓋仿武帝《傷霍嬗詩》也。」○周振甫《註釋》：「仿佛漢武：當指和漢武帝作的哀辭相類。」

〔一一〕至於蘇順張升　「蘇」，《御覽》作「顯」。「順」，至正本、《訓故》、黄本作「慎」。○黄叔琳校云：「（慎）疑作『順』。」○趙萬里《校記》：「案唐本是也，與《御覽》五九六引合。」○范註：「蘇順著《哀辭》等十六篇。張升字彦真，亦見《後漢書・文苑傳》，著賦、誄、頌、碑、書，凡六十篇（六十篇中必有哀辭，本傳失舉耳。）二人所著《哀辭》並佚。」○楊明照《拾遺》：「『慎』，黄校云：『疑作順。』此沿梅校。按唐寫本及《御覽》引，並作『順』。當據改。《文章流別論》：『哀辭者，誄之流也。崔瑗蘇順馬融等爲之，率以施於童殤夭折，不以壽終者。』（《御覽》五九六引）是孝山亦以哀辭著稱也。（所著十六篇中即有哀辭，見《後漢書・文苑》上順本傳。）○按：作「順」是。《後漢書・文苑傳・蘇順傳》：「蘇順字孝山。所著賦、論、誄、哀辭、雜文，凡十六篇。」諸本「順」並作「慎」；唯唐寫本、《御覽》作「順」。《劉子・思順》第九，「順」亦有作「慎」者，而敦煌本《劉子》亦作「順」。《梁書・武帝本紀》：「皇考諱順之，齊高帝族弟也。」《梁書》稱順陽郡爲南鄉，《南齊書》「順」字多易爲「從」。（陳垣《史諱舉例》）《文心》、《劉子》易「順」爲「慎」，疑原作「慎」，避梁武帝父順之諱，後之版本，有未及改者。

〔一二〕雖發其華而未極其心實　至正本、《訓故》、黄本「華」上有「情」字；「極」下無「其」字。《御覽》無「其」字。○趙萬里《校記》：「案明鈔《御覽》五九六引亦無『情』字；疑此文當作『雖發其華，而未極其實。』」○郭晉稀《註譯》校「情」作「文」，並註：「『文華』，元作『情華』。今案『文華』、『心實』相對爲文，今校改。」○王利器《校證》校「情」作「精」；並註云：「唐寫本、《御覽》無『精』字；王惟儉本『精』作『情』。『其』字原無，據唐寫本補。《御覽》『心』作『其』。」○潘重規《合校》：「重規案：唐寫本蓋脱『情』字。」○按：宋本《御覽》「心」不作「其」。

〔一三〕建安哀詞　「詞」，《御覽》、至正本、《訓故》、黄本作「辭」。

〔一四〕行女一篇　「一篇」，《訓故》、黄本同；至正本誤倒作「篇一」。《御覽》無「一」字。

〔一五〕實鍾其美　「鍾」，《御覽》同；至正本、《訓故》、黄本作「踵」。○范註：「唐寫本踵作鍾，……是。」○楊明照《拾遺》：「『踵』，唐寫本作『鍾』，《御覽》引同。按『鍾』字是。《才略篇》：『潘岳敏給，辭自和暢，鍾美於《西征》，賈餘於哀誄。』是其證。《左傳》昭公二十八年：『天鍾美於是。』當是『鍾美』二字之所自出。《隸釋・張納碑》：『鍾美積德。』亦以『鍾美』爲言。」

〔一六〕觀其慮贍辭變　「贍」，《御覽》作「瞻」。至正本、《訓故》、黃本作「善」。○趙萬里《校記》：「案（唐本）與明鈔《御覽》五九六引合。」○范註：「唐寫本『善』作『贍』，是。」○楊明照《拾遺》：「『善』唐寫本作『贍』。宋本、喜多本、《御覽》引作『瞻』。鈔本《御覽》作『贍』，又『瞻』之誤。按『贍』字是。『瞻』乃『贍』之誤。《章表篇》『觀其體贍而律調』，《才略篇》『理贍而辭堅』，句法與此相同，可證。」

〔一七〕情洞哀苦　「哀」，至正本、《訓故》、黃本作「悲」。○詹鍈《義證》：「唐寫本『悲』作『哀』。郭註：『洞，深入也。』」

〔一八〕莫之或繼　《御覽》、至正本、《訓故》、黃本「繼」下有「也」字。○王利器《校證》：「唐寫本無『也』字。」

〔一九〕幼未成德故譽止乎察惠弱不勝務悼加乎膚色　《御覽》「德」作「性」，「譽」作「興言」，「悼」作「悼惜」，「膚色」作「容色」。「止乎」，至正本、《訓故》、黃本作「止於」。○范文瀾校云：「『譽』字《御覽》作『與言』二字。孫云：《御覽》作『故興言』。」○劉永濟《校釋》：「《御覽》九五六（按：當作五九六）作『興言』。按當作『譽言』。」○郭晉稀《註譯》：「『譽言』，元作『譽』，宋本《御覽》作『興言』（按：宋本《御覽》五九六引實作「興言」），今校改。宋本《御覽》作『與言』者，蓋本作『譽言』，『譽』字離作『與』『言』兩字，遂重一言字，故校者刪作『與言』耳。再校者又以『與』『言』二字合成『譽』字，故今本作『譽』也。」○詹鍈《義證》：「按唐寫本『於』作『乎』。『譽止乎察惠』，《御覽》作『興言止乎察惠』；『悼加乎膚色』，《御覽》作『悼惜加乎容色』，應以《御覽》爲是。《文體明辨・序説》『或以有才而傷其不用，或以有德而痛其不壽。幼未成德，則譽止於察惠；弱不勝務，故悼加乎膚色。此哀辭之大略也。』范註：『惠與慧通。』《文章辨體・序説》：『哀辭則寓傷悼之情，而有長短句及楚體不同。』《斟詮》（李曰剛《文心雕龍斟詮》）：『成德，成就德行也。《易・乾》君子以成德爲行。』又：『察惠，謂明察敏慧也。』」○按：唐寫本正作「譽」，劉、郭二氏説未必是。「幼未成德，故譽止於察惠；弱不勝務，故悼加乎膚色。」上下正相對爲文。宋本《御覽》「譽」離作「與」「言」二字，「與」又形誤爲「興」，故下句復增「悼」下「惜」字以成對耳。詹引《文體明辨・序説》正作『譽止於察惠』『悼加乎膚色』。但《義證》又以爲『應以《御覽》爲是』。似不可從。

〔二〇〕觀文而屬心則體夸夸體爲辭則雖麗不哀　《御覽》、至正本、《訓故》、黃本兩「夸」字並作「奢」。《御覽》「夸體」作「體奢」。○郭晉稀《註譯》：「『體奢』與下句『奢體』，兩『奢』字唐寫本皆作『夸』。『夸』與『奢』義同，兩通。」

〔二一〕言神之至也　《御覽》、至正本、《訓故》、黃本「神」下無「之」字。○楊明照《拾遺》：「唐寫本『神』下有『之』字。按有『之』字語勢較勝。」

〔二二〕所以不弔　至正本、《訓故》同；《御覽》、黄本「不弔」下有「矣」字。○楊明照《拾遺》：「『矣』唐寫本無。馮舒校沾『矣』字。按元本、弘治本、汪本、佘本、張本、兩京本、何本、胡本、梅本、凌本、《合刻》本、梁本、《祕書》本、謝鈔本、《彙編》本、《別解》本、岡本、《尚古》本、文津本、王本、張松孫本、鄭藏鈔本、崇文本並無『矣』字，與唐寫本合。馮舒校沾『矣』，蓋據《御覽》也。尋繹語勢，『矣』字不必有。」

〔二三〕及晉築虒臺　「虒」，《訓故》、黄本同；《御覽》、至正本作「虎」。○黄叔琳校云：「元作『虎』，孫改。」又註：「《左傳》：遊吉相鄭伯以如晉，亦賀虒祁也。史趙見子太叔曰『甚哉其相蒙也』，可弔也而又賀之。」○趙萬里《校記》：「案唐本是也，與《御覽》五九六引，黄本據孫氏校改同。」○楊明照《拾遺》：「按孫改是也。唐寫本、何本、《訓故》本、梁本、謝鈔本（《四庫》本係剜改）正作『虒』；鈔本、喜多本《御覽》引同。《文通》十八引亦作『虒』。」

〔二四〕史趙蘇秦翻賀爲弔虐民搆敵　「史趙」，《御覽》、《訓故》、黄本同；至正本「史」作「使」，無「趙」字。○黄叔琳校云：「（趙）元脱，孫補。」○趙萬里《校記》：「案唐本是也，與《御覽》五九六引合，黄本孫補同。」○楊明照《拾遺》：「按唐寫本、何本、《訓故》本、梁本、謝鈔本（《四庫》本係剜改）並有『趙』字；《御覽》、《文通》引同。孫補是也。」○王利器《校證》：「案唐寫本、王惟儉本、《御覽》正有『趙』字。譚校『史趙』作『使趙』，未可從。」○按：「虐民搆敵」，《御覽》作「害民搆怨」。

〔二五〕或驕貴以殞身　「以」，至正本、《訓故》、黄本作「而」。

〔二六〕或狷忿而乖道　《御覽》「忿」作「介」；至正本無「或」字；「而」作「以」。《訓故》、黄本「而」作「以」。○楊明照《拾遺》：「按《説文·心部》：『悁，忿也。』《戰國策·趙策》二：『秦忿悁含怒之日久矣。』《史記·魯仲連傳》：『棄忿悁之節。』《韓非子·亡徵篇》：『心悁忿而不知前後者。』疑此『狷』字當作『悁』。『悁忿』與『忿悁』同。」○王利器《校證》：「馮校本、何校本、譚校本引《御覽》『忿』作『介』。元本、傳校元本、汪本、佘本『狷』上脱『或』字，徐校補。」

〔二七〕或行美而兼累　「行美」，《御覽》同；至正本、《訓故》、黄本作「美才」。○范註：「唐寫本『美才』作『行美』，非是。」○楊明照《拾遺》：「『美才』唐寫本作『行美』；《御覽》引同。按作『行美』較勝。」○王利器《校證》：「『行美』原作『美才』，據唐寫本、《御覽》改。『行美』與『有志』對文。」

〔二八〕發憤弔屈然體周而事覈　《御覽》「弔」上有「而」字，無「然」字；至正本、《訓故》、黄本無「然」字；「周」作「同」。○范註引鈴木《校勘記》：「燉本『同』作『周』。案《諸子篇》曰『呂氏鑒遠而體周』，此『周』字是也。」○王利器《校證》：

「『周』原作『同』，據唐寫本、《御覽》改。賈文名弔，不得云『體同』也。徐校亦作『周』。」

〔二九〕及卒章要切斷而能悲也　「卒」，至正本、《訓故》、黄本作「平」。《御覽》「章」下有「意」字。《訓故》「能悲也」下雙行小字：「此句疑有誤字。」○黄叔琳校云：「（平）一作卒。」○趙萬里《校記》：「案《御覽》五九六引，及與唐本合。」○范註：「唐寫本『平章』作『卒章』，是。『卒章』，謂『持身不謹兮，亡國失勢』以下也。」○楊明照《拾遺》：「按『及』字與上『及相如之弔二世』句複，語意亦不合，疑爲『乃』之誤。本書『乃』『及』字多互誤。『平』字亦當依唐寫本及《御覽》改爲『卒』。徐㶿校『卒』，天啟梅本已改『卒』（張松孫本從之）。」

〔三〇〕楊雄弔屈思積功寡　《御覽》「弔」作「序」；「功」，《御覽》、《訓故》、黄本同；至正本作「切」。○王利器《校證》：「『弔』《御覽》作『序』。元本、傳校元本、馮本、汪本、佘本、張之象本『功』作『切』，涉上文『要切』而誤。」

〔三一〕意深反騷　至正本、《訓故》、黄本「反騷」作「文略」。○范註：「『意深文略』，唐寫本作『意深反騷』，是。『意深反騷』，猶言立意反《騷》……子雲此文（按指楊雄《反離騷》），意在反《騷》，了無新義，故辭韻沈膇，洩涊不鮮也。」○劉永濟《校釋》：「唐寫本『文略』作『反騷』，是。」○郭晉稀《註譯》：「《漢書·楊雄傳》：『乃作書，往往摭《離騷》文而反之。自涽山投諸江流，以吊屈原，名曰《反離騷》。』『意深反《騷》』，猶言立意反《騷》。『反騷』，原作『文略』，非。」

〔三二〕斑彪蔡邕並敏於致詰　《御覽》「斑」作「班」。「斑」、「詰」，至正本、《訓故》、黄本作「班」、「語」。○范註：「『致語』，唐寫本作『致詰』；疑『詰』是『結』之誤。『結』，謂一篇之卒章也。」○劉永濟《校釋》：「唐寫本作『致詰』，是。」○楊明照《拾遺》：「『語』，唐寫本作『詰』；宋本、鈔本《御覽》引同。按『詰』字是。下句云：『影附賈氏，難爲並驅。』今誦長沙《弔屈原》文，自『訊曰』以下有『致詰』意。叔皮、伯喈所作，雖無全璧，然據《類聚》（卷四十引蔡邕《弔屈原》文，卷五六引班彪《弔離騷》文。）所引者，亦皆有『致詰』之詞。《老子》第十四章：『此三者，不可致詰。』是『致詰』二字固有所本也。《後漢書·袁安傳論》：『雖有不類，未可致詰。』《抱朴子·内篇微旨》：『淵乎妙矣難致詰。』亦並以『致詰』爲言。」○王利器《校證》：「唐寫本、宋本《御覽》『語』誤『誥』。《詩·定之方中傳》說君子九能云：『祭祀能語。』」○按：王説非。唐寫本、宋本《御覽》實作「詰」，不作「誥」。

〔三三〕胡阮之弔夷齊褒而無間　《御覽》「胡」上有「故」字；「褒」下有「喪」字；「間」作「文」。「間」，至正本、《訓故》、黄本作「聞」。○范註：「『聞』唐寫本作『間』，是。孔安國註《論語·泰伯篇》曰『孔子推禹功德之盛美，言已不能復間廁其間』。王粲依附曹操，故有『知養老之可歸，忘除暴之爲念』之譏。」○楊明照《拾遺》：「『聞』，唐寫本作『間』。

《御覽》引作『文』。天啟梅本改作『文』。按唐寫本是也。『無閒』二字，出《語論·泰伯》。《漢書·敘傳》上：『(谷)永指以駮譏趙李，亦無閒(顏註：閒，非也。)云』，《蔡中郎集·朱公叔議》：『是後覽之者亦無閒焉』，傳玄《七謨序》：『僉曰妙焉，吾無閒矣』(《類聚》五七引)，《弘明集》柳憕《答梁武帝敕》：『聖情玄覽，理證無閒』，其用『無閒』義並與此同。『褒而無閒』，蓋謂伯始元瑜所作，止有褒揚而無非難也。今觀《類聚》所引殘文(並見卷三七)誠有如舍人所評者。《左傳》莊公十五年『鄭人閒之』釋文：『(閒)一本作聞。』是『閒』與『聞』易淆之證。《御覽》引作『文』，則又由『聞』致誤。」〇潘重規《合校》：「唐寫本『聞』作『閒』。重規案：胡廣、阮瑀、王粲均有《弔夷齊》文。胡、阮則褒嘉無閒然之辭，仲宣則譏呵有傷之之意。宜從唐寫本作『無閒』，文義方貫。」〇户田浩曉《資料》：「原文應是『間』(『閒』)，因形似訛爲『聞』，又因與『聞』字音相近而改爲『文』。後世歷來認爲此句難解，今乃因敦煌本的出現，多年的疑問遂一旦冰釋。最近見潘重規氏《讀文心雕龍札記》云：『無閑』當解作『無閒然之辭』，宜從敦煌本；深感得一知己，欣慰之餘，並志於此。」

〔三四〕仲宣所製　「製」，《御覽》同；至正本、《訓故》、黄本作「制」。

〔三五〕王子傷其隘各其志也　《御覽》同；至正本、《訓故》、黄本無「其」也。〇黄叔琳校云：「(各)一本下有『其』字。」〇趙萬里《校記》：「案唐本是也，與《御覽》五九六合。」〇范文瀾校云：「鈴木云：梅本上句『隘』字下，下句『志』字上，夾註補『各其』二字。」又註：「『各』下應有『其』字。」〇楊明照《拾遺》：「按有『其』字，文意乃足。唐寫本及《御覽》引，並有『其』字。《奏啟篇》：『若夫傳咸勁直，而按辭堅深；劉隗切正，而劾文闊略，各其志也。』句法與此相同，可證。《才略篇》有『各其善也』語。」〇王利器《校證》：「『其』字原無，徐校本、梅六次本、日本刊本、張松孫本補。案唐寫本、《御覽》正有『其』字。《奏啟篇》『各其志也』、《才略篇》『各其善也』、《章句篇》『亦各有其志也』，俱有『其』字，今據補。」

〔三六〕降斯已下　「已」，至正本、《訓故》、黄本作「以」。

〔三七〕而華詞未造　「詞」，《御覽》、至正本、《訓故》、黄本作「辭」。「未」，《御覽》、至正本、黄本同。〇鈴木《校勘記》：「『未』字同。案『未』，『末』之誤。」〇范文瀾校云：「鈴木云：案『未』，『末』字之訛。」又註：「郝懿行曰：『未造，疑末造之譌。』」〇楊明照《拾遺》：「按鈴木説是。《雜文篇》有『暇豫之末造』語。《儀禮·士冠禮》：『夏之末造也。』鄭註：『造，作也。』(《禮記·郊特牲》亦有此文。)」

〔三八〕剖抃褒貶　「剖抃」，《御覽》作「析割」。「剖」，至正本、《訓故》、黃本作「割」。「抃」，至正本、《訓故》同；黃本作「析」。○楊明照《拾遺》：「『割』，唐寫本作『剖』，鈔本《御覽》引同。按『剖』字是。〔『剖』〕『割』形近，古籍中每易淆誤。」《體性篇》『剖析毫釐』，《麗辭篇》『剖毫析釐』，並以『剖析』言之。」

〔三九〕辭之所哀　至正本、《訓故》、黃本「之」作「定」，「哀」作「表」。○范註：「唐寫本『定』作『之』，『表』作『哀』，均是。」○劉永濟《校釋》：「唐寫本作『辭之所哀』，是。」

〔四〇〕迷方失控　「失」，至正本、《訓故》、黃本作「告」。○黃叔琳校云：「（告）一作『失』。」又註：「《左傳》：『翦焉傾覆，無所控告。』」○趙萬里《校記》：「案（唐本）與黃校所引一本合。」○范註：「『告』，唐寫本作『失』，是。『迷方失控』，謂如華過韻緩，化而爲賦之類。」○楊明照《拾遺》：「按唐寫本即作『失』，是也。『失控』，謂失其控制。」○王利器《校證》：「『失』原作『告』，據唐寫本改。『迷』『失』對文。」

雜文（弟）〔第〕十四

智術之子，博雅之人，藻溢於（詞）〔辭〕[一]，辯盈乎氣[二]。苑囿文情，故日新而殊致[三]。宋玉含才，頗亦負俗，始造《對問》，以申其志，放懷寥廓，氣實使文[四]。及枚乘摛艷，首製《七發》，腴（詞）〔辭〕雲（搆）〔構〕[五]，夸麗風駭。蓋七竅所發[六]，發乎嗜欲，始邪末正，所以戒膏粱之子也。揚雄（談）〔覃〕思文（闊）〔閣〕[七]，業深綜述，碎文瑣語，肇爲《連珠》，珠連其辭[八]，雖小而明潤矣。凡此三文[九]，文章之枝派，暇（預）〔豫〕之末造也[一〇]。

自《對問》已後[一一]，東方朔（効）〔效〕而廣之[一二]，名爲《客難》，託古慰志，疎而有辨。揚雄《解嘲》，雜以諧調[一三]，迴環自釋，頗亦爲工。（斑）〔班〕固《賓戲》，含懿采之華；崔駰《達旨》，吐典言之式[一四]；張衡《應（問）〔閒〕》[一五]，密而兼雅；崔寔《客譏》[一六]，整而微質；蔡邕《釋誨》，體奧而文炳；郭璞《客傲》[一七]，情見而采蔚；雖迭相祖述，然屬篇之高者也。至於陳思《客問》，辭高而理疎；庾敳《客諮》[一八]，意榮而文悴[一九]。斯類甚衆，無所取才矣[二〇]。原夫茲文之設[二一]，乃發憤（而）〔以〕表志[二二]。身挫憑乎道勝，時屯寄於情泰；莫不淵岳其心，麟鳳其采，此立體之大要也〔二三〕。

自《七發》已下〔二四〕，作者繼踵。觀枚氏首唱，信獨拔而偉麗矣。及傅毅《七激》，會清要之工；崔駰《七依》，入（雅博）〔博雅〕之巧〔二五〕；張衡《七辨》，結采綿靡；崔瑗《七厲》，（指）〔植〕義純正〔二六〕；陳思《七啟》，取美於宏壯；仲宣《七釋》，致辨於事理。自桓麟《七説》已下，左思《七諷》已上〔二七〕，枝附影從，十有餘家。或文麗而義暌，或理粹而辭駁〔二八〕。觀其大抵所歸，莫不高談宮館，壯語（田）〔畋〕獵〔二九〕。窮瑰奇之服饌〔三〇〕，極蠱媚之聲色，甘意摇骨髓〔三一〕，艷詞洞魂識〔三二〕，雖始之以淫侈，終之以居正〔三三〕。然諷一（觀）〔勸〕百〔三四〕，勢不自反；子雲所謂「騁鄭聲曲終而奏雅」者也〔三五〕。唯《七（例）〔厲〕》叙賢〔三六〕，歸以儒道，雖文非拔羣，而意實卓爾矣。

自《連珠》以下，擬者間出。杜篤、賈逵之曹，劉珍、潘勗之輩，欲穿明珠，多貫魚目。可謂壽陵匍匐，非復邯鄲之步；里醜捧心〔三七〕，不關西施之嚬矣。唯士衡〔運〕思，〔理〕新文敏〔三八〕，而裁章置句，廣於舊篇。豈慕（珠中）〔朱仲〕四寸之璫乎〔三九〕！夫文小易周，思閑可贍。足使義明而（詞）〔辭〕淨〔四〇〕，事圓而音澤，（落落）〔磊磊〕自轉〔四一〕，可稱珠耳。

詳夫漢來雜文，名號多品。或典、誥、誓、問，或覽、略、篇、章，或曲、操、弄、引，或吟、諷、謡、詠，總括其名，並歸雜文之區，甄别其義，各〔入〕（詩）〔討〕論之域〔四二〕；類聚有貫，故不曲述也〔四三〕。

（讚）〔贊〕曰：偉矣前修，學堅才飽〔四四〕。負文餘力，飛靡弄巧。枝辭攢映〔四五〕，（嘒）〔嚖〕若參昴〔四六〕。慕嚬之徒，心焉（抵）〔祇〕攪〔四七〕。

校記

〔一〕藻溢於詞　「詞」，至正本、《訓故》、黄本作「辭」。

〔二〕辯盈乎氣　「辯」，至正本、《訓故》、黄本作「辭」。○范文瀾校云：「孫云唐寫本作『辨』。」○劉永濟《校釋》：「唐寫本「辭」作「辨」，是。」○楊明照《拾遺》：「唐寫本次『辭』（按：即「盈」上「辭」字）作『辨』。按『辨』字是。『辨盈乎氣』，與上『藻溢於辭』相對爲文。次『辭』字乃涉上句而誤，當據改。《漢書・東方朔傳》：『辯知閎達，溢于文辭。』顏註：『溢者，言其有餘也』。」○王利器《校證》：「唐寫本『辭』作『辨』。」○潘重規《合校》：「唐寫本『辭』作『辨』。」○詹鍈《義證》：「『辭盈』之『辭』，唐寫本作『辯』。斯波六郎《文心雕龍范註補正》：『從上句之關係推之，疑當從唐寫本。』」○按：唐寫本實作「辯」，不作「辨」，正與《漢書・東方朔傳》「辯知閎達」合。孫、劉、楊、王、潘諸家皆誤「讠」作「丿」，致誤「辯」爲「辨」矣。

〔三〕故日新而殊致　至正本、《訓故》、黄本「新」下無「而」字。○詹鍈《義證》：「唐寫本『新』下有『而』字，是。」

〔四〕氣實使文及枚乘摛艷　「文」，至正本、《訓故》、黄本作「之」。《御覽》「摛」作「擒」。《訓故》「摛艷」標疑作「摛艷」。○范註：「『之』，唐寫本作『文』，是。」○楊明照《拾遺》：「按唐寫本是。《金樓子序》『爲文也，氣不遂文，文常使氣。』足爲旁證。」○按：作「擒」無義，「擒」乃「摛」之形誤。

〔五〕腴詞雲搆　「詞」，至正本、《訓故》、黄本作「辭」。「搆」，至正本、《訓故》、黄本同。《御覽》作「構」。○楊明照《拾遺》：「『搆』，唐寫本作『構』；《御覽》五百九十引同。按『構』字是。『搆』乃『構』之俗。《比興篇》『比體雲構』，《時序篇》『英采雲構』（此依弘治本、汪本等，黄本亦誤爲『搆』。）並其證。」○潘重規《合校》：「重規案：唐寫本實作『搆』。六朝唐人寫本，木旁多作扌。」

〔六〕夸麗風駭蓋七竅所發　「夸」，《御覽》、黄本同；至正本、《訓故》作「本」。《訓故》「本麗」標疑作「本麗」。「竅」，《御覽》作「覆」。○王利器《校證》：「『夸』原作『本』，徐校云：『《御覽》作『夸』。梅本改作『夸』。案唐寫本正作『夸』。」○按：「覆」無義，乃「竅」之形誤。

〔七〕所以戒膏粱之子也揚雄談思文闊　《御覽》在「之子也」下刪二十二字。「談」，至正本、《訓故》、黄木作「覃」。○鈴木《校勘記》：「『覃』作『淡』。案此非是也，《玉海》作『覃思文閣』，可從。」○范文瀾校云：「趙云：『覃』作『淡』。」又：「（闊）孫云：《御覽》作『閣』。」○范註：「『覃思』，猶言静思（《後漢書・文苑・侯瑾傳》『覃思著述』。註云『覃，静也。』）；『文闊』，當作『文閣』。《漢書・揚雄傳贊》『雄校書天祿閣』。」○楊明照《拾遺》：「『覃』，唐寫本作『淡』；鈔本《御覽》引作『談』。『闊』，《御覽》、《玉海》五四引作『閣』（《文通》十一引同）。按『淡』『談』並誤；『閣』字是。此文『覃思』，即《漢書・楊雄傳》『默而好深湛之思』也。又《敘傳》述『綴而覃思，草法纂玄』，《文選・答賓戲》『揚雄覃思，《法言》、《太玄》」，《晉書·夏侯湛傳》「揚雄覃思於《太玄》」，蓋舍人謂雄「覃思」之所本。《魏書·常景傳揚雄讚》亦有「覃思邈前修」語。《神思篇》「覃思之人」，《才略篇》「業深覃思」，亦並以「覃思」連文。《訓故》本作「覃思文閣」，不誤。當據改。」○王利器《校證》：「『覃』唐寫本作『淡』。按唐寫本不可從……《晉書·夏侯湛傳》，湛作《抵疑》云：『揚雄覃思於《太玄》。』又作『潭思』，《雄本傳》云：『潭思渾天』。師古曰：『潭，深也。』『覃』『潭』古通，此彥和所本。《神思篇》『覃思之人』，《才略篇》：『業深覃思』，亦本書『覃思』連文之證。」又：「『閣』原作『闊』，王惟儉本、《玉海》五四、《文通》作『閣』，紀云：『當作閣』。譚校從《玉海》作『閣』，今從之。吳校作『囿』。」○潘重規《合校》：「唐寫本『覃』作『淡』。」○按：唐寫本原寫作「淡」，但已改作「談」，諸家皆疏於已改「言」旁致誤。又：《御覽》未引「楊雄談思文闊」以下二十二字，孫、楊說無據。

〔八〕珠連其辭　《御覽》「珠連其辭」作「楊雄」；至正本、《訓故》、黃本無「珠連」二字。○楊明照《拾遺》：「按『珠連』二字當有，於『辭』下加豆。『珠連其辭』，所以『釋名章義』也。」

〔九〕凡此三文　《御覽》「凡此三文」作「此」；至正本、《訓故》、黃本作「凡此三者」。○趙萬里《校記》：「唐寫本作『凡三此文』，誤。」○王利器《校證》：「《御覽》無『凡三者』三字。」○潘重規《合校》：「重規案：唐寫本有乙倒，實作『凡此三文』。」○按：潘說是。唐寫本在「三此」中間右旁有乙倒記號「√」。

〔一〇〕文章之枝派暇預之末造也　「派」，《御覽》作「流」；「預」，至正本、《訓故》、黃本作「豫」。○范註：「《晉語》二『優施曰，我教茲暇豫事君。』韋昭註：『暇，閑也；豫，樂也。』」○楊明照《拾遺》：「『豫』，唐寫本作『預』；《御覽》引同。按『暇豫』二字出《國語·晉語》二。『豫』『預』雖通，此以作『豫』爲是。《明詩篇》『暇豫優歌』，《時序篇》『暇豫文會』，亦並作『豫』。」

〔一一〕自對問已後　至正本、《訓故》、黃本「已」作「以」。○按：唐寫本「已」寫作「已下」，在「下」旁有刪號「……」。

〔一二〕東方朔効而廣之　「効」，至正本、《訓故》、黃本作「效」。

〔一三〕雜以諧調　「調」，至正本、《訓故》、黃本作「謔」。○楊明照《拾遺》：「按『調』字是。細讀其文，實未至於謔也。」

〔一四〕斑固賓戲含懿采之華崔駰違旨吐典言之式　「斑」，至正本、《訓故》、黃本並作「班」。○按：作「班」是，從諸本改。○「式」，至正本、黃本作「裁」。

〔一五〕張衡應問　「問」，至正本同；《訓故》、黃本作「間」。○范文瀾校云：「孫云唐寫本作『問』。鈴木云諸本皆作

『問』」。又註：「張衡《應閒》，見《後漢書》本傳。李賢註引《衡集》云『觀者覩余去史官，五載而復還，非進取之勢也。唯衡内識利鈍，操心不改，或不我知者，以爲失志矣，用爲閒余。（閒，非也。）余應之以時有遇否，性命難求，因茲以露余誠焉。名之《應閒》云』。」○楊明照《拾遺》：「『閒』，唐寫本作『問』；元本、弘治本、活字本、汪本、佘本、張本、《兩京》本、何本、胡本、《訓故》本、梅本、凌本、《合刻》本、梁本、《祕書》本、謝鈔本、《彙編》本、清謹軒本、文溯本、王本、張松孫本、鄭藏鈔本、崇文本並同。馮舒云：『問當作閒。』按諸本皆誤。《隸釋·張平子碑》：『再爲史官，而發應閒之論。』是當作『閒』切證。《後漢書》衡本傳及李註引《衡集》（原文黄、范兩家註已具），亦並作『閒』。黄氏從馮舒説改『問』爲『閒』是也。」

〔一六〕崔寔客譏　「寔」，至正本、《訓故》同；黄本作「實」。「客譏」，至正本、《訓故》、黄本同。○黄叔琳註：「客疑作答。」○范註：「《客譏》，應作《答譏》。《崔寔傳》：寔所著碑、論、箴、銘、答、七言、祠文、表記、書凡十五篇。答，即此《答譏》也。《藝文類聚》十五載《答譏》文。」○詹鍈《義證》引王更生《文心雕龍范注駁正》：「『客譏』不應遽改爲『答譏』，蓋稱《答客譏》也。」又引斯波六郎《范註補正》云：「《答客譏》如《答客難》、《答賓戲》之類，或《類聚》作《答譏》，彦和稱爲《客譏》。」

〔一七〕郭璞客傲　「郭璞」，至正本、《訓故》、黄本作「景純」。○范註：「『景純』，應改『郭璞』，唐寫本是。《答傲》，見《晉書》本傳。」○郭晉稀《註譯》：「郭璞字景純，本段上文皆稱名，此處不當獨用字。『郭璞』，元作『景純』，今依唐寫本校改。」

〔一八〕庾敳客諮　「敳」，《訓故》、黄本同；至正本作「凱」。「諮」，至正本、黄本作「咨」。○黄叔琳校云：「（敳）元作『凱』，欽改。」○趙萬里《校記》：「案唐本是也，黄本據欽校，改『凱』爲『敳』，與唐本正合。」○范註：「庾敳，字子嵩，《晉書》有傳。《客咨》佚。」○楊明照《拾遺》：「按欽改是也。唐寫本、《訓故》本、謝鈔本正作『敳』。」○王利器《校證》：「唐寫本『咨』作『諮』。汪本、佘本誤作『恣』，徐校作『咨』。」

〔一九〕意榮而文悴　「悴」，《訓故》、黄本同；至正本作「粹」。○黄叔琳校云：「元作『粹』，朱改。」○楊明照《拾遺》：「『悴』，黄校云：『元作粹，朱改。』此沿梅校。徐𤊹校『瘁』。按朱改是也。唐寫本、何本、《訓故》本、謝鈔本、清謹軒本並作『悴』。以《總術篇》『或義華（華猶榮也）而聲悴』證之，自以作『悴』爲是。」○王利器《校證》：「『悴』原作『粹』，謝、徐改作『瘁』，梅據朱改『悴』。案唐寫本、王惟儉本正作『悴』。《總術篇》『或義華而聲悴』，《附會篇》『若首唱榮華，而媵句憔悴」，「悴」與「華」、「憔悴」與「榮華」對言，與此正同。」

〔二〇〕無所取才矣　「才」，至正本、《訓故》、黄本作「裁」。○郭晉稀《註譯》：「『取裁』，取與裁平列義近。唐寫本作『取才』，不如『取裁』義長。」○楊明照《拾遺》：「按唐寫本是也。《論語・公冶長》：『無所取材』（『材』與『才』通）。蓋舍人所本。《檄移篇》『無所取才矣』，尤可證。」○詹鍈《義證》引斯波六郎《范註補正》：「疑作『才』者可從。『無所取才矣』句亦見《檄移》第二十。『才』與『材』通。」

〔二一〕原夫兹文之設　至正本、《訓故》、黄本「原」下無「夫」字。○楊明照《校註拾遺》：「按唐本是也。《詮賦》、《頌讚》、《哀弔》、《史傳》、《論説》、《章表》諸篇，並有此種語句。」○王利器《校證》：「『夫』字原無，據唐寫本增。《正緯篇》『原夫圖録之見』，《詮賦篇》『原夫登高之旨』，《頌讚篇》『原夫頌惟典雅』，《哀弔篇》『原夫哀辭大體』，《史傳篇》『原夫載籍之作』，《論説篇》『原夫論之爲體』，《章表篇》『原夫章表之爲用也』，《指瑕篇》『原夫古之正名』，諸篇俱有此類句法，可證。」

〔二二〕乃發憤而表志　至正本、《訓故》、黄本「乃」作「廼」；「而」作「以」。

〔二三〕此立體之大要也　「體」，至正本、《訓故》、黄本作「本」。○楊明照《拾遺》：「按唐寫本是也。『體』俗簡寫作『体』，後又誤爲『本』耳。《銘箴篇》『體義備焉』，或本亦誤『體』爲『本』，其比正同。《徵聖篇》『或明理以立體』，《宗經篇》『禮以立體』，《書記篇》『隨事立體』，《定勢篇》『莫不因情立體』，並足爲此當『立體』之證。」

〔二四〕自七發已下　「已」，至正本、《訓故》、黄本作「以」。

〔二五〕入雅博之巧　「雅博」，《御覽》、至正本、《訓故》、黄本作「博雅」。○按：唐寫本誤倒，當作「博雅」。本篇「博雅之人」，即「博雅」連詞之證。

〔二六〕指義純正　「指」，《御覽》、至正本、《訓故》、黄本作「植」。○楊明照《拾遺》：「按以《檄移篇》『故其植義颺辭』例之，此當以『植』字爲是。唐寫本作『指』，殆『植』之形誤。」○王利器《校證》：「『植』唐寫本作『指』。《御覽》仍作『植』。案《檄移篇》『植義颺辭』，字亦作『植』，唐寫本不可從。《奏啟篇》『標義路以植矩』，用法亦同。」

〔二七〕自桓麟七説已下左思七諷已上　至正本、《訓故》、黄本兩「已」字並作「以」。

〔二八〕或理粹而辭駮　「駮」，至正本、《訓故》、黄本作「駁」。○按：「駮」、「駁」古通。

〔二九〕壯語田獵　「田」，《御覽》同；至正本、《訓故》、黄本作「畋」。○趙萬里《校記》：「案（唐本）與《御覽》五九〇引合。」

〇詹鍈《義證》：「唐寫本『畋』作『田』。《斠詮》：（畋、田）古通。《禮記・王制》：『百姓田獵。』……《孟子・梁惠王》：『今王田獵於此。』《説文通訓定聲》：『田，叚借爲畋。』」

〔三〇〕窮瑰奇之服饌　「瑰」，至正本、《訓故》、黄本作「瓌」。

〔三一〕甘意摇骨髓　「髓」，《御覽》、《訓故》同；至正本、黄本作「體」。〇黄叔琳校云：「楊云：當作『髓』。」〇趙萬里《校記》：「案唐本是也，與《御覽》五九〇引合，黄本引楊校同。」〇劉永濟《校釋》：「舊校『楊云體當作髓』。《御覽》五九〇、唐寫本正作『髓』。」〇楊明照《拾遺》：「按『髓』字是。唐寫本、《訓故》本正作『髓』；《御覽》引同。《宗經》、《體性》、《風骨》、《附會》、《序志》諸篇，並有『骨髓』之文。」

〔三二〕艷詞洞魂識　「洞」，《御覽》、《訓故》、至正本同；黄本作「動」。「詞」，《御覽》作「辭」。〇劉永濟《校釋》：「唐寫本『動』作『洞』，是。」〇楊明照《拾遺》：「『動』，唐寫本、弘治本、活字本、汪本、張本、《兩京》本、胡本、《訓故》本作『洞』；《御覽》、《稗編》七五引同。《别解》本作『勒』。按上句云『摇骨髓』，此又云『動魂識』，嫌複。當以作『洞』爲是。《宗經篇》『洞性靈之奥區』，《哀弔篇》『情洞悲苦』，《議對篇》『又郊祀必洞於禮』，《風骨篇》『洞曉情變』，《聲律篇》『練才洞鑒』，《練字篇》『莫不洞曉』，《才略篇》『洞入夸艷』，是本書屢用『洞』字，皆指其深度言。『洞魂識』，猶司馬相如《上林賦》『洞心駭耳』之『洞心』然也（《漢書・司馬相如傳》上顔註：『洞，徹也』）。《别解》本作『勒』，又係『動』之誤。」

〔三三〕終之以居正　至正本、《訓故》、黄本「終」上有「而」字。〇趙萬里《校記》：「案（唐本）與《御覽》五九〇引合。」

〔三四〕然諷一觀百　至正本「一」作「以」；「觀」作「勸」。《御覽》、《訓故》、黄本「一」同；「觀」作「勸」。〇潘重規《合校》：「『然諷以勸百』，唐寫本『以』作『一』。趙云：『唐寫本是也，與《御覽》五九〇引，及黄本均合。』」〇按：唐寫本實作「觀」，不作「勸」，乃形近而誤耳。

〔三五〕子雲所謂騁鄭聲曲終而奏雅者也　《御覽》「雅」作「雅樂」。至正本、《訓故》、黄本「謂」下有「先」字；「鄭」下有「衛之」二字。〇趙萬里《校記》：「案（唐本）與《御覽》五九〇引合，疑古本如此。」〇劉永濟《校釋》：「唐寫本無『先、衛之』三字，下句『雅』下有『樂』字，《御覽》同。按《漢書・相如傳贊》引雄言無『先樂』二字，當據改。」〇王利器《校證》：「唐寫本、《御覽》無『先』及『衛之』三字。案《漢書・司馬相如傳贊》：『揚雄以爲靡麗之賦，勸・而風百；猶騁鄭衛之聲，曲終而奏雅。』疑此文『先』爲『猶』俗文『犹』形近之誤。唐寫本、《御覽》無之，亦是。」〇按：劉云：唐寫本「下句『雅』下有『樂』字，非是。唐寫本『雅』下無『樂』字。《御覽》『雅』下有『樂』字。」

〔三六〕唯七例敘賢　《御覽》無「唯」字，「例」作「厲」。「例」，至正本、《訓故》、黄本作「厲」。○范註：「《七蘇》。即上所謂『植義純正』也。」○王利器《校證》：「『厲』，唐寫本作『例』，音近之誤。又無『唯』字。」○按：唐寫本有「唯」字，王説非是；《御覽》無「唯」字。

〔三七〕里醜捧心不關西施之嚬矣　「醜」，《御覽》、《訓故》、黄本同；至正本作「配」。「西施」，《御覽》作「西子」。○黄叔琳校云：「元作『配』，謝改。」又註：「《莊子・天運篇》：『西施病心而矉其里，其里之醜人見而美之，歸亦捧心而矉其里。』」○趙萬里《校記》：「案唐本是也，與《御覽》五九○引同，黄氏、謝氏校改同。」○楊明照《拾遺》：「按謝改是。唐寫本、《訓故》本、梁本、謝鈔本正作『醜』；《御覽》引同。《喻林》八九、《文通》十一引亦作『醜』。」

〔三八〕唯士衡思新文敏　《御覽》同；「思新」，至正本、《訓故》、黄本作「運思理新」。○范註：「唐寫本無『運理』二字，似非。」

〔三九〕而裁章置句廣於舊篇豈慕珠中四寸之璫乎　《御覽》「裁章置句」作「裁意致句」；「珠中」作「朱仲」，「璫」作「璠」。「珠中」，至正本作「珠仲」；《訓故》、黄本作「朱仲」。○王利器《校證》：「『朱』舊本作『珠』，謝、徐校作『朱』，馮校云『珠當作朱』。梅六次本削『珠』作『朱』。唐寫本作『珠』；又『仲』作『中』。」又：「《御覽》『璫』作『璠』。」○按：作「朱仲」是。《列仙傳》：「朱仲者，會稽人也。常於會稽市上販珠。魯元公主以七百金從仲求珠，仲乃獻四寸珠，送置於闕即去。」

〔四○〕足使義明而詞淨　「詞」，《御覽》、至正本、《訓故》作「辭」。

〔四一〕落落自轉　「落落」，《御覽》、至正本、《訓故》、黄本作「磊磊」。○楊明照《拾遺》：「按《練字篇》：『善酌字者，參伍單複，磊落如珠矣。』疑此當作『磊落』。」○王利器《校證》：「唐寫本『磊磊』作『落落』。《練字篇》有『磊落如珠矣』句，《才略篇》有『磊落如琅玕之圃』句，『磊』『落』聲近通用。」

〔四二〕各詩論之域　至正本、《訓故》、黄本「各」下有「入」字；「詩」作「討」。○范註：「凡此十六名（按：『名』疑作『篇』。），雖總稱雜文，然典可入《封禪篇》，誥可入《詔策篇》，誓可入《祝盟篇》，問可入《議對篇》，曲操弄引吟諷謡詠可入《樂府篇》，章可入《章表篇》，所謂『各入討論之域』也（覽，略，篇，或可入《諸子篇》）。」○按：「入」字當有；「詩」乃「討」之形誤。

〔四三〕故不曲述也　至正本、《訓故》、黄本無「也」字。

〔四四〕學堅才飽　「才」，至正本、《訓故》、黄本作「多」。○范註：「『多』，唐寫本作『才』，是。」○劉永濟《校釋》：「唐寫本作『學堅才飽』。按『多』乃『才』誤。」○楊明照《拾遺》：「按唐寫本是也。『學』『才』相對爲文，若作『多』，則不倫矣。《事類篇》：『有學飽而才餒，有才富而學貧。』亦以『學』『才』相對。」○王利器《校證》：「『才』原作『多』，據唐寫本改。《體性篇》：『才有天資，學慎始習。』《事類篇》：『才自内發，學以外成，有學飽而才餒者，有才富而學貧者。』又云：『才爲盟主，學爲輔助。』《才略篇》：『然自淵卿以前，多役才而不課學。』皆以『才』『學』對文。」

〔四五〕枝辭攢映　「枝」，《訓故》、黄本同；至正本作「技」。○按：「技」非，至正本「木」多寫作「扌」。

〔四六〕彗若參昴　「彗」，至正本、《訓故》、黄本作「嘒」。○楊明照《拾遺》：「按《詩・召南・小星》：『嘒彼小星，維參與昴。』舍人語本此。唐寫本作『彗』，偶脱口旁耳。」

〔四七〕慕嚬之徒心焉抵攪　至正本、《訓故》、黄本無「徒」字；「心」下有「於」字。「抵」，至正本、《訓故》、黄本作「祇」。○劉永濟《校釋》：「唐寫本作『之徒心焉』，無『於』字，是。」○楊明照《拾遺》：「按唐寫本是也。今本蓋先誤『徒』爲『於』，因乙『心』字屬上句耳。《詩・陳風・防有鵲巢》『心焉忉忉』，又『心焉惕惕』，《小雅・節南山之什・巧言》『心焉數之』，《嵇中散集・幽憤詩》『心焉内疚』，《陸士龍集・贈鄭曼柔詩》『心焉忼慨』，並以『心焉』連文，可證。『祇』與『祇』字異義別，此當以作『祇』爲是。　元本、弘治本、佘本、張本、《兩京》本、梅本、凌本、梁本、《祕書》本、謝鈔本、《彙編》本、王本、張松孫本、鄭藏鈔本、崇文本並作『祇』，不誤。《詩・小雅・何人斯》：『祇攪我心』。」

諧讔（弟）〔第〕十五〔一〕

校記

〔一〕諧讔第十五　「讔」，至正本、《訓故》同，黄本作「隱」。「弟」，至正本、黄本作「第」。○范文瀾註引鈴木云：「嘉靖本、王本、岡本『隱』作『讔』，燉本亦同。」○楊明照《拾遺》：「『隱』，唐寫本作『讔』，元本、弘治本、活字本、汪本、佘本、張本、《兩京》本、何本、胡本、《訓故》本、《合刻》本、梁本、謝鈔本、清謹軒本、岡本、尚古本、文溯本、王本、張松孫本、鄭藏鈔本、崇文本並同。文津本剜改作「讔」。按「諧隱」字本止作「隱」。然以篇中「讔者，隱也」論之，則篇題原是「讔」字甚明。」

宋本《太平御覽》引《文心雕龍》

太平御覽

四部叢刊三編子部

上海涵芬樓影印中華學藝社借照日本帝室圖書寮京都東福寺東京岩崎氏靜嘉堂文庫藏宋刊本

人自作竽商之歌皆竽曲也

通禮義纂曰漢武帝時丘仲作竽笙三十六管

樂府雜録曰捋竽形類小鍾以手捋之即鳴

樂府圖曰吹竽有以知法度竽音調則度數得見

列仙傳曰商丘子胥者高邑人也好牧豕吹竽年七十不取婦而老邑人乃奇怪之從受道問其要言但食术菖蒲根飲水不飢不老如此傳世見之三百餘年貴戚富室聞之取而服之不能終歲輒止墯慢矣謂將復有匿術也

文心雕龍曰林籟結響調如竽琴

淮南子曰孟夏南方御女衣赤采吹笙竽竽煦也立春之氣煦生萬物也管三十六宮管在左右和十三宮管在中今之竽並以木代匏而漆之無復八音矣荆梁之南尚仍古制

魏四百餘年辭人才子文體三變相如巧爲形似之言二班長於情理之說子建仲宣以氣質爲體源其飈流所始莫不同祖風騷降及元康潘陸特秀律異班賈體變曹王縟采星稠繁文綺合綴平臺之逸響採南皮之高韻遺風餘烈事極江右爰逮宋氏顏謝騰聲靈運之興會標舉延年之體裁明密並方軌前秀垂範後昆

李充翰林論曰或問曰何如斯可謂之文荅曰孔文舉之書陸士衡之議斯可謂成文也

陸景典語曰所謂文者非徒執卷於儒生之門攄筆於翰墨之采乃貴其造化之淵禮樂之盛也

文心雕龍曰人文之元肇自泰極幽讚神明易象惟先庖犧畫其始仲尼翼其終而乾坤兩位獨制文言之文也天地之心哉若乃河圖孕乎八卦洛書韞乎九疇玉版金

鏤之寶丹文緑牒之華誰其尸之亦神理而已自鳥迹代
繩文字始炳炎皡遺事紀在三墳而年世眇邈聲采靡追
唐虞文章則煥乎爲盛元首載歌既發吟詠之志稷益陳
謨亦垂敷奏之風夏后氏興業峻鴻績九序詠謌勳德弥
縟逮及商周文勝其質雅頌所被英華日新文王憂患繇
辭炳燿符采複隱精義堅深重以公旦多才振其徽烈制
詩緝頌斧藻群言至若夫子繼聖獨秀前哲鎔鈞六經必
金聲而玉振雕琢性情組織辭令木鐸啓而千里應席珎
流而萬世響寫天地之輝光曉生民之耳目矣故爰自風
姓暨于孔氏玄聖創典素王述訓莫不原道心以敷章研
神理以設教著象乎河洛問數乎蓍龜觀天文以極變察
人文以成化然後能經緯區宇弥綸彝憲發揮事業彪炳
辭義故道沿聖以垂文聖因文以明道旁通而無滯日用

而不匱易曰鼓天下之動者存乎辭辭之所以能鼓天下者道之文也

又曰方其搦翰氣倍辭前暨乎篇成半折心始何則意翻空而易奇言徵實而難巧也是以臨篇綴翰必有二患理鬱者始貧辭溺者傷亂然則博見爲饋貧之糧貫一爲拯辭之䜌博而能一亦有助乎心力矣

又曰暈翟備色而翾翥百步肌豐而力沉也鷹隼無采而翰飛戾天骨勁而氣猛也文章才力有似於此若風骨乏采則鷙集翰林采乏風骨則雉竄文囿若藻曜而高翔固文章之鳴鳳也

又曰括囊雜體功在銓別宮商朱紫隨勢各配章表奏議則準的乎典雅賦頌歌詩則羽儀乎清麗符檄書移則楷式於明斷史論序注則軌範於覈要箴銘碑誄則體制於

弘深連珠七辭則從事於功艷此脩體而成勢隨變而立功者也雖復契會相參節文互雜譬五色之錦各以本采爲地矣

又曰夫薑桂因地辛在本性文章由學能在天才故才自内發學以外成有學飽而才餒有才富而學貧學貧者迍邅於事義才餒者劬勞於辭情此内外之殊分也是以屬意於文心與筆謀才爲盟主學爲輔佐合德文采必霸才學褊狹雖美少功才童學文宜正體制必以情志爲神明事義爲骨髓辭采爲肌膚宫商爲聲氣然後品藻玄黄摛振金玉獻可替否以裁厥中斯綴思之恒數也夫文變無方意見浮雜約則義孤博則辭叛變故多尤而爲事賊且才分不同思緒各異或製首以通尾或尺接以寸附然通製者蓋寡接附者甚衆若統緒失宗辭味必亂義脉不流

則偏枯文體夫能懸識湊理然後節文自會如膠之粘木石之合玉矣是以四牡異力而六轡如琴馭文之法有似於此昔張湯疑奏而再却虞松草表而屢譴並事理之不明而辭旨之失調也及倪寬更草鍾會易字而漢武歎奇晉景稱善者乃理得而事明心敏而辭當也

宋范曄獄中與諸生姪書以自序其略曰吾少懶學問年三十許始有尚耳自尔已來轉爲心化至於所通處皆自得之胷懷常爲情志所託故當以意爲主以文傳意以意爲主則其旨必見以文傳意則其辭不流然後抽其芬芳振其金石耳

金樓子曰王仲任言夫說一經者爲儒生也傳古今者爲通人也上書奏事者爲文人也能精思著文連篇章爲鴻儒也若劉子政楊子雲之列是也蓋儒生轉通人通人爲

覽五百八十五

太平御覽卷第五百八十六

文部

詩

文心雕龍曰詩者持也持人情性三百之蔽義歸無邪持之爲訓有符焉介人稟七情應物斯感感物吟志莫非自然堯有大唐之歌虞造南風之詩觀其二文詞達而已及大禹成功九序惟歌少康敗德五子咸諷順美匡惡其來久矣自商暨周雅頌圓備四始彪炳六義環深子夏監絢素之章子貢悟琢磨之句故商賜二子可以言詩自王澤弥竭風人輟采春秋觀志以諷誦舊章酬酢以爲賓榮吐納而成聲文逮楚國諷怨則離騷爲刺秦王滅典亦造仙詩漢初四言韋孟首唱匡諫之義繼軌周人孝武愛文栢梁列韻嚴馬之徒屬詞無方至成帝品録三百餘篇朝章

國采亦云周備而詞人遺翰莫見五言所以李陵班婕見
擬於前代按邵南行露始肇半章孺子滄浪亦有全曲暇
豫優歌遠見春秋邪深童謡近在成世閱時取徵則五言
久矣又古詩佳麗或稱枚叔其孤竹一篇則傅毅之詞比
采而推固兩漢之作乎觀其結躰散文直而不野婉轉附
物惆悵切情實五言之冠冕也至於張衡怨篇清典可味
仙詩緩歌雅有新聲暨建安之初五言騰踊文帝陳思縱
轡以騁節王徐應對望路而爭驅並憐風月狎池苑述恩
榮亭酣宴慷慨以任氣磊落以使才造懷指事不求纖密
之巧驅詞逐皃唯取昭晰之能此其所同也及正始明道
詩雜仙心何晏之徒率多浮淺唯嵇志清峻阮旨遥深若
乃應璩百一獨立不懼詞譎義具魏之遺直也晉世群才
稍入輕綺張左潘陸比肩詩衢采縟於正始力柔於建安

或析文以爲武或流靡以自研此其大略也江左篇製溺於玄風蚩笑徇務之志崇盛忘機之談袁孫已下雖各有雕采而詞趣一揆莫與爭雄所以景純仙篇挺拔而爲儁也宋初文詠體有因革莊老告退而山水方滋儷采百家之偶爭價一句之奇情必極貌以寫物必窮力而追新此近代之所竟也故鋪觀列代而情變之數可監撮舉同異而綱領之要可明矣若夫四言正體則雅潤爲本五言流調則清麗居宗華實異用惟才所安故平子得其雅叔夜含其潤茂先凝其清景陽振其麗若兼善則子建仲宣偏美則太冲公幹然詩有恒裁思無定位隨性適分鮮能圓通若妙識所難其易也將至忽以爲易其難也方來矣至於三六雜言則出自篇什離合之發則萌於圖讖迴文所興則道原爲始聯句共韻則栢梁餘製巨細或殊情理同

致總歸詩囿故不繁云

列子曰堯微服游於康衢聞兒童謡曰立我蒸民莫匪尔極不識不知順帝之則堯問曰孰教尔爲此言童兒曰我聞之大夫問大夫大夫曰古詩也

文章流別論曰詩言志歌永言古有採詩之官王者以知得失古詩之四言者振鷺于飛是也漢郊廟歌多用之五言者誰謂雀無角何以穿我屋是也樂府亦用之六言者我姑酌彼金罍是也樂府亦用之七言者交交黄鳥止于桑是也於俳諧倡樂世用之古詩之九言者泂酌彼行潦挹此注兹是也不入歌謡之章故世希爲之夫詩雖以情志爲本而以聲成爲節

顔延之庭誥曰荀爽云詩者古之歌章然則雅誦之樂篇全矣是以後之詩者率以歌爲名及秦勒望岳漢祀郊宫

摯虞文章流別論曰賦者敷陳之稱古詩之流也前世爲
賦者有孫卿屈原尚頗有古之詩義至宋玉則多淫浮之
病矣楚詞之賦賦之善者也故楊子稱賦莫深於離騷賈
誼之作則屈原儔也
祢衡傳曰黃祖時大會賓客人有獻鸚鵡者祖舉巵酒於
衡曰願先生賦之以娛佳賓衡攬筆而作文無加點辭采
甚麗
文心雕龍曰詩有六義其二曰賦賦者鋪也鋪采摛文躰
物寫志也昔邵公稱公卿獻詩師箴瞽賦傳云登高能賦
可爲大夫詩序則同義傳說則異躰總其歸塗實相枝幹
故劉向明不歌而頌班固稱古詩之流至如鄭莊之賦大
隧士蔿之賦狐裘結言短韻詞自己作雖合作賦躰明而
未融及靈均唱騷始廣聲貌然則賦也者受命於詩人而

拓宇於楚辭者也於是荀況禮智宋玉風釣爰錫名號與詩畫境六義附庸蔚成大國遂客主以首引極聲貌以窮文斯盖別詩之源始命賦之厥初也秦世不文頗有雜賦漢初辭人循流而作陸賈扣其端賈誼振其緒枚馬洞其風王揚騁其勢皐朔以下品物畢圖繁積於宣時校閱於成世進御之賦千有餘首討其源流信興楚而盛漢矣若夫京殿苑獵述行叙志並體國經野義尚光大旣履端於唱序亦歸餘於揔詞序以建言首引情本詞以理篇寫送文勢觀夫荀結隱語事義自懷宋發誇談實始淫麗枚乘兔園舉要以會新相如上林繁類以成艷賈誼　鳥致辨於情理子淵洞簫窮變於聲貌孟堅兩都明絢以贍雅張衡二京迅拔宏富子雲甘泉搆深偉之風延壽靈光含飛動之勢凡此十家並辭賦之英傑也及仲宣靡密發篇必

道偉長博通時逢壯采太冲安仁策勳於鴻規士衡子安底績於流製景純綺巧縟理有餘彥伯梗槩情韻不匱亦魏晉之賦首也原夫登高之旨蓋覩物興情情以物興故義必明雅物以情覩故詞必巧麗麗辭雅義符采相勝如組織之品朱紫畫繪之差玄黃文雖雜而有實色雖糅而有儀此立賦之大躰也然逐末之儔蔑棄其本雖讀千首逾惑躰要遂使繁華析枝膏腴害骨無貫風軌莫益勸戒此揚子所以追悔於雕蟲貽誚於霧縠者也

宋玉大言賦序曰楚襄王既登雲陽之臺命諸大夫景差唐勒宋玉等並造大言賦賦卒而玉受賞又有能爲小言賦者賦之雲夢之田而賦卒乃賜玉田

揚子法言曰或問曰吾子少而好賦曰然童子雕蟲篆刻壯夫不爲詩人之賦麗以則辭人之賦麗以婬若孔氏之

風雅之意若馬融廣成上林之屬純爲今賦之體而謂之頌失之遠矣

〇文心雕龍曰四始之至頌居其極頌者容也所以美盛德而述形容也昔帝嚳之世咸累爲頌以歌九招自商頌已下文理允備夫化偃一國謂之風風正四方謂之雅雅容告神謂之頌風雅序人故事資變正頌主告神故義必純美魯以旦次編商以前王追錄斯乃宗廟之正歌非饗燕之恒詠也時邁一篇周公所製哲人之頌規式存焉夫三閭橘頌情采芬芳比類屬興又覃及細矣至於秦政刻文爰頌其德漢之惠景亦有述容沿世並作相繼於時矣若夫子雲之表充國孟堅之序戴侯武仲之美顯宗史岑之述僖后或擬清廟或範駉那雖深淺不同詳略有異其褒德顯容典章一也原夫頌惟典懿詞必清鑠敷寫似賦而

不入華侈之區敬慎如銘而異於規式之域揄揚以發藻
汪洋以樹儀雖纖巧曲致與情而變其大體所弘如斯而
巳
漢書曰宣帝徵王褒爲聖主得賢臣頌褒對曰夫荷旃被
毳者難與道純綿之麗密羹藜唅糗者不足與論大牢之
滋味今臣僻在西蜀生於窮巷之中長於蓬茨之下無有
遊觀廣覽之知不足以塞厚望應明旨雖然敢不略陳愚
而杼情素
又曰成帝時西羌嘗有警上思將帥之臣追美充國乃召
黄門郎楊雄即充國圖畫而頌之
後漢書曰帝召賈逵因勑蘭臺給筆札使作神雀頌
范曄後漢書曰肅宗治脩古禮巡狩方嶽崔駰上西巡頌
稱漢德帝雅好文章自見駰頌後常嗟歎之問侍中竇憲

零陵先賢傳曰周不疑字文直曹公時有白雀瑞儒林並已作頌不疑見操授紙筆立令復作操奇之

讚

釋名曰稱人之美曰讚讚纂也纂集其美而敘之也

文心雕龍曰讚者明也助也昔虞舜之祀樂正重贊蓋唱發之詞也及益贊于禹伊陟贊于巫咸並颺言以明事嗟嘆以助詞者也故漢置鴻臚以唱拜爲讚即古之遺語也至如相如屬詞如贊荊軻及史班書記以讚褒貶約文以惣録頌體而論詞又紀傳後評亦同其名而仲治流別謬稱爲述失之遠矣及景純任雅動植必讚讚兼美惡亦猶頌之有變耳然本其爲義事生獎歎所以古來篇體促而不廣必結言於四字之句槃桓于數韻之詞約舉以盡情照灼以送文比其體也發言雖遠而致用蓋寡大抵所歸

其頌家之細條也

李充翰林論曰容象圖而讃立宜使辭簡而義正孔融之讃楊公亦其美也

晉書曰嵇含紹之孫也弘農王粹以貴公子尚主館宇甚盛圖莊周於室廣集朝士使含爲子讃含援筆爲之文不加點其略曰嗟乎先生高迹何局生處巖岫之居死寄雕楹之屋旣非其所没有餘辱粹有愧色

又曰衛恒字巨山爲黄門郎善草隸太康元年汲縣人盗發魏襄王冢得策書十餘萬言其一卷論楚者最爲工妙恒悦之故竭思以賛其美

世説曰羊孚作雪讃曰資清以化乘氣以霏遇象能鮮即潔成輝桓伊遂以書扇

箴

文心雕龍曰箴所以攻疾除患喻針石垣

又曰斯文之興盛於三代夏商二箴餘句頗存及周之辛甲百官箴闕唯虞箴一篇體義備焉迄至春秋微而未絕故魏絳諷君於后羿楚子訓人於在勤戰伐已來棄德務功銘辭代興箴文萎絶至楊雄稽古始範虞箴卿尹州牧二十篇及崔胡補綴揔稱百官指事配位鞶鑑有徵可謂追清風於前古攀辛甲於後代者也至於潘勗符節要而失淺温嶠侍臣博而患繁王濟國子引多事寡潘君乘輿義正體蕪凡斯繼作鮮有克衷至於王朗雜箴乃真巾履得其戒慎而失其所施觀其約文舉要憲章武銘而水火井竈繁辭不已志有偏也夫箴誦於經銘題於器名用雖異而警戒實同箴全禦過故文資确切銘兼褒讚故理貴弘潤取其要也然天言之道蓋闕庸器之制久淪所以箴

銘實用寡施後代惟秉文君子宜酌其遠大矣

陸士衡文賦曰箴頓挫而清壯

周書曰夏箴曰小人無兼年之食遇天饑妻子非其妻子也大夫無兼年之食遇天饑臣妾非其臣妾也卿大夫無兼年之食遇天饑臣妾輿馬非其有也國無兼年之食遇天饑百姓非其有也

左傳襄元曰昔周辛甲之爲太史命百官官箴王闕（辛甲周武王太史也闕過也百官各以箴以誠王過也）於虞人之箴曰（虞人掌田獵者）芒芒禹跡畫爲九州（芒芒遠貌也畫分也）經啓九道（九道九州之道也啓開也）民有寢廟獸有茂草各有攸處德用不擾（人神各有歸故德不亂也）在帝夷羿冒于原獸（冒貪）忘其國恤而思其麀牡（言但念獵）武不可重（重猶數也）用不恢于夏家（羿以好武雖有夏家而不能恢大也）獸臣司原敢告僕夫（獸臣虞人也告僕夫不敢斥尊也）

太平御覽卷第五百八十九

文部五

碑

釋名曰碑被也此本葬時所設也於是鹿盧以繩被其上引以下棺追述君父之功美以書其上後人因焉故建道陌之頭名其文謂之碑也

文心雕龍曰碑者裨也上古帝皇紀號封禪樹石裨岳故曰碑也周穆紀迹于弇山之石亦古碑之意也又宗廟有碑樹之兩楹事止麗牲未勒勳績而庸器漸闕故後代用碑以石代金同乎不朽自廟徂墳猶封墓也自後漢巳來碑碣雲起才鋒所斷莫高蔡邕觀楊賜之碑骨鯁訓典陳郭二文詞無擇言周胡衆碑莫不精允其序事也該而要其綴采巳雅而澤清辭轉而不窮巧義出而卓立察其爲

才自然至矣孔融所創有慕伯喈張陳兩文辭洽之來亦其亞也及孫綽爲文志在於碑温王郗庾詞多枝離桓彝一篇最爲辨裁矣此碑之致也屬碑之耻資乎史才其序則傳其文則銘標序盛德必見清風之華照紀鴻懿必見峻偉之烈此碑之致也夫碑實銘器銘實碑文因器立名事光於誄是以勒器讚勳者入銘之域樹碑述亡者同誄之區焉

禮記喪大記曰君葬用輴四綍二碑御柩用羽葆大夫葬用輴二綍二碑御柩用茅士喪用國車二綍無碑又祭義曰祭之日尸牽牲入廟門麗于碑麗猶繫也

東觀漢記曰竇章女順帝初入掖庭爲貴人早卒帝追思之詔史官樹碑頌德章自爲之辭

范曄後漢書曰郭林宗卒同志者乃共刻石立碑蔡邕爲

索九丘賾罔深而不探理無奥而不鈎故言蒲天下而無口九夫唯言立乃可長久胡不愧然生鍼其口自拘廣庭終身又手

孔子家語曰孔子觀於魯桓公之廟見欹器焉孔子問於守廟者曰此何器也對曰宥坐之器子曰吾聞宥坐之器虛則欹中則正滿則覆明君以爲至誠　常置於坐側也子路進曰敢問持滿有道乎子曰聰明叡智守之以愚功被天下守之以讓勇力振世守之以怯富有四海守之以謙後之君子感誠之至追而作銘

楊子法言曰或問銘曰銘哉銘哉有意於慎也

文心雕龍曰昔軒轅帝刻輿以弼違大禹勒筍簴以招諫成湯盤盂著日新之規武王户席題必誠之訓周公慎言於金人仲尼革容於欹器列聖鑒戒其來久矣故銘者名

也觀器必也正名審用貴乎慎德蓋臧武仲之論銘也曰天子令德諸侯計功大夫稱伐夏鑄九牧之金周勒肅慎之楛令德之事也吕望銘功於昆吾仲山鏤績於庸器計功之義也魏顆紀勳於景鍾孔悝表勤於衛鼎稱伐之類也若乃飛廉有石槨之錫靈公有奪里之謚銘發幽石噫可怪也趙靈勒跡於潘吾秦昭刻傳於華山夸誕示後吁可笑也詳觀衆例銘義見矣至於始皇勒岳政暴而文澤亦有疏通之美焉若乃班固燕然之勒張旭華陰之碣序亦成矣蔡邕之銘思燭古全橋公之鉞則吐納典謨朱穆之鼎全成碑文溺所長也至如敬通新器箴准武銘而事非其物繁略違中崔駰品物讚多戒少李尤積篇義儉辭碎著龜神物而居博弈之下衡斛嘉量而在杵臼之末曾名品之未暇何事理之能閑哉魏文九寶器利辭鈍惟張

載劒閣其才清彩迅足駸駸後發前至銘勒嶠漢得其宜
矣

文章流别傳曰夫古之銘至約今之銘至煩亦有由也質文時異則旣論之矣且上古之銘銘於宗廟之碑蔡邕爲楊公作碑其文典正末世之美者也後世以來器銘之佳者有王莽鼎銘崔瑗机銘朱公叔鼎銘王粲硯銘咸以表顯功德天子銘嘉量諸侯大夫銘太常勒鍾鼎之義所言雖殊而令德一也李尤爲銘自山河都邑至于刀筆符契無不有銘而文多穢病討而潤色言可采録

三輔決録曰何敞字文高爲汝南太守帝南巡過郡郡有刻鏤屏風帝命侍中黄香銘之曰古典務農彫鏤傷民忠在竭節義在脩身事見黄香集

銘志附

摯虞文章流别論曰七發造於枚乘借吴楚以爲客主先言出輿入輦蹷痿之損深宫洞房寒暑之疾靡漫美色宴安之毒厚味暖服淫曜之害宜聽世之君子要言妙道以疏神導體蠲淹滯之累既設此辭以顯明去就之路而後説以聲色逸遊之樂其説不入乃陳聖人辨士講論之娱而霍然疾瘳此因膏梁之常疾以爲匡勸雖有甚泰之辭而不没其諷喻之義也其流遂廣其義遂變率 辭人淫麗之尤矣崔駰既作七依而假非有先生之言嗚呼揚雄有言童子雕蟲篆刻俄而曰壯夫不爲也孔子疾小言破道斯文之族豈不謂義不足而辨有餘者乎賦者將以諷吾恐其不免於勸也傅子集古今七篇而論品之署曰七林

文心雕龍曰枚乘摛艷首製七發腴辭雲構夸麗風駭蓋七竅所發發乎嗜欲始邪末正所以戒膏梁之子也自七

發以下作者繼踵觀枚氏首唱信獨拔而偉麗矣及傅毅七激會清要之工崔駰七依入博雅之巧張衡七辨結采綿靡崔瑗七厲植義純正陳思七啓取美於宏壯仲宣七釋致辨於事理觀其大抵所歸莫不高談宮館壯語田獵窮瓌奇之服饌極蠱媚之聲色甘意摇骨髓艷辭洞魂識雖始之以淫侈終之以居正然諷一勸百勢不自反子雲所謂騁鄭聲曲終而奏雅樂者也七厲叙賢歸以儒道雖文非拔羣而意實卓尔矣

連珠

傅玄叙連珠者興於漢章帝之世班固賈逵傅毅三子受詔作之而蔡邕張華之徒又廣焉其文體辭麗而言約不指説事情必假喻以達其旨而賢者微悟合於古詩諷興之義欲使歷歷如貫珠易覩而可悦故謂之連珠也班

固喻美辭壯文體弘纖麗最得其體蔡邕言質辭碎然其旨篤矣賈逵儒而不豔傅毅文而不典

文心雕龍曰楊雄雖小而明潤矣此文章之枝流暇預之末造也自此已後擬者間出杜篤賈逵之曹劉珎潘勗之輩欲穿明珠多貫魚目可謂壽陵匍匐非復邯鄲之步里醜捧心不關西子之嚬矣惟士衡運思理新文敏而裁意致句廣於舊篇豈慕朱仲四寸之璫乎夫文小易周思閑可贍足使義明而辭淨事圓而音澤磊磊自轉可稱珠耳

宋書劉祥著連珠十五首以寄其懷其譏議云希世之寶違時必賤偉俗之器無聖則淪是以明玉黜於楚岫章甫窮於越人有以祥連珠啓上上令御史中丞任遐奏其過惡付廷尉上別遣勑祥曰我當原卿性命令卿萬里思愆卿若能改革當令卿得還乃徙廣州不意終日縱酒少時

太平御覽卷第五百九十三

文部九

詔 策 誥 教 誡

詔

釋名曰詔照也人闇不見事則有所犯以此照示使照然知所由也

蔡邕獨斷曰制詔制者王者之言必爲法制也詔猶告也告教也三代無其文秦漢有也

文心雕龍曰皇帝馭㝢其言也神淵嘿黼扆而響盈四表其唯詔策乎昔軒轅唐虞同稱爲命命之爲義制性之本也其在三王事兼誥誓誓以訓誡誥以敷政降及七國並稱曰命命者使也秦并天下改命曰制漢初定儀則有四品一曰策書二曰制書三曰詔書四曰戒勑勑戒州郡詔

御覽五百九十三　一　七二六

告百官制施赦令策封王侯策者簡也制者裁也詔者告
也勑者正也觀文景以前詔體浮雜武帝崇儒選言弘奥
策封三王文同典訓勸戒淵雅垂範後代及光武撥亂留
意詞釆而造次喜怒時或偏濫暨明章崇學雅詔間出和
安政弛禮閣鮮才每爲詔勑假手外請建安之末文理代
興潘勗九錫典雅逸群衛覬禪誥符釆炳耀不可加也自
魏晉策誥職在中書劉放張華管于斯任施令發號洋洋
盈耳魏文以下詞義多偉至於作威作福其萬慮之一弊
乎晉氏中興唯明帝崇才以温嶠文清故引入中書自斯
已後體憲風流矣夫王言崇祕大觀在上所以百辟其刑
萬邦作孚故授官選賢則義炳重離之暉優文封策則氣
含雲雨之潤勑戒恒誥則筆吐星漢之華啓戎燮伐則聲
存洊雷之威眚災肆赦則文有春露之滋明詔勑法則詞

有秋霜之烈此詔策之大畧也

漢制度曰帝之下書有四一曰策書二曰制書三曰詔書四曰誡勑策書者編簡也其制書二尺短者半之篆書起年月稱皇帝以命諸侯王三公以罪免亦賜策而以隸書用尺一木兩行惟此爲異也制書者帝者制度之命其文曰制詔三公皆璽封尚書令印重封露布州郡者詔書也其文曰告某官云如故事誡勑者謂勑某官他皆類此

漢書曰誡勑刺史太守及三邊營官被勑文曰有詔勑某官是爲誡勑世皆名此爲策書失之甚也

又曰淮南王安傳曰武帝方好藝文以安屬於諸父辯博善爲文辭甚尊重之每爲報書及賜師古曰書賜之也常召司馬相如等視草迺遣

東觀漢記曰第五倫每見光武詔書常歎曰此聖主也當

春秋元命苞曰天垂文象人行其事謂之教教傚也言上為而下傚也

文心雕龍曰敎者傚也言出而民効也故王侯稱教昔鄭弘之守南陽條教為後所述乃事緒明也孔融之守北海文教麗而罕施乃治體乖也若諸葛孔明之詳酌庾稚恭之明斷並理得而詞中教之善也

漢書曰京兆尹王遵出教令

誡

文心雕龍曰戒勑為文實詔之切者魏武稱作勑戒當指事而語勿得依違曉治要矣及晉武勑戒備告百官勑都督以兵要戒州牧以董司警郡守以恤隱勒牙門以禦衛有訓典焉戒者慎也禹稱戒之用休君父至尊在三同極漢高之勑太子東方朔之戒子亦顧命之作也及馬援以

下各貽家戒班姬女戒足稱母師矣

太公金匱曰武王曰五帝之誡可得聞乎太公曰黃帝曰余居民上搖搖恐夕不至朝故爲金人三緘其口愼言語也

東方生傳曰朔誡其子以上容（應劭曰容身避害也）首陽爲拙柱下爲工飽食安步以仕易農依隱玩世詭時不逢

後漢書曰馬援兄子嚴敦並喜譏議而通輕俠客援在交阯還書誡之曰聞人之過失如聞親名耳可得聞而口不得言也好論人長短妄有善惡者寧死不願聞子孫有此行也龍伯高敦厚周愼謙約節儉吾愛之重之願汝曹效之杜季良豪俠好義憂人之憂樂人之樂有喪致客數郡畢至吾愛之重之不願汝曹效之效伯高不得猶爲謹勅士所謂刻鵠不成尚類鶩者也效季良不得陷爲天下輕

太平御覽卷第五百九十四

文部十

章表　奏　劾奏　駮奏

章表

釋名曰下言上曰表思之於內施於外也

李充翰林論曰表宜以遠大爲本不以華藻爲先若曹子建之表可謂成文矣諸葛亮之表劉主裴公之辭侍中羊公之讓開府可謂德音矣

文心雕龍曰堯咨四岳舜命八元並陳詞帝庭匪假書翰然則敷奏以言即章表之義也至太甲既立伊尹書戒思庸歸亳又作書以讚文翰事斯見矣降及七國未變古式言事於主皆稱上書秦初定制改書曰奏漢初定制則有四品一曰章二曰奏三曰表四曰駮議章以謝恩奏以

案劾表以陳請議以執異章者明也詩云爲章于天謂文明也其在文物青赤曰章表若標也禮有表記謂德見于儀其在器式揆景曰表表章之目盖取諸此也案七略執文謡詠必録章表奏議經國樞要然闕而不纂者乃各有故事布在職司也前漢表謝遺篇寡存及後漢察舉必試章奏左雄表議臺閣爲式胡廣章奏天下第一並當時之傑等筆也觀伯始謁陵之章足見其典文美焉昔文受策三辭從命是以漢末讓表以三爲斷曹公稱表表不止三讓又勿得浮華所以魏初章表指事造實求其靡麗則未足矣如文舉之薦祢衡氣揚采飛孔明之辭後主志盡文壯雖華實異旨並表之英也琳瑀章表有譽當時孔璋稱健則其標也陳思之表獨冠群才觀其體贍而律調辭清而志顯應物製巧隨變生趣執轡有餘故能緩急應節矣追

晉初筆札則張華爲儁其三讓公封理同辭要引義比事必得其偶及羊公之辭開府有譽於前談庾公之讓中書信美於往載序志聯類有文雅焉劉琨勸進張駿自叙文致耿介並陳事之英表也原夫章表之爲用所以對揚王庭照明心曲既其身文且亦國華章以造闕風矩應明表以致策骨采宜耀循名課實以文爲本者也是以章式炳賁志在典謨使典而非略明而不淺表體多包情位屢遷必雅義以扇其風清文以驅其麗然懇惻者辭爲心使浮侈者情爲文出必使繁約得正華實相勝脣吻不滯則中律矣子貢云心以制之言以結之蓋一辭意也

東觀漢記曰馬援征尋陽山賊上書除其竹林譬如嬰兒頭多蟣虱而剔之書奏上大悦出尚璽書數日黃門取頭虱章持入

〇

愽物志曰漢承秦法群臣上書皆云昧死王莽慕古法改曰稽首光武因而不改朝臣曰稽首輕冝稽首再拜

奏

陸士衡文賦曰奏平徹以閑雅

漢書雜事曰秦初之制改書爲奏

又曰群臣奏事上書皆爲兩通一詣右一詣帝凡群臣之書通於天子者四品一曰章二曰奏三曰表四曰駁議

文心雕龍曰昔陶唐之臣敷奏以言秦漢附之上書稱奏陳政事獻典儀上急變劾愆謬揔謂之奏奏者進也敷于下情進乎上也秦始皇立奏而法家少文觀王綰之奏德辭質而義近李斯之奏驪山事略而意誣故無膏潤形於篇章矣自漢來奏事或稱上疏儒雅繼踵殊采可觀若夫賈誼之務農晁錯之兵術匡衡之定郊王吉之勸禮溫舒

之緩獄谷永之陳仙理既切至辭亦通辨可謂識大體矣
後漢群臣嘉言罔伏楊秉耿介於災異陳蕃憤懣於尺一
骨鯁得焉張衡指摘於史職蔡邕銓列於朝儀博雅明焉
魏代名臣文理迭興若高堂天文黃觀教學王朗節省甄
毅考課亦盡節而知治矣晉氏多難世交屯夷劉頌殷勤
於時務温嶠懇惻於費役並體國之忠規矣夫奏之為筆
固以明允篤誠為本辯析疏通為首強志足以成務博見
足以窮理酌古御今治繁總要此其體也
典略曰王粲才既高辯鍾繇王朗等雖名為魏相至於朝
廷奏議皆閣筆不敢措手
唐書曰文宗嘗謂侍臣曰近日諸侯章奏語太浮華有乖
典實宜罰掌書記以誡其流李石曰古人因事為文今人
以文害事懲弊抑末實在其世之盛時

論衡曰谷子雲唐子高章奏百上筆有餘力

劾奏

文心雕龍曰案劾之奏所以明憲清國昔周之太僕繩愆糺繆奏有御史職主文法漢置中丞揔司案劾故位在鷙擊砥礪其氣必使筆端振風簡上凝霜者也觀孔光之奏董賢則實其姧回路粹之奏孔融則誣其釁惡名儒之與憸士固殊心焉若夫傅咸果勁而辭案堅深劉隗切正而劾文闊略各有志也後之彈事迭相斟酌惟新日用而舊准不差然甲人欲全矢人欲傷術在糺惡勢入剛峭詩刺讒人投畀豺虎禮疾無禮方之鸚猩墨翟非儒目以羊彘孟軻譏墨比諸禽獸詩禮儒墨既其如此奏劾嚴文孰云能免是以近世爲文競於詆訶吹毛取瑕刺骨爲戾覆似善詈多失折衷若能闢禮門以懸規摽義路以植矩然後踰

墻者折肱捷徑者滅跡何必躁言醜句詬病爲巧哉是以立範運衡宜明體要必使理有典刑辭有風軌摠法家之裁秉儒家之文不畏強禦氣留墨中無縱詭隨聲動簡外乃稱絕席之雄直方之舉也

晉書曰何曾嘉平中爲司隷校尉撫軍校事尹模憑寵作威姧利盈積朝野畏憚莫敢言者曾奏劾之朝廷稱焉

又曰敬思王怡字元愉少拜散騎侍郎累遷散騎常侍黃門郎御史中丞值海西廢簡文帝登祚未解嚴大司馬桓温屯中堂吹警角恬奏劾温大不敬請科罪温視奏歎曰此兒乃敢彈我也

又曰劉毅以孝廉辟司隷都官從事京邑肅然毅將彈河南尹司隷不許曰攫獸之犬鼷蹈其背毅曰既能攫獸不能殺鼠何損於犬投傳其背而去

太平御覽卷第五百九十五

文部十一

論　議　牋　啓　書記

論

李充翰林論曰研覈名理而論難生焉論貴於允理不求支離若嵇康之論成文美矣

文心雕龍曰論者倫理無爽則聖意不墜昔仲尼微言門人追記故抑其經目稱爲論語蓋群論立名始於玆矣論者弥綸群言而研精一理也是以莊周齊物以論爲名不韋春秋六論昭别至如石渠論藝白虎講聚述聖通經論家之政體也及班彪王命嚴左三將敷述昭情善入史體魏之初霸術兼名法傅嘏王粲校練名理迄至正始務欲守文而何晏之徒始盛玄論於是聃周當路與尼父争塗

矣詳觀蘭石之才性仲宣之去伐叔夜之辨聲太初之本玄輔嗣之兩例平叔之二論並師心獨見鋒穎精密蓋論之英也至乃李康運命同論衡而過之陸機辨亡效過秦而不及然亦其美哉原夫論之爲體所以辯正然否窮於有數追於無形鑽堅求通鉤深取極乃百慮之筌蹄萬事之權衡也故其義貴圓通詞忌枝碎也必使心與理合弥縫莫見其隙詞共心密敵人不知所乘斯其要也是以論譬析薪貴能破理斤利者越理而横斷詞辨者反義而取通覽文雖巧而檢迹知妄惟君子能通天下之志安可以曲論哉

漢書曰班彪遭王莽亂避地隴右時隗囂擁隴右囂問彪曰往者周亡戰國並爭天下分裂意者從横之事復起於今乎將承運迭興在一人也願先生論之彪既感囂言又愍

方遠者視北方星宜細於三方矣

語林曰宋岱爲青州刺史著無鬼論甚精莫能屈後有書生詣岱談論次及無鬼論書生乃拂衣而去曰君絕我輩血食二十餘年以君有青牛髯奴所以未得相困今奴已死今得相制矣言終而失明日岱亡

又幽明錄曰阮瞻亦著無鬼論俄而鬼見而瞻死

議

說文曰議語也又曰論難也

周易節卦曰君子以制度數議德行

○文心雕龍曰周爰咨謀是謂爲議議之言宜審事宜也易之節卦君子以制度數議德行周書曰議事以制政乃弗迷議貴節制經典之體也昔管仲稱軒轅有明臺之議則其來遠矣洪水之難堯咨四岳

百揆之舉舜疇五臣三代所興詢及芻蕘春秋釋宋魯桓預議及趙靈胡服而季父爭論商鞅變法而甘龍交辯雖憲章無算而同異足觀迄至有漢始立駁議駁者雜也議不純故曰駁也自兩漢之明楷式昭備藹藹多士發言盈庭若賈誼之遍代諸生可謂捷於議矣至如主父之駁挾弓安國之辯匈奴賈捐陳於朱崖劉歆辯於祖宗雖質文不同得事要矣若乃張敏之斷輕侮郭躬之議擅誅程曉之駁校事司馬芸之議貨錢何曾蠲出女之科秦秀定賈充之謚事實允當謂達議體矣漢世善駁則應劭為首晉代能議則傅咸為宗然仲援博古銓貫以叙長虞識治而屬辭枝繁及陸機議亦有鋒穎而腴辭不剪頗累文骨亦有其美風俗存焉夫動先擬議明用稽疑所以敬慎群務施張治術故其大體所資必樞紐經典頗事實於前代觀

變通於當今理不謬搢其枝字不妄舒其藻郊祀必洞於禮戎事宜練於兵田穀先曉於農斷訟務精於律然後標以顯義約以正辭文以辯潔爲能不以繁縟爲巧事以明覈爲美不以環隱爲奇此綱領之大要也若不達政體而舞筆弄文支離構辭穿鑿會巧空騁其華固爲事實所擯設得其理亦爲浮詞所埋矣昔秦女嫁晉從文衣之媵晉之貴媵而賤女楚鬻珠於鄭爲薰桂之櫝鄭人買櫝而還珠若文浮於理末勝於其本則秦女楚珠復存於茲矣

李充翰林論曰在朝辯政而議奏出宜以遠大爲本陸機議晉斷亦各其美矣

三國典略曰王粲才既高辯鍾繇王朗等雖各爲魏卿相於朝廷奏議皆閣筆不敢措手

又曰齊主命立三恪朝士議之太子少傅魏收爲議衆皆

四星聚於尾宿天意昭然上心遂定求郡周漢後爲三恪

廢韓介鄭等公以昌爲左贊善大夫

又曰張平叔判度支平叔欲以征利中上意以希大任請

加監榷貴集州郡時宰不能奪因下其議韋處厚奏議發

十難以詰之上然後深知害人乃止平叔繇是始疎

獨斷曰有疑事公卿百官會議若臺閣有正處而獨執異

意者曰駁議曰某官某甲議以爲如是下言臣愚戇議異

其非駁議不得言議異

金樓子曰余後爲江州副君賜報曰京師有語云論議當

如湘東王仕官當如王克克時始爲僕射領選也

牋說文作箋

說文曰箋表識書也

文心雕龍曰牋者表也識表其情也崔寔奏記於公府則

崇讓之德音矣黃香奏牋於江夏亦肅恭之遺式矣公幹牋記文麗而規益子桓不論故世所共遺若略名取實則有美於爲詩矣劉廙謝恩喻切以至陸機自敘情周而巧牋之善者也原牋記之爲式既上窺乎表亦下睨乎書使敬而不懾簡而無傲清靡以惠其才彪蔚以文其響蓋牋記之分也

晉書曰劉卞字叔龍東平須昌人也本兵家子質直少言爲縣小吏功曹夜醉如厠使卞執燭不從功曹銜之以它事補亭子有祖秀才者於亭中作與刺史箋久不成卞教之數言卓犖有大致秀才謂縣令曰卞公府掾之精者卿云何以爲亭子令即召爲門下吏

異苑曰河內荀儒字君林乘冰省舅氏陷河而死兄倫爲文求尸積日不得設祭水側又投牋與河伯經一宿岸側

啓

説文曰啓傳信也

文心雕龍曰啓者開也高宗云啓乃心沃朕心蓋其義也孝景諱啓後兩漢無稱至魏國牋記始云啓聞奏事之末或云謹啓自晉來盛啓用兼表奏陳政事言既奏之異條讓爵謝恩亦表之別幹必辯要輕清文而不侈亦啓之大略也

書記

文心雕龍曰大舜云書用識哉所以記時事也蓋聖賢言辭揔爲之書書之爲體主言者也楊雄曰言心聲也書心畫也聲畫形君子小人見矣故書者舒也舒布其言涂之簡牘取象乎夬貴在明決而已三代政暇文翰頗踈春秋聘繁書令弥盛繞朝贈士會以策

子家弔趙宣以書巫臣之責子反子産之諫范宣詳觀四
書辭若對面又子服敬叔進弔書於滕君故知行人挈辭
多被翰墨及七國獻書詭麗輻湊漢來筆札辭音紛紜觀
史遷之報任安東方之謁公孫楊惲之酬會宗子雲之答
劉歆志氣盤桓各含珠采並杼軸乎尺素抑揚乎寸心逮
後漢書記則崔瑗尤善魏之元瑜號稱翩翩文舉屬音半
簡必録休璉好事留意翰辭抑其次也嵇康絶交實志高
而文偉矣趙壹贈離乃少年之激昂也至如陳遵占辭百
封各意禰衡代書親踈得宜斯皆尺牘之文也詳諸書體
本在盡言所以散鬱陶詠風采固宜滌蕩以任氣優游以
懌懷文明從容亦心聲之獻酬也若夫尊貴差序則肅以
節文自戰國已前君臣同書秦漢立儀始有表奏王公國
内亦稱奏書張敞奏書於膠后其辭義美哉迄至後漢稍

有名品公府奏記而郡將奉牋也

漢書曰蘇武與常惠使匈奴被留昭帝即位數使至匈奴常惠請其守者與俱得夜見漢使具自陳道教使者謂單于言天子射上林中得鴈足有係帛書言武等在某澤中使者大喜如惠語單于單于視左右而敬謝漢使曰武等實在於是遣還漢

又曰陳遵容皃奇偉略涉傳記贍於文辭善書與人尺牘皆以爲榮爲河南太守既至官遣吏西上召善書吏十人於前治私書謝京師故人遵憑机口占目省官事數百封親疎各有意

又曰谷永字子雲便於筆札故時人云谷子雲之筆札婁君卿之脣舌

後漢書曰鄧奉反於南陽趙熹素與奉善數遺書切責之

魏志明帝詔曹植曰吾既薄才至於賦誄特不閑從兒陵上還哀懷未散作兒誄爲田家公語耳荅曰奉詔并見聖思所作故平原公主誄文義相扶章章殊興句句感切哀動聖明痛貫天地楚王臣彪等聞臣爲讀莫不揮涕

晉中興書郗超死之日貴賤操筆爲誄者四十餘人其爲物所宗如此

齊書曰謝超宗有名譽善屬文爲新安王子鸞國常侍王母殷淑儀卒超宗作誄奏帝大嗟賞謂謝莊曰超宗殊有鳳毛

文章流別傳曰詩頌箴銘之篇皆有往古成文可放依而作惟誄無定制故作者多異焉見於典籍者左傳有魯哀公爲孔子誄

○

文心雕龍曰周世盛德有銘誄之文士大夫之才臨喪能

誄誄者累其德行旌之不朽也夏商以前其詳靡聞周雖有誄未被於士又賤不誄貴幼而不誄長其萬乘則稱天以誄之讀誄定謚其節文大矣自魯莊戰乘丘始及於士逮尼父之卒哀公作誄觀其慭遺之辭嗚呼之歎雖非叡作古式存焉至柳妻之誄惠子則辭哀而韻長矣暨于漢世承流而作楊雄之誄元后文實煩穢沙鹿撮其要而執疑成篇安有誄德述遵而闊略四句乎杜篤之誄德有譽前代吳誄雖工而結篇頗疎豈以見稱光武而頎聣千金哉傅毅所製文體倫序孝山崔瑗辦絜相參觀其序事如傳辭靡律調固誄之才也潘岳構意專師孝山巧於叙悲易入新麗所以隔代相望能徵厥聲者也至如崔駰誄趙劉陶誄黃並得憲章貴在簡要陳思功名而體實繁緩文皇誄末百言自陳其乖甚矣若夫殷臣誄湯追

褒玄鳥之祚周史歌文上闡后稷之烈誄述祖宗蓋詩之則也至於序述哀情觸類而長傳毅之誄北海云白日幽光雰霞杳冥始序致感遂爲後式影而效者弥取於切矣詳夫誄之爲制蓋選言以錄行傳體而頌文榮始而哀終論其人也曖乎若可覿送其哀也悽焉如可傷此其旨也

文心雕龍曰陳思之文群才之儁也而武帝誄云尊靈永蟄明帝頌云聖體浮輕輕浮有似於蝴蝶永蟄頗擬於昆蟲施之尊極不其蚩乎

南史宋謝莊作宣貴妃誄曰贊軒門方之漢鈎弋也及廢帝即位下莊于獄曰卿作此誄時知有東宮否

列女傳曰柳下惠死門下將誄之妻曰將述夫子德耶二三子不若妾之知之乃爲誄曰夫子之信誠與人無害兮嗚呼哀哉魂神泄兮夫子之謚宜爲惠兮門人從之

世説曰孫長樂作王長史誄云余與夫子交非勢利心猶澹水同此玄味孝伯見云才士不遜亡祖何至與此人周旋

又曰謝太傅問主簿陸退張憑何以作母誄陸荅曰故當是丈夫之德表於事行婦人之美非誄不顯

弔文

文心雕龍曰弔者至也詩云神之弔矣言神至也君子令終定謚事極理哀故賔之慰主亦以至到爲言也壓溺乖道所以不弔矣又宋水鄭火行人奉辭國災人亡故同弔也及晉築虎臺齊襲燕城史趙蘇秦翻賀爲弔害民構怨亦亡之道凡斯之例弔之所設也或驕貴以殞身或狷介以乖道或有志而無時或行美而兼累追而慰之並名爲弔自賈誼浮湘發憤而弔屈體周而事覈辭清而理哀盖

首出之作也及相如之弔二世全爲賦體桓譚以爲其言惻愴讀者歎息及卒章意要切斷而能悲也楊雄序屈思積功寡意深文略故辭韻沉膇班彪蔡邕並敏於致詰然影附賈氏難爲並驅耳故胡阮之弔夷齊襃而無文仲宣所製譏呵實工然則胡阮嘉其清王子傷其隘各其志也祢衡之弔平子縟麗而輕清陸機之弔魏武詞巧而文繁降斯巳下未有可稱者矣夫弔雖古義而華辭未造華過韻緩則化而爲賦固宜正義以繩理昭德而塞違析割褒貶哀而有正則無奪倫矣

左傳莊十一年曰秋宋大水公使弔焉曰天作淫雨害於粢盛若之何不弔對曰孤實不敬天降之災又以爲君憂拜命之辱臧文仲曰宋其興乎禹湯罪巳其興也勃焉桀紂罪人其亡也忽焉且列國有凶稱孤禮也言懼而名禮

龍五百九十六

達人之獲譏懼高範之莫全凌清風以三歎子撫茲而悵焉聞先覺之高唱理極滯其必宣俟千載之大聖期百五之明賢聊寄憤於斯章思慷慨男兒而泣然

哀辭

文章流別傳曰哀辭者誄之流也崔瑗蘇順馬融等為之率以施於童殤夭折不以壽終者建安中文帝臨菑侯各失稚子命徐幹劉禎等為之哀辭哀辭之體以哀痛為主緣以歎息之辭

文心雕龍曰哀者依也悲實依心故曰哀也以辭遣哀蓋下流之悼故不在黃髮必施夭昏昔三良殉秦百夫莫贖事均夭枉黃鳥賦哀抑亦詩人之哀辭乎漢武封禪而霍嬗暴亡哀傷而作詩亦哀辭之類也降及後漢汝陽主亡崔瑗哀辭始變前式然腹突鬼門恠而不辭駕龍乘雲僊

而不哀又卒章五言頗似歌謡亦髣髴乎漢武也至於顯順張外並述哀文雖發其華而未極心實建安哀辭唯偉長差善行女篇時有惻怛及潘岳繼作實鍾其美觀其慮贍辭變情洞悲苦叙事如傳結言摹詩促節四言鮮有緩句故能義直而文婉體舊而趣新金鹿澤蘭莫之或繼也原夫哀辭大體情主於痛傷而辭窮乎愛惜幼未成性故興言止於察惠弱不勝務故悼惜加乎容色隱心而結文則事愜觀文而屬心則體奢體奢爲辭則雖麗不哀必使情往會悲文來引泣乃其貴耳班固馬仲都哀辭曰車騎將軍順文侯馬仲都明帝舅也從車駕於洛水浮橋馬驚入水溺死帝謂侍御史班固爲馬上三十步哀辭

南史曰劉孝綽三妹一適東海徐悱文尤清壯所謂劉三娘者也悱爲晉安郡卒喪還建業妻爲祭文詞甚悽愴悱

太平御覽卷第五百九十七

文部十三

檄 移 露布附

檄

説文曰檄二尺書也

釋文曰檄激也下官所以激迎其上之書也

李充翰林論曰盟檄發於師旅相如喻蜀老可謂德音矣

起居誡曰軍書羽檄非儒者之事曰一家奉道法言不及殺語不虛誕而檄不切厲則敵心陵言不誇壯則軍容弱請姑舍之以待能者

文心雕龍曰昔有虞氏始戒於國夏后初誓於軍殷誓軍門之外周將交刃誓之故知帝世戒兵三王誓師宣訓我衆未及敵人也至周穆西征祭公謀父稱古有威讓之令

有文誥之詞即檄之本源也及春秋征伐自諸侯出懼敵不服故兵出須名振此威風曝彼昏亂劉獻公所謂告之以文詞董之以武師者齊桓征楚詰菁茅之闕晉厲伐秦責箕郜之焚管仲吕相奉詞先路詳其意義即今之檄文暨乎戰國始稱爲檄檄者皦也宣布於外皦然明白也張儀檄楚書以尺二明白之文或稱露布夫兵以定亂莫敢自專天子親戎稱恭行天罰諸侯禦師則云肅將王誅故分閫推轂奉詞伐罪非唯致果爲毅抑亦厲詞爲武使聲如衝風所擊氣似欃槍所掃奮其武怒摠其罪人徵其惡稔之時顯其貫盈之數揺姦宄之膽訂信順之心使百尺之衝摧折於咫書萬雉之城顛墜於一檄者也觀隗囂之檄亡新布其三逆文不雕飾而意切事明隴右文得檄之士得檄之體也陳琳之檄壯於骨鯁雖奸閹携養章實太

甚發丘模全誣過其虐然抗詞書釁皦然曝露鍾會檄蜀徵驗甚明桓溫檄胡觀釁尤切並壯筆也凡檄之大體或述休明或叙否剥指天時審人事驗強弱角權勢摽蓍龜於前驗懸鞶鑑於巳然雖本國信實參兵詐譎詭以馳旨煒曄以騰説凡此衆作莫之或違者也故其植義颺詞務在剛健插羽以示迅不可使詞緩露板以宣衆不可使義隱必事昭而理辨氣盛而詞斷此其要也若曲趣密巧無所取才矣

史記曰張儀魏人嘗從楚相飲相亡璧意儀盗之掠笞數百後儀既相秦為檄告楚相曰吾從汝飲不盗汝璧善守汝國我且盗汝城

漢書曰申屠嘉為丞相鄧通在上旁怠慢嘉奏事因言曰陛下幸愛群臣則富貴之至於朝廷之禮不可以不肅上

官軍不得入万頃坐流嶺南

唐書曰李巨川爲華州掌書記時李茂貞犯京師天子駐蹕於華韓建以一州之力供億万乘慮其不濟遣巨川傳檄天下請助轉餉同巨王室完葺京城西方書檄酬報輻湊巨川灑翰陳叙文理俱愜昭宗深重之時巨川之名聞於天下

移

文心雕龍曰移者易也移風易俗令往而人隨者也相如之難蜀尤文曉而喻博有檄移之骨焉詞剛而義辨文移之首也陸機之移百官言簡而事顯武移之要者也故檄移爲用事兼文武其在金革則逆黨用檄順衆資移所以洗濯民心堅明符契意用小異而體大同也

漢書曰劉歆字子駿成帝時與父向俱領校書講六藝傳

詔立成武帝以其事體大召尚書僕射徐勉太子詹事周捨鴻臚卿劉之遴中書侍郎朱异集壽光殿以觀之時並歎服武帝目子野曰其形雖弱其文甚壯勑爲書喻相元乂其夜受旨子野謂可待且方奏未之爲也及五鼓勑催令遣上子野徐起操筆撰之昧爽便就人奏武帝深嘉焉自是凡諸符檄皆令具草子野爲文典而速不尚靡麗制多法之古與今文體異當時或有詆訶者及其末翕然重之或問其文速者子野荅言曰云人皆成於手我獨成於心

露布

文心雕龍曰露布者蓋露板不封布諸視聽也

後漢書曰鮑永爲司隸校尉子昱復拜焉後詔昱詣尚書使封胡降檄光武遣小黃門問昱有所怪不對曰臣聞故

太平御覽卷第五百九十八

文部十四

符　契券　鐵券

過所　零丁

符

說文曰符信也漢制以竹長六寸分而相合

釋名曰符付也書所勑命於上付使傳行之

文心雕龍曰符者孚也徵召防僞事資中孚三代玉瑞漢世金竹末代從省代以書翰矣

史記曰秦昭王破趙長平又進圍邯鄲魏昭王之子無忌號信陵君其姊爲趙惠文王弟平原君夫人平原君數遺公子書請救於魏魏王使將軍晉鄙將十萬衆救趙實持兩端以觀望平原君使者相屬謂公子曰今邯鄲旦暮降秦

御覽五百九十八　一

奴遺讓者讓問其所因者曰本某處家人兄姊九人皆爲官所賣其留者唯老母耳讓脩然焚其券書以女奴歸其母

夢書曰券契爲有信夢得券契有信士也

文心雕龍曰契者結也上古純質結繩執契今羌胡徵數負販其遺風也

又曰券者束也明白約束約束以備情僞自形半分故周稱判書古有鐵券以堅信誓王褒髯奴則券之諧也

戰國策曰孟嘗君使馮驩收責於薛曰責畢市吾家所寡者馮驩召民畢集以責賜民因燒其券還見孟嘗君曰君家所寡者義也臣竊矯命舍責以賜民此爲君市義也

魏子曰仲尼無券契於天下而德著於古今善惡明也

王褒約僮曰蜀郡王子淵以事到湔上寡婦楊惠舍惠有

太平御覽卷第六百三

文部十九

史傳上

文心雕龍曰史者使也執筆左右使之謂也古者左史記言右史書事言經尚書事經春秋也

說文曰史記事者也

釋名曰傳傳也以傳示後人也

博物志曰賢者著述曰傳

禮記曰五帝憲養氣體而不乞言有善則記之爲惇史

詩序曰國史明乎得失之迹

韓詩外傳曰周舍對趙簡子曰臣操牘秉筆從君之後司君過而書之

周禮曰外史掌四方之志鄭玄注曰志記也謂若魯之春

以明其大才故述辯士則藻辭華靡叙實録則隱核名檢
此所以遷稱良史也
文心雕龍曰昔者夫子愍王道之缺傷斯文之墜靜居以
歎鳳臨衢而泣麟於是就大師以正雅頌因魯史以脩春
秋舉得失以表黜陟徵存亡以標勸戒然叡旨幽祕經文
婉約丘明同耻實得微言乃原始要終創爲傳體傳者轉
也轉授經旨以授於後實聖文之羽翮記籍之冠冕也及
至縱横之世史職猶存秦并七王而戰國有策盖録而不
序故即簡爲名也漢滅嬴項武功積年陸賈稽古作楚漢
春秋爰及史談世惟執簡子長經志甄序帝績比堯稱典
則位雜中賢法孔題經則文非元聖故取式
呂覽通號曰紀紀綱之號亦宏稱也故本紀以述皇王列
傳以總侯伯八書以鋪政體十表以譜年爵雖殊古式而

得事序焉爾其實録無隱之旨博雅弘辯之才愛奇反經
之尤條例踳落之失叔皮論之詳矣及班固述漢因循前
業觀史遷之辭思實過半其十志該富讚序弘麗儒雅彬
彬信有遺味至於宗經規聖之典端緒豐贍之功遺親攘
善之罪徵賄鬻筆之愆公理辨之究矣至于後漢紀傳發
源東觀袁張所制偏駮不倫薛謝之作疎謬少信若司馬
彪之詳實華嶠之准當則其冠也及魏代三雄記傳並出
陽秋魏畧之屬江表吳録之類或激抗難徵或疎闊寡要
惟陳壽三志文質辨洽荀張比之於遷固非妄譽也至於
晉代之書繁乎著作陸機肇始而未備王韶續末而不終
干寶述紀以審正明序孫盛陽秋以約舉爲能案春秋經
傳舉例發目史漢以下莫不准的至鄧粲晉紀始立條例
又擺落漢魏憲章殷周雖湘川曲學亦有心放典謨及安

國立例乃鄧氏之規焉

又曰傳記爲式編年綴事文非記論按實而書歲遠則周曲難密事積則起記易踈斯固惣合之爲難也或有同歸一事數人分功兩紀則失於複重偏舉則漏於不周此又銓配之易也故張衡摘史班之舛濫傳玄譏後漢之尤煩皆類也若夫追述遠代代遠多僞公羊皐云傳聞異詞荀悅稱録遠畧近蓋文疑則闕貴信史也然俗皆愛奇莫顧理實傳聞而欲偉其事録遠而欲詳其迹於是弃同即異穿鑿傍說舊史所無我書則傳此訛濫之本源而述遠之巨蠹也至於記編同時時同多詭雖定哀微詞而丗情利害勳榮之家雖庸夫而盡飾迍敗之士雖令德而蚩埋吹霜煦露寒暑筆端此又同時之枉論可爲歎息者也故述遠則誣矯如彼略近則回邪如此折理居正唯懿上心乎

大匠丞文曰汝績克成賜汝金十斤因忽不見札變爲金稱之重十斤

抱朴子曰魏武帝以左慈爲妖妄欲殺之使人收之慈故欲見而不去欲栲之而獄中有七慈形狀如一不知何者爲眞以白武帝帝使人盡將殺之須臾七慈盡化爲札而一慈徑出走赴群羊詩云有客從南來貽我一書札上叙長相思下言久離別

牒

説文曰牒札也

文心雕龍曰牒者葉也如葉在枝也短簡爲牒議事未定故短牒諮謀牒之尤密謂之籤

左傳昭六年曰趙簡子令諸侯大夫輸王粟宋樂大心曰我不輸粟我於王爲客二王後爲賓客晉士伯曰自踐土以來宋何

太平御覽卷第六百八

學部二

敘經典

釋名曰經徑也常典也如徑路無所不通可常用也

白虎通曰五經何謂也易尚書詩禮樂也古者以易書詩禮樂春秋爲六經至秦焚書樂經亡今以易書詩禮春秋爲五經又禮有周禮儀禮禮記曰三禮春秋有左氏公羊穀梁曰三傳與易書詩通數亦謂之九經

文心雕龍宗經篇曰三極彛訓其書曰經經也者恒久之至道不刊之鴻教也

禮記經解曰孔子曰入其國其教可知也其爲人也温柔敦厚詩教也疏通知遠書教也廣博易良樂教也絜靜精

孫綽子曰銜轡衡軛無心於馬而所以御馬典籍禮度無心於治而所以為治

又曰典籍文章之言也治出於天辭宣於人

杜子新語曰衆儒覩春秋之記録政之失得以立正義以為聖人起當復作春秋也自通士若太史公亦以為然余謂之否夫聖賢所陳皆同取道德仁義以為奇論異文而俱善可觀猶人食皆用魚肉菜茹以為生熟異和而復俱美也

博物志曰聖人制作曰經賢曰著述曰記曰章句曰解曰論曰讀

○文心雕龍曰自夫子刪述而大寶啓耀於是易張十翼書標七觀詩列四始禮正五經春秋五例義既埏乎性情辭亦匠乎文理故能開學養政昭明有融然而道心惟微聖

謨卓絶墟宇重峻吐納者深譬萬鈞之鴻鍾無錚錚之細響矣夫易惟談天入神致用故繫稱旨遠辭文言中事隱韋編三絶固哲人之驪淵也書實紀言而詁訓茫昧通乎尔雅則文意曉然故子貢歎書昭昭若日月之明離離如星辰之行言昭灼也詩主言志詁訓周書摛風裁興藻詞譎喻温柔在誦最附哀矣禮以立體據事章條纖曲執而後顯採掇片言莫非寶也春秋辯理一字見義五石六鷁以詳備成文雉門兩觀以先後顯旨婉章志晦源已邃矣尚書則覽文如詭而尋理則暢春秋則觀辭立曉而訪義方隱此聖文殊致表裏之異體者也

太平御覽卷第六百八

宋本《太平御覽》引《文心雕龍》輯校

宋本《太平御覽》引《文心雕龍》輯校

凡例

一、輯文録自影宋本《太平御覽》(商務印書館一九三五年《四部叢刊三編》子部,上海涵芬樓影印中華學藝社借照日本帝室圖書寮、京都東福寺、東京岩崎氏静嘉堂文庫藏宋刊本)。

二、輯文悉依原書加以標點,訛舛衍脱另出校記附録於後。

三、輯文由輯校者加冠篇名,並按通行本《文心雕龍》篇次編排,文末註卷數、頁數,校記標出處。

四、原引文前均有「文心雕龍曰」或「又曰」字樣,輯録時一律删去; 文中避諱缺筆字(例「恒」作「恒」,「殷」作「殷」等)均予復原; 異體字(例「奸」作「姧」、「姦」等)均予改爲通用字。

五、校記用唐寫本、元至正本、明王惟儉《文心雕龍訓故》、清黄叔琳輯註本加以對校,校文順序:《御覽》引文、唐寫本、至正本、《訓故》、黄叔琳本。

六、《御覽》引文,凡中間有删節處,均在校中標明。

七、爲便檢索、對照,特編《宋本〈太平御覽〉引〈文心雕龍〉索引》附録於後,並在影印宋本《太平御覽》引文眉頭加「○」號以醒目。

原道第一

林籟結響〔一〕，諷如竽琴〔二〕。

（《太平御覽》卷五八一·四下）

人文之元〔三〕，肇自泰極〔四〕，幽讚神明，《易》象惟先。庖犧畫其始，仲尼翼其終。而乾坤兩位，獨制《文言》。言之文也，天地之心哉！若乃《河圖》孕乎八卦，《絡書》韞乎九疇，玉版金鏤之寶〔五〕，丹文綠牒之華，誰其尸之，亦神理而已。自鳥迹代繩，文字始炳，炎皞遺事，紀在《三墳》，而年世眇邈〔六〕，聲采靡追。唐虞文章，則煥乎爲盛〔七〕。元首載歌，既發吟詠之志；稷益陳謨〔八〕，亦垂敷奏之風。夏后氏興，業峻鴻績，九序詠謌〔九〕，勳德彌縟。逮及商周，文勝其質，《雅》、《頌》所被，英華日新。文王憂患〔一〇〕，繇辭炳耀〔一一〕，符采複隱，精義堅深。重以公旦多才〔一二〕，振其徽烈〔一三〕，制《詩》縟《頌》〔一四〕，斧藻羣言。至若夫子繼聖〔一五〕，獨秀前哲，鎔鈞「六經」，必金聲而玉振；雕琢性情〔一六〕，組織辭令，木鐸啟而千里應〔一七〕，席珍流而萬世響，寫天地之輝光，曉生民之耳目矣。

故爰自風姓〔一八〕，暨于孔氏，玄聖創典，素王述訓，莫不原道心以敷章〔一九〕，研神理以設教〔二〇〕，著象乎河洛〔二一〕，問數乎蓍龜〔二二〕，觀天文以極變，察人文以成化；然後能經緯區宇〔二三〕，彌綸彝憲，發揮事業，彪炳辭義。故道沿聖以垂文〔二四〕，聖因文以明道〔二五〕，旁通而無涯〔二六〕，日用而不匱。《易》曰：「鼓天下之動者〔二七〕，存乎辭。」辭之所以能鼓天下者〔二八〕，道之文也〔二九〕。

（《太平御覽》卷五八五·三上～四上）

校記

〔一〕文由《御覽·樂部十九·竽》引，自《文心雕龍·原道》出；上承「……夫豈外飾，蓋自然耳。至於」，下接「泉石激韻，和若球鍠……」。

〔二〕諷如竽琴　至正本、《訓故》、黄本「諷」作「調」；「琴」作「瑟」。

〔三〕文由《御覽・文部一・敘文》引，自《文心雕龍・原道》出；上承「……有心之器，其無文歟」，下接「贊曰……」。

〔四〕肇自泰極　至正本、《訓故》、黄本「泰」作「太」。

〔五〕絡書韞乎九疇玉版金鏤之寶　至正本、《訓故》、黄本「絡」作「洛」；「寶」作「實」。

〔六〕而年世眇邈　至正本、《訓故》、黄本「眇」作「渺」。

〔七〕則煥乎爲盛　至正本、《訓故》、黄本「爲」作「始」。

〔八〕稷益陳謨　「稷益」，至正本、《訓故》、黄本並作「益稷」。○「謨」，黄本同；至正本作「謀」。

〔九〕九序詠謌　至正本、《訓故》、黄本「詠謌」作「惟歌」。

〔一〇〕文王憂患　至正本、《訓故》、黄本「憂患」作「患憂」。

〔一一〕繇辭炳耀　「耀」，至正本、《訓故》、黄本作「曜」。

〔一二〕重以公旦多才　至正本、《訓故》、黄本「才」作「材」。

〔一三〕振其徽烈　「振」，黄本同；至正本作「縟」；《訓故》標疑作「縟」。

〔一四〕制詩縟頌　至正本、《訓故》、黄本「制」作「剬」；「縟」作「緝」。

〔一五〕至若夫子繼聖　至正本、《訓故》、黄本無「若」字。

〔一六〕雕琢性情　至正本同；《訓故》、黄本「性情」作「情性」。

〔一七〕木鐸啟而千里應　至正本、《訓故》同；黄本「啟」作「起」。

〔一八〕故爰自風姓　至正本、《訓故》、黄本無「故」字。

〔一九〕莫不原道心以敷章　黄本同；正本「以敷章」作「裁文章」。《訓故》標疑作「裁文章」。

〔二〇〕研神理以設教　至正本、《訓故》、黄本「以」作「而」。

〔二一〕著象乎河洛　至正本、《訓故》、黄本「著」作「取」。

〔二二〕間數乎蓍龜　至正本、《訓故》、黄本「間」作「問」。

〔二三〕纏緯區宇　至正本、《訓故》、黃本「纏」作「經」。
〔二四〕故道沿聖以垂文　至正本、《訓故》、黃本「故」下有「知」字。
〔二五〕聖因文以明道　至正本、《訓故》、黃本「以」作「而」。
〔二六〕旁通而無涯　至正本、《訓故》同；黃本「涯」作「滯」。
〔二七〕皷天下之動者　「皷」，至正本、《訓故》、黃本作「鼓」；至正本無「者」字。
〔二八〕能皷天下者　至正本、《訓故》、黃本「皷」作「鼓」。
〔二九〕道之文也　至正本、《訓故》、黃本「道」上有「廼」字。

宗經第三

三極彝訓〔一〕，其書曰「經」〔二〕。「經」也者，恒久之至道，不刊之鴻教也。

（《太平御覽》卷六〇八・一上）

自夫子刪述〔三〕，而大寶啟耀〔四〕。於是《易》張《十翼》，《書》摽七觀〔五〕，《詩》列四始，《禮》正「五經」，《春秋》五例。義既埏乎性情〔六〕，辭亦匠乎文理〔七〕，故能開學養政〔八〕，昭明有融。然而道心惟微，聖謨卓絶〔九〕，墟宇重峻〔一〇〕，吐納者深〔一一〕。譬萬鈞之鴻鍾，無錚錚之細響矣。

夫《易》惟談天〔一二〕，入神致用〔一三〕。故《繫》稱旨遠辭文〔一四〕，言中事隱。韋編三絶，固哲人之驪淵也〔一五〕。《書》實紀言〔一六〕，而詁訓茫昧〔一七〕，通乎《爾雅》，則文意曉然；故子貢歎《書》〔一八〕：「昭昭若日月之明〔一九〕，離離如星辰之行」〔二〇〕，言昭灼也〔二一〕。《詩》主言志〔二二〕，詁訓周《書》〔二三〕，摛風裁興，藻詞譎喻，温柔在誦，最附哀矣〔二四〕。《禮》以立體〔二五〕，據事章條纖曲〔二六〕，執而後顯，採掇片言，莫非寶也。《春秋》辯理〔二七〕，一字見義，「五石」、「六鷁」〔二八〕，以詳備成文〔二九〕，「雉門」、「兩觀」，以先後顯旨；婉章志晦〔三〇〕，源已邃矣〔三一〕。《尚書》則覽文如詭，而尋理則暢〔三二〕；《春秋》則觀辭立曉，而訪義方隱。此聖文殊致〔三三〕，表裏

（《太平御覽》卷六〇八·六上、下）

之異體者也。

校記

〔一〕文由《御覽·學部二·敘經典》引，自《文心雕龍·宗經》出，起於篇首，下接「故象天地，效鬼神……」。

〔二〕其書曰經　唐寫本（按：唐寫《文心雕龍》殘卷斯五四七八號自《原道》贊「體，龜書呈貌」始）同，至正本、《訓故》、黄本「曰」作「言」。

〔三〕文由《御覽·學部二·敘經典》引，自《文心雕龍·宗經》出；上承「……歲歷緜曖，條流紛糅」，下接「至根柢槃深，枝葉峻茂……」。〇自夫子刪述　唐寫本、黄本同；至正本、《訓故》「刪」作「刊」。

〔四〕而大寶啟耀　唐寫本同；至正本、《訓故》、黄本「啟」作「咸」。

〔五〕書摽七觀　唐寫本同；至正本、《訓故》、黄本「摽」作「標」。

〔六〕義既埏乎性情　「埏」，唐寫本作「挻」；至正本、《訓故》、黄本作「極」。

〔七〕辭亦匠乎文理　唐寫本同；至正本、《訓故》、黄本「乎」作「於」。

〔八〕故能開學養政　唐寫本、至正本、《訓故》、黄本「政」作「正」。

〔九〕聖謨卓絶　唐寫本、《訓故》、黄本同；至正本「謨」作「謀」。

〔一〇〕墟宇重峻　「墟」，唐寫本、至正本、《訓故》作「墻」；黄本作「牆」。

〔一一〕吐納者深　唐寫本「者」作「自」；至正本、《訓故》、黄本「吐」上有「而」字，「者」作「自」。

〔一二〕夫易惟談天　唐寫本、黄本同；至正本、《訓故》無「夫」字。

〔一三〕入神致用　唐寫本、黄本同；至正本、《訓故》「入」作「人」。

〔一四〕旨遠辭文　「辭文」，《訓故》、黄本同；唐寫本作「詞高」；至正本作「辭高」。

〔一五〕固哲人之驪淵也　至正本、《訓故》、黄本同；唐寫本「固」作「故」。

〔一六〕書實紀言　唐寫本、《訓故》同；至正本、黄本「紀」作「記」。《訓故》句下有「然覽文如詭而尋理即暢」十字。

〔一七〕而誥訓茫昧　「誥訓」，唐寫本、至正本作「詁訓」；黄本作「訓詁」。「茫」，至正本、黄本同；唐寫本作「芒」。《訓故》無「而誥訓茫昧通乎爾雅則文意曉然」十四字。

〔一八〕子貢歎書　唐寫本、至正本、《訓故》、黄本「子貢」作「子夏」。

〔一九〕昭昭若日月之明　至正本、《訓故》、黄本同；唐寫本「明」上有「代」字。

〔二〇〕離離如星辰之行　至正本、黄本同；唐寫本「行」上有「錯」字。《訓故》「如」作「若」。

〔二一〕言昭灼也　至正本、《訓故》、黄本同；唐寫本「昭」作「照」。

〔二二〕詩主言志　至正本、《訓故》、黄本同；唐寫本「主」作「之」。

〔二三〕詁訓周書　唐寫本、至正本、《訓故》、黄本「周」作「同」，至正本無「詁」字。《訓故》「詁」作「義」。

〔二四〕最附哀矣　「哀」，唐寫本、至正本、《訓故》、黄本「哀」作「深衷」；至正本「最」上有「敢」字；黄本「最」上有「故」字。《訓故》「最」作「取」，無「矣」字；下有「而詁訓茫昧通乎爾雅則文意曉然矣」十五字。

〔二五〕禮以立體　唐寫本、黄本同；至正本「以」作「季」。《訓故》作「禮記立體弘用」。

〔二六〕據事章條纖曲　唐寫本「據事」下有「制範」；至正本、《訓故》、黄本「據事」下有「剬範」。

〔二七〕執而後顯採掇片言莫非寶也春秋辯理　至正本奪此四句十六字；唐寫本「掇」作「綴」，「辯」作「辨」；黄本「片」作「生」，「辯」作「辨」。《訓故》作「觀辭立曉而訪義方隱春秋則」。

〔二八〕五石六鵙　唐寫本同；至正本、《訓故》、黄本「鵙」作「鷁」。

〔二九〕以詳備成文　唐寫本、至正本、《訓故》、黄本「備」作「略」。

〔三〇〕婉章志晦　唐寫本、至正本、《訓故》、黄本「婉」上有「其」字。

〔三一〕源已邃矣　唐寫本、至正本、《訓故》、黄本「源」作「諒」。「已」，唐寫本作「已」；至正本、《訓故》、黄本作「以」。

〔三二〕而尋理則暢　唐寫本、至正本、黄本「則」作「即」。《訓故》無「《尚書》則覽文如詭，而尋理則暢；《春秋》則觀辭立曉，而訪義方隱」四句二十四字。

〔三三〕此聖文殊致　唐寫本、至正本、《訓故》、黄本「聖文」下有「之」字；至正本、《訓故》、黄本「文」作「人」。

明詩第六

詩者〔一〕，持也，持人情性；三百之蔽，義歸「無邪」，持之爲訓，有符焉尒〔二〕。

人稟七情，應物斯感，感物吟志，莫非自然〔三〕。堯有《大唐》之歌〔四〕，虞造《南風》之詩〔五〕，觀其二文，詞達而已〔六〕。及大禹成功，九序惟歌〔七〕；少康敗德，五子咸諷〔八〕；順美匡惡，其來久矣。自商暨周，《雅》、《頌》圓備，四始彪炳，六義環深。子夏鑒絢素之章〔九〕，子貢悟琢磨之句，故商、賜二子，可以言《詩》〔一〇〕。自王澤彌竭，風人輟采〔一一〕；春秋觀志，以諷誦舊章〔一二〕，酬酢以爲賓榮，吐納而成聲文〔一三〕。逮楚國諷怨，則《離騷》爲刺。秦王滅典〔一四〕，亦造《仙詩》。漢初四言，韋孟首唱，匡諫之義，繼軌周人。孝武愛文，《柏梁》列韻，嚴、馬之徒，屬詞無方〔一五〕。至成帝品録，三百餘篇，朝章國采，亦云周備；而詞人遺翰〔一六〕，莫見五言；所以李陵班婕，見擬於前代〔一七〕。按《邵南·行露》〔一八〕，始肇半章；孺子《滄浪》，亦有全曲；《暇豫》優歌〔一九〕，遠見春秋；邪淫童謡〔二〇〕，近在成世；閲時取徵〔二一〕，則五言久矣。又《古詩》佳麗，或稱放叔〔二二〕，其《孤竹》一篇，則傅毅之詞〔二三〕，比采而推，固兩漢之作乎〔二四〕。觀其結體散文，直而不野，宛轉附物，惆悵切情〔二五〕，實五言之冠冕也。至於張衡怨篇，清典可味〔二六〕；《仙詩》緩歌〔二七〕，雅有新聲。暨建安之初，五言騰踴〔二八〕，文帝陳思，縱轡以騁節；王、徐、應、對〔二九〕，望路而争驅；並憐風月，狎池苑，述思榮，序酣宴〔三〇〕，慷慨以任氣，磊落以使才；造懷指事，不求纖密之巧；驅詞逐貌，唯取昭晰之能〔三一〕；此其所用也〔三二〕。及正始明道〔三三〕，詩雜仙心，何晏之徒，率多浮淺。唯嵇志清峻，阮旨遥深〔三四〕。若乃應璩《百一》〔三五〕，獨立不懼，詞譎義具，魏之遺直也〔三六〕。晉世羣才，稍入輕綺，張、左、潘、陸〔三七〕，比肩詩衢，采縟於正始，力柔於建安，或折文以爲武，或流靡以自研〔三八〕，此其大略也。江左篇製，溺於玄風〔三九〕，羞笑徇務之志，崇盛忘機之談〔四〇〕，袁、孫已下，雖各有雕采，而詞趣一揆，莫與争雄〔四一〕，所以景純《仙》篇，挺拔而爲儁也〔四二〕。宋初文詠，體有因革，嚴老告退〔四三〕，而山水方滋，儷采百家之偶〔四四〕，争價一句之奇，情必極貌以寫物，必窮力而追新〔四五〕，此近代之所竟也〔四六〕。

故鋪觀列代，而情變之數可鑒〔四七〕；撮舉同異，而綱領之要可明矣。若夫四言正體，則雅潤爲本〔四八〕；五言流調，則清麗居宗〔四九〕；華實異用，惟才所安。故平子得其雅，叔夜合其潤〔五〇〕，茂先擬其清〔五一〕，景陽振其麗〔五二〕。若兼善則子建、仲宣〔五三〕，偏美則太沖、公幹〔五四〕。然詩有恒裁，思無定位，隨性適分，鮮能圓通〔五五〕。若妙識所難，其易也將至；忽以爲易，其難也方來矣〔五六〕。至於三六雜言，則出自篇什〔五七〕；離合之發，則萌於圖讖〔五八〕，迴文所興〔五九〕，則道原爲始；聯句共韻，則栢梁餘製；巨細或殊，情理同致，總歸詩囿，故不繁云。

（《太平御覽》卷五八六・一上～二下）

校記

〔一〕文由《御覽・文部二・詩》引，自《文心雕龍・明詩》出；上承「大舜云：詩言志，歌永言。聖謨所析，義已明矣。是以在心爲志，發言爲詩，舒文載實，其在茲乎」，下接「贊曰……」。

〔二〕有符焉尒　「尒」，至正本、《訓故》同；唐寫本、黄本作「爾」。唐寫本「有」上有「信」字。

〔三〕莫非自然　唐寫本在「自然」下有「昔葛樂辭玄鳥在曲黄帝雲門理不空絃至」十七字；至正本、《訓故》、黄本在「自然」下有「昔葛天氏樂辭云玄鳥在曲黄帝雲門理不空綺至」二十字。《訓故》「理不空綺」四字標疑作「理不空綺」。

〔四〕堯有大唐之歌　至正本、《訓故》、黄本同；唐寫本「唐」作「章」，「歌」作「哥」。

〔五〕虞造南風之詩　唐寫本、《訓故》、至正本、黄本「虞」作「舜」。

〔六〕詞達而已　至正本、《訓故》、黄本「詞」作「辭」。〇「巳」，至正本、《訓故》同，唐寫本、黄本作「已」。

〔七〕及大禹大功九序惟歌　至正本、《訓故》、黄本同；唐寫本無「功」字，「歌」作「哥」。

〔八〕少康敗德五子咸諷　「少」，至正本、《訓故》、黄本、唐寫本作「太」。〇「諷」，唐寫本同；至正本、《訓故》、黄本作「怨」。

〔九〕子夏鑒絢素之章　唐寫本同；至正本、《訓故》、黄本「鑒」作「監」。

〔一〇〕可以言詩　唐寫本、至正本、《訓故》、黄本「以」作「與」；唐寫本「詩」下有「矣」字。

〔一一〕自王澤彌竭風人輟采　「彌」，唐寫本同；《訓故》、至正本、黄本作「殄」。〇「輟采」，至正本、黄本同；唐寫本作「掇彩」。

〔一二〕以諷誦舊章　唐寫本、至正本、《訓故》、黄本無「以」字。

〔一三〕酬酢以爲近榮吐納而成聲文　唐寫本「爲」作「成」；唐寫本、至正本、《訓故》、黄本「聲」作「身」。

〔一四〕秦王滅典　唐寫本、至正本、《訓故》、黄本「王」作「皇」。

〔一五〕屬詞無方　唐寫本同；至正本、《訓故》、黄本「詞」作「辭」。

〔一六〕而詞人遺翰　唐寫本、至正本、《訓故》、黄本「遺」作「遺」；至正本、《訓故》、黄本「詞」作「辭」。

〔一七〕李陵班婕見擬於前代　「班婕」，唐寫本作「斑婕」；至正本、《訓故》、黄本作「班婕妤」。唐寫本、至正本、《訓故》、黄本「擬」作「疑」，「前」作「後」；「代」下有「也」字。

〔一八〕按邵南行露　唐寫本「按」作「案」；至正本、《訓故》、黄本「邵」作「召」。

〔一九〕暇豫優歌　至正本、《訓故》、黄本同；唐寫本「歌」作「哥」。

〔二〇〕邪淫童謡　唐寫本、至正本、《訓故》、黄本「淫」作「徑」。

〔二一〕閲時取徵　唐寫本同；至正本、《訓故》、黄本「徵」作「證」。

〔二二〕或稱放叔　唐寫本、至正本、《訓故》、黄本「放」作「枚」。

〔二三〕則傅毅之詞　至正本、黄本同；《訓故》、唐寫本「詞」作「辭」。

〔二四〕比采而推固兩漢之作乎　唐寫本「采」作「彩」，「固」作「故」，「乎」作「也」；至正本、《訓故》、黄本無「固」字。

〔二五〕宛轉附物惆悵切情　唐寫本、至正本、《訓故》、黄本「宛」作「婉」，「惆」作「怊」。

〔二六〕至於張衡怨篇清典可味　「於」，至正本、《訓故》、黄本同；唐寫本作「如」。〇「典」，唐寫本、黄本同；至正本、《訓故》作「曲」。《訓故》「味」作「咏」。

〔二七〕仙詩緩歌　至正本、《訓故》、黄本同；唐寫本「歌」作「哥」。

〔二八〕五言騰踴　至正本、《訓故》同；唐寫本「踴」作「躍」；黄本「踴」作「踊」。

〔二九〕王徐應對　唐寫本、至正本、《訓故》、黄本「對」作「劉」。

〔三〇〕並鄰風月狎池苑述思榮序酣宴　「鄰」，唐寫本、至正本、《訓故》、黄本並作「憐」。○唐寫本、至正本、《訓故》、黄本「思」作「恩」；「序」作「敘」。

〔三一〕驅詞逐貌唯取昭晰之能　「詞」，唐寫本同；至正本、《訓故》、黄本作「辭」。○「晰」，唐寫本作「哲」，至正本、《訓故》作「哲」；黄本作「晰」。

〔三二〕此其所用也　唐寫本、至正本、《訓故》、黄本「用」作「同」。

〔三三〕及正始明道　唐寫本同；至正本、《訓故》、黄本「及」作「乃」。《訓故》「明道」標疑作「明道」。

〔三四〕唯嵇志清峻阮旨遥深　「志」，唐寫本、黄本同；至正本、《訓故》作「旨」。○「遥深」，唐寫本、至正本、《訓故》、黄本在「遥深」下有「故能摽焉」四字。

〔三五〕若乃應璩百一　至正本、《訓故》、黄本同；唐寫本「璩」作「瑒」。

〔三六〕詞譎義貞魏之遺直也　唐寫本、至正本、《訓故》、黄本「詞」作「辭」；「具」作「貞」；「魏」上有「亦」字。

〔三七〕張左潘陸　唐寫本同；至正本、《訓故》、黄本作「張潘左陸」。

〔三八〕或折文以爲武或流靡以自研　唐寫本、至正本、《訓故》、黄本「武」作「妙」；「研」作「妍」。至正本、《訓故》、黄本「折」作「析」。

〔三九〕溺於玄風　唐寫本、至正本、《訓故》、黄本「於」作「乎」。

〔四〇〕羞笑徇務之志崇盛忘機之談　唐寫本「徇」作「侚」；至正本、《訓故》、黄本「羞」作「嗤」，「忘」作「亡」。

〔四一〕而詞趣一揆莫與爭雄　唐寫本「趣」作「輒」，「與」作「能」；至正本、《訓故》、黄本「詞」作「辭」。

〔四二〕挺拔而爲儁也　唐寫本「也」作「矣」；至正本、《訓故》、黄本「也」作「矣」，「儁」作「俊」。

〔四三〕嚴老告退　唐寫本同；至正本、《訓故》、黄本「嚴」作「莊」。

〔四四〕儷采百家之偶　唐寫本、至正本、《訓故》、黄本「家」作「字」。

〔四五〕必窮力而追新　唐寫本、至正本、《訓故》、黄本「必」上有「辭」字；至正本「追」作「廹」。

〔四六〕此近代之所竟也　唐寫本、至正本、《訓故》、黄本「代」作「世」；「竟」作「競」。

〔四七〕情變之數可鑒　唐寫本同；至正本、《訓故》、黄本「鑒」作「監」。

〔四八〕則雅潤爲本　唐寫本、黃本同；至正本《訓故》無「則」字。

〔四九〕則清麗居宗　唐寫本、黃本同；至正本《訓故》無「則」字。

〔五〇〕叔夜合其潤　唐寫本同；至正本、《訓故》、黃本「合」作「含」。

〔五一〕茂先擬其清　唐寫本同；至正本、《訓故》、黃本「擬」作「凝」。

〔五二〕景陽振其麗　至正本、《訓故》、黃本同；唐寫本「振」作「震」。

〔五三〕若兼善則子建仲宣　至正本、《訓故》、黃本、唐寫本無「若」字。

〔五四〕偏美則太沖公幹　唐寫本、至正本、《訓故》、黃本「偏」作「偏」。

〔五五〕鮮能圓通　唐寫本同；至正本、《訓故》、黃本「圓通」作「通圓」。

〔五六〕忽以爲易其難也方來矣　唐寫本、至正本、《訓故》、黃本無「矣」字；至正本、《訓故》、黃本「以」作「之」。

〔五七〕則出自篇什　「出自」，唐寫本、黃本同；至正本、《訓故》作「自出」。

〔五八〕離合之發則萌於圖讖　唐寫本「離合」作「合離」，「則」下有「亦」字；至正本、《訓故》、黃本「萌」作「明」。

〔五九〕迴文所興　唐寫本同；至正本、《訓故》、黃本「迴」作「回」。

詮賦第八

詩有六義〔一〕，其二曰賦。賦者，鋪也；鋪采摛文〔二〕，體物寫志也。昔邵公稱：「公卿獻詩，師箴瞽賦〔三〕。」《傳》云：「登高能賦，可爲大夫。」《詩序》則同義，《傳》説則異體，總其歸塗，實相枝幹。故劉向明不歌而頌〔四〕，班固稱古詩之流〔五〕。至如鄭莊之賦「大隧」，士蔿之賦「狐裘」，結言短韻〔六〕，詞自巳作，雖合作賦體〔七〕，明而未融。及靈均唱《騷》，始廣聲貌。然則賦也者〔八〕，受命於詩人，而柘宇於《楚辭》者也〔九〕。於是荀況《禮》、《智》，宋玉《風》、《釣》〔一〇〕，爰錫名號，與詩畫境，「六義」附庸，蔚成大國。遂客主以首引〔一一〕，極聲貌以窮文〔一二〕，斯蓋别詩之源始，命賦之厥初也。

秦世不文，頗有雜賦。漢初辭人，循流而作〔一三〕，陸賈扣其端，賈誼振其緒，枚、馬洞其風〔一四〕，王、揚騁其勢〔一五〕，皐、朔以下〔一六〕，品物畢圖。繁積於宣時，校閲於成世，進御之賦，千有餘首，討其源流，信興楚而盛漢矣。若夫京殿苑獵，述行敘志〔一七〕，並體國經野，義尚光大，既履端於唱序，亦歸餘於總詞〔一八〕。序以建言，首引情本；詞以理篇，寫送文勢〔一九〕。

觀夫荀結隱語，事義自懷〔二〇〕，宋發誇談〔二一〕，實始淫麗。枚乘《兔園》，舉要以會新；相如《上林》，繁類以成艷；賈誼□鳥，致辨於情理〔二二〕；子淵《洞簫》，窮變於聲貌；孟堅《兩都》，明絢以贍雅〔二三〕；張衡《二京》，迅拔宏富〔二四〕；子雲《甘泉》，構深偉之風〔二五〕；延壽《靈光》，含飛動之勢〔二六〕；凡此十家，並辭賦之英傑也〔二七〕。及仲宣靡密，發篇必道〔二八〕；偉長博通，時逢壯采；太沖、安仁，策勳於鴻規；士衡、子安，底績於流製〔二九〕；景純綺巧，縟理有餘；彦伯梗槩，情韻不匱，亦魏、晉之賦首也。

原夫登高之旨，蓋覩物興情。情以物興，故義必明雅〔三〇〕；物以情覩〔三一〕，故詞必巧麗。麗辭雅義〔三二〕，符采相勝，如組織之品朱紫，畫繪之差玄黄〔三三〕，文雖雜而有實〔三四〕，色雖糅而有儀〔三五〕，此立賦之大體也。然逐末之儔，蔑棄其本，雖讀千首〔三六〕，逾惑體要，遂使繁華析枝〔三七〕，膏腴害骨，無貫風軌〔三八〕，莫益勸戒，此楊子所以追悔於雕蟲〔三九〕，貽誚於霧縠者也。

（《太平御覽》卷五八七・四下～五下）

校　記

〔一〕文由《御覽・文部三・賦》引，自《文心雕龍・詮賦》出；起於篇首，下接「贊曰……」。

〔二〕鋪采摛文　至正本、《訓故》、黄本同；唐寫本「采」作「彩」。

〔三〕公卿獻詩師箴瞽賦　唐寫本無「卿」字；至正本、黄本無「瞽」字。《訓故》「瞽」作「瞍」。

〔四〕故劉向明不歌而頌　唐寫本「歌」作「哥」；至正本、《訓故》、黄本無「故」字，「劉向」下有「云」字。

〔五〕班固稱古詩之流　唐寫本「班」作「斑」，「流」下有「也」字；至正本、《訓故》、黄本「流」下有「也」字。

〔六〕結言短韻　唐寫本同；至正本、《訓故》、黄本「短」作「㧻」。

〔七〕詞自巳出雖合作賦體　「巳」，《訓故》同；唐寫本、黄本作「己」，至正本作「已」；唐寫本、至正本、《訓故》、黄本無「作」字。

〔八〕然則賦也者　唐寫本同；至正本、《訓故》、黄本無「則」字。

〔九〕而柘宇於楚辭者也　唐寫本「柘」作「拓」，「辭」作「詞」，無「者」字；至正本、《訓故》「柘」作「招」，無「而」、「者」二字；黄本「柘」作「拓」，無「而」、「者」二字。《訓故》「招宇」標疑作「招宇」。

〔一〇〕宋玉風鈞　唐寫本、至正本同；《訓故》、黄本「鈞」作「釣」。

〔一一〕遂客主以首引　黄本同；唐寫本「首」作「守」；至正本、《訓故》「主」作「至」。

〔一二〕極聲貌以窮文　黄本同；唐寫本「聲」作「形」；至正本、《訓故》無「聲」字。

〔一三〕漢初辭人循流而作　「辭」，唐寫本、黄本作「詞」。〇「循」，至正本、《訓故》、黄本作「順」。

〔一四〕枚馬洞其風　「洞」，唐寫本作「播」；至正本、《訓故》、黄本作「同」。《訓故》「同」標疑作「同」。

〔一五〕王楊聘其勢　唐寫本、至正本、《訓故》、黄本「聘」作「騁」。

〔一六〕皐朔以下　「朔」，至正本作「翔」。〇「以」，唐寫本、至正本、《訓故》、黄本作「已」。

〔一七〕若夫京殿苑獵述行敘志　唐寫本同；至正本、《訓故》、黄本無「若」字，「敘」作「序」。

〔一八〕既履端於唱序亦歸餘於總詞　「序」，唐寫本、黄本同，至正本、《訓故》作「敘」。〇「唱」，唐寫本、至正本、《訓故》同，黄本作「倡」。〇「詞」，唐寫本、至正本、《訓故》、黄本作「亂」。

〔一九〕詞以理篇寫送文勢　「詞」，唐寫本、黄本作「亂」；至正本、《訓故》作「辭」。〇唐寫本「送」下有「案那之卒章……奇巧之機要也」八十二字；至正本、《訓故》、黄本作「迭致文契」，下有「按那之卒章……奇巧之機要也」八十二字。

〔二〇〕事義自懷　唐寫本、至正本、《訓故》、黄本「義」作「數」，「懷」作「環」。

〔二一〕宋發誇談　「誇」，唐寫本作「夸」；至正本、《訓故》、黄本作「巧」。

〔二二〕賈誼□鳥致辨於情理　「□鳥」，唐寫本作「畏服」；至正本、《訓故》、黄本作「鵩鳥」。〇「理」，至正本、《訓故》、黄本同；唐寫本作「衷」。

〔二三〕明絢以贍雅　唐寫本、至正本、《訓故》、黄本「贍雅」作「雅贍」；至正本「明絢」作「朋約」。

〔二四〕迅拔宏富　黃本「拔」作「發」；唐寫本、至正本、《訓故》、黃本在「宏」上有「以」字。
〔二五〕搆深偉之風　唐寫本同；至正本、《訓故》、黃本「搆」作「構」，「偉」作「瑋」。
〔二六〕含飛動之勢　唐寫本、《訓故》、黃本同；至正本「含」作「合」。
〔二七〕並辭賦之英傑也　黃本同；唐寫本「辭」作「詞」；至正本、《訓故》「英傑」作「流」。
〔二八〕發篇必道　唐寫本、至正本、《訓故》、黃本「道」作「遒」；至正本、《訓故》、黃本「篇」作「端」。
〔二九〕底績於流製　唐寫本、至正本、黃本「製」作「制」。《訓故》「制」標疑作「制」。
〔三〇〕故義必明雅　唐寫本、黃本同；至正本、《訓故》「必」作「以」。
〔三一〕物以情覩　唐寫本同；至正本、《訓故》、黃本「覩」作「觀」。
〔三二〕麗辭雅義　唐寫本、至正本、《訓故》、黃本「辭」作「詞」。
〔三三〕畫繪之差玄黃　唐寫本同；至正本、《訓故》、黃本「差」作「著」。
〔三四〕文雖雜而有實　「雜」，唐寫本同；至正本、《訓故》、黃本作「新」。〇「實」，唐寫本、至正本、《訓故》、黃本作「質」。
〔三五〕色雖糅而有儀　至正本、《訓故》同；唐寫本「儀」作「義」；黃本「儀」作「本」。
〔三六〕雖讀千首　唐寫本、至正本、《訓故》、黃本「首」作「賦」。
〔三七〕遂使繁華析枝　唐寫本、至正本、《訓故》、黃本「析」作「損」。
〔三八〕無貫風軌　「貫」，唐寫本作「實」；至正本、《訓故》、黃本作「貴」。
〔三九〕追悔於雕蟲　唐寫本、黃本同；至正本、《訓故》無「於」字。

頌贊第九

「四始」之至〔一〕，頌居其極。頌者，容也；所以美盛德而述形容也。昔帝嚳之世，咸累爲頌，以歌《九招》〔二〕。自《商頌》巳下〔三〕，文理允備。夫化偃一國謂之風，風正四方謂之雅，雅容告神謂之頌〔四〕。風雅序人，故事資變正〔五〕；頌主告神，故義必純美〔六〕。魯以旦次編，商以前王追録〔七〕，斯乃宗廟之正歌，非饗燕之

(恒)〔恒〕詠也〔八〕。《時邁》一篇，周公所製〔九〕，哲人之頌，規式存焉〔一〇〕。夫三閭《橘頌》，情采芬芳〔一一〕，比類屬興，又覃及細矣〔一二〕。至於秦政刻文〔一三〕，爰頌其德；漢之惠、景，亦有述容；沿世並作，相繼於時矣。若夫子雲之表充國，孟堅之序戴侯，武仲之美顯宗〔一四〕，史岑之述僖后〔一五〕，或擬《清廟》，或範《駉》、《那》〔一六〕，雖深淺不同，詳略有異〔一七〕，其褒德顯容，典章一也〔一八〕。

原夫頌惟典懿，詞必清鑠〔一九〕，敷寫似賦，而不入華侈之區；敬慎如銘，而異於規式之域〔二〇〕；揄楊以發藻，汪洋以樹儀〔二一〕，雖纖巧曲致，與情而變〔二二〕，其大體所弘〔二三〕，如斯而已。

(《太平御覽》卷五八八・一下～二上)

讚者，明也，助也〔二四〕。昔虞舜之祀，樂正重贊〔二五〕，蓋唱發之詞也〔二六〕。及益贊于禹，伊陟贊于巫咸〔二七〕，並颺言以明事，嗟嘆以助詞者也〔二八〕。故漢置鴻臚，以唱拜爲讚，即古之遺語也。至如相如屬詞，如贊荊軻〔二九〕。及史、班書記，以讚褒貶〔三〇〕。約文以總録，頌體而論詞〔三一〕。又紀傳後評〔三二〕，亦同其名。而仲治《流別》〔三三〕，謬稱爲述，失之遠矣。及景純任雅，動植必讚〔三四〕，讚兼美惡，亦猶頌之有變耳〔三五〕。然本其爲義〔三六〕，事生獎歎，所以古來篇體，促而不廣〔三七〕，必結言於四字之句，槃桓于數韻之詞〔三八〕；約舉以盡情，照灼以送文，比其體也〔三九〕。發言雖遠〔四〇〕，而致用蓋寡，大抵所歸，其頌家之細條也〔四一〕。

(《太平御覽》卷五八八・四下～五上)

校記

〔一〕文由《御覽・文部四・頌》引，自《文心雕龍・頌贊》出；起自篇首，下接「讚者明也……」，中間有闕文。

〔二〕咸累爲頌以歌九招　「累」，唐寫本作「黑」；至正本、《訓故》、黃本作「墨」。○「歌」，至正本、《訓故》、黃本同；唐寫本作「哥」。○「招」，唐寫本同；至正本、《訓故》、黃本作「韶」。

〔三〕自商頌巳下　唐寫本同；至正本、《訓故》、黃本無「頌」字；「巳」，唐寫本、至正本、《訓故》、黃本並作「已」。

〔四〕雅容告神謂之頌　唐寫本同；至正本、《訓故》、黃本無「雅」字，「神」下有「明」字。

〔五〕故事資變正　唐寫本「資」作「兼」；至正本、《訓故》、黄本無「故」字，「資」作「兼」。

〔六〕故義必純美　唐寫本同；至正本、《訓故》、黄本無「故」字。

〔七〕魯以旦次編商以前王追録　「魯」，《訓故》作「魯人」；黄本作「魯國」；唐寫本、至正本、《訓故》、黄本「旦」作「公旦」；至正本、《訓故》、黄本「商」下有「人」字。

〔八〕斯乃宗廟之正歌非饗燕之恒詠也　「正歌」，至正本、《訓故》、黄本同；唐寫本作「政哥」。〇「饗燕」，唐寫本、《訓故》、至正本作「饗讌」；黄本作「讌饗」。〇「恒詠」，唐寫本同；至正本、《訓故》、黄本作「常詠」。〇按：「恒」原避宋諱缺末筆。

〔九〕周公所製　至正本、《訓故》、黄本同；唐寫本「製」作「制」。

〔一〇〕規式存焉　唐寫本、至正本、《訓故》、黄本在「存焉」下有「夫民各有心……浸被乎人事矣」五十字。

〔一一〕夫三閭橘頌情采芬芳　「夫」，唐寫本、至正本、《訓故》、黄本作「及」。〇「情采」，至正本、《訓故》、黄本同；唐寫本作「辭彩」。

〔一二〕比類屬興又覃及細矣　唐寫本、至正本、《訓故》、黄本「屬興」作「寓意」；「細」下有「物」字。唐寫本「又」作「乃」，「及」下有「乎」字。

〔一三〕至於秦政刻文　至正本、《訓故》、黄本同；唐寫本「於」作「乎」。

〔一四〕武仲之美顯宗　黄本同；唐寫本、《訓故》、至正本「武仲」作「仲武」。

〔一五〕史岑之述僖后　至正本、《訓故》同；唐寫本「僖」作「燕」；黄本「僖」作「熹」。

〔一六〕或範駉那　「駉」，唐寫本同；至正本、《訓故》「駉」作「坰」；黄本「駉」作「駉」。

〔一七〕雖深淺不同詳略有異　「深淺」，唐寫本、至正本、《訓故》同，黄本作「淺深」。唐寫本、至正本、《訓故》、黄本「有」作「各」。

〔一八〕典章一也　唐寫本、至正本、《訓故》、黄本在「一也」下有「至於班傅之北征西巡……固末代之訛體也」一段。《訓故》「西逝」標疑作「西逝」。

〔一九〕原夫頌惟典懿詞必清鑠　唐寫本同；至正本、《訓故》、黄本「懿」作「雅」，「詞」作「辭」。

〔二〇〕而異於規式之域　唐寫本、至正本、《訓故》、黄本「於」作「乎」，「式」作「戒」。

〔二一〕榆楊以發藻汪洋以樹儀　「榆楊」，唐寫本、至正本、《訓故》、黄本作「揄揚」。○「儀」，唐寫本同，至正本、《訓故》、黄本作「義」。

〔二二〕雖纖巧曲致與情而變　唐寫本「與」作「興」；至正本、《訓故》、黄本「雖」作「唯」，「巧曲」作「曲巧」。

〔二三〕其大體所弘　唐寫本同；至正本、《訓故》、黄本「弘」作「底」。

〔二四〕讚者明也助也　文由《御覽·文部四·讚》引，自《文心雕龍·頌贊》出；上承「……其大體所弘，如斯而已」，下接「贊曰……」。○至正本、《訓故》無「助也」二字。

〔二五〕樂正重贊　唐寫本、至正本、《訓故》、黄本「贊」作「讚」。

〔二六〕蓋唱發之詞也　唐寫本同；至正本、《訓故》、黄本「詞」作「辭」。

〔二七〕及益贊于禹伊陟贊于巫咸　唐寫本下「于」字作「於」；至正本、《訓故》上「贊」字作「讚」；黄本兩「贊」字並作「讚」，兩「于」字並作「於」。

〔二八〕嗟嘆以助詞者也　唐寫本「詞」作「辭」，無「者也」二字；至正本、《訓故》、黄本「詞」作「辭」，無「者」字。

〔二九〕至如相如屬詞如贊荆軻　唐寫本、至正本、《訓故》、黄本「至」下無「如」字，「詞」作「筆」，「贊」上「如」作「始」，「贊」作「讚」。　至正本「軻」誤作「輙」。

〔三〇〕及史班書記以讚褒貶　「史班書記」，唐寫本作「史斑因書」；至正本作「史班固書」；《訓故》作「班固史書」；黄本作「遷史固書」。○「以讚」，唐寫本、黄本作「託讚」；至正本、《訓故》「以」作「託」，「讚」作「贊」。

〔三一〕頌體而論詞　唐寫本「詞」下有「也」字；至正本、《訓故》、黄本「而」作「以」，「詞」作「辭」。

〔三二〕又紀傳後評　唐寫本、黄本同；至正本「後」作「迻」；《訓故》標疑作「[侈]」。

〔三三〕而仲治流別　「治」，唐寫本、至正本、《訓故》作「冶」。

〔三四〕及景純任雅動植必讚　「任雅」，唐寫本作「注爾雅」；至正本、《訓故》、黄本作「注雅」。○「必讚」，黄本同；唐寫本作「贊之」；至正本作「之讚」；《訓故》作「讚之」。

〔三五〕讚兼美惡亦猶頌之有變耳　「讚」，唐寫本作「事」；至正本、《訓故》、黄本作「義」。○「有變」，唐寫本、至正本、《訓故》、黄本無「有」字。

〔三六〕然本其爲義　唐寫本、黄本同；至正本、《訓故》無「本」字。

〔三七〕促而不廣　黄本同；唐寫本、至正本、《訓故》「廣」作「曠」。
〔三八〕槃桓于數韻之詞　唐寫本、至正本、《訓故》、黄本「槃」作「盤」；至正本、《訓故》、黄本「于」作「乎」，「詞」作「辭」。
〔三九〕照灼以送文比其體也　「照」，唐寫本同；至正本、《訓故》、黄本作「昭」。○「比」，唐寫本、至正本、《訓故》、黄本作「此」。
〔四〇〕發言雖遠　唐寫本、至正本、《訓故》、黄本「言」作「源」。
〔四一〕其頌家之細條也　唐寫本、至正本、《訓故》、黄本「也」作「乎」。

銘箴第十一

昔軒轅帝刻《輿》、《几》以弼違〔一〕，太禹勒《筍》、《簴》以招諫〔二〕；成湯《盤》、《盂》，著「日新」之規，武王《户》、《席》，題必誡之訓〔三〕；周公「慎言」於《金人》，仲尼「革容」於欹器：列聖鑒戒〔四〕，其來久矣。故銘者，名也〔五〕。觀器必也正名〔六〕，審用貴乎慎德。蓋臧武仲之論銘也〔七〕，曰：「天子令德，諸侯計功，大夫稱伐〔八〕。」夏鑄九牧之金，周勒肅慎之楛〔九〕，「令德」之事也；吕望銘功於昆吾，仲山鏤績於庸器，「計功」之義也；魏顆紀勳於景鍾〔一〇〕，孔悝表勤於衛鼎，「稱伐」之類也〔一一〕。若乃飛廉有石槨之錫，雲公有奪里之謚〔一二〕，銘發幽石，噫可怪也〔一三〕。趙靈勒跡於潘吾〔一四〕，秦昭刻傳於華山〔一五〕，夸誕示後，吁可笑也〔一六〕。詳觀衆例，銘義見矣。至於始皇勒岳，政暴而文澤，亦有疎通之美焉〔一七〕。若乃班固《燕然》之勒〔一八〕，張旭《華陰》之碣，序亦成矣〔一九〕。蔡邕之銘，思燭古全〔二〇〕；橋公之「鉞」，則吐納典謩〔二一〕；朱穆之《鼎》，全成碑文，溺所長也。至如敬通新器，矱准武銘〔二二〕，而事非其物，繁略違中。崔駰品物，讚多戒少；李尤積篇，義儉辭碎。蓍龜神物，而居博弈之下〔二三〕；衡斛嘉量，而在杵臼之末〔二四〕，曾名品之未暇，何事理之能閑哉！魏文《九寶》，器利辭鈍。惟張載《劍閣》，其才清彩〔二五〕，迅足駸駸，後發前至，銘勒岷、漢〔二六〕，得其宜矣。

（《太平御覽》卷五九〇・四上～五上）

箴，所以攻疾除患，喻針石垣〔二七〕。斯文之興〔二八〕，盛於三代。夏、商二箴，餘句頗存。及周之辛甲，《百官箴》闕，唯《虞箴》一篇〔二九〕，體義備焉。迄至春秋，微而未絕。故魏絳諷君於后羿，楚子訓人於在勤〔三〇〕。戰伐已來〔三一〕，棄德務功，銘辭代興，箴文萎絶〔三二〕，至楊雄稽古，始範《虞箴》，《卿尹》、《州牧》二十篇〔三三〕，及崔、胡補綴，總稱《百官》。指事配位，鞶鑒有徵〔三四〕，可謂追清風於前古〔三五〕，攀辛甲於後代者也。至於潘勗《符節》，要而失淺；溫嶠《侍臣》〔三六〕，博而患繁；王濟《國子》，引多事寡〔三七〕；潘君《乘輿》，義正體蕪〔三八〕：凡斯繼作，鮮有克衷。至於王朗《雜箴》，乃寘巾、履〔三九〕，得其戒慎，而失其所施〔四〇〕。觀其約文舉要，憲章武銘〔四一〕，而水火井竈，繁辭不已，志有偏也。

夫箴誦於經〔四二〕，銘題於器，名用雖異〔四三〕，而警戒實同。箴全禦過，故文資确切〔四四〕；銘兼褒讚，故理貴弘潤〔四五〕：取其要也〔四六〕。其天言之道蓋闕〔四七〕，庸器之制久淪，所以箴銘實用〔四八〕，罕施後代〔四九〕。惟秉文君子，宜酌其遠大矣〔五〇〕。

（《太平御覽》卷五八八・五下～六上）

校記

〔一〕昔軒轅帝刻輿以弼違　文由《御覽・文部六・銘》引，自《文心雕龍・銘箴》出；起於篇首，下接「箴者……」。〇唐寫本、至正本、《訓故》、黃本「軒轅帝」作「帝軒」，「以」上有「几」字。

〔二〕太禹勒筍簴以招諫　唐寫本「太」作「大」，「筍」作「簨」；至正本、《訓故》、黃本「太」作「大」。「以」作「而」。

〔三〕題必誡之訓　唐寫本同；至正本、《訓故》、黃本「誡」作「戒」。

〔四〕列聖鑒戒　唐寫本同；至正本、《訓故》、黃本「列」作「先」，上有「則」字。

〔五〕故銘者名也　《訓故》、黃本同；唐寫本無「故」字；至正本、《訓故》「名」作「銘」。

〔六〕觀器必也正名審用貴乎慎德　至正本、《訓故》、黃本「慎」作「盛」。唐寫本無「也正」二字，「名」下有「焉」字；「審用」作「正名審用」。

〔七〕蓋臧武仲之論銘也　至正本、《訓故》、黄本同；唐寫本無「武」字。

〔八〕曰天子令德諸侯計功大夫稱伐　《訓故》、黄本同；唐寫本闕此十三字；至正本「伐」作「代」。

〔九〕夏鑄九牧之金周勒肅慎之楛　唐寫本同。至正本、《訓故》、黄本「金」下有「鼎」字；「楛」下有「矢」字。

〔一〇〕魏顆紀勳於景鍾　唐寫本、《訓故》、黄本同；至正本「鍾」作「銘」。

〔一一〕稱伐之類也　唐寫本、《訓故》、黄本同；至正本「伐」作「代」。

〔一二〕雲公有奪理之謚　「雲」，唐寫本、至正本、《訓故》、黄本作「靈」。〇「奪」，唐寫本作「舊」；至正本、《訓故》、黄本作「蒿」。

〔一三〕噫可怪也　唐寫本同；至正本、《訓故》、黄本「噫」作「吁」，「也」作「矣」。

〔一四〕趙靈勒跡於潘吾　唐寫本、《訓故》同；至正本「潘吾」作「番禺」；黄本「潘」作「番」。

〔一五〕秦昭刻傳於華山　至正本同；唐寫本、《訓故》、黄本「傳」作「博」。

〔一六〕吁可笑也　唐寫本、黄本同；至正本「笑」作「茂」；《訓故》標疑作「茂」。

〔一七〕亦有疎通之美焉　至正本、《訓故》、黄本同；唐寫本「有」作「其」。

〔一八〕若乃班固燕然之勒　唐寫本無「若乃」二字，「班」作「斑」；至正本、《訓故》、黄本無「乃」字。

〔一九〕張旭華陰之碣序亦成矣　「旭」，唐寫本同；至正本、《訓故》、黄本作「昶」。〇「成」，唐寫本、至正本、《訓故》、黄本作「盛」。

〔二〇〕蔡邕之銘思燭古全　唐寫本、至正本、《訓故》、黄本作「蔡邕銘思獨冠古今」。

〔二一〕橋公之鍼則吐納典謩　「橋」，唐寫本、《訓故》、黄本作「橋」；至正本作「僑」。〇「鍼」，唐寫本、《訓故》、黄本作「鉞」；至正本作「箴」。〇「謩」，唐寫本、至正本、黄本作「謨」。

〔二二〕至如敬通新器矱淮武銘　「新」，唐寫本、至正本、黄本作「雜」。〇「矱淮」，唐寫本作「淮矱」；至正本、《訓故》、黄本作「準矱」。〇「武銘」，唐寫本同；至正本、《訓故》、黄本作「戒銘」。

〔二三〕而居博弈之下　唐寫本同；至正本、《訓故》、黄本「下」作「中」。

〔二四〕而在杵臼之末　唐寫本同；至正本、《訓故》、黄本「杵臼」作「臼杵」。

〔二五〕惟張載劍閣其才清彩　唐寫本「其才清彩」作「清采其才」；至正本「載」作「采」，「彩」作「采」；《訓故》、黄本「彩」

作「采」。

〔二六〕銘勒嵋漢　唐寫本「銘勒」作「詔勒」，「嵋」作「岷」；至正本、《訓故》、黄本「銘勒」作「勒銘」，「嵋」作「岷」。

〔二七〕箴所以攻疾除患喻針石垣　文由《御覽·文部四·箴》引，自《文心雕龍·銘箴》出；上承「銘勒岷漢，得其宜矣」，下接「贊曰……」。〇「箴」，唐寫本作「箴者針也」；至正本、《訓故》、黄本作「箴者」。〇「除」，唐寫本、至正本、黄本作「防」。〇「針」，唐寫本、至正本作「箴」，《訓故》、黄本作「鍼」。〇「垣」，唐寫本、至正本、《訓故》、黄本作「也」。

〔二八〕斯文之興　唐寫本、《訓故》、黄本同；至正本無「之」字。

〔二九〕及周之辛甲百官箴闕唯虞箴一篇　唐寫本無「及」字；至正本、《訓故》、黄本作「百官箴一篇」，少「闕唯虞箴」四字。

〔三〇〕楚子訓人於在勤　唐寫本同；至正本、《訓故》、黄本「人」作「民」。

〔三一〕戰伐巳來　至正本同；《訓故》、黄本「伐」作「代」，「巳」作「以」；唐寫本「巳」作「己」。

〔三二〕銘辭代興箴文萎絶　唐寫本「辭」作「詞」；至正本、《訓故》、黄本「萎」作「委」。

〔三三〕卿尹州牧二十篇　「二十」，唐寫本、至正本、《訓故》、黄本作「二十五」。

〔三四〕鞶鑒有徵　唐寫本、至正本、《訓故》、黄本「鞶鑒」作「鞶鑑」；至正本、《訓故》、黄本「有」作「可」。

〔三五〕可謂追清風於前古　唐寫本同。「可謂」至正本、《訓故》、黄本作「信所謂」。

〔三六〕温嶠侍臣　唐寫本、《訓故》同。「侍」至正本、黄本作「傅」。

〔三七〕引多事寡　「多」，唐寫本多下有「而」字；至正本、《訓故》、黄本作「廣」。〇「寡」，唐寫本同；至正本無「寡」字；《訓故》、黄本作「雜」。

〔三八〕潘君乘輿義正體蕪　唐寫本、至正本、《訓故》、黄本「君」作「尼」；唐寫本「正」下有「而」字。

〔三九〕乃寘巾履　至正本、《訓故》、黄本同；唐寫本「履」作「屨」。〇按：《訓故》「履」並作「履」。

〔四〇〕得其戒慎而失其所施　至正本、《訓故》、黄本同；唐寫本「戒」作「誡」，無「所」字。

〔四一〕憲章武銘　唐寫本同；至正本、《訓故》、黄本「武」作「戒」。

〔四二〕夫箴誦於經　唐寫本、至正本、《訓故》、黄本「經」作「官」。

〔四三〕銘用雖異　唐寫本同；至正本、《訓故》、黄本「用」作「目」。

〔四四〕故文資确切　唐寫本、黄本同；至正本、《訓故》「資」作「質」，「确」作「確」。《訓故》「質」標疑作「質」。

〔四五〕故理貴弘潤　唐寫本、至正本、《訓故》、黄本「理」作「體」，下有「其取事也必覈（至正本作「覆」）以辨其摛文也必簡而深」十六字。

〔四六〕取其要也　唐寫本、至正本、《訓故》、黄本作「此其大要也」。

〔四七〕然天言之道蓋闕　唐寫本、至正本、《訓故》、黄本「天」作「矢」。

〔四八〕所以箴銘實用　唐寫本「實」作「寡」；至正本、《訓故》、黄本「實」作「異」。

〔四九〕罕施後代　唐寫本同；至正本無「後」字；黄本「後」作「於」；《訓故》「後」作空圍「□」。

〔五〇〕宜酌其遠大矣　「矣」，唐寫本作「者焉」；至正本、《訓故》、黄本作「焉」。

誄碑第十二

周世盛德〔一〕，有銘誄之文。士大夫之才〔二〕，臨喪能誄。誄者，累其德行〔三〕，旌之不朽也。夏商以前，其詳靡聞〔四〕。周雖有誄，未被於士。又「賤不誄貴，幼而不誄長」，其萬乘則稱天以誄之〔五〕。讀誄定謚，其節文大矣。自魯莊戰乘丘，始及於士〔六〕；逮尼父之卒〔七〕，哀公作誄，觀其「慭遺」之辭，「嗚呼」之歎〔八〕，雖非叡作〔九〕，古式存焉。至柳妻之誄惠子〔一〇〕，則辭哀而韻長矣。暨于漢世〔一一〕，承流而作。楊雄之《誄元后》，文實煩穢〔一二〕，「沙鹿」撮其要，而執疑成篇〔一三〕，安有誄德述遵〔一四〕，而闊略四句乎！杜篤之誄德〔一五〕，有譽前代。《吴誄》雖工，而結篇頗疎〔一六〕，豈以見稱光武而顧眄千金哉〔一七〕！傅毅所製〔一八〕，文體倫序；孝山、崔瑗，辨潔相參〔一九〕：觀其序事如傳〔二〇〕，辭靡律調，固誄之才也。潘岳搆意〔二一〕，專師孝山，巧於叙悲，易入新麗〔二二〕，所以隔代相望，能徵厥聲者也〔二三〕。至如崔駰《誄趙》，劉陶《誄黄》，並得憲章，貴在簡要〔二四〕。陳思功名〔二五〕，而體實繁緩，《文皇誄》末，百言自陳〔二六〕，其乖甚矣。若夫殷臣誄湯〔二七〕，追褒《玄鳥》之祚；周史歌文〔二八〕，上闡后稷之烈。誄述祖宗，蓋詩之則也〔二九〕。至於序述哀情，觸類而長〔三〇〕。傅毅之《誄北海》，云

「白日幽光，雰霞杳冥」〔三一〕；始序致感，遂爲後式，影而效者，彌取於切矣〔三二〕。詳夫誄之爲制，蓋選言以録行〔三三〕，傳體而頌文，榮始而哀終。論其人也，曖乎若可覿〔三四〕；送其哀也，悽焉如可傷〔三五〕：此其旨也。

（《太平御覽》卷五九六・二上～三上）

碑者，裨也〔三六〕。上古帝皇，紀號封禪，樹石裨岳〔三七〕，故曰碑也。周穆紀迹于弇山之石，亦古碑之意也〔三八〕。又宗廟有碑，樹之兩楹，事止麗牲〔三九〕，未勒勳績；而庸器漸闕，故後代用碑，以石代金，同乎不朽，自廟徂墳，猶封墓也。自後漢巳來〔四〇〕，碑碣雲起，才鋒所斷，莫高蔡邕。觀《楊賜》之碑，骨鯁訓典；《陳》《郭》二文，詞無擇言〔四一〕；《周》《胡》衆碑，莫不精允〔四二〕。其序事也〔四三〕，該而要；其綴采巳〔四四〕，雅而澤。清辭轉而不窮〔四五〕，巧義出而卓立；察其爲才，自然至矣〔四六〕。孔融所創，有慕伯喈〔四七〕；《張》、《陳》兩文，辭洽之來〔四八〕，亦其亞也。及孫綽爲文，志在於碑〔四九〕，《温》、《王》、《郗》、《庾》，詞多枝離〔五〇〕，《桓彝》一篇，最爲辨裁矣〔五一〕。此碑之致也〔五二〕。屬碑之恥〔五三〕，資乎史才，其序則傳〔五四〕，其文則銘。摽序盛德〔五五〕，必見清風之華；照紀鴻懿〔五六〕，必見峻偉之烈：此碑之致也〔五七〕。夫碑實銘器，銘實碑文，因器立名，事光於誄〔五八〕。是以勒器讚勳者〔五九〕，入銘之域；樹碑述亡者〔六〇〕，同誄之區焉。

（《太平御覽》卷五八九・一上、下）

校記

〔一〕文由《御覽・文部・誄》引，自《文心雕龍・誄碑》出；起於篇首，下接「碑者裨也……」。

〔二〕士大夫之才　唐寫本、至正本、《訓故》、黄本無「士」字；至正本、黄本「才」作「材」。

〔三〕誄者累其德行　唐寫本、至正本、《訓故》、黄本「者」下有「累也」二字。

〔四〕夏商以前其詳靡聞　「以」，唐寫本、黄本作「已」，至正本、《訓故》作「巳」。○「詳」，至正本、《訓故》、黄本同；唐寫本作「詞」。

〔五〕幼而不誄長其萬乘則稱天以誄之　唐寫本、至正本、《訓故》、黄本無「而」字；唐寫本「其」下有「在」字，至正本、黄本「其」作「在」。

〔六〕始及於士　唐寫本、至正本、《訓故》同；黃本「於」作「于」。

〔七〕追尼父之卒　「追」，唐寫本、至正本、《訓故》、黃本作「逮」。○至正本、黃本無「之」字。

〔八〕觀其慭遺之辭嗚呼之歎　「慭」唐寫本、黃本作「憖」；至正本作「憗」。《訓故》作「慗」。○「辭」，唐寫本同；至正本、《訓故》、黃本作「切」。○「嗚」，至正本、《訓故》、黃本同；唐寫本作「烏」。

〔九〕雖非叡作　黃本同；唐寫本「叡」作「睿」；至正本、《訓故》作「⿱臤壬」。

〔一〇〕至柳妻之誄惠子　至正本、《訓故》、黃本同，唐寫本「妻」作「婁」。

〔一一〕暨于漢世　唐寫本同；至正本、《訓故》、黃本「于」作「乎」。

〔一二〕文實煩穢　至正本、《訓故》、黃本同；唐寫本「煩」作「繁」。

〔一三〕沙鹿撮其要而執疑成篇　唐寫本無「其」字；至正本、《訓故》、黃本「鹿」作「麓」，「執」作「摯」。

〔一四〕安有誄德述遵　唐寫本、至正本、《訓故》、黃本「誄」作「累」，「遵」作「尊」。

〔一五〕杜篤之誄德　唐寫本、至正本、《訓故》、黃本無「德」字。

〔一六〕而結篇頗疎　唐寫本、至正本、《訓故》、黃本「結」作「他」。

〔一七〕而顧眄千金哉　「顧眄」，唐寫本作「改眄」，至正本、《訓故》、黃本作「改昐」。

〔一八〕傅毅所製　唐寫本同；至正本、《訓故》、黃本「製」作「制」。

〔一九〕孝山崔瑗辨潔相參　唐寫本「孝山」作「蘇順」，「辨」作「辯」；至正本、《訓故》、黃本「辨潔」作「辦潔」。

〔二〇〕觀其序事如傳　唐寫本、黃本同，至正本、《訓故》無「其」、「事」二字。

〔二一〕潘岳搆意　唐寫本「意」作「思」；至正本、《訓故》、黃本「搆」作「構」。

〔二二〕巧於敘悲易入新麗　「敘」，唐寫本同；至正本、《訓故》、黃本作「序」。○「麗」，唐寫本、至正本、《訓故》、黃本作「切」。

〔二三〕能徵厥聲者也　唐寫本作「徽」。

〔二四〕貴在簡要　唐寫本、至正本、《訓故》、黃本「貴」作「工」；唐寫本「簡」作「蕳」。

〔二五〕陳思功名　唐寫本、至正本、《訓故》、黃本「功」作「叨」。

〔二六〕文皇誄末百言自陳　唐寫本「末」作「未」，「言」下有「而」字；至正本、黄本「百」作「旨」；《訓故》標疑作「旨」。

〔二七〕若夫殷臣誄湯追褒玄鳥之祚　至正本、《訓故》、黄本同；唐寫本「誄」作「詠」。「玄」，黄本作「元」。

〔二八〕周史歌文　至正本、《訓故》、黄本同；唐寫本「歌」作「哥」。

〔二九〕蓋詩之則也　唐寫本、至正本、《訓故》、黄本「詩」作「詩人」。

〔三〇〕觸類而長　唐寫本、至正本、《訓故》、黄本「觸」上有「則」字。

〔三一〕雰霞杳冥　唐寫本、至正本、《訓故》、黄本「霞」作「霧」。

〔三二〕始序致感遂爲後式影而效者彌取於切矣　「感」，《訓故》標疑作「感」。「影」，唐寫本同；至正本、《訓故》、黄本「影」作「景」。〇「切」，唐寫本、至正本作「功」；《訓故》標疑作「功」；黄本作「工」。

〔三三〕詳夫誄之爲制蓋選言以録行　「制」，至正本、《訓故》、黄本同；唐寫本作「製」。〇唐寫本、至正本、《訓故》、黄本「選」作「選」，無「以」字。

〔三四〕瞬乎若可覿　唐寫本、至正本、《訓故》、黄本「瞬」作「曖」。

〔三五〕送其哀也悽焉如可傷　「送」，唐寫本作「述」；至正本、《訓故》、黄本作「道」。〇「如」，至正本、《訓故》、黄本同；唐寫本作「其」。

〔三六〕碑者裨也　文由《御覽·文部五·碑》引，自《文心雕龍·誄碑》出；上承「……悽然如可傷。此其旨也」，下接「贊曰：……」〇「裨」，唐寫本同；至正本、《訓故》、黄本作「埤」。

〔三七〕上古帝皇紀號封禪樹石裨岳　唐寫本「皇」作「王」；至正本、《訓故》「紀」作「始」，「裨」作「埤」；黄本「裨」作「埤」。

〔三八〕周穆紀迹于弇山之石亦古碑之意也　「迹」，唐寫本、至正本、《训故》、黄本作「跡」。〇「古」，黄本同；唐寫本無「古」字；《訓故》、至正本作「石」。

〔三九〕事止麗牲　唐寫本、至正本、《訓故》、黄本「牲」作「牲」；至正本「止」作「正」。

〔四〇〕自後漢巳來　至正本同；唐寫本「巳」作「已」；《訓故》、黄本「巳」作「以」。

〔四一〕詞無擇言　黄本同；唐寫本、至正本、《訓故》「詞」作「句」。

〔四二〕周胡衆碑莫不精允　唐寫本、至正本、《訓故》、黄本「不」作「非」，「精」作「清」；至正本、《訓故》、黄本「胡」作「乎」。

〔四三〕其序事也　唐寫本、至正本、《訓故》、黄本「序」作「敘」。

〔四四〕其綴采已　唐寫本、至正本、《訓故》、黄本「已」作「也」。

〔四五〕清辭轉而不窮　唐寫本同；至正本、《訓故》、黄本「辭」作「詞」。

〔四六〕自然至矣　唐寫本「至」作「而至」；至正本、《訓故》、黄本「至矣」作「而至」。

〔四七〕有慕伯喈　至正本、《訓故》、黄本同；唐寫本「慕」作「摹」。

〔四八〕辭洽之來　唐寫本作「辯給足采」；至正本、《訓故》、黄本作「辨給足采」。

〔四九〕志在於碑　唐寫本同；至正本、《訓故》、黄本「於碑」作「碑誄」。

〔五〇〕温王郗庾詞多枝離　「郗」，唐寫本同；至正本、《訓故》、黄本作「郤」。○唐寫本、至正本、《訓故》、黄本「詞」作「辭」，「離」作「雜」。

〔五一〕最爲辨裁矣　唐寫本同；至正本、《訓故》、黄本無「矣」字。

〔五二〕此碑之致也　唐寫本至正本、《訓故》、黄本無此五字。

〔五三〕屬碑之恥　唐寫本、至正本、《訓故》、黄本「屬」上有「夫」字，「恥」作「體」。

〔五四〕其序則傳　至正本、《訓故》、黄本同；唐寫本「序」作「敘」。

〔五五〕摽序盛德　唐寫本「序」作「敘」；至正本、《訓故》、黄本「摽」作「標」。

〔五六〕照紀鴻懿　唐寫本、至正本、《訓故》、黄本「照」作「昭」。

〔五七〕此碑之致也　唐寫本同；至正本、《訓故》、黄本「致」作「制」。

〔五八〕事光於誄　至正本、《訓故》、黄本同；唐寫本「光」作「先」。

〔五九〕是以勒器讚勳者　唐寫本同；至正本、《訓故》、黄本「器」作「石」。

〔六〇〕樹碑述亡者　唐寫本同；至正本、《訓故》、黄本「亡」作「已」。

哀弔第十三

哀者，依也〔一〕。悲實依心，故曰哀也。以辭遺哀，蓋下流之悼，故不在黄髮，必施夭昏〔二〕。昔三良殉秦，百夫莫贖，事均夭枉〔三〕，《黄鳥》賦哀，抑亦詩人之哀辭乎〔四〕！漢武封禪，而霍嬗暴亡〔五〕，哀傷而作詩，亦哀辭之類也〔六〕。降及後漢，汝陽主亡〔七〕，崔瑗哀辭，始變前式〔八〕。然腹突鬼門，怪而不辭〔九〕；駕龍乘雲，僊而不哀；又卒章五言，頗似歌謡，亦髣髴乎漢武也〔一〇〕。至於顯順張升〔一一〕，並述哀文，雖發其華，而未極心實〔一二〕。建安哀辭〔一三〕，唯偉長差善，《行女篇》時有惻怛〔一四〕。及潘岳繼作，實鍾其美〔一五〕。觀其慮贍辭變，情洞悲苦〔一六〕，叙事如傳，結言摹《詩》，促節四言，鮮有緩句；故能義直而文婉，體舊而趣新，《金鹿》《澤蘭》，莫之或繼也〔一七〕。

原夫哀辭大體，情主於痛傷，而辭窮乎愛惜。幼未成性，故興言止於察惠〔一八〕；弱不勝務，故悼惜加乎容色〔一九〕。隱心而結文則事愜，觀文而屬心則體奢〔二〇〕。體奢爲辭〔二一〕，則雖麗不哀；必使情往會悲，文來引泣，乃其貴耳。

（《太平御覽》卷五九六・七上、下）

弔者，至也〔二二〕。《詩》云：「神之弔矣。」言神至也〔二三〕。君子令終定謚，事極理哀，故賓之慰主，亦以至到爲言也〔二四〕。壓溺乖道，所以不弔矣〔二五〕。又宋水、鄭火，行人奉辭，國災人亡〔二六〕，故同弔也。及晉築虎臺〔二七〕，齊襲燕城，史趙、蘇秦〔二八〕，翻賀爲弔，害民構怨〔二九〕，亦亡之道。凡斯之例，弔之所設也。或驕貴以殞身〔三〇〕，或狷介以乖道〔三一〕，或有志而無時，或行美而兼累〔三二〕，追而慰之，並名爲弔〔三三〕。自賈誼浮湘，發憤而《弔屈》〔三四〕，體周而事覈〔三五〕，辭清而理哀，蓋首出之作也。及相如之《弔二世》，全爲賦體，桓譚以爲其言惻愴，讀者歎息；及卒章意要切，斷而能悲也〔三六〕。楊雄序屈〔三七〕，思積功寡，意深文略〔三八〕，故辭韻沉膇。班彪、蔡邕，並敏於致詰〔三九〕，然影附賈氏，難爲並驅耳。故胡、阮之《弔夷齊》，褒喪而無文〔四〇〕；仲宣所製〔四一〕，譏呵實工。然則胡、阮嘉其清，王子傷其隘，各其志也〔四二〕。祢衡之《弔平子》，縟麗而輕清；陸機之《弔魏武》，詞巧而文繁〔四三〕。降斯已下〔四四〕，未有可稱者矣。夫弔雖古義，而華辭未造〔四五〕；華過韻緩，則化而爲賦。固宜正義以繩理，昭德而塞違，析割褒貶〔四六〕，哀而有正，則無奪倫矣。

（《太平御覽》卷五九六・三下～四上）

校記

〔一〕文由《御覽·文部十二·哀辭》引，自《文心雕龍·哀弔》出，「哀者依也」，上承「賦憲之謚，短折曰哀」，下接「弔者至也……」。《訓故》「依」作「偯」；「賦憲」標疑作「賦憲」。

〔二〕悲實依心故曰哀也以辭遣哀蓋下流之悼故不在黃髮必施夭昬　唐寫本同；《訓故》「依」作「偯」，至正本、《訓故》「下流」作「下淚」；黃本「下流」作「不淚」。〇「必施夭昬」，唐寫本、至正本、《訓故》、黃本「昬」作「昏」。

〔三〕事均夭枉　唐寫本同；至正本、《訓故》、黃本「枉」作「橫」。

〔四〕抑亦詩人之哀辭乎　至正本、《訓故》、黃本同；唐寫本「辭」作「詞」。

〔五〕而霍嬗暴亡　唐寫本、《訓故》同；至正本「嬗」空缺；黃本「嬗」作「子侯」。

〔六〕哀傷而作詩亦哀辭之類也　唐寫本、至正本、《訓故》、黃本「哀」作「帝」；「也」作「矣」。

〔七〕降及後漢汝陽主亡　唐寫本、至正本、《訓故》、黃本「主」作「王」；至正本、《訓故》、黃本無「降」字。

〔八〕始變前式　唐寫本、黃本同；至正本「式」作「戒」。《訓故》「戒」標疑作「戒」。

〔九〕然腹突鬼門怪而不辭　「腹」，唐寫本作「腹」；至正本、《訓故》、黃本作「履」。〇「辭」，至正本、《訓故》、黃本同；唐寫本空缺。

〔一〇〕頗似歌謠亦髣髴乎漢武也　至正本、《訓故》、黃本「髣髴」作「彷彿」；唐寫本「歌」作「哥」，「武」作「式」。

〔一一〕至於顯順張升　「顯順」，唐寫本作「蘇順」；至正本、《訓故》、黃本作「蘇慎」。

〔一二〕雖發其華而未極心實　唐寫本「極」下有「其」字；至正本、《訓故》、黃本「華」上有「情」字。

〔一三〕建安哀辭　至正本、《訓故》、黃本同；唐寫本「辭」作「詞」。

〔一四〕行女篇時有惻怛　唐寫本、《訓故》、黃本「篇」上有「一」字；至正本、「篇」下有「一」字。

〔一五〕實鍾其美　唐寫本同；至正本、《訓故》、黃本「鍾」作「踵」。

〔一六〕觀其慮瞻辭變情洞悲苦　「瞻」，唐寫本作「贍」；至正本、《訓故》、黃本作「善」。〇「悲」，至正本、《訓故》、黃本同；唐寫本作「哀」。

〔一七〕莫之或繼也　至正本、《訓故》、黄本同；唐寫本無「也」字。

〔一八〕幼未成性故興言止於察惠　「性」，唐寫本、至正本、《訓故》、黄本作「德」。○「興言」，唐寫本、至正本、《訓故》、黄本作「譽」。○「於」，至正本《訓故》、黄本同；唐寫本作「乎」。

〔一九〕故悼惜加乎容色　唐寫本、至正本、《訓故》黄本無「惜」字；「容」作「膚」。

〔二〇〕觀文而屬心則體奢　至正本、《訓故》、黄本同；唐寫本「奢」作「夸」。

〔二一〕體奢爲辭　「體奢」，唐寫本作「夸體」；至正本、《訓故》、黄本作「奢體」。

〔二二〕弔者至也　文由《御覽·文部十二·弔文》引，自《文心雕龍·哀弔》出，上承「……文來引泣，乃其貴耳」，下接「贊曰……」。

〔二三〕神之吊矣言神至也　唐寫本、至正本、黄本「吊」作「弔」；唐寫本「神」下有「之」字。

〔二四〕亦以至到爲言也　唐寫本、至正本、《訓故》、黄本無「亦」字。

〔二五〕所以不弔矣　唐寫本、至正本、《訓故》、黄本無「亦」字。

〔二六〕國災人亡　唐寫本、至正本、《訓故》、黄本「人」作「民」。

〔二七〕及晉築虎臺　至正本同；唐寫本、《訓故》、黄本「虎臺」作「虒臺」。

〔二八〕史趙蘇秦　唐寫本、《訓故》、黄本同；至正本「史」作「使」，無「趙」字。

〔二九〕害民搆怨　唐寫本、至正本、《訓故》、黄本作「虐民搆敵」。

〔三〇〕或驕貴以殞身　唐寫本同；至正本、《訓故》、黄本「以」作「而」。

〔三一〕或狷介以乖道　唐寫本、至正本、《訓故》、黄本「介」作「忿」；唐寫本「以」作「而」；至正本無「或」字。

〔三二〕或行美而兼累　唐寫本同；至正本、《訓故》、黄本「行美」作「美才」。

〔三三〕並名爲弔　至正本、《訓故》、黄本同；唐寫本「弔」作「吊」。

〔三四〕發憤而弔屈　唐寫本、至正本、《訓故》、黄本無「而」字。

〔三五〕體周而事覈　唐寫本「體」上有「然」字；至正本、《訓故》、黄本「周」作「同」。

〔三六〕及卒章意要切斷而能悲也　唐寫本、至正本、《訓故》、黄本無「意」字；至正本、《訓故》、黄本「卒」作「平」。《訓故》在「悲也」下有雙行小字：「此句疑有誤字。」

〔三七〕楊雄序屈　「序」，唐寫本作「吊」；至正本、《訓故》、黄本作「弔」。

〔三八〕思積功寡意深文略　唐寫本「文略」作「反騷」；至正本「功」作「切」。

〔三九〕班彪蔡邕並敏於致詰　唐寫本「班」作「斑」；至正本、《訓故》、黄本「詰」作「語」。

〔四〇〕故胡阮之弔夷齊褒喪而無文　唐寫本、至正本、《訓故》、黄本無「故」字、「喪」字；唐寫本「文」作「間」，至正本、《訓故》、黄本作「聞」。

〔四一〕仲宣所製　唐寫本同；至正本、《訓故》、黄本「製」作「制」。

〔四二〕各其志也　唐寫本同；至正本、《訓故》、黄本無「其」字。

〔四三〕陸機之弔魏武詞巧而文繁　「弔」，至正本、《訓故》、黄本同；唐寫本作「吊」。○「詞」，唐寫本、至正本、《訓故》、黄本作「序」。

〔四四〕降斯巳下　唐寫本「巳」作「已」；至正本、《訓故》、黄本「巳」作「以」。

〔四五〕夫弔雖古義而華辭未造　至正本、《訓故》、黄本同；唐寫本「弔」作「吊」，「辭」作「詞」。

〔四六〕析割褒貶　「析割」，唐寫本作「剖扸」；至正本、《訓故》作「割柝」；黄本作「割析」。

雜文第十四

枚乘摛艷〔一〕，首製《七發》，腴辭雲構，夸麗風駭〔二〕。蓋七覆所發〔三〕，發乎嗜欲，始邪末正，所以戒膏粱之子也〔四〕。

（《太平御覽》卷五九〇・六下）

楊雄雖小而明潤矣〔五〕。此文章之枝流，暇預之末造也〔六〕。

（《太平御覽》卷五九〇・七下）

自《七發》以下〔七〕，作者繼踵。觀枚氏首唱，信獨拔而偉麗矣。及傅毅《七激》，會清要之工；崔駰《七依》，入博雅之巧〔八〕，張衡《七辨》，結采綿靡；崔瑗《七厲》，植義純正〔九〕；陳思《七啟》，取美於宏壯；仲宣

《七釋》，致辨於事理〔一〇〕。觀其大抵所歸，莫不高談宫館，壯語田獵〔一一〕。窮瓌奇之服饌〔一二〕，極蠱媚之聲色，甘意摇骨髓，艷辭洞魂識〔一三〕，雖始之以淫侈，終之以居正〔一四〕。然諷一勸百〔一五〕，勢不自反；子雲所謂「騁鄭聲，曲終而奏雅樂」者也〔一六〕。《七厲》叙賢〔一七〕，歸以儒道，雖文非拔羣，而意實卓爾矣。

（《太平御覽》卷五九〇・六下～七上）

自此已後〔一八〕，擬者間出。杜篤、賈逵之曹，劉珍、潘勗之輩，欲穿明珠，多貫魚目。可謂壽陵匍匐，非復邯鄲之步；里醜捧心，不關西子之嚬矣〔一九〕。惟士衡運思，理新文敏〔二〇〕；而裁意致句〔二一〕，廣於舊篇。豈慕朱仲四寸之璫乎〔二二〕！夫文小易周，思閑可贍。足使義明而辭淨〔二三〕，事圓而音澤，磊磊自轉〔二四〕，可稱珠耳。

（《太平御覽》卷五九〇・七下）

校記

〔一〕枚乘摛艷　文由《御覽・文部六・七辭》引，自《文心雕龍・雜文》出；上承「……放懷寥廓，氣實使之。及」，下接「楊雄覃思文闊……」，但《御覽》引此文下逕接於「自七發以下……」。○「摛」，唐寫本、至正本、黄本作「摛」。《訓故》標疑作「摛艷」。

〔二〕腴辭雲構夸麗風駭　唐寫本「辭」作「詞」；唐寫本、至正本、《訓故》、黄本「構」作「搆」；至正本、《訓故》「夸」作「本」。

〔三〕蓋七覆所發　唐寫本、至正本、《訓故》、黄本「覆」作「竅」。

〔四〕所以戒膏粱之子也　唐寫本、至正本、《訓故》、黄本在此句下並有「楊雄覃思文闊業深綜述碎文瑣語肇爲連珠珠連其辭」，但至正本、《訓故》、黄本無「珠連」二字。

〔五〕楊雄雖小而明潤矣　文由《御覽・文部六・連珠》引，自《文心雕龍・雜文》出；上承「……碎文瑣語，肇爲連珠珠連其辭」，下接「自對問以後……」，但《御覽》引此文下逕接於「自此已後，擬者間出……」。○「楊雄」，唐寫本作

「珠連其辭」，至正本、《訓故》、黃本作「其辭」。

〔六〕此文章之枝流暇預之末造也　「此」，唐寫本作「凡三此文」；至正本、《訓故》、黃本作「凡此三者」。○「流」，唐寫本、至正本、《訓故》、黃本作「派」。○「預」，唐寫本同；至正本、《訓故》、黃本作「豫」。

〔七〕自七發以下　文由《御覽·文部六·七辭》引，自《文心雕龍·雜文》出；上承「……此立本之大要也」，下接「自連珠以下（《御覽》作「自此以後」）……」，但《御覽》引此文逕接於「……所以戒膏粱之子也」。○「以」，至正本、《訓故》、黃本同；唐寫本作「已」。

〔八〕入博雅之巧　至正本、《訓故》、黃本同；唐寫本作「雅博」。

〔九〕植義純正　至正本、《訓故》、黃本同；唐寫本「植」作「指」。

〔一〇〕致辨於事理　唐寫本、至正本、《訓故》、黃本下有「自桓麟七說以下……或理粹而辭駁」三十三字。

〔一一〕壯語田獵　唐寫本同；至正本、《訓故》、黃本「田」作「畋」。

〔一二〕窮瓌奇之服饌　至正本、《訓故》、黃本同；唐寫本「瓌」作「瑰」。

〔一三〕甘意摇骨髓艷辭洞魂識　「髓」，唐寫本、《訓故》同；至正本、黃本作「體」。○「辭」，唐寫本、至正本、《訓故》、黃本作「詞」。○黃本「洞」作「動」。

〔一四〕終之以居正　唐寫本同；至正本、《訓故》、黃本「終」上有「而」字。

〔一五〕然諷一勸百　《訓故》、黃本同；唐寫本「勸」作「觀」；至正本「一」作「以」。

〔一六〕聘鄭聲曲終而奏雅樂者也　唐寫本「聘」作「騁」，無「樂」字；至正本、《訓故》、黃本「聘鄭聲」作「先騁鄭衛之聲」。

〔一七〕七厲敘賢　唐寫本、至正本、《訓故》、黃本「七」上有「唯」字；唐寫本「厲」作「例」。

〔一八〕自此已後　文由《御覽·文部六·連珠》引，自《文心雕龍·雜文》出；上承「……雖文非拔羣，而意實卓爾矣」，下接「詳夫漢來雜文……」。○唐寫本、至正本、《訓故》、黃本作「自連珠以下」。

〔一九〕里醜捧心不關西子之嚬矣　「醜」，唐寫本、《訓故》、黃本同；至正本作「配」。○「西子」，唐寫本、至正本、《訓故》、黃本作「西施」。

〔二〇〕惟士衡運思理新文敏　至正本、《訓故》、黃本同；唐寫本無「運」、「理」二字。

〔二一〕而裁意致句　唐寫本、至正本、《訓故》、黃本作「而裁章置句」。

〔一二二〕豈慕朱仲四寸之璠乎　「朱仲」，《訓故》、黄本同；唐寫本作「珠中」；至正本作「珠仲」。○「璠」，唐寫本、至正本、《訓故》、黄本作「璫」。

〔一二三〕足使義明而辭淨　至正本同；唐寫本、《訓故》、黄本「辭」作「詞」。

〔一二四〕磊磊自轉　至正本、《訓故》、黄本同；唐寫本「磊磊」作「落落」。按：唐寫本迄於「諧隱第十五」篇名。

史傳第十六

史者，使也。執筆左右，使之謂也〔一〕。古者左史記言，右史書事〔二〕；言經《尚書》，事經《春秋》也〔三〕。（《太平御覽》卷六〇三・一上）

昔者夫子愍王道之缺〔四〕，傷斯文之墜，静居以歎鳳，臨衢而泣麟，於是就大師以正《雅》、《頌》〔五〕，因魯史以修《春秋》，舉得失以表黜陟，徵存亡以標勸戒〔六〕。然叡旨幽祕〔七〕，經文婉約，丘明同恥〔八〕，實得微言，乃「原始要終」，創爲傳體。傳者，轉也。轉授經旨，以授於後〔九〕，實聖文之羽翮，記籍之冠冕也。

及至縱横之世〔一〇〕，史職猶存。秦幷七王，而戰國有《策》。蓋録而不序，故節簡爲名也〔一一〕。漢滅嬴項，武功積年，陸賈稽古，作《楚漢春秋》。爰及史談〔一二〕，世惟執簡；子長經志，甄序帝績〔一三〕。比堯稱典，則位雜中賢；法孔題經，則文非元聖。故取式《吕覽》，通號曰「紀」。紀綱之號，亦宏稱也〔一四〕。故「本紀」以述皇王，「列傳」以總侯伯，「八書」以鋪政體，「十表」以譜年爵，雖殊古式，而得事序焉。爾其實録無隱之旨，博雅弘辯之才〔一五〕，愛奇反經之尤，條例踳落之失，叔皮論之詳矣。及班固述《漢》，因循前業，觀史遷之辭〔一六〕，思實過半。其「十志」該富，「讚」、「序」弘麗，儒雅彬彬，信有遺味。至於宗經規聖之典〔一七〕，端緒豐贍之功，遺親攘善之罪〔一八〕，徵賄鬻筆之愆，公理辨之究矣〔一九〕。

至于《後漢》紀傳，發源《東觀》。袁、張所制〔二〇〕，偏駮不倫。薛、謝之作，踈謬少信。若司馬彪之祥實，華嶠之准當〔二一〕，則其冠也。及魏代三雄，記傳並出〔二二〕。《陽秋》、《魏略》之屬，《江表》、《吳録》之類，或激抗難徵，或疎闊寡要〔二三〕。惟陳壽《三志》，文質辨洽，荀、張比之於遷、固，非妄譽也〔二四〕。

至于晉代之書〔二五〕，繁乎著作。陸機肇始而未備，王韶續末而不終，于寶述《紀》，以審正明序〔二六〕；孫盛《陽秋》，以約舉爲能。案《春秋》經傳，舉例發目〔二七〕。《史》、《漢》以下，莫不准的〔二八〕。至鄧粲《晉紀》〔二九〕，始立條例。又擺落漢魏〔三〇〕，憲章殷周，雖湘川曲學，亦有心放典、謨〔三一〕。及安國立例，乃鄧氏之規焉。

（《太平御覽》卷六〇四・六上～七上）

傳託爲式〔三二〕，編年經事，文非記論〔三三〕，按實而書，歲遠則周曲難密，事積則起記易踈〔三四〕，斯固總合之爲難也〔三五〕。或有同歸一事，數人分功〔三六〕，兩紀則失於複重，偏舉則漏於不周〔三七〕，此又銓配之易也〔三八〕。故張衡摘史、班之舛濫，傅玄譏《後漢》之尤煩，皆類也〔三九〕。

若夫追述遠代，代遠多僞，公羊臯云：「傳聞異詞。」〔四〇〕荀悦稱：「録遠略近。」蓋文疑則闕，貴信史也。然俗皆愛奇，莫顧理實〔四一〕。傳聞而欲偉其事，録遠而欲詳其迹〔四二〕，於是棄同即異，穿鑿傍説，舊史所無，我書則博〔四三〕，此訛濫之本源，而述遠之巨蠹也〔四四〕。至於記編同時，時同多詭〔四五〕，雖定、哀微詞〔四六〕，而世情利害，勳榮之家〔四七〕，雖庸夫而盡飾；屯貶之士，雖令德而嗤埋〔四八〕，吹霜煦露〔四九〕，寒暑筆端，此又同時之枉論，可爲歎息者也〔五〇〕。故述遠則誣矯如彼，略近則回邪如此〔五一〕，折理居正，唯懿上心乎〔五二〕！

（《太平御覽》卷六〇四・七上）

校記

〔一〕史者使也執筆左右使之謂也　文由《御覽・文部十九・史傳上》引，自《文心雕龍・史傳》出；上承「……曲禮曰史，載筆左右」，下接「唐虞流于典謨……」。○至正本、《訓故》無「史者使也執筆」六字；「謂」作「記」；黄本「謂」作「記」。

〔二〕古者左史記言右史書事　「古」，黄本同；至正本、《訓故》作「已」。○「記言」，至正本、《訓故》、黄本作「記事者」。○「書事」，至正本作「紀言者」；《訓故》、黄本作「記言者」。

〔三〕言經尚書事經春秋也　至正本、《訓故》、黄本兩「經」下並有「則」字，無「也」字。

〔四〕昔者夫子愍王道之缺　文由《御覽·文部十九·史傳下》引，自《文心雕龍·史傳》出；上承「……憲章散紊，彝倫攸斁」，下接「原夫載籍之作也……」〇至正本、《訓故》無「昔者」二字，「愍」作「閔」；黄本「愍」作「閔」。

〔五〕於是就大師以正雅頌　至正本、《訓故》同；黄本「大」作「太」。

〔六〕徵存亡以標勸戒　至正本、《訓故》「標」作「摽」。至正本、《訓故》、黄本「勸戒」下並有「褒見一字貴踰軒冕貶在片言誅深斧鉞」十六字。

〔七〕然叡旨幽秘　至正本、《訓故》、黄本「叡」作「睿」；「幽秘」作「存亡幽隱」。《訓故》「存亡」標疑作「存亡」。

〔八〕丘明同恥　至正本、《訓故》、黄本「恥」作「時」。

〔九〕轉授經旨以授於後　至正本、《訓故》「授」作「受」，「於」作「其」；黄本「授」作「受」。

〔一〇〕及至縱横之世　至正本無「及」字，「縱」作「從」；《訓故》、黄本「縱」作「從」。

〔一一〕蓋録而不序故即簡爲名也　至正本、《訓故》、黄本「不序」作「弗敘」，「簡」下有「而」字；至正本「即」作「節」。

〔一二〕爰及史談　至正本、《訓故》、黄本「史談」作「太史談」。

〔一三〕子長經志甄序帝續　至正本、《訓故》、黄本「經」作「繼」，「續」作「勣」；至正本「志」作「至」。《訓故》「至」標疑作「至」。

〔一四〕亦宏稱也　《訓故》、黄本同，至正本無「也」字。

〔一五〕博雅弘辯之才　黄本同，至正本、《訓故》「辯」作「辨」。

〔一六〕觀史遷之辭　至正本、《訓故》、黄本「史遷」作「司馬遷」。

〔一七〕宗經規聖之典　至正本、《訓故》、黄本「規」作「矩」。

〔一八〕端緒豐贍之功遺親攘善之罪　至正本、《訓故》、黄本「贍」作「瞻」；「善」作「美」。

〔一九〕公理辧之究矣　至正本、《訓故》、黄本「辧」作「辨」，「之究矣」下有「觀夫左氏綴事……二子可紀何有於二後哉」一段。

〔二〇〕袁張所制　至正本、《訓故》同；黄本「制」作「製」。

〔二一〕若司馬彪之祥實華嶠之准當　至正本、《訓故》、黄本「祥」作「詳」，「准」作「準」；至正本、《訓故》無「若」字。

〔二二〕記傳並出　至正本、《訓故》、黄本「並」作「互」。

〔二三〕或疎闊寡要　《訓故》、黄本同，至正本無「或」字。

〔二四〕非妄譽也　《訓故》、黄本同，至正本「譽」上有「至」字。

〔二五〕至於晉代之書　《訓故》、黄本同，至正本無「至」字。

〔二六〕于寶述紀以審正明序　至正本同；《訓故》、黄本「于」作「干」；至正本、《訓故》、黄本「明」作「得」。

〔二七〕舉例發　至正本、《訓故》、黄本「發」下有「凡」字。

〔二八〕目史漢以下莫不准的　至正本、《訓故》、黄本「目」作「自」；「莫不准的」作「莫有準的」。

〔二九〕至鄧粲晉紀　「粲」，至正本作「琛」，黄本作「璨」。

〔三〇〕又擺落漢魏　黄本同，至正本、《訓故》「擺落」作「撮略」。

〔三一〕亦有心放典謨　至正本、《訓故》、黄本無「放」字。

〔三二〕傳託爲式　文由《御覽·文部十九·史傳下》引，自《文心雕龍·史傳》出；上承「……然後詮評昭整，苛濫不作矣」，下接「若乃尊賢隱諱，固尼父之聖旨……」〇「傳託」，至正本、《訓故》、黄本作「然紀傳」。

〔三三〕編年經事文非記論　至正本、《訓故》、黄本「經」作「綴」，「記」作「泛」。

〔三四〕歲遠則周曲難密事積則起記易疎　至正本、《訓故》、黄本「周曲」作「同異」；「記」作「訖」。

〔三五〕斯固總合之爲難也　至正本、《訓故》、黄本「合」作「會」。

〔三六〕數人分功　至正本、《訓故》、黄本「數」上有「而」字。

〔三七〕兩紀則失於複重偏舉則漏於不周　至正本、《訓故》、黄本「紀」作「記」；「漏」作「病」。

〔三八〕此又詮配之易也　至正本、《訓故》、黄本「易」作「未易」。

〔三九〕皆類也　至正本、《訓故》、黄本作「皆此類也」。

〔四〇〕公羊臯云傳聞異詞　至正本、《訓故》、黄本「臯」作「高」；「詞」作「辭」。

〔四一〕莫顧理實　至正本、《訓故》、黄本「理實」作「實理」。

〔四二〕録遠而欲詳其迹　至正本、《訓故》、黄本「迹」作「跡」。

〔四三〕我書則博　至正本、《訓故》、黃本「博」作「傳」。

〔四四〕而述遠之巨蠹也　《訓故》、黃本同；至正本無「之」字。

〔四五〕至於記編同時時同多詭　黃本同；至正本無「時」字。《訓故》無「時」字，上「同」字標疑作「同」。

〔四六〕雖定哀微詞　至正本、《訓故》、黃本「微詞」作「微辭」。

〔四七〕勳榮之家　黃本同；《訓故》、至正本「榮」作「勞」。

〔四八〕屯貶之士雖令德而蚩埋　至正本、《訓故》、黃本「屯貶」作「迍敗」；「蚩埋」作「常嗤」。

〔四九〕理欲吹霜煦露　黃本同；至正本「煦」作「噴」。《訓故》「理欲」標疑作「理欲」。「煦」作「噴」。

〔五〇〕此又同時之枉論可爲歎息者也　至正本「又」作「入」，無「論」、「爲」二字；《訓故》無「論」、「爲」二字。黃本無「論」字。

〔五一〕故述遠則誣矯如彼略近則回邪如此　至正本、《訓故》「故」作「欲」，「略」作「記」，「邪」作「邢」；黃本「略」作「記」。

〔五二〕唯懿上心乎　至正本、《訓故》作「唯素心乎」；黃本作「唯素臣乎」。

論説第十八

論者，倫理無爽，則聖意不墜〔一〕。昔仲尼微言，門人追記，故抑其經目〔二〕，稱爲《論語》，蓋羣論立名，始於茲矣。論者，彌綸羣言，而研精一理也〔三〕。是以莊周《齊物》，以「論」爲名；不韋《春秋》，「六論」昭別〔四〕；至如石渠論藝，白虎講聚，述聖通經〔五〕，論家之政體也〔六〕。及班彪《王命》，嚴左《三將》〔七〕，敷述昭情，善入史體。魏之初霸，術兼名法；傅嘏、王粲〔八〕，校練名理。迄至正始，務欲守文；而何晏之徒〔九〕，始盛玄論。於是聃、周當路，與尼父爭塗矣。詳觀蘭石之《才性》，仲宣之《去伐》〔一〇〕，叔夜之辨《聲》，太初之《本玄》，輔嗣之兩《例》，平叔之二《論》，並師心獨見，鋒穎精密，蓋論之英也〔一一〕。至乃李康《運命》〔一二〕，同《論衡》而過之；陸機《辨亡》〔一三〕效《過秦》而不及；然亦其美哉〔一四〕！

原夫論之爲體，所以辯正然否〔一五〕，窮於有數，追於無形〔一六〕，鑽堅求通〔一七〕，鉤深取極；乃百慮之筌蹄，萬事之權衡也。故其義貴圓通，詞忌枝碎也〔一八〕。必使心與理合，彌縫莫見其隙；詞共心密〔一九〕，敵人不知所乘；斯其要也。是以論譬析薪〔二〇〕，貴能破理。斤利者，越理而横斷；詞辨者，反義而取通〔二一〕；覽文雖巧，而檢跡知妄〔二二〕。惟君子能通天下之志，安可以曲論哉！

（《太平御覽》卷五九五・一上、下）

校記

〔一〕論者倫理無爽則聖意不墜　文由《御覽・文部十一・論》引，自《文心雕龍・論説》出；上承「聖哲彝訓曰經，述經敘理曰論」，下接「若夫註釋爲詞……」，中間有闕文。○至正本、《訓故》、黄本「論者」下有「論也」二字；至正本、《訓故》「無爽」作「有無」，無「則」字。

〔二〕故抑其經目　至正本、《訓故》、黄本「抑」作「仰」。

〔三〕論者彌綸羣言而研精一理也　至正本、《訓故》、黄本「論」上有「自論語已前……一揆宗論」一段。○「論者」，至正本、《訓故》、黄本作「論也者」。○「也」，至正本、《訓故》、黄本作「者也」。至正本、《訓故》脱「精」字。

〔四〕六論昭别　至正本、《訓故》、黄本「别」作「列」。

〔五〕至如石渠論蓺白虎講聚述聖通經　至正本、《訓故》、黄本無「如」字；「蓺」作「藝」；「白虎」作「白虎通」；「聖」作「聖言」。《訓故》「通經」上有兩空圍「□□」。

〔六〕論家之政體也　至正本、黄本「政」作「正」。

〔七〕嚴左三將　「左」，至正本作「允」，《訓故》、黄本作「尤」。

〔八〕傅嘏王粲　黄本同；《訓故》「嘏」作「碬」。至正本作「蘭碬三粲」。

〔九〕而何晏之徒　至正本、《訓故》、黄本無「而」字。

〔一〇〕仲宣之去伐　至正本、黄本「伐」作「代」。

〔一一〕鋒潁精密蓋論之英也　至正本、《訓故》、黄本「潁」作「穎」；「論」作「人倫」。

〔一二〕至乃李康運命　至正本、《訓故》、黄本「乃」作「如」。

〔一三〕陸機辨亡　《訓故》、黄本同；至正本「亡」作「正」。

〔一四〕然亦其美哉　至正本、《訓故》無「亦」字；至正本、《訓故》、黄本「美哉」作「美矣」，下有「次及宋岱郭象（至正本作「宋代郭蒙」）……言不持正（至正本作「才不持」，無「正」字）論如其已」一段。

〔一五〕所以辯正然否　至正本、《訓故》、黄本「辯」作「辨」。

〔一六〕窮於有數追於無形　至正本、《訓故》無兩「於」字；黄本兩「於」並作「于」。

〔一七〕鑽堅求通　至正本、《訓故》、黄本「鑽」作「跡」。

〔一八〕詞忌枝碎也　至正本、《訓故》、黄本「詞」作「辭」；無「也」字。

〔一九〕詞共心密　至正本、《訓故》、黄本「詞」作「辭」。

〔二〇〕是以論譬析薪　至正本、《訓故》、黄本「譬」作「如」。

〔二一〕詞辨者反義而取通　至正本、《訓故》、黄本「詞」作「辭」。

〔二二〕而撿跡知妄　至正本、《訓故》、黄本作「而檢跡如妄」。

詔策第十九

皇帝馭寓〔一〕，其言也神。淵嘿負扆〔二〕，而響盈四表，其唯詔策乎〔三〕！昔軒轅唐虞，同稱爲「命」。「命」之爲義，制性之本也。其在三王〔四〕，事兼誥誓。誓以訓誡，誥以敷政〔五〕。降及七國，並稱曰「命」〔六〕。命者，使也〔七〕。秦并天下，改「命」曰「制」。漢初定儀，則有四品〔八〕：一曰策書，二曰制書，三曰詔書，四曰戒勑〔九〕。勑戒州郡，詔告百官，制施赦令〔一〇〕，策封王侯。策者，簡也。制者，裁也。詔者，告也。勑者，正也〔一一〕。觀文、景以前，詔體浮雜〔一二〕，武帝崇儒，選言弘奥。策封三王，文同典訓〔一三〕；勸戒淵雅，垂範後代〔一四〕。及光武撥亂，留意詞采〔一五〕，而造次喜怒，時或偏濫〔一六〕。暨明、章崇學，雅詔間出〔一七〕。和、安政弛〔一八〕，禮閣鮮才，每爲詔勑〔一九〕，假手外請。建安之末，文理代興，潘勗《九錫》，典雅逸羣。衛覬《禪誥》，符采炳耀，不可加也〔二〇〕。自魏、晉策誥〔二一〕，職在中書，劉放、張華，管于斯任，施令發號〔二二〕，洋洋盈耳。魏文以下，詞義多偉〔二三〕，至於「作威作福」，其萬慮之一弊乎〔二四〕！晉氏中興，唯明帝崇才，以温嶠文清，故引入中書〔二五〕。自斯已後，體憲風流矣〔二六〕。夫王言崇祕，「大觀在上」，所以百辟其刑，「萬邦作孚」。故授官選賢，則義炳重離之暉〔二七〕；優文封策，則氣含雲雨之潤〔二八〕；勑戒恒誥〔二九〕，則筆吐星漢之華；啟戎變伐，則聲存洊雷之威〔三〇〕；「青災肆赦」，則文有春露之滋；明詔勑法，則詞有秋霜之烈〔三一〕；此詔策之大略也。

（《太平御覽》卷五九三・一上～二上）

戒勑爲文〔三二〕，實詔之切者〔三三〕。魏武稱作勑戒，當指事而語〔三四〕，勿得依違；曉治要矣。及晉武勑戒〔三五〕，備告百官：勑都督以兵要〔三六〕，戒州牧以董司，警郡守以恤隱，勒牙門以禦衛，有訓典焉。戒者，慎也，禹稱「戒之用休」。君父至尊，在三同極〔三七〕，漢高之《勑太子》〔三八〕，東方朔之《戒子》，亦顧命之作也。及馬援以下〔三九〕，各貽《家戒》。班姬《女戒》，足稱母師矣〔四〇〕。

（《太平御覽》卷五九三・七下～八上）

教者，傚也，言出而民効也〔四一〕。故王侯稱「教」〔四二〕。昔鄭弘之守南陽，條教爲後所述，乃事緒明也。孔融之守北海，文教麗而罕施〔四三〕，乃治體乖也。若諸葛孔明之詳酌〔四四〕，庾稚恭之明斷，並理得而詞中，教之善也〔四五〕。

（《太平御覽》卷五九三・七下）

校記

〔一〕皇帝馭寓　文由《御覽・文部九・詔》引，自《文心雕龍・詔策》出；起於篇首，下接「戒敕爲文，實詔之切者……」，中間有闕文。○「馭」，至正本、《訓故》、黃本作「御」。

〔二〕淵嘿負扆　至正本、《訓故》、黃本「負」作「黼」。

〔三〕其唯詔策乎　至正本、《訓故》、黃本無「其」字。

〔四〕其在三王　至正本、《訓故》、黃本「王」作「代」。

〔五〕誓以訓誡誥以敷政　至正本、《訓故》、黄本「誡」作「戒」。在「敷政」下有「命喻自天……若天下之有風矣」三十一字。

〔六〕並稱曰命　至正本、《訓故》、黄本「命」作「令」。

〔七〕命者使也　至正本、《訓故》、黄本「命」作「令」。

〔八〕漢初定儀則有四品　「儀」，至正本、《訓故》、黄本作「儀則」。○「則有」，至正本作「則曰有」；《訓故》、黄本作「則命有」。

〔九〕四曰戒勑　至正本同；《訓故》、黄本「勑」作「敕」。

〔一〇〕勑戒州郡詔告百官制施赦令　「勑」，至正本同，《訓故》、黄本作「敕」。○「郡」，至正本、《訓故》作「邦」；黄本作「部」。○至正本、《訓故》、黄本「告」作「誥」，「令」作「命」。

〔一一〕勑者正也　「勑」，至正本同；《訓故》、黄本作「敕」。至正本、《訓故》、黄本在「正也」下有「詩云畏此簡書……亦敬慎來葉矣」一段。

〔一二〕詔體浮雜　至正本、《訓故》、黄本「雜」作「新」。

〔一三〕文同典訓　至正本、《訓故》、黄本「典訓」作「訓典」。

〔一四〕勸戒淵雅垂範後代　「勸」，黄本同，至正本、《訓故》作「觀」。至正本、《訓故》、黄本「後代」下有「及制誥嚴助即云厭承明廬蓋寵才之恩也孝宣璽書賜太守(至正本作「貴博士」)陳遂亦故舊之厚也」。

〔一五〕及光武撥亂留意詞采　「及」，至正本、《訓故》、黄本作「逮」。○「詞采」，至正本、《訓故》、黄本作「斯文」。

〔一六〕時或偏濫　至正本、《訓故》、黄本「偏濫」下有「詔賜鄧禹稱司徒爲堯敕責侯霸稱黄鉞一下若斯之類實乖憲章」。

〔一七〕暨明章崇學雅詔間出　至正本、《訓故》、黄本「章」作「帝」；至正本「雅」作「惟」。《訓故》「惟」標疑作「惟」。

〔一八〕和安政㢮　「㢮」，《訓故》、至正本同，黄本「㢮」作「弛」，至正本、黄本「和安」作「安和」。

〔一九〕每爲詔勑　至正本同；《訓故》、黄本「勑」作「敕」。

〔二〇〕衛覬禪誥符采炳耀不可加也　「覬」，黄本同；至正本、《訓故》作「凱」。○「采」，至正本、《訓故》、黄本作「命」。○「耀」，黄本、至正本、《訓故》作「燿」。○「不」，至正本、《訓故》、黄本作「弗」。「也」，至正本、《訓故》同；黄本作「已」。

〔二一〕自魏晉策誥　「策誥」，至正本、《訓故》、黄本作「誥策」。

〔二二〕管于斯任施令發號　「管于」，至正本、《訓故》作「牙管」，黄本作「互管」。《訓故》「牙」標疑作「牙」。〇「令」，至正本、《訓故》、黄本作「命」。

〔二三〕魏文以下詞義多偉　「魏文以下」，至正本作「魏文魏下詔」；黄本作「魏文帝下詔」。〇「詞」，至正本、《訓故》、黄本作「辭」。

〔二四〕其萬慮之一獘乎　至正本、《訓故》、黄本「獘」作「弊」。

〔二五〕故引入中書　黄本同；至正本無「引入」二字。《訓故》「引入」作空圍「□□」。

〔二六〕自斯巳後體憲風流矣　「巳」，至正本、《訓故》、黄本作「以」。〇「憲」，黄本同；至正本、《訓故》作「慮」。

〔二七〕則義炳重離之暉　至正本、《訓故》、黄本「暉」作「輝」。

〔二八〕則氣含雲雨之潤　至正本「含」作「合」，「雲」作「風」；《訓故》、黄本「雲」作「風」。

〔二九〕勑戒恒誥　至正本同；《訓故》、黄本「勑」作「敕」。

〔三〇〕敀戎變伐則聲存洊雷之威　至正本、《訓故》「敀戎變伐」作「治戎燮攻」；「存」作「有」。黄本「敀」作「治」，「變」作「燮」，「存」作「有」。

〔三一〕明詔勑法則詞有秋霜之烈　「詔」，至正本、《訓故》、黄本作「罰」。〇「勑」，至正本、《訓故》同；黄本作「敕」。〇「詞」，至正本、《訓故》、黄本作「辭」。

〔三二〕戒勑爲文　文由《御覽·文部九·誡》引，自《文心雕龍·詔策》出；上承「……此詔策之大略也」，下接「教者效也……」。〇「勑」，至正本同；《訓故》、黄本「勑」作「敕」。

〔三三〕實詔之切者　至正本、《訓故》、黄本在「切者」下有「周穆命郊（至正本作「鄧」）父受敕（至正本作「勑」）憲此其事也」。

〔三四〕魏武稱作勑戒當指事而語　《訓故》、黄本「勑」作「敕」；至正本「語」作「誥」。

〔三五〕及晉武勑戒　《訓故》、黄本「勑」作「敕」。

〔三六〕勑都督以兵要　《訓故》、黄本「勑」作「敕」。

〔三七〕在三同極　黄本「同」作「罔」。

〔三八〕漢高之勑太子　「漢高」，至正本、《訓故》、黄本作「漢高祖」。○《訓故》、黄本「勑」作「敕」。

〔三九〕及馬援以下　至正本、《訓故》、黄本「以」作「已」。

〔四〇〕足稱母師矣　至正本、《訓故》、黄本「矣」作「也」。

〔四一〕教者俲也言出而民効也　文由《御覽・文部九・教》引，自《文心雕龍・詔策》出；上承「……班姬女戒，足稱母師矣」，下接「自教以下，則又有命……」。○「俲」，至正本、《訓故》、黄本作「效」。○「効」，至正本、《訓故》、黄本作「效」。

〔四二〕故王侯稱教　至正本、《訓故》、黄本在「故」上有「契敷五教」四字。

〔四三〕文教麗而罕施　至正本、《訓故》、黄本「罕施」作「罕於理」。

〔四四〕若諸葛孔明之詳酌　至正本、《訓故》、黄本「酌」作「約」。

〔四五〕並理得而詞中教之善也　「詞」，至正本、《訓故》、黄本作「辭」。「教」，《訓故》、黄本同，至正本作「辭」。

檄移第二十

昔有虞氏始戒於國〔一〕，夏后初誓於軍，殷誓軍門之外，周將交刃誓之〔二〕。故知帝世戒兵，三王誓師〔三〕，宣訓我衆，未及敵人也。至周穆西征，祭公謀父稱古「有威讓之令，有文誥之詞」〔四〕，即檄之本源也。及春秋征伐，自諸侯出，懼敵不服〔五〕，故兵出須名，振此威風，曝彼昏亂〔六〕。劉獻公所謂「告之以文詞，董之以武師」者〔七〕。齊桓征楚，詰菁茅之闕〔八〕；晉厲伐秦，責箕郜之焚〔九〕；管仲吕相，奉詞先路〔一〇〕；詳其意義，即今之檄文。暨乎戰國，始稱爲檄。檄者，皦也。宣布於外〔一一〕，皦然明白也。張儀檄楚，書以尺二，明白之文，或稱露布〔一二〕。夫兵以定亂，莫敢自專，天子親戎，稱恭行天罰〔一三〕；諸侯禦師〔一四〕，則云肅將王誅。故分閫推轂，奉詞伐罪〔一五〕，非唯致果爲毅，抑亦厲詞爲武〔一六〕。使聲如衝風所擊，氣似欃搶所掃〔一七〕，奮其武怒，總其罪人，徵其惡稔之時〔一八〕，顯其貫盈之數，摇姦宄之膽，訂信順之心〔一九〕，使百尺之衝，摧折於咫書；萬雉之城，顛墜於一檄者也。觀隗囂之檄亡新，布其三逆，文不雕飾，而意切事明〔二〇〕，隴右文得檄之士〔二一〕，得檄之體也。陳琳之檄，壯於骨骾〔二二〕，雖奸閹携養，章實太甚〔二三〕，發丘摸金，誣過其虐〔二四〕；然抗詞書釁，皦然曝露〔二五〕。鍾會檄蜀，徵驗甚明；桓温檄胡〔二六〕，觀釁尤切，並壯筆也。凡檄之大體，或述休明，或叙否剥〔二七〕，指天時，審人事，驗强弱〔二八〕，角權勢，標蓍龜於前驗〔二九〕，懸鞶鑑於已然，雖本國信，實參兵詐。譎詭以馳旨，煒曄以騰説，凡此衆作，莫之或違者也〔三〇〕。故其植義颺詞，務在剛健〔三一〕，插羽以示迅，不可使詞緩〔三二〕，露板以宣衆，不可使義隱，必事昭而理辨，氣盛而詞斷〔三三〕，此其要也。若曲趣密巧，無所取才矣。

（《太平御覽》卷五九七·一上～二上）

移者，易也〔三四〕。移風易俗，令往而人隨者也〔三五〕。相如之《難蜀(尤)〔老〕》，文曉而喻博〔三六〕，有檄移之骨焉。詞剛而義辨〔三七〕，文移之首也。陸機之《移百官》，言簡而事顯〔三八〕，武移之要者也。故檄移爲用，事兼文武，其在金革，則逆黨用檄，順衆資移〔三九〕，所以洗濯民心，堅明符契〔四〇〕，意用小異而體大同也〔四一〕。

（《太平御覽》卷五九七·五上）

露布者，蓋露板不封，布諸視聽也〔四二〕。

（《太平御覽》卷五九七·六上）

校記

〔一〕昔有虞氏始戒於國　文由《御覽·文部十三·檄》引，自《文心雕龍·檄移》出，上承「震雷始於曜電，出師先乎威聲。故觀電而懼雷壯，聽聲而懼兵威。兵先乎聲，其來已久」，下接「又州郡徵史，亦稱爲檄……」。○「有虞氏」，至正本、《訓故》、黄本無「氏」字。

〔二〕周將交刃誓之　至正本、《訓故》、黄本「刃」下有「而」字。

〔三〕三王誓師　《訓故》、黄本同；至正本「三王」作「三三」。

〔四〕有文誥之詞　至正本、《訓故》、黄本作「令有文告之辭」。

〔五〕懼敵不服　至正本、《訓故》、黃本「不」作「弗」。

〔六〕曝彼昏亂　至正本同；《訓故》、黃本「曝」作「暴」。

〔七〕劉獻公所謂告之以文詞董之以武師者　至正本、《訓故》、黃本「所謂」作「之所謂」，「詞」作「辭」，「者」作「者也」；《訓故》、至正本「武師」作「師武」。

〔八〕詰菁茅之闕　至正本、《訓故》「詰」作「告」；黃本「菁」作「苞」。

〔九〕責箕部之焚　《訓故》、黃本同；至正本「箕」作「其」。

〔一〇〕奉詞先路　至正本、《訓故》、黃本「詞」作「辭」。

〔一一〕宣布於外　至正本、《訓故》、黃本「布」作「露」。

〔一二〕或稱露布　至正本「露布」下有「諸視聽也」四字；《訓故》、黃本有「播諸視聽也」五字。

〔一三〕稱恭行天罰　「稱」，至正本、《訓故》、黃本作「則稱」。〇「恭」，黃本同；至正本、《訓故》作「龔」。

〔一四〕諸侯禦師　至正本、《訓故》、黃本「禦」作「御」。

〔一五〕奉詞伐罪　至正本、《訓故》、黃本「詞」作「辭」。

〔一六〕抑亦厲詞爲武　「抑亦」，至正本、《訓故》無「抑」字，黃本作「亦且」。〇「詞」，至正本、《訓故》、黃本作「辭」。

〔一七〕使聲如衝風所擊氣似攙搶所掃　至正本、《訓故》「衝」作「衡」，「擊」作「繫」。《訓故》「衡」、「繫」標疑作「衡」「繫」。黃本「攙搶」作「欃槍」。

〔一八〕徵其惡稔之時　《訓故》同。至正本、黃本「徵」作「懲」。

〔一九〕摇姦兇之膽訂信順之心　「姦兇」，至正本作「姦宄」；黃本、《訓故》作「奸宄」。〇「順」，至正本、《訓故》、黃本作「慎」。

〔二〇〕布其三逆文不雕飭而意切事明　至正本、《訓故》、黃本「飭」作「飾」；「意」作「辭」。至正本、《訓故》「布」作「有」。

〔二一〕隴右文得檄之士　至正本、《訓故》、黃本「文」下無「得檄之」三字。

〔二二〕陳琳之檄壯於骨骾　「檄」，至正本同；黃本作「檄豫州」。〇「於」，至正本、《訓故》、黃本作「有」。〇「骾」，至正本、《訓故》、黃本作「鯁」。

〔二三〕章實太甚　至正本、《訓故》、黃本「實」作「密」。

〔二四〕發丘摸金誣過其虐　《訓故》同。至正本「摸」作「模」，「虐」作「虛」。黃本「丘」作「邱」。

〔二五〕然抗詞書釁皦然曝露　「詞」，至正本、黃本作「辭」。○「曝露」，至正本作「露固矣」；《訓故》作「露□固矣」；黃本作「露骨矣」。○按：此句下有刪節。

〔二六〕桓温檄胡　至正本、《訓故》、黃本「桓温」作「桓公」。

〔二七〕或述休明或敘否剥　至正本、《訓故》、黃本「述」下有「此」字，「敘」下有「彼」字；「否剥」作「苛虐」。

〔二八〕驗强弱　至正本、《訓故》作「算强弱」；黃本作「算彊弱」。

〔二九〕摽蓍龜於前驗　至正本、《訓故》同；黃本「摽」作「標」，「於」作「于」。

〔三〇〕凡此衆作莫之或違者也　至正本、《訓故》、黃本「作」作「條」；「之」在「違」下。

〔三一〕故其植義颺詞務在剛健　至正本、《訓故》、黃本「詞」作「辭」；「健」作「健」。

〔三二〕不可使詞緩　至正本、《訓故》、黃本「詞」作「辭」。

〔三三〕氣盛而詞斷　至正本、《訓故》、黃本「詞」作「辭」。

〔三四〕文由《御覽・文部十三・移》引，自《文心雕龍・檄移》出；上承「……又州郡徵史，亦稱爲檄，固明舉之義也」，下接「與檄參伍，故不重論也。贊曰……」。

〔三五〕令往而人隨者也　至正本、《訓故》、黃本「人」作「民」。

〔三六〕相如之難蜀尤文曉而喻博　至正本、《訓故》、黃本「蜀尤」作「蜀老」。

〔三七〕詞剛而義辨　至正本、《訓故》、黃本「詞」作「辭」，上有「及劉歆之移太常」。

〔三八〕言簡而事顯　至正本、《訓故》、黃本「簡」作「約」。

〔三九〕順衆資移　「順衆」，至正本、《訓故》作「煩命」；黃本作「順命」。

〔四〇〕堅明符契　「明」，至正本、《訓故》作「用」；黃本作「同」。

〔四一〕意用小異而體大同也　至正本、《訓故》、黃本「體」作「體義」；無「也」字。

〔四二〕文由《御覽・文部十三・露布》引，至正本、《訓故》、黃本及今傳諸本均無此段文字。楊明照《文心雕龍校註拾遺》云：「當是《檄移篇》『或稱露布』下脱去者。」

章表第二十二

堯咨四岳〔一〕，舜命八元〔二〕，並陳詞帝庭〔三〕，匪假書翰。然則「敷奏以言」，即章表之義也〔四〕。至太甲既立，伊尹書戒〔五〕，思庸歸亳，又作書以讚，文翰事斯見矣〔六〕。降及七國，未變古式，言事於主〔七〕，皆稱上書。秦初定制，改書曰奏。漢初定制〔八〕，則有四品：一曰章，二曰奏，三曰表，四曰駮議〔九〕。章以謝恩，奏以案劾〔一〇〕，表以陳請，議以執異。章者，明也。《詩》云「爲章于天」，謂文明也。其在文物，青赤曰章〔一一〕。表者，摽也〔一二〕。《禮》有《表記》，謂德見于儀〔一三〕，其在器式，揆景曰表。表章之目〔一四〕，蓋取諸此也。案《七略》、《蓺文》〔一五〕，謠詠必録；章、表、奏、議，經國樞要〔一六〕，然闕而不纂者，乃各有故事，布在職司也〔一七〕。前漢表謝，遺篇寡存。及後漢察舉，必試章奏。左雄表議〔一八〕，臺閣爲式；胡廣章奏，「天下第一」，並當時之傑筆也〔一九〕。觀伯始謁陵之章，足見其典文美焉〔二〇〕。昔文受策，三辭從命〔二一〕，是以漢末讓表，以三爲斷。曹公稱表，表不止三讓〔二二〕，又勿得浮華。所以魏初章表〔二三〕，指事造實，求其靡麗，則未足矣〔二四〕。如文舉之薦禰衡〔二五〕，氣揚采飛；孔明之辭後主，志盡文壯〔二六〕；雖華實異旨，並表之英也。琳、瑀章表，有譽當時；孔璋稱健，則其摽也〔二七〕。陳思之表，獨冠羣才。觀其體贍而律調，辭清而志顯，應物製巧〔二八〕，隨變生趣，執轡有餘，故能緩急應節矣〔二九〕。逮晉初筆札，則張華爲儁〔三〇〕。其三讓公封，理同辭要〔三一〕，引義比事，必得其偶。及羊公之《辭開府》，有譽於前談；庾公之《讓中書》，信美於往載〔三二〕。序志聯類〔三三〕，有文雅焉。劉琨《勸進》，張駿《自叙》〔三四〕，文致耿介，並陳事之美表也。

原夫章表之爲用〔三五〕，所以對揚王庭，照明心曲〔三六〕，既其身文，且亦國華。章以造闕，風矩應明；表以致策〔三七〕，骨采宜耀。循名課實，以文爲本者也〔三八〕。是以章式炳賁，志在典謨；使典而非略〔三九〕，明而不淺。表體多苞，情位屢遷〔四〇〕，必雅義以扇其風，清文以驅其麗〔四一〕。然懇惻者辭爲心使，浮侈者情爲文出〔四二〕，必使繁約得正〔四三〕，華實相勝，脣吻不滯，則中律矣。子貢云：「心以制之，言以結之。」蓋一辭意也。

（《太平御覽》卷五九四・一上～二上）

校記

〔一〕文由《御覽・文部十・章表》引，自《文心雕龍・章表》出；上承「夫設官分職，高卑聯事。天子垂珠以聽，諸侯鳴玉以朝。敷奏以言，明試以功。故」，下接「荀卿以爲觀人美辭，麗於黼黻文章，亦可以喻於斯乎！贊曰……」。

〔二〕舜命八元　至正本、《訓故》、黄本「八元」下有「固辭再讓之請俞往欽哉之授」十二字。

〔三〕並陳詞帝庭　至正本、《訓故》、黄本「詞」作「辭」。

〔四〕即章表之義也　至正本、《訓故》、黄本「即」作「則」；「也」下有「明試以功即授爵之典也」十字。

〔五〕伊尹書戒　至正本、《訓故》、黄本「戒」作「誡」。

〔六〕又作書以讃文翰事斯見矣　至正本「讃」作「纉」；至正本、《訓故》、黄本「文翰」下有「獻替」二字；「見矣」下有「周監二代文理彌盛再拜稽首對揚休命承文受册敢當丕顯雖言筆未分而陳謝可見」三十四字。

〔七〕言事於主　至正本、《訓故》、黄本「主」作「王」。

〔八〕漢初定制　至正本、《訓故》、黄本作「漢定禮儀」。

〔九〕四曰駮議　至正本、《訓故》、黄本無「駮」字。

〔一〇〕奏以案劾　至正本、《訓故》、黄本「案」作「按」。

〔一一〕青赤曰章　至正本、《訓故》、黄本「青赤」作「赤白」。

〔一二〕表者摽也　至正本同，《訓故》、黄本「摽」作「標」。

〔一三〕謂德見于儀　至正本、《訓故》無「于」字。

〔一四〕表章之目　至正本、《訓故》、黄本「表章」作「章表」。

〔一五〕案七略蓺文　至正本、《訓故》、黄本「案」作「按」；「蓺」作「藝」。

〔一六〕經國樞要　至正本、《訓故》、黄本作「經國之樞機」。

〔一七〕布在職司也　至正本、《訓故》、黄本「布」作「而」。

〔一八〕左雄表議　至正本、《訓故》、黄本「表」作「奏」。

〔一九〕並當時之傑等筆也　至正本、《訓故》、黄本無「等」字。

〔二〇〕觀伯始謁陵之章足見其典文美焉　至正本、《訓故》、黄本「美」作「之美」。

〔二一〕昔文受策三辭從命　「文」，至正本、《訓故》、黄本作「晉文」；「策」作「册」。〇至正本無「辭」字。

〔二二〕曹公稱表表不止三讓　「表表」，至正本、《訓故》、黄本作「爲表」。〇「止」，至正本、《訓故》同；黄本作「必」。

〔二三〕所以魏初章表　「章表」，至正本、《訓故》、黄本作「表章」。

〔二四〕則未足矣　至正本、《訓故》、黄本「足」作「足美」。

〔二五〕如文舉之薦禰衡　至正本、《訓故》、黄本「如」作「至於」。

〔二六〕志盡文壯　至正本、《訓故》、黄本「壯」作「暢」。

〔二七〕孔璋稱徤則其摽也　至正本、《訓故》、黄本「摽」作「標」；《訓故》、黄本「徤」作「健」。

〔二八〕應物製巧　至正本、黄本「製」作「掣」。《訓故》「掣」標疑作「製」。

〔二九〕故能緩急應節矣　黄本同；至正本、《訓故》無「矣」字。

〔三〇〕迨晉初筆札則張華爲儁　「迨」，至正本、《訓故》、黄本作「逮」。〇「儁」，黄本同；至正本作「儔」。《訓故》「儔」標疑作「儔」。

〔三一〕理同辭要　至正本、《訓故》、黄本「同」作「周」。

〔三二〕信美於往載　《訓故》、黄本同；至正本「載」作「再」。

〔三三〕序志聯類　至正本、《訓故》、黄本「聯」作「顯」。

〔三四〕張駿自敘　至正本、《訓故》、黄本「駿」作「駿」；「敘」作「序」。

〔三五〕原夫章表之爲用　至正本「之」作「文」；至正本、《訓故》、黄本「用」下有「也」字。

〔三六〕照明心曲　至正本、《訓故》、黄本「照」作「昭」。

〔三七〕表以致策　至正本、《訓故》、黄本「策」作「禁」。

〔三八〕以文爲本者也　至正本、《訓故》無「文」字；黄本「文」作「章」。

〔三九〕使典而非略　至正本、《訓故》、黄本「典」作「要」。

〔四〇〕表體多苞情位屢遷　至正本、《訓故》、黄本「苞」作「包」；「位」作「僞」。

〔四一〕清文以驅其麗　至正本、《訓故》、黄本「驅」作「馳」。

〔四二〕然懇惻者辭爲心使浮侈者情爲文出　至正本、《訓故》「惻」作「惬」，「文出」作「出使」；《訓故》作「言使」；黄本「出」作「使」。

〔四三〕必使繁約得正　至正本、《訓故》無「必」字；黄本無「必使」二字。

奏啟第二十三

昔陶唐之臣〔一〕，敷奏以言，秦、漢附之〔二〕，上書稱奏。陳政事，獻典儀，上急變，劾愆謬〔三〕，總謂之奏。奏者，進也。敷于下情進乎上也〔四〕。秦始皇立奏，而法家少文。觀王綰之奏德〔五〕，辭質而義近；李斯之奏驪山，事略而意誣〔六〕；故無膏潤〔七〕，形於篇章矣。自漢來〔八〕，奏事或稱上疏，儒雅繼踵，殊采可觀〔九〕。若夫賈誼之務農，晁錯之兵術〔一〇〕，匡衡之定郊，王吉之勸禮〔一一〕，温舒之緩獄，谷永之陳仙〔一二〕，理既切至，辭亦通辨〔一三〕，可謂識大體矣。後漢羣臣〔一四〕，嘉言罔伏。楊秉耿介於災異〔一五〕，陳蕃憤懣於尺一，骨鯁得焉〔一六〕；張衡指摘於史職〔一七〕，蔡邕銓列於朝儀，博雅明焉。魏代名臣，文理迭興。若高堂天文，黄觀教學，王朗《節省》，甄毅考課〔一八〕，亦盡節而知治矣。晉氏多難，世交屯夷〔一九〕。劉頌殷勤於時務，温嶠懇惻於費役〔二〇〕，並體國之忠規矣。夫奏之爲筆，固以明允篤誠爲本，辯析疏通爲首〔二一〕。强志足以成務，博見足以窮理，酌古御今，治繁總要，此其體也。

（《太平御覽》卷五九四·四下～五上）

案劾之奏〔二二〕，所以明憲清國。昔周之太僕，繩愆糺繆〔二三〕；秦有御史〔二四〕，職主文法；漢置中丞，總司案劾〔二五〕；故位在鷙擊〔二六〕，砥礪其氣，必使筆端振風，簡上凝霜者也。觀孔光之奏董賢，則實其姦回；路粹之奏孔融，則誣其釁惡。名儒之與險士，固殊心焉。若夫傅咸果勁，而辭案堅深〔二七〕；劉隗切正，而劾文闊略；各有志也〔二八〕。後之彈事，迭相斟酌，惟新日用，而舊準不差〔二九〕。然甲人欲全〔三〇〕，矢人欲傷，術在糾惡，勢入剛峭〔三一〕。《詩》刺讒人，投畀豺虎；《禮》疾無禮〔三二〕，方之鸚猩；墨翟非儒，目以羊彘〔三三〕；孟軻譏墨，比諸禽獸；《詩》、《禮》儒墨，既其如此〔三四〕；奏劾嚴文，孰云能免。是以近世爲文〔三五〕，競於詆訶，吹毛取瑕，刺骨爲戾，覆似善罵〔三六〕，多失折衷。若能闢禮門以懸規，標義路以植矩，然後踰牆者折肱〔三七〕，捷徑者滅跡，何必躁言醜句，詬病爲巧哉〔三八〕！是以丘範運衡，宜明體要〔三九〕。必使理有典刑，辭有風軌，總法家之裁〔四〇〕，秉儒家之文，不畏強禦，氣留墨中〔四一〕，無縱詭隨，聲動簡外，乃稱絶席之雄，直方之舉也〔四二〕。

（《太平御覽》卷五九四・五下～六上）

啟者，開也〔四三〕。高宗云：「啟乃心，沃朕心。」蓋其義也〔四四〕。孝景諱啟，後兩漢無稱〔四五〕。至魏國牋記〔四六〕，始云「啟聞」〔四七〕。奏事之末，或云「謹啟」〔四八〕。自晉來盛「啟」，用兼表奏。陳政事言〔四九〕，既奏之異條；讓爵謝恩，亦表之別幹。必辯要輕清〔五〇〕，文而不侈，亦啟之大略也〔五一〕。

（《太平御覽》卷五九五・七上）

校　記

〔一〕昔陶唐之臣　文由《御覽・文部十・奏》引，自《文心雕龍・奏啟》出；起於篇首，下接「若乃按劾之奏……」。
〇「陶唐」，至正本、《訓故》、黃本作「唐虞」。《訓故》「臣」作「世」，下雙行小字：「一作臣。」

〔二〕秦漢附之　至正本、黃本「附之」作「之輔」。《訓故》「附之」作「之朝」，下雙行小字：「一作輔。」

〔三〕劾愆謬　黃本同；至正本、《訓故》「愆」作「僣」。

〔四〕敷于下情進乎上也　至正本、《訓故》「乎」作「於」；黃本「敷」上有「言」，「乎」作「于」。

〔五〕觀王綰之奏德　至正本、《訓故》、黃本「德」作「勳德」。

〔六〕事略而意誣　至正本、《訓故》、黃本「誣」作「逕」。

〔七〕故無膏潤　「故」，至正本、《訓故》、黄本作「政」。至正本「潤」字殘佚。

〔八〕自漢來　至正本、《訓故》同；黄本「來」作「以來」。

〔九〕殊采可觀　《訓故》、黄本同；至正本「可」字殘佚。

〔一〇〕晁錯之兵術　至正本「術」作「卒」；《訓故》、黄本「術」作「事」。

〔一一〕王吉之勸禮　「勸」，至正本、《訓故》、黄本作「觀」。至正本「吉」字殘佚。

〔一二〕谷永之陳仙　至正本、《訓故》、黄本「陳」作「諫」。

〔一三〕辭亦通辨　「辨」，至正本作「辭」；《訓故》作「明」；黄本作「暢」。至正本「通」字殘佚。

〔一四〕後漢羣臣　至正本、《訓故》、黄本「臣」作「賢」。

〔一五〕楊秉耿介於災異　《訓故》、黄本同；至正本「於」字殘佚。

〔一六〕骨骾得焉　至正本、《訓故》、黄本「骾」作「鯁」。

〔一七〕張衡指摘於史識　「識」，至正本殘佚；《訓故》、黄本作「職」。

〔一八〕黄觀教學王朗節省甄毅考課　《訓故》同。至正本「王」殘作「三」，「甄」作「甌」；黄本「黄」作「王」。

〔一九〕世交屯夷　至正本、《訓故》、黄本作「災屯流移」。

〔二〇〕劉頌殷勤於時務温嶠懇惻於費役　《訓故》、黄本同；至正本「勤」作「勒」，「惻」作「切」。

〔二一〕辯析疎通爲首　「辯析」，至正本、《訓故》作「辨枅」；黄本作「辨析」。〇「疎」，至正本、《訓故》、黄本作「疏」。

〔二二〕案劾之奏　文由《御覽·文部十·劾奏》引，自《文心雕龍·奏啟》出；上承「……治繁總要，此其體也。若乃」，下接「啟者，開也……」。〇「案」，至正本、《訓故》、黄本作「按」。

〔二三〕繩愆糺繆　至正本、《訓故》、黄本「糺」作「糾」。

〔二四〕秦有御史　至正本、《訓故》、黄本「有」作「之」。

〔二五〕總司案劾　至正本、《訓故》、黄本「案」作「按」。

〔二六〕故位在鷙擊　《訓故》、黄本同；至正本「鷙」作「摯」。

〔二七〕若夫傅咸果勁而辭案堅深　「咸」，《訓故》、黄本同；至正本作「盛」。〇「果勁」，至正本、《訓故》、黄本作「勁直」。〇「辭案」，至正本、《訓故》、黄本作「按辭」。

〔二八〕各有志也　至正本、《訓故》、黄本「有」作「其」。

〔二九〕而舊淮不羌　至正本、《訓故》、黄本「淮」作「準」；「不」作「弗」；「羌」作「差」。

〔三〇〕然甲人欲全　至正本、《訓故》、黄本「甲」作「函」。

〔三一〕術在糺惡勢入剛峭　至正本、《訓故》、黄本「糺」作「糾」；「入」作「必」；「剛」作「深」。

〔三二〕禮疾無禮　《訓故》、黄本同；至正本「疾」作「嫉」。

〔三三〕目以羊彘　至正本、《訓故》、黄本「羊彘」作「豕彘」。

〔三四〕既其如此　至正本、《訓故》、黄本「此」作「茲」。

〔三五〕是以近世爲文　至正本、《訓故》、黄本「近世」作「世人」。

〔三六〕刺骨爲戾覆以善詈　至正本、《訓故》、黄本「刺」作「次」；「覆」作「復」；「詈」作「罵」。

〔三七〕摽義路以植矩然後踰墻者折肱　至正本、《訓故》、黄本「摽」作「標」；「墻」作「垣」。

〔三八〕捷徑者滅跡何必躁言醜句詬病爲巧哉　至正本、《訓故》、黄本「跡」作「趾」；「巧」作「切」。○「詬」，至正本作「話」。

〔三九〕是以丘範運衡宜明體惡　至正本、《訓故》、黄本「丘」作「立」；「惡」作「要」。

〔四〇〕總法家之裁　至正本、《訓故》、黄本「裁」作「式」。

〔四一〕氣留墨中　至正本、《訓故》、黄本「留」作「流」。

〔四二〕直方之舉也　至正本、《訓故》、黄本「也」作「耳」。

〔四三〕文由《御覽·文部十一·啟》引，自《文心雕龍·奏啟》出；上承「……乃稱絶席之雄，直方之舉耳」，下接「又表奏确切，號爲讜言……」。

〔四四〕蓋其義也　至正本、《訓故》、黄本「蓋」作「取」。

〔四五〕後兩漢無稱　至正本、《訓故》、黄本「後」作「故」。

〔四六〕至魏國牋記　至正本、《訓故》、黄本「牋」作「箋」。

〔四七〕始云啟聞　《訓故》、黄本同；至正本「始」作「如」。

〔四八〕或云謹啟　黄本同；至正本、《訓故》作「或謹密啟」。《訓故》「謹」標疑作「[謹]」。

〔四九〕陳政事言　至正本、《訓故》、黄本「事言」作「言事」。
〔五〇〕必辯要輕清　至正本、《訓故》、黄本「必」下有「歛飭（至正本「飭」作「徹」）入規促其音節」；「辯」作「辨」。
〔五一〕亦敵之大略也　《訓故》、黄本同；至正本「亦」字殘缺。

議對第二十四

「周爰咨謀」〔一〕，是謂爲議。議之言宜，審事宜也。《易》之《節卦》：「君子以制度數，議德行。」《周書》曰：「議事以制，政乃弗迷。」議貴節制，經典之體也。昔管仲稱軒轅有「明臺之議」，則其來遠矣。洪水之難，堯咨四岳；百揆之舉，舜疇五臣〔二〕。三代所興，詢及芻蕘。《春秋》釋宋，魯桓預議〔三〕。及趙靈胡服，而季父爭論；商鞅變法，而甘龍交辯〔四〕：雖憲章無算，而同異足觀〔五〕。迄至有漢，始立駮議〔六〕。駮者，雜也；議不純，故曰駮也〔七〕。自兩漢之明，措式昭備〔八〕，藹藹多士，「發言盈庭」；若賈誼之遍代諸生，可謂捷於議矣〔九〕。至如主父之駮挾弓，安國之辯匈奴〔一〇〕，賈捐陳於朱崖，劉歆辯於祖宗〔一一〕，雖質文不同，得事要矣。若乃張敏之斷輕侮，郭躬之議擅誅，程曉之駮校事，司馬芸之議貨錢〔一二〕，何曾蠲出女之科，秦秀定賈充之謚，事實允當，可謂達議體矣。漢世善駮〔一三〕，則應劭爲首。晉代能議，則傅咸爲宗。然仲援博古，銓貫以叙〔一四〕；長虞識治，而屬辭枝繁。及陸機議，亦有鋒穎，而腴辭不剪〔一五〕，頗累文骨，亦有其美，風俗存焉〔一六〕。

夫動先擬議，明用稽疑，所以敬慎羣務，施張治術〔一七〕。故其大體所資，必樞紐經典，顧事實於前代，觀變通於當今〔一八〕；理不謬搖其枝〔一九〕，字不妄舒其藻。郊祀必洞於禮，戎事宜練於兵〔二〇〕，田穀先曉於農〔二一〕，斷訟務精於律；然後摽以顯義〔二二〕，約以正辭，文以辯潔爲能〔二三〕，不以繁縟爲巧；事以明覈爲美，不以環隱爲奇〔二四〕：此綱領之大要也。若不達政體，而舞筆弄文，支離搆辭〔二五〕，穿鑿會巧，空騁其華，固爲事實所檳〔二六〕；設得其理，亦爲浮詞所埋矣〔二七〕。昔秦女嫁晉，從文衣之媵，晉之貴媵而賤女〔二八〕；楚鬻珠於鄭〔二九〕，爲薰桂之櫝，鄭人買櫝而還珠。若文浮於理，末勝於其本〔三〇〕，則秦女楚珠，復存於茲矣〔三一〕。

（《太平御覽》卷五九五・三下～四下）

校　記

〔一〕周爰咨謀　文由《御覽・文部十一・議》引，自《文心雕龍・議對》出，起於篇首，下接「又對策者，應詔而陳政也……」。○「咨」，至正本、《訓故》、黃本作「諮」。

〔二〕百揆之舉舜疇五臣　至正本、《訓故》、黃本「百」作「宅」；「臣」作「人」。

〔三〕魯桓預議　至正本、《訓故》、黃本「預」作「務」。

〔四〕而甘龍交辯　至正本、《訓故》、黃本「辯」作「辨」。

〔五〕而同異足觀　《訓故》、黃本同；至正本「足」作「之」。

〔六〕迄至有漢始立駮議　至正本「至」作「今」；《訓故》「今」標疑作「[今]」。《訓故》、黃本「駮」作「駁」。

〔七〕駮者雜也議不純故曰駮也　兩「駮」，至正本、《訓故》、黃本並作「駁」。○「議不純」，至正本、《訓故》作「襍議不純」；黃本「議」上有「雜」字。

〔八〕自兩漢之明措式昭備　至正本、《訓故》、黃本「之」作「文」；「措」作「楷」。

〔九〕可謂捷於議矣　至正本、《訓故》、黃本「矣」作「也」。

〔一〇〕至如主父之駮挾弓安國之辯匈奴　至正本、《訓故》、黃本「駮」作「駁」；「辯」作「辨」。

〔一一〕賈捐陳於朱崖劉歆辯於祖宗　「賈捐陳」，至正本作「賈捐之陳」；《訓故》、黃本作「賈捐之之陳」。○「辯」，至正本作「辨」；《訓故》、黃本作「之辨」。

〔一二〕程曉之駮校事司馬芸之議貨錢　至正本、《訓故》、黃本「駮」作「駁」；「芸」作「芝」。

〔一三〕漢世善駮　至正本、《訓故》、黃本「駮」作「駁」。

〔一四〕然仲援博古銓貫以敘　至正本、《訓故》、黃本「仲援」作「仲瑗」，「銓」作「而銓」；黃本「以」作「有」。

〔一五〕及陸機議亦有鋒潁而腴辭不剪　至正本、《訓故》、黃本「議」作「斷議」，「潁」作「穎」，「不」作「弗」；黃本「腴」作

「諛」。

〔一六〕亦有其美風俗存焉　至正本、《訓故》、黄本作「亦各有美風格存焉」。

〔一七〕施張治術　至正本、《訓故》、黄本「施」作「弛」。

〔一八〕顧事實於前代觀變通於當今　至正本、《訓故》、黄本「顧事實」作「採故實」；「變通」作「通變」。

〔一九〕理不謬插其枝　至正本、《訓故》、黄本「插」作「摇」。

〔二〇〕郊祀必洞於禮戎事宜練於兵　「郊」，至正本作「文郊」；《訓故》、黄本作「又郊」。○「宜」，至正本無；《訓故》作空圍「□」，黄本作「必」。

〔二一〕田穀先曉於農　黄本同；《訓故》、至正本「田」作「佃」。

〔二二〕然後摽以顯義　至正本、《訓故》、黄本「摽」作「標」。

〔二三〕文以辯潔爲能　至正本、《訓故》、黄本「辯」作「辨」。

〔二四〕不以環隱爲奇　至正本、《訓故》、黄本「環」作「深」。

〔二五〕支離搆辭　至正本、《訓故》同；黄本「搆」作「構」。

〔二六〕空騁其華固爲事實所櫝　至正本「空」上有「功」字；至正本、《訓故》、黄本「櫝」作「擯」。

〔二七〕亦爲浮詞所埋矣　至正本、黄本「浮詞」作「遊辭」；至正本無「矣」字。

〔二八〕從文衣之媵晉之貴媵而賤女　至正本、《訓故》上「媵」下有「者」字；至正本、《訓故》、黄本「晉之」作「晉人」。

〔二九〕楚鬻珠於鄭　至正本、《訓故》、黄本作「楚珠鬻鄭」。

〔三〇〕末勝於其本　至正本、《訓故》、黄本無「於」字。

〔三一〕復存於茲美　至正本、《訓故》、黄本「存」作「在」。

書記第二十五

大舜云〔一〕：「書用識哉！」所以記時事也。蓋聖賢言辭，總爲之書，書之爲體，主言者也。楊雄曰：「言，心聲也；書，心畫也。聲畫形，君子小人見矣。」故書者，舒也。舒布其言，染之簡牘〔二〕，取象乎《夬》，貴在明決而已。三代政暇，文翰頗疎。春秋聘繁，書令彌盛〔三〕：繞朝贈士會以策，子家弔趙宣以書，巫臣之責子反〔四〕，子産之諫范宣，詳觀四書，辭若對面。又子服敬叔進弔書於滕君，故知行人挈辭，多被翰墨〔五〕。及七國獻書，詭麗輻湊〔六〕；漢來筆札，辭音紛紜〔七〕。觀史遷之《報任安》，東方之《謁公孫》〔八〕，楊惲之《酬會宗》，子雲之《答劉歆》：志氣盤桓，各含珠采〔九〕；並杼軸乎尺素，抑揚乎寸心。逮後漢書記，則崔瑗尤善。魏之元瑜，號稱「翩翩」；文舉屬音〔一〇〕，半簡必録；休璉好事，留意翰辭〔一一〕，抑其次也。嵇康《絶交》，實志高而文偉矣；趙壹《贈離》，乃少年之激昂也〔一二〕。至如陳遵占辭，百封各意；禰衡代書〔一三〕，親疎得宜，斯皆尺牘之文也〔一四〕。詳諸書體〔一五〕，本在盡言，所以散鬱陶，詠風采〔一六〕，固宜滌蕩以任氣，優游以懌懷〔一七〕。文明從容，亦心聲之獻酬也。

若夫尊貴差序，則肅以節文。自戰國已前〔一八〕，君臣同書，秦漢立儀，始有表奏；王公國内，亦稱奏書，張敞奏書於膠后，其辭義美哉〔一九〕！迄至後漢，稍有名品，公府奏記，而郡將奉牋也〔二〇〕。

（《太平御覽》卷五九五・七上～八上）

牋者，表也，識表其情也〔二一〕。崔寔奏記於公府，則崇讓之德音矣；黄香奉牋於江夏〔二二〕，亦肅恭之遺式矣。公幹牋記，文麗而規益〔二三〕，子桓不論〔二四〕，故世所共遺，若略名取實，則有美於爲詩矣。劉廙謝恩，喻切以至；陸機自敘，情周而巧；牋之善者也〔二五〕。原牋記之爲式，既上窺乎表，亦下睨乎書，使敬而不懾，簡而無傲，清靡以惠其才，彪蔚以文其響〔二六〕，蓋箋記之分也。

（《太平御覽》卷五九五・五下～六上）

符者，孚也〔二七〕。徵召防僞，事資中孚。三代玉瑞〔二八〕，漢世金竹，末代從省，代以書翰矣〔二九〕。

（《太平御覽》卷五九八・一上）

契者，結也〔三〇〕。上古純質，結繩執契；今羌胡徵數負販，其遺風也〔三一〕。

（《太平御覽》卷五九八・四上）

券者，束也〔三二〕。明白約束，約束以備情僞〔三三〕，自形半分〔三四〕，故周稱判書。古有鐵券，以堅信誓。王

褒《髯奴》，則券之諧也〔三五〕。（《太平御覽》卷五九八・四上）

牒者，葉也〔三六〕。如葉在枝也，短簡爲牒〔三七〕，議事未定，故短牒諮謀〔三八〕。牒之尤密，謂之籤〔三九〕。（《太平御覽》卷六〇六・五上）

校記

〔一〕文由《御覽・文部十一・書記》引，自《文心雕龍・書記》出；起於篇首，下接「記之言志，進己志也。牋者……」。○按：至正本卷五佚第九頁，闕文自《議對》「儒雅中策」起，迄於《書記》「子産之諫范宣，詳觀四」。

〔二〕染之簡牘　《訓故》、黄本「染」作「陳」。

〔三〕書令彌盛　《訓故》、黄本「令」作「介」。

〔四〕子家弔趙宣以書巫臣之責子反　《訓故》、黄本「弔」作「與」；「責」作「遺」。

〔五〕故知行人絜辭多被翰墨　至正本、《訓故》、黄本「故」作「固」；「絜」作「挈」；「翰墨」下有「矣」字。

〔六〕詭麗輻湊　「湊」，《訓故》同。至正本作「奏」；黄本作「輳」。

〔七〕辭音紛紜　至正本、《訓故》、黄本「音」作「氣」。

〔八〕東方之謁公孫　至正本、《訓故》、黄本作「東方朔之難公孫」。

〔九〕志氣盤桓各含珠采　至正本、《訓故》、黄本「盤」作「槃」；「珠」作「殊」。

〔一〇〕文舉屬音　至正本、《訓故》、黄本「音」作「章」。

〔一一〕留意翰辭　至正本、《訓故》「翰辭」作「辭翰」，黄本作「詞翰」。

〔一二〕趙壹贈離乃少年之激昂也　「趙壹贈離」，至正本作「趙至贈離」；黄本作「趙至敘離」。○至正本、《訓故》、黄本「乃」作「迺」；「昂」作「切」。

〔一三〕祢衡代書　至正本、《訓故》、黄本「祢」作「禰」。

〔一四〕斯皆尺牘之文也　至正本、《訓故》、黄本「皆」作「又」；「文」作「偏才」。

〔一五〕詳諸書體　至正本、《訓故》、黄本「諸」作「總」。

〔一六〕所以散鬱陶詠風采　至正本、《訓故》、黄本「所」作「言」；「詠」作「託」。

〔一七〕固宜滌蕩以任氣優游以懌懷　至正本、《訓故》、黄本「固」作「故」；「滌蕩」作「條暢」；「游」作「柔」。

〔一八〕自戰國巳前　至正本、《訓故》、黄本無「自」字；「巳」作「以」。

〔一九〕其辭義美矣　至正本、《訓故》、黄本無「辭」字。

〔二〇〕而郡將奉牋也　至正本、《訓故》、黄本「奉牋」作「奏牋」；無「也」字。

〔二一〕牋者表也識表其情也　文由《御覽・文部十一・牋》引，自《文心雕龍・書記》出；上承「……記之言志，進己志也」，下接「夫書記廣大，衣被事體……」。〇「識表」，至正本、《訓故》同；黄本作「表識」。

〔二二〕黄香奉牋於江夏　至正本、《訓故》、黄本「奉」作「奏」。

〔二三〕文麗而規益　至正本、《訓故》、黄本無「文」字。

〔二四〕子桓不論　至正本、《訓故》、黄本「不」作「弗」。

〔二五〕陸機自敘情周而巧牋之善者也　至正本、《訓故》、黄本「敘」作「理」；「之」下有「爲」字。

〔二六〕清靡以惠其才彪蔚以文其響　至正本、《訓故》、黄本「靡」作「美」，至正本「以文其響」作「其文□（墨釘）響」。

〔二七〕符者孚也　文由《御覽・文部十四・符》引，自《文心雕龍・書記》出；上承「……上行於下，如匠之制器也」，下接「契者，結也……」。〇「孚」，《訓故》、黄本同；至正本作「厚」。

〔二八〕三代玉瑞　《訓故》、黄本同；至正本「玉」作「王」。

〔二九〕代以書翰矣　至正本、《訓故》、黄本「代」作「易」。

〔三〇〕契者結也　文由《御覽・文部十四・契券》引，自《文心雕龍・書記》出；上承「……末代從省，易以書翰矣」，下接「券者束也……」。

〔三一〕今羌胡徵數負販其遺風也　至正本、《訓故》、黄本「負販」作「負販記緡」；「也」作「歟」。

〔三二〕券者束也　文由《御覽・文部十四・契券》引，自《文心雕龍・書記》出，上承「今羌胡徵數，負販記緡，其遺風歟」，下接「疏者，布也……」。

〔三三〕明白約束以備情僞　至正本、《訓故》、黄本無下「約束」二字。

〔三四〕自形半分　至正本、《訓故》、黄本「自」作「字」。

〔三五〕則券之諧也　至正本、《訓故》、黄本「諧」作「楷」。

〔三六〕牒者葉也　文由《御覽・文部二十二・牒》引，自《文心雕龍・書記》出；上承「……解釋結滯，徵事以對也」，下接「籤者，纖密者也……」。

〔三七〕如葉在枝也短簡爲牒　至正本、《訓故》、黄本作「短簡編牒如葉在枝温舒截蒲即其事也」。

〔三八〕議事未定故短牒諮謀　至正本、《訓故》、黄本「事」作「政」；「諮」作「咨」。

〔三九〕謂之籤　至正本、《訓故》、黄本「之」下有「爲」字。

神思第二十六

方其搦翰〔一〕，氣倍辭前；曁乎篇成，半折心始。何則？意翻空而易奇，言徵實而難巧也。是以臨篇綴翰〔二〕，必有二患：理鬱者始貧〔三〕，辭溺者傷亂。然則博見爲饋貧之糧〔四〕，貫一爲拯辭之藥〔五〕，博而能一，亦有助乎心力矣。

（《太平御覽》卷五八五・四上）

校　記

〔一〕文由《御覽・文部一・敘文》引，自《文心雕龍・神思》出；上承「……我才之多少，將與風雲而並驅矣」，下接「若情數詭雜……」；中間有闕文。

〔二〕是以臨篇綴翰　至正本、《訓故》、黄本「翰」作「慮」；「是以」上有「是以意授於思……以斯成器未之前聞」一段。

〔三〕理鬱者始貧　「始」，至正本、《訓故》作「若」；黄本作「苦」。

〔四〕然則博見爲饋貧之糧　黄本同；至正本、《訓故》「博見」作「博聞」。

〔五〕貫一爲拯辭之藥　至正本、《訓故》、黄本「辭」作「亂」。

風骨第二十八

翬翟備色而翱翥百步〔一〕，肌豐而力沉也〔二〕。鷹隼無采而翰飛戾天〔三〕，骨勁而荒猛也〔四〕。文章才力，有似於此〔五〕。若風骨乏采，則鷙集翰林〔六〕；采乏風骨，則雉竄文囿；若藻曜而高翔〔七〕，固文章之鳴鳳也〔八〕。（《太平御覽》卷五八五·四上）

校記

〔一〕翬翟備色而翱翥百步　文由《御覽·文部一·敘文》引，自《文心雕龍·風骨》出；上承「……殆不可勝，並重氣之旨也」，下接「若夫鎔鑄經典之範……」。○至正本、《訓故》、黄本「翬」上有「夫」字；「翱」作「翾」。至正本無「而」字。

〔二〕肌豐而力沉也　黄本同；至正本、《訓故》「沉」作「沈」。

〔三〕鷹隼無采而翰飛戾天　至正本「無」作「之」，無「而」字；《訓故》、黄本「無」作「乏」。《訓故》無「而」字。

〔四〕骨勁而荒猛也　至正本、《訓故》、黄本「荒」作「氣」。

〔五〕則鷙集翰林　《訓故》、黄本同；至正本「鷙」作「摯」。

〔六〕若藻曜而高翔　至正本、《訓故》、黄本「若」作「唯」；《訓故》、黄本「曜」作「耀」。

〔七〕固文章之鳴鳳也　至正本、《訓故》、黄本「文章」作「文筆」。

定勢第三十

括囊雜體，功在銓别〔一〕，宫商朱紫，隨勢各配。章、表、奏、議，則准的乎典雅〔二〕；賦、頌、歌、詩，則羽儀乎清麗；符、檄、書、移，則楷式於明斷〔三〕；史、論、序、注，則軌範於覈要〔四〕；箴、銘、碑、誄，則體制於弘深；連珠、七辭，則從事於功艷〔五〕；此修體而成勢〔六〕，隨變而立功者也。雖復契會相參，節文牙雜〔七〕，譬五色之錦，各以本采爲地矣。

（《太平御覽》卷五八五・四上、下）

校記

〔一〕括囊雜體功在銓別　文由《御覽・文部一・敘文》引，自《文心雕龍・定勢》出；上承「……是楚人鬻矛譽楯，兩難得而俱售也」，下接「桓譚稱文家各有所慕……」。○至正本、《訓故》、黄本在「括囊」上有「是以」二字。○「功」，黄本同；至正本作「切」。

〔二〕則准的乎典雅　「准」，至正本、《訓故》、黄本作「準」；「典雅」，黄本同；至正本、《訓故》作「雅頌」。

〔三〕則揩式於明斷　至正本、《訓故》、黄本「揩」作「楷」。

〔四〕則軌範於覈要　至正本、《訓故》、黄本「軌範」作「師範」。

〔五〕則從事於功艷　至正本、《訓故》、黄本「功」作「巧」。

〔六〕此修體而成勢　至正本、《訓故》、黄本「修」作「循」。

〔七〕節文牙雜　至正本、《訓故》、黄本「牙」作「互」。

事類第三十八

夫薑桂因地〔一〕，辛在本性；文章沿學，能在天才〔二〕。故才自内發〔三〕，學以外成，有學飽而才餒〔四〕，有才富而學貧。學貧者迍邅於事義〔五〕，才餒者劬勞於辭情，此内外之殊分也。是以屬意於文〔六〕，心與筆謀，才爲盟主，學爲輔佐，合德文采必霸〔七〕；才學褊狹，雖美少功。

（《太平御覽》卷五八五・四下）

校　記

〔一〕夫董桂因地　文由《御覽・文部一・敘文》引，自《文心雕龍・事類》出；上承「……因書立功，皆後人之範式也」，下接「夫以子雲之才，而自奏不學……」。○「因」，至正本、《訓故》、黄本作「同」。

〔二〕文章沿學能在天才　至正本、《訓故》、黄本「沿」作「由」，「才」作「資」。

〔三〕故才自内發　至正本、《訓故》、黄本無「故」字。

〔四〕有學飽而才餒　黄本同；至正本、《訓故》「學飽」作「飽學」。

〔五〕學貧者迍邅於事義　《訓故》、黄本同；至正本無「學貧」二字。

〔六〕是以屬意於文　至正本、《訓故》、黄本「於」作「立」。

〔七〕合德文采必霸　至正本、《訓故》、黄本「合德」作「主佐合德」。

指瑕第四十一

陳思之文〔一〕，羣才之儁也〔二〕，而《武帝誄》云：「尊靈永蟄。」《明帝頌》云：「聖體浮輕。」輕浮有似於蝴蝶，永蟄頗擬於昆蟲〔三〕，施之尊極，不其蚩乎〔四〕！

（《太平御覽》卷五九六・三上）

校　記

〔一〕文由《御覽・文部十二・誄》引，自《文心雕龍・指瑕》出；上承「……而慮動難圓，鮮無瑕病」，下接「左思七諷……」。

〔二〕羣才之儁也　至正本、《訓故》、黄本「儁」作「俊」。

〔三〕永蟄頗擬於昆蟲　至正本、《訓故》、黄本「擬」作「疑」。

〔四〕不其蚩乎　至正本、《訓故》、黄本作「豈其當乎」。

附會第四十三

才童學文，宜正體制〔一〕，必以情志爲神明，事義爲骨骾〔二〕，辭采爲肌膚，宫商爲聲氣，然後品藻玄黄，摛振金玉，獻可替否，以裁厥中，斯綴思之恒數也〔三〕。夫文變無方〔四〕，意見浮雜，約則義孤，博則辭叛，變故多尤，而爲事賤〔五〕。且才分不同，思緒各異，或製首以通尾，或尺接以寸附〔六〕，然通製者蓋寡，接附者甚衆。若統緒失宗，辭味必亂，義脈不流，則偏枯文體。夫能懸識湊理，然後節文自會〔七〕，如膠之粘木，石之合玉矣〔八〕。是以四壯異力〔九〕，而「六轡如琴」，馭文之法〔一〇〕，有似於此。昔張湯疑奏而再卻〔一一〕，虞松草表而屢譴，並事理之不明〔一二〕，而辭旨之失調也〔一三〕。及倪寬更草〔一四〕，鍾會易字，而漢武歎奇，晉景稱善者，乃理得而事明，心敏而辭當也。

（《太平御覽》卷五八五·四下～五上）

校　記

〔一〕才童學文宜正體制　文由《御覽·文部一·敘文》引，自《文心雕龍·附會》出；上承「……若築室之須基構，裁衣之待縫緝矣」，下接「以此而觀，則知附會巧拙……」，中間有闕文。而《御覽》此段逕直接於所引《事類》「才學褊狹，雖美少功」之下。○「才童」，至正本、《訓故》、黄本「才」上有「夫」字；「童」作「量」。○「制」，至正本、《訓故》、黄本作「製」。

〔二〕事義爲骨骾　至正本、《訓故》、黄本「骨骾」作「骨髓」。

〔三〕斯綴思之恒數也　至正本、《訓故》「恒」作「常」。「數也」下有「凡大體文章……此命篇之經略也」一段。

〔四〕夫文變無方　《訓故》、至正本同；黄本「無」作「多」。

〔五〕變故多尤而爲事賤　至正本、《訓故》、黄本「變」作「率」；「而」作「需」；「賤」作「賊」。

〔六〕或尺接以寸附　黄本同；至正本、《訓故》「尺」作「片」。

〔七〕然後節文自會　黄本同；至正本、《訓故》「節文」作「文節」。

〔八〕石之合玉矣　至正本、《訓故》、黄本「石」作「豆」；「玉」作「黄」。

〔九〕是以四牡異力　至正本、《訓故》、黄本「四牡」作「駟牡」。

〔一〇〕馭文之法　至正本、《訓故》同；黄本「馭」上有「並駕齊驅而一轂統輻」。

〔一一〕昔張湯疑奏而再卻　至正本、《訓故》、黄本在「昔」上有「去留隨心修短在手……易字艱於代句此已然之驗也」一段。〇「疑」，至正本、《訓故》同；黄本作「擬」。

〔一二〕並事理之不明　至正本、黄本「事理」作「理事」。

〔一三〕而辭旨之失調也　至正本、《訓故》同；黄本「辭」作「詞」。

〔一四〕及倪寬更草　黄本同；至正本、《訓故》「倪」作「兒」。

附：宋本《太平御覽》引《文心雕龍》索引

《原道》
〔一〕卷五八一·四下；
〔二〕卷五八五·三上～四上。

《宗經》
〔一〕卷六〇八·一上；
〔二〕卷六〇八·六上、下。

《明詩》
卷五八六·一上～二下。

《詮賦》
〔一〕卷五八七·四下～五下。

《頌贊》
〔一〕卷五八八·一下～二上；
〔二〕卷五八八·四下～五上。

《銘箴》
〔一〕卷五九〇·四上～五上；
〔二〕卷五八八·五下～六上。

《誄碑》
〔一〕卷五九六·二上～三上；
〔二〕卷五八九·一上、下。

《哀弔》
〔一〕卷五九六·七上、下；
〔二〕卷五九六·三下～四上。

《雜文》
〔一〕卷五九〇·六下；
〔二〕卷五九〇·七下；
〔三〕卷五九〇·六下～七上；
〔四〕卷五九〇·七下。

《史傳》
〔一〕卷六〇三·一上；
〔二〕卷六〇四·六上～七上；
〔三〕卷六〇四·七上。

《論説》

卷五九五・一上、下。

《詔策》

〔一〕卷五九三・一上～二上；

〔二〕卷五九三・七下～八上；

〔三〕卷五九三・七下。

《檄移》

〔一〕卷五九七・一上～二上；

〔二〕卷五九七・五上；

〔三〕卷五九七・六上。

《章表》

卷五九四・一上～二上。

《奏啟》

〔一〕卷五九四・四下～五上；

〔二〕卷五九四・五下～六上；

〔三〕卷五九五・七上。

《議對》

卷五九五・三下～四下。

《書記》

〔一〕卷五九五・七上～八上；

〔二〕卷五九五・五下～六上；

〔三〕卷五九八・一上；

〔四〕卷五九八・四上；

〔五〕卷五九八・四上；

〔六〕卷六〇六・五上。

《神思》

卷五八五・四上。

《風骨》

卷五八五・四上。

《定勢》

卷五八五・四上、下。

《事類》

卷五八五・四下。

《指瑕》

卷五九六・三上。

《附會》

卷五八五・四下～五上。

元至正刊本《文心雕龍》

據上海圖書館藏
元刻本影印原書
版框高二三二毫
米寬一五六毫米

文心雕龍序

六經聖人載道之書垂統萬世折衷百氏者
也與天地同其大與日月同其明亘宇宙相為
無窮而莫能限量後雖有作者弗可尚已
自孔子沒由漢以降老佛之說興學者日趨
於異端聖人之道不行而天地之大日月之明
固自若也當二家濫觴橫流之際孰能排而
斥之苟知以道為原以經為宗以聖為徵而立

言著書其立廣寀可取乎嗚呼與文心雕龍所由述也夫佛之盛莫盛於晉宋齊梁之間而通事舍人劉勰生於梁獨不入于彼而歸于此其志寧不可尚乎攷其爲書也言作文者之用心所謂雕龍非昔之鄒奭輩所能知也勰自序曰文心之作也本乎道師乎聖體乎經酌乎緯變乎騷自二卷以至十卷其立論井井有條不紊文雖靡而說正其指不繆於聖

入要皆有所折衷莫非六經之緒餘爾雖曰一星土之微不可與語天地之大一熒爝之光不可與語日月之明視一畔道而陷於異端者顧不贍矣乎嘉興郡守劉侯貞家多藏書其書皆先御史節齋先生手録侯欲廣其傳思與學者共之刊諸郡庠令余敘其首因念三十年前嘗從於節齋先生教而講席下今侯爲政是郡不失其清白之傳文章政事

為時所推會嘗職教於其地而目擊者殆不敢辭若夫學者欲觀天地之大觀日月之明則自有六經在此固可並論聖人不曰不有博奕者乎為之猶賢乎已況是書乎僕可謂能並其家學者故與為之序至正十五年龍集乙未秋八月曲江錢惟善序

雪川楊清之寫

文心雕龍目録

卷七

卷八

文心雕龍目録終

文心雕龍卷第一

梁通事舍人劉　勰彥和述

原道第一

文之爲德也大矣與天地並生者何哉夫玄黃色雜方圓體分日月疊璧以垂麗天之象山川煥綺以鋪理地之形此蓋道之文也仰觀吐曜俯察含章高卑定位故兩儀既生矣惟人參之性靈所鍾是謂三才爲五行之秀人實天地之心生心生而言立言立而文明自然之道也傍及萬品動植皆文龍鳳以藻繪呈瑞虎豹以炳蔚凝姿雲霞雕色有踰畫工之妙草

木賁華無待錦匠之奇夫豈外飾盖自然耳至於林
籟結響調如竽瑟泉石激韻和若球鍠故形立則章
成矣聲發則文生矣夫以無識之物鬱然有彩有心
之器其無文歟人文之元肇自太極幽讚神明易象
惟先庖犧畫其始仲尼翼其終而乾坤兩位獨制文
言言之文也天地之心哉若迺河圖孕乎八卦洛書
韞乎九疇玉版金鏤之實丹文緑牒之華誰其尸之
亦神理而已自鳥迹代繩文字始炳炎皞遺事紀在
三墳而年世渺邈聲采靡追唐虞文章則煥乎始盛
元首載歌既發吟詠之志益稷陳謨亦垂敷奏之風

夏后氏興業峻鴻績九序惟歌勳德彌縟逮及商周文勝其質雅頌所被英華日新文王患憂繇辭炳曜符采複隱精義堅深重以公旦多材振其徽烈剬詩緝頌斧藻群言至夫子繼聖獨秀前哲鎔鈞六經必金聲而玉振雕琢情性組織辭令木鐸啓而千里應席珍流而萬世響寫天地之輝光曉生民之耳目矣爰自風姓暨于孔氏玄聖創典素王述訓莫不原道心裁文章研神理而設教取象乎河洛問數乎蓍龜觀天文以極變察人文以成化然後能經緯區宇彌綸彝憲發揮事業彪炳辭義故知道沿聖以垂文聖

因文而明道旁通而無滯日用而不匱易曰鼓天下之動存乎辭辭之所以能鼓天下者迺道之文也

贊曰

道心惟微神理設教光采玄聖炳燿仁孝龍圖獻體龜書呈貌天文斯觀民胥以傚

徵聖第二

夫作者曰聖述者曰明陶鑄性情功在上哲夫子文章可得而聞則聖人之情見乎文辭矣先王聖化布在方冊夫子風采溢于格言是以遠稱唐世則煥乎為盛近褒周代則郁哉可從此政化貴文之徵也鄭

伯入陳以立辭爲功宋置折俎以多方舉禮此事蹟貴文之徵也褒美子産則云言以足志文以足言泛論君子則云情欲信辭欲巧此脩身貴文之徵也然則志足而言文情信而辭巧迺含章之玉牒秉文之金科矣夫鑒周日月妙極機神文成規矩思合符契或簡言以達旨或博文以該情或明理以立體或隱義以藏用故春秋一字以褒貶喪服舉輕以包重此簡言以達旨也邠詩聯章以積句儒行縟說以繁辭此博文以該情也書契斷決以象夬文章昭晳以象離此明理以立體也四象精義以曲隱五例微辭以

婉晦此隱義以藏用也故知繁略殊形隱顯異術抑引隨時變通會適徵之周孔則文有師矣是以政論文必徵於聖必宗於經易稱辨物正言斷辭則備書云辭尚體要弗惟好異故知正言所以立辯體要所以成辭辭成無好異之尤辯立有斷辭之義雖精義曲隱無傷其正言微辭婉晦不害其體要體要與微辭偕通正言共精義並用聖人之文章亦可見也顏闔以爲仲尼飾羽而畫徒事華辭雖欲此言聖弗可得已然則聖文之雅麗固銜華而佩實者也天道難聞猶或鑽仰文章可見胡寧勿思若徵聖立言則文

其庶矣

贊曰

妙極生知睿哲惟宰精理爲文秀氣成采鑒懸日月辭富山海百齡影徂千載心在

宗經第三

三極彝訓其書言經經也者恒久之至道不刋之鴻教也故象天地效鬼神參物序制人紀洞性靈之奧區極文章之骨髓者也皇世三墳帝代五典重以八索申以九丘歲歷綿曖條流紛糅自夫子刋述而大寶咸耀於是易張十翼書標七觀詩列四始禮正五

經春秋五例義既極乎性情辭亦匠於文理故能開學養正昭明有融然而道心惟微聖謨卓絕墻宇重峻而吐納自深譬萬鈞之洪鐘無錚錚之細響矣易惟談天人神致用故繫稱旨遠辭高言中事隱韋編三絕固哲人之驪淵也書實記言而訓詁茫昧通乎爾雅則文意曉然故子夏歎書昭昭若日月之明離離如星辰之行言昭灼也詩主言志訓詁同書攡風裁興藻辭譎喻溫柔在誦故最附深衷矣禮以立體據事制範章條纖曲一字見義五石六鷁以詳略成文雉門兩觀以先後顯旨其婉章志晦諒以邃矣尚書

則覽文如詭而尋理即暢春秋則觀辭立曉而訪義方隱此聖人之殊致表裏之異體者也至根柢槃深枝葉峻茂辭約而旨豐事近而喻遠是以往者雖舊餘味日新後進追取而非晚前脩文用而未先可謂太山徧雨河潤千里者也故論說辭序則易統其首詔策章奏則書發其源賦頌謌讚則詩立其本銘誄箴祝則禮總其端紀傳銘檄則春秋爲根並窮高以樹表極遠以啓疆所以百家騰躍終入環內者也若禀經以製式酌雅以富言是仰山而鑄銅煑海而爲鹽也故文能宗經體有六義一則情深而不詭二則

風清而不雜三則事信而不誕四則義直而不回五則體約而不蕪六則文麗而不滛楊子比雕玉以作器謂五經之含文也夫文以行立行以文傳四教所先符采相濟勵德樹聲莫不師聖而建言脩辭鮮克宗經是以楚艷漢侈流弊不還正末歸本不其懿歟

贊曰

三極彝道訓深稽古致化歸一分教斯五性靈鎔匠文章奧府淵哉鑠乎群言之祖

正緯第四

夫神道闡幽天命微顯馬龍出而大易興神龜見而

洪範燿故繫辭稱河出圖洛出書聖人則之斯之謂也但世夐文隱好生矯誕真雖存矣僞亦憑焉夫六經彪炳而緯候稠疊孝論昭晳而鉤讖葳蕤按經驗緯其僞有四蓋緯之成經其猶織綜絲麻不雜布帛乃成今經正緯奇倍摘千里其僞一矣經顯聖訓也緯隱神教也聖訓宜廣神教宜約而今緯多於經神理更繁其僞二也有命自天迺稱符讖而八十一篇皆託於孔子則是堯造録圖昌制丹書其僞三矣商周以前圖録頻見春秋之末群經方備先緯後經體乖織綜其僞四矣僞既倍摘則義異自明經足訓矣緯

何豫焉原夫圖籙之見迺昊天休命事以瑞聖義非配經故河不出圖夫子有歎如或可造無勞喟然昔康王河圖陳於東序故知前世符命歷代寶傳仲尼所撰序録而已於是伎數之士附以詭術或說陰陽或序災異若鳥鳴似語虫葉成字篇條滋蔓必假孔氏通儒討覈謂起哀平東序祕寶朱紫亂矣至於光武之世篤信斯術風化所靡學者比肩沛獻集緯以通經曹褒撰讖以定禮乖道謬典亦已甚矣是以桓譚疾其虛僞尹敏戲其深瑕張衡發其僻謬荀悅明其詭誕四賢博練論之精矣若乃羲農軒皡之源山

瀆鍾律之要白魚赤烏之符黄金紫玉之瑞事豐奇偉辭富膏腴無益經典而有助文章是以後來辭人採摭英華平子恐其迷學奏令禁絶仲豫惜其雜真未許煨燔前代配經故詳論焉

贊曰

榮河温洛是孕圖緯神寶藏用理隱文貴世歷二漢朱紫騰沸芟夷譎詭糅其雕蔚

辯騷第五

自風雅寢聲莫或抽緒奇文鬱起其離騷哉固已軒翥詩人之後奮飛辭家之前豈去聖之未遠而楚人

之多才乎昔漢武愛騷而淮南作傳以爲國風好色而不淫小雅怨誹而不亂若離騷者可謂兼之蟬蛻穢濁之中浮游塵埃之外皭然涅而不緇雖與日月爭光可也班固以爲露才揚己忿懟沉江羿澆二姚與左氏不合崑崙懸圃非經義所載然其文辭麗雅爲詞賦之宗雖非明哲可謂妙才王逸以爲詩人提耳屈原婉順離騷之文依經立義駟虬乘鷖則時乘六龍崑崙流沙則禹貢敷土名儒辭賦莫不擬其儀表所謂金相玉質百世無匹者也及漢宣嗟歎以爲皆合經術揚雄諷味亦言體同詩雅四家舉以方經

而孟堅謂不合傳褒貶任聲抑揚過實可謂鑒而弗精翫而未覈者也將覈其論必徵言焉故其陳堯舜之耿介稱湯禹之祗敬典誥之體也譏桀紂之猖披傷羿澆之顛隕規諷之旨也虬龍以喻君子雲蜺以譬讒邪比興之義也每一顧而掩涕歎君門之九重忠怨之辭也觀茲四事同于風雅者也至於託雲龍說迂怪豐隆求宓妃鴆鳥媒娀女詭異之辭也康回傾地夷羿蔽日木天九首土伯三■譎怪之談也依彭咸之遺則從子胥以自適狷狹之志也士女雜坐亂而不分指以爲樂娛酒不廢沉湎日夜舉以爲懽

荒淫之意也摘此四事異乎經典者故論其典誥則如彼語其本誕則如此固知楚辭者體憲於三代而風雅於戰國乃雅頌之博徒而詞賦之英傑也觀其骨鯁所樹肌膚所附雖取鎔經意亦自鑄偉辭故騷經九章朗麗以哀志九歌九辯綺靡以傷情遠遊天問瓌詭而惠巧招魂招隱耀艷而深華卜居標放言之致漁父寄獨往之才故能氣往轢古辭來切今驚采絕艷難與並能矣自九懷以下遽躡其跡而屈宋逸步莫之能追故其敘情怨則鬱伊而易感述離居則愴怏而難懷論山水則循聲而得貌言節候則披

文而見時是以枚賈追風以麗馬揚沿波而得奇其衣被詞人非一代也故才高者菀其鴻裁中巧者獵其艷辭吟諷者銜其山川童蒙者拾其香草若能憑軾以倚雅頌懸轡以馭楚篇酌奇而不失其貞翫華而不墜其實則顧盼可以驅辭力欬唾可以窮文致亦不復乞靈於長卿假寵於子淵矣

贊曰

不有屈原豈見離騷驚才風逸壯志煙高山川無極情理實勞金相玉式艷溢錙毫

文心雕龍卷第一

文心雕龍卷第二

明詩第六

大舜云詩言志歌永言聖謨所析義已明矣是以在心爲志發言爲詩舒文載實其在茲乎詩者持也持人情性三百之蔽義歸無邪持之爲訓有符焉尒人禀七情應物斯感感物吟志莫非自然昔葛天氏樂辭云玄鳥在曲黄帝雲門理不空綺至堯有大唐之歌舜造南風之詩觀其二文辭達而已及大禹成功九序惟歌太康敗德五子咸怨順美匡惡其來久矣自商暨周雅頌圓備四始彪炳六義環深子夏監絢

素之章子貢悟琢磨之句故商賜二子可與言詩自
王澤殄竭風人輟采春秋觀志諷誦舊章酬酢以爲
賓榮吐納而成身文逮楚國諷怨則離騷爲刺秦皇
滅典亦造仙詩漢初四言韋孟首唱匡諫之義繼軌
周人孝武愛文柏梁列韻嚴馬之徒屬辭無方至成
帝品録三百餘篇朝章國采亦云周備而辭人遺翰
莫見五言所以李陵班婕妤見疑於後代也按召南
行露始肇半章孺子滄浪亦有全曲暇豫優歌遠見
春秋邪徑童謡近在成世閲時取證則五言久矣又
古詩佳麗或稱枚叔其孤竹一篇則傅毅之詞比采

而推兩漢之作乎觀其結體散文直而不野婉轉附
物怊悵切情實五言之冠冕也至於張衡怨篇清曲
可味仙詩緩歌雅有新聲暨建安初五言騰踴文帝
陳思縱轡以騁節王徐應劉望路而爭驅並憐風月
狎池苑述恩榮叙酣宴慷慨以任氣磊落以使才造
懷指事不求纖密之巧驅辭逐貌唯取昭晳之能此
其所同也乃正始明道詩雜仙心何晏之徒率多浮
淺唯嵇志清峻阮旨遙深故能標焉若乃應璩百一
獨立不懼辭譎義貞亦魏之遺直也晉世羣才稍入
輕綺張潘左陸比肩詩衢采縟於正始力柔於建安

或析文以爲妙或流靡以自妍此其大略也江左篇製溺乎玄風嗤笑徇務之志崇盛亡機之談袁孫已下雖各有雕采而辭趣一揆莫與爭雄所以景純仙篇挺拔而爲俊矣宋初文詠體有因革莊老告退而山水方滋儷采百字之偶爭價一句之奇情必極貌以寫物辭必窮力而追新此近世之所競也故鋪觀列代而情變之數可監撮舉同異而綱領之要可明矣若夫四言正體雅潤爲本五言流調清麗居宗華實異用唯才所安故平子得其雅叔夜含其潤茂先凝其清景陽振其麗兼善則子建仲宣偏美則太沖

公幹然詩有恒裁思無定位隨性適分鮮能通圓若妙識所難其易也將至忽之爲易其難也方來至於三六雜言則自出篇什離合之發則明於圖讖回文所興則道原爲始聯句共韻則柏梁餘製巨細或殊情理同致總歸詩囿故不繁云

贊曰

民生而志詠歌所含興發皇世風流二南神理共契政序相參英華彌縟萬代永耽

樂府第七

樂府者聲依永律和聲也鈞天九奏既其上帝葛天

八闋爰乃皇時自咸英以降亦無得而論矣至於塗山歌於候人始爲南音有娀謠乎飛燕始爲北聲夏甲歎於東陽東音以發殷整思于西河西音以興音聲推移亦不一槩矣及夫庶婦謳吟土風詩官採言樂育被律志感絲篁氣變金石是以師曠覘風於盛衰季札鑒微於興廢精之至也夫樂本心術故響浹肌髓先王慎焉務塞淫濫敷訓胄子必歌九德故能情感七始化動八風自雅聲浸微溺音騰沸秦燔樂經漢初紹復制氏紀其鏗鏘叔孫定其容與於是武德興乎高祖四時廣於孝文雖摹韶夏而頗襲秦舊

中和之響闃其不還暨武帝崇禮始立樂府總趙代
之音撮齊楚之氣延年以曼聲協律朱馬以騷體製
歌桂華雜曲麗而不經赤鴈羣篇靡而非典河間薦
雅而罕御故汲黯致譏於天馬也至宣帝雅頌詩效
鹿鳴邇及元成稍廣淫樂正音乖俗其難也如此暨
後郊廟惟雜雅章辭雖典文而律非夔曠至于魏之
三祖氣爽才麗宰割辭調音靡節平觀其北上衆引
秋風列篇或述酣宴或傷羇戍志不出於淫蕩辭不
離於哀思雖三調之正聲實韶夏之鄭曲也逮於晉
世則傅玄曉音創定雅歌以詠祖宗張華新篇亦充

庭萬然杜夔調律音奏舒雅荀勗改懸聲節哀急故
阮咸譏其離聲後人驗其銅尺和樂精妙固表裏而
相資矣故知詩爲樂心聲爲樂樂體在聲瞽師務調其
器樂心在詩君子宜正其文好樂無荒晉風所以稱
遠伊其相謔鄭國所以云亡故知季札觀辭不直聽
聲而已若夫豔歌婉孌怨志詄絕淫辭在曲正響焉
生然俗聽飛馳職競新異雅詠溫恭必欠伸魚睨奇
辭切至則拊髀雀躍詩聲俱鄭自此階矣凡樂辭曰
詩詩聲曰歌聲來被辭辭繁難節故陳思稱李延年
閑於增損古辭多者則宜減之明貴約也觀高祖之

詠大風孝武之歎來遲歌童被聲莫敢不協子建士
衡咸有佳篇並無詔伶人故事謝絲管俗稱乖調蓋
未思也至于斬伎鼓吹漢世鐃挽雖戎喪殊事而並
總入樂府繆襲所致亦有可算焉昔子政品文詩與
歌別故略具樂篇以標區界

贊曰

八音摛文樹辭爲體謳吟坰野金石雲陛韶響難追
鄭聲易啓豈惟觀樂於焉識禮

詮賦第八

詩有六義其二曰賦賦者鋪也鋪采摛文體物寫志

也昔邵公稱公卿獻詩師箴賦傳云登高能賦可爲
大夫詩序則同義傳說則異體總其歸塗實相枝幹
劉向云明不歌而頌班固稱古詩之流也至如鄭莊
之賦大隧士蒍之賦狐裘結言短韻詞自己作雖合
賦體明而未融及靈均唱騷始廣聲貌然賦也者受
命於詩人拓宇於楚辭也於是荀況禮智宋玉風釣
爰錫名號與詩畫境六義附庸蔚成大國遂客主以
首引極貌以窮文斯蓋別詩之原始命賦之厥初也
秦世不文頗有雜賦漢初辭人順流而作陸賈扣其
端賈誼振其緒枚馬同其風王揚騁其勢皐朔已下

品物畢圖繁積於宣時校閲於成世進御之賦千有
餘首討其源流信興楚而盛漢矣夫京殿苑獵述行
序志並體國經野義尚光大既履端於唱敘亦歸餘
於總亂序以建言首引情本亂以理篇迭致文契按
那之卒章閔馬稱亂故知殷人輯頌楚人理賦斯並
鴻裁之寰域雅文之樞轄也至於草區禽族庶品雜
類則觸興致情因變取會擬諸形容則言務纖密象
其物宜則理貴側附斯又小制之區畛奇巧之機要
也觀夫荀結隱語事數自環宋發巧談實始淫麗枚
乘菟園舉要以會新相如上林繁類以成艷賈誼鵩

鳥致辯於情理子淵洞簫窮變於聲貌孟堅兩都明約以雅贍張衡二京迅發以宏富子雲甘泉構深瑋之風延壽靈光含飛動之勢凡此十家並辭賦之流也及仲宣靡密發端必遒偉長博通時逢壯采太沖安仁策勳於鴻規士衡子安底績於流制景純綺巧縟理有餘彥伯梗概情韻不匱亦魏晉之賦首也原夫登高之旨蓋覩物興情情以物興故義以明雅物以情觀故詞必巧麗麗詞雅義符采相勝如組織之品朱紫畫繪之著玄黃文雖新而有質色雖糅而有儀此立賦之大體也然逐末之儔蔑棄其本雖讀千

賦愈惑體要遂使繁華損枝膏腴害骨無貴風軌莫益勸戒此揚子所以追悔雕蟲貽誚於霧縠者也

贊曰

賦自詩出分歧異派寫物圖貌蔚似雕畫析滯必揚言庸無隘風歸麗則辭翦美稗

頌讚第九

四始之至頌居其極頌者容也所以美盛德而述形容也昔帝嚳之世咸墨為頌以歌九韶自商已下文理允備夫化偃一國謂之風風正四方謂之雅容告神明謂之頌風雅序人事兼變正頌主告神義必純

美魯以公旦次編商人以前王追録斯乃宗廟之正
歌非饗讌之常咏也時邁一篇周公所製哲人之頌
規式存焉夫民各有心勿壅惟口晉輿之稱原田魯
民之刺裘鞸直言不詠短辭以諷丘明子高並諜為
誦斯則野誦之變體浸被乎人事矣及三閭橘頌情
采芬芳比類寓意又覃及細物矣至於秦政刻文爰
頌其德漢之惠景亦有述容沿世並作相繼於時矣
若夫子雲之表充國孟堅之序戴侯武仲之美顯宗
史岑之述僖后或擬清廟或範駉那雖深淺不同詳
略各異其褒德顯容典章一也至於班傅之北征西

遊變為序引豈不褒過而謬體哉馬融之廣城上林
雅而似賦何弄文而失質乎又崔瑗文學蔡邕樊渠
並致美於序而簡約乎篇摯虞品藻頗為精覈至云
雜以風雅而不變旨趣徒張虛論有似黃白之僞說
矣及魏晉辨頌鮮有出轍陳思所綴以皇子為標陸
機積篇惟功臣最顯其褒貶雜居固末代之訛體也
原夫頌惟典雅辭必清鑠敷寫似賦而不入華侈之
區敬慎如銘而異乎規戒之域揄揚以發藻汪洋以
樹義唯纖曲巧致與情而變其大體所底如斯而已
讚者明也昔虞舜之祀樂正重讚蓋唱發之辭也及

益讚于禹伊陟贊于巫咸並颺言以明事嗟歎以助辭也故漢置鴻臚以唱拜爲讚即古之遺語也至相如屬筆始讚荆軻及史班固書託贊襃貶約文以總錄頌體以論辭又紀傳後評亦同其名而仲治流別謬稱爲述失之遠矣及景純注雅動植讚之義兼美惡亦猶頌之變耳然其爲義事生獎歎所以古來篇體促而不曠必結言於四字之句盤桓乎數韻之辭約舉以盡情昭灼以送文此其體也發源雖遠而致用蓋寡大抵所歸其頌家之細條乎

贊曰

容體底頌勲業垂讃鏤影攡文聲理有爛年積逾遠音徽如旦降及品物炫辭作翫

祝盟第十

天地定位祀徧羣神六宗既禋三望咸秩甘雨和風是生黍稷兆民所仰美報興焉犧盛惟馨本於明德祝史陳信資乎文辭昔伊祈始蜡以祭八神其辭云土及其宅永歸其壑昆蟲無作草木之跡其澤則上皇祝文爰在茲矣舜之祠田云荷此長耜耕彼南畝四海俱有利民之志頗形於言矣至於商履聖敬日躋玄牡告天以萬方罪己即郊禋之詞也素車禱旱以

六事責躬則雩禜之文也及周之太祝掌六祝之辭
是以庶物咸生陳於天地之郊旁作穆穆唱於迎日
之拜夙興夜處言於附廟之祝多福無疆布於少牢
之饋宜社類禡莫不有文所以寅虔於神祇嚴恭於
宗廟也春秋已下黷祀諂祭祀幣史辭靡神不至至
於張老成室致善於歌哭之禱蒯聵臨戰獲佑於筋
骨之請雖造次顛沛必於祝矣若夫楚辭招魂可謂
祝辭之組纚也漢之群祀肅其旨禮既總碩儒之儀
亦參方士之術所以祕祝移過異於成湯之心侲子
歐疾同乎越巫之祝禮失之漸也至如黃帝有祝邪

之文東方朔有罵鬼之書於是後之譴呪務於善罵
唯陳思誥裁以正義矣若乃禮之祭祀事止告饗而
中代祭文兼讚言行祭而兼讚蓋引神而作也又漢
代山陵哀策流文周喪盛姬內史執策然則策本書
贈因哀而為文也是以義同於誄而文實告神誄首
而哀末頌體而呪儀太史所作之讚因周之祝文也
凡羣言發華而降神實務脩辭立誠在於無媿祈禱
之式必誠以敬祭奠之楷宜恭且哀此其大較也班
固之祀濛山祈禱之誠敬也潘岳之祭庾婦奠祭之
恭哀也舉彙而求昭然可鑒矣盟者明也騂毛白馬

珠盤玉敦陳辭乎方明之下祝告於神明者也在昔三王詛盟不及時有要誓結言而退周衰屢盟以及要契始之以曹沬終之以毛遂及秦昭盟夷設黃龍之詛漢祖建侯定山河之誓然義存則克終道廢則渝始崇替在人呪何預焉若夫臧洪歃辭氣截雲蜺劉琨鐵誓精貫霏霜而無補於晉漢反爲仇讎故知信不由衷盟無益也夫盟之大體必序危機獎忠孝共存亡戮心力祈幽靈以取鑒指九天以爲正感激以立誠切至以敷辭此其所同也然非辭之難處辭爲難後之君子宜在殷鑒忠信可矣無恃神焉

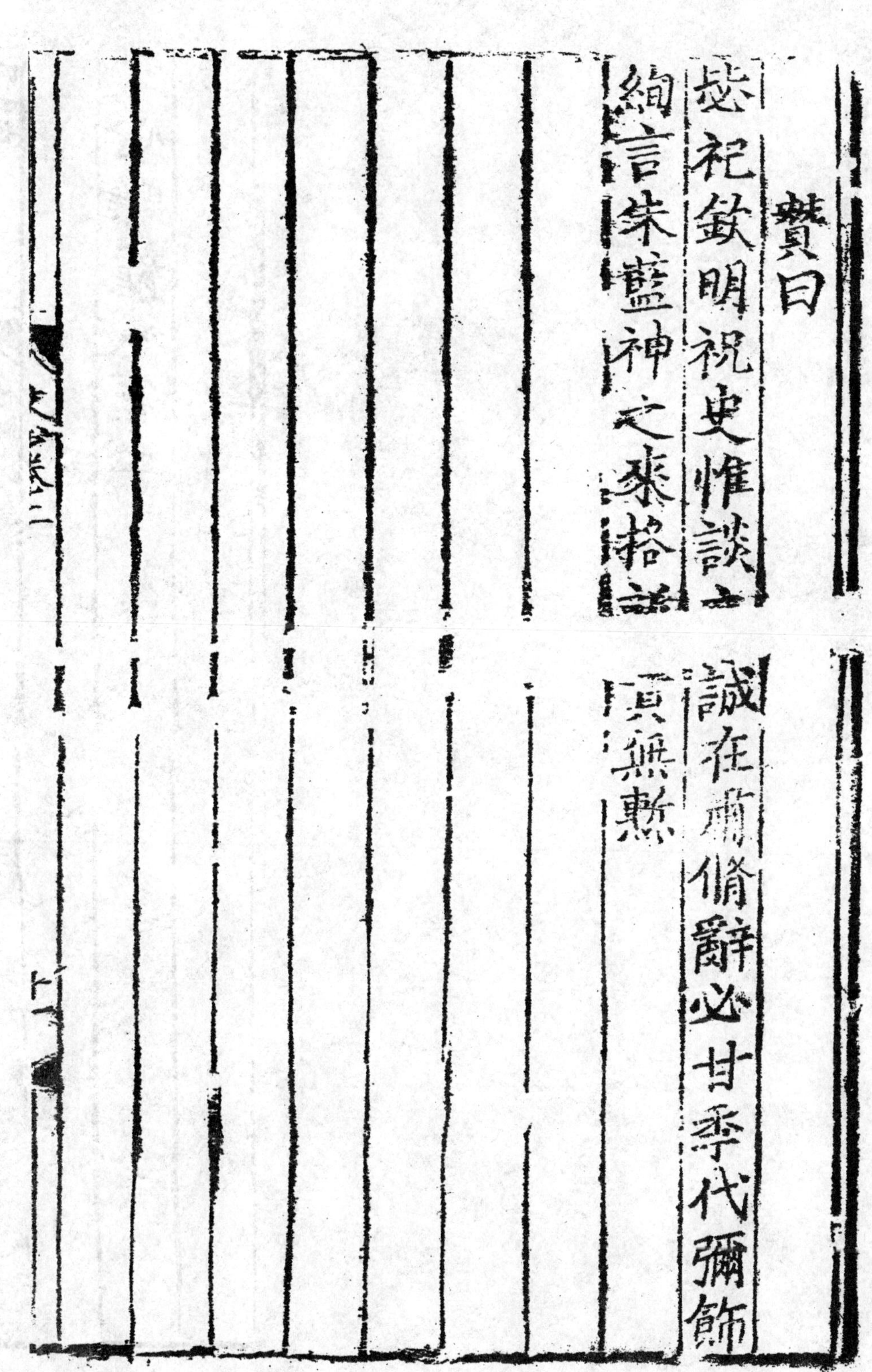

贊曰

毖祀欽明祝史惟談立誠在肅脩辭必甘季代彌飾

絢言朱藍神之來格所貴無慙

文心卷之二

文心雕龍卷第二

文心雕龍卷第三

銘箴第十一

昔帝軒刻輿几以弼違大禹勒筍簴而招諫成湯盤盂著日新之規武王户席題必戒之訓周公慎言於金人仲尼革容於欹器則先聖鑒戒其來久矣故銘者銘也觀器必也正名審用貴乎盛德蓋臧武仲之論銘也曰天子令德諸侯計功大夫稱代夏鑄九牧之金鼎周勒肅慎之楛矢令德之事也吕望銘功於昆吾仲山鏤績於庸器計功之義也魏顆紀勳於景銘孔悝表勤於衛鼎稱代之類也若乃飛廉有石槨

之錫靈公有蒿里之謚銘發幽石吁可怪矣趙靈勒
跡於番吾秦昭刻博於華山夸誕示後吁可笑也詳
觀衆例銘義見矣至於始皇勒岳政暴而文澤亦有
疎通之美焉若班固燕然之勒張昶華陰之碣序亦
盛矣蔡邕銘思獨冠古今僑公之箴吐納典謨朱穆
之鼎全成碑文溺所長也至如敬通雜器準矱戒銘
而事非其物繁略違中崔駰品物讚多戒少李尤積
篇義儉辭碎著龜神物而居博奕之中衡斛嘉量而
在臼杵之末曾名品之未暇何事理之能閑哉魏文
九寶器利辭鈍唯張采劍閣其才清采迅足駸駸後

發前至勤銘岷漢得其宜矣箴者所以攻疾防患喻
箴石也斯文興盛於三代夏商二箴餘句頗存及周
之辛甲百官箴一篇體義備焉迄至春秋微而未絕
故魏絳諷君於后羿楚子訓民於在勤戰伐已來棄
德務功銘辭代興箴文委絕至楊雄稽古始範虞箴
卿尹州牧廿五篇及崔胡補綴總稱百官指事配位
鞶鑑可徵信所謂追清風於前古攀辛甲於後代者
也至於潘勗符節要而失淺溫嶠傳臣博而患繁三
濟國子引廣事寡潘尼乘輿義正體蕪凡斯繼作鮮有
克衷至於王朗雜箴乃寘巾履得其戒愼而失其所

施觀其約文舉要憲章戒銘而水火井竈繁辭不已

志有偏也至於箴誦於言銘題於器名目雖異而警戒

實同箴全禦過故文資确切銘兼褒讚故體貴弘潤

其取事也必覈以辨其摛文也必簡而深此其大要

也然矢言之道蓋闕庸器之制久淪所以箴銘異用

罕施代惟秉文君子宜酌其遠大焉

贊曰

銘實表器箴惟德軌有佩于言無鑒于水秉茲貞厲

敬言乎履義典則弘文約爲美

誄碑第十二

周世盛德有銘誄之文大夫之材臨喪能誄誄者累
也累其德行旌之不朽也夏商已前其詳靡聞周雖
有誄未被於士又賤不誄貴幼不誄長在萬乘則稱
天以誄之讀誄定謚其節文大矣自魯莊戰乘丘始
及於士逮尼父卒哀公作誄觀其憖遺之切鳴呼之
歎雖非叡作古式存焉至柳妻之誄惠子則辭哀而
韻長矣暨乎漢世承流而作揚雄之誄元后文實煩
穢沙麓撮其要而摯疑成篇安有累德述尊而闊略
四句乎杜篤之誄有譽前代吳誄雖工而他篇頗疎
豈以見稱光武而改盼千金哉傅毅所制文體倫序

孝山崔瑗辨絜相參觀序如傳辭靡律調固誄之才也潘岳構意專師孝山巧於序悲易入新切所以隔代相望能徽厥聲者也至如崔駰誄趙劉陶誄黃並得憲章工在簡要陳思叨名而體實繁緩文皇誄末旨言自陳其乖甚矣若夫殷臣誄湯追褒玄鳥之祚周史歌文上闡后稷之烈誄述祖宗蓋詩人之則也至於序述哀情則觸類而長傅毅之誄北海云白日幽光雰霧杳冥始序致感遂爲後式景而效者彌取於功矣詳夫誄之爲制蓋選言錄行傳體而頌文榮始而哀終論其人也曖乎若可覿道其哀也悽焉如

可傷此其旨也碑者埤也上古帝皇始號封禪樹石埤岳故曰碑也周穆紀跡于弇山之石亦石碑之意也又宗廟有碑樹之兩楹事正麗牲未勒勳績而庸器漸闕故後代用碑以石代金同乎不朽自廟徂墳猶封墓也自後漢已來碑碣雲起才鋒所斷莫高蔡邕觀楊賜之碑骨鯁訓典陳郭二文句無擇言周乎衆碑莫非清允其敘事也該而要其綴采也雅而澤清詞轉而不窮巧義出而卓立察其爲才自然而至孔融所創有慕伯喈張陳兩文辨給足采亦其亞也及孫綽爲文志在碑誄溫王郗庾辭多枝雜桓彝一

篇最爲辨哉夫屬碑之體資乎史才其序則傳其文則銘標序盛德必見清風之華照紀鴻懿必見峻偉之烈此碑之制也夫碑實銘器銘實碑文因器立名事光於誄是以勒石讚勳者入銘之域樹碑述已者同誄之區焉

贊曰

寫實追虛碑誄以立銘德纂行文采允集觀風似面聽辭如泣石墨鐫華頹影豈忒

哀弔第十三

賦憲之謚短折曰哀哀者依也悲實依心故曰哀也

以辭遣哀蓋下淚之悼故不在黃髮必施夭昏昔三良殉秦百夫莫贖事均夭橫黃鳥賦哀抑亦詩人之哀辭乎暨漢武封禪而霍　暴亡帝傷而作詩亦哀辭之類矣及後漢汝陽王亡崔瑗哀辭始變前戒然履突鬼門怪而不辭駕龍乘雲仙而不哀又卒章五言頗似歌謠亦彷彿乎漢武也至於蘇慎張升並述哀文雖發其情華而未極心實建安哀辭惟偉長差善行女篇一時有惻怛及潘岳繼作實踵其美觀其慮善辭變情洞悲苦叙事如傳結言摹詩促節四言鮮有緩句故能義直而文婉體舊而趣新金鹿澤蘭

莫之或繼也原夫哀辭大體情主於痛傷而辭窮乎愛惜幼未成德故譽止於察惠弱不勝務故悼加乎膚色隱心而結文則事愜觀文而屬心則體奢奢體為辭則雖麗不哀必使情往會悲文來引泣乃其貴耳弔者至也詩云神之弔矣言神至也君子令終定謚事極理哀故賓之慰主以至到為言也壓溺乖道所以不弔又宋水鄭火行人奉辭國災民亡故同弔也及晉築虒臺齊襲燕城使蘇秦翻賀為弔虐民搆敵亦亡之道凡斯之例弔之所設也或驕貴而殞身狷忿以乖道或有志而無時或美才而兼累追而慰

之並名為弔自賈誼浮湘發憤弔屈體同而事覈辭清而理哀蓋首出之作也及相如之弔二世全為賦體桓譚以為其言惻愴讀者歎息及平章要切斷而能悲也楊雄弔屈思積切寡意深文畧故辭韻沉膇班彪蔡邕並敏於致語然影附賈氏難為並驅耳胡阮之弔夷齊襃而無聞仲宣所制譏呵實工然則胡阮嘉其清王子傷其隘各志也禰衡之弔平子縟麗而輕清陸機之弔魏武序巧而文繁降斯以下未有可稱者矣夫弔雖古義而華辭未造華過韻緩則化而為賦固宜正義以繩理昭德而塞違剖析襃貶哀

而有正則無奪倫矣

贊曰

辭定所表在彼弱弄苗而不秀自古斯慟雖有通才迷方告控千載可傷寓言以送

雜文第十四

智術之子博雅之人藻溢於辭辭盈乎氣苑囿文情故日新殊致宋玉含才頗亦負俗始造對問以申其志放懷寥廓氣實使之及枚乘摛艷首製七發腴辭雲構夸麗風駭蓋七竅所發發乎嗜欲始邪末正所以戒膏粱之子也揚雄覃思文闊業深綜述碎文璅

語肇爲連珠其辭雖小而明潤矣凡此三者文章之枝派暇豫之末造也自對問以後東方朔效而廣之名爲客難託古慰志疎而有辨揚雄解嘲雜以諧謔迴環自釋頗亦爲工班固賓戲含懿采之華崔駰達旨吐典言之裁張衡應問密而兼雅崔寔客譏整而微質蔡邕釋誨體奥而文炳景純客傲情見而采蔚雖迭相祖述然屬篇之高者也至於陳思客問辭高而理踈庾敳客咨意榮而文粹斯類甚衆無所取裁矣原茲文之設迺發憤以表志身挫憑乎道勝時屯寄於情泰莫不淵岳其心麟鳳其采此立本之大要

也自七發以下作者繼踵觀枚氏首唱信獨拔而偉麗矣及傅毅七激會清要之工崔駰七依入博雅之巧張衡七辨結采綿靡崔瑗七厲植義純正陳思七啓取美於宏壯仲宣七釋致辨於事理自桓麟七說以下左思七諷以上枝附影從十有餘家或文麗而義睽或理粹而辭駁觀其大抵所歸莫不高談宮館壯語畋獵窮環奇之服饌極蠱媚之聲色甘意搖骨體豔詞洞魂識雖始之以淫侈而終之以居正然諷以勸百勢不自反子雲所謂先騁鄭衛之聲曲終而奏雅者也唯七厲敘賢歸以儒道雖文非拔羣而意

寶卓爾矣自連珠以下擬者間出杜篤賈逵之曹劉珍潘勗之輩欲穿明珠多貫魚目可謂壽陵匍匐非復邯鄲之步里配捧心不關西施之嚬矣唯士衡運思理新文敏而裁章置句廣於舊篇豈慕朱仲四寸之璫乎夫文小易周思閑可贍足使義明而辭淨事圓而音澤磊磊自轉可稱珠耳詳夫漢來雜文名號多品或典誥誓問或覽畧篇章或曲操弄引或吟諷謡詠緫括其名並歸雜文之區甄别其義各入討論之域類聚有貫故不曲述

贊曰

偉矣前修學堅多飽負文餘力飛靡弄巧枝辭攢映
嘒若參昴慕嚬之心於焉祇攪

諧讔第十五

芮良夫之詩云自有肺腸俾民卒狂夫心險如山口壅若川怨怒之情不一歡謔之言無方昔華元棄甲城者發睅目之謳臧紇喪師國人造侏儒之歌並嗤戲形貌內怨爲俳也又蠶蟹鄙諺貍首淫哇苟可箴戒載于禮典故知諧辭讔言亦無棄矣諧之言皆也辭淺會俗皆悅笑也昔齊宣酣樂而淳于說干酒楚襄讌集而宋玉賦好色意在微諷有足觀者及優孟

之諷漆城優旃之諫葬馬並譎辭飾說抑止昏暴是
以子長編史列傳滑稽以其辭雖傾回意歸義正也
但本體不雅其流易弊於是東方枚臯餔糟啜醨無
所匡正而詆嫚媟弄故其自稱爲賦迺亦俳也見視
如倡亦有悔矣至魏大因俳說以著笑書薛綜憑宴
會而發嘲調雖抃推席而無益時用矣然而懿文之
士未免枉轡潘岳醜婦之屬束皙賣餅之類尤相效
之蓋以百數魏晉滑稽盛相驅扇遂乃應瑒之鼻方
於盜削卵張華之形比乎握舂杵曾是莠言有虧德
音豈非溺者之妄笑胥靡之狂歌歟讔者隱也遯辭

以隱意譎譬以指事也昔還楊求拯於楚師喻智井
而稱麥麴叔儀乞糧於魯人歌佩玉而呼庚癸伍舉
刺荊王以大鳥齊客譏薛公以海魚莊姬託辭於龍
尾臧文謬書於羊裘隱語之用被於紀傳大者興治
濟身其次弼違曉惑蓋意生於權譎而事出於機急
與夫諧辭可韶表裏者也漢世隱書十有八篇歆固
編文錄之歌末昔楚莊齊威性好隱語至東方曼倩
尤巧辭述但謬辭詆戲無益規補自魏代已來頗
非俳優而君子隱化爲謎語謎也者廻互其辭使昏
迷也或體目文字或圖象品物纖巧以弄思淺察以

衒辭義欲婉而正辭欲隱而顯荀卿蠶賦已兆其體
至魏文陳思約而密之高貴鄉公博舉品物雖有小
巧用乖遠大夫觀古之爲隱理周要務豈爲童稚之
戲謔搏髀而抃笑哉然文辭之有諧隱譬九流之有
小說蓋稗官所采以廣視聽若效而不已則髡朔而
入室旃孟之石交乎

讃曰

古之嘲隱振危釋憊雖有絲麻無棄菅蒯會義適時
頗益諷誡空戲滑稽德音大壞

文心雕龍卷第三

文心雕龍卷第四

史傳第十六

開闢草昧歲紀綿邈居今識古其載籍乎軒轅之世史有蒼頡主文之職其來久矣曲禮曰史載筆左右使之記也古者左史記事者右史記言者言經則尚書事經則春秋唐虞流於典謨商夏被於誥誓洎周命惟新姬公定法紬三正以班歷貫四時以聯事諸侯建邦各有國史彰善癉惡樹之風聲自平王微弱政不及雅憲章散紊彝倫攸斁昔者夫子閔王道之缺傷斯文之墜靜居以歎鳳臨衢而泣麟於是就太師以正

雅頌因魯史以修春秋舉得失以表黜陟徵存亡以
標勸戒褒見一字貴踰軒冕貶在片言誅深斧鉞然
睿旨存亡幽隱經文婉約丘明同時實得微言乃原
始要終創爲傳體傳者轉也轉受經旨以授其後實
聖文之羽翮記籍之冠冕也至從横之世史職猶存
秦并七王而戰國有策蓋録而弗敘故節簡而爲名
也漢滅嬴項武功積年陸賈稽古作楚漢春秋爰及
太史談世惟執簡子長繼至甄序帝勣比堯稱典則
位雜中賢法孔題經則文非元聖故取式呂覽通號
曰紀紀綱之號亦宏稱故本紀以述皇王列傳以總

侯伯八書以鋪政體十表以譜年爵雖殊古式而得事序焉爾其實錄無隱之旨博雅弘辯之才愛奇反經之尤條例踳落之失叔皮論之詳矣及班固述漢因循前業觀司馬遷之辭思實過半其十志該富讚序弘麗儒雅彬彬信有遺味至於宗經矩聖之典端緒豐贍之功遺親攘美之罪徵賄鬻筆之愆公理辯之究矣觀夫左氏綴事附經間出於文為約而氏族難明及史遷各傳人始區詳而易覽述者宗焉及孝惠委機呂后攝政班史立紀違經失實何則庖犧以來未聞女帝者也漢運所值難為後法牝雞無晨武王

首誓婦無與國齊桓著盟宣后亂秦呂氏危漢豈唯
政事難假亦名號宜慎矣張衡司史而惑同遷固元
帝王后欲為立紀謬亦甚矣尋子弘雖偽要當孝惠
之嗣孺子誠微實繼平帝之體二子可紀何有於三
后哉至于後漢紀傳發源東觀袁張所製偏駮不倫
薛謝之作踈謬少信司馬彪之詳實華嶠之準當則
其冠也及魏代三雄記傳互出陽秋魏略之屬江表
吳錄之類或激抗難徵踈闊寡要唯陳壽三志文質
辨洽荀張比之於遷固非妄至譽也於晉代之書繁
乎著作陸機肇始而未備王韶續末而不終干寶述

紀以審正得序孫盛陽秋以約舉爲能按春秋經傳
舉例發凡自史漢以下莫有準的至鄧璨晉紀始立
條例又擺落漢魏憲章殷周雖湘川曲學亦有心典
謨及安國立例乃鄧氏之規焉原夫載籍之作也必
貫乎百氏被之千載表徵盛衰殷鑒興廢使一代之
制共日月而長存王霸之跡並天地而久大是以在
漢之初史職爲盛郡國文計先集太史之府欲其詳
悉於體國必閱石室啓金匱抽裂帛檢殘竹欲其博
練於稽古也是立義選言宜依經以樹則勸戒與奪
必附聖以居宗然後詮評昭整苛濫不作矣然紀傳

爲式編年綴事文非泛論按實而書歲遠則同異難
密事積則起訖易疏斯固總會之爲難也或有同歸
一事而數人分功兩記則失於複重偏舉則病於不
周此又銓配之未易也故張衡摘史班之舛濫傅玄
譏後漢之尤煩皆此類也若夫追述遠代代遠多篇
公羊高云傳聞異辭荀況稱錄遠略近蓋文疑則闕
貴信史也然俗皆愛奇莫顧實理傳聞而欲偉其事
錄遠而欲詳其跡於是棄同即異穿鑿傍說舊史所
無我書則傳此訛濫之本源而述遠之巨蠹也至於記
編同時時同多詭雖定哀微辭而世情利害勳榮之家

雖庸夫而盡飾迍敗之士雖令德而常嗤理欲吹霜
煦露寒暑筆端此又同時之枉可為歎息者也故述遠
則誣矯如彼記近則回邪如此析理居正唯素心乎
若乃尊賢隱諱固尼父之聖旨蓋纖瑕不能玷瑾瑜
也奸慝懲戒實良史之直筆農夫見莠其必鋤也若
斯之科亦萬代一準焉至於尋繁領雜之術務信棄
奇之要明白頭訖之序品酌事例之條曉其大綱則
衆理可貫然史之為任乃彌綸一代負海內之責而
贏是非之尤秉筆荷擔莫此之勞遷固通矣而歷詆
後世若任情失正文其殆哉

贊曰

史肇軒黃，體備周孔。世歷斯編，善惡偕總。騰褒裁貶，萬古魂動。辭宗丘明，直歸南董。

諸子第十七

諸子者，入道見志之書。太上立德，其次立言。百姓之群居，苦紛雜而莫顯；君子之處世，疾名德之不章。唯英才特達，則炳曜垂文，騰其姓氏，懸諸日月焉。昔[illegible]力牧伊尹，咸其流也。篇述者，蓋上古遺語，而戰代所記者也。至鬻熊知道，而文王諮詢，餘文遺事，錄為鬻子。子自肇始，莫先於茲。及伯陽識禮，而仲尼訪問，爰

序道德以冠百氏然則鬻惟文友李實孔師聖賢並
世而經子異流矣逮及七國力政俊乂蠭起孟軻膺
儒以磬折莊周述道以翱翔墨翟執儉确之教尹文
課名實之符野老治國於地利騶子養政於天文申
商刀鋸以制理鬼谷脣吻以策勳尸佼兼總於雜術
青史曲綴以街談承流而枝附者不可勝筭並飛辯
以馳術饜祿而餘榮矣暨于暴秦烈火勢炎崐崗而
煙燎之毒不及諸子逮漢成留思子政讎校於是七
略芬菲流鱗萃止殺青所編百有八十餘家矣迄至
魏晉作者間出讕言兼存瑣語必錄類聚而求亦充

籍照軫矣然繁雖積而本體易總述道言治枝條五經其純粹者入矩踳駁者出規禮記月令取乎呂氏之紀三年問喪寫乎荀子之書此純粹之類也若乃湯之問棘云蛟睫有雷霆之聲惠施對梁王云蝸角有伏尸之戰列子有移山跨海之談淮南有傾天折地之說此踳駁之類也是以世疾諸混洞虛誕按歸藏之經大明迂怪乃稱羿斃十日姮娥奔月殷湯如茲況諸子乎至如商韓六虱五蠹棄孝廢仁轘藥之禍非虛至也公孫之白馬孤犢辭巧理拙魏牟比之鴞鳥非妄貶也昔東平求諸子史記而漢朝不與蓋

以史記多兵謀而諸子雜說術也然洽聞之士宜撮綱要覽華而食實棄邪而採正極睇參差亦學家之壯觀也研夫孟荀所述理懿而辭雅管晏屬篇事覈而言練列御寇之書氣偉而采奇鄒子之說心奢而辭壯墨翟隨巢意顯而語質尸佼尉繚術通而文鈍鶡冠綿綿亟發深言鬼谷渺渺每環其義情辨以澤文子擅其能辭約而精尹文得其要慎到折密理之巧韓非著博喻之富呂氏鑒遠而體周淮南泛採而文麗斯則得百氏之華采而辭氣文之大略也若夫陸賈典語賈誼新書楊雄法言劉向說苑王符潛夫

崔寔政論仲長昌言杜夷幽求咸叙經典或明政術雖標論名歸乎諸子何者博明萬事爲子適辨一理爲論彼皆蔓延雜說故入諸子之流夫自六國以前去聖未遠故能越世高談自開户牖兩漢以後體勢浸弱雖明乎坦途而類多依採此遠近之漸變也嗟夫身與時舛志共道申摽心於萬古之上而送懷於千載之下金石靡矣聲其銷乎

贊曰

大夫處世懷寶挺秀辨雕萬物智周宇宙立德何隱含道必授條流殊述若有區囿

論說第十八

聖世彝訓曰經述經叙理曰論論者倫也倫理有無
聖意不墜昔仲尼微言門人追記故仰其經目稱爲
論語蓋群論立名始於茲矣自論語已前經無論字
六籍二論後人追題乎詳觀論體條流多品陳政則
與議說合契釋經則與傳注參體辨史則與贊評齊
行銓文則與叙引共紀故議者宜言說者說語傳者
轉師注者主解贊者明意評者平理序者次事引者
胤辭八名區分一揆宗論論也者彌綸群言而研一
理者也是以莊周齊物以論爲名不韋春秋六論昭

列至石渠論藝白虎通講聚述聖言通經論家之正
體也及班彪五命嚴尤三將敷述昭情善入史體魏
之初霸術兼名法蘭嘏王粲校練名理迄至正始務
欲守文何晏之徒始盛玄論於是聃周當路與尼父
爭塗矣詳觀蘭石之才性仲宣之去代叔夜之辨聲
太初之本玄輔嗣之兩例平叔之二論並師心獨見
鋒穎精密蓋人倫之英也至如李康運命同論衡而
過之陸機辨正效過秦而不及然其美矣次及宋代
郭象銳思於機神之區夷甫裴頠交辨於有無之域
並獨步當時流聲後代然滯有者全繫於形用貴無

者專守於寂寥徒銳偏解莫詣正理動極神源其般若之絕境乎逮江左群談惟玄是務雖有日新而多抽前緒矣至如張衡譏世韻似排說孔融孝廉但談嘲戲曹植辯道體同書抄才不持論如其已原夫論之爲體所以辨正然否窮有數追無形迹堅求通鈎深取極乃百慮之筌蹄萬事之權衡也故其義貴圓通辭忌枝碎必使心與理合彌縫莫見其隙辭共心密敵人不知所乘斯其要也是以論如析薪貴能破理斤利者越理而横斷辭辨者反義而取通覽文雖巧而檢跡如妄唯君子能通天下之志安可以曲論

哉若夫注釋爲詞解散論體襍文雖異總會是同若秦君延之注堯典十餘萬字朱普之解尚書三十萬言所以通人惡煩羞學章句若毛公之訓詩安國之傳書鄭君之釋禮王弼之解易要約明暢可謂式矣

說者悅也兌爲口舌故言咨悅懌過悅必僞故舜驚讒說說之善者伊尹以論味隆殷太公以辨釣興周及燭武行而紓鄭端木出而存魯亦其美也暨戰國爭雄辨士雲踊從横參講長短角勢轉丸騁其巧辭飛鉗伏其精術一人之辨重於九鼎之寶三寸之舌強於百萬之師六印磊落以佩五都隱賑而封至漢

定秦楚辨士弭節酈君既斃於齊鑊蒯子幾入乎漢
鼎雖復陸賈籍甚張釋傅會杜欽文辨婁護脣舌頡
頏萬乘之階抵嘘公卿之席並順風以託勢莫能逆
波而泝洄矣夫説貴撫會弛張相隨不專緩頰亦在
刀筆范雎之言事李斯之止逐客並順情入機動言
中務雖批逆鱗而功成計合此上書之善説也至於
鄒陽之説吳梁喻巧而理至故雖危而無咎矣敬通
鮑鄧事緩而文繁所以歷聘而罕遇也凡論之樞要
必使時利而義貞進有契於成務退無阻於榮身自
非譎敵則唯忠與信披肝膽以獻主飛文敏以濟辭

此說之本也而陸氏直稱說煒曄以譎誑何哉

贊曰

理形於言　理成論詞深人天致遠方寸陰陽莫貳鬼神靡遯說爾飛鉗呼吸沮勸

詔策第十九

皇帝御寓其言也神淵嘿黼扆而響盈四表唯詔策乎昔軒轅唐虞同稱爲命命之爲義制性之本也其在三代事兼誥誓誓以訓戎誥以敷政命喻自天故授官錫胤易之姤象后以施命誥四方誥命動民若天下之有風矣降及七國並稱曰令令命者使也秦幷天

下改命曰制漢初定儀則則曰有四品一曰策書二
曰制書三曰詔書四曰戒勅勑戒州部詔誥百官制
施赦命策封王侯策者簡也制者裁也詔者告也勑
者正也詩云畏此簡書易稱君子以制數度禮稱明
君之詔書稱勑天之命並本經典以立名目遠詔近
命習秦制也記稱絲綸所以應接群后虞重納言周
貴喉舌故兩漢詔誥職在尚書王言之大動入史策
其出如綍不反若汗是以淮南有英才武帝使相如
視草隴右多文士光武加意於書辭豈直取美當時
亦敬慎來葉矣觀文景以前詔體浮新武帝崇儒選

言弘奧策封三王文同訓典勸戒淵雅垂範後代及制誥嚴助即云厭承明廬蓋寵才之恩也孝宣璽書責博士陳遂亦故舊之厚也逮光武撥亂留意斯文而造次喜怒時或偏濫詔賜鄧禹稱司徒為堯勑責侯霸稱黃鉞一下若斯之類實乖憲章暨明帝崇學惟詔間出安和政弛禮閣鮮才每為詔勑假手外請建安之末文理代興潘勗九錫典雅逸群衛覬禪誥符命炳燿弗可加也自魏晉誥策職在中書劉放張華牙管斯任施命發號洋洋盈耳魏文魏下詔辭義多偉至於作威作福其萬慮之一弊乎晉氏中興唯

明帝崇才以溫嶠文清故中書自斯以後體憲風流
矣夫王言崇祕大觀在上所以百辟其形萬邦作孚
故授官選賢則義炳重離之輝優文封策則氣含風
雨之潤勑戒恒誥則筆吐星漢之華治戎燮伐則聲
有洊雷之威眚災肆赦則文有春露之滋明罰勑法
則辭有秋霜之烈此詔策之大略也戒勑爲文實詔
之切者周穆命郊父受勑憲此其事也魏武稱作勑
戒當指事而語勿得依違曉治要矣及晉武勑戒備
告百官勑都督以兵要戒州牧以董司警郡守以恤
隱勒牙門以禦衛有訓典焉戒者慎也禹稱戒之用

休君父至尊在三罔極漢高祖之勑太子東方朔之戒子亦顧命之作也及馬援已下各貽家戒班姬女戒足稱母師也教者效也言出而民效也契敷五教故王侯稱教昔鄭弘之守南陽條教爲後所述乃事緒明也孔融之守北海文教麗而罕於理乃治體乖也若諸葛孔明之詳約庾稚恭之明斷並理得而辭中辭之善也自教以下則又有命詩云有命在天明爲重也周禮曰師氏詔王爲輕命今詔重而命輕者古今之變也

贊曰

皇王施令寅嚴宗誥我有絲言兆民尹好輝音峻舉
鴻風遠蹈騰義飛辭渙其大號

檄移第二十

震雷始於曜電出師先乎威聲故觀電而懼雷壯聽
聲而懼兵威兵先乎聲其來已久昔有虞始戒於國
夏后初誓於軍殷誓軍門之外周將交刃而誓之故
知帝世戒兵三王誓師宣訓我衆未及敵人也至周
穆西征祭公謀父稱古有威讓之令令有文告之辭
即檄之本源也及春秋征伐自諸侯出懼敵弗服故
兵出須名振此威風暴彼昏亂劉獻公之所謂告之

以文辭董之以師武者也齊桓征楚詰苞茅之闕晉厲伐秦責箕郜之焚管仲呂相奉辭先路詳其意義即今之檄文暨乎戰國始稱為檄檄者皦也宣露於外皦然明白也張儀檄楚書以尺二明白之文或稱露布諸視聽也夫兵以定亂莫敢自專天子親戎則稱龔行天罰諸侯御師則云肅將王誅故分閫推轂奉辭伐罪非唯致果為毅亦厲辭為武使聲如衝風所繫氣似欃槍所掃奮其武怒總其罪人懲其惡稔之時顯其貫盈之數搖姦宄之膽訂信慎之心使百尺之衝摧折於咫書萬雉之城顛墜於一檄者也觀

隗囂之檄亡新有其三逆文不雕飾而辭切事明隴右文士得檄之體矣陳琳之檄壯有骨鯁雖姦閹攜養章密太甚發丘模金誣過其虐然抗辭書釁皦然露骨矣敢藉曹公之鋒幸哉免袁黨之戮也鍾會檄蜀徵驗甚明桓公檄胡觀釁尤切並壯筆也凡檄之大體或述此休明或敘彼苛虐指天時審人事算強弱角權勢標蓍龜於前驗懸鞶鑑於已然雖本國信實參兵許譎詭以馳旨煒曄以騰說凡此衆條莫或違之者也故其植義颺辭務在剛健插羽以示迅不可使辭緩露板以宣衆不可使義隱必事昭而理辨

氣盛而辭斷此其要也若曲趣密巧無所取才矣又州邦徵吏亦稱爲檄固明舉之義也移者易也移風易俗令往而民隨者也相如之難蜀老文曉而喻博有移檄之骨焉及劉歆之移太常辭剛而義辨文移之首也陸機之移百官言約而事顯武移之要者也故檄移爲用事兼文武其在金革則逆黨用檄順命資移所以洗濯民心堅用符契意用小異而體義大同與檄參伍故不重論也

贊曰

三驅弛剛九伐先話鞶鑑吉凶蓍龜成敗摧壓鯨鯢

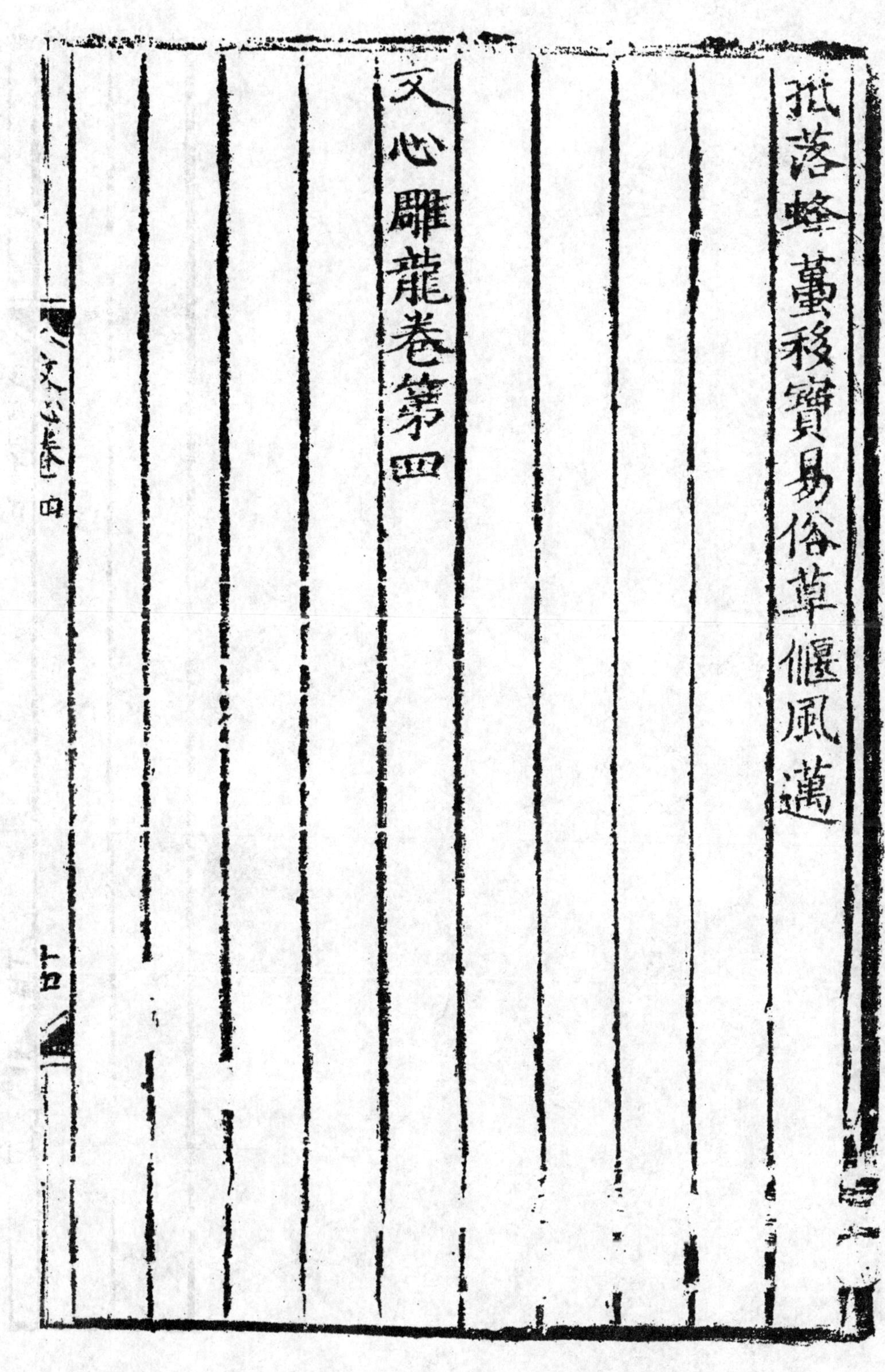

拭落蜂蠆移寶易俗草偃風邁

文心雕龍卷第四

文心雕龍卷第五

封禪第二十一

夫正位北辰嚮明南面所以運天樞毓黎獻者何嘗不經道緯德以勒皇蹟者哉綠圖曰潬潬噅噅棼棼雉雉萬物盡化言至德所被也丹書曰義勝欲則從欲勝義則凶戒慎之至也則戒慎以崇其德至德以凝其化七十有二君所以封禪矣昔黃帝神靈克膺鴻瑞勒功喬嶽鑄鼎荊山大舜巡岳顯乎虞典成康封禪聞之樂緯及齊桓之霸爰窺王跡夷吾譎陳距以怪物固知玉牒金鏤專在帝皇也然則西鶼東鰈

南茅北黍空談非徵勲德而已是史遷八書明述封禪者固禋祀之殊禮銘號之祕祀天之壯觀秦始皇銘岱文自李斯法家辭氣體乏弘潤然疏而能壯亦彼時之絕采也鋪觀兩漢隆盛孝武禪號於肅然光武巡封於梁父誦德銘勳乃鴻筆耳觀相如封禪蔚為唱首爾其表權輿序皇王炳玄符鏡鴻業驅前古於當今之下騰休明於列聖之上歌之以禎瑞讚之以介丘絕筆茲文固維新之作也及光武勒碑則文字張純首胤典謨末同祝辭引鉤讖敘離計武功述文德事覈理舉華不足而實有餘矣凡此二家並岱

宗實跡也及揚雄劇秦班固典引事非鐫石而體因
紀禪觀劇秦為文影寫長卿詭言遯辭故兼包神怪
然骨掣靡密辭貫圓通自稱極思無遺力矣典引所
敘雅有懿乎歷鑒前作能執厥中其致義會文斐然
餘巧故稱封禪麗而不典劇秦典而不實豈非追觀
易為明循勢易為力歟至於邯鄲受命攀響前聲風
末力寡輯韻成頌雖文理順序而不能奮飛陳思魏
德假論客主問答迂緩且已千言勞深勣寡飈焰缺
焉茲文為用蓋一代之典章也構位之始宜明大體
樹骨於訓典之區選言於宏富之路使意古而不晦

於深文今而不墜於淺義吐光芒辭成廉鍔則爲偉矣雖復道極數殫終然相襲而日新其來者必超前轍焉

贊曰

封勒帝勣對越天休逖聽高岳聲英克彪樹石九旻泥金八幽鴻律蟠采如龍如虬

章表第二十二

夫設官分職高卑聯事天子垂珠以聽諸侯鳴玉以朝數奏以言明試以功故堯咨四岳舜命八元固辭再讓之請俞往欽哉之授並陳辭帝庭匪假書翰然

則敷奏以言則章表之義也明試以功即授爵之典也至太甲既立伊尹書誡思庸歸亳又作書以纘文翰獻替事斯見矣周監二代文理彌盛再拜稽首對揚休命承文受冊敢當丕顯雖言筆未分而陳謝可見降及七國未變古式言事於王皆稱上書秦初定制改書曰奏漢定禮儀則有四品一曰章二曰奏三曰表四曰議章以謝恩奏以按劾表以陳請議以執異章者明也詩云爲章于天謂文明也其在文物赤白曰章表者標也禮有表記謂德見儀其在器式揆景曰表章表之目蓋取諸此也按七略藝文謠詠必

録章表奏議經國之樞機然闕而不纂者乃各有故事而在職司也前漢表謝遺篇寡存及後漢察舉必試章奏左雄奏議臺閣爲式胡廣章奏天下第一並當時之傑筆也觀伯始謁陵之章足見其典文之美焉昔晉文受冊三從命是以漢末讓表以三爲斷曹公稱爲表不止三讓又勿得浮華所以魏初表章指事造實求其靡麗則未足美矣至於文舉之薦禰衡氣揚采飛孔明之辭後主志盡文暢雖華實異旨並表之英也琳瑀章表有譽當時孔璋稱健則其標也陳思之表獨冠羣才觀其體贍而律調辭清而志顯

應物製巧隨變生趣執轡有餘故能緩急應節逮晉初筆扎則張華爲儁其三讓公封理周辭要引義比事必得其偶世珍鷦鷯莫顧章表及羊公之辭開府有譽於前談庾公之讓中書信美於往再序志顯類有文雅焉劉琨勸進張駿自序文致耿介並陳事之美表也原夫章表之爲用也所以對揚王庭昭明心曲既其身文且亦國華章以造闕風矩應明表以致禁骨采宜耀循名課實以爲本者也是以章式炳賁志在典謨使要而非略明而不淺表體多包情僞屢遷必雅義以扇其風清文以馳其麗然懇惻者辭爲

心使浮侈者情爲出使繁約得正華實相勝脣吻不滯則中律矣子貢云心以制之言以結之蓋一辭意也荀卿以爲觀人美辭麗以黼黻文章亦可以喻於斯乎

贊曰

敷奏絳闕獻替黼扆言必貞明義則弘偉肅恭節文條理首尾君子秉文辭令有斐

奏啓第二十三

昔唐虞之臣敷奏以言秦漢之輔上書稱奏陳政事獻典儀上急變劾僭諐總謂之奏奏者進也敷于下

情進於上也秦始立奏而法家少文觀王綰之奏勳
德辭質而義近李斯之奏驪山事略而意逕政無膏
形於篇章矣自漢以來奏事或稱上疏儒雅繼踵殊
采觀若夫賈誼之務農晁錯之兵事匡衡之定郊
王之觀禮溫舒之緩獄谷永之諫仙理既切至辭
亦辨可謂識大體矣後漢群賢嘉言罔伏楊秉耿
介災異陳蕃憤懣於尺一骨鯁得焉張衡指摘於
史職蔡邕銓列於朝儀博雅明焉魏代名臣文理迭
興若高堂天文黃觀教學三調節省甄毅考課亦盡
節而知治矣晉氏多難災屯流移劉頌殷勤於時務

溫嶠懇切於費役並體國之忠規矣夫奏之爲筆固
以明允篤誠爲本辨析疏通爲首強志足以成務博
見足以窮理酌古御今治繁總要此其體也若乃按
劾之奏所以明憲清國昔周之太僕繩愆糾繆秦之
御史職主文法漢置中丞總司按劾故位在鷙擊砥
礪其氣必使筆端振風簡上凝霜者也觀孔光之奏
董賢則實其姦回路粹之奏孔融則誣其釁惡名儒
之與險士固殊心焉若夫傅咸勁直而按辭堅深劉
隗切正而劾文闊略各其志也後之彈事迭相斟酌
惟新日用而舊準弗差然函人欲全矢人欲傷術在

訐惡勢必深峭詩刺讒人投畀豺虎禮嫉無禮方之
鸚猩墨翟非儒目以豕彘孟軻譏墨比諸禽獸詩禮
儒墨既其如茲奏劾嚴文孰云能免是以世人爲文
競於詆訶吹毛取瑕次骨爲戾復似善罵多失折衷
若能闢禮門以懸規標義路以植矩然後踰垣者折
肱捷徑者滅趾何必躁言醜句詬病爲切哉是以立
範運衡宜明體要必使理有典刑辭有風軌總法家
之式秉儒家之文不畏強禦氣流墨中無縱詭隨聲
動簡外乃稱絕席之雄直方之舉耳啓者開也高宗
云啓乃心沃朕心取其義也孝景諱啓故兩漢無稱

至魏國箋記始云啓聞奏事之末或謹密啓自晉來
盛啓用兼表奏陳政言事既奏之異條讓爵謝恩亦
表之別幹必斂飭入規促其音節辨要輕清文而不
侈亦啓之大略也又表奏確切號爲讜言讜者偏也
王道有偏乖乎蕩蕩其偏故曰讜言也孝成稱班伯
之讜言貴直也自漢置八儀密奏陰陽皂囊封板故
曰封事晁錯受書還上便宜後代便宜多附封事慎
機密也夫王臣匪躬必吐謇諤事舉人存故無待泛
說也

贊曰

皂飭司直肅清風禁筆銳干將墨含淳酖雖有次骨無或膚浸獻政陳宜事必任勝

議對第二十四

周爰諮謀是謂爲議議之言宜審事宜也易之節卦君子以制度數議德行周書曰議事以制政乃弗迷議貴節制經典之體也昔管仲稱軒轅有明臺之議則其來遠矣洪水之難堯咨四岳宅揆之舉舜疇五人三代所興詢及芻蕘春秋釋宋魯桓務議及趙靈胡服而季父爭論商鞅變法而甘龍交辨雖憲章無算而同異之觀迄今有漢始立駁議駁者雜也襍議

不純故曰駁也自兩漢文明楷式照備藹藹多士發言盈庭若賈誼之遍代諸生可謂捷於議也至如主父之駁挾弓安國之辨匈奴賈捐之陳於朱崖劉歆辨於祖宗雖質文不同得事要矣若乃張敏之斷輕侮郭躬之議擅誅程曉之駁校事司馬芝之議貨錢何曾蠲出女之科秦秀定賈充之謚事實允當可謂達議體矣漢世善駁則應劭爲首晉代能議則傅咸爲宗然仲瑗博古而銓貫以敘長虞識治而屬辭枝繁及陸機斷議亦有鋒穎而腴辭弗翦頗累文骨亦各有美風格存焉夫動先擬議明用稽疑所以敬慎

群務弛張治術故其大體所資必樞紐經典採故實於前代觀通變於當今理不謬搖其枝字不妄舒其藻文郊祀必洞於禮戎事練於兵佃穀先曉於農斷訟務精於律然後標以顯義約以正辭文以辨潔爲能不以繁縟爲巧事以明覈爲美不以深隱爲奇此綱領之大要也若不達政體而舞筆弄文支離構辭穿鑿會巧空騁其華固爲事實所擯設得其理亦爲遊辭所埋昔秦女嫁晉從文衣之媵晉人貴媵而賤女楚珠鬻鄭爲薰桂之櫝鄭人買櫝而還珠若文浮於理末勝其本則秦女楚珠復在於茲矣又對

策者應詔而陳政也射策者探事而獻說也言中理準譬射侯中的二名雖殊即議之別體也古之造士選事考言漢文中年始舉賢良鼂錯對策蔚爲舉首及孝武益明旁求俊乂對策者以第一登庸射策者以甲科入仕斯固選賢要術也觀鼂氏之對驗古今辭裁以辨事通而贍超升高第信有徵矣仲舒之對祖術春秋本陰陽之化究列代之變煩而不慁者事理明也公孫之對簡而未博然總要以約文事切而情舉所以太常居下而天子擢上也杜欽之對略而指事辭以治宣不爲文作及後漢魯平辭氣質素以

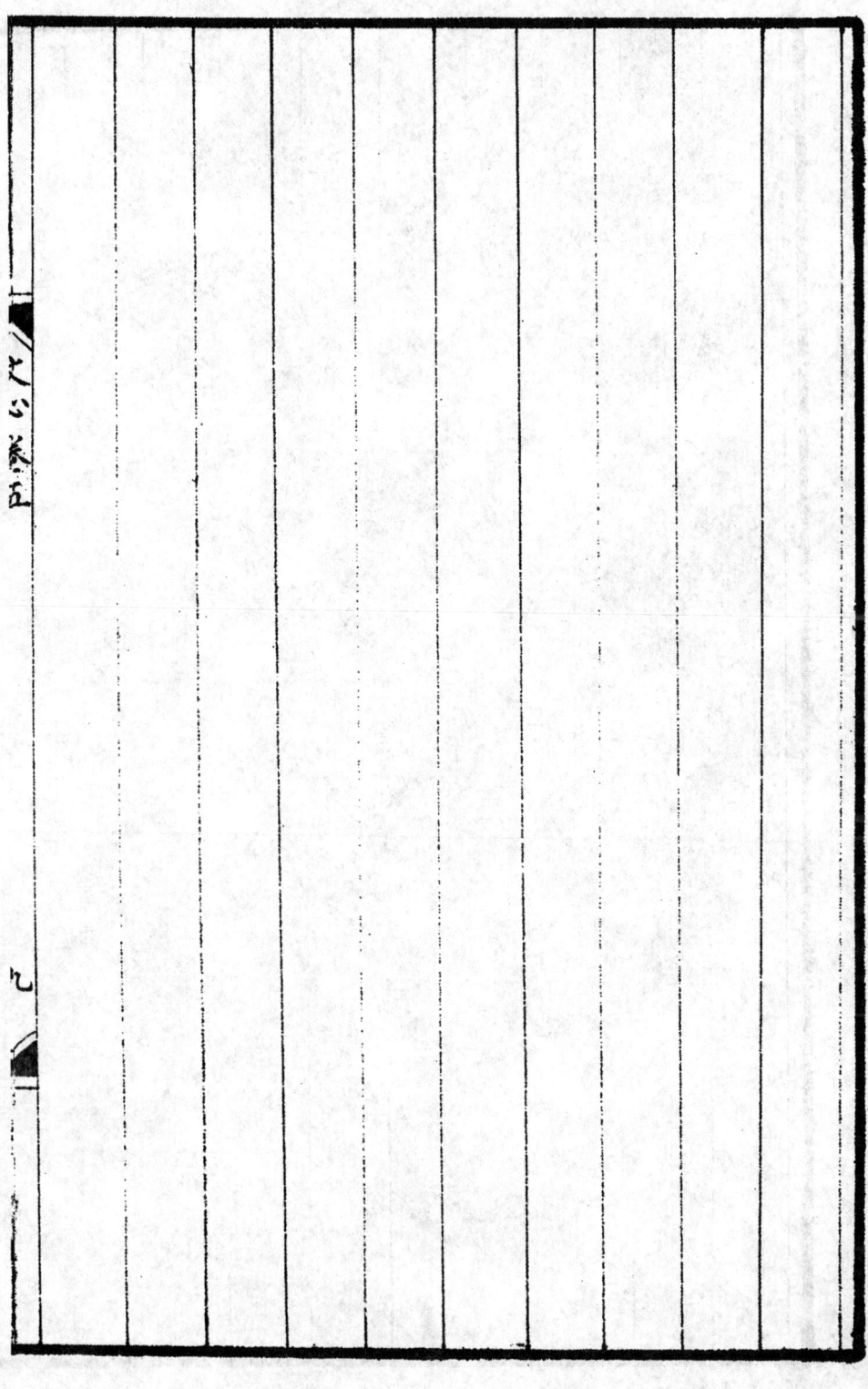

書辭君對面又子服敬叔進弔書於滕君固知行人挈辭多被翰墨矣及七國獻書詭麗輻輳漢來筆札辭氣紛紜觀史遷之報任安東方朔之難公孫楊惲之酬會宗子雲之荅劉歆志氣槃桓各含殊采並杼軸乎尺素抑揚乎寸心逮後漢書記則崔瑗尤善魏之元瑜號稱翩翩文舉屬章半簡必錄休璉好事留意辭翰抑其次也嵇康絕交實志高而文偉矣趙至贈離迺少年之激切也至如陳遵占辭百封各意禰衡代書親疏得宜斯又尺牘之偏才也詳總書體本在盡言言以散鬱陶託風采故宜條暢以任氣優柔

以懌懷文明從容亦心聲之獻酬也若夫尊貴差序則肅以節文戰國以前君臣同書秦漢立儀始有表奏王公國內亦稱奏書張敞奏書於膠后其義美矣迄至後漢稍有名品公府奏記而郡將奏牋記之言志進已志也牋者表也識表其情也崔寔奏記於公府則崇讓之德音矣黃香奏牋於江夏亦肅恭之遺式矣公幹牋記麗而規益子桓弗論故世所共遺若略名取實則有美於爲詩矣劉廙謝恩喻切以至陸機自理情周而巧牋之爲善者也原牋記之爲式既上窺乎表亦下睨乎書使敬而不懾簡而無傲清美

以惠其才彪蔚其文■響蓋牋記之分也夫書記廣大衣被事體筆劄雜名古今多品是以總領黎庶則有譜籍簿錄醫歷星筮則有方術占試申憲述兵則有律命法制朝市徵信則有符契券疏百官詢事則有關刺解牒萬民達志則有狀列辭諺並述理於心著言於翰雖藝文之末品而政事之先務也故謂譜者普也注序世統事資周普鄭氏譜詩蓋取乎此籍者借也歲借民力條之於版春秋司籍即其事也簿者圃也草木區別文書類聚張湯李廣爲吏所簿別情僞也錄者領也古史世本編以簡策領其名數故

曰錄也方者隅也醫藥攻病各有所主專精一隅故
藥術稱方術者路也筭歷極數見路乃明九章積微
故[illegible]爲術淮南萬畢皆其類也占者覘也星辰飛伏
伺候乃見精觀書雲故曰占也式則也陰陽盈虛五
行消息變雖不常而稽之有則也律者中也黃鍾調
起五音以正音以正法律馭民八形克平以律爲名
取中正也令者命也出命申禁有若自天管仲下命
如流水使民從也法者象也兵謀無方而奇正有象
故曰法也制者裁也上行於下匠之制器也符者孚
也徵召防僞事資中孚三代王瑞漢世金竹末代從

省易以書翰矣契者結也上古純質結繩執契今羌
胡徵數負販記纆其遺風歟券者束也明白約束以
備情僞字形半分故周稱判書古有鐵券以堅信誓
王褒髯奴則券之楷也疏者布也布置物[illegible]撮題近
意故小券短書號爲疏也關者閉也出入由門關閉
由審庶務在政通塞應詳韓非云孫亶四聖相也而
關於州部蓋謂此也刺者達也詩人諷刺周禮三刺
事敘相達若針之通結矣解者釋也解釋結滯徵事
以對也牒者葉也短簡編牒如葉在枝溫舒截蒲即
其事也議政未定故短牒咨謀牒之尤密謂之爲籤

籤者籤密者也狀者貌也禮貌本原取其事實先賢表謚並有行狀狀之大者也列者陳也陳列事情昭然可見也辭者舌端之文通已於人子產有辭諸侯所賴不可已也諺者直語也喪言亦不及文故弔亦經諺廛路淺言有實無華鄒穆公云囊漏儲中皆其類也太誓古人有言牝雞無晨大雅云人亦有言惟憂用老並上古遺諺詩書可引者也至於陳琳諫辭稱掩目捕雀潘岳哀辭稱掌珠伉儷並引俗說而為文辭者也夫文辭鄙俚莫過於諺而聖賢詩書採以為談況踰於此豈可忽哉觀此四條並書記所總或事

本相通而文意各異或全任質素或雜用文綺隨事立體貴乎精要意少一字則義闕句長一言則辭妨並有司之實務而浮藻之所忽也然才冠鴻筆多踈尺牘譬九方堙之識駿足而不知毛色牝牡也言既身文信亦邦瑞翰林之士思理實焉

贊曰

文藻條流託在筆札既馳金相亦運木訥萬古聲薦千里應拔庶務紛綸因書乃察

文心雕龍卷第五

文心雕龍卷第六

神思第二十六

古人云形在江海之上心存魏闕之下神思之謂也文之思也其神遠矣故寂然凝慮思接千載悄焉動容視通萬里吟詠之間吐納珠玉之聲眉睫之前卷舒風雲之色其思理之致乎故思理為妙神與物游神居胷臆而志氣統其關鍵物沿耳目而辭令管其樞機樞機方通則物無隱貌關鍵將塞則神有遯心是以陶鈞文思貴在虛靜疏瀹五藏澡雪精神積學以儲寶酌理以富才研閱以窮照馴致以繹辭然後

使玄解之宰，尋聲律而定墨；獨照之匠，闚意象而運斤。此蓋馭文之首術，謀篇之大端。夫神思方運，萬塗競萌，規矩虛位，刻鏤無形。登山則情滿於山，觀海則意溢於海，我才之多少，將與風雲而並驅矣。方其搦翰，氣倍辭前，暨乎篇成，半折心始。何則？意翻空而易奇，言徵實而難巧也。是以意授於思，言授於意，密則無際，疏則千里。或理在方寸而求之域表，或義在咫尺而思隔山河。是以秉心養術，無務苦慮；含章司契，不必勞情也。人之稟才，遲速異分；文之制體，大小殊功。相如含筆而腐毫，揚雄輟翰而驚夢，桓譚疾感於

苦思王充氣竭於思慮張衡研京以十年左思練都
以一紀雖有巨文亦思之緩也淮南崇朝而賦騷枚
皋應詔而成賦子建援牘如口誦仲宣舉筆似宿構
阮瑀據案而制書禰衡當食而草奏雖有短篇亦思
之速也若夫駿發之士心總要術敏在慮前應機立
斷覃思之人情饒歧路鑒在疑後研慮方定機敏故
造次而成功慮疑故愈久而致績難易雖殊並資博
練若學淺而空遲才疏而徒速以斯成器未之前聞
是以臨篇綴慮必有二患理鬱者苦貧辭溺者傷亂
然則博見爲饋貧之糧貫一爲拯亂之藥博而能一

亦有助乎心力矣若情數詭雜體變遷貿拙辭或孕於巧義庸事或萌於新意視布於麻雖未費杼軸獻功煥然乃珍至於思表纖旨文外曲致言所不追筆固知止至精而後闡其妙至變而後通其數伊摯不不能言鼎輪扁不能語斤其微矣乎

贊曰

神用象通情變所孕物以貌求心以理勝刻鏤聲律萌芽比興結慮司契垂帷制勝

體性第二十七

夫情動而言形理發而文見蓋沿隱以至顯因內而

符外者也然才有庸儁　有剛柔學有淺深習有雅鄭並情性所鑠陶染所凝是以筆區雲譎文苑波詭者矣故辭理庸儁莫能翻其才風趣剛柔寧或改其氣事義淺深未聞乖其學體式雅鄭鮮有反其習各師成心其異如面若總其歸塗則數窮八體一曰典雅二曰遠奧三曰精約四曰顯附五曰繁縟六曰壯麗七曰新奇八曰輕靡典雅者鎔式經誥方軌儒門者也遠奧者馥采典文經理玄宗者也精約者覈字省句剖析毫釐者也顯附者辭直義暢切理厭心者也繁縟者博喻醲采煒燁枝派者也壯麗者高論宏

裁卓爍異采者也新奇者擯古競今危側趣詭者也
輕靡者浮文弱植縹緲附俗者也故雅與奇反奧與
顯殊繁與約舛壯與輕乖文辭根葉苑囿其中矣若
夫八體屢遷功以學成才力居中肇自血氣氣以實
志志以定言吐納英華莫非情性是以賈生俊發故
文潔而體清長卿傲誕故理侈而辭溢子雲沉寂故
志隱而味深子政簡易故趣昭而事博孟堅雅懿故
裁密而思靡平子淹通故慮周而藻密仲宣躁銳故
穎出而才果公幹氣褊故言壯而情駭嗣宗俶儻故
響逸而調遠叔夜俊俠故興高而采烈安仁輕敏故

鋒發而韻流士衡矜重故情繁而辭隱觸類以推表裏必符豈非自然之恒資才氣之大略哉夫才有天資學慎始習斲梓染絲功在初化器成綵定難可翻移故童子彫琢必先雅製沿根討葉思轉自圓八體雖殊會通合數得其環中則輻湊相成故宜摹體以定習因性以練才文之司南用此道也

贊曰

才性異區文體繁詭辭爲膚根志實骨髓雅麗黼黻淫巧朱紫習亦凝真功沿漸靡

風骨第二十八

詩總六義風冠其首斯乃化感之本源志氣之符契
也是以怊悵述情必始乎風沉吟鋪辭莫先於骨故
辭之待骨如體之樹骸情之含風猶形之包氣結言
端直則文骨成焉意氣駿爽則文風清焉若豐藻克
贍風骨不飛則振采失鮮負聲無力是以綴慮裁篇
務盈守氣剛健既實輝光乃新其爲文用譬征鳥之
使翼也故練於骨者析辭必精深乎風者述情必顯
捶字堅而難移結響凝而不滯此風骨之力也若瘠
義肥辭繁雜失統則無骨之徵也思不環周索莫之
風則無風之驗也昔潘勖錫魏思摹經典群才韜筆

乃其骨髓峻也相如賦仙氣號凌雲蔚爲辭宗迺其風力遒也能鑒斯要可以定文茲術或違無務繁采故魏文稱文以氣爲主氣之清濁有體不可力強而致故其論孔融則云體氣高妙論徐幹則云時有齊氣論劉楨則云時有逸氣公幹亦云孔氏卓卓信含異氣筆墨之性殆不可勝並重氣之旨也夫翬翟備色翾翥百步肌豐而力沈也鷹隼乏采翰飛戾天骨勁而氣猛也文章才力有似於此若風骨乏采則鷙集翰林采乏風骨則雉竄文囿唯藻耀而高翔固文筆之鳴鳳也若夫鎔鑄經典之範翔集子史之術洞

曉情變曲昭文體然後能孚甲新意雕畫奇辭昭體故意新而不亂曉變故辭奇而不黷若骨采未圓風辭未練而跨略舊規馳騖新作雖獲巧意危敗亦多豈空結奇字紕繆而成經矣周書云辭尚體要弗惟好異蓋防文濫也然文術多門各適所好明者弗授學者弗師於是習華隨侈流遁忘反若能確乎正式使文明以健則風清骨峻篇體光華能研諸慮何遠之有哉

贊曰

情與氣偕辭共體並文明以健珪璋乃聘蔚彼風力

嚴此骨鯁才鋒峻立符采克炳

通變第二十九

夫設文之體有常變文之數無方何以明其然耶凡詩賦書記名理相因此有常之體也文辭氣力通變則久此無方之數也名理有常體必資於故實通變無方數必酌於新聲故能騁無窮之路飲不竭之源然綆短者銜渴足疲者輟塗非文理之數盡乃通變之術疎耳故論文之方譬諸草木根幹麗土而同性臭味晞陽而異品矣是以九代詠歌志合文財黃歌斷竹質之至也唐歌在昔則廣於黃世虞歌卿雲文

於唐時夏歌彫牆縟於虞代商周篇什麗於夏年至
於序志述時其揆一也暨楚之騷文矩式周人漢之
賦頌影寫楚世魏之篇制顧慕漢風晉之辭章瞻望
魏采榷而論之則黃唐淳而質虞夏質而辨商周麗
而雅楚漢侈而豔魏晉淺而綺宋初訛而新從質及
訛彌近彌澹何則競今踈古風味氣衰也今才頴之
士刻意學文多略漢篇師範宋集雖古今備閱然近
附而遠踈矣夫青生於藍絳生於蒨雖踰本色不能
復化桓君山云予見新進麗文美而無採及見劉揚
言辭常輒有得此其驗也故練青濯絳必歸藍蒨矯

訛翻淺還宗經誥斯斟質文之間而隱括乎雅
俗之際可與言通變矣　張聲貌則漢初巳極自
茲厥後循環相因雖軒翥出轍而終入籠内枚乘七
發云通望兮東海虹洞兮蒼天相如上林云視之無
端察之無涯日出東沼月生西陂馬融廣成云天地
虹洞因無端涯大明出東月生西陂揚雄校獵云出
入日月入與地沓張衡西京云日月於是乎出入象
扶桑於濛汜此並廣寓極狀而五家如一諸如此類
莫不相循參伍因革通變之數也是以規略文統宜
宏大體先博覽以精閱總綱紀而攝契然後拓衢路

置關鍵長轡遠馭從容按節憑情以會通負氣以適變采如宛虹之奮鬐光若長離之振翼迺穎脫之文矣若乃齷齪於偏解矜激乎一致此庭間之廻驟豈萬里之逸步哉

贊曰

文律運周日新其業變則其久通則不乏趨時必果乘機無法望今制奇參古定法

定勢第三十

夫情致異區文變殊術莫不因情立體即體成勢也勢者乘利而爲制也如機發矢直澗曲文回自然之

趣也圓者規體其勢也自轉方者矩形其勢也自安
文章體勢如斯而已是以模經爲式者自入典雅之
懿効騷命篇者必歸豔逸之華綜意淺切者類之醞
藉斷辭辨約者率乖繁縟譬激水不漪槁木無陰自
然之勢也是以繪事圖色文辭盡情色糅而犬馬殊
形情交而雅俗異勢鎔範所擬各有司匠雖無嚴郛
難得踰越然淵乎文者並總羣勢奇正雖反必兼解
以俱通剛柔雖殊必隨時而適用若愛典而惡華則
兼通之理偏似夏人爭弓矢執一不可以獨射也若
雅鄭而共篇則總一之勢離是楚人鬻矛譽盾兩難

得而俱售也是以括囊雜體功在銓別宮商朱紫隨勢各配章表奏議則準的乎雅頌賦頌歌詩則羽儀乎清麗符檄書移則楷式於明斷史論序注則師範於覈要箴銘碑誄則體制於弘深連珠七辭則從事於巧豔此循體而成勢隨變而立功者也雖復契會相參節文互雜譬五色之錦各以本采為地矣桓譚稱文家各有所慕或好浮華不知實覈或美衆多而不見要約陳思亦云世之者或好煩文博採深沉其旨者或好離言辨句分析氂者所習不同所務各異言勢殊也劉楨云文之體指實強弱使其辭

已盡而勢有餘天下一人耳不可得也公幹所談頗
亦兼氣然文之任勢勢有剛柔不必壯言慷慨乃稱
勢也又陸雲自稱往日論文先辭而後情尚勢而不
取悅澤及張公論文則欲宗其言夫情固先辭勢實
須澤可謂先迷後能從善矣自近代辭人率好詭巧
原其爲體訛勢所變厭黷舊式故穿鑿取新察其訛
意似難而實無他術也反正而已故文反正爲乏辭
反正爲奇效奇之法必顛倒文句上字而抑下中辭
而出外回互不常則新色耳夫通衢夷坦而多行捷
徑者趨近故也正文明白而常務反言者適俗故也

然密會者以意新得巧苟異者以失體成怪舊練之才則執正以馭奇新學之銳則逐奇而失正勢流不反則文體遂弊秉茲情術可無思耶

贊曰

形生勢成始末相承湍迴似規矢激如繩因利騁節情采自凝枉轡學步力心襄陵

文心雕龍卷第六

文心雕龍卷第七

情采第三十一

聖賢書辭總稱文章非采而何夫水性虛而淪漪結
木體實而華萼振文附質也虎豹無文則鞟同犬羊
犀兕有皮而色資丹漆質待文也若乃綜述性靈敷
寫器象鏤心鳥跡之中織辭魚網之上其爲彪炳縟
彩名矣故立文之道其理有三一曰形文五色是也
二曰聲文五音是也三曰情文五性是也五色雜而
成黼黻五音比而成韶夏五情發而爲辭章神理之
數也孝經垂典喪言不文故知君子常言未嘗質也

老子疾僞故稱美言不信而五千精妙則非棄美矣莊周云辯雕萬物謂藻飾也韓非云豔乎辯說謂綺麗也綺麗以豔說藻飾以辯雕文辭之變於斯極矣研味孝老則知文質附乎性情詳覽莊韓則見華實過乎淫侈若擇源於涇渭之流按轡於邪正之路亦可以馭文采矣夫鉛黛所以飾容而盼倩生於淑姿文采所以飾言而辯麗本於情性故情者文之經辭者理之緯經正而後緯成理定而後辭暢此立文之本源也昔詩人什篇爲情而造文辭人賦頌爲文而造情何以明其然蓋風雅之興志思蓄憤而吟詠情

性以諷其上此爲情而造文也諸子之徒心非鬱陶
苟馳夸飾鬻聲釣世此爲文而造情也故爲情者要
約而寫真爲文者淫麗而煩濫而後之作者採濫忽
真遠棄風雅近師辭賦故體情之製日疏逐文之篇
愈盛故有志深軒冕而汎詠皋壤心纏幾務而虚述
人外真宰弗存翩其反矣夫桃李不言而成蹊有實
存也男子樹蘭而不芳無其情也夫以草木之微依
情待實況乎文章述志爲本言與志反文豈足徵是
以聯辭結采將欲明理采濫辭詭則心理愈翳固知
翠綸桂餌反所以失魚言隱榮華殆謂此也是以衣

[illegible]褧表惡文之章賁象窮白貴乎反本夫能設謨以
位理擬地以置心心定而後結音理正而後摛藻使
文不滅質博不溺心正采耀乎朱藍間色屏於紅紫
乃可謂雕琢其章彬彬君子矣

贊曰

言以文遠誠哉斯驗心術既形英華乃贍吳錦好渝
舜英徒艷繁采寡情味之必厭

鎔裁第三十二

情理設位文采行乎其中剛柔以立本變通以趍時
立本有體意或偏長趍時無方辭或繁雜蹊要所司

職在鎔裁隱括情理矯揉文采也規範本體謂之鎔剪截浮詞謂之裁裁則蕪穢不生鎔則綱領昭暢譬繩墨之審分斧斤之斵削矣駢拇枝指侈於性附贅懸肬實侈於形二意兩出義之駢枝也同辭重句文之肬贅也凡思緒初發辭采苦雜心非權衡勢必輕重是以草創鴻筆先標三準履端於始則設情以位體舉正於中則酌事以取類歸餘於終則撮辭以舉要然後舒華布實獻替節文繩墨以外美材既斵故能首尾圓合條貫始序若術不素定而委心逐辭異端蘩至駢贅必多故三準既定次討定句句有可削

文心卷 三

足見其跡字不得減乃知其容精論要語極畧之體遊心竄句極繁之體謂繁與畧適分所好引而伸之則兩句敷爲一章約以貫之則一章刪成兩句思贍者善敷才覈者善刪善刪者字去而意留善敷者辭殊而義顯字刪而意闕則短乏而非覈辭敷而言重則蕪穢而非贍昔謝艾王濟西河文士張俊以爲艾繁而不可刪濟畧而不可益若二子者可謂練鎔裁而曉繁畧矣至如士衡才優而綴辭尤繁士龍思劣而雅好清省及雲之論機亟恨其多而稱清新相接不以爲病蓋崇友于耳夫美錦製衣修短有度雖翫

其采不倍領袖巧猶難繁況在乎拙而文賦以爲榛楛勿剪庸音足曲其識非不鑒乃情苦芟繁也夫百節成體共資榮衛萬趣會文不離辭情若情周而不繁辭運而不濫非夫鎔裁何以行之乎

贊曰

篇章户牖左右相瞰辭如川流溢則泛濫權衡損益斟酌濃淡芟繁剪穢弛於負擔

聲律第三十三

夫音律所始本於人聲者也聲含宮商肇自血氣先王因之以制樂歌故知器寫人聲聲非學器者也故

言語者文章神明樞機吐納律呂脣吻而已古之教歌先揆以法使疾呼中宮徐呼中徵夫商徵響高宮羽聲下抗喉矯舌之差攢脣激齒之異廉肉相準皎然可分今操琴不調必知改張摘文乖張而不識所調響在彼絃乃得克諧聲萌我心更失和律其故何哉良由外聽難為聰也故外聽之易絃以手定內聽之難聲與心紛可以數求難以辭逐凡聲有飛沉響有雙聲隔字而每舛疊韻雜句而必睽沉則響發而斷飛則聲颺不還並轆轤交往逆鱗相比迕其際會則往蹇來連其為疾病亦文家之吃也夫吃文為患

生於好詭逐新趣異故喉脣糺紛將欲解結務在剛斷左礙而尋右末滯而討前則聲轉於吻玲玲如振玉辭靡於耳纍纍如貫珠矣是以聲畫妍蚩寄在吟詠吟詠滋味流於下句氣力窮於和韻異音相從謂之和同聲相應謂之韻韻氣一定故餘聲易遣和體抑揚故遺響難契屬筆易巧選和至難綴文難精而作韻甚易雖纖毫曲變非可縷言然振其大綱不出茲論若夫宮商大和譬諸吹籥翻迴取均頗似調瑟瑟資移柱故有時而乖貳籥含定管故無往而不壹陳思潘岳吹籥之調也陸機左思瑟柱之和也概舉

而譏可以[illegible]率多清切楚辭辭楚故訛韻實繁及張華論韻謂士衡多楚文賦亦稱知楚不易可謂銜靈均之聲餘失黃鍾之正響也凡切韻之動勢若轉圜訛音之作甚於枘方免乎枘方則無大過矣練才洞鑒剖字鑽響識疏闊略隨音所遇若長風之過籟南郭之吹竽耳古之佩玉左宮右徵以節其步聲不失序音以律文其可忘哉

贊曰

標清務遠比音則近吹律胷臆調鍾脣吻聲得鹽梅響滑榆槿割棄支離宮商難隱

章句第三十四

夫設情有宅置言有位宅情曰章位言曰句故章者明也句者局也局言者聯字以分疆明情者總義以包體區畛相異而衢路交通矣夫人之立言因字而生句積句而爲章積章而成篇篇之彪炳章無疵也章之明靡句無玷也句之清英字不妄也振本而末從知一而萬畢矣夫裁文匠筆篇有小大離章合句調有緩急隨變適會莫見定準句司數字待相接以爲用章總一義須意窮而成體其控引情理送迎際會譬舞容迴環而有綴兆之位歌聲靡曼而有抗墜

之筆也尋詩人擬喻雖斷章取義然章句在篇如繭之抽緒原始要終體必鱗次啓行之辭逆萌中篇之意絕筆之言追媵前句之旨故能外文綺交內義脈注跗萼相銜首尾一體若辭失其朋則羈旅而無友事乖其次則飄寓而不安是以搜句忌於顛倒裁章貴於順序斯固情趣之指歸文筆之同致也若夫筆句無常而字有條數四字密而不促六字格而非緩或變之以三五蓋應機之權節也至於詩頌大體以四言為正唯祈父肇禋以二言為句尋二言肇於黃世竹彈之謠是也三言興於虞時元首之詩是也四

言廣於夏年洛汭之歌是也五言見於周代行露之
章是也六言七言雜出詩騷而體之篇成於兩漢情
數運周隨時代用矣若乃改韻從調所以節文辭氣
賈誼枚乘兩韻輒易劉歆桓譚百句不遷亦各有其
志也昔魏武論賦嫌於積韻而善於資代陸雲亦稱
四言轉句以四句為佳觀彼制韻志同枚賈然兩韻
輒易則聲韻微躁□句不遷則脣吻告勞妙才激揚
雖觸思利貞曷若折之中和庶保無咎又詩人以兮
字入於句限楚辭用之字出句外尋兮字承句乃語
助餘聲舜詠南風用之久矣而魏武弗好豈不以無

益文義耶至於夫惟蓋故者發端之首唱之而於以
者乃劄句之舊體乎哉矣也亦送末之常科據事似
閑在用實切巧者迴運彌縫文體將令數句之外得
一字之助矣外字難謬況章句歟

贊曰

斷章有檢積句不恒理資配主辭忌告朋環情草調
宛轉相騰離同合異以盡厥能

麗辭第三十五

造化賦形支體必雙神理爲用事不孤立夫心生文
辭運裁百慮高下相須自然成對唐虞之世辭未極

文而皋陶贊文罪疑惟輕功疑惟重益陳謨云滿招損謙受益豈營麗辭率然對耳易之文繫聖人之妙思也序乾四德則句句相銜龍虎類感則字字相儷乾坤易簡則宛轉相承日月往來則隔行懸合雖句字或殊而偶意一也至於詩人偶章大夫聯辭奇偶適變不勞經營自揚馬張蔡崇盛麗辭如宋畫吳冶刻形鏤法麗句與深采並流偶意共逸韻俱發至魏晉群才析句彌密聯字合趣剖毫析釐然契機者入巧浮假者無功故麗辭之體凡有四對言對為易事對為難反對為優正對為劣言對者雙比空辭者也

事對者並舉人驗者也反對者理殊趣合者也正對者事異義同者也長卿上林云修容乎禮園翱翔乎書圃此言對之類也宋玉神女賦云毛嬙鄣袂不足程式西施掩面比之無色此事對之類也仲宣登樓云鍾儀幽而楚奏莊舄顯而越吟此反對之類也孟陽七哀云漢祖想枌榆光武思白水此正對之類也凡偶辭胷臆言對所以為易也徵人之學事對所以為難也幽顯同志反對所以為優也並貴共心正對所以為劣也又以事對各有反正指類而求萬條自昭然矣張華詩稱遊雁比翼翔歸鴻知接翮劉琨言

詩宣尼悲獲麟西狩涕孔丘若斯重出即對句之駢
枝也是以言對爲美貴在精巧事對所先務在允當
若兩事相配而優劣不均是驥在左驂駑爲右服也
若夫事或孤立莫與相偶是夔之一足踸踔而行也
若氣無奇類文乏異采碌碌麗辭則昏睡耳目必使
理圓事密聯璧其章迭用奇偶節以雜佩乃其貴耳
類此而思理斯見也

贊曰

體植必兩辭動有配左提右挈精味兼載炳爍聯華
鏡靜含態玉潤雙流如彼珩佩

文心雕龍卷第七

文心卷七

文心雕龍卷第八

比興第三十六

詩文弘奧包韞六義毛公述傳獨標興體豈不以風通而賦同比顯而興隱哉故比者附也興者起也附理者切類以指事起情者依微以擬議起情故興體以立附理故比例以生比則畜憤以斥言興則環譬以記諷蓋隨時之義不一故詩人之志有二也觀夫興之託諭婉而成章稱名也小取類也大關雎有別故后妃方德尸鳩貞一故夫人象義義取其貞無從於夷禽德貴其別不嫌於鷙鳥明而未融故發注而

發也且何謂爲比蓋寫物以附意颺言以切事者也故金錫以喻明德珪璋以譬秀民螟蛉以類教誨蜩螗以寫號呼澣衣以擬心憂卷席以方志固凡斯切象皆比義也至如麻衣如雪兩驂如舞若斯之類皆比類者也襄楚信讒而三閭忠烈依詩製騷諷兼比興炎漢雖盛而辭人夸毗詩刺道喪故興義銷亡於是賦頌先鳴故比體雲構紛紜雜遝信舊章矣夫比之爲義取類不常或喻於聲或方於貌或擬於心或譬於事宋玉高唐纖條悲鳴聲似竽籟此比聲之類也枚乘菟園云猋猋紛紛若塵埃之間白雲此則

比貌之類也賈生鵩賦云禍之與福何異糺纆此以物比理者也王褒洞簫云優柔溫潤如慈父之愛子也此以聲比心者也馬融賦云繁縟絡繹范蔡說之以響比辯者也張衡南都云起鄭舞蠒抽緒此以容比物者也若斯之類辭賦所先日用乎比月忘乎興習小而棄大所以文謝於周人也至於楊班之倫曹劉以下圖狀山川影寫雲物莫不織綜比義以敷其華驚聽回視資此效績又安仁螢賦云流金在沙季膺春詩云青條若總翠皆其義者也故比類雖繁以切至爲貴若刻鵠類鶩則無所取焉

贊曰

詩人比興觸物圓覽物雖胡越合則肝膽擬容取心

斷辭必敢攢雜詠歌如川之渙

夸飾第三十七

夫形而上者謂之道形而下者謂之器神道難摹精

言不能追其極形器易寫壯辭可得喻其真才非短

長理自難易耳故自天地以降豫入聲貌文辭所被

夸飾恒存雖詩書雅言風格訓世事必宜廣文亦過

焉是以言峻則嵩高極天論狹則河不容舠說多則

子孫千億稱少則民靡孑遺襄陵舉滔天之目倒戈

立漂杵之論辭雖已甚其義無害也且夫鴞音之醜豈有泮林而變好荼味之苦寧以周原而成飴並意深褒讚故義成矯飾大聖所録以垂憲章孟軻所說詩者不以文害辭不以辭害意也自宋玉景差飾始盛相如憑風詭濫愈甚故上林之館奔星與宛虹入軒從禽之盛飛廉與鷦鷯俱獲及揚雄甘泉酌其餘波語瓌奇則假珍於玉樹言峻極則顛墜於鬼神至東都之比目西京之海若驗理則理無不驗窮飾則飾猶未窮矣又子雲校獵鞭宓妃以饟屈原張衡羽獵困玄冥於朔野孌彼洛神既非罔魑惟此水怪亦

非魑魅而虗用濫形不其踈乎此欲夸其威而其事義暌剌也至如氣貌山海體勢宮殿嵯峨揭業熠燿焜煌之狀光采煒煒而欲然聲貌岌岌其將動矣莫不因夸以成狀沿飾而得奇也於是後進之才奬氣挾聲軒翥而欲奮飛騰擲而羞跼步辭入煒燁春藻不能程其豔言在萎絕寒谷未足成其凋談歡則字與笑並論感則聲共泣偕言可以發蘊而飛滯披瞽而駭聾矣然飾窮其要則心聲鋒起夸過其理則名實兩乖若能酌詩書之曠旨翦揚馬之甚泰使夸而有節飾而不誣亦可謂之懿也

贊曰
夸飾在用文豈循檢言必鵬運氣靡鴻漸倒海探珠
傾崑取琰曠而不溢奢而無玷

事類第三十八

事類者蓋文章之外據事以類義援古以證今者也
昔文王繇易剖判爻位既濟九三遠引高宗之伐明
夷六五近書箕子之貞斯略舉人事以徵義者也至
若儀征義和陳正典之訓盤庚誥民叙遲任之言此
全引成辭以明理者也然則明理引乎成辭徵義舉
乎人事迺聖賢之鴻謨經籍之通矩也大畜之象君

子以多識前言往行亦有包於文矣觀夫屈宋屬篇號依詩人雖引古事而莫取舊辭唯賈誼鵩賦始用鶡冠之說相如上林撮引李斯之書此萬分之一會也及楊雄六官箴頗酌於詩書劉歆遂初賦歷叙於紀傳漸漸綜採矣至於崔班張蔡遂捃摭經史華實布護因書立功皆後人之範式也夫薑桂同地辛在本性文章由學能在天資才自內發學以外成有飽學而才餒有才富而學貧學貧者迍邅於事義才餒者劬勞於辭情此內外之殊分也是以屬意立文心與筆謀才爲盟主學爲輔佐主佐合德文采必霸才學褊

狹雖美少功夫以子雲之才而自奏不學及觀書石
室乃成鴻采表裏相資古今一也故魏武稱張子之
文爲拙然學問膚淺所見不博專拾掇崔杜小文所
作不可悉難難便不知所出斯則寡聞之病也夫經
典沉深載籍浩汗實羣言之奧區而才思之神皋也
揚班以下莫不取資任力耕耨縱意漁獵操刀能割
必裂膏腴是以將贍才力務在博見狐腋非一皮能
溫雞蹠必數千而飽矣是以綜學在博取事貴約校
練務精捃理須覈衆美輻輳表裏發揮劉邵趙都賦
客云公子之客叱勁楚令歃盟管庫隸臣呵強秦使

鼓金用事如斯可謂理得而義要矣故事得其要雖小成績譬寸轄制輪尺樞運關也或微言美事置於閑是綴金翠於足脛靚粉黛於胷臆也凡用舊合機不啻自其口出引事乖謬雖千載而為瑕陳思群才之英也報孔璋書云葛天氏之樂千人唱萬人和聽者因以蔑韶夏矣此引事之實謬也按葛天之歌唱和三人而已相如上林云奏陶唐之舞聽葛天之歌千人唱萬人和唱和千萬人乃相如接人然而濫侈葛天推三成萬者信賦妄書致斯謬也陸機園葵詩云庇足同一智生理合異端夫葵能衛足事譏鮑莊

葛藟庇根辭自樂豫若譬葛爲葵則引事爲謬若謂庇勝衛則改事失真斯又不精之患夫以子建明練士衡沈密而不免於謬曹仁之謬高唐又曷足以嘲哉夫山木爲良匠所度經書爲文士所擇木美而定於斧斤事美而制於刀筆研思之士無慙匠石矣

贊曰

經籍深富辭理遐亘皜如江海鬱若崑鄧文梓共採

瓊珠交贈用人若己古來無懵

練字第三十九

夫文象列而結繩移鳥迹明而書契作斯乃言語之

體貌而文章之宅宇也蒼頡造之鬼哭粟飛黃帝用
之官治民察先王聲教書必同文輶軒之使紀言殊
俗所以一字體總異音周禮保氏掌教六書秦滅
舊章以吏為師及李斯刪籀而秦篆興程邈造隸而
古文廢漢初草律明著厥法太史學童教試六體又
吏民上書字謬輒劾是以馬字缺畫而石建懼死雖
云性慎亦時重文也至孝武之世則相如譔篇及宣
成二帝徵集小學張敞以正讀傳業楊雄以奇字纂
訓並貫練雅頌總閱音義鴻筆之徒莫不洞曉且多
賦京苑假借形聲是以前漢小學率多瑋字非獨制

異乃共曉難也曁乎後漢小學轉疎複文隱訓旅太
半及魏代綴藻則字有常檢追觀漢作翻成阻奧故
陳思稱揚馬之作趣幽旨深讀者非師傳不能析其
辭非博學不能綜其理豈直才懸抑亦字隱自晉來
用字率從簡易時並習易人誰取難今一字詭異則
群句震驚三人弗識則將成字妖矣後世所同曉者
雖難斯易時所共廢雖易斯難趣舍之間不可不察
夫爾雅者孔徒之所纂而詩書之襟帶也蒼頡者李
斯之所輯而鳥籀之遺體也雅以淵源詁訓頡以苑
囿奇文異體相資如左右肩股該舊而知新亦可以

屬文若夫義訓古今興廢殊用字形單複妍媸異體
心既託聲於言言亦寄形於字諷誦則績在宮商臨
文則能歸字形矣是以綴字屬篇必須練擇一避詭
異二省聯邊三權重出四調單複詭異者字體瓌怪
者也曹攄詩稱豈不願斯遊褊心惡哅呶兩字詭異
大疵美篇況乃過此其可觀乎聯邊者半字同文者
也狀貌山川古今咸用施於常文則齟齬爲瑕如不
獲免可至三接三接之外其字林乎重出者同字相
犯者也詩騷適會而近世忌同若兩字俱要則寧在
相犯故善爲文者富於萬篇貧於一字一字非少相

避爲難也單複者字形肥瘠者也瘠字累句則纖疎而行劣肥字積文則黯黕而篇闇善酌字者參伍單複磊落如珠矣凡此四條雖文不必有而體例不無若值而莫悟則非精解至於經典隱曖方冊紛綸簡蠹帛裂三寫易字或以音訛或以文變子思弟子於穆不祀者音訛之異也晉之史記三豕渡河文變之謬也尚書大傳有別風淮雨帝王世紀云列風淫雨別列淮淫字似潛移淫列義當而不奇淮別理乖而新異傅毅製誄已用淮雨同知愛奇之心古今一也史之闕文聖人所慎若依義棄奇則可與正文字矣

贊曰

篆隸相鎔蒼雅品訓古今殊跡妍媸異分字靡異流

文阻難運聲畫昭精墨采騰奮

隱秀第四十

夫心術之動遠矣文情之變深矣源奧而派生根盛而穎峻是以文之英蕤有秀有隱隱也者文外之重旨者也秀也者篇中之獨拔者也隱以複意爲工秀以卓絶爲巧斯乃舊章之懿績才情之嘉會也夫隱之爲體義生文外祕響傍通伏采潛發譬爻象之變互體川瀆之韞珠玉也故互體變爻而成化四象珠

玉潛水而瀾表方圓風動秋草邊馬有歸心氣寒而事傷此羇旅之怨曲也凡文集勝篇不盈十一篇章秀句裁可百二並思合而自逢非研慮之所求也或有雕削取巧雖美非秀矣故自然會妙譬卉木之耀英華潤色取美譬繒帛之染朱綠朱綠染繒深而繁鮮英華曜樹淺而煒燁秀句所以照文苑蓋以此也

贊曰

深文隱蔚餘味曲包辭生互體有似變爻言之秀矣萬慮一交動心驚耳逸響笙匏

文心雕龍卷第八

文心卷八

文心雕龍卷第九

指瑕第四十一

管仲有言無翼而飛者聲也無根而固者情也然則聲不假翼其飛甚易情不待根其固匪難以之垂文可不慎歟古來文才異世爭驅或逸才以爽迅或精思以纖密而慮動難圓鮮無瑕病陳思之文群才之俊也而武帝誄云尊靈永蟄明帝頌云聖體浮輕浮輕有似於蝴蝶永蟄頗疑於昆蟲施之尊極豈其當乎左思七諷說孝而不從反道若斯餘不足觀矣潘岳爲才善於哀文然悲內兄則云感口澤傷弱子則

云心如疑禮文在尊極而施之下流辭雖足哀義斯替矣若夫君子擬人必於其倫而崔瑗之誄李公比行於黃虞向秀之賦嵇生方罪於李斯與其失也雖寧僭無濫然高厚之詩不類甚矣凡巧言易標拙辭難隱斯言之玷實深白圭繁例難載故略舉四條若夫立文之道惟字與義字以訓正義以理宣而晉末篇章依希其旨始有賞際奇至之言終有撫叩酬即之語每單舉一字指以為情夫賞訓錫賚豈關心解撫訓執握何預情理雅頌未聞漢魏莫用懸領似如可辯課文了不成義斯實情訛之所變文澆之致弊

而宋來才英未之或改舊染成俗非一朝也近代辭人率多猜忌至乃比語求蚩反音取瑕雖不屑於古而有擇於今焉又製同他文理宜刪革若掠人美辭以爲己力寶玉大弓終非其有全寫則揭篋傍採則探囊然世遠者太輕時同者爲尤矣若夫注解爲書所以明正事理然謬於研求或率意而斷西京賦稱中黃育獲之疇而薛綜謬注謂之閹尹是不聞執雕虎之人也又周禮井賦舊有疋馬而應劭釋疋或量首數蹄斯豈辯物之要哉原夫古之正名車兩而馬疋疋兩稱目以並耦爲用蓋車貳佐乘馬儷驂服服乘

不隻故名號必雙名號一正則雖單為疋矣疋夫疋婦亦配義也夫車馬小義而歷代莫悟辭賦近事而千里致差況鑽灼經典能不謬哉夫辨言而數蹄選勇而驅閽尹失理太甚故舉以為戒丹青初炳而後渝文章歲久而彌光若能隱括於一朝可以無慙於千載也

贊曰

羿氏舛射東野敗駕雖有俊才謬則多謝斯言一玷千載弗化令章靡疚亦善之亞

養氣第四十二

昔王充著述制養氣之篇驗己而作豈虛造哉夫耳
目鼻口生之役也心慮言辭神之用也率志委和則
理融而情暢鑽礪過分則神疲而氣衰此性情之數
也夫三皇辭質心絕於道華帝世始文言貴於敷奏
三代春秋雖沿世彌縟並適分胸臆非牽課才外也
戰代枝詐攻奇飾說漢世迄今辭務日新爭光鬻采
慮亦竭矣故淳言以比澆辭文質懸乎千載率志以
方竭情勞逸差於萬里古人所以餘裕後進所以莫
遑也凡童少鑒淺而志盛長艾識堅而氣衰志盛者
思銳以勝勞氣衰者慮密以傷神斯實中人之常資

歲時之大較也若夫器分有限智用無涯或慙鳧企鶴瀝辭鐫思於是精氣內銷有似尾閭之波神志外傷同乎牛山之木怛惕之盛疾亦可推矣至如仲任置硯以綜述敬通懷筆以專業既暄之以歲序又煎之以日時是以曹公懼爲文之傷命陸雲歎用思之困神非虛談也夫學業在勤故有錐股自厲志於文也則申寫鬱滯故宜從容率情優柔適會若銷鑠精膽蹙迫和氣秉牘以驅齡灑翰以伐性豈聖賢之素心會文之直理哉且夫思有利鈍時有通塞沐則心覆且或反常神之方昏再三愈黷是以吐納文藝務

在節宣清和其心調暢其氣煩而即捨勿使壅滯則舒懷以命筆理伏則投筆以卷懷逍遥以針勞談笑以藥勸常弄閑於才鋒賈餘於文勇使刃發如新湊理無滯雖非胎息之萬術斯亦衛氣之一方也

贊曰

紛哉萬象勞矣千想玄神宜寶素氣資養水停以鑒火靜而朗無擾文慮鬱此精爽

附會第四十三

何謂附會謂總文理統首尾定與奪合涯際彌綸一篇使雜而不越者也若築室之須基構裁衣之待縫

緝矣夫才量學文宜正體製必以情志爲神明事義爲骨髓辭采爲肌膚宮商爲聲氣然後品藻玄黃摛振金玉獻可替否以裁厥中斯綴思之常數也凡大體文章類多枝派整派者依源理枝者循幹是以附辭會義務總綱領驅萬塗於同歸貞百慮於一致使衆理雖繁而無倒置之乖群言雖多而無棼絲之亂扶陽而出條順陰而藏跡首尾周密表裏一體此附會之術也夫畫者謹髮而易貌射者儀毫而失墻銳精細巧必踈體統故宜詘寸以信尺枉尺以直尋棄偏善之巧學具美之績此命篇之經略也夫文變無

方意見浮雜約則義孤博則辭叛率故多尤需爲事
賦且才分不同思緒各異或製首以通尾或片接以
寸附然通製者蓋寡接附者甚衆若統緒失宗辭味
必亂義脉不流則偏枯文體夫能懸識湊理然後文
節自會如膠之粘木豆之合黃矣是以駟牡異力而
六轡如琴馭文之法有似於此去留隨心脩短在手
齊其步驟總轡而已故善附者異旨如肝膽拙會者
同音如胡越改章難於造篇易字艱於代句此已然
之驗也昔張湯疑奏而再卻虞松草表而屢譴並理
事之不明而辭旨之失調也及倪寬更草鍾會易字

而漢武歎奇晉景稱善者乃理得而事明心敏而辭當也以此而觀則知附會巧拙相去遠哉若夫絕筆斷章譬乘舟之振楫克終底績寄在寫遷送若首唱榮華而媵句憔悴則遺勢鬱湮餘風不暢此周易所謂臀無膚其行次雎也惟首尾相援則附會之體固亦無以加於此矣

贊曰

篇統間關情數稠疊原始要終疎條布葉道味相附懸緒自接如樂之和心聲克協

總術第四十四

今之常言有文有筆以爲無韻者筆也有韻者文也
夫文以足言理兼詩書別目兩名自近代耳顔延年
以爲筆之爲體言之文也經典則言而非筆傳記則
筆而非言請奪彼矛還攻其楯矣何者易之文言豈
非言文若筆不言文不得云經典非筆矣將以立論
未見其論立也予以爲發口爲言屬筆曰翰常道曰
經述經曰傳經傳之體出言入筆筆爲言使可強可
弱分經以典奧爲不刊非以言筆爲優劣也昔陸氏
文賦號爲曲盡然汎論纖悉而實體未該故知九變
之貫匪窮知言之選難備矣凡精慮造文各競新麗

多欲練辭莫肯研術落落之玉或亂乎石碌碌之石
時似乎玉精者要約匱者亦尠博者該贍蕪者亦繁
辯者昭晳淺者亦露奧者複隱詭者亦曲或義華而
聲悴或理拙而文澤知夫調鐘未易張琴實難伶人
告和不必盡窕槬之中動周揮扇何必窮初終之韻
魏文比篇章於音樂蓋有徵矣夫不截盤根無以驗
利器不剖文奧無以辯通才才之能通必資曉術目
非圓鑒區域大判條例豈能控引清源制勝文苑哉
是以執術馭篇似善弈之窮數無術任心如博塞之
邀遇故博塞之文借巧儻來雖前驅有功而後援難

繼少既無以相接多亦不知所刪乃多少之非惑何妍蚩之能制乎若夫善奕之文則術有恒數按部整伍以待情會因時順機動不失正數逢其極機入其巧則義味騰躍而生辭氣叢雜而至視之則錦繪聽之則絲簧味之則甘腴佩之則芬芳斷章之功於斯盛矣夫驥足雖駿纆牽忌長以萬分一累且廢千里況文體多術共相彌綸一物攜貳莫不解體所以列在一篇備總情變譬三十之輻共成一轂雖未足觀亦鄙夫之見也

贊曰

文場筆苑有術有門務先大體鑒必窮源乘一總萬舉要治繁思無定契理有恒存

時序第四十五

時運交移質文代變古今情理如可言乎昔在陶唐德盛化鈞野老吐何力之談郊童含不識之歌有虞繼作政阜民暇薰風詩於元后爛雲歌於列臣盡其美者何乃心樂而聲泰也至大禹敷土九序詠功成湯聖敬猗歟作頌逮姬文之德盛周南勤而不怨太王之化淳邠風樂而不淫幽厲昏而板蕩怒平王微而黍離哀故知歌謠文理與世推移風動於上而波

震於下者春秋以後角戰英雄六經泥潘百家飈駭方是時也韓魏力政燕趙任權五蠹六風嚴於秦令唯齊楚兩國頗有文學齊開莊衢之第楚廣蘭臺之宮孟軻賓館荀卿宰邑故稷下扇其清風蘭陵鬱其茂俗鄒子以談天飛譽騶奭以雕龍馳響屈平聯藻於日月宋玉交彩於風雲觀其艷說則籠罩雅頌故知暐燁之奇意出乎縱橫之詭俗也爰至有漢運接燔書高祖尚武戲儒簡學雖禮律草創詩書未遑然大風鴻鵠之歌亦天縱之英作也施及孝惠迄于文景經術頗興而辭人勿用賈誼抑而鄒枚沉亦可知

已逮孝武崇儒潤色鴻業禮樂爭輝辭藻競鶩栢梁
展朝讌之詩金堤製恤民之詠徵枚乘以蒲輪申主
父以鼎食擢公孫之對策歎兒寬之擬奏買臣負薪
而衣錦相如滌器而被繡於是史遷壽王之徒嚴終
枚臯之屬應對固無方篇章亦不匱遺風餘采莫與
比盛越昭及宣實繼武績馳騁石渠暇豫文會集雕
篆之軼材發綺縠之高喻於是王褒之倫底祿待詔
自元暨成降意圖籍笑玉屑之談清金馬之路子雲
銳思於千首子政讐校於六藝亦已美矣爰自漢室
迄至成哀雖世漸百齡辭人九變而大抵所歸祖述

楚辭靈均餘影於是乎在自哀平陵替光武中興深
懷圖讖頗略文華然杜篤獻誄以免刑班彪參表以
補令雖非旁求亦不遐棄及明帝疊耀崇愛儒術肄
禮璧堂講文虎觀孟堅珥筆于國史賈逵給禮於端
頌東平擅其懿文沛王振其通論帝則藩儀輝光相
照矣自安和已下迄至順桓則有班傅三崔王馬張
蔡磊落鴻儒才不時乏而文章之選存而不論然中
興之後群才稍改前轍華實所附斟酌經辭蓋歷政
講聚故漸靡儒風者也降及靈帝時好辭製造羲皇
之書開鴻都之賦而樂松之徒招集淺陋故楊賜號

爲驩兜蔡邕比之俳優其餘風遺文蓋蔑如也自獻帝播遷文學蓬轉建安之末區宇方輯魏武以相王之尊雅愛文帝以副君之重妙善辭賦陳思以公子之豪下筆琳琅並體貌英逸故俊才雲蒸仲宣委質於漢南孔璋歸命於河北偉長從宦於青土公幹徇質於海隅德璉綜其斐然之思元瑜展其翩翩之樂文蔚休伯之儔子俶德祖之侶傲雅觴豆之前雍容衽席之上灑筆以成酣歌和墨以藉談笑觀其時文雅好慷慨良由世積亂離風衰俗怨並志深而筆長故梗槩而多氣也至明帝纂戎制詩度曲徵篇章之

宜崇文之觀何劉群才迭相照燿少主相仍唯高貴英雅顧盼合章動言成論於時正始餘風篇體輕澹而嵇阮應繆並馳文路矣逮晉宣始基景文克構並跡沉儒雅而務深方術至武帝惟新承平受命而膠序篇章弗簡皇慮降及懷愍綴旒而已然晉雖不文文才實盛茂先搖筆而散珠太沖動墨而橫錦岳湛曜聯璧之華機雲標二俊之采應傅三張之徒孫摯成公之屬並結藻清英流韻綺靡前史以爲運涉季世人未盡才誠哉斯談可爲歎息元皇中興披文建學劉刁禮吏而寵榮景純文敏而優擢逮明帝東

哲雅好文會升儲御極孳孳講藝練情於誥策振采於辭賦庾以筆才逾親溫以文思益厚揄揚風流亦彼時之漢武也及成康促齡穆哀短祚簡文勃興淵乎清峻微言精理函滿玄席澹思濃采時灑文囿至孝武不嗣安恭已矣其文史則有袁殷之曹孫于之輩雖才或淺深珪璋足用自中朝貴玄江左彌盛因談餘氣流成文體是以世極迍邅而辭意夷泰詩必柱下之旨歸賦乃漆園之義疏故知文變染乎世情興廢繫乎時序原始以要終雖百世可知也自宋武愛文文帝彬彬雅秉文之德孝武多才英采雲構自明

以下文理替矣爾其縉紳之林霞蔚而飆起王袁聯
宗以龍章顏謝重葉以鳳采何范張沈之徒亦不可
勝也蓋聞之於世故畧舉大較暨皇齊馭寶運集休
明太祖以聖武膺籙高祖以睿文纂業文帝以貳離
含章中宗以上哲興運並文明自天緝遐景祚今聖
歷方興文思光被海岳降神才英秀發馭飛龍於天
衢駕騏驥於萬里經典禮章跨周轢漢唐虞之文其
鼎盛乎鴻風懿采短筆敢陳颺言讚時請寄明哲

贊曰

蔚映十代辭采九變樞中所動環流無倦質文沿時

崇替在選終古雖遠曖焉如面

文心雕龍卷第九

文心雕龍卷之第十

物色第四十六

春秋代序陰陽慘舒物色之動心亦搖焉蓋陽氣萌而玄駒步陰律凝而丹鳥羞微蟲猶或入感四時之動物深矣若夫珪璋挺其惠心英華秀其清氣物色相召人誰獲安是以獻歲發春悅豫之情暢滔滔孟夏鬱陶之心凝天高氣清陰沈之志遠霰雪無垠矜肅之慮深歲有其物物有其容情以物遷辭以情發一葉且或迎意蟲聲有足引心況清風與明月同夜白日與春林共朝哉是以詩人感物聯類不窮流連

萬象之際沈吟視聽之區寫氣圖貌既隨物以宛轉
屬采附聲亦與心而徘徊故灼灼狀桃花之鮮依依
盡楊柳之貌杲杲爲出日之容瀌瀌擬雨雪之狀喈
喈逐黄鳥之聲喓喓學草蟲之韻皎日嘒星一言窮
理參差沃若兩字連形並以少總多情貌無遺矣雖
復思經千載將何易奪及離騷代興觸類而長物貌
難盡故重沓舒狀於是嵯峨之類聚葳蕤之群積矣
及長卿之徒詭勢瓌聲模山範水字必魚貫所謂詩
人麗則而約言辭人麗淫而繁句也至如雅詠棠
華或黄或白騷述秋蘭綠葉紫莖凡摛表五色貴在

時見若青黄屢出則繁而不珍自近代以來文貴則似窺情風景之上鑽貌草木之中吟詠所發志惟深遠體物爲妙功在密附故巧言切狀如印之印泥不加雕削而曲寫毫芥故能瞻言而見貌印字而知時也然物有恒姿而思無定檢或率爾造極或精思愈疎且詩騷所標並據要害故後進鋭筆怯於爭鋒莫不因方以借巧即勢以會奇善於適要則雖舊彌新矣是以四序紛廻而入興貴閑物色雖繁而析辭尚簡使味飄飄而輕舉情曄曄而更新古來辭人異代接武莫不參伍以相變因革以爲功物色盡而情有

餘者曉會通也若乃山林皋壤實文思之奧府畧語則闕詳說則繁然屈平所以能洞監風騷之情者抑亦江山之助乎

贊曰

山沓水匝樹雜雲合自旣往還心亦吐納春日遲遲秋風颯颯情往似贈興來如荅

才略第四十七

九代之文富矣盛矣其辭令華采可略而詳也虞夏文章則有皋陶六德夔序八音益則有贊五子作歌辭義溫雅萬代之儀表也商周之世則仲虺垂誥伊

尹敷訓吉甫之徒並述詩頌義固爲經文亦師矣及乎春秋大夫則脩辭聘會磊落如琅玕之圃焜燿似繍錦之肆薳敖擇楚國之令典隨會講晉國之禮法趙襄以文勝從饗國僑以脩辭扞鄭子太叔美秀而文公孫翬善於辭令皆文名之標者也戰代任武而文士不絕諸子以道術取資屈宋以楚辭發采樂毅報書辯以義范雎上疏密而至蘇秦歷說壯而中李斯自奏麗而動若在文世則楊班儔矣荀況學宗而象物名賦文質相稱固巨儒之情也漢室陸賈首發奇采賦孟春而選典誥其辯之富矣賈誼才頴陵軼

飛兎議樞而賦清豈虛至哉枚乘之七發鄒陽之上書膏潤於筆氣形於言矣仲舒專儒子長純史而麗縟成文亦詩人之告哀焉相如好書師範屈宋洞入夸豔致名辭宗然覆取精意理不勝辭故揚子以爲文麗用寡者長卿誠哉是言也王褒構采以密巧爲致附聲測貌泠然可觀子雲屬意辭人最深觀其涯度幽遠搜選詭麗而竭才以鑽思故能理贍而辭堅矣桓譚著論富號猗頓宋弘稱薦爰比相如而集靈諸賦偏淺無才故知長於諷論不及麗文也敬通雅好辭說而坎壈盛世顯志自序亦蚌病成珠矣二班兩

劉奕葉繼采舊說以爲固文優彪歆學精向然王命
清辯新序該練璿璧產於崑崗亦難得而踰本矣傳
毅崔駰光采比肩瑗寔踵武能世厥風者矣杜篤賈
逵亦有聲於文跡其爲才也崔傅之末流也李充賦
銘志慕鴻裁而才力沈膇垂翼不飛馬融鴻儒思洽
登高吐納經範華實相扶王逸博識有功而絢采無
力延壽繼志瓌穎獨標其善圖物寫貌豈枚乘之遺
術歟張衡通贍蔡邕精雅文史彬彬隔世相望是則
竹柏異心而同貞金玉殊質而皆寶也劉向之奏議
旨切而調緩趙壹之辭賦意繁而體疏孔融氣盛於

爲筆禰衡思銳於爲文有偏美焉潘勗憑經以騁才故絶群於錫命王朗發憤以託志亦致美於序銘然自卿淵已前多俊才而不課學雄向已後頗引言以助文此取與之大際其分不可亂者也魏文之才洋洋清綺舊談抑之謂去植千里然子建思捷而才儁詩麗而表逸子桓慮詳而力緩故不競於先鳴而樂府清越典論辯要迭用短長亦無懵焉但俗情抑揚雷同一響遂令文帝以位尊減才思王以勢窘益價未爲篤論也仲宣溢才捷而能密文多兼善辭少瑕累摘其詩賦則七子之冠冕乎琳瑀以符檄擅聲徐

幹以賦論摽美劉楨情高以會釆應瑒學優以得文路粹楊脩頗懐筆記之工丁儀邯鄲亦含論述之美有足筭焉劉邵趙都能攀於前脩何晏景福克光於後進休璉風情則百壹摽其志吉甫文理則臨冊成其釆嵇康師心以遣論阮籍使氣以命詩殊聲而合響異翮而同飛張華短章奕奕清暢其鷦鷯寓意即韓非之說難也左思立才業深覃思盡鋭於三都拔萃於詠史無遺力矣潘岳敏給辭自和暢鍾美於西征賈餘於哀誄非自外也陸機才欲窺深辭務索廣故思能入巧而不制繁士龍朗陳以識檢亂故能布

采鮮淨敏於短篇孫楚綴思每直置以疎通摯虞述
懷必循規以温雅其品藻流別有條理焉傳玄篇章
義多規鏡長虞筆奏世執剛中並楨幹之實才非群
華之韡蕚也成公子安選賦而時美夏侯孝若具體
而皆微曹攄清靡於長篇李膺辨切於短韻各其善
也孟陽景福才綺而相埒可謂魯衛之政兄弟之文
也劉琨雅壯而多風盧諶情發而理昭亦遇之於時
勢也景純艷逸足冠中興郊賦既穆穆以大觀仙詩
亦飄飄而陵雲矣庾元規之表奏靡密以閑暢温太
真之筆記循理而清通亦筆端之良工也孫盛干寶

文勝爲史準的所擬志乎典訓戶牖雖異而筆彩略同表宏發軫以高驤故卓出而多偏孫綽規旋以矩步故倫序而寡狀殷仲文之孤興謝叔源之閑情並解散辭體縹緲浮音雖滔滔風流而太澆文意宋代逸才辭翰鱗萃世近易明無勞甄序觀夫後漢才林可參西京晉世文苑足儷鄴都然而魏時話言必以元封爲稱首宋來美談亦建安爲口實何也豈非崇文之盛世招才之嘉會哉嗟夫此古人所以貴乎時也

贊曰

才難然乎性各異禀一朝綜文千年凝錦餘采徘徊遺風籍甚無曰紛雜皎然可品

知音第四十八

知音其難哉音實難知知實難逢逢其知音千載其一乎夫古來知音多賤同而思古所謂日進前而不御遥聞聲而相思也昔儲說始出子虛初成秦皇漢武恨不同時既同時矣則韓因而馬輕豈不明鑒同時之賤哉至於班固傅毅文在伯仲而固嗤毅云下筆不能自休及陳思論才亦深排孔璋敬禮請潤色歎以爲美談季緒好詆訶方之於田巴意亦見矣故

魏文稱文人相輕非虛談也至如君卿脣舌而謬欲
論文乃稱史遷著書諮東方朔於是桓譚之徒相顧
嗤笑彼實博徒輕言負誚況乎文士可妄談哉故鑒
照洞明而貴古賤今者二主是也才實鴻懿而崇已
抑人者班曹是也學不逮文而信偽迷真者樓護是也
醬瓿之議豈多歎哉夫麟鳳與麏雉懸絕珠玉與礫
石超殊白日垂其照青眸寫其形然魯臣以麟為麏
楚人以雉為鳳魏氏以夜光為怪石宋客以燕礫為
寶珠形器易徵謬乃若是文情難鑒誰曰易分夫篇
章雜沓質文交加知多偏好人莫圓該慷慨者逆聲

而擊節醖藉者見密而高蹈浮慧者觀綺而躍心愛
奇者聞詭而驚聽會己則嗟諷異我則沮棄各執一
隅之解欲擬萬端之變所謂東向而望不見西牆也
凡操千曲而後曉聲觀千劍而後識器故圓照之象
務先博觀閱喬岳以形培塿酌滄波以喻畎澮無私
於輕重不偏於憎愛然後能平理若衡照辭如鏡矣
是以將閱文情先標六觀一觀位體二觀置辭三觀
通變四觀奇正五觀事義六觀宮商斯術既形則優
劣見矣夫綴文者情動而辭發觀文者披尋以入情
沿波討源雖幽必顯世遠莫見其面覘文輒見其心

豈成篇之足深患識照之自淺耳夫志在山水琴表其情況形之筆端理將焉匿故心之照理譬目之照形目瞭則形無不分心敏則理無不達然而俗監之迷者深廢淺售此莊周以笑折楊宋玉所以傷白雪也昔屈平有言文質疏內衆不知余之異采見異唯知音耳揚雄自稱心好沈博絕麗之文其事浮淺亦可知矣夫唯深識鑒奧必歡然內懌譬春臺之熙衆人樂餌之止過客蓋聞蘭爲國香服媚彌芬書亦國華翫繹方美知音君子其垂意焉

贊曰

洪鍾萬鈞夔曠所定良書盈篋妙鑒迺訂流鄭淫人
無或失聽獨有此律不謬蹊逕

程器第四十九

周書論士方之梓材蓋貴器用而兼文采也是以樸
斲成而丹雘施垣墉立而雕杇附而近代詞人務華
棄實故魏文以爲古今文人之類不護細行韋誕所
評又歷詆群才後人雷同混之一貫吁可悲矣略觀
文士之疵相如竊妻而受金揚雄嗜酒而少筭敬通
之不循廉隅杜篤之請求無厭班固諂竇以作威馬
融黨梁而黷貨文舉傲誕以速誅正平狂憨以致戮

仲宣輕脆以躁競孔璋傯恫以麤踈丁儀貪婪以乞
貨路粹餔啜而無耻潘岳詭禱於愍懷陸機傾仄於
賈郭傅玄剛隘而詈臺孫楚佷愎而訟府諸有此類
並文士之瑕累文既有之武亦宜然古之將相疵咎
實多至如管仲之盜竊吳起之貪淫陳平之污點絳
灌之讒嫉沿茲以下不可勝數孔光負衡據鼎而仄
媚董賢況班馬之賤職潘岳之下位哉王戎開國上
秩而鬻官囂俗況馬杜之磬懸丁路之貧薄哉然子
夏無虧於名儒濬冲不塵乎竹林者名崇而譏減也
若夫屈賈之忠貞鄒枚之機覺黃香之淳孝徐幹之

沈默豈曰文士必其玷歟　人稟五材脩短殊用自
非上哲難以求備然將相以位隆特達文士以職卑
多誚此江河所以騰涌涓流所以寸折者也名之抑
揚既其然矣位之通塞亦有以焉蓋士之登庸以成
務爲用魯之敬姜婦人之聰明耳然推其機綜以方
治國安有丈夫學文而不達於政事哉彼揚馬之徒
有文無質所以終乎下位也昔庾元規才華清英勳
庸有聲故文藝不稱若非台岳則正以文才也武之
術左右惟宜郤縠敦書故舉爲元帥豈以好文而不
練武哉孫武兵經辭如珠玉豈以習武而不曉文也

是以君子藏器待時而動發揮事業固宜蓄素以弸中散采以彪外楩柟其質豫章其幹摛文必在緯軍國負重必在任棟梁窮則獨善以垂文達則奉時以騁績若此文人應梓材之士矣

贊曰

瞻彼前脩有懿文德采動梁北雕而不器貞幹華則豈無華身亦

序志第五十

文心者言爲文之用心也子琴心王孫巧心心哉美矣夫故用之焉古來縟成體豈效騶奭

之辭言雕龍也夫宇宙綿邈黎獻紛雜拔萃出穎智術而已歲月飄忽性靈不居騰聲飛實制作而已夫有肖貌天地稟性五行擬耳目於日月方聲氣於風雷其超出萬物亦已靈矣形同草木之脆名踰金石之堅是以君子處世樹德建言豈好辯哉不得已也余生七齡乃夢彩雲若錦則攀而採之齒在踰立則常夢齊孫不述先哲之誥無益後生之慮蓋文心之作也本乎道師乎聖體乎經酌乎緯變乎騷文之樞紐亦云極矣若論文敘筆則囿別區分原始以表時釋名以章義選文以定篇敷理以舉統一篇以上綱

須明矣至於剖情

必籠圈條貫摛神性圖風勢

於時序褒貶於才略怊暢

序志以馭群篇下篇以下

大易之數其爲文用四十

易彌綸群言爲難雖復輕

己曲意密源似近而遠辭所不

成文有同乎舊談者非雷

異乎前論者非苟異也理自

古今擘肌分理唯務折衷

之府亦幾乎備矣但言不

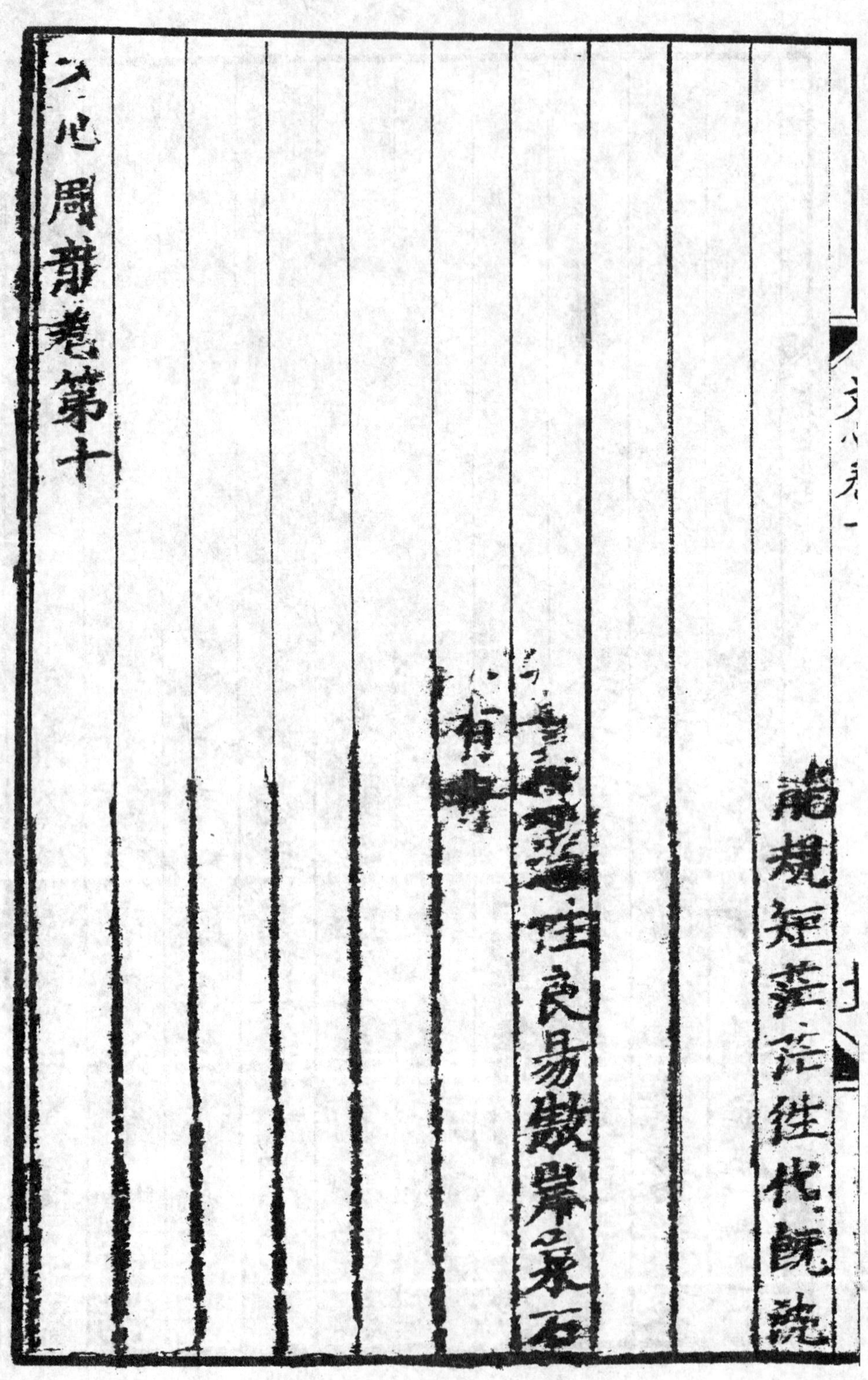

文心卷一

能規矩茫茫往代既洗

[illegible]性良易傲岸泉石

有[illegible]

文心雕龍卷第十

元至正刊本《文心雕龍》集校

元至正刊本《文心雕龍》集校

凡例

〔一〕本書以上海圖書館藏元至正十五年（公元一三五五年）嘉興郡學刊本《文心雕龍》（簡稱「至正本」）爲底本。

〔二〕本書以敦煌遺書《文心雕龍》殘卷（簡稱「唐寫本」）、宋本《太平御覽》引《文心雕龍》（簡稱「《御覽》」）、明王惟儉《文心雕龍訓故》（簡稱《訓故》）、清黄叔琳輯註《文心雕龍》（簡稱「黄本」）爲對校本；以范文瀾《文心雕龍註》（簡稱「范註」，人民文學出版社一九六二年版）、王利器《文心雕龍校證》（簡稱「《校證》」，上海古籍出版社一九八〇年版）、楊明照《文心雕龍校註拾遺》（簡稱「《拾遺》」，上海古籍出版社一九八二年版）、詹鍈《文心雕龍義證》（簡稱「《義證》」，上海古籍出版社一九八九年版）、郭晉稀《文心雕龍註譯》（簡稱「《註譯》」，甘肅人民出版社一九八二年版）、周振甫《文心雕龍註釋》（簡稱「《註釋》」，人民文學出版社一九八一年版）、黄侃《文心雕龍札記》（簡稱「《札記》」，中華書局一九六二年版）、劉永濟《文心雕龍校釋》（簡稱「《校釋》」，中華書局一九六二年版）、姜書閣《文心雕龍繹旨》（簡稱「《繹旨》」，齊魯書社一九八四年版）爲參校本。

〔三〕爲便閱讀，本書採用新式標點符號進行分段標校。

〔四〕本書遇有改補文字，屬於訛舛衍脱者，原文用（）標明，改補文字用〔〕標明；屬於底本殘佚漫漶而增補的文字，則用［］標明；凡改補增删處，均出校記以申所據所由。

〔五〕本書校記次序：對校文字；改補增删依據；凡抒己見者冠之「按」字殿後。

〔六〕本書徵引文字有删節省略處用「……」表示。

〔七〕本書引文中轉引之書名，悉依原文，但加作者姓名以便檢核。

文心雕龍序

「六經」聖人載道之書，垂統萬世，折衷百氏者也。與天地同其大，與日月同其明，亘宇宙相爲無窮而莫能限量；後雖有作者弗可尚(巳)〔已〕〔一〕。自孔子没，由漢以降，老佛之説興，學者日趨於異端，聖人之道不行，而天地之大，日月之明，固自若也。當二家濫觴横〔流〕之際〔二〕，孰能排而斥之？苟知以道爲原，以經爲宗，以聖爲徵，而立言著書，其亦庶幾可取乎？嗚呼！此《文心雕龍》所由述也。

夫佛之盛，莫盛於晉、宋、齊、梁之間，而通事舍人劉勰生於梁，獨不入於彼而歸於此，其志寧不可尚乎？故其爲書也，言作文者之用心；所謂「雕龍」，非昔之鄒奭輩所能知也。勰自序曰：「《文心》之作也，本乎道，師乎聖，體乎經，酌乎緯，變乎騷。」自一卷以至十卷，其立論井井有條不紊，文雖靡而説正，其(指)〔旨〕〔三〕不謬於聖人，要皆有所折衷，莫非「六經」之緒餘爾。雖曰一星土之微，不可與語天地之大；一螢燭之光，不可與語日月之明：視〔彼〕畔道而陷於異教者，顧不韙矣乎！

嘉興郡守劉侯貞，家多藏書，其書皆先御史節齋先生手録。侯欲廣其傳，思與學者共之，刊〔梓〕郡庠，令余叙其首。因念三十年前，嘗獲聆節齋先生教而拜床下，今侯爲政是郡，不失其清白之傳，文章政事，爲時所推。余嘗職教於其地而目擊者，故不敢辭。若夫學者欲觀天地之大，覩日月之明，則自有「六經」在，此固〔不〕可並論。聖人不曰「不有博(奕)〔弈〕者乎〔四〕？爲之猶賢乎(巳)〔已〕〔五〕。」况是書乎？侯可謂能世其家學者，故樂爲之序。

至正十五年龍集乙未，秋八月，曲江錢惟善序。

校記

〔一〕「已」，原作「巳」，「巳」「已」義别，故改。

〔二〕「流」字殘佚，據楊明照《拾遺》録文補。下文「彼」、「梓」、「不」三字均同，據此補。

〔三〕「旨」，原作「指」，楊明照《拾遺》迻録作「旨」。○按：「指」通「恉」，其義爲意旨、意向，故「恉」亦通「旨」。今從楊明照迻録改。

〔四〕「弈」，原作「奕」。○楊明照《拾遺》：「按當作弈」。○按：「弈」「奕」義别，此作「弈」是，從楊説改。

《文心雕龍》目録

卷一

原道第一

徵聖第二

宗經第三

正緯第四

（辯）〔辨〕騷第五

卷二

明詩第六

樂府第七

詮賦第八

頌（讚）〔贊〕第九

祝盟第十

卷三

銘箴第十一

誄碑第十二

哀弔第十三

雜文第十四

諧讔第十五

卷四

史傳第十六

諸子第十七

論説第十八

詔策第十九

檄移第二十

卷五

封禪第二十一

章表第二十二

奏啟第二十三

議對第二十四

《文心雕龍》目録終

《文心雕龍》卷第一

梁通事舍人劉　勰彦和(述)〔著〕

原道第一

文之爲德也大矣，與天地並生者何哉？夫玄黄色雜，方圓體分，日月疊璧，以垂麗天之象；山川焕綺，以鋪理地之形：此蓋道之文也。仰觀吐曜，俯察含章，高卑定位，故兩儀既生矣。惟人參之，性靈所鍾，是謂三才。爲五行之秀(人)〔氣〕，實天地之心生〔一〕。心生而言立，言立而文明，自然之道也。(傍)〔旁〕及萬品〔二〕，動植皆文：龍鳳以藻繪呈瑞，虎豹以炳蔚凝姿；雲霞雕色，有逾畫工之妙，草木賁華，無待錦匠之奇。夫豈外飾，蓋自然耳。至於林籟結響，調如竽瑟；泉石激韻，和若球鍠：故形立則章成矣，聲發則文生矣。夫以無識之物，鬱然有彩，有心之器，其無文歟？

人文之元，肇自太極，幽讚神明，《易》象惟先。庖犧畫其始，仲尼翼其終。而《乾》《坤》兩位，獨制《文言》。言之文也，天地之心哉！若乃《河圖》孕乎八卦，《洛書》韞乎九疇，玉版金鏤之實，丹文緑牒之華，誰其尸之，亦神理而已。

自鳥迹代绳，文字始炳，炎皞遺事，紀在《三墳》，而年世渺邈，聲采靡追。唐虞文章，則焕乎(始)〔爲〕盛〔三〕。元首載歌，既發吟詠之志；益稷陳(謀)〔謨〕〔四〕，亦垂敷奏之風。夏后氏興，業峻鴻績，九序惟歌，勳德彌縟。逮及商周，文勝其質，《雅》《頌》所被，英華日新。文王患憂，繇辭炳曜，符采複隱，精義堅深。重以公旦多(材)〔才〕，(褥)〔振〕其徽烈〔五〕，(剬)〔制〕《詩》緝《頌》〔六〕，斧藻羣言。至夫子繼聖，獨秀前哲，鎔鈞「六經」，必金聲而玉振；雕琢性情〔七〕，組織辭令，木鐸啓而千里應，席珍流而萬世響，寫天地之輝光，曉生民之耳目矣。

爰自風姓，暨於孔氏，玄聖創典，素王述訓，莫不〔原〕道心（裁文）〔以敷〕章〔八〕，研神理而設教，取象乎《河》《洛》，問數乎蓍龜，觀天文以極變，察人文以成化；然後能經緯區宇，彌綸彝憲，發（輝）〔揮〕事業〔九〕，彪炳辭義。故知道沿聖以垂文，聖因文而明道，旁通而無滯〔一〇〕，日用而不匱。《易》曰：「鼓天下之動（者）存乎辭〔一一〕。」辭之所以能鼓天下者，乃道之文也。

贊曰：道心惟微，神理設教。光彩玄聖，炳耀仁孝。龍圖獻體，龜書呈貌；天文斯觀，民胥以（俲）〔傚〕〔一二〕。

校　記

〔一〕為五行之秀人實天地之心生　《訓故》本同。黄本無「人」、「生」二字。○黄叔琳校云：「一本『實』上有『人』字，『心』下有『生』字。」○楊明照《拾遺》：「《禮記·禮運》：『故人者，其天地之德，陰陽之交，鬼神之會，五行之秀氣也……故人者，天地之心也，五行之端也，食味、别聲、被色而生者也。』為舍人此文所本。疑原作為『五行之秀氣，實天地之心生』。下文『心生而言立』，即緊承『天地』句。《徵聖篇》《贊》『秀氣成采』，亦以『秀氣』連文。《春秋演孔圖》：『秀氣為人。』《文選·王融曲水詩序》：『冠五行之秀氣。』陸德明《經典釋文·序》：『人稟二儀之淳和，含五行之秀氣』。並其旁證。」○按：楊説是，從其改。

〔二〕傍及萬品　「傍」，《訓故》、黄本同。○楊明照《拾遺》：「『傍』，何焯校作『旁』。按何校『旁』是。《説文·上部》：『旁，溥也。』又《人部》：『傍，近也。』近誼於此不愜，當原是『旁』字……『旁及萬品』者，猶言溥及萬品耳。」○按：「溥」通作「普」。《詩·小雅》「溥天之下」，《孟子》引「溥」作「普」。從楊説，據《訓故》、黄本改。

〔三〕焕乎始盛　「始」，《御覽》作「為」。○楊明照《拾遺》：「『始』，黄校云：『馮本作為。』《徵聖篇》：『遠稱唐世，則焕乎為盛。』辭義與此同，可證作『為』是也。上文『鳥跡代繩，文字始炳』，已言文之起原；下文『元首載歌……益稷陳謨』云云，正明唐虞文章焕乎為盛之績。若作『始盛』，匪特上下文意不屬，且與『文字始炳』之『始』字重出矣。」○按：楊説是，從《御覽》改。

〔四〕益稷陳謀　「謀」，《御覽》、《訓故》作「謨」。○楊明照《拾遺》：「『謨』，黄校云：『元作謀，楊（慎）改。』按《御覽》引作

『謨』(《經史子集合纂類語》九引同。)楊改(徐𤏽亦校作『謨』)是也。《麗辭篇》:『益陳謨云:滿招損,謙受益。』亦以『陳謨』爲言。《後漢書·崔寔傳》:『(政論)故皋陶陳謨,而唐虞以興。』是『陳謨』二字,固有所本也。」○按:楊説是,從《御覽》、《訓故》改。

〔五〕重以公旦多材褥其徽烈　「材」、「褥」,《御覽》作「才」、「振」。《訓故》作「才」、「褥」(□爲標疑號,下同,不贅)」。○楊明照《拾遺》:「按《書·金縢》:『乃元孫不若旦多材多藝』,《論衡·死僞篇》『材』作『才』……今本《文心》作『材』,蓋寫者據《金縢》改也。」「『振』,黄校云:『元作褥,朱(謀㙔)改。』《御覽》引作『振』。按『縟』字蓋涉上『勳德彌縟』句而誤。朱改作『振』,是也。逢行珪《進鬻子注表》『振其徽烈』一語,即襲於此,正作『振』,是唐宋人所見本均未誤。」○按:楊説是,從《御覽》改。

〔六〕剬詩緝頌　「剬」,《訓故》同。《御覽》作「制」。○楊明照《拾遺》:「按以《宗經篇》『據事剬範』唐寫本作『制範』驗之,此必原是『制』字。『制』之篆文作『制』,隸作『制』,與『剬』相似,因而致誤,非古通用也。」○按:從楊説,依《御覽》改。

〔七〕雕琢性情　「性情」,《訓故》作「情性」。

〔八〕莫不[原]道心裁文章　「原」,至正本漫漶。○按《御覽》作「原」,今從補。「裁文章」,《御覽》作「以敷章」。《訓故》作「裁文章」。○王利器《文心雕龍校證》:「『以敷章』,各本作『裁文章』,黄本從《御覽》改。徐云:『《御覽》作原道心以敷章,對下句,是。』案《鎔裁篇》云:『兩句敷爲一章。』則『敷章』亦本書恒語。」○按:王説是,從《御覽》、《訓故》改。

〔九〕發輝事業　「輝」,《御覽》、《訓故》作「揮」。○詹鍈《義證》:「揮,原作『輝』。何焯校云:『疑作揮。』范註引孫蜀丞曰:『輝』當作『揮』。《御覽》引正作『揮』,當據正。」○楊明照《拾遺》:「按『揮』字是。《御覽》引正作『揮』,《訓故》本亦作『揮』,當據改……《程器篇》:『君子藏器,待時而動,發揮事業。』尤爲明證。其作『輝』者,乃音之誤。」○按:諸説並是,從《御覽》、《訓故》改。

〔一〇〕旁通而無涯　「涯」,《御覽》、《訓故》同。黄本作「滯」。范註:「一作涯,從《御覽》改。」鈴木云:予所見《御覽》作涯不作滯。」楊明照《拾遺》:「黄校云:『一作涯,從《御覽》改。』按錢謙益藏趙氏鈔本《御覽》作滯(見馮舒校語),本爲誤字（所見宋本、鈔本、倪本、活字本、喜多本、鮑本《御覽》均作『涯』），黃氏據馮舒校語徑改爲『滯』，非是。（文溯本亦剜改爲『滯』。）」李明高《文心雕龍譯讀》：「若僅從字義上來考察，『用而不匱』、『通而無滯』義相對，且音較和。但問題在於宋《御覽》、元至正本、明《訓故》本皆作『涯』，這樣一來，應以考察劉勰本人的用詞習慣爲重……綜合版本流傳及句意上來看，『涯』更合適。」按：鈴木、楊、李説並是。黃本改作「滯」，版本無據，追求表面上文從字順而徑改古書，乃校書之大忌。

〔一一〕鼓天下之動存乎辭　《御覽》在「之動」下有「者」字。○按：《易・繫辭上》：「極天下之賾者存乎卦，鼓天下之動者存乎辭。」「者」字當有，從《御覽》補。

〔一二〕民胥以傚　「俲」，《訓故》、黃本作「傚」。○楊明照《拾遺》：「按《詩・小雅・角弓》：『爾之教矣，民胥傚矣。』『俲』爲『傚』之俗」。○按：據黃本改。

＊《訓故》篇末注：校一字。

徵聖第二

夫作者曰「聖」，述者曰「明」。陶鑄性情，功在上哲。夫子文章，可得而聞，則聖人之情，見乎（文）辭矣〔一〕。先王（聖化）〔聲教〕〔二〕，布在方册；夫子風采，溢于格言。是以遠稱唐世，則焕乎爲盛；近褒周代，則郁哉可從：此政化貴文之徵也。鄭伯入陳，以立辭爲功；宋置折俎，以多（方）〔文〕舉禮〔三〕：此事（蹟）〔績〕貴文之徵也〔四〕。褒美子産，則云：「言以足志，文以足言」；泛論君子，則云：「情欲信，辭欲巧」：此修身貴文之徵也。然則志足（而）〔以〕言文〔五〕，情信而辭巧，乃含章之玉牒，秉文之金科矣。

夫鑒周日月，妙極機神；文成規矩，思合符契。或簡言以達旨，或博文以該情，或明理以立體，或隱義以藏用。故《春秋》一字以褒貶，《喪服》舉輕以包重，此簡言以達旨也。《邠詩》聯章以積句，《儒行》縟説以繁辭，此博文以該情也。書契斷決以象《夬》，文章昭（哲）〔晣〕以（象）〔效〕《離》〔六〕，此明理以立體也。「四象」精義以曲隱，「五例」微辭以婉晦，此隱義以藏用也。故知繁略殊（形）〔制〕〔七〕，隱顯異術，抑引隨時，變通（會適）〔適會〕[八]，徵之周孔，則文有師矣。

是以（政）論文必徵於聖，〔窺聖〕必宗於經[九]。《易》稱：「辨物正言，斷辭則備」；《書》云：「辭尚體要，（弗）〔不〕惟好異」[一〇]。故知正言所以立（辯）〔辨〕[一一]，體要所以成辭；辭成無好異之尤，（辯）〔辨〕立有斷辭之（義）〔美〕[一二]。雖精義曲隱，無傷其正言；微辭婉晦，不害其體要。體要與微辭偕通，正言共精義並用；聖人之文章，亦可見也。顏闔以爲：「仲尼飾羽而畫，（徒）〔從〕事華辭」[一三]。雖欲（此言）〔訾〕聖，弗可得（已）〔也〕[一四]。然則聖文之雅麗，固銜華而佩實者也。天道難聞，猶或鑽仰[一五]；文章可見，胡寧勿思？若徵聖立言，則文其庶矣。[一六]

贊曰：妙極生知，睿哲惟宰。精理爲文，秀氣成采。鑒懸日月，辭當山海。百齡影徂，千載心在。

校記

〔一〕見乎文辭　《訓故》同。唐寫本無「文」字。○范文瀾註：「《易·下繫辭》『聖人之情見乎辭。』唐寫本無『文』字。案『文』謂文章，『辭』謂言辭。義有廣狹，似不可刪，循繹語氣，亦應有『文』字。」○楊明照《拾遺》：「按無『文』字與《易·繫辭下》合。今本蓋涉上諸『文』字而衍，當據刪。」○按：楊説是。《易·繫辭下》：「功業見乎變，聖人之情見乎辭」。當據刪。

〔二〕先王聖化　「聖化」，《訓故》同。唐寫本作「聲教」。○詹鍈《義證》：「《校證》（王利器《文心雕龍校證》）：『聲教原作聖化，據唐寫本改。《練字篇》亦云：先王聲教。』《尚書·禹貢》：『東漸于海，西被于流沙，朔南暨聲教，訖于四海。』孔傳：『此言五服之外，皆與王者聲教而朝見。』《正義》：『皆與聞天子威聲文教，時來朝見。』蔡《傳》：『聲，風聲。教謂教化。』」○按：唐寫本是，據改。

〔三〕以多方舉禮　「方」，唐寫本、《訓故》作「文」。○按《左傳》襄公二十七年：「宋人享趙文子，司馬置折俎，禮也。仲尼使舉是禮也，以爲多文辭。」此爲舍人所本，當從唐寫本、《訓故》改。

〔四〕此事蹟貴文之徵也　「蹟」，《訓故》同。唐寫本作「績」。○范文瀾注：「『蹟』，唐寫本作『績』，是。《爾雅·釋詁》：『績，功也。』」○郭晉稀《註譯》：「『事績』，元作『事蹟』，今案：『績』功也。上文皆謂以文辭立事功，故依唐寫本校改。」○按：范、郭説並是，據唐寫本改。

〔五〕然則志足而言文　「而」，唐寫本作「以」。○按：作「以」較長，與上「言以足志，文以足言」合，且與下「而」不復。從唐寫本改。

〔六〕文章昭哲以象离　「哲」，唐寫本作「晳」。「象」，唐寫本作「効」。○楊明照《拾遺》：「按唐寫本並是。《玉篇·日部》：『晣』之逝切，明也。哲，晣並同上『晣』俗字，當以作『晣』爲正。……《漢書·司馬相如傳》下『闇昧昭晣』，《後漢書·張衡傳·贊》『熟能昭晣』，《文選》何晏《景福殿賦》『猶眩曜而不能昭晣也』，《古文苑》班婕妤《擣素賦》『焕若荷華之昭晣』，並作『晣』。《總術篇》『辯者昭晣』尚未誤。《正緯篇》『孝論昭晣』，《明詩篇》『唯取昭晣之能』，亦當從唐寫本改作『晣』。『象离』與上句『象夬』複，唐寫本作『効』，是也。『効』，『效』之俗寫。本書『效』字，唐寫本皆作『効』」。○按：楊説是，並從唐寫本改。

〔七〕故知繁略殊形　「形」，唐寫本作「制」。○楊明照《拾遺》：「按唐寫本是。『制』謂體制。」○詹鍈《義證》：「唐寫本『形』作『制』，應據改。制是文章體制。」○按：楊、詹説並是，從唐寫本改。

〔八〕變通會適　「會適」，唐寫本作「適會」。○范文瀾《文心雕龍註》：「作適會是。《易·下繫辭》『唯變所適。』韓康伯註曰：『變動貴於適時，趣舍存乎其會也。』」○楊明照《拾遺》：「按唐寫本是。《章句篇》『隨變適會』，《練字篇》『詩騷適會』，《養氣篇》『優柔適會』，並其證也。《高僧傳·支遁傳》『默語適會』，又《唱導論》『適會無差』，亦以『適會』爲言。」○按：當從唐寫本作「適會」。

〔九〕政論文必徵於聖必宗於經　唐寫本無「政」字，「必宗」前有「窺聖」二字。《訓故》「政」前有標疑號，作「□政」。○詹鍈《義證》引橋川時雄《文心雕龍校讀》：「按唐寫無『子政』二字，二字後人强附，當删，未聞劉向有論文也。」又：「……（唐寫本）而有『窺聖』二字，句順意通。以各本無『窺聖』二字，前後意不通，故後人任意改補。」○按：橋川時雄説是，從唐寫本删、補。

〔一〇〕弗惟好異　「弗惟」，唐寫本作「不唯」。○楊明照《拾遺》：「按『弗』作『不』與僞《畢命》合。本書今作『弗』者，唐寫本或《御覽》均作『不』。」○按：僞《古文尚書·畢命》：「政貴有恒，辭尚體要，不惟好異。」此處即曰「《書》云」，當從唐寫本作「不唯」。

〔一一〕正言所以立辯　「辯」，唐寫本作「辨」。○楊明照《拾遺》：「按此語承上『《易》稱辨物正言』句，當以作『辨』爲是。

下『辯立』亦然。」○按：楊説是，從唐寫本改。

〔一二〕辯立有斷辭之義　「辯」、「義」，唐寫本作「辨」、「美」。○楊明照《拾遺》：「按『美』『義』二字易譌。《劉子・傷纔篇》『譽人不增其美』，諸本亦誤『美』爲『義』也。（按：《劉子》影抄本等亦有不誤者。）此當作『美』，始能與上句之『尤』字對。」○按：楊説是，從唐寫本改。

〔一三〕徒事華辭　「徒」，唐寫本、黄本並同。○黄叔琳校云：「徒，《莊子》作從。」○按：《莊子・列禦寇》：「仲尼方且飾羽而畫，從事華辭，以支爲旨。」此處既引莊文，當作「從」方合。

〔一四〕雖欲此言聖弗可得已　「此言」，唐寫本作「訾」，「已」，唐寫本作「也」。○黄叔琳校云：「『訾』字一作『此言』二字，誤。」○楊明照《拾遺》：「黄氏據馮舒、何焯説改『訾』，是也。」又：「『已』，亦當從唐寫本作『也』。《議對篇》：『雖欲求文，弗可得也。』句法與此同，可證。」○按：「訾」，毁也。《淮南子・氾論訓》：「訾行者不容於衆。」高誘註：「訾，毁也，行有毁缺者，不爲衆人所容。」此處承上顔闔訾毁仲尼而言，當從唐寫本作「訾」。「已」亦從唐寫本改作「也」。

〔一五〕猶或鑽仰　《訓故》、黄本同。唐寫本「猶」作「且」。○按：「猶」、「且」兩通。

＊《訓故》篇末註：校一字。

宗經第三

三極彝訓，其書（言）〔曰〕「經」〔一〕。「經」也者，恒久之至道，不刊之鴻教也。故象天地，效鬼神，參物序，制人紀；洞性靈之奥區，極文章之骨髓者也。皇世《三墳》，帝代《五典》，重以《八索》，申以《九丘》；歲歷綿曖，條流紛糅。自夫子（刊）〔删〕述〔二〕，而大寶（咸）〔啟〕耀〔三〕。於是《易》張《十翼》，《書》標「七觀」，《詩》列「四始」，《禮》正「五經」，《春秋》「五例」，義既（極）〔埏〕乎性情〔四〕，辭亦匠於文理；故能開學養正，昭明有融。然而道心惟微，聖（謀）〔謨〕卓絶〔五〕，牆宇重峻，（而）吐納自深〔六〕。譬萬鈞之洪鍾，無錚錚之細響矣。

〔夫〕《易》惟談天〔七〕，（人）〔入〕神致用；故《繫》稱旨遠辭高〔八〕，言中事隱。韋編三絶，固哲人之驪淵也。《書》實記言〔九〕，而詁訓茫昧，通乎《爾雅》，則文意曉然。故子夏歎《書》，「昭昭若日月之〔代〕明，離離如星辰之〔錯〕行。」〔一〇〕言(昭)〔照〕灼也〔一一〕。《詩》主言志，〔詁〕訓同《書》〔一二〕；摛風裁興，藻辭譎喻，溫柔在誦，(敢)最附深衷矣〔一三〕。《禮》(季)〔以〕立體〔一四〕，據事(剬)〔制〕範〔一五〕；章條纖曲，〔執而後顯；採掇片言，莫非寶也。《春秋》辨理」〔一六〕，一字見義，「五石」「六鷁」，以詳略成文，「雉門」「兩觀」，以先後顯旨，其婉章志晦，諒(以)「已」邃矣〔一七〕。《尚書》則覽文如詭，而尋理即暢；《春秋》則觀辭立曉，而訪義方隱。此聖(人)〔文〕之殊致〔一八〕，表裏之異體者也。

至〔於〕根柢槃(深)〔固〕〔一九〕，枝葉峻茂，辭約而旨豐，事近而喻遠。是以往者雖舊，餘味日新。後進追取而非(曉)〔晚〕〔二〇〕，前修(文)〔久〕用而未先〔二一〕，可謂太山徧雨，河潤千里者也。故論、說、辭、序，則《易》統其首；詔、策、章、奏，則《書》發其源；賦、頌、歌、讚，則《詩》立其本；銘、誄、箴、祝，則《禮》總其端；(紀)〔記〕、傳、(銘)〔盟〕、檄〔二二〕，則《春秋》爲根：並窮高以樹表，極遠以啟疆，所以百家騰躍，終入環內者也。

若稟「經」以製式，酌「雅」以富言，是(仰)〔即〕山而鑄銅，煮海而爲鹽〔者〕也〔二三〕。故文能宗「經」，體有六義：一則情深而不詭，二則風清而不雜，三則事信而不誕，四則義(直)〔貞〕而不回〔二四〕，五則體約而不蕪，六則文麗而不淫。楊子比雕玉以作器，謂「五經」之含文也。夫文以行立，行以文傳，四教所先，符采相濟。(勵)〔邁〕德樹聲〔二五〕，莫不師聖，而建言修辭，鮮克宗「經」。是以楚艷漢侈，流弊不還，正末歸本，不其懿歟？

贊曰：三極彝道，訓深稽古。致化(歸)〔惟〕一〔二六〕，分教斯五。性靈鎔匠，文章奧府。淵哉鑠乎，羣言之祖。〔二七〕

校記

〔一〕其書言經　「言」，《訓故》同；唐寫本、《御覽》並作「曰」。○楊明照《拾遺》：「按『曰』字是。《論説篇》：『聖哲彝訓曰經。』《總術篇》：『常道曰經。』並其證。《博物志》四：『聖人制作曰經。』《御覽》六百八引正作『曰』，不誤。」○按：楊説是，從唐寫本、《御覽》改。

〔二〕自夫子刊述　「刊」，《訓故》同；唐寫本、《御覽》並作「删」。○按：僞孔安國《尚書序》：「先君孔子生於周末，睹史籍之煩文，懼覽者之不一，遂乃定《禮》、《樂》，明舊章，删《詩》爲三百篇，約史記而修《春秋》。」當從唐寫本、《御覽》改作「删」。

〔三〕大寶咸耀　「咸」，《訓故》同；唐寫本、《御覽》並作「啟」。○楊明照《拾遺》：「『咸』，黄校云：『一作啟』。何焯改『啟』。按唐寫本及《御覽》引並作『啟』。『啟』草書與『咸』相近，故誤。此當以作『啟』爲長。」○按：楊説是，從唐寫本、《御覽》改。

〔四〕義既極乎性情　「極」，《御覽》作「埏」。○范文瀾《文心雕龍註》：「趙君萬里曰：『唐寫本極作挻（按：實作挺）。《御覽》六百八引作埏，以下文辭亦匠于文理句例之，則作埏是也。唐本作挺，即埏字之譌。』案趙説是。」○周振甫《文心雕龍註釋》：「埏通挻，制陶。《老子》：『挻埴以爲器。』作陶冶性情解。」○按：《廣雅·釋詁》三：「埏，和也。」《老子》：「埏埴以爲器」註。」作「埏」是，作「極」非，「埏」與「匠」相對成文，依《御覽》改。

〔五〕聖謀卓絶　「謀」，《訓故》同；唐寫本、《御覽》並作「謨」。○楊明照《拾遺》：「『謨』，黄校云：『元作謀，改謨。』此沿梅校。徐𤊹、何焯並校爲『謨』。按唐寫本及《御覽》引並作『謨』，改『謨』是也。」○按：從唐寫本、《御覽》改。

〔六〕而吐納自深　「而」，唐寫本、《御覽》無。○楊明照《拾遺》：「『而』唐寫本無，《御覽》引同。按二句一意貫注，『而』字實不應有，當據删。」○按：據唐寫本、《御覽》删。

〔七〕易惟談天　《訓故》同；唐寫本、《御覽》在「易」上並有「夫」字。○王利器《文心雕龍校證》：「黄叔琳云：『「夫」字《御覽》增。』今按唐寫本正有『夫』字。」○按：「夫」字當有，據唐寫本、《御覽》補。

〔八〕人神致用，旨遠辭高　「人」，唐寫本、《御覽》並作「入」。○按：《易·繫辭下》：「精義入神，以致用也；利用安身以崇德也。」「人」字無義，乃「入」之形誤，當據唐寫本、《御覽》正。○「高」，唐寫本同，《御覽》、《訓故》、黄本並作「文」。楊明照《拾遺補正》：「『文』，黄校云：『元作高，孫（汝澄）改。』此沿梅改。按：唐寫本『高』。杜預《春秋左傳集解序》『言高則旨遠』，《抱朴子内篇・極言》『其言高，其旨遠』，《陳書・周弘正傳》『（梁武帝詔）設卦觀象，事遠文高』。『言高』、『文高』、與『辭高』一實，足見『高』字未誤。尤其是梁武詔文之『文高』與敦煌寫本之『辭高』，『文』『辭』二字雖異，其同用『高』則一。此絶非偶然巧合，而是二人彼時所見之《易繫》，必有作『高』字者，否則兩書均作『高』字之故，雖欲考察，莫由也已。」○按：楊説是，不煩改字。

〔九〕書實紀言　《訓故》下有「然覽文如詭，而尋理即暢」九字。無「而詁訓茫昧，通乎爾雅，則文意曉然」十五字。

〔一〇〕昭昭若日月之明離離如星辰之行　唐寫本在「明」字上有「代」字，「行」字上有「錯」字。○楊明照《拾遺》：「按唐寫本是。舍人此語本《尚書大傳・略説》，而《大傳》原有『代』、『錯』二字。當據增。《禮記・中庸》：『辟如四時之錯行，如日月之代明。』亦其旁證。」○按：范文瀾《文心雕龍注》引《尚書大傳》：「子夏讀《書》畢，見於夫子。夫子問焉，子何爲於《書》？子夏對曰，《書》之論事也，昭昭如日月之代明，離離若參辰之錯行，上有堯舜之道，下有三王之義，商所受於夫子，志之於心，不敢忘也。」今從唐寫本補。○「如」，《訓故》作「若」。

〔一一〕言昭灼也　「昭」，唐寫本作「照」。○楊明照《拾遺》：「按『照』字與上『昭昭』句避複，作『昭』蓋涉上而誤，當據改。《西京雜記》六『照灼涯涘』……昭明太子《集詠同心蓮》『照灼本足觀』，並其證。」○按：楊説亦有理，作「照」較勝，今據唐寫本改。

〔一二〕訓同書　唐寫本、《御覽》在「訓」字上有「詁」字，《訓故》有「義」字。《御覽》「同」作「周」。○黄侃《文心雕龍札記》：「《詩疏》曰：毛以《爾雅》之作，多爲釋《詩》，而篇有《釋詁》《釋訓》，故依雅訓而爲《詩》立傳。據此，則《詩》亦須通古今語可知，故曰詁訓同書。」○按：「詁」字當有，依唐寫本、《御覽》補。《御覽》「同」作「周」非是，乃形同而誤。

〔一三〕敢最附深衷矣　唐寫本、《御覽》、《訓故》無「敢」字。○詹鍈《義證》引橋川時雄《文心雕龍校讀》：「按作『最附深衷』，尤通，『敢』字當從唐寫，《御覽》删。梅本改『敢』作『故』，亦無謂也。」○按：趙萬里《唐本文心雕龍校記》亦云：「『敢』即『最』之譌而衍者，《御覽》六百八引亦無『敢』字，黄本改作『故』，非是。」○按：今依唐寫本、《御覽》、《訓故》删。○《訓故》無「矣」字。下有「而詁訓茫昧，通乎爾雅，則文意曉然矣」十五字。

〔一四〕禮季立體　《訓故》作「禮記立體弘用」。○「季」，唐寫本、《御覽》作「以」。○詹鍈《義證》：「『以』，元本、弘治本作『季』，謝恒抄本作『記』，馮舒校云《御》『以』。按唐寫本、黃本並作『以』，作『以』爲是。」○按：《漢書·藝文志》有「《禮》以明禮」。當據唐寫本、《御覽》改。《訓故》非是。

〔一五〕據事剬範　「剬」，唐寫本作「制」。○楊明照《拾遺》：「按『剬』當依唐寫本改作『制』。已詳《原道篇》『剬詩緝頌』條。」○按：據唐寫本改。

〔一六〕章條纖曲　唐寫本、《御覽》在「纖曲」下有「執而後顯採綴（《御覽》作「掇」）片言莫非寶也春秋辨（《御覽》作「辯」）理」十六字。黃本「綴」作「掇」，「片」作「生」。○黃叔琳校云：「『四句一十六字元脱，朱按《御覽》補。』又「（生）疑作片」○按：至正本脱四句十六字；《訓故》脱十四字，「《春秋》辨理」作「《春秋》則」，有「觀辭立曉而訪義方隱」九字，文意不屬，據唐寫本、《御覽》補改，唯「綴」從《御覽》本作「掇」。

〔一七〕諒以邃矣　「以」，唐寫本作「已」。○楊明照《拾遺》：「按『已』字較勝。《正緯篇》『亦已甚矣』，句法與此同，可證。」○按：據唐寫本改。○《訓故》無句下「《尚書》則覽文如詭而尋理即暢，《春秋》則觀辭立曉而訪義方隱」二十四字。

〔一八〕此聖人之殊致　「人」，唐寫本、《御覽》並作「文」。○范文瀾註：「『聖人』，《文學志》作『聖文』，唐寫本亦作『聖文。』」○楊明照《拾遺》：「按『文』字是。《漢書·敘傳下》《儒林傳》述：『獷獷亡秦，滅我聖文。』即『聖文』二字之所由出……《徵聖篇》『聖文之雅麗』，《史傳篇》『聖文之羽翮』，亦並以『聖文』爲言，皆謂儒家經典也。」○按：今據唐寫本、《御覽》改。

〔一九〕至根柢槃深　唐寫本「至」作「至於」，「槃深」作「槃固」。○按：唐寫本是，從其補改。

〔二〇〕後進追取而非曉　「曉」，唐寫本、《訓故》作「晚」。○楊明照《拾遺》：「『晚』，黃校云：『元作曉』，此沿梅改。徐勃校『晚』。按唐寫本、何本、謝抄本作『晚』。徐、梅校改是也。」○按：依唐寫本、《訓故》改。

〔二一〕前修文用而未先　「文」，唐寫本作「久」。○楊明照《拾遺》：「按唐寫本作『久』是也。『文』其形誤。『久用』與上句『追取』相對爲文。」○按：據唐寫本改。

〔二二〕紀傳銘檄　「紀」、「銘」，唐寫本作「記」、「盟」。○范文瀾註：「唐寫本『紀』作『記』，『銘』作『盟』，是。」○楊明照《拾遺》：「按：『銘』字與上『銘誄箴祝』句複，唐寫本作『盟』是也。《春秋左氏傳》中所載盟辭至夥，如恒元年越之盟、僖九年葵丘之盟等不下十篇。故舍人云然。」○按：范、楊説是。依唐寫本改。

〔二三〕是仰山而鑄銅煑海而爲鹽也　「仰」，唐寫本作「即」；「也」作「者也」。○楊明照《拾遺》：「按唐寫本並是。《史記·吴王濞傳》：『乃益驕溢，即山鑄錢，煑海水爲鹽。』索隱：『即者，就也』。《漢書·晁錯傳》：『上曰：吴王即山鑄錢，煑海爲鹽。』顔註：『即』，就也。此舍人遣詞所本。則作『仰』者，乃形近之誤也。」○按：楊説是，依唐寫本改、補。

〔二四〕義直而不回　「直」，唐寫本作「貞」。○楊明照《拾遺》：「按唐寫本是也。《明詩篇》『辭譎義貞』，《論説篇》『必使時利而義貞』並其證。《廣雅·釋詁一》：『貞，正也。』《詩·小旻》《傳》：『回，邪也。』」○按：從唐寫本改。

〔二五〕勵德樹聲　「勵」，唐寫本作「邁」。○范文瀾註：「僞《大禹謨》『皋陶邁種德』。枚傳曰『邁，行也』。今本『邁』誤作『勵』，唐寫本不誤。」○楊明照《拾遺》：「按『邁』字是。《左傳》莊公八年：『《夏書》曰：皋陶邁種德。』杜註：『邁，勉也。』《書》僞《大禹謨》有此語(枚傳訓『邁』爲『行』)。又僖公二十八年：『距躍三百，曲踊三百。』杜註：『百猶勱也。』《釋文》：『勱，音邁。』疏本誤『勱』爲『勵』，與此同。蓋初由『邁』，作『勱』，後遂譌爲『勵』耳。」○按：從楊説，依唐寫本改。

〔二六〕致化歸一　「歸」，唐寫本作「惟」。○楊明照《拾遺》：「按『惟一』，與『斯五』對，唐寫本是也。《書》僞《大禹謨》：『惟精惟一』。」○按：依唐寫本改。

*《訓故》篇末註：校一百四十四字。

正緯第四

夫神道闡幽，天命微顯，馬龍出而大《易》興，神龜見而《洪範》耀，故《繫辭》稱「河出圖，洛出書，聖人則之」，斯之謂也。但世夐文隱，好生矯誕，真雖存矣，僞亦憑焉。

夫「六經」彪炳，而緯候稠疊；《孝》《論》昭(哲)〔晣〕，而《鈎》、《讖》葳蕤。(按)〔酌〕經驗緯，其僞有四〔一〕：蓋緯之成經，其猶織綜，絲麻不雜，布帛乃成；今經正緯奇，倍(擿)〔摘〕千里〔二〕，其僞一矣。經顯，聖訓也；緯隱，神教也。聖訓宜廣，神教宜約，而今緯多於經，神理更繁，其〔僞〕二〔也〕〔矣〕〔三〕。有命自天，乃稱符讖，而八十一篇，皆託於孔子；則是堯造〔録〕〔緑〕圖〔四〕，昌制丹書，其僞三矣。商周以前，圖〔録〕〔籙〕頻見〔五〕，春秋之末，羣經方備，先緯後經，體乖織綜，其僞四矣。僞既倍摘，則義異自明，經足訓矣，緯何〔豫〕〔預〕焉〔六〕？

原夫圖籙之見，乃昊天休命，事以瑞聖，義非配經。故河不出圖，夫子有歎，如或可造，無勞喟然。昔康王河圖，陳於東序；故知前世符命，歷代寶傳，仲尼所撰，序録而已。於是伎數之士，附以詭術，或説陰陽，或序災異，若鳥鳴似語，蟲葉成字，篇條滋蔓，必〔假〕〔徵〕孔氏〔七〕，通儒討覈，謂〔僞〕起哀平〔八〕，東序祕寶，朱紫亂矣。

至〔於〕光武之世〔九〕，篤信斯術。風化所靡，學者比肩，沛獻集緯以通經，曹褒〔撰〕〔選〕讖以定禮〔一〇〕，乖道謬典，亦已甚矣。是以桓譚疾其虚僞，尹敏戲其〔深瑕〕〔浮假〕〔一一〕，張衡發其僻謬，荀悦明其詭誕：四賢博練，論之精矣。

若乃羲、農、軒、皞之源，山瀆鍾律之要，白魚赤〔烏〕〔雀〕之符〔一二〕，黄〔金〕〔銀〕紫玉之瑞〔一三〕，事豐奇偉，辭富膏腴，無益經典，而有助文章。是以〔後〕〔古〕來辭人〔一四〕，〔採〕〔捃〕摭英華〔一五〕，平子恐其迷學，奏令禁絶；仲豫惜其雜真，未許煨燔；前代配經，故詳論焉。

贊曰：〔榮〕〔滎〕河温洛〔一六〕，是孕圖緯。神寶藏用，理隱文貴。世歷二漢，朱紫騰沸。芟夷譎詭，〔糅〕〔採〕其雕蔚〔一七〕。

校　記

〔一〕 孝論昭哲而鈎讖葳蕤按經驗緯其僞有四　「哲」，唐寫本作「晢」。○按：當作「晣」，已見前校。○「按」，黄本同，唐寫本作「酌」。○按：唐寫本是，從其改。詳見唐寫本《正諱》校記。

〔二〕 倍擿千里　「擿」，唐寫本作「摘」。○楊明照《拾遺》：「按『擿』『摘』二字本通，猶『指摘』之爲『指擿』，『發摘』之爲

『發擿』也。然以下文『僞既倍擿』例之，此當依唐寫本作『擿』，上下始能一律。」〇按：楊説是，從唐寫本改。

〔三〕其二也　唐寫本、《訓故》作「其僞二矣」。〇按：「僞」字當有，「也」作「矣」較勝，上下一律。從唐寫本、《訓故》補、改。

〔四〕堯造録圖　「録」，唐寫本作「緑」。〇詹鍈《義證》引橋川時雄：「录、録、籙皆通用。然緑圖與丹書對稱，並非方册之謂，改作『録』『籙』皆非。」〇按：《淮南・俶真訓》：「洛出丹書，河出緑圖」。作「緑」爲勝，依唐寫本改。

〔五〕圖録頻見　「録」，《訓故》、黄本作「籙」。〇詹鍈《義證》引范文瀾《文心雕龍註》：「圖録，籙圖，散見緯書中。陶潛《聖賢羣輔録》引《論語摘輔象》『天老受天籙』。宋均註：『籙，天教命也。』」又引橋川時雄：「按唐寫已作『緑圖』，從之似是。然圖籙、録圖之語，多見緯書中，則不必改，録籙亦兩是。」〇按：下文有「原夫圖籙之見」，作「籙」較勝，上下一律。從《訓故》、黄本改。

〔六〕緯何豫焉　「豫」，唐寫本作「預」。楊明照《拾遺》：「按以《祝盟篇》『祝（原作呪，此從唐寫本）何預焉』及《指瑕篇》『何預情理』例之，作『預』前後一律。」〇按：從唐寫本改。

〔七〕必假孔氏　「假」，唐寫本作「徵」。〇楊明照《拾遺》：「『假』，唐寫本作『徵』。按緯書多稱引孔子爲説，唐寫本作『徵』較勝。」〇按：從唐寫本改。

〔八〕謂起哀平　唐寫本「謂」下有「僞」字。〇范文瀾《文心雕龍註》：「《尚書序》《正義》曰：『緯文鄙近，不出聖人，前賢共疑，有所不取，通人考正，僞起哀平。』《正義》之文，蓋本彦和。唐寫本作『謂僞起哀平』，語意最明。又《洪範》《正義》『緯候之書，不知誰作，通人討覈，謂僞起哀平。』正與唐寫本合。」〇按：「僞」字當有，依唐寫本補。

〔九〕至於光武之世　唐寫本無「於」字。〇楊明照《拾遺》：「按此爲承上敘述之辭，『於』字不必有，當據删。」〇按：楊説是，從唐寫本删。

〔一〇〕曹褒撰讖以定禮　「撰」，唐寫本作「選」。〇楊明照《拾遺》：「按唐寫本是。『選讖』，即《後漢書》本傳所謂『雜以五經讖記之文』之意。若作『撰』，則非其指矣。」〇按：從唐寫本改。

〔一一〕尹敏戲其深瑕　「深瑕」，唐寫本作「浮假」。〇范文瀾《文心雕龍註》：「深瑕應作浮假，形相近而誤。」〇詹瑛《義證》引斯波六郎曰：「『戲其深瑕』不可解。唐寫本作『浮假』，當從之。『浮假』者，無根據之意也。」〇按：趙萬里《唐本文心雕龍校記》亦云：「案此文與上句『桓譚疾其虚僞』相對成文，則唐寫本作『浮假』是也。」今從唐寫本改。

〔一二〕白魚赤烏之符　「烏」，唐寫本作「雀」。○楊明照《拾遺》：「《論衡·初稟篇》：『文王得赤雀，武王得白魚赤烏。』是赤雀爲文王事，赤烏爲武王事矣。然古亦混言不別，《吕氏春秋·應同篇》：『及文王之時，天先見火，赤烏銜丹書集於周社。』是以赤烏屬之文王也。舍人此文，殆原作『赤雀』，傳寫者求其與『白魚』同爲武王事而改之耳。」○按：從唐寫本改。

〔一三〕黄金紫玉之瑞　「金」，唐寫本作「銀」。○范文瀾《文心雕龍註》：「唐寫本『金』作『銀』，是。《禮斗威儀》『君乘金而王，其政象平，黄銀見，紫玉見於深山。』」○按：「黄銀」「紫玉」連文，從唐寫本改。

〔一四〕是以後來辭人　「後」，唐寫本作「古」。○按：潘重規《唐寫文心雕龍殘本合校》：「重規案：《物色篇》云：『古來辭人，異代接武。』當依唐寫本作『古』。」○按：「後」「古」於此並通，作「古」爲勝，從唐寫本改。

〔一五〕採摭英華　「採」，唐寫本作「捃」。○楊明照《拾遺》：「按以《事類篇》『捃摭經史』例之，唐寫本作『捃』，是也。《史記·十二諸侯年表序》：『及如荀卿、孟子、公孫固、韓非之徒，各往往捃摭《春秋》之文以著書。』《漢書·刑法志》：『攟（古捃字）摭秦法。』又《藝文志》：『武帝時，軍政楊僕捃摭遺逸，記奏兵録。』並以『捃摭』二字連文。」○按：楊説有理，據唐寫本改。

〔一六〕滎河温洛　「滎」，黄本作「榮」。○詹鍈《義證》引橋川時雄：「『榮』，胡、梅本作『滎』，何校云：榮爲榮光也，作『滎』非。按滎之本義絶小水也，無光義，從原典作『榮』是，『滎』或『熒』之誤。」○按：從黄本改。

〔一七〕糅其雕蔚　「糅」，唐寫本作「採」。○楊明照《拾遺》：「『糅』，唐寫本作『採』。兩京本、胡本作『揉』。按『糅』、『揉』並非。唐寫本作『採』，是也。『採其雕蔚』，即篇末『捃摭英華』之意。」○按：從唐寫本改。

* 《訓故》篇末註：校五字。

（辯）〔辨〕騷第五〔一〕

自《風》《雅》寢聲，莫或抽緒，奇文鬱起，其《離騷》哉！固（巳）〔已〕軒翥詩人之後〔二〕，奮飛辭家之前，豈去聖之未遠，而楚人之多才乎！昔漢武愛《騷》，而淮南作《傳》，以爲：「《國風》好色而不淫，《小雅》怨（謗）

〔誹〕而不亂〔三〕，若《離騷》者，可謂兼之。蟬蛻穢濁之中，浮游塵埃之外，皭然涅而不緇，雖與日月爭光可也。」班固以爲：露才揚（巳）〔己〕〔四〕，忿懟沉江；羿澆二姚，與左氏不合，崑崙懸圃，非經義所載；然其文（辭）麗（稚）〔雅〕〔五〕，爲詞賦之宗，雖非明哲，可謂妙才。王逸以爲：詩人提耳，屈原婉順，《離騷》之文，依經立義：駟虬乘鷖，則時乘六龍；崑崙流沙，則《禹貢》敷土。名儒辭賦，莫不擬其儀表，所謂金相玉質，百世無匹者也。及漢宣嗟歎，以爲皆合經（術）〔傳〕〔六〕；楊雄諷味，亦言體同《詩·雅》。四家舉以方經，而孟堅謂不合傳，褒貶任聲；抑揚過實，可謂鑒而弗精，玩而未覈者也。

將覈其論，必徵言焉。故其陳堯舜之耿介，稱（湯禹）〔禹湯〕之祗敬〔七〕，典誥之體也；譏桀紂之猖披，傷羿澆之顛隕，規諷之旨也；虬龍以喻君子，雲蜺以譬讒邪，比興之義也；每一顧而（淹）〔掩〕涕〔八〕，歎君門之九重，忠怨之辭也：觀茲四事，同於《風》《雅》者也。至於托雲龍，説迂怪，〔駕〕豐隆，求宓妃，〔憑〕鴆鳥，媒娀女〔九〕：詭異之辭也；康回傾地，夷羿（蔽）〔彃〕日〔一〇〕，木（天）〔夫〕九首〔一一〕，土伯三〔目〕〔一二〕，譎怪之談也；依彭咸之遺則，從子胥以自適，狷狹之志也；士女雜坐，亂而不分，指以爲樂，娛酒不廢，沉湎日夜，舉以爲歡，荒淫之意也：摘此四事，異乎經典者〔也〕〔一三〕。

故論其典誥則如彼，語其（本）〔夸〕誕則如此〔一四〕，固知《楚辭》者，體憲於三代，而風（雅）〔雜〕於戰國〔一五〕，乃《雅》《頌》之博徒，而詞賦之英傑也。觀其骨鯁所樹，肌膚所附，雖取鎔經意，亦自鑄偉辭。故《騷經》《九章》，朗麗以哀志，《九歌》《九辯》，綺靡以傷情；《遠游》《天問》，瓌詭而（惠）〔慧〕巧〔一六〕；《招魂》（《招隱》）〔《大招》〕〔一七〕，耀艷而深華；《卜居》（標）〔標〕放言之致〔一八〕，《漁父》寄獨往之才。故能氣往轢古，辭來切今，驚采絶艷，難與並能矣。

自《九懷》以下，遽躡其跡；而屈、宋逸步，莫之能追。故其敘情怨，則鬱伊而易感；述離居，則愴怏而難懷；論山水，則循聲而得貌；言節候，則披文而見時。是以枚、賈追風以〔入麗〕〔一九〕，馬、楊沿波而得奇；其衣被詞人，非一代也。故才高者菀其鴻裁，中巧者獵其艷辭，吟諷者銜其山川，〔童〕蒙者拾其香草〔二〇〕。若能憑軾以倚《雅》《頌》，懸轡以馭楚〔篇〕〔二一〕，酌奇而不失其（真）〔貞〕〔二二〕，玩華而不墜其實，則顧

〔盼〕〔眄〕可以〔驅〕辭力〔二三〕，欬唾可以窮文致，亦不復乞靈於長卿，假寵於子淵矣。

贊曰：不有屈（原）〔平〕〔二四〕，豈見《離騷》？驚才風逸，壯（志）〔采〕煙高〔二五〕。山川無極，情理實勞。金相玉式，（絶益稱豪）〔艷溢錙毫〕〔二六〕。

《文心雕龍》卷第一

校　記

〔一〕辯騷　「辯」，唐寫本作「辨」。○詹鍈《義證》引橋川時雄：「《楚辭》及各本作『辨』，唐寫本作『辨』。《楚辭》芙蓉館汲古閣本亦作『辨』，汪、張、余、胡及《四庫》本作『辯』。《説文·辡部》：辯，治也。段注云：俗多與辨不别。時按：辯辨二字同音義近，非關假借，通用已久。」○按：爲同《楚辭》一律，從唐寫本改。

〔二〕固已軒翥詩人之後　「已」，唐寫本作「已」。○按：已、已有别，當從唐寫本改。

〔三〕小雅怨誹而不亂　「謗」，唐寫本作「誹」。○楊明照《拾遺》：「『誹』，黄校云：『元作謗，許（無念）改。』徐𤊹亦校爲『誹』。按唐寫本、《楚辭補注》、《廣廣文選》、謝鈔本、《諸子彙函》、《賦略緒言》作『誹』。許改徐校是也。」○按：《史記·屈原列傳》：「《國風》好色而不淫，《小雅》怨誹而不亂。」作「誹」是，從唐寫本改。

〔四〕露才揚已　「已」，唐寫本作「已」。○按：從唐寫本改。

〔五〕然其文辭麗雅　唐寫本無「辭」字；「稚」作「雅」。○詹鍈《義證》引橋川時雄：「唐寫無『辭』字，各本及《楚辭》芙蓉館本有『辭』。『其文辭麗雅』，本班固序，無『辭』字似是。序作『雅麗』。」○按：班固《離騷序》：「然其文弘博麗雅，爲辭賦宗。」當從本文删「辭」字，改「稚」爲「雅」。

〔六〕以爲皆合經術　「術」，唐寫本作「傳」。○按：以下文「孟堅謂不合傳」例之，作「傳」爲得。從唐寫本改。

〔七〕稱湯禹之祇敬　「湯禹」，唐寫本作「禹湯」。○范文瀾《文心雕龍註》：「『湯武』唐寫本作『禹湯』。據《離騷》應作『湯禹』。」○王利器《文心雕龍校證》：「『禹湯』原作『湯武』（按：黄本作『湯武』），今從唐寫本及明翻宋本《楚辭》改。」○按：作「禹湯」是，從唐寫本改。

〔八〕每一顧而淹涕　「淹」，唐寫本作「掩」。○按：唐寫本是。《離騷》：「長太息以掩涕兮，哀民生之多艱。」從本文改。

〔九〕豐隆求宓妃鴆鳥媒娀女　唐寫本在「豐隆」上有「駕」字，在「鴆鳥」上有「憑」字。○楊明照《拾遺》：「按『駕』『憑』二字當據增，始能與上『托雲龍説迂怪』句一例，否則辭意不明。」○按：《離騷》：「吾令豐龍乘雲兮，求宓妃之所在」；「望瑤臺之偃蹇兮，見有娀之佚女。吾令鴆爲媒兮，鴆告余以不好」。在「豐隆」、「鴆」前並有使動詞，故「駕」、「憑」二字不可無。從唐寫本補。

〔一〇〕夷羿蔽日　「蔽」，唐寫本作「斃」。《訓故》、黄本並作「彈」。○楊明照《拾遺》：「按唐寫本是也。《楚辭·天問》：『羿焉彃日？』舊校云：『彃，一作斃。』舍人用傳記文，多從別本，此必原是『斃』字……作『蔽』，皆音同形近之誤。」○詹鍈《義證》引李曰剛《文心雕龍斟詮》：「《説文·弓部》：『彃，䠶也，從弓，畢聲。《楚辭》曰：芎焉彃日。』段註：『屈原賦《天問篇》文。今本芎作羿。……『彃』爲正字，其作『彈』者形誤，作『斃』者乃音假，仍宜從許慎所見漢本《楚辭》作『彃』爲是。不必從唐寫本作『斃』。」○按：李説是。從《訓故》、黄本改。

〔一一〕木天九首　「天」，唐寫本作「夫」。《訓故》「木天」作「一夫」。○按：黄叔琳云：「元作『天』，謝改。」並註：「《招魂》：『一夫九首，拔木九千些。』」註：「有丈夫一身九頭，强梁多力，從朝至暮，拔大木九千株也。」「天」爲「夫」之形誤，從唐寫本改。

〔一二〕土伯三〔目〕　「目」，本書作墨釘，唐寫本、《訓故》作「目」。○按：黄叔琳引《招魂》「土伯九約，其角觺觺些」。「參目虎首，其身若牛些」。並註：「土伯，后土之侯伯也，其貌如虎，而有三目，身又肥大，狀如牛也。」今據唐寫本補。

〔一三〕異乎經典者　唐寫本在「者」下有「也」字。○按：「者也」乃彦和常用語，本書例甚夥，此處脱「也」字，當從唐寫本、《訓故》補。

〔一四〕語其本誕則如此　「本」，唐寫本、《訓故》作「夸」。○詹鍈《義證》：「『夸』，元刻本、弘治本、張之象本、兩京本俱作『本』。梅註本改作『夸』，黄註本從之，唐寫本正作『夸』。曹學佺批：『摘其夸誕，此愛而知惡也。』彦和欲扶《風》《雅》之切如此。」○按：「本」無義，當從唐寫本、《訓故》改。

〔一五〕而風雅於戰國　「雅」，唐寫本作「雜」。○楊明照《拾遺》：「『雅』，唐寫本作『雜』。按唐寫本是。《時序篇》：『屈平聯藻於日月，宋玉交彩於風雲，觀其艷説，則籠罩雅頌，故知暐燁之奇意，出乎縱横之詭俗也。』正可作爲『風雜於戰國』一語註脚。」○按：從唐寫本改。

〔一六〕瓌詭而惠巧　「惠」，唐寫本作「慧」。○按：郭晉稀《文心雕龍註釋》云：「『惠』『慧』古通用。『慧』本字，『惠』借字，故依唐寫本改寫。」

〔一七〕招魂招隱　「招隱」，唐寫本、《訓故》作「大招」。○范文瀾《文心雕龍註》：。「《招隱》，唐寫本作《大招》，是。」○詹鍈《義證》引黃侃《文心雕龍札記》：「《招隱》，宜從《楚辭補註》本作《大招》。」又引王逸《大招序》：「《大招》者，屈原之所作也，或曰景差，疑不能明也。屈原放逐九年，憂思煩亂，精神越散，與形離別，恐命將終，所行不遂，故憤然大招其魂。」○按：作《大招》是，從唐寫本、《訓故》改。

〔一八〕卜居摽放言之致　「摽」，《義證》作「標」。○按：唐寫本、黄本亦作「摽」，係手寫行書「木」旁常寫成「扌」，刊梓未及改之故，當從《義證》作「標」。

〔一九〕是以枚賈追風以[入麗]　○按：「入麗」殘佚，從唐寫本、《訓故》補。

〔二〇〕[童]蒙者拾其香草　○按：「童」字殘佚，從唐寫本、《訓故》補。

〔二一〕懸轡以馭楚[篇]　○按：「篇」字殘佚，從唐寫本補。

〔二二〕酌奇而不失其真　「真」，唐寫本、《訓故》作「貞」。○楊明照《拾遺》：「『其真』，唐寫本作『居真』。按『貞』字是，『居』則非也。《楚辭補註》、《訓故》本、《廣廣文選》作『其貞』。貞，正也；誠也。」○按：從唐寫本、《訓故》改。

〔二三〕顧盼可以[驅]辭力　「盼」，唐寫本作「眄」；「驅」字至正本殘佚。○楊明照《拾遺》：「按『眄』『盻』『盼』三字，形音誼俱別。《説文·目部》：『眄，目偏合視也。』又：『盻，恨視也。』《玉篇·目部》：『盼，黑白分也。』三字形近，每致淆誤。此當以作『眄』爲是。」○按：從唐寫本改「眄」補「驅」。

〔二四〕不有屈原　「原」，唐寫本作「平」。○楊明照《拾遺》：「按《時序篇》『屈平聯藻於日月』，《物色篇》『然屈平所以能洞鑒風騷之情者』，《知音篇》『昔屈平有言』，並稱屈子之名。則此當從唐寫本作『平』，前後始能一律。」○按：楊説是，從唐寫本改。

〔二五〕壯志煙高　「志」，唐寫本作「采」。○范文瀾《文心雕龍註》：「『壯志』，唐寫本作『壯采』，是。」○楊明照《拾遺》：「按『采』字是。《詮賦篇》『時逢壯采』，亦以『壯采』連文。」○按：從唐寫本改。

〔二六〕絶益稱豪　唐寫本作「艷逸錙毫」。○詹鍈《義證》引橋川時雄：「唐寫作『艷逸錙毫』，《楚辭》芙蓉館、汲古閣本作『艷溢錙毫』……時按：諸本紛雜，難得一是。然唐寫本、《楚辭》，僅差一字。逸、溢兩通。『溢』字妥。他本異同，皆出摸索，不問之可也。」○按：從橋川時雄説，改作「艷溢錙毫」。

*《訓故》篇末註：校九字，一卷共校一百六十字。

《文心雕龍》卷第二

明詩第六

大舜云：「詩言志，歌永言。」聖(謀)〔謨〕所析〔一〕，義(巳)〔已〕明矣〔二〕。是以「在心爲志，發言爲詩」，舒文載實，其在茲乎？〔故〕詩者，持也〔三〕，持人情性；三百之蔽，義歸「無邪」，持之爲訓，有符焉爾。

人稟七情，應物斯感，感物吟志，莫非自然。昔葛天(氏)樂辭(云)〔四〕，《玄鳥》在曲；黄帝《雲門》，理不空(綺)〔弦〕〔五〕。至堯有《大唐》之歌，舜造《南風》之詩，觀其二文，辭達而(巳)(已)〔六〕。及大禹成功，九序惟歌；太康敗德，五子咸(怨)〔諷〕〔七〕：順美匡惡，其來久矣。自商暨周，《雅》《頌》圓備，四始彪炳，六義環深。子夏(監)〔鑒〕絢素之章〔八〕，子貢悟琢磨之句，故商賜二子，可與言《詩》。自王澤殄竭，風人輟采，春秋觀志，諷誦舊章，酬酢以爲賓榮，吐納而成身文。逮楚國諷怨，則《離騷》爲刺。秦皇滅典，亦造《仙詩》。

漢初四言，韋孟首唱，匡諫之義，繼軌周人。孝武愛文，柏梁列韻，嚴、馬之徒，屬辭無方。至成帝品録，三百餘篇，朝章國采，亦云周備；而辭人遺翰，莫見五言，所以李陵、班婕妤見疑於後代也。按《召南・行露》，始肇半章；孺子《滄浪》，亦有全曲；《暇豫》優歌，遠見春秋；《邪徑》童謡，近在成世；閲時取(證)〔徵〕〔九〕，則五言久矣。又《古詩》佳麗，或稱枚叔，其《孤竹》一篇，則傅毅之詞。比采而推，〔固〕兩漢之作乎〔一〇〕？觀其結體散文，直而不野，婉轉附物，怊悵切情，實五言之冠冕也。至於張衡《怨篇》，清(曲)〔典〕可味〔一一〕；《仙詩》緩歌，雅有新聲。

暨建安〔之〕初〔一二〕，五言騰(踴)〔躍〕〔一三〕，文帝陳思，縱轡以騁節，王、徐、應、劉，望路而爭驅；並憐風月，狎池苑，述恩榮，叙酣宴，慷慨以任氣，磊落以使才；造懷指事，不求纖密之巧，驅辭逐貌，唯取昭(哲)〔晣〕之能〔一四〕：此其所同也。(乃)〔及〕正始明道〔一五〕，詩雜仙心，何晏之徒，率多浮淺。唯嵇(旨)〔志〕清峻〔一六〕，阮旨遥深，故能（摽）〔標〕焉〔一七〕。若乃應璩《百一》，獨立不懼，辭譎義貞，亦魏之遺直也。

晉世羣才，稍入輕綺。張、（潘左）〔左、潘〕、陸〔一八〕，比肩詩衢，采縟於正始，力柔於建安，或柝〔析〕文以爲妙〔一九〕，或流靡以自妍：此其大略也。江左篇製，溺乎玄風，嗤笑徇務之志，崇盛（亡）〔忘〕機之談〔二〇〕。袁、孫（巳）〔已〕下〔二一〕，雖各有雕采，而辭趣一揆，莫與争雄；所以景純《仙篇》，挺拔而爲俊矣。宋初文詠，體有因革，莊、老告退，而山水方滋；儷采百字之偶，争價一句之奇。情必極貌以寫物，辭必窮力而（迨）〔追〕新〔二二〕，此近世之所競也。

故舖觀列代，而情變之數可（監）〔鑒〕〔二三〕；撮舉同異，而綱領之要可明矣。若夫四言正體，〔則〕雅潤爲本；五言流調，〔則〕清麗居宗〔二四〕；華實異用，唯才所安。故平子得其雅，叔夜含其潤，茂先凝其清，景陽振其麗；兼善則子建、仲宣，偏美則太沖、公幹。然詩有恒裁，思無定位，隨性適分，鮮能（通圓）〔圓通〕〔二五〕。若妙識所難，其易也將至；忽（之）〔以〕爲易〔二六〕，其難也方來。至於三六雜言，則（自出）〔出自〕篇什〔二七〕；離合之發，則（明）〔萌〕於圖讖〔二八〕；回文所興，則道原爲始；聯句共韻，則柏梁餘製；巨細或殊，情理同致，總歸詩囿，故不繁云。

贊曰：民生而志，詠歌所含。興發皇世，風流二《南》。神理共契，政序相參。英華彌縟，萬代永耽。

校記

〔一〕聖謀所祈　「謀」，唐寫本、《訓故》作「謨」。○范文瀾《文心雕龍註》：「『聖謀』，唐寫本作『聖謨』，黄校本亦改『謀』作『謨』，《尚書·僞伊訓》『聖謨洋洋，嘉言孔彰』。作『聖謨』是。」○趙萬里《唐本文心雕龍校記》云：「案唐寫本是也，本書『謀』『謨』多形近互譌。」○按：今從唐寫本、《訓故》改。

〔二〕義巳明矣　「巳」，唐寫本作「已」。○按：本書「巳」「已」不別，從唐寫本改。

〔三〕詩者持也　唐寫本「詩」字前有「故」字。○楊明照《拾遺》：「按『故』字於此爲承上領下之詞，實不可少，應據增。」○按：從楊説，依唐寫本增。

〔四〕昔葛天氏樂辭云　唐寫本作「昔葛樂辭」。○范文瀾《文心雕龍註》：「趙君萬里曰：『唐寫本天字、氏字、云字均無。案此文疑當作昔葛天樂辭，玄鳥在曲，方與下文黃帝《雲門》，理不空綺，相對成文。今本衍氏字，云字，唐本奪天字，均有誤，然終以唐本近是。』案趙説是也。」○楊明照《拾遺》：「唐寫本無『天』『氏』『云』三字。郝懿行云：『按云字疑衍。』按唐寫本脱『天』字，『氏』『云』二字則當據删。《樂府篇》『葛天八闋』，《事類篇》『按葛天之歌』，並作『葛天』，無『氏』字。《玉海》一百六引，正作『昔葛天樂辭』，未衍未脱。」○按：楊説是，今據《玉海》引删。

〔五〕理不空綺　《訓故》四字標疑作理不空綺。○「綺」，唐寫本作「弦」。○王利器《文心雕龍校證》：「《詩譜序》《正義》云：『大庭有鼓籥之器，黃帝有《雲門》之樂，至周尚有《雲門》，明其音樂和集。既能和集，必不空弦，弦之所歌，即是詩也。』即本《文心》，今據改。」○按：從唐寫本改。

〔六〕辭達而巳　「巳」，唐寫本作「已」。○按：據唐寫本改。

〔七〕五子咸怨　「怨」，唐寫本、《御覽》作「諷」。○楊明照《拾遺》：「按『諷』字是。上云『歌』，此云『諷』，文本相對爲義。故下言『順美匡惡』也。『順美』指『大禹』二句，『匡惡』指『太康』二句。傳寫者蓋泥於僞《五子之歌》文而改耳。」○按：從唐寫本、《御覽》改。

〔八〕子夏監絢素之章　「監」，唐寫本、《御覽》並作「鑒」。○按：劉永濟《文心雕龍校釋》云：「唐寫本及《御覽》五八六『監』並作『鑑』，是也。」「監」「鑒」古通，但作「鑒」較勝，據唐寫本改。

〔九〕閲時取證　「證」，唐寫本、《御覽》作「徵」。○楊明照《拾遺》：「按唐寫本及《御覽》引並作『徵』。釋僧祐《弘明論》：『指事取徵。』則作『徵』是。」○按：從唐寫本改。

〔一〇〕兩漢之作乎　唐寫本在「兩漢」前有「故」字，《御覽》有「固」字。○詹鍈《義證》：「趙萬里《校記》謂：『唐寫本兩上有故字，乎作也。按《御覽》五八六引兩上有固字。固、故音近而訛。疑此文當作固兩漢之作也，今本有脱誤。』按『固』『故』字通。」○按：從《御覽》增「固」字。

〔一一〕清曲可味　「曲」，唐寫本作「典」。○楊明照《拾遺》：「按作『典』是也。唐寫本、《御覽》、《玉海》五九引，並作『典』。《陸士衡集·遂志賦》：『思玄精練而和惠，欲麗前人，而優游清典，漏幽通矣。』亦以『清典』連文。」○按：從唐寫本改。○「味」，《訓故》作「咏」。

〔一二〕暨建安初　唐寫本、《御覽》在「初」前有「之」字。○按：「之」字當有，據唐寫本、《御覽》補。

〔一三〕五言騰踴　「踴」，唐寫本作「躍」。○楊明照《拾遺》：「按：『躍』『踴』通用。以《宗經篇》『百家騰躍』、《總術篇》『義味騰躍而生』例之，此當以『躍』爲是。」○按：從楊説，依唐寫本改。

〔一四〕唯取昭哲之能　「哲」，唐寫本作「晢」。○按：當作「晣」，已見前校。

〔一五〕乃正始明道　「乃」，唐寫本、《御覽》作「及」。○楊明照《拾遺》：「按『及』字是。」○按：「乃」是「及」之形誤，從唐寫本改。又：《訓故》「明道」作「明道」。

〔一六〕唯嵇旨清峻　「旨」，唐寫本作「志」。○楊明照《拾遺》：「按《文選》向秀《思舊賦序》：『余與嵇康、吕安居止接近，其人並有不羈之才；然嵇志遠而踈。』」○按：作「志」是，從唐寫本改。

〔一七〕故能摽焉　「摽」，《義證》作「標」。○按：作「標」是，已見前校。

〔一八〕張潘左陸　唐寫本、《御覽》作「張左潘陸」。○楊明照《拾遺》：「按《詮賦》、《時序》、《才略》三篇所敘西晉作者，皆左先於潘，此亦應爾。」○按：楊説是，從唐寫本改。

〔一九〕或枬文以爲妙　「枬」，唐寫本、《御覽》並作「折」。○范文瀾《文心雕龍註》：「『枬文』，唐寫本作『析文』，按『析文』是。張遷、孔耽二碑析變作枬。《麗辭篇》『至魏晉羣才，析句彌密，聯字合趣，剖毫析釐』。」○楊明照《拾遺》：「『枬』，唐寫本、《兩京》本、《訓故》本、《龍谿》本作『析』；活字本、鮑本《御覽》引同。按『枬』爲『析』之俗體，當據正。」○按：唐寫本實作「折」。唐寫本「木」旁常寫成「扌」。從楊説改。

〔二〇〕崇盛亡機之談　「亡」，唐寫本、《御覽》作「忘」。○楊明照《拾遺》：「『亡』，徐𤊹云：『當作忘。』郝懿行説同。唐寫本正作『忘』；《御覽》引同。《選詩約注》二亦引作『忘』，當從之。」○按：從唐寫本改。

〔二一〕袁孫巳下　「巳」，唐寫本作「已」。○按：從唐寫本改，已見前校。

〔二二〕辭必窮力而追新　「追」，唐寫本、《訓故》作「追」。○按：《御覽》及諸本作「追」，無誤，當從唐寫本改。

〔二三〕而情變可監　「監」，唐寫本、《御覽》並作「鑒」。○按：從唐寫本改，已見前校。

〔二四〕若夫四言正體雅潤爲本五言流調清麗居宗　唐寫本在「雅潤」前、「清麗」前並有「則」字。○按：趙萬里《唐本文心雕龍校記》云：「按《御覽》五八六引亦有兩『則』字，與唐本正合，當據補。」從趙説，依唐寫本增。

〔二五〕鮮能通圓　「通圓」，唐寫本作「圓通」。○楊明照《拾遺》：「按作『圓通』是也。《論説篇》『義貴圓通』，《封禪篇》『辭貴圓通』，並其證。」○按：從唐寫本改。

〔二六〕忽之爲易　「之」，唐寫本作「以」。○范文瀾《文心雕龍注》：「《國語・晉語》『文公謂郭偃曰：始也吾以治國爲易，今也難。對曰：君以爲易，其難也將至矣；君以爲難，其易也將至矣。』彦和語本此。」○按：今從唐寫本改。

〔二七〕則自出篇什　「自出」，唐寫本作「出自」。○按：唐寫本是也，「自出」乃「出自」之誤倒。

〔二八〕則明於圖讖　「明」，唐寫本作「萌」。○楊明照《拾遺》：「『明』，徐𤊹校『萌』；馮舒校同。按唐寫本及《御覽》引，並作『萌』。徐、馮兩家所校是也。」○按：從唐寫本改。

* 《訓故》篇末未註校字。

樂府第七

樂府者，「聲依永，律和聲」也。鈞天九奏，既其上帝，葛天八(閲)〔闋〕〔一〕，爰乃皇時。自《咸》、《英》以降，亦無得而論矣。至於塗山歌於「候人」，始爲南音；有娀謠乎「飛燕」，始爲北聲；夏甲歎於東陽，東音以發；殷(氂)〔整〕思於西河〔二〕，西音以興；(音)〔心〕聲推移〔三〕，亦不一概矣。及〔匹〕夫庶婦〔四〕，謳吟土風，詩官採言，樂(育)〔胥〕被律〔五〕，志感絲(篁)〔簧〕〔六〕，氣變金石。是以師曠覘風於盛衰，季(扎)〔札〕鑒微於興廢〔七〕，精之至也。

夫樂本心術，故響浹肌髓，先王慎焉，務塞淫濫。敷訓冑子，必歌九德，故能情感七始，化動八風。自雅聲浸微，溺音騰沸，秦燔《樂經》，漢初紹復，制氏紀其鏗鏘，叔孫定其容(與)〔典〕〔八〕；於是《武德》興乎高祖，《四時》廣於孝文，雖摹《韶》、《夏》，而頗襲秦舊，中和之響，闃其不還。暨武帝崇禮，始立樂府，總趙代之音，撮齊、楚之氣，延年以曼聲協律，朱、馬以騷體製歌。《桂華》雜曲，麗而不經；《(亦)〔赤〕雁》羣篇〔九〕，靡而非典。河間薦雅而罕御，故汲黯致譏於《天馬》也。至宣帝雅(頌)〔詩〕，(詩)〔頗〕效《鹿鳴》〔一〇〕；(邇)〔逮〕及元、成〔一一〕，稍廣淫樂，正音乖俗，其難也如此。暨後〔漢〕郊廟〔一二〕，惟雜雅章，辭雖典文，而律非夔曠。

至於魏之三祖，氣爽才麗，宰割辭調，音靡節平。觀其「（兆）〔北〕上」衆引[一三]，「秋風」列篇，或述酣宴，或傷羈戍，志不出於滔蕩，辭不離於哀思，雖三調之正聲，實《韶》、《夏》之鄭曲也。逮於晉世，則傅玄曉音，創定雅歌，以詠祖宗；張華新篇，亦充庭《萬》。然杜夔調律，音奏舒雅，荀勖改懸，聲節哀急，故阮咸譏其離（聲）〔磬〕[一四]，後人驗其銅尺；和樂〔之〕精妙[一五]，固表裏而相資矣。

故知詩爲樂心，聲爲樂〔體〕；樂體在聲[一六]，瞽師務調其器；樂心在詩，君子宜正其文。「好樂無荒」，晉風所以稱遠；「伊其相謔」，鄭國所以云亡。故知季（扎）〔札〕觀（辭）〔樂〕[一七]，不直聽聲而（巳）〔已〕[一八]。

若夫艷歌婉孌，怨（志）〔詩〕訣絶[一九]，淫辭在曲，正響焉生？然俗聽飛馳，職競新異；雅詠温恭，必欠伸魚睨；奇辭切至，則拊髀雀躍。詩聲俱鄭，自此階矣。凡樂辭曰詩，（詩）〔詠〕聲曰歌[二〇]，聲來被辭，辭繁難節；故陳思稱（李）〔左〕延年閑於增損古辭[二一]，多者則宜減之，明貴約也。觀高祖之詠「大風」，孝武之歎「來遲」，歌童被聲，莫敢不協。子建士衡，（咸）〔亟〕有佳篇[二二]，並無詔伶人，故事謝絲管，俗稱乖調，蓋未思也。

至於（斬伎）〔軒、岐〕《鼓吹》[二三]，漢世「《鐃》《挽》」[二四]，雖戎喪殊事，而（並）總入樂府[二五]，繆（襲）〔韋〕所（致）〔改〕[二六]，亦有可算焉。昔子政品文，詩與歌别，故略（具）〔序〕樂篇，以（摽）〔標〕區界〔也〕[二七]。

贊曰：八音摛文，樹辭爲體。謳吟坰野，金石〔雲〕陛[二八]。《韶》響難追，鄭聲易啓。豈惟觀樂？於焉識禮。

校記

〔一〕 葛天八閲　「閲」，唐寫本作「闋」。○按：作「闋」是。《吕氏春秋·古樂篇》：「昔葛天氏之樂，三人摻牛尾，投足以歌八闋。」從唐寫本改。

〔二〕 殷釐思於西河　「釐」，《訓故》、黄本作「整」。○詹鍈《義證》引趙萬里《唐本文心雕龍校記》：「按《吕氏春秋·音初篇》云：『殷整甲徙宅西河，猶思故處，實始作西音。』此本當本《吕覽》，自以作『整』爲是。」○按：趙説是，從《訓故》、黄本改。

〔三〕音聲推移 「音」，唐寫本作「心」。○楊明照《拾遺》：「按唐寫本是。『心聲』二字出楊子《法言·問神篇》，此指歌辭。《書記》、《誇飾》、《附會》三篇，並有『心聲』之文。」○按：從唐寫本改。

〔四〕及夫庶婦 唐寫本作「及匹夫庶婦」。○楊明照《拾遺》：「『匹』，黄校云『元作及，許改』。此沿梅校。唐寫本作『及匹夫庶婦』。按唐寫本是。許改以前各本均作『及夫庶婦』，乃『及』下脱一『匹』字。許改於文意雖合，於語勢則失矣。」○按：從唐寫本改。

〔五〕樂育被律 「育」，唐寫本作「胥」。○楊明照《拾遺》：「《周禮·春官·大司樂》：『大胥中士四人，小胥下士八人。』《禮記·王制》：『小胥，大胥。』鄭注並云：『樂官屬也。』《尚書大傳·略説》：『胥與就膳徹。』鄭注亦云：『胥，樂官也。』即其義。此作『樂胥』，與上句『詩官』相對。《玉海》一百六引正作『胥』，不誤。當據改。」○按：唐寫本正作「胥」，今據改。

〔六〕志感絲篁 「篁」，唐寫本作「簧」。○楊明照《拾遺》：「按《總術篇》『聽之則絲簧』，亦以『絲簧』連文，則此當從唐寫本改作『簧』。《文選》馬融《長笛賦》有『漂凌絲簧』語。」○按：從唐寫本改。

〔七〕季扎鑒微於興廢 「扎」，黄本作「札」。○按：唐寫本亦作「扎」，乃「木」旁寫作「扌」所致，至正本沿此未及改。今從黄本改。

〔八〕叔孫定其容與 「與」，唐寫本作「典」。○楊明照《拾遺》：「按唐寫本是。《後漢書·曹褒傳論》：『漢初，天下創定，朝制無文，叔孫通頗採經禮，參酌秦法，雖適物觀，時有救崩；然先王之容典，蓋多闕矣。』章懷註：『容，禮容也；典，法則也。』謂行禮威儀俯仰之容貌也。』舍人所謂『定容典』者，蓋指其制宗廟禮樂之禮容法則也。《新唐書·歸崇敬傳》：『治禮家學，多識容典。』亦可爲此當作『容典』之證。」○按：從唐寫本改。

〔九〕亦雁羣篇 「亦」，唐寫本作「赤」。○范文瀾《文心雕龍註》：「《赤雁歌》太始三年，行幸東海，獲赤雁作。即《郊祀歌象載瑜》十八。」○按：唐寫本是。今從唐寫本改。

〔一○〕至宣帝雅頌詩效鹿鳴 「頌詩」，唐寫本作「詩頌」。○楊明照《拾遺》：「按唐寫本是。今本『頌』字，即『頗』之倒誤。『頗效《鹿鳴》』者，即《漢書·王褒傳》『選好事者，令依《鹿鳴》之聲，習而歌之』之意。」○按：從唐寫本改。

〔一一〕邇及元成 「邇」，唐寫本作「逮」。○楊明照《拾遺》：「按『逮』字是。當據改。」○按：從唐寫本改。

〔一二〕暨後郊廟　「後」，唐寫本作「後漢」。○范文瀾《文心雕龍註》：「唐寫本『後』下有『漢』字是……《後漢書・曹褒傳》，顯宗即位，曹允上言請制禮樂，引《尚書璇璣鈐》曰：『有帝漢出，德洽作樂名予。』帝善之，下詔曰：『今且改太樂官曰《太予樂》。歌詩曲操以俟君子。』據此後漢之樂，一仍前漢。《宋書・樂志》：漢明帝初，東平王蒼制《舞歌》一章，薦之光武之廟。」○按：當作「後漢」，從唐寫本增補。又：《訓故》「郊廟」下「惟雜雅章」，「惟」作「[惟]」。

〔一三〕觀其兆上衆引　「兆」，唐寫本作「北」。○按：唐寫本是。「兆」乃「北」之形誤。魏太祖武帝操《苦寒行》：「北上太行山，艱哉何巍巍！」今從唐寫本改。又：此句下有「志不出於滔蕩」，「滔」唐寫本作「慆」，非是。詳見唐寫本校記〔二六〕。

〔一四〕故阮咸譏其離聲　「聲」，唐寫本作「磬」。○楊明照《拾遺》：「按唐寫本是也。《禮記・明堂位》：『垂之和鐘，叔之離磬。』鄭註：『和、離，謂次序其聲縣也。』《正義》：『叔之離磬者，叔之所作編離之磬。……和、離謂次序其聲縣也者，聲解和也，縣解離也，言縣磬之時，其磬希疏相離。』據此，咸譏荀勗之離磬者，蓋以其改懸依杜夔所造鐘磬有所參池而言。若作『聲』，則非其指矣。」○按：楊説是，從唐寫本改。

〔一五〕和樂精妙　唐寫本在「樂」下有「之」字。○范文瀾《文心雕龍註》云：「唐寫本『和樂』下有『之』字，是。」○按：據唐寫本增。

〔一六〕聲爲樂樂體在聲　唐寫本、《訓故》作「聲爲樂體樂體在聲」。○按：至正本上「樂」字下脱「體」字；下「樂體」二字作分行小字。今從唐寫本、《訓故》增補。

〔一七〕季扎觀辭　「扎」、「辭」，《義證》本作「札」、「樂」。○王利器《文心雕龍校證》：「『觀樂』原作『觀辭』，今依《左》襄二十九年《傳》改。『觀樂』與下文『聽聲』相屬，且本贊亦作『觀樂』。」○按：從王説依《左傳》改。「扎」當作「札」，已見前校。

〔一八〕不直聽聲而巳　「巳」當作「已」，已見前校。

〔一九〕怨志訣絶　「志」，唐寫本作「詩」。○詹鍈《義證》引户田浩曉《黄叔琳本文心雕龍校勘記補》：「『絶歌』與『怨詩』相對而成文，『詩』字近是。」○按：趙萬里《文心雕龍校記》亦云：「案唐寫本近是，疑此文當作『怨詩決絶』，與上句相對。」今從唐寫本改。

〔二〇〕詩聲曰歌　「詩」，唐寫本作「咏」。○楊明照《拾遺》：「『詩聲』，唐寫本作『咏聲』。按唐寫本是。《漢書・藝文志》：『誦其言謂之詩，咏其聲謂之歌。』舍人語似本此。《禮記・樂記》：『歌，咏其聲也。』《國語・魯語》下：『歌，所以咏詩也。』並其旁證。今本蓋涉上『詩』字而誤，當據正。」○按：據唐寫本改。

〔二一〕陳思稱李延年閑於增損古辭　「李延年」，唐寫本作「左延年」。○黄侃《文心雕龍札記》：「按『李延年』當作『左延年』。左延年，魏時之擅鄭聲者，見《魏志・杜夔傳》。」○按：從黄説，依唐寫本改。

〔二二〕咸有佳篇　「咸」，唐寫本作「亟」。○楊明照《拾遺》：「按作『亟』是。『亟』，屢也（《漢書・刑法志》顔註）。《諸子篇》『鶡冠緜緜，亟發深言』，《時序篇》『微言精理，亟（此依《訓故》本）滿玄席』，其用『亟』字誼與此同。」○按：從唐寫本改。

〔二三〕至於斬伎鼓吹　「斬伎」，唐寫本、《訓故》作「軒岐」。○楊明照《拾遺》：「按作『軒岐』是。《東觀漢記・樂志》：『黄門鼓吹……其短簫鐃歌，軍樂也。其傳曰：『黄帝岐伯所作，以建威揚德，風敵（此字原脱，今補）勸士也。』」○按：從唐寫本、《訓故》改。

〔二四〕漢世〔鐃挽〕　「鐃挽」二字殘佚，唐寫本、《訓故》作「鐃挽」。今據補。

〔二五〕而並總入樂府　唐寫本無「並」字。○范文瀾《文心雕龍註》：「唐寫本無『並』字，是。」○按：今從唐寫本删。

〔二六〕繆襲所致　唐寫本作「繆朱所改」。○范文瀾《文心雕龍註》：「『繆襲』，唐寫本『繆朱』，恐誤。」○楊明照《拾遺》：「按唐寫本『致』作『改』，是，『朱』則非也。以其字形推之，『朱』當作『韋』。蓋草書『韋』『朱』形近，故『韋』誤爲『朱』。『繆』是繆襲，『韋』是韋昭。『所改』，謂繆襲所改《魏鼓吹曲》十二篇，韋昭所改《吳鼓吹曲》十二篇也（歌辭並見《宋書・樂志四》及《樂府詩集》十六）。」○按：從楊説改。

〔二七〕故略具樂篇以摽區界　「具」，唐寫本作「序」，「摽」，黄本作「標」。○范文瀾《文心雕龍註》：「唐寫本『具』作『序』，是。」○楊明照《拾遺》：「按凌本作『敘』，與唐寫本合。」○按：『具』當從唐寫本改作「序」；作「標」亦是，當改，已見前校。

〔二八〕金石〔雲〕陛　「雲」字殘佚，據唐寫本補。

*《訓故》篇末未註校字。

詮賦第八

《詩》有六義，其二曰「賦」。「賦」者，鋪也；鋪采摛文，體物寫志也。昔邵公稱：「公卿獻詩，師箴〔瞽〕賦〔一〕。」《傳》云：「登高能賦，可爲大夫。」《詩序》則同義，《傳》説則異體。總其歸塗，實相枝幹。〔故〕劉向（云）明「不歌而頌」〔二〕，班固稱「古詩之流也」。

至如鄭莊之賦「大隧」，士蔿之賦「狐裘」，結言（⿰扌豆）〔短〕韻〔三〕，詞自己作，雖合賦體，明而未融。及靈均唱《騷》，始廣聲貌。然〔則〕賦也者〔四〕，受命於詩人，〔而〕（招）〔拓〕宇於《楚辭》也〔五〕。於是荀況《禮》、《智》，宋玉《風》、（《鈞》）〔《釣》〕〔六〕，爰錫名號，與詩畫境，「六義」附庸，蔚成大國。（遂）〔述〕客（至）〔主〕以首引〔七〕，極〔聲〕貌以窮文〔八〕，斯蓋别詩之原始，命賦之厥初也。

秦世不文，頗有雜賦。漢初辭人，（順）〔循〕流而作〔九〕：陸賈扣其端，賈誼振其緒，枚、馬（同）〔播〕其風〔一〇〕，王、揚騁其勢；皋（翔）、〔朔〕已下〔一一〕，品物畢圖。繁積於宣時，校閲於成世，進御之賦，千有餘首，討其源流，信興楚而盛漢矣。

〔若〕夫京殿苑獵〔一二〕，述行（序）〔敘〕志〔一三〕，並體國經野，義尚光大。既履端於唱（敘）〔序〕〔一四〕，亦歸餘於總亂。序以建言，首引情本；（辭）〔亂〕以理篇〔一五〕，（迭致文契）〔寫送文勢〕〔一六〕。按《那》之卒章，閔（焉）〔馬〕稱「亂」〔一七〕，故知殷人（輯）〔緝〕《頌》〔一八〕，楚人理賦，斯並鴻裁之寰域，雅文之樞轄也。至於草區禽族，（鹿）〔庶〕品雜類〔一九〕，則觸興致情，因變取會，擬諸形容，則言務纖密；象其物宜，則理貴側附；斯又小制之區畛，奇巧之機要也。

觀夫荀結隱語，事數自環；宋發（巧）〔夸〕談〔二〇〕，實始淫麗；枚乘《菟園》，舉要以會新；相如《上林》，繁類以成艷；賈誼《鵩鳥》，致辨於情理；子淵《洞簫》，窮變於聲貌；孟堅《兩都》，（朋約）〔明絢〕以雅贍〔二一〕；張衡《二京》，迅拔以宏富；子雲《甘泉》，構深瑋之風；延壽《靈光》，（合）〔含〕飛動之勢〔二二〕：凡此十家，並辭賦之〔流〕〔英傑〕也〔二三〕。及仲宣靡密，發〔端〕〔篇〕必遒〔二四〕；偉長博通，時逢壯采；太沖、安仁，策勛於鴻規；士衡、子安，〔底〕〔厎〕績於流制〔二五〕；景純綺巧，縟理有餘；彥伯梗概，情韻不匱：亦魏、晉之賦首也。

原夫登高之旨，蓋睹物興情。情以物興，故義〔以〕〔必〕明雅〔二六〕；物以情〔觀〕〔睹〕〔二七〕，故詞必巧麗。麗詞雅義，符采相勝，如組織之品朱紫，畫繪之著玄黃，文雖〔新〕〔雜〕而有質〔二八〕，色雖糅而有儀，此立賦之大體也。然逐末之儔，蔑棄其本，雖讀千賦，愈惑體要；遂使繁華損枝，膏腴害骨，無〔貴〕〔實〕風軌〔二九〕，莫益勸戒，此楊子所以追悔〔於〕雕蟲〔三〇〕，貽誚於霧縠者也。

贊曰：賦自《詩》出，分岐異派。寫物圖貌，蔚似雕畫。枊〔抑〕滯必揚，言〔庸〕〔曠〕無隘〔三一〕。風歸麗則，辭翦〔美〕〔荑〕稗〔三二〕。

校記

〔一〕師箴賦　唐寫本作「師箴瞽賦」。《訓故》作「師箴瞍賦」。○王利器《文心雕龍校證》：「『瞽』字原脱。謝校作『師箴瞍賦』，王惟儉本同，徐校作『師瞽箴賦』。紀校同謝。譚引沈校云：『賦上當脱瞍字。』按梅六次本、張松孫本作『師箴瞍賦』。案唐寫本、《御覽》五八七作『師箴瞽賦』，今從之。」○按：依唐寫本補。

〔二〕劉向云明不歌而頌　唐寫本「劉向」上有「故」字，下無「云」字。○楊明照《拾遺》：「按『故』字當據增；『云』字應照删。」○按：《御覽》引與唐寫本合，今據唐寫本增、删。

〔三〕結言揎韻　「揎」，唐寫本作「短」。○楊明照《拾遺》：「按『短』字是。『揎』爲『短』之俗體……《文賦》：『或托言於短韻。』即『短韻』二字之所自出。《宋書·索虜傳》：『（宋文帝詔）吾少覽篇籍，頗愛文義……感慨之來，遂成短韻。』《才略篇》：『季鷹辨切於短韻。』亦並以短韻爲言，皆謂篇體不廣也。」○按：從唐寫本改。

〔四〕然賦也者　唐寫本「然」下有「則」字。○范文瀾《文心雕龍註》：「唐寫本作『然則賦也者』，是。」○楊明照《拾遺》：「按『則』字實不可少，《御覽》、《類要》三一引並有『則』字。《賦略緒言》引亦有『則』字。當據增。」○按：從楊説，依唐寫本增。

〔五〕招宇於楚辭也　「招宇」，唐寫本作「而拓宇」。《訓故》作「招宇」。○楊明照《拾遺》：「按『而』字當據增。唐寫本、《御覽》、《玉海》五九引並作『拓宇』，是也。《古文苑》揚雄《益州牧箴》『拓開疆宇』，《文選》班固《封燕然山銘》『恢拓境宇』，《宋書・王景文傳》『拓宇開邑』，並足爲此當作『拓宇』之證。」○按：從唐寫本增、改。

〔六〕宋玉風鈞　「鈞」，《訓故》、黄本作「釣」。○詹鍈《義證》：「元刻本『釣』作『鈞』，以下各本多誤作『鈞』，《玉海》卷五十九引作『宋玉《風》《釣》』，註云『見《文選》、《古文苑》。』」○按：從黄本改。

〔七〕遂客至以首引　「遂」，《訓故》、黄本同，黄叔琳校云：「許云：『當作述。』」「至」，唐寫本作「主」。○詹鍈《義證》：「《校證》（按：王利器《文心雕龍校證》）：『梅引許云：「當作述。」徐𤊹校作述。四庫本、崇文本、《讀書引》十二作述。』按作『述』義長。」○趙萬里《唐本文心雕龍校記》：「按《御覽》五八七引『至』亦作『主』，與黄校及唐本均合，當據改。」○按：從黄校改作「述」；從唐寫本改作「主」。

〔八〕極貌以窮文　《御覽》「極」下有「聲」字。○詹鍈《義證》引李曰剛《文心雕龍斠詮》：「本篇上文『靈均唱騷，始廣聲貌』，下文『子淵《洞簫》，窮變於聲貌』，皆『聲貌』連文。」○按：李説是。王利器《文心雕龍校證》亦云：「『聲』字原脱，梅據曹補，徐、馮校亦補『聲』字。按《御覽》亦有『聲』字，唐寫本則作『形』字。」今據《御覽》補。

〔九〕順流而作　「順」，唐寫本作「循」。○王利器《文心雕龍校證》：「『循』原作『順』，今從唐寫本、《御覽》、徐校改。」○按：「循」義長，從唐寫本改。

〔一〇〕枚馬同其風　「同」，唐寫本作「播」。《訓故》作「同」。○楊明照《拾遺》：「按漢賦至枚馬發揚光大，唐寫本作『播』是。」○按：從唐寫本改。

〔一一〕皋翔已下　「翔」，唐寫本作「朔」。○趙萬里《文心雕龍校記》：「按唐本是也。與《御覽》五八七及黄本引曹校均合。」○按：「皋」是枚皋，「朔」爲東方朔。「翔」非，當從唐寫本改。

〔一二〕夫京殿苑獵　唐寫本在「夫」上有「若」字。○王利器《文心雕龍校證》：「『若』字舊無，據唐寫本、《御覽》增。」○按：有「若」義長，據唐寫本增。

〔一三〕述行序志　「序」，唐寫本作「敘」。○詹鍈《義證》：「『序』，范引孫云：『唐寫本作敘，《御覽》亦作敘。』黄註：『述行，《北征》《東征》之類是也；序志，《幽通》《思玄》之類是也。』此類作品常帶有自傳性質。」○按：作「敘」較勝，從唐寫本改。

〔一四〕既履端於唱敘　「敘」，唐寫本作「序」。○楊明照《拾遺》：「按《説文·口部》：『唱，導也。』……此當以作『唱』爲是。」○按：「唱」有「導」義，「唱序」連文，作「序」義長。從唐寫本改。

〔一五〕辭以理篇　「辭」，唐寫本作「亂」。○王利器《文心雕龍校證》：「汪本、佘本、張之象本、《兩京》本、王惟儉本『亂』誤作『辭』，《御覽》又誤作『詞』。」○按：作「亂」是，承上「亦歸餘於總亂」。《楚辭·離騷》王註：「亂，理也，所以發理辭指，總撮其要也。」從唐寫本改。

〔一六〕迭致文契　唐寫本作「寫送文勢」。○范文瀾《文心雕龍註》：「『迭致文契』，唐寫本作『寫送文勢』。趙君萬里曰：『案《御覽》五八七引此文，與唐寫本正合。』案唐寫本是。『寫送』是六朝人常語，意謂充足也。《附會篇》『克終底績，寄深寫送』。亦謂一篇之終，當文勢充足也。」○楊明照《拾遺》：「按作『寫送文勢』是也。『寫送』二字見《晉書·文苑·袁宏傳》及《世説新語·文學篇》註引《晉陽秋》。《高僧傳·釋曇智傳》：『雅好轉讀，雖依擬前宗，而獨拔新異，高調清澈，寫送有餘。』……《文鏡秘府論·論文意篇》：『開發端緒，寫送文勢。』正以『寫送文勢』成句。今本『迭』『契』二字，乃『送』『勢』之形誤，致文不成義。」○按：從唐寫本改。

〔一七〕閔焉稱亂　「焉」，唐寫本、《訓故》作「馬」。○按：唐寫本是。「閔馬」指閔馬父。《國語·魯語》下：「閔馬父曰：『昔正考父校商之名頌十二篇於周大師，以《那》爲首。其輯之亂曰：自古在昔，先民有作，温恭朝夕，執事有恪。』」此即彦和所本。今從唐寫本改。

〔一八〕殷人輯頌　「輯」，唐寫本作「緝」。○王利器《文心雕龍校證》：「『緝』，原作『輯』，今據唐寫本改。《原道篇》亦云：『制《詩》緝《頌》』。」○按：從唐寫本改。

〔一九〕鹿品雜類　「鹿」，唐寫本、《訓故》作「庶」。○王利器《文心雕龍校證》：「『庶』，原作『鹿』，梅據曹改。案唐寫本、王惟儉本正作『庶』。徐校亦作『庶』」。○按：從唐寫本、《訓故》改。

〔二〇〕宋發巧談　「巧」，唐寫本作「夸」。○楊明照《拾遺》：「按『夸』字是，『誇』與『夸』通，『巧』其形誤也。《夸飾篇》：『自宋玉景差，夸飾始盛。』即其證。」○按：從唐寫本改。

〔二一〕朋約以雅贍　「朋約」，唐寫本作「明絢」，《訓故》作「朗約」。○王利器《文心雕龍校證》：「『明絢』原作『朋約』，梅從朱考《御覽》改。徐校亦作『明絢』。案唐寫本正作『明絢』。」○按：從唐寫本改。

〔二二〕合飛動之勢　「合」，唐寫本、《訓故》作「含」。○楊明照《拾遺》：「按『合』爲『含』之形誤。宋劉沆《謝啟》：『對靈光之殿，難含飛動之詞。」遺辭即出於此，可證。」○按：從唐寫本、《訓故》改。

〔二三〕並辭賦之流也　「流」，唐寫本作「英傑」。○楊明照《拾遺》：「按『流』字過於空泛，當以作『英傑』爲是。《文選》皇甫謐《三都賦序》：『至如相如《上林》、揚雄《甘泉》、班固《兩都》、張衡《二京》、馬融《廣成》、王生《靈光》……皆近代辭賦之偉也。』彼言爲『偉』，此言爲『英傑』，其義無異也。《辨騷篇》：『固知楚辭者……而詞賦之英傑也。』句法與此相同，亦可證。唐寫本、文溯本作『英傑』，不誤。」○按：從唐寫本改。

〔二四〕發端必遒　「端」，唐寫本作「篇」。○按：范文瀾《文心雕龍註》：「『發端』，唐寫本作『發篇』，是。嚴可均《全後漢文》輯粲賦有《大暑》、《游海》、《浮淮》、《閑邪》、《出婦》、《思友》、《寡婦》、《初征》、《登樓》、《羽獵》、《酒》、《神女》、《槐樹》等賦，雖頗殘闕，然篇率遒短，故彥和云然。」○按：從唐寫本改。

〔二五〕底績於流制　「底」，黄本同。○楊明照《拾遺》：「按『底』當作『厎』，各本皆誤。《書·舜典》：『乃言厎可績。』孔《傳》：『厎，致。』《釋文》：『厎，之履反。』又《禹貢》：『覃懷厎績。』《釋文》：『厎，之履反。』是『厎績』字當作『厎』，而讀爲之履反。與從廣之『底』，音義俱别。」○周振甫《註釋》：「兩篇賦都在論流品和制作上獲得成就，所以説『底績流制』。底，楊註：當作厎。厎(zhǐ旨)績，猶效功。」○按：從楊説改。又：《訓故》「制」作「[亻+制]」。

〔二六〕義以明雅　「以」，唐寫本作「必」。○按：趙萬里《唐本文心雕龍校記》：「案唐寫本是也，與《御覽》五八七所引及黄本均合。」今從唐寫本改。

〔二七〕物以情觀　「觀」，唐寫本作「睹」。○楊明照《拾遺》：「按唐寫本是也。上云『睹物興情』，故承之曰『情以物興』；此當作『物以情睹』，始將上句文意完足。《御覽》引亦作『睹』，當據改。」○按：從唐寫本改。

〔二八〕文雖新而有質　「新」，唐寫本作「雜」。○楊明照《拾遺》：「按作『雜』是。《淮南子·本經篇》高註：『雜，糅也。』《廣雅·釋詁一》：『糅，雜也。』此云『雜』，下云『糅』，文本相對爲義。若作『新』，則不倫矣。」○按：從唐寫本改。

〔二九〕無貴風軌　「貴」，唐寫本作「實」。○楊明照《拾遺》：「『貴』，唐寫本作『實』。宋本、鈔本、活字本、喜多本、鮑本《御覽》引作『貫』，倪本《御覽》作『貴』。按『實』字較勝。『貫』乃『實』字脱其『宀』頭，而『貴』又『貫』之譌。」○按：從唐寫本改。

〔三〇〕此楊子所以追悔雕蟲　唐寫本在「追悔」下有「於」字。○按：有「於」字較勝。趙萬里《唐本文心雕龍校記》云：「按唐本是，與《御覽》五八七所引及黄本均合。」今從唐寫本改。

〔三一〕枏滯必揚言庸無隘　唐寫本「枏」作「抑」，「庸」作「曠」。○楊明照《拾遺》：「郝懿行云：『按枏字疑片字之譌。』按唐寫本是，郝説非。賦主於鋪張揚厲，故曰『抑滯必揚，言曠無隘』。」○按：從唐寫本改。

〔三二〕辭翦美稗　「美」，唐寫本作「稊」。○楊明照《拾遺》：「按《孟子・告子上》『不如荑稗』，《長短經・善亡篇》引作『稊稗』。是『稊』與『荑』通。『美』乃『荑』之形誤。」○按：依《孟子》改作「荑」。

*《訓故》篇末註：校八字。

頌（讚）〔贊〕第九〔一〕

「四始」之至，頌居其極。頌者，容也，所以美盛德而述形容也。昔帝嚳之世，咸（墨）〔黑〕爲頌，以歌《九（韶）〔招〕》〔二〕。自《商（頌）》已下〔三〕，文理允備。夫化偃一國謂之風，風正四方謂之雅，〔雅〕容告神（明）謂之頌〔四〕。風雅序人，（故）事兼變正；頌主告神，（故）義必純美〔五〕。魯以公旦次編，商（人）以前王追録〔六〕，斯乃宗廟之正歌，非饗宴之常咏也。《時邁》一篇，周公所製，哲人之頌，規式存焉。夫民各有心，勿壅惟口。晉（興）〔輿〕之稱「原田」〔七〕，魯民之刺「裘鞸」，直言不詠，短辭以諷，丘明、子（高）〔順〕〔八〕，並（諜）〔謂〕爲（誦）〔頌〕，斯則野（誦）〔頌〕之變體，浸被（乎）〔於〕人事矣〔九〕。及三閭《橘頌》，情采芬芳，比類寓意，又覃及細物矣。

至於秦政刻文，爰頌其德；漢之惠、景，亦有述容；沿世並作，相繼於時矣。若夫子雲之表充國，孟堅之序戴侯，（仲武）〔武仲〕之美顯宗〔一〇〕，史岑之述（僖）〔熹〕后〔一一〕，或擬《清廟》，或範《（坰）〔駉〕》《那》〔一二〕，雖深淺不同，詳略各異，其褒德顯容，典章一也。至於班傅之《北征》《西（逝）〔征〕》〔一三〕，變爲序引，豈不褒過而謬體哉！馬融之《廣（城）〔成〕》《上林》〔一四〕，雅而似賦，何弄文而失質乎？又崔瑗《文學》，蔡邕《樊渠》，並致美於序，而簡約乎篇。摯虞品藻，頗爲精覈；至云「雜以風雅」，而不（變）〔辨〕旨趣〔一五〕；徒張虚論，有似黄白之僞説矣。及魏晉（辨）〔雜〕頌〔一六〕，鮮有出轍。陳思所綴，以《皇子》爲（摽）〔標〕〔一七〕；陸機積篇，惟

《功〔功〕臣》最顯〔一八〕；其褒貶雜居，固末代之訛體也。

原夫頌惟典（雅）〔懿〕〔一九〕，辭必清鑠，敷寫似賦，而不入華侈之區；敬慎如銘，而異乎規戒之域。揄揚以發藻，汪洋以樹義。（唯）〔雖〕纖（曲巧）〔巧曲〕致〔二〇〕，與情而變，其大體所（底）〔弘〕，如斯而（巳）〔已〕〔二一〕。

（讚）〔贊〕者，明也（助也）〔二二〕。昔虞舜之祀，樂正重贊，蓋唱發之辭也。及「益贊於禹」，「伊陟贊於巫咸」，並揚言以明事，嗟歎以助辭也。故漢置鴻臚，以唱拜爲贊，即古之遺語也。至相如屬筆，始贊荆（軻）〔軻〕〔二三〕。及史、班（固）〔因〕書〔二四〕，托贊褒貶，約文以總録，頌體（以）〔而〕論辭〔二五〕；又紀傳（[illegible]）〔後〕評〔二六〕，亦同其名；而仲（治）〔治〕《流别》〔二七〕，謬稱爲「述」，失之遠矣。及景純注《〔爾〕雅》，動植（讚）〔贊〕之〔二八〕，義兼美惡，亦猶頌之變耳。

然〔本〕其爲義〔二九〕，事生獎歎，所以古來篇體，促而不曠，必結言於四字之句，盤桓乎數韻之辭，約舉以盡情，（昭）〔照〕灼以送文〔三〇〕，此其體也。發源雖遠，而致用蓋寡，大抵所歸，其頌家之細條乎？

贊曰：容（體）〔德〕（底）〔厎〕頌〔三一〕，勳業垂讚。鏤影摛（文）〔聲〕，（聲）〔文〕理有爛〔三二〕。年（積）〔迹〕愈遠〔三三〕，音徽如旦。降及品物，炫辭作玩。

校記

〔一〕頌讚第九　「讚」，唐寫本同。○范文瀾註：「『讚』應作『贊』。本書《頌贊篇》云：『贊，明也，助也。』案《周禮》州長、充人、大行人註皆曰『贊，助也』。《易・説卦傳》云：『幽贊於神明而生蓍。』韓康伯註曰：『贊，明也。』此彦和説所本。《説文》無『讚』，自以作『贊』爲是。」○按：范説有理，當從其改。本書以下「讚」逕改「贊」，不再出校，以免繁瑣。

〔二〕咸墨爲頌以歌九韶　唐寫本「墨」作「黑」；「韶」作「招」。○楊明照《拾遺》：「按作『咸黑』是。咸黑事見《吕氏春秋・古樂篇》。《古樂志》亦云：『古之善歌者有咸黑。』『咸墨』、『咸累』、『成累』，均誤。」又：「『韶』，唐寫本作『招』；

宋本、倪本、活字本、喜多本、鮑本《御覽》引同。按作『招』與《吕氏春秋·古樂篇》合。《事物紀原·集類四》、《玉海》六十、《風雅逸篇》十、《詩紀前集附録》、《事物考》二、《唐類函》一百五引，亦並作『招』，當據改。」○按：從唐寫本改。

〔三〕自商已下　唐寫本「商」作「商頌」。○楊明照《拾遺》：「按有『頌』字，語意始明。《御覽》、《唐類函》引，亦並有之。當據增。」○按：從唐寫本增。

〔四〕容告神明謂之頌　唐寫本在「容」上有「雅」字；「神」下無「明」字。○詹鍈《義證》引李曰剛《文心雕龍斠詮》：「『雅容告神謂之頌』，此據《詩大序》立説，與《釋名》所謂『頌，容也，序説其成功之形容也』及『稱頌成功謂之頌』如出一轍。」又引王利器《文心雕龍校證》：「『雅容告神明謂之頌』，原作『容告神明謂之頌』，今從唐寫本、《御覽》改。」○按：從《義證》，依唐寫本改。

〔五〕風雅序人事兼變正頌主告神義必純美　唐寫本在「事」、「義」上並有「故」字。○范文瀾《文心雕龍註》：「此文宜從唐寫本作『風雅序人，故事兼變正；頌主告神，故義必純美』。」○楊明照《拾遺》：「按唐寫本是。頌主告神，《御覽》、《唐類函》引，亦有兩『故』字，與唐寫本合。」○按：從唐寫本增。

〔六〕魯以公旦次編商人以前王追録　「魯」，《訓故》作「魯人」，黄本作「魯國」。唐寫本、《御覽》並無兩「人」或「國」字。○楊明照《拾遺》：「《玉海》、元本等有『人』字，乃涉上下文誤衍者」。○按：趙萬里《唐本文心雕龍校記》云：「案唐寫本是也，《御覽》五八八所引，正與唐本同，當據删。」今從趙説，依唐寫本、《御覽》删。

〔七〕晉興之稱原田　「興」，唐寫本、《訓故》作「輿」。○楊明照《拾遺》：「唐寫本、黄丕烈所校元本、活字本、何本、《訓故》本、謝鈔本、清謹軒本、《四庫》本、《詩紀前集》三、《文通》八並作『晉輿之稱原田』，不誤。」○按：「興」乃「輿」之形誤，當從唐寫本改。

〔八〕丘明子高　「子高」，諸本同。○詹鍈《義證》引王惟儉《文心雕龍訓故》：「此子順述孔子之事，非子高也。子高，孔穿之字。」○按：子順述孔子之事見《孔叢子·陳士義》。從《訓故》改。

〔九〕並諜爲誦斯則野誦之變體浸被乎人事矣　唐寫本「諜」字同，兩「誦」字並作「頌」，「乎」作「於」。○王利器《文心雕龍校證》：「『謂』原作『諜』，『頌』原作『誦』，唐寫本『誦』作『頌』，今據改；並改『諜』爲『謂』，文意始合。」○詹鍈《義證》：「唐寫本『乎』作『於』，應據改。」○按：從王、詹説，依唐寫本改。

〔一〇〕仲武之美顯宗　「仲武」，黃本作「武仲」。○詹鍈《義證》：「武仲，傅毅字。《玉海》卷六十於本句下註云：『傅毅作《顯宗頌》十篇。』顯宗，東漢明帝廟號。」○按：《後漢書》卷一一〇上《傅毅傳》：「傅毅字武仲……毅追美孝明皇帝功德最盛，而廟頌未立；乃依《清廟》作《顯宗頌》十篇奏之。」「仲武」乃「武仲」之誤倒。從黃本改。

〔一一〕史岑之述僖后　「僖」，黃本作「熹」。○楊明照《拾遺》：「按唐寫本作『燕』，蓋即『熹』之形誤。《玉海》引作『熹』，《文通》八同。何本、謝鈔本、清謹軒本亦作『熹』，未誤。」○按：史岑字孝山，作《和熹鄧后頌》，已佚。「僖」非是，從黃本改。

〔一二〕或範坰那　「坰」，唐寫本作「駉」；黃本作「駉」。○按：《魯頌·駉》：「駉駉牡馬，在坰之野，薄言駉者。」《正字通》：「駉，駉字之譌。」今從黃本改。

〔一三〕至於班傅之北征西逝　「西逝」，唐寫本作「西征」。《訓故》標疑作「西逝」。○黃侃《文心雕龍札記》：「班有《竇將軍北征頌》、《東巡頌》、《南巡頌》；傅有《竇將軍北征頌》、《西征頌》」。○范文瀾《文心雕龍註》：「『西巡』，唐寫本作『西征』，是。」○按：從唐寫本改。

〔一四〕馬融之廣城上林　「城」，唐寫本作「成」。○按：「城」乃「成」之誤。馬融《廣成頌》見《後漢書》本傳。從唐寫本改。

〔一五〕而不變旨趣　「變」，唐寫本作「辨」。○楊明照《拾遺》：「按『辨』字誼長。蓋謂摯虞『雜以風雅』之評語過於籠統也。」○按：作「辨」是，從唐寫本改。

〔一六〕及魏晉辨頌　「辨」，唐寫本作「雜」，黃本作「辨」。《訓故》標疑作「辨」。○楊明照《拾遺》：「按『辨』字蓋涉上文『而不辨（此依唐寫本）旨趣』而誤，當據唐寫本改作『雜』。」○按：「辨」又因「辨」而形誤，當從唐寫本改。

〔一七〕以皇子爲摽　「摽」，《訓故》作「標」。○楊明照《拾遺》：「按『摽』當依各本改作『標』。」○按：從《訓故》改。

〔一八〕惟切臣最顯　「切」，唐寫本作「功」。○詹鍈《義證》：「《玉海》卷六十引句下註云：『見《文選》。』黃註：『《陸機集》有《漢高祖功臣頌》。』」○按：「切」爲「功」之或體，從唐寫本改。

〔一九〕頌惟典雅　「雅」，唐寫本作「懿」。○楊明照《拾遺》：「『雅』，徐𤊹校作『懿』。《御覽》引作『懿』。按徐蓋據《御覽》校。唐寫本正作『懿』。」○按：從唐寫本改。

〔二〇〕唯纖曲巧致　唐寫本作「雖纖巧曲致」。○楊明照《拾遺》：「按作『雖纖巧曲致』是。『唯』係『雖』之殘誤，『曲巧』二字誤倒。《諧隱篇》『纖巧以弄思』，正以『纖巧』連文；《神思篇》『文外曲致』，亦以『曲致』爲言。《文章緣起註》引作『唯纖巧曲致』。」○按從唐寫本改。

〔二一〕其大體所底如斯而巳　唐寫本「底」作「弘」，「巳」作「已」。○楊明照《拾遺》：「按『弘』字是。『弘』與『宏』通，『底』蓋『宏』之形誤。《通變篇》『宜宏大體』，語意與此同，可證。」○按：作「弘」是；「巳」亦當作「已」。從唐寫本改。

〔二二〕讚者明也　唐寫本作「讚者明也助也」。○黄侃《文心雕龍札記》：「彦和兼舉明、助二義，至爲晐備。」○范文瀾《文心雕龍註》：「譚獻校云：『案《御覽》有助也二字，黄本從之，似不必有。』案譚説非。唐寫本亦有『助也』。下文『並揚言以明事，嗟嘆以助辭』，即承此言爲説，正當補『助也』二字。」○按：范説是，從唐寫本補。「讚」亦當作「贊」，已見前校。

〔二三〕始贊荆輙　「輙」，唐寫本作「軻」。○按：唐寫本是。「輙」乃「軻」之形誤，從唐寫本改。

〔二四〕及史班固書　唐寫本作「及史斑曰書」。《訓故》作「及班固史書」。○楊明照《拾遺》：「唐寫本作『及史斑曰書』。《御覽》、《玉海》引作『及史班書記』。按唐寫本是也。本書『班』字唐寫本均作『斑』。『曰』乃『因』之或體。《史傳篇》『史班立紀』（此依《訓故》本）及『故張衡摘史班之舛濫』，可證。元本、弘治本、活字本、汪本、佘本、張本、《兩京》本、胡本並作『及史班固書』，『固』乃『因』之誤（或寫者妄改）。今本及《御覽》、《玉海》所引皆非，當據唐寫本校正。」○按：從唐寫本改。

〔二五〕頌體以論辭　「以」，唐寫本作「而」。○詹鍈《義證》：「按下『以』字（即『體』下『以』字），唐寫本、《御覽》均作『而』，是。」○按：從唐寫本改。

〔二六〕又紀傳𣳆評　「𣳆」，唐寫本作「後」。《訓故》作「[侈]」。○趙萬里《唐本文心雕龍校記》：「案黄本依朱校，據《御覽》改『𣳆』爲『後』，與唐本正合。」○按：從唐寫本改。

〔二七〕而仲治流别　「仲治」，《訓故》、黄本作「治」（范註黄本作「洽」）。○楊明照《拾遺》：「『治』，《四庫》本剜改作『洽』；芸香堂本、翰墨園本、思賢講舍本同。鈔本《御覽》引作『治』；唐寫本、元本、弘治本、汪本同。按『治』『洽』二字形近，故摯虞之字，《世説新語·文學篇》作『仲治』，劉註引王隱《晉書》同，而唐修《晉書》虞傳，則又作『仲洽』。是史傳已不一致矣。然以《序志篇》『仲治流别』驗之，此當作『仲治』，始能一律。『洽』乃『治』之誤。」○按：從唐寫本改。

〔二八〕及景純註雅動植讚之　「雅」，唐寫本作「爾雅」。「讚」，唐寫本作「贊」。○按：作「爾雅」是，從唐寫本補。「讚」亦當作「贊」，已見前校。從唐寫本改。

〔二九〕然其爲義　唐寫本作「然本其爲義」。○趙萬里《唐本文心雕龍校記》：「案唐本是也，黄本據《御覽》於『然』下增『本』字，與唐本正合。」○按：「本」字當有，從唐寫本增。

〔三〇〕昭灼以送文　「昭」，唐寫本作「照」。○楊明照《拾遺》：「『昭』唐寫本作『照』，《御覽》引同。按『照』字是。」○按：從唐寫本改。

〔三一〕容體底頌　唐寫本作「容德底頌」。○楊明照《拾遺》：「按唐寫本是。『容德』與『勛業』對。『底』亦疑爲『厎』之誤。《左傳》昭公十三年：『盟以厎信。』杜註：『厎，致也。』《釋文》：『厎，音旨。』」○按：從楊説改。

〔三二〕鏤影摛文聲理有爛　唐寫本作「鏤影摛聲文理有爛」。《訓故》「影」作「彩」。○楊明照《拾遺》：「按唐寫本是也。元本、弘治本……『彩』並作『影』，惟『聲文』二字誤倒。『影』『聲』相對成義，『文理』連文亦本書所恒見。」○按：楊説是，從唐寫本改。「彩」乃「影」之形誤。

〔三三〕年積愈遠　「積」，唐寫本作「跡」。○楊明照《拾遺》：「按『跡』字是。『年跡』與下『音徽』對。」○按：從唐寫本改。

*《訓故》篇末註：校九字。

祝盟第十

天地定位，祀徧羣(臣)〔神〕〔一〕。「六宗」既禋，「三望」咸秩，甘雨和風，是生(黍稷)〔稷黍〕〔二〕，兆民所仰，美報興焉。犧盛惟馨，本於明德，祝史陳信，資乎文辭。

昔伊(祈)〔耆〕始蜡〔三〕，以祭「八神」。其辭云：「土(及)〔反〕其宅，水歸其壑，昆蟲(無)〔毋〕作，草木歸其澤〔四〕。」則上皇祝文，(愛)〔爰〕在茲矣〔五〕。舜之祠田云：「荷此長耜，耕彼南畝，四海俱有。」利民之志，頗形於言矣。至於商履，聖敬日躋。玄牡告天，以萬方罪(巳)〔己〕〔六〕，即郊禋之(祠)〔辭〕也〔七〕；素車禱旱，以六事責躬，則雩禜之文也。及周之太祝，掌六(祀)〔祝〕之辭〔八〕。是以「庶物咸生」，陳於天地之郊；「旁作穆穆」，唱於迎日之拜；「夙興夜處」，言於（附）〔祔〕廟之（祝）〔祀〕[九]；「多福無疆」，布於少牢之饋；宜社、類禡，莫不有文：所以寅（處）〔虔〕於神（祇）〔祗〕[一〇]，嚴恭於宗廟也。〔自〕春秋（巳）〔已〕下[一一]，黷祀諂祭，（祀）〔祝〕幣、史辭[一二]，靡神不至。至於張老（成）〔賀〕室，致（善）〔美〕於歌哭之禱[一三]；蒯聵臨戰，獲（佑）〔祐〕於筋骨之請[一四]；雖造次顛沛，必於祝矣。若夫《楚辭·招魂》，可謂祝辭之組（纚）〔麗〕也[一五]。〔逮〕漢之羣祀，肅其（旨）〔百〕禮[一六]，既總碩儒之（儀）〔議〕[一七]，亦參方士之術。所以祕祝移過，異於成湯之心；侲子（歐疾）〔毆疫〕[一八]，同乎越巫之（祝）〔説〕[一九]：體失之漸也。至如黄帝有《祝邪》之文，東方朔有《罵鬼》之書，於是後之譴咒，務於善罵。唯陳思《（誥）〔詰咎〕》[二〇]，裁以正義矣。若乃《禮》之祭（祀）〔祝〕[二一]，事止告饗；而中代祭文，兼贊言行，祭而兼贊，蓋引（神）〔伸〕而作也。又漢代山陵，哀策流文；周喪盛姬，「内史執策」。然則策本書（贈）〔賵〕[二二]，因哀而爲文也。是以義同於誄，而文實告神，誄首而哀末，頌體而（呪）〔祝〕儀[二三]，太（史）〔祝〕所（作）〔讀〕（之贊）；（因周）〔固祝〕之（祝）文〔者〕也[二四]。

凡羣言（發）〔務〕華，而降神（實務）〔務實〕[二五]，修辭立誠，在於無愧。祈禱之式，必誠以敬；祭奠之楷，宜恭且哀：此其大較也。班固之《祀（濛）〔涿〕山》[二六]，祈禱之誠敬也；潘岳之《祭庾婦》，（奠祭）〔祭奠〕之恭哀也[二七]：舉彙而求，昭然可鑒矣。

盟者，明也。騂（毛）〔旄〕、白馬[二八]，珠盤、玉敦，陳辭乎方明之下，祝告於神明者也。在昔三王，詛盟不及，時有要誓，結言而退。周衰屢盟，（以）〔弊〕及要（契）〔劫〕[二九]，始之以曹（沫）〔沬〕[三〇]，終之以毛遂。及秦昭盟夷，設黄龍之詛；漢祖建侯，定山河之誓。然義存則克終，道廢則渝始，崇替在人，（呪）〔祝〕何預焉[三一]。若夫臧洪歃（血），辭（氣）截雲蜺[三二]；劉琨鐵誓，精貫霏霜；而無補（於）（晉漢）〔漢晉〕[三三]，反爲仇讎。故知信不由衷，盟無益也。

夫盟之大體，必序危機，獎忠孝，共存亡，戮心力，祈幽靈以取鑒，指九天以爲正，感激以立誠，切至以敷辭，此其所同也。然非辭之難，處辭爲難。後之君子，宜（在）〔存〕殷鑒[三四]，忠信可矣，無恃神焉。

贊曰：毖祀欽明，祝史惟談。［立］誠在肅〔三五〕，修辭必甘。季代彌飾，絢言朱藍。神之來格，［所貴］無慚〔三六〕。

《文心雕龍》卷第二

校記

〔一〕祀徧羣臣　「臣」，唐寫本、《訓故》作「神」。○楊明照《拾遺》：「按《書·舜典》『徧於羣神』，《論衡·祭意篇》、《北堂書鈔》卷八八引，並作『徧於羣臣』。是《書》本有作『臣』者，或爲今古文之異。『神』與『臣』字形不近，疑舍人此文原是『臣』字。」○王利器《文心雕龍校證》：「『神』原作『臣』，梅據朱改。王惟儉本作『神』，徐校亦作『神』。」○按：楊説固有理，但作「神」義長，今從唐寫本改。

〔二〕是生黍稷　「黍稷」，唐寫本作「稷黍」。○户田浩曉《作爲校勘資料的文心雕龍敦煌本》：「按彦和此句當出《詩·小雅·甫田》『琴瑟擊鼓，以御田祖，以祈甘雨，以介我稷黍，以容我士女』，故以敦煌本爲是。諸本作『黍稷』，是根據比較普通的説法無意中把這兩字倒置了。又敦煌本『稷』字作『稷』並不適切，《誄碑篇》『上闡后稷之烈』的『稷』字，敦煌本亦作『稷』，兩字並宜改爲『稷』。」○按：户田浩曉説是，從唐寫本改。

〔三〕昔伊祈始蜡　「祈」，唐寫本作「耆」。○楊明照《拾遺》：「按《禮記·郊特牲》《釋文》：『（伊耆氏）或云即帝堯。』《詩含神霧》：『慶都與赤龍合婚，生赤帝伊祈堯。』（《初學記》九引）《帝王世紀》：『堯，伊祈姓也。』（同上）《史記·五帝紀》《索隱》：『（堯）姓伊祈氏。』是『伊耆』之『耆』本有作『祈』者，不必依《郊特牲》改爲『耆』也。」○郭晉稀《文心雕龍註譯》：「伊耆氏，或謂神農，或謂堯，此處譯作神農。」○按：楊説固是，但聯繫下文《伊耆氏蜡辭》，此伊耆當是神農，且以作「耆」爲習見。今從唐寫本改。

〔四〕土及其宅水歸其壑昆蟲無作草木歸其澤　唐寫本「及」作「反」；「無」作「毋」。《訓故》「及」作「反」。○按：唐寫本是。《禮記·郊特牲》載《伊耆氏蜡辭》確作「反」，作「毋」。從唐寫本改。

〔五〕愛在茲矣舜之祠田云　「愛」，黄本作「爰」。○王利器《文心雕龍校證》：「『爰』，唐寫本作『曖』，馮本、汪本、佘本、張之象本作『愛』，俱誤。」○按：作「爰」是，從黃本改。○「祠」，《訓故》作「祝」。按：作「祠」是。《路史後紀・疏仡紀》：「(舜)故祠於田曰：『荷此長耜，耕彼南畝，四海俱有。』志利民也。」

〔六〕以萬方罪巳　「巳」，唐寫本作「己」。○按：作「己」是，「巳」「己」音義俱別。從唐寫本改。

〔七〕即郊禋之祠也　「祠」，唐寫本作「辭」。○按「祠」原由「詞」而形誤，當從唐寫本改。

〔八〕掌六祀之辭　「祀」，唐寫本、《訓故》作「祝」。○詹鍈《義證》引《周禮・春官》：「太祝，掌六祝之辭，以事鬼神示，祈福祥，求永貞。一曰順祝，二曰年祝，三曰吉祝，四曰化祝，五曰瑞祝，六曰筴祝。」○按：作「祝」是。從唐寫本改。

〔九〕言於附廟之祝　唐寫本「附」作「祔」；「祝」作「祀」。《訓故》「附」作「祔」。○詹鍈《義證》引張立齋《文心雕龍註訂》：「祔廟——《說文》：『後死者合食於先祖。』又合葬亦曰祔。」又引李曰剛《文心雕龍斠詮》：「『祀』原作『祝』，形近而誤。」○按「附」、「祝」皆誤，從唐寫本改。

〔一〇〕所以寅處於神祇　唐寫本「處」作「虔」，「祇」作「祗」。《訓故》「處」作「虔」。○楊明照《拾遺》：「元本等乃誤『虔』爲『處』(弘治本作『處』)，非有脱落也。唐寫本……文溯本並作『虔』。『祇』，當依唐寫本、汪本、梅本改作『祗』。」○按楊說是，從唐寫本改。

〔一一〕春秋巳下　唐寫本作「自春秋巳下」。○按：「自」字當有，「巳」亦當作「已」。從唐寫本增、改。

〔一二〕祀幣史辭　「祀幣」，唐寫本作「祝弊」。《訓故》「祀」作「祝」。○楊明照《拾遺》：「按『祀』『弊』二字皆誤。《左傳》成公五年：『梁山崩……故山崩川竭，君爲之不舉……祝幣，史辭以禮焉。』杜註：『(祝幣)陳玉帛；(史辭)自罪責。』又昭公十七年：『祝，用幣；史，用辭。』杜註：『用幣於社，用辭以自責。』並其證。」○按從唐寫本、《訓故》改「祀」爲「祝」。

〔一三〕至於張老成室致善於歌哭之禱　唐寫本「成」作「賀」；「善」作「美」。○楊明照《拾遺》：「按《禮記・檀弓下》：『晉獻文子成室，晉大夫發焉。張老曰：「美哉輪焉！美哉奂焉！歌於斯，哭於斯，聚國族於斯。」君子謂之善頌善禱。』鄭註：『善頌，謂張老之言；善禱，謂文子之言。』則此『禱』字當作『頌』。舍人蓋誤記。『成』『善』，亦當依唐寫本改作『賀』『美』。」。按：從唐寫本改「成」、「善」爲「賀」、「美」。

〔一四〕獲佑於筋骨之請　「佑」，唐寫本作「祐」。○楊明照《拾遺》：「按《兩京》本、胡本作『祐』，與唐寫本合。《說文・示部》：『祐，助也。』」○按：從唐寫本改。

〔一五〕可謂祝辭之組纚　「纚」，唐寫本作「麗」。○按：范文瀾《文心雕龍註》：「又案『纚也』敦煌本作『麗也』，是。《楊子法言・吾子篇》『霧縠組麗』。李軌註：『霧縠雖麗，蠹害女工。』此彦和所本。」從唐寫本改。

〔一六〕漢之羣祀肅其旨禮　「旨」，唐寫本作「百」。「漢」上有「逮」字。○趙萬里《校記》：「按『逮』字當據唐本補。」○楊明照《拾遺》：「按『旨』字不可解，作『百』是。『百禮』蓋概括之辭，言其禮多耳。《詩・小雅・賓之初筵》、《周頌・豐年》及《載芟》並有『以洽百禮』之文，皆謂合聚衆禮以祭也。《誄碑篇》『百（此依唐寫本及《御覽》）言自陳』，今本『百』作『旨』，其誤與此同。」○按：從唐寫本補、改。

〔一七〕既總碩儒之儀　「儀」，唐寫本作「義」。○范文瀾《文心雕龍註》：「『儀』，唐寫本作『義』，按當作『議』爲是。既總碩儒之議，亦參方士之術，謂如武帝命諸儒及方士議封禪，公玉帶上黄帝時《明堂圖》之類。」○楊明照《拾遺》：「按范説是。《史記・司馬相如傳》：『（封禪文）乃遷思回慮，總公卿之議，詢封禪之事。』（《文選》吕向註：『總，納。』）可證。」○按：從范説改。

〔一八〕侲子歐疾　唐寫本作「侲子毆疫」。《訓故》「歐」作「毆」。○按：黄本亦作「侲子毆疫」。黄叔琳校：「元作『歐疾』，王改」，並註云：「《後漢・禮儀志》：『大儺謂之逐疫，選中黄門子弟十歲以上、十二以下百二十人爲侲子。』」「毆」，《玉篇》：「古文驅字」。《周禮・夏官・方相氏》：「以索室毆疫。」作「侲子毆疫」是，「歐疾」當是「毆疫」之形誤。從唐寫本改。

〔一九〕同乎越巫之祝　「祝」，唐寫本作「説」。○詹鍈《義證》：「《史記・封禪書》：『是時即滅南越，越人勇之乃言：越人俗鬼，而其祠皆見鬼，數有效。昔東甌王敬鬼，壽百六十歲。後世怠慢，故衰耗。乃令越巫立越祝祠。』……唐寫本『祝』作『説』，意謂和越巫騙人的説法相同。《斠詮》（指李曰剛《文心雕龍斠詮》）：『所謂越巫之説者，蓋指越人勇之所言也。』」○按：作「説」是，從唐寫本改。

〔二〇〕唯陳思誥　唐寫本、《訓故》作「唯陳思詰咎」。○王利器《文心雕龍校證》：「『詰』原作『誥』，從唐寫本改……子建《詰咎文》，見《藝文類聚》一百。（『詰』誤『誥』）」○按：當從唐寫本、《訓故》改。

〔二一〕若乃禮之祭祀　「祀」，唐寫本作「祝」。○范文瀾《文心雕龍註》：「『祀』唐寫本作『祝』，是。《儀禮・少牢饋食禮》：『主人西面，祝在左，主人再拜稽首。祝祝曰……』。」○按：宜從唐寫本改。

〔二二〕然則策本書贈　「贈」，唐寫本作「賵」。○范文瀾《文心雕龍註》：「『書贈』，唐寫本作『書賵』，均通。」○楊明照《拾遺》：「按《儀禮·既夕禮》『書賵於方』，鄭註：『方，板也。書賵奠賻贈之人名與其物於板。』則唐寫本作『賵』是也。『賵』、『贈』二字形近，每易淆誤。」○按：楊説是，從唐寫本改。

〔二三〕頌體而呪儀　「呪」，唐寫本、《訓故》作「祝」。○王利器《文心雕龍校證》：「元本、傳校元本、馮本、汪本、佘本、張之象、《兩京》本『祝』作『呪』，古通。」○按：「呪」即「祝」之俗字，但「祝」爲正字，從唐寫本、《訓故》改。

〔二四〕太史所作之讚因周之祝文也　唐寫本作「太祝所讀固祝之文者也」。○楊明照《拾遺》：「按唐寫本是，語意甚明。《續漢·百官志》二：『太祝令一人，六百石。』本註曰：『凡國祭祀，掌讀祝及迎送神。』《宋書·百官志上》：『太祝令一人，丞一人。掌祭祀，讀祝迎送神。』今本實不可解，當據唐寫本改正。」○從楊説，據唐寫本改。

〔二五〕凡羣言發華而降神實務　唐寫本「發華」作「務華」；「實務」作「務實」。《訓故》「發」作「發」，「實務」作「務實」。○王利器《文心雕龍校證》：「『務』，原作『發』，據唐寫本改。」又：「元本、傳校元本……《文章緣起註》『務實』誤作『實務』。」馮校云：『實務』當作『務實』。」○按：「務華」與「務實」對言，「發華」爲「務華」之誤，「實務」乃「務實」之倒，當據唐寫本改。

〔二六〕班固之祀濛山　「濛」，唐寫本作「涿」。○趙萬里《唐本文心雕龍校記》：「案唐本是也，《文選》顔延之《曲水詩序》註、王儉《褚淵碑文》註、虞義《詠霍將軍北伐詩》註、《宣德皇后令》註、《丘遲與陳伯之書》註均引班固《涿邪山祝文》，今本譌『涿』爲『濛』，遂使後人無從考索矣。」○按：作「濛」非，作「涿」是，從唐寫本改。

〔二七〕奠祭之恭哀也　「奠祭」，唐寫本作「祭奠」。○楊明照《拾遺》：「按唐寫本是。上文『祈禱之式，必誠以敬』，故承之曰：『祈禱之誠敬也』。此當作『祭奠之恭哀也』，始能與上『祭奠之楷，宜恭且哀』句相應。」○按：楊説是，從唐寫本改。

〔二八〕騂毛白馬　「毛」，唐寫本作「旄」。○范文瀾《文心雕龍註》：「《左傳》襄公十年瑕禽曰：『昔平王東遷，吾七姓從王，牲用備具，王賴之，而賜之騂旄之盟。』杜註：『騂旄，赤牛也。舉騂旄者，言得重盟，不以犬雞。』案『騂毛』當依《左傳》作『騂旄』，唐寫本正作『騂旄』。」○按：范説是，從唐寫本改。

〔二九〕以及要契　唐寫本作「弊及要劫」。○楊明照《拾遺》：「按唐寫本是。《公羊傳》莊公十三年：『莊公升壇，曹子手劍而從之……已盟，曹子摽劍而去之。要盟可犯，而桓公不欺；曹子可讎，而桓公不怨。』《解詁》：『臣約束君曰要，彊見要脅而盟爾，故云可犯。以臣劫君，罪可讎。』是『要劫』不能如范氏截然分爲兩事作註，明矣。且舍人於此語下，即緊接『始之以曹沫，終之以毛遂』二句，『要劫』史實已爲指明，何勞他求耶？」○按：當從唐寫本改。

〔三〇〕始之以曹沫　「沫」，唐寫本作「沬」。○按：「沫」乃「沬」之誤，從唐寫本改。

〔三一〕呪何預焉　「呪」，唐寫本作「祝」。○按：「祝」正字，從唐寫本改。

〔三二〕若夫臧洪歃辭氣截雲蜺　唐寫本作「若夫臧洪喢血辭截雲蜺」。○楊明照《拾遺》：「唐寫本『歃辭』作『唾血』，『氣』作『辭』。按《後漢書·臧洪傳》：『洪乃攝衣升壇，歃血而盟。』《三國志·魏志·臧洪傳》：『（洪）親登壇，歃血而盟。』則此當作『歃血』……元明以來各本因脱去『血』字，故移『辭』字屬上，而增一『氣』字以彌縫其闕，於文殊不辭矣。幸有唐寫本可資訂正。」○按：唐寫本「歃」寫作「喢」，乃「喢」字，楊誤讀作「唾」；「喢」「歃」通。今從唐寫本改。

〔三三〕劉琨鐵誓精貫霏霜而無補於晉漢　「鐵」，《訓故》作「鐵」。○「晉漢」，唐寫本作「漢晉」。○王利器《文心雕龍校證》：「唐寫本無『於』字。『漢晉』原作『晉漢』，今從唐寫本乙正。」○按：劉永濟《文心雕龍校釋》云：「唐寫本『晉漢』互易……是。」今從唐寫本改。

〔三四〕宜在殷鑒　「在」，唐寫本作「存」。○楊明照《拾遺》：「按『在』、『存』二字形近，每易淆誤。此當以唐寫本作『存』爲長。」○按：從唐寫本改。

〔三五〕〔立〕誠在肅　○按：「立」字殘佚，據唐寫本補。

〔三六〕〔所貴〕無慚　「所」字下半，「貴」字上半並殘，並據唐寫本補。

＊《訓故》篇末註：校十三字，二卷共校三十五字。

《文心雕龍》卷第三

銘箴第十一

昔帝軒刻《輿》、《几》以弼違，大禹勒《筍》、《簴》而招諫；成湯《盤》、《盂》，著「日新」之規，武王《户》、《席》，題必戒之訓；周公「慎言」於《金人》，仲尼「革容」於欹器：（則）〔列〕（先）聖鑒戒〔一〕，其來久矣。（故）銘者，（銘）〔名〕也，觀器必（也）〔名焉〕，正名審用，貴乎（盛）〔慎〕德〔二〕。蓋臧武仲之論銘也，曰：「天子令德，諸侯計功，大夫稱（代）〔伐〕〔三〕。」夏鑄九牧之金鼎，周勒肅慎之楛矢，「令德」之事也；吕望銘功於昆吾，仲山鏤績於庸器，「計功」之義也；魏顆紀勳於景（銘）〔鐘〕〔四〕，孔悝表勤於衛鼎，「稱（代）〔伐〕」之類也。若乃飛廉有石（廓）〔槨〕之錫〔五〕，靈公有「（蒿）〔奪〕里」之謚〔六〕，銘發幽石，吁可怪矣。趙靈勒跡於番（禺）〔吾〕〔七〕，秦昭刻（傳）〔博〕於華山〔八〕，夸誕示後，吁可（茂）〔笑〕也〔九〕。詳觀衆例，銘義見矣。

至於始皇勒岳，政暴而文澤，亦有疎通之美焉。若班固《燕然》之勒，張昶《華陰》之碣，序亦盛矣。蔡邕銘思，獨冠古今；（僑）〔橋〕公之《（箴）〔鉞〕》〔一〇〕，吐納典謨；朱穆之《鼎》，全成碑文，溺所長也。至如敬通雜器，準矱（戒）〔武〕銘〔一一〕，而事非其物，繁略違中。崔駰品物，讚多戒少；李尤積篇，義儉辭碎。蓍龜神物，而居博（奕）〔弈〕之（中）〔下〕〔一二〕；衡斛嘉量，而在臼杵之末；曾名品之未暇，何事理之能閑哉！魏文《九寶》，器利辭鈍。唯張（采）〔載〕《劍閣》〔一三〕，其才清采，迅足駸駸，後發前至，（勒銘）〔詔勒〕岷、漢〔一四〕，得其宜矣。

箴者，〔針也〕〔一五〕，所以攻疾防患，喻箴石也。斯文〔之〕興〔一六〕，盛於三代。《夏》、《商》二箴，餘句頗存。（及）周之辛甲，《百官箴》〔闕，唯《虞箴》〕一篇〔一七〕，體義備焉。迄至春秋，微而未絶。故魏絳諷君於后羿，楚子訓民於在勤。戰（伐巳）〔代以〕來〔一八〕，棄德務功，銘辭代興，箴文（委）〔萎〕絶〔一九〕。至揚雄稽古，始範

《虞箴》〔作〕《卿尹》《州牧》廿五篇〔二〇〕。及崔、胡補綴，總稱《百官》，指事配〔生〕〔位〕〔二一〕，鞶鑑〔可〕〔有〕徵〔二二〕，〔信所〕〔可〕謂追清風於前古〔二三〕，攀辛甲於後代者也。至於潘勗《符節》，要而失淺；温嶠《〔傅〕〔侍〕臣》〔二四〕，博而患繁；王濟《國子》，引〔廣事〕〔多而事寡〕〔二五〕；潘尼《乘輿》，義正〔而〕體蕪〔二六〕：凡斯繼作，鮮有克衷。至於王朗《雜箴》，乃置巾、履，得其戒慎，而失其所施；觀其約文舉要，憲章〔戒〕〔武〕銘〔二七〕，而水火井竈，繁辭不〔巳〕〔已〕〔二八〕，志有偏也。

夫箴誦於官，銘題於器，名〔目〕〔用〕雖異〔二九〕，而警戒實同。箴全禦過，故文〔質確〕〔資確〕切〔三〇〕；銘兼褒贊，故體貴弘潤，其取事也必〔覆〕〔覈〕以辨〔三一〕，其摛文也必簡而深，此其大要也。然矢言之道蓋闕，庸器之制久淪，所以箴銘〔異〕〔寡〕用〔三二〕，罕施〔後〕代〔三三〕。惟秉文君子，宜酌其遠大焉。

贊曰：銘實〔表器〕〔器表〕〔三四〕，箴惟德軌。有佩於言，無鑒於水。秉茲貞厲，〔敬言〕〔警〕乎〔立〕履〔三五〕。義典則弘，文約爲美。

校記

〔一〕則先聖鑒戒　唐寫本、《御覽》作「列聖鑒戒」。○楊明照《拾遺》：「按唐寫本、《御覽》是也。今本『則』字乃『列』之形誤。『則聖鑒戒』，於文不辭，故又增『先』字以足之耳。《封禪篇》『騰休明於列聖之上』，正以『列聖』連文。《宋書·孝武帝紀》『〔大明七年詔〕列聖遺式』，又《謝莊傳》『〔奏改定刑獄〕示列聖之恒訓』，《南齊書·海陵王紀》『〔皇太后令〕列聖繼軌』，《文選》左思《魏都賦》『列聖之遺塵』，又顏延之《應詔讌曲水作詩》『業光列聖』，並其證。」○按：從唐寫本、《御覽》删、改。

〔二〕故銘者銘也觀器必也正名審用貴乎盛德　唐寫本無「故」字，次「銘」字作「名」，「也」作「名焉」，「盛」作「慎」。《御覽》次「銘」作「名」；「盛」作「慎」。○楊明照《拾遺》：「按唐寫本僅『親』字有誤（唐寫本『觀』皆作『親』），餘並是也。今本作『觀器必也正名』，蓋寫者涉《論語·子路》『必也正名乎』之文而誤。後遂於『名』下加豆。『盛』，《御覽》、《玉海》六十引並作『慎』，與唐寫本合。（餘同今本）《法言·修身篇》：『或問銘？曰：銘哉！銘哉！有意於慎也。』

是銘之用，固在慎德矣。《頌讚篇》：『敬慎如銘。』亦可證。」○潘重規《唐寫文心雕龍殘本合校》：「重規案：唐寫本觀旁、勸旁草書皆與親相似，實非誤字。」○按：從唐寫本删、改、補。

〔三〕大夫稱代　「代」，唐寫本、《訓故》作「伐」。下「稱代之類也」亦同。○按：「代」爲「伐」之形誤，從唐寫本改。

〔四〕魏顆紀勳於景銘　「銘」，唐寫本、《訓故》作「鐘」。○范文瀾《文心雕龍註》：「《國語·晉語七》『昔克潞之役，秦來圖敗晉功，魏顆以其身卻退秦師於輔氏，親止杜回。其勳銘於景鐘。』」○按：作「鐘」是。從唐寫本改。

〔五〕若乃飛廉有石廓之錫　「廓」，唐寫本、《訓故》作「槨」。○范文瀾《文心雕龍註》引《史記索隱》曰：「言處父至忠，國滅君死而不忘神節，故天賜石棺，以光華其族。事蓋非實，譙周深所不信。」並認爲：「『石槨』當據《史記》作『石棺』。」○按：諸本均無作「棺」者，不必拘泥《史記》；惟「廓」當作「槨」。從唐寫本改。

〔六〕靈公有蒿里之謚　「蒿」，唐寫本作「舊」；《御覽》作「奪」。○楊明照《拾遺》：「『蒿』，唐寫本作『舊』。《御覽》引作『奪』。按『奪』字是。『舊』蓋『奪』之形誤，『蒿』則寫者臆改。『奪里』見《莊子·則陽篇》。」○按：從《御覽》改。

〔七〕趙靈勒跡於番禺　「番禺」，唐寫本作「潘吾」。○楊明照《拾遺》：「按《韓非子》《道藏》本、張榜本、趙用賢本並作『潘吾』，與唐本合。『番』與『潘』音同得通。……楊改『禺』作『吾』，是也。《金石例》九、《文通》十二引並作『番吾』。」○按：從唐寫本改「禺」作「吾」。

〔八〕秦昭刻傳於華山　「傳」，唐寫本、《訓故》作「博」。○范文瀾《文心雕龍註》引《韓非子·外儲說左上》：「秦昭王令工施鉤梯而上華山，以松柏之心爲博。箭長八尺，棊長八寸。而勒之曰：『昭王常與天神博於此。』」○按：作「博」是。從唐寫本改。

〔九〕吁可茂也　「茂」，唐寫本作「笑」。《訓故》作「茂」。○楊明照《拾遺》：「按曹學佺改『茂』爲『笑』（見梅本），黃氏從之，是也。……《諧隱篇》『至魏文因俳説以著笑書』，元本、弘治本等亦誤『笑』爲『茂』，與此同。『笑』與『茂』草書形近。」○按：作「茂」無義，從唐寫本改。

〔一〇〕僑公之箴　唐寫本《訓故》作「橋公之鉞」。○楊明照《拾遺》：「按唐寫本正作『橋公之鉞』；《玉海》引同。《御覽》各本均誤。」○按：從唐寫本改。

〔一一〕准矱戒銘　「戒」，唐寫本作「武」。○范文瀾《文心雕龍註》：「『戒銘』，唐寫本作『武銘』，是。馮衍字敬通。《全後漢文》二十輯衍銘文有《刀陽》、《刀陰》、《杖》、《車》、《席前右》、《席後右》、《杯》、《爵》等，蓋擬《武王踐阼》諸銘爲之。」○按：「戒」乃「武」之形誤，從唐寫本改。

〔一二〕而居博奕之中　「奕」、「中」，唐寫本、《御覽》並作「弈」、「下」。○楊明照《拾遺》：「按『中』字當與上『繁略違中』句複，作『下』是。《易·繫辭》『探賾索隱，鉤深致遠，以足天下之吉凶，成天下之亹亹者，莫大乎蓍龜。是故天生神物，聖人則之。』」○按：「奕」「弈」義別，楊説亦是，當從唐寫本、《御覽》改。

〔一三〕唯張采劍閣　「采」，唐寫本、《訓故》作「載」。○楊明照《拾遺》：「『采』字蓋涉下句而誤。」○按：范文瀾《文心雕龍註》引《晉書·張載傳》：「載字孟陽，安平人也。父收，蜀郡太守。載性閒雅，博學有文章。太康初，至蜀省父，道經劍閣。載以蜀人恃險好亂，因著銘以作誡。益州刺史張敏見而奇之，乃表上其文。武帝遣使鐫之於劍閣山焉。」作「載」是，從唐寫本改。

〔一四〕勒銘岷漢　「勒銘」，唐寫本作「詔勒」。○楊明照《拾遺》：「按唐寫本是也。『詔勒』，即《晉書》本傳『武帝遣使鐫之於劍閣山』之意。今本蓋寫者據銘末『勒銘山河』句改耳。」○按：楊説是，從唐寫本改。

〔一五〕箴者　唐寫本在「箴者」下有「針也」兩字。○范文瀾《文心雕龍註》：「『箴』與『鍼』通。『鍼』俗作『針』。『箴者』下應從唐寫本補『鍼也』二字。」○楊明照《拾遺》：「按本書釋名，概係二字以訓，此應從唐寫本增『針也』二字。」○按：范、楊説是，從唐寫本增。

〔一六〕斯文興　唐寫本、《訓故》「文」下有「之」字。○按：「之」字當有，從唐寫本補。

〔一七〕及周之辛甲百官箴一篇　唐寫本無「及」字，「百官箴」下有「闕唯虞箴」四字。○趙萬里《唐本文心雕龍校記》：「案唐寫本是也，《御覽》五八八引同。《左》襄四年《傳》曰：『昔周辛甲之爲大史也，命百官官箴王闕，於虞人之《箴》曰：芒芒禹跡，畫爲九州，經啟九道，民有寢廟。（中略）獸臣司原，敢告僕夫。』即此文所出，各本俱脱，當據唐本補訂。」○按：趙説是，從唐寫本刪、補。

〔一八〕戰伐巳來　《訓故》「伐」作「代」。黄本作「戰伐代來」。○按：「戰代」爲本書常語，「伐」乃「代」之形誤；「巳」當作「已」或「以」。從《訓故》本。

〔一九〕箴文委絶　「委」，唐寫本作「萎」。○楊明照《拾遺》：「按『萎』字是。《楚辭·離騷》：『雖萎絶其何傷兮。』王注：『萎，病也。』……《夸飾篇》『言在萎絶』，尤爲明證。今本作『委』，蓋寫者偶脱草頭耳。」○按：從唐寫本改。

〔二〇〕卿尹州牧二十五篇　黄本在「卿尹」上有「作」字。○楊明照《拾遺》：「按『作』字實不可少。《漢書·揚雄傳贊》：

『箴莫善於《虞箴》，作州箴。』《後漢書・胡廣傳》：『初，揚雄依《虞箴》作十二州二十五官箴。』……《左傳》襄公四年《正義》：『漢成帝時，揚雄愛《虞箴》，遂依仿之，作十二州二十五官箴。』並足以證此文應有『作』字。」○按：從黄本補。

〔二一〕指事配生　唐寫本、《訓故》作「指事配位」。○按：作「生」無義，乃「位」之形誤。從唐寫本改。

〔二二〕聲鑑可徵　「可」，唐寫本作「有」。○楊明照《拾遺》：「按作『有徵』是。『可』字蓋涉下句『可謂』而誤。『有徵』二字出《左傳》昭公八年，《議對》、《總術》兩篇並用之。」○按：從唐寫本改。

〔二三〕信所謂追清風於前古　「信所」，唐寫本作「可」。○詹鍈《義證》引斯波六郎：「從文義推，作『可』者是。」○按：《御覽》亦作「可」。從唐寫本改。

〔二四〕温嶠傳臣　「傳」，唐寫本、《訓故》作「侍」。○趙萬里《唐本文心雕龍校記》：「案唐寫本是也，《御覽》五八八引同。《晉書・温嶠傳》云：『嶠在東宫，數陳規諷，獻《侍臣箴》。』是其證。」○按：從唐寫本改。

〔二五〕引廣事　唐寫本、《御覽》作「引多而事寡」。《訓故》作「引廣事雜」。○楊明照《拾遺》：「黄校云：『（廣）一作多，（雜）一作寡。』徐𤊹云：『雜，一作寡，是。』何焯（廣）改『多』，（雜）改『寡』。按唐寫本作『引多而事寡』；《御覽》引同。《玉海》引作『文多事寡』，惟『文』字有異。徐校何改是也。」○按：從唐寫本、《御覽》改、補。

〔二六〕義正體蕪　唐寫本在「義正」下有「而」字。○按：「而」字當有，與上「引多而事寡」對。從唐寫本增。

〔二七〕憲章戒銘　「戒」，唐寫本作「武」。○楊明照《拾遺》：「按『武』字是。『武銘』者，武王所題『席』、『機』等十七銘也。景興雜箴，多所則效之，故云。」○按：從唐寫本改。

〔二八〕繁辭不巳　「巳」，唐寫本作「已」。○按：作「已」是，已見前校。從唐寫本改。

〔二九〕名目雖異　「目」，唐寫本作「用」。○楊明照《拾遺》：「按此承上『箴誦於官，銘題於器』之詞，『用』字是也。」○按：楊説是，從唐寫本改。

〔三〇〕故文質確切　唐寫本作「故文資確切」；《訓故》「質」作「質」；黄本「確」作「确」。○楊明照《拾遺》：「按唐寫本及《御覽》引並作『確』。以《奏啟篇》『表奏確切』例之，自以作『確』爲是。」○按：「確」有堅正之義，作「確」是。「質」乃「資」之形誤，亦當據唐寫本改。

〔三一〕其取事也必覆以辨　「覆」，唐寫本、《訓故》作「覈」。○楊明照《拾遺》：「按『覈』字是。唐寫本……作『覈』。《辭學指南》、《金石例》、《文斷總論》、《何氏類鎔》、《文通引》亦並作『覈』。」○按：「覆」乃「覈」之形誤，當從唐寫本、《訓故》改。

〔三二〕所以箴銘異用　「異」，唐寫本作「寡」。○楊明照《拾遺》：「按上文明言『矢言之通蓋闕，庸器之制久淪』，則『寡』字是。」○按：從唐寫本改。

〔三三〕罕施代　唐寫本作「罕施後代」。《訓故》作「罕施□代」。○趙萬里《唐本文心雕龍校記》：「案唐本是也，與《御覽》五八八引合，黄本『施』下有『於』字，即『後』字之僞。」○按：「後」字原脱，「罕施代」不辭，《訓故》空位標疑，當依唐寫本補。

〔三四〕銘實表器　「表器」，唐寫本作「器表」。○趙萬里《唐本文心雕龍校記》：「案唐本是也。『器表』與下句『德軌』相儷見義。」○按：從唐寫本改。

〔三五〕敬言乎履　唐寫本作「警乎立履」。○范文瀾註：「唐寫本『敬言乎履』作『警乎立履』。《校勘記》（鈴木虎雄）『文（按原文實作『一句』）當作警乎立履』。」王利器《文心雕龍校證》：「『警乎立履』原作『敬言乎履』。今據唐寫本改正。『警』之作『敬言』，此一字誤爲兩字也。」○按：從唐寫本改。

＊《訓故》篇末註：校十三字。

誄碑第十二

周世盛德，有銘、誄之文，大夫之（材）〔才〕[一]，臨喪能誄。誄者，累也；累其德行，旌之不朽也。夏商（已）〔以〕前[二]，其（詳）〔詞〕靡聞[三]。周雖有誄，未被於士。又「賤不誄貴，幼不誄長」，〔其〕在萬乘[四]，則稱「天以誄之」。讀誄定謚，其節文大矣。自魯莊戰乘丘，始及於士。逮尼父〔之〕卒[五]，哀公作誄，觀其「（愸）〔慭〕遺」之（切）〔辭〕[六]，「嗚呼」之歎，雖非叡作，（玄）〔古〕式存焉[七]。至柳妻之誄惠子，則辭哀而韻長矣。

暨乎漢世，承流而作。揚雄之誄元后，文實煩穢，「沙（麓）〔鹿〕」撮（其）要[八]，而摯疑成篇，安有累德述尊，而闊略四句乎？杜蔦〔篤〕之誄[九]，有譽前代；《吳誄》雖工，而他篇頗疎，豈以見稱光武，而改（盼）〔眄〕

千金哉〔一〇〕！傅毅所制，文體倫序；（孝山）〔蘇順〕、崔瑗〔一一〕，辨（絜）〔潔〕相參〔一二〕：觀〔其〕序〔事〕如傳〔一三〕，辭靡律調，固誄之才也。潘岳構意，專師孝山，巧於序悲，易入新切，所以隔代相望，能（徵）〔徽〕厥聲者也〔一四〕。至如崔駰《誄趙》，劉陶《誄黄》，並得憲章，工在簡要。陳思叨名，而體實繁緩，《文皇誄》末，（旨）〔百〕言自陳〔一五〕，其乖甚矣。若夫殷臣（誄）〔詠〕湯〔一六〕，追褒《玄鳥》之祚；周史歌文，上闡后稷之烈：誄述祖宗，蓋詩人之則也。至於序述哀情，則觸類而長。傅毅之《誄北海》云：「白日幽光，雰霧杳冥」；始序致感，遂爲後式，（景）〔影〕而效者〔一七〕，彌取於（功）〔工〕矣〔一八〕。

詳夫誄之爲制，蓋選言〔以〕録行〔一九〕，傳體而頌文，榮始而哀終。論其人也，曖乎若可覿；道其哀也，悽焉如可傷：此其旨也。

碑者，埤也；上古帝（皇）〔王〕，（始）〔紀〕號封禪〔二〇〕，樹石埤岳，故曰碑也。周穆紀跡于弇山之石，亦（石）碑之意也〔二一〕。又宗廟有碑，樹之兩楹，事（正）〔止〕麗牲，未勒勳績〔二二〕。而庸器漸闕，故後代用碑，以石代金，同乎不朽，自廟徂墳，猶封墓也。

自後漢（巳）〔以〕來〔二三〕，碑碣雲起；才鋒所斷，莫高蔡邕：觀《楊賜》之碑，骨鯁訓典；《陳》《郭》二文，句無擇言；《周》《（乎）〔胡〕》衆碑〔二四〕，莫非清允。其敘事也該而要，其綴采也雅而澤；清詞轉而不窮，巧義出而卓立；察其爲才，自然而至〔矣〕〔二五〕。孔融所創，有（慕）〔摹〕伯喈〔二六〕，《張》《陳》兩文，（辨）〔辯〕給足采〔二七〕，亦其亞也。及孫綽爲文，志在〔於〕碑（誄）〔二八〕，《温》《王》《（郤）〔郗〕》、《庾》〔二九〕，辭多枝雜，《桓彝》一篇，最爲辨裁〔矣〕〔三〇〕。

夫屬碑之體，資乎史才，其序則傳，其文則銘。標序盛德，必見清風之華；昭紀鴻懿，必見峻偉之烈：此碑之（制）〔致〕也〔三一〕。夫碑實銘器，銘實碑文，因器立名，事（光）〔先〕於誄。是以勒（石）〔器〕贊勳者〔三二〕，入銘之域；樹碑述（已）〔亡〕者〔三三〕，同誄之區焉。

贊曰：寫（實）〔遠〕追虚〔三四〕，碑誄以立。銘德（慕）〔纂〕行〔三五〕，（文采）〔光彩〕允集〔三六〕。觀風似面，聽辭如泣。石墨鐫華，頽影豈（忒）〔戢〕〔三七〕。

校　記

〔一〕大夫之材　「材」，唐寫本作「才」。○楊明照《拾遺》：「『材』，馮舒校作『才』。宋本、活字本、喜多本、《御覽》五九六引作『才』……按唐寫本作『才』。馮校（蓋據《御覽》）是也。」○按：從唐寫本改。又：《訓故篇》題「第十二」誤作「第十一」。

〔二〕夏商已前　「已」，唐寫本作「已」。○按：「已」「以」通，從今本改作「以」。

〔三〕其詳靡聞　「詳」，唐寫本作「詞」。○范文瀾《文心雕龍註》：「唐寫本『詳』作『詞』，是。」○楊明照《拾遺》：「按唐寫本是也。『詞』通作『辭』（本書『辭』字，唐寫本多作『詞』），而『辭』俗又作『辞』，與『詳』形近，故誤。」○按：據唐寫本改。

〔四〕在萬乘　唐寫本作「其在萬乘」。○楊明照《拾遺》：「按『其』字當有。於『乘』下加豆，文勢較暢。《詔策篇》『其在三代，事兼誥誓』，《檄移篇》『其在金革，則逆黨用檄』，《章表篇》『其在文物，赤白曰章』，句法並與此同，可證。」○按：據唐寫本補。

〔五〕逮尼父卒　唐寫本在「尼父」下有「之」字。○楊明照《拾遺》：「按有『之』字，語勢較勝。」○按：從唐寫本補。

〔六〕觀其憖遺之切　「切」，唐寫本作「辭」。○王利器《文心雕龍校證》：「『辭』原作『切』，從唐寫本、《御覽》改。」○范文瀾《文心雕龍註》：「《禮記·檀弓上》亦載：『魯哀公誄孔丘曰：「天不遺耆老，莫相予位焉。嗚呼哀哉尼父。」』」○按：「辭」指魯哀公誄孔丘之辭，作「辭」是。從唐寫本改。○「慭」，唐寫本、《訓故》並作「慭」，黄本（范註）作「憖」。○按：「慭」、「憖」音義皆別：「憖」，《唐韻》魚覲切。《韻會》疑僅切，㐱音猌。《説文》「問也，敬謹也，從心音聲。」《左傳》哀十六年「不憖遺一老」。「慭」，俗整字。《説文》：「齊，從攴、從束、從正。」「慭」，《正字通》：「本作憖，俗省作慭，又作憗。」「憗」，「憖」之形誤，「慭」又爲「憖」之俗，當從黄本改。

〔七〕玄式存焉　「玄」，唐寫本作「古」。○按：作「古」是，與《御覽》五九六引合。從唐寫本改。

〔八〕沙麓撮其要　唐寫本作「沙鹿撮要」。○楊明照《拾遺》：「『麓』唐寫作『鹿』；《御覽》引同。按《春秋經》僖公十四年、秋八月辛卯，沙鹿崩，作鹿，舍人必原用『鹿』字。今本蓋寫者據《漢書·元后傳》改耳。」○詹鍈《義證》：「按

「其」字不當有，『沙麓撮要』者，謂《元后誄》『沙麓之靈，太陰之精……作合于漢，配元生成。』四句，已撮舉全文的要領。因沙麓指元后生長的地方。全文煩穢，實際上撮其要領，也不過是這四句話。」○按：依楊説，據唐寫本改作「鹿」；從詹説，據唐寫本删「其」字。

〔九〕杜蔦之誄 「蔦」，諸本並作「篤」。○按：作「篤」是，《雜文篇》「杜篤賈逵之曹」可證。作「蔦」乃寫者偶誤耳。

〔一〇〕而改盼千金哉 「盼」，唐寫本作「眄」。○楊明照《拾遺》：「按『眄』字是，餘並非也。已詳《辨騷篇》『則顧眄可以驅辭力』條。」○按：楊校見本書《辨騷》第五《校記》〔一三〕。從唐寫本改。

〔一一〕孝山崔瑗 唐寫本作「蘇順崔瑗」。○范文瀾《文心雕龍註》：「《後漢書·文苑·蘇順傳》：『順字孝山，所著賦，論，誄，哀辭，雜文凡十六篇。』彥和於傅毅崔瑗皆稱名，不容獨字蘇順，當據唐寫本改正。」○按：范説是，從唐寫本改。

〔一二〕辨絜相參 「絜」，唐寫本作「潔」。○楊明照《拾遺》：「宋本、倪本、活字本、《御覽》作『潔』，當是『潔』之殘字。馮舒校作『潔』。按以《議對篇》『文以辨潔爲能』例之，『潔』字是。」○按：從唐寫本改。

〔一三〕觀序如傳 唐寫本作「觀其序事如傳」。○王利器《文心雕龍校證》：「舊本無『其』字『事』字，謝、徐校補二字，梅六次本亦補二字。案謝梅補是，唐寫本正有二字。《哀弔篇》亦有『觀其……敘事如傳』之語。」○按：據唐寫本增二字。

〔一四〕能徵厥聲者也 「徵」，唐寫本作「徽」。○范文瀾《文心雕龍註》：「唐寫本『徵』作『徽』是。徽，美也。」○按：從唐寫本改。

〔一五〕旨言自陳 「旨言」，唐寫本作「百言」。《訓故》「旨」作「[旨]」。○范文瀾《文心雕龍註》：「陳思王所作《文帝誄》，全文凡千餘言。誄末自『咨遠臣之渺渺兮，感兇諱以怛驚』以下百餘言，均自陳之辭。唐寫本作『百』，是。」○按：據唐寫本改。

〔一六〕若夫殷臣誄湯 「誄」，唐寫本作「詠」。○范文瀾《文心雕龍註》：「案『誄』，唐寫本作『詠』是也。」○楊明照《拾遺》：「《玄鳥篇》首以『天命玄鳥，降而生商』發端，即『追褒玄鳥之祚』也；『篇中曰武湯、曰后、曰先后、曰武王，皆謂湯。』（陳奂《詩毛氏傳疏玄鳥篇》中語）即『詠湯』也。然則此二句所指，其爲《商頌》之《玄鳥》乎？又按『誄』當依唐寫本作『詠』。」○按：從唐寫本改。

〔一七〕始序致感遂爲後式景而效者　《訓故》「感」作「惑」。○按：「惑」乃「感」之形誤。○「景」，唐寫本作「影」。○楊明照《拾遺》：「『景』，唐寫本作『影』；宋本、喜多本《御覽》引同。按本書率用『影』字，疑此原亦作『影』。」○按：從唐寫本改。

〔一八〕彌取於功矣　「功」，《訓故》作「功」。黄本作「工」。黄叔琳校云：「元作『功』，謝改。」○詹鍈《義證》引李曰剛《文心雕龍斠詮》：「案黄從謝改是。功工古通。」○按：從黄本改。

〔一九〕蓋選言録行　《御覽》在「録行」前有「以」字。○王利器《文心雕龍校證》：「《御覽》言下有『以』字。謝、徐校補『以』字，梅六次本補『以』字。」○按：有「以」字較勝，從《御覽》補。

〔二〇〕上古帝皇始號封禪　唐寫本「皇」作「王」，「始」作「紀」。○范文瀾《文心雕龍註》：「《管子·封禪篇》管仲曰：『古者封泰山禪梁父者七十二家，而夷吾所記者十有二焉。』唐寫本『皇』作『王』，是。王謂禹、湯、周成王之屬。」○詹鍈《義證》：「《玉海》卷六十：『《事始》：無懷氏封泰山，刻石紀功，此碑之始。』『紀號』，記功績。」○按：作「王」、「紀」是，從唐寫本改。

〔二一〕亦石碑之意也　唐寫本無「石」字。○楊明照《拾遺》：「按『石』字誤；馮舒、何焯據《御覽》校爲『古』，亦非。《玉海》六十引無『古』字，與唐寫本正合。當據删。」○按：上承「周穆紀跡于弇山之石」，「石」字不必複，當據唐寫本删。

〔二二〕事正麗牲未勒勳績　「正」，唐寫本、《訓故》作「止」。○楊明照《拾遺》：「按『止』字是。唐寫本、謝鈔本正作『止』；《御覽》、《玉海》引同。《祝盟篇》『事止告饗』，句法與此同，亦可證。」○按：作「止」是，從唐寫本、《訓故》改。○「勒」，《訓故》誤作「勤」。

〔二三〕自後漢已來　「已」，《訓故》、黄本作「以」。○按：作「以」是，「已」非，已見前校。

〔二四〕周乎衆碑　「乎」，唐寫本作「胡」。○趙萬里《唐本文心雕龍校記》：「案唐本是也，與《御覽》五八九引合，《蔡中郎文集》有《汝南周勰碑》、《陳留太守胡碩碑》、《太傅胡廣碑》，今本『胡』譌作『乎』，則文義殊乖矣。」○按：趙説是，從唐寫本改。

〔二五〕自然而至　唐寫本在「至」下有「矣」字。○王利器《文心雕龍校證》：「『矣』字原無，據唐寫本、《御覽》補。」○按：有「矣」字文勢順，據唐寫本增。

〔二六〕有慕伯喈「慕」，唐寫本作「摹」。○楊明照《拾遺》：「按『摹』字是。《樂府篇》『雖摹韶夏』，《哀弔篇》『結言摹詩』，《體性篇》『故宜摹體以定習』，皆謂其摹仿也。」○按：從唐寫本改。

〔二七〕辨給足采「辨」，唐寫本作「辯」。○按：作「辯」是。《韓非子·難言》：「捷敏辯給，繁於文采，則見以爲史。」可證。從唐寫本改。

〔二八〕志在碑誄　唐寫本作「志在於碑」。○楊明照《拾遺》：「按《晉書》綽本傳止稱其善爲碑文，本段亦單論碑，『誄』字實不應有，當據訂。《南齊書·文學傳論》：『孫綽之碑，嗣伯喈之後』。亦足以證『誄』字誤衍。」○按：從唐寫本刪「誄」字，補「於」字。

〔二九〕温王郤庾　唐寫本作「温王郗庾」。○按：唐寫本是也。《晉書·孫綽傳》：「温王郗庾諸公之薨，必須綽爲碑文，然後刊石焉。」所謂「温王郗庾」者，即温嶠、王導、郗鑒、庾亮也。《藝文類聚》有孫綽撰《丞相王導碑》、《太宰郗鑒碑》、《太尉庾亮碑》等殘文。今從唐寫本改。

〔三〇〕最爲辨裁　唐寫本在「辨裁」下有「矣」字。○楊明照《拾遺》：「唐寫本『裁』下有『矣』字；《御覽》引同……按有『矣』字語勢較勝，當據增。」○按：據唐寫本增。

〔三一〕此碑之制也　「制」，唐寫本作「致」。○楊明照《拾遺》：「按『致』字是。致，極也（《國語·吴語》韋註）。《神思篇》『其思理之致乎』。其『致』字誼與此同，亦可證。」○按：從唐寫本改。

〔三二〕是以勒石贊勳　「石」，唐寫本作「器」。○楊明照《拾遺》：「按『器』字是。《銘箴篇》『銘題于器』，即其義也。」○按：從唐寫本改。

〔三三〕樹碑述已者　「已」，唐寫本作「亡」。○楊明照《拾遺》：「按『亡』字是。『已』其形誤也，《稗編》七五引作『亡』。」○按：從唐寫本改。

〔三四〕寫實追虚　「實」，唐寫本作「遠」。○楊明照《拾遺》：「按唐寫本是。『寫遠』，謂寫成文字以傳之久遠也。今本蓋寫者緣『虚』字而改。」○按：楊説是，從唐寫本改。

〔三五〕銘德慕行　「慕」，唐寫本作「纂」。○楊明照《拾遺》：「按唐寫本是。『纂』謂纂集。《練字篇》『《爾雅》者，孔徒之所纂』，諸本多誤爲『慕』，與此同。」○按：作「纂」是，從唐寫本改。

〔三六〕文采允集　唐寫本作「光彩允集」。○楊明照《拾遺》：「按唐寫本是。『光彩』承上『銘德纂行』句，則指其人之『德

『行』，非謂碑誄之文彩也。本書『采』字，唐寫本均作『彩』。」○按：楊説是，從唐寫本改。

〔三七〕頽影豈忒　「忒」，唐寫本作「戢」。○范文瀾《文心雕龍註》：「案唐寫本作『戢』，是，本贊純用緝韻，若作『忒』則失韻。《禮記·緇衣》『其儀不忒』，《釋文》『忒，一作貳』。而『貳』俗又作『貣』，與『戢』形近，故『戢』初誤爲『貣』，繼又誤爲『忒』也。」○按：范説是，從唐寫本改。

＊《訓故》篇末註：校五字。

哀弔第十三

賦憲之謚，短折曰哀。哀者，（依）〔偯〕也。悲實（依）〔偯〕心，故曰哀也。以辭遣哀，蓋下（淚）〔流〕之悼[一]，故不在黄髮，必施夭昏。昔三良殉秦，百夫莫贖，事均夭（横）〔枉〕[二]，《黄鳥》賦哀，抑亦詩人之哀辭乎？

暨漢武封禪，而霍〔嬗〕暴亡[三]，帝傷而作詩，亦哀辭之類矣。〔降〕及後漢[四]，汝陽（王）〔主〕亡[五]，崔瑗哀辭，始變前（戒）〔式〕。然「（履）〔腹〕突鬼門」，怪而不辭[六]。「駕龍乘雲」，仙而不哀；又卒章五言，頗似歌謡，亦彷彿乎漢武也。至於蘇（慎）〔順〕張升[七]，並述哀文，雖發其情華，而未極〔其〕心實[八]。建安哀辭，惟偉長差善，《行女》（篇一）〔一篇〕[九]，時有惻怛。及潘岳繼作，實（踵）（鍾）其美[一〇]。觀其慮（善）〔贍〕辭變[一一]，情洞悲苦，敘事如傳，結言摹《詩》，促節四言，鮮有緩句：故能義直而文婉，體舊而趣新，《金鹿》《澤蘭》，莫之或繼也。

原夫哀辭大體，情主于痛傷，而辭窮乎愛惜。幼未成德，故譽止于察惠；弱不勝務，故悼加乎膚色。隱心而結文則事愜，觀文而屬心則體奢。奢體爲辭，則雖麗不哀；必使情往會悲，文來引泣，乃其貴耳。

弔者，至也。《詩》云：「神之弔矣。」言神〔之〕至也[一二]。君子令終定謚，事極理哀，故賓之慰主，以至到爲言也。壓溺乖道，所以不弔。又宋水、鄭火，行人奉辭，國災民亡，故同弔也。及晉築（虎）〔虒〕臺[一三]，齊襲燕城，〔使〕〔史趙〕、蘇秦〔一四〕，翻賀爲弔。虐民構敵，亦亡之道。凡斯之例，弔之所設也。或驕貴而殞身，〔或〕狷忿〔以〕〔而〕乖道〔一五〕，或有志而無時，或〔美才〕〔行美〕而兼累〔一六〕，追而慰之，並名爲弔。

自賈誼浮湘，發憤《弔屈》，體〔同〕〔周〕而事覈〔一七〕，辭清而理哀，蓋首出之作也。及相如之《弔二世》，全爲賦體，桓譚以爲其言惻愴，讀者歎息；及〔平〕〔卒〕章要切，斷而能悲也〔一八〕。楊雄弔屈，思積〔切〕〔功〕寡〔一九〕，意深〔文略〕〔《反騷》〕〔二〇〕，故辭韻沉膇。班彪蔡邕，並敏於致〔語〕〔詰〕〔二一〕，然影附賈氏，難爲並驅耳。胡、阮之《弔夷齊》，褒而無〔聞〕〔間〕〔二二〕，仲宣所制，譏呵實工。然則胡、阮嘉其清，王子傷其隘，各〔其〕志也〔二三〕。禰衡之《弔平子》，縟麗而輕清；陸機之《弔魏武》，序巧而文繁。降斯以下，未有可稱者矣。

夫弔雖古義，而華辭〔未〕〔末〕造〔二四〕；華過韻緩，則化而爲賦。固宜正義以繩理，昭德而塞違，〔割析〕〔剖析〕褒貶〔二五〕，哀而有正，則無奪倫矣。

贊曰：辭〔定〕〔之〕所〔表〕〔哀〕〔二六〕，在彼弱弄。苗而不秀，自古斯慟。雖有通才，迷方〔告〕〔失〕控〔二七〕，千載可傷，寓言以送。

校記

〔一〕 賦憲之謚短曰哀哀者依也悲實依心故曰哀也以辭遣哀蓋下淚之悼　《訓故》「賦憲」作「[賦憲]」，兩「依」並作「偯」。郭晉稀《註譯》：「兩依字皆當借作㥋，《說文》：『㥋，痛聲也。』哀、依不僅古音相同，哀、㥋古義本亦相近。故云：『哀者，依也。』」○按：郭說是。《說文》「偯」作「㥋」，「痛聲也，從心，依聲。《孝經》曰：『哭不㥋』。」當從《訓故》改。○「下淚」，唐寫本作「下流」。○范文瀾《文心雕龍註》：「摯虞《文章流別論》曰：『哀辭者，誄之流也。率以施於童殤夭折，不以壽終者。』《校勘記》（鈴木虎雄）：『《御覽》、敦本作下流，可從。下流指卑者而言。《指瑕篇》曰：「施之下流。」《雕龍》下流之義可知。』」○楊明照《拾遺》：「按作『下流』是。《三國志·魏志·閻溫傳》載張就被拘執與父恭《疏》，有『顧不以下流之愛，使就有恨于黃壤也』語，其用『下流』二字義，正與此同。元本及各明本『不』皆作『下』，惟誤『流』爲『淚』耳。」○按：從唐寫本改。

〔二〕事均夭橫　「橫」，唐寫本作「枉」。○楊明照《拾遺》：「按『枉』字是。《帝王世紀》：『伏犧氏……乃嘗味百藥而制九針，以拯夭枉焉。』(《御覽》七二一引)《華陽國志·巴志》：『是以清儉，夭枉不聞。』《文選》謝靈運《廬陵王墓下詩》：『脆促良可哀，夭枉特兼常。』並其證。」○按：從唐寫本改。

〔三〕而霍□暴亡　本書「霍」下空格。唐寫本、《訓故》「霍」下作「嬗」字。○詹鍈《義證》引王惟儉《文心雕龍訓故》：「《漢書》：霍去病，元封六年薨。子嬗嗣。嬗字子侯，爲奉車都尉，從封泰山，暴病死。《漢武帝集》：嬗死，上甚悼之，乃自爲歌詩。」○按：作「嬗」是，據唐寫本、《訓故》補。

〔四〕及後漢　唐寫本作「降及後漢」。○劉永濟《文心雕龍校釋》：「唐寫本『及』上有『降』字，是。」○按：有「降」字較勝，據唐寫本補。

〔五〕汝陽王亡　「王」，《御覽》作「主」。○范文瀾《文心雕龍註》：「汝陽王，不知何帝子。崔瑗仕當安順諸帝朝，皆未有子封王；哀辭本文又亡，無可考矣。」詹鍈《義證》：「『王』字，宋本《御覽》作『主』。范《註》附録章錫琛據宋本《御覽》校記云：『此本王作主，則是崔瑗作哀辭者乃公主，非帝子。』周(振甫)註：『《後漢書·后紀》汝陽長公主，和帝女，名劉廣。崔瑗字子玉，善文辭，所作《汝陽主哀辭》，已散失。』」○按：作「主」是。崔瑗仕當安、順帝朝，未有子封王者，崔瑗哀辭，當即其《汝陽主哀辭》也。從《御覽》改。

〔六〕崔瑗哀辭始變前戒然履突鬼門怪而不辭　「戒」，唐寫本作「式」。《訓故》作「戒」。○趙萬里《唐本文心雕龍校記》：「案唐寫本是也，與《御覽》五九六引合，黄本據謝氏校改同。」○按：詹鍈《義證》云：「『前式』指哀辭最初的體式用途。」作「式」是，從唐寫本改。○「履」，唐寫本、《御覽》並作「腹」。○戚良德《文心雕龍校註通譯》：「『腹突鬼門』：當爲崔瑗哀辭中語，意即腹部破開如鬼門。腹，通行本作『履』，唐寫本作『腹』。」○李明高《文心雕龍譯讀》：「『腹突鬼門』之『腹』，通行本作『履』字，偶見作『復』字，皆非。明高按：應爲『腹』字。此字在唐寫本、《御覽》、明王世貞批本中均作『腹』字，因在唐寫本中係草書，校勘者多誤識，《御覽》引時實作『腹』字，校勘者又多誤引作『履』字。『腹突鬼門』本義爲『腹部碰觸到了鬼門』。『腹突』連文，可見李善註馬融《長笛賦》，原文爲『膺陗阤，腹陘阻。逮乎其上，匍匐伐取。』李善註：『言以膺服於陗阤，而腹突於陘阻也。』」○按：唐寫本、《御覽》近古，戚、李校作「腹」，是。從唐寫本、《御覽》改。

〔七〕至於蘇慎張升　「蘇慎」，唐寫本作「蘇順」。○楊明照《拾遺》：「按唐寫本及《御覽》引，並作『順』，當據改。《文章流別論》：『哀辭者，誄之流也。崔瑗蘇順馬融等爲之，率以施于童殤夭折，不以壽終者。』（《御覽》五九六引）是孝山向以哀辭著稱也。」○按：作「順」是。唯諸本並作「慎」，僅唐寫本、《御覽》作「順」。《劉子·思順篇》「順」亦作「慎」，而敦煌本《劉子》則亦有作「順」者。《梁書·武帝本紀》：「皇考諱順之，齊高帝族弟也。」《梁書》稱順陽郡爲南鄉，《南齊書》「順」字多自易爲「從」（見陳垣《史諱舉例》）。《文心》、《劉子》易「順」爲「慎」，疑原作「慎」，避梁武帝父順之諱，後之版本，有未及改者。

〔八〕而未極心實　唐寫本在「未極」下有「其」字。○王利器《文心雕龍校證》：「『其』字原無，據唐寫本補。《御覽》『心』作『其』。」○詹鍈《義證》：「趙萬里云：疑此當作『雖發其情華而未極其實』。『未見其實』意指未盡其情，或未盡其誠。《國語·晉語五》：『夫貌，情之華也；言，貌之機也……今陽子之貌濟，其言匱，非其實也。』」○按：「其」字當有，據唐寫本補。

〔九〕行女篇一　唐寫本、《訓故》作「行女一篇」。○按：唐寫本、《訓故》是，本書「篇一」乃誤倒。從唐寫本、《訓故》改。

〔一〇〕實踵其美　「踵」，唐寫本作「鍾」。○楊明照《拾遺》：「按『鍾』字是。《才略篇》：『潘岳敏給，辭自和暢，鍾美於《西征》，賈餘于哀誄。』是其證。《左傳》昭公二十八年：『天鍾美於是。』當是『鍾美』二字之所自出。《隸釋·張納碑》：『鍾美積德。』亦以『鍾美』爲言。」○按：從唐寫本改。

〔一一〕觀其慮善辭變　「善」，唐寫本作「贍」。○楊明照《拾遺》：「按『贍』字是……《章表篇》『觀其體贍而律調』，《才略篇》『理贍而辭堅』，句法與此相同，可證。」○按：從唐寫本改。

〔一二〕言神至也　唐寫本「神」字下有「之」字。○楊明照《拾遺》：「按有『之』字語勢較勝。」○按：楊説是，據唐寫本補。

〔一三〕及晉築虎臺　「虎」，唐寫本、《訓故》作「虒」。○黄叔琳校云：「元作『虎』，孫改。」又註：「《左傳》：游吉相鄭伯以如晉，亦賀虒祁也。史趙見子太叔，曰：『甚哉其相蒙也，可弔也而又可賀之。』」○按：作「虒」是，「虎」乃「虒」之形誤。從唐寫本、《訓故》改。

〔一四〕使蘇秦　唐寫本、《訓故》作「史趙蘇秦」。○王利器《文心雕龍校證》：「案唐寫本、王惟儉本、《御覽》正有『趙』字。譚校『史趙』作『使趙』，未可從。」○按：史趙，晉史官也，作「史趙」是。據唐寫本、《訓故》改、補。

〔一五〕狷忿以乖道　唐寫本作「或狷忿而乖道」。○王利器《文心雕龍校證》：「元本、傳校元本、汪本、佘本『狷』上脱『或』字，徐校補。」○按：上下四句並列，當補「或」字，並改「以」爲「而」，始能一律。據唐寫本補、改。

〔一六〕或美才而兼累　「美才」，唐寫本、《御覽》並作「行美」。○楊明照《拾遺》：「按作『行美』較勝。」○王利器《校證》：「『行美』與『有志』對文。」○按：楊、王説是，從唐寫本、《御覽》改。

〔一七〕體同而事覈　「同」，唐寫本作「周」。○范文瀾引鈴木虎雄《黄叔琳本文心雕龍校勘記》：「敦本『同』作『周』。案《諸子篇》曰：『吕氏鑒遠而體周』，此『周』字是也。」○按：從唐寫本改。

〔一八〕及平章要切斷而能悲也　「平」，唐寫本作「卒」。《訓故》在句下有雙行小字：「此句疑有誤字。」○范文瀾《文心雕龍註》：「唐寫本『平章』作『卒章』，是。『卒章』，謂『持身不謹兮，亡國失勢』以下也。」○按：范説是，「平」無義，從唐寫本改。

〔一九〕思積切寡　「切」，唐寫本、《訓故》作「功」。○王利器《文心雕龍校證》：「元本、傳校元本、馮本、汪本、佘本、張之象本『功』作『切』，涉上文『要切』而誤。」○按：「切」無義，作「功」是。從唐寫本、《訓故》改。

〔二〇〕意深文略　「文略」，唐寫本作「反騷」。○范文瀾《文心雕龍註》：「唐寫本作『意深反騷』是。意深反騷，猶言立意反騷。」○按：從唐寫本改。

〔二一〕並敏於致語　「語」，唐寫本作「詰」。○楊明照《拾遺》：「按『詰』字是。下句云：『影附賈氏，難爲並驅。』今誦長沙《弔屈原》文，自『訊曰』以下有『致詰』意。叔皮、伯喈所作，雖無全璧，然據《類聚》（卷四十引蔡邕《弔屈原》文，卷五六引班彪《弔離騷》文）所引者，亦皆有『致詰』之詞。《老子》第十四章：『此三者不可致詰。』是『致詰』二字固有所本也。」○按：從唐寫本改。

〔二二〕褒而無聞　「無聞」，唐寫本作「無間」。○范文瀾《文心雕龍註》：「『聞』，唐寫本作『間』，是。孔安國註《論語·泰伯篇》曰：『孔子推禹功德之盛美，言已不能復間廁其間。』」○户田浩曉《作爲校勘資料的文心雕龍敦煌本》：「原文應是『間』（閒），因形似訛爲『聞』，又因與『聞』字音相近而改爲『文』。後世歷來以爲此句難解，今乃因敦煌本的出現，多年的疑問遂一旦冰釋。」○按：作「無間」文義方貫，從唐寫本改。

〔二三〕各志也　唐寫本作「各其志也」。○楊明照《拾遺》：「按有『其』字，文意乃足。唐寫本及《御覽》引，並有『其』字。《奏啟篇》：『若夫傅咸勁直，而按辭堅深；劉隗切正，而劾文闊略，各其志也。』句法與此相同，可證。《才略篇》有『各其善也』語。」○按：「其」字當有，據唐寫本補。

〔二四〕而華辭未造　「未」，唐寫本同。○范文瀾《文心雕龍註》：「鈴木云：案『未』，『末』字之訛。」又註：「郝懿行曰：『未造，疑末造之譌。」是也。」○楊明照《拾遺》：「按鈴木說是。《雜文篇》有『暇豫之末造』語。《儀禮・士冠禮》：『夏之末造也。』鄭註：『造，作也。』」（《禮記・郊特牲》亦有此文）○按：從鈴木說改。

〔二五〕割柎褒貶　唐寫本「割」作「剖」。黃本「柎」作「析」。○楊明照《拾遺》：「按『剖』字是。（『剖』『割』形近，古籍中每易淆誤。）《體性篇》『剖析毫釐』，並以『剖析』言之。」○按：作「剖」是，「柎」同「析」，從唐寫本改。

〔二六〕辭定所表　唐寫本作「辭之所哀」。○范文瀾《文心雕龍註》：「唐寫本『定』作『之』，『表』作『哀』，均是。」○劉永濟《文心雕龍校釋》：「唐寫本作『辭之所哀』，是。」○按：從唐寫本改。

〔二七〕迷方告控　「告」，唐寫本作「失」。○范文瀾《文心雕龍註》：「『告』，唐寫本作『失』，是。『迷方失控』謂如華過韻緩，化而爲賦之類。」○王利器《文心雕龍校證》：「『失』，原作『告』，據唐寫本改。『迷』『失』對文。」○按：「告控」不辭，作「失控」是。從唐寫本改。

*

《訓故》篇末註：校九字。

雜文第十四

智術之子，博雅之人，藻溢于辭，（辭）〔辯〕盈乎氣〔一〕。苑囿文情，故日新〔而〕殊致〔二〕。宋玉含才，頗亦負俗，始造《對問》，以申其志，放懷寥廓，氣實使（之）〔文〕〔三〕。及枚乘摛艷，首製《七發》，腴辭雲（搆）〔構〕〔四〕，（本）〔夸〕麗風駭〔五〕。蓋七竅所發，發乎嗜欲，始邪末正，所以戒膏（梁）〔粱〕之子也。楊雄覃思文（闊）〔閣〕〔六〕，業深綜述，碎文瑣語，肇爲《連珠》，其辭雖小而明潤矣。凡此三者，文章之枝派，暇豫之末造也。

自《對問》以後，東方朔效而廣之，名爲《客難》，託古慰志，疎而有辨。楊雄《解嘲》，雜以諧（謔）〔調〕〔七〕，迴環自釋，頗亦爲工。班固《賓戲》，含懿采之華；崔駰《達旨》，吐典言之裁；張衡《應（問）〔間〕》〔八〕，密而兼雅；崔寔《（客）〔答〕譏》〔九〕，整而微質；蔡邕《釋誨》，體奧而文炳；（景純）〔郭璞〕《客傲》〔一〇〕，情見而采蔚；雖迭相祖述，然屬篇之高者也。至于陳思《客問》，辭高而理疎；庾（凱）〔敳〕《客咨》〔一一〕，意榮而文(粹)〔悴〕〔一二〕，斯類甚衆，無所取(裁)〔才〕矣〔一三〕。原〔夫〕茲文之設〔一四〕，乃發憤以表志，身挫憑乎道勝，時屯寄于情泰，莫不淵岳其心，麟鳳其采，此立(本)〔體〕之大要也〔一五〕。

自《七發》以下，作者繼踵。觀枚氏首唱，信獨拔而偉麗矣。及傅毅《七激》，會清要之工；崔駰《七依》，入博雅之巧；張衡《七辨》，結采綿靡；崔瑗《七厲》，植義純正；陳思《七啟》，取美於宏壯；仲宣《七釋》，致辨於事理。自桓麟《七說》以下，左思《七諷》以上，枝附影從，十有餘家，或文麗而義暌，或理粹而辭駁。觀其大抵所歸，莫不高談宮館，壯語畋獵，窮瓌奇之服饌，極蠱媚之聲色；甘意搖骨(體)〔髓〕〔一六〕，艷詞洞魂識，雖始之以淫侈，(而)終之以居正〔一七〕，然諷(以)〔一〕勸百〔一八〕，勢不自反。子雲所謂「(先)〔猶〕騁鄭衛之聲，曲終而奏雅」者也〔一九〕。唯《七厲》敘賢，歸以儒道，雖文非拔羣，而意實卓爾矣。

自《連珠》以下，擬者間出。杜篤、賈逵之曹，劉珍、潘勗之輩，欲穿明珠，多貫魚目。可謂壽陵匍匐，非復邯鄲之步，里(配)〔醜〕捧心〔二〇〕，不關西施之嚬矣。唯士衡運思，理新文敏；而裁章置句，廣於舊篇，豈慕(珠)〔朱〕仲四寸之璫乎〔二一〕！夫文小易周，思閑可贍。足使義明而辭淨，事圓而音澤，磊磊自轉，可稱珠耳。

詳夫漢來雜文，名號多品，或典、誥、誓、問，或覽、略、篇、章，或曲、操、弄、引，或吟、諷、謠、詠。總括其名，並歸雜文之區；甄別其義，各入討論之域。類聚有貫，故不曲述(也)〔二二〕。

贊曰：偉矣前修，學堅(多)〔才〕飽〔二三〕。負文餘力，飛靡弄巧。(技)〔枝〕辭攢映〔二四〕，嘒若參昴。慕嚬之〔徒〕，心(於)焉祇攪〔二五〕。

校記

〔一〕辭盈乎氣　「辭」，唐寫本作「辯」。○楊明照《拾遺》：「按『辯』字是。『辯盈乎氣』，與上『藻溢于辭』相對爲文。次辭(指「盈」上「辭」字)字乃涉上句而誤，當據改。《漢書．東方朔傳》：『辯知閎達，溢于文辭。』顔註：『溢者，言其有餘也。』」○按：從唐寫本改。

〔二〕故日新殊致　唐寫本在「日新」下有「而」字。○詹鍈《義證》：「唐寫本『新』下有『而』字，是。」○按：有「而」字較勝。據唐寫本補。

〔三〕氣實使之　「之」，唐寫本作「文」。○范文瀾《文心雕龍註》：「『之』，唐寫本作『文』，是。」○楊明照《拾遺》：「按唐寫本是。《金樓子序》：『蓋以《金樓子》爲文也，氣不遂文，文常使氣。』足爲旁證。」○按：從唐寫本改。

〔四〕及枚乘摛艷首製七發腴辭雲搆　《訓故》「摛艷」作「摛艷」。○「搆」，《御覽》作「構」。○楊明照《拾遺》：「按『構』字是。『搆』乃『構』之俗。《比興篇》『比體雲構』，《時序篇》『英采雲構』（此依弘治本、汪本等，黄本亦誤爲『搆』。）並其證。」○潘重規《唐寫文心雕龍殘本合校》：「六朝唐人寫本，木旁多作扌。」○按：楊、潘二説並是，從《御覽》改。

〔五〕本麗風駭　「本」，唐寫本作「夸」。《訓故》「本麗」作「本麗」。○王利器《文心雕龍校證》：「『夸』原作『本』，徐校云：《御覽》作『夸』。梅本改作『夸』。按唐寫本正作『夸』。」○按：「夸」，華也；作「夸」是。從唐寫本改。

〔六〕楊雄覃思文闊　「闊」，黄本同，唐寫本、《訓故》並作「閣」。黄叔琳校云：「《玉海》作『楊雄覃思文閣』。」○范文瀾《文心雕龍註》：「『文闊』當作『文閣』。《漢書·揚雄傳贊》『雄校書天禄閣。』連珠之體，《文章緣起》謂肇自揚雄。」○王利器《文心雕龍校證》：「『閣』原作『闊』，王惟儉本、《玉海》五四、《文通》作『閣』，紀云：『當作閣。』譚校從《玉海》作『閣』，今從之。」○按：從唐寫本、《訓故》改。又：上句「所以戒膏粱之子」，「粱」唐寫本作「粱」。《説文》：「粱，稻穀名。」《集韻》：「粱，或作粱。」○按：「膏粱」，精美的食物，比喻富貴人家。「粱」本字，從唐寫本改。

〔七〕雜以諧譃　「譃」，唐寫本作「調」。○楊明照《拾遺》：「按『調』字是。細讀其文，實未至于譃也。」○按：楊説是，從唐寫本改。

〔八〕張衡應問　「問」，《訓故》、黄本作「間」。○范文瀾《文心雕龍註》：「張衡《應間》，見《後漢書》本傳。李賢註引《衡集》云『觀者覘余去史官，五載而復還，非進取之勢也。唯衡内識利鈍，操心不改，或不我知者，以爲失志矣，用爲間（間，非也。）余，余應之以時有遇否，性命難求，因茲以露余誠焉。名之《應間》云。』」○按：從《訓故》、黄本改。

〔九〕崔寔客譏　「客」，黄本同；黄叔琳校云：「『客疑作答。』」○范文瀾《文心雕龍註》：「《客譏》，應作《答譏》。《崔寔傳》寔所著碑、記、箴、銘、答、七言、祠文、表記、書凡十五篇。答，即此《答譏》也。《藝文類聚》十五載《答譏》文。」○按：范説是，從黄校改。

〔一〇〕景純客傲　「景純」，唐寫本作「郭璞」。○范文瀾《文心雕龍註》：「『景純』，應改『郭璞』，唐寫本是。《客傲》，見《晉書》本傳。」○郭晉稀《文心雕龍註譯》：「郭璞字景純，本段上文皆稱名，此處不當獨用字。『郭璞』，元作『景純』，今依唐寫本改。」○按：范、郭二氏説並是，從唐寫本改。

〔一一〕庾凱客咨　「凱」，唐寫本、《訓故》作「敳」。○趙萬里《唐本文心雕龍校記》：「案唐本是也，黄本據欽校，改『凱』爲『敳』，與唐本正合。」○范文瀾《文心雕龍註》：「庾敳，字子嵩，《晉書》有傳。《客咨》佚。」○按：從唐寫本、《訓故》改。

〔一二〕意榮而文粹　「粹」，唐寫本、《訓故》作「悴」。○楊明照《拾遺》：「『悴』，黄校云：『元作粹，朱改。』……按朱改是也。……以《總術篇》『或義華（華猶榮也）而聲悴』證之，自以作『悴』爲是。」○按：從唐寫本、《訓故》改。

〔一三〕無所取裁矣　「裁」，唐寫本作「才」。○楊明照《拾遺》：「按唐寫本是也。《論語・公冶長》『無所取材』（『材』與『才』通），蓋舍人所本。《檄移篇》『無所取才矣』，尤可證。」○按：從唐寫本改。

〔一四〕原兹文之設　唐寫本「兹」上有「夫」字。○楊明照《拾遺》：「按唐本是也。《詮賦》、《頌讚》、《哀弔》、《史傳》、《論説》、《章表》諸篇，並有此種語句。」○按：據唐寫本補。

〔一五〕此立本之大要也　「本」，唐寫本作「體」。○楊明照《拾遺》：「按唐寫本是也。『體』俗簡寫作『体』，後又誤爲『本』耳。《銘箴篇》『體義備焉』，或本亦誤『體』爲『本』，其比正同。《徵聖篇》『或明理以立體』，《宗經篇》『禮以立體』，《書記篇》『隨事立體』，《定勢篇》『莫不因情立體』，並足爲此當作『立體』之證。」○按：作「體」是。從唐寫本改。

〔一六〕甘意摇骨體　「體」，唐寫本、《訓故》作「髓」。○楊明照《拾遺》：「按『髓』字是。唐寫本、《訓故》本正作『髓』；《御覽》引同。《宗經》、《體性》、《風骨》、《附會》、《序志》諸篇，並有『骨髓』之文。」○按，從唐寫本、《訓故》改。

〔一七〕而終之以居正　唐寫本無「而」字。○趙萬里《唐本文心雕龍校記》：「案（唐本）與《御覽》五九〇引合。」○按：上句有「雖」字，下句有「然」字，此「而」字實不必有，從唐寫本删。

〔一八〕然諷以勸百　「以」，唐寫本、《訓故》作「一」。○趙萬里《唐本文心雕龍校記》：「唐寫本是也，與《御覽》五九〇引及黄本均合。」○按：作「一」是。《漢書・司馬相如傳贊》：「楊雄以爲靡麗之賦，勸一而風百。」從唐寫本、《訓故》改。

〔一九〕先騁鄭衛之聲曲終而奏雅者也　唐寫本無「先」「衛之」三字。○王利器《文心雕龍校證》：「案《漢書・司馬相如傳贊》：『楊雄以爲靡麗之賦，勸一而風百；猶騁鄭衛之聲，曲終而奏雅。』疑此文『先』爲『猶』俗文『犹』形近之誤。唐寫本、《御覽》無之，亦是。」○按：本文既直稱「子雲」，當從《漢書》爲是。今據《漢書·司馬相如傳贊》改。

〔二〇〕里配捧心　「配」，唐寫本、《御覽》、《訓故》、黄本並作「醜」。○黄叔琳校云：「元作『配』，謝改。」又註：「《莊子·天運篇》：『西施病心而矉其里，其里之醜人見而美之，歸亦捧心而矉其里。』」○按：作「醜」是，從唐寫本、《御覽》、《訓故》、黄本改。

〔二一〕豈慕珠仲四寸之璫乎　「珠仲」，唐寫本作「珠中」。《御覽》、《訓故》、黄本作「朱仲」。○按：作「朱仲」是。《列仙傳》：「朱仲者，會稽人也。常於會稽市上販珠。魯元公主以七百金從仲求珠，仲乃獻四寸珠，送置於闕即去。」從《御覽》、《訓故》、黄本改。

〔二二〕故不曲述　唐寫本在「曲述」下有「也」字。○按：有「也」字語勢較勝。據唐寫本增。

〔二三〕學堅多飽　「多」，唐寫本作「才」。○楊明照《拾遺》：「按唐寫本是也。『學』『才』相對爲文，若作『多』，則不倫矣。《事類篇》：『有學飽而才餒，有才富而學貧。』亦以『學』『才』相對。」○按：楊説是。從唐寫本改。

〔二四〕技辭攢映　「技」，唐寫本作「枝」。○按作「枝」是，「技」無義。從唐寫本改。

〔二五〕慕嚬之心於焉祗攪　唐寫本「之」下有「徒」字；「心」下無「於」字。○楊明照《拾遺》：「按唐寫本是也。今本蓋先誤『徒』爲『於』，因乙『心』字屬上句耳。《詩·陳風·防有鵲巢》『心焉忉忉』，又『心焉惕惕』，《小雅·節南山之什·巧言》『心焉數之』，《嵇中散集·幽憤詩》『心焉内疚』，《陸士龍集·贈鄭曼柔詩》『心焉忼慨』，並以『心焉』連文，可證。」○按：據唐寫本補、删。

* 《訓故》篇末註：校十一字。

諧讔第十五

芮良夫之詩云：「自有肺腸，俾民卒狂。」夫心險如山，口壅若川，怨怒之情不一，歡謔之言無方。昔華元棄甲，城者「發睅」目之謳；臧紇喪師，國人造「侏儒」之歌：並嗤戲形貌，内怨爲俳也。又「蠶〔解〕〔蟹〕」鄙諺〔一〕，「貍首」淫哇，苟可箴戒，載於禮典。故知諧辭讔言，亦無棄矣。

諧之言皆也，辭淺會俗，皆悦笑也。昔齊(宣)〔威〕酣樂，而淳于説(干)〔甘〕酒〔二〕；楚襄宴集，而宋玉賦《好色》：意在微諷，有足觀者。及優(孟)〔旃〕之諷漆城〔三〕，優(旃)〔孟〕之諫葬馬〔四〕，並譎辭飾説，抑止昏暴。是以子長編史，列傳《滑稽》，以其辭雖傾回，意歸義正也。但本體不(雜)〔雅〕〔五〕，其流易弊。於是東方、枚皋，餔糟啜醨，無所匡正，而詆嫚(媒)〔媟〕弄〔六〕，故其自稱爲賦，乃亦俳也，見視如倡，亦有悔矣。然至魏(大)〔人〕因俳説以著(茂)〔笑〕書〔七〕，薛綜憑宴會而發嘲調，雖抃(推)〔笑衽〕席〔八〕，而無益時用矣。然而懿文之士，未免枉轡；潘岳《醜婦》之屬，束皙《賣餅》之類，尤(相)〔而〕效之〔九〕，蓋以百數。魏晉滑稽，盛相驅扇，遂乃應瑒之鼻，方於盜削卵；張華之形，比乎握舂杵。曾是莠言，有虧德音，豈非溺者之妄(茂)〔笑〕〔一〇〕，胥靡之狂歌歟！

讔者，隱也；遁辭以隱意，譎譬以指事也。昔還(楊)〔社〕求拯於楚師〔一一〕，喻「眢井」而稱「麥麴」；叔儀乞糧於魯人，歌「佩玉」而呼「庚癸」；伍舉刺荆王以「大鳥」，齊客譏薛公以「海魚」；莊姬託辭於「龍尾」，臧文謬書於「羊裘」。隱語之用，被於紀傳：大者興治濟身，其次弼違曉惑。蓋意生於權譎，而事出於機急，與夫諧辭，可相表裏者也。漢世《隱書》十有八篇，歆、固編文，録之(歌)〔賦〕末〔一二〕。

昔楚莊、齊威，性好隱語。至東方曼倩，尤巧辭述，但謬辭詆戲，無益規補。自魏(以代)〔代以〕(巳)來〔一三〕，頗非俳優，而君子〔嘲〕隱〔一四〕，化爲謎語。謎也者，迴(牙)〔互〕其辭〔一五〕，使昏迷也。或體目文字，或圖象品物，纖巧以弄〔思〕，淺察以衒辭〔一六〕，義欲婉而正，辭欲隱而顯。荀卿《蠶賦》，已兆其體；至魏文、陳思，約而密之。高貴鄉公，博舉品物，雖有小巧，用乖遠大。(夫)觀〔夫〕古之爲隱〔一七〕，理周要務，豈爲童稚之戲謔，(摶)〔搏〕髀而抃笑哉〔一八〕！然文辭之有諧(隱)〔讔〕〔一九〕，譬九流之有小説，蓋稗官所采，以廣視聽。若效而不(巳)〔已〕〔二〇〕，則髡袒而入室，旃、孟之石交乎？

(讚)〔贊〕曰〔二一〕：古之嘲隱，振危釋憊。雖有絲麻，無棄菅蒯。會義適時，頗益諷誡。空戲滑稽，德音大壞。

校記

〔一〕蠶解鄙諺　「解」，黃本作「蟹」。○詹鍈《義證》：「元刻本、弘治本『蟹』作『解』。馮舒校曰：『應作蠏。』」○按：作「蟹」是。《禮記·檀弓下》：「成人歌曰：『蠶則績而蟹有匡，範則冠而蟬有緌，兄則死而子皋爲之衰。』」從黃本改。

〔二〕昔齊宣酣樂而淳于說干酒　《訓故》、黃本「宣」作「威」；「干」作「甘」。○黃叔琳校云：「（威）元作宣，許改。」並註：「《史記·滑稽列傳》：『齊威王好爲長夜之飲，置酒後宮，召淳于髡賜之酒。問曰：先生能飲幾何而醉？對曰：臣飲一斗亦醉，一石亦醉。故曰酒極則亂，樂極則悲，萬事盡然，言不可極，極之而衰。以諷諫焉。王曰：善！乃罷長夜之飲。』」○詹鍈《義證》引《尚書·五子之歌》：「甘酒嗜音，峻宇彫牆。」○按：作「威」、作「甘」並是，從《訓故》、黃本改。

〔三〕及優孟之諷漆城　「孟」，《訓故》、黃本作「旃」。○詹鍈《義證》：「『優旃』，元刻本、弘治本、馮校本作『優孟』，誤。」○按：優旃爲秦倡侏儒，諷秦二世欲漆其城，事見《史記·滑稽列傳》。「旃」作「孟」乃與下誤倒。今從《訓故》、黃本改。

〔四〕優旃之諫葬馬　「旃」，《訓故》、黃本作「孟」。○詹鍈《義證》：「『優孟』，元刻本、弘治本、馮舒校本作『優旃』，誤。」○按：優孟爲楚之樂人，諫楚莊王葬馬，事亦見於《史記·滑稽列傳》。「孟」作「旃」，乃與上句誤倒。從《訓故》、黃本改。

〔五〕本體不雜　「雜」，黃本作「雅」。○楊明照《拾遺》：「按何本、祕書本作『雅』，天啟梅本改『雅』，黃氏從之，是也。《顏氏家訓·文章篇》：『東方曼倩，滑稽不雅。』」○按：作「雅」是，從黃本改。

〔六〕亦有媒弄　「媒」，《訓故》作「娸」。黃本作「媟」。○詹鍈《義證》引張立齋《文心雕龍考異》云：「《漢書·枚乘傳》：『其子皋爲賦好嫚戲，以致得媟瀆貴幸。』」○按：「娸」爲「媒」之誤，作「媟」是，從黃本改。

〔七〕至魏大因俳說以著茂書　「大」「茂」，《訓故》作「因」「茂」；黃本作「文」、「笑」。○王利器《校證》：「案魏文《笑書》，未詳，黃註亦未言及。疑『大』爲『人』之誤，指魏人邯鄲淳之《笑林》也。」○詹鍈《義證》：「元刻本、弘治本『文』

作『大』，『笑』作『茂』。沈岩録何校本，『大』改『文』。何云：『文字以意改。』」又引姚振宗《隋書經籍志考證》子部九，小説家《笑林》三卷（後漢給事中邯鄲淳撰）：「按《文心・諧讔篇》曰：『至魏文因俳説以著《笑書》。』或即是書。淳奉詔所撰者，或即因《笑書》别爲《笑林》，亦未可知。」○陳拱《文心雕龍本義》：「《黄註》：『文，元作大；笑，元作茂。』按《嘉靖本》、《景明本》皆然。《新書》云（按：見《校證》引）。《註訂》（按：指張立齋《文心雕龍註訂》）云：『魏文《笑書》未見著録，同時魏有邯鄲淳《笑林》三卷，見清馬國翰佚書中（按見《玉函山房輯佚書》卷七六）。彦和所云，或爲邯鄲之誤。』」○李明高《文心雕龍譯讀》：「明高按：當從《校證》作『魏人』爲是。此處的關鍵也即衆家皆未察的問題是『笑書』未必是書名，下文相對的『嘲調』即不是書名，那麽此處的『笑書』也應不是書名，是總括的一類，意即『笑話類的書』。」○按：《校證》「大」作「人」是，從改。「笑書」是否書名，李説有理。

〔八〕雖抃推席　《義證》作「雖抃笑衽席」。○楊明照《拾遺》：「按『抃』下疑脱『笑』字，篇末『搏髀而抃笑哉』句可證。」○詹鍈《義證》：「『笑』字原無，『衽』原作『推』。」又引王利器《文心雕龍校證》：「『雖抃笑衽席』，原作『雖抃推席』，義不可通。譚云：『有脱誤。』劉師培《中古文學史》第三課：『推』疑『雅』字。案下文有『抃笑』語，《時序篇》有『雍容衽席之上』語，此文蓋『抃』下脱『笑』字，『推』爲『衽』形近之誤。今輒爲補正如此。『抃笑衽席』與上文『憑宴會而發嘲調』相承。《論説篇》『抵嘘公卿之席』句意並近。」○按：王説是。從《義證》改。

〔九〕尤相效之　「相」，《訓故》、黄本作「而」。○楊明照《拾遺》：「按『相』字蓋涉下而誤。黄氏從馮舒説改爲『而』，是也。《左傳》僖公二十四年：『尤而效之，罪又甚焉。』又襄公二十一年：『尤而效之，其又甚焉。』當爲舍人所本。」○按：從《訓故》、黄本改。

〔一〇〕豈非溺者之妄茂　「茂」，黄本作「笑」。○楊明照《拾遺》：「『笑』，黄校云：『元作茂，朱改。』按朱改是也。佘本、《訓故》本、謝鈔本並作『笑』；《喻林》八九、《諧語》三、《文通》十五引同。」○按：本篇「至魏文因俳説以著笑書」，「笑」亦誤爲「茂」，「茂」無義。從黄本改。

〔一一〕昔還楊求拯於楚師　「還楊」，黄本作「還社」。○楊明照《拾遺》：「黄校云：（社）元作『楊』……按梅改是。《漢書藝文志考證》八、《諧語》二、《文通》引，並作『昔還社求拯於楚師』。」○按：從黄本改。

〔一二〕録之歌末　《義證》作「録之賦末」。○詹鍈《義證》引王利器《文心雕龍校證》：「『賦末』原作『歌末』，李詳曰：『案歌末當作賦末，《漢書・藝文志》雜賦十二家，《隱書》居其末，孟堅云：右雜賦十二家，二百二十三篇。核其都數，有

《隱書》十八篇在內，則作賦末宜矣。』按李説是，今據改。」〇按：從《義證》改。

〔一三〕自魏以代已來　《訓故》無「以」字。黃本作「自魏代以來」。〇按：黃本是。「以代」爲「代以」誤倒；「已」又在誤倒之後妄補。當從黃本乙、刪。

〔一四〕君子隱化爲謎語　《訓故》「隱」有空圍□。黃本作「君子嘲隱化爲謎語」。〇詹鍈《義證》引張立齋《文心雕龍考異》：「宜作『君子嘲隱，化爲謎語』，語意始全。」〇按：據黃本補。

〔一五〕迴牙其辭　「牙」，《訓故》、黃本作「互」。〇詹鍈《義證》引李曰剛《文心雕龍斠詮》：「迴互，迴轉也。見《文選》木華《海賦》『乖蠻隔夷，迴異萬里』李周翰註。」〇按：作「牙」不詞，作「互」是。從黃本改。

〔一六〕纖巧以弄[思]　「思」字上半漫漶難辨，《訓故》作「忠」，黃本作「思」。〇按：「忠」乃「思」之形誤，從黃本補。

〔一七〕夫觀古之爲隱　黃本同。〇楊明照《拾遺》：「按『夫觀』二字當乙。《詮賦篇》『觀夫荀結隱語』，《史傳篇》『觀夫左氏綴事』，《比興篇》『觀夫興之託諭』，《事類篇》『觀夫屈宋屬篇』，《才略篇》『觀夫後漢才林』，並作『觀夫』，可證。」〇按：楊説是，據其乙。

〔一八〕摶髀而抃笑哉　「摶」，《訓故》、黃本作「搏」。〇楊明照《拾遺》：「按作『摶』非是。《史記·李斯傳》：『夫擊甕叩瓶彈箏，搏髀而歌呼嗚嗚快耳目者，真秦之聲也。』此『搏髀』二字所本。」〇按：從《訓故》、黃本改。

〔一九〕然文辭之有諧隱　「隱」，黃本作「讔」。〇按：作「讔」是，與篇名「諧讔」合。從黃本改。

〔二〇〕若效而不巳　「巳」，黃本作「已」。〇按：作「已」是，已見前校。從黃本改。

〔二一〕讚曰　「讚」，本書其他諸篇均作「贊」。〇按：作「讚」非，已見前校；作「贊」是，當改與諸篇一律。

＊《訓故》篇末註：校十□字。三卷共校四十九字。〇按：「十」下字漫漶不辨，依本卷校字總數，扣除前四篇校字數，當爲十一字。

《文心雕龍》卷第四

史傳第十六

開闢草昧，歲紀綿邈，居今識古，(具)[其]載籍乎〔一〕？軒轅之世，史有(蒼)[倉]頡〔二〕，主文之職，其來久矣。《曲禮》曰：「史載筆」。[史者，使也；執筆]左右〔三〕，使之記(巳)[也]〔四〕。[古]者左史記(事)[言][者]，右史(紀言)[書事](者)〔五〕。言經則《尚書》，事經則《春秋》。唐虞流於典謨，(商夏)[夏商]被於誥誓〔六〕。洎周命(惟)[維]新〔七〕，姬公定法，紬三正以班曆，貫四時以聯事。諸侯建邦，各有國史，「彰善癉惡，樹之風聲」。自平王微弱，政不及雅，憲章散紊，彝倫攸斁。

[昔者]夫子閔王道之缺〔八〕，傷斯文之墜，静居以歎鳳，臨衢而泣「麟」；於是就大師以正《雅》、《頌》，因魯史以修《春秋》，舉得失以表黜陟，徵存亡以(摽)[標]勸戒〔九〕；褒見一字，貴踰「軒」冕〔一〇〕；貶在片言，誅深斧鉞。然睿旨(存亡)幽(隱)[祕]〔一一〕，經文婉約；丘明同時，實得微言，乃「原始要終」，創爲「傳」體。傳者，轉也，轉受經旨，以授其後，實聖文之羽翮，記籍之冠冕也。

[及]至(從)[縱]横之世〔一二〕，史職猶存。秦幷七王，而戰國有《策》，蓋録而弗叙，故(節)[即]簡而爲名也〔一三〕。漢滅嬴、項，武功積年。陸賈稽古，作《楚漢春秋》。爰及太史談，世惟執簡；子長繼(至)[志]〔一四〕，甄序帝勣。比堯稱典，則位雜中賢；法孔題經，則文非元聖；故取式《吕覽》，通號曰「紀」，紀綱之號，亦宏稱[也]〔一五〕。故「本紀」以述皇王，「列傳」以總侯伯，「八書」以鋪政體，「十表」以譜年爵，雖殊古式，而得事序焉。爾其實録無隱之旨，博雅弘辨之才，愛奇反經之尤，條例踳落之失，叔皮論之詳矣。

及班固述《漢》，因循前業，觀司馬遷之辭，思實過半。其「十志」該富，「贊」、「序」弘麗，儒雅彬彬，信有遺味。至於宗經矩聖之典，端緒「豐贍」之功，「遺親攘美」之「罪」〔一六〕，徵賄鬻筆之愆，公理辨之「究矣」〔一七〕。

〔觀〕夫〔左〕氏〔綴〕事，附〔經〕間出，於〔文〕爲〔約〕，而〔氏〕族難明〔一八〕。及史遷各傳，人始區詳而易覽，述者宗焉。及孝惠〔委機〕，呂后〔攝政〕〔一九〕，（班史）〔史、班〕立紀，〔並〕違經實〔二〇〕。何則？庖犧以來，未聞女帝者也。〔漢運〕所值〔二一〕，難爲後法。「牝鷄無晨」，武（三）〔王〕首〔誓〕〔二二〕；〔婦〕無與〔國〕〔二三〕，齊桓著盟；宣后亂秦，呂氏危漢；豈唯政事〔難〕假〔二四〕，亦名號宜慎矣。張衡（同）〔司〕史〔二五〕，而〔惑〕同遷固，元（年）〔平〕二后〔二六〕，欲爲立紀，謬亦甚矣。尋子弘雖僞，要當孝惠之嗣；孺子誠微，實繼平帝之體；二子可紀，何有於（三）〔二〕后哉〔二七〕？至於後漢紀傳，發源《東觀》。袁、張所制，偏（駮）〔駁〕不倫〔二八〕；薛、謝之作，踈謬少信。〔若〕司馬彪之詳實〔二九〕，華嶠之準當，則其冠也。

及魏代三雄，記傳互出，《陽秋》《魏略》之屬，《江表》《吳録》之類，或激抗難徵，〔或〕踈闊寡要〔三〇〕。唯陳壽三《志》，文質辨洽，荀、張比之於遷、固，非妄（至）譽也〔三一〕。〔至〕於晉代之書〔三二〕，〔繫〕乎著作。陸機肇始而未備，王韶續末而不終；（于）〔干〕寶述《紀》，以審〔正〕得序〔三三〕；孫盛《陽秋》，以約舉爲能。按《春秋》經傳，舉例發凡，自《史》、《漢》以下，莫有準的。至鄧（璨）〔粲〕《晉紀》〔三四〕，始立條例，又（撮略）〔擺落〕漢、魏〔三五〕，憲章殷、周，雖湘（川）〔州〕曲學，亦有心〔放〕典、謨〔三六〕。及安國立例，乃鄧氏之規焉。

原夫載籍之作也，必貫乎百（姓）〔氏〕，〔被〕之千載〔三七〕，表徵盛衰，殷鑒興廢，使之一代之制，共日〔月〕而長存〔三八〕，王霸之跡，并天地而久大。是以在漢之初，〔史職〕爲盛〔三九〕。郡國文計，先集太史之府，欲其詳悉於體國（必）〔也〕〔四〇〕。閲石室，啓金匱，（抽）〔紬〕裂帛〔四一〕，〔檢殘竹〕〔四二〕，欲其博練於稽古也。是立義選言，宜依經以樹則，勸戒與奪，必附聖以〔居〕宗〔四三〕；然後銓評昭整，苛濫不作矣。然紀傳爲式，編年綴事，文非泛論，按實而書。歲遠則同異難密，事積則起訖易踈，斯固總會之爲難也。或有同歸一事，而數人分功，兩記則失於複重，偏舉則病於不周，此又銓配之未易也。故張衡摘史、班之舛濫，傅玄譏《後漢》之（尤）〔冗〕煩〔四四〕，皆此類也。

若夫追述遠代，代遠多僞。公羊高云：「傳聞異辭。」荀況稱：「録遠略近。」蓋文疑則闕，貴信史也。然俗皆愛奇，莫顧實理。傳聞而欲偉其事，録遠而欲詳其跡。於是棄同即異，穿鑿傍説，舊史所無，我書則

(傳)〔博〕〔四五〕，此訛濫之本源，而述遠〔之〕巨蠹也〔四六〕。至於記編同時，〔時〕同多詭〔四七〕，雖定、哀微辭，而世情利害。勳(勞)〔榮〕之家〔四八〕，雖庸夫而盡飾；迍(敗)〔貶〕之士〔四九〕，雖令德而(常)嗤〔埋〕〔五〇〕：(理欲)吹霜(噴)〔煦〕露〔五一〕，寒暑筆端，此(入)〔又〕同時之枉〔論〕〔五二〕，可〔爲〕歎息者也〔五三〕。(欲)〔故〕述遠則誣矯如彼〔五四〕，記近則回(邢)〔邪〕如此〔五五〕，(折)〔析〕理居正〔五六〕，唯素心乎！若乃尊賢隱諱，固尼父之聖旨，蓋纖瑕不能玷瑾瑜也；奸慝懲戒，實良史之直筆，農夫見莠，其必鋤也：若斯之科，亦萬代一準焉。至於尋繁領雜之術，務信(弁)〔棄〕奇之要〔五七〕，明白頭訖之序〔五八〕，品酌事例之條，曉(某)〔其〕大綱〔五九〕，則衆理可貫。然史之爲任，乃彌綸一代，負海内之責，而〔贏〕是非之尤〔六〇〕。秉筆荷〔擔〕〔六一〕，莫此之勞。遷固通矣，而歷詆後世。若任情失正，文其殆哉！

贊曰：史肇軒黄，體備周、孔。世歷斯編，善惡偕總。〔騰褒裁〕貶〔六二〕，萬古魂動。辭宗丘明，直歸南、董。

校記

〔一〕具載籍乎　「具」，《訓故》、黄本作「其」。○按：作「其」是，「具」乃「其」之形誤。從《訓故》、黄本改。

〔二〕史有蒼頡　「蒼」，黄本作「倉」。○楊明照《拾遺》：「按《廣韻》十一唐『倉』下云：『又姓，黄帝史官倉頡之後。』是『倉頡』字本應作『倉』。」○按：從黄本改。

〔三〕曲禮曰史載筆左右　《御覽》在「左右」前有「史者使也執筆」六字。○王利器《文心雕龍校證》：「『史者使也，執筆左右』二句八字原脱，梅按胡孝轅本補。按《御覽》六〇三正有此八字。」○按：本書實脱六字。從《文心雕龍》文體論諸篇「釋名以章義」的體例看，此六字不可缺。據《御覽》補。

〔四〕使之記巳　「巳」，黄本作「也」。○按：作「也」是，「巳」爲「也」之形誤。從黄本改。

〔五〕者左史記事者右史紀言者　《御覽》作「古者左史記言右史書事」。○范文瀾註：「『記事者』『記言者』二『者』字疑衍。《禮記·玉藻》曰：『動則左史書之，言則右史書之。』《漢書·藝文志》：『左史記言，右史記事，事爲《春秋》，言爲《尚書》。』《玉藻疏》引《六藝論》同，與《漢志》反。杜預《春秋左傳序・正義》云：『左是陽道，故令之記動；右是陰道，故使之記言。《藝文志》稱左史記言，右史記動，誤耳。』彥和用《玉藻》説。」○王利器《文心雕龍校證》：「『左史記言，右史書事』，原作『左史記事，右史記言者』，今據《御覽》改。《漢書・藝文志》：『左史記言，右史記事，事爲《春秋》，言爲《尚書》。』《禮記・玉藻疏》引《六藝論》：『右史記事，左史記言。』荀悦《申鑒・時事篇》：『左史記言，右史記動，動爲《春秋》，言爲《尚書》。』此彥和所本。淺人習見《玉藻》『動則左史書之，言則右史書之』之文，逕改此書。而不知《玉藻》『左』『右』字，今亦互譌，黄以周《禮書通故》三四官四，辨之究矣。」○黄叔琳校云：「(古)元脱，孫補。」○按：王説是。從《御覽》删、改、補。

〔六〕商夏被于誥誓　「商夏」，《義證》作「夏商」。○楊明照《拾遺》：「『商夏』，謝鈔本、文溯本作『夏商』。按作『夏商』是。《銘箴篇》『夏商二箴』，《誄碑篇》『夏商已前』，並未倒其時序，此亦應爾。」○按：楊説是，從《義證》改。

〔七〕洎周命惟新　「惟」，《訓故》、黄本作「維」。○楊明照《拾遺》：「《詩・大雅・文王》：『周雖舊邦，其命維新。』則作『維』是也。《封禪篇》『固維新之作也』，亦作『維』。」○按：從楊説據《訓故》、黄本改。

〔八〕夫子閔王道之缺　《御覽》在「夫子」前有「昔者」二字。○詹鍈《義證》：「黄校：『昔者』二字從《御覽》增。」○按：據《御覽》補。

〔九〕徵存亡以摽勸戒　「摽」，黄本作「標」。○按作「標」是，從黄本改。又：前「麟」字漫漶，據黄本補。

〔一○〕貴踰〔軒〕冕　「軒」字漫漶，據《訓故》、黄本補。又後「傳」字漫漶，亦據《訓故》、黄本補。

〔一一〕然睿旨存亡幽隱　《御覽》作「然叡旨幽祕」。《訓故》「存亡」標疑作「存亡」。○楊明照《拾遺》：「黄校云：『(存亡)二字衍；(隱)胡本作祕。』……按《御覽》、《史略》並作『然叡旨幽祕』，是也。『存亡』二字，蓋上文誤衍。」○按：從《御覽》删、改。

〔一二〕至從横之世　《御覽》作「及至縱横之世」。○王利器《文心雕龍校證》：「『及』字原無，何校本、黄本從《御覽》增。馮校云：『至上《御覽》有及字。』案《史略》有『及』字。」○按：有「及」字較勝，「從」亦當據《御覽》改。

〔一三〕故節簡而爲名也　「節」，《御覽》、《訓故》作「即」。○楊明照《拾遺》：「按《史通・六家篇》：『夫謂之策者，蓋録而不序，故即簡以爲名。』文即本此……元本等作『節』，乃形近之誤。」○按：從《御覽》、《訓故》改。

〔一四〕子長繼至 「至」，《御覽》作「志」。《訓故》「至」作「至」。○楊明照《拾遺》：「按《御覽》、《史略》引正作『志』。《禮記・中庸》：『夫孝者，善繼人之志，善述人之事者也。』『繼志』二字出此。」○按：從《御覽》改。

〔一五〕亦宏稱 《御覽》、《訓故》在「宏稱」下有「也」字。○楊明照《拾遺》：「『也』，黄校云：『元脱，謝補。』按謝補是也。《御覽》、《史略》引，正有『也』字。」○按：有「也」字語勝。據《御覽》、《訓故》補。

〔一六〕端緒〔豐贍〕之功〔遺親攘美〕之〔罪〕 「豐贍」，「遺親攘美」、「罪」並漫漶難辨，均據《訓故》、黄本補。

〔一七〕公理辨之〔究矣〕 「究矣」漫漶不辨，據《訓故》、黄本補。

〔一八〕〔觀〕夫〔左〕氏〔綴〕事附〔經〕間出於〔文〕爲〔約〕而〔氏〕族難明 「觀」、「左」、「綴」、「經」、「文」、「約」、「氏」並漫漶不可辨，均據《訓故》、黄本補。

〔一九〕及孝惠〔委機〕吕后〔攝政〕 「委機」、「攝政」漫漶不辨，據《訓故》、黄本補。

〔二〇〕班史立紀違經實 「班史」，《訓故》作「史班」。「違經實」作「並違經實」。黄本作「違經失實」。○楊明照《拾遺》：「按『班史』當乙。『史』謂史遷，『班』謂班固。下文『故張衡摘史班之舛濫』，正作『史班』。」「違經實」，黄本作「違經失實」。○黄叔琳校云：「（失）元脱朱補。」○按：楊説「班史」當乙，是，從《訓故》改。又：「並×××」，《文心雕龍》全書有六十五例，乃劉勰習用式，亦當從《訓故》補作「並違經實」。

〔二一〕〔漢運〕所值 「漢運」漫漶，據《訓故》、黄本補。

〔二二〕武〔三〕首〔誓〕 「三」，《訓故》、黄本作「王」。○按：「三」爲「王」之殘；「誓」漫漶；並從《訓故》、黄本改、補。

〔二三〕〔婦〕無與〔國〕 「婦」「國」漫漶，據《訓故》、黄本補。

〔二四〕豈唯政事〔難〕假 「難」字漫漶，據《訓故》、黄本補。

〔二五〕張衡同史 「同」，《訓故》、黄本作「司」。○按：「司」是，「同」「司」形近致誤，從《訓故》、黄本改。

〔二六〕而〔惑〕同遷固元年二后 「惑」字漫漶；《訓故》「年二」作「帝王」。「年」，《校證》作「平」。○王利器《文心雕龍校證》：「『元平二后』，原作『元年二后』，梅從孫汝澄改作『元帝王后』，其六次本又改作『元平二后』，張松孫本同，今從之。 鈴木亦云：『年疑平字之譌。』」姜書閣《文心雕龍釋旨》改「帝王」作「平二」。○按：「惑」字據黄本補；「年」字從《校證》《釋旨》改。

〔二七〕何有於三后哉 「三后」，《訓故》、黄本作「二后」。○楊明照《拾遺》：「按作『二后』是……『二后』，即《史》《漢》所立

《吕后本紀》之吕后及張衡欲爲《元后本紀》之元后。且張衡上疏止言『宜爲元后本紀』，並未涉及平帝皇后。本段上文亦明言『尋子弘雖僞，要當孝惠之嗣；孺子誠微，實繼平帝之體』，故以『二子可紀，何有於二后哉』作結語。既非專指王后一人，亦未包有平帝皇后在内也。」○按：從《訓故》、黄本改。

〔二八〕偏駁不倫　「駁」，《訓故》、黄本作「駮」。○詹鍈《義證》引石壘《文心雕龍與佛教通義疏證》：「劉勰謂『袁、張所制，偏駁不倫』者，指袁山松《後漢書》、張瑩《後漢南記》而言也。黄奭袁書輯本，謂其文多排叠，喜志災祲，皆非史載所尚。劉勰所謂『偏駁不倫』者，殆謂是歟？」○按：從《訓故》、黄本改。

〔二九〕司馬彪之詳實　《御覽》在「司馬彪」前有「若」字。○王利器《文心雕龍校證》：「『若』字原無，徐校補『若』字，馮校云：『司』上《御覽》有『若』字。何校同，黄本從《御覽》增。案《史略》、《玉海》四六有『若』字。」○按：據《御覽》補。

〔三〇〕疎闊寡要　《御覽》、《訓故》在「疎闊」前有「或」字。○按：「或」字當有，與上句一律。據《御覽》、《訓故》增。

〔三一〕非妄至謷也　《御覽》、《訓故》無「至」字。○王利器《文心雕龍校證》：「汪本、馮本、佘本、張之象本『妄』下有『至』字。謝徐校移『至』字於下句『於』上。」○按：謝徐校移是。據《御覽》、《訓故》删。

〔三二〕於晉代之書　《御覽》、《訓故》在「於」上有「至」字。○按有「至」字是，據《御覽》、《訓故》增。

〔三三〕于寶述紀以審〔正〕得序　「于寶」，《御覽》、《訓故》作「干寶」；「正」字漫漶。○按：「于」係「干」之形誤，從《御覽》、《訓故》改；「正」亦據《訓故》、《御覽》補。

〔三四〕至鄧璨晉紀　「璨」，《御覽》、《訓故》作「粲」。○楊明照《拾遺》：「『璨』，黄校云：『元作璨，朱改。』徐𤊹校作『粲』。按當依《御覽》、《史略》、《玉海》四六引，作『粲』，始與《晉書》本傳合。《訓故》本未誤，《續文選》同。」○按：從《御覽》、《訓故》改。

〔三五〕又撮略漢魏　「撮略」，《御覽》作「擺落」。○楊明照《拾遺》：「按《史略》亦作『擺落』。尋繹上下文意，作『擺落』是。《陶淵明集·飲酒詩》：『擺落悠悠談。』《梁書·謝朏傳》：『簪紱未褫，而風塵擺落。』」○按：從《御覽》改。

〔三六〕雖湘川曲學亦有心典謨　《御覽》「川」字同；「心」下有「放」字。○楊明照《拾遺》：「『川』，元本、弘治本……鄭藏鈔本、崇文本作『州』。《四庫》本剜改爲『川』。按《十三州記》：『(長沙)有萬里沙祠，而西自湘州至東萊萬里，故曰長沙也。』……《隋書·地理志下》：『長沙郡』，本註：『舊置湘州。』則『州』字是。」又：「按『放』字似不可少，讀爲仿。『心放典謨』即上文所謂『憲章殷周』也。」○按：楊説是。唯元本實作「川」，不作「州」。從楊説改，據《御覽》增。

〔三七〕必貫乎百姓〔被〕之千載　「百姓」，黃本作「百氏」；「被」字漫漶。○楊明照《拾遺》：「『氏』，黃校云：『元作姓。』此沿梅校。按梅改是。何本、梁本、謝鈔本正作『氏』；《文通》引同。」○按：「姓」從黃本改，「被」據《訓故》、黃本補。

〔三八〕共日〔月〕而長存　「月」字漫漶，據《訓故》、黃本補。

〔三九〕〔史職〕爲盛　「史職」二字漫漶，據《訓故》、黃本補。

〔四〇〕欲其詳悉於體國必　「必」，《校證》作「也」。○王利器《文心雕龍校證》：「『也』字原無，《玉海》有。案各本『國』下有『必』字，屬下句讀；『必』即『也』形近之誤，今據《玉海》改正。『欲故其詳悉於體國也』，與下『欲其博練於稽古也』句法正同。」○按：從《校證》改。

〔四一〕抽裂帛　「抽」，黃本同。○楊明照《拾遺》：「按《史記・自序》：『遷爲太史令，紬史記石室金匱之書。』作『紬』字；《漢書・司馬遷傳》亦作『紬』。顏註：『紬，謂綴集之。音胄。』則此『抽』字當作『紬』。上文『紬三正以班歷』，尤爲切證。」○按：從楊說改。

〔四二〕〔檢殘竹〕　此三字漫漶，據《訓故》、黃本補。

〔四三〕必附聖以〔居〕宗　「居」字漫漶，據《訓故》、黃本「補」。

〔四四〕傳玄譏後漢之尤煩　「尤」，《訓故》、黃本同。○楊明照《拾遺》：「『尤』疑當作『冗』。《晉書・司馬彪》：『(續漢書敘)漢氏中興，訖於建安，忠臣義士，亦以昭著，而時無良史，記述煩雜，譙周雖已删除，然猶未盡。』袁宏《後漢紀序》：『予嘗讀《後漢書》，煩穢雜亂，睡而不能竟也。』並足爲『後漢冗煩』之證。」○按：從楊說改。

〔四五〕我書則傳　「傳」，《御覽》作「博」。○楊明照《拾遺》：「『傳』，《御覽》引作『博』。馮舒校作『博』。按『博』字誼長。《玉海》引作『博』。」○按：從《御覽》改。

〔四六〕而述遠巨蠹也　《御覽》在「巨蠹」前有「之」字。○按：有「之」字語勝，據《御覽》增。

〔四七〕至於記編同時同多詭　「同時」，《訓故》「同」作「同」。「同多詭」，《御覽》作「時同多詭」。○楊明照《拾遺》：「『時』，黃校云：『元脱，胡補。』按《御覽》、《史略》引，並有『時』字；何本、梁本、謝鈔本同。」○按：據《御覽》補。

〔四八〕勳勞之家　「勞」，《御覽》作「榮」。○按：作「榮」是，「榮」「勞」形近致誤。從《御覽》改。

〔四九〕迍敗之士　「敗」，《御覽》作「貶」。○楊明照《拾遺》：「『敗』，《御覽》、《史略》引作『貶』。按『貶』字較勝。」○按：從《御覽》改。

〔五〇〕雖令德而常嗤　「常嗤」，《御覽》作「嗤埋」。○王利器《文心雕龍校證》：「《史略》作『嗤埋』。按作『嗤埋』是，今據改。舊本因『埋』誤爲『理』，文不可通，因於『嗤』上加『常』字耳。」○按：從《御覽》改。

〔五一〕理欲吹霜噴露　《訓故》「理欲」作「理欲」。「吹霜噴露」，《御覽》作「吹霜煦露」。○楊明照《拾遺》：「黄校云：『（理欲）二字衍。』又云：『（煦）一作「噴」，從《御覽》改。』馮舒云：『理欲，錢本無，誤衍。』按上句末之『常嗤』，當依《御覽》、《史略》改作『嗤埋』。『理』即『埋』之誤。上句之『常』字與此句之『欲』字，皆係妄增。『噴』改『煦』，是。」○按：從《御覽》删、改。

〔五二〕此入同時之枉　《御覽》「入」作「又」；「枉」下有「論」字。○王利器《文心雕龍校證》：「《御覽》『枉』下有『論』字。又元本、傳校元本、馮本、汪本、佘本『又』誤作『入』。」○按：從《御覽》改、補。

〔五三〕可嘆息者也　《御覽》在「可」下有「爲」字。○王利器《文心雕龍校證》：「『爲』字原無，梅六次本補，黄本從《御覽》增。案《史略》有『爲』字。」○按：有「爲」字較勝，據《御覽》增。

〔五四〕欲述遠則誣矯如彼　「欲」，《御覽》作「故」。○王利器《文心雕龍校證》：「『故』，原作『欲』，梅據朱改，徐校同。案《御覽》、《史略》作『故』字。」○按：從《御覽》改。

〔五五〕記近則回邢如此　「邢」，《御覽》、《訓故》作「邪」。○按：「邪」「邢」形近致誤，當從《御覽》、《訓故》改作「邪」。

〔五六〕折理居正　「折」，《訓故》、黄本作「析」。○按：作「析」是。從黄本、《訓故》改。

〔五七〕務信弁奇之要　「弁」，《訓故》「弁」下有雙行小字：「一作棄。」黄本作「棄」。○按：「弁」乃「棄」之俗字「弃」殘，當作「棄」。從黄本改。

〔五八〕明白頭訖之序　「頭」，《訓故》作「頭」。

〔五九〕曉某大綱　「某」，《訓故》、黄本作「其」。○按：「某」乃「其」之形誤，作「其」是。從《訓故》、黄本改。

〔六〇〕而［嬴］是非之尤　「嬴」字漫漶，《訓故》、黄本作「贏」。○范文瀾《文心雕龍註》：「『嬴』當作『贏』。『贏』，賈有餘利也。韓愈不敢作史，恐贏得是非之禍尤耳。」○楊明照《拾遺》：「元本、弘治本……鄭藏鈔本、崇文本作『嬴』。《四庫》本剜改作『贏』，馮舒校作『贏』。按『贏』字是。《續文選》、《古論大觀》、《文通》引亦作『贏』，不誤。『贏』，受也，擔負也。」○按：范、楊説並是，從諸本改。

〔六一〕秉筆荷〔擔〕　「擔」字漫漶，據《訓故》、黄本補。

〔六二〕〔騰褒裁〕貶　「騰褒裁」三字漫漶，據《訓故》、黄本補。

＊《訓故》篇末註：校十七字。

諸子第十七

諸子者，入道見志之書。太上立德，其次立言。百姓之羣居，苦紛雜而莫顯；君子之處世，疾名德之不章。唯英才特達，則炳曜垂文，騰其姓氏，懸諸日月焉。昔〔《風后》〕、《力牧》、《伊尹》〔一〕，咸其流也。篇述者，蓋上古遺語，而戰代所記者也。至鬻熊知道，而文王諮詢，餘文遺事，録爲《鬻子》。子（自）〔目〕肇始〔二〕，莫先于茲。及伯陽識禮，而仲尼訪問，爰序《道德》，以冠百氏。然則鬻惟文友，李實孔師，聖賢並世，而經子異流矣。

逮及七國力政，俊乂蠭起。孟軻膺儒以（罄）〔磬〕折〔三〕，莊周述道以翺翔，墨翟執儉确之教，尹文課名實之符，野老治國於地利，騶子養政於天文〔四〕，申、商刀鋸以制理，鬼谷脣吻以策勳，尸（狡）〔佼〕兼總於雜術〔五〕，青史曲綴以街談，承流而枝附者，不可勝算，並飛（辨）〔辯〕以馳術〔六〕，饜禄而餘榮矣。

暨於暴秦烈火，勢炎崑崗，而煙燎之毒，不及諸子。逮漢成（普）〔留〕思〔七〕，子政讎校，於是《七略》芬菲，〔九〕流鱗萃（止）〔八〕；殺青所編，百有八十餘家矣。迄至魏、晉，作者間出，（譋）〔讕〕言兼存〔九〕，璅語必録，類聚而求，亦充箱照軫矣。然繁〔辭〕雖積〔一〇〕，而本體易總，述道言治，枝條「五經」。其純粹者入矩，踳（駮）〔駁〕者出規〔一一〕。《禮記・月令》，取乎《呂氏》之「紀」；《三年問》喪，寫乎《荀子》之書：此純粹之類也。若乃湯之問棘，云（蛟）〔蚊〕睫有雷霆之聲〔一二〕，惠施對梁王，云蝸角有伏尸之戰；《列子》有移山跨海之談，《淮南》有傾天折地之説：此踳（駮）〔駁〕之類也〔一三〕。是以世〔疾〕諸〔子〕〔一四〕，混洞虚誕。按《歸藏》之經，大明迂怪，乃稱羿（斃）〔彃〕十日，（姮）〔常〕娥奔月〔一五〕。殷（湯）〔《易》〕如茲〔一六〕，況諸子乎？

至如商、韓，「六蝨」、「五蠹」，棄孝廢仁，（輼）〔轘〕藥之禍〔一七〕，非虛至也。公孫之「白馬」、「孤犢」，辭巧理拙，魏牟比之鴞（鳥）〔鳴〕〔一八〕，非妄貶也。昔東平求諸子、《〔史〕記》〔一九〕，而漢朝不與；蓋以《史記》多兵謀，而諸子雜詭術也。然洽聞之士，宜撮綱要，覽華而食實，棄邪而採正。極睇參差，亦學家之壯觀也。研夫孟、荀所述，理懿而辭雅；管、晏屬篇，事覈而言練；列御寇之書，氣偉而采奇；鄒子之說，心奢而辭壯；墨翟、隨巢，意顯而語質；尸佼、尉繚，術通而文鈍；《鶡冠》綿綿，亟發深言；《鬼谷》渺渺，每環（其）〔奥〕義〔二〇〕；情辨以澤，文子擅其能；辭約而精，尹文得其要；慎到析密理之巧，韓非著博喻之富；《呂氏》鑒遠而體周，《淮南》（汎採）〔採汎〕而文麗〔二一〕：斯則得百氏之華采，而辭氣（文）之大略也〔二二〕。

若夫陸賈《（典）〔新〕語》〔二三〕，賈誼《新書》，楊雄《法言》，劉向《説苑》，王符《潛夫》，崔寔《（正）〔政〕論》〔二四〕，仲長《昌言》，杜夷《幽求》，（咸）〔或〕叙經典〔二五〕，或明政術，雖（摽）〔標〕論名〔二六〕，歸乎諸子。何者？博明萬事爲子，適辨一理爲論，彼皆蔓延雜説，故入諸子之流。夫自六國以前，去聖未遠，故能越世高談，自開户牖；兩漢以後，體勢浸弱，（難）〔雖〕明于坦途〔二七〕，而類多依採：此遠近之漸變也。嗟夫身與時舛，志共道申。（摽）〔標〕心於萬古之上〔二八〕，而送懷於千載之下，金石靡矣，聲其銷乎！

贊曰：（大）〔丈〕夫處世〔二九〕，懷（實）〔寶〕挺秀〔三〇〕。（辨）〔辯〕雕萬物〔三一〕，智周宇宙。立德何隱？含道必授。條流殊述，若有區囿。

校記

〔一〕昔「風后」力牧伊尹　「風后」，本作墨釘，僅一字位置。《訓故》「昔」作「昔者」，下有雙行小字：「一作風后。」黄本作「風后」。黄校云：「元脱，曹補。」○王利器《文心雕龍校證》：「『后』字原脱，梅據曹補，徐校亦補。案元本、傳校元本、《兩京》本、王惟儉本『昔風后力牧伊尹』句作『昔者力牧伊尹』，無『風后』二字，馮本『風后』二字作一墨釘。」○按：元本實作一墨釘。《漢書·藝文志》兵家、陰陽家有「《風后》十三篇」，並註「圖二卷，黄帝臣依托也」。今據黄本補。

〔二〕子自肇始　「自」，《訓故》、黄本同。○楊明照《拾遺》：「《玉海》、《漢書藝文志考證》六引並作『諸子肇始，莫先於斯』。按王氏所引，未必是《文心》之舊；然今本『自』字實誤。」○范文瀾《文心雕龍註》：「『子自』當作『子目』，謂子之名目也。」○按：從范説改。

〔三〕孟軻膺儒以[殸疋]折　「[殸疋]」，《訓故》、黄本作「磬」。○按：「[殸疋]」字書所無，「[殸疋]」乃「磬」之形誤。從《訓故》、黄本改。

〔四〕騶子養政　《訓故》「養政」作「養正」。

〔五〕尸狡兼總於雜術　「狡」，《訓故》、黄本作「佼」。黄校云：「元作『狡』，柳改。」○楊明照《拾遺》：「按《兩京》本、何本、胡本……尚古本並作『佼』。柳改是也。」○按：《漢書・藝文志》雜家有《尸子》二十篇，註：「名佼，魯人，秦相商君師之。鞅死，佼逃入蜀。」作「佼」是。從《訓故》、黄本改。

〔六〕並飛辨以馳術　「辨」，黄本作「辯」。○楊明照《拾遺》：「按作『辨』非是。《文選》孔融《薦禰衡表》『飛辯騁辭』，潘岳《夏侯常侍誄》『飛辯摛藻』，並作『辯』。逢行珪《鬻子序》『馳術飛辯者矣』，語即出此，尤爲切證。」○按：作「辯」是，從黄本改。

〔七〕逮漢成普思　「普」，黄本作「留」。黄校云：「一作普。」○王利器《文心雕龍校證》：「『留思』舊作『普思』，梅六次本作『留思』，黄本從之。」○「思」，《訓故》作「思」。○按：「漢成留思」即漢成帝留意搜求之謂，作「留思」是，從黄本改。

〔八〕流鱗萃止　黄本作「九流鱗萃」。○王利器《文心雕龍校證》：「『九流鱗萃』舊作『流鱗萃（日本活字本、日本刊本誤卒）止』，梅六次本改，黄本、張松孫本、崇文本並從之。按梅改是。《才略篇》亦有『鱗萃』之文。」○楊明照《拾遺》：「按『九流鱗萃』與上句『七略芬菲』相對，諸本皆誤。」○按：據黄本改。

〔九〕譋言兼存　「譋」，《訓故》、黄本作「讕」。○黄叔琳校：「『讕』與『譋』同，元作『譋』，朱改。」並註：「《藝文志》《讕言》十篇，注：『不知作者。』《廣韻》：『讕言，逸言也。』」○按：作「讕」是，從《訓故》、黄本改。

〔一〇〕然繁雖積　《訓故》、黄本「繁」下有「辭」字。○楊明照《拾遺》：「『辭』，黄校云：『謝補。』按張本、何本……岡本、尚古本並有『辭』字。謝補是也。」○按：據《訓故》、黄本補。

〔一一〕踳駁者出規　「駁」，《訓故》作「駮」。○楊明照《拾遺》：「『駁』，弘治本、汪本……鄭藏鈔本、崇文本作『駮』；《喻林》八九引同。按諸本是也。《説文・馬部》：『駮，馬色不純。』又『駁，獸如馬，倨牙，食虎豹。』是二字誼別。『踳駮』字當作『駁』明矣。《莊子・天下篇》『其道舛駁』，《文選・魏都賦》李註引司馬云：『踳讀舛，乖也；駁，色雜不同也。』是司馬彪本『舛』作『踳』。」○按：作「駁」是，從《訓故》改。

〔一二〕云蛟睫有雷霆之聲　「蛟」，《訓故》、黄本作「蚊」。○王利器《文心雕龍校證》：「馮本、汪本、佘本『蚊』誤『蛟』。馮校云：『蛟，謝本作蚊。』」○按：《列子・湯問》：「江浦之間生幺蟲，其名曰焦螟，羣飛而集於蚊睫，弗相觸也……」爲彦和所本，作「蚊」是。從《訓故》、黄本改。

〔一三〕此踳駮之類也　「駮」，《訓故》作「駁」。○按：作「駁」是，已見前校。從《訓故》改。

〔一四〕是以世［疾］諸　「疾」字漫漶；《訓故》在「諸」下有空圍□；《義證》在「諸」下有「子」字。○范文瀾《文心雕龍註》：「『諸』下脱一『子』字。」○楊明照《拾遺》：「何焯云：『諸下疑脱子字。』《訓故》本『諸』下有一白匡。按何、曾謂『諸』下脱『子』字是。」○詹鍈《義證》引王利器《文心雕龍校證》：「『世疾諸子混洞虚誕』，原本無『子』字，何校云：『諸下疑脱子字。』《讀書引》有，今據補。」○按：「子」字當有，據《義證》增。「疾」字亦據《義證》補。

〔一五〕羿斃十日姮娥奔月　《訓故》「斃」作「彈」。「姮」，黄本作「嫦」。○楊明照《拾遺》：「『嫦』，《玉海》引作『常』。元本、弘治本……崇文本作『姮』。按《玉海》所引是也。『常娥』字本作『常』；或作『恒』。後人以其爲羿妻，乃加女旁爲『嫦』與『姮』耳。」○按：「斃」當作「彈」，已見《辨騷篇》校記。從《訓故》改。「嫦」雖非本字，亦已習見。今仍從楊説改「姮」爲「常」。

〔一六〕殷湯如茲　「湯」，《校證》作「易」。○王利器《文心雕龍校證》：「『易』原作『湯』，黄叔琳云：『疑作易。』范云：『《周禮》太卜掌《三易》之法：一曰《連山》，二曰《歸藏》，三曰《周易》。鄭註：『夏曰《連山》，殷曰《歸藏》。』《歸藏》爲殷代之《易》，『殷湯』當作『殷易』。』案黄校、范説是。今據改。」○按：從《校證》改。

〔一七〕轅藥之禍　「轅」，黄本作「轘」。○詹鍈《義證》引王利器《文心雕龍校證》：「馮本、汪本、佘本、張之象本、《兩京》本、王惟儉本『轘』誤『轅』。」並引梅註：「秦孝公以車裂鞅曰轘，韓非飲藥而死。」○按：作「轘」是，從黄本改。

〔一八〕魏牟比之鴞鳥　「鳥」，黄本同。○楊明照《拾遺》：「以其字形推之，疑『鳥』當作『鳴』，寫者偶脱其口旁耳。《説苑・談叢篇》：『梟逢鳩，鳩曰：子將安之？梟曰：我將東徙。鳩曰：何故？梟曰：鄉人皆惡我鳴，以故東徙。鳩曰：子能更鳴，可矣；不能更鳴，東徙猶惡子之聲。』是梟（與鴞同）之鳴聲，固爲人所惡者已。《魯連子》：『齊辯士田巴，辯於狙丘，議於稷下，毀五帝，罪三王，訾五伯，離堅白，合同異，一日服千人。有徐劫者，其弟子曰魯仲連……往請田巴曰……國亡在旦夕，先生奈之何！若不能者，先生之言，有似梟鳴，出聲而人惡之。願先生勿復言！田巴曰：謹聞命矣。』彼仲連之譏田巴，儗以梟鳴，則魏牟之比公孫，或亦乃爾。蓋皆厭其詹詹多言，不切實用，而方以鴞鳴之可惡也。」○按：從楊説改。

〔一九〕昔東平求諸子[史]記　「史」字殘佚，據《訓故》、黄本補。

〔二〇〕每環其義　「其」，《校證》作「奥」。○王利器《文心雕龍校證》：「馮本、汪本、佘本、王惟儉本，《古論大觀》『奥』作『其』。」○按：作「奥」是，與上「眇眇」相承。從《校證》改。

〔二一〕淮南汎採而文麗　「汎採」，黄本同。○楊明照《拾遺》：「按『汎採』二字當乙，始能與上句之『鑒遠』相儷。採汎，謂淮南王書採摭廣泛也。」○按：楊説有理，從其乙。

〔二二〕而辭氣文之大略也　《訓故》「辭氣文」作「辭氣文」。《義證》無「文」字。○楊明照《拾遺》：「按無『文』字是。『文』蓋『之』之誤，而原有『之』字亦復書出，遂致辭語晦澀。《詔策篇》『此詔策之大略也』，《體性篇》『才氣之大略哉』，句法與此相同，可證。」○按：從《義證》删。

〔二三〕若夫陸賈典語　「典」，《訓故》作「新」。○詹鍈《義證》引孫詒讓《札迻》十二：「『典』當作『新』。《新語》十二篇，今書存。《史記》賈本傳及《正義》引《七録》並同，皆不云『典語』。」○按：從《訓故》改。

〔二四〕崔寔正論　「正」，《訓故》、黄本作「政」。○王利器《文心雕龍校證》：「何校作『政』。嚴可均《鐵橋漫稿》五《崔氏政論敘》曰：『各書引見或作政論，或作正論，或作本論，止是一書。』」○按：當依《後漢書》本傳作《政論》爲是。從《訓故》、黄本改。

〔二五〕咸敘經典　「咸」，黄本同，《訓故》作「或」。黄校云「一作或」。○楊明照《拾遺》：「按當從一本作『或』，始與下句一例。《訓故》本正作『或』。」○按：楊説是，從《訓故》改。

〔二六〕雖摽論名　「摽」，《義證》作「標」。○按：作「標」是，從《義證》改。

〔二七〕難明于坦途　「難」「于」，《訓故》作「雖」「于」。《義證》作「雖」「乎」。○楊明照《拾遺》：「黄校云：『雖乎二字，元作難于，朱改。』按朱改是也。《莊子·秋水篇》：『明乎坦塗』（塗與途通），即此語之所自出。」○按：從《義證》改。

〔二八〕摽心於萬古之上　「摽」，《義證》作「標」。○按：作「標」是，從《義證》改。

〔二九〕大夫處世　「大夫」，《訓故》作「丈夫」。○楊明照《拾遺》：「按『丈』字是。《程器篇》亦有『丈夫』文。《南齊書・王秀之傳》：『(苟)丕乃遺書曰……丈夫處世，豈可寂寞恩榮！』《世說新語・言語篇》：『士元從車中謂曰：吾聞丈夫處世，當帶金佩紫。』並足資旁證。」○按：從《訓故》改。

〔三〇〕懷實挺秀　「實」，黃本作「寶」。○楊明照《拾遺》：「按『實』字非是。『懷寶』出《論語・陽貨》，其義亦長。《後漢書・郎顗傳》：『(黃瓊)被褐懷寶，含味經籍。』《文選》王褒《四子講德論》：『幸遭聖主平世而久懷寶。』並以『懷寶』連文。」○按：作「寶」是。從黃本改。

〔三一〕辨雕萬物　「辨」，《訓故》、黃本同。○楊明照《拾遺》：「『辨』，凌本作『辯』。按『辯』是。《莊子・天道篇》：『辯雖彫(與雕通)萬物，不自說也。』作『辯』。《情采篇》：『莊周云：辯雕萬物。』亦作『辯』。則此不應作『辨』矣。」○按：從楊說改。

＊《訓故》篇末註：校十四字。

論說第十八

聖(世)〔哲〕彝訓曰經〔一〕，述經敘理曰論。論者，倫也；倫理(有)無〔爽〕，〔則〕聖意不墜〔二〕。昔仲尼微言，門人追記，故(仰)〔抑〕其經目〔三〕，稱爲《論語》；蓋羣論立名，始於茲矣。自《論語》(已)〔以〕前，經無「論」字，《六韜》二論，後人追題乎！

詳觀論體，條流多品：陳政，則與議說合契；釋經，則與傳注參體；辨史，則與贊評齊行；(銓)〔詮〕文，則與敘引共紀〔四〕。故議者宜言，說者說語，傳者轉師，注者主解，贊者明意，評者平理，序者次事，引者胤辭：八名區分，一揆宗論。論也者，彌綸羣言，而研〔精〕一理者也〔五〕。

是以莊周《齊物》，以「論」爲名；不韋《春秋》，「六論」昭列；至石渠論藝，白虎(通)講聚〔六〕；述聖(言)通經〔七〕，論家之正體也。及班彪《(五)〔王〕命》〔八〕，嚴(允)〔尤〕《三將》〔九〕，敷述昭情，善入史體。魏之初霸，術兼名法；(蘭碬)〔傅嘏〕、(三)〔王〕粲〔一〇〕校練名理。迄至正始，務欲守文；何晏之徒，始盛玄論。於是聃周當路，與尼父争途矣。詳觀蘭石之《才性》，仲宣之《去(代)〔伐〕》〔一一〕，叔夜之辨《聲》，太初之《本(玄)〔無〕》〔一二〕，輔嗣之兩《例》，平叔之二《論》：並師心獨見，鋒穎精密，蓋(人倫)〔論〕之英也〔一三〕。至如李康《運命》，同《論衡》而過之；陸機《辨(正)〔亡〕》〔一四〕，效《過秦》而不及，然〔亦〕其美矣〔一五〕。

次及宋(代)〔岱〕、郭(蒙)〔象〕〔一六〕，鋭思於機神之區；夷甫、裴頠，交辨於有無之域，並獨步當時，流聲後代。然滯有者全繫於形用，貴無者專守於寂寥，徒鋭偏解，莫詣正理。動極神源，其般若之絶境乎？逮江左羣談，惟玄是務；雖有(曰)〔日〕新〔一七〕，而多抽前緒矣。至如張衡《譏世》，(韻)〔頗〕似(排)〔俳〕説〔一八〕；孔融《孝廉》，但談嘲戲；曹植《辨道》，體同書抄；才不持論，〔寧〕如其已〔一九〕。

原夫論之爲體，所以辨正然否；窮〔於〕有數，追〔於〕無形〔二〇〕，(跡)〔鑽〕堅求通〔二一〕，鈎深取極；乃百慮之筌蹄，萬事之權衡也。故其義貴圓通，辭忌枝碎，必使心與理合，彌縫莫見其隙；辭共心密，敵人不知所乘：斯其要也。是以論如析薪，貴能破理。斤利者，越理而横斷；辭辨者，反義而取通；覽文雖巧，而檢跡(如)〔知〕妄〔二二〕。唯君子能通天下之志，安可以曲論哉？

若夫注釋爲詞，解散論體，雜文雖異，總會是同。若秦(君延)〔延君〕之注《堯典》〔二三〕，十餘萬字；朱普之解《尚書》，三十萬言；所以通人惡煩，(差)〔羞〕學章句〔二四〕。若毛公之訓《詩》，安國之傳《書》，鄭君之釋《禮》，王弼之解《易》，要約明暢，可(謂)〔爲〕式矣〔二五〕。

説者，悦也；兑爲口舌，故言(咨)〔資〕悦懌〔二六〕；過悦必僞，故舜驚讒説。説之善者，伊尹以論味隆殷；太公以辨釣興周；及燭武行而紓鄭，端木出而存魯：亦其美也。

暨戰國争雄，辨士雲踊；從横參謀，長短角勢；《轉丸》騁其巧辭，《飛鉗》伏其精術。一人之辨，重於九鼎之寶；三寸之舌，强於百萬之師。六印磊落以佩，五都隱賑而封。至漢定秦楚，辨士弭節，酈君既斃於齊鑊，蒯子幾入乎漢鼎；雖復陸賈籍甚，張釋傅會，杜欽文辨，(婁)〔樓〕護脣舌〔二七〕，頡頏萬乘之階，(抵嘘)〔詆巇〕公卿之席〔二八〕；並順風以託勢，莫能逆波而泝洄矣。

夫説貴撫會，弛張相隨，不專緩頰，亦在刀筆。范雎之言事，李斯之止逐客，並(煩)〔順〕情入機〔二九〕，動言中務，雖批逆鱗，而功成計合，此上書之善説也。至於鄒陽之説吳梁，喻巧而理至，故雖危而無咎矣。敬通〔之説〕鮑鄧[三〇]，事緩而文繁，所以歷（聘）〔騁〕而罕（過）〔遇〕也[三一]。

凡（論）〔説〕之樞要[三二]，必使時利而義貞；進有契於成務，退無阻於榮身。自非譎敵，則唯忠與信。披肝膽以獻主，飛文敏以濟辭：此説之本也。而陸氏直稱「説煒曄以譎誑」，何哉？

贊曰：理形於言，〔叙〕理成論[三三]。詞深人天，致遠方寸。陰陽莫（貳）〔忒〕[三四]，鬼神靡遁。説爾飛鉗，呼吸沮勸。

校記

〔一〕聖世彝訓曰經　「世」，黄本作「哲」。○黄叔琳校云：「元作『世』，朱按《玉海》改。」○按：作「哲」是，從黄本改。

〔二〕倫理有無聖意不墜　《御覽》「有無」作「無爽」，「聖」上有「則」字。○王利器《文心雕龍校證》：「『無爽』原作『有無』，黄本據《御覽》改。徐校亦作『無爽』。」又：「『則』字原無，黄本據《御覽》改。」○按：「有無」不辭，「則」亦當有。從《御覽》改。

〔三〕故仰其經目　「仰」，《御覽》作「抑」。○楊明照《拾遺》：「『仰』，徐𤊹校作『抑』。范文瀾云：『仰其經目，疑當作抑其經目，謂謙不敢稱經也。』按范説是。徐校則非也。宋本、鈔本《御覽》五九五引，正作『抑』。當據改。」○按：從《御覽》改。

〔四〕銓文則與叙引共紀　「銓」，黄本同。○楊明照《拾遺》：「范文瀾云：『銓，當作詮。……史傳多以譔爲之。』按范説是。」○按：從范説改。

〔五〕而研一理也　《御覽》在「研」下有「精」字。○楊明照《拾遺》：「『精』，黄校云：『元脱，朱補。』……朱補是也。《書》僞《孔傳序》、『研精覃思』，《文選》左思《三都賦序》『而論者莫不詆訐其研精』，張華《勵志詩》『研精躭道』，夏侯湛《東方朔畫贊》『乃研精而究其理』，並以『研精』爲言。」○按：「精」字當有，據《御覽》補。

〔六〕白虎通講聚　《御覽》無「通」字。○范文瀾《文心雕龍註》：「案本書《時序篇》『歷政講聚』，即指此事，亦作『講聚』，明鈔本《御覽》作『講聚』，是。」○楊明照《拾遺》：「『論藝』與『講聚』相對爲文。《時序篇》：『然中興之後，羣才稍改前轍，華實所附，斟酌經辭；蓋歷政講聚，故漸靡儒風者也。」正指章帝會諸儒白虎觀而言，其文亦作『講聚』。今本『通』字，非緣《白虎通德論》之名，即涉下『通』字而誤。」○按：范、楊説是，據《御覽》删。

〔七〕述聖言通經　《御覽》無「言」字。《訓故》「聖言」下有兩空圍，作「聖言□□」。○詹鍈《義證》引孫詒讓云：「『聖』下衍『言』字，應依《御覽》引删。」○按：據《御覽》删。

〔八〕及班彪五命　「五」，《御覽》、《訓故》作「王」。○按：作「王」是。《後漢書·班彪傳》：「彪既疾囂言，又傷時方艱，乃著《王命論》」。「五」乃「王」之形誤。從《御覽》、《訓故》改。

〔九〕嚴允三將　「允」，《訓故》、黄本作「尤」。○王利器《文心雕龍校證》：「『尤』原作『允』，梅據朱改。案王惟儉本、《玉海》正作『尤』。《御覽》又誤作『左』。」○按：從《訓故》、黄本改。

〔一〇〕蘭碬三粲　《御覽》、《訓故》作「傅嘏王粲」。○黄叔琳註：「《魏志》傅嘏，字蘭石，常論才性同異，鍾會集而論之。」○王惟儉《文心雕龍訓故》：「《通志》：王粲《去伐論》三卷。」○按：作「傅嘏王粲」是。「三」亦是「王」之殘。據《御覽》、《訓故》改。

〔一一〕仲宣之去代　「代」，《御覽》、《訓故》作「伐」。○楊明照《拾遺》：「按『伐』字是。《訓故》本正作『伐』。當據改。」○按：孫詒讓《札迻》云：「案當作『伐』，形近而誤。《隋書·經籍志》儒家梁有《去伐論集》三卷，王粲撰，即此。」○按：今從《訓故》、《御覽》改。

〔一二〕太初之本玄　「玄」，黄本作「元」。○詹鍈《義證》引范文瀾《文心雕龍註》：「《三國志·魏志·夏侯玄傳》：『玄字太初。』註引《魏氏春秋》曰：『玄嘗著《樂毅》、《張良》及《本無》、《肉刑論》，辭旨通遠，咸傳於世。』」○按：作「無」是，從范註改。

〔一三〕蓋人倫之英也　「人倫」，《御覽》作「論」。○楊明照《拾遺》：「按作『論』字是。《章表篇》『並表之英也』，與此句法相同，可證。彼篇爲章表，故云『表之英』；此篇爲論説，故云『論之英』。若作『人倫』，則非其指矣。」○按：楊説是，從《御覽》改。

〔一四〕陸機辨正　《御覽》、《訓故》作「陸機辨亡」。○范文瀾《文心雕龍註》：「陸機《辯亡論》上下兩首，載《文選》五十三。李善註引孫盛曰：『陸機著《辨亡論》，言吴之所以亡也。』」○按：作「亡」是。從《御覽》、《訓故》改。

〔一五〕然其美矣　《御覽》，「然」下有「亦」字。○按：有「亦」字語勝，據《御覽》增。

〔一六〕次及宋代郭蒙 《訓故》、黄本「宋代」作「宋岱」，「郭蒙」作「郭象」。○范文瀾《文心雕龍註》：「《隋書·經籍志》《易》家有晉荆州刺史宋岱《周易論》一卷。《晉書·郭舒傳》有荆州刺史宗岱，疑即宋岱之誤。《晉書·郭象傳》：『郭象字子玄，少有才理，好（老）《莊》，能清言，常閑居以文論自娱。永嘉末，病卒。著碑論十二篇。』」○按：作「宋岱」、「郭象」是。從《訓故》、黄本改。

〔一七〕雖有曰新 「曰」，《訓故》、黄本作「日」。○按：作「日」是，「曰」乃「日」之形誤。從《訓故》、黄本改。

〔一八〕韻似排説 《訓故》、黄本作「韻似俳説」。○楊明照《拾遺》：「按『韻』字於義不屬，且與下『但談嘲戲』句不倫，疑爲『頗』之形誤。《哀弔篇》『卒章五言，頗似歌謡』，《聲律篇》『翻迴取韻，頗似調瑟』，句法與此相類，可證。」○詹鍈《義證》：「『俳』，元刻本、弘治本均作『排』。馮舒校本亦作『排』，註云：『謝作俳。』《斠詮》（李曰剛《文心雕龍斠詮》）」：「案字當作『俳』，『徘』、『排』皆『俳』之形誤。」」○按：從《訓故》、黄本改「排」作「俳」；從楊説改「韻」作「頗」。

〔一九〕才不持論如其已 《訓故》「如」作「寧如」。黄本作「言不持正，論如其已」。○楊明照《拾遺》：「黄校云：『汪本作才不持論，寧如其已』。……張本、胡本作『才不持論，宋如其已』，是也。（徐𤊹即於私淑軒本『如』字上方書一『寧』字）當從之。《漢書·嚴助傳》『朔皋不根持論』，又《東方朔傳贊》『不能持論』，《風俗通義·十反篇》『范滂辯於持論』，《文選·典論·論文》『然不能持論』，並以『持論』爲言。此爲評張衡譏世，孔融孝廉，曹植辨道之辭，謂所作不能持論，寧可擱筆也。」○按：從楊説，據《訓故》增「寧」字。

〔二〇〕窮有數追無形 《御覽》在「窮」下，「追」下並有「於」字。○詹鍈《義證》：「按元刻本、馮本均無兩『於』字。何本亦無二『於』字。《文心雕龍新書》本依黄本作『窮于有數，追於無形』，《校證》（王利器《文心雕龍校證》）『追』改『究』，似不必。」○按：詹説是，與《御覽》合。據《御覽》補。

〔二一〕跡堅求通 「跡」，《御覽》作「鑽」。○楊明照《拾遺》：「按『鑽』字義長。《御覽》、《文章辨體彙選》三九二、《文章緣起註》引，並作『鑽』。《論語·子罕》：『鑽之彌堅。』當爲『鑽堅』二字所本。」○按：從《御覽》改。

〔二二〕而檢跡如妄 「如」，《御覽》作「知」。○楊明照《拾遺》：「按『知』字是，『如』其形誤也。」○按：楊説是，從《御覽》改。

〔二三〕若秦君延之注堯典 「君延」，《訓故》、黄本作「延君」。○楊明照《拾遺》：「『延君』，黄校云：『元作君延，楊改。』按作『延君』是。《玉海》四二引作『延君』，《訓故》本同。」○按：秦延君見《漢書·儒林傳》及桓譚《新論》。「君延」乃

「延君」之誤倒。從《訓故》、黃本乙。

〔二四〕差學章句　「差」，黃本作「羞」。○楊明照《拾遺》：「『羞』，黃校云：『元作差，朱改。』按《玉海》、《文通》引，正作『羞』，謝鈔本同。朱改是也。羞學章句者……蓋章句之學，辭過枝離，義鮮圓通，博覽者多所不爲，故舍人云然。」○按：『差』無義，從黃本改。

〔二五〕可謂式矣　「謂」，黃本作「爲」。○楊明照《拾遺》：「『爲』，黃校云：『元作謂。』天啟梅本改『爲』。　徐𤊹校作『爲』……按黃據天啟梅本改『爲』是。《玉海》引正作『爲』。」○按：從黃本改。

〔二六〕故言咨悦懌　「咨」，《訓故》作「資」。○王利器《文心雕龍校證》：「『資』，原作『咨』……案作『資』是，《銘箴篇》：『箴全禦過，故文資確切。』《書記篇》：『故謂譜者，普也；注序世統，事資周普。』又：『符者，孚也；徵召防僞，事資中孚。』語法與此俱同，今據改。『言資悦懌』，言出所以使人高興。」○楊明照《拾遺》：「『咨』，何焯校『資』，鈴木説同。按何校是。」○按：楊、王説並是，從《訓故》校改。

〔二七〕婁護脣舌　「婁」，黃本作「樓」。○按：作「樓」是。《漢書・游俠傳》：「樓護，字君卿。」《知音篇》：「至如君卿脣舌。」亦可證。從黃本改。

〔二八〕抵噓公卿之席　「抵噓」，黃本同。○范文瀾註：「黃註云：『抵噓疑作抵戲，《杜周傳贊》：「業因勢而抵陒。」《注》：「陒言詭。一説陒讀與戲同音（許宜反），險也。言擊其危險之處。《鬼谷》有《抵戲篇》也。」』（案《諧隱篇》『謬辭詆戲』，謂嘲戲取説也，此「抵噓」即「詆戲」之字誤，黃註似迂。）」○楊明照《拾遺》：「按『噓』當作『巇』。《鬼谷子》有《抵巇篇》，陶弘景註云：『抵，擊實也；巇，釁隙也。』今本作『噓』，蓋誤山爲口，而又脱其戈耳。」○按：楊説是。柳宗元《乞巧文》亦有「變情徇勢，射利抵巇」之語。從范、楊説改。

〔二九〕並煩情入機　「煩」，黃本同。○范文瀾《文心雕龍註》：「《校勘記》：『煩字可疑。案煩當作順，《檄移篇》順誤作煩，可以互證。又《封禪篇》文理順序，順誤作煩，是亦一證矣。』《韓非子・説難篇》『精微周密』，可作參考。」○按：從范註改。

〔三〇〕敬通鮑鄧　黃本在「敬通」下有「之説」二字。○王利器《文心雕龍校證》：「『之説』二字原脱，梅據孫汝澄補。」○按：敬通説鮑永、鄧禹事見《後漢書・馮衍傳》及《東觀記》，「之説」二字當有，從黃本補。

〔三一〕所以歷聘而罕過也　《訓故》「過」作「遇」。黃本「聘」作「騁」，「過」作「遇」。○楊明照《拾遺》：「黃校云：『（騁）元作

『聘』，柳改；（遇）元作『過』。」按何本、梁本、謝鈔本……『騁』『遇』二字亦未誤。《文通》十一引同。」○按：從黃本改。

〔三二〕凡論之樞要　「論」，《訓故》、黃本作「説」。○按：此承上總説之要，不關論事，作「説」是。從黃本改。

〔三三〕［敘］理成論　「敘」字闕，據《訓故》、黃本補。

〔三四〕陰陽莫貳　「貳」，黃本同。○楊明照《拾遺》：「按『貳』疑爲『貣』之形誤。『貣』即『忒』也。《書・洪範》『衍忒』，《史記・宋微子世家》作『衍貣』……《管子・勢篇》：『動作不貳。』王念孫《讀書雜志》謂『貳』當爲『貣』。其誤與此同。蓋先由『忒』作『貣』，後遂譌爲『貳』耳。」○按：從楊説改。

*《訓故》篇末註：校十四字。

詔策第十九

皇帝御（寓）〔宇〕〔一〕，其言也神。淵嘿（黼）〔負〕扆〔二〕，而響盈四表，（其）唯詔策乎〔三〕？昔軒轅唐虞，同稱爲「命」。「命」之爲義，制性之本也。其在三代，事兼誥誓。誓以訓戎，誥以敷政。命喻自天，故授（管）〔官〕錫胤〔四〕。《易》之《姤》象，「後以施命誥四方。」誥命動民，若天下之有風矣。降及七國，並稱曰「（令）〔命〕」〔五〕。命者，使也。秦并天下，改「命」曰「制」。漢初定儀，則（則曰）有四品〔六〕：一曰策書，二曰制書，三曰詔書，四曰戒敕。敕戒州（邦）〔郡〕〔七〕，詔（誥）〔告〕百官〔八〕，制施赦命，策封王侯。策者，簡也。制者，裁也。詔者，告也。敕者，正也。

《詩》云：「畏此簡書」，《易》稱：「君子以制數度」，《禮》稱：「明（君）〔神〕之詔」〔九〕，《書》稱：「敕天之命」，並本經典以立名目。遠詔近命，習秦制也。《記》稱「絲綸」，所以應接羣后。虞重納言，周貴喉舌。故兩漢詔誥，職在尚書。王言之大，動入史策，其出如綍，不反若（汙）〔汗〕〔一〇〕。是以淮南有英才，武帝使相如視草；隴右多文士，光武加意於書辭；豈直取美當時，亦敬慎來葉矣。

觀文景以前，詔體浮（新）〔雜〕〔一一〕；武帝崇儒，選言弘奥。策封三王，文同訓典；（觀）〔勸〕戒淵雅〔一二〕，垂範後代；及制（誥）〔詔〕嚴助〔一三〕，即云厭承明廬，蓋寵才之恩也。孝宣璽書，（貴）〔責〕博（士）〔於〕陳遂〔一四〕，亦故舊之厚也。逮光武撥亂，留意斯文，而造次喜怒，時或偏濫。詔賜鄧禹，稱司徒爲堯；敕責侯霸，稱「黄鉞一下」。若斯之類，實乖憲章。暨明、（帝）〔章〕崇學〔一五〕，（惟）〔雅〕詔間出〔一六〕。（安和）〔和、安〕政弛〔一七〕，禮閣鮮才，每爲詔敕，假手外請。建安之末，文理代興，潘勗《九錫》，典雅逸羣。衛（凱）〔覬〕《禪誥》，符（命）〔采〕炳耀〔一八〕，弗可加也。自魏、晉誥策，職在中書，劉放張華，（牙）〔互〕管斯任〔一九〕，施（命）〔令〕發號〔二〇〕，洋洋盈耳。魏文（魏）下詔〔二一〕，辭義多偉，至於「作威作福」，其萬慮之一（弊）〔蔽〕乎〔二二〕？晉氏中興，唯明帝崇才，以温嶠文清，故〔引入〕中書〔二三〕：自斯以後，體（慮）〔憲〕風流矣〔二四〕。

夫王言崇祕，「大觀在上」，所以百辟其（形）〔刑〕〔二五〕，「萬邦作孚」。故授官選賢，則義炳重離之輝；優文封策，則氣含風雨之潤；敕戒恒誥，則筆吐星漢之華；治戎燮伐，則聲有洊雷之威；「眚災肆赦」，則文有春露之滋；明罰敕法，則辭有秋霜之烈：此詔策之大略也。

戒敕爲文，實詔之切者，周穆命「（鄧）〔郊〕父受敕憲」〔二六〕，此其事也。魏武稱作敕戒，當指事而（誥）〔語〕〔二七〕，勿得依違，曉治要矣。及晉武敕戒，備告百官：敕都督以兵要，戒州牧以董司，警郡守以恤隱，勒牙門以禦衛，有訓典焉。

戒者，慎也，禹稱「戒之用休」。君父至尊，在三同極，漢高祖之《敕太子》，東方朔之《戒子》，亦顧命之作也。及馬援已下，各貽家戒，班姬《女戒》，足稱母師也。

教者，效也，言出而民效也。契敷五教，故王侯稱「教」。昔鄭弘之守南陽，條教爲後所述，乃事緒明也；孔融之守北海，文教麗而罕（於理）〔施〕〔二八〕，乃治體乖也。若諸葛孔明之詳約，庾（雅）〔稚〕恭之明斷〔二九〕，並理得而辭中，（辭）〔教〕之善也〔三〇〕。

自教以下，則又有命。《詩》云「有命（在）〔自〕天」，明〔命〕爲重也〔三一〕；《周禮》曰「師氏詔王」，〔明詔〕爲輕（命）〔也〕〔三二〕。今詔重而命輕者，古今之變也。

贊曰：皇王施令，寅嚴宗誥。我有絲言，兆民（尹）〔伊〕好〔三三〕。輝音峻舉，鴻風遠蹈。騰義飛辭，（焕）

〔涣〕其大號〔二四〕。

校記

〔一〕皇帝御寓　「寓」，《訓故》、黄本作「㝢」。○范文瀾《文心雕龍註》：「《説文》『宇』籀文從禹，作『㝢』。《文選》沈約《奏彈王源》『自宸歷御㝢』。」○楊明照《拾遺》：「『㝢』，宋本、活字本、喜多本《御覽》五九三引作『寓』；元本、活字本、張乙本、胡本同。按『㝢』爲『宇』之籀文，作『寓』非。《宋書・孝武帝紀》：『（大明四年詔）昔紩衣御㝢。』又《樂志》一：『今帝德再昌，大孝御㝢。』……並以『御㝢』爲言。」○按：楊説是；唯元本實作「寓」，從《訓故》、黄本改。

〔二〕淵嘿黼扆　「黼」，《御覽》作「負」。○楊明照《拾遺》：「劉永濟云：『《御覽》五九三作負扆。按：審文義當從《御覽》作負。負屬動詞也。』按劉説是。《儀禮・覲禮》：『天子衮冕負斧依。』鄭註：『負，謂背之南面也。』《禮記・明堂位》：『天子負斧依（《釋文》：依，本又作扆）南鄉而立。』鄭註：『負之言背也。』《淮南子・氾論篇》：『負扆而朝諸侯。』高註：『負，背也。扆，户牖之間，言南面也。』……《梁書・武帝紀下》：『（大同十一年詔）朕負扆君臨。』並其證。」按：從《御覽》改。

〔三〕唯詔策乎　《御覽》在「唯」上有「其」字。○楊明照《拾遺》：「按有『其』字較勝。《易・乾・文言》：『知進退存亡而不失其正者，其唯聖人乎！』《詩・豳風・東山》序：『説以使民，民忘其死，其唯《東山》乎！』《禮記・射義》：『發而不失正鵠者，其唯賢者乎！』語式並與此同，可證。」○按：據《御覽》增。

〔四〕故授管錫胤　「管」，黄本作「官」。○楊明照《拾遺》：「按下文有『故授官選賢』語，黄從梅、何説改『管』爲『官』，是。」○按：從黄本改。

〔五〕並稱曰令　「令」，《御覽》作「命」。○楊明照《拾遺》：「按作『命』與下『改命曰制』句符。」○按：從《御覽》改。

〔六〕漢初定儀則則曰有四品　《御覽》作「漢初定儀則有四品」。○楊明照《拾遺》：「按《御覽》所引是也。《章表篇》：『漢定禮儀，則有四品』。與此可互相發明。」○按：據《御覽》删。

〔七〕敕戒州邦　「邦」，《御覽》作「郡」。○楊明照《拾遺》：「按『郡』字是。『部』『邦』皆非也。秦立郡縣後，通稱地方爲州郡，見于《史記》、《漢書》、《後漢書》及《隸釋》中者，多至不可勝舉。本書《檄移篇》亦有『州郡徵吏』語。『州部』，乃周代稱呼；『邦』，蓋『郡』之誤。」○按：從《御覽》改。

〔八〕詔誥百官　「誥」，《御覽》作「告」。○楊明照《拾遺》：「按以下文『詔者，告也』證之，『告』字是。胡廣《漢制度》：『詔書者，詔，告也。』○按：作「告」是，從《御覽》改。

〔九〕明君之詔　「君」，《義證》作「神」。○詹鍈《義證》：「『神』原作『君』。范註引陳（漢章）先生曰：『明君之詔，明君當是明神之誤。《周禮（秋官）》司盟北面詔明神是也。』鄭註：『神之明察者，謂日月山川也。』」○按：陳說是。從《義證》改。

〔一〇〕不反若汙　「汙」，黄本作「汗」。按：作「汗」是。「汙」乃「汗」之形誤。從黄本改。

〔一一〕詔體浮新　「新」，《御覽》作「雜」。○楊明照《拾遺》：「按『雜』字是。『浮雜』，蓋謂文景以前詔書直言事狀，不似武帝以後之以經典緣飾也。」○按：從《御覽》改。

〔一二〕觀戒淵雅　「觀」，《御覽》作「勸」。○楊明照《拾遺》：「『勸』，黄校云：『元作觀，謝改。』徐𤊹校『勸』。按《御覽》引作『勸』，謝鈔本同。謝改徐校是也。」○按：從《御覽》改。

〔一三〕及制誥嚴助　「誥」，黄本同。○范文瀾《文心雕龍註》：「黄校『誥』作『詔』，是也。」○楊明照《拾遺》：「馮舒云：『誥，當作詔。何焯、郝懿行說同。按『詔』字是。《漢制度》：『制書者，帝者制度之命，其文曰制詔。』《獨斷》：『制詔者，王者之言必爲法制也。』《漢書·嚴助傳》武帝賜書本作『制詔會稽太守』云云。」○按：從范、楊說改。

〔一四〕貴博士陳遂　《訓故》「貴」作「責」。《義證》作「責博於陳遂」。○詹鍈《義證》：「『責博于』，元刻本作『貴博士』，弘治本、汪本、佘本、張之象本、兩京本俱『責博士』。梅本改作『賜太守』。孫詒讓《札迻》十二：『孝宣璽書賜太守陳遂。注云：賜太守，元作責博士，考《漢書》改……馮校云：賜太守，元版作責博士，梅鼎祚所改也。當作責博進。紀云：當作償博進，改爲賜太守，似非。案疑當作責博于陳遂。此陳遂負博進，璽書責其具償，《漢書》所載甚明。元本惟于字譌作士，責博二字則不誤。梅、黄固妄改，紀校亦誤讀《漢書》，皆不足爲憑也。』」○按：孫說是；唯元本「責」確誤爲「貴」。從《義證》改。

〔一五〕暨明帝崇學　「帝」，《御覽》作「章」。○楊明照《拾遺》：「按『章』字是。《時序篇》『及明帝疊耀』，誤與此同。《隋書·經籍志》一：『光武中興，篤好文雅；明章繼軌，尤重經術。』可資旁證。」○按：從《御覽》改。

〔一六〕惟詔間出　「惟詔」，《御覽》作「雅詔」。《訓故》「惟」作「惟」。○王利器《文心雕龍校證》：「『雅』原作『惟』，梅據朱改，徐校同。按《御覽》正作『雅』。」○按：作「雅」是，「雅詔」，謂典雅的詔書，承上「明章崇學」。從《御覽》改。

〔一七〕安和政弛　「安和」，《御覽》作「和安」。○楊明照《拾遺》：「按《御覽》所引是也。《訓故》本正作『和安』。當據乙。」○按：從《御覽》乙。

〔一八〕衛凱禪誥符命炳耀　《御覽》「凱」作「覬」，「命」作「采」。○王利器《文心雕龍校證》：「『覬』原作『凱』，梅據孫汝澄改，徐校同。按《御覽》正作『覬』。」又：「『符采』原作『符命』，徐云：《御覽》作『符采』，前《詮賦篇》有『符采相勝』之句，《原道篇》有『符采複隱』之句。案徐説是。《宗經篇》有『符采相濟』之句，《風骨篇》有『符采克炳』之句，今據改。」○按：並從《御覽》改。

〔一九〕牙管斯任　《訓故》「牙」作「[牙]」。黃本作「互管斯任」。○楊明照《拾遺》：「『互管』，宋本……鮑本《御覽》引作『管于』，倪刻本《御覽》作『牙管』，元本……《訓故》本同。按諸本並非。『互』或作『㸦』，其作『牙』者，乃『互』之譌作『管于』者，則譌而倒誤者也。《玉海》六四引作『互管』，不誤。」○按：從黃本改。

〔二〇〕施命發號　「命」，《御覽》作「令」。○楊明照《拾遺》：「按『令』字是。《書·冏命》：『發號施令，罔有不臧。』《淮南子·本經篇》：『發號施令，天下莫不從風。』又《要略篇》：『發號施令，以時教期。』並作『令』。『贊』中『皇王施令』，亦可證。」○按：從《御覽》改。

〔二一〕魏文魏下詔　《訓故》作「魏文下詔」。黃本作「魏文帝下詔」。○王利器《文心雕龍校證》：「『下詔』《御覽》作『以下』。馮本『帝』誤『魏』。」○按：作「魏文下詔」是，事見《魏志·蔣濟傳》。次「魏」字實衍，上下皆以四字爲句，當從《訓故》删。

〔二二〕其萬慮之一弊乎　「弊」，黃本同。○詹鍈《義證》引范（文瀾）註：「『弊』當作『蔽』。」又引李曰剛《文心雕龍斠詮》：『弊』與『蔽』通。」○按：作「蔽」較勝。從范註改。

〔二三〕以温嶠文清故中書　《御覽》在「故」下有「引入」二字。《訓故》在「故」下有一空圍□□。○楊明照《拾遺》：「『引入』，黃校云：『元脱，朱按《御覽》補。』按何本、謝鈔本有『引入』二字。《史記·高祖紀》：『呂公者，好相人。見高祖狀貌，因重敬之，引入座。』是『引入』二字正有所本也。」○按：有「引入」二字文方貫，據《御覽》補。

〔二四〕體慮風流矣　「體慮」，《御覽》作「體憲」。○楊明照《拾遺》：「『憲』，黃校云：『元作慮，朱改。』徐𤊹云：『（慮）當作憲，後敕憲本此。』按朱蓋據《御覽》改，是也。何本、謝鈔本正作『憲』，未誤。」○按：從《御覽》改。

〔二五〕所以百辟其形　「形」，《御覽》作「刑」。○范文瀾《文心雕龍註》：「《周頌·烈文》：『不顯惟德，百辟其刑之。』鄭註：『《禮記·中庸》曰：不顯，言顯也。辟，君也。言不顯乎文王之德，百君盡刑之，謂諸侯之法也。』」○按：作「刑」是，從《御覽》改。

〔二六〕周穆王命鄧父受敕憲　「鄧父」，《訓故》、黄本作「郊父」。○楊明照《拾遺》：「『郊』，黄校云：『元作鄧，朱考《穆天子傳》改。』按何本、梁本、謝鈔本、岡本、尚古本作『郊』，朱改是也。」○按：作「郊」是。《穆天子傳》：「天子屬官效器，乃命正公郊父受敕憲。」今從《訓故》、黄本改。

〔二七〕當指事而誥　「誥」，《御覽》作「語」。○王利器《文心雕龍校證》：「『語』原作『誥』，徐校作『語』，馮校云：『誥，《御覽》作語。』黄本從《御覽》改。」○按：從《御覽》改。

〔二八〕文教麗而罕于理　《御覽》作「文教麗而罕施」。○楊明照《拾遺》：「按作『文教麗而罕施』，是也。《困學紀聞》：『孔北海答王休教曰：「掾清身潔己，歷試諸難，謀而鮮過，惠訓不倦；余嘉乃勳，應乃懿德，用升爾於王庭，其可辭乎？文辭温雅，有典誥之風，漢郡國之條教如此。」自註云：然應試諸難，恐不可用。』實足爲此文註腳。」○按：今從《御覽》改。

〔二九〕庾雅恭之明斷　「庾雅恭」，《御覽》作「庾稚恭」。○按：作「庾稚恭」是。《晉書·庾翼傳》：「翼，字稚恭……」「雅」乃「稚」之形誤。從《御覽》改。

〔三〇〕辭之善也　「辭」，《御覽》、《訓故》作「教」。○王利器《文心雕龍校證》：「『教』，原作『辭』，王惟儉本作『教』，馮校云：『辭，《御覽》作教。』黄本從《御覽》改。」○按：作「教」是，從《御覽》、《訓故》改。

〔三一〕有命在天明爲重也　《義證》作「有命自天明命爲重也」。○詹鍈《義證》引王利器《文心雕龍校證》：「『有命自天，明命爲重也』二句九字，原作『有命在天，明爲重也』。謝校『明爲重也』作『明命爲重也』。梅六次本、張松孫本作『有命自天，明命爲重』。日本刊本作『有命在天，命爲重也』。吴校『爲』作『其』。盧云：『當作《詩》云：有命自天，明爲重也。』今按『有命自天』，此《詩·大雅·大明之什》文。『有命在天』，乃《書·西伯戡黎》記紂辛語。作『自』爲是。『明命爲重也』句，今參謝、梅、張、盧諸説訂正。」○按：從《義證》改、補。

〔三二〕周禮曰師氏詔王爲輕命　黄本同。○范文瀾《文心雕龍註》：「案此句與上《詩》云『有命自天，明命爲重也』對文，當依梅本作『《周禮》曰：師氏詔王，明詔爲輕也。』『輕』字下『命』字衍文當删。」○按：依范説從梅本補、改。

〔三三〕兆民尹好　「尹」，《義證》作「伊」。○詹鍈《義證》：「『伊』原作『尹』。范（文瀾）註：『尹好，疑當作式好。式，語辭也。』。《校註》（楊明照《文心雕龍校註拾遺》）：『按尹字於此，實不可解；然與式之形音俱不近，似難致誤。疑係『伊』之殘字。《漢書·禮樂志》顔註：『伊，是也。』此亦當作『伊』，而訓爲是。《圖書集成》一三七引正作『伊』。當據訂。」○按：楊説有理，從《義證》改。

〔三四〕焕其大號　「焕」，《訓故》、黄本作「涣」。○按：作「涣」是。《易·涣》：「九五，涣汗其大號。」今從《訓故》、黄本改。

*《訓故》篇末註：校七字。

檄移第二十

震雷始於曜電，出師先乎威聲。故觀電而懼雷壯，聽聲而懼兵威。兵先乎聲，其來已久。昔有虞始戒於國，夏后初誓於軍，殷誓軍門之外，周將交刃而誓之。故知帝世戒兵，三（三）〔王〕誓師〔一〕，宣訓我衆，未及敵人也。至周穆西征，祭公謀父稱「古有威讓之令，（令）有文告之辭」〔二〕，即檄之本源也。及春秋征伐，自諸侯出，懼敵弗服，故兵出須名，振此威風，暴彼昏亂，劉獻公（之）所謂「告之以文辭，董之以（師武）〔武師〕」者也〔三〕。齊桓征楚，（告）〔詰〕菁茅之闕〔四〕；晉厲伐秦，責（其）〔箕〕郜之焚〔五〕：管仲吕相，奉辭先路，詳其意義，即今之檄文。暨乎戰國，始稱爲檄。檄者，皦也。宣（露）〔布〕於外〔六〕，皦然明白也。張儀《檄楚》，書以尺二，明白之文，或稱露布。〔露布者，蓋露板不封，布〕諸視聽也〔七〕。

夫兵以定亂，莫敢自專，天子親戎，則稱「（龔）〔恭〕行天罰」〔八〕；諸侯御師，則云肅將王誅。故分閫推轂，奉辭伐罪，非唯致果爲毅，亦〔且〕厲辭爲武〔九〕。使聲如（衡）〔衝〕風所（繫）〔擊〕〔一〇〕，氣似（攙搶）〔欃槍〕所掃〔一一〕，奮其武怒，總其罪人，（懲）〔徵〕其惡稔之時〔一二〕，顯其貫盈之數，摇姦宄之膽，訂信（慎）〔順〕之心〔一三〕；使百尺之衝，摧折於咫書，萬雉之城，顛墜於一檄者也。觀隗囂之檄亡新，（有）〔布〕其三逆〔一四〕，文不雕飾，而辭切事明，隴右文士，得檄之體矣。陳琳之《檄〔豫州〕》〔一五〕，壯有骨鯁，雖姦閹攜養，章（密）〔實〕

太甚〔一六〕，發丘（模）〔摸〕金〔一七〕，誣過其（虚）〔虐〕〔一八〕；然抗辭書釁，皦然〔暴〕露。（固矣）敢〔矣〕，指曹公之鋒；幸哉，免袁黨之戮也〔一九〕。鍾會《檄蜀》，徵驗甚明，桓（公）〔温〕《檄胡》〔二〇〕，觀釁尤切，並壯筆也。

凡檄之大體，或述此休明，或叙彼苛虐，指天時，審人事，算强弱，角權勢，（摽）〔標〕蓍龜於前驗〔二一〕，懸鞶鑑於已然，雖本國信，實參兵詐。譎詭以馳旨，煒曄以騰説，凡此衆條，莫〔之〕或違（之）者也〔二二〕。故其植義颺辭，務在剛健。插羽以亍〔示〕迅〔二三〕，不可使辭緩，露板以宣衆，不可使義隱；必事昭而理辨，氣盛而辭斷，此其要也。若曲趣密巧，無所取才矣。又州（邦）〔郡〕徵吏〔二四〕，亦稱爲檄，固明舉之義也。

移者，易也；移風易俗，令往而民隨者也。相如之《難蜀老》，文曉而喻博，有移檄之骨焉。及劉歆之《移太常》，辭剛而義辨，文移之首也；陸機之《移百官》，言約而事顯，武移之要者也。故檄移爲用，事兼文武。其在金革，則逆黨用檄，（煩命）〔順衆〕資移〔二五〕；所以洗濯民心，堅（用）〔明〕符契〔二六〕，意用小異，而體義大同，與檄參伍，故不重論也。

贊曰：三驅弛（剛）〔網〕〔二七〕，九伐先話。鞶鑑吉凶，蓍龜成敗。摧壓鯨鯢，（抵）〔抵〕落蜂蠆〔二八〕。移（寶）〔風〕易俗〔二九〕，草偃風邁。

《文心雕龍》卷第四

校記

〔一〕 三三誓師 《御覽》、《訓故》次「三」作「王」。○按：作「王」是。「三」乃「王」之殘字。從《御覽》、《訓故》改。

〔二〕 古有威讓之令令有文告之辭 《御覽》、《訓故》無次「令」字。○范文瀾《文心雕龍註》：「《國語·周語上》『穆王將征犬戎。祭公謀父諫曰……於是乎有刑罰之辟，有攻伐之兵，有征討之備，有威讓之令，有文告之辭。』據此『令有文告之辭』句，『令』字衍，當刪。」○楊明照《拾遺》：「馮舒校去次『令』字。郝懿行云：『按下「令」字疑衍，應據《國語》刪。』按《御覽》五九七引無次『令』字；《訓故》本同。馮校郝説是也。（《國語·周語上》原無次『令』字）」○

〔三〕按：據《御覽》、《訓故》删次「令」字。

劉獻公之所謂告之以文辭董之以師武者也　「師武」，《御覽》作「武師」，無「劉獻公」下「之」字。○楊明照《拾遺》：「『武師』，黄校云：『元作師武。』馮舒云：『(師武)當作武師』。按《御覽》引作『武師』，與《左傳》昭公十三年合。馮校黄改是也。『公』下『之』字，亦當據《御覽》删。」○按：楊説是，「師武」乃「武師」之誤倒，從《御覽》乙；「公」下「之」字衍，據《御覽》删。

〔四〕告菁茅之闕　「告」，《御覽》作「誥」。○按：作「誥」是，事本《左傳》僖公四年齊侯伐楚。從《御覽》改。

〔五〕責其部之焚　「其」，《御覽》、《訓故》作「箕」。○按：「箕」、「部」均當時晋地名，作「箕」是。從《御覽》、《訓故》改。

〔六〕宣露於外　「露」，《御覽》作「布」。○楊明照《拾遺》：「按『布』字是。『露』蓋涉下而誤。」○按：作「布」較勝，從《御覽》改。

〔七〕明白之文或稱露布諸視聽也　《御覽》在「或稱露布」下，有「露布者，蓋露板不封，布」九字。《訓故》「諸」作「播諸」。○范文瀾《文心雕龍註》：「《校勘記》(鈴木虎雄《黄叔琳本文心雕龍校勘記》)：『案《御覽》引云，露布者，蓋露板不封，布諸視聽也。洪容齋《四筆》引亦云，露布者，蓋露板不封，布諸觀聽也。乃知或稱露布句下脱露布者蓋露板不封八字，而播字則宋時傳本或有作布者也。』」○楊明照《拾遺》：「按今本文意不足，當以《御覽》等所引爲是。《容齋續筆》十引作『露布者，蓋露板不封，布諸觀聽也』；胡三省《通鑑》卷二六九註引同。『觀』字雖異，其所見本固未脱也。《文章辨體總論》、《文體明辨》三十、《山堂肆攷角集》三十六所引雖與《御覽》同，蓋係轉引，未必明世尚有未脱之本也。又按『播』字當依《御覽》諸書作『布』。」○按：鈴木、楊説並是，今據《御覽》補九字。

〔八〕龔行天罰　「龔」，《御覽》作「恭」。○楊明照《拾遺》：「按『恭』『龔』同音通假。《書·甘誓》『今予惟恭行天之罰』，《吕氏春秋·先己篇》高註引作『龔』；僞《泰誓》下『予一人恭行天罰』，《文選·京都賦》李註引作『龔』。並其證。不必校『龔』爲『恭』也。」○按：楊説固有理，但以「恭」字爲常。從《御覽》改。

〔九〕亦厲辭爲武　「亦」，黄本作「亦且」。○王利器《文心雕龍校證》：「『亦且』，《御覽》作『抑亦』；王惟儉本，謝鈔本無『且』字。」○按：「亦且」與上「非唯」相對成文，有「且」字較勝。據黄本補。

〔一〇〕使聲如衡風所繫　《御覽》「衡」作「衝」，「繫」作「擊」。《訓故》「衡」作「衡」，「繫」作「繫」。○楊明照《拾遺》：「黄校云：『(衡)元作衝；(擊)元作繫。』徐𤊹『衡』校『衝』；『繫』校『擊』。按宋本、喜多本《御覽》及《文通》引，正作『衝風所擊』。徐校梅改是也。《鹽鐵論·輕重篇》：『衝風飄鹵。』」○按：「衡」與「衝」，「繫」與「擊」皆形近致誤。今從《御覽》改。

〔一一〕氣似攙搶所掃　「攙搶」，黄本作「欃槍」。○按作「欃槍」是。《後漢書·崔駰傳》「運欃槍以電埽兮」，正作「欃槍」。「欃槍」乃手寫「木」旁作「扌」而付梓時未及改耳。從黄本改。

〔一二〕懲及惡稔之時　「懲」，《御覽》、《訓故》作「徵」。○楊明照《拾遺》：「按『徵』字較勝。《訓故》本亦作『徵』。」○按：從《御覽》、《訓故》改。

〔一三〕訂信慎之心　「慎」，《御覽》作「順」。○楊明照《拾遺》「按『順』字是。」○按：本書「順」字常作「慎」，已見前校。今從《御覽》改。

〔一四〕有其三逆　「有」，《御覽》作「布」。○王利器《文心雕龍校證》：「『布』原作『有』，梅六次本改。案《御覽》正作『布』。」○按：上云「檄者，皦也。宣布於外，皦然明白也。」此亦言檄，作「布」是。今從《御覽》改。

〔一五〕陳琳之檄　黄本作「陳琳之檄豫州」。○王利器《文心雕龍校證》：「『豫州』二字原脱，梅、徐校補。」○按：依文意，爲陳琳《爲袁紹檄豫州》内容，「豫州」二字當有。今據黄本補。

〔一六〕章密太甚　「密」，《御覽》作「實」。○楊明照《拾遺》：「按『實』字較勝。《左傳》桓公二年：『郜鼎在廟，章孰甚焉。』語意與此同，可證。」○按：從《御覽》改。

〔一七〕發丘模金　「模」，《御覽》作「摸」。○按：作「摸」是。「模」乃「摸」之偶誤「扌」旁耳。從《御覽》改。

〔一八〕誣過其虛　「虛」，《御覽》作「虐」。○按「虛」無義，當作「虐」；意謂：誣陷超過了曹操的暴虐。今從《御覽》改。

〔一九〕皦然露固矣敢指曹公之鋒幸哉免袁黨之戮也　《御覽》僅有「皦然曝露」四字。《訓故》「露」下有空圍「□」。黄本作「皦然露骨矣敢指曹公之鋒幸哉免袁黨之戮也」。○楊明照《拾遺》：「黄校云『（骨）元作「固」，孫改。又一本作暴露。』謝兆申云：『疑作「固矣，敢指曹公之鋒；幸哉，獲免袁黨之戮也」。』……按黄校一本是。《御覽》引作『曝（暴之俗體）露』。《左傳》襄公三十一年：『亦不敢暴露。』是『暴露』二字連文之證。元本、弘治本等因『露』上脱『暴』字，而又誤『固』爲『骨』，遂作『皦然露骨矣』。其實非也……謝校近是。『指』字不誤。《詩·鄘風·蝃蝀》有『莫之敢指』語。」○按：從《御覽》補「暴」字；「固」字當删，「矣敢」當乙，「敢矣」與「幸哉」相對成言。

〔二〇〕桓公檄胡　「公」，《御覽》作「温」。○楊明照《拾遺》：「按上云『鍾會』，此忽云『桓公』，似不倫類。且全書論述作者，除曹操、羊祜、庾亮外，它無稱爲公者。當以《御覽》所引爲是」。○按：楊説是，從《御覽》改。

〔二一〕摽著龜於前驗　「摽」，黃本作「標」。○按：「標」是。從黃本改。

〔二二〕莫或違之者也　《御覽》作「莫之或違者也」。○楊明照《拾遺》：「按《御覽》所引是。《哀弔篇》『莫之或繼也』，句法與此相同，可證。」○按：從《御覽》改。

〔二三〕插羽以于迅　「于」，《御覽》、《訓故》作「示」。○按：作「示」是，「于」乃「示」之殘。從《御覽》、《訓故》改。

〔二四〕以州邦徵吏　「邦」，黃本作「郡」。○按：作「郡」是，已見前校。從黃本改。

〔二五〕煩命資移　「煩命」，《御覽》作「順衆」。○楊明照《拾遺》：「『順』，黃校云：『元作煩，曹改。』按《御覽》、《文通》引作『順』……曹改是也。『命』，當依《御覽》改作『衆』。」○按：從《御覽》改。

〔二六〕堅用符契　「用」，《御覽》作「明」。○楊明照《拾遺》：「當依《御覽》引作『明』。《弘明集》何承天《答宗居士書》：『證譬堅明。』《金樓子·立言篇》下：『曹子建陸士衡皆文士也，觀其辭致側密，事語堅明，意匠有序，遺言無失。』並以『堅明』爲言。」○按：從《御覽》改。

〔二七〕三驅弛剛　「剛」，《義證》作「網」。○范文瀾《文心雕龍註》引孫詒讓《札迻》十二：「『三驅弛剛，紀云『剛，疑作網。』案當作弛網。網譌綱，三寫成剛，遂不可通。」○楊明照《拾遺》：「郝懿行云：『按剛字疑網字之誤。』按孫詒讓《札迻》十二亦謂當作『弛網』，與郝説合，是也」。○按：作「網」是，「剛」不可通。從《義證》改。

〔二八〕抵落蜂蠆　「抵」，黃本同。○楊明照《拾遺》：「按各本皆作『抵』，與文意不合，疑當作『扺』。《説文·手部》：『扺，側擊也。』（『扺』音紙，與『抵』之音義俱別。）」○按：從楊説改。

〔二九〕移寶易俗　「寶」，《訓故》「寶」作「寶」。《義證》作「風」。○范文瀾《文心雕龍註》：「移寶，應作移實。」○詹鍈《義證》引王利器《文心雕龍校證》：「『風』原作『寶』，黃注云：『一作實。』徐云：『當是風字，本文有移風之語，移寶於義不可通。』」按徐説是，今據改。」○按：『風』義勝，從《義證》改。

*《訓故》篇末註：校五字。四卷黃校五十七字。按：此卷註後末行《文心雕龍訓故》卷之四終」下有小字：「堯都周網寫」五字，其他各卷無。

《文心雕龍》卷第五

封禪第二十一

夫正位北辰，嚮明南面，〔所〕以運天樞〔一〕，毓黎獻者，何嘗不經道緯德，以勒皇（蹟）〔績〕者哉〔二〕！《（録）〔緑〕圖》曰〔三〕：「潬潬噅噅，棼棼雉雉，萬物盡化。」言至德所被〔也〕〔四〕。《丹書》曰：「義勝欲則從，欲勝義則凶。」〔戒慎〕之至也〔五〕。則戒〔慎〕以崇其德〔六〕，至德以凝其化，七十有二君，所以封禪矣。

昔黄帝神靈，克膺鴻瑞，勒功喬岳，鑄鼎荆山。大舜巡岳，顯乎《虞典》。成康封禪，聞之《樂緯》。及齊桓之霸，爰窺王跡，夷吾譎（陳）〔諫〕〔七〕，距以怪物。固知〔玉〕牒金〔鏤〕〔八〕，專在帝皇也。然則西鶼東（鯨）〔鰈〕〔九〕，南茅北黍，空談非徵，勳德而已，是〔以〕史遷「八書」〔一〇〕，明述封禪者，固禋祀之殊禮，銘號之祕〔祝〕，祀天之壯觀〔矣〕〔一一〕。（秦）始皇「銘岱」〔一二〕，文自李斯，法家辭氣，體乏弘潤；然疏而能壯，亦彼時之絶采也。鋪觀兩漢隆盛，孝武禪號於肅然，光武巡封於梁父，（請）〔誦〕德銘勳〔一三〕，乃鴻筆耳。觀相如《封禪》，蔚爲唱首。爾其表權輿，序皇王，炳玄符，鏡鴻業，驅前古於當今之下，騰休明於列聖之上，歌之以禎瑞，讚之以介丘，絶筆茲文，固（惟）〔維〕新之作也〔一四〕。及光武勒碑，則文（字）〔自〕張純〔一五〕。首胤典謨，末同祝辭，引鉤讖，叙離〔亂〕〔一六〕，計武功，述文德，事覈理舉，華不足而實有餘矣。凡此二家，並岱宗實跡也。及揚雄《劇秦》，班固《典引》，事非鐫石，而體因紀禪。觀《劇秦》爲文，影寫長卿，詭言遁辭，故兼包神怪。然（骨掣）〔體制〕靡密〔一七〕，辭貫圓通，自稱極思，無遺力矣。《典引》所叙，雅有懿（乎）〔采〕〔一八〕，歷鑑前作，能執厥中，其致義會文，斐然餘巧；故稱「《封禪》（麗）〔靡〕而不典〔一九〕，《劇秦》典而不實」。豈非追觀易爲明，循勢易爲力歟！至於邯鄲《受命》，攀響前聲，風末力寡，輯韻成頌，雖文理（煩）〔頗〕序〔二〇〕，而不能奮飛。陳思《魏德》，假論客主，問荅迂緩，且（巳）〔已〕千言〔二一〕，勞深績寡，飆焰缺焉。

兹文爲用，蓋一代之典章也。構位之始，宜明大體，樹骨於訓典之區，選言於宏富之路，使意古而不晦於深，文今而不墜於淺，義吐光芒，辭成廉鍔，則爲偉矣。雖復道極數殫，終然相襲，而日新其（來）〔采〕者〔二二〕，必超前轍焉。

贊曰：封勒帝績，對越天休。逖聽高岳，（聲英）〔英聲〕克彪。樹石九旻，泥金八幽。鴻（律）〔筆〕蟠采〔二三〕，如龍如虬。

校記

〔一〕〔所〕以運天樞　「所」字漫漶，據《訓故》、黄本補。

〔二〕以勒皇蹟者哉　「蹟」，《訓故》、黄本同。○楊明照《拾遺》：「按『蹟』當作『績』。贊中『封勒帝勣』（『勣』與『績』古今字）句可證。」○按：楊説是，從其改。

〔三〕録圖曰　「録」，《訓故》、黄本同。○范文瀾《文心雕龍註》：「紀評曰：『録當作緑。』案本書《正緯篇》『堯造緑圖，昌制丹書。』緑圖與丹書對文，嘉靖本作『緑』，是。」○楊明照《拾遺》：「『録』，《繹史》五《黄帝紀》引作『緑』。何焯改『緑』。紀昀云：『録，當作緑。』按《正緯篇》『堯造緑圖，昌制丹書』，以『緑圖』與『丹書』對。此亦應爾。汪本、張本、《訓故》本並作『緑』，當據改。」○按：楊説是，從其改。

〔四〕言至德所被〔也〕　「也」字漫漶，據《訓故》、黄本補。

〔五〕〔戒慎〕之至也　「戒慎」二字漫漶，據《訓故》、黄本補。

〔六〕則戒〔慎〕以崇其德　「慎」字漫漶，據《訓故》、黄本補。

〔七〕夷吾譎陳　「陳」，《訓故》、黄本同。○楊明照《拾遺》：「『陳』，黄校云：『當作諫。』文溯本剜改爲『諫』。紀昀云：『陳訓敷陳，不必改諫。』……按『諫』字誼勝。《奏啟篇》『谷永之諫仙』，《御覽》引作『陳仙』，是『諫』『陳』易誤之例。《詩大序》：『主文而譎諫。』即『譎諫』二字所出。《史記・齊太公世家》：『桓公稱曰：吾欲封泰山，禪梁父。』管仲固諫不聽。乃説桓公以遠方珍怪物至，乃得封。桓公乃止。』足爲夷吾譎諫之證。」○按：從楊説據黄校改。

〔八〕固知〔玉〕牒金〔鏤〕　「玉」、「鏤」二字漫漶，據《訓故》、黄本補。

〔九〕然則西鶼東鯨 「鯨」，《訓故》、黄本作「鰈」。○詹鍈《義證》：「《史記·封禪書》《集解》引韋昭曰：『各有一目，不比不行，其名曰鰈。』」又引范（文瀾）註：「《爾雅·釋地》九府：『東方有比目魚焉，不比不行，其名謂之鰈；南方有比翼鳥焉，不比不飛，其名謂之鶼。』」○按：作「鰈」是，從《訓故》、黄本改。

〔一〇〕是史遷八書 黄本同。《訓故》「是」作「是以」。○楊明照《拾遺》：「范文瀾云：『是史遷八書句不辭，是下疑脱一以字。』按范説是。《訓故》本正有『以』字，當據增。」○按：從楊説據《訓故》本增。

〔一一〕銘號之祕祀天之壯觀 《訓故》在「天」上有一空圍「□」，「觀」下有「矣」。黄本在「祕」下有「祝」字；在「壯觀」下有「矣」字。○楊明照《拾遺》：「『天』上『祀』字與上『禋祀』複，疑爲『祝』之形誤；『天』下應從徐𤊹説補『下』字。」○按：黄叔琳校云：「（祝）元脱，朱補。」朱補是也。既補「祝」字，「下」字不必增，「祀天之壯觀」亦通。今據黄本補「祝」、「矣」二字。

〔一二〕秦始王銘岱 《訓故》無「秦」字。黄本無「始」字。○楊明照《拾遺》：「按『始』字不必有。《明詩篇》『秦皇滅典』，其明證也。」○按：此處四字爲句，以下之「孝武」、「光武」等皆不稱「漢」例，此作「始皇」更勝。從《訓故》删。

〔一三〕請德銘勒 「請」，《訓故》作「請」。黄本作「誦」。○楊明照《拾遺》：「『誦』，黄校云：『元作請，孫改。』按……孫改是也。《論衡·須頌篇》：『古之帝王建鴻德者，須鴻筆之臣褒頌紀載，鴻德乃彰。』」○按：從黄本改。

〔一四〕固惟新之作也 「惟」，黄本作「維」。○按：作「維」是，已見前校。

〔一五〕則文字張純 「字」，《訓故》作「字」，黄本作「自」。○楊明照《拾遺》：「『自』，黄校云：『元作字。』按上文『秦皇銘岱，文自李斯』，句法與此同，『字』改『自』是。何本、謝鈔本正作『自』；《文通》引同。」○按：從黄本改。

〔一六〕敍離 黄本作「敍離亂」。○詹鍈《義證》：「梅據許延祖補『亂』字……據此（指梅註），當仍以補『亂』字爲是。《考異》（張立齋《文心雕龍考異》）：『蓋下言武功，上言離亂，有亂必勘，自相偶屬也。』」○按：據黄本補。

〔一七〕然骨掣靡密 「骨掣」，《義證》作「骨制」。○詹鍈《義證》引劉永濟《文心雕龍校釋》：「『掣』，疑當作『制』，『骨制』即『體製』。本書『製』或省作『制』。」又引楊明照《文心雕龍校註拾遺》：「『骨掣』二字不辭，疑當作『體製』。《定勢》、《附會》兩篇並有『體制』之文。」○按：作「體制」是，從楊説改。

〔一八〕雅有懿乎 「乎」，《義證》作「采」。○詹鍈《義證》引范（文瀾）註：「『雅有懿乎』，紀評云：『乎當作采。』案紀説是。

本書《雜文篇》：「班固《賓戲》，含懿采之華。」亦以「懿采」評班文。《時序篇》亦有「鴻風懿采」之文。又引（劉永濟）《校釋》：「按『乎』乃『采』之形誤字。」詹鍈：「按《體性篇》：『孟堅雅懿，故裁密而思靡』。」○按：作「采」是，從《義證》改。

〔一九〕故稱封禪麗而不典　「麗」，《義證》作「靡」。○楊明照《拾遺》：「按『麗』當作『靡』，始與《典引》合。張瞻《劇秦美新》註：『相如封禪，靡而不典。』蓋沿用孟堅文，亦作『靡』。《明詩篇》有『靡而非典』語。」○按：楊說是，從《義證》改。

〔二〇〕雖文理煩序　「煩」，《訓故》作「頗」。黄本作「順」。○楊明照《拾遺》：「『順』，黄校云：『元作煩；一作頗。』按……作『煩』，確爲誤字。萬曆梅本改『順』，蓋據徐𤊹校也。尋繹語意，曹學佺校作『頗』，極是。倫明所校元本正作『頗』。當據改。」○按：從楊說據《訓故》改。

〔二一〕且巳千言　「巳」，《訓故》、黄本作「已」。○按：作「已」是，從黄本改。

〔二二〕終然相襲　《訓故》「然」作「然」。

〔二三〕而日新其來　「來」，黄本作「采」。○楊明照《拾遺》：「『采』，黄校云：『元作來。』徐𤊹校『采』；天啟梅本改『采』。按改『來』爲『采』，是也。《雜文篇》有『麟鳳其采』語。」○按：從黄本改。

〔二四〕聲英克彪　「聲英」，黄本同。○楊明照《拾遺》：「按『聲英』二字當乙，始能與上句之『遯聽』相對。《史記·司馬相如傳》：『（封禪文）蜚英聲』。」○按：從楊說乙。

〔二五〕鴻律蟠采　「律」，黄本同。○楊明照《拾遺》：「按『鴻律』於此費解，『律』疑『筆』之誤。《書記》、《鎔裁》、《練字》三篇及本篇上文並有『鴻筆』之文。『鴻筆』，謂撰封禪文字之大手筆也。」○按：作「筆」是。從楊說改。

*《訓故》篇末註：校六字。

章表第二十二

夫設官分職，高卑聯事。天子垂珠以聽，諸侯鳴玉以朝。「敷奏以言，明試以功」。故堯咨四岳，舜命八元，固辭再讓之請，「俞往欽哉」之〔授〕〔一〕，並陳辭帝庭，匪假書翰。然則「敷奏以言」，〔則〕〔即〕章表之義也〔二〕；「明試以功」，即授爵之典也。至太甲既立，伊尹書誡；思庸歸亳，又作書以〔纘〕〔贊〕〔三〕。文翰獻替，事斯見矣。周監二代，文理彌盛。再拜稽首，對揚休命，承文受册，敢當丕顯。雖言筆未分，而陳謝可見。降及七國，未變古式，言事於王，皆稱上書。

秦初定制，改書曰奏。漢定禮儀，則有四品：一曰章，二曰奏，三曰表，四曰議。章以謝恩，奏以按劾，表以陳請，議以執異。章者，明也。《詩》云「爲章於天」，謂文明也；其在文物，赤白曰章。表者，〔摽〕〔標〕也〔四〕。《禮》有《表記》，謂德見〔於〕儀〔五〕；其在器式，揆景曰表。章表之目，蓋取諸此也。按《七略》《藝文》，謠詠必録，章、表、奏、議，經國之樞機，然闕而不纂者，乃各有故事，〔而〕〔布〕在職司也〔六〕。

前漢表謝，遺篇寡存。及後漢察舉，必試章奏。左雄〔奏〕〔表〕議〔七〕，臺閣爲式；胡廣章奏，「天下第一」，並當時之傑筆也。觀伯始謁陵之章，足見其典文之美焉。昔晉文受〔册〕〔策〕，三〔辭〕從命〔八〕，是以漢末讓表，以三爲斷。曹公稱爲表不〔止〕〔過〕三讓〔九〕，又勿得浮華。所以魏初〔表章〕〔章表〕〔一〇〕，指事造實，求其靡麗，則未足美矣。至於文舉之薦禰衡，氣揚采飛；孔明之辭後主，志盡文暢：雖華實異旨，並表之英也。琳、瑀章表，有譽當時；孔璋稱健，則其標也。陳思之表，獨冠羣才；觀其體贍而律調，辭清而志顯，應物〔掣〕〔製〕巧〔一一〕，隨變生趣，執轡有餘，故能緩急應節〔矣〕〔一二〕。逮晉初筆〔扎〕〔札〕〔一三〕，則張華爲〔儁〕〔俊〕〔一四〕。其三讓公封，理周辭要，引義比事，必得其偶，世珍《鷦鷯》，莫顧章表。及羊公之《辭開府》，有譽於前談；庾公之《讓中書》，信美於往〔再〕〔載〕〔一五〕：序志〔顯〕〔聯〕類〔一六〕，有文雅焉。劉琨《勸進》，張駿《自序》，文致耿介，並陳事之美表也。

原夫章表〔文〕〔之〕爲用也〔一七〕，所以對揚王庭，昭明心曲。既其身文，且亦國華。章以造闕，風矩應明；表以致禁，骨采宜耀：循名課實，以〔文〕爲本者也〔一八〕。是以章式炳賁，志在典謨，使要而非略，明而不〔淺〕〔一九〕；表體多包，情僞屢遷，必雅義以扇其風，清文以馳其麗。然懇〔愜〕〔惻〕者辭爲心使〔二〇〕，浮侈者情爲〔文〕〔出〕〔屈〕〔二一〕，〔必〕使繁約得正〔二二〕，華實相勝，〔脣〕〔唇〕吻不滯〔二三〕，則中律矣。子貢云：「心以制之，言以結之」，蓋一辭意也。荀卿以爲「觀人美辭，麗（以）〔於〕黼黻文章」〔二四〕，亦可以喻於斯乎。

贊曰：敷奏絳闕，獻替黼扆。言必貞明，義則弘偉。肅恭節文，條理首尾。君子秉文，辭令有斐。

校記

〔一〕俞往欽哉之〔授〕　「授」字漫漶，據《訓故》、黄本補。

〔二〕則章表之義也　「則」，《御覽》作「即」。○郭晉稀《文心雕龍註譯》：「作『則』與上文『則』字嫌重複；作『即』與下句語調一致。」○按：從郭説據《御覽》改。

〔三〕又作書以纘　「纘」，《御覽》、《訓故》作「讚」。○楊明照《拾遺》：「『贊』，黄校云：『元作纘。』徐𤊹校『讚』。按黄氏從梅説改『讚』，是。宋本……鮑本《御覽》五九四引，正作『讚』；張本同。」○按：從《御覽》改，但應作「贊」。已見前校。

〔四〕表者摽也　「摽」，《訓故》、黄本作「標」。○按：作「標」是；「木」旁作「扌」乃寫之誤。從《訓故》、黄本改。

〔五〕謂德見儀　《御覽》作「謂德見於儀」。《訓故》「謂」作「言」。○王利器《文心雕龍校證》：「舊本俱無『於』字。謝、徐、何校補『於』字，黄本補『於』字，案《御覽》正有『於』字。」○按：從《御覽》改。

〔六〕而在職司　「而」，《御覽》作「布」。○劉永濟《文心雕龍校釋》：「《御覽》『而』作『布』，是。」○按：從《御覽》改。

〔七〕左雄奏議　「奏」，《御覽》作「表」。○按：作「表」較勝，「表議」與下「章奏」相對成文。從《御覽》改。

〔八〕昔晉文受册三從命　《御覽》「册」作「策」；「三」下有「辭」字。《訓故》「三」下有「辭」字。○詹鍈《義證》引王惟儉《文心雕龍訓故》：「《春秋左傳》：『晉文公城濮之役，作王宫於踐土。王命内史叔興命晉侯爲侯伯，曰：王謂叔父，敬服王命以綏四國，糾逖王慝。晉侯三辭從命，曰：重耳敢再拜稽首，奉揚天子之丕顯休命。受策以出』」。○按：作「策」合傳，「辭」字脱，當補。據《御覽》改、增。

〔九〕曹公稱爲表不止三讓　「止」，黄本作「必」。○范文瀾《文心雕龍註》：「《北堂書鈔·設官部》引應劭《漢官儀》『凡拜，天子臨軒，六百石以上悉會。直事卿贊，御史授印綬。公三讓然後乃受之。』據此可知讓表亦以三爲止。《三國志·魏志·文帝紀》注引《獻帝傳禪代衆事》曰『尚書令桓階等奏曰，今漢氏之命已四至，而陛下前後固辭。』審其語意，四讓爲過也。」○楊明照《拾遺》：「『必』，《御覽》引作『止』……按『止』字誤；作『必』亦非。操上書讓增封有『臣雖不敏，猶知讓不過三』（《類聚》五一引）之語，疑原是『過』字。『過』，俗簡作『过』，單書誤爲『止』耳。」○按：范云「讓表以三爲止」，「四讓爲過」，楊改「止」爲「過」，是也。從楊改。

〔一〇〕所以魏初表章　「表章」，《御覽》作「章表」。○按：本篇「章表之義」、「章表之目」、「章表奏議」、「琳瑀章表」、「莫顧章表」、「原夫章表之爲用」，皆以「章表」連文，此亦當作「章表」。從《御覽》乙。

〔一一〕應物掣巧　「掣」，《御覽》作「製」。《訓故》作「掣」。○楊明照《拾遺》：「『掣』，黄校云：『一作制。』徐𤊹校『製』，何焯改『制』。按『掣』字誤，作『製』，作『制』均可。」○按：從《御覽》改。

〔一二〕故能緩急應節　《御覽》「應節」下有「矣」字。○按：有「矣」字語勝。從《御覽》增。

〔一三〕逮晉初筆扎　「扎」，黄本作「札」。○按：作「札」是。從黄本改。

〔一四〕則張華爲儁　「儁」，《御覽》作「俊」。《訓故》作「儁」。○楊明照《拾遺》：「『俊』，黄校云：『元作儁。』（此沿梅校）按《御覽》引作『俊』；何本，梁本，謝鈔本同。梅改是也。」○按：從《御覽》改。

〔一五〕信美於往再　「再」，《御覽》、《訓故》作「載」。○楊明照《拾遺》：「此當以作『載』爲是。《後漢書・宦者傳序》：『無謝於往載。』亦以『往載』爲言。」○按：從《御覽》改。

〔一六〕序志顯類　「顯」，《御覽》作「聯」。○楊明照《拾遺》：「按『聯』字較勝，叔子元規所上表可按也。」○按：從《御覽》改。

〔一七〕原夫章表文爲用也　「文」，《御覽》作「之」。○楊明照《拾遺》：「『之』，黄校云：『元作文，謝改。』徐𤊹校『之』。按《御覽》引作『之』……謝改徐校是也。」○按：從《御覽》改。

〔一八〕循名課實以爲本者也　《御覽》在「以」下有「文」字。○楊明照《拾遺》：「『章』，黄校云：『元脱；一作文。』按《御覽》引有『文』字，校增『文』字，是也。此句爲總束章、表之辭，故云『以文爲本』；亦即贊末『辭令有斐』之意也。」○按：「文」字當有，據《御覽》增。

〔一九〕明而不〔淺〕　「淺」字漫漶，據《御覽》補。

〔二〇〕然懇愜者辭爲心使　「愜」，《御覽》作「惻」。○楊明照《拾遺》：「按『惻』字是。《御覽》引正作『惻』。《後漢書・欒恢傳》『聖人懇惻，不虛言也』，《晉書・庾亮傳》『省告懇惻』，《北史・外戚・方日肇傳》『懇惻發於至誠』，《文選》任昉《齊竟陵文宣王行狀》「至誠懇惻」，並以「懇惻」爲言。」○按：從《御覽》改。

〔一一〕浮侈者情爲出　《御覽》作：「浮侈者情爲文出。」《訓故》「出」作「言」。○范文瀾《文心雕龍註》：「『情爲文出』似宜作『情爲文屈』。」○楊明照《拾遺》：「『文』，黄校云：『元作出；一作情爲文屈。』按黄校一本是……元本、弘治本、活字本、汪本等作『情爲出使』者，乃其上下脱『文』『必』二字，『出』又『屈』之譌。此當作『情爲文屈』，與上『辭爲心使』對；『必使』二字屬下句讀。」○按：楊説是，從黄校一本改。

〔一二〕使繁約得正　《御覽》作「必使繁約得正」。○按「必」字原脱，當據《御覽》增。

〔一三〕唇吻不滯　「唇」，《御覽》作「脣」。○楊明照《拾遺》：「按作『脣』是。《説文·肉部》：『脣，口耑也。』又《口部》：『唇，驚也。』是二字意義各别。此當以作『脣』爲是。《聲律篇》『律呂脣吻』，《知音篇》『君卿脣舌』，並不誤。《章句篇》『唇吻告勞』，誤與此同。亦當校正。」○按：從《御覽》改。

〔一四〕麗以黼黻文章　「以」，黄本作「於」。○王利器《文心雕龍校證》：「案《荀子·非相篇》作『於』。」○按：此處指引荀卿，當據《荀子》文正。從黄本改。

*《訓故》篇末註：校九字。

奏啟第二十三

昔唐、虞之臣，敷奏以言；秦、漢之輔，上書稱奏〔一〕。陳政事，獻典儀，上急變，劾（偕）〔愆〕謬〔二〕，總謂之奏。奏者，進也。〔言〕敷於下，情進於上也〔三〕。

秦始立奏，而法家少文。觀王綰之奏勳［德］〔四〕，辭質而義近；李斯之奏驪山，事略而意（逕）〔誣〕〔五〕，政無膏［潤］〔六〕，形於篇章矣。自漢〔以〕來，奏事或稱上疏，儒雅繼踵，殊采［可］觀〔七〕。若夫賈誼之務農，晁錯之兵（卒）〔術〕〔八〕，匡衡之定郊，王［吉］之（觀）〔勸〕禮〔九〕，温舒之緩獄，谷永之諫仙，理既切至，辭亦［通］（辭）〔辨〕〔一〇〕，可謂識大體矣。後漢羣賢，嘉言罔伏。楊秉耿介［於］災異〔一一〕，陳蕃憤懣於尺一，骨鯁得焉；張衡指摘於史［職］〔一二〕，蔡邕銓列於朝儀，博雅明焉。魏代名臣，文理迭興，若高堂天文，黄觀教學，王朗《節省》，（甌）〔甄〕毅考課〔一三〕，亦盡節而知治矣。晉氏多難，（災屯流移）〔世交屯夷〕〔一四〕。劉頌殷（勤）〔勤〕於時務〔一五〕，温嶠懇（切）〔惻〕於費役〔一六〕，並體國之（志）〔忠〕規矣〔一七〕。

夫奏之爲筆，固以明允（蔿）〔篤〕誠爲本〔一八〕，辨（折）〔析〕疎通爲首〔一九〕。强志足以成務，博見足以窮理，酌古御今，治繁總要，此其體也。若乃按劾之奏，所以明憲清國。昔周之太僕，繩愆（斜）〔糾〕繆〔二〇〕；秦（之）〔有〕御史〔二一〕，職主文法；漢置中丞，總司按劾；故位在（摯）〔鷙〕擊〔二二〕，砥礪其氣，必使筆端振風，簡上凝霜者也〔二三〕。觀孔光之奏董賢，則實其姦回；路粹之奏孔融，則誣其釁惡。名儒之與險士，固殊心焉。若夫傅（盛）〔咸〕（勁直）〔果勁〕〔二四〕，而按辭堅深；劉隗切正，而劾文闊略，各其志也。後之彈事，迭相斟酌，惟新日用，而舊準弗差。然函人欲全，矢人欲傷，術在糾惡，勢必深峭。《詩》刺讒人，投畀豺虎；《禮》（嫉）〔疾〕無禮〔二五〕，方之（鵶）〔鸚〕猩〔二六〕；墨翟非儒，目以（豕）〔羊〕彘〔二七〕；孟軻譏墨，比諸禽獸：《詩》《禮》儒墨，既其如兹，奏劾嚴文，孰云能免！是以（世人）〔近世〕爲文〔二八〕，競於詆訶，吹毛取瑕，次骨爲戾，復似善罵，多失折衷。若能（闢）〔辟〕禮門以懸規〔二九〕，標義路以植矩，然後踰垣者折肱，捷徑者滅趾，何必躁言醜句，（話）〔詬〕病爲切哉〔三〇〕！是以立範運衡，宜明體要；必使理有典刑，辭有風軌，總法家之（式）〔裁〕〔三一〕，秉儒家之文，不畏强禦，氣流墨中，無縱詭隨，聲動簡外，乃稱絶席之雄，直方之舉（耳）〔也〕〔三二〕。

啟者，開也。高宗云：「啟乃心，沃朕心。」（取）〔蓋〕其義也〔三三〕。孝景諱啟，故兩漢無稱。至魏國箋記，（如）〔始〕云「啟聞」〔三四〕。奏事之末，或〔云〕「謹（密）啟」〔三五〕。自晉來盛啟，用［兼］表奏〔三六〕。陳政言事，既奏之異條；讓爵謝恩，亦表之别幹。必斂徹入規，［促］其音節〔三七〕，辨要輕清，文而不侈，［亦］啟之大略也〔三八〕。

又表奏确切，號爲「讜言」。讜者，〔正〕偏也〔三九〕。王［道］有偏〔四〇〕，乖乎蕩蕩，〔矯正〕其偏〔四一〕，故曰讜言也。孝成稱班伯之讜言，〔言〕貴直也〔四二〕。自漢置八（儀）〔能〕〔四三〕，密奏陰陽，皂囊封板，故曰「封事」。晁錯受《書》，還（士）〔上〕「便宜」〔四四〕。後代「便宜」，多附封事，慎機密也。夫王臣匪躬，必［吐］謇諤〔四五〕，事［舉］人存〔四六〕，故無待泛説也。

贊曰：皂(飭)〔飾〕司直〔四七〕，肅清風禁。筆鋭干將，墨含淳酖。雖有次骨，無或膚浸。獻政陳宜，事必(任勝)〔勝任〕〔四八〕。

校記

〔一〕昔唐虞之臣敷奏以言秦漢之輔上書稱奏　《訓故》「臣」作「世」，下雙行小字：「一作臣」；「輔」作「朝」，下雙行小字：「一作輔。」

〔二〕劾僣謬　「僣」，《御覽》作「愆」。○楊明照《拾遺》：「按《史記·三王世家》『(齊王策)厥有僁不臧』，《漢書·武五子傳》作『愆』。《廣韻·二仙》：『愆，過也。』僁，俗。元本、弘治本等作『僣』，蓋由『僁』致誤。《史傳篇》『徵賄鬻筆之愆』，《御覽》六百四、《史略》五引作『僁』。是此處或原作『僁』也。」○按：作「愆」是。從《御覽》改。

〔三〕敷於下情進於上也　黃本在「敷」上有「言」字。○王利器《文心雕龍校證》：「『言』字原脱，謝補。」○按：「言」字當有，據黃本補。

〔四〕觀王綰之奏勳〔德〕　「德」字漫漶，據《訓故》、黃本補。

〔五〕事略而意逕　「逕」，《御覽》作「誣」。○劉永濟《文心雕龍校釋》：「《御覽》五九四『逕』作『誣』。按斯（李斯）治驪山陵上書曰：『臣所將隸徒七十餘萬人，治驪山者，已深已極，鑿之不入，燒之不燓，叩之空空，如天下狀。』辭意近於虚飾，故舍人曰『事略而意誣』。似宜從《御覽》作『誣』。」○按：作「誣」是。從《御覽》改。

〔六〕政無膏〔潤〕　「潤」字殘佚，據《御覽》補。

〔七〕自漢來奏事或稱上疏儒雅繼踵殊采〔可〕觀　《訓故》、黃本作「自漢以來」。○按：有「以」字語勝，據黃本增。○「可」字殘佚，據《御覽》、《訓故》補。

〔八〕晁錯之兵卒　「卒」，《御覽》作「術」。○楊明照《拾遺》：「按《御覽》引作『術』，徐校（徐𤊹校『術』）是也。《漢書·晁錯傳》：『錯上言兵事曰……兩軍相爲表裏，各用其長技，衡加之以衆，此萬全之術也。』據此，則合作『術』字。」○按：從《御覽》改。

〔九〕王〔吉〕之觀禮　「吉」字殘佚；「觀」，《御覽》作「勸」。○楊明照《拾遺》：「按『勸』字是。《漢書》本傳上疏可諭。今本『觀』字非由『勸』之形近致誤，即涉上文而譌。」○按：「吉」字據《御覽》、《訓故》補；「觀」字亦從《御覽》、《訓故》改。

〔一〇〕辭亦[通]辭　「通」字殘佚；次「辭」字《御覽》作「辨」，《訓故》作「明」，黄本作「暢」。○楊明照《拾遺》：「按鈔本、倪本、鮑本《御覽》引作『辨』（宋本、活字本《御覽》作『辦』，乃『辨』之譌），則『辨』字是。」○按：「通」字據《御覽》、《訓故》補；次「辭」字從楊説改。

〔一一〕楊秉耿介[於]災異　「於」字殘佚，據《御覽》、《訓故》補。

〔一二〕張衡指摘於史[職]　「職」字殘佚，據《訓故》、黄本補。

〔一三〕甌毅考課　「甌」，《御覽》、《訓故》作「甄」。○楊明照《拾遺》：「『甄』，黄校云：『元作甌，朱改。』徐𤊹校『甄』。按《御覽》、《玉海》、《文通》八引作『甄』；《訓故》本、謝鈔本同。朱改是也。」○按：從《御覽》、《訓故》改。

〔一四〕晉氏多難災屯流移　諸本同；《御覽》作「晉氏多難世交屯夷」。楊明照《校註》：「按作『世交屯夷』是。《宋書·文帝紀》：『（文帝）答曰：皇運艱弊，數鍾屯夷。』又：『（元嘉十九年詔）而頻遘屯夷。』《南齊書·高帝紀》下『（建元元年詔）末路屯夷。』《文選》傅亮《爲宋公求加贈劉前軍表》：『臣契闊屯夷。』並其證。」○按：楊説是。從《御覽》改。

〔一五〕劉頌殷勒於時務　「勒」，《御覽》、《訓故》作「勤」。○按：作「勤」是，「勒」乃「勤」之形誤。從《御覽》、《訓故》改。

〔一六〕温嶠懇切於費役　「切」，《御覽》作「惻」。○詹鍈《義證》：「『懇惻』，謂誠懇痛切。《後漢書·黄瓊傳》：『瓊辭疾讓封六七上，言旨懇惻，乃許之。』」○按：作「惻」是。從《御覽》改。

〔一七〕並體國之志規矣　「志」，《御覽》作「忠」。○按：「志」無義，乃「忠」之形誤。從《御覽》改。

〔一八〕固以明允蔫誠爲本　「蔫」，《御覽》作「篤」。○按：「蔫」爲「篤」之誤字。從《御覽》改。

〔一九〕辨扸疎通爲首　「扸」，黄本作「析」。○按：作「析」是，從黄本改。

〔二〇〕繩愆紏繆　「紏」，黄本作「糾」。○按：「紏」，《類篇》：「絲黄色。」「糾」，《説文》：「繩三合也。」「紏」、「糾」義別，作「糾」是。從黄本改。

〔二一〕秦之御史　「之」，《御覽》作「有」。○楊明照《拾遺》：「按『有』字是。『之』蓋涉上而誤。」○按：從《御覽》改。

〔二二〕故位在摯擊　「摯」，《御覽》、《訓故》作「鷙」。○楊明照《拾遺》：「按《御覽》引作『鷙』，元明以來各本皆作『摯』；馮舒、何焯校爲『鷙』，黄氏從之，是也……此文所云『鷙擊』，即《春秋緯》《漢書》之『鷹隼擊』也。」○按：作「鷙」是，從

《御覽》、《訓故》改。

〔二三〕簡上凝霜者也　「上」，《御覽》、《訓故》同。按：作「上」是，另本作「土」爲「上」之形誤。

〔二四〕若夫傅盛勁直　《御覽》作「若夫傅咸果勁」。《訓故》「盛」作「咸」。○楊明照《拾遺》：「按作『果勁』是。『果』謂果敢，『勁』謂勁直。孫盛《晉陽秋》：『司隸校尉傅咸，勁直正厲，果於從政，先後彈奏百寮，王戎多不見從。』正以『果』與『勁』二者並言。《山公啟事》：『孔顥有才能，果勁不撓，宜爲御史中丞。』則直以『果勁』連文矣。」○按：「盛」乃「咸」之誤；「勁直」當作「果勁」。並從《御覽》改。

〔二五〕禮嫉無禮　「嫉」，《御覽》作「疾」。○按：「嫉」不辭，作「疾」是。從《御覽》改。

〔二六〕方之鶵猩　「鶵」，《御覽》、《訓故》作「鸚」。○按：作「鸚」是。黄叔琳註引《禮記・曲禮（上）》：「鸚鵡能言，不離飛鳥；猩猩能言，不離禽獸。今人而無禮，雖能言，不亦禽獸之心乎！」即「鸚猩」所本。今從《御覽》、《訓故》改。

〔二七〕目以豕彘　「豕」，《御覽》作「羊」。○王利器《文心雕龍校證》：「『羊』原作『豕』，《御覽》作『羊』。案《墨子・非儒下》：『貪於飲食，惰於作務，陷於饑寒，危於凍餒，無以違之，是若乞人，鼸鼠藏而羝羊視，賁彘起。』正以『羊彘』爲言，今據改。」○按：作「羊」是，從《御覽》改。

〔二八〕是以世人爲文　「世人」，《御覽》作「近世」。○楊明照《拾遺》：「按『世人』二字嫌泛，《御覽》所引是也。《宋書・荀伯子傳》：『（伯子）爲御史中丞，凡所奏劾，莫不深相謗毀，或延及祖禰，示其切直；又頗雜嘲戲，世人以此非之。』可資旁證。」○按：從《御覽》改。

〔二九〕若能闢禮門以懸規　「闢」，《御覽》作「辟」。○按：「辟」，开也；「辟禮門」與下「標義路」相對成文。作「辟」是，從《御覽》改。

〔三〇〕話病爲切哉　「話」，《御覽》、《訓故》作「詬」。○楊明照《拾遺》：「『詬』，黄校云：『元作話，謝改。』按《御覽》引作『詬』；元本……別解本同。謝改是也。《禮記・儒行》：『常以儒相詬病。』……《文選・晉紀總論》：『蓋共嗤點以爲灰塵而相詬病矣。』並以『詬病』爲言。」○按：作「詬」是，「話」爲「詬」之形誤。從《御覽》、《訓故》改。

〔三一〕總法家之式　「式」，《御覽》作「裁」。○楊明照《拾遺》：「按《史記・自序》：『（司馬談《論六家要旨》）法家不別親疏，不殊貴賤，一斷於法。』據此，則作『裁』是。」○按：從《御覽》改。

〔三二〕直方之舉耳　「耳」，《御覽》作「也」。○楊明照《拾遺》：「『耳』，黄校云：『一作也。』何焯改『也』。按《御覽》引作

『也』;《玉海》同。何改是。」○按:作「也」語勝。從《御覽》改。

〔三三〕高宗云啟乃心沃朕心取其義也　「取」,《御覽》作「蓋」。○劉永濟《文心雕龍校釋》:「《御覽》『取』作『蓋』,是。」○按:從《御覽》改。

〔三四〕如云啟聞　「如」,《御覽》、《訓故》作「始」。○王利器《文心雕龍校證》:「『始』原作『如』,徐校本,何校本,黄註本改作『始』。案《御覽》正作『始』。」○按:作「始」是,從《御覽》、《訓故》改。

〔三五〕奏事之末或謹密啟　《御覽》在「或」下有「云」字;「謹」下無「密」字。《訓故》「謹」作「[謹]」。○王利器《文心雕龍校證》:「『或云謹啟』原作『或謹密啟』,徐校本、何校本、黄註本改作『或云謹啟』。案《御覽》正作『或云謹啟』。」○按:「云」字當有,「密」字當删,今據《御覽》補,删。

〔三六〕用〔兼〕表奏　「兼」字漫漶。今據《御覽》、《訓故》補。

〔三七〕必斂徹入規〔促〕其音節　「徹」,《訓故》作「轍」,黄本作「飭」,並註:「元作散。」王利器《校證》:「『飭』,元本、傳校元本、馮本、汪本、佘本、張之象本、兩京本、梅六次本、張松孫本、吴校本作『徹』,王惟儉本作『轍』,何允中本、日本活字本、梅本、凌本、陳本、鍾本、梁本、徐校本、清謹軒鈔本、日本刊本作『散』,黄本改作『飭』。」○李明高《文心雕龍譯讀》:「『轍』實爲『徹』字,音『轍』。『徹』,本義爲『車迹』……衆家隨黄本改作『飭』字,誤。」

〔三八〕〔亦〕啟之大略也　「亦」字漫漶,據《訓故》、黄本補。

〔三九〕讜者偏也　《訓故》、黄本同。○范文瀾《文心雕龍註》:「此言『讜者偏也』,疑有脱字,似當云『讜者,正偏也』。《書·洪範》:『無偏無黨,王道蕩蕩。』」○楊明照《拾遺》:「作『正偏』似與下『王道有偏,乖乎蕩蕩』不應,疑當作『無偏』。」○按:「讜」之義爲正直,「讜言」就是正直的話。「正偏」「無偏」義近。「正偏」與下「矯正其偏,故曰讜言也」亦相應。若作「無偏」,則又不應矣(祖保泉《文心雕龍解説》因此又改「矯正其偏」作「其言無偏」)。「正」、「無」於此均通。姑從范註補。

〔四〇〕王〔道〕有偏　「道」字漫漶,據《訓故》、黄本補。

〔四一〕乖乎蕩蕩其偏　黄本同。《訓故》在「蕩蕩」下有兩空圍,作「蕩蕩□□」。○王利器《文心雕龍校證》:「何校云:『其偏上當有闕文。』謝、徐校『蕩蕩』下補『矯正』二字,王惟儉本空白二字。黄本於『蕩蕩』下註云:『下有脱字。』今據謝補。」○按:從王説,據謝補。

〔四二〕貴直也　《義證》作「言貴直也」。○王利器《文心雕龍校證》：「『貴』上『言』字今補。蓋原作小＝，誤奪之。《樂府篇》『故陳思稱李延年閑於增損古辭，多者則宜減之，明貴約也。』《封禪篇》『《録圖》曰：潬潬噅噅，棼棼雉雉，萬物盡化。言至德所被也。』句法與此同。」○按：從王説補。

〔四三〕自漢置八儀　「儀」，《訓故》、黄本同。○范文瀾註：「『八儀』疑當作『八能』。《後漢書·續禮儀志》『正德曰八能士，各言事。八能士，各書板言，曰：臣某言，今月若干日甲乙日冬至黄鍾之音調，君道得，孝道褒。商臣角民徵事羽各一板。否則召太史令，各板書，封以皂囊，送西陛跪授尚書。』章懷註引《樂叶圖徵》曰『夫聖人之作樂，不可以自娱也，所以觀得失之效者也。故聖人不取備於一人，必從八能之士。……八能之士，常以日冬至成天文，日夏至成地理，作陰樂以成天文，作陽樂以成地理。』」○按：范説有理，當據《後漢書》改。

〔四四〕還士便宜　「士」，《訓故》、黄本作「上」。○王利器《文心雕龍校證》：「元本……吴校本『上』誤『士』，徐校『上』。」○按：「士」無義，作「上」是。從《訓故》、黄本改。

〔四五〕必〔吐〕謇諤　「吐」字漫漶，據《訓故》、黄本補。

〔四六〕事〔舉〕人存　「舉」字漫漶，據《訓故》、黄本補。

〔四七〕皂飭司直　「飭」，《義證》作「飾」。○(王利器)《文心雕龍校證》：「『飾』原作『飭』，黄丕烈云：『活字本作飾。』今據改。皂飾乃司直之服飾。」○按：元刻本作「飭」。今從《義證》改。

〔四八〕事必任勝　「任勝」，《訓故》、黄本作「勝任」。○王利器《文心雕龍校證》：「『勝任』，馮本誤『任勝』。」○按：「任勝」乃「勝任」之誤倒，今從《訓故》、黄本乙。

＊《訓故》篇末註：校十三字。

議對第二十四

「周爰(諮)〔咨〕謀」〔一〕，是謂爲議。議之言宜，審事宜也。《易》之《節卦》：「君子以制(度數)〔數度〕〔二〕，議德行。」《周書》曰：「議事以制，政乃弗迷。」議貴節制，經典之體也。

昔管仲稱軒轅有「明臺之議」，則其來遠矣。洪水之難，堯咨四岳，(宅)〔百〕揆之舉，舜疇五(人)〔臣〕〔三〕。三代所興，詢及(蒭)〔芻〕蕘〔四〕。《春秋》釋宋，魯(桓)〔僖〕(務)〔預〕議〔五〕。及趙靈胡服，而季父爭論；商鞅變法，而甘龍交(辨)〔辯〕〔六〕：雖憲章無算，而同異(之)〔足〕觀〔七〕。迄(今)〔至〕有漢〔八〕，始立(駮)〔駁〕議〔九〕。駁者，雜也，雜議不純，故曰駁也。自兩漢文明，楷式照備，藹藹多士，「發言盈庭」；若賈誼之遍代諸生，可謂捷於議也。至如(主父)〔吾丘〕之駁挾弓〔一〇〕，安國之(辨)〔辯〕匈奴，賈捐之〔之〕陳於朱崖，劉歆〔之〕(辨)〔辯〕於祖宗〔一一〕：雖質文不同，得事要矣。若乃張敏之斷輕侮，郭躬之議擅誅，程曉之駮校事，司馬芝之議貨錢，何曾蠲出女之科，秦秀定賈充之謚：事實允當，可謂達議體矣。漢世善駁，則應劭爲首；晉代能議，則傅咸爲宗。然仲瑗博古，而銓貫以叙；長虞識治，而屬辭枝繁；及陸機斷議，亦有鋒穎，而腴辭弗翦，頗累文骨：亦各有美，風格存焉。

夫動先擬議，明用稽疑，所以敬慎羣務，弛張治術。故其大體所資，必樞紐經典，採故實於前代，觀通變於當今；理不謬搖其枝，字不妄舒其藻。(文)〔又〕郊祀必洞於禮〔一二〕，戎事〔宜〕練於兵〔一三〕，(佃)〔田〕穀先曉於農〔一四〕，斷訟務精於律；然後標以顯義，約以正辭，文以辨潔爲能，不以繁縟爲巧；事以明覈爲美，不以(深)〔環〕隱爲奇〔一五〕：此綱領之大要也。若不達政體，而舞筆弄文，支離(搆)〔構〕辭〔一六〕，穿鑿會巧，(功)空騁其華〔一七〕，固爲事實所擯；設得其理，亦爲遊辭所埋。昔秦女嫁晉，從文衣之媵(者)〔一八〕，晉人貴媵而賤女；楚珠鬻鄭，爲薰桂之櫝，鄭人買櫝而還珠。若文浮於理，末勝其本，則秦女楚珠，復(在)〔存〕於兹矣〔一九〕。

又對策者，應詔而陳政也；射策者，探事而獻説也。言中理準，譬射侯中的；二名雖殊，即議之別體也。古之造士，選事考言。漢文中年，始舉賢良，晁錯對策，蔚爲舉首；及孝武益明，旁求俊乂，對策者以第一登庸，射策者以甲科入仕；斯固選賢要術也。觀晁氏之《對》，驗古〔明〕今〔二〇〕，辭裁以辨，事通而贍，超升「高第」，信有徵矣。仲舒之《對》，祖述《春秋》，本陰陽之化，究列代之變，煩而不慁者，事理明也。公孫之《對》，簡而未博，然總要以約文，事切而情舉，所以太常居下，而天子擢上也。杜(欽)〔欽〕之《對》〔二一〕，略而指事，辭以治宣，不爲文作。及後漢魯（平）〔丕〕〔二二〕，辭氣質素，以〔二三〕「儒雅中策，獨入「高第」〔二四〕。凡此五家，並前代之明範也〔二五〕。魏晉已來，稍務文麗，以文紀實，所失已多。及其來選，又稱疾不會，雖欲求文，弗可得也。是以漢飲博士，而雉集乎堂；晉策秀才，而麏興於前，無他怪也，選失之異耳。

夫駁議偏辨，各執異見；對策揄揚，大明治道。使事深於政術，理密於時務，酌「三五」以鎔世，而非迂緩之高談；馭權變以拯俗，而非刻薄之僞論；風恢恢而能遠，流洋洋而不溢，王庭之美對也。難矣哉，士之爲才也！或練治而寡文，或工文而疏治。對策所選，實屬通才，志足文遠，不其鮮歟！

贊曰：議惟疇政，名實相課。斷理必（綱）〔剛〕〔二六〕，摛辭無懦。對策王庭，同時酌和。治體高秉〔二七〕，雅謨遠播。

校　記

〔一〕周爰諮謀　「諮」，《御覽》作「咨」。○楊明照《拾遺》：「按《詩·小雅·皇皇者華》：『載馳載驅，周爰咨謀。』毛傳：『忠信爲周，訪問於善爲咨，咨事之難易爲謀。』鄭箋：『爰，於也。』此舍人所本……當依《御覽》作『咨』，始與《詩》合。以下文『堯咨四岳』及《書記篇》『短牒咨謀』驗之，此必原作『咨』也。」○按：楊説是，從《御覽》改。

〔二〕君子以制度數　《御覽》同。○楊明照《拾遺》：「『度數』，活字本《御覽》引作『數度』。按作『數度』始與《易》合。前《詔策篇》亦誤倒。」○按：《易·節卦》：「象曰：澤上有水，節，君子以制數度，議德行。」今從楊説據活字本《御覽》改。

〔三〕宅揆之舉舜疇五人　《御覽》「宅」作「百」；「人」作「臣」。○楊明照《拾遺》：「按『百』『臣』二字並是。『百揆』與上『洪水』對。《論語·泰伯》：『舜有臣五人，而天下治。』《集解》引孔曰：『禹、稷、契、皋陶、伯益也。』」○按：從《御覽》改。

〔四〕詢及蒭蕘　「蒭」，《御覽》作「芻」。○楊明照《拾遺》：「按《詩·大雅·板》：『先民有言，詢於芻蕘。』不作『蒭』。『芻』已從屮，不必再加屮頭也。」○按：從《御覽》改。下同，不贅。

〔五〕魯桓務議　《義證》作「魯僖預議」。○楊明照《拾遺》：「按當作『魯僖預議』，始與《公羊傳》僖公二十二年合。惠棟

《九曜齋筆記》卷一)、錢大昕(《十駕齋養新録》卷十)、陳鱣(手校本《文心》)並有説。」○按：從《義證》改。又：至正本「桓」缺末筆作「桓」，此避宋諱之殘跡。

〔六〕而甘龍交辨　「辨」，《御覽》作「辯」。○詹鍈《義證》引李曰剛《文心雕龍斠詮》：「(辨、辯)字屬古通，但此篇論議對，以從言者爲正。」按：李説是，從《御覽》改。

〔七〕而同異之觀　「之」，《御覽》、《訓故》作「足」。○按：作「足」是，從《御覽》、《訓故》改。

〔八〕迄今有漢　「今」，《御覽》作「至」，《訓故》作「今」。○王利器《文心雕龍校證》：「『至』原作『今』，梅六次本改，徐校同。案《御覽》正作『至』。」○按：彦和身處齊梁，指「有漢」而云「今」，於理不合，作「至」是，從《御覽》改。

〔九〕始立駮議　「駮」，《訓故》作「駁」。○按：范文瀾《文心雕龍註》云：「駁、駮二字義絶異。駁議之駁，不應混作駮。」下文「駁者，雜也，雜議不純，故曰駁也」，足證作「駁」是。今從《訓故》改。

〔一〇〕如主父之駁挾弓　「主父」，《義證》作「吾丘」。○詹鍈《義證》：「『吾丘』原作『主父』，黄校：『當作吾丘。』顧校作『吾丘』。(王利器)《校證》：『按吾丘壽王駁挾弓事，見《漢書》本傳，黄、顧校是，今據改。』」○按：從《義證》改。

〔一一〕賈捐之陳于朱崖劉歆辨於祖宗　《訓故》、黄本在「賈捐之」下和「劉歆」下並有「之」字。○按：有兩「之」字較勝。上有「吾丘之駁挾弓，安國之辨匈奴」，下有「張敏之斷輕侮，郭躬之議擅誅……」，有「之」字句法一律。今據《訓故》、黄本增。

〔一二〕文郊祀必洞於禮　「文」，《訓故》、黄本作「又」。○王利器《文心雕龍校證》：「『又』元本、傳校元本……謝鈔本作『文』，誤，徐校作『又』。」○按：「文」不辭，作「又」是。從《訓故》、《御覽》改。

〔一三〕戎事練於兵　《御覽》在「戎事」下有「宜」字；《訓故》有「□」；黄本作「必」。○王利器《文心雕龍校證》：「『必』，謝校云：『一作要。』何校作『宜』。案《御覽》作『宜』，王惟儉本作『□』，馮本、謝鈔本無此字。」○按：作「宜」是，與上句「必」對。據《御覽》增。

〔一四〕佃谷先曉於農　「佃」，《御覽》、《訓故》作「田」。○詹鍈《義證》引張立齋《文心雕龍考異》：「『田』、『佃』、『畋』古通。」○按：「田」、「佃」古雖通，但以「田」爲正。今從《御覽》、《訓故》改。

〔一五〕不以深隱爲奇　「深」，《御覽》作「環」。○王利器《文心雕龍校證》：「『環』原作『深』，今據《御覽》改。『環』爲彦和習用字。」○按：從《御覽》改。

〔一六〕支離搆辭　「搆」，黄本作「構」。○按：作「構」是。「木」之作「扌」已見前校。從黄本改。

〔一七〕功空騁其華　《御覽》無「功」字。○王利器《文心雕龍校證》：「『空』上馮本、汪本、《兩京》本有『功』字，徐校『功』作『乃』，梅本……《崇文》本有『苟』字，馮校云：『功，謝作苟，《御覽》無。』」○按：「舞筆弄文，支離構辭，穿鑿會巧，空騁其華」皆以四言爲句，「功」字衍。據《御覽》删。

〔一八〕從文衣之媵者　《御覽》無「者」字。○按：《韓非子·外儲説左上》：「楚王謂田鳩曰：『昔秦伯嫁其女於晉公子，令秦爲之飾裝，從文衣之媵七十人……』」「者」字不必有，據《御覽》删。

〔一九〕復在於茲矣　「在」，《御覽》作「存」。○楊明照《拾遺》：「按『在』『存』二字形近，每易淆混。此當以作『存』爲是。《曹子建文集·求通親表》：『則古人之所嘆，風雅之所詠，復存於聖世矣。』《文選》王儉《褚淵碑文》：『裴楷清通，王戎簡要，復存於茲。』句法並與此同，可證。」○按：從《御覽》改。

〔二〇〕驗古今　《義證》作「驗古明今」。○詹鍈《義證》引（王利器）《校證》：「『驗古明今』，元本……謝鈔本、吴校本作『驗古今』……《玉海》作『驗古明今』。案《玉海》是。《奏啟篇》云：『酌古御今。』《事類篇》云：『援古證今。』句法正同，今據補正。」○按：據《義證》增。

〔二一〕杜鈙之對　「鈙」，《訓故》、黄本作「欽」。○按：作「欽」是，「鈙」爲「欽」之形誤。《漢書·杜欽傳》：「杜欽字子真，京兆人。」今從《訓故》、黄本改。

〔二二〕及後漢魯平　「平」，黄本作「丕」。○楊明照《拾遺》：「『丕』，黄校云：『元作平，朱改。』顧廣圻云：『平之誤也。』按顧説是。《三國志·吴志·闞澤傳》裴註引《吴録》曰：『以字言之，不十爲丕。』《玉篇·一部》：『丕，或作平。』《五經文字》：『丕，石經作丕。』此蓋原作『魯丕』，後因誤『丕』爲『平』耳。」○按：《後漢書·魯丕傳》：「丕字叔陵，兼通《五經》，爲當世名儒。」今從黄本改。

〔二三〕辭氣質素以　按：底本卷五第九頁全佚。自「以」字下起至篇末，據黄本補。

〔二四〕獨入高第　「獨」，《訓故》作「以」。

〔二五〕並前代之明範也　《訓故》「前」作「明」，「明」作「明」。

〔二六〕斷理必綱　「綱」（黄本）作「剛」。○詹鍈《義證》引黄侃《文心雕龍札記》：「此句與下句一意相足，云擒辭無懦，則此『綱』字爲『剛』字之訛。《檄移篇》贊『三驅馳剛』，彼文本作『網』，訛爲『綱』，又訛爲『剛』；此則『剛』反訛『綱』。

矣」○按：作「剛」是，從黄説改。

〔二七〕治體高秉　《訓故》「治」誤「洽」。

*《訓故》篇末註：校十四字。

書記第二十五〔一〕

大舜云：「書用識哉！」所以記時事也。蓋聖賢言辭，總爲之書，書之爲體〔二〕，主言者也。楊雄曰：「言，心聲也；書，心畫也。聲畫形，君子小人見矣。」故書者，舒也。舒布其言，（陳）〔染〕之簡牘，取象（於）〔乎〕《夬》〔四〕，貴在明決而已。

三代政暇，文翰頗疏。春秋聘繁，書介彌盛。繞朝贈士會以策，子家與趙宣以書，巫臣之（遺）〔責〕子反〔五〕，子産之諫范宣，詳觀四〕書，辭若對面。又子（服）〔叔〕敬叔〔六〕，進弔書於滕君，固知行人挈辭，多被翰墨矣。及七國獻書，詭麗輻（奏）〔湊〕；漢來筆（扎）〔札〕〔七〕，辭氣紛紜。觀史遷之《報任安》，東方（朔）之《（難）〔謁〕公孫》〔八〕，楊惲之《酬會宗》，子雲之《答劉歆》，志氣（槃）〔盤〕桓〔九〕，各含殊采；並杼軸乎尺素，抑揚乎寸心。逮後漢書記，則崔瑗尤善。魏之元瑜，號稱「翩翩」；文舉屬章，半簡必録；休璉好事，留意辭翰，抑其次也。嵇康《絶交》，實志高而文偉矣；趙至《贈離》，迺少年之激（切）〔昂〕也〔一〇〕。至如陳遵占辭，百封各意；禰衡代書，親疏得宜：斯又尺牘之偏才也。

詳總書體，本在盡言，（言）〔所〕以散鬱陶〔一一〕，託風采，故宜條暢以任氣，優柔以懌懷；文明從容，亦心聲之獻酬也。若夫尊貴差序，則肅以節文。戰國以前，君臣同書，秦漢立儀，始有表奏；王公國内，亦稱奏書，張敞奏書於膠后，其〔辭〕義美矣〔一二〕。迄至後漢，稍有名品，公府奏記，而郡將（奏）〔奉〕牋〔一三〕。記之言志，進（巳）〔己〕志也〔一四〕。牋者，表也，（識表）〔表識〕其情也〔一五〕。崔寔奏記於公府，則崇讓之德音矣；黄香奏牋於江夏，亦肅恭之遺式矣。公幹牋記，〔文〕麗而規益〔一六〕，子桓弗論，故世所共遺；若略名取實，則有美於爲詩矣。劉廙謝恩，喻切以至；陸機自理，情周而巧，箋之（爲）善者也〔一七〕。原箋記之爲式，既上窺乎表，亦下睨乎書，使敬而不懾，簡而無傲，清美以惠其才，彪蔚（其文□）〔以文其〕響〔一八〕，蓋箋記之分也。

夫書記廣大，衣被事體，筆劄雜名，古今多品。是以總領黎庶，則有譜、籍、簿、録；醫歷星筮，則有方、術、占、（試）〔式〕；申憲述兵，則有律、（命）〔令〕、法、制〔一九〕；朝市徵信，則有符、契、券、疏；百官詢事，則有關、刺、解、牒；萬民達志，則有狀、列、辭、諺：並述理於心，著言於翰，雖藝文之末品，而政事之先務也。

故謂譜者，［普］也〔二〇〕。注序世統，事資周普；鄭氏譜《詩》，蓋取乎此。

［籍］者，借也〔二一〕。歲借民力，條之於版；《春秋》司籍，即其事也。

簿者，［圃］也〔二二〕。草木區別，文書類聚；張湯、李廣，爲吏所（薄）〔簿〕〔二三〕，别情僞也。

録者，領也。古史《世本》，編以簡策，領其名數，故曰録也。

方者，隅也。醫藥攻病，各有所主，專精一隅，故藥術稱方。

術者，路也。算歷極數，見路乃明。《九章》積（徵）〔微〕，故〔稱〕爲術〔二四〕；淮南《萬畢》，皆其類也。

占者，覘也。星辰飛伏，伺候乃見，（精）〔登〕觀書雲〔二五〕，故曰占也。

式〔者〕，則也〔二六〕。陰陽盈虚，五行消息，變雖不常，而稽之有則也。

律者，中也。黄鐘調起，五音以正。（音以正）法律馭民〔二七〕，八（形）〔刑〕克平〔二八〕，以律爲名，取中正也。

令者，命也。出命（甲）〔申〕禁〔二九〕，有若自天。管仲下（命）〔令〕如流水〔三〇〕，使民從也。

法者，象也。兵謀無方，而奇正有象，故曰法也。

制者，裁也。上行於下，匠之制器也。

符者，（厚）〔孚〕也〔三一〕。徵召防僞，事資中孚；三代（王）〔玉〕瑞〔三二〕，漢世金竹，末代從省，易以書翰矣。

契者，結也。上古純質，結繩執契；今羌胡徵數，負販記緡，其遺風歟！

券者，束也。明白約束，以備情僞，字形半分，故周稱「判書」。古有鐵券，以堅信誓；王褒「髯奴」，則券之（楷）〔諧〕也〔三三〕。

疏者，布也。布置物〔類〕〔三四〕，撮題近意，故小券短書，號爲疏也。

關者，閉也。出入由門，關閉（由）〔當〕審〔三五〕；庶務在政，通塞應詳。韓非云：「孫亶（四）〔回〕〔三六〕，聖相也，而關於州部。」蓋謂此也。

刺者，達也。詩人諷刺，《周禮》三刺，事叙相達，若針之通結矣。

解者，釋也。解釋結滯，徵事以對也。

牒者，葉也。短簡編牒，如葉在枝；温舒截蒲，即其事也。議政未定，故短牒咨謀。牒之尤密，謂之爲籤；籤者，（籤）〔纖〕密者也〔三七〕。

狀者，貌也。（禮）〔體〕貌本原〔三八〕，取其事實，先賢表謚，並有行狀，狀之大者也。

列〔者〕，陳也〔三九〕。陳列事情，昭然可見也。

辭者，舌端之文，通己於人；子産有辭，諸侯所賴，不可已也。

諺者，直語也。喪言亦不及（交）〔文〕〔四〇〕，故弔亦稱諺。廛路淺言，有實無華。鄒穆公云：「囊漏儲中。」皆其類也。《（太）〔牧〕誓》〔曰〕〔四一〕：「古人有言，牝鷄無晨。」《大雅》云：「人亦有言」，「惟憂用老。」並上古遺諺，《詩》《書》（可）〔所〕引者也〔四二〕。至於陳琳諫辭，稱「掩目捕雀」，潘岳哀辭，稱「掌珠」「伉儷」，並引俗説而爲文辭者也。夫文辭鄙俚，莫過於諺，而聖賢《詩》《書》，採以爲談，況逾於此，豈可忽哉！

觀此（四）〔衆〕條〔四三〕，並書記所總：或事本相通，而文意各異，或全任質素，或雜用文綺，隨事立體，貴乎精要；意少一字則義闕，句長一言則辭妨，並有司之實務，而浮藻之所忽也〔四四〕。然才冠鴻筆，多疎尺牘，譬九方堙之識駿足，而不知毛色牝牡也。言既身文，信亦邦瑞，翰林之士，（恩）〔思〕理實焉〔四五〕。

贊曰：文藻條流，託在筆（扎）〔札〕〔四六〕。既馳金相，亦運木訥。萬古聲薦，千里應拔。庶務紛綸，因書乃察。

校記

〔一〕本篇自篇題起，迄「子産之諫范宣詳觀四書」的「四」字止，全部殘佚，此段文字，據黃本補。但所佚正文計六行，每行二十字，應爲一百二十字；而黃本文字僅一百十八字，有二字之差。

〔二〕總爲之書書之爲體　《訓故》兩「書」並作「尚書」，無上「之」字。

〔三〕君子小人見矣　《訓故》「見」作「可見」。

〔四〕陳之簡牘取象於夬　「陳」，黃本、《御覽》作「染」。○楊明照《拾遺》：「按『染』字是。《陶淵明集・感士不遇賦》：『此古人所以染翰慷慨。』又《閑情賦序》：『復染翰爲之。』《文選》《潘岳秋興賦序》『於是染翰操紙，慨然而賦。』……蕭統《文選・序》：『飛文染翰。』可證『染』字爲六朝文士所習用。」○按：從《御覽》改。○「於」，《御覽》作「乎」。○楊明照《拾遺》：「按元明各本亦皆作『乎』，與《御覽》同。可見『於』字爲黃氏誤判。」○按：楊説是。從《御覽》改。

〔五〕巫臣之遺子反　「遺」，《御覽》作「責」。○楊明照《拾遺》：「按書中有『爾以讒慝貪惏事君，而多殺不辜』之語，作『責』較勝。」○按：從楊説，據《御覽》改。

〔六〕又子服敬叔　「子服」，《義證》作「子叔」。○詹鍈《義證》：「『子叔敬叔』原作『子服敬叔』。范（文瀾）註：『《禮記・檀弓》下：滕成公之喪，（魯）使子叔敬叔弔，進書，子服惠伯爲介。鄭注：進書，奉君弔書。此文子服敬叔應改爲子叔敬叔，子爲男子通稱，叔是其氏，敬叔其謚也。子服惠伯是副使，非奉君弔書者。』子叔敬叔即魯大夫叔弓，謚敬子。」○按：作「子叔」是，從《義證》改。

〔七〕詭麗輻奏漢來筆扎　「奏」，《御覽》作「湊」。○楊明照《拾遺》：「按『湊』字是。《説文・水部》：『湊，水上人所會也。』又《車部》：『轂，輻所湊也。』『輳』乃俗體，當以作『湊』爲正。」○按：「奏」或是「湊」之殘誤。從《御覽》改。○「扎」，《御覽》作「札」。○按：《説文》：「札，牒也。」《集韻》：「扎，拔也。」「札」、「扎」義異。當作「札」，從《御覽》改。

〔八〕東方朔之難公孫　《御覽》無「朔」字；「難」作「謁」。○楊明照《拾遺》：「按《御覽》所引是也。此云『東方』，與上句之『史遷』相儷。《諧隱篇》『於是東方枚皋』，亦止稱『東方』，與『枚皋』對。《梁書·文學下·伏挺傳》：『時僕射徐勉以疾假還宅，挺致書以覿其意，曰……近以蒲槧勿用，箋素多闕，聊效東方，獻書丞相。』所隸蓋爲一事。惜朔之謁書已佚，其詳不可得知耳。」○按：從楊說，據《御覽》删、改。

〔九〕志氣槃桓　「槃」，《御覽》作「盤」。○楊明照《拾遺》：「按以《頌贊篇》『盤桓乎數韻之辭』例之，作『盤』前後一律。」○按：從《御覽》改。

〔一〇〕乃少年之激切也　「切」，《御覽》作「昂」。○楊明照《拾遺》：「按『昂』字是。『昂』，古作『卬』，『切』乃『卬』之誤。」○按：從《御覽》改。

〔一一〕言以散鬱陶　「言」，《御覽》作「所」。○楊明照《拾遺》：「按『所』字是。『言』乃涉上句而誤。」○按：從《御覽》改。

〔一二〕其義美矣　《御覽》作「其辭義美矣」。○楊明照《拾遺》：「按《原道篇》『彪炳辭義』，《詔策篇》『辭義多偉』，《才略篇》『辭義温雅』，並以『辭義』爲言。此當據補『辭』字，文意始完備。」○按：據《御覽》補。

〔一三〕而郡將奏箋　「奏」，《御覽》作「奉」。○楊明照《拾遺》：「按公府曰『奏記』，郡將曰『奉箋』，正示其名品之異。《御覽》所引是也……《宋書·孔覬傳》：『轉署（衡陽王義季）記室，奉箋固辭』。是『郡將奉箋』，魏宋之世猶然。」○按：從《御覽》改。

〔一四〕進巳志也　「巳」，黄本作「己」。○按：「巳」「己」義别，作「己」是。從黄本改。

〔一五〕識表其情也　「識表」，黄本作「表識」。○楊明照《拾遺》：「按《説文》：『箋，表識書也。』此舍人説所本。當以作『表識』爲是。」○按：從黄本改。

〔一六〕公幹箋記麗而規益　《御覽》在「麗」字前有「文」字。○楊明照《拾遺》：「按有『文』字，辭氣較勝。」○按：據《御覽》補。

〔一七〕箋之爲善者也　《御覽》無「爲」字。○楊明照《拾遺》：「按『爲』字於此實不應有，蓋寫者涉下句而衍。當據删。」○按：從楊説，據《御覽》删。

〔一八〕彪蔚其文□響　「其文□（墨釘）響」，《御覽》、《訓故》作「以文其響」。○詹鍈《義證》：「《古今文綜》第二部第一編『書牘』類第六章『箋』類説『箋』就是指的『牋記』，並解釋説：『大抵古者自敵以上，此體爲宜，後世亦遂施之儕輩矣。茲本彥和之説，約以今名，析爲兩目：一曰陳述，敬而不懾，簡而無傲，庶幾上窺乎表者也；一曰議論，清美以惠其才，彪蔚以文其響，庶幾下睨乎書者也。」按「惠」通「慧」。《原道篇》：「虎豹以炳蔚凝姿。」○按：今從《御覽》、《訓故》改、補。

〔一九〕醫歷星筮則有方術占試申憲述兵則有律命法制　「試」，《訓故》作「式」。○王利器《文心雕龍校證》：「『式』，原作『試』，馮校云：『試當作式。』何校云：『試一作式。』顧校作『式』。案馮、顧校是。王惟儉本正作『式』，下文亦作『式』，今據改。」○按：王説是，從《訓故》改。○「命」，黃本等作「令」。按：以下文「令者，命也」例，當作「令」，方與「律」、「法」、「制」等一律。從黃本改。

〔二〇〕故謂譜者［普］也　「普」字漫漶，據《訓故》、黃本補。

〔二一〕［籍］者借也　「籍」字漫漶，據《訓故》、黃本補。

〔二二〕簿者［圃］也　「圃」字漫漶，據《訓故》、黃本補。

〔二三〕爲吏所薄　「薄」，《訓故》、黃本作「簿」。○按：作「簿」是，從《訓故》、黃本改。

〔二四〕九章積徵故□爲術　《訓故》「□（墨釘）」作「稱」。黃本「徵」作「微」；「□（墨釘）」作「以」。○按：作「微」、作「稱」並是，「徵」爲「微」之形誤。今據黃本、《訓故》改、補。

〔二五〕精觀書云　「精」，《義證》作「登」。○詹鍈《義證》引楊明照《拾遺》：「按作『登』與《左傳》僖公五年合。《中論·歷數篇》：『人君親登觀台，以望氣而書雲物爲備者也。』亦可證。」○按：從《義證》改。

〔二六〕式則也　《訓故》、黃本作「式者則也」。○楊明照《拾遺》：「『者』，黃校云：『元脱。』張紹仁校沾『者』字。按有『者』字，始與上下各段合。」○按：楊説是，據《訓故》、黃本補。

〔二七〕音以正法律馭民　《訓故》、黃本無「音以正」三字。○王利器《文心雕龍校證》：「『五音以正』句下，原衍『音以正』三字，謝梅徐俱云：『三字衍。』王惟儉本無此三字，何校本、黃本删。」○按：「音以正」三字實多餘，今從《訓故》、黃本删。

〔二八〕八形克平　「形」，黃本作「刑」。○王利器《文心雕龍義證》：「『刑』，汪本、佘本、《兩京》本作『形』。謝云：『當作刑。』徐校作『辟』，梅六次本、何校本、張松孫本作『辟』。」○按：《周禮·大司徒》「以鄉八刑糾萬民」，作「刑」是，從黃本改。

〔二九〕出命甲禁　「甲」，《訓故》、黃本作「申」。○按：作「申」是。「甲」爲「申」之形誤。從《訓故》、黃本改。

〔三〇〕管仲下命如流水　「命」，黃本同。《訓故》作「令」。○楊明照《拾遺》：「『命』，黃校云：『一作令。』天啟梅本改『令』。馮舒云：『下命當作下令。』按作『令』始與《管子・牧民篇》及本段合。《訓故》本作『令』未誤」。○按：《管子・牧民篇》云：「下令如流水之原者，令順民心也。」作「令」是。今從《訓故》改。

〔三一〕符者厚也　「厚」，《御覽》、《訓故》作「孚」。○楊明照《拾遺》：「『孚』，黃校云：『元作厚，謝改。』按謝改是也。宋本……鮑本《御覽》五九八引，正作『孚』……《文選・序》：『書誓符檄之品』。張銑註：『符，孚也。徵召防僞，事資中孚。』文即襲此，亦可證。又按《易・雜卦傳》：『中孚，信也。』」○按：從《御覽》、《訓故》改。

〔三二〕三代王瑞　「王」，《御覽》、《訓故》作「玉」。○按：作「玉」是，「王」乃「玉」之形誤。從《御覽》、《訓故》改。

〔三三〕則券之楷也　「楷」，《御覽》作「諧」。○楊明照《拾遺》：「按『諧』字是。《諧隱篇》云：『諧之言皆也，辭淺會俗，皆悅笑也。』釋此正合。『則券之諧』，謂子淵《僮約》爲俳諧之券文也。《南齊書・文學傳論》：『王褒僮約，束皙發蒙，滑稽之流。』亦可作爲旁證。」○按：作「諧」是。從《御覽》改。

〔三四〕布置物〔類〕　「類」，本作墨釘，《訓故》作「情」，下雙行小字：「一作類。」黃本作「類」。從黃本補。

〔三五〕關閉由審　「由」，黃本作「當」。○按：「由」、「當」草書形近而誤，作「當」是。從黃本改。

〔三六〕孫亶四　「四」，《訓故》、黃本作「回」。○楊明照《拾遺》：「『回』，黃校云：『元作四，朱改。』按朱改是。何本、《訓故》本作『回』；《書記洞詮》、《文通》十六引同。」○按：孫亶回，即公孫亶回，顧廣圻《韓非子識誤》云：「《文心雕龍》引此云孫亶回，無公字，省耳。」今從《訓故》、黃本改。

〔三七〕簽者簽密者也　黃本次「簽」字作「纖」。○楊明照《拾遺》：「按『簽』字非是。徐𤊹校『纖』，天啟梅本改『纖』，黃氏從之是也。《明詩篇》『不求纖密之巧』，《詮賦篇》『言務纖密』，《指瑕篇》『或精思以纖密』，並以『纖密』連文，可證。」○按：作「纖」是，從黃本改。

〔三八〕禮貌本原　「禮」，《訓故》、黃本作「體」。○楊明照《拾遺》：「按『體』字是。佘本作『體』，《訓故》本作『體』；《文章辨體彙選》四八引同。」○按：作「體」是。從《訓故》、黃本改。

〔三九〕列陳也　《訓故》、黃本作「列者陳也」。○王利器《文心雕龍校證》：「馮本、汪本、佘本無『者』字，徐校補。」○按：「者」字當有，方能與各段一律。據《訓故》、黃本增。

〔四〇〕喪言亦不及交　「交」，《訓故》、黄本作「文」。○范文瀾《文心雕龍註》：「『文』元作『交』，誤。」○楊明照《拾遺》：「按《孝經・喪親》章：『子曰：孝子之喪親也……言不文。』舍人語意本此，當以作『文』爲是。《情采篇》：《孝經》垂典，喪言不文。」亦可證。何本、《訓故》本、謝鈔本作『文』不誤。」○按：作「文」是。從《訓故》、黄本改。

〔四一〕太誓　黄本作「太誓曰」。○周振甫《文心雕龍註釋》：「太，當作牧。《書・牧誓》：『（武）王曰：古人有言曰：牝（雌）鷄無晨（早上啼）。牝鷄之晨，惟家之索（盡）』。」○按：周説是；「曰」字亦當有。今從周註改，據黄本增。

〔四二〕詩書可引者也　「可」，黄本同。《訓故》作「所」。○范文瀾《文心雕龍註》：「『詩書可引』句，楊慎《古今諺》引作『詩書所引』。」○按：作「所」較勝，從《訓故》改。

〔四三〕觀此四條　「四」，《校證》作「衆」。○楊明照《拾遺》：「『四』，黄校云：『疑作數。』范文瀾云：『四條當作六條。』按『四』字固誤，然『數』『六』二字之形與『四』均不近，恐難致誤。疑原作『衆』，非舊本殘其下段，即寫者偶脱，故誤爲『四』耳。《檄移篇》：『凡此衆條』，句法與此同，可證。」○王利器《文心雕龍校證》：「案『四』乃『衆』之壞文，《檄移篇》『凡此衆條』、《銘箴篇》『詳觀衆例』、《樂府篇》『觀其〈北上〉衆引』、《誄碑篇》『周胡衆碑』，句法與此相同，俱用『衆』字，今據改。」○按：楊、王説並是。從《校證》改。

〔四四〕而浮躁之所忽也　《訓故》「浮」作「浮」。

〔四五〕恩理實焉　「恩」，黄本作「思」。○王利器《文心雕龍校證》：「元本、傳校元本、馮本、汪本、謝鈔本、吳校本『思』作『恩』，馮校云：『恩，謝本作思』。」○按：「恩理」無義，作「思」是。從《訓故》、黄本改。

〔四六〕託在筆扎　「扎」，《訓故》、黄本作「札」。○按：作「札」是，已見前校。從《訓故》、黄本改。

*《訓故》篇末註：校三十一字，五卷共校七十三字。

《文心雕龍》卷第六

神思第二十六

古人云：「形在江海之上，心存魏闕之下。」神思之謂也。文之思也，其神遠矣。故寂然凝慮，思接千載；悄焉動容，視通萬里；吟詠之間，吐納珠玉之聲；眉睫之前，卷舒風雲之色；其思理之致乎？故思理[爲]妙〔一〕，神與物游。神居胸臆，而志氣統其關鍵；物沿耳[目]〔二〕，而辭令管其樞機。樞機方通，則物無隱貌；關鍵將塞，則神有遁心。

是以陶鈞文思，貴在虛静，疏瀹五藏，澡雪精神。積學以儲寶，酌理以富才，研閱以窮照，馴致以繹辭。然後使玄解之宰，尋聲律而定墨；獨照之匠，[窺]意象而運斤〔三〕；此蓋馭文之首術，謀篇之大端。

夫神思方運，萬塗競萌，規矩虛位，刻鏤無形。登山則情滿於山，觀海則意溢於海，我才之多少，將與風雲而並驅矣。方其搦翰，氣倍辭前，暨乎（篇成）[成篇]〔四〕，半折心始。何則？意翻空而易奇，言徵實而難巧也。是以意授於思，言授於意，密則無際，疏則千里。或理在方寸而求之域表，或義在咫尺而思隔山河。是以秉心養術，無務苦慮；含章司契，不必勞情也。

人之稟才，遲速異分；文之制體，大小殊功。相如含筆而腐毫，揚雄輟翰而驚夢，桓譚疾感於苦思，王充氣竭於（思）[沉]慮〔五〕，張衡研《京》以十年，左思練《都》以一紀：雖有巨文，亦思之緩也。淮南崇朝而賦《騷》，枚皋應詔而成賦，子建援牘如口誦，仲宣舉筆似宿（搆）[構]〔六〕，阮瑀據（案）[鞌]而制書〔七〕，禰衡當食而草奏：雖有短篇，亦思之速也。

若夫駿發之士，心總要術，敏在慮前，應機立斷；覃思之人，情饒歧路，鑒在疑後，研慮方定。機敏故造次而成功，慮疑故愈久而致績。難易雖殊，並資博練。若學淺而空遲，才疏而徒速，以斯成器，未之前聞。是以臨篇綴慮，必有二患：理鬱者（若）〔苦〕貧〔八〕，辭溺者傷亂，然則博聞爲饋貧之糧，貫一爲拯亂之藥，博而能一，亦有助乎心力矣。

若情數詭雜，體變遷貿，拙辭或孕於巧義，庸事或萌於新意，視布於麻，雖〔云〕未費〔九〕，杼軸獻功，煥然乃珍。至於思表纖旨，文外曲致，言所不追，筆固知止。至精而後闡其妙，至變而後通其數，伊摯不（不）能言鼎〔一〇〕，輪扁不能語斤，其微矣乎！

贊曰：神用象通，情變所孕。物以貌求，心以理（勝）〔應〕〔一一〕。刻鏤聲律，萌芽比興。結慮司契，垂帷制勝。

校記

〔一〕故思理［爲］妙　「爲」字殘佚，據《訓故》、黄本補。

〔二〕物沿耳［目］　「目」字殘，據《訓故》、黄本補。

〔三〕［窺］意象而運斤　「窺」字漫漶，據《訓故》、黄本補。

〔四〕暨乎篇成　「篇成」，《訓故》、黄本同。○楊明照《拾遺》：「按『篇成』二字當乙，始能與上句之『搦翰』相對。《宋書·范曄傳》：『（獄中與諸甥姪書）文章轉進，但才少思難；所以每於操筆，其所成篇，殆無全稱者。』足與此説印證。《知音篇》有『豈成篇之足深』語。」○按：從楊説乙。

〔五〕王充氣竭於思慮　「思」，《訓故》作「思」。《義證》作「沉」。○楊明照《拾遺》：「『思』，《事文類聚》、《羣書治要》、《山堂肆考》引作『沉』。按『沉』字較勝。上云『苦思』，此云『沉慮』，文始相對；且複字亦避。當據改。」○按：從楊説據《義證》改。

〔六〕仲宣舉筆似宿搆　「搆」，黄本同。○楊明照《拾遺》：「按『搆』，當依别本作『構』。已詳《雜文篇》『腴辭雲搆』條。」○按：楊註本書《雜文篇》「校記」〔四〕已具。今從楊説改。

〔七〕阮瑀據案而制書　「案」，《訓故》作「鞌」。○詹鍈《義證》引（王利器）《校證》：「『鞌』，原作『案』，梅、吳、何、顧四氏俱謂當作『鞌』，王惟儉作『鞌』，今據改。」又引范（文瀾）註：「《魏志·王粲傳》註引《典略》曰：『太祖嘗使瑀作書與韓遂。時太祖適近出，瑀隨從，因於馬上具草。書成呈之，太祖擥筆欲有所定，而竟不能增損。」」〇按：從《訓故》改。

〔八〕理鬱者若貧　「若」，《訓故》、黄本作「苦」。〇楊明照《拾遺》：「『苦貧』，『傷亂』，相對爲文。其作『若』者，即『苦』之形誤。」〇按：楊説是。從《訓故》、黄本改。

〔九〕雖未費　《訓故》、黄本作「雖云未費」。〇按：「云」字脱，當據《訓故》、黄本補。

〔一〇〕伊摯不不能言鼎　《訓故》、黄本無次「不」字。〇按：次「不」字衍，當據《訓故》、黄本删。

〔一一〕心以理勝　「勝」，黄本作「應」。〇詹鍈《義證》：「『應』字，元刻本、弘治本、佘本、王惟儉本、《兩京遺編》本均作『勝』，那樣和末句『垂帷制勝』的『勝』字重複。張之象本、梅本並作『應』，今從之。」〇按：詹説是。今從黄本改。

＊

《訓故》篇末註：校五字。

體性第二十七

夫情動而言形，理發而文見，蓋沿隱以至顯，因内而符外者也。然才有庸〔儁，氣〕有剛柔〔一〕，學有淺深，習有雅鄭，並情性所（爍）〔鑠〕〔二〕，陶染所凝，是以筆區雲譎，文苑波詭者矣。故辭理庸儁，莫能翻其才；風趣剛柔，寧或改其氣；事義淺深，未聞乖其學；體式雅鄭，鮮有反其習；各師成心，其異如面。

若總其歸塗，則數窮八體：一曰典雅，二曰遠奥，三曰精約，四曰顯附，五曰繁縟，六曰壯麗，七曰新奇，八曰輕靡。典雅者，鎔式經誥，方軌儒門者也；遠奥者，（馥）〔複〕采（典）〔曲〕文〔三〕，經理玄宗者也；精約者，覈字省句，剖析毫釐者也；顯附者，辭直義暢，切理厭心者也；繁縟者，博喻（釀）〔醲〕采〔四〕，煒燁枝派者也；壯麗者，高論宏裁，卓爍異采者也；新奇者，（檳）〔擯〕古競今〔五〕，危側趣詭者也；輕靡者，浮文弱植，縹緲附俗者也。故雅與奇反，奥與顯殊，繁與約舛，壯與輕乖，文辭根葉，苑囿其中矣。

若夫八體屢遷，功以學成，才力居中，肇自血氣；氣以實志，志以定言，吐納英華，莫非情性。是以賈生俊發，故文潔而體清；長卿傲誕，故理侈而辭溢；子雲沉寂，故志隱而味深；子政簡易，故趣昭而事博；孟堅雅懿，故裁密而思靡；平子淹通，故慮周而藻密；仲宣躁（鋭）〔競〕〔六〕，故穎出而才果；公幹氣褊，故言壯而情駭；嗣宗俶儻，故響逸而調遠；叔夜儁俠，故興高而采烈；安仁輕敏，故鋒發而韻流；士衡矜重，故情繁而辭隱。觸類以推，表裏必符，豈非自然之恒資，才氣之大略哉！

夫才（有）〔由〕天資〔七〕，學慎始習，斲梓染絲，功在初化；器成綵定，難可翻移。故童子（彫）〔雕〕琢〔八〕，必先雅製，沿根討葉，思轉自圓。八體雖殊，會通合數，得其環中，則輻湊相成。故宜摹體以定習，因性以練才，文之司南，用此道也。

贊曰：才性異區，文體繁詭。辭爲〔肌〕膚（根）〔九〕，志實骨髓。雅麗黼黻，淫巧朱紫。習亦凝真，功沿漸靡。

校記

〔一〕然才有庸「儁氣」有剛柔　「儁氣」二字殘佚，據《訓故》、黄本補。

〔二〕並情性所爍　「爍」，黄本作「鑠」。○楊明照《拾遺》：「按《孟子·告子上》：『仁義禮智，非由外鑠我也，我固有之也。』趙註：『仁義禮智，人皆有其端，懷之於内，非從外消鑠我也。』此『鑠』字義當與之同。作『爍』非。」○按：從黄本改。

〔三〕馥采典文　「馥」「典」，黄本同。《訓故》「馥」作「馥」。○范文瀾《文心雕龍註》：「馥當作複，《總術篇》云：『奥者複隱』。」○王利器《文心雕龍校證》：「『馥采典文』疑作『複采曲文』，『馥』『複』，『典』『曲』，皆形近之譌。《練字篇》『複文隱訓』，句法同；又《原道篇》『符采複隱』，『複曲』與『複隱』義近。」○按：范、王説並有理，從其改。

〔四〕博喻釀采　「釀」，《義證》作「醲」。○劉永濟《文心雕龍校釋》：「按『釀』疑『醲』誤。醲，酒厚也，與博義相應。《時序篇》有『澹思醲采』句，是其證。」○按：劉説是，從《義證》改。

〔五〕檟古競今　「檟」，《訓故》、黄本作「擯」。○按：作「擯」是；「檟」，係「扌」旁誤爲「木」旁耳。今從《訓故》、黄本改。

〔六〕仲宣躁鋭　「鋭」，《訓故》、黄本同。○楊明照《拾遺》：「按以《程器篇》『仲宣輕脆以躁競』論之，『鋭』疑『競』之誤。」

《三國志・魏志・杜襲傳》：『魏國既建，爲侍中，與王粲、和洽並用。粲强識博聞，故太祖游觀出入，多得驂乘；至其見敬，不及洽、襲。襲嘗獨見，至於夜半。粲性躁競，起坐曰：不知公對杜襲道何等也？洽笑答曰：天下事豈有盡邪！卿晝侍可矣。悒悒於此，欲兼之乎？』據此，則『鋭』應作『競』必矣。《嵇中散集・養生論》：『今以躁競之心，涉希静之塗。』《顔氏家訓・省事篇》：『世見躁競得官者，便謂弗索何獲？』亦並以『躁競』爲言。」○按：「競」、「鋭」形似，今從楊説改。

〔七〕夫才有天資　「有」，《訓故》、黄本同。○范文瀾《文心雕龍註》：「『才有天資』，『有』當作『由』。」○詹鍈《義證》引王叔岷《文心雕龍綴補》：「案『有』猶『由』也。班彪《王命論》：『是故窮達有命，吉凶由人。』有、由互文，有與由同義。」○按：王説雖亦有理，但當以作「由」較勝。今從范説改。

〔八〕故童子彫琢　「彫」，《訓故》、黄本作「雕」。○按：作「雕」是。「彫」、「雕」同音形近，因而致誤。今從《訓故》、黄本改。

〔九〕辭爲膚根　「膚根」，《訓故》「根」作「根」。《義證》作「肌膚」。○詹鍈《義證》引（王利器）《校證》：「『肌膚』原作『膚根』。范註：『膚根，根當作葉。』按當作『肌膚』。《附會篇》：『事義爲骨髓，辭采爲肌膚。』以『骨髓』與『肌膚』對文，與此正同，今據改。《辨騷篇》亦云：『骨鯁所樹，肌膚所附。』」○按：「膚根」義不可通，作「肌膚」是。從《義證》改。

＊《訓故》本篇末未注校字。

風骨第二十八

《詩》總六義，風冠其首，斯乃化感之本源，志氣之符契也。是以怊悵述情，必始乎風；沉吟鋪辭，莫先於骨。故辭之待骨，如體之樹骸；情之含風，猶形之包氣。結言端直，則文骨成焉；意氣駿爽，則文風清焉。若豐藻克贍，風骨不飛，則振采失鮮，負聲無力。是以綴慮裁篇，務盈守氣，剛健既實，輝光乃新，其爲文用，譬征鳥之使翼也。

故練於骨者，析辭必精；深乎風者，述情必顯。捶字堅而難移，結響凝而不滯，此風骨之力也。若瘠義肥辭，繁雜失統，則無骨之徵也。思不環周，（索）〔牽〕課乏（風）〔氣〕〔一〕，則無風之驗也。昔潘勖錫魏，思摹經典，羣才韜筆，乃其骨（髓）〔骾〕峻也〔二〕；相如賦仙，氣號凌雲，蔚爲辭宗，乃其風力遒也。能鑒斯要，可以定文，茲術或違，無務繁采。

故魏文稱：「文以氣爲主，氣之清濁有體，不可力强而致。」故其論孔融，則云「體氣高妙」；論徐幹則云「時有（濟）〔齊〕氣」〔三〕；論劉楨則云「（時）有逸氣〔四〕。」公幹亦云：「孔氏卓卓，信含異氣，筆墨之性，殆不可勝」，並重氣之旨也。夫翬翟備色，（而）翾翥百步〔五〕，肌豐而力沉也；鷹隼（之）〔無〕采〔六〕，（而）翰飛戾天〔七〕，骨勁而氣猛也。文章才力，有似於此。若風骨乏采，則（摯）〔鷙〕集翰林〔八〕；采乏風骨，則雉竄文囿。唯藻〔耀〕而高翔〔九〕，固文筆之鳴鳳也。

若夫鎔冶經典之範〔一〇〕，翔集子史之術，洞曉情變，曲昭文體，然後能孚甲新意，雕畫奇辭。昭體，故意新而不亂；曉變，故辭奇而不黷。若骨采未圓，風辭未練，而跨略舊規，馳騖新作，雖獲巧意，危敗亦多。豈空〔結〕奇字〔一一〕，紕繆而成（輕）〔經〕（矣）〔乎〕〔一二〕！《周書》云：「辭尚體要，弗惟好異。」蓋防文濫也。然文術多門，各適所好，明者弗授，學者弗師，於是習華隨侈，流遁忘返。若能確乎正式，使文明以健，則風清骨峻，篇體光華。能研諸慮，何遠之有哉！

贊曰：情與氣偕，辭共體並。文明以健，珪璋乃騁。蔚彼風力，嚴此骨骾。才鋒峻立，符采克炳。

校記

〔一〕索課乏風　《訓故》「課」、「風」並作「課」、「風」。黄本作「索莫乏氣」。○楊明照《拾遺》：「『莫』，黄校云：『元作課，楊改。』何焯云：『疑是牽課。』按作『牽課』是。《養氣篇》『非牽課才外也』，正以『牽課』連文。『索』即『牽』之形誤。《宋書·孝武帝紀》：『（大明二年詔）勿使牽課虚懸。』又《謝莊傳》：『（與江夏王義恭牋）牽課尫瘵。』《梁書·徐勉傳》：『（誡子崧書）牽課奉公，略不克舉。』……是『牽課』二字爲南朝常語。」○按：楊説是。今從楊説改「索」爲「牽」；從黄本改「風」爲「氣」。

〔二〕乃其骨髓峻也　「髓」，《訓故》、黄本同。〇楊明照《拾遺》：「又按『髓』當作『骾』。『峻』固可訓爲大，但骨可言大，而髓則不能言大；雖亦可訓爲美，然止言骨髓之美，則又未盡『結言端直』之義。其應作『骾』，必矣。贊中有『嚴此骨鯁（與骾通）』語，尤爲切證。《附會篇》『事義爲骨髓』，《御覽》五八五引作『骨骾』。是『骾』、『髓』二字易淆之例。」〇按：從楊説改。

〔三〕時有濟氣　「濟」，《訓故》、黄本作「齊」。〇按：作「齊」是，「濟」爲「齊」之誤。曹丕《典論·論文》：「王粲長於辭賦，徐幹時有齊氣，然粲之匹也。」李善註：「言齊俗文體舒緩，而徐幹亦有斯累。」今從《訓故》、黄本改。

〔四〕時有逸氣　黄本無「時」字。〇楊明照《拾遺》：「馮舒云：『時字衍。』按以魏文《與吴質書》論之，當以無『時』字爲是。諸本蓋涉上『時有齊氣』句而衍。」〇按：《文選》魏文帝《與吴質書》：「公幹有逸氣，但未遒耳。」當從黄本删「時」字。

〔五〕翾翥百步　《御覽》在「翾（《御覽》作翶）翥」前有「而」字，〇王利器《文心雕龍校證》：「舊本無『而』字，何校本、黄註本補。案《御覽》五八五有『而』字。」〇按：有「而」字較勝。據《御覽》增。

〔六〕鷹隼之采　「之」，《御覽》作「無」。《訓故》作「乏」。〇楊明照《拾遺》：「『乏』，《御覽》引作『無』。按『無』字是。『乏』乃涉下『乏采』而誤。」〇按：從楊説，據《御覽》改。

〔七〕翰飛戾天　《御覽》在「翰飛」前有「而」字。〇王利器《文心雕龍校證》：「舊本無『而』字，何校本、黄註本補。案《御覽》有『而』字。」〇按：有「而」字較勝，且與上句一律。據《御覽》增。

〔八〕則摯集翰林　「摯」，《御覽》、《訓故》作「鷙」。〇按：「摯」無義，乃「鷙」之形誤。今從《御覽》改。

〔九〕唯藻［耀］而高翔　「耀」字漫漶，據《訓故》、黄本補。

〔一〇〕若夫鎔冶經典之範　「冶」，黄本作「鑄」。〇楊明照《校注》：「『鑄』、『冶』於此均通。」

〔一一〕豈空［結］奇字　《訓故》「豈」作「豈」，「結」字漫漶，據《訓故》、黄本補。

〔一二〕紕繆而成輕矣　黄本「輕」作「經」。〇范文瀾《文心雕龍註》：「紕繆成經，經字不誤，經，常也，言不可爲常道。矣字疑當作乎。」〇王利器《文心雕龍校證》：「『經』，佘本、黄註本、張松孫本作『經』；他本皆誤『輕』，何校作『經』。」〇按：作「經」，作「乎」是。此句承「豈空結奇字」反詰而來。從范註改。

*《訓故》篇末註：校二字。

通變第二十九

夫設文之體有常，變文之數無方，何以〔明其〕然耶〔一〕？凡詩、賦、書、記，名理相因，此有常之體也；文辭氣力，通變則久，此無方之數也。名理有常，體必資於故實；通變無方，數必酌於新聲；故能騁無窮之路，飲不竭之源。然綆短者銜渴，足疲者輟塗，非文理之數盡，乃通變之術疎耳。故論文之方，譬諸草木，根幹麗土而同性，臭味晞陽而異品矣。

是以九代詠歌，志合文（財）〔則〕〔二〕。黄歌《斷竹》，質之至也；唐歌《在昔》，則廣於黄世；虞歌《卿雲》，〔則〕文於唐時〔三〕；夏歌「（雕）〔彫〕牆」〔四〕，縟於虞代；商周篇什，麗於夏年。至於序志述時，其揆一也。暨楚之騷文，矩式周人；漢之賦頌，影寫楚世；魏之（薦）〔篇〕制〔五〕，顧慕漢風；晉之辭章，瞻望魏采。（確）〔推〕而論之〔六〕，則黄唐淳而質，虞夏質而辨，商周麗而雅，楚漢侈而艷，魏晉淺而綺，宋初訛而新，從質及訛，彌近彌淡。何則？競今疏古，風（味）〔末〕氣衰也〔七〕。

今才穎之士，刻意學文，多略漢篇，師範宋集，雖古今備閱，然近附而遠疎矣。夫青生於藍，絳生於蒨，雖踰本色，不能〔復〕化〔八〕。桓君山云：「予見新進麗文，美而無採，及見劉揚〔言〕辭〔九〕，常輒有得。」此其驗也。故練青濯（錦）〔絳〕〔一〇〕，必歸藍蒨，矯訛翻淺，還宗經誥。斯斟〔酌乎〕質文之間〔一一〕，而（隱）〔檃〕括乎〔雅〕俗之際〔一二〕，可與言通變矣。

〔夫誇〕張聲貌〔一三〕，則漢初（巳）〔已〕極〔一四〕，〔自〕茲厥後〔一五〕，循環相因；雖軒翥出轍，而終入籠内。枚乘《七發》云：「通望兮東海，虹洞兮蒼天。」相如《上林》云：「視之無端，察之無涯，日出東沼，（月生）〔入乎〕西陂〔一六〕。」馬融《廣（城）〔成〕》云〔一七〕：「天地虹洞，（因）〔固〕無端涯〔一八〕，大明出東，〔月〕生西陂〔一九〕。」（陽）〔楊〕雄《（校）〔羽〕獵》云〔二〇〕：「出入日月，〔天〕與地（沓）〔杳〕」〔二一〕。張衡《西〔京〕》云〔二二〕：「日〔月〕於是乎出入，象扶桑（於）〔與〕蒙汜〔二三〕。」此並廣寓極狀，而五家如一。諸如此類，莫不相循。

參伍因革，通變之數也。是以規略文統，宜宏大體。先博覽以精閲，總綱紀而攝契；然後拓衢路，置關鍵，長轡遠馭，從容按節，憑情以會通，負氣以適變，采如宛虹之奮鬐，（毛）〔光〕若長離之振翼[二四]，乃穎脱之文矣。若乃齷齪於偏解，矜激乎一致，此庭間之迴〔驟〕[二五]，豈萬里之逸步哉！

贊曰：文律運周，日新其業。變則（其）〔可〕久[二六]，通則不乏。趨時必果，乘機無（法）〔怯〕[二七]。望今制奇，參古定法。

校記

〔一〕何以〔明其〕然耶　「明其」二字殘佚，據《訓故》、黄本補。

〔二〕志合文財　「財」，《訓故》作「財」。黄本作「則」。○王利器《文心雕龍校證》：「『則』原作『財』，梅據許延祖改，徐校同。」○按：作「則」是，從黄本改。

〔三〕文於唐時　黄本在「文于」前有「則」字。○王利器《文心雕龍校證》：「馮本、汪本、王惟儉本……無『則』字，徐校補。」○按：「則」字當有，與上一律。據黄本補。

〔四〕夏歌雕牆　「雕」，《訓故》、黄本同。○楊明照《拾遺》：「『雕』，《玉海》一百六引作『彫』。按作『彫』與《書》僞《五子之歌》合。」○按《夏書・五子之歌》其二：「内作色荒，外作禽荒；甘酒嗜音，峻宇彫牆；有一於此，未或不亡。」作「彫」是。從楊説改。

〔五〕魏之薦制　「薦」，《訓故》作「篇」。黄本作「策」。○范文瀾註：「『策制』應作『篇制』。」○楊明照《拾遺》：「『策』，黄校云：『元作薦，許無念改。一本作篇。』按……此當以作『篇』爲是。《明詩篇》：『江左篇制，溺乎玄風。』語式與此同，可證。其作『薦』者，乃『篇』之形誤。」○按：從楊説據《訓故》改。

〔六〕確而論之　「確」，《訓故》、黄本作「搉」。○詹鍈《義證》引張立齋《文心雕龍註訂》：「另本作『確』，誤。《漢書・敘傳》：『揚搉古今。』」○按：張説是。從《訓故》、黄本改。

〔七〕風味氣衰也　「味」，《義證》作「末」。○詹鍈《義證》引（劉永濟）《校釋》：「孫仁和校作『末』，是也。按韓安國《匈奴和親議》：『衝風之末，力不能漂鴻毛，非初不勁，末力衰也。』舍人蓋用此語。《封禪篇》有『風末力寡』，語同此。」○

按：作「末」是，從《義證》改。

〔八〕不能[復]化　「復」字漫漶，據《訓故》、黄本補。

〔九〕及見劉揚[言]辭　「言」字殘佚，據《訓故》、黄本補。

〔一〇〕故練青濯錦　「錦」，黄本作「絳」。○楊明照《拾遺》：「按此爲回應上文『夫青生於藍，絳生於蒨』之辭，作『錦』非是。」○按：從黄本改。

〔一一〕斯斟[酌乎]質文之間　「酌乎」二字殘佚，據《訓故》、黄本補。

〔一二〕而隱括乎[雅]俗之際　「隱」，《訓故》、黄本作「檃」；「雅」字漫漶。○楊明照《拾遺》：「按『檃括』、『檃栝』、『隱括』、『隱栝』，古籍多通作。然以《鎔裁篇》『檃括情理』，《指瑕篇》『若能檃括於一朝』，各本皆作『檃括』證之，則此亦當作『檃括』，前後始能一律。」○按：從《訓故》、黄本改，亦據《訓故》、黄本補。

〔一三〕[夫誇]張聲貌　「夫誇」二字殘佚，據《訓故》、黄本補。

〔一四〕則漢初巳極　「巳」，黄本作「已」。○按：作「已」是，從黄本改。

〔一五〕[自]茲厥後　「自」字漫漶，據《訓故》、黄本補。

〔一六〕月生西陂　《訓故》、黄本同。○楊明照《拾遺》：「按當依《上林賦》作『入乎西陂』。此蓋寫者涉下《廣成頌》『月生西陂』而誤。」○按：《文選》司馬相如《上林賦》確作「日出東沼，入乎西陂」，今從楊説據《上林賦》改。

〔一七〕馬融廣城云　「城」，《訓故》、黄本作「成」。○按：「城」誤，當作「成」。馬融《廣成頌》見《後漢書·馬融傳》。從《訓故》、黄本改。

〔一八〕因無端涯　「因」，黄本作「固」。○王利器《文心雕龍校證》：「『固』原作『因』，梅按頌文改。」○按：從黄本改。

〔一九〕大明出東[月]生西陂　「月」字殘佚，據《訓故》、黄本補。

〔二〇〕陽雄校獵云　《訓故》「陽」作「楊」。黄本「陽」作「揚」；「校獵」同。○王利器《文心雕龍校證》：「梅云：『校當作羽。』《文通》二一作『羽』。」○按：「陽」乃「揚」之誤；「校」亦當作「羽」，下引文見揚雄《羽獵賦》。今從《訓故》改作「楊」，從梅説改作「羽」。

〔二一〕[天]與地沓　「天」字殘；「沓」，《訓故》、黄本同。○楊明照《拾遺》：「按『沓』當依《漢書·揚雄傳》上作『杳』。顔註云：『謂苑囿之大，遥望日月皆從中出入，而天地之際杳然縣遠也。』説者反以杳爲沓，解云重沓；非惟乖理，蓋已失韻。』今此作『沓』，寫者蓋依《文選》改也。」〇按：楊說是。今依《漢書・揚雄傳》改。

〔二二〕張衡西［京］云　「京」字殘，據《訓故》、黄本補。

〔二三〕日［月］於是乎出入象扶桑於蒙汜　「月」字殘；次「於」字《訓故》、黄本同。〇楊明照《拾遺》：「按『於』字不可解，蓋涉上句而誤者。當依《西京賦》作『與』。《續歷代賦話》十四引作『與』，殆據賦文改也。」〇按：楊說是，當據賦文改。「月」字據《訓故》、黄本補。

〔二四〕毛若長離之振翼　「毛」，黄本作「光」。〇楊明照《拾遺》：「『光』，黄校云：『元作毛，曹改。』按曹改是。《漢書・禮樂志》：『長麗前掞光耀明。』」〇詹鍈《義證》引張立齋《文心雕龍考異》：「從光是，與上采偶。」〇按：從黄本改。

〔二五〕此庭間之迴［驟］　「驟」字漫漶，據《訓故》、黄本補。

〔二六〕變則其久　「其」，《義證》作「堪」。〇詹鍈《義證》：「（王利器）《校證》：『堪，原作其，梅疑作可，吳校作堪，今據改。』（楊明照）《拾遺》：『其，黄校云：疑作可。何焯校堪。按其字與上句重出固非，然與可之形不近，恐難致誤。改堪亦未必是。疑原作甚，非舊本闕其末筆，即寫者偶脱。』（張立齋）《考異》：『從可從堪皆通，從甚則非。』按沈巖臨何焯校本其改堪。《易・繫辭上》韓康伯注：『通變則無窮，故可久也。』」〇按：諸家說各有其理，但依韓注作「可」爲勝。今從梅說改。

〔二七〕乘機無法　「法」，《訓故》、黄本作「怯」。〇楊明照《拾遺》：「按『法』字蓋涉末句『參古定法』而誤。以其形推之，『怯』與『法』較近，當以作『怯』爲是。」〇按：楊說是。從《訓故》、黄本改。

＊《訓故》篇末註：校四字。

定勢第三十

夫情致異區，文變殊術，莫不因情立體，即體成勢也。勢者，乘利而爲制也。如機發矢直，澗曲（文）〔湍〕回〔一〕，自然之趣也。圓者規體，其勢也自轉；方者矩形，其勢也自安：文章體勢，如斯而（已）〔已〕〔二〕。是以模經爲式者，自入典雅之懿；效《（驗）〔騷〕》命篇者〔三〕，必歸艷逸之華；綜意淺切者，類乏醖藉；

斷辭辨約者，率乖繁縟：譬激水不漪，槁木無陰，自然之勢也。

是以繪事圖色，文辭盡情，色糅而犬馬殊形，情交而雅俗異勢。鎔範所擬，各有司匠，雖無嚴郛，難得踰越。然淵乎文者，並總羣勢：奇正雖反，必兼解以俱通；剛柔雖殊，必隨時而適用。若愛典而惡華，則兼通之理偏，似夏人爭弓矢，執一不可以獨射也。若雅鄭而共篇，則總一之勢離，是楚人鬻矛〔譽〕盾，〔譽〕兩難得而俱售也〔四〕。

是以括囊雜體，（切）〔功〕在銓別〔五〕，宫商朱紫，隨勢各配。章、表、奏、議，則準的乎（雅頌）〔典雅〕〔六〕；賦、頌、歌、詩，則羽儀乎清麗；符、檄、書、移，則楷式於明斷；史、論、序、注，則師範於覈要；箴、銘、碑、誄，則體制於弘深；連珠、七辭，則從事於巧艷；此循體而成勢，隨變而立功者也。雖復契會相參，節文互雜，譬五色之錦，各以本采爲地矣。

桓譚稱：「文家各有所慕，或好浮華〔而〕不知實覈〔七〕，或美衆多而不見要約。」陳思亦云：「世〔之作〕者〔八〕，或好煩文博采，深沉其旨者；或好離言辨白，分〔毫〕析釐者〔九〕：所習不同，所務各異。」言勢殊也。劉楨云：「文之體（指）〔勢〕，實〔有〕强弱〔一〇〕，使其辭（巳）〔已〕盡而勢有餘〔一一〕，天下一人耳，不可得也。」公幹所談，頗亦兼氣。然文之任勢，勢有剛柔，不必壯言慷慨，乃稱勢也。又陸雲自稱：「往日論文，先辭而後情，尚勢而不取悦澤；及張公論文，則欲宗其言。」夫情固先辭，勢實須澤，可謂先迷後能從善矣。

自〔近〕代辭人〔一二〕，率好詭巧，原其爲體，訛勢所變。厭黷舊式，〔故〕穿鑿取新〔一三〕，察其訛意，似難而實無他術也，反正而已。「故文反正爲（之）〔乏〕」〔一四〕，辭反正爲奇。效奇之法，必顛倒文（回）〔句〕〔一五〕，〔上〕字而抑下〔一六〕，中辭而出外，回互不常，則新色耳。

夫通衢夷坦，而多行捷徑者，趨近故也；正文明白，而常務反言者，適俗故也。然密會者以意新得巧，苟異者以失體成怪。舊練之才，則執正以馭奇；新學之鋭，則〔逐〕奇而失正〔一七〕；勢流不反，則文體遂弊，秉茲情術，可無〔思〕邪〔一八〕。

贊曰：形生勢成，始末相承。湍迴似規，〔矢〕激如（澠）〔繩〕〔一九〕。因利騁節，情采自凝。（狂）〔枉〕轡學步〔二〇〕，力（心襄）〔止壽〕陵〔二一〕。

《文心雕龍》卷第六

校記

〔一〕淵曲文回　「文」，黃本作「湍」。○楊明照《拾遺》：「『湍』，黃校云：『元作文，王性凝按本贊改。』徐𤏫校『湍』。按『湍』字是。何本、梁本、別解本正作『湍』。」○按：從黃本改。

〔二〕如斯而已　「已」，黃本作「已」。○按：作「已」是，從黃本改。

〔三〕效驗命篇者　「驗」，《訓故》、黃本作「騷」。○楊明照《拾遺》：「『騷』，黃校云：『元作驗，王改。』徐𤏫云：『驗字必騷字之誤。篇目《宗經》第三，《辨騷》第五，可推矣。』按『騷』字是。何本、《訓故》本、謝鈔本正作『騷』。」○按：從《訓故》、黃本改。

〔四〕是楚人鬻矛譽盾兩難得而俱售也　《訓故》、黃本同。○楊明照《拾遺》：「按此文失倫次，當作『是楚人鬻矛盾，譽兩，難得而俱售也』，始能與上文『似夏人争弓矢，執一，不可以獨射也』相儷。舍人是語，本《韓非子·難一篇》。若作『鬻矛譽盾』，既與韓子『兩譽矛盾』之説舛馳，復與本篇上文『雅鄭共篇，總一勢離』之意不侔。當校正。」○按：《韓非子·難一》：「楚人有鬻盾與矛者，譽之曰：『吾盾之堅，物莫能陷也。』又譽其矛曰：『吾矛之利，於物無不陷也。』或曰：『以子之矛，陷子之盾，何如？』其人弗能應也。夫不可陷之盾，與無不陷之矛，不可同世而立。今堯舜之不可兩譽，矛盾之説也。」○按：楊説有理，今從其改。

〔五〕切在銓別　「切」，《御覽》、《訓故》作「功」。○楊明照《拾遺》：「『功』，黃校云：『一作切，從《御覽》改。』按改『功』是也。《徵聖篇》『功在上哲』，《體性篇》『功在初化』，《物色篇》『功在密附』，句法與此同，可證。《廣博物志》二九引，亦作『功』。」○按：從《訓故》、《御覽》改。

〔六〕則準的乎雅頌　「雅頌」，《御覽》作「典雅」。○詹鍈《義證》：「元刻本、弘治本『典雅』作『雅頌』。（王利器）《校證》：『典雅原作雅頌，何校本、黃本從《御覽》改。案《記纂淵海》七五亦作『典雅』。』」○按：作「典雅」是。從《御覽》改。

〔七〕或好浮華[而]不知實覈　「而」字殘佚，據《訓故》、黄本補。

〔八〕陳思亦云世[之作]者　「之作」二字殘佚，據《訓故》、黄本補。

〔九〕分[毫]析釐　「毫」字殘佚，據《訓故》、黄本補。

〔一〇〕文之體指實强弱　《訓故》、黄本同。○按：諸家均以爲此句有誤，但當作何文，諸説紛紜。王利器引謝肇淛云，以爲當作「文之體指，虚實强弱」。黄侃認爲「疑此句當作『文之體指貴强』，下衍『弱』字。」范文瀾引《抱朴子・尚博篇》，認爲「疑公幹語當作『文之體指，實殊强弱』。」劉永濟以爲「此句當作『文之體勢貴强』。『指』、『弱』二字衍，『實』又『貴』之誤。」郭晉稀改作「文之體勢，實殊强弱」。楊明照《拾遺》云：「『指』，疑爲『勢』之誤……『實』下似脱一『有』字。原文作『文之體勢，實有强弱。』」比較諸家，楊説爲得。今從楊説改、補。

〔一一〕使其辭巳盡而勢有餘　「巳」，黄本作「已」。○按：作「已」是，從黄本改。

〔一二〕自[近]代辭人　「近」字殘，據《訓故》、黄本補。

〔一三〕[故]穿鑿取新　「故」字殘，據《訓故》、黄本補。

〔一四〕故文反正爲之　「之」，《訓故》、黄本作「乏」。○楊明照《拾遺》：「『乏』，黄校云：『元作支』。徐𤊹校『乏』。按『乏』字是。何本、《兩京》本、梁本、別解本、謝鈔本正作『乏』；《文通》二一引同。」○按：「之」字不辭，作「乏」是。從《訓故》、黄本改。

〔一五〕必顛倒文回　「回」（似「向」之殘），《訓故》作「向」。黄本作「句」。○楊明照《拾遺》：「『句』，黄校云：『元作向，王改。』徐𤊹校『句』。按『句』字是。何本、梁本、別解本、謝鈔本作『句』。」○按：楊説是。從黄本改。

〔一六〕[上]字而抑下　「上」字殘，據《訓故》、黄本補。

〔一七〕則[逐]奇而失正　「逐」字殘佚，據《訓故》、黄本補。

〔一八〕可無[思]邪　「思」字殘佚，據《訓故》、黄本補。

〔一九〕[矢]激如澠　「矢」字殘。《訓故》作「矢」，作「繩」。「澠」，黄本作「繩」。○詹鍈《義證》：「元刻本『繩』作『澠』，誤。」

○按：並據黄本補、改。

〔二〇〕狂轡學步　《訓故》四字作「狂轡學步」。○「狂」，黄本作「枉」。○楊明照《拾遺》：「按以《諧隱篇》『未免枉轡』例之，『枉』字是。『狂』、『徵』皆非。《晉書・藝術傳論》『然而碩學通人，未宜枉轡』。亦以『狂轡』爲言。」○按：從黃本改。

〔二一〕力心襄陵　《訓故》四字作「力心襄陵」。○黃本作「力止襄陵」。○范文瀾註：「作『壽陵』是。本書《雜文篇》『可謂壽陵匍匐，非復邯鄲之步』。正作『壽陵』，不誤。《莊子・秋水篇》：『子獨不聞夫壽陵餘子之學行於邯鄲與？未得國能，又失其故行矣，直匍匐而歸耳。』」○楊明照《拾遺》：「『襄』，黃引謝云：『當作壽。』按此語本《莊子・秋水篇》，自以作『壽』爲是。《雜文篇》：『可謂壽陵匍匐，非復邯鄲之步。』正作『壽』，不誤。」○按：「心」字亦誤，疑是「止」之形誤。今從黃本改「心」爲「止」；從楊、范説改「襄」爲「壽」。

＊

《訓故》篇末註：校四字，六卷共校十五字。

《文心雕龍》卷第七

情采第三十一

聖賢書辭，總稱「文章」，非采而何？夫水性虛而淪（猗）〔漪〕結[一]，木體實而華萼振：文附質也。虎豹無文，則鞹同犬羊；犀兕有皮，而色資丹漆：質待文也。若乃綜述性靈，敷寫器象，鏤心鳥跡之中，織辭魚網之上，其爲彪炳，縟采名矣。

故立文之道，其理有三：一曰形文，五色是也；二曰聲文，五音是也；三曰情文，五性是也。五色雜而成黼黻，五音比而成《韶》《夏》，五（情）〔性〕發而爲辭章[二]，神理之數也。

《孝經》垂典，喪「言不文」；故知君子（嘗）〔常〕言[三]，未嘗質也。老子疾僞，故稱「美言不信」；而五千精妙，則非棄美矣。莊周云「辯雕萬物」，謂藻飾也。韓非云「艷（采）〔乎〕辯説[四]」，謂綺麗也。綺麗以艷説，藻飾以辯雕[五]，文辭之變，於斯極矣。

研味《孝》《老》，則知文質附乎性情；詳覽《莊》《韓》，則見華實過乎淫侈。若擇源於涇渭之流，按轡於邪正之路，亦可以馭文采矣。夫鉛黛所以飾容，而（盻）〔盼〕倩生於淑姿[六]；文采所以飾言，而辯麗本於情性。故情者文之經，辭者理之緯；經正而後緯成，理定而後辭暢：此立文之本源也。

昔詩人（什篇）〔篇什〕[七]，爲情而造文；辭人賦頌，爲文而造情。何以明其然？蓋《風》《雅》之興，志思蓄憤[八]，而吟詠情性，以諷其上，此爲情而造文也。諸子之徒，心非鬱陶，苟馳夸飾，鬻聲釣世，此爲文而造情也。故爲情者要約而寫真，爲文者淫麗而煩濫。而後之作者，採濫忽真，遠棄《風》《雅》，近師辭賦，故體情之製日疎，逐文之篇愈盛。故有志深軒冕，而泛詠皋壤，心纏（幾）〔機〕務[九]，而虛述人外。真宰弗存，「翩其反矣」。夫桃李不言而成蹊，有實存也；男子樹蘭而不芳，無其情也。夫以草木之微，依情待實；況乎文章，述志爲本，言與志反，文豈足徵？

是以［聯］辭結采〔一〇〕，將欲明理；采濫辭詭，則心理愈翳。固知翠綸桂餌，反所以失魚。「言隱榮華」，殆謂此也。是以「衣［錦］褧衣〔一一〕」，惡文太章；《賁》象窮白，貴乎反本。夫能設（謨）〔模〕以位理〔一二〕，擬地以置心，心定而後結音，理正而後摛藻。使文不滅質，博不溺心，正采［耀］乎朱藍〔一三〕，間色屏於紅紫；乃可謂雕琢其章，彬彬君子矣。

贊曰：言以文遠，誠哉斯驗。心術既形，英華乃贍〔一四〕。吳錦好渝，［舜］英徒［艷］〔一四〕。繁采寡情，味之必厭。

校記

〔一〕夫水性虛而淪猗結　「猗」，《訓故》、黄本作「漪」。○郭晉稀《文心雕龍註釋》：「《詩·伐檀》：『河水清且淪猗。』『猗』本語已詞，故石經殘碑作『兮』也。《釋文》：『猗本作漪』，故後世以『漪』爲實詞，與『淪』同訓『水波』。《吳都賦》：『刷蕩漪瀾。』劉淵林註：『漪瀾，水波也。』」○楊明照《拾遺》：「《定勢篇》：『譬激水不漪。』則此或原是『漪』字，不必校改爲『猗』也。」○按：此作「漪」是。從《訓故》、黄本改。

〔二〕五情發而爲辭章　「情」，黄本同。《訓故》作「性」。○楊明照《拾遺》：「『情』，黄校云：『疑作性。』馮舒云：『情，疑作性。』何焯說同。按此句爲承上文『三曰情文，五性是也』之辭，實應作『性』。《大戴禮記·文王官人篇》：『民有五性』，《白虎通·情性篇》『人稟陰陽氣而生，故内懷五性六情』，《漢書·翼奉傳》『五性不相害，六情更興廢』，並以『五性』爲言。《訓故》本正作『五性』，不誤。當據改。」○按：從楊說，據《訓故》改。

〔三〕故知君子嘗言　「嘗」，《訓故》、黄本作「常」。○楊明照《拾遺》：「『常』，黄校云：『一作嘗。』天啟梅本改『常』。按『常』字是，『嘗』蓋涉下句而誤。《訓故》本、祕書本、謝鈔本並作『常』；《諸子彙函》同。」○按：從《訓故》、黄本改。

〔四〕艷采辯說　「采」，《義證》作「乎」。○詹鍈《義證》：「『乎』原作『采』。范（文瀾）註：『《韓非子·外儲說左上》：范且虞慶之言，皆文辯辭勝，而反事之情……夫不謀治强之功，而艷乎辯說文麗之聲，是卻有術之士，而任壞屋折弓也。此云艷采，采豈乎字之誤與？』（王利器）《校證》：『案范說是，今據改。』『艷乎辯說』，就是以辯說爲美。」○

按：從《義證》改。

〔五〕藻飾以辯雕　《訓故》「辯雕」作「雕辯」。○按：作「辯雕」是。《莊子·天道》：「辯雖雕萬物。」是其所本。

〔六〕而盻倩生於淑姿　「盻」，黄本作「盼」。○楊明照《拾遺》：「按『盻』字非是。《詩·衛風·碩人》：『巧笑倩兮，美目盼兮。』《毛傳》：『盼，白黑分。』」○按：楊說是。從黄本改。

〔七〕昔詩人什篇　「什篇」，《訓故》、黄本同。○楊明照《拾遺》：「『什篇』，《藝苑卮言》一、《古逸書》後卷引作『篇什』。按《明詩篇》：『至於三六雜言，則自篇什』，《通變篇》：『商周篇什，麗於夏年』，並以『篇什』爲言。則此當據乙爲『篇什』，始能一律。」○按：從楊說乙。

〔八〕志思蓄憤　《訓故》「志」作「志」。

〔九〕心纏幾務　「幾」，《訓故》、黄本同。○楊明照《拾遺》：「『幾』，凌本作『機』。按以《徵聖篇》『妙極機神』、《論說篇》『鋭思于機神之區』證之，『機』字是。《文選》嵇康《與山巨源絶交書》『機務纏其心』，爲此語所本，正作『機』。《宋書·王弘傳》：『參讚機務』……又《孔休源傳》：『軍民機務，動止詢謀。』並其旁證。」○按：從楊說改。

〔一〇〕是以[聯]辭結采　「聯」字漫漶，據《訓故》、黄本補。

〔一一〕衣[錦]褧衣　「錦」字漫漶，據《訓故》、黄本補。

〔一二〕天能設謨以位理　「謨」，《義證》作「模」。○詹鍈《義證》：「按崇文本亦作『模』，今從之。《論衡·物勢篇》：『今夫陶冶者，初埏埴作器，必模範爲形。以土曰型，以金曰鎔，以木曰模，以竹曰範，四者一物而材别也。』『設模以位理』，意指設定模式以安排思路。」○按：從《義證》改。

〔一三〕正采[耀]乎朱藍　「耀」字漫漶，據《訓故》、黄本補。

〔一四〕[舜]英徒[艶]　「舜」、「艶」二字漫漶，據《訓故》、黄本補。

* 《訓故》篇末註：校五字。

鎔裁第三十二

情理設位，文采行乎其中〔一〕。剛柔以立本，變通以趨時。立本有體，意或偏長；趨時無方，辭或繁雜。

蹊要所司，職在鎔裁；檃（栝）〔括〕情理〔二〕，矯揉文采也。規範本體謂之鎔，剪截浮詞謂之裁。裁則蕪穢不生，鎔則綱領昭暢，譬繩墨之審分，斧斤之斫削矣。「駢拇枝指」，〔由〕侈於性〔三〕；「附贅懸肬」，實侈於形。（二）〔一〕意兩出〔四〕，義之駢枝也；同辭重句，文之肬贅也。

凡思緒初發，辭采苦雜，心非權衡，勢必輕重。是以草創（鳴）〔鴻〕筆〔五〕，先標三準：「履端於始」，則設情以位體；「舉正於中」，則酌事以取類；「歸餘於終」，則撮辭以舉要。然後舒華布實，獻（贊）〔替〕節文〔六〕；繩墨以外，美材既斫，故能首尾圓合，條貫（始）〔統〕序〔七〕。若術不素定，而委心逐辭，異端叢至，駢贅必多。

故三準既定，次討（定）〔字〕句〔八〕。句有可削，足見其疎；字不得減，乃知其密。精論要語，極略之體；「遊心」「竄句」，極繁之體；謂繁與略，適分所好。引而伸之，則兩句敷爲一章；約以貫之，則一章删成兩句。思贍者善敷，才覈者善删。善删者字去而意留，善敷者辭殊而義顯。字删而意闕，則短乏而非覈；辭敷而言重，則蕪穢而非贍。

昔謝艾王濟，西河文士〔九〕。張（俊）〔駿〕以爲艾繁而不可删〔一〇〕，濟略而不可益，若二子者，可謂練鎔裁而曉繁略矣。至如士衡才優，而綴辭尤繁；士龍思劣，而雅好清省。及雲之論機，亟恨其多，而稱「清新相接，不以爲病」；蓋崇（友予）〔友于〕耳〔一一〕。夫美錦製衣，修短有度，雖玩其采，不倍領袖，巧猶難繁，況在乎拙？而《文賦》以爲「榛楛勿剪」，「庸音足曲」，其識非不鑒，乃情苦（忞）〔芟〕繁也〔一二〕。

夫百節成體，共資榮衛，萬趣會文，不離辭情。若情周而不繁，辭運而不濫，非夫鎔裁，何以行之乎？

贊曰：篇章户牖，左右相瞰。辭如川流，溢則泛濫。權衡損益，斟酌濃淡。芟繁剪穢，弛于負擔。

校記

〔一〕情理設位文采行乎其中　《訓故》「設位」作「設乎其位」。○楊明照《校註》：「『設』下《兩京》本、胡本有『乎其』二字。按《兩京》本、胡本非是。《易·繫辭上》：『天地設位，而易行乎其中矣。』舍人語式倣此。」○按：楊説是。

〔二〕隱栝情理　「栝」，《訓故》、黄本作「括」。○按：「栝」、「括」音義俱別，「栝」爲「括」之形誤。從《訓故》、黄本改。

〔三〕侈於性　《訓故》黄本作「由侈於性」。○詹鍈《義證》：「元刻本、弘治本無『由』字。」○按：「由」字當有。《莊子・駢拇》：「駢拇枝拇，出乎性哉，而侈於德；附贅縣疣，出乎形哉，而侈於性。」今據《訓故》、黄本增。

〔四〕二意兩出　「二」，《訓故》作「一」。○范文瀾《文心雕龍註》：「『二意』，黄蕘圃校作『一意』，極是。」○楊明照《拾遺》：「按『一』字是。『一意兩出』，始爲『義之駢枝』。若作『二』，則不相應矣。何焯校作『一』。當據改。」○按：楊説是。從《訓故》改。

〔五〕是以草創鳴筆　「鳴」，黄本作「鴻」。○楊明照《拾遺》：「紀昀云：『鴻，當作鳴。後鳴筆之徒句可證。』按紀説非是。《論衡・須頌篇》、《抱朴子》佚文並有『鴻筆』之文。《封禪篇》『乃鴻筆耳』，《書記篇》『才冠鴻筆』，亦並作『鴻筆』。《練字篇》『鳴筆之徒』句『鳴』字本誤，朱謀㙔已校爲『鴻』矣。」○按：「鴻」「鳴」形近易誤，作「鴻」是。從黄本改。

〔六〕獻贊節文　「贊」，《訓故》、黄本作「替」。○楊明照《拾遺》：「『替』，黄校云：『疑作質；元作贊。』徐𤊹云：『贊，當作替，後有獻替之句。』何焯改『質』。按徐説是。元本、弘治本、活字本、汪本等作『贊』，乃『朁』之形誤。『替』之正字作『普』，或體作『朁』。何本、《訓故》本、謝鈔本正作『替』；《文通》二一引同。本書屢用『獻替』二字，何改『質』，非也。」○按：作「贊」非，今從《訓故》、黄本改。

〔七〕條貫始序　「始」，黄本作「統」。○詹鍈《義證》：「『統』，元明各本皆作『始』，黄本改『統』。『條貫』，有條理。『統序』，有次序，有層次。」○陳拱《文心雕龍本義》：「按作『始』不妥，改『統』是也。」○按：陳説是，從黄本改。

〔八〕次討定句　「定」，《訓故》、黄本作「字」。○詹鍈《義證》：「『字』，元明各本均作『定』，黄本改。」○按：下文「句有可削，足見其疏；字不得減，乃知其密。」「字句」聯詞，正與下文對應。從《訓故》、黄本改。

〔九〕西河文士　《訓故》「西河」作「西凉」。○按：作「西河」是。「西河」，郡名，在今山西中部。王濟等人係山西太原晉陽人，故稱「西河文士」。

〔一〇〕張俊以爲艾繁而不可删　「俊」，《校證》作「駿」。○范文瀾《文心雕龍註》校云：「當作『駿』。」○王利器《文心雕龍校證》：「『駿』原作『俊』。梅云：當作駿。案王惟儉本正作『駿』，今據改。《章表篇》『張駿自序』，亦作『駿』。范註：『張俊，字公庭，十歲能屬文。傳見《晉書》八十六。』」○按：從《校證》改。

〔一一〕蓋崇友予耳　「友予」，《訓故》、黄本作「友于」。○按：「友予」無義，「友予」乃「友于」之誤。今從《訓故》、黄本改。

〔一二〕乃情苦柔繁也　「柔」，黃本作「芟」。○王利器《文心雕龍校證》：「『芟』原作『柔』，梅改。案本贊正作『芟繁』。」○按：王説是。從黃本改。

＊《訓故》篇末註：校九字。

聲律第三十三

夫音律所始，本於人聲者也。聲含宮商，肇自血氣，先王因之，以制樂歌。故知器寫人聲，聲非學器者也。故言語者，文章〔關鍵〕，神明樞機〔一〕；吐納律呂，脣吻而（巳）〔已〕〔二〕。古之教歌，先揆以法，使「疾呼中宮，徐呼中徵」。夫（商徵）〔徵羽〕響高，（宮羽）〔宮商〕聲下〔三〕；抗喉矯舌之差，攢脣激齒之異，廉肉相準，皎然可分。今操琴不調，必知改張，（摘）〔擿〕文乖張〔四〕，而不識所調。響在彼絃，乃得克諧，聲萌我心，更失和律，其故何哉？良由外聽〔易爲察，内聽〕難爲聰也〔五〕。故外聽之易，絃以手定；内聽之難，聲與心紛；可以數求，難以辭逐。

凡聲有飛沉，響有〔雙疊〕〔六〕。雙聲隔字而每舛，疊韻（雜）〔離〕句而必睽〔七〕；沉則響發而斷，飛則聲颺不還，並轆轤交往，逆鱗相比；（迃）〔迕〕其際會〔八〕，則「往蹇來連」，其爲疾病，亦文家之吃也。夫吃文爲患，生於好詭，逐新趣異，故喉脣糾紛；將欲解結，務在剛斷。左礙而尋右，末滯而討前，則聲轉於吻，玲玲如振玉；辭靡於耳，〔累累〕如貫〔珠〕矣〔九〕。是以聲畫妍蚩，寄在吟詠，（吟詠）〔滋〕味流於下〔句〕〔一〇〕，〔氣力〕窮於和韻〔一一〕。異音相從謂之和，同聲相應謂之〔韻。韻氣〕一定〔一二〕，（故）〔則〕餘聲易遺〔一三〕；和體抑揚，故遺響難契。屬筆〔易〕巧，〔而〕選和至難〔一四〕；綴文難精，而作韻甚易。〔雖纖〕（意）〔毫〕〔曲〕變〔一五〕，非可縷言，然振其大綱，不出茲論。

若夫宮商大和，譬諸吹籥，翻迴取均，頗似調瑟。瑟資移柱，故有時而乖〔貳〕〔一五〕；籥含定管，故無往而不壹。陳思、潘岳，吹籥之調也；陸機、左思，瑟柱之和也。概舉而推，可以〔類見〕〔一七〕。

又詩人〔綜韻〕〔一八〕，率多清切，《楚辭》辭楚，故訛韻〔寔〕〔實〕繁〔一九〕。及張華論〔韻，謂〕士衡多楚〔二〇〕，《文賦》亦稱〔知楚〕〔取足〕不易〔二一〕，可謂〔銜靈〕均之〔聲〕餘〔聲〕〔二二〕，失黄鍾之正響也。凡切韻之動，勢若轉〔圜，訛〕音之作〔二三〕，甚于枘方，〔免〕乎枘方〔二四〕，則無大過矣。練才洞鑒，剖字〔鑽響〕〔二五〕，疎〔識〕〔闊〕略〔二六〕，隨音所遇，若長風之過〔籟〕，東郭之吹〔竽〕耳〔二七〕。古之佩玉，左宫右徵，以節其步，聲不失序。音以律文，其可〔忘〕〔忽〕哉〔二八〕！

贊曰：〔摽〕〔標〕清務遠〔二九〕，比音則近。吹律胸臆，調鐘脣吻。聲得鹽梅，響滑榆槿。割棄支離，宫商難隱。

校記

〔一〕故言語者文章神明樞機　《訓故》、黄本同。○詹鍈《義證》：「〔黄侃〕《札記》：『案彦和此數語之意，即云言語已具宫商。文章下當脱二字，者下一豆，神明樞機四字一豆，吐納律吕四字一豆。』范〔文瀾〕註：『案文章下疑脱關鍵二字，言語謂聲音，此言聲音爲文章之關鍵，又爲神明之樞機，聲音通暢，則文采鮮而精神爽矣。至于律吕之吐納，須驗之脣吻，以求諧適，下贊所云吹律胸臆，調鍾脣吻，即其義也。《神思篇》用關鍵樞機字。』〔王利器〕《校證》：『案范氏説可從，今據以補正。』」○按：今從范説，補「關鍵」二字。

〔二〕脣吻而巳　「巳」，《訓故》、黄本作「已」。○按：作「已」是，從《訓故》、黄本改。

〔三〕夫商徵響高宫羽聲下　《義證》作「夫徵羽響高宫商聲下」。○詹鍈《義證》：「〔黄侃〕《札記》：『案此一句有訛字。當云宫商響高，徵羽聲下。《周語》曰：大不踰宫，細不踰羽。《禮記·月令》鄭註云：凡聲尊卑，取象五行，數多者濁，數少者清。案宫數八十一，商數七十二，角數六十四，徵數五十四，羽數四十八（詳見《律曆志》），是宫商爲濁，徵羽爲清，角清濁中，彦和此文爲誤無疑。』〔劉永濟〕《校釋》：『按黄引經典及鄭注證原文有誤，是也。其所改之句，非也。當作徵羽響高，宫商聲下。』〔王利器〕《校證》據以改。」○按：今從《義證》據劉説改。

〔四〕摘文乖張　「摘」，《義證》作「摛」。○楊明照《拾遺》：「按『摛』字是。《樂府》、《詮賦》、《銘箴》、《程器》四篇，並有『摛文』連文之句。左思《七諷》：『摛文潤世。』」○按：從《義證》改。

〔五〕良由外聽難爲聰也　《訓故》作「良由外聽易爲□而内聽難爲聰也」。黄本作「良由内聽難爲聰也」。○楊明照《拾遺》：「黄校云：『（内）元作外，王改。』又云：『由字下，王本有外聽易爲口而六字。』按王氏《訓故》本所有六字是也。下文『外聽之易』、『内聽之難』云云，即承此引申；如今本，則跙踔而行矣。弘治本、活字本、汪本、佘本、張本、《兩京》本、胡本、謝鈔本作『良由外聽難爲聰也』，『聽』下『難』上即脱『易爲□而内聽』六字。《喻林》八九引此文，作『良由外聽易爲察，内聽難爲聰也』，正足以補訂今本之誤脱。」○按：從楊説，據《喻林》補。

〔六〕凡聲有飛沉響有　《訓故》「響有」下有「翕散」二字。黄本在「響有」下有「雙叠」二字。○范文瀾《文心雕龍註》校云：「二字脱，楊云『有字下諸本皆遺翕散二字。』據下文當作雙叠二字。」○楊明照《拾遺》：「『雙叠』，黄校云：『二字脱，楊云：有字下，諸本皆遺翕散二字。謝云：據下文，當作雙叠二字。』天啟梅本補『雙叠』二字。按謝校梅補是也。劉善經《四聲論篇》引，正作『響有雙叠』。」○按：據黄本補。

〔七〕叠韻雜句而必聯　「雜」，《校證》作「離」。○王利器《文心雕龍校證》：「『離』原作『雜』，據《文鏡秘府論》改。謂用叠韻字各在一句也。」○按：從王説改。

〔八〕迃其際會　「迃」，《義證》作「迕」。○詹鍈《義證》：「（王利器）《校證》：『迕，原作迂。紀云：當作迕。《文鏡秘府論》正作迕，今據改。』范（文瀾）註：『案迂、迕二字均通……』『迂』，元刻本、弘治本作『迃』。按『迃』、『迂』本一字。」○按：紀説是，今從《義證》改。

〔九〕［累累］如貫［珠］矣　「累累」、「珠」三字漫漶，據《訓故》、黄本補。

〔一〇〕吟詠［滋］味流于下［句］　《訓故》「吟詠」作「吟詠」。「滋」「句」二字漫漶。《訓故》作「滋」、「句」。○詹鍈《義證》：「（王利器）《校證》：『滋味流于下句原作吟詠滋味，流于下句，梅據商改下爲字。謝云：吟詠二字似衍。梅六次本删吟詠二字。案謝説是，《文鏡秘府論》正作滋味流于下句，今據改。』按元刻本、弘治本俱作『下句』。梅本『寄在吟詠』下空兩格，沈巖臨何焯校本在空格中添『吟詠』二字。（楊明照）《校註》：『吟詠二字原係誤衍……孫氏不審，而欲再增字句二字以彌縫之，非是。』」○按：「吟詠」二字涉上而衍，「滋味流于下句，氣力窮于和韻」，相對而言。今從王、楊説删，並據《訓故》補「滋」、「句」二字。

〔一一〕［氣力］窮于和韻　「氣力」二字漫漶。據《訓故》、黄本補。

〔一二〕同聲相應謂之［韻韻氣］一定　「韻韻氣」三字漫漶，據《訓故》、黄本補。

〔一三〕故餘聲易遺　「故」，《訓故》、黄本同。○王利器《文心雕龍校證》：「古鈔本《文鏡祕府論》無『故』字，日刊本《文鏡祕府論》『故』作『則』。」○按：「故」「則」並通，但作「則」不與下「故」字複，較勝。今從日刊本《文鏡祕府論》改。

〔一四〕屬筆〔易〕巧選和至難　「易」字漫漶。「選和」，《訓故》、黄本同。○楊明照《拾遺》：「『選』上，《兩京》本、胡本有『而』字。按有『而』字，始能與下『綴文難精，而作韻甚易』相儷。」○按：楊説是。今據《兩京》本、胡本增。「易」字據《訓故》、黄本補。

〔一五〕〔雖纖〕意〔曲〕變　「雖纖」、「曲」三字漫漶。「意」，《訓故》、黄本同。○楊明照《拾遺》：「『意』，黄校云：『一作毫』。天啟梅本改『毫』。按『毫』字較勝。黄氏所稱一本，蓋即天啟梅本。」○按：從楊説改。漫漶字，據《訓故》、黄本補。

〔一六〕故有時而乖〔貳〕　「貳」字漫漶，據《訓故》、黄本改。

〔一七〕概舉而推可以〔類見〕　「類見」二字漫漶，據《訓故》、黄本補。

〔一八〕又詩人〔綜韻〕　「綜韻」二字漫漶，據《訓故》、黄本補。

〔一九〕故訛韻寔繁　「寔」，黄本作「實」。○按：作「實」是。《説文》：「（寔）止也。」《正韻》：「（寔）與實通。」《韻會》：「以通爲誤。」今從黄本改。

〔二〇〕及張華論〔韻謂〕士衡多楚　「韻謂」二字漫漶，據《訓故》、黄本補。

〔二一〕文賦亦稱知楚不易　「知楚」，《義證》作「取足」。○詹鍈《義證》：「『取足』，原作『知楚』。（黄侃）《札記》：『案《文賦》云：亮功多而累寡，故取足而不易。彦和蓋引其言以明士衡多楚，不以張公之言而變。知楚二字乃涉上文而訛。』（王利器）《校證》：『案黄説是。知楚二字即取足形近之訛，今據改。』李善註這兩句話説：『言其功既多爲累蓋寡，故以取足而不改易其文。』莊適註：『本文推廣其意，謂文中雖明知有楚音，而以功多累寡之故，因而取足而不易之。』」○按：諸家説是。從《義證》改。

〔二二〕可謂〔銜靈〕均之聲餘　「銜靈」二字漫漶；「聲餘」，黄本同。《訓故》作「餘聲」。○楊明照《拾遺》：「按『聲餘』二字當乙，始能與『正響』相對。上文『餘聲易遺』，亦與『遺吶難契』對。」○按：「銜靈」據黄本補。「聲餘」從《訓故》乙。

〔二三〕勢若轉〔圜訛〕音之作　「圜訛」二字漫漶，《訓故》作「圓訛」，黄本作「圜訛」。○按：圜、圓古通，從黄本。

〔二四〕〔免〕乎枘方　「免」字漫漶，據《訓故》、黄本補。

〔二五〕剖字〔鑽響〕　「鑽響」二字漫漶，據《訓故》、黄本補。

〔二六〕疏〔識闊〕略　「識闊」二字漫漶，據《訓故》、黄本補。

〔二七〕若長風之過〔籟〕東郭之吹〔竽〕耳　《訓故》作「□□□若長風之過籟流水之浮花□□□鄭人之買櫝南郭之吹竽耳」。「籟」、「竽」二字漫漶，據黄本補。「東郭」，黄本作「南郭」。黄叔琳註云：「元作『東』，葉循父改。」○李詳補註：「《札迻》云：『南，元本、汪本、活字本、馮本並作東。註云：元作東，葉循父改。紀云：東郭吹竽，其事未詳；若南郭濫竽，則於義無取，殆必不然。案：葉校改南，據《韓非子，内儲説上·七術篇》改也。今檢《新論·審名篇》云：東郭吹竽而不知音。袁孝政《註》亦以齊宣王東郭處士事爲釋，則南郭古書自有作東郭者。不必定依《韓子》也。但濫竽事終與文意不相應耳。』」○黄侃《文心雕龍札記》：「『南』，原作『東』。孫云：『《新論·審名》（按：即《劉子·審名》）篇：東郭吹竽而不知音。袁孝政《註》亦以齊宣王東郭處士事爲釋。是古書南郭自有作東郭者，不必定依《韓子》，但濫竽事終與文意不相應。』侃謹案：彦和之意，正同《新論》，亦云不知音而能妄成音，故與長風過籟連類而舉。章先生云：『當作南郭之吹竽耳，正與上文相連。《莊子》前者唱于而隨者唱喁，此本南郭子綦語，而彦和遂以爲南郭事，儷語之文，固多此類，後人不明吹于之義，遂誤加竹耳。』侃謹案：如師語亦得，但原文實作『東郭』，自以孫説爲長。」○按：李註、孫、黄説是也。「東郭」不必臆改爲「南郭」。又：《訓故》「若」上多「□□□」，「過籟」下多「流水之浮花□□□鄭人之買櫝」。○詹鍈《義證》：「黄校云：『籟』下王本有『流水之浮花□□□鄭人之買櫝』十三字。」《校註》：「按《兩京》本、胡本有『流水之浮花，鄭人之買櫝』十字，與《訓故》本略同。尋繹上下文意，實不應有。『長風』，『南郭』二句皆以音喻，『流水浮花』，『鄭人買櫝』，於此頗不倫類，疑爲淺人妄增。」《校註》説甚是，《訓故》不可從。

〔二八〕其可忘哉　「忘」，《訓故》作「忽」。○楊明照《拾遺》：「『忘』，黄校云：『王本作忽。』按『忽』字較勝。《書記篇》：『豈可忽哉！』辭意與此相同，可證。」○按：楊説是，據《訓故》改。

〔二九〕摽清務遠　「摽」，黄本作「標」。○按：作「標」是，已見前校。今從黄本改。

*《訓故》篇末註：校二十一字。

章句第三十四

夫設情有宅，置言有位；宅情曰章，位言曰句。故章者，明也；句者，局也。局言者，聯字以分疆；明情者，總義以包體：區畛相異，而衢路交通矣。夫人之立言，因字而生句，積句而爲章，積章而成篇。篇之彪炳，章無疵也；章之明靡，句無玷也；句之清英，字不妄也；振本而末從，知一而萬[畢]矣〔一〕。

夫裁文匠筆，篇有小大；離章合句，調有緩急；隨變[適]會〔二〕，莫見定準。句司數字，待相接以爲用；章總一義，須意窮而成體。其控引情理，送迎際會，譬舞容迴環，而有綴兆之位；歌聲靡曼，而有抗墜之節也。

尋詩人[擬]喻〔三〕，雖斷章取義，然章句在篇，如繭之抽緒，「原始要終」，體必[鱗]次〔四〕。啟行之辭，逆萌中篇之意；絶筆之言，追(勝)〔媵〕前句之[旨]〔五〕。故能外文綺交，内義脈注，跗萼相銜，首尾一體。[若]辭失其(明)〔朋〕〔六〕，則「羈旅而無友」；事乖其次，則飄寓而不安。是以搜句忌於顛倒，裁章貴於順序，斯[固]情趣之指歸〔七〕，文筆之同致也。

若夫(筆)〔章〕句無常〔八〕，而字有條數：四字密而不促，六字格而非緩，或變之以三五，蓋應機之權節也。至於《詩·頌》大體，以四言爲正，唯「祈父」、「肇禋」，以二言爲句。尋二言肇於黄世，《竹彈》之謡是也；三言興於虞時，《元首》之詩是也；四言廣於夏年，《洛汭》之歌是也；五言見於周代，《行露》之章是也。六言七言，雜出《詩》《騷》，(而)〔兩〕體之篇〔九〕，成於(兩)〔西〕漢〔一〇〕。情數運周，隨時代用[矣]〔一一〕。

[若]乃改韻(從)〔徙〕調〔一二〕，所以節文辭氣。賈誼、枚乘，兩韻輒易，[劉]歆、桓譚〔一三〕，百句不遷；亦各有其志也。昔魏武論(賦)〔詩〕，嫌[於]積韻，而善於(資)〔貿〕代〔一四〕。陸雲亦稱：「四言轉句，以四句爲[佳]」〔一五〕。觀彼制韻，志同枚、賈。然兩韻輒易，則聲韻微躁；[百]句不遷〔一六〕，則脣吻告勞；妙才激揚，雖觸思利貞，曷若折之中和，庶保無咎。

又詩人以「兮」字入於句限，《楚辭》用之，字出句外。尋「兮」字承句，乃語助餘聲。舜詠《南風》，用之久矣。而魏武弗好，豈不以無益文義耶！至於「夫」、「惟」、「蓋」、「故」者，發端之首唱；「之」、「而」、「於」、「以」者，乃劄句之舊體；「乎」、「哉」、「矣」、「也」〔者〕〔一七〕，亦送末之常科。據事似閑，在用實切。巧者迴運，彌縫文體，將令數句之外，得一字之助矣。外字難謬，況章句歟！

贊曰：斷章有檢，積句不恒。理資配主，辭忌（告）〔失〕朋〔一八〕。環情草調，宛轉相騰。離同合異，以盡厥能。

校記

〔一〕知一而萬〔畢〕矣　「畢」字漫漶，據《訓故》、黃本補。

〔二〕隨變〔適〕會　「適」字漫漶，據《訓故》、黃本補。

〔三〕尋詩人〔擬〕喻　「擬」字漫漶，據《訓故》、黃本補。

〔四〕體必〔鱗〕次　「鱗」字漫漶，據《訓故》、黃本補。

〔五〕追勝前句之〔旨〕　「勝」，《訓故》、黃本作「媵」，「旨」字漫漶。○楊明照《拾遺》：「『媵』，黃校云：『元作勝，謝改。』按謝改是也。弘治本、何本、《訓故》本、清謹軒本、岡本正作『媵』；《文通》二三引同。」○按：從黃本改；亦據《訓故》、黃本補。

〔六〕〔若〕失其明　「若」字漫漶；「明」，《訓故》、黃本作「朋」。○楊明照《拾遺》：「『朋』，黃校云：『元作明』。徐𤊹云：『玩贊語，（明）當作朋。』按何本、《訓故》本、謝鈔本、清謹軒本、岡本正作『朋』；《文通》引同。徐校梅改是也。」○按：並從《訓故》、黃本補、改。

〔七〕斯〔固〕情趣之指歸　「固」字漫漶，據《訓故》、黃本補。

〔八〕若夫筆句無常　「筆」，《義證》作「章」。○詹鍈《義證》引劉永濟《文心雕龍校釋》：「『筆句』，各本皆如此。『筆』乃『章』誤，審文可知。紀氏因誤文妄譏，殊可哂。」又：「紀評此書，頗多淺語。即如此篇，乃有二誤。次段本兼包章句，紀評以爲先論章法，而指筆句無常以下爲論句法。謂『論句法但考字數，無所發明』。不知筆句無常以下爲另一段，筆句實章句之謂，一誤也。」○按：劉説是。從《義證》改。

〔九〕而體之篇　《訓故》作「而體之□篇」。○「而」，范文瀾《文心雕龍註》校云：「疑有脱字。黄云：『按馮本而下空一格。』鈴木云：『梅本而作兩，其下空二字。』《義證》作「兩」。」○詹鍈《義證》引（王利器）《校證》：「『兩』原作『而』，謝、梅俱云：『疑有脱字』。梅六次本改『而』爲『兩』，王惟儉本、馮本『而』下空一格。今從梅六次本。范謂：『而體之篇，疑當作二體之篇。二體指上六言、七言。』其言與梅氏暗合。任昉稱『六言始于谷永』，而《文選》註數引劉向七言，則梅、范所定爲可從矣。今據改。」○按：從《義證》改。

〔一〇〕成于兩漢　「兩」，《義證》作「西」。○詹鍈《義證》引王利器《文心雕龍校證》：「『西』原作『兩』，今從梅六次本、徐校本改。」○按：依王説從《義證》改。

〔一一〕隨時代用［矣］　「矣」字殘佚，據《訓故》、黄本補。

〔一二〕［若］乃改韻從調　「若」字漫漶；「從」，《訓故》、黄本同。○楊明照《拾遺》：「鈴木云：『按從疑作徙。』按鈴木説是。《文選》嵇康《琴賦》『改韻易調』，《晉書・文苑・袁宏傳》『移韻徙事』，可資旁證。」○按：「若」字據《訓故》、黄本補；「從」依楊説改。

〔一三〕［劉］歆桓譚　「劉」字漫漶，據《訓故》、黄本補。

〔一四〕昔魏武論賦嫌［於］積韻而善于資代　「賦」、「資」，《訓故》、黄本同；「嫌」下「於」字漫漶。○楊明照《拾遺》：「馮舒云：『賦，《玉海》作詩；資作貿。』何焯云：『武疑作文。』『資』改『貿』。譚獻云：『賦，《玉海》作詩，是也；資，《玉海》作貿，是也。』按《金石例》九、《文斷》引，亦作『詩』、『貿』，當據改。」○按：今從楊説改；亦據《訓故》、黄本補「嫌」下「於」字。

〔一五〕以四句爲［佳］　「佳」字漫漶，據《訓故》、黄本補。

〔一六〕［百］句不遷　「百」字殘，據《訓故》、黄本補。

〔一七〕乎哉矣也　《義證》作「乎哉矣也者」○楊明照《拾遺》：「『也』下，徐𤊹校『者』字。按有『者』字，始能與上兩句相儷。徐校是也。」○按：楊説是。從《義證》改。

〔一八〕辭忌告朋　「告」，《訓故》作「告」。黄本作「失」。○詹鍈《義證》：「梅註：『失，元作告，謝改。』（張立齋）《考異》：『篇中有辭失其朋，則羈旅而無友』，即贊語所本，從『失』是。」○按：今從黄本改。

〔一九〕環情草調　「草」，《訓故》作「草」。

＊《訓故》篇末註：校三字。

麗辭第三十五

造化賦形，支體必雙，神理爲用，事不孤立。夫心生文辭，運裁百慮，高下相須，自然成對。唐虞之世，辭未極文，而皋陶贊(文)〔云〕〔一〕：「罪疑惟輕，功疑惟重。」益陳謨云：「滿招損，謙受益。」豈〔營〕麗辭〔二〕，率然對耳。《易》之《文》《繫》，聖人之妙思也。序《乾》四德，則(八)〔句〕句相銜〔三〕；龍虎類感，則字字相儷；乾坤易簡，則宛轉相承；日月往來，則隔行懸合。雖句字或殊，而偶意一也。至於詩人偶章，大夫聯辭，奇偶適變，不勞經營。自揚、馬、張、蔡，崇盛麗辭，如宋(盡)〔畫〕吳(治)〔冶〕〔四〕，刻形鏤法，麗句與深采並流，偶意共逸韻俱發。至魏晉羣才，析句彌密，聯字合趣，(割)〔剖〕毫析釐〔五〕。然契機者入巧，浮假者無功。

故麗辭之體，凡有四對：言對爲易，事對爲難，反對爲優，正對爲劣。言對者，雙比空辭者也；事對者，並舉人驗者也；反對者，理(硃)〔殊〕趣合者也〔六〕；正對者，事異義同者也。長卿《上林〔賦〕》云〔七〕：「修容乎禮園，翺翔乎書圃。」此言對之類也；宋〔玉〕《神女賦》云〔八〕：「毛嬙鄣袂，不足程式；西施掩面，比之無色」，此事對之類也；仲宣《登樓》云：「鍾儀幽而楚奏，莊舃顯而越吟」，此反對之類也；孟陽《七哀》云：「漢祖想〔枌榆〕〔九〕，光武思白水」，此正對之類也。〔凡〕偶辭胸臆〔一〇〕，言對所以爲易也；徵人之學〔一一〕，事對所以爲難也；幽顯同志，〔反〕對所以爲優也〔一二〕；並貴共心，正對所以爲劣也。又(以)〔言對〕〔事〕對〔一三〕，各有反正，指類而求，萬條自昭然矣。

張華詩稱「〔遊〕雁比翼翔〔一四〕，歸鴻知接翮」，劉琨(言詩)〔詩言〕〔一五〕：「宣尼悲獲麟，西狩涕孔丘」，若斯重出，即對句之駢枝也。

是以言對爲美，貴在精巧；事對所先，務在允當。若兩事相配，而優劣不均，是驥在左驂，駑爲右服也。若夫事或孤立，莫與相偶，是夔之一足，「踸踔而行」也。若氣無奇類，文乏異采，碌碌麗辭，則昏睡耳目。必使理圓事密，聯璧其章。迭用奇偶，節以雜佩，乃其貴耳。類此而思，理斯見也。

贊曰：體植必兩，辭動有配。「左提右挈」，精味兼載。炳爍聯華，鏡静含態。玉潤雙流，如彼珩珮。

《文心雕龍》卷第七

校記

〔一〕而皋陶贊文　「文」，《訓故》、黃本作「云」。〇王利器《文心雕龍校證》：「『云』舊作『文』，黃註本改。」〇按：作「云」是，下「益陳謨云」可證。從《訓故》、黃本改。

〔二〕豈［營］麗辭　「營」字漫漶，據《訓故》、黃本補。

〔三〕序乾四德則八句相銜　「八句」，黃本作「句句」。〇詹鍈《義證》：「（王利器）《校證》：『馮本、汪本、張之象本、王惟儉本、《詩紀》句作八，徐校作句。』按元刻本『句句』作『八句』，《易·乾·文言》序四德正是八句。故『八』亦可通。」〇按：詹説固有理，但作「句句」較勝，與下「字字」儷。從黃本改。

〔四〕如宋盡吳治　《訓故》作「如宋盡吳治」。黃本作「如宋畫吳冶」。〇楊明照《拾遺》：「黃校云：『畫，元作盡；冶，元作治。朱改。』按梅本曾引朱云：『宋畫吳冶，語出《淮南子》。』黃氏註中未加徵引，亦云疏矣。又按何本、謝鈔本作『宋畫吳冶』，未誤。」〇按：從黃本改。

〔五〕割毫析釐　「割」，黃本作「剖」。〇楊明照《拾遺》：「『剖』，黃校云：『一作割。』……何焯改『剖』。按『剖』『割』形近，每易淆誤。《文選·西京賦》：『剖析毫釐。』即此言之所自出，不作『割』。《體性篇》『剖析毫釐』，亦可證。黃氏依何校改『剖』，是也。」〇按：從黃本改。

〔六〕理硃趣合者也　「硃」，《訓故》、黃本作「殊」。〇按：「硃」字書所無，作「殊」是。今從《訓故》、黃本改。

〔七〕長卿上林云　《訓故》、黃本作「長卿上林賦云」。〇王利器《文心雕龍校證》：「『賦』字原脱，梅補。」案梅補是，《吟窗雜録》二一七引正有『賦』字。」〇按：據《訓故》、黃本增。

〔八〕宋［玉］神女賦云　「玉」字殘佚，據《訓故》、黄本補。

〔九〕漢祖想［枌榆］　「枌」字殘佚；「榆」字殘。並據《訓故》、黄本補。

〔一〇〕［凡］偶辭胸臆　「凡」字漫漶，據《訓故》、黄本補。

〔一一〕徵人之學　《訓故》作「徵人之學」。○王利器《校證》：「『徵』原作『徵』，梅云：『當作擬。』徐校作『徵』。唐云：『當作徵。蓋用事則人之學可見矣。』梅六次本改作『徵』，日本刊本、張松孫本、崇文本皆從之。」

〔一二〕［反］對所以爲優也　「反」字殘佚，據《訓故》、黄本補。

〔一三〕又以［事］對　「事」字殘佚。《訓故》作「又以事對」。《義證》作「又言對事對」。○王利器《文心雕龍校證》：「『又言對事對』，原作『又以事對』，今從紀説改正。」○按：從王説據《義證》改補。

〔一四〕張華詩稱［遊］雁比翼翔　「遊」字殘佚，據《訓故》、黄本補。

〔一五〕劉琨言詩　「言詩」，《訓故》、黄本作「詩言」。○楊明照《拾遺》：「『言』，黄校云：『元在詩字上。』徐𤊹云：『言詩，當作詩言。』按張本、何本、《訓故》本、謝鈔本並作『詩言』；《詩紀》别集二、《文通》二三引同。徐校、梅改是也。」○按：今從《訓故》、黄本乙。

〔一六〕踸踔而行　「踸踔」，通行本並作「跉踔」。○楊明照《校註》：「按：『跉』字《説文》所無，新附有『踸』字。《楚辭》東方朔《七諫》：『馬蘭踸踔而日加。』《文賦》：『故踸踔於短垣。』《江文通文集・鏡論語》：『宋踸踔於馬蘭。』是古人率用『踸』字。」

*《訓故》篇末註：校三字，七卷共校四十一字。

《文心雕龍》卷第八

比興第三十六

《詩》文弘奥，包韞六義；毛公述《傳》，獨標「興」體，豈不以「風」通而「賦」同，「比」顯而「興」隱哉？故「比」者附也；「興」者起也。附理者切類以指事，起情者依微以擬議。起情故「興」體以立，附理故「比」例以生。「比」則(畜)〔蓄〕憤以斥言〔一〕，「興」則環譬以(記)〔託〕諷〔二〕，蓋隨時之義不一，故詩人之志有二也。觀夫「興」之託諭，婉而成章，稱名也小，取類也大。《關雎》有别，故后妃方德；尸鳩貞一，故夫人象義。義取其貞，無從於夷禽〔三〕；德貴其别，不嫌於鷙鳥；明而未融，故發注而後見也。且何謂爲「比」，蓋寫物以附意，颺言以切事者也。故金錫以喻明德，珪璋以譬秀民，螟蛉以類教誨，蜩螗以寫號呼，澣衣以擬心憂，卷席以方志固：凡斯切象，皆「比」義也。至如「麻衣如雪」，「兩驂如舞」，若斯之類，皆「比」類者也。(襄)〔衰〕楚信讒〔四〕，而三閭忠烈，依《詩》製《騷》，諷兼「比」「興」〔五〕；炎漢雖盛，而辭人夸毗，(詩)〔諷〕刺道喪〔六〕，故「興」義銷亡。于是賦頌先鳴，故「比」體云構，紛紜雜遝，(信)〔倍〕舊章矣〔七〕。

夫「比」之爲義，取類不常：或喻於聲，或方於貌，或擬於心，或譬於事。宋玉《高唐》〔云〕〔八〕：「纖條悲鳴，聲似竽籟」，此比聲之類也；枚乘《(荒)〔菟〕園》云〔九〕：「(焱焱)〔猋猋〕紛紛〔一〇〕，若塵埃之間白雲」，此(則)比貌之類也〔一一〕；賈生《鵬(賦)〔鳥〕》云〔一二〕：「禍之與福，何異糾纆」，此以物比理者也；王褒《洞簫》云：「優柔温潤，如慈父之(愛)〔畜〕子也」〔一三〕，此以聲比心者也；馬融〔《長笛》〕(賦)云〔一四〕：「繁縟絡繹，范蔡(説之)〔之説也〕」〔一五〕，(此)以響比辯者也〔一六〕；張衡《南都》云：「起鄭舞，繭(抽)〔曳〕緒〔一七〕」，此以容比物者也。若斯之類，辭賦所先，日用乎「比」，月忘乎「興」，習小而棄大，所以文謝於周人也。至于楊、班之倫，曹、劉以下，圖狀山川，影寫雲物，莫不(織)〔纖〕綜「比」義〔一八〕，以敷其華，驚聽回視，資此效績。又安仁

《螢賦》云：「流金在沙」，季（膺春詩）〔鷹《雜詩》〕云〔一九〕：「青條若總翠」，皆其義者也。故比類雖繁，以切至爲貴，若刻（鶴）〔鵠〕類鶩〔二〇〕，則無所取焉。

贊曰：詩人比興，觸物圓覽。物雖胡越，合則肝膽。擬容取心，斷辭必敢。攢蕥〔雜〕詠歌〔二一〕，如川之（渙）〔澮〕〔二二〕。

校記

〔一〕比則畜憤以斥言　「畜」，《義證》作「蓄」。○楊明照《拾遺》：「按『畜』當作『蓄』，音之誤也。《説文·艸部》：『蓄，積也。』又《田部》：『畜，田畜也。』是二字意義各別。《情采篇》『蓋風雅之興，志思蓄憤』，尤爲切證。」○按：楊説是，從《義證》改。

〔二〕興則環譬以記諷　「記」，黄本同。《訓故》作「託」。○楊明照《拾遺》：「『記』，黄校云：『一作託。』徐𤊹校『託』；天啟本改『託』。張本作『寄』。按『記諷』不辭，『寄』字亦誤。當以作『託』爲是。此云『託諷』，下云『託諭』，其意一也。《漢書·敘傳下·司馬相如傳》述：『寓言淫辭，託風（顔註：『風讀曰諷』）終始。』《文選》顔延之《五君詠》：『寓辭類託諷。』並以『託諷』連文。《訓故》本作『託』，未誤。當據改。」○按：從楊説據《訓故》改。

〔三〕尸鳩貞一故夫人象義義取其貞無從於夷禽　《訓故》兩「義」並作「儀」，「從」作「從」。《繹旨》作「疑」。○《校註》：「上云『后妃方德』，此云『夫人象義』，正相匹對。」又：「按『從』讀爲『縱』。《説文·糸部》：『縱，緩也；一曰舍也……』『無從於夷禽』，言常禽如鳲鳩亦可歌詠，而不舍棄也。」

〔四〕襄楚信讒　「襄楚」，《訓故》、黄本作「楚襄」。○楊明照《拾遺》：「按三閭見讒，不止楚懷一代，亦非始于楚襄之世。下文以『炎漢雖盛，而辭人夸毗』與此對言，則『襄』字當依天啟梅本改『衰』始合文意。作『襄』作『懷』均非。《才略篇》『趙衰以文勝從饗』，元本、弘治本、活字本、汪本等亦誤『衰』爲『襄』，與此正同。」○按：「衰楚」對「炎漢」，作「衰」是。今從楊説改。

〔五〕諷兼比興　《訓故》「諷」作「諷」。

〔六〕詩刺道喪　「詩」，《訓故》作「諷」。○楊明照《拾遺》：「曹學佺云：『詩，當作諷。』按《訓故》本正作『諷』。當據改。」

《書記篇》有『詩人諷刺』語。」〇按：從楊説據《訓故》改。

〔七〕信舊章矣　《訓故》、黄本同。〇范文瀾《文心雕龍註》：「『信』當作『倍』，『倍』即背也。」〇劉永濟《文心雕龍校釋》：「按文義，此言漢文興亡比盛，與舊不同，不當曰信。『信』乃『倍』字形誤。范文瀾註謂當作『倍』，是也。」〇按：范、劉説是，今據改。

〔八〕宋玉高唐　《訓故》、黄本在「高唐」下有「云」字。〇按：「云」字當有，與下一律。今據《訓故》、黄本增。

〔九〕枚乘荒園云　「荒園」，《訓故》、黄本作「菟園」。〇按：「荒」字實誤。枚乘《菟園賦》，《古文苑》載有此文。《詮賦篇》：「枚乘《菟園》，舉要以會新。」作「菟」是，從《訓故》、黄本改。

〔一〇〕焱焱紛紛　「焱焱」，《訓故》、黄本同。〇楊明照《拾遺》：「按從三火之『焱』與從三犬之『猋』，音義俱别。枚賦此段寫鳥，合是『猋』字。『猋猋紛紛』，蓋形容衆鳥『往來霞水，離散没合』之變化多端，不可名狀……又《東都賦》『焱焱炎炎』，段玉裁《説文解字註》謂當作『猋猋炎炎』。是『焱』、『猋』二字形近，固易互譌也。」〇按：從楊説改。

〔一一〕此則比貌之類也　《訓故》、黄本同。〇王利器《文心雕龍校證》：「『此』下原有『則』字，以上下文例求之，不當有，今删。」〇按：從王説删。

〔一二〕賈生鵩賦　「鵩賦」，《校證》作「鵩鳥」。〇楊明照《拾遺》：「顧廣圻云：『賦，當作鳥。』譚獻説同。按顧、譚説是。此段所引《高唐》、《菟園》、《洞簫》、《長笛》、《南都》諸賦，皆未著賦字，此亦應爾。《詮賦篇》亦引《菟園》、《洞簫》、《鵩鳥》諸賦，而《鵩鳥》正不作『鵩賦』。」〇按：作「鵩鳥」是，從楊説改。

〔一三〕如慈父之愛子也　「愛」，黄本作「畜」。〇王利器《文心雕龍校證》：「『畜』，原作『愛』，梅云：『本賦作「畜」字。』黄本據改。」〇按：從黄本改。

〔一四〕馬融賦云　《訓故》、黄本作「馬融長笛云」。〇王利器《文心雕龍校證》：「『長笛』原作『賦』字，何校本、黄本改。馮校云：『融下脱長笛二字。』案以上下文例求之，黄改是，今從之。」〇按：據《訓故》、黄本增删。

〔一五〕范蔡説之　「説之」，《訓故》、黄本作「之説也」。〇王利器《文心雕龍校證》：「『范蔡之説也』，原作『范蔡説之』，馮校、黄本乙補。案據本賦，馮校、黄本是，今從之。」〇按：從《訓故》、黄本乙補。

〔一六〕以響比辯者也　《訓故》、黄本在「以」前有「此」字。〇按：以上下例求之，「此」字當有。今據《訓故》、黄本增。

〔一七〕繭抽緒　「抽」，黄本作「曳」。〇楊明照《拾遺》：「『曳』黄校云：『元作抽，按本賦改。』按謝鈔本即作『曳』。元本等作「抽」，非出舍人誤記，即由寫者依《章句篇》「如繭之抽緒」妄改。」○按：楊説是，從黃本改。

〔一八〕莫不纖綜比義　「纖」，黃本同，《訓故》作「纖」。范文瀾校：「疑作織。」《校證》作「織」。○范文瀾《文心雕龍註》：「『纖』當作『織』。」○王利器《文心雕龍校證》：「織原作纖，何、黃并云疑作織。案作『織』是，《正諱篇》亦有『織綜』語，今據改。」○按：依范、王説從《校證》改。

〔一九〕季膺春詩云　黃本作「季鷹雜詩云」。○王利器《文心雕龍校證》：「『雜』，汪本、佘本、馮本、王惟儉本、馮校本、顧校本、《詩紀》作『春』，徐校作『雜』。案季鷹《雜詩》，《文選》入雜詩内，詩中正有『青條若總翠』語。作『春』者誤。」○按：《文選》雜詩上有張季鷹《雜詩》一首（五言），李善註云：「今書《七志》曰：張翰字季鷹，吴郡人也。」「膺春」二字皆誤。今從黃本改。

〔二〇〕若刻鶴類鶩　「鶴」，《訓故》、黃本作「鵠」，○楊明照《拾遺》：「『鵠』，黃校云：『元作鶴，謝改。』按謝改是也。何本、《訓故》本、《別解》本、謝鈔本、岡本、尚古本正作『鵠』；《歷代賦話》續集十四引同。」○按：作「鵠」是，今從黃本改。

〔二一〕攢⿱艹雜詠歌　「⿱艹雜」，黃本作「雜」。按：《唐韻》：「⿱艹雜，户簾也。」「⿱艹雜」「雜」音同義別，作「⿱艹雜」非是。今從黃本改。

〔二二〕如川之渙　黃本同。○楊明照《拾遺》：「黃侃云：『渙字失韻，當作澮，字形相近而誤。澮澮，水貌也。』按黃説是。《文選》宋玉《高唐賦》：『水澮澮而盤紆兮。』李註引《説文·水部》曰：『澮澮，水搖（貌）也。』《東京賦》：『淥水澮澮。』曹操《步出夏門行觀滄海》：『水何澮澮。』」○按：從楊説改。

《訓故》篇末註：校十五字。

*

夸飾第三十七

夫形而上者謂之「道」，形而下者謂之「器」。神道難摹，精言不能追其極；形器易寫，壯辭可得喻其真；才非短長，理自難易耳。故自天地以降，豫入聲貌，文辭所被，夸飾恒存。唯《詩》《書》雅言，風（格）〔俗〕訓世〔一〕，事必宜廣，文亦過焉。是以言峻則「嵩高極天」，論狹則「河不容舠」，説多則「子孫千億」，稱少則「民靡孑遺」，襄陵舉「滔天」之目，倒戈立「漂杵」之論，辭雖已甚，其義無害也。且夫鴞音之醜，豈有泮林而變好？荼味之苦，宋以周原而成飴？並意深褒贊，故義成矯飾。大聖所録，以垂憲章。孟軻所〔云〕〔二〕，「説《詩》者不以文害辭，不以辭害意」也。

自宋玉景差，〔夸〕飾始盛〔三〕，相如憑風，詭濫愈甚。故上林之館，奔星與宛虹入軒；從禽之盛，飛廉與（鷦鷯）〔焦明〕俱獲〔四〕。及楊雄《甘泉》，酌其餘波，語瓌奇則假珍於玉樹，言峻極則顛墜於鬼神。至《（東）〔西〕都》之比目〔五〕，《西京》之海若，驗理則理無（不）〔可〕驗〔六〕，窮飾則飾猶未窮矣。又子雲《（校）〔羽〕獵》〔七〕，鞭宓妃以饟屈原；張衡《羽獵》，困玄冥於朔野。（欒）〔孌〕彼洛神〔八〕，既非魑魅；惟此水（怪）〔師〕〔九〕，亦非（魑魅）〔魍魎〕〔一〇〕；而虚用濫形，不其疎乎？此欲夸其威而（飾）其事〔一一〕，義睽剌也。

至如氣貌山海，體勢宮殿，嵯峨揭業，熠燿焜煌之狀，光采煒煒而欲然，聲貌岌岌其將動矣。莫不因夸以成狀，沿飾而得奇也。於是後進之才，獎氣挾聲，軒翥而欲奮飛，騰躑而羞跼步。辭入煒燁，春藻不能程其艷；言在萎絶，寒谷未足成其凋；談歡則字與笑並，論慼則聲共泣偕。（言）〔信〕可以發蘊而飛滯〔一二〕，披瞽而駭聾矣。

然飾窮其要，則心聲鋒起，夸過其理，則名（貫）〔實〕兩乖〔一三〕。若能酌《詩》《書》之曠旨，剪楊馬之甚泰，使夸而有節，飾而不誣，亦可謂之懿也。

贊曰：夸飾在用，文豈循檢？言必鵬運，氣靡鴻漸。倒海探珠，傾崑取琰。曠而不溢，奢而無玷。

校記

〔一〕風格訓世　「風格」，《訓故》、黄本同。○楊明照《拾遺》：「『格』，謝鈔本作『俗』。顧廣圻校作『俗』。按『風格訓世』，義不可通。作『俗』是也。『風』，讀爲『諷』。『風俗訓世』，即《詩大序》『風，風也，教也，風以動之，教以化之』之意。慧皎《高僧傳序》：『明詩書禮樂，以成風俗之訓。』語意與此同，尤爲切證。《論語・述而篇》：『子所雅言：詩，書，執禮，皆雅言也。』」○按：從楊説改。

〔二〕孟軻所　《訓故》作「孟軻所謂」。黃本作「孟軻所云」。○王利器《文心雕龍校證》：「馮本、汪本、佘本、張之象本、《兩京》本、《四庫》本無『云』字。」○按：「云」字當有，今據黃本增。

〔三〕自宋玉景差飾始盛　「飾」，《訓故》、黃本作「夸飾」。○王利器《文心雕龍校證》：「《兩京》本『夸』作『章』，馮本墨釘。」○按：「夸」字當有，原脱，今據《訓故》、黃本補。

〔四〕飛廉與鷦鷯俱獲　「鷦鷯」，黃本同。《訓故》作「焦明」。范文瀾校云：「按本賦作『焦明』。」《校證》作「焦明」。○范文瀾《文心雕龍註》：「案『鷦鷯』應依本賦作『焦明』。」○王利器《文心雕龍校證》：「『焦明』原作『鷦鷯』，梅云：『按本賦作焦明。王惟儉本作焦明。』案此淺人習見『鷦鷯』，鮮見『焦明』，至誤，今據改正。」○按：從《訓故》改。

〔五〕至東都之比目　「東都」，《訓故》、黃本同。○劉永濟《文心雕龍校釋》：「按『比目』出《西都賦》，此誤作《東都》。」○按：從劉説改。

〔六〕驗理則理無不驗　「不」，《訓故》作「可」。○王利器《文心雕龍校證》：「『可』原作『不』，紀云：『不驗當作可驗。』案紀説是，今據改。」○按：從《訓故》改。

〔七〕又子雲校獵　「校獵」，黃本作「羽獵」。○王利器《文心雕龍校證》：「『羽』原作『校』，梅云：『當作羽。』何校本、黃註本改作『羽』。」○按：作『羽』合本賦，今從黃本改。

〔八〕欒彼洛神　「欒」，《訓故》、黃本作「孌」。○詹鍈《義證》：「（王利器）《校證》：『馮本、汪本、佘本、張之象本變作欒，徐校作孌。』按元刻本亦作欒。斯波六郎：『孌彼洛神，據《詩・邶風・泉水》之孌彼諸姬而來者。』《毛傳》：『孌，好貌』。」○按：「欒」係「孌」之形近而誤。今從《訓故》、黃本改。

〔九〕惟此水怪　「怪」，黃本作「師」。○楊明照《拾遺》：「按《國語・魯語下》『木石之怪，曰夔蛧蜽；水之怪，曰龍罔象。』《左傳》宣公三年：『螭魅罔兩。』杜註：『魅，怪物。』是『怪』字未誤。」○詹鍈《義證》：「按此處『水師』承上文『玄冥』而言，下句又云『亦非魍魎』，可見不應作『水怪』。（李曰剛）《斟詮》：『水師，古之水官。《左傳》昭十七年：共工氏以水紀，故爲水師而水名。』」○按：詹説是，從黃本改。

〔一〇〕亦非魑魅　「魑魅」，《訓故》作「魑魅」。《校證》作「魍魎」。○王利器《文心雕龍校證》：「『魍魎』原作『魑魅』，今從謝徐校改。王惟儉本、《文通》二一正作『魍魎』。」○按：作「魍魎」是，不與上重出。今從《校證》改。

〔一一〕此欲夸其威而其事　黃本「而」下有「飾」字。○楊明照《拾遺》：「按何本、謝鈔本有『飾』字，梅補是也。」○按：「飾」

字原脱，今據黄本補。

〔一二〕言可以發蘊而飛滯　「言」，《訓故》、黄本作「信」。○詹鍈《義證》：「『信』字，元刻本、弘治本均作『言』，『信』字義長。」○按：詹説是，今從《訓故》、黄本改。

〔一三〕則名貫兩乖　「貫」，《訓故》、黄本作「實」。○按：作「實」是，「貫」乃「實」殘「宀」頭而誤。今從黄本改。

*《訓故》篇末註：校七字。

事類第三十八

事類者，蓋文章之外，據事以類義，援古以證今者也。昔文王繇《易》，剖判爻位，《既濟》九三，遠引高宗之伐，《明夷》六五，近書箕子之貞：斯略舉人事，以徵義者也。至若《胤征》羲和，陳《（正）〔政〕典》之訓〔一〕；《盤庚》誥民，叙遲任之言：此全引成辭以明理者也。然則明理引乎成辭，徵義舉乎人事，乃聖賢之鴻謨，經籍之通矩也。《大畜》之象，「君子以多識前言往行」，亦有包於文矣。

觀夫屈、宋屬篇，號依詩人，雖引古事，而莫取舊辭。唯賈誼《鵩（賦）〔鳥〕》〔二〕，始用《鶡冠》之説；相如《上林》，撮引李斯之書，此萬分之一會也。及揚雄《（六）〔百〕官箴》〔三〕，頗酌於《詩》《書》，劉歆《遂初賦》，歷叙於紀傳，漸漸綜採矣。至於崔、班、張、蔡，遂捃摭經史，華實布（護）〔濩〕〔四〕，因書立功，皆後人之範式也。

夫薑桂（同）〔因〕地〔五〕，辛在本性；文章由學，能在天（資）〔才〕〔六〕。〔故〕才自内發〔七〕，學以外成，有（飽學）〔學飽〕而才餒〔八〕，有才富而學貧，〔學貧〕者，迍邅於事義〔九〕；才餒者，劬勞於辭情：此内外之殊分也。是以屬意立文，心與筆謀，才爲盟主，學爲輔佐，主佐合德，文采必霸；才學褊狹，雖美少功。夫以子雲之才，而自奏不學，及觀書石室，乃成鴻采。表裏相資，古今一也。故魏武稱「張子之文爲拙，然學問膚淺〔一〇〕，所見不博，專拾掇崔杜小文，所作不可悉難，難便不知所出」，斯則寡聞之病也。

夫經典沉深，載籍浩（汗）〔瀚〕〔一一〕，實羣言之奧［區］〔一二〕，而才思之神皋也。揚班以下，莫不［取］

資〔一三〕，任力耕耨，縱意漁獵，操刀能割，必裂膏腴；是以將贍才力，務〔在〕博見〔一四〕，狐腋非一皮能温，鷄蹠必數千而飽矣。是以綜學在博，取事貴約，校練務精，據理須覈，衆美輻〔湊〕〔一五〕，表裏發（輝）〔揮〕〔一六〕。劉（邵）〔劭〕《趙都賦》（客）云〔一七〕：「公子之客，叱勁楚令歃盟，管庫隸臣，呵强秦使鼓缶。」用事如斯，可謂理得而義要矣。故事得其要，雖小成績，譬寸轄制輪，尺樞運關也。或微言美事，置於閑〔散〕〔一八〕，是綴金翠於足脛，靚粉黛於胸臆也。

凡用舊合機，不啻自其口出，引事乖謬，雖千載而爲瑕。陳思羣才之英也，《報孔璋書》云：「葛天氏之樂，千人唱，萬人和，聽者因以蔑《韶》《夏》矣。」此引事之實謬也。按葛天之歌，唱和三人而（巳）〔已〕〔一九〕。然而相如《上林》云：「奏陶唐之舞，聽葛天之歌，千人唱，萬人和。」唱和千萬人，乃相如（接人）〔推之〕〔二〇〕；然而濫侈葛天，推三成萬者，信賦妄書，致斯謬也。陸機《園葵》詩云：「庇足同一智，生理（合異）〔各萬〕端〔二一〕。」夫「葵能衛足」，事譏鮑莊；「葛藟庇根」，辭自樂豫；若譬「葛」爲「葵」，則引事爲謬；若謂「庇」勝「衛」，則改事失真：斯又不精之患。夫以子建明練，士衡沈密，而不〔免〕於謬〔二二〕。曹（仁）〔洪〕之謬高唐〔二三〕，又曷足以嘲哉！夫山水爲良匠所度，經書爲文士所擇，木美而定於斧斤，事美而制於刀筆，研思之士，無慚匠石矣。

贊曰：經籍深富，辭理遐亘。皜如江海，鬱若崑鄧。文梓共採，瓊珠交贈。用人若（已）〔己〕〔二四〕，古來無懵。

校記

〔一〕陳正典之訓　「正」，黄本作「政」。○詹鍈《義證》：「（王利器）《校證》：『政，馮本、汪本、佘本……顧校本作正。按《胤征》本文是政字，作正者非。』按元刻本亦作『正』。范（文瀾）註：『僞《孔傳》曰：《政典》，夏后爲政之典籍，若《周官》六卿之治典。』這是引《政典》的話來告誡兵衆。」○按：作「政」是，從黄本改。

〔二〕唯賈誼鵩賦　「賦」，《訓故》、黄本同。○楊明照《拾遺》：「按『賦』當作『鳥』。已詳《比興篇》『賈生鵩賦』條。」○按參見《比興篇》校記〔一〇〕。今從楊説改。

〔三〕及楊雄六官箴　「六」，《訓故》、黄本作「百」。○詹鍈《義證》引牟世金《文心雕龍范註補正》：「彦和在《銘箴篇》曾説：『至楊雄稽古，始範《虞箴》，作卿尹、州牧二十五篇。及崔胡補綴，總稱《百官》。』可證他認爲《百官箴》是崔胡等人補充楊雄之作而成。史實正是如此。」○按：從《訓故》、黄本改。

〔四〕華實布護　「護」，《訓故》、黄本作「濩」。○王利器《文心雕龍校證》：「『濩』，汪本、佘本、張之象本、《兩京》本、王惟儉本誤『護』。」○按：從《訓故》、黄本改。

〔五〕夫薑桂同地　「同」，《御覽》作「因」。○楊明照《拾遺》：「按『因』字是，『同』其形誤也。《宋玉集序》：『宋玉事楚懷王，友人言之宋玉，玉以爲小臣。王議友人。友人曰：薑桂因地而生，不因地而辛。』《韓詩外傳》七：『宋玉因其友見楚襄王，襄王待之無以異，乃讓其友。友曰：夫薑桂因地而生，不因地而辛。』爲舍人此文所本，正作因。」○按：今從《御覽》改。

〔六〕能在天資　「天資」，《御覽》作「天才」。○楊明照《拾遺》：「『資』，《御覽》引作『才』；《文斷總論·作文法》引同。何焯改『才』。按『才』字是。下文屢以『才』、『學』對言，即承此引申。若作『資』，則上下不應矣。」○按：楊説是。從《御覽》改。

〔七〕才自内發　《御覽》在「才」上有「故」字。○楊明照《拾遺》：「按有『故』字，于義爲長。《文斷》亦引有『故』字。」○按：據《御覽》增。

〔八〕有飽學而才餒　「飽學」，《御覽》作「學飽」。○按：作「學飽」是，與下「才富」相對而言。從《御覽》乙。

〔九〕者迍邅于事義　《御覽》作「學貧者迍邅于事義。」○按：「學貧」二字原脱，當據《御覽》補。

〔一〇〕然學問膚淺　「然」，《訓故》作「然」。

〔一一〕載籍浩汗　「汗」，黄本作「瀚」。○按：「汗」、「瀚」義通，但「浩瀚」較勝。從黄本改。

〔一二〕實羣言之奥[區]　「區」字漫漶，據黄本補。

〔一三〕莫不[取]資　「取」字殘佚，據《訓故》、黄本補。

〔一四〕務[在]博見　「在」字殘佚，據《訓故》、黄本補。

〔一五〕衆美輻[湊]　「湊」字漫漶，《訓故》作「湊」。黄本作「輳」。○楊明照《拾遺》：「『輳』，元本、弘治本、汪本、張本、《兩京》本、《訓故》本、《四庫》本作『湊』。按『湊』字是。已詳見《書記篇》『詭麗輻輳』條。」○按：參見《書記篇》校記〔六〕。今從楊説據《訓故》補。

〔一六〕表裏發輝　「輝」，《訓故》、黄本作「揮」。○按：「輝」、「揮」同音而誤，作「揮」是。從《訓故》、黄本改。

〔一七〕劉邵趙都賦客云　黄本「邵」作「劭」，無「客」字。○詹鍈《義證》：「元刻本、弘治本『劭』作『邵』，『云』上有『客』字。（王利器）《校證》：『何允中本、日本活字本、凌本，賦上有客字……梅六次本剜去客字，馮校云：客云，客字疑衍。而黄註本、張松孫本從之，是也。』（王惟儉）《訓故》：『《魏志》：劉劭，字孔才，嘗作《趙都賦》，明帝美之。』按此見《劉劭傳》。」○按：「客」字衍，作「劭」是。今據黄本删、改。

〔一八〕或微言美事置于閑　「閑」，《訓故》作「閑□」。黄本作「閑散」。○詹鍈《義證》：「（王利器）《校證》：『張之象本閑作間。馮本、汪本、佘本、張之象本、《兩京》本脱散字。王惟儉本作閒□。』按元刻本即脱『散』字。」○按：「散」字當有，據黄本補。

〔一九〕唱和三人而巳　「巳」，黄本作「已」。○按：作「已」是，從黄本改。

〔二〇〕唱和千萬人乃相如接人　「接人」，《訓故》作「接人」。《義證》作「推之」。○范文瀾《文心雕龍註》：「『接人』黄校云『疑作推之二字』。紀評謂『疑或增入二字之誤。』案似作『推之』爲是。」○詹鍈《義證》：「（王利器）《校證》：『推之原作接人，梅云：當作推之二字。崇文本作推之，今據改。』（張立齋）《考異》：『梅本疑作推之者，據下文推三成萬而言也。紀評疑作增入者，據上文唱和千萬人而言也。俱可以通，姑兩存之。』」○按：作「推之」較勝，今依范、王説從《義證》改。

〔二一〕生理合異端　「異端」，《訓故》、黄本同。○范文瀾《文心雕龍註》：「陸機《園葵詩》二首《文選》載其一首。彦和所引詩，本集載之，作『庇是同一智，生理各萬端』，『合異』當是『各萬』之誤。」○按：范説是，當據本詩更正。

〔二二〕不[免]于謬　「免」字漫漶，據《訓故》、黄本補。

〔二三〕曹仁之謬高唐　「曹仁」，《義證》作「曹洪」。○詹鍈《義證》：「『曹洪』原作『曹仁』。二人皆曹操從弟。范（文瀾）註：《文選》有陳琳《爲曹洪與魏文帝書》。曹仁當是曹洪之誤。」○按：從范説，據《義證》改。

〔二四〕用人若已　「已」，黄本作「己」。○按：「已」、「己」形似義別，當據黄本改正。

*　《訓故》篇末註：校八字。

練字第三十九

夫文象列而結繩移，鳥跡明而書契作，斯乃言語之體貌，而文章之宅宇也。蒼頡造之，鬼哭粟飛；黄帝用之，官治民察。先王聲教，書必同文，輶軒之使，紀言殊俗，所以一字體，總異音。《周禮》保（章）氏[一]，掌教「六書」。秦滅舊章，「以吏爲師」，及李斯删籀而秦篆興，程邈造隸而古文廢。漢初（章）〔草〕律[二]，明著厥法：太〔史〕學童[三]，教試「六體」；又吏民上書，字謬〔輒〕劾[四]。是以馬字〔缺畫〕[五]，而石建懼死，雖云性慎，亦時重文也。至孝武之世，〔則〕相如撰篇[六]。及宣（成）〔平〕二帝[七]，徵集小學，張敞以正讀傳〔業〕[八]，楊雄以奇字纂訓，并貫練《雅》《（頌）〔頡〕》[九]，總閲音義。（鳴）〔鴻〕筆之徒[一〇]，莫不洞曉。且多賦京苑，假借形聲；是以前漢小學，率〔多〕瑋字[一一]，非獨制異，乃共曉難也。暨乎後漢，小學轉疎，復文隱訓，臧（否）（太）〔大〕半[一二]。

及魏代綴藻，則字有常檢，追觀漢作，翻成阻奧。故陳思稱「揚、馬之作，趣幽旨深，讀者非師傳不能析其辭，非博學不能綜其理。」豈直才懸，抑亦字隱。自晉來用字，率從簡易；時並習易，人誰取難？今一字詭異，則羣句震驚；三人弗識，則將成字妖矣。後世所同曉者，雖難斯易；時所共廢，雖易斯難；趣舍之間，不可不察。

夫《爾雅》者，孔徒之所（慕）〔纂〕[一三]，而《詩》《書》之襟帶也；《蒼頡》者，李斯之所輯，而鳥籀之遺體也。《雅》以淵（淵誥）〔源詁〕訓[一四]，《頡》以苑囿奇文，異體相資，如左右肩股，該舊而知新，亦可以屬文。若夫義訓古今，興廢殊用，字形單複，研蚩異體。心既託聲於言，言亦寄形於字；諷誦則（續）〔績〕在宫商[一五]，臨文則能歸字形矣。

是以綴字屬篇，必須練擇：一避詭異，二省聯邊，三權重（幽）〔出〕[一六]，四調單複。詭異者，字體瓌怪者也。曹攄詩稱：「豈不願斯遊，褊心惡（哅）〔㕼〕呶[一七]。」兩字詭異，大疵美篇，況乃過此，其可觀乎！聯邊者，半字同文者也。狀貌山川，古今咸用，施於常文，則(鉏鋙)〔齟齬〕爲瑕〔一八〕，如不獲免，可至三接，三接之外，其字林乎！重出者，同字相犯者也。《詩》《(驗)〔騷〕》適會〔一九〕，而近世忌同，若兩字俱要，則寧在[相]犯〔二〇〕。故善爲文者，富於萬篇，貧於一字。一字非少，相避爲難也。單複者，字形肥瘠者也。瘠字累句，則纖疏而行劣；肥字積文，則黯(默)〔黕〕而篇闇〔二一〕；善酌字者，(叁)〔參〕伍單複〔二二〕，磊落如珠矣。凡此四條，雖文不必有，而體例不無。若值而莫悟，則非精解。

至於經典隱曖，方册紛綸；簡蠹帛裂，三寫易字，或以音訛，或以文變。子思弟子，「於穆不(祀)〔似〕」(者)〔二三〕，音訛之異也。晉之史記，「三豕渡河」，文變之謬也。《尚書大傳》有「别風淮(兩)〔雨〕」〔二四〕，《帝王世紀》云「列風淫雨」。「别」、「列」、「淮」、「淫」，字似潛移。「淫」、「列」義當而不奇，「淮」、「别」理乖而新異。傳毅制誄，已用「淮(兩)〔雨〕」〔二五〕，〔元長作序，亦用「别風」〕〔二六〕；(同)〔固〕知愛奇之心〔二七〕，古今一也。史之闕文，聖人所慎，若依義棄奇，則可與正文字矣。

贊曰：篆隸相鎔，《蒼》《雅》品訓。古今殊跡，妍蚩異分。字靡(異)〔易〕流〔二八〕，文阻難運。聲畫昭精，墨采騰奮。

校記

〔一〕周禮保章氏　《訓故》、黄本無「章」字。○楊明照《拾遺》：「『保』下，黄校云：『張本有章字。』按元本、弘治本……亦並有『章』字；《文通》二三引同。皆非也。『教以六書』，見《地官·保氏》，非保章氏也。」○按：《周禮·地官·司徒下》：「保氏，掌諫王惡，而養國子以道，乃教之六藝。」又：《周禮·春官·宗伯下》：「保章氏，掌天星，以志星辰日月之變動，辨其吉凶。」二氏異職，「掌教六書」者實保氏而非保章氏也。今據《訓故》、黄本删。

〔二〕漢初章律　「章」，《訓故》、黄本作「草」。○楊明照《拾遺》：「按『章』字非是。《漢書·藝文志》：『漢興，蕭何草律，亦著其法。』舍人此文所本也。」○按：「章」、「草」形近致誤。從黄本改。

〔三〕太[史]學童　「史」字漫漶，據《訓故》、黄本補。

〔四〕字謬［輒］効　「輒」字漫漶，據《訓故》、黄本補。

〔五〕是以馬字［缺畫］　「缺畫」二字漫漶，據《訓故》、黄本補。

〔六〕［則］相如撰篇　「則」字漫漶，據《訓故》、黄本補。

〔七〕及宣成二帝　《訓故》、黄本同。○詹鍈《義證》：「范（文瀾）註：『《漢書·楊雄傳贊》：劉棻嘗從雄學作奇字。據《藝文志》及《説文序》張敞正讀在孝宣時，楊雄纂《訓》在孝平時。此云宣成二帝，疑『成』是『平』之誤。』（劉永濟）《校釋》以爲范註『疑成是平之誤，是也』。」○按：今從范註改。

〔八〕張敞以正讀傳［業］　「業」字殘佚，據《訓故》、黄本補。

〔九〕並貫練雅頌　「頌」，《訓故》、黄本同。○詹鍈《義證》：「范（文瀾）註：『並貫練雅頌，頌是頡字之誤。下文云：《雅》以淵源詁訓，《頡》以苑囿奇文。』（劉永濟）《校釋》：『范註頌乃頡誤。是。即後文之《爾雅》《蒼頡》。』」○按：從范註改。

〔一〇〕嗚筆之徒　「嗚」，黄本作「鴻」。○王利器《文心雕龍校證》：「『鴻』原作『嗚』，梅據朱改作『鴻』，徐校同。」○按：從黄本改。

〔一一〕率［多］瑋字　「多」字漫漶，據《訓故》、黄本補。

〔一二〕臧太半　《訓故》作「臧否太半」。○詹鍈《義證》：「元刻本無『否』字，『大』作『太』。黄（叔琳）註：『《東京賦》註：凡數三分有二爲太半。』……周（振甫）註：『臧否大半：大半是不通小學的。臧否，好壞，這裏當是偏義複詞，指壞。』」○按：「否」字原脱。今從《訓故》補，並改「太」作「大」。

〔一三〕孔徒之所慕　「慕」，《訓故》、黄本作「纂」。○楊明照《拾遺》：「『纂』，黄校云：『元作慕，許改。』徐𤊹云：『慕，當作纂。』按何本、《訓故》本、清謹軒本作『纂』；《文通》引同。許改、徐校是也。」○按：《爾雅》爲儒家經典《十三經》之一，作「纂」是。從《訓故》、黄本改。

〔一四〕雅以淵淵諧訓　《訓故》、黄本作「雅以淵源詁訓」。○王利器《文心雕龍校證》：「詁舊本作諧，馮校云：『諧當作詁』。何校本、黄註本改。按元刻本作『雅以淵淵諧訓』。弘治本『詁』作『諧』。」○按：元刻本文乖不可解，「諧」乃「詁」之形誤，以「淵」字涉上而衍，又脱「源」字。此言《爾雅》爲訓詁之淵源，下云《蒼頡》是奇文之苑囿。當從《訓故》、黄本改正。

〔一五〕諷誦則續在宮商　「續」，《訓故》、黃本作「績」。○王利器《文心雕龍校證》：「『績』舊本作『續』，徐校作『績』，梅六次本、黃註本、張松孫本、崇文本改『績』。」○按「續」、「績」形近易淆，作「績」是，據《訓故》、黃本改。

〔一六〕三權重幽　「幽」，《訓故》、黃本作「出」。○楊明照《拾遺》：「『出』，黃校云：『元作幽，欽愚公改。』《兩京》本、何本、《訓故》本、謝鈔本作『出』，《文通》引同。按欽改是。」○按：「重幽」不辭，作「出」是。從《訓故》、黃本改。

〔一七〕褊心惡⿰口囟呶　「⿰口囟呶」，《訓故》、黃本作「哅呶」。○按：「⿰口囟」，「訊」之古文，問也。《詩·小雅》「召彼故老，訊之占夢。」《傳》曰：「訊，問也。」「哅」，《韻會小補》：「本作『詾』，衆言也。《荀子·解蔽篇》『以爲哅哅』。」「哅」、「⿰口囟」義別，作「哅」是。今從《訓故》、黃本改。

〔一八〕則鉏銛爲瑕　「鉏銛」，黃本作「齟齬」。○楊明照《拾遺》：「『齟齬』，黃校云：『元作鉏銛，朱改。』何焯『銛』改『鋙』。黃丕烈所校元本作『鉏鋙』……按『銛』乃『鋙』之殘誤。《楚辭·九辯》：『圜鑿而方枘兮，吾固知其鉏鋙而難入。』《廣韻》八語齬下云：『齟齬，不相當也；或作鉏鋙。』是『齟齬』即『鉏鋙』也。」○按：從黃本改。

〔一九〕詩驗適會　「驗」，黃本作「騷」。○王利器《文心雕龍校證》：「『騷』原作『驗』，梅六次本改，徐校同。」○按：「驗」「騷」形近致誤，作「騷」是。今從黃本改。

〔二〇〕則寧在〔相〕犯　「相」字殘佚，據《訓故》、黃本補。

〔二一〕則黯默而篇暗　「默」，黃本作「黕」。○詹鍈《義證》：「（王利器）《校證》：『黕，原作默，梅據朱改。』（張立齋）《註訂》：『嘉靖本作黯默，誤。』」○按：從黃本改。

〔二二〕叁伍單複　「叁」，黃本作「參」。○按：作「參」是，從黃本改。

〔二三〕於穆不祀者　《義證》作「於穆不似」。○詹鍈《義證》：「『似』原作『祀』。孫詒讓《札迻》十二：『祀當作似。《詩·周頌》於穆不已，毛傳引孟仲子說，正義引《鄭譜》云：孟仲子者，子思弟子。又云：子思論詩於穆不已，孟仲子曰於穆不似。此彦和所本。』」○按：楊明照《拾遺》云：「孫説是也。《玉海》四五、《困學紀聞》三、《漢書藝文志考證》二引，並作『似』。」依孫説，今從《義證》改。

〔二四〕別風淮兩　「兩」，《訓故》、黃本作「雨」。○按：「兩」爲「雨」之形誤，作「雨」是。從黃本改。

〔二五〕已用淮兩　「兩」，《訓故》、黃本作「雨」。○按：從黃本改。

〔二六〕元長作序亦用別風　二句八字原無，《訓故》、黃本同，《義證》有。○詹鍈《義證》引劉永濟《文心雕龍校釋》：「盧文弨《文心雕龍輯註書後》曰「此下（指『傅毅制誄已用淮雨』下）有元長作序，亦用別風八字」。按盧氏係據吳仲伊校本……又按李慈銘《日記》……又曰：『《文心雕龍》謂淮、別字新異，引傅毅用淮雨，王融用別風爲證。』是李所見本亦有『元長作序，亦用別風』八字。」又引王利器《文心雕龍校證》云：「『元長作序，亦用別風』二句八字原無。何校云：『淮雨下當缺王元長《曲水詩序》用別風字。』吳校云：『淮雨下當缺王元長《曲水詩序》作別風事』。盧文弨《文心雕龍輯註書後》所據吳校本作『元長作序，亦用別風』。而盧氏《鍾山札記》一『別風淮雨』條引宋本，亦有此二句，顧校亦補此二句，今據補。」〇按：今據盧説，從《義證》補。

〔二七〕同知愛奇之心　「同」，《訓故》、黄本作「固」。〇按：「同」無義，乃「固」之形誤。從《訓故》、黄本改。

〔二八〕字靡異流　「異」，《訓故》、黄本同。〇詹鍈《義證》：「（黄侃）《札記》：『異當作易。』（張立齋）《考異》：『從易是，據下難字爲偶，於義亦通。』」〇按：黄、張説是，從其改。

＊《訓故》篇末註：校十三字。

隱秀第四十

夫心術之動遠矣，文情之變深矣，源奧而派生，根盛而穎峻，是以文之英蕤，有秀有隱。隱也者，文外之重旨者也；秀也者，篇中之獨拔者也。隱以複意爲工，秀以卓絶爲巧，斯乃舊章之懿績，才情之嘉會也。夫隱之爲體，義生文外，祕響（傍）〔旁〕通〔一〕，伏采潛發，譬爻象之變（玄）〔互〕體〔二〕，川瀆之韞玉也。故（玄）〔互〕體變爻〔三〕，而（成化）〔化成〕四象；珠玉潛水，而瀾表方圓〔四〕。始正而末奇〔五〕，内明而外潤，使玩之者無窮，味之者不厭矣。彼波起辭間，是謂之秀。纖手麗音〔六〕，宛乎逸態，若遠山之浮煙靄〔七〕，孌女之靚容華。然煙靄天成，不勞於粧點；容華格定，無待於裁鎔；深淺而各奇，㜃〔穠〕纖而俱妙〔八〕，若揮之則有餘，而攬之則不足矣。

夫立意之士，務欲造奇，每馳心於玄默之表；工辭之人〔九〕，必欲臻美，恒溺思於佳麗之鄉〔一〇〕。嘔心吐膽，不足語窮〔一一〕；煆歲煉年，奚能喻苦〔一二〕？故能藏穎詞間，昏迷於庸目〔一三〕；露鋒文外，驚絶乎妙心〔一四〕。

使醖藉者蓄隱而意愉〔一五〕，英鋭者抱秀而心悦；譬諸裁雲製霞〔一六〕，不讓乎天工〔一七〕；斲卉刻葩，有同乎神匠矣。若篇中乏隱〔一八〕，等宿儒之無學〔一九〕，或一叩而語窮；句間鮮秀，如巨室之少珍〔二〇〕，若百詰而色沮〔二一〕：斯並不足於才思，而亦有媿於文辭矣〔二二〕。

將欲徵隱，聊可指篇：《古詩》之「離別」，樂府之《長城》，詞怨旨深〔二三〕，而復兼乎比興。陳思之《黄雀》，公幹之《青松》，格剛才勁，而並長於諷諭。叔夜之□□〔二四〕，嗣宗之□□〔二五〕，境玄思澹，而獨得乎優閑〔二六〕；士衡之□□，彭澤之□□〔二七〕，心密語澄，而俱適乎□□〔二八〕。

如欲辨秀，亦惟摘句：「常恐秋節至，涼飆奪炎熱」，意凄而詞婉，此匹婦之無聊也。「臨河濯長纓，念子悵悠悠」，志高而言壯，此丈夫之不遂也。「東西安所之，徘徊以旁皇」，心孤而情懼，此閨房之悲極也。「朔風動秋草〔二九〕，邊馬有歸心」，氣寒而事傷，此羈旅之怨曲也。

凡文集勝篇，不盈十一；篇章秀句，裁可百二：并思合而自逢，非研慮之所（果）〔課〕也〔三〇〕。或有（晦塞爲深，雖奥非隱）〔三一〕，雕削取巧，雖美非秀矣。故自然會妙，譬卉木之耀英華〔三二〕；潤色取美，譬繒帛之染朱緑。朱緑染繒，深而繁鮮；英華曜樹，淺而煒燁；〔隱篇所以照文苑〕，秀句所以（照文苑）〔侈翰林〕〔三三〕，蓋以此也。

贊曰：深文隱蔚，餘味曲包。辭生（牙）〔互〕體〔三四〕，有似變爻。言之秀矣，萬慮一交。動心驚耳，逸響笙匏。

《文心雕龍》卷第八

校記

〔一〕 祕響傍通　「傍」，黄本同。○詹鍈《義證》：「（楊明照）《校註》：『按傍當作旁，《原道篇》旁通而無滯，其明徵也。（《剡山石城寺石像碑》有『妙應旁通』語。）』（張立齋）《考異》：『又按傍字見《詩·小雅》：王事傍傍。《集韻》並通旁，亦近也，宜作旁。《易・乾卦》旁通情也，爲舍人所本。』」○按：作「旁」是，從楊説改。

〔二〕譬爻象之變玄體　「玄」，黄本作「互」。○詹鍈《義證》：「（王利器）《校證》：『互原作玄，馮校云：玄疑作互。梅據王改。』（張立齋）《考異》：『玄、互形近易譌，作互是。下文贊曰：辭生互體，有似變爻。足證。』」○按：作「互」是，從黄本改。

〔三〕故玄體變爻　「玄」，黄本作「互」。○按：作「互」是，理同上。從黄本改。

〔四〕而成化四象珠玉潛水而瀾表方圓　「成化」，黄本作「化成」。○按：是變爻生四象，作「化成」是。今從黄本乙。○《訓故》「方圓」下雙行小字：「以下有脱誤。」

〔五〕始正而末　自本句起，迄「朔風動秋草」句的「朔」字止，全脱。《訓故》同。今録黄本補文充之。黄（叔琳）云：「《隱秀篇》自『始正而末奇』至『朔風動秋草』『朔』字，元至正乙未刻於嘉禾者即闕此葉，此後諸刻仍之；胡孝轅、朱鬱儀皆不見完書。錢功甫得阮華山宋槧本補，後歸虞山，而傳録於外甚少。康熙庚辰，何心友從吴興賈人得一舊本，適有鈔補《隱秀篇》全文。辛巳，義門過隱湖，從汲古閣架上見馮已蒼所傳功甫本，記其闕字以歸，如『疏放豪逸』四字，顯然爲不學者以意增加也。」○按：此段補文真僞，歷來有争議：紀昀、黄侃等人辯證其僞；周汝昌、詹鍈等人又力主其真。詳可參閲詹鍈《義證》下册《隱秀篇》第一五一四～一五二五頁《本篇補文的真僞問題》。爲區别原文與補文，我們把補文的字體改爲仿宋字，以示與正文的原篇有所區别。

〔六〕纖手麗音　黄校「纖麗字闕」。《義證》作「□乎□音」。○詹鍈《義證》：「此句徐𤊹校本和曹批梅六次本俱作『□乎□音』。馮舒校本作『□手□音』。何義門校本『乎』改手，頂批：『一有纖麗二字，馮校本闕。』黄註本作『纖手麗音』，下註：『纖麗字缺』。」

〔七〕若遠山之浮煙靄　詹鍈《義證》：「曹批梅六次本『浮』字缺。馮、徐二校本有『浮』字。」

〔八〕嬈纖而俱妙　「嬈」，黄校「字典無嬈字，是穠字之誤。」《義證》作「穠」。○詹鍈《義證》：「徐校本和曹批梅六次本作『穠』。馮校本作『嬈』。范註：『字典無嬈字，應是穠字之誤。』曹植《洛神賦》：『穠纖得中，修短合度。』五臣翰註：『穠，肥；纖，細也。』」○按：依黄校從《義證》改。

〔九〕工辭之人　「辭」，《義證》作「詞」。○王利器《文心雕龍校證》：「辭作『詞』。」

〔一〇〕恒溺思於佳麗之鄉　詹鍈《義證》：「徐校本『思』作『心』，曹批梅六次本『恒』字缺筆作『恒』。」

〔一一〕不足語窮　詹鍈《義證》：「『語』字徐校本和曹批梅六次本俱闕。」

〔一二〕奚能喻苦　詹鍈《義證》：「(王利器)《校證》：『奚，(毛子晉刻本)作莫。』馮校：『喻，錢本註云：一作愈。』」

〔一三〕昏迷於庸目　「於」，《義證》作「乎」。○詹鍈《義證》：「馮舒校本『乎』作『于』。徐校本和曹批梅六次本作『乎』。」

〔一四〕驚絶乎妙心　王利器《文心雕龍校證》：「『妙』，毛作『遐』。」

〔一五〕使醖藉者蓄隱而意愉　「蓄」，《義證》作「畜」。○詹鍈《義證》：「『畜』字黄註本作『蓄』，按『畜』『蓄』在此可通。」

〔一六〕譬諸裁雲製霞　《義證》作「譬諸裁霞製雲」。○詹鍈《義證》：「馮校本作『裁雲製霞』，徐校本、曹批梅六次本作『裁霞製雲』。據《校證》毛本亦作『裁霞製雲』。」

〔一七〕不讓乎天工　詹鍈《義證》：「馮本原抄作『天上』，註云：『上當作工』。」

〔一八〕若篇中乏隱　「若」，《義證》作「故」。○詹鍈《義證》：「馮校本『故』字作『若』。徐校本和曹批梅六次本均作『故』。何義門校『故』改『若』。」

〔一九〕等宿儒之無學　「等」，《義證》作「若」。○詹鍈《義證》：「『若』，何義門改『等』。黄註本從之。(王利器)《校證》：『毛作若』。」

〔二〇〕如巨室之少珍　「少珍」，黄校：「馮本有此二字。」「巨」，《義證》作「鉅」。○詹鍈《義證》：「『鉅』，馮校本作『巨』。」

〔二一〕若百詰而色沮　黄校：「詰字闕。」○詹鍈《義證》：「馮本、徐本、曹批梅六次本『詰』字俱闕。沈岩臨何焯校本註明：『百下一有詰字。何云：少珍，馮本有，詰字闕。』……《校證》：『毛補(詰字)。』」

〔二二〕而亦有媿于文辭矣　《義證》「媿」作「愧」，「辭」作「詞」。○詹鍈《義證》：「『有』字，馮本作『無』，註云：『無當作有。』『詞』字，黄註本作『辭』。『愧』字，曹批梅六次本、黄註本作『媿』，馮、徐作『愧』。」

〔二三〕詞怨旨深　《義證》作「調遠旨深」。○詹鍈《義證》：「『調遠旨深』，此據徐校本和曹批梅六次本。馮舒校本作『詞怨旨深』。按『調遠旨深』意長。」

〔二四〕叔夜之□□　黄叔琳在「之」下註云：「闕二字。」○王利器《文心雕龍校證》：「毛作『疎』字。」

〔二五〕嗣宗之□□　黄叔琳在「之」下註云：「闕二字。」《義證》作「嗣宗之詠懷」。○詹鍈《義證》：「『詠懷』二字，馮校本缺，此據徐校本和曹批梅六次本。」○王利器《文心雕龍校證》：「原闕『詠懷』二字，據徐補，毛作『放』字。」

〔二六〕而獨得乎優閑　「閑」，《義證》作「閒」。○詹鍈《義證》：「徐校本『優』作『幽』。何義門校本『閒』改『閑』，黄註本從之。」○王利器《文心雕龍校證》：「徐作『幽閒』，錢『閑』作『間』。」

〔二七〕士衡之□□彭澤之□□　黄叔琳在前「之」下註云：「闕二字。」在後「之」下註云：「闕二字。以上四句，功甫本闕八字；一本增入『疎放豪逸』四字。」○詹鍈《義證》：「何焯云：『四句（錢）功甫本闕八字，一本增入「疏放豪逸」四字。』」○王利器《文心雕龍校證》：「士衡之□□（毛作『豪』字。）彭澤之□□（毛作『逸』字。）」

〔二八〕而俱適乎□□　黄叔琳在「乎」下註云：「下闕二字。一本有『壯采』二字。」○王利器《文心雕龍校證》：「毛作『壯采』二字。」

〔二九〕朔風動秋草　○王利器《文心雕龍校證》：「『朔風』，馮本、汪本、《兩京》本、王惟儉本無『朔』字；張之象本作『涼風』；何允中本、日本活字本、梅本、凌本、梅六次本、鍾本、梁本、《文通》二一、日本刊本作『涼飆』；《詩紀》四作『朔風』，黄註本改『朔風』。梅引謝云：『內涼飆動秋草上，或怨曲也句下，必脱數行。前云隱之爲體，此當論秀之爲用。』又引李漢煃云：『涼飆、怨曲上下，信有脱文，但後篇俱發秀義，恐非脱秀之爲用。』」

〔三〇〕非研慮之所果也　「果」，黄本作「求」。○范文瀾《文心雕龍註》：「案『果』疑『課』字壞文，本書《才略篇》『多役才而不課學』，即與此同義。陸機《文賦》『課虚無以責有，叩寂寞而求音』，則『課』亦有責求義，謝氏臆改非是。」○楊明照《拾遺》：「『求』，黄校云：『元作果，謝改。』徐𤊹云：『果，一作求。』按『果』與『求』之形音俱不近，恐難致誤。疑原是『課』字，偶脱其言旁耳。《才略篇》：『然自卿淵已前，多俊才而不課學。』其用『課』字誼與此同。」○按：從范、楊説改。

〔三一〕或有　黄本在「或有」下有「晦塞爲深，雖奥非隱」八字。《訓故》無此八字。○詹鍈《義證》：「『晦塞爲深，雖奥非隱』，只見于馮校本和曹批梅六次本，徐校本未補此二句。其他各種元明刊本均無此二句，當是從宋本補入。紀昀在這兩句上方批曰：『精微之論』。（張立齋）《考異》：『此八字爲傳抄誤脱，上二句應隱以複意爲工而發，下二句係應秀以卓絶爲巧而發，非淺筆僞增，宜補入。』」○按：今據黄本增。依照詹鍈考證，此八字亦源阮華山宋本，故亦以仿宋字加以區別。

〔三二〕譬卉之耀英華　《訓故》奪「英」字。

〔三三〕秀句所以照文苑　《義證》作「隱篇所以照文苑，秀句所以移翰林」。○詹鍈《義證》：「『隱篇』二句是據曹批六次本，其他各本都把這兩句話錯簡成一句『秀句所以照文苑』，就使人難以索解。」○按：今據《義證》增。

〔三四〕辭生牙體　「牙」，《訓故》、黄本作「互」。○按：「牙」無義，作「互」是。今從黄本改。

* 《訓故》篇末註：校一字。八卷共校四十三字。

《文心雕龍》卷第九

指瑕第四十一

管仲有言：「無翼而飛者聲也，無根而固者情也。」然則聲不假翼，其飛甚易；情不待根，其固匪難；以之垂文，可不慎歟？古來文(才)〔士〕〔一〕，異世爭驅；或逸才以爽迅，或精思以纖密，而慮動難圓，鮮無瑕病。陳思之文，羣才之俊也，而《武帝誄》云「尊靈永蟄」，《明帝頌》云「聖體浮輕」。浮輕有似於蝴蝶，永蟄頗疑於昆蟲，施之尊極，(豈其當)〔不其嗤〕乎〔二〕？左思《七諷》，説孝而不從，反道若斯，餘不足觀矣。潘岳爲才，善於哀文，然悲内兄，則云「感口澤」，傷弱子，則云「心如疑」。《禮》文在尊極，而施之下流，辭雖足哀，義斯替矣。

若夫君子「擬人必於其倫」，而崔瑗之誄李公，比行於黄虞，向秀之賦[嵇]生〔三〕，方罪於李斯；與其失也，雖「寧(降)〔僭〕無濫」〔四〕，然高[厚]之詩〔五〕，不類甚矣。

凡巧[言]易(摽)〔標〕〔六〕，拙辭難隱，「斯言之玷」，實[深白]圭〔七〕。繁例難載，故略舉四條。

若夫立文之道，惟[字]與義〔八〕。字以訓正，義以理宣。而晉末篇章，依(俙)〔稀〕其旨〔九〕，始有「[賞]際奇至」之言〔一〇〕，終(無)〔有〕「撫叩(酬即)〔即酬〕」之語〔一一〕，每單舉一字，指以爲情。夫「賞」訓錫賚，豈關心解？「撫」訓執握，何預情理？《雅》《頌》未聞，漢魏莫用，懸領似如可辯，課文了不成義，斯實情訛之所變，文澆之致弊。而宋來才英，未之或改，舊染成俗，非一朝也。

近代辭人，率多猜忌，至乃比語求蚩，反音取瑕，雖不屑於古，而有擇於今焉。又製同他文，理宜删革，若(排)〔掠〕人美辭〔一二〕，以爲(巳)〔己〕力〔一三〕，寶玉大弓，終非其有。全寫則「揭篋」〔一四〕，傍採則「探囊」，然世遠者太輕，時同者爲尤矣。

若夫注解爲書，所以明正事理；然謬於研求，或率意而斷。《西京賦》稱「中黃、育、獲之疇」，而薛綜謬注謂之「閹尹」，是不聞執雕虎之人也。又《周禮》井賦，舊有「(疋)〔匹〕馬」[一五]，而應(邵)〔劭〕釋(疋)〔匹〕[一六]，或量首數蹄，斯豈辯物之要哉？

原夫古之正名，車「兩」而馬「(疋)〔匹〕」，「〔匹〕」「兩」稱目[一七]，以並耦爲用。蓋車貳佐乘，馬儷驂服，服乘不隻，故名號必(霎)〔雙〕[一八]，名號一正，則雖單爲(疋)〔匹〕矣。(疋)〔匹〕夫(疋)〔匹〕婦，亦配義也。夫車馬小義，而歷代莫悟；辭賦近事，而千里致差；況鑽灼經典，能不謬哉？夫辨(言)〔匹〕而數(首)蹄[一九]，選勇而驅閹尹，失理太甚，故舉以爲戒。丹青初炳而後渝，文章歲久而彌光，若能檃括於一朝，可以無慚於千載也。

贊曰：羿氏舛射，東野敗駕。雖有儁才，謬則多謝。斯言一玷，千載弗化。令章靡疚，亦善之亞。[二〇]

校記

〔一〕古來文才　「才」，《訓故》、黃本同。○詹鍈《義證》：「『才』，《金樓子·立言下篇》作『士』。按『才』字與下第二句複，當以作『士』爲長。」○按：從詹說改。

〔二〕豈其當乎　「豈其當」，《訓故》、黃本同；《御覽》作「不其蚩」。○范文瀾註：「《金樓子·立言篇》下引彦和此文，自『管仲有言』至『不其嗤乎』，茲依《金樓子》校之……『豈其當乎』作『不其嗤乎』。」○楊明照《拾遺》：「按《御覽》、《事文類聚》引，並作『不其蚩(與嗤通)乎』，與《金樓子》合。」○按：范、楊説是，從《御覽》改。

〔三〕向秀之賦「嵇」生　「嵇」字漫漶，據《訓故》、黃本補。

〔四〕雖寧降無濫　「降」，黃本作「僭」。○王利器《文心雕龍校證》：「『僭』原作『降』，梅據孫汝澄改。」○按：黃叔琳註云：「《左傳》：蔡聲子曰：歸生聞之，善爲國者，賞不僭而刑不濫。賞僭則懼及淫人，刑濫則懼及善人。若不幸而過，寧僭無濫。」據此，作「僭」是，從黃本改。

〔五〕然高[厚]之詩　「厚」字漫漶。《訓故》作「然高原之詩」。黃本「原」作「厚」。按：《訓故》「原」乃「厚」之形誤。據黄本補。

〔六〕凡巧〔言〕易摽　「言」字漫漶；「摽」，《義證》作「標」。○按：作「標」是。並據《義證》補、改。

〔七〕實〔深白〕圭　「深白」二字漫漶，據《訓故》、黄本補。

〔八〕惟〔字〕與義　「字」字漫漶，據《訓故》、黄本補。

〔九〕依俙其旨　「俙」，《訓故》、黄本作「希」。○詹鍈《義證》：「（王利器）《校證》：『《兩京》本希作稀。』元刻本作『俙』。（張立齋）《註訂》：『希通稀。』范文瀾云：『依希其旨，即語意模糊不清。』」○按：「俙」，《説文》：「訟面相是也。」段註：「謂内争而外順也。」當作「希」或「稀」。

〔一〇〕始有〔賞〕際奇至之言　「賞」字漫漶，據《訓故》、黄本補。

〔一一〕終無撫叩酬即之語　「無」，《義證》作「有」。○王利器《文心雕龍校證》：「『有』原作『無』，鈴木云：『當作有。』案作『有』義長，今據改。」又：「『即』，謝云：『當作酢。』《文通》作『酢』。案《文選》謝靈運《南樓望所遲客》云：『即事怨睽攜』。沈休文《鍾山詩應西陽王教》云：『即事既多美。』謝玄暉《敬亭山詩》云：『即此陵丹梯。』當即彦和所指，不當作『酢』。日本刊本『即』移『酬』上。」○詹鍈《義證》：「（李曰剛）《斟詮》作『終有撫叩即酬之語』，校云：『即酬』原倒作『酬即』，據鈴木引岡本乙正。」○按：王説李校並是。今從《義證》改「無」作「有」；從李校據鈴木引岡本乙正。

〔一二〕若排人美辭　「排」，黄本同。《訓故》作「掠」。○楊明照《拾遺》：「『排』，黄校云：『王本作掠。』何焯云：『疑作採。』按《説文·手部》：『排，擠也。』《廣雅·釋詁三》：『排，推也。』其訓於此均不愜，當以作『掠』爲是。《左傳》昭公十四年：『己惡而掠美爲昏。』杜註：『掠，取也。』詁此正合。若作『排』，則與下幾句文意不屬矣。」○按：從楊説據《訓故》改。

〔一三〕以爲巳力　「巳」，黄本作「己」。○按：作「己」是，據黄本改。

〔一四〕全寫則揭篋　《訓故》「揭」作「胠」。○按：作「揭」是。「胠」乃泥《莊子·胠篋》之誤。

〔一五〕舊有疋馬　「疋」，《訓故》、黄本同。○范文瀾註：「案本篇『疋』字皆當作『匹』。《羣經正字》曰：『按匹俗作疋。經典亦偶一見之。《孟子·告子》：力不能勝一匹雛。孫奭《音義》云：匹，丁公著作疋。是也。疋即匹字之譌。蓋漢隸匹有變八爲小而作者，見武榮、馮緄等碑，故俗又譌爲疋。且以匹爲匹配之匹，疋爲丈疋之疋，則尤譌也。』」○按：范校是，從其改。本篇下諸「疋」字亦改爲「匹」。

〔一六〕而應邵釋疋　「邵」，《訓故》、黄本作「劭」。〇按：作「劭」是，已見前校。從《訓故》、黄本改。

〔一七〕兩稱目　《訓故》、黄本作「疋兩稱目」。〇楊明照《拾遺》：「『疋』，黄校云：『元脱，楊補。』徐𤊹校沾『疋』字。按張本、何本、謝鈔本正有『疋』字，未脱。」〇按：「疋兩」承上「車兩而馬疋」而言，「疋」字當有。今據《訓故》、黄本補，並依范校改爲「匹」。

〔一八〕故名號必雙　「雙」，黄本作「雙」。〇按：《字匯補》：雙「與雙同」。從黄本改今字。

〔一九〕夫辨言而數蹄　《訓故》「辨」作「辯」。黄本作「夫辯言而數筌蹄」，范文瀾校云：「『言』一作『疋』。『筌』一作『首』。」《義證》作「夫辯疋而數首蹄」。〇詹鍈《義證》：「（王利器）《校證》：『疋原作言，徐校作疋，梅六次本改疋。今從之。』『首字，馮本、汪本、佘本、王惟儉本脱，徐補首字。他本作筌字。鍾本、梁本、梅六次本、日本刊本作首字，今從之。』范（文瀾）註：『夫辯言而數筌蹄，應依一作辯匹而數首蹄。』……按元刻本作『夫辨言而數蹄』。辨、辯通。」〇按：據《義證》改、補。

＊《訓故》篇末註：校五字。

養氣第四十二

昔王充著述，制「養氣」之篇，驗（巳）〔己〕而作，豈虚造哉！夫耳目鼻口，生之役也；［心］慮言辭〔一〕，神之用也。率志委和，則理融而情暢，鑽礪［過］分〔二〕，則神疲而氣衰；此性情之數也。

夫三皇辭質，心［絶］於道華〔三〕，帝世始文，言貴於敷奏；三代春秋，雖沿世彌縟，並適分胸臆，非牽課才外也。戰代（枝）〔技〕詐〔四〕，攻奇飾説；漢世迄今，辭務日新，争光鬻采，慮亦竭矣。故淳言以比澆辭，文質懸乎千載；率志以方竭情，勞逸差於萬里；古人所以餘裕，後進所以莫遑也。

［凡童］少鑒〔五〕，淺而志盛，長艾識堅而氣衰，志盛者思鋭以［勝］勞〔六〕，氣衰者慮密以傷神，斯實中人之常資，歲時之大較也。若夫器分有限，智用無涯，或慚鳧企鶴，瀝辭鐫思；於是精氣内銷，有似「尾閭」之波〔七〕；神志外傷，同乎「牛山之木」；怛惕之盛疾〔八〕，亦可推矣。

至如仲任置硯以綜述，(敬)〔叔〕通懷筆以專業〔九〕，既暄之以歲序，又煎之以日時，是以曹公懼爲文之傷命，陸雲歎用思之困神，非虛談也。

夫學業在勤，故有錐股自厲；(志)〔至〕於文也〔一〇〕，則〔有〕申寫鬱滯〔一一〕，故宜從容率情，優柔適會。若銷鑠精膽，蹙迫和氣，秉牘以驅齡，灑翰以伐性，豈聖賢之素心，會文之直理哉！

且夫思有利鈍，時有通塞，「沐則心覆」，且或反常，神之方昏，再三愈黷。是以吐納文藝，務在節宣，清和其心，調暢其氣，煩而即捨，勿使壅滯，〔意得〕則舒懷以命筆〔一二〕，理伏則投筆以卷懷，逍遥以針勞，談笑以藥倦，常弄閑於才鋒，賈餘於文勇，使刃發如新，(湊)〔腠〕理無滯〔一三〕，雖〔非〕胎息之萬術〔一四〕，斯亦衛氣之一方也。

贊曰：紛哉萬象，勞矣千想。玄神宜寶，素氣資養。水停以鑒，火靜而朗。無擾文慮，鬱此精爽。〔一五〕

校記

〔一〕驗已而作〔心〕慮言辭　「已」，黄本作「己」；「心」字漫漶。○按：當作「已」，據黄本改；「心」亦據黄本補。

〔二〕鑽礪〔過〕分　「過」字漫漶，據《訓故》、黄本補。

〔三〕心〔絶〕於道華　「絶」字漫漶，據《訓故》、黄本補。

〔四〕戰代枝詐　「枝」，黄本同。《訓故》作「技」。○楊明照《拾遺》：「『枝』，《兩京》本、胡本、《訓故》本、岡本作『技』。徐𤊹校『枝』作『譎』。按『枝』與『技』於此費解，與『譎』之形亦不近，恐非舍人之舊。疑當作『權』。權，俗作权。蓋初由權作权，後遂譌爲枝或技耳。此云『權詐』，正如《諧隱篇》『蓋意生於權譎』之『權譎』然也……又按劉向《戰國策書録》：『是故始皇因四塞之固……并有天下，杖於謀詐之弊。』『枝』或『技』，豈『杖』之誤歟？」○郭晉稀《文心雕龍註譯》：「『技』元作『枝』，今依岡本校改。技枝形近致譌。《莊子·養生主》：『技經肯綮之未嘗』，彼文技則枝字之譌，可證也。」○詹鍈《義證》引李曰剛《文心雕龍斠詮》：「技，《説文》：『巧也。』……技詐，猶言巧詐。《韓非子·説林上》：『故曰巧詐不如拙誠。』」○按「枝」字校議紛紜，但見於版本者唯枝與技耳。「技」義較長，今從《訓故》改。

〔五〕〔凡童〕少鑒　「凡童」二字漫漶，據《訓故》、黄本補。

〔六〕志盛者思鋭以［勝］勞　「勝」字漫漶，據《訓故》、黄本補。

〔七〕有似尾閭之波　《訓故》「波」下雙行小字：「一作洩。」○《校註》：「『洩』字蓋出後人妄改。」

〔八〕同乎山木怛惕之盛疾　《訓故》「木」下雙行小字：「一作伐」；「盛」作「成」。○《校註》：「伐字亦出後人妄改。」「『成』『盛』古通。」

〔九〕敬通懷筆以專業　「敬通」，《訓故》、黄本作「叔通」。○楊明照《拾遺》：「『叔』，黄校云：『元作敬，孫無撓改。』按《訓故》本、謝鈔本正作『叔』。孫改是也。」○按：張立齋《文心雕龍考異》云：「敬通，馮衍字；叔通，曹褒字。因褒傳有沈吟專思之語，從孫（無撓）是。」今從《訓故》、黄本改。

〔一〇〕志於文也　「志」，黄本同。《訓故》作「至」。○楊明照《拾遺》：「何焯云：『志』疑作『至』。（紀昀説同。）……按何、紀説是。《訓故》本正作『至』。《樂府篇》『精之至也』，唐寫本誤『至』爲『志』；《史傳篇》『子長繼志』，元本等又誤『志』爲『至』。是『至』、『志』二字易淆誤之證。」○按：作「至」是，從楊説。

〔一一〕則申寫鬱滯　《訓故》、黄本同。○王利器《文心雕龍校證》：「『有』字原闕，今據《兩京》本補。」○按：「有」字當有，與上句儷。從王説，據《兩京》本補。

〔一二〕□則舒懷　「則舒懷」前有字空位，《訓故》、黄本作「意得則舒懷」。《訓故》「意得」下雙行小字：「一作理鎔。」○楊明照《拾遺》：「『意得』，《兩京》本作『理鎔』。按『理鎔』與下句『理伏』重出一字，非是。」○按：據《訓故》、黄本補。

〔一三〕湊理無滯　「湊」，《訓故》、黄本作「腠」。○楊明照《拾遺》：「鈴木云：『湊，當作腠。』案鈴木説是。《兩京》本、胡本、《訓故》本正作『腠』。」○按：《吕氏春秋・先己篇》有「腠理遂通」；《史記・倉公扁鵲列傳》有「君有疾在腠理」；《素問・舉痛論》有「寒則腠理閉」。作「腠」是，據《訓故》、黄本補。

〔一四〕雖［非］胎息之萬術　「非」字漫漶，據《訓故》、黄本補。

＊《訓故》篇末註：校八字。

附會第四十三

何謂「附會」？謂總文理，統首尾，定與奪，合涯際，彌綸一篇，使雜而不越者也。若築室之須基構，裁衣之待縫緝矣。夫才(量)〔童〕學文〔一〕，宜正體製，必以情志爲神明，事義爲骨(髓)〔骾〕〔二〕，辭采爲肌膚，宮商爲聲氣；然後品藻玄黄，摛振金玉，獻可替否，以裁厥中：斯綴思之常數也。

凡大體文章，類多枝〔派〕〔三〕，整派者依源，理枝者循幹。是以附辭會義，務總綱領，驅萬塗於同歸，貞百慮於一致，使衆理雖繁，而無倒置之乖，羣言雖多，而無棼絲之亂；扶陽而出條，順陰而藏跡；首尾周密，表裏一體：此附會之術也。夫畫者謹髮而易貌，射者儀毫而失牆，鋭精細(乃)〔巧〕〔四〕，必疎體統。故宜詘寸以信尺，枉尺以直尋，棄偏善之巧，學具美之績：此命篇之經略也。

夫文變無方，意見浮雜，約則義孤，博則辭叛；率故多尤，需爲事賊。且才分不同，思緒各異，或製首以通尾，或(片)〔尺〕接以寸附〔五〕；然通製者蓋寡，接附者甚衆。若統緒失宗，辭味必亂；義脈不流，則偏枯文體。夫能懸識(湊)〔腠〕理〔六〕，然後(文節)〔節文〕自會〔七〕，如膠之粘木，(豆)〔石〕之合(黄)〔玉〕矣〔八〕。是以(駟)(四)牡異力，而「六轡如琴」；〔並駕齊驅，而一轂統輻〕〔九〕：馭文之法，有似於此。去留隨心，修短在手，齊其步驟，總轡而已。

故善附者異旨如肝膽，拙會者同音如胡越，改章難於造篇，易字艱於代句，此(巳)〔已〕然之驗也〔一〇〕。昔張湯(疑)〔擬〕奏而再卻〔一一〕，虞松草表而屢譴，並(理事)〔事理〕之不明〔一二〕，而辭旨之失調也。及倪寬更草，鍾會易字，而漢武歎奇，晉景稱善者，乃理得而事明，心敏而辭當也。以此而觀，則知附會巧拙，相去遠哉！

若夫絶筆斷章，譬乘舟之振楫；〔會詞切理，如引轡以揮鞭〕〔一三〕。克終(底)〔底〕績，寄(在)〔深〕寫(遠)送〔一四〕。若首唱榮華，而媵句憔悴，則遺勢鬱湮，餘風不暢。此《周易》所謂「臀無膚，其行次(睢)〔且〕」也〔一五〕。惟首尾相援，則附會之體，固亦無以加於此矣。

贊曰：篇統間關，情數稠疊。「原始要終」，疏條布葉。道味相附，懸緒自接。「如樂之和」，心聲克[協]〔一六〕。

校　記

〔一〕夫才量學文　「才量」,《御覽》作「才童」。○楊明照《拾遺》:「《御覽》引『量』作『童』,極是。『量』其形誤也。《體性篇》:『故童子雕琢,必先雅製。』語意與此相同,可證。」○按:楊説是,從《御覽》改。

〔二〕事義爲骨髓　「髓」,《御覽》作「骾」。○楊明照《拾遺》:「『髓』,宋本、鈔本、喜多本、《御覽》引作『骾』;倪本、活字本、鮑本、《御覽》作『鯁』。按『骨髓』、『骨鯁』(骾與鯁音同,得通)其義無甚出入;然以《辨騷篇》『骨鯁所樹,肌膚所附』例之,當以《御覽》所引爲是。」○按:今從《御覽》改。本書《辨騷篇》「骾」作「鯁」。

〔三〕類多枝[派]　「派」字漫漶,據《訓故》、黄本補。

〔四〕鋭精細乃　「乃」,《訓故》、黄本作「巧」。○詹鍈《義證》:「(王利器《文心雕龍校證》):『鋭精細巧,《兩京》本作或鋭精細;汪本、佘本巧作乃,徐校作巧。』案元本、弘治本『巧』作『乃』,誤。」○按:詹説是,據《訓故》、黄本改。

〔五〕或片接以寸附　「片」,《御覽》作「尺」。○王利器《文心雕龍校證》:「『尺』舊本作『片』,黄註本改『尺』。案《御覽》正作『尺』。」○按:作「尺」是,從《御覽》改。

〔六〕夫能懸識湊理　「湊」,《訓故》、黄本作「腠」。○楊明照《拾遺》:「『湊』,《兩京》本、胡本、《訓故》本作『腠』;《文通》引同。按『腠』字是。『懸識腠理』,用扁鵲見蔡桓公事,見《韓非子·喻老篇》。」○按:據《訓故》、黄本補。

〔七〕然後文節自會　「文節」,《御覽》作「節文」。○楊明照《拾遺》:「『節文』,黄校云:『一作文節。』元本、弘治本、活字本、汪本等作『文節』。按《誄碑》、《章表》、《定勢》、《鎔裁》、《章句》五篇,並有『節文』之詞;《御覽》亦作『節文』。『文節』非是。」○按:從《御覽》乙正。

〔八〕豆之合黄矣　《御覽》作「石之合玉矣」。○王利器《文心雕龍校證》:「『石之合玉』原作『豆之合黄』。黄侃曰:『豆疑當作白。』黄氏蓋以《吕氏春秋·别類篇》『相劍者曰:白所以爲堅也,黄所以爲牣也,黄白雜則堅且牣,良劍也』之事説之。然《頌讚篇》已斥黄白之説爲僞,彦和當不至自相牴牾如此。今從謝本、《御覽》改正。『石之合玉』謂石之韞玉,混沌元包,故附合無間也。」○按:王説是,今從《御覽》改。

〔九〕是以駟牡異力而六轡如琴〔並駕齊驅而一轂統輻〕　「駟」,《御覽》作「四」。《訓故》在「六轡如琴」下有「並駕齊驅,而一轂統輻」九字。○楊明照《拾遺》：「案作『四』是也。《詩·小雅·車舝》：『四牡騑騑，六轡如琴。』《毛詩》中句有『四牡』者，凡二十七見，皆不作『駟』。」○按：從《御覽》改。○《校證》：「二句九字，舊本俱無，《御覽》亦無，今據删。」○《校註》：「此二句實不可少。」○張立齋《文心雕龍考異》：「下二句宜存，蓋四句統演馭文之馭字義，王校删，非。」○按：《校註》、張説並是，當從《訓故》補。

〔一〇〕此巳然之驗也　「巳」，黄本作「已」。○按：作「已」是，從黄本改。

〔一一〕昔張湯疑奏而再卻　「疑」，黄本作「擬」。○楊明照《拾遺》：「『擬』，宋本、鈔本《御覽》作『疑』……馮舒、何焯校『疑』爲『擬』，黄氏從之。按應作『擬』。『擬』爲動詞，『擬奏』，始能與下句之『草表』相儷。各本作『疑』，蓋狃於《漢書·兒寬傳》『有疑奏已再見卻矣』句而改耳。殊不知彼文之『疑奏』，乃指所草之奏言；此處之『擬奏』，則就草擬其奏之事言。所指固不同也。」○按：楊説是。《漢書·兒寬傳》有「掾吏莫知所爲。寬爲言其意，掾吏因使寬爲奏」，「擬奏」即「爲奏」之事也。從黄本改。

〔一二〕並理事之不明　「理事」，《御覽》作「事理」。○楊明照《拾遺》：「按《銘箴篇》『何事理之能閑哉』，《雜文篇》『致辨於事理』，《議對篇》『事理明也』，《指瑕篇》『所以明正事理』，並作『事理』。則此當以《御覽》所引爲是。」○按：從楊説，據《御覽》乙正。

〔一三〕會詞切理如引轡以揮鞭　此十字元本脱；《訓故》、黄本有此十字。○楊明照《拾遺》：「弘治本、活字本、汪本、佘本、張本、何本、萬曆、梅本、合刻本、凌本、祕書本、謝鈔本、岡本、尚古本、王本、鄭藏鈔本無此二句。按此二句亦不可少。元本、《兩京》本、胡本、《訓故》本、四庫本、崇文本未脱。」○按：元至正本實脱此二句十字。今據《訓故》、黄本增。

〔一四〕克終底績寄在寫遠送　《訓故》「在」作「深」。《義證》「底」、作「底」；在「寫」字下有「以」字。○楊明照《拾遺》：「按『底』，當作『底』。已詳《詮賦篇》『底績於流制』條。」○王利器《文心雕龍校證》：「『寄在寫以遠送』案六次本改作『寄深寫遠』，而黄註本等從之。舊本『寫』下無『以』字，梅據沈天啟補。案『克終底績，寄在寫以遠送』，與上『絶筆』二句爲偶，《詮賦篇》亦有『寫送文勢』之語，惟『寄在』句仍疑有訛誤耳。《哀弔》贊曰：『寓言以送。』『送』字義同。」○按：此句校議，楊明照「疑當作『寄在寫遠』。」徐復「疑此『寫遠』亦爲『寫送』之誤。」李曰剛以爲「改作『寄深寫送』，是。」《義證》從王説作「寄在寫以遠送」。范文瀾《文心雕龍註》：「『寄深寫遠』，『寫遠』當作『寫送』。《世説新語・文學篇》註：『袁宏嘗與王珣伏滔同在温坐，温令讀其《北征賦》，至豈一物之足傷，乃致傷於天下，其本至此便改韻。珣云，今於天下之後，移韻徙事，然於寫送之致，似爲未盡。』「寫送」爲六朝、唐人習用語，上「絶筆」二句自爲偶，「遠」字衍，「在」作「深」義長，此當作「克終底績，寄深寫送」較順。今從《訓故》改作「深」，從范註删「遠」字。「底」應作「厎」，已見前校。

〔一五〕其行次睢也　「睢」，《訓故》、黄本作「且」。○范文瀾《文心雕龍註》：「《易・夬卦》九四爻辭『臀無膚，其行次且。』」○按：作「且」是，從《訓故》、黄本改。

〔一六〕心聲克〔協〕　「協」字殘，據《訓故》、黄本補。

*《訓故》篇末註：校二十六字。

總術第四十四

今之常言，有文有筆，以爲無韻者筆也，有韻者文也。夫「文以足言」，理兼《詩》《書》，別目兩名，自近代耳。顔延年以爲：「筆之爲體，言之文也；經典則言而非筆，傳記則筆而非言。」請奪彼矛，還攻其盾矣。何者？《易》之《文言》，豈非言文；若筆（不）〔果〕言文〔一〕，不得云經典非筆矣。將以立論，未見其論立也。予以爲：發口爲言，屬（筆）〔翰〕曰（翰）〔筆〕〔二〕，常道曰經，述經曰傳。經傳之體，出言入〔筆〕〔三〕，筆爲言使，可强可弱。《（分）〔六〕經》以典奥爲不〔刊〕〔四〕，非以言筆爲優劣也。昔陸氏《文賦》，號爲「曲盡」，然〔泛〕論〔纖悉，而〕實體未該〔五〕。故知九變之（實）〔貫〕匪（躬）〔窮〕〔六〕，「知言之選」〔難備〕矣〔七〕。

〔凡〕精慮造文〔八〕，各競新麗，多欲練辭，莫肯研術。（落落）〔碌碌〕之玉，或亂乎石；（碌碌）〔落落〕之石，時似乎玉〔九〕。精者要約，匱者亦尠；博者該贍，（無）〔蕪〕者亦繁〔一〇〕；辯者昭晳，〔淺〕者亦露〔一一〕；〔奥〕者複隱〔一二〕，詭者亦（典）〔曲〕〔一三〕。或義華而聲悴，或理拙而文澤。知夫調鐘未易，張琴實難，「伶人告和」，不必盡窕〔槬〕之中〔一四〕；動（用）〔角〕揮（扇）〔羽〕〔一五〕，何必窮初終之韻；魏文比篇〔章〕於音樂〔一六〕，蓋有徵矣。夫不截盤根，無以驗利器；不剖文奥，無以（辯）〔辨〕通才〔一七〕。才之能通，必資曉術，（目）〔自〕非圓鑒區域〔一八〕，大判條例，豈能控引(清)〔情〕源〔一九〕，制勝文(菀)〔苑〕哉〔二〇〕！

是以執術馭篇，似善(奕)〔弈〕之窮數，(無)〔棄〕術任心，如博塞之邀遇〔二一〕。故博塞之文，借巧儻(采)〔來〕〔二二〕，雖前驅有功，而後援難繼；少既無以相接，多亦不知所刪，乃多少之(非)〔並〕惑〔二三〕，何妍蚩之能制乎？若夫善(奕)〔弈〕之文〔二四〕，則術有恒數，按部整伍，以待情會，因時順機，動不失正。數逢其極，機入其巧，則義味騰躍而生，辭氣叢雜而至。視之則錦繪，聽之則絲簧，味之則甘腴，佩之則芬芳：斷章之功，於斯盛矣。

夫驥足雖駿，(纏)〔纆〕牽忌長〔二五〕，以萬分一累，且廢千里。況文體多術，共相彌綸，一物攜貳，莫不解體。所以列在一篇，備總情變；譬三十之輻，共成一轂，雖未足觀，亦鄙夫之見也。

贊曰：文場筆苑，有術有門。務先大體，鑑必窮源。乘一總萬，舉要治繁。思無定契，理有恒存。

校記

〔一〕若筆不言文　「不」，《義證》作「果」。○詹鍈《義證》：「(王利器)《校證》：『果，原作不。黄侃云：不字爲爲字之誤。今案：不字乃果字草書形近之誤，此承顔説而爲言也。故改爲果字。《序志》贊：文果載心，句法同。』(劉永濟)《校釋》：『案黄説是也，而所改之爲字，猶未的。不乃果之壞字，承顔説而言果也。』」○按：今從王、劉説改。

〔二〕屬筆曰翰　《訓故》、黄本同。○楊明照《拾遺》：「按《論衡・書解篇》：『出口爲言，集札爲文。』又：『出口爲言，著文爲篇。』又按下文『出言入筆，筆爲言使』及『非以言筆爲優劣也』驗之，『屬筆曰翰』，當乙作『屬翰曰筆』。」○詹鍈《義證》引王更生《范註文心駁正》：「『翰筆二字互倒……作翰者乃淺人所妄易，應依文理、辭例改。』」○按：楊、王二氏説並是，今從其乙作「屬翰曰筆」。

〔三〕出言入[筆]　「筆」字漫漶，據《訓故》、黄本補。

〔四〕分經以典奧爲不[刊]　「分」，《訓故》作[分]，「不刊」作[不刊]。《校證》「分」作「六」；「刊」字漫漶。○王利器《文心雕龍校證》：「『六』原作『分』，黄註云：『疑有脱誤。』黄侃云：『分當作六。』黄説是，今改。」○按：從黄説改；

據黃本補。

〔五〕然[泛]說[纖悉而]實體未該　「泛」「纖悉而」四字漫漶，並據黃本補。《訓故》「泛」作「汎」。

〔六〕故知九變之實匪躬　「實」、「躬」，《訓故》「實」作「貫」。黃本作「貫」、「窮」。○王利器《文心雕龍校證》：「『貫』原作『實』，梅據楊改云：『《漢書（武帝紀）》引逸《書》：九變復貫，知言之選。』案王惟儉本正作『貫』。」又：「『窮』原作『躬』，梅據孫汝澄改，王惟儉本作『躬』。」○按：劉永濟《文心雕龍校釋》云：「『九變復貫』，語本逸《詩》。《漢書・武帝紀》元朔元年赦詔引之……舍人所謂九變之貫，即指文學原理而言。蓋辭有質文，因時而異，理無二致，不以代殊，故曰『九變之貫』，猶言萬變之宗也。」今從王說，據黃本改。

〔七〕知言之選[難備]矣　「難備」二字漫漶，據《訓故》、黃本補。

〔八〕[凡]精慮造文　「凡」字漫漶，據《訓故》、黃本補。

〔九〕落落之玉或亂乎石碌碌之石時似乎玉　《訓故》、黃本同。○楊明照《拾遺》：「案《老子》第三十九章：『不欲琭琭（《文子・符言篇》作碌）如玉，落落如石。』河上公註：『琭琭，喻少；落落，喻多。』《後漢書・馮衍傳》下：『又自論曰：馮子以爲夫人之德，不碌碌如玉，落落如石。』李註：『老子《德經》之詞也。言可貴可賤，皆非道真。玉貌碌碌，爲人所貴；石形落落，爲人所賤。』疑此處『玉』『石』二字淆次。」○按：楊說是。落落，石堅貌（《老子》王弼註）；碌碌，石青色（《集韻》）。或曰：碌碌，玉美貌；落落，石惡貌（張如松《老子校讀》）。今從楊說互易。

〔一〇〕無者亦繁　「無」，《訓故》、黃本作「蕪」。○楊明照《拾遺》：「『蕪』，黃校云：『元作無，朱改。』張乙本、何本、《訓故》本、謝鈔本並作『蕪』。按『蕪』字是。」○按：精與匱，博與蕪，辯與淺，奧與詭，均如玉石易於淆混者，作「無」則悖矣。今從《訓故》、黃本改。

〔一一〕[淺]者亦露　「淺」字漫漶，據《訓故》、黃本補。

〔一二〕[奧]者複隱　「奧」字殘，據《訓故》、黃本補。

〔一三〕詭者亦典　「典」，《校證》作「曲」。○詹鍈《義證》：「（王利器）《校證》：『曲原作典，誤，今改。匱尠、蕪繁、淺露、詭曲，皆聯字爲義，若作詭典，則文不成義也。《宗經篇》、《頌讚篇》俱有纖曲語，典字義與此同。《明詩篇》清典可味，今本典皆作曲，此本書典曲二字互誤之證。』（劉永濟）《校釋》：『案此典字亦應作曲字。』」○按：作「曲」是，從《校證》改。

〔一四〕不必盡窕〔槬〕之中　「槬」字漫漶，據《訓故》、黃本補。

〔一五〕動用揮扇　《訓故》、黃本同。○楊明照《拾遺》：「案此文向無註釋，殆書中之較難解者。然反復研求，亦有跡可尋：二語既承上『張琴』句，其義必與鼓琴之事有關。《説苑·善説篇》：『雍門子周以琴見乎孟嘗君……雍門子周引琴而鼓之，徐動宮、徵，微揮羽、角，初終，而成曲。孟嘗君涕浪汗增欷而就之，曰：先生之鼓琴，令文立若破國亡邑之人也。』舍人遣辭，即出於此。如改『用』爲『角』，改『扇』爲『羽』，則文從字順，渙然冰釋矣。」○詹鍈《義證》引張立齋《文心雕龍註訂》：「按『扇』疑爲『羽』字，蓋形近而譌。《大禹謨》：『舞干羽于兩階。』《傳》：『羽，翳也，舞者所執。』據下文『初終之韻』及『比篇章於音樂』句，知『揮扇』應作『揮羽』，則得其解矣。」○按：「動用揮扇」，義不可解，楊説有理，今從其改。

〔一六〕魏文比篇〔章〕于音樂　「章」字漫漶，據《訓故》、黃本補。

〔一七〕無以辯通才　「辯」，黃本作「辨」。○按：作「辨」是，從黃本改。

〔一八〕目非圓鑒區域　「目」，《訓故》、黃本作「自」。○按：「目」乃「自」之形誤，從《訓故》、黃本改。

〔一九〕豈能控引清源　「清」，《訓故》、黃本作「情」。○楊明照《拾遺》：「『情』，黃校云：『元作清。』梅本作『清』，校云：『當作情。』按梅校是。『情源』與下句之『文苑』對。《訓故》本、梁本、謝鈔本正作『情』，未誤。《章句篇》『控引情理』，亦其旁證。」○按：從《訓故》、黃本改。

〔二〇〕制勝文菀哉　「菀」，《訓故》、黃本作「苑」。○按「菀」可通「苑」，而「菀」無薈萃之義。此處當作「苑」。從《訓故》、黃本改。

〔二一〕似善奕之窮數無術任心如博塞之邀遇　「奕」，黃本作「弈」；「無」，黃本作「棄」。《訓故》在「邀遇」下有雙行小字：「一作遨遊。」○楊明照《拾遺》：「按元本、弘治本……謝鈔本作『無』；《稗編》七五、《喻林》八九引同。徐𤊹云：『無，一作棄。』以梅校『元作築』推之，改棄是也。何本作『棄』。《陸士衡文集·五等諸侯論》：『棄道任術。』句法與此相同，亦可證。」○按：「弈」、「奕」義別，當作「弈」；又：「棄術」與上「執術」對，作「棄」是。並從黃本改。

〔二二〕借巧儻采　「采」，《訓故》、黃本作「來」。○黃叔琳註：「儻來，《莊子》：『軒冕在身，非性命也。物之儻來，寄也。』成玄英疏：『儻者，意外忽來者。』」○按：當作「來」；「采」乃「來」之形誤。從《訓故》、黃本改。

〔二三〕乃多少之非惑　「非」，黃本作「並」。○楊明照《拾遺》：「『並』，黃校云：『元作非，許改。』按許改是也。何本、謝鈔本正作『並』。《老子》第二十二章：『少則得，多則惑。』舍人語似本此。」○按：從黄本改。

〔二四〕若夫善奕之文　「奕」，黄本作「弈」。○按：作「弈」是，從黄本改。

〔二五〕纏牽忌長　「纏」，《訓故》、黄本作「纆」。○楊明照《拾遺》：「『纆』，黄校云：『元作纏，許改。』按張本、何本、謝鈔本作『纆』，許改是也。」○按：《戰國策·韓三》有「子纆牽長」語，高註：「纆牽，謂轡也。」作「纆」是，從《訓故》、黄本改。

＊《訓故》篇末註：校五字。

時序第四十五

時運交移，質文代變，古今情理，如可言乎！昔在陶唐，德盛化鈞，野老吐「何力」之談，郊童含「不識」之歌。有虞繼作，政阜民「暇」〔一〕，「熏風」詩於元后，「爛雲」歌於列臣。盡其美者何？乃心樂而聲泰也。至大禹敷土，「九序」詠功，成湯聖敬，「猗歟」作頌。逮姬文之德盛，《周南》「勤而不怨」；太王之化淳，《邠風》「樂而不淫」。幽厲昏而《板》《蕩》怒，平王微而《黍離》哀。故知歌謠文理，與世推移，風動於上，而〔波〕震於下者〔也〕〔二〕。

春秋以後，角戰英雄，《六經》泥蟠，百家飆駭。方是時也，韓魏力政，燕趙任權；「五蠹」、「六〔風〕〔虱〕」〔三〕，嚴於〔奏〕〔秦〕令〔四〕；唯齊、楚兩國，頗有文學；齊開莊衢之第，楚廣蘭台之宫，孟軻賓館，荀卿宰邑，故稷下扇其清風，蘭陵鬱其茂俗，鄒子以談天飛譽，騶奭以雕龍馳響，屈平聯藻於日月，宋玉交彩於風雲。觀其艷說，則籠罩《雅》、《頌》，故知暐燁之奇意，出乎縱横之詭俗也。

爰至有漢，運接燔書，高祖尚武，戲儒簡學。雖禮律草創，《詩》《書》未遑，然《大風》《鴻鵠》之歌，亦天縱之英作也。施及孝惠，迄於文、景，經術頗興，而辭人勿用；賈誼抑而鄒枚沉，亦可知〔巳〕〔已〕〔五〕。逮孝武崇儒，潤色鴻業，禮樂爭輝，辭藻競騖：柏梁展朝讌之詩，〔金〕堤製恤民之詠〔六〕，徵枚乘以蒲輪，申主父以鼎食，擢［公］孫之《對策》〔七〕，歎兒寬之（凝）〔擬〕奏〔八〕，賈臣負薪而衣錦，相如［滌］器而被繡〔九〕；於是史遷壽王之徒，嚴、終、枚、臯之屬，應對固無方，篇章亦不匱，遺風餘采，莫與比盛。趙昭及宣，實繼武績；馳騁石渠，暇豫文會，集雕篆之軼材，發綺縠之高喻。於是王褒之倫，底祿待詔。自元暨成，降意圖籍，（笑）〔美〕玉屑之（諫）〔譚〕〔一〇〕，清金馬之路，子雲銳思於千首，子政讎校於六藝，亦（巳）〔已〕美矣。爰自漢室，迄至成、哀〔一一〕，雖世漸百齡，辭人九變，而大抵所歸，祖述《楚辭》，靈均餘影，於是乎在。

自哀、平陵替，光武中興，深懷圖讖，頗略文華。然杜篤獻誄以免刑，班彪參（表）〔奏〕以補令〔一二〕，雖非旁求，亦不遐棄。及明（帝）〔章〕疊耀〔一三〕，崇愛儒術，肄禮璧堂，講文虎觀；孟堅珥筆於國史，賈逵給（禮）〔札〕於（端）〔瑞〕頌〔一四〕；東平擅其懿文，沛王振其《通論》，帝則藩儀，輝光相照矣。自（安和巳）〔和、安已〕下〔一五〕，迄至順、桓，則有班、傅、三崔，王、馬、張、蔡，磊落鴻儒，才不時乏，而文章之選，存而不論。然中興之後，羣才稍改前轍，華實所附，斟酌經辭，蓋歷政講聚〔一六〕，故漸靡儒風者也。降及靈帝，時好辭製，造（羲皇）〔《皇羲》〕之書〔一七〕，開鴻都之賦；而樂松之徒，招集淺陋，故楊賜號爲「驩兜」，蔡邕比之「俳優」，其餘風遺文，蓋蔑如也。

自獻帝播遷，文學蓬轉，建安之末，區宇方輯。魏武以相王之尊，雅愛〔詩章〕〔一八〕，文帝以副君之重，妙善辭賦；陳思以公子之豪，下筆琳琅；並體貌英逸，故俊才雲蒸。仲宣委質於漢南，孔璋歸命於河北，偉長從（宧）〔宦〕於青土〔一九〕，公幹徇質於海隅，德璉綜其斐然之思，元瑜展其翩翩之樂。文蔚、休伯之儔，子（俶）〔叔〕、德祖之侶〔二〇〕，傲雅觴豆之前，雍容衽席之上；灑筆以成酣歌，和墨以藉談笑。觀其時文，雅好慷慨，良由世積亂離，風衰俗怨，並志深而筆長，故梗概而多氣也。

至明帝纂戎，制詩度曲，徵篇章之［士］〔二一〕，置崇文之觀，何、劉羣才，迭相照耀。少主相仍，唯高貴英雅，顧（盻合）〔眄含〕章〔二二〕，動言成論。於時正始餘風，篇體輕澹，而嵇、阮、應、繆，並馳文路矣。

逮晉宣始基，景、文克構，並跡沉儒雅，而務深方術。至武帝惟新，承平受命，而膠序篇章，弗簡皇慮。

降及懷、愍，綴旒而已。然晉雖不文，(文)〔人〕才實盛[二三]：茂先搖筆而散珠，太冲動墨而横錦，岳湛曜「聯璧」之華，機雲(摽)〔標〕「二俊」之采[二四]，應、傅、三張之徒，孫、摯、成公之屬，並結藻清英，流韻綺靡。前史以爲運涉季世，人未盡才，誠哉斯談，可爲歎息。

元皇中興，披文建學，劉、(刀)〔刁〕禮吏而寵榮[二五]，景純文敏而優擢。逮明帝(東)〔秉〕哲[二六]，雅好文會，升儲御極，孶孶講藝，練情於誥策，振采於辭賦，庾以筆才逾親，温以文思益厚，揄揚風流，亦彼時之漢武也。及成、康促齡，穆、哀短祚，簡文勃興，淵乎清峻，微言精理，(凾)〔亟〕滿玄席[二七]，澹思醲采，時灑文囿。至孝武不嗣，安恭已矣。其文史則有袁、殷之曹，孫、(于)〔干〕之輩[二八]，雖才或淺深，珪璋足用。

自中朝貴玄，江左彌盛，因談餘氣，流成文體。是以世極迍邅，而辭意夷泰，詩必柱下之旨歸，賦乃漆園之義疏。故(治)〔知〕文變染乎世情[二九]，興廢繫乎時序，原始以要終，雖百世可知也。

自宋武愛文，文帝彬雅，秉文之德，孝武多才，英采雲構。自明〔帝〕以下[三〇]，文理替矣。爾其縉紳之林，霞蔚而飈起，王、袁聯宗以龍章，顔、謝重葉以鳳采，何、范、張、沈之徒，亦不可勝也[三一]。蓋聞之於世，故略舉大較。

暨皇齊馭寶，運集休明：太祖以聖武膺籙，(高)〔世〕祖以睿文纂業[三二]，文帝以貳離含章，(中)〔高〕宗以上哲興運[三三]，並文明自天，緝(遐)〔熙〕景祚[三四]。今聖歷方興，文思(充)〔光〕被[三五]，海岳降神，才〔英〕秀發[三六]。馭飛龍於天衢，駕騏驥於萬里；經典禮章，〔跨〕周〔轢漢〕[三七]，唐虞之文，(甚)〔其〕鼎盛乎[三八]！鴻風懿采，短筆敢陳；〔颺〕言贊時[三九]，請寄明哲。

贊曰：蔚映十代，辭采九變。樞中所動，環流無倦。質文沿時，崇替在選。終古雖遠，(曖)〔僾〕焉如面[四〇]。

《文心雕龍》卷第九

校　記

〔一〕政阜民［暇］　「暇」字殘，據《訓故》、黄本補。

〔二〕而［波］震于下者春秋以後角戰英雄　「波」字殘；《義證》在「者」下有「也」字。《訓故》「英」作「英」。○范文瀾《文心雕龍註》：「『而波震於下者』，『者』下當有『也』字。」○楊明照《拾遺》：「郝懿行云：『按者下疑有也字。』案郝説是。當據增。」○按：據黄本、《訓故》補「波」字，又依范、楊説增「也」字。

〔三〕五蠹六風　「風」，《訓故》、黄本作「虱」。○按：「風」乃「虱」之形誤，作「虱」是。《諸子篇》「至如商韓，六虱五蠹，棄孝廢仁，轘藥之禍」可證。今從《訓故》、黄本改。

〔四〕嚴於秦令　「秦」，黄本作「奏」。○詹鍈《義證》：「（王利器）《校證》：『汪本、佘本、《兩京》本、王惟儉本秦作奏，《詩紀》別集一同。』按元刻本、弘治本均作『嚴於秦令』。何批改『秦』作『奏』。按『秦』字是。秦尚法制，用商鞅、韓非，所以説『嚴於秦令』。」○按：從黄本改。

〔五〕亦可知巳　「巳」，黄本作「已」。○按：作「已」是，從黄本改。

〔六〕禮樂争輝辭藻競鶩柏梁展朝讌之詩［金］堤製恤民之詠　「金」字漫漶，據《訓故》、黄本補。○《訓故》「輝」作「耀」。

〔七〕擢［公］孫之對策　「公」字殘，據《訓故》、黄本補。

〔八〕歎兒寛之凝奏　「凝」，《訓故》作「疑」。黄本作「擬」。○楊明照《拾遺》：「『擬』，元本、活字本……文津本作『凝』；《詩紀別集》一、《漢魏詩乘總録》、湯氏《續文選》二一七同。《訓故》本、謝鈔本作『疑』。鈴木云：『（擬）當作疑。』按『凝』『疑』並誤。此云『擬奏』，明指寛所爲奏，其非『已再見卻』之『疑奏』可知。不然，漢武何爲稱歎耶？且『擬奏』始能與上句之『對策』相對。」○按：從黄本改。

〔九〕相如［滌］器而被繡　「滌」字漫漶，據《訓故》、黄本補。

〔一〇〕笑玉屑之諫　黄本作「美玉屑之譚」。○詹鍈《義證》：「『美玉屑之譚』，元刻本以下俱作『笑玉屑之諫』。梅本於『笑』字下註云：『當作美。』『諫』字下註云：『當作談。』黄叔琳據改。」○按：作「美」「譚」並是。從黄本改。

〔一一〕亦巳美矣奚自漢室迄至成哀　「巳」，黄本作「已」。「室」，《訓故》作「宣」。○按：作「已」是，從黄本改。

〔一二〕班彪參表以補令　「表」，黃本作「奏」。○詹鍈《義證》：「元刻本『奏』作『表』。（王利器）《校證》：『奏原作表，梅據張振豪改。』」○按：《後漢書·班彪傳》：「光武問曰：『所上章奏，誰與參之？』融對曰：『皆從事班彪所爲。』」作「奏」是。　從黃本改。

〔一三〕及明帝疊耀　「帝」，《校證》作「章」。○王利器《文心雕龍校證》：「『章』原作『帝』，范云：『講文虎觀……此是章帝事，疑明帝疊耀當作明章疊耀，帝與章形近而譌。』按范説是。《詔策篇》『明章崇學』，今本『章』亦誤爲『帝』，與此正同。　今據改。」○按：　今從《校證》改。

〔一四〕賈逵給禮於端頌　《訓故》、黃本「禮」作「札」；「端」作「瑞」。○詹鍈《義證》：「（王利器）《校證》：『札原作禮，瑞原作端，梅據張振豪改。　案王惟儉本正作瑞。』梅註：『《後漢書》：　賈逵，性愷悌，多智思……帝敕蘭台給筆札，使作《神雀頌》，拜爲郎。』按此見《賈逵傳》。　『瑞頌』，指《神雀頌》。」○按：　作「札」、「瑞」是，從《訓故》、黃本改。

〔一五〕自安和巳下　《義證》作「自和安已下」。○楊明照《拾遺》：「按『安和』二字當乙，始合時序。《詔策篇》『安和政弛』，誤與此同。」○按：「和」指後漢和帝（公元八九～一〇四）；　「安」，指後漢安帝（公元一〇七～一二四）。　楊説是，「安和」二字當乙始合時序。　從《義證》乙。

〔一六〕歷政講聚　《訓故》「政」作「政」。

〔一七〕造羲皇之書　「羲皇」，《訓故》、黃本同。○楊明照《拾遺》：「案《後漢書·蔡邕傳》：『初，（靈）帝好學，自造《皇羲篇》五十章。』《典略》：『熹平四年五月，帝自造《皇羲（原誤作羲）》五十章。』《通鑑·漢紀》四九孝靈皇帝上之下：『（熹平六年）初，帝好文學，自造《皇羲篇》五十章。』是『羲皇』，當乙作『皇羲』。《楚辭》王逸九思疾世：『將諮詢兮皇羲。』《嵇中散集·述志詩》：『寢足俟皇羲。』又《太師箴》：『紹以皇羲。』范泰《高鳳贊》：『邈矣皇羲。』並稱伏羲爲『皇羲』。『皇羲』，蓋摘首章之頭二字以名其書也。」○按：　楊説是，當從史傳改。

〔一八〕魏武以相王之尊雅愛　《訓故》、黃本在「雅愛」下有「詩章」二字。《訓故》在「詩章」下雙行小字：「一作篇翰。」○王利器《文心雕龍校證》：「『詩章』《兩京》本作『篇翰』。　馮本脱此二字。」○楊明照《拾遺》：「按作『詩章』是也。」○按：　今據黃本補。

〔一九〕偉長從宧於青土　「宧」，《訓故》、黃本作「宦」。○案：「宧」《説文》無字，作「宦」是。　從《訓故》、黃本改。

〔二〇〕子俶德祖之侶傲雅觴豆之前　「子俶」，《校證》作「子叔」。《訓故》「傲雅」作「傲雅」。○王利器《文心雕龍校證》：「『子叔』原作『子俶』，梅改『于叔』。案宋本《三國志・王粲傳》註：淳字『子叔』，今據改。」○按：王説是，當據《三國志・王粲傳》註改。

〔二一〕徵篇章之［士］　「士」字殘佚，據《訓故》、黄本補。

〔二二〕顧眄合章　黄本作「顧盼合章」。○楊明照《拾遺》：「『合』，岡本作『含』。按『含』字是……《梁書・皇后・太宗簡皇后傳》：『齊故太尉南昌公含章履道。』釋僧佑《出三藏記》集齊竟陵王世子撫軍巴陵王《雜集序》：『至於才中含章，思入精理。』《文選》左思《蜀都賦》：『揚雄含章而挺生。』並以含章爲言。本篇下文『文帝以貳離含章』，亦作『含章』。又按『盼』當作『眄』。已詳《辨騷篇》『則顧盼可以驅辭力』條。」（參見本校《辨騷》第五校記〔一三〕）○按：作「眄」「含」並是。今從楊説改。

〔二三〕文才實盛　「文」，黄本作「人」。○詹鍈《義證》：「『人才』元刻本、弘治本俱作『文才』。（王利器）《校證》：『人，《兩京》本、《詩紀》、《六朝詩乘・總録》作文。』」○按：作「人」是；「文」乃泥上句「文」字而誤。據黄本改。

〔二四〕機雲摽二俊之采　「摽」，《義證》作「標」。○按：作「標」是，從《義證》改。

〔二五〕劉刀禮吏而寵榮　「刀」，《訓故》、黄本作「刁」。○王利器《文心雕龍校證》：「『刁』汪本、佘本、張之象本、《兩京》本作『刀』。」○按：「劉刁」，劉指劉隗，刁指刁協。當作「刁」，「刀」乃「刁」之形誤。從《訓故》、黄本改。

〔二六〕逮明帝東哲　「東」，《訓故》、黄本作「秉」。○楊明照《拾遺》：「按作『秉哲』是。《書・酒誥》：『經德秉哲。』『秉德二字，當出於此。《南齊書・高帝紀》上：『（昇明三年）策相國齊公曰……姬旦秉哲，曲阜啟蕃。』又《豫章文獻王傳》：『體道秉哲。』並以『秉哲』爲言。覆刻汪本、張乙本、何本、《訓故》本、謝鈔本、《續文選》作『秉哲』，未誤。」○按：「秉」亦有作「東」者，「東」、「束」皆非，作「秉」是。今從《訓故》、黄本改。

〔二七〕凾滿玄席　「凾」，《訓故》作「亟」。黄本作「函」。○楊明照《拾遺》：「『函』，黄校云：『何本改亟。』按何改『亟』是。《訓故》本、《詩紀》別集正作『亟』。『亟』，讀爲器。數也，屢也……此云『亟滿玄席』，下云『時灑文囿』，文正相對。」○按：元本作「凾」，内「亟」未誤。疑此本作「亟」，後誤爲「凾」，繼又誤爲「函」。今從楊説據《訓故》本改。

〔二八〕孫于之輩　「于」，《訓故》、黄本作「干」。○按「孫干」，指孫盛、干寶。「于」爲「干」之形誤。從《訓故》、黄本改。

〔二九〕故治文變染乎世情　「治」，《訓故》、黄本作「知」。○王利器《文心雕龍校證》：「『知』，汪本、佘本、張之象本、《兩京》本、梅本、謝鈔本、《詩紀》作「治」，梅云：「『治』衍。徐校作『知』。馮校云：『治一作知。』」凌本、梅六次本以下諸本皆作「知」。」○按：「治」、「知」音近淆誤，「治」不辭，作「知」是。從《訓故》、黄本改。

〔三〇〕自明以下　黄本在「明」字下有「帝」字。○王利器《文心雕龍校證》：「『帝』字原脱，梅補；王惟儉本有。」○按：「帝」字不可少，據黄本補。

〔三一〕亦不可勝也　《訓故》在「勝」下有空圍作「亦不可勝□也」。

〔三二〕高祖以睿文纂業　「高」，《訓故》、黄本同。○楊明照《拾遺》：「郝懿行云：『按高疑世字之譌……』按郝説是。」○按：范文瀾《文心雕龍註》云：「武帝廟號世祖，此云高祖，高是世之誤。」郝、范説並是，今從其改。

〔三三〕中宗以上哲興運　「中」，《訓故》、黄本同。○楊明照《拾遺》：「郝懿行云：『按……中疑高字之譌。』按郝説是。」○按：明帝號高宗，作「高」是。從楊説改。

〔三四〕緝遐景祚　「遐」，《義證》作「熙」。○楊明照《拾遺》：「『遐』，黄校云：『疑作熙。』劉永濟云：『按元作緝熙不誤，此用《詩》維清緝熙』也。」○按：從楊説改。

〔三五〕文思充被　「充」，黄本作「光」。○詹鍈《義證》：「（王利器）《校證》：『光原作充，黄註本據梅引一本改。』《書·堯典》：『欽明文思安安，允恭克讓，光被四表。』」○按：作「光」是，從黄本改。

〔三六〕才〔英〕秀發　「英」字漫漶，據《訓故》、黄本補。

〔三七〕〔跨〕周「轢漢」　「跨」、「轢漢」三字漫漶，據《訓故》、黄本補。

〔三八〕甚鼎盛乎　「甚」，《訓故》、黄本作「其」。○楊明照《拾遺》：「『其』，元本、《兩京》本、胡本作『甚』。按『甚』字非是。」○按：從《訓故》、黄本改。

〔三九〕〔颺〕言贊時　「颺」字漫漶，據《訓故》、黄本補。

〔四〇〕曖焉如面　「曖」，黄本作「曠」。○范文瀾《文心雕龍註》：「《校勘記》：『按曖當作僾，此用《祭義》僾然必有見乎其位文。』」○按：從范註改。

*　《訓故》篇末註：校八字，九卷共校九十二字。

《文心雕龍》卷第十

物色第四十六

春秋代序，陰陽慘舒，物色之動，心亦摇焉。蓋陽氣萌而玄駒步，陰律凝而丹鳥羞，微蟲猶或入感，四時之動物深矣。若夫珪璋挺其惠心，英華秀其清氣，物色相召，人誰獲安？是以「獻歲發春」，悦豫之情暢；「滔滔孟夏」，鬱陶之心凝；「天高氣清」，陰沈之志遠；「霰雪無垠」，矜肅之慮深。歲有其物，物有其容；情以物遷，辭以情發。一葉且或迎意，蟲聲有足引心，況清風與明月同夜，白日與春林共朝哉！

是以詩人感物，聯類不窮；流連萬象之際，沈吟視聽之區。寫氣圖貌，既隨物以宛轉；屬采附聲，亦與心而徘徊。故「灼灼」狀桃花之鮮，「依依」盡楊柳之貌，「杲杲」爲出日之容，「瀌瀌」擬雨雪之狀，「喈喈」逐黄鳥之聲，「喓喓」學草蟲之韻；「皎日」「嘒星」，一言窮理；「參差」「沃若」，兩字連形：並以少總多，情貌無遺矣。雖復思經千載，將何易奪？及《離騷》代興，觸類而長，物貌難盡，故重（沓）〔沓〕舒狀〔一〕，於是「嵯峨」之類聚，「葳蕤」之羣積矣。及長卿之徒，詭勢瓌聲，模山範水，字必魚貫，所謂詩人麗則而約言〔二〕，辭人麗淫而繁句也。

至如《雅》詠棠華，「或黄或白」；《騷》述秋蘭，「緑葉」「紫莖」；凡摛表五色，貴在時見，或青黄屢出，則繁而不珍。

自近代以來，文貴（則）〔形〕似〔三〕，窺情風景之上，鑽貌草木之中。吟詠所發，志惟深遠，體物爲妙，功在密附。故巧言切狀，如印之印泥，不加雕削，而曲寫毫芥。故能瞻言而見貌，（印）〔即〕字而知時也〔四〕。然物有恒姿，而思無定檢，或率爾造極，或精思愈疏。且《詩》《騷》所（摽）〔標〕〔五〕，並據要害，故後進鋭筆，怯於争鋒。莫不因方以借巧，即勢以會奇，善於適要，則雖舊彌新矣。是以四序紛迴，而入興貴閑；物色雖繁，而〔折〕〔析〕辭尚簡〔六〕；使味飄飄而輕舉，情曄曄而更新。古來辭人，異代接武，莫不參伍以相變，因革以爲功，物色盡而情有餘者，曉會通也。若乃山林皐壤，實文思之奧府，略語則闕，詳説則繁。然屈〔乎〕〔平〕所以能洞監《風》、《騷》之情者〔七〕，抑亦江山之助乎？

贊曰：山沓水匝，樹雜雲合。〔自〕〔目〕既往還〔八〕，心亦吐納。春日遲遲，秋風颯颯。情往似贈，興來如答。

校記

〔一〕故重杳舒狀　「杳」，《訓故》、黄本作「沓」。○按作「沓」是，「杳」爲「沓」之誤。從《訓故》、黄本改。

〔二〕所謂詩人麗則而約言　本書在「而」字下有一個字位的空白。《訓故》等諸本皆無。

〔三〕文貴則似　「則」，《訓故》、黄本作「形」。○楊明照《拾遺》：「『形』，元本、弘治本……《兩京》本作『則』；《詩紀別集》、《文儷》、《古逸書》……《四六法海》同。按『則』字非是。沈約《宋書·謝靈運傳論》：『相如工爲形似之言。』《詩品》上：『晉黄門郎張協，巧構形似之言。』《顔氏家訓·文章篇》：『何遜詩實爲清巧，多形似之言。』並其證。」○按：作「形」是，從《訓故》、黄本改。

〔四〕印字而知時也　「印」，《校證》作「即」。○王利器《文心雕龍校證》：「『即』原作『印』，何校、黄註並云：『疑作即。』按黄説是，今據改。下文『即勢會奇』，《宗經篇》『即山而鑄銅』，《史傳篇》『棄同即異』，用法同。」○按：「印」字泥上而誤，作「即」是。從《校證》改。

〔五〕且詩騷所摽　「摽」，黄本作「標」。○按：作「標」是，從黄本改。

〔六〕而折辭尚簡　「折」，黄本作「析」。○按：作「析」是，從黄本改。

〔七〕然屈乎所以能洞監風騷之情者　「乎」，《訓故》、黄本作「平」。○按：「平」爲屈原之名，「乎」爲「平」之形誤。從《訓故》、黄本改。

〔八〕自既往還　「自」，《訓故》、黄本作「目」。○按：作「目」是，「自」乃「目」之形誤。從《訓故》、黄本改。

＊《訓故篇》末註：校二字。

才略第四十七

(几)〔九〕代之文[一]，富矣盛矣；其辭令華采，可略而詳也。虞夏文章，則有皋陶六德，夔序八音，益則有贊，五子作歌，辭義温雅，萬代之儀表也。商周之世，則仲虺垂誥，伊尹敷訓，吉甫之徒，並述《詩》《頌》，義固爲經，文亦(足)師矣[二]。及乎春秋大夫，則修辭聘會，磊落如琅玕之圃，焜耀似縟錦之肆。薳(教)〔敖〕擇楚國之令典[三]，隨會講晉國之禮法，趙(襄)〔衰〕以文勝從饗[四]，國僑以修辭扞鄭，子太叔美秀而文，公孫(翬)〔揮〕善於辭令[五]，皆文名之標者也。戰代任武，而文士不絶。諸子以道術取資，屈、宋以《楚辭》發采。樂毅報書(辯)〔辨〕以義[六]，范雎上疏密而至，蘇秦歷説壯而中，李斯自奏麗而動。若在文世，則楊班儔矣。荀況學宗，而象物名賦，文質相稱，固巨儒之情也。

漢室陸賈，首發奇采，賦《孟春》而(選典誥)〔撰《新語》〕[七]，其辯之富矣。賈誼才穎，陵軼飛兔，議(揠)〔愜〕而賦清[八]，豈虚至哉！枚乘之《七發》，鄒陽之《上書》，膏潤於筆，氣形於言矣。仲舒專儒，子長純史，而麗縟成文，亦詩人之「告哀」焉[九]。相如好書，師範屈、宋，洞入夸艷，致名辭宗。然(覆)〔覈〕取精意[一〇]，理不勝辭，(政)〔故〕楊子以爲「文麗用寡者長卿」[一一]，誠哉是言也！王褒構采，以密巧爲致，附聲測貌，泠然可觀。子雲屬意，辭(人)〔義〕最深[一二]，觀其涯度幽遠，搜選詭麗，而竭才以鑽思，故能理贍而辭堅矣。桓譚著(號)〔論〕，富(號)猗頓[一三]，宋弘稱薦，爰比相如；而《集靈》諸賦，偏淺無才，故知長於諷論，不及麗文也。敬通雅好辭説，而坎壈盛世，《顯志》《自序》，亦蚌病成珠矣。二班、兩劉，奕葉繼采，舊説以爲固文優彪，歆學精向，然《王命》清辯，《新序》該練，[璿]璧産於昆(崗)〔岡〕[一四]，亦難得而喻本矣。傅毅、崔駰，光采比肩，瑗、寔踵武，能世厥風者矣。杜篤、賈逵，亦有聲於文，跡其爲才(也)[一五]，崔、傅之末流也。李(充)〔尤〕賦、銘[一六]，志慕鴻裁，而才力沈腿，垂翼不飛。馬融鴻儒，思洽登高，吐納經範，華實相[扶][一七]。王逸博識有功，而絢(綵)〔采〕無力[一八]；延壽繼志，瓌穎獨標，其善圖物寫貌，豈枚乘之遺述歟？張衡通(則)〔贍〕〔一九〕，蔡邕精雅，文史彬彬，隔世相望。是則竹柏異心而同貞，金玉殊質而皆寶也。劉向之奏議〔二〇〕，旨切而調緩，趙壹之辭賦，意繁而體疎；孔融氣盛於爲筆，禰衡思鋭於爲文，有偏美焉。潘勗憑經以騁才，故絶羣於《錫命》，王朗發憤以託志，亦致美於序銘。然自卿、淵已前，多(俊)〔役〕才而不課學〔二一〕，雄、向(巳)〔已〕後〔二二〕，頗引書以助文，此取與之大際，其分不可亂者也。

魏文之才，洋洋清綺。舊談抑之，謂去植千里；然子建思捷而才儁，詩麗而表逸，子(姪)〔桓〕慮詳而力緩〔二三〕，故不競於先鳴；而樂府清越，《典論》辯要，迭用短長，亦無懵焉。但俗情抑揚，雷同一響，遂令文帝以位尊減才，思王以勢窘益價，未爲(蔦)〔篤〕論也〔二四〕。仲宣溢才，捷而能密，文多兼善，辭少瑕累，摘其詩賦，則七子之冠冕乎？琳、瑀以符檄擅聲，徐幹以賦論(摽)〔標〕美〔二五〕，劉楨情高以會采，應瑒學優以得文；路粹、楊修，頗懷筆記之工；丁儀、邯鄲，亦含論述之美：有足算焉。劉(邵)〔劭〕《趙都》〔二六〕，能攀於前修，何晏《景福》，克光於後進；休璉風情，則《百壹》(摽)〔標〕其志〔二七〕；吉甫文理，則《臨丹》成其采〔二八〕。嵇康師心以遣論，阮籍使氣以命詩，殊聲而合響，異翮而同飛。張華短章，奕奕清暢，其《鷦鷯》寓意，即韓非之《説難》也。左思(立)〔奇〕才〔二九〕，業深覃思，盡鋭於《三都》，拔萃於《詠史》，無遺力矣。潘岳敏給，辭自和暢，鍾美於《西征》，賈餘於哀誄，非自外也。陸機才欲窺深，辭務索廣，故思能入巧而不制繁；士龍朗(陳)〔練〕，以識檢亂〔三〇〕，故能布采鮮浄，敏於短篇。孫楚綴思，每直置以疎通；摯虞述懷，必循規以温雅；其品藻《流别》，有條理焉。傅玄篇章，義多規鏡；長虞筆奏，世執剛中；並(柂)〔楨〕幹之實才〔三一〕，非羣華之韡萼也。成公子安，選賦而時美，夏侯孝若，具體而皆微，曹(櫖)〔攄〕清靡於長篇〔三二〕，(李膺)〔季鷹〕辯切於短韻〔三三〕，各其善也。孟陽、景(福)〔陽〕〔三四〕，才綺而相埒，可謂魯衛之政，兄弟之文也。劉琨雅壯而多風〔三五〕，盧諶情發而理昭，亦遇之於時勢也。景純艷逸，足冠中興，《郊賦》既穆穆以大觀，《仙詩》亦飄飄而(陵)〔淩〕雲矣〔三六〕。庾元規之表奏，靡密以閑暢；温太真之筆記，循理而清通：亦筆端之良工也。孫盛、(子實)〔干寶〕〔三七〕，文勝爲史，準的所擬，志乎典訓，户牖雖異，而筆彩略同。袁宏發軫以高驤，故卓出而多偏；孫綽規旋以矩步，故倫序而寡狀。殷仲文之孤興，謝叔源之閑情，並解散辭體，縹緲浮音；雖滔滔風流，而太澆文意。

宋代逸才，辭翰鱗萃，世近易明，無勞甄序。

觀夫後漢才林，可參西〔京〕〔三八〕；晉世文苑，足儷鄴都；然而魏時話言，必以元封爲稱首；宋來美談，亦〔以〕建安爲口實〔三九〕；何也？豈非崇文之盛世，招才之嘉會哉？嗟夫，此古人所以貴乎時也。

贊曰：才難然乎，性各異稟。一朝綜文，千年凝錦。餘采徘徊，遺風籍甚。無曰紛雜，皎然可品。

校記

〔一〕几代之文　「几」，《訓故》、黃本作「九」。○按：作「九」是，指虞夏而迄於宋。《通變篇》「九代詠歌」可證。從《訓故》、黃本改。

〔二〕文亦師矣　《訓故》、黃本同。○范文瀾《文心雕龍註》：「『文亦師矣』句有缺字，疑『師』字上脫一『足』字。」李曰剛《文心雕龍斠詮》：「范說是。『文亦足師』與『義固爲經』相對，因句末有『矣』字，淺人以爲上下句字不相偶，而妄刪『足』字耳。」○按：從范註增。

〔三〕薳教擇楚國之令典　「教」，《訓故》、黃本作「敖」。○楊明照《拾遺》：「『敖』，黃校云：『元作教，曹改。』徐𤊹校『敖』。按何本、《訓故》本、謝鈔本正作『敖』，曹改徐校是也。」○按：薳敖，即孫叔敖，亦稱蔿敖，即蔿艾獵，春秋時楚人。「教」乃「敖」之形誤。今從《訓故》、黃本改。

〔四〕趙襄以文勝從饗　「襄」，《訓故》、黃本作「衰」。○楊明照《拾遺》：「『衰』，黃校云：『元作襄，曹改。』徐𤊹校『衰』。按曹改徐校是。何本、《訓故》本、謝鈔本正作『衰』。」○按：趙衰，字子餘，春秋時晉國大夫。「襄」爲「衰」之形誤。從《訓故》、黃本改。

〔五〕公孫翬善於辭令　「翬」，黃本作「揮」。○王利器《文心雕龍校證》：「『揮』舊本作『翬』，馮校云『翬』當作『揮』。黃註本改『揮』。案《左》襄二十四年、三十年、三十一年《傳》，皆以公孫揮與子羽錯舉，作『揮』者是。《左》襄三十一年《傳》云：『子產之爲政也，擇能而使之。馮簡子能斷大事，子太叔美秀而文，公孫揮能知四國之爲，而辨其大夫之族姓、班位、貴賤、能否，而尤善爲辭令。』即彥和此文所本。」○按：王說是，當據《左》襄三十一年《傳》改。

〔六〕樂毅報書辯以義　「辯」，黄本作「辨」。○按：作「辨」是。從黄本改。

〔七〕賦孟春而選典誥　《訓故》、黄本同。○王利器《文心雕龍校證》：「孫詒讓云：『選典誥當作選典語。《諸子篇》云：陸賈《典語》，並誤以《新語》爲《典語》也。進、選，語、誥，皆形近而誤。』范云：『據孫説，當作進《新語》。』」○劉永濟《文心雕龍校釋》：「按『語』誤作『誥』，是也；『選』乃『撰』字，二字古通。司馬相如《封禪書》『歷選列辟』，《史記》作『撰』，徐廣曰：『撰一作選』，是其證，不必據《漢書》改作『進』也。」○按：郭晉稀《文心雕龍註譯》作「賦孟春而撰新語」，並註云：「元作『選典誥』，今參各家校改。」郭校是，「賦《孟春》」與「撰《新語》」對言。今據改。

〔八〕議揠而賦清　「揠」，《訓故》作「揠」。黄本作「愜」。○詹鍈《義證》：「（王利器）《校證》：『愜原作揠，徐云：揠，一作美。黄註本改作愜。』沈巖臨何焯校本：『揠，一本闕疑，他本或改愜字。』愜，愜當，恰當。」○按：作「愜」是。從黄本改。

〔九〕亦詩人之告哀焉　《訓故》作「亦詩人之告哀焉。」

〔一〇〕然覆取精意　「覆」，《義證》作「覈」。○范文瀾《文心雕龍註》：「『覆』疑當作『覈』。」○楊明照《拾遺》：「『覆』，徐𤊹校作『覈』。范文瀾云：『覆疑當作覈。』按『覈』字是。清謹軒本正作『覈』。《銘箴篇》『其取事也必覈以辨』，元本、弘治本、活字本、汪本等亦誤『覈』爲『覆』，與此同。」○按：從《義證》改。

〔一一〕政楊子以爲文麗用寡者長卿　「政」，黄本作「故」。○按：「政」不辭，乃「故」之形誤。從黄本改。

〔一二〕辭人最深　「人」，《訓故》、黄本同。黄叔琳校云：「『人』疑誤。」《義證》作「義」。○范文瀾《文心雕龍註》：「《漢書・楊雄傳》『雄少而好學……默好深湛之思。』子雲多知奇字，亦所謂捜選詭麗也。捜選詭麗，辭深也；涯度幽遠，義深也。『辭人最深』，『人』當作『義』，俗寫致訛。」○楊明照《拾遺》：「『人』，黄校云：『疑誤。』范文瀾云：『人當作義，俗寫致訛。』劉永濟云：『按人乃采之誤。』按范説是。《漢書・揚雄傳贊》：『今楊子之書，文義至深。』可證此文『人』字確爲『義』之誤。『辭義最深』，即『文義至深』也。」○按：依范、楊説從《義證》改。

〔一三〕桓譚著號富猗頓　《訓故》、黄本作「桓譚著論富號猗頓」。○王利器《文心雕龍校證》：「《兩京》本『論』作『號』。」又：「《兩京》本『號』作『侔』。」○按「著」下脱「論」字當補；「號」字當移在「富」下。《後漢書・桓譚傳》：「譚著書言當世行事二十九篇，號曰《新論》。」又：《論衡・佚文》：「挾桓君山之書，富於積猗頓之財。」今據《訓故》、黄本補、改。

〔一四〕〔瓊〕璧産於昆崗　「瓊」字漫漶；「崗」，黄本作「岡」。○按：作「岡」是。《書・胤征》：「火炎昆岡，玉石俱焚。」今並據黄本補、改。

〔一五〕跡其爲才也　黄本「才」下無「也」字。○詹鍈《義證》：「（王利器）《校證》：『黄註本删也字，今據舊本補。』（張立齋）《考異》：『也字衍。此句與下句義屬一貫，王校非。』」○按：張説是。從黄本删。

〔一六〕李充賦銘　「充」，黄本作「尢」。《訓故》「李充」雙行小字作：「李一木（疑作本）『尢』作『充』。」○詹鍈《義證》：「梅註：『尢原作充，王改。』《訓故》：『《後漢書・獨行傳》：李充字大遜，陳留人，不言著述。又《晉中興書》：李充，字弘度，江夏人，著《學箴》。然此在賈逵之後，馬融之前，則李尢也。尢在和帝時拜蘭臺令，有《幽谷》諸賦，《并車》諸銘，而賈逵仕明帝時，馬融仕順、桓時，以序觀之，乃李尢無疑。』」○按：作「李尢」是。從黄本改。

〔一七〕華實相〔扶〕　「扶」字漫漶，據《訓故》、黄本補。

〔一八〕而絢綵無力　「綵」，黄本作「采」。○王利器《文心雕龍校證》：「『采』，舊本皆作『綵』，黄註本作『采』。」○按：「采成文曰絢」，作「采」是。從黄本改。

〔一九〕張衡通則　「則」，《訓故》、黄本作「贍」。○按：通贍，才學廣博豐富。范曄論云：「崔瑗之稱平子曰：『數術窮天地，製作侔造化。』」作「贍」是。從《訓故》、黄本改。

〔二〇〕劉向之奏議　「向」，《訓故》作「向」。

〔二一〕多俊才而不課學　「俊」，《訓故》、黄本同。《義證》作「役」。○范文瀾《文心雕龍註》：「案《史通・雜説下》引『俊才』作『役才』，是。」○楊明照《拾遺》：「按『俊』字於義不屬，當是『役』之形誤。《左傳》成公二年『以役王命』杜註：『役，事也。』此當作『役』，而訓爲事。《史通・雜説》下篇：『昔劉勰有云：自卿淵已前，多役才而不課學；向雄以後，頗引書以助文。』是所見本未誤。」○按：從《義證》改。

〔二二〕雄向巳後　「巳」，黄本作「已」。○按：作「已」是。從黄本改。

〔二三〕子姪慮詳而力緩　「姪」，《訓故》、黄本作「桓」。○按：「姪」字誤，當作「桓」。子桓，曹丕字。今從《訓故》、黄本改。

〔二四〕未爲萬論也　「萬」，《訓故》、黄本作「篤」。○按：作「篤」是；「萬」乃「篤」之誤。從《訓故》、黄本改。

〔二五〕徐幹以賦論摽美　「摽」，黄本作「標」。○按：作「標」是，從黄本改。

〔二六〕劉邵趙都　「邵」，黄本作「劭」。○按：作「劭」是。劉劭，字孔才，三國時魏人，作《趙都賦》。從黄本改。

〔二七〕則百壹摽其志　「摽」，黄本作「標」。○按：作「標」是。從黄本改。

〔二八〕吉甫文理則臨丹成其采　《訓故》「臨丹」作「臨丹」。

〔二九〕左思立才　「立」，黄本作「奇」。○詹鍈《義證》：「『奇』，元刻本、弘治本、馮校本作『立』。（王利器）《校證》……『奇』作『立』，即『奇』之壞文，徐校作『奇』。」○按：作「奇」是，從黄本改。

〔三〇〕士龍朗陳以識檢亂　《訓故》「陳」作「陳」，「亂」作「辭」。「陳」，黄本作「練」。○楊明照《拾遺》：「『練』，黄校云：『元作陳，王青蓮改。』徐𤊹云：『（陳）疑作練』。按『練』字是。何本作『練』；《文通》引同。《事類篇》『子建明練』，『明練』與『朗練』同。」○按：從黄本改。又：《訓故》作「辭」非是，乃「亂」之形誤。

〔三一〕並杶幹之實才　「杶」，黄本作「楨」。○楊明照《拾遺》：「『楨』，黄校云：『汪作杶。』按元本、弘治本、活字本……並作『杶』；《詩紀別集》引同。皆非也。《程器篇》贊：『貞幹誰則？』『貞』爲『楨』之借字，可證。」○按：楊説是，從黄本改。

〔三二〕曹櫖清靡於長篇　「櫖」，《訓故》、黄本作「攄」。○按：作「攄」是；「櫖」，「扌」旁偶誤爲「木」。從黄本改。

〔三三〕李膺辨切於短韻　「李膺」，《訓故》、黄本作「季鷹」。○王利器《文心雕龍校證》：「『季鷹』馮本、汪本、佘本、謝鈔本、《詩紀》誤作『李膺』。」○按：季鷹，張翰字。從《訓故》、黄本改。

〔三四〕孟陽景福　「福」，《訓故》、黄本作「陽」。楊明照《拾遺》：「『景陽』，元本、弘治本……作『景福』；《文通》引同。梅慶生於『景福』下註『殿賦』二字。馮舒云：『福，當作陽。』何焯説同。按史傳未言張載撰有《景福殿賦》，梅註誤。舍人一則曰『人綺而相埒』，再則曰『可謂魯衛之政，兄弟之文也』，則當以作『景陽』爲是。」○按：從《訓故》、黄本改。

〔三五〕劉琨雅壯而多風　「風」，《訓故》作「諷」。○按：「風」、「諷」古通。《詩·國風·關雎序》「風，風也。」註：「上如字，下即諷字。」崔靈恩云：「用風感物則謂之諷。」」但此處作「風」爲得，指劉琨作品雅正雄壯而富有風力。

〔三六〕仙詩亦飄飄而陵雲矣　「陵」，《訓故》、黄本作「淩」。○楊明照《拾遺》：「『淩』，元本、活字本、《兩京》本、胡本作『陵』。」按『飄飄凌雲』，用司馬相如奏《大人賦》事，《史記》相如傳作『淩』，《漢書》作『陵』。『淩』『陵』古通。以《風骨篇》『相如賦仙，氣號凌雲』例之，作『凌』前後一律。」〇按：楊說是。從《訓故》、黃本改。

〔三七〕孫盛子實　「子實」，《訓故》、黃本作「干寶」。〇楊明照《拾遺》：「『干寶』，黃校云：『元作子實。』徐𤊹校作『干寶』。按徐校是。《訓故》本正作『干寶』。」〇按：從《訓故》、黃本改。

〔三八〕可參西〔京〕　「京」字殘佚，據《訓故》、黃本補。

〔三九〕亦建安爲口實　「亦」，《訓故》、黃本作「亦以」。〇按：「以」字當有，「亦以」同上句「必以」對言。今據《訓故》、黃本補。

*《訓故篇》末註：校十五字。

知音第四十八

知音其難哉！音實難知，知實難逢，逢其知音，千載其一乎！夫古來知音，多賤同而思古，所謂「日進前而不御，遙聞聲而相思」也。昔《儲說》始出，《子虛》初成，秦皇、漢武，恨不同時；既同時矣，則韓囚而馬輕，豈不明鑒同時之賤哉！至於班固、傅毅，文在伯仲，而固嗤毅云：「下筆不能自休。」及陳思論才，亦深排孔璋；敬禮請潤色，歎以爲美談；季緒好詆訶，方之於田巴：意亦見矣。故魏文稱「文人相輕」，非虛談也。至如君卿脣舌，而謬欲論文，乃稱「史遷著書，諮東方朔」，於是「桓譚」之徒〔一〕相顧嗤笑。彼實博徒，輕言負誚，況乎文士，〔可〕妄談哉〔二〕！故鑒照洞明，而貴古賤今者，二主是也；才實鴻懿，而崇（巳）〔已〕抑人〔者〕〔三〕，班、曹是也；學不逮文，而信僞〔迷真〕者〔四〕，樓護是也。「醬瓿」之議，豈多歎哉！

夫麟鳳與〔麏雉〕懸絕〔五〕，珠玉與礫石超殊，白日垂其照，青眸寫其形，然〔魯臣〕以麟爲麏〔六〕，楚人以雉爲鳳，魏（氏）〔民〕以夜光爲怪石〔七〕，〔宋客〕以燕礫爲寶珠〔八〕。形器易徵，謬乃若是；文情難鑒，誰曰易分？

夫篇章雜沓，質文交加，知多偏好，人莫圓該。慷慨者逆聲而〔擊節〕〔九〕，醞藉者見密而高蹈；浮〔慧〕

者［觀綺］而躍心，愛奇者聞詭而驚［聽］〔一〇〕。會（已）〔己〕則［嗟諷］，［異］我則［沮］棄〔一一〕，各執一隅之［解］，欲［擬萬端］之變〔一二〕，所謂「東向而望，不見西牆」也。

凡［操］千曲而後［曉］聲〔一三〕，觀千劍而後識器；故圓照之象〔一四〕，務先博觀。［閱］喬岳以形培塿〔一五〕，酌滄波以喻畎（澮）〔澮〕〔一六〕。無私於輕重，不偏於憎愛，然後能平理若（衡）〔衡〕〔一七〕，照辭如鏡矣。是以將閱文情，先標六觀：一觀位體，二觀置辭，三觀通變，四觀奇正，五觀事義，六觀宮商。斯術既形，則優劣見矣。

夫綴文者情動而辭發，觀文者披（尋）〔文〕以入情〔一八〕，沿波討源，雖幽必顯。世遠莫見其面，覘文輒見其心。豈成篇之足深？患識照之自淺耳。夫志在山水，琴表其情，況形之筆端，理將焉匿？故心之照理，譬目之照形，目瞭則形無不分，心敏則理無不達。然而俗（監）〔鑒〕之［迷］者〔一九〕，深廢淺售，此莊周〔所〕以笑《折楊》〔二〇〕，宋玉所以傷《白雪》也。昔屈平有言：「文質疎內，衆不知余之異采。」見異唯知音耳。揚雄自稱：「心好沈博絶麗之文。」其〔不〕事浮淺亦可知矣〔二一〕。夫唯深識鑒奧，必歡然內懌，譬春台之熙衆人，樂餌之止過客。蓋聞蘭爲國香，服媚彌芬；書亦國華，翫（澤）〔繹〕方美〔二二〕；知音君子，其垂意焉。

贊曰：洪鍾萬鈞，夔曠所定。良書盈篋，妙鑒乃訂。流鄭淫人，無或失聽。獨有此律，不謬蹊［徑］〔二三〕。

校記

〔一〕於是［桓譚］之徒　「桓譚」二字漫漶，據《訓故》、黄本補。

〔二〕［可］妄談哉　「可」字漫漶，據《訓故》、黄本補。

〔三〕而崇已抑人　黄本「已」作「己」；在「抑人」下有「者」字。○按：作「己」是；「者」字當有，上下一律。今據黄本改、增。

〔四〕而信僞［迷真］者　「迷真」二字漫漶，據《訓故》、黄本補。

〔五〕夫麟鳳與〔麏雉〕懸絶　「麏雉」二字漫漶，據《訓故》、黃本補。

〔六〕然〔魯臣〕以麟爲麏　「魯臣」二字漫漶，據《訓故》、黃本補。

〔七〕魏氏以夜光爲怪石　「氏」，《義證》作「民」。○楊明照《拾遺》：「『氏』，凌本、天啟梅本、祕書本、張松孫本作『民』。按以上下文例之，『民』字是。《尹文子·大道》下篇所謂魏之田父者也。此稱『魏民』，猶《頌讚篇》之稱『魯民』。」○按：從《義證》改。

〔八〕〔宋客〕以燕礫爲寶珠　「宋客」二字漫漶，據《訓故》、黃本補。

〔九〕慷慨者逆聲而〔擊節〕　「擊節」二字漫漶，據《訓故》、黃本補。

〔一〇〕浮〔慧〕者〔觀綺〕而躍心愛奇者聞詭而驚〔聽〕　「慧」「觀綺」、「聽」四字並漫漶，並據《訓故》、黃本補。

〔一一〕會巳則〔嗟諷異〕我則〔沮〕棄　「巳」，黃本作「己」。○按：作「己」是，從黃本改。「嗟諷異」、「沮」四字漫漶，並據《訓故》、黃本補。

〔一二〕各執一隅之〔解〕欲〔擬萬端〕之變　「解」、「擬萬端」四字漫漶，並據《訓故》、黃本補。

〔一三〕凡〔操〕千曲而〔曉〕聲　「操」、「曉」二字漫漶，並據《訓故》、黃本補。

〔一四〕圓照之象　《訓故》「象」作「象」。

〔一五〕〔閱〕喬岳以形培塿　「閱」字漫漶，據《訓故》、黃本補。

〔一六〕酌滄以喻畎⿰土會　「⿰土會」，《訓故》、黃本作「澮」。○楊明照《拾遺》：「『澮』，元本、弘治本……作『⿰土會』。按『⿰土會』，字書所無，當以作『澮』爲是。《爾雅》釋水：『注溝曰澮。』《釋名·釋水》：『注溝曰澮；澮，會也，小溝之所聚會也。』『滄波』以大言，『畎澮』以小言。《書·益稷》：『濬畎澮距川。』亦以『畎澮』連文。」○按：從《訓故》、黃本改。

〔一七〕然後能平理若衝　「衝」，《訓故》、黃本作「衡」。○按：作「衡」是，「衝」爲「衡」之形誤。從《訓故》、黃本改。

〔一八〕觀文者披尋以入情　「尋」，《訓故》作「辭」，黃本作「文」。○王利器《文心雕龍校證》：「『文』，《兩京》本作『尋』。《辨騷篇》、《時序篇》俱有『披文』語，《文選》陸士衡《文賦》：『碑披文以相質。』此彦和所本。《兩京》本不可從；王惟儉本『文』又作『辭』，亦不可從。」○按：作「文」是，從黃本改。

〔一九〕然而俗監之〔迷〕者　「監」，《訓故》作「鑒」；「迷」字漫漶。○王利器《文心雕龍校證》：「『鑒』原作『監』，鈴本云：『宜作鑒。』案鈴木説是。王惟儉本正作『鑒』。《本贊》『妙鑒迺訂』語，即承此爲言，亦作『鑒』。今據改。」○按：從王説，據《訓故》改；亦據《訓故》補「迷」字。

〔二〇〕此莊周以笑折楊　《訓故》、黄本在「以」前有「所」字。○按「所」字原脱，當據《訓故》、黄本補。

〔二一〕其事浮淺亦可知矣　「其」黄本同。《訓故》作「其□」。○范文瀾《文心雕龍註》：「疑當作『不事浮淺』。」○劉永濟《校釋》：「『其』疑『匪』誤。」楊明照《拾遺》：「『其』下疑脱一『不』字。」○王利器《校證》「疑當作『共事浮淺』。」○按：《訓故》本「其」下有一白框。楊説有理，其他均無版本根據。今從楊説增「不」字。

〔二二〕翫澤方美　「澤」，《訓故》作「繹」。○范文瀾《文心雕龍註》：「『翫澤』疑當作『翫繹』。」○王利器《文心雕龍校證》：「『繹』原作『澤』，據王惟儉本改。」○楊明照《拾遺》：「按《訓故》本作『繹』，是。『繹』，尋繹也。」○按：從《訓故》改。

〔二三〕不謬蹊〔徑〕　「徑」字漫漶，據《訓故》、黄本補。

＊《訓故》篇末註：校五字。

程器第四十九

《周書》論士，方之「梓材」，蓋貴器用而兼文采也。是以「樸斲」成而「丹雘」施，「垣墉」立而雕杇附。而近代詞人，務華棄實。故魏文以爲：「古今文人，（之）類不護細行〔一〕。」韋誕所評，又歷詆羣才。後人雷同，混之一貫，吁可悲矣！

略觀文士之疵：相如竊妻而受金，楊雄嗜〔酒〕而少算〔二〕，敬通之不循廉隅，杜篤之請求無厭，班固諂竇以作威，馬融黨梁而黷貨，文舉傲誕以速誅，正平狂憨以致戮，仲宣輕（脆）〔脱〕以躁競〔三〕，孔璋傯恫以粗踈，丁儀貪婪以乞（貨）〔貸〕〔四〕，〔路〕粹餔啜而無恥〔五〕，潘岳詭禱於愍懷，陸機傾仄於賈郭，傅玄剛隘而詈臺，〔孫〕楚佷愎而訟府〔六〕。諸（有）〔如〕此類〔七〕，並文士之瑕累。文既有〔之〕〔八〕，武亦宜然。古之將相，疵咎實多：至如管仲之盜竊，〔吳〕起之貪淫〔九〕，陳平之污點，絳、灌之讒嫉，沿茲以下，不〔可〕勝數〔一〇〕。孔光負衡據鼎，而仄媚董賢；況班、馬之賤職，〔潘〕岳之下位哉〔一一〕！王戎開國上秩，而鬻官囂俗，況馬、杜之磬懸，丁、路之貧薄哉！然子夏無虧於名儒，（璿）〔濬〕沖不塵〔乎〕竹林者〔一二〕，名崇而譏減也。若夫屈、賈之忠貞，鄒、枚之〔機〕覺〔一三〕，黄香之〔淳孝〕，〔徐〕幹之沈默〔一四〕，豈曰文士，必其玷〔歟〕〔一五〕？〔蓋〕人〔稟〕五材〔一六〕，修短殊用，自非上哲，難以求備。然〔將相以〕位〔隆〕特達〔一七〕，文士以職卑多誚；此江河所以騰〔涌，涓流〕所以寸（析）〔折〕者也〔一八〕。名之抑揚，既其然〔矣〕〔一九〕，位之通〔塞，亦有〕以焉〔二〇〕。蓋士之登庸，以成務爲用。魯〔之敬姜〕，婦〔人之〕聰明耳〔二一〕，然推其機綜，以方治國，安有（大）〔丈〕夫學文〔二二〕，〔而不〕達於政事哉〔二三〕？彼楊、馬之徒，有文無質，所以終乎下〔位〕也〔二四〕。昔庾元規才華清英，勳庸有聲，故文藝不稱；若〔非〕台岳〔二五〕，則正以文才也。〔文〕武之術〔二六〕，左右惟宜。郤縠敦書，〔故〕舉爲元帥〔二七〕，豈以好文而不練武哉？孫武《兵經》，辭如珠玉，豈以習武而不曉文也？

是以君子藏器，待時而動，發揮事業；固宜蓄素以（剛）〔弸〕中〔二八〕，散（悉）〔采〕以彪外〔三〇〕，楩柟其質，豫章其幹。摛文必在緯軍國，負重必在任棟梁，〔窮則獨〕善以垂文〔三〇〕，達則奉時以〔騁績〕〔三一〕。若此文人，應《梓〔材》之〕士矣〔三二〕。

贊曰：瞻彼前修，有懿文德。〔聲昭楚南〕〔三三〕，采動梁北。雕而不器，貞幹誰則？豈無華身，〔亦有光國〕〔三四〕。

校記

〔一〕古今文人之類不護細行　《訓故》、黄本「人」下無「之」字。○楊明照《拾遺》：「黄校云：『之字衍。』謝兆申云：『之字似衍。』徐𤊹云：『無之字便不成文，伯元（即謝兆申）以爲衍，非是……』馮舒云：『文人下衍之字。』按『之』字確爲衍文，於『人』下加豆。曹丕《與吳質書》本無『之』字。《訓故》本無『之』字，是也。當據刪。」○按：既直引「魏文」，當以《與吳質書》爲準。今據刪「之」字。

〔二〕楊雄嗜〔酒〕而少算　「酒」字漫漶，據《訓故》、黄本補。

〔三〕仲宣輕脆以躁競　「脆」，《訓故》、黄本同。○楊明照《拾遺》：「范文瀾云：『王粲輕脆躁競未知其事。韋誕謂其肥戇，疑脆、肥皆鋭之譌也。《體性篇》云：『仲宣躁鋭。』按《體性篇》『仲宣躁鋭』之『鋭』當作『競』，已詳彼篇校註。

《三國志・魏志・王粲傳》:「(劉)表以粲貌寢而體弱通侻,不甚重也。」「侻」,與「脱」通。疑此處「脆」字爲「脱」之形誤。《後漢書・列女・曹世叔妻傳》:「(女誡)若夫動静輕脱。」……《廣弘明集》釋法雲《上昭明太子啟》:「退思輕脱,用深悚懼。」《顔氏家訓・風操篇》:「不可陷於輕脱。」並以「輕脱」爲言。舍人稱「仲宣輕脱」,與劉表之爲「通侻」同,皆謂其爲人簡易也。」○按:從楊説改。

〔四〕丁儀貪婪以乞貨　「貨」,《訓故》、黄本同。○楊明照《拾遺》:「按『貨』字與上『黷貨』重出,疑爲『貸』之形誤。《史記・孔子世家》:『游説乞貸,不可以爲國。』……《梁書・任昉傳》:『世或譏其多乞貸。』《鹽鐵論・疾貪篇》:『乞貸長吏。』並以『乞貸』連文。」○詹鍈《義證》引李曰剛《文心雕龍斠詮》:「乞貸殆指其(丁儀)叩頭乞求貸免於夏侯尚歟?」○按:作「貸」是,從楊説改。

〔五〕[路]粹餔啜而無恥　「路」字殘佚,據《訓故》、黄本補。

〔六〕[孫]楚很愎而訟府　「孫」字殘佚,據《訓故》、黄本補。「很」,《訓故》作「恨」。黄本作「狠」。○楊明照《拾遺》:「按『很』字是。元本、弘治本、活字本、張本、兩京本、胡本亦並作『很』;《漢魏詩乘録》引同。《逸周書・謚法篇》:『愎很(與很愎同)遂過曰刺。』《易林・恒之噬嗑》:『狼戾復(與愎通)很。』並其證也。」

〔七〕諸有此類　「有」,《訓故》、黄本同。○楊明照《拾遺》:「按『有』當作『如』,蓋涉次行而誤者。《通變篇》有『諸如此類』語。」○按:從楊説改。

〔八〕文既有[之]　「之」字殘佚,據《訓故》、黄本補。

〔九〕[吳]起之貪淫　「吳」字殘佚,據《訓故》、黄本補。

〔一〇〕不[可]勝數　「可」字殘佚,據《訓故》、黄本補。

〔一一〕[潘]岳之下位哉　「潘」字殘佚,據《訓故》、黄本補。○「岳」,《訓故》作「陸」。○按:以上有「班、馬」,下有「馬、杜」、「丁、路」,似作「潘岳」爲是。

〔一二〕璿沖不塵[乎]　「璿」,黄本作「濬」;「乎」字殘佚。○王利器《文心雕龍校證》:「馮本、汪本、佘本、《兩京》本『濬』誤『璿』,徐校『濬』。」○按:作「濬」是。「濬沖」,王戎字。今據黄本改、補。

〔一三〕鄒枚之[機]覺　「機」字殘佚,據《訓故》、黄本補。

〔一四〕黄香之[淳孝徐]幹沈默　「淳孝徐」三字殘佚,據《訓故》、黄本補。

〔一五〕必其玷〔歟〕　「歟」字漫漶，據《訓故》、黄本補。

〔一六〕〔蓋〕人〔稟〕五材　「蓋」字殘佚，「稟」字漫漶，並據《訓故》、黄本補。

〔一七〕然〔將相以〕位〔隆〕特達　「將相以」、「隆」四字殘佚，並據《訓故》、黄本補。

〔一八〕此江河所以騰〔涌涓流〕所以寸析者也　「涌涓流」三字殘佚；「析」，黄本作「折」。〇按：「析」爲「折」之形誤，作「折」是。今據《訓故》、黄本補、改。

〔一九〕既其然〔矣〕　「矣」字殘佚，據《訓故》、黄本補。

〔二〇〕位之通〔塞亦有〕以焉　「塞亦有」三字殘佚，據《訓故》、黄本補。

〔二一〕魯〔之敬姜〕婦〔人之〕聰明耳　「之敬姜」三字漫漶；「人之」二字殘佚，並據《訓故》、黄本補。

〔二二〕大夫學文　「大」，《訓故》、黄本作「丈」。〇詹鍈《義證》：「（楊明照）《校註》：『丈，汪本、佘本、張本、《兩京》本、胡本並作大。按此文爲反應上文魯之敬姜，婦人之聰明耳之詞，大非是。《諸子篇》贊丈夫處世，元本、活字本等亦誤丈爲大也。』按元刻本、弘治本亦作『大』。」〇按：作「丈」是，從《訓故》、黄本改。

〔二三〕〔而不〕達乎政事哉　「而不」二字殘佚，據《訓故》、黄本補。

〔二四〕所以終乎下〔位〕也　「位」字殘佚，據《訓故》、黄本補。

〔二五〕若〔非〕台岳　「非」字漫漶，據《訓故》、黄本補。

〔二六〕武之術　《訓故》、黄本作「文武之術」。〇按：以下文「豈以好文而不練武哉」、「習武而不曉文也」驗之，「文」字當有。今據《訓故》、黄本增。

〔二七〕〔故〕舉爲元帥　「故」字漫漶，據《訓故》、黄本補。

〔二八〕固宜蓄素以剛中　「剛」，《訓故》、黄本作「弸」。〇楊明照《拾遺》：「『弸』，元本、弘治本……作『剛』；何本、梅本……作『繃』，《文通》引同。佘本、《訓故》本、四庫本……並作『弸』。按『剛』、『繃』二字皆誤。《法言·君子篇》：『或問君子言則成文，動則成德，何以也？曰：以其弸中而彪外也。』李注：『弸，滿也。』即舍人『弸中』二字所本。《隸釋·魯峻碑》：『弸中獨斷，以效其節。』亦可證。」〇按：作「弸」是，從《訓故》、黄本改。

〔二九〕散悉以彪外　「悉」，《訓故》、黄本作「采」。〇楊明照《拾遺》：「『采』，黄校云：『元作悉』，龔仲和改。謝兆申校作『采』。按『采』字是。何本、《訓故》本、梁本、謝鈔本正作『采』；《喻林》八七、《文通》引同。」〇按：今從《訓故》、黄本改。

〔三〇〕「窮則獨」善以垂文　「窮則獨」三字漫漶，據《訓故》、黄本補。

〔三一〕達則奉時以「騁績」　「騁績」二字漫漶，據《訓故》、黄本補。

〔三二〕應梓「材之」士矣　「材之」二字殘佚，據《訓故》、黄本補。

〔三三〕「聲昭楚南」　此四字殘佚，據《訓故》、黄本補。

〔三四〕「亦有光國」　此四字殘佚，據《訓故》、黄本補。

＊《訓故》篇末註：校十字。

序志第五十

〔夫〕「文心」者〔一〕，言爲文之用「心也」〔二〕。「昔涓」子《琴心》〔三〕，王孫《巧心》，心哉美矣夫！「故」用之〔焉〕〔四〕。古來「文章，以」雕縟成體〔五〕，豈（效）〔取〕鄒奭之羣言「雕龍」也〔六〕。（天）〔夫〕宇宙「綿邈，黎」獻紛雜〔七〕，拔萃出（穎）〔類〕〔八〕，智術而已。歲月飄忽，性靈「不居」〔九〕，「騰」聲飛實〔一〇〕，制作而已。夫（有）肖貌天地〔一一〕，稟性五（行）〔才〕〔一二〕，「擬耳目」於日月〔一三〕，方聲氣於風雷，其超出萬物，亦已靈矣。「形（同）〔甚〕草」木之脆〔一四〕，名踰金石之堅，是以君子處世，「樹德建言」〔一五〕。豈好（辨）〔辯〕哉〔一六〕？不得（巳）〔已〕也〔一七〕。

余生七齡，乃夢彩雲「若錦，則攀」而採之〔一八〕。齒在踰立，（則）（常）〔嘗〕〔夜〕夢〔一九〕「執丹漆之禮器，隨仲尼而南行。旦而寤，廼怡然而喜〔二〇〕：大哉聖人之難見也，乃小子之垂夢歟！自生（人）〔民〕以來，未有如夫子者也〔二一〕。敷贊聖旨，莫若注經，而馬鄭諸儒，弘之已精，就有深解，未足立家。唯文章之用，實經典枝條；「五禮」資之以成，「六典」因之致用，君臣所以炳煥，軍國所以昭明，詳其本源，莫非經典。而去聖久遠，文體解散，辭人愛奇，言貴浮詭，飾羽尚畫〔二二〕，文繡鞶帨，離本彌甚，將遂訛濫。蓋《周書》論辭，貴乎

「體要」；尼父陳訓，惡乎「異端」；辭訓之異，宜體於要，於是搦筆和墨，乃始論文。

詳觀近代之論文者多矣：至於魏文述《典》，陳思序《書》，應瑒《文論》，陸機《文賦》，仲治《流別》，弘範《翰林》〔二三〕。各照隅隙，鮮觀衢路；或臧否當時之才，或詮品前修之文，或泛舉雅俗之旨，或撮題篇章之意。魏《典》密而不周，陳《書》辯而無當，應《論》華而疏略，陸《賦》巧而碎亂，《流別》精而少（巧）〔功〕〔二四〕，《翰林》淺而寡要。又君山、公幹之徒，吉甫、士龍之輩，泛議文意，往往間出，並未能振葉以尋根，觀瀾而」索源。不述先哲之［誥，無益］後生之慮〔二五〕。

蓋《文心》之作也，本乎道，師乎聖，［體乎］經，［酌］乎緯〔二六〕，變乎《騷》：文之樞紐，（云亦）〔亦云〕極矣〔二七〕。若〔乃〕論文叙［筆，則囿］別區分〔二八〕；原始以表時，釋名以章義，選文以定［篇］〔二九〕，敷理以舉統：（一）〔上〕篇以上〔三〇〕，綱領明矣。至於剖情［析采］〔三一〕，必籠圈條貫：摛神（往）〔性〕〔三二〕，圖風勢，［苞會通，閱聲字，崇替］於《時序》〔三三〕，褒貶於《才略》，（怡暢）〔怊悵〕［於《知音》，耿介於《程器》，長懷］《序志》〔三四〕，以馭羣篇：下篇以下，［毛目顯矣］〔三五〕。［位理定名，彰乎］大（易）〔衍〕之數〔三六〕，其爲文用，四十［九篇而已］〔三七〕。

［夫銓序一文爲］易〔三八〕，彌綸羣言爲難，雖復輕［采毛髮，深極骨髓；或有曲］意密源〔三九〕，似近而遠，辭所不［載，亦不勝數矣。及其品（列）〔評〕］成文〔四〇〕，有同乎舊談者，非雷［同也，勢自不可異也；有異］乎前論者〔四一〕，非苟異也，理［自不可同也。同之與異，不屑］古今〔四二〕，擘肌分理，唯務折衷。［按轡文雅之場，環絡藻繪］之府〔四三〕，亦幾乎備矣。但言不［盡意，聖人所難；識在缾管，何］能（規）矩〔矱〕〔四四〕。茫茫往代，既沈［予聞，眇眇來世，倘塵彼觀也］〔四五〕。

［贊曰：生也有涯，無涯惟智。逐物實難，憑］性良易〔四六〕。傲岸泉石，［咀嚼文義。文果載心，余心］有［寄］〔四七〕。

《文心雕龍》卷第十

校記

〔一〕文心者　黄本在「文心」上有「夫」字。○按：以「夫」字作爲篇首起句，爲彦和常用句式：《徵聖篇》「夫作者曰聖」、《正緯篇》「夫神道闡幽」、《章表篇》「夫設官分職」、《夸飾篇》「夫形而上者謂之道」……並以「夫」爲篇首起句。此處亦當據黄本增。

〔二〕言爲文之用[心也]　「心也」二字漫漶，據《訓故》、黄本補。

〔三〕[昔涓]子琴心　「昔涓」二字殘佚，據《訓故》、黄本補。

〔四〕心哉美矣夫[故]用之　「故」字漫漶；黄本無「夫」字，黄叔琳校云：「一本上有『夫』字。」在「之」下有「焉」字。○楊明照《拾遺》：「《梁書・劉勰傳》、佘本、《訓故》本、謝鈔本並有『夫』字『焉』字……元本、弘治本、活字本、汪本、張本、《兩京》本、胡本並有『夫』字。按尋繹語氣，『夫』字當有，屬上句讀。《論語・子罕》：『子曰：苗而不秀者，有矣夫！秀而不實者，有矣夫！』即『矣夫』連文之證。」○王利器《文心雕龍校證》：「『焉』字原脱，梅案《廣文選》四二補。案王惟儉本、《梁書》有『焉』字。」○按：楊説有理，本書正有「夫」字。「故」、「焉」並據《訓故》、黄本增補。

〔五〕古來[文章以]雕縟成體　「文章以」三字殘佚。據《訓故》、黄本補。

〔六〕豈效騶奭之羣言雕龍也　「效」，《訓故》、黄本作「取」。○楊明照《拾遺》：「『取』，元本、弘治本、汪本……作『效』；《讀書引》十二、《莒州志》十三同。按《梁書》、活字本、佘本、《訓故》本、四庫本並作『取』；《廣文選》……《漢魏六朝正史文選》同。《原道篇》『取象乎河洛』，《奏啟篇》『取其義也』，《書記篇》『取象於夬』，又『蓋取乎此』，其『取』字義並與此同，則作『效』非是。」○按：從楊説據黄本改。又：《訓故》無「之」字。

〔七〕天宇宙[綿邈黎]獻紛雜　「天」，《訓故》、黄本作「夫」。「綿邈黎」三字殘佚。○按：作「夫」是，「天」乃「夫」之殘。並據《訓故》、黄本改、補。

〔八〕拔萃出穎　「穎」，《訓故》、黄本作「類」。○楊明照《拾遺》：「『類』，元本、弘治本……謝鈔本作『穎』。謝兆申云：『似作類。』馮舒改『類』。按《孟子・公孫丑上》：『出於其類，拔乎其萃。』即此語所本。則作『穎』非也。」○按：從《訓故》、黄本改。

〔九〕性靈〔不居〕 「不居」二字殘佚，據《訓故》、黄本補。

〔一〇〕〔騰〕聲飛實 「騰」字漫漶，據《訓故》、黄本補。

〔一一〕夫有肖貌天地 《訓故》無「有」字。○范文瀾《文心雕龍註》：「《漢書·刑法志》：『夫人肖天地之貌，懷五常之性。』此彦和所本。『有』是『人』之誤。」○王利器《文心雕龍校證》：「『夫』下，汪本、張之象本、《兩京》本、梅本、黄註本、《讀書引》有『有』字，謝云：『有宜作其。』梅云：『衍。』梅六次本據曹改『有』爲『自』，日本刊本從之。佘本、王惟儉本、《天中記》三七、《廣文選》、《梁書》並無『有』字或『自』字，今删改。」○按：「有」字實衍，今據《訓故》删。

〔一二〕稟性五行 「行」，《訓故》、黄本作「才」。○楊明照《拾遺》：「『才』，黄校云：『一作行。』按『才』、『行』於此並通。然以《程器篇》『人稟五材』（材與才通）例之，作『才』是也。」○按：從《訓故》、黄本改。

〔一三〕〔擬耳目〕於日月 「擬耳目」三字漫漶，據《訓故》、黄本補。

〔一四〕〔形同草〕木之脆 「形同草」三字漫漶，《訓故》作「形甚草」。據《訓故》補。「同」字，梅校云：「《梁書》作『甚』。」○楊明照《拾遺》：「按佘本、《訓故》本作『甚』；《廣文選》、《天中記》、《經濟類編》、《喻林》、《廣文選删》、《漢魏六朝正史文選》同。下句云『名踰金石之堅』，疑『甚』字是。」○詹鍈《義證》引李曰剛《文心雕龍斠詮》：「『形甚草本之脆，名踰金石之堅』，《古詩十九首》：『盛衰各有時，立身苦不早。人生非金石，豈能長壽考？奄忽隨物化，榮名以爲寶。』彦和蓋化用此義。」○按：「甚」與「踰」對，作「甚」較勝。

〔一五〕〔樹德建言〕 此四字漫漶，據《訓故》、黄本補。

〔一六〕豈好辨哉 「辨」，黄本作「辯」。○按：作「辯」是，從黄本改。

〔一七〕不得巳也 「巳」，黄本作「已」。○按：作「已」是，從黄本改。

〔一八〕乃夢彩雲〔若錦則攀〕而採之 「若」字殘佚，「錦則攀」三字漫漶，並據《訓故》、黄本補。

〔一九〕則常夢 「夢」字下，自「執丹漆之禮器」起，迄「觀瀾而索源」「而」字止，並缺。《訓故》、黄本「常」作「嘗」，「夢」前有「夜」字。○詹鍈《義證》：「元本、弘治本、汪本、張之象本、《兩京》本無『夜』字，『夢』字以下缺三百二十二字，下接『（觀瀾而）索源』。（王利器）《校證》：『徐云：夢字下脱落三百餘字，楊用修補。』（王叔岷）《綴補》：『《梁書》、《南史·劉勰傳》並無『則』字，蓋涉上文『則攀而採之』而衍。』」○按：「則」字實衍，從王叔岷説據《梁書》《南史》本傳删；「常」乃「嘗」之誤，從黄本改；「夢」字脱，據黄本增。「夢」字下脱落文字，據黄本補三百二十二字。

〔二〇〕迺怡然而喜　《訓故》無「迺」字。

〔二一〕自生人以來未有如夫子者也　「人」（黄本），《訓故》同。《訓故》「如夫子」作「若孔子」。○楊明照《拾遺》：「『人』當作『民』，蓋唐避太宗諱改而未校復者也。《孟子·公孫丑上》：『子貢曰……自生民以來，未有夫子也。』即此文之所自出。《原道篇》『曉生民之耳目矣』，亦作『生民』。」○按：楊説是，當據改。作「夫子」亦是。

〔二二〕飾羽尚畫　《訓故》「畫」誤作「盡」。

〔二三〕弘範翰林　《訓故》「範」作「範」。

〔二四〕流別精而少巧　「巧」（黄本），《訓故》作「功」。○王利器《文心雕龍校證》：「『功』，原作『巧』，王惟儉本、《廣文選》、《梁書》作『功』，今據改。《史記·太史公自序》：『儒者博而寡要，勞而少功。』此彦和所本。」○按：作「功」是，從《訓故》改。

〔二五〕不述先哲之誥無益後生之慮　「誥無」二字漫漶，「益」字殘佚，並據《訓故》、黄本補。

〔二六〕體乎經酌乎緯　「體」字漫漶，「乎」、「酌」二字殘佚，並據《訓故》、黄本補。

〔二七〕云亦極矣　「云亦」，《訓故》、黄本作「亦云」。○王利器《文心雕龍校證》：「汪本、張之象本、《兩京》本、日本刊本、《讀書引》『亦云』作『云亦』，誤。《明詩篇》『亦云周備』，亦作『亦云』。」○按：今從《訓故》、黄本乙正。

〔二八〕若論文敘筆則囿別區分　黄本在「若」下有「乃」字。「筆則」二字漫漶，「囿」字殘佚。○按：有「乃」字較勝，據黄本增；三字亦據《訓故》、黄本補。

〔二九〕原始以表時釋名以章義選文以定篇　「時」，黄本作「末」；《訓故》「時」下雙行小字：「一作來。」「篇」字殘佚。○楊明照《拾遺》：「『末』，《訓故》本作『時』，註云：『一作來。』按『來』蓋由『末』致誤。何本又誤爲『未』。元本、弘治本、汪本、張甲本、《兩京》本、胡本作『時』，是也。《文心》上篇自《明詩》至《書記》，於每種文體皆明其緣起，故曰『原始以表時』。若作『末』，則多所窒礙。」○按：楊説是，本書正作「時」。「篇」字據《訓故》、黄本補。

〔三〇〕一篇以上　「一」，《訓故》、黄本作「上」。○王利器《文心雕龍校證》：「張之象本、《兩京》本『上』誤『一』。」○按：作「上」是；「上篇以上」與後「下篇以下」相對而言。從黄本改。

〔三一〕至於剖情析采　「析采」二字殘佚，據《訓故》、黄本補。○《訓故》「剖」下雙行小字：「一作割。」

〔三二〕摛神往　「往」，《訓故》、黄本作「性」。○王利器《文心雕龍校證》：「馮本、汪本、《兩京》本、凌本、鍾本、梁本、日本刊本、《崇文》本『性』誤『往』。」○按：作「性」是，「性」「往」形近因而致誤。從《訓故》、黃本改。

〔三三〕〔苞會通閱聲字崇替〕於時序　「苞……替」八字殘佚，據黃本補；但元本實缺十字。王利器《文心雕龍校證》云：「馮本、汪本、《兩京》本、凌本、鍾本、梁本、日本刊本、《崇文》本、《讀書引》『苞』上有『幽遠』二字。疑元本亦有。」○按：《訓故》「苞」作「包」。

〔三四〕怡暢〔於知音耿介於程器長懷〕序志　「於……懷」十字殘佚，據黃本補。「怡暢」，《訓故》、黃本作「怊悵」。○楊明照《拾遺》：「『怊悵』，黃校云：『元作怡暢，王性凝改。』按《梁書》正作『怊悵』；《廣文選》……岡本、尚古本同。王改是也。舍人於《知音篇》中所露怊悵之情，極爲顯明。若作『怡暢』，則非其指矣。」○按：從《訓故》、黃本改。

〔三五〕下篇以下〔毛目顯矣〕　「毛目顯矣」四字殘佚，據《訓故》、黃本補。

〔三六〕〔位理定名彰乎〕大易之數　「位理定名彰乎」六字殘佚，據《訓故》、黃本補。「大易」，《訓故》、黃本同。○范文瀾《文心雕龍註》：「《易·上繫》：『大衍之數五十，其用四十有九。』焦循《易通釋》：『大衍，猶言大通。』大易，疑當作大衍。」○楊明照《拾遺》：「按范説是。凌廷堪《祀古辭人九歌》：『探大衍兮取數。』已疑『易』字爲誤矣。」○按：今從范註改。

〔三七〕四十〔九篇而已〕　「九篇而已」四字殘佚，據黃本補。

〔三八〕〔夫銓序一文爲〕易　「夫銓序一文爲」六字殘佚，據《訓故》、黃本補。

〔三九〕雖復輕〔采毛髮深極骨髓或有曲〕意密源　「采……曲」十字殘佚，據《訓故》、黃本補。《訓故》「采」作「採」。

〔四〇〕辭所不〔載亦不勝數矣及其品列〕成文　「載……列」十字殘佚，據黃本補。《訓故》「品列」作「評品」。○楊明照《拾遺》：「『列』，黃校云：『一作許。』徐𤊹校『評』。按《梁書》、《廣文選》……作『評』；佘本、張乙本、《訓故》本同。徐、何校是也。（元本空一格，弘治本爲一墨釘）黃氏校語『許』字，當爲『評』之誤。」○按：楊説是，當從其改。唯云「元本空一格」，恐未的確。此行自「載」字迄「列」共佚十字，而在「列」字位尚遺墨釘一半，疑亦如弘治本爲一墨釘。

〔四一〕非雷〔同也勢自不可異也有異〕乎前論者　「同……異」十字殘佚，據《訓故》、黃本補。

〔四二〕理自〔不可同也同之與異不屑〕古今　「不……屑」十字殘佚，據《訓故》、黃本補。

〔四三〕〔按轡文雅之場環絡藻繪〕之府　「按……藻」九字殘佚；「繪」字漫漶。並據《訓故》、黃本補。

〔四四〕但言不〔盡意聖人所難識在瓶管何〕能規矩　「盡……何」十一字殘佚，據黄本補。「規矩」，《訓故》、黄本作「矩矱」。「聖人」，《訓故》作「前聖」。〇楊明照《拾遺》：「『矱』，黄校云：『元脱，許補。』元本作『規矩』。汪本作『規短』，徐𤊹校『矩矱』。按《梁書》、《廣文選》……作『矩矱』，佘本、張乙本……同。許補徐校是也。《離騷》：『求榘矱之所同。』王註：『榘，法也；矱，度也。』舊校云：『榘，一作矩。』」〇按：楊説是，從《訓故》、黄本改。

〔四五〕既沈〔予聞眇眇來世倘塵彼觀也〕　「予……也」十一字殘佚，據黄本補。《訓故》「沈」下雙行小字：「一作洗。」「予」作「余」，「倘」作「諒」。

〔四六〕〔贊曰生也有涯無涯惟智逐物實難憑〕性良易　「贊曰……逐物」十二字殘佚；「實難憑」三字漫漶，並據《訓故》、黄本補。

〔四七〕〔咀嚼文義文果載心余心〕有〔寄〕　「咀……心」十字殘佚；「寄」字漫漶，並據《訓故》、黄本補。

* 《訓故》篇末註：校三百四十四字。十卷共校三百七十六字。

附録一 唐寫本 宋《御覽》《文心雕龍》異文對照表 元刊本

例言

一、爲便讀者考核與研究，兹將敦煌遺書唐寫《文心雕龍》殘卷（後稱唐寫本）、宋本《太平御覽》引《文心雕龍》（後稱宋《御覽》）、元至正十五年嘉興郡學刊本《文心雕龍》（後稱元刊本）文字比勘製成《異文對照表》。

二、本表所列異字只限於唐寫本、宋《御覽》、元刊本相涉的篇章，而例句文字則用較通行的清黄叔琳註本（後稱黄本），以方便讀者檢索參校。

三、本表只列異字，不作正誤判斷，讀者欲詳正誤及其依據，可參閲本書諸本相關字句的校記。

四、本表的順序由上而下依次是：例句（黄叔琳本）、唐寫本、宋《御覽》、元刊本。

例句	唐寫本	宋《御覽》	元刊本
原道第一			
調如竽瑟		「調」作「諷」；「瑟」作「琴」。	
肇自太極		「太」作「泰」。	
洛書韞乎九疇		「洛」作「絡」。	
玉版金鏤之實		「實」作「寶」。	
而年世渺邈		「渺」作「眇」。	
則煥乎始盛		「始」作「爲」。	
益稷陳謨		「益稷」作「稷益」。	「謨」作「謀」。
九序惟歌		「惟歌」作「詠謌」。	
文王患憂		「患憂」作「憂患」。	
繇辭炳曜		「曜」作「燿」。	
公旦多材		「材」作「才」。	
振其徽烈			「振」作「褥」。
剬詩緝頌		「剬」作「制」；「緝」作「褥」。	
至夫子繼聖		「至」作「至若」。	
雕琢情性		「情性」作「性情」。	「情性」作「性情」。
木鐸起而千里應		「起」作「啟」。	「起」作「啟」。
爰自風姓		「爰」作「故爰」。	
莫不原道心以敷章			「以敷章」作「裁文章」。

研神理而設教		「而」作「以」。	
取象乎河洛		「取」作「著」。	
問數乎蓍龜		「問」作「間」。	
經緯區宇		「經」作「纏」。	
故知道沿聖以垂文		「故」下無「知」字。	
聖因文而明道		「而」作「以」。	
旁通而無滯		「滯」作「涯」。	「滯」作「涯」。
鼓天下之動者		「鼓」作「皷」。	「動」下無「者」字。
能鼓天下者		「鼓」作「皷」。	
迺道之文也		「道」上無「迺」字。	
民胥以傚	「胥」作「咠」；「傚」作「効」。		
徵聖第二	「第」作「弟」。		
見乎文辭	無「文」字。		
先王聖化	「聖化」作「聲教」		
夫子風采溢於格言	「風采」作「文章」；「於」作「乎」。		「於」作「于」。
以文辭爲功	「文」作「立」。		「文」作「立」。
以多文舉禮			「文」作「方」。
事蹟貴文	「蹟」作「績」。		

志足而言文	「而」作「以」。		
喪服舉輕以包重	「包」作「苞」。		
儒行縟説以繁辭	「辭」作「詞」。		
書契斷決以象夬	「斷決」作「決斷」。		
文章昭晰以象離	「晰」作「哲」；「象」作「効」。		「晰」作「哲」。
五例微辭以婉晦	「以」作「而」。		
繁略殊形	「形」作「制」。		
變通會適	「會適」作「適會」。		
是以子政論文必徵於聖稚圭勸學必宗於經	是以論文必徵於聖窺聖必宗於經。		是以政論文必徵於聖必宗於經。
斷辭則備	「辭」作「詞」。		
弗惟好異	「弗惟」作「不唯」。		
正言所以立辯	「辯」作「辨」。		
辭成無好異之尤	「無」上有「則」字。		
辯立有斷辭之義	「辯」作「辨」；「有」作「則有」；「義」作「美」。		
徒事華辭	「辭」作「詞」。		
雖欲訾聖			「訾」作「此言」。
弗可得已	「弗」作「不」；「已」作「也」。		「已」作「巳」。
猶或鑽仰	「猶」作「且」。		

胡寧勿思	「胡寧」作「寧曰」。		
若徵聖立言	無「若」字。		
贊曰	「贊」作「讚」。（以下諸篇同）。		
睿哲惟宰	「睿」作「叡」。		
精理爲文	「精理」作「精精」。		
宗經第三	「第」作「弟」。		
其書言經	「言」作「曰」。	「言」作「曰」。	
效鬼神	「效」作「効」。		
洞性靈之奧區	「奧區」作「區奧」。		
申以九邱	「邱」作「丘」。		「邱」作「丘」。
歲歷綿曖	「歷」作「曆」。		
自夫子删述			「删」作「刊」。
大寶咸耀	「咸」作「啟」。	「咸」作「啟」。	
書標七觀	「標」作「摽」。	「標」作「摽」。	
義既極乎性情	「極」作「挻」。	「極」作「埏」。	
辭亦匠於文理	「於」作「乎」。	「於」作「乎」。	
故能開學養正		「正」作「政」。	
聖謨卓絶			「謨」作「謀」。

而吐納自深	無「而」字。	無「而」字；「自」作「者」。	
夫易爲談天			無「夫」字。
入神致用			「入」作「人」。
旨遠辭文	「辭文」作「詞高」。		「辭文」作「辭高」。
固哲人之驪淵也	「固」作「故」。		
書實記言	「記」作「紀」。	「記」作「紀」。	
而訓詁茫昧	「訓詁」作「詁訓」。「茫」作「芒」。	「訓詁」作「誥訓」。	「訓詁」作「詁訓」。
子夏歎書		「子夏」作「子貢」。	
昭昭若日月之明	「明」上有「代」字。		
離離如星辰之行	「行」上有「錯」字。		
言昭灼也	「昭」作「照」。		
詩主言志	「主」作「之」。		
詁訓同書		「同」作「周」。	無「詁」字。
故最附深衷矣	無「故」字。	無「故」、「深」二字；「衷」作「哀」。	「故」作「敢」。
禮以立體			「以」作「季」。
據事剬範	「剬」作「制」。	「剬範」二字無。	
執而後顯採掇生言莫非寶也	「掇」作「綴」；「生」作「片」。	「生」作「片」；「辨」作「辯」。	無此十六字。
春秋辨理			

五石六鷁	「鷁」作「鶂」。	「鷁」作「鶂」。	
以詳略成文		「略」作「備」。	
其婉章志晦		「婉」上無「其」字。	
諒以邃矣	「以」作「已」。	「諒」作「源」；「以」作「巳」。	
而尋理即暢		「即」作「則」。	
此聖人之殊致	「人」作「文」。	「人」作「文」；無「之」字。	
至根柢槃深	「至」下有「於」字；「槃深」作「盤固」。		
往者雖舊餘味日新	「雖」作「唯」；「餘」上有「而」字。		
後進追取而非晚			「晚」作「曉」。
前修文用而未先	「文」作「久」。		
太山徧雨	「徧」作「遍」。		
紀傳銘檄	「紀」作「記」；「銘」作「盟」。		
終入環内者也	無「者也」二字。		
若稟經以製式	「製」作「制」。		
是仰山而鑄銅	「仰」作「即」；		
煮海而爲鹽也	「也」作「者也」。		
義直而不回	「直」作「貞」。		
揚子比雕玉以作器	「揚」上有「故」字。		「揚」作「楊」。

勵德樹聲	「勵」作「邁」。		
而建言修辭	「辭」作「詞」。		
流弊不還正末歸本	「弊」作「獘」；「正末」作「極正」。		
不其懿歟	「歟」作「哉」。		
致化歸一	「歸」作「惟」。		
正緯第四	「第」作「弟」。		
神龜見而洪範燿	「燿」作「耀」。		
故繫辭稱	「辭」作「詞」。		
斯之謂也	「之」作「其」。		
好生矯誕	「誕」作「託」。		
孝論昭晢	「孝」作「考」；「晢」作「晳」。		「晢」作「哲」。
按經驗緯	「按」作「酌」。		
倍擿千里	「倍擿」作「倍摘」。		
經顯聖訓也	「聖」作「世」；無「也」字。		
緯隱神教也	無「也」字。		
聖訓宜廣	「聖」作「世」。		
而今緯多於經	無「今」字。		
其僞二矣			無「僞」字；「矣」作「也」。

堯造緑圖			「緑」作「録」。
商周以前圖籙頻見	「以」作「已」；「圖籙」作「緑圖」。		「圖籙」作「圖録」。
緯何豫焉	「豫」作「預」。		
原夫圖籙之見	無「原」字；「圖籙」作「緑圖」。		
故知前世符命	「世」作「聖」。		
伎數之士	「伎」作「技」。		
或序災異	「序」作「敘」。		
必假孔氏	「假」作「徵」。		
謂起哀平	「謂」下有「僞」字。		
至於光武之世	無「於」字。		
曹褒撰讖以定禮	「撰」作「選」。		
尹敏戲其深瑕	「深瑕」作「浮假」。		
荀悦明其詭誕	「誕」作「託」。		
論之精矣	無「論」字。		
白魚赤烏之符	「烏」作「雀」。		
黃金紫玉之瑞	「金」作「銀」。		
是以後來辭人	「後」作「古」；「辭」作「詞」。		
採摭英華	「採」作「捃」。		

平子恐其迷學	「恐」作「慮」。		
榮河温洛	「榮」作「采」。		「榮」作「滎」。
楺其雕蔚	「楺」作「採」。		
辨騷第五	「第」作「弟」。		「辨」作「辯」。
小雅怨誹而不亂			「誹」作「謗」。
可謂兼之	無「兼之」二字。		
浮遊塵埃之外	「游」作「遊」。		
班固以爲	「班」作「斑」。		
崑崙懸圃	「懸」作「玄」。		
然其文辭麗雅	無「辭」字。		「雅」作「稚」。
駟虯乘翳	「駟」作「驅」。		「駟」作「馴」。
名儒辭賦	「辭」作「詞」。		
百世無匹者也	「匹」作「疋」。		
以爲皆合經術	「術」作「傳」。		
楊雄諷味	「諷」作「談」。		「楊」作「揚」。
鑒而弗精	「弗」作「不」。		
翫而未覈者也	「也」作「矣」。		

稱湯武之祗敬典誥之體也譏桀紂之猖披傷羿澆之顛隕規諷之旨也	「湯武」作「禹湯」；無「典誥之禮也……規諷之旨」二十一字。		「湯武」作「湯禹」。
雲蜺以譬讒邪	「雲」上有「虹」字，但旁有…刪號。		
每一顧而掩涕			「掩」作「淹」。
忠怨之辭也	「辭」作「詞」。		
同於風雅者也	「於」作「乎」。		「於」作「于」。
豐隆求宓妃鴆鳥媒娀女	「豐隆」上有「駕」字；「鴆鳥」上有「憑」字。		
詭異之辭也	「辭」作「詞」。		
夷羿彃日	「彃」作「斃」。		「彃」作「蔽」。
木夫九首			「夫」作「天」。
土伯三目			「目」作墨釘。
士女雜坐			「坐」作「座」。
擧以爲懽	「懽」作「歡」。		
摘此四事	「摘」作「指」。		
異乎經典者也	「乎」作「於」。		無「也」字。
語其夸誕			「夸」作「本」。
固知楚辭者	「辭」作「詞」。		

體慢於三代	「慢」作「憲」。		「慢」作「憲」。
風雅於戰國	「雅」作「雜」。		
雖取鎔經意	「意」作「旨」。		
亦自鑄偉辭	「偉」作「緯」。		
故騷經九章	無「故」字。		
九歌九辯	「歌」作「哥」；「辯」作「辨」。		
綺靡以傷情	「綺靡」作「靡妙」。		
環詭而惠巧	「惠」作「慧」。		
招魂招隱	「招隱」作「大招」。		
耀艷而深華	「深」作「采」。		
自九懷以下	「以」作「已」。		
其衣被詞人	「詞」作「辭」。		
菀其鴻裁	「菀」作「苑」。		
獵其艷辭	「辭」作「詞」。		
不失其貞	「其貞」作「居真」。		
顧盻可以驅辭力	「盻」作「眄」。		
不有屈原	「屈原」作「屈平」。		
壯志煙高	「壯志」作「壯采」。		
艷溢錙毫	「溢」作「逸」。		作「絶益稱豪」。

明詩第六	「第」作「弟」。		
歌永言	「歌」作「哥」。		
聖謨所析	「析」作「折」。		「謨」作「謀」。
詩者持也	「詩」上有「故」字。		
有符焉爾	「有」上有「信」字。	「爾」作「尒」。	「爾」作「尒」。
昔葛天氏樂辭云玄鳥在曲黄帝雲門理不空綺	無「天氏」、「云」三字；「綺」作「弦」。	無此段十九字。	
至堯有大唐之歌	「大唐」作「大章」；「歌」作「哥」。	無「至」字。	
舜造南風之詩		「舜」作「虞」。	
辭達而已	「辭」作「詞」。	「辭」作「詞」，「已」作「巳」	「已」作「巳」。
及大禹成功	無「功」字。		
九序惟歌	「歌」作「哥」。		
太康敗德五子咸怨	「怨」作「諷」。	「太」作「少」；「怨」作「諷」。	
子夏監絢素之章	「監」作「鑒」。	「監」作「鑒」。	
可與言詩	「詩」下有「矣」字。	「與」作「以」。	
自王澤殄竭風人輟采	「殄」作「弥」；「輟采」作「掇彩」。	「殄竭」作「彌竭」。	
諷誦舊章		「諷」上有「以」字。	
酬酢以爲賓榮	「爲」作「成」。		

吐納而成身文		「身」作「聲」。	
秦皇滅典		「皇」作「王」。	
屬辭無方	「辭」作「詞」。	「辭」作「詞」。	
而辭人遺翰	「辭」作「詞」。	「辭」作「詞」；「遺」作「遺」。	
李陵班婕妤見疑於後代也	「班」作「斑」；無「妤」字。	「疑」作「擬」；「後」作「前」；無「妤」字、「也」字。	
按召南行露	「按」作「案」；「召」作「邵」。	「召」作「邵」。	
暇豫優歌	「歌」作「哥」。		
邪徑童謠		「徑」作「淫」。	
閲時取證	「證」作「徵」。	「證」作「徵」。	
或稱枚叔		「枚」作「放」。	
傅毅之詞	「詞」作「辭」。		
比采而推	「采」作「彩」。		
兩漢之作乎	「兩」上有「故」字；「乎」作「也」。	「兩」上有「固」字。	
婉轉附物怊悵切情		「婉」作「宛」；「怊」作「惆」。	
至於張衡怨篇	「於」作「如」。		
清典可味			「典」作「曲」。
仙詩緩歌	「歌」作「哥」。		
暨建安之初			無「之」字。

五言騰踊	「踊」作「躍」。	「踊」作「踴」。	「踊」作「踴」。
王徐應劉		「劉」作「對」。	
述恩榮敘酣宴		「恩」作「思」;「敘」作「序」。	
驅辭逐貌	「辭」作「詞」。	「辭」作「詞」。	
唯取昭晰之能	「晰」作「晳」。	「晰」作「晰」。	「晰」作「晳」。
此其所同也		「同」作「用」。	
乃正始明道	「乃」作「及」。	「乃」作「及」。	
唯嵇志清峻			「志」作「旨」。
阮旨遥深故能摽焉		無「故能摽焉」四字。	
若乃應璩百一	「應璩」作「應瑒」。		
辭譎義貞亦魏之遺直也		「辭」作「詞」;「貞」作「具」;無「亦」字。	
張潘左陸	「潘左」作「左潘」。	「潘左」作「左潘」。	
或析文以爲妙	「析」作「折」。	「析」作「折」;「妙」作「武」。	
或流靡以自妍		「妍」作「研」。	
溺乎玄風		「乎」作「於」。	
嗤笑徇務之志	「嗤」作「羞」,「徇」作「侚」。	「嗤」作「羞」。	
崇盛亡機之談	「亡」作「忘」。	「亡」作「忘」。	
而辭趣一揆	「辭趣」作「詞輒」。	「辭」作「詞」。	
莫與争雄	「與」作「能」。		

挺拔而爲俊矣	「俊」作「儁」。	「俊」作「儁」；「矣」作「也」。	
莊老告退	「莊」作「嚴」。	「莊」作「嚴」。	
辭必窮力而追新		無「辭」字。	「追」作「迨」。
此近世之所競也		「世」作「代」，「競」作「竟」。	
情變之數可監	「監」作「鑒」。	「監」作「鑒」。	
則雅潤爲本			無「則」字。
則清麗居宗			無「則」字。
叔夜含其潤茂先凝其清景陽	「含」作「合」；「凝」作「擬」；	「含」作「合」；「凝」作「擬」。	
振其麗	「振」作「震」。		
兼善則子建仲宣		「兼」上有「若」字。	
偏美則太沖公幹		「偏」作「徧」。	
鮮能通圓	「通圓」作「圓通」。	「通圓」作「圓通」。	
忽之爲易其難也方來	「之」作「以」。	「之」作「以」；「方來」下有「矣」字。	
則出自篇什			「出自」作「自出」。
離合之發則明於圖讖	「離合」作「合離」；「則明」作「則亦萌」。	「明」作「萌」。	
回文所興	「回」作「迴」。	「回」作「迴」。	
詠歌所含	「歌」作「哥」		

原文			
樂府第七	「第」作「弟」。		
既其上帝	「既」作「暨」。		
葛天八闋			「闋」作「閲」。
自咸英以降	「自」作「己」；「以」作「已」。		
塗山歌於候人	「歌」作「哥」。		
殷整思於西河	「整」作「鼇」。		「整」作「鼇」，「於」作「于」。
音聲推移	「音」作「心」。		
匹夫庶婦	「匹夫」作「及疋夫」。		「匹夫」作「及夫」。
詩官採言樂盲被律	「採」作「采」；「盲」作「冐」。		「盲」作「育」。
志感詩篁	「篁」作「簧」。		
氣變金石	「石」作「竹」。		
精之至也	「至」作「志」。		
必歌九德	「歌」作「哥」。		
叔孫定其容與	「與」作「典」。		
於是武德興乎高祖	「乎」作「於」。		
暨武帝崇禮	「禮」作「祀」。		
朱馬以騷體製歌	「製歌」作「制哥」。		
赤雁羣篇			「赤」作「亦」。
河間薦雅而罕御	「薦」作「篇」。		
至宣帝雅頌詩效鹿鳴	無「頌」字；「效」作「頗効」。		

邇及元成	「邇」作「逮」。		
暨後郊廟惟雜雅章	「後」作「後漢」；「雜」作「新」。		
辭雖典文	「辭」作「詞」。		
宰割辭調	「辭」作「詞」。		
觀其北上衆引			「北」作「兆」。
志不出於淫蕩	「淫」作「慆」。		「淫」作「滔」。
創定雅歌	「歌」作「哥」。		
聲節哀急	「哀」作「稍」。		
故阮咸譏其離聲	「聲」作「磬」。		
和樂精妙	「精妙」上有「之」字。		
聲爲樂體樂體在聲			上「樂」下無「體」字。
晉風所以稱遠	「遠」作「美」。		
季札觀辭			「札」作「扎」。
艷歌婉孌	「歌」作「哥」；「孌」作「戀」。		
怨志詄絶	「怨志」作「宛詩」；「詄」作「訣」。		「詄」作「訣」。
則拊髀雀躍	「雀」作「爵」。		
自此階矣	「階」作「偕」。		

凡樂辭曰詩詩聲曰歌	「辭」作「詞」；「詩聲」作「詠聲」；「歌」作「哥」。		
聲來被辭辭繁難節	兩「辭」並作「詞」。		
李延年閑於增損古辭	「李延年」作「左延年」。		
觀高祖之詠大風	「觀」作「覩」。		
歌童被聲	「歌」作「哥」。		
咸有佳篇	「咸」作「亟」。		
至於斬伎鼓吹	「斬伎」作「軒岐」。		「於」作「于」。
而並總入樂府	無「並」字。		
繆襲所致	「襲」作「朱」；「致」作「改」。		
詩與歌別	「歌」作「哥」。		
故略具樂篇以標區界	「具」作「序」；「標」作「摽」；「界」下有「也」字。		「標」作「摽」。
贊曰	「贊」作「讚」。		
樹辭爲體	「辭」作「詞」。		
謳吟坰野	「坰」作「垌」。		
豈惟觀樂	「觀」作「覩」。		
詮賦第八	「第」作「弟」。		
舖采摛文	「采」作「彩」。		

公卿獻詩師箴賦	無「卿」字，「賦」上有「瞽」字。	「賦」上有「瞽」字。	
劉向云明不歌而頌	「劉向」上有「故」字；無「云」字；「歌」作「哥」。	「劉向」上有「故」字；「劉向」下無「云」字。	
班固稱古詩之流也	「班」作「斑」。	無「也」字。	
結言⿰扌豆韻	「⿰扌豆」作「短」。	「⿰扌豆」作「短」。	
詞自已作雖合賦體	「詞」作「辭」。	「已」作「巳」；「合」作「合作」。	「已」作「巳」。
然賦也者	「然」作「然則」。	「然」作「然則」。	
受命於詩人拓宇於楚辭也	「拓宇」上有「而」字；「辭」作「詞」。	「拓」作「柘」，上有「而」字；「也」作「者也」。	「拓宇」作「招宇」。
宋玉風釣	「釣」作「均」。	「釣」作「鈞」。	「釣」作「鈞」。
遂客主以首引	「首」作「守」。		「主」作「至」。
極聲貌以窮文	「聲」作「形」。		無「聲」字。
漢初詞人順流而作	「順」作「循」。	「詞」作「辭」；「順」作「循」。	「詞」作「辭」。
枚馬同其風	「同」作「播」。	「同」作「洞」。	
王揚騁其勢		「騁」作「聘」。	
皋朔已下		「已」作「以」。	「朔」作「翔」。
京殿苑獵述行序志	「夫」上有「若」字；「序」作「敘」。	「夫」上有「若」字；「序」作「敘」。	
既履端於倡序亦歸餘於總亂	「倡」作「唱」。	「倡」作「唱」，「亂」作「詞」。	「序」作「敘」。

亂以理篇迭致文契	「迭致文契」作「寫送文勢」。	「亂」作「詞」；「迭致文契」作「寫送文勢」。	「亂」作「辭」。
閔馬稱亂			「馬」作「焉」。
故知殷人輯頌	「輯」作「緝」。		
斯並鴻裁之寰域	「寰」作「環」。		
庶品雜類			「庶」作「鹿」。
觸興致情	「致」作「置」。		
斯又小制之區畛	「制」作「製」。		
事數自環		作「事義自懷」。	
宋發巧談	「巧」作「夸」。	「巧」作「誇」。	
枚乘兔園			「兔」作「菟」。
賈誼鵩鳥致辨於情理	「鵩鳥」作「畏服」；「情理」作「情衷」。	「鵩鳥」作「□鳥」。	
明絢以雅贍		「雅贍」作「贍雅」。	「明絢」作「朋約」。
迅發以宏富	「發」作「拔」。	「發」作「拔」；無「以」字。	「發」作「拔」。
構深瑋之風	「構」作「搆」；「瑋」作「偉」。	「構」作「搆」；「瑋」作「偉」。	
含飛動之勢			「含」作「合」。
並辭賦之英傑也	「辭」作「詞」。		「英傑」作「流」。
發端必遒	「端」作「篇」。	「遒」作「道」。	
底績於流制		「制」作「製」。	

彥伯梗概	原作「槩梗」，但加「√」乙倒號。		
故義必明雅			「必」作「以」。
物以情觀	「觀」作「覩」。	「觀」作「覩」。	
麗詞雅義		「詞」作「辭」。	
畫繪之著玄黄	「著」作「差」。	「著」作「差」。	
文雖新而有質	「新」作「雜」。	「新」作「雜」；「質」作「實」。	
色雖糅而有本	「本」作「義」。	「本」作「儀」。	「本」作「儀」。
雖讀千賦		「賦」作「首」。	
遂使繁華損枝		「損」作「折」。	
無貴風軌	「貴」作「實」。	「貴」作「貫」。	
追悔於雕蟲			無「於」字。
分歧異派	作「異流分派」。		
枏滯必揚	「枏」作「抑」。		
言庸無隘	「庸」作「曠」。		
辭翦美稗	「辭」作「詞」；「美」作「稊」。		
頌贊第九	「第」作「弟」。		
咸墨爲頌以歌九韶	「墨」作「黑」；「歌」作「哥」；「韶」作「招」。	「墨」作「累」；「韶」作「招」。	

自商已下	「商」作「商頌」。	「商」作「商頌」。	
容告神明謂之頌	「容」作「雅容」；無「明」字。	「容」作「雅容」；無「明」字。	
事兼變正	「事」上有「故」字。	「事」上有「故」字；「兼」作「資」。	
義必純美	「義」上有「故」字。	「義」上有「故」字。	
魯國以公旦次編	無「國」字。	無「國」、「公」二字。	
商人以前王追録	無「人」字。	無「人」字。	
斯乃宗廟之正歌	「正歌」作「政哥」。		
非讌饗之常詠也	「讌饗」作「饗燕」；「常」作「恒」。	「讌饗」作「饗讌」；「常」作「恒」。	
周公所製	「製」作「制」。		
晉輿之稱原田			「輿」作「興」。
魯民之刺裘鞸	「鞸」作「韠」。		
直言不詠	「言不」作「不言」。		
並謀爲誦	「誦」作「頌」。		
野誦之變體浸被乎人事矣	「誦」作「頌」；「乎」作「於」。		
及三閭橘頌情采芬芳	「情采」作「辭彩」。	「及」作「夫」。	
比類寓意又覃及細物矣	「又」作「乃」，「及」下有「乎」字。	「寓意」作「屬興」；無「物」字。	
至於秦政刻文	「於」作「乎」。		

武仲之美顯宗	「武仲」作「仲武」。		「武仲」作「仲武」。
史岑之述熹后	「熹」作「燕」。	「熹」作「僖」。	「熹」作「僖」。
或範駉那	「駉」作「駟」。	「駉」作「駟」。	「駉」作「坰」。
雖淺深不同	「淺深」作「深淺」。		「淺深」作「深淺」。
詳略各異		「各」作「有」。	
至於班傅之北征西巡	「班」作「斑」；「西巡」作「西征」。		「西巡」作「西逝」。
豈不褒過而謬體哉	「過」作「通」。		
馬融之廣成上林			「成」作「城」。
而不變旨趣	「變」作「辨」。		
及魏晉辨頌	「辨」作「雜」。		「辨」作「辧」。
頌惟典雅辭必清鑠	「雅」作「懿」；「辭」作「詞」。	「雅」作「懿」；「辭」作「詞」。	
而異乎規戒之域		「乎」作「於」；「戒」作「式」。	
揄揚以發藻汪洋以樹義	「義」作「儀」。	「揄揚」作「揄楊」；「義」作「儀」。	
唯纖曲巧致與情而變	「唯」作「雖」；「曲巧」作「巧曲」；「與」作「興」。	「唯」作「雖」；「曲巧」作「巧曲」。	
其大體所底	「底」作「弘」。	「底」作「弘」。	
讚者明也助也			無「助也」二字。
樂正重讚		「讚」作「贊」。	

蓋唱發之辭也	「辭」作「詞」。	「辭」作「詞」。	
及益讚於禹伊陟讚於巫咸	兩「讚」並作「贊」；上「於」作「于」。	兩「讚」並作「贊」；兩「於」並作「于」。	次「讚」作「贊」；兩「於」並作「于」。
嗟歎以助辭也	無「也」字。	「辭」作「詞」；「也」作「者也」。	
至相如屬筆		「至」作「至如」；「筆」作「詞」。	
始讚荆軻		「始」作「如」	「軻」作「輙」。
遷史固書	作「史斑因書」。	作「史班書記」。	作「史班固書」。
託讚褒貶		「託」作「以」。	「讚」作「贊」。
頌體以論辭	「以」作「而」；「辭」作「詞」；「辭」下有「也」字。	「以」作「而」；「辭」作「詞」。	
又紀傳後評			「後」作「迻」。
而仲治流別	「治」作「治」。		「治」作「治」。
及景純注雅動植必讚	「雅」作「爾雅」；「必讚」作「贊之」。	「注」作「任」。	「必讚」作「讚之」。
義兼美惡亦猶頌之變耳	「義」作「事」；「變」作「詖」。	「義」作「讚」；「變」作「有變」。	
然本其爲義			無「本」字。
促而不廣	「廣」作「曠」。		「廣」作「曠」。

盤桓乎數韻之辭	「乎」作「于」；「辭」作「詞」。	「盤」作「槃」；「乎」作「于」；「辭」作「詞」。	
昭灼以送文此其體也	「昭」作「照」。	「昭」作「照」；「此」作「比」。	
發源雖遠		「源」作「言」。	
其頌家之細條乎		「乎」作「也」。	
容體底頌	「體」作「德」。		
鏤彩摛文	「彩」作「影」；「文」作「聲」。		「彩」作「影」。
聲理有爛	「聲理」作「文理」。		
年積愈遠	「積」作「迹」；「愈」作「逾」。		「愈」作「逾」。
祝盟第十	「第」作「弟」。		
祀徧羣神	「祀」作「禮」；「徧」作「遍」。		「神」作「臣」。
三望咸秩	「秩」作「袟」。		
是生黍稷	「黍稷」作「稷黍」。		
資乎文辭	「乎」作「于」；「辭」作「詞」。		
昔伊耆始蜡			「耆」作「祈」。
其辭云	「辭」作「詞」。		
土反其宅			「反」作「及」。
昆蟲毋作	「毋」作「無」。		「毋」作「無」。
爰在茲矣	「爰」作「曖」。		「爰」作「愛」。

四海俱有	「四海」上有「與」字。		
即郊禋之詞也	「詞」作「辭」。		「詞」作「祠」。
則雩禜之文也	「則」作「即」；「禜」作「滎」。		
掌六祝之辭			「祝」作「祀」。
夙興夜處	「處」作「寐」。		
言於祔廟之祝	「祝」作「祀」。		「祔」作「附」。
多福無疆	「疆」作「彊」。		
所以寅虔於神祇			「虔」作「處」；「祇」作「祗」。
春秋已下	「春秋」上有「自」字。		「已」作「巳」。
祝幣史辭	「幣」作「弊」；「辭」作「詞」。		「祝」作「祀」。
至於張老成室	「於」作「如」；「成」作「賀」。		
致善於歌哭之禱	「善」作「美」；「歌」作「哥」。		
獲佑於筋骨之請	「佑」作「祐」。		
若夫楚辭招魂	「辭」作「詞」。		
祝辭之組纚也	「纚」作「麗」；「也」作「者也」。		
漢之羣祀	「漢」上有「逮」字；「之」作「氏」。		
肅其旨禮	「旨」作「百」。		

既總碩儒之儀	「儀」作「義」。		
祕祝移過	「祕」作「秘」。		
異於成湯之心	「於」作「乎」。		
侲子毆疫	「侲」作「振」。		「毆疫」作「歐疾」。
同乎越巫之祝	「乎」作「於」；「祝」作「説」。		
禮失之漸也	「禮」作「體」。		「禮」作「體」。
祝邪之文	「祝邪」作「呪耶」。		
陳思誥咎	「誥」作「詰」。		無「咎」字。
若乃禮之祭祀	「祀」作「祝」。		
祭而兼讚	「讚」作「贊」。		
蓋引神而作也	「而」作「之」。		
策本書贈因哀而爲文也	「贈」作「賵」；無「而」字。		
誄首而哀末	「首」作「體」。		
頌體而祝儀			「祝」作「呪」。
太史所作之讚因周之祝文也	作「太史所讀固祝之文者也」。		
凡羣言發華而降神務實	「發」作「務」；		「務實」作「實務」。
修辭立誠在於無媿	「辭」作「詞」；「媿」作「愧」。		
班固之祀濛山	「班」作「斑」；「祀」作「祠」；「濛」作「涿」。		

祈禱之誠敬也	「祈禱」作「禱祈」。		
奠祭之恭哀也	「奠祭」作「祭奠」。		
騂毛白馬	「毛」作「旄」。		
陳辭乎方明之下	「辭」作「詞」。		
以及要契	「以及」作「弊及」；「契」作「劫」。		
呪何預焉	「呪」作「祝」；「預」作「豫」。		
臧洪歃辭氣截雲蜺	「歃辭」作「唽血」；「氣」作「辭」。		
而無補於晉漢反爲仇讎	無「於」字；「晉漢」作「漢晉」；「反」作「而反」。		
獎忠孝共存亡戮心力	「獎」下有「乎」字；無「共」、「心」二字。		
切至以敷辭	「辭」作「詞」。		
然非辭之難	「辭」作「詞」。		
宜在殷鑒	「在」作「存」。		
毖祀欽明	作「祕祀唽血」。		
修辭必甘	「辭」作「詞」。		
銘箴第十一	「第」作「弟」。		

昔帝軒刻輿几以弼違		「帝軒」作「軒轅帝」；「以」上無「几」字。	
大禹勒筍簴而招諫	「筍」作「簨」；「而」作「以」。	「大」作「太」；「而」作「以」。	
題必戒之訓	「戒」作「誡」。	「戒」作「誡」。	
則先聖鑒戒	無「則」字；「先」作「列」。	無「則」字；「先」作「列」。	
故銘者名也觀器必也正名	無「故」、「也正」三字；下「名」後有「焉」字。		上「名」作「銘」。
審用貴乎盛德	「盛」作「慎」。	「盛」作「慎」。	
蓋臧武仲之論銘也曰天子令德諸侯計功大夫稱伐	無「武」及「曰天子令德諸侯計功大夫稱伐」十四字。		「伐」作「代」。
夏鑄九牧之金鼎	無「鼎」字。	無「鼎」字。	
周勒肅慎之楛矢	無「矢」字。	無「矢」字。	
魏顆紀勳於景鍾			「鍾」作「銘」。
稱伐之類也			「伐」作「代」。
有石槨之錫			「槨」作「廓」。
靈公有蒿里之諡	「蒿」作「舊」。	「靈」作「雲」；「蒿里」作「奪里」。	
吁可怪矣	「吁」作「噫」；「矣」作「也」。	「吁」作「噫」，「矣」作「也」。	
趙靈勒跡於番吾	「跡」作「迹」；「番」作「潘」。	「番」作「潘」。	「番吾」作「番禺」。
秦昭刻博於華山		「博」作「傳」。	「博」作「傳」。

吁可笑也			「笑」作「茂」。
亦有疎通之美焉	「有」作「其」。		
若班固燕然之勒	無「若」字；「班」作「斑」。	「若」作「若乃」。	
張昶華陰之碣	「昶」作「旭」。	「昶」作「旭」。	
序亦盛矣		「盛」作「成」。	
蔡邕銘思獨冠古今		作「蔡邕之銘思燭古全」。	
橋公之鉞吐納典謨	「吐納」上有「則」字。	「橋」作「橘」；「鉞」作「鍼」；「吐納」上有「則」字；「謨」作「譽」。	「橋」作「僑」；「鉞」作「箴」。
敬通雜器準矱戒銘	「準」作「准」；「戒」作「武」。	「雜」作「新」；「準矱」作「矱准」；「戒」作「武」。	
而居博弈之中	「中」作「下」。	「中」作「下」。	
而在臼杵之末	「臼杵」作「杵臼」。	「臼杵」作「杵臼」。	
唯張載劍閣			「張載」作「張采」。
其才清采	作「清采其才」。	「采」作「彩」。	
勒銘岷漢	「勒銘」作「詔勒」。	「勒銘」作「銘勒」；「岷」作「嶓」。	
箴者所以攻疾防患喻鍼石也	「箴者」下有「針也」二字；「鍼」作「箴」。	無「者」字；「防」作「除」；「鍼石也」作「針石垣」。	「鍼」作「箴」。
斯文之興			無「之」字。

及周之辛甲	無「及」字。		
百官箴一篇	「箴」下有「闕唯虞箴」四字。	「箴」下有「闕唯虞箴」四字。	
楚子訓民於在勤	「民」作「人」。	「民」作「人」。	
戰代以來	「代」作「伐」；「以」作「已」。	「代」作「伐」；「以」作「已」。	
銘辭代興箴文委絶	「辭」作「詞」；「委」作「萎」。	「委」作「萎」。	
卿尹州牧二十五篇。		「二十五」作「二十」。	
鞶鑑可徵	「可」作「有」。	「鞶鑑」作「鞶鑒」；「可」作「有」。	
信所謂追清風於前古	「信所謂」作「可謂」。	「信所謂」作「可謂」。	
温嶠傅臣	「傅」作「侍」。	「傅」作「侍」。	
引廣事雜	作「引多而事寡」。	作「引多事寡」。	無「雜」字。
潘尼乘輿義正體蕪	「義正」下有「而」字。	「尼」作「君」。	
乃置巾履得其戒慎	「置」作「寘」；「履」作「屨」；「戒」作「誡」。	「置」作「寘」。	「置」作「寘」。
而失其所施	無「所」字。		
憲章戒銘	「戒」作「武」。	「戒」作「武」。	
箴誦於官		「官」作「經」。	
名目雖異	「目」作「用」。	「目」作「用」。	
故文資确切			「資」作「質」；「确」作「確」。

故體貴弘潤		「體」作「理」。「弘潤」下脫十六字。	
必覈以辨			「覈」作「覆」。
此其大要也		作「取其要也」。	
然矢言之道蓋闕		「矢言」作「天言」。	
所以箴銘異用	「異」作「寡」。	「異」作「實」。	
罕施於代	「於」作「後」。	「於」作「後」。	無「於」字。
宜酌其遠大焉	「遠大」下有「者」字	「焉」作「矣」。	
銘實表器	「表器」作「器表」。		
敬言乎履	作「警乎立履」。		
誄碑第十二	「第」作「弟」。		
大夫之材	「材」作「才」。	「大夫」作「士大夫」。	
誄者累也累其德行		無「累也」二字。	
夏商已前其詳靡聞	「詳」作「詞」。	「已」作「以」。	「已」作「巳」。
幼不誄長在萬乘則稱天以誄之	「在」上有「其」字。	「幼」下有「而」字；「在」作「其」。	
逮尼父卒	「尼父」下有「之」字。	「逮」作「迨」；「尼父」下有「之」字。	
觀其慭遺之切	「切」作「辭」。	「慭」作「憖」；「切」作「辭」。	「慭」作「憗」。

嗚呼之歎	「嗚」作「烏」。		
雖非叡作	「叡」作「睿」。		「叡」作「𩞁」。
古式存焉			「古」作「玄」。
至柳妻之誄惠子	「妻」作「婁」。		
暨乎漢世	「乎」作「于」。	「乎」作「于」。	
文實煩穢	「煩」作「繁」。		
沙麓撮其要而摯疑成篇	「麓」作「鹿」；無「其」字；「摯」作「執」。	「麓」作「鹿」；「摯」作「執」。	
安有累德述尊		「累」作「誄」；「尊」作「遵」。	
杜篤之誄		「誄」下有「德」字。	「篤」作「蔦」。
而他篇頗疏	「疏」作「疎」。	「他」作「結」；「疏」作「踈」。	「疏」作「踈」。
而改盻千金哉	「盻」作「眄」。	「改」作「顧」；「盻」作「眄」。	
傅毅所制	「制」作「製」。	「制」作「製」。	
孝山崔瑗辨絜相參	「孝山」作「蘇順」；「辨絜」作「辯潔」。	「辨」作「辧」；「絜」作「潔」。	
觀其序事如傳			無「其」、「事」二字。
潘岳構意	「構意」作「搆思」。	「構意」作「搆意」。	
巧於序悲易入新切	「序」作「敘」。	「序」作「敘」；「切」作「麗」。	
能徵厥聲者也	「徵」作「徽」。		
工在簡要	「簡」作「蕳」。	「工」作「貴」。	

陳思叨名		「叨」作「功」。	
文皇誄末旨言自陳	「末」作「未」；「旨」作「百」。「言」下有「而」字。	「旨」作「百」。	
殷臣誄湯	「誄」作「詠」。		
追褒元鳥之祚	「元」作「玄」。		
周史歌文	「歌」作「哥」。		
上闡后稷之烈	「稷」作「禝」。		
蓋詩人之則也		無「人」字。	
則觸類而長		無「則」字。	
雰霧杳冥		「霧」作「霞」。	
景而效者彌取於工	「景」作「影」；「效」作「効」；「工」作「切」。	「景」作「影」；「工」作「切」。	「工」作「功」。
詳夫誄之爲制	「制」作「製」。		
蓋選言録行		「選」作「遐」；「言」下有「以」字。	
曖乎若可覿		「曖」作「瞬」。	
道其哀也悽焉如可傷	「道」作「述」；「如」作「其」。	「道」作「送」。	
碑者埤也	「埤」作「裨」。	「埤」作「裨」。	
上古帝皇紀號封禪	「皇」作「王」。		「紀」作「始」。
樹石埤岳	「埤」作「裨」。	「埤」作「裨」。	

周穆紀跡于弇山之石亦古埤之意也	無「古」字。	「跡」作「迹」；「埤」作「碑」。	「古」作「石」。
事止麗牲		「牲」作「壯」。	「止」作「正」。
自後漢以來	「以」作「已」；	「以」作「巳」。	「以」作「巳」。
詞無擇言	「詞」作「句」。		「詞」作「句」。
周乎衆碑莫非清允	「乎」作「胡」。	「乎」作「胡」；「非」作「不」；「清」作「精」。	
其敘事也		「敘」作「序」。	
其綴采也		「也」作「巳」。	
清詞轉而不窮	「詞」作「辭」。	「詞」作「辭」。	
自然而至	「至」下有「矣」字。	無「而」字；「至」下有「矣」字。	
有慕伯喈	「慕」作「摹」。		
辨給足采	「辨」作「辯」。	作「辭洽之來」。	
志在碑誄	「碑誄」作「於碑」。	「碑誄」作「於碑」。	
温王郤庾辭多枝雜	「郤」作「郗」。	「郤」作「郗」；「辭」作「詞」；「雜」作「離」。	
最爲辨裁	「裁」下有「矣」字。	「裁」下有「矣」字；「此碑之致也」五字。	
夫屬碑之體		無「夫」字；「體」作「耻」。	

其序則傳	「序」作「敘」。		
標序盛德	「標序」作「摽敘」。	「標」作「摽」。	
昭紀鴻懿		「昭」作「照」。	
此碑之制也	「制」作「致」。	「制」作「致」。	
事光於誄	「光」作「先」。		
是以勒石讚勳者	「石」作「器」。	「石」作「器」。	
樹碑述己者	「己」作「亡」。	「己」作「亡」。	
寫實追虛	「實」作「遠」。		
銘德慕行	「慕」作「纂」。		
文采允集	「文」作「光」。		
頹影豈忒	「忒」作「戢」。		
哀弔第十三	「第」作「弟」。		
蓋不淚之悼	「不淚」作「下流」。	「不淚」作「下流」。	「不淚」作「下淚」。
必施夭昏		「昏」作「昬」。	
事均夭橫	「橫」作「枉」。	「橫」作「枉」。	
詩人之哀辭乎	「辭」作「詞」。		
而霍子侯暴亡	「霍子侯」作「霍嬗」。	「霍子侯」作「霍嬗」。	「霍」下空一格，無「嬗」字。
帝傷而作詩亦哀辭之類矣		「帝」作「哀」；「矣」作「也」。	
及後漢	「及」作「降及」。	「及」作「降及」。	

汝陽王亡		「王」作「主」。	
始變前式			「式」作「戒」。
然履突鬼門怪而不辭	「履」作「腹」。「辭」作「口」。	「履」作「腹」。	
頗似歌謡亦髣髴乎漢武也	「歌」作「哥」；「佛」作「髴」；「武」作「式」。	「佛」作「髴」。	
至於蘇慎張升	「慎」作「順」。	「蘇」作「顯」。	
雖發其情華而未極心實	無「情」字；「極」下有「其」字。	無「情」字。	
建安哀辭	「辭」作「詞」。		
行女一篇		無「一」字。	「一篇」作「篇一」。
實踵其美	「踵」作「鍾」。	「踵」作「鍾」。	
觀其慮善辭變情洞悲苦	「善」作「贍」；「悲」作「哀」。	「善」作「贍」。	
莫之或繼也	無「也」字。		
幼未成德故譽止於察惠	「於」作「乎」。	「德」作「性」；「譽」作「興言」。	
故悼加乎膚色		「悼」作「悼惜」；「膚色」作「容色」。	
觀文而屬心則體奢奢體爲辭	兩「奢」作「夸」。	「奢體」作「體奢」。	
神之弔矣言神至也	「神」下有「之」字。	「弔」作「吊」。	

以至到爲言也		「以」上有「亦」字。	
所以不弔矣	無「矣」字		無「矣」字。
及晉築虒臺		「虒臺」作「虎臺」。	「虒」作「虎」。
史趙蘇秦			「史」作「使」，無「趙」字。
虐民構敵		害民構怨。	
或驕貴而殞身	「而」作「以」。	「而」作「以」。	
或狷忿以乖道	「以」作「而」。	「忿」作「介」。	無「或」字。
或美才而兼累	「美才」作「行美」。	「美才」作「行美」。	
並名爲弔	「弔」作「吊」。		
發憤弔屈		「弔」上有「而」字。	
體同而事覈	「體」上有「然」字。「同」作「周」。	「同」作「周」。	
及平章要切	「平」作「卒」。	「平」作「卒」；「章」下有「意」字。	
楊雄弔屈	「弔」作「吊」。	「弔」作「序」。	
思積功寡意深文略	「文略」作「反騷」。		「功」作「切」。
班彪蔡邕並敏于致語	「班」作「斑」；「語」作「詰」。	「語」作「詰」。	
胡阮之弔夷齊褒而無聞	「聞」作「間」。	「胡」上有「故」字；「褒」下有「喪」字；「聞」作「文」。	
仲宣所制	「制」作「製」。	「制」作「製」。	

各志也	「各」下有「其」字。	「各」下有「其」字。	
陸機之弔魏武序巧而文繁。		「序」作「詞」。	
降斯以下	「以」作「已」。	「以」作「巳」。	
夫弔雖古義而華辭未造	「弔」作「吊」；「辭」作「詞」。		
割析褒貶	「割析」作「剖拆」。	「割析」作「析割」。	「析」作「枅」。
辭定所表	「定」作「之」；「表」作「哀」。		
迷方告控	「告」作「失」。		
雜文第十四	「第」作「弟」。		
藻溢於辭	「辭」作「詞」。		
辭盈乎氣	「辭」作「辯」。		
故日新殊致	「新」下有「而」字。		
氣實使之	「之」作「文」。		
枚乘摛艷		「摛」作「擒」。	
腴辭雲搆	「辭」作「詞」。	「搆」作「構」。	
夸麗風駭			「夸」作「本」。
蓋七竅所發		「竅」作「覆」。	
所以戒膏粱之子也		此句下脱二十二字。	
楊雄覃思文闊	「覃」作「談」。		
其辭雖小而明潤矣	「其辭」作「珠連其辭」。	「其辭」作「楊雄」。	

凡此三者	作「凡三此文」。	「凡此三者」作「此」。	
文章之枝派暇豫之末造也	「豫」作「預」。	「派」作「流」；「豫」作「預」。	
自對問以後	「以」作「已」。		
東方朔效而廣之	「效」作「効」。		
雜以諧謔	「謔」作「調」。		
吐典言之裁	「裁」作「式」。		
張衡應間	「間」作「問」。		
崔實客譏	「實」作「寔」。		「實」作「寔」。
景純客傲	「景純」作「郭璞」。		
庾敳客咨	「咨」作「諮」。		「敳」作「凱」。
意榮而文悴			「悴」作「粹」。
無所取裁矣	「裁」作「才」。		
原茲文之設	「原」作「原夫」。		
乃發憤以表志	「以」作「而」。		
此立本之大要也	「本」作「體」。		
自七發以下	「以」作「已」。		
入博雅之巧	「博雅」作「雅博」。		
植義純正	「植」作「指」。		
致辨於事理		此三句下脱三十三字。	

自桓麟七說以下左思七諷以上	兩「以」並作「已」。		
或理粹而辭駁	「駁」作「駮」。		
壯語畋獵	「畋」作「田」。		
窮瓌奇之服饌	「瓌」作「瑰」。		
甘意搖骨體艷詞動魂識	「體」作「髓」；「動」作「洞」。	「體」作「髓」；「詞」作「辭」；「動」作「洞」。	
而終之以居正	無「而」字。	無「而」字。	
然諷一勸百	「勸」作「觀」。		「一」作「以」。
先騁鄭衛之聲曲終而奏雅者也	無「先」、「衛之」三字。	無「先」、「衛之」三字；「騁」作「聘」；「雅」下有「樂」字。	
唯七厲敘賢	「厲」作「例」。	無「唯」字。	
自連珠以下		作「自此已後」。	
里醜捧心不關西施之嚬矣		「西施」作「西子」。	「醜」作「配」。
唯士衡運思理新文敏	無「運」、「理」二字。		
而裁章置句		作「而裁意致句」。	
豈慕朱仲四寸之璫乎	「朱仲」作「珠中」。	「璫」作「璠」。	「朱仲」作「珠仲」。
足使義明而詞淨		「詞」作「辭」。	「詞」作「辭」。
磊磊自轉	「磊磊」作「落落」。		
各入討論之域	無「入」字；「討」作「詩」。		

故不曲述	「述」下有「也」字。		
學堅多飽	「多」作「才」。		
枝辭攢映			「枝」作「技」。
嘒若參昴	「嘒」作「彗」。		
慕嚬之心於焉祇攪	「之」下有「徒」字；無「於」字；「祇」作「抵」。		「祇」作「衹」。
諧隱第十五	「隱」作「讔」；「第」作「弟」。		「隱」作「讔」。
史傳第十六			
史者使也執筆左右使之記也		「記」作「謂」。	無「史者使也執筆左右」八字；無「也」字。
古者左史記事者右史記言者		「記事者」作「記言」；「記言者」作「書事」。	「古」作「已」；「記言者」作「紀言者」。
言經則尚書事經則春秋		無兩「則」字；「春秋」下有「也」字。	
昔者夫子閔王道之缺		「閔」作「愍」。	無「昔者」二字。
就太師以正雅頌		「太」作「大」。	「太」作「大」。
徵存亡以摽勸戒		「摽」作「標」。此句下脫十六字。	

然睿旨存亡幽隱		「睿」作「叡」；「隱」作「秘」；無「存亡」二字。	
邱明同時		「邱」作「丘」；「時」作「恥」。	「邱」作「丘」。
轉受經旨以授於後		「受」作「授」。	「於」作「其」。
及至從横之世		「從」作「縱」。	無「及」字。
蓋録而弗敘故即簡而爲名也		「弗敘」作「不序」。	「即」作「節」。
爰及太史談		無「太」字。	
子長繼志甄序帝勣		「繼」作「經」；「勣」作「續」。	「志」作「至」。
亦宏稱也			無「也」字。
博雅宏辯之才			「辯」作「辨」。
覩司馬遷之辭		「司馬遷」作「史遷」。	
宗經矩聖之典		「矩」作「規」。	
端緒豐贍之功		「贍」作「瞻」。	
遺親攘美之罪		「美」作「善」。	
公理辨之究矣		「辨」作「辧」。此句下有脱文。	
袁張所製		「製」作「制」。	
若司馬彪之詳實		「詳」作「祥」。	無「若」字。
華嶠之準當		「準」作「准」。	
記傳互出		「互」作「並」。	

或疎闊寡要			無「或」字。
非妄譽也			「譽」作「至譽」。
至於晉代之書			無「至」字。
干寶述紀以審正得序		「干」作「于」；「得」作「明」。	「干」作「于」。
舉例發凡		無「凡」字。	
自史漢以下莫有準的		「自」作「目」；「有」作「不」；「準」作「准」。	
至鄧璨晉紀		「璨」作「粲」。	「璨」作「琰」。
又擺落漢魏			「擺落」作「撮略」。
亦有心典謨		「心」下有「放」字。	
然紀傳爲式		無「然」字；「紀傳」作「傳託」。	
編年綴事文非泛論		「綴」作「經」；「泛」作「記」。	
歲遠則同異難密		「同異」作「周曲」。	
事積則起訖易疎		「訖」作「記」。	
斯固總會之爲難也		「會」作「合」。	
而數人分功		無「而」字。	
兩記則失於複重		「記」作「紀」。	
偏舉則病於不周		「病」作「漏」。	
此又詮配之末易也		無「末」字。	

皆此類也	無「此」字。	
公羊高云傳聞異辭	「高」作「臯」；「辭」作「詞」。	
莫顧實理	「實理」作「理實」。	
録遠而欲詳其跡	「跡」作「迹」。	
我書則傳	「傳」作「博」。	
而述遠之巨蠹也		無「之」字。
時同多詭雖定哀微辭	「微辭」作「徵詞」。	無「時」字。
勳榮之家		「榮」作「勞」。
迍敗之士雖令德而常嗤	「迍敗」作「屯貶」；「常嗤」作「蚩埋」。	
吹霜煦露		「煦」作「噴」。
此又同時之枉可爲嘆息者也	「枉」作「枉論」。	「又」作「入」；無「爲」字。
故述遠則誣矯如彼		「故」作「欲」。
記近則回邪如此	「記」作「略」。	「邪」作「邢」。
唯素臣乎	作「唯懿上心乎」。	「臣」作「心」。
論説第十八		
論者倫也倫理無爽則聖意不墜	無「倫也」二字。	「無爽」作「有無」，無「則」字。
故仰其經目	「仰」作「抑」。	

論也者		無「也」字。此句上有脱文	
而研精一理者也		無「者」字。	無「精」字。
六論昭列		「列」作「别」。	
至石渠論藝白虎通講聚述聖言通經		「至」作「至如」；「藝」作「蓺」；「白虎通」作「白虎」；無「言」字。	
論家之正體也		「正」作「政」。	
嚴尤三將		「尤」作「左」。	「尤」作「允」。
傅嘏王粲			作「蘭碬三粲」。
何晏之徒		「何晏」上有「而」字。	
仲宣之去代		「代」作「伐」。	
鋒穎精密		「穎」作「頴」。	
蓋人倫之英也		「人倫」作「論」。	
至如李康運命		「如」作「乃」。	
陸機辨亡			「亡」作「正」。
然亦其美矣		「矣」作「哉」。句下有脱文。	無「亦」字。
所以辨正然否		「辨」作「辯」。	
窮于有數追于無形		兩「于」作「於」。	無兩「于」字。
迹堅求通		「迹」作「鑽」。	
辭忌枝碎		「辭」作「詞」。	無「也」字。

辭共心密		「辭」作「詞」。	
是以論如析薪		「如」作「譬」。	
辭辨者		「辭」作「詞」。	
而檢跡如妄		「檢」作「撿」；「如」作「知」。	
詔策第十九			
皇帝御寓		「御」作「馭」。	
淵嘿黼扆		「黼」作「負」。	
唯詔策乎		「唯」作「其唯」。	
其在三代		「代」作「王」。	
誓以訓戎誥以敷政		「戎」作「誡」。此句下有脫文。	
並稱曰令		「令」作「命」。	
令者使也		「令」作「命」。	
漢初定儀則則命有四品		無「則命」二字。	「命」作「曰」。
四曰戒敕		「敕」作「勑」。	「敕」作「勑」。
敕戒州部詔誥百官制施赦命		「敕」作「勑」、「部」作「郡」；「誥」作「告」；「命」作「令」。	「部」作「邦」。
敕者正也		「敕」作「勑」。此句下有脫文。	

詔體浮新		「新」作「雜」。	
文同訓典		「訓典」作「典訓」。	
勸戒淵雅垂範後代		此句下有脱文。	「勸」作「觀」。
逮光武撥亂留意斯文		「逮」作「及」；「斯文」作「詞采」。	
時或偏濫		此句下有脱文。	
暨明帝崇學雅詔間出		「帝」作「章」。	「雅」作「惟」。
安和政弛		「安和」作「和安」；「弛」作「㢮」。	
每爲詔敕		「敕」作「勅」。	
衛覬禪誥			「覬」作「凱」。
符命炳燿弗可加已		「命」作「采」；「燿」作「耀」；「弗」作「不」；「已」作「也」。	「已」作「也」。
自魏晉誥策		「誥策」作「策誥」。	
互管斯任施命發號		「互管」作「管于」；「命」作「令」。	
魏文帝下詔辭義多偉		「帝」作「以」；無「詔」字；「辭」作「詞」。	「魏文帝」作「魏文魏」。
其萬慮之一弊乎		「弊」作「獘」。	
故引入中書			無「引入」二字。

自斯以後體憲風流		「以」作「已」。	「憲」作「慮」。
則義炳重離之輝		「輝」作「暉」。	
則氣含風雨之潤		「風」作「雲」。	「含」作「合」。
敕戒恒誥		「敕」作「勑」。	
治戎燮伐則聲有洊雷之威		「治」作「啟」；「燮」作「變」；「有」作「存」。	「燮」作「變」。
明罰敕法則辭有秋霜之烈		「罰」作「詔」；「敕」作「勑」；「辭」作「詞」。	「敕」作「勑」。
戒敕爲文		「敕」作「勑」。	「敕」作「勑」。
實詔之切者		「切者」下有脱文。	
作敕戒當指事而語		「敕」作「勑」。	「語」作「誥」。
及晉武敕戒		「敕」作「勑」。	「敕」作「勑」。
敕都督以兵要		「敕」作「勑」。	「敕」作「勑」。
在三罔極		「罔」作「同」。	「罔」作「同」。
漢高祖之敕太子		無「祖」字；「敕」作「勑」。	「敕」作「勑」。
及馬援已下		「已」作「以」。	
足稱母師也		「也」作「矣」。	
教者效也言出而民效也		上「效」作「傚」。	
契敷五教故王侯稱教		無「契敷五教」四字。	
文教麗而罕於理		「罕於理」作「罕施」。	

若諸葛孔明之詳約	「約」作「酌」。	
並理得而辭中教之善也	「辭」作「詞」。	「教」作「辭」。
檄移第二十		
昔有虞始戎於國	「有虞」作「有虞氏」。	
周將交刃而誓之	無「而」字。	
三王誓師		「三王」作「三三」。
令有文告之辭	無「令」字；「告」作「誥」；「辭」作「詞」。	
懼敵弗服	「弗」作「不」。	
暴彼昏亂	「暴」作「曝」。	「暴」作「曝」。
劉獻公之所謂告之以文辭董之以武師者也	「所」上無「之」字；「辭」作「詞」；無「也」字。	「武師」作「師武」。
詰苞茅之闕	「苞」作「菁」。	「詰」作「告」；「苞」作「菁」。
責箕郜之焚		「箕」作「其」。
奉辭先路	「辭」作「詞」。	
宣露於外	「露」作「布」。	
或稱露布播諸視聽也。	無「播諸視聽也」五字	無「播」字。
則稱恭行天罰	無「則」字。	「恭」作「龔」。
諸侯御師	「御」作「禦」。	

奉辭伐罪		「辭」作「詞」。	
亦且厲辭爲武		「亦且」作「抑亦」；「辭」作「詞」。	「亦且」作「亦」。
使聲如衝風所擊			「衝」作「衡」；「擊」作「繫」。
氣似欃槍所掃		「欃槍」作「攙搶」。	「欃槍」作「攙搶」。
懲其惡稔之時		「懲」作「徵」。	
摇奸宄之膽訂信慎之心		「奸宄」作「姦兇」；「慎」作「順」。	
布其三逆			「布」作「有」。
文不雕飾而辭切事明		「飾」作「飭」；「辭」作「意」。	
隴右文士得檄之體矣		「士」作「得檄之士」；「矣」作「也」。	
陳琳之檄豫州壯有骨鯁		無「豫州」二字；「有」作「於」；「鯁」作「骾」。	
章密太甚		「密」作「實」。	
發邱摸金誣過其虐		「邱」作「丘」。	「摸」作「模」；「虐」作「虚」。
然抗辭書釁皦然露骨矣		「辭」作「詞」；「露骨矣」作「曝露」。	「骨」作「固」。
桓公檄胡		「公」作「温」。	

或述此休明或敘彼苛虐		無「此」字；「彼苛虐」作「否剝」。	
算彊弱		作「驗强弱」。	作「算强弱」。
標著龜于前驗		「標」作「摽」；「于」作「於」。	「標」作「摽」；「于」作「於」。
凡此衆條莫或違之者也		「條」作「作」；「或」作「之或」；「者」上無「之」字。	
植義颺辭務在剛健		「辭」作「詞」；「健」作「徤」。	
不可使辭緩		「辭」作「詞」。	
氣盛而辭斷		「辭」作「詞」。	
令往而民隨者也		「民」作「人」。	
相如之難蜀老		「老」作「尤」。	
及劉歆之移太常辭剛而義辨		無「及劉歆之移太常」七字；「辭」作「詞」。	
言約而事顯		「約」作「簡」。	
順命資移		「命」作「衆」。	「順」作「煩」。
堅同符契		「同」作「明」。	「同」作「用」。
意用小異而體義大同		無「義」字；「同」下有「也」字。	
（無《御覽》十三字佚文）		露布者蓋露板不封布諸視聽也。	（無《御覽》十三字佚文）

章表第二十二			
舜命八元		此句下有脫文。	
並陳辭帝庭		「辭」作「詞」。	
則章表之義也		「則」作「即」。此句下有脫文。	
伊尹書誡		「誡」作「戒」。	
又作書以讚文翰獻替事斯見矣		無「獻替」二字。此句下有脫文。	「讚」作「纘」。
言事於王		「王」作「主」。	
漢定禮儀		作「漢初定制」。	
四曰議		「議」作「駮議」。	
奏以按劾		「按」作「案」。	
赤白曰章		「赤白」作「青赤」。	
表者標也		「標」作「摽」	「標」作「摽」。
謂德見于儀			無「于」字。
章表之目		「章表」作「表章」。	
按七略藝文		「按」作「案」；「藝」作「蓺」。	
經國之樞機		無「之」字；「機」作「要」。	
而在職司也		「而」作「布」。	

左雄奏議		「奏」作「表」。	
並當時之傑筆也		「筆」上有「等」字。	
足見其典文之美焉		無「之」字。	
昔晉文受册三辭從命		無「晉」字；「册」作「策」。	無「辭」字。
所以魏初表章		「表章」作「章表」。	
則未足美矣		無「美」字。	
至於文舉之薦禰衡		「至於」作「如」。	
志盡文暢		「暢」作「壯」。	
孔璋稱健則其標也		「健」作「徤」；「標」作「摽」。	
應物掣巧		「掣」作「製」。	
故能緩急應節矣			無「矣」字。
逮晉初筆札則張華爲儁		「逮」作「迨」；	「儁」作「儔」。
理周辭要		「周」作「同」。	
信美於往載			「載」作「再」。
序志顯類		「顯」作「聯」。	
張駿自序		「駿」作「駮」；「序」作「敘」。	
原夫章表之爲用也		無「也」字。	「之」作「文」。
昭明心曲		「昭」作「照」。	
表以致禁		「禁」作「策」。	
以章爲本者也		「章」作「文」。	無「章」字。

使要而非略		「要」作「典」。	
表體多包情僞屢遷		「包」作「苞」；「僞」作「位」。	
清文以馳其麗		「馳」作「驅」。	
然懇惻者			「惻」作「愜」。
情爲文使		「使」作「出」。	「文」作「出」。
繁約得正		「繁」上有「必使」二字。	「繁」上有「使」字。
奏啟第二十三			
昔唐虞之臣		「唐虞」作「陶唐」。	
秦漢之輔		「之輔」作「附之」。	
劾愆謬			「愆」作「僭」。
言敷于下情進于上也		無「言」字；次「于」作「乎」。	次「于」作「於」。
觀王綰之奏勳德		無「勳」字。	
事略而意逕		「逕」作「誣」。	
政無膏潤		「政」作「故」。	
自漢以來		無「以」字。	無「以」字。
殊采可觀			「可」字殘佚。
晁錯之兵事		「事」作「術」。	「事」作「卒」。
王吉之觀禮		「觀」作「勸」。	「吉」字殘佚。
谷永之諫仙		「諫」作「陳」。	

辭亦通暢		「暢」作「辨」。	「暢」作「辭」；「通」殘佚。
後漢羣賢		「賢」作「臣」。	
楊秉耿介於災異			「於」字殘佚。
骨鯁得焉		「鯁」作「骾」。	
張衡指摘於史職		「職」作「識」。	「職」字殘佚。
王觀教學王朗節省甄毅考課		「王觀」作「黃觀」。	「王朗」殘作「三朗」。「甄」作「甌」。
災屯流移		作「世交屯夷」。	
劉頌殷勤於時務			「勤」作「勒」。
温嶠懇惻於費役			「惻」作「切」。
辨析疏通爲首		「辨」作「辯」。	「析」作「扸」；「疏」作「踈」。
按劾之奏		「按」作「案」。	
繩愆糾繆		「糾」作「紏」。	
秦之御史		「之」作「有」。	
總司按劾		「按」作「案」。	
故位在摯擊		「摯」作「鷙」。	
傅咸勁直而按辭堅深		「勁直」作「果勁」；「按辭」作「辭案」。	「咸」作「盛」。
各其志也		「其」作「有」。	

而舊準弗差		「準」作「淮」；「弗差」作「不差」。	
然函人欲全		「函」作「甲」。	
術在糾惡勢必深峭		「糾」作「糺」；「必」作「入」；「深」作「剛」。	
禮疾無禮			「疾」作「嫉」。
目以豕彘		「豕彘」作「羊彘」。	
既其如茲		「茲」作「此」。	
是以世人爲文		「世人」作「近世」。	
次骨爲戾復似善罵		「次」作「刺」；「復」作「覆」；「罵」作「詈」。	
標義路以植矩		「標」作「摽」。	
踰垣者折肱		「垣」作「牆」。	
捷徑者滅趾		「趾」作「跡」。	
詬病爲切哉		「切」作「巧」。	「詬」作「話」。
立範運衡宜明體要		「立」作「丘」；「要」作「惡」。	
總法家之式		「式」作「裁」。	
氣流墨中		「流」作「留」。	
直方之舉耳		「耳」作「也」。	
取其義也		「取」作「蓋」。	

故兩漢無稱	「故」作「後」。	
至魏國箋記始云啟聞	「箋」作「牋」。	「始」作「如」。
或云謹啟		「云謹」作「謹密」。
陳政言事	「言事」作「事言」。	
必斂飭入規促其音節辨要	無「斂飭入規促其音節」八	
輕清	字；「辨」作「辯」。	「飭」作「徹」。
亦啟之大略也		「亦」字殘佚。
議對第二十四		
周爰諮謀	「諮」作「咨」。	
宅揆之舉舜疇五人	「宅」作「百」；「人」作「臣」。	
魯桓務議	「務」作「預」。	
而甘龍交辨	「辨」作「辯」。	
而同異足觀		「足」作「之」。
迄至有漢始立駁議	「駁」作「駮」。	「至」作「今」。
駁者雜也雜議不純故曰駁也	兩「駁」並作「駮」；「雜議」作	「雜議」作「襍議」。
	「議」。	
自兩漢文明楷式昭備	「文」作「之」；「楷」作「措」。	
可謂捷於議也	「也」作「矣」。	
主父之駁挾弓安國之辨匈奴	「駁」作「駮」；「辨」作「辯」。	

賈捐之之陳於朱崖		無「之之」二字。	「之之」作「之」。
劉歆之辨於祖宗		「之辨」作「辯」。	「之辨」作「辨」。
程曉之駁校事		「駁」作「駮」。	
司馬芝之議貨錢		「芝」作「芸」。	
漢世善駁		「駁」作「駮」。	
然仲瑗博古而詮貫有敘		「瑗」作「援」；「而詮」作「詮」；「有」作「以」。	
及陸機斷議亦有鋒穎而諛辭弗剪		「斷議」作「議」；「穎」作「潁」；「諛」作「腴」；「弗」作「不」。	「諛」作「腴」。
亦各有美風格存焉		「各有」作「有其」。	
弛張治術		「弛」作「施」。	
採故實於前代觀通變於當今		「採故實」作「顧事實」；「通變」作「變通」。	
理不謬搖其枝		「搖」作「插」。	
又郊祀必洞於禮		無「又」字。	「又」作「文」。
戎事必練於兵		「必」作「宜」。	無「必」字。
田穀先曉於農			「田」作「佃」。
然後標以顯義		「標」作「摽」。	
文以辨潔爲能		「辨」作「辯」。	

不以深隱爲奇	「深」作「環」。	
支離構辭	「構」作「搆」。	「構」作「搆」。
空騁其華固爲事實所擯	「擯」作「檳」。	「空」作「功空」。
亦爲遊辭所埋矣	「遊辭」作「浮辭」。	無「矣」字。
從文衣之媵晉人貴媵而賤女	「晉人」作「晉之」。	上「媵」下有「者」字。
楚珠鬻鄭	作「楚鬻珠於鄭」。	
末勝其本	「勝」下有「於」字。	
復在於茲矣	「在」作「存」。	
書記第二十五		
陳之簡牘	「陳」作「染」。	
書介彌盛	「介」作「令」。	
子家與趙宣以書	「與」作「弔」。	
巫臣之遺子反	「遺」作「責」。	
固知行人挈辭多被翰墨矣	「固」作「故」；「挈」作「絜」；無「矣」字。	
詭麗輻輳	「輳」作「湊」。	「輳」作「奏」。
辭氣紛紜	「氣」作「音」。	
東方朔之難公孫	無「朔」字；「難」作「謁」。	
志氣槃桓各含殊采	「槃」作「盤」；「殊」作「珠」。	

文舉屬章		「章」作「音」。	
留意詞翰		「詞翰」作「翰辭」。	「詞」作「辭」。
趙至敘離迺少年之激切也		「至」作「壹」；「敘」作「贈」；「切」作「昂」。	「敘」作「贈」。
斯又尺牘之偏才也		「又」作「皆」；「偏才」作「文」。	
詳總書體		「總」作「諸」。	
言以散鬱陶託風采		「言」作「所」；「託」作「詠」。	
故宜條暢以任氣		「故」作「固」；「條暢」作「滌蕩」。	
優柔以懌懷		「柔」作「游」。	
戰國以前		「戰國」上有「自」字；「以」作「已」。	
其義美矣		「義」作「辭義」。	
而郡將奏牋		「奏」作「奉」；「牋」下有「也」字。	
表識其情也		「表識」作「識表」。	
黃香奏牋於江夏		「奏」作「奉」。	
麗而規益		「麗」作「文麗」。	
子桓弗論		「弗」作「不」。	

陸機自理		「理」作「敘」。	
牋之爲善者也		無「爲」字。	
清美以惠其才		「美」作「靡」。	
彪蔚以文其響			「以」作「其」；「其」作「□」。
符者孚也			「孚」作「厚」。
三代玉瑞			「玉」作「王」。
易以書翰矣		「易」作「代」。	
負販記縉其遺風歟		無「記縉」二字；「歟」作「也」。	
明白約束以備情僞		「以備」上還有「約束」二字。	
字形半分		「字」作「自」。	
則券之楷也		「楷」作「諧」。	
短簡編牒如葉在枝		作「如葉在枝也短簡爲牒」。	
温舒截蒲即其事也		無「温舒截蒲即其事也」八字。	
議政未定故短牒咨謀		「政」作「事」；「咨」作「諮」。	
謂之爲籤		無「爲」字。	
神思第二十六			

是以臨篇綴慮	「慮」作「翰」。「是以」上有脱文。	
理鬱者苦貧	「苦」作「始」。	「苦」作「若」。
博見爲饋貧之糧		「博見」作「博聞」。
貫一爲拯亂之藥	「亂」作「辭」。	
風骨第二十八		
夫翬翟備色而翾翥百步	無「夫」字；「翾」作「翱」。	
鷹隼乏采而翰飛戾天	「乏」作「無」。	「乏」作「之」；無「而」字。
骨勁而氣猛也	「氣」作「荒」。	
則鷙集翰林		「鷙」作「摯」。
唯藻耀而高翔	「唯」作「若」；「耀」作「曜」。	
固文筆之鳴鳳也	「文筆」作「文章」。	
定勢第三十		
是以括囊雜體	無「是以」二字。	
功在詮別		「功」作「切」。
則準的乎典雅	「準」作「准」。	「典雅」作「雅頌」。
則楷式於明斷	「楷」作「揩」。	
則師範於覈要	「師範」作「軌範」。	

則從事於巧艷		「巧」作「功」。	
此循體而成勢		「循」作「修」。	
節文互雜		「互」作「牙」。	
事類第三十八			
夫薑桂同地		「同」作「因」。	
文章由學能在天資		「由」作「沿」；「資」作「才」。	
才自内發		「才」上有「故」字。	
有學飽而才餒			「學飽」作「飽學」。
學貧者迍邅於事義			無「學貧」二字。
是以屬意立文		「立」作「於」。	
主佐合德文采必霸		無「主佐」二字。	
指瑕第四十一			
羣才之俊也		「俊」作「儁」。	
永蟄頗疑於昆蟲		「疑」作「擬」。	
豈其當乎		作「不其蚩乎」。	
附會第四十三			

夫才量學文宜正體製		無「夫」字；「量」作「童」；「製」作「制」。	
事義爲骨髓		「骨髓」作「骨骾」。	
斯綴思之恒數也		此句下有脱文	「恒」作「常」。
夫文變多方		「多」作「無」。	「多」作「無」。
率故多尤需爲事賊		「率」作「變」；「需」作「而」；「賊」作「賤」。	
或尺接以寸附			「尺」作「片」。
然後節文自會			「節文」作「文接」。
豆之合黄矣		「豆」作「石」；「黄」作「玉」。	
是以駟牡異力		「駟牡」作「四壯」。	
並駕齊驅而一轂統輻		無此九字。	無此九字。
昔張湯擬奏而再卻		「擬」作「疑」；「昔」上有脱文。	「擬」作「疑」。
並理事之不明		「理事」作「事理」。	
而詞旨之失調也		「詞」作「辭」。	「詞」作「辭」。
及倪寬更草			「倪」作「兒」。

附録二　《文心雕龍》研究論文選録

《文心雕龍》主要版本源流考略

林其錟

《文心雕龍》今見最早的著録是唐貞觀十年（六三六）成書的《隋書·經籍志》，爾後歷代公私書目多有著録。在國外，最早見録《文心雕龍》的，當是《日本國見在書目》，此書目成書於日本寬平年代（八八九——八九七），相當於我國唐昭宗初期和中期。《文心雕龍》傳世迄今已有十五個世紀，在漫長的流播過程中，産生了繁富的版本。據史料記載及今存的版本統計，清代以前的版本就有一百零四種，其中寫本十四種，單刻本三十四種，叢書本十種，選本十四種，校本二十七種，註本五種。傳鈔覆刻，訛舛衍脱實屬難免；版本衍生，歧文異句自然紛呈。因此，考校比勘，糾謬訂字，《文心雕龍》校勘學遂興。由於在版本衍生流變過程中，存在着母本、子本的相承關係，尤其一些在世間廣爲流布的版本，初刻本、覆刻本、校刻本之間實際形成系列，所以考察源流辨明關係，對於校勘工作有重要意義。可是由於歷史久遠，資料沉没，要逐本弄清實屬不易。本文只能根據現有資料及前賢研究成果，擇其若干流布較廣或影響較大者略加考察，抛磚引玉，就教方家。

（一）唐、宋、元版本略考

今存最早的《文心雕龍》版本是敦煌遺書《文心雕龍》殘卷。這是於清光緒二十六年（一九〇〇）在敦煌鳴沙山千佛洞第二八八窟（今編第十七窟）被發現的。一九〇七年被匈牙利人斯坦因所掠，現存於倫敦大英博物館，原編目爲斯五四七八號（S. 5478），翟理斯（Giles）新編列爲七二八三號。此卷蝴蝶裝册頁，長十七釐米，寬十二釐米，計二十二葉。四界烏絲欄，每半葉十行或十一行，每行二十至二十三字不等。起《原道》第一「贊」的第五句「體」字，迄《諧隱》第十四篇題，計存：《徵聖》、《宗經》、《正緯》、《辨騷》、《明詩》、《樂府》、《詮賦》、《頌贊》、《祝盟》、《銘箴》、《誄碑》、《哀弔》、《雜文》十三整篇，《原道》「贊」末十三字，《諧隱》篇題五字。此爲寫卷，書體，潘重規認爲是「章草」，而章草專家王蘧常斷爲「行書」。全卷「淵」作「𣶒」，「世」作「丗」，「民」作「巳」，皆避唐高祖、太宗諱。本卷亦多簡字和同音假借字。此卷寫於何時？趙萬里以爲：「卷中淵字、世字、民字均闕筆，筆勢遒勁，蓋出中唐學士大夫所書，西陲所出古卷軸未能或之先也。」[一] 楊明照則認爲：「由《銘箴篇》張昶誤爲張旭推之，當出玄宗以後人手。」[二] 鈴木虎雄以爲「蓋係唐末鈔本」。[三] 案：張旭事迹見於《新唐書》二〇二卷《李白傳》：「旭自言始見公主擔夫争道，又聞鼓吹而得筆法意；觀倡公孫舞劍器得其神。」詩人杜甫在《觀公孫大娘弟子舞劍器行并序》中亦有記載：「開元五載，余尚童稚，記於郾城觀公孫氏舞劍器渾脱，瀏灕頓挫，獨出冠時。……往者吳人張旭，善草書書帖，數常於鄴縣見公孫大娘舞西河劍器，自此草書長進，豪蕩感激，即公孫可知矣。」〔四〕杜甫詩序寫於大曆二年（七六七），時年五十五歲，「開元五載」爲七一七年，杜甫時年五歲，故稱「童稚」。今察此卷「淵」「世」「民」皆缺避，而「忠」（高宗太子諱）、「弘」（高宗太子諱）、「照」（武后諱）、「顯」（中宗諱）、「豫」（代宗諱）均不避。《頌贊篇》有「仲治流別」，「治」此本作「治」，楊明照校云：「治乃治之誤。」〔五〕可見高宗李治諱亦不避。「旦」（睿宗諱）此本作「口」，史諱有改「旦」作「明」而無作「口」之例。由以上事實推斷，此卷書寫時間至遲不會晚於開、天之世，也有很大可能出於初唐人之手。此本殘存雖僅占全書百分之二十六强，但就諸家比較一致認爲可據以校正今本文字者已有四百七十餘字之多，足見其近古版本之價值。但此本據以鈔寫之母本，以及此本之衍生本，皆因史料沉没而不可考了。可是唐寫本傳世是否僅此一種？楊明照《文心雕龍校註拾遺》有「近人黄文弼藏唐寫殘卷」的著録，王利器《文心雕龍校證》亦有「前北京大學西北科學考察團員某藏唐寫本，約長三尺」的記載。上海圖書館名譽館長、版本目録學家顧廷龍則稱：「曾於一九四六年農曆九月二十八日（陽曆十月二十二日），由張元濟親帶一種黑底、白字、楷書的敦煌本《文心雕龍》複印件交其與《四部叢刊》本《文心雕龍》讀校，而此種敦煌寫卷的確與斯五四七八號卷不同，是屬於另一種的敦煌寫卷。」〔六〕於此可見敦煌本《文心雕龍》遺世不止一種，可惜別一種敦煌寫卷今落何處不得而知，唯寄希望於知音君子之重新發現了。

有宋一代，隨着印刷術的發明與進步，文化事業的發達，《文心雕龍》從寫本到刊本，傳播範圍是更加廣泛了。從今存史料可見：宋人於《文心雕龍》著録者八，品評者七，採摭者十二，因習者八，引證者十一，考訂者三。其中不僅如李昉等人的《太平御覽》、潘自牧的《記纂淵海》、王應麟的《玉海》等類書有大量徵引，而且還有辛處信註本的記録。由此可見：《文心雕龍》已有較廣的傳播，宋槧版本不會很少，但遺憾的是宋刻單行本没有一種流傳下來，今日唯一能見到的只有南宋刊刻的《太平御覽》，因其有大量徵引，藉此可窺見一斑。《太平御覽》是巨型類書，分五十五部，五千四百二十六類，約四百七十萬字；其採摭之書達二千五百七十九種，《文心雕龍》是其中的一種。《太平御覽》採摭《文心雕龍》的《原道》、《宗經》、《明詩》、《詮賦》、《頌贊》、《銘箴》、《誄碑》、《哀弔》、《雜文》、《史傳》、《論説》、《詔策》、《檄移》、《章表》、《奏啟》、《議對》、《書記》、《神思》、《風骨》、《定勢》、《事類》、《指瑕》、《附會》等二十三篇大部或部分，共計四十三則，九千八百六十八字，所涉篇章占全書五十篇的百分之四十六，總字數約占全書的百分之二十六點六七，比斯五四七八號敦煌唐寫殘卷還多一千多字。其中《明詩》、《詮賦》、《頌贊》、《銘箴》、《誄碑》、《哀弔》、《史傳》、《詔策》、《檄移》、《章表》、《奏啟》等十一篇幾近全篇；《原道》、《雜文》、《論説》、《議對》、《書記》等篇也徵引了大部分。因此，把宋槧《太平御覽》採摭的《文心雕龍》集中起來，不啻爲今存之宋刻《文心雕龍》殘卷，上承唐寫殘卷，下接元本，多少亦可彌補《文心雕龍》版本流變過程中間的一個環節。

《太平御覽》採摭《文心雕龍》所據的底本因無史載難以確考，但是以其引文同唐寫敦煌殘卷相涉的《宗經》、《明詩》、《詮賦》、《頌贊》、《銘箴》、《誄碑》、《哀弔》、《雜文》等七篇，同後之元至正本、清黄叔琳輯註本相涉部分加以比勘，其中文字相異者（四者中有一種相異者即計在內）共有三百四十八處，其中宋本《太平御覽》引文與敦煌唐寫本合者一百二十二處，占百分之三十五點〇五七；元至正本與唐寫本合者爲一百零五處，占百分之三十點一七；黄叔琳本同唐寫本合者爲一百十二處，占百分之三十二點一八。以上統計表明：宋本《太平御覽》引文比起後來之傳本更接近於唐寫本，所以可以與唐寫本互相印證，發現《文心雕龍》之本義。

今存最早之刻本是元至正十五年（一三五五）嘉興郡學刊本。此本烏絲欄，蝴蝶裝，框高二三二毫米，寬一五六毫米，每半葉十行，行二十字，五篇相接，分卷另起。《隱秀》、《序志》有脱文，卷五闕第九葉，缺文自《議對篇》之「及後漢魯丕，辭氣質素，以儒雅中策」的「儒」字起，迄《書記篇》「子産之諫范宣，詳觀四書」的「四」字止。其他版面，亦或有漫漶，《序志篇》尤甚。此本所本，據錢惟善序，知其乃劉貞家藏先人劉節齋的「手録」本，由劉貞主持在至正十五年刊於嘉興郡學的。至於劉節齋抄本之母本，難以確考。但從此本「恒」字仍沿宋諱缺筆作「恒」的情況看，知其源於宋槧無疑。在前面提及的與唐寫本、宋本《太平御覽》和清黄叔琳輯註本相涉部分的三百四十八處異文中，此本同宋本《太平御覽》合者八十處，占百分之二十二點九八；同黄叔琳註本合者一百五十四處，占百分之四十四點二五。有人以爲：「以校勘而論，元本多與明本同，許多地方率先改正了唐寫本之誤。」但是「較之明刻諸本，元本正而明本誤者更不乏其數」。〔七〕明代最早刊本爲弘治馮允中刻活字本，其後諸本多由馮本出，而馮本之母本正是元至正本。所以，元至正本乃是明代諸多版本的祖本，其特殊地位於此可知。

（二）明代主要版本的衍生與流變

明人批點古籍風氣流行，對於《文心雕龍》無論從研究到刊刻都遠比前代活躍，據現有資料統計：在研究方面，品評二十一，採摭三十七，因習二十一，引證二十六，考訂五；在傳録刊刻方面，明代各類版本計有六十種，其中寫本四，單刻本二十五，叢書本七，選本十四，校本七，註本三。明代最早的寫本爲《永樂大典》本，最早的單刻本爲弘治十七年馮允中刻活字本，最早的叢書本爲胡維新萬曆十七年刻《兩京遺編》本，最早選本爲劉節《廣文選》，最早的校本爲徐𤐫校本。

明代傳世的《文心雕龍》版本頗多，但從其衍生及傳播範圍看，弘治馮允中本——汪一元私淑軒本系列和梅慶生音註本系列影響最大。

弘治馮允中刻活字本於明弘治十七年（一五〇四）刻於吳門，爲有明一代最先刻本。此本卷首有馮允中《重刊文心雕龍序》，卷末有都穆跋和「吳人楊鳳繕寫」六字。正文每半葉十行，每行二十字，五篇相接，分卷另起。《隱秀篇》、《序志篇》缺文和元至正嘉興郡學刊本相同。又據馮允中序有「茲奉命至江南，巡歷之暇，偶聞都進士玄敬家藏善本，用假是正，既慰夙願矣」以及都穆跋有「梁劉勰《文心雕龍》十卷，元至正間嘗刻於嘉興郡學，歷歲既久，板亦漫滅。弘治甲子，監察御史郴陽馮公出按吳中，謂其有益於文章家，而世不多見，爲重刻以傳」等記載，可以斷定此本的母本是元至正十五年嘉興郡學刊本。

汪一元私淑軒刻本係汪一元在明嘉靖十九年（一五四〇）刻於新安的。此本卷首有方元禎序，正文每半葉十行，每行二十字，五篇相接爲一卷，分卷另起，版心上方有「私淑軒」三字，各卷下欄右方分別有黄璉、黄瑄、黄瑛等刻工姓名。其款式爲：首行上題「文心雕龍卷之一」，次行下署「梁通事舍人劉勰撰，明歙汪一元校」。從此本款式、題署和《隱秀》、《序志》缺文與弘治馮允中本相同，以及方元禎序有「吾邑汪子仁卿，博文談藝，喜而校刻之」等語，知此本係從弘治本出，但經汪一元校勘而略有增改。此本有明覆刻本，但字多俗體，亦有臆補、誤刻處。私淑軒本衍生的版本還有佘誨刻本、徐𤐫校汪一元私淑軒刻本，成爲清黄叔琳《文心雕龍輯註》底本之何焯校本，亦出於此本。

佘誨本係刻於嘉靖二十二年（一五四三），卷首有佘誨序，正文每半葉十行，每行二十字，五篇相接，分卷另起，版心下方有「私淑軒」三字，每葉皆然，下欄右方有刻工姓名，與汪一元私淑軒本同。由此可見佘本實從汪本出，但已補《序志》缺文，《隱秀篇》缺文未補。後來刻於明萬曆二十年（一五九二）的何允中《漢魏叢書》本亦從此本出，而刻於清乾隆五十六年（一七九一）的王謨《漢魏叢書》本出於何允中之《漢魏叢書》，故亦祖於此本。

徐𤐫校汪一元私淑軒本，所用底本爲佘誨刻本。卷前有加紙一頁，抄録《福州府志》，記徐𤐫、徐廷壽、徐鍾震三代履歷。卷首載徐𤐫崇禎己卯（一六三九）題記。以下抄録《梁書·劉勰傳》及各種版本的序七篇：（一）元錢惟善至正本《文心雕龍序》；（二）佘誨序；（三）嘉靖乙巳（一五四五）葉聯芳書樂應奎本序；（四）樂應奎序；（五）青社誠軒載璽信父撰《文心雕龍序》；（六）馮治本馮允中序；（七）建安西橋程寬撰《刻文心雕龍序》。以下爲汪一元本方元禎序。正文有黄、藍、硃，白筆圈點。《隱秀篇》抄補了四百多字，篇末有徐𤊹跋語云：「萬曆戊午（一六一八）之冬，客游豫章，王孫朱孝穆得故家舊本，因録之，亦一快人心也。」由此可知此本抄補《隱秀》闕文四百餘字之所出。原刻本《序志篇》脱漏的三百多字，徐氏亦取《廣文選》本訂補。書末又手抄八份材料：（一）楊慎致禺山公（張含）書；（二）徐𤊹萬曆二十九年（一六〇一）跋語一條；（三）徐𤊹萬曆三十五年（一六〇七）跋語；（四）附録曹學佺書；（五）録晁公武《郡齋讀書志》評《文心雕龍》語一條；（六）徐𤊹萬曆四十年（一六一二）跋語一條；（七）録伍讓《文心雕龍序》；（八）徐𤊹萬曆四十七年（一六一九）跋語。所以，此本實是徐𤊹父子以佘本爲底本並收羅元明各種版刻的匯校本。

明代版本中，傳播較廣、影響較大、形成系列的另一種版本是梅慶生音註本。此本是彙集諸家的註釋《文心雕龍》的版本，它是在楊慎批點本上加音註而成。此本首刻在萬曆三十七年（一六〇九）於南京（一説南昌），後在二十多年的時間裏，梅慶生等人又多次校定、重修、改刻，形成系列版本。據日本户田浩曉氏稱，至少有六種版本的存在。首刻本卷首有許延祖楷書顧起元序，序後爲《梁書·劉勰傳》、楊慎與張含書、梅氏識語、凡例、讎校並音註校讎姓氏及目録；卷末有朱謀㙔跋。每半葉九行，行十八字，五篇相接，分卷另起。此本「音註十五，校正十七」，音校用雙行小字，刻在正文當字之下，註附每篇之末。其款式爲：首行上題「楊升菴先生批點文心雕龍卷之一」，次行、三行下并列署：「梁通事舍人劉勰著」和「明豫章梅慶生音註」。由梅本出，屬梅本系列的版本，據楊明照《文心雕龍校註拾遺》著録，有：明凌雲套印本（刻於萬曆四十年後，天啟二年前，原爲梅氏重校改刻本）、明梅慶生天啟二年（一六二二）校定本（梅慶生第六次校定改刻，即金陵聚錦堂本）、明梅慶生天啟二年校定後重修本（重修於天啟二年校定本後，或稱天啟二年曹批梅慶生第六次校定本）、明陳長卿覆刻梅慶生天啟二年校定本、明陳長卿重修本、明梁杰訂正本、明吉安劉雲刊梅慶生音註本、明萬曆梅慶生重刊音註本。此外，後來之諸多校本如清佚名校本、傳録何焯校本、近人徐乃昌校本、傳增湘校本等皆以梅慶生音註本爲底本。至於《奇賞匯編》也源於此本。據日本户田浩曉氏考察，刻於享保辛亥（相當清雍正九年，即一七三一年）的岡白駒校止句讀本同何允中《漢魏叢書》本酷似[八]，故可能亦同此本有親緣關係。在梅慶生音註本系列中，諸種版本同異相間，特别要指出的是天啟二年曹批梅慶生第六次校定本不僅加印了曹學佺的眉批，而且補刻《定勢篇》和《隱秀篇》四百餘字，據朱謀㙔跋語云：「這是在「萬曆乙卯（一六一五）夏由海虞許子洽於錢功甫萬卷樓檢得宋刻，適存此篇，喜而録之，來過南州，出以示余，遂成完璧，因寫寄子庚補梓焉」的，但「原本尚缺十三字」。此爲《隱秀》脱文首次補刻，但真僞之辯後多有争議。至於此本之底本明萬曆刊楊慎批點本之所源，因楊批本早佚，史料無載，難以確考。

明代刊本除了上述兩大系列，重要的版本尚有張之象本（原刻於萬曆七年，即一五七九年）、王惟儉《訓故》本（刻於萬曆三十九年，即一六一一年）、胡維新《兩京遺編》本（刻於萬曆十年，即一五八二年）等等，茲因篇幅關係，於此不贅了。

（三）承前啟後的清代黄叔琳《文心雕龍輯註》本

清代考據之學大興，乾嘉學風的突出特點就是崇尚實學，不務空言，事必有徵，義必有本。在這種學術風氣之下，參與《文心雕龍》的考訂、校勘工作者大增，所取得的成績也爲前代所未有。據不完全統計：清代《文心雕龍》各種版本有四十二種，其中鈔本九，刻本八，叢書本三，校本二十，註本二。研究方面，有品評六十五，因習八十一，考訂五十五。從校本品評、考訂之多，足見時代學風之深刻影響。

在有清一代諸多《文心雕龍》版本中，影響最大、流布最廣的當屬黄叔琳《文心雕龍輯註》本。此本初刻爲養素堂本，係黄叔琳於乾隆三年（一七三八）九月完成，由姚培謙於乾隆六年（一七四一）刻印的。

黄叔琳《文心雕龍輯註》係以萬曆刊梅慶生音註本爲底本，主要輯録梅慶生音註本和王惟儉《文心雕龍訓故》本的註，校勘亦主要以梅、黄二本和何焯校本爲據。卷首有黄叔琳撰於乾隆三年秋九月的序，之後爲例言、《南史·劉勰傳》、原校者姓氏、目録；卷末有姚培謙撰於乾隆六年仲秋的跋。每卷前均列有參訂人姓名，卷終附有「男登賢雲門登穀春畲校」字樣，每半葉九行，行十九字，五篇相接，分卷另起。註附當篇後，低一格；標註辭句外，均雙行，眉端有黄氏評語。其款式：首行頂格題「文心雕龍卷第一」，次行下署：「梁劉勰撰」，其下一、二、三行並列署：「北平黄叔琳崑圃輯註」、「吳趨顧進尊光」、「武林金甡雨叔參訂」。

黄叔琳序稱：《輯註》乃「承子庾（按：梅慶生）之綿蕞，旁稽博考，益以友朋見聞，兼用衆本比對，正其字句」。而紀昀批語説：「此書校本，實出先生（按：黄叔琳），其註及評，則先生客某甲所爲。」《輯註》所載原校姓氏三十四位，其中除末尾梅慶生、王惟儉二位之外，均見於梅慶生音註本。范文瀾引聶松岩云：「叔琳共商之人，爲顧尊光、金雨叔、張實甫、陳亦韓、姚平山、王延之、張今涪及諸同學。」〔九〕詹鍈指出：「清黄叔琳《文心雕龍》的註解部分，有很多是從這里（按：指王惟儉《文心雕龍訓故》）抄去的。黄叔琳的序中只提到是在梅慶生音註本的基礎上加工的，而没有提《文心雕龍訓故》，只在原校姓氏表上最後加了王惟儉的姓名。其實，所謂黄叔琳註，有多少是黄氏或其門客註的呢？」詹鍈還指出：「黄叔琳輯註本則是從何焯校本翻刻的」，而「何焯的所謂校宋本《文心雕龍》就是校的這個本子（按：指天啟七年謝恒抄馮舒校本）」。〔一〇〕那麼；何焯校本的底本又何屬呢？范文瀾認爲是「嘉靖庚子新安刻本」。〔一二〕亦即「嘉靖庚子（嘉靖十九年）刻於新安」的汪一元私淑軒本。

黄叔琳《文心雕龍輯註》可謂是集合了明代衆本的校勘、註評又「益以友朋見聞」的註本，它「刊誤正僞，徵事數典，皆優於王氏訓故、梅氏音注遠甚」，故成爲「清中葉以來最通行之本」〔一三〕，其流布範圍之廣，影響之大，大大超越前人。此本覆刻、衍生的版本甚多，形成黄本系列。僅以清代而言，就有：乾隆四十七年（一七八二）《四庫全書》本（《四庫全書》收録之《文心雕龍》有兩種：一是明汪一元本；一是黄叔琳《輯註》本）。乾隆五十六年（一七九一）張松孫輯註本（另有讀味齋重刊本）、道光十三年（一八三三）紀昀評本（即盧坤刻兩廣節署刊芸香堂朱墨套印本）、翰墨園覆刻芸香堂本（刊刻時間不明）、光緒十九年（一八九三）湖南思賢講舍重刻紀評本。此外尚有：黄叔琳節抄本、陳鱣校本、傳録郝懿行校本、張爾田臨校胡震亨本等等。至於近現代之刊本如范文瀾《文心雕龍註》、《四部備要》等亦多從此本出。由於此衍生之版本繁多，此處就不一一紹介了。

總之，《文心雕龍》從成書之時「未爲時流所稱」，經一千五百餘年流傳漸廣，蔚爲大觀。從現存的版本看，自唐入宋，經元而至明清，雖然「茫茫往代，既沉予聞」，但其基本流變仍有脈可録，尤其元以後形成影響較大的三大版本系列，即元至正本——弘治本——汪一元本系列、梅慶生音註本系列和黄叔琳輯註本系列，應該説是比較清楚的。當然，欲辨别諸本間的異同，察其流變規律，尚需進行巨大而細緻的工作，這就不是本文所能包納和勝任的了。

後記

《文心雕龍》流傳千古，版本滋生。在傳抄、傳刻中，或版本漫漶，或校勘不精，或妄加删改，或挖改作僞，遂致訛舛衍脱，版本錯亂者實在難免。故段玉裁云：「不先正底本，則多誣古人；不斷其立説之是非，則多誤今人。」

王元化先生是當今學林所敬重的思想家、理論家，也是《文心雕龍》研究大家。他歷來重視並支持《文心雕龍》版本的整理和研究工作。他以爲：「校勘考據之學可以説是研究古代文獻必不可少的基本功。如果不從此入手，那就不能辨别書中的訛舛衍脱，從而也就談不到精確的文字訓詁與愜恰的義理闡發。」（《敦煌遺書文心雕龍殘卷集校·序》）他身體力行：一九八四年推動、組織了被人認爲「徒存其名，至今並無實物傳世」的孤本元至正本《文心雕龍》的影印，並爲之序；一九八五年通過日本學者户田浩曉引回一頁唐寫《文心雕龍》殘卷照片，彌補了北京圖書館館藏的脱漏；一九八七年又通過友人輾轉從倫敦大英博物館攝回了敦煌本《文心雕龍》殘卷原件微縮影本；一九九〇年又鼓勵和支持林其錟、陳鳳金進行《文心雕龍》唐、宋版本的校理及其成果《敦煌遺書文心雕龍殘卷集校（附《宋本〈太平御覽〉引〈文心雕龍〉輯校》）》的出版，並親自爲之作序。先生在《文心雕龍》版本方面的大量工作，對《文心雕龍》學意義巨大且深遠。

本文係提交《文心雕龍》國際學術討論會的論文，今值先生八秩嵩壽，謹獻並記如上。

一九九九年八月廿九日於滬上麗都閣

注　釋

〔一〕趙萬里：《唐寫本〈文心雕龍〉殘卷校記》，載《清華學報》一九二六年第三卷，第一期。

〔二〕楊明照：《文心雕龍校註拾遺》，上海古籍出版社一九八二年版，第七五九頁，第七七二頁。

〔三〕（日）鈴木虎雄：《黄叔琳本〈文心雕龍〉校勘記》，載范文瀾《文心雕龍註》，人民文學出版社一九六二年版，第八頁。

〔四〕馮至：《杜甫詩選》，作家出版社一九五六年版，第二四二頁。

〔五〕楊明照：《文心雕龍校註拾遺》，上海古籍出版社一九八二年版，第七五九頁，第七七二頁。

〔六〕參見拙文：《顧廷龍談〈文心雕龍〉敦煌寫本》，載《社會科學報》一九九五年三月十六日。

〔七〕府樂：《雕龍此推第一槧》，載《古籍書訊》第十九期，一九八四年十一月九日。

〔八〕（日）户田浩曉：《文心雕龍研究》，曹旭譯，上海古籍出版社一九九二年版，第一七一頁。

〔九〕〔一一〕范文瀾：《校勘記》，載《文心雕龍註》，人民文學出版社一九六二年版，第一三頁。

〔一〇〕詹鍈《文心雕龍義證》，上海古籍出版社一九八九年版，第二六頁，第二一頁。

〔一二〕楊明照：《文心雕龍校註拾遺》，上海古籍出版社一九八二年版，第七五九頁，第七二二頁。

（原載《文心雕龍研究》第一輯，北京大學出版社一九九五年七月出版，後增訂收入《慶祝王元化教授八十歲論文集》，華東師範大學出版社二〇〇一年一月出版）

從王惟儉《訓故》、梅慶生《音註》到黃叔琳《輯註》

——明清《文心雕龍》主要註本關係略考

林其錟

《文心雕龍》研究現在已成爲世界性的專門學科，它的特點就是以《文心雕龍》文本作爲主要研究物件。它要求研究者必須從文本出發，忠實地解讀文本，一切研究問題及其結論都要以文本爲基礎，不能用先入之己見或先驗的理論模式隨意地詮釋演繹文本。因此首要的前提就是還文本的本來面目。

但是，《文心雕龍》傳世已經一千五百餘年，在漫長的歷史長河中，紛繁的轉抄、覆刻，或因轉抄之失誤，或由版本之漫漶，或校勘之不精，或妄改妄删，或挖補作僞，遂致訛舛衍脱使文本失真。據歷史著録統計，僅清代以前，《文心雕龍》的版本就有一〇四種，其中寫本十四，單刻本三四，叢書本十，選本一四，校本二十七，註本五，選本十三。在這繁富的版本中，歧文異句紛呈，需要通過校勘糾謬訂字，這就是《文心》校勘學的任務。

（一）《文心雕龍》註釋的濫觴

《文心雕龍》又是一部體大慮周，包羅羣籍，辨正衆言，品藻古今，截斷衆流的偉大著作，它「據事以類義，援古以證今」，書中涉及的典故不計其數，僅所涉人物就有五百二十七人，所涉及作品就達四百一十部（篇）。加之事典久遠，隔空相望，文字變遷，扞格難入，今人要真正理解文本原意更是不易。清代段玉裁有言：「不正底本，則多誣古人，不斷其立説，則多誤今人。」《文心》註釋學正由此而生。

《文心雕龍》的註釋在唐代即已萌芽。今存敦煌遺書唐寫《文心雕龍》殘卷第一葉背面《徵聖第二》第十七行欄下註「好」字；第四葉背面《正緯第四》第十三行天頭註「東序」二字；第十三葉正面《頌贊第九》第十三行天頭註「淺」字；第十七葉背面《誄碑第十二》第十六行天頭註「烈」字；第五葉正面《辨騷第五》第三行至第七行欄下註：「皭，靖也」；「緇，黑色」；「涅，水中黑」等，都是過讀者爲寫本難識、難解之文字作註解，雖然簡單，但可視爲今日所直接可見的《文心雕龍》註釋萌芽。

宋代《文心雕龍》註本已經出現。《宋史·藝文志》和鄭樵《通志·藝文略》都有「辛處信註《文心雕龍》十卷」的著録，遺憾的是辛註本《文心雕龍》早已佚傳，只留空目而已。據王更生教授考察，南宋王應麟編的類書《玉海》引《文心雕龍》時出

現的夾註，也可能就是辛氏的註文。〔一〕

明代由於逐漸擺脱宋人理學重理輕文的思想束縛，關注、研究《文心雕龍》的人也就多了起來，《文心雕龍》的刊刻亦趨活躍，見之於著録的各種版本就有六十種之多，留下的可觀序跋就有十三篇。

明代評注《文心雕龍》當首推楊慎。

楊慎（一四八八——一五五九）字用修，號升庵，新都（今四川新都）人。正德六年（一五一一）狀元，授翰林修撰。嘉靖時，兩次上議大禮疏，兩遭廷杖，斃而復甦。謫戍雲南永昌，投荒多暇，書無所不覽，學問賅博，凡宇宙名物，經史百家，下至稗官小説，醫卜技能，草木蟲魚，靡不究心多識。他著述宏富，其論古考證之作，範圍很廣，批點《文心雕龍》便是其中之一。

楊慎對《文心雕龍》全書作了批點，既有總批，又有分批，特别是他創造了用不同的五色和特定的符號，提示《文心雕龍》的精意以及對人名、地名的註解，這對於後來的註釋者有很大的影響和啟發。關於批點，他在《與張禺山書》中有説明：

批點《文心雕龍》，頗謂得劉舍人精意。此本亦古有一二誤字，已正之。其用色或紅、或黄、或緑、或青、或白，自爲一例，正不必説破；説破，又宋人矣。蓋立意一定，時有出入者是乖其例。人名用斜角，地名用長圈。然亦有不然者，如董狐對司馬，有苗對無棣，雖係人名、地名，而儷偶之切，又當用青筆圈之，此豈區區宋人之所能盡？高明必契鄙言矣。

從以上楊升庵自己的説明和楊升庵批點的實際情況看，我們雖然不能稱它爲《文心雕龍》註本，但它全書有校、有批、有註（除評點中含有註釋的内容之外，更多的是以特定的符號語言表述），因而説它是明代《文心雕龍》註釋的前驅代表是不過份的。劉勰在《文心雕龍·論説》中就把註釋看成是論説的散體。他説：「若夫註釋爲詞，解散論體，雜文雖異，總會是同。」在《指瑕》中又提到：「若夫註釋爲書，所以明正事理。」所以註釋之詞在於説明、辨正事理，文字的訓詁也是爲「事理」「明正」效力的。楊慎對《文心雕龍》的點評與創造特有的符號也都有釋義釋名明正事理方便初學的作用，它對後來《文心雕龍》註釋的影響，我們可以在明代《文心雕龍》校註雙璧《文心雕龍訓故》和《文心雕龍音註》中看到。

（二）《文心雕龍訓故》爲《文心雕龍》註釋奠定了基礎

今傳《文心雕龍》註釋本首推明王惟儉的《文心雕龍訓故》。

王惟儉字損仲，祥符人，萬曆乙未（一五九五年）進士，歷兵部職方主事，坐事削籍歸家，賦閑二十年。光宗朝（一六二〇年）累官工部右侍郎，魏忠賢黨劾之，再次落職閑居。錢謙益與他「定交長安，過從甚數」，説他：「敏而好學，通籍六載，御批罷官。終神宗之世，二十年不起，以其間盡讀經史百家之書，修辭汲古，於斯世泊如也。好古書畫器物，不惜典衣舉息，家藏饕餮周鼎，夔龍夏彝，皆一時名寶。……爲人疏通軒豁，口多微詞，評隲藝文，排擊道學，機鋒側出，人不能堪。」〔二〕《明史》本傳亦謂：「萬曆、天啟間世所稱博物君子，惟儉與董其昌並，而嘉興李日華亞之。」張同德在《合刻訓註文心雕龍、史通序》中也説：「損仲慕古好奇，於學無所不窺。」所以王惟儉確是一個通達事理的「通人」。王惟儉著作除《文心雕龍訓故》和《史通訓故》外，還撰有《宋史記》二百五十卷和《王損仲史抄》十三卷；康熙《開封府志》還有《王惟儉全集》的著録。

王惟儉《文心雕龍訓故》世所罕見，明清公私書目僅《五萬卷閣書目記》著録。與王惟儉相去不遠的清初詩人王士禎，因慕《雕龍》、《史通》「二訓故援據甚博」，「訪求二十餘年始得之」〔三〕。其傳本之少可見一斑。據已知資訊，今尚存的《文心雕龍訓故》有五本，分藏北京圖書館（現改名國家圖書館）、中國人民大學圖書館、上海圖書館、山東省圖書館、日本京都大學文學部。京都大學藏本已收入由中國文心雕龍學會張少康教授主編、由學苑出版社於二〇〇四年出版的《文心雕龍資料叢書》。

關於以上數種現存本，臺灣王更生教授和鎮江圖書館彭荷成女士都有專文介紹〔四〕，於此不贅。從實物考察，根據行數、字數和款式的不同，王惟儉《文心雕龍訓故》北京圖書館本同中國人民大學、上海圖書館相同；而山東圖書館藏本則與京都大學文學部相同。可見《訓故》至少有兩刻，孰先孰後？《中國古籍善本書目》將北京、上海藏的三本斷爲萬曆三十九年（一六一一年）自刻本，而山東、京都藏本究竟刻于何時，尚難斷定。不過，日本已故《文心》學家户田浩曉教授在其《文心雕龍研究史》第二章中説：「正如書名（按：指《文心雕龍訓故》）所表示的，這是一部『討求故實』（凡例）的著作，友人王毓華的跋説：『損仲自丁未（按：萬曆三十五年，即一六〇七年）冬卧病，久之未已。然猶不釋卷也。客秋疏是書，三月告竣。』」「又王惟儉在《史通訓故序》中説：『余既註《文心雕龍》畢，因念黄太史公（浩曰：黄庭堅）有云，論文則《文心雕龍》，評史則《史通》，二書不可不觀，實有益於後學。復欲取《史通》註之。中牟張林宗（浩曰：名允亨，字孔嘉）年兄，以江右郭氏《史通評釋》相示，讀之與余意多不合，乃以向註《文心》之例註焉。歷八月訖功。』」〔五〕由此可見，《文心雕龍訓故》實完成于萬曆三十六～三十七年（戊申——己酉）冬春之際，而《史通訓故》則完成于萬曆三十七年。《文心雕龍訓故》和《史通訓故》的合刻本梓印在萬曆三十九年是没有疑問的，因爲有署「萬曆辛亥四月之吉祥符張同德昭甫氏題」的《合刻訓註文心雕龍史通序》

爲證。而王惟儉自撰的《文心雕龍訓故》則寫于「萬曆己酉夏日」，其《跋》和《附識》則明署「六月二十三日」，正與其「己酉夏日」相對應。是否《文心雕龍訓故》在合刻本之前先付刻過？現尚無資料可供確斷。但有一點是肯定的：王惟儉的《文心雕龍訓故》完成時間要比梅慶生的《文心雕龍音註》早半年多，這是不容置疑的。

《文心雕龍訓故序》和凡例六條，王惟儉闡述了《訓故》的撰寫指導思想、原則、重點和方法。他以爲把握「綴文之術」「稟先民之矩」正是「彦和《文心雕龍》之所繇作」，但此書「引證之奇，等絳老之甲子，兼之字畫之誤，甚晉史之己亥」，因而他把「討求故實」作爲是書註釋的重點，把「庶暢厥旨，用啟童蒙」作爲撰述《訓故》的目的。所以《訓故》對「奥語偉字」、「世所共曉」者則「姑不置論」、「無勞訓什」。同時在方法上力求簡明，力避重複。基於這樣的指導思想，所以在對「評諸文之體，事溢於詞」的上卷訓釋就繁，對「詳撰述之規，詞溢於事」的下卷就簡了。

王惟儉撰述《訓故》是以嚴肅認真的態度對待的。他不僅「反覆斯書，聿考本傳」，而且在校字上「是書凡借數本」，進行比勘，再三勘酌而定，沒有把握的就存疑「以俟善本，未敢臆改」。

王惟儉《文心雕龍訓故》的成就在校字方面他自稱「凡校九百一字，標疑七十四處」。但筆者根據今傳實物統計則是校字九百四十六字，標疑九十八處一百四十一字，同時還有註明「一作某」十一處十六字，「此句疑誤」二句，註釋共計八百六十六條。全書各篇的校字、標疑和註釋見下表：

篇名	校字	標疑	註釋	篇名	校字	標疑	註釋
原道	一	四字(二處)	九	神思	五	一字(一處)	一一
徵聖	一	一字(一處)	一〇	體性	〇	二字(二處)	〇
宗經	一四四	〇	一三	風骨	二	三字(三處)	三
正緯	五	〇	二〇	通變	四	一字(一處)	四
辨騷	九	〇	二一	定勢	四	八字(二處)	二
明詩	〇	六字(二處)	三六	情采	五	一字(一處)	四

樂府	六	一字	三六	鎔裁	九	○	三
詮賦	八	四字（三處）	一四	聲律	二一	九字（四處）	二
頌贊	九	四字（三處）	二八	章句	三	三字（三處）	三
祝盟	一三	二字（二處）	二九	麗辭	三	六字（三處）	一一
銘箴	一三	三字（三處）	一九	比興	一五	三字（三處）	四
誄碑	五	三字（二處）	一九	夸飾	七	二字（一處）	七
哀弔	九	三字（二處），「疑誤」一句	二一	事類	八	三字（三處）	一五
雜文	一一	二字（一處）	一五	練字	一三	○	九
諧隱	一一	三字（三處）	二一	隱秀	一	○，「以下有誤」一句	○
史傳	一七	九字（六處），「一作」一字	三五	指瑕	五	四字（一處）	一○
諸子	一四	六字（三處）	三八	養氣	八	○，「一作」四字三處	六
論説	一四	二字（一處）	四八	附會	二六	○	三
詔策	七	四字（三處）	三三	總術	五	三字（三處），「一作」二字一處	三
檄移	五	四字（四處）	一二	時序	八	五字（四處），「一作」二字	七五
封禪	六	四字（四處）	一五	物色	二	○	二
章表	九	二字（二處）	一七	才略	一五	八字（六處），「一作」一字	三四
奏啟	一三	三字（二處），「一作」二字（二處）	二八	知音	五	二字（二處）	一五
議對	一四	五字（四處）	二四	程器	一○	○	二五
書記	三一	一字（一處），「一作」一字	三五	序志	三四四	一字一處，「一作」三字	七

劉勰《文心雕龍・論説》把註釋作爲論的散體，他否定秦延君註《堯典》和朱普之解《尚書》的煩瑣，而肯定「毛公之訓《詩》，安國之傳《書》，鄭君之釋《禮》，王弼之解《易》」的「要約明暢」，並將這四家註解推爲範式。應該説，王惟儉之《文心雕龍訓故》基本上是遵循了劉勰提出的註釋要求的。正因爲此，它成了黄叔琳《輯註》的基礎，被《輯註》大量移植，足見其價值和影響。《訓故》是王惟儉獨立完成的作品，但從其卷末跋、識提到「滇本」和「林宗本」看，他也可能參校過楊升庵批點本。

末了，還值得一提的是：王惟儉在《訓故》的自序中把《劉子新論》肯定爲劉勰的另一著作。儘管他認爲：「《文心雕龍》詩論深刻，摛詞藻繪，凡所撰著必將含屈吐宋，凌顔蹈謝」，「而《新論》一書類儒士之書抄，多老生之常譚」，但這是因爲「匪知之難，惟行之難」所致。當然，對《劉子》的文采問題見仁見智，明蔣以化説「《劉子》咀英吐華」，清謹軒認爲「其文雋采警拔，殆齊梁之挺秀也」，曹學佺在《文心雕龍序》中也認爲《劉子》「其于文辭燦然可觀，晁公武以淺俗譏之，亦不好文之一證矣」。不管怎樣，以好古博學著稱的王惟儉不以語言風格的差異而否定《文心雕龍》和《劉子新論》同出於劉勰一人之手，是值得我們重視的。

（三）《文心雕龍音註》集明代諸家校註成果

梅慶生《文心雕龍音註》，據楊明照《文心雕龍版本經眼録》，有萬曆己酉音註本（初刻本）、萬曆壬子復校本、凌雲五色套印本、姜午生覆刻本、天啟校定本、天啟二年校定後重刻本、陳長卿覆刻天啟二年校定本、陳長卿覆刻重修本。初刻本卷首有許延祖楷書署「萬曆己酉嘉平月江甯顧起元撰於嫩真堂」的序。「萬曆己酉嘉平月」即萬曆三十七年（一六〇九年）十二月。由此可知《音註》成書比《訓故》約晚半年多。

梅慶生《音註》内容包括：「音註」（例：「音某」、「平聲」、「去聲」等），「字註」（例：「一作某」、「某云當作某」等），「名註」（人名、地名、書名等等），「校字」（改訛、補脱、删衍），「批評」（零批、總批），註釋（篇後列目註解）。據筆者對《音註》全書的統計，全書音註一百八十四字；字註七十二字；名註六百九十一條；校字三百五十六字（其中改正二百九十五字，補脱五十四字，删衍七字）；註釋二百九十三條；批評二十條（零批十三條，總批七條）。上述各項分布諸篇的情況如下表：

篇名	音註	字註	名註	校字	註釋	批評	篇名	音註	字註	名註	校字	註釋	批評
原道	八	一	二	二(改)	五		神思	二	一	九	四(改)	四	
徵聖	五	一	二	七(改二補五)	五	一	體性	五	○	一四	○	○	
宗經	六	一	一	二一(改五補一六)	一七		風骨	八	一	二	二(改)	三	四
正緯	六	○	一三	二(改)	六		通變	三	二	八	六(改)	二	
辨騷	一二	一	二○	一○(改)	一三	一	定勢	○	一	○	四(改)	一	
明詩	二	二	三三	三(改)	一一	一	情采	三	一	二	·(改)	一	三
樂府	五	一	二二	五(改)	二六		鎔裁	一	一	一	二(改)	○	
詮賦	○	四	二七	九(改八補一)	四		聲律	六	六	三	七(改五補二)	二	
頌贊	○	三	二五	九(改八補一)	七		章句	三	二	三	六(改)	二	
祝盟	八	○	六	八(改七補一)	一七		麗辭	二	一	一三	五(改四補一)	四	
銘箴	三	○	二四	九(改)	一○		比興	九	一	一五	七(改)	五	
誄碑	八	三	二三	九(改)	六		夸飾	○	五	四	七(改六補一)	六	
哀弔	三	二	七	一二(改)	三		事類	二	二	二一	四(改)	六	一
雜文	一	二	八	五(改)	四		練字	三	○	六	八(改)	四	
諧隱	五	一	一六	八(改)	一四		隱秀	一	一	○	六(改)	○	三(朱、謝、李)
史傳	九	二	三一	二八(改一三補一一删四)	九		指瑕	一	一	四	四(改三補一)	二	
諸子	四	○	三八	九(改七補二)	四		養氣	一	○	一	一(改)	二	
論説	一○	二	三五	一八(改一六補二)	一	一	附會	八	○	一	一(改)	二	二

詔策	五	一	一四	一五(改一四補一)	一一		總術	四	一	〇	一〇(改)	〇	
檄移	三	〇	八	一〇(改八補二)	一一		時序	〇	四	九五	一四(改)	一二	
封禪	一	〇	一四	六(改四補二)	三		物色	五	〇	二	一(改)	〇	
章表	一	一	一〇	七(改五補二)	六		才略	六	六	二八	六(改)	三	
奏啓	〇	〇	一六	九(改八補一)	四		知音	一	〇	一一	〇	七	
議對	〇	一	一九	八(改)	一七	一	程器	一	〇	九	三(改)	一	
書記	四	〇	二三	一二(改八補一刪三)	一四	二	序志	〇	五	三	六(改五補一)	〇	

梅慶生《文心雕龍音註》是一部集體校註的校註本，它集中了自楊慎以下、特別是萬曆、天啟年間幾十位着意于《文心雕龍》校註家的長期積累成果，其中特別關鍵的人物就有楊慎、朱謀瑋、徐興公、曹學佺和謝兆申。當然，梅慶生自己，也是「既擷東莞之華，復賞博南之鑒，手自校讎，博稽精考，補遺刊衍，汰彼殽譌」〔六〕，前後十餘年不斷修訂，多次刊刻。正如近人傅增湘所言：「取諸家校本，彙集而刊傳之，雖校訂未必悉當，然考證之功，亦云勤矣。」〔七〕

根據其音註凡例第一條和第二條的説明，「楊用修間有批評，一篇之上，或總批或零批，今總批附本篇之末，零批則入本段之中，用雙行小字，以便觀者」，「其人名原用斜角，地名原用長圓，今人名地名已爲註釋，二法無所用」。《音註》本對楊慎批評無論總批或零批皆悉數襲録，對其人名地名則棄其符號改爲註釋。上面表中批評部分除二條爲他人之外，其他全是楊慎的，名詞簡註六百九十一條也是絕大多數據楊慎的符號轉換成文字名註。所以《音註》實際是以楊慎批點本作爲基礎再集中諸家校勘成果的，故其讎校姓氏中首列楊慎。

第二位是朱謀瑋。朱氏字鬱儀，封鎮國中尉。他貫穿經史，博覽羣籍，辨證古今，傾倒腹笥，著述甚豐，有《易象通》、《詩故》、《春秋載記》、《魯論箋》與他書百十有二卷，皆手自繕寫。及疾革，猶與諸子説《易》。他對於《文心雕龍》也情有獨鍾，自述：「往余弱冠，日抄《雕龍》諷味，不舍晝夜。恒苦舊無善本，傳寫譌漏，遂注意校讎。往來三十餘年，參考《御覽》、《玉海》諸籍，另據目力所及，補改正三百二十餘字。」「萬曆乙卯夏，海虞許子洽于錢功甫萬卷樓檢得宋刻」，録得《隱秀》脱文數百字〔八〕。朱鬱儀「慨文章之道日猥」，完全出於公心，將自己數十年校勘成果或直接，或通過謝兆申、徐興公，都轉給梅慶生付梓，這是《音註》本極重要的來源。

第三位是徐𤊹。徐氏字惟起，更字興公，福建閩縣人。博聞多識，工文。善草隸詩歌，萬曆間與曹學佺狎主閩中詩壇，嗜古學，積書數萬卷，著《筆精》、《榕陰新檢》、《閩南唐雅》等書，以博洽稱於時，與錢牧齋交遊，約以暇日，至搜所藏書，討求放失。曹能始聞之，欣然願與同事。徐興公先人舊藏已經校讎的《文心雕龍》，興公少學操觚時取披閱，每有綴辭，採爲筌餌，積有年歲，非同好者，不出相示。諸處刻本脱《序志篇》，乃抄《廣文選》以補。又從薛晦叔家獲觀其叔父從滇南得歸之楊升庵批點抄本，並借歸依其批點。辛丑之冬攜入樵川爲謝伯元借出讎校達七年始歸，復反覆諷誦，又校出脱誤若干，校之至再至三。游豫章訪朱鬱儀，鬱儀出校本相示，復獲朱圖南家藏本，再與鬱儀重校，凡有見解，鬱儀一一爲之細書；後又得朱孝穆補《隱秀》脱文。徐興公多年校讎所得，亦歸之梅子庚付梓，故梅慶生亦列其姓名於前。

第四是曹學佺。曹學佺，字能始，號石倉，福建侯官人，萬曆進士。天啟間官廣西參議，爲著《野史紀略》事，遭彈劾削籍。唐王時官至禮部尚書，明亡，殉節投繯死。能始具勝情，愛名山水，著述頗豐，《海内名勝志》、《十二代詩選》皆盛行於世。欲修《儒藏》，採擷四庫之書十有餘年。爲詩以清麗爲主，萬曆間與徐興公狎主閩中詩壇。能始嘗評《文心雕龍》，並以青州本與《音註》己酉本對校，箋其大旨，對《音註》本作出補充，梅子庚亦列於讎校姓氏之前。

第五是謝兆申。謝兆申，字伯元，號耳伯，又號太弋山樵，福建建寧人，萬曆貢生。爲文奪棘幽晦，喜交異人，購異書，所藏五六萬卷，客死麻城。有《耳伯詩文集》。謝兆申是梅慶生《音註》得以成功的臺柱人物。由於他交遊廣泛，同萬曆實際存在的以《文心雕龍》校勘和研究多達數十人的文人羣體多有聯繫。他不僅同梅慶生結爲兒女親家（後不知何故聘而不娶，但未影響學術交情），同朱鬱儀、徐興公、曹學佺、錢謙益、焦竑、葉循甫、李孔章以及《音註》本中所列參校名單中的許多人都有交往和交情。所以謝兆申對於梅慶生《音註》，不僅直接負責刊梓，而且在資料來源上起了穿針引線、彙聚諸家成果的中心作用。而謝兆申自己也孜孜以求，他在萬曆三十七年《音註》初刻時寫的序中云：「始徐興公得是批點本（按：楊慎批點本）示予，予因取他刻數種復正之。比到豫章，以示朱鬱儀氏、李孔章氏，彼各有所正，而鬱儀氏加詳矣。然僞缺尚亦有之。今歲，焦太史讀予是本，以爲善也，當梓。而會梅子庚慨文章之道日猥，盍以是书爲程爲則，乃肆爲訂補音註。使彦和之書頓成佳本。彦和有知，當驚知己于曠代矣……。」可惜此序夾在亂書中，未曾與己酉初刻本一起刊出，十四年後，即天啟二年才被梅慶生發現，特加跋一起在重修本中刊出。其跋云：「此謝耳伯己酉年初刻是書時作也，未嘗出以示予。其研討之功，實十倍予。距今一十四載，予復改補七百餘字，乃無日不思我耳伯。六月間偶從亂書堆中得耳伯《雕龍》舊本，内忽見是稿，豈非精神感通乃爾耶！令予悲喜交集累日夕。因手書付梓，用以少慰云。」這也足見謝耳伯在梅慶生心中的地位與他們感情的深厚。

《音註》全書校字共計改、補、删三百五十六字，依「凡例」標明有十八家，所校字數如下表（以校字多少爲序）：

序號	姓名	校字	序號	姓名	校字
一	梅慶生	一八五	一〇	柳應芳	三
二	朱鬱儀	五九	一一	張儁度	三
三	謝兆申	二〇	一二	許無念	二
四	曹學佺	二〇	一三	欽叔陽	二
五	孫汝澄	一九	一四	商孟和	二
六	許天敘	一三	一五	胡孝轅	二
七	楊慎	一〇	一六	龔仲和	二
八	王一言	九	一七	王青蓮	一
九	王性凝	三	一八	葉循甫	一

梅慶生《音註》列在首頁的「《文心雕龍》讎校姓氏」有十位，「音註讎校姓氏」有二十二位，合計有三十二位，而梅慶生自己尚不在内。由此可見：梅氏《文心雕龍音註》是有明一代諸多《文心雕龍》研究者共同耕耘的成果，是集體的創作，這同王惟儉的《文心雕龍訓故》是不同的，後者乃由王惟儉獨立完成。《音註》的主要成就在文本校勘，註釋則相對遜色，不僅註釋少，欠全面，而且多不合「明暢要約」的原則，不少註釋條文繁雜而冗長，如《練字篇》「保章氏掌教六書」一條，註文即達一千四百二十八字，這就比《訓故》差多了。但《音註》也自有《訓故》所不及者。梅慶生數十年孜孜以求，不斷吸收、充實、修訂、翻刻，使《文心雕龍》文本不斷得到完善，所以《音註》與《訓故》同爲明代《文心》雙璧，而《音註》的影響遠比《訓故》大得多！

（四）《文心雕龍輯註》集校註之大成，爲近現代《文心》學的形成與發展創造了條件

《文心雕龍輯註》是在清代考據風氣盛行的環境裏産生的，它充分地吸收了前人的校勘、註釋成果，特别是《文心雕龍音註》和《文心雕龍訓故》的成果，博真求實，擇善而從，刊誤正訛，集其大成，因而成爲清代以後最爲通行、影響最大的一個版本。

《輯註》也是一個集體的創作。主編黃叔琳（一六七二——一七五六），字昆圃，本爲歙縣程氏子，因其父幼孤，爲母舅大興黃爾悟收養，遂改姓黃，並改籍爲大興人。康熙進士，授編修，累官詹事，加侍郎銜。嘗以文學政事，受知康熙、雍正、乾隆三朝，當代推爲巨儒，世稱北平先生。勤讀好學，博聞强記，筆記盈篋，著作頗豐。有《硯北易抄》、《詩經統説》、《夏小正傳註》、《史通訓故補註》、《文心雕龍節抄》、《文心雕龍輯註》等等。

黃叔琳雅愛《文心雕龍》，先有《文心雕龍節抄》，後又感梅氏《音註》之疏通證明「什僅四三，略而弗詳」，並且「相沿既久，别風淮雨往往有之」，所以決心「承子庾之綿蕞，旁稽博考，益以友朋見聞，兼用諸本比對，正其字句」，遂作此書。按原刻養素堂本，各卷卷首均載有參訂者姓名，每卷二人，全書共二十人。在二十個參訂者中，《輯註》「例言」還特别提到顧尊光、金雨叔、陳祖範、張澤珹、王永琪、張奕樞等人。

《輯註》之作始于雍正九年（一七三一年）夏，刻於乾隆六年（一七四一年），歷十載有餘。初刻爲養素堂本，嗣後翻刻較多。卷前有黃叔琳乾隆三年秋月撰的序，有梅慶生「原校姓氏」，但增加了梅慶生、王惟儉二人，還有「例言」、目録，卷末有姚培謙乾隆六年跋。姚跋云：「此書向乏佳刻，少宰北平先生因舊註之闕略，爲之補輯，穿穴百家，剪裁一手。既博且精，誠足以爲功於前哲，嘉惠於來茲矣。」而紀昀則於《輯註》批云：「此書校本，實出先生，其註及評，則先生客某甲所爲。先生時爲山東布政使，案牘紛繁，未暇徧閲，遂以付姚平山，晚年悔之，舊已不可及矣。」又云：「此註不出先生手，蓋人皆知之。」[九]從筆者以《輯註》同《音註》、《訓故》核對的結果看，《輯註》在文字校勘方面確是以《音註》爲底本，而註釋方面則主要以《訓故》爲基礎，兼收《音註》部分註文。梅慶生《音註》的校改文字和字註的大部分基本都被承襲，但由梅慶生校改的文字，《音註》都加□，而且「凡例」中申明：「一篇中於改補字外用一□圈之，且註元脱、元誤並元改姓字於下，如無姓字即爲愚所正者。」《輯註》襲用《音註》校字成果一律去□，對元校姓字下標名，但對校改字數最多的梅慶生，去□之後卻不加標註姓字，這就模糊不清了。

在註釋方面，《輯註》全書註文共一千四百七十六條，《訓故》共有八百六十六條，《音註》共有二百九十三條。細考三本註文關係，我們發現：《輯註》直接與《訓故》關連者有八百五十條，與《音註》關連者有二百四十二條。其中或原文移録，或合二而一，或一分爲二、爲三、……爲九，或加刪節、補充等，加以襲用。尤其襲用《訓故》註文更多。下面是三本註文關連的統計：

篇名	《訓故》註文數	《音註》註文數	《輯註》註文數	《輯註》涉《訓故》	《輯註》涉《音註》
原道	九	五	二七	八	二
徵聖	一〇	五	一七	九	四
宗經	一三	一七	二四	一五	一一
正緯	二〇	六	三一	一八	六
辨騷	二一	一三	四五	二三	一二
明詩	三六	一一	五六	二五	九
樂府	三六	二六	四五	二八	二四
詮賦	一四	四	五〇	二四	三
頌贊	二八	七	三二	二六	七
祝盟	二九	一七	三七	二九	一四
銘箴	三六	一〇	四〇	三六	九
誄碑	一九	六	二三	一九	三
哀弔	一六	三	二四	一六	四
雜文	一五	四	四三	一八	一〇
神思	一一	四	一六	八	三
體性	〇	〇	五	〇	〇
風骨	三	三	九	三	二
通變	四	二	一二	四	二
定勢	二	一	五	二	一
情采	四	一	一七	四	一
鎔裁	三	〇	六	三	〇
聲律	二	二	一七	二	二
章句	三	二	一五	五	三
麗辭	一一	四	一七	一〇	一
比興	四	五	二一	一三	五
夸飾	七	六	二三	一一	六
事類	一五	六	二五	一五	六
練字	九	四	一七	一〇	四

諧隱	二一	一四	三三	二一	一一	隱秀	○	○	七	○	○
史傳	三五	九	五九	三六	四	指瑕	一○	二	一九	八	二
諸子	三八	四	六○	四八	三	養氣	六	二	一六	五	二
論説	四八	一	五五	四○	一	附會	三	二	一一	三	二
詔策	三三	一一	三九	一三	一二	總術	三	○	一○	三	○
檄移	一二	一一	二八	一四	七	時序	七五	一二	一一六	八五	一一
封禪	一五	三	二六	一四	三	物色	二	○	二一	一三	○
章表	一七	六	二七	一六	四	才略	三四	三	四七	二九	三
奏啓	二八	四	三八	二六	四	知音	一五	七	二○	一三	七
議對	二四	一七	二九	二四	一七	程器	二五	一	二九	二五	一
書記	三五	一四	七五	三七	一四	序志	七	○	一三	八	○

上表統計表明：《輯註》註文大部分參襲《訓故》和《音註》，特別是《訓故》，相當部分註文是原文移植的。正因如此，輯註者又未明確説明，難免引起後人非議：「清黄叔琳《文心雕龍輯註》的註解部分，有很多是從這裏（按：指《訓故》）抄去的。黄叔琳序中只提到是在梅慶生《音註》本的基礎上加工的，而没有提《文心雕龍訓故》，只在原校姓氏上最後加了王惟儉的姓名，其實所謂『黄叔琳註』，有多少是黄氏或其門客註的呢？」[一〇]此言有理，但尚欠全面。因爲黄叔琳及其門客在輯註過程中，畢竟做了擇善而從、補充史實、增加詞語詮釋等諸多工作。《輯註》不僅把《訓故》、《音註》的成果有選擇地繼承下來，而且旁收馮舒、何焯等諸家成果，所以後出轉精，無論體例、内容、文字都比前人進步，仍不失爲清人集大成之作。也正因爲如此，《輯註》才廣泛流傳，李詳、范文瀾、楊明照、李曰剛以及諸多時賢，莫不以它作爲研究的出發點，所以它成了近現代《文心雕龍》學形成和發展的基礎。由此也證明：一門新學科的創立和發展，絶不是無源之水，無根之木，它是依靠羣體的共同努力，先是漸進的積累，然後在特定條件下，經通人的集成、總結、創新，把學科建設推向一個又一個的高峰，從而使一

門學科獲得不斷發展，益臻成熟。

注　釋

〔一〕王更生：《文心雕龍研究》，文史哲出版社一九七九年版，第一六五頁。
〔二〕錢謙益：《歷朝詩集小傳》丁集下，上海古籍出版社一九八三年版，第六三九頁。
〔三〕楊明照：《文心雕龍校註拾遺》，上海古籍出版社一九八二年版，第七六八頁。
〔四〕見王更生《日藏明王惟儉〈文心雕龍訓故〉之考察》、彭茍成《存世最早的〈文心雕龍〉註本〈文心雕龍訓故〉研究》。
〔五〕户田浩曉：《文心雕龍研究》，曹旭譯，上海古籍出版社一九九二年版，第二三頁。
〔六〕顧起元《序》。
〔七〕傅增湘《徐興公校文心雕龍跋》。
〔八〕朱鬱儀《萬曆癸巳跋》。
〔九〕《文心雕龍輯註》芸香堂本卷首。
〔一〇〕詹鍈：《文心雕龍義證》，上海古籍出版社一九八九年版，第二一頁。

（原載《日本福岡大學〈文心雕龍〉國際學術研討會論文集》，臺灣文史哲出版社二〇〇七年三月出版）

略論《文心雕龍》評本批語的學術價值——以清紀昀評語爲個案

林其錟

（一）評點是中國獨特的文論形式之一

中國古代文藝理論的表現形式多種多樣，主要的有五種：序跋、筆記、評點、論文、專著。序亦作敘，或稱引；跋，亦稱爲後序；都是介紹、評述一部著作或一篇文章的文字。古代的序多列於書末，如《文心雕龍》的《序志》；後來則一般置於書前，而謂列於書後者爲跋。許多序跋不僅説明書籍著述、出版的意旨、編次體例和作者情況，而且也對作家作品的評論和有關問題作研究闡發，因而包含有極豐富的文藝思想和理論。筆記是隨筆記録，也包括雜識、札記等等，既可涉及廣泛領域，亦可專門記敘、論述某一個方面，諸如詩話、詞話、説話、雜説、隨筆偶記等等，從廣義上説，都可列入。論文、專著，諸如曹丕《典論・論文》、曹植《與楊德祖書》、摯虞《文章流别論》和劉勰《文心雕龍》、鍾嶸《詩品》等等都是此屬。

評點是中國古代文論中很具民族特色的一種表現形式。評就是用批語的形式加以評論，也稱評批；點就是在原文旁邊用單色（一般多用朱紅色）或多色的不同符號加以圈點，也就是用顔色、符號語言表達圈點者對文章的理解態度和看法。如明楊慎《與張含書》所説：「其用色：或紅、或黄、或緑、或青、或白，自爲一例……蓋立意一定，時有出入者，是乖其例。人名用斜角，地名用圓圈，然亦有不然者，如董狐對司馬，有苗對無棣，雖係人名，地名，而偶儷之切，有當用青筆圈之。」

評批有總評、眉批、夾批、旁批的區別。總評是在篇前或篇後就整篇提出若干問題加以議論，或者提綱挈領用精要文字點出要旨以及基本思想。眉批（在書的天頭寫批語）、夾批（在字句間寫批語）、旁批（在字旁寫批語）是對篇中具體論述進行分析、評論。評批的内容相當廣泛，既有校註，也有導讀、批評、詮釋、討論；既可以對整篇進行理論概括，也可以對段、句、字進行細部的考證和具體評論。所以，評批這種形式比較靈活、自由，其容量也是很大的。

《文心雕龍》的評批開始得很早，在今存敦煌遺書唐寫《文心雕龍》殘卷中就有了。唐寫本第一葉背面「《徵聖》第二」第十七行欄下批「好」字，第四葉背面「《正緯》第四」第十三行眉批「東序」二字，第十三葉正面「《頌贊》第九」第十三行眉批「淺」字，第十七葉背面「《誄碑》第十二」第十六行眉批「烈」字，第五葉正面「《辨騷》第五」第三行至第七行欄下批「嚼，靖也」，「緇，黑色」，「涅，水中黑」等，雖然還只是對篇中書寫難識之字、詞的校、註，但是可視爲《文心雕龍》評批的濫觴。

《文心雕龍》評點大量出現在明、清時期，這同詩文小説評點在這一時期大量湧現是一致的。現存可見的評點本就有徐𤊹批校汪一元私淑軒刻本、萬曆十年胡維新《兩京遺篇》本、萬曆己酉梅慶生音註本、萬曆壬子凌雲五色套印本、天啟二年梅慶生音註本、天啟二年曹批第六次校定本、歸有光輯《諸子彙函》本、陳仁錫《奇賞滙編》本、鍾惺合刻五家言本、鍾惺評《秘書十八種》本、梁傑訂正本、沈岩臨何焯批校本、明葉紹泰纂《漢魏六朝别解》本、張松孫輯註本、黄叔琳註紀昀評本、清謹軒藍格抄本、李安民批點本、姚培謙刊黄叔琳輯註本、盧坤刻紀評套印本、顧廣圻、譚獻合校本等等二十多種；比較主要的評家就有楊慎、梅慶生、曹學佺、陳仁錫、鍾惺、葉紹泰、黄叔琳、紀昀等近二十人。

評批的最大特點和優點在於：批評緊扣本文，不搞天馬行空、脱離原文的先驗性空洞理論批評，它熔學習、鑑賞和批評於一體，把接受、研究、發揮合而爲一。所以，好的評家能在三言兩語中，揭示文中要義，展現真知灼見；同時淺顯明瞭，在緊要處提醒讀者，畫龍點睛，指引津逮。正由於此，好的評批猶如吉光片羽散串真珠，包含着極爲豐富而且深刻的思想和理論。

（二）從紀昀評批看《文心雕龍》評本批語價值

在衆多的《文心雕龍》批評家中，清代紀昀是傑出的一個。他不僅批語多，五十篇，篇篇皆有，而且識廣思深，無論是考證糾謬還是釋義指津，都有卓識，高人一頭。

紀昀（一七二四——一八〇五）字曉嵐，一字春帆，晚年自號石雲、觀弈道人，人稱河間先生，乾隆進士，累遷侍讀學士，因坐泄機事，謫戍新疆烏魯木齊，越三年被召還。歷官貴州都匀府知府，翰林院侍讀學士、内閣學士、兵部侍郎、尚書、左都御史、禮部尚書、協辦大學士等。曾任《四庫全書》總纂官，綰書局者十三年，於經史子集、醫卜詞典之書無所不讀，一生精力，悉注於纂定《四庫全書總目提要》及《四庫全書目録》中；兩書提綱挈領，條理百家，介紹評論，語多的當。他於經學尤深漢《易》，能詩及駢文，是清代著名的學者、校勘目録學家、文學家，著有《紀文達公遺集》、《閲微草堂筆記》等，還輯有《歷代職官表》、《河源紀略》、《熱河志》、《八旗通志》等，死後謚文達。

紀昀對《文心雕龍》的研究有很高的造詣，他不僅纂定《四庫全書總目提要》集部詩文評類、《四庫全書簡明目録》集部詩文評類四則《文心雕龍》的介紹評論，而且還深研全書，在《文心雕龍》五十篇中留下了批語二百十一則，其中總評二十一則。每篇批語多者達九則，少則一則，五則以上的有十九篇，最長的一則達一百五十六字。

紀昀批語内容豐富，涉及范圍有校勘考據、糾謬指瑕、揭示源流、闡發要義。由於紀昀天性孤直，不喜以心性空談，畢生勤讀，窮經皓首，好學深思，筆耕不輟：「卷軸筆硯，自束髮至今，無數十日相離也。三十以前，講考證之學，所坐之處，典籍環繞如獺祭。三十以後，以文章與天下相馳驟，抽黄對白，恒徹夜構思。五十以後，領修秘籍，復折而講考證。」（乾隆癸丑《姑妄聽之》自序，時昀年六十九歲）所以他知識淵博。根據他在《文心雕龍·隱秀》中的批語「癸巳三月，以《永樂大典》所收舊本校勘」，可知他研讀《文心雕龍》是在他五十歲前後，因爲癸巳是乾隆三十八年，時昀年四十九歲。紀昀評語對《文心雕龍》精義的闡發，最重要的有以下數端：

1.「文原於道，明其本然」

《文心雕龍》以《原道篇》冠首，紀昀在篇首批曰：「自漢以來，論文者罕能及此。彦和以此發端，所見在六朝文士之上。」又曰：「文以載道，明其當然；文原於道，明其本然。識其本乃不逐其末。首揭文體之尊，所以截斷衆流。」劉勰在《序志》中説：《文心雕龍》的寫作是「本乎道，師乎聖，體乎經，酌乎緯，變乎騷」，前五篇《原道》、《徵聖》、《宗經》、《正緯》、《辨騷》乃是「文之樞紐」，是論文的關鍵，也是貫徹全書的根本論點，而「原道」又是關鍵的關鍵，根本的根本。紀昀這兩條批語，可以説是直探《文心雕龍》理論之源，揭示全書經緯之義。提出「原道」作爲論文命題，是劉勰的首創，紀昀予以充分肯定，説劉勰「以此發端，所見在六朝文士之上」。在紀昀看來，「文以載道」，只是「明其當然」；「文原於道」，才能「明其本然」。只有「識其本乃不逐其末」，抓住根本，才不會偏離正確方向，才能正確把握紛繁的文學現象。

那麼紀昀是怎樣理解《文心雕龍》的「道」呢？批語中没有明説，但其門人盛時彦爲其編印《閱微草堂筆記》寫的《序》中對「道」的闡發，可以從側面幫助我們對他思想的理解。因爲盛時彦先後寫過《姑妄聽之》跋和《閱微草堂筆記》序，前者在乾隆癸丑（一七九三年）十一月，後者在嘉慶庚申（一八〇〇年）八月，都是在紀昀生前寫的，並且前者是「先生頗以爲知言」，得到紀昀的肯定；後者也是「又請先生檢視一過，然後摹印」的。

盛時彦在《序》中説：

文以載道，儒者無不能言之。夫道豈深隱莫測，秘密不傳，如佛家之心印、道家之口訣哉！萬事當然之理，是即道矣。故道在天地，如汞瀉地，顆顆皆圓；如月映水，處處皆見。大至於治國平天下，小至於一事一物、一動一言，無乎不在焉。文，其中之一端也。文之大者爲六經，固道所寄矣。降而爲列朝之史，降而爲諸子之書，降而爲百氏之集，是又文中之一端，其言皆足以明道。再降而稗官小説，似無與於道矣；然《漢書·藝文志》列爲一家，歷代書目亦皆著録。豈非以荒誕悖妄者雖不足數，其近於正者，於人心世道亦未嘗無所裨歟！

從這一段的文字看，盛時彦的觀點是：「道」非神秘不可知的，萬事當然之理即是道，道包含在萬事萬物之中，以文而言，經、史、子、集乃至稗官小説，皆道所寄，雖然所寄之道有大小之別。盛時彦這些觀點同《文心雕龍》一方面宗經、把儒家經典推崇爲「恒久之至道，不刊之鴻教」，另一方面又肯定「諸子者，入道見志之書」的論點是合拍的。這些觀點，既然經過紀昀「檢視一過」並同意刊印，自然不會與其相左的。另外，從紀昀晚年「老而懶於考索，乃採掇異聞，時作筆記」成《閱微草堂筆記》，雖云「聊以遣日」之書，「而立法甚嚴，舉其體要，則在尚質黜華」，「蓋不安於僅爲小説，更欲有益人心」（魯迅《中國小説史略》）等情況看，紀昀也是把「稗官小説」看成「道之所寄」的。

正因爲紀昀把《六經》視爲「道之一端」、「文之大者」，所以他在諸多篇章的批語中，反覆説明、强調劉勰的宗經觀點：

(1)《宗經篇》總評：「本經術以爲文，亦非六代文士所知。大謝喜用經語，不過割剥字句耳。」

(2)《明詩篇》「詩者，持也，持人情性；三百之蔽，義歸無邪，持之爲訓，有符焉爾」句批云：「此雖習見之語，其實詩之本源，莫逾於斯；後人紛紛高論，皆是枝葉工夫。」又云：「大舜九句（按指《明詩》首段「大舜云：詩言志，歌永言。聖謨所析，義已明矣。是以在心爲志，發言爲詩，舒文載實，其在茲乎？」）是發乎情，詩者七句（按指接上文即「詩者……」）是止乎禮義。」

(3)《明詩篇》「若夫四言正體，則雅潤爲本；五言流調，則清麗居宗」句批云：「此論卻局於六朝習徑，未得本源。夫雅潤清麗，豈詩之極則哉！」

(4)《論説篇》「是以論如析薪，貴能破理。斤利者越理而横斷，辭辨者反義而取通」句批云：「彦和論文多主理，故其書歷久獨存。」

顯然，在紀昀看來，《文心雕龍》首揭文要原道，道爲文之本源，經爲文之大者，本經術以爲文也就抓住了本源。應該説這是符合《文心雕龍》本義的。

2.「標自然以爲宗」，「純任自然」

《文心雕龍》所原之道乃「自然之道」，紀昀批語予以高度肯定，並且以「自然」作爲衡文基本準則。

在《原道》「心生而言立，言立而文明，自然之道也」句，加批語曰：「齊梁文藻，日競雕華，標自然以爲宗，是彦和吃緊爲人處。」

在《隱秀篇》「然煙靄天成，不勞於妝點；容華格定，無待於裁熔」句，批曰：「純任自然，彥和之宗旨，即千古之定論。」

在《聲律篇》「瑟資移柱，故有時而乖貳；籥含定管，故無往而不壹」句，批云：「此又深入一層，言宮商雖和，又有自然、勉強之分。」在「練才洞鑒，剖字鑽響；識疏闊略，隨音所遇」句，批曰：「言自然也。」

在《定勢篇》首句「夫情致異區，文變殊術」下，批云：「自篇首至自然之勢一段，言文各有自然之勢。」

紀昀既認同劉勰「標自然以爲宗」，也必然贊同劉勰反對「日競雕華」的文風，並且認爲洞究文弊，欲糾綺靡，正是《文心雕龍》全書立言的主旨。

在《樂府篇》「夫樂本心術，故響浹肌髓，先王慎焉，務塞淫濫」句，批曰：「『務塞淫濫』四字爲一篇之綱領。」

在《明詩篇》「儷採百字之偶，爭價一句之奇；情必極貌以寫物，辭必窮力而追新」句，批曰：「齊梁以後，此風又變，惟以塗飾相尚，側艷相矜，而詩弊極焉。」

在《詮賦篇》「遂使繁華損枝，膏腴害骨；無貴風軌，莫益勸戒：此楊子所以追悔於雕蟲，貽誚於霧縠者也」句，批云：「篇末側注小賦一邊言之，救俗之意也。洞見症結，針對當時以發藥。」

在《議對篇》「若不達政體，而舞筆弄文，支離構辭，穿鑿會巧，空騁其華，固爲事實所擯；設得其理，亦爲遊辭所埋矣」句，批曰：「洞究文弊。」

在《通變篇》，總評曰：「齊梁間風氣綺靡，轉相神聖，文士所作，如出一手，故彥和以通變立論。然求新於俗尚之中，則小智師心，轉成纖仄，明之竟陵、公安，是其明徵。故挽其返而求之古。蓋當代之新聲，既無非濫調，則古人之舊式，轉屬新聲，復古而名以通變，蓋以此爾。」

在《序志篇》「而去聖久遠，文體解散；辭人愛奇，言貴浮詭；飾羽尚畫，文繡鞶帨；離本彌甚，將遂訛濫」句，批曰：「全書針對此數語立言。」

3.「文無定格」，「文質相扶」

「原於道」，「本經術」，是劉勰文論的根本主張，但「文質相扶」、「文無定格」也是《文心雕龍》的基本要求。紀昀批語也多方闡明此義，並且把「勢無定格，各因其宜」看成「自然」的體現。

在《徵聖篇》「抑引隨時，變通適會」句，批曰：「八字精微，所謂文無定格，要歸於是。」

在《比興篇》「故比類雖繁，以切至爲貴」句，批曰：「亦有太切轉成滯相者。言不一端，要各有當，文無定體，要歸於是。」

在《定勢篇》「是以繪事圖色」句下批曰：「自『繪事圖色』以下，言勢無定格，各因其宜，當隨其自然而取之。」

4. 考據糾謬

紀昀識見廣博，他在批語中，對《文心雕龍》版本、文字、所引事類、前人評批，都多有討論，對後人的研究頗多啟發。

卷首總評在原本題「梁劉勰撰」上批曰：「據《時序篇》，此書實成於齊代，今題曰梁，蓋後人所追題；猶《玉臺新詠》成於梁，而今本題『陳徐陵』耳。」

在《隱秀篇》「心孤而情懼，此閨房之悲極也」句上，批曰：「此一頁詞殊不類，究屬可疑。『嘔心吐膽』，似摭玉溪《李賀小傳》『嘔出心肝』語；『煅歲煉年』，似摭《六一詩話》周樸『月煅季煉』語。稱淵明爲彭澤，乃唐人語，六朝但有徵士之稱，不稱其官也。稱班姬爲匹婦，亦摭鍾嶸《詩品》語。此書成於齊代，不應述梁代之説也。且『隱秀』之段，皆論詩而不論文，亦非此書之體。似乎明人僞托，不如從原本缺之。」又批曰：「癸巳三月，以《永樂大典》所收舊本校勘，凡阮本所補悉無之，然後知其真爲僞撰。」

在《原道篇》「而乾坤兩位，獨制《文言》。言之文也，天地之心哉」句批曰：「此解《文言》，不免附會。」

在《宗經篇》「故論説辭序，則《易》統其首；詔策章奏，則《書》發其源；賦頌歌贊，則《詩》立其本；銘誄箴祝，則《禮》總其端；紀傳盟檄，則《春秋》爲根」上，批曰：「此亦强爲分析，似鍾嶸之論詩，動曰源出某某。」

5. 剖析結構，提示，批評

紀昀評語從「此書體例主於論文」（《詔策篇》批語）的角度出發，對《文心雕龍》自身的篇章結構多有分析，對其不當之處也多有批評，因此對讀者無疑起提示導讀的作用。例如：在《頌贊篇》「容告神明謂之頌」句批曰：「此頌之本始」，在「斯則野頌之變體，浸被乎人事矣」句批曰：「此頌之漸變」，在「沿世並作，相繼於時矣」句批曰：「此頌之初成」，在「至於班傅之《北征》《西征》，變爲序引，豈不褒過而謬體哉」句批曰：「此變體之弊」，在「並致美於序，而簡約乎篇」句批曰：「此後世通行之格。」

在《定勢篇》「是以模經爲式者，自入典雅之懿；效《騷》命篇者，必歸艷逸之華；綜意淺切者，類乏醞藉；斷辭辨約者，率乖繁縟：譬激水不漪，槁木無陰，自然之勢也」上批曰：「『模經』四句與『綜意』四句是一開一合文字。『激水』三句乃單承『綜意』四句也。」

《徵聖篇》總評批曰：「此篇卻是裝點門面，推到究極，仍是宗經。」在「然則志足而言文，情信而辭巧，乃含章之玉牒，秉文之金科矣」上批曰：「此一段證實徵聖，然無緊要。」

在《書記篇》「夫書記廣大，衣被事體，筆札雜名，古今多品」句上批曰：「此種皆係雜文，緣第十四先列雜文，不能更標此目，故附之《書記》之末，以備其目。然與書記頗不倫，未免失之牽合；況所列或不盡文章，入之論文之書，亦爲不類。若删此四十五行，而以『才冠鴻筆』句直接『箋記之分』句下，較爲允協。」

以上五個方面僅是紀批的主要方面，紀批所涉及的内容還遠不止這些，限於篇幅茲不贅述了，但僅就所引也足以窺見其批語學術價值之一斑了。

(三)研究評本批語圈點的學術意義

前面已經提到：評點是中國獨特的文論形式之一。明清兩代遺下的《文心雕龍》評本相當豐富，其中有不少是諸如楊慎、梅慶生、曹學佺、鍾惺、紀昀、黄叔琳等名家之作。這些評點也是《文心雕龍》研究的歷史遺産組成部分。對於這一部份遺産的開掘和研究，由於評點本多不通行，其中不少已成孤本秘笈，今本《文心雕龍》多不録，學者更不易看到。在今人專著中，除了周振甫《文心雕龍註釋》輯有楊慎、曹學佺、黄叔琳、紀昀四家評語和祖保泉對楊慎、曹學佺、鍾惺、紀昀四家批點作過專題研究外，其他多是個别引用，未及系統整理和研究，所以仍處於待開發的領域。

研究《文心雕龍》評本的批語和圈點具有重要的學術意義：

首先，可以作爲《文心雕龍》的校勘資料，有益於訂字糾謬。在評本中，不少評家多有校註語，這對版本整理訂正文字有重要參考價值。至於如前引紀昀批語之對《文心雕龍》成書年代之考釋，則是開訂正年代之先河；對《隱秀篇》補文之考證，更大有益於後人之辨僞。所以，系統地研究評本批語，對於版本校勘具有重要意義。

其次，可以集前人讀書、研究之心得，加深對《文心雕龍》本義的理解，正確把握劉勰的文藝觀。評本的批語和圈點，都是前賢閲讀和深研《文心雕龍》心得的文字和符號表述，特别是那些名家的批點，正是他們豐富的文史知識和社會經驗與劉勰思想碰撞的火花，雖然只是三言兩語，對原文或肯定、或辨疑、或釐正、或批評、或發揮，均是他們智慧的結晶，這對後來者都是一種向導，如前述紀評之五方面，無疑對後來者都是一種很大的啟發，可以使之減少障礙和少走彎路。

再次，可以作爲《文心雕龍》發展史研究的重要資料。歷代評家遺下的評點，反映了不同時代、不同評者的特征和個性，也反映了不同時代、不同評者理解和研究《文心雕龍》所達到的高度。並且，在許多評語中，還聯繫文學史上的流派、創作經驗與作品得失予以評論，所以，它是《文心雕龍》學歷史進程中的一種軌跡，如果研究《文心雕龍》學史不把評點包括在內，那顯然是不完整的。

最後還要提及的是：在評家批語中展開討論駁難的活潑形式也益人心智，對後學者的思路無疑起開擴作用。比如《樂府篇》「暨後漢郊廟，惟雜雅章，辭雖典文，而律非夔曠」句，黄叔琳批曰：「聲詩始判。」紀昀緊批曰：「聲詩自古本判，不始於此，此評似是而非。」《史傳篇》總評，曹學佺批曰：「論史處，彦和正而子玄偏。」紀昀又批曰：「彦和妙解文理，而史事非其當行。此篇文句特煩，而約略依稀，無甚高論，特敷衍以足數耳。學者欲析源流，有劉子玄之書在。」顯然，曹批揚彦和而抑子玄，而紀昀則反之並申述了自己的理由。這正反意見自然啟發後人獨立再思考，以判是非，決定然否。所以周振甫作了分析：「紀昀評：『此篇文句特煩……有劉子玄之書在。』」這個評論是有道理的，但不夠全面。《文心雕龍》是論文的書，就論文角度來講史傳，應該把重點放在歷史散文上，講歷史散文的流變和特色，評論它們的優劣，不必去講史學發展，正像《諸子》專講諸子散文而不講諸子學派。那末本篇在内容詳略的安排上不盡恰當，對歷史散文的流變和特色反而講得不突出。就這點説，紀評是對的。就歷史説，《史傳》是《史通》的先河。在《史傳》以前，還没有人像這樣評論過史書的源流、作家和體例得失的……《史傳》在史官建置、史書的源流體例、史家成就、作史的目的功用和態度，作了較系統的論述，是有它開創之功的。紀評在這點上不免忽略。」〔一〕由此可見：曹批引出了紀評，而紀評又引出了周振甫更深入和全面的分析。

總之，《文心雕龍》評本批語對於《文心雕龍》的研究具有重大的學術價值，也是一塊尚待進一步開發的領域，我們應該給予應有的重視。系統地整理、研究諸家的評批圈點，對推進《文心雕龍》研究的深入，推動「文心雕龍學」的發展具有重要意義。

注釋

〔一〕周振甫《文心雕龍註釋》，人民文學出版社一九八一年版，第一八一——一八二頁。

（原載：鎮江《文心雕龍》國際學術研討會專輯《論劉勰及其〈文心雕龍〉》，學苑出版社二〇〇〇年二月出版）

「城門失火，殃及池魚」——試論劉勰的出家與梁宮廷内争的關係

林其錟

劉勰一生三入定林寺：首入定林寺約在齊永明八年（公元四九〇年），主要因「家貧」、「依沙門僧祐」（《梁書》本傳）；二入定林寺約在天監六年（五〇七年），原因是梁武帝「選才學道俗釋僧智、僧晃、臨川王記室東莞劉勰等三十人，同集上定林寺，抄一切經論。」（釋道宣《續高僧傳・釋僧旻傳》）；三入定林寺約在蕭統逝世、中大通三年（五三一年）以後，原因「有敕與慧震沙門於定林寺撰經」。第一次是寄居佛門，第二次是「實屬公差」，情況比較清楚。惟有第三次，表面也是奉敕撰經，似乎同第二次雷同，但「證功畢，遂啟求出家，先燔鬢髮以自誓。敕許之。乃於寺變服，改名慧地。未期而卒。」（《梁書》本傳）也就是説：任務完成後，並未像第二次那樣離開定林寺回去交差，而是主動要求落髮爲僧，走完了生命的最後歷程。於是不能不引起後人的考究：梁武帝命劉勰三入定林寺撰經是否與上一次一樣只是公務的需要，或者是東宮易主後的整肅借口？劉勰之落髮爲僧是真自願還是不得已而爲之？其真正的原因，是由於迷佛日深而徹底皈依，抑或出於爲避政治迫害而遁逃？在學術界除了迷佛皈依、看破紅塵等説法之外，還有爲「獨善其身」、「出於友情」爲「接手僧祐未竟之事業」等等的解釋。

首先必須肯定，劉勰一生同佛教結下不解之緣，又生活在由佞佛者梁武帝統治、佛風甚熾的時代，他受佛教影響「長於佛理」是不應懷疑的。「《文心》之作，科條分别，往古所無……蓋取釋書法式而爲之，故能思理明晰若此。」（范文瀾《文心雕龍註・序志註》）正是受佛學文理——因明學影響；而最終不選擇入山爲道，而選擇削髮爲僧。這都足可證明。可是，如果説因迷佛而出家，這又同劉勰『君子處世，樹德建言』（《序志》）「光采玄聖，炳耀仁孝」（《原道》）、「摛文必在緯軍國，負重必在任棟梁」（《程器》）的言論，和一生孜孜以求的入世思想相悖。關於因「出於友情」而出家，這很難找到有説服力的論據，恐怕只能是一種主觀的臆測；關於『看破紅塵』、『獨善其身』都與政治環境，仕途命運有關，這雖然不無道理，但仍不免過於籠統。

究竟是什麼原因使劉勰最終選擇削髮爲僧的歸宿，亦即使劉勰三入定林寺而不歸的根本原因何在？我們以爲這同蕭梁宮廷内部的矛盾有密切聯繫，具體説就是與梁武帝選拔繼嗣人有關。如果説這一鬥争是在蕭綱、蕭統之間展開，最終是以蕭統失敗東宮易主的話，那麼蕭統附臣遭整肅，劉勰陷入困境也就順理成章了。當然，這是以劉勰卒於昭明太子之後爲

立論前提的。劉勰卒年有三説：一爲普通二年（五二〇年）左右；一爲中大通四年（五三二年，昭明太子逝於中大通三年即五三一年）後；一爲在五三八——五三九年。筆者以爲宋、元人推斷劉勰出家在蕭統逝世之後較爲近情。

關於蕭梁宫廷斗争的内幕，《梁書》語焉不詳，清趙翼《廿二史劄記》已經指出：「《梁書》本姚察所撰，而其子思廉成之。今細閲全書，知察又本之梁之國史也。各列傳必先敘其歷官，而後載其事實，末又載飾終之詔，此國史體例也。有美必書，有惡必爲之諱。如昭明太子，以其母丁貴嬪薨，武帝葬貴嬪地，不利於長子。昭明聽墓工言，埋臘鵝等物以厭之，後事發，昭明以憂懼而死（事見《南史》及《通鑒》），而本傳不載。……昭明有五子：豫章王歡、河東王譽、岳陽王詧、武昌王警、義陽王鑒，武帝以昭明薨，不立其子繼統，故各封大郡以慰其心。今《梁書》歡等無傳，惟譽有傳，而與武陵王紀同卷，此必元帝時國史，紀與譽皆稱兵抗元帝者，故同入於叛逆内也。豫章王有子棟，爲侯景所立，建號改元，未幾禪位於景，景敗，元帝使人殺之，此亦當時一大事，而《梁書》無傳。」（《廿二史劄記》卷九）

但是，《南史·梁武帝諸子·昭明太子傳》和《資治通鑒》都有較詳細的記載。兩書記載大同小異，可能《資治通鑒》源於《南史》。爲便分析，今摘録《南史》所記始末如下：

> 初，丁貴嬪薨，太子遣人求得善墓地。將斬草，有賣地者因閹人俞三副求市，若得三百萬許以百萬與之。三副密啟武帝，言：「太子所得地不如今所得地於帝吉。」帝末年多忌，便命市之。
>
> 葬畢，有道士善圖墓，云：「地不利長子，若厭伏或可申延。」乃爲臘鵝及諸物埋墓側長子位。
>
> 有宫監鮑邈之、魏雅者，二人初並爲太子所愛。邈之晚見疏於雅，密啟武帝云：「雅爲太子厭禱。」帝密遣檢掘，果得鵝等物；大驚，將窮其事，徐勉固諫得止，於是唯誅道士。由是太子迄終以此慚慨，故其嗣不立。
>
> 後邵陵王臨丹陽郡，因邈之與鄉人争婢，議以爲誘略之罪。牒宫，簡文追感太子寃，揮淚誅之；邈之兄子僧隆爲宫直，前未知邈之姪，即日驅出。
>
> 歡（按昭明長子）既嫡孫，次應嗣位，而遲疑未決。帝既新有天下，恐不可以少主主大業，又以心銜故，意在晉安王，猶豫自四月上旬至五月二十一日方決，歡止封豫章王還任往……

《資治通鑒》所載基本相同，但在「誅道士」後有「由是太子終身慚憤，不能自明」的記載，同時司馬光對此有評論云：「以昭明太子之仁孝，武帝之慈愛，一染嫌疑之跡，罪及後昆，求吉得凶，不可湔滌，可不戒哉！」並且還記述：「丙申，立太子母弟晉安王綱爲皇太子，朝野多以爲不順」，並且司儀侍郎周弘正等，還出面勸説蕭綱「使無爲之化復出於遂古，讓王之道不墮於來葉」，不要接受太子之位。這無異於虎口奪肉，自然只能是「王不能從」的結果。

以上史料向我們展示了以丁貴嬪墓葬事件而展開的蕭衍、蕭統、蕭綱之間的微妙關係和實質上涉及誰爲蕭衍繼承人的鬥争。先是昭明太子爲自已生母找了一塊墓地，因閹人俞三副貪財進讒，加上梁武帝「末年多忌」而易地；接着便是昭明太子聽信道士『厭禱』之説搞迷信活動，但又被其身邊宫監鮑邈之告密。於是引出梁武帝派人檢查，追究責任，徐勉固諫，道士被誅的結果。雖然大概由於徐勉等人的勸阻，梁武帝没有明顯地做出對蕭統的公開處分，但是正如史家所言：『帝於豫章王綜、臨賀王正德，雖犯惡逆，猶容忍之，至於昭明被讒，則終身銜其事。』（《資治通鑒》胡三省註）「身以憂死，罪及後昆」，可謂是比公開處分還要厲害了。蕭衍、蕭統父子之間爲什麼會有這麼深的矛盾？難道僅僅是爲丁貴嬪墓葬事一下子就『銜故』如此之深？恐怕是不可能。俞三副密啟武帝是『太子所得地不如今所得地於帝吉』，道士向昭明太子進言是『地不利長子』，故埋臘鵝及諸物於墓側長子位，可見在此之前蕭衍、蕭統之間的猜疑和矛盾恐怕是連外人都已知道了。俗語説：「物必先腐，而後虫生；人必先疑，而後讒入。」俞三副和道士等人之所以敢在武帝和昭明之間進此讒言，恐怕也是物腐，人疑在先了。這裏更微妙的是後來入主東宫並繼嗣武帝爲簡文帝的蕭綱，他是窺伺太子蕭統之位的對手，他在其中充當了什麼角色？那個向蕭統獻策的道士，那個在蕭統身邊而又出賣蕭統的鮑邈之，同他有没有關係？蕭統死後，已不在京城的鮑邈之只不過爲了「争婢」（在當時門閥黑暗社會，這恐怕算不上什麼大事），而蕭綱竟把此人殺了，説是「追感太子冤」，但爲什麼誅他的時候要「揮淚」？既然他感「太子冤」，爲什麼在蕭統生前未見其爲兄辯白的半個字？蕭統死後，武帝立他爲嗣君，朝臣以爲不立昭明長子是「不順」，因而紛紛揚揚，使武帝猶豫了好長一段時間，天真的大臣還去勸蕭綱主動出來表態，但他「不能從」，這也就説明了他與蕭統的關係和對皇位的看重，這也就不能不引人思考在這場實質是圍繞繼承人誰屬的暗争中，蕭綱到底扮演了什麼角色？

昭明太子當然不是一個人，他以儲君之尊，愛接文學，引進招納文人學士，據史載，劉孝綽、王筠、殷芸、到洽、陸倕、明山賓、張率、王規、殷均、張緬、張纘、陸襄、何思澄、謝舉、王承、王僉、劉儒、劉杳等人都曾做過太子的僚屬，因此以蕭統爲核心形成了一個相當大的文士集團。而位居晉安王的蕭綱，也是好「弘納文學之士」的，在其周圍也形成了以庾肩吾、劉孝威等十人爲骨幹的文人學士集團。劉勰雖然年長於蕭統約三十五歲，但由於二人都愛好文學，而且在文學思想、文學批評實踐等方面有許多方面相同或相似。劉勰的博學多才，蕭統愛引納才學之士，更兼蕭統身處儲君之位，正是劉勰實現「摛文必在緯軍國，負重必在任棟梁」理想的希望所在。所以，劉勰「兼東宫通事舍人，遷步兵校尉，兼舍人如故。昭明太子好文學，深愛接之」。楊明照先生在《梁書劉勰傳箋註》中云：「是舍人兼任此職匪輕，昭明太子之愛接，當亦此時（按：兼東宫通事舍人時）始也。」依譜家考證，劉勰兼東宫通事舍人約在天監十年（五一一年），如此推算，劉勰在昭明太子身邊年數頗長，自然關係密切。蕭綱集團「文傷於輕靡，時號宫體」，同蕭統的「文質彬彬」文質並重，同劉勰的原道、徵聖、宗經、「文質相半」的文學思想都是不相同的。

蕭統晚期爲什麽失寵於梁武帝，恐怕不僅僅因丁貴嬪墓葬而引起，其更深層的原因尚須考證，但因被疑、驚懼而促其過早逝世則是無疑的。「（昭明）太子薨，新宫建，舊人例無停者。」（《南史·劉杳傳》）「舍人爲昭明舊人，既不得留，又未除其他官職，中大通三年四月後，或即受敕於上定林寺與慧震共事撰經乎？」（楊明照《梁書劉勰傳箋註》）「一朝天子一朝臣」，這是封建時代的共同規律，蕭統之死，其周圍的舊人不單「即不得留」，而且作爲宫廷鬥争失敗集團的成員恐怕還要承擔相當大的風險這是不言而喻的。特别是像劉勰這樣被昭明太子「深愛接之」，並且還在昭明身上寄托實現自己人生理想希望的人物，蕭統之死不但帶來險惡的處境，而且作爲精神支柱的理想也就灰飛煙滅了。關於這一點，牟世金的看法頗有見地。他説：「綜考劉勰一生之思想行事，其毅然遁跡佛門，必非初衷。……佛教思想之於劉勰，固已浸漬多年，然查其時風，崇佛之王侯將相多矣，何甘於終老末品？何必待此窮途末路之日？其可想見者，以劉勰此度舊地重遊，昔日隨孔聖南行之美夢，奉時騁績之幻想，負重棟梁之宏圖，皆萌於定林寺而悉成泡影，感愧之餘，三思之後，乃有此抉擇也。又，劉勰之棄官，既非以疾辭，卻『敕許』之後，『未期而卒』。聯繫上述種種，其憤而出家之心情可知，故劉勰之最後皈依，誠非以事佛爲主。」（《劉勰年譜匯考》第一〇六——一〇七頁）「悉成泡影」、「憤而出家」可謂是點金之言。

劉勰人生理想繫於昭明太子，昭明在宫廷鬥争中失寵憂懼而亡，斷了劉勰前程，也使其精神支柱倒塌，所以在窮途末路之日選擇了削髮爲僧的終老末品，究其根由實在迫於政治環境，而且同蕭梁宫廷鬥争有關。

（原載：《文心雕龍研究》第四輯，北京大學出版社一九九九年六月出版）

劉勰和《文心雕龍》其人其書

林其錟

齊、梁時代，劉勰著的《文心雕龍》和蕭統主編的《文選》，是我國文學史上彪炳千秋的雙子星座。前者被稱作「中國第一部文學百科全書」〔一〕，後者則「爲中國文學史上影響最大的一部總集」〔二〕。由於這兩本書在中國文學史上的重要地位和深遠影響，遂産生了今日爲國內外學術界所公認的兩門獨立學科：「文心學」和「文選學」。

《文心雕龍》的作者劉勰，字彦和，祖籍東莞莒（今山東莒縣）。晉永嘉喪亂，其先世南渡移居京口（今江蘇鎮江）。劉勰是出生在京口，成長在京口，當是京口人。劉勰的生平，《梁書》、《南史》均有傳。劉勰的生卒年月，史無明載。關於生年，一般是以清代劉毓崧研究推定的《文心雕龍》成書於「和帝之時」，和《文心雕龍·序志篇》所説的「齒在逾立」「乃始論文」爲根據，按成書時間上推三十年左右加以推定。由於「和帝之時」和「齒在逾立」皆非確切時間，因而諸家推論也有較大出入：有生於宋孝武帝大明四年（四六〇）左右説，生於宋明帝泰始元年（四六五）説，生於泰始二、三年（四六六、四六七）説，生於泰始七年（四七一）説，生於宋明帝泰豫元年（四七二）説，等等，但一般推斷生於泰始二、三年間（四六六、四六七）。關於卒年，分歧也較大：有卒於梁普通元年至五年（五二〇——五二四）説，卒於梁中大通四年（五三二）説，卒於梁大同二年至五年（五三六——五三九）説。劉勰的家世，《梁書》本傳稱：「祖靈真，宋司空秀之弟也。父尚，越騎校尉。」但《南史》本傳則把「祖靈真，宋司空秀之弟也」句完全删去，學術界有人認爲是《南史》作者以爲此説「失實」「常欲改正」而删的。所以，劉勰的出身究竟是屬士族還是庶族，學術界迄今意見不一。但是，「勰早孤」，「家貧不婚娶」，劉勰幼年家境貧窮，生活困苦；他的家庭社會地位不高。這是比較一致的看法。

劉勰自幼「篤志好學」，有遠大抱負。青少年時，身處南朝宋、齊更替的年代。南齊初期，由於齊高帝蕭道成的倡導，形成「家尋孔教，人誦儒書，執卷欣欣，此焉彌盛」〔三〕，「儒學大振」、文學漸興的氛圍。儒學著作對篤志好學的劉勰産生了深刻的影響，也爲他在青壯年時期樹立起「奉時以騁績」，積極入世的人生觀奠定了基礎。後來他因社會地位低下，無由仕進，不得已到定林寺「依沙門僧祐」，依靠名僧生活、學習，吃佛寺的飯，幫佛寺整理佛經，同時也借助佛寺藏書，閱讀諸子百家、詩騷辭賦以及佛教經藏，準備「君子藏器，待時而動」。他入定林寺多年而不落髮，雖長期托身佛門卻以追隨孔子爲榮，所以到了「齒在逾立」即三十歲左右，因爲夢見「執丹漆之禮器，隨仲尼而南行」，想到「唯文章之用，實經典枝條；五禮資之以成，六典因之致用，君臣所以炳煥，軍國所以昭明，詳其本源，莫非經典」〔四〕，因而着手著作《文心雕龍》。至於《文心雕龍》成書的時間，學術界一般認爲是在齊末，大約是齊中興二年（五〇二），但也有主張成於梁初的。

劉勰大約在三十四歲左右寫成了《文心雕龍》。但書成後「未爲時流所稱」，「乃負其書」，「干之於車前，狀若貨鬻者」，企求取定於當時貴盛非常的高官兼文壇領袖沈約，結果得到沈約的肯定與贊賞。大概也是由於沈約的推薦，在梁天監二年（五〇三）左右「起家奉朝請」，不久便離開定林寺，走上他所企盼的仕途，先後當了中軍將軍臨川王蕭宏的記室，車騎將軍湘州刺史夏侯詳的倉曹參軍、太末令、仁威將軍、南徐州刺史、南康王蕭績的記室兼昭明太子蕭統的東宮通事舍人、步兵校尉兼東宮舍人等小官吏。晚年「有敕與慧震沙門於定林寺撰經」，又回到了未入仕途前生活過的地方。他雖然在擔任太末令期間小試了從政才能，而且獲得了「政有清績」的贊譽，但同他「摛文必在緯軍國，負重必在任棟梁」〔五〕的抱負相去實在太遠。加之宦海詭譎，險惡，青壯年時期的一切幻想皆成泡影，只好遁逃於空門，所以「證功畢，遂啟求出家，先燔鬢髮以自誓。敕許之，乃於寺變服，改名慧地，未期而卒」〔六〕。劉勰一生著述頗多，史載除《文心雕龍》外還有「文集行於世」。今可見者還有《滅惑論》、《梁建安王造剡山石城寺石像碑》，以及著作權聚訟千年至今尚有争議的《劉子》。

劉勰一生，經歷了宋、齊、梁三個朝代，處在魏晉南北朝時期。這個時期正是中國歷史上繼春秋戰國之後，又一次大變動的時期。在這個大變動裏，動蕩、分化、遷徙、融合，來自内部和外部的極爲複雜而又尖鋭的矛盾，使整個社會在大混亂的外觀下處在大發酵之中：一方面是舊的腐敗、反動、朽死；另一方面是吸收、創造、新生。正如宗白華所説：「漢末魏晉六朝是中國政治上最混亂、社會上最痛苦的時代，然而卻是精神史上極自由、極解放，最富於智慧、最濃於熱情的一個時代。」〔七〕的確，這個時期儘管也出現過某些短暫的穩定，但從總體上看，更多的是内外戰火不斷，政權更迭頻繁；政治高壓，殘殺異己，人命如草，百姓命運多舛。特别是知識分子，由於政治黑暗，統治者倏忽幻異，波譎雲詭，出言稍有不慎或「行爲失檢」，便會招來殺身滅門之禍。士人如履薄冰，如臨深淵，孤獨的靈魂面對殘酷的人生，充滿着精神上的極端痛苦。但是，痛苦常常會成爲一帖清醒劑，它也能促人反思，引導人們更加清醒和理智地認識現實，認識人生。正是通過這種反思，人們開始懷疑、否定並沖破名教權威的束縛，「非湯武而薄周孔」〔八〕，大膽地追求人格的獨立和身心自由，從而産生了被今人稱作中國早期的「思想啟蒙」：「人的覺醒」和「文的自覺」。

「人的覺醒」就是人的自我意識的覺醒。心口不一、爾虞我詐、腐敗黑暗的現實，徹底揭穿了以「三綱」、「五常」爲主要内容的以正名定分爲主的封建名教及其經典、偶像、權威的虚僞性，因而必然發生「禮崩樂壞」，綱紀廢弛，「越名教而任自然」〔九〕，「名教」與「自然」之辨的玄學也就應運而生了。所以，「學者以老莊爲宗，而黜《六經》；談者以虛薄爲辯，而賤名檢；行身者以放濁爲通，而狹節信」〔一〇〕。加之佛經大量翻譯東來，在統治者倡導下，佛教迅速發展，於是玄佛並用的思潮很快在學術思想上取得了支配地位。這其實也是一種思想解放，人們掙脱舊的禮教綱紀的長期束縛，開始思考和追求人的個性和自我價值。在南朝宋人劉義慶所著的《世説新語》中記載的這一時期一些人不怕揚才露己，不管他人是非毁譽，公然展示自己的個性、才華而恃才傲物、慷慨任氣的種種言行，正是這種人的覺醒和追求的生動表現。社會動亂、多災多難使社會多數人的生活陷於顛沛流離、窮困潦倒之中，妻離子散、家破人亡成了經常發生的事。這種現實使人易於産生禍福無常、運命難料、宇宙綿邈、人生短促的思想。其後果有二：一是宗教乘虛而入，一部分人更陷入宗教迷狂，這也就是佛道二教在此時期之所以昌熾的社會基礎；二是另一部分人更加珍惜生命，重視把握現實和有限的人生，既不追求虛無飄渺的西方極樂世界或長生不老、羽化成仙，也不沉湎於過去或陶醉於未來，而是切切實實地追求在稍縱即逝的有限生命中，最大限度地體味人生的幸福，創造生命的價值。當然，對現實人生幸福和生命價值的理解和追求也因不同的人生觀而迥異：一是追求肉體官能享受。有的人沉湎於聲色犬馬、五味美食，他們縱情放任，及時行樂，秉燭而遊。《世説新語·任誕》記張季鷹語「使我有身後名，不如即時一杯酒」就是這種追求的寫照。二是追求心的解放、精神自由和高雅的享受。有的人不使心爲形役，或寄情山水，觀覽勝跡，發現自然，借名山勝水以陶冶情操，洗滌心胸，借詩畫以抒發超脱的胸襟，揮灑心靈的自由；或彼此開展玄學論辯、人物品藻，以展示自己聰明才智和對宇宙、人生本源的探索。他們不是絞盡腦汁去追求物質欲望的滿足，而是像陶淵明那樣追求精神的自由、情感的滿足和人格的完美，「豈能爲五斗米折腰向鄉里小兒」。

「文的自覺」就是文學擺脱經典附庸、特别是漢儒把文藝視爲政治教化服務工具正統觀念的束縛，走向審美意識的大發揚，從而形成具有自己特點的獨立門類。其標志就是「創作主體對文學的創造價值獲得了高度的自信，於是産生了爲宣泄内心情感、表達思想願望和進行美的創造强烈要求」〔一一〕。在魏晉南北朝時期，由於社會人的自我意識的覺醒，人生態度的變化，文化思想也發生了很大的變化，玄學的發展也對文學産生了有利的影響。「由於儒學中衰，儒家思想（包括文藝思想）對文人頭腦的束縛松弛了。於是文學不再僅僅當作政教的工具和附庸，它本身的審美作用被充分肯定，人們對其審美特點的認識日益深化，雖早已存在，但遭受儒家正統觀念壓抑的某些審美趣味、文藝觀點得到了發展。魯迅將這一時期概括爲『文學的自覺時代』（《魏晉風度及文章與藥及酒之關係》），確是十分精當的」〔一二〕。中國古代文學的發展，到建安時期開始明顯地擺脱了經學的附庸，而進入了自覺時代，文學力圖按照自己的特點發展，不願再作政教的工具和附庸。「文的自覺」，審美意識的張揚，在創作上是一個大解放，出現了百花競放、文辭更趨華麗，與西漢時代不同的新特色，亦即如劉勰在《文心雕龍・明詩》中所説的：「並憐風月，狎池苑，述恩榮，敘酣宴。慷慨以任氣，磊落以使才」，「詩雜仙心」，「儷采百字之偶，争價一句之奇；情必極貌以寫物，辭必窮力而追新」。當然，在社會大變動，「獨尊儒術」已成過去，「人的覺醒」、「文的自覺」已成爲時代潮流，文學在推陳出新大發展中，魚龍混雜，泥沙俱下，也實屬難免。尤其是以統治集團及其御用文人爲代表的追求肉體官能享受，沉湎聲色犬馬、五味美食，縱情放任、及時行樂的一派，他們把自己糜爛的生活投射到文學作品上，因而出現諸如宫體詩那樣以華美雕琢的文辭掩蓋其淫靡、放蕩的内容的文學現象，也就没有什麽可奇怪的了。

由於前述特定時段的環境，劉勰青少年時期，接受儒家的思想較深，因而在他青壯年亦即在著述《文心雕龍》的時候，他的人生觀、文學觀基本上是屬於儒家的。儒家的人生理論認爲：人是萬物之靈，應抱積極入世的態度，有社會責任感和歷史使命感，通過「修身、齊家、治國、平天下」的途徑，立德、立功、立言，使自己有限的生命存在，得到最大限度和永恒的價值。劉勰這樣展示自己的宇宙觀和人生觀：「夫宇宙綿邈，黎獻紛雜，拔萃出類，智術而已。歲月飄忽，性靈不居，騰聲飛實，制作而已。」「形同草木之脆，名逾金石之堅，是以君子處世，樹德建言。豈好辯哉？不得已也。」（《文心雕龍・序志》）年輕的劉勰抱有非常强烈的仕進思想，他説：「蓋士之登庸，以成務爲用。魯之敬姜，婦人之聰明耳，然推其機綜，以方治國。安有丈夫學文，而不達於政事哉？」（《文心雕龍・程器》）他入佛寺而不出家，就是「君子藏器，待時而動」；他篤志好學，就是爲了「發揮事業，固宜蓄素以弸中，散采以彪外」（《程器》）。他立志「摛文必在緯軍國，負重必在任棟梁」（《程器》）。他撰著《文心雕龍》就是因受夜夢孔子的啟發，感到「唯文章之用，實經典枝條」，「而去聖久遠，文體解散，辭人愛奇，言貴浮詭，飾羽尚畫，文繡鞶帨，離本彌甚，將遂訛濫」。所以他本着「《周書》論辭，貴乎體要；尼父陳訓，惡乎異端；辭訓之異，宜體於要」（《序志》）的精神進行寫作。當然，他畢竟是生活在這個大變動的時代裏，社會主流思潮不可能不對他發生影響，所以他既不是純儒，更不是儒生。在《文心雕龍》裏，盡管主導思想屬於儒家崇實重用的文學觀，但也汲取了道、玄、佛及諸子的不少思想。在《文心雕龍・諸子篇》，他不僅肯定諸子百家之作皆「入道見志之書」，而且説：「至鬻熊知道，而文王咨詢，餘文遺事，録爲《鬻子》。子目肇始，莫先於兹。及伯陽識禮，而仲尼訪問，爰序《道德》，以冠百氏。然則鬻惟文友，李實孔師，聖賢並世，而經子異流矣。」在《論説篇》裏對始盛於正始的諸玄論，也給予很高的評價：「詳觀蘭石之《才性》，仲宣之《去伐》，叔夜之辨聲，太初之《本無》，輔嗣之兩《例》，平叔之二《論》，並師心獨見，鋒穎精密，蓋論之英也。」至於佛家，史有劉勰「博通經論」的記載，在《論説篇》論及玄學家崇有貴無之争時，「劉勰認爲堅持『有』與『無』都是『偏解』，不能達於『正理』，唯佛教中的『般若之絶境』才是最正確的」〔一三〕。以上事實説明：青壯年時期劉勰思想的主幹是儒家思想，但在時代主流思潮的影響下，對於道、玄、佛諸家思想也有其開放、汲納的一面。正因爲如此，對於《文心雕龍》根本思想究屬誰家，學術界就頗有争議；從歷史著録看，也有將其歸於雜家的。

《文心雕龍》全書三萬七千多字，分上篇和下篇，各有二十五篇專論，上篇包括「文之樞紐」、「論文叙筆」兩部分；下篇是「剖情析采」二十四個理論專題以及總括全書的《序志》。

「文之樞紐」五篇：

《原道》論述文原於道，文是事物美質的外觀，以及文學所應遵循的「自然之道」和它的社會功能。《徵聖》指出，寫出能化育人心的經典著述的聖人——比如孔子——是寫作的楷模，作家應該「徵聖立言」。《宗經》認爲儒家五經是作品的典範，它們「義既極乎性情，辭亦匠於文理」，風格各有特點，是後世各體文學的發端。其「宗經六義」包含着對文章真善美的要求。《正緯》矯正漢代緯書的僞誕。緯書闡敘儒經和圖讖，以爲經典的微言大義以及災異祥瑞顯示着上天的意志和啟示。劉勰辯證地指出，緯書「事豐奇偉，辭富膏腴，無益經典而有助文章」，其豐富的想象力和富麗的辭采不無可取。《辨騷》辨析前人評論屈原的得失，强調文學的發展以奇求變。《楚辭》「雖取熔經意，亦自鑄偉辭」，是求變的榜樣，後人應該「酌奇而不失其貞，玩華而不墜其實」。

「論文叙筆」二十篇：

分文、筆兩大類介紹文體：《明詩》、《樂府》、《詮賦》、《頌贊》、《祝盟》、《銘箴》、《誄碑》、《哀弔》、《雜文》、《諧隱》十篇屬有韻之文，《史傳》、《諸子》、《論説》、《詔策》、《檄移》、《封禪》、《章表》、《奏啟》、《議對》、《書記》十篇屬無韻之筆。南朝人講究文章的音韻，認爲有韻的文更具文學性。

《序志篇》提出的文體論原則是：「原始以表末，釋名以章義，選文以定篇，敷理以舉統。」「原始以表末」是敘述該文體發展的始末。「釋名以章義」是解釋文體命名的所以然，認識其特點和規範。「選文以定篇」是選出各時期代表作予以評價。「敷理以舉統」是從現象中總結出有指導意義的原則規律。

「剖情析采」二十四篇：

前十九篇以探討文學規律和藝術原則爲主。《神思》論神奇微妙的文學藝術思維；《體性》論作家個性和文學風格的關係；《風骨》論文章的感動力及其産生機制；《通變》論文學的繼承變革；《定勢》論表現方式和文體風格的選定；《情采》論内容與形式的關係；《熔裁》論内容的規範和形式的剪裁；《聲律》論語言的聲韻美；《章句》論篇、章、字、句的組合；《麗辭》論對偶；《比興》論比興手法的特點、功能；《夸飾》論誇張；《事類》論文史材料和典故的運用；《練字》論遣詞用字；《隱秀》論含蓄之美和卓拔之美；《指瑕》論遣詞、比擬、用事的失當；《養氣》論作家的精神保養和心理調節；《附會》論作品的整體性和協調性；《總術》論「文」、「筆」、「言」的區别和掌握寫作技巧的重要性。

後五篇側重討論影響規律原則和鑒賞批評的各種因素：《時序》論歷代社會政治對文學的影響；《物色》論四時景物和環境對創作的影響，評述「物色」描寫的演進過程；《才略》論歷代作家的才識稟賦和創作成就；《知音》論文學鑒賞；《程器》論作家的道德修養。

《序志》是全書的序，依當時的通例置於最後。其中解釋了書名「文心雕龍」的含義；闡明自己寫作的動機和意圖；評論了魏晉以來文學理論批評的得失；介紹了全書的理論體系和「唯務折衷」的思想方法。

《序志》説：「位理定名，彰乎大（易）［衍］之數，其爲文用，四十九篇而已。」也就是説，五十篇中，研討文章功用的，只有四十九篇，而另一篇就是《原道》了。

關於《文心雕龍》的理論體系，《序志》也有明確的交代：「蓋《文心》之作也，本乎道，師乎聖，體乎經，酌乎緯，變乎騷，文之樞紐，亦云極矣。若乃論文敘筆，則囿别區分；原始以表末，釋名以章義，選文以定篇，敷理以舉統：上篇以上，綱領明矣。至於剖情析采，籠圈條貫：摛神性，圖風勢，苞會通，閲聲字；崇替於《時序》，褒貶於《才略》，怊悵於《知音》，耿介於《程器》；長懷《序志》，以馭羣篇：下篇以下，毛目顯矣。」

《文心雕龍》具有「體大慮精」的理論和非常嚴密的組織結構。學術界諸多學者根據劉勰在《序志》中的自述，結合全書篇章作了不同的研究和探索，成果累累，其中以涂光社所製的《〈文心雕龍〉理論結構示意圖》[一四]較爲完備，兹録如下（見下圖），以供參閲，使讀者對全書有一完整概念。

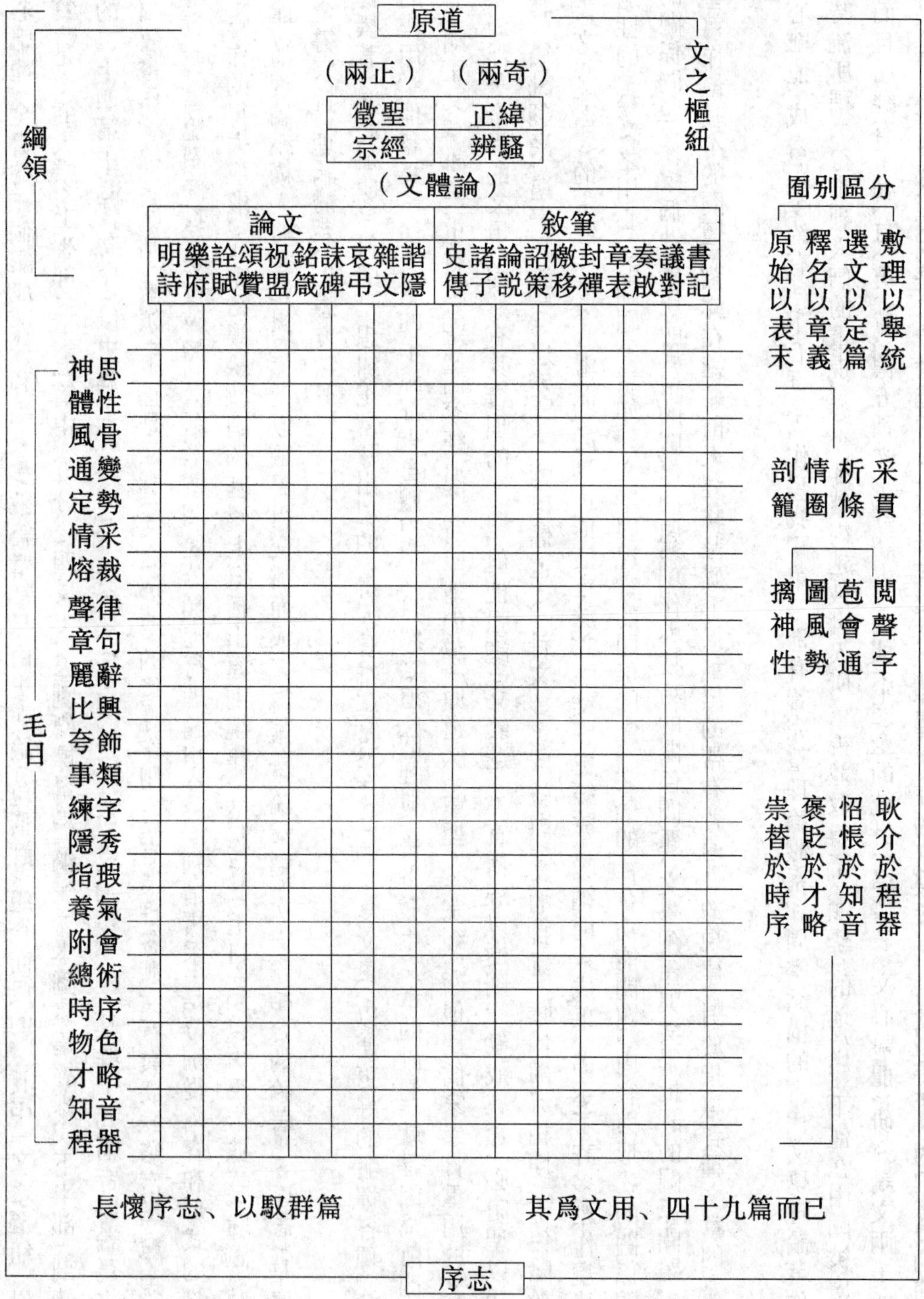

原道

文之樞紐

（兩正）（兩奇）

徵聖	正緯
宗經	辨騷

綱領

（文體論）

論文	敘筆
明詩 樂府 詮賦 頌贊 祝盟 銘箴 誄碑 哀弔 雜文 諧隱	史傳 諸子 論説 詔策 檄移 封禪 章表 奏啟 議對 書記

囿別區分

原始以表末　釋名以章義　選文以定篇　敷理以舉統

毛目

神思　體性　風骨　通變　定勢　情采　熔裁　聲律　章句　麗辭　比興　夸飾　事類　練字　隱秀　指瑕　養氣　附會　總術　時序　物色　才略　知音　程器

剖情析采　籠圈條貫

摛神性　圖風勢　苞會通　閲聲字

崇替於時序　褒貶於才略　怊悵於知音　耿介於程器

長懷序志、以馭群篇　　其爲文用、四十九篇而已

序志

《文心雕龍》理論結構示意圖

《文心雕龍》理論結構示意圖説明：

《文心雕龍》全書的三個組成部分和絶大多數篇章都是由史與論（包括評）組合而成的。其中「文之樞紐」以論爲主，「論文敘筆」是史的大宗，上半部二十五篇中，五分之四屬史，因劉勰標舉爲「綱領」，本圖畫爲經線；下半部「剖情析采，籠圈條貫」的二十四篇中，除《時序》以史爲主，《通變》、《物色》、《才略》、《程器》史論參半外，其餘十九篇皆以論爲主，劉勰稱之「毛目」，故畫作緯線。所謂「綱領」不止是强調「文之樞紐」的指導作用，還有清理各體文章發展脈絡，以文學現象作爲立論基礎的意義。「籠圈條貫」是打破體裁界限，按問題分類進行理論組合；「剖情析采」是分别從内容和形式的剖析入手，探討文章寫作的得失成敗，在總結經驗教訓的基礎上概括出原則規律。論作爲「毛目」須以史爲依據，又驗證於史。故知《文心雕龍》的理論結構大略是以史爲綱、以論爲目交織而成，是以史帶論，多層次史論結合的論著。《序志》是序，介紹寫作動機、全書宗旨、理論體系、思想方法等。

劉勰撰著《文心雕龍》，目的是想糾正當時出現的「辭人愛奇，言貴浮詭」的不良文風，以便更好的發揮各種文章在軍國大政中的作用。他認爲一切文章的本源都來自體現了「自然之道」的經典，後世發生文章的訛濫，就是因爲離開了這個本源所致，要糾正文章訛濫，也就只能靠儒家經典。所以他倡導「原道」、「徵聖」、「宗經」。他用儒家崇實重用的文學觀去克服當時崇尚浮華奇異的文風，固然有其合理的一面，但他强調「立義選言，宜依經以樹則；勸戒與奪，必附聖以居宗」（《史傳》），主張「矯訛翻淺，還宗經誥」（《通變》）、「歸以儒道」（《雜文》）。這就與「文的自覺」時代潮流相悖，不免陷於保守了。但這不是《文心雕龍》的主體。《文心雕龍》的真正價值在於它總結歷史經驗，吸納前人成果，揭示了許多創作規律，回答了帶有普遍性的「爲文之用心」的問題。諸如：文學與現實的關係問題，文學的社會功能問題，内容與形式的關係問題，繼承與創新的關係問題，作家個性與作品風格的關係問題，創作與技巧的關係問題，文學創作與文學批評的關係問題，等等〔一五〕。圍繞這些寫作最基本的問題，劉勰在總結前人經驗基礎上揭示出的帶有普遍性的規律，對於指導各種文章的寫作具有莫大的意義。

《文心雕龍》成書距今約有一千五百年，作爲我國第一部有着完整理論體系和周密結構的古代文學理論著作，其問世時「未爲時流所稱」，得不到人們的重視，如今卻越來越被世人所重視並取得了「顯學」的地位：不僅在中國被廣泛的重視和研究，而且已經有了韓、日、英、意、德五種文字的譯本。「據不完全的統計，已發表《文心雕龍》研究論文兩千八百多篇，出版專著二百一十多部，特别是二十世紀的最後二十年，《文心雕龍》研究的繁榮發展可以説是驚人的，在這期間發表的論文有兩千一百多篇，專著一百五十餘部，平均每年有一百多篇文章和七八部專著問世，除中國外，還涉及日本、韓國、美國、加拿大、德國、法國、意大利、瑞典、俄羅斯等十多個國家。」〔一六〕歷史已經證明：《文心雕龍》的理論建樹具有强大的生命力。

歷史是不可重復的，但有時卻有驚人的相似。我們的時代是一個改革開放正經歷着偉大變革的時代，經濟轉軌、社會轉型促使人的再次覺醒，文的再次自覺，社會的主流正是思想解放、百業創新、社會進步。與此同時，也難免魚龍混雜、泥沙俱下，在拜金主義和高消費的衝擊下，各行各業不同程度地凸現出急功近利、華而不實的浮躁風氣，而文藝領域也不例外。從這樣的背景出發，學習《文心雕龍》，擷取其精華要義，對克服不良文風，提高寫作水平，更好地發揮文章的社會功能，具有現實的意義。在這裏還要特别提出的是：劉勰對文學的看法持寬泛的大文學觀念，他在《文心雕龍》中就提出了三十多類文體加以研究，既包含了今日的純文學，也包含了非文學的應用文，因而也有人提出《文心雕龍》應該稱之爲「文章學」的著作。此説雖未必全面，但它也啟示我們：學習《文心雕龍》也不僅僅是有志於文藝創作的作家或文學青年的事，凡是涉及文字工作的人都是不能不讀的。我國現代詩人、中國《文心雕龍》學會創會會長張光年，他在自己的晚年專著《駢體語譯文心雕龍》的扉頁上題詞：「謹以此書獻給新世紀的文學青年」，並且題詩：「我架起一座龍紋橋，通向他中古的文心。他的文心寄托深遠啊，寄與龍飛鳳舞的後來人。」〔一七〕在這一點上，《文心司南》編者的用心與張光年是相同的。

《文心雕龍·體性篇》有言：「文之司南，用此道也。」司南是中國古代發明的指示方向的儀器。劉勰探討「爲文之用心」，目的在於指導文章寫作，他總結的許多原則、規律和經驗之談，對今天的創作、欣賞和理論、批評仍然可供借鑒，甚至具有導向的意義。這本《文心司南》圍繞《文心雕龍》的有關論述，從理論和應用兩方面加以闡説，而對應用上有所側重，所以取「文心」與「司南」作爲書名。

注　釋

〔一〕王元化：《在鎮江〈文心雕龍〉國際學術研討會上的演講》，《文心雕龍研究》第五輯第十頁，河北大學出版社二〇〇二年出版。

〔二〕周勛初：《評劉勰文學觀的雙重標準》，《論劉勰及其〈文心雕龍〉》第一七七頁，學苑出版社二〇〇〇年出版。

〔三〕《南齊書·劉瓛、陸澄傳論》。

〔四〕《文心雕龍·序志》。

〔五〕《文心雕龍·程器》。

〔六〕《梁書·劉勰傳》。
〔七〕宗白華：《美學散步》第一七七頁。
〔八〕嵇康：《與山巨源絶交書》。
〔九〕嵇康：《釋私論》。
〔一〇〕干寶：《晉紀總論》。
〔一一〕涂光社：《文心十論》第一二頁，春風文藝出版社一九八六年出版。
〔一二〕王運熙、楊明：《魏晉南北朝文學批評史·緒論》第六——七頁，上海古籍出版社一九八九年出版。
〔一三〕牟世金：《文心雕龍研究》第七六頁，人民文學出版社一九九五年出版。
〔一四〕涂光社：《雕龍遷想》第二三二頁，遼寧大學出版社一九九五年出版。
〔一五〕參閲楊明照《增訂文心雕龍校註·前言》第七——十四頁，中華書局二〇〇〇年出版。
〔一六〕張少康等：《中國文心雕龍研究史》第五八八頁，北京大學出版社二〇〇一年出版。
〔一七〕張光年：《駢體語譯文心雕龍》扉頁，上海書店出版社二〇〇一年出版。

（本文作爲《文心司南》一書的「緒篇」，原載於涂光社主編《文心司南》，江蘇人民出版社二〇〇四年九月出版）

魏晉玄學與劉勰思想——兼論《文心雕龍》與《劉子》的體用觀

林其錟

有人認爲：劉勰不僅是「文劉」，而且也是「哲劉」。換句話説，劉勰不僅是個傑出的文論家，而且也是個傑出的思想家。劉勰生活的時代正是社會大變動由分裂走向統一的時代，以哲學爲骨幹的學術思潮也正從析同爲異諸子分流到合異爲同諸家互融的玄學主導時期。按照孟子『知人論世』和魯迅『最好是顧及全篇，並且顧及作者全人，以及他所處的社會狀態』的正確研究方法，我們研究劉勰思想就不能不研究作爲當時社會思潮主流的玄學，及其對劉勰思想的影響。

（一）玄學思潮：儒道會通、佛學玄化

「玄學」也稱爲「三玄」之學。「三玄」者，即《莊》《老》《周易》之謂。玄學既是學科，也是學派，也是學術思潮。説它是學科，因爲南朝宋、齊官學曾把「玄學」與「儒學」、「文學」、「史學」稱爲「四學」立於學官，並居「四學」之首；説它是學派，因爲「玄學」常與「經學」、「理學」並列；説它是思潮，它的確成了魏晉南北朝時代思想代表，廣泛深刻地影響當時社會的各個領域，堪與先秦子學、漢代經學、隋唐佛學、宋代道學、明代心學、清代樸學、現代新學等學術思潮並列，構成中國學術思想發展歷史的畫卷。

以哲學爲主幹的學術思潮，是歷史文化理性的積累，是思想史的靈魂，是時代精神的集中表現。學術思潮異代不同，因革推移，每一思潮之興起，既汲取前代前人之學，又與時俱進創新發展，所以正如梁啟超所言：『其間時代與時代之相嬗，界限常不能分明……一時代中或含有過去時代之餘波，與未來時代之萌蘗，則舉其重者也。』[一]

玄學思潮起於曹魏正始年間（二四〇——二四八），其興起的原因從社會看是東漢末年社會腐敗，統治者賴以維持的社會價值體系「名教」發生了嚴重的危機；從學術自身發展的規律看，既是對漢代經學走向繁瑣、僵化的反動，也是對「析同爲異」到「合異爲同」發展趨勢的因應。

所謂「名教」，就是「以名爲教」，也就是以「正名」、「定分」、「三綱」、「五常」爲主要內容進行的教化。「名教」作爲封建禮教，它既是社會價值體系精神的支柱，也是社會管理制度治國的神器，它通過政治、教育、禮樂、選拔人才標準等滲透到社會生活的各個方面。漢代就是「以孝治天下」作爲王朝國策和征辟選拔人才的標準的，具體途徑是鄉間清議、人倫品鑒，因

此聲名成就往往決於片言。到了東漢末年，政治腐敗，朋黨爲奸，相互吹捧，僞名士叢生。那些打着「名教」旗號，戴着「名士」高冠的人，言行不一，沽名釣譽，「名教」因名求士的選拔人才的制度，流弊漫延。「名教」社會價值體系發生了信仰危機，「名教」法寶失靈，難繫人心。「名教」選才名不符實；加之社會矛盾尖鋭，農民起義衝擊，社會極不安定。因而尋找新理論，重建社會價值體系、調諧社會秩序，鞏固統治地位，便成了社會客觀需求，名教與自然之辯遂由此而起，玄學也就應運而生。

魏晉玄學興起的直接社會動因是應對「名教」危機和正始改制的需要，同時也是對前代學術萌蘖的承接與發揚。「魏之初霸，術兼名法，傅嘏王粲，校練名理。迄至正始，務欲守文，何晏之徒，始盛玄論」（劉勰《文心雕龍・論説》）。正始玄學與魏初的崇名理之學、行名法之治的形（刑）名學有關。魏初爲否定東漢末年「名教」之因名求士的人才選拔政策，以儒家的「正名」和法家的「循名責實」理論爲指導，采取名辯方法考察名與實的關係，新立人才與職位相配合的標準，這就是名理學。由名理進一步上推，必然歸結到「無名爲道」，於是由「名教」到「名法」再到「無爲」。玄學清談就與漢魏之際品藻人物、喜論才性的清議時風有關。所以有人説：名理學與才性論是魏晉玄學的序曲，玄學蜕變於名學與易學，既是源自《老》、《莊》，亦是儒學之蜕變。

魏晉玄學涉及問題很多，核心是名教與自然之辯，以及聖人觀念。所以我們在研究魏晉玄學與劉勰思想關係時有兩點最值得我們重視的，這就是魏晉玄學的本體論體用觀與聖人觀。

1. 魏晉玄學的體用觀

魏晉玄學主要的人物有何晏、王弼、裴頠、向秀、郭象和嵇康、阮籍等人，最有代表性的當屬王弼之學和向、郭之學。

王弼字輔嗣，是著名文學家建安七子之一、「校練名理」者王粲的姪孫。王粲死後，藏書傳給王弼之父。王弼自幼聰慧，加之家中良好學習條件，因此少年即有盛名。史載他好論儒道、通辯能言，死時僅二十四歲，著有《周易注》、《周易略例》、《老子註》、《老子指略》等書。王弼與何晏、夏侯玄等同開玄風，成了魏晉玄學的創始者之一。

王弼以「無」釋「道」，形而上學乃以「無」爲本。提出「萬物皆由道而生」（王弼《老子註・三十四章》），而「道者，無之稱也」（王弼《論語釋疑・述而》）。認爲萬有統於一個共同的最高本體「道」或「無」，萬有羣變皆以無爲本，歸於一體。「道」或「無」是超乎言象，無名無形的，是萬有的本體，有生於無，無爲體有爲用，又「本末相即」、「體用不二」。他説：「天下之物，皆以有爲生。有之所始，以無爲本。將欲全有，必反於無也。」（王弼《老子註・四十章》）因此「天地雖廣，以無爲心」。（王弼

《老子註・三十八章》)天地之心就是無，就是道。

王弼在本體論體用觀上提出以無(道)爲本，以有(物)爲末，以無(道)爲體，以有(物)爲用。在認識論、方法論上即所謂「言意之辯」方面提出「得意在忘象，得象在忘言」的主張(王弼：《周易略例・明象》)。王弼首倡得意忘言説，就是要不拘構成的具體質料，有形之粗跡，進而探究事物的本體，不滯於言象而失於本意。用於解經則主不拘泥文字，寄言出意，會通儒道二家經義旨略。所以他在「名教」與「自然」關係上，他得出「名教出於自然」的結論，認爲只要符合「自然」、「無爲」的原則，設官，分職，禮儀，教化是完全必要的。

王弼一派玄學家從理論上解決了現實統治者所需要的名教存廢問題。而另一些不願與當時統治者司馬氏集團合作的玄學家如阮籍，嵇康等則追求莊子的逍遥，憤激地提出「越名教而任自然」(嵇康《釋私論》)、「非湯武而薄周孔」(嵇康：《與山巨源絶交書》)。但正如魯迅所説：「其實不過是態度，至於他們的本心，恐怕倒是相信禮教，當作寶貝」的(魯迅《魏晉風度及文章與藥及酒的關係》)。他們貴無賤有，蔑視禮法，放蕩不羈。爲糾正這一風氣，便産生了「崇有」論，代表人物是裴頠、向秀、郭象。裴頠著《崇有論》，説「總混羣體，宗極之道也」；「夫至無者無以能生，故始生者自生也。」後來郭象《莊子註》進一步作了發揮提出「獨化」説，認爲「天地者萬物之總名也。天地以萬物爲體，而萬物必以自然爲正」，「外不資於道，内不由於己，掘然自得而獨化」。在名教與自然關係上，他們主張「名教即自然」，既肯定儒家名教之治，又倡導道家無爲自然。總之，無論玄學那一派，「自然」(道)爲體，「名教」爲用，體用不二，儒道合一，是一致的。

2. 魏晉玄學的聖賢觀

魏晉玄學主張以虚無爲本，以教化爲末，提出「名教出於自然」或「名教就是自然」，在體用觀上是祖述老、莊，推崇道家，但在理想人格上則推崇儒家的孔子、周公、堯、舜，尊他們爲聖人，稱他們爲「聖王」或「素王」；而他們學術上祖述的老、莊，則只能稱爲「上賢亞聖」。「王、何舊説皆云老不及聖？」(《弘明集》周顒《重答張長史書》)，老、莊在理想人格上要比儒家的聖人低一級。爲什麽？因爲魏晉玄學家有自己的聖人標準，這標準是什麽？就是不僅要知道，而且要體道行道，即體道應物，則天行化，用現在的語言説：就是不僅要具有正確的理論，而且還要能運用正確理論於現實，只有這樣的人才能稱得上聖人。

《世説新語・文學第四》有一則記王弼與裴徽的對話：「王輔嗣弱冠詣裴徽。徽問曰：『夫無者誠萬物之所資，聖人莫肯致言，而老子申之無已，何邪？』弼曰：『聖人體無，無又不可以訓，故言必及有，老莊未免於有，恒訓其所不足。』」這裏的「聖人」，顯然是指孔子。王弼這段話按湯用彤的解釋就是：「此言聖人體無，於無反莫肯致言。老、莊於體無則有所不足，乃伸之無已，而發爲狂言。」〔二〕晉人何劭《王弼傳》述王弼對「聖人」的理解：「以爲聖人茂於人者，神明也；同於人者，五情也。神明茂，故能體沖和以通無；五情同，故不能無哀樂以應物。然則聖人之情應物而無累於物者也；今以其無累便謂不復應物，失之多矣。」（《全晉文》卷十八）在王弼看來，聖人不僅以其神明體無（道）神與道會，而且能夠法道應物、化用訓俗。王弼在解釋《論語》孔子「予欲無言」、「天何言哉」時說：「立言垂教，將以通性，而弊至於湮。寄旨傳辭，將以正邪，而勢至於繁。既求道中，不可勝御，是以修本廢言，則天而行化。」（皇侃《論語義疏》引）正如湯用彤先生所言：「聖人體『自然』而用『名教』，體用不二也。聖人之『自然』非無用，聖人之言行皆是物事，雖皆有具體的有形的（concrete）而無非『自然』，如《論語》所載。」〔三〕王弼還在《論語註》「大哉堯之爲君」句註云：「聖人有則天之德，所以稱唯堯則之者，唯堯於時則天之道也。」（皇侃《論語義疏》引）聖人不是神人，不是越塵絶世只高談玄遠而不涉俗世事務的，聖人既具普通人所不具備的特出神明，但其五情又與普通人相通，不過他能通無得道因而能夠「應物而無累於物」而已；而老莊則只談體而未及用，以其無累無復應物，所以「是空有其體，其實非得其體也」。〔四〕

玄學另兩個代表人物向秀和郭象，在聖賢觀上也持與王弼同樣的看法。向秀稱「周孔窮神」、「聖人窮理盡性」。郭象說：「聖人常游外以弘内。」郭象在《莊子註·序》中對莊子作了評論：「夫莊子者可謂知本矣，故未始藏其狂言，言雖無會而獨應者也。夫應而非會，則雖當無用；言非物事，則雖高不行。與夫寂然不動，不得已而後起者，固有間矣。斯可謂知無心者也。夫心無爲則隨感而應，應隨其時，言唯謹爾。故與化爲體，流萬代而冥物，豈曾設對獨遘而游談乎方外哉？此其所以不經而爲百家之冠也。然莊生雖未體之，言則至矣。」（《全晉文》卷七十五）郭象肯定莊子知本、至言，爲「百家之冠」，但未稱其爲聖人。爲什麼？湯用彤說：「夫聖王窮神而能兼化，以不治治天下。莊子並未兼化，自亦未足以語窮神，治天下者必已神於不治，則堯、舜、孔子其人矣。郭象對於莊子未以理想人格許之，因依其學說固有所不足也。」「復次，郭《序》曰，莊子『未始藏其狂言』。體道者，則藏其狂言。至道唯在自得，非言之所得。狂言雖爲至言，然至道何言乎？」〔五〕

總之，魏晉玄學家都堅持「體用不二」，認爲只有既能體道又能應物者才是完全人格的聖人。所以王弼以爲體無應言及用，乃足以訓；郭象以爲言非物事，雖高不行。王弼說孔子「予欲無言，蓋欲明本，舉本統末以示物於極者也」（皇侃《論語注疏》引）；郭象也說孔子「述古而不自作，處羣萃而不自異，惟道是從，故不自有身也」（皇侃《論語注疏》引）。孔子之所以爲聖人就在於此。由此可見：魏晉玄學家形而上崇道，形而下尊儒，由道始，至儒終，會通儒道，歸根結底是爲了尋求新理論、新方法以挽救儒家的名教，所以玄學家將孔子作爲聖人置於老莊之上。玄學家作爲士大夫階層，其人生態度實有兩派：一是用世派，他們懷璧待價，存愿救世，認爲放浪非正道，應在現實世界「綏理羣生，訓物垂範」，「名教中自有樂地」，如何晏、王弼、郭象等是；二是逍遥派，或循跡山林，遠離塵世，或放弛爲達，佯狂自適，如阮籍之屬皆是。

玄學思潮的興起和發展，「洎於梁代，兹風復闡，莊、老、《周易》，謂之三玄。武皇、簡文，躬自講論。」（《顔氏家訓・勉學》）不僅兼綜儒道，而且也使佛學玄化，特別是般若學。「暨梁武之世，三教連衡，五乘並騖」（《廣弘明集》卷十一法琳《對傅奕廢佛僧表》），「窮源無二聖，測善非三英」（梁武帝《會三教詩》），形成儒道雙修的儒玄和佛學玄化的佛玄合流，揭櫫三教同流的趨勢。

佛學在南朝玄化原因有三：一是佛教東來，爲求其在東土立足，不能不以經中事數，擬配外書，授之門徒，精神上大體依附漢學，即所謂「格義」方法，因而常與道家相通；二是正始以後玄學思潮興起，名僧名士由玄入佛，大乘般若之學乃附清談光大；三是般若學爲克服早期緣起性空内在矛盾，即偏重於闡空而導致無佛可成、無道可證，因而轉向以《老子》的「自然」來解釋般若的空無。

南朝佛教注重義理，好談玄説無，盛行般若學。般若學傳入中土始自東漢靈帝時支婁迦讖始譯的《通行般若經》；此經就是以老莊的「本無」來譯般若性空思想，用以説明緣起性空，現有的事物本不存在。「性空幻有」是般若學的基本理論，早期般若偏執於空。依其邏輯推理，果由因來，因從何生？既是性空，「空」又如何緣起成「有」？緣起既是性空，「佛」亦虚幻；佛果真不實，那佛教也將不存了。所以支婁迦讖爲克服早期般若理論的内在矛盾，在將般若經譯介中土時便以《老子》的「自然」來解釋般若的空無，彌補佛教般若學「性空」生「有」的缺陷，説生「有」乃本於「自然」。所以般若學一進東土便與道家結緣。後來玄學興起，佛玄關係密切，般若學内部有六家七宗，其中最有代表的三家，即心無宗、即色宗和本無宗。這三宗都與玄學相通：本無宗和玄學貴無論都以「無」爲世界的本體，從本無宗分化出來的本無異宗的宇宙生成論，也與貴無論的「無中生有論」相似；心無宗在客觀上承認諸法之存在，在玄學中則有崇有論，强調「有」的存在；即色宗力圖辯證處理色空關係，在玄學方面則有獨化論對有無關係、體用關係的辯證分析〔六〕。

在南朝，由於大批知識分子、名士諸如王羲之、顧愷之、孫綽、郗超、謝靈運、顔延之、宗炳、沈約、蕭子良等好佛，而在佛教内部也湧現一批好談玄説無好老莊之學諸如道安、慧遠、支道林等名僧。名士名僧的由玄入佛，由佛入玄，密切交往，便促進了儒玄與佛玄的融合。早在東晉，著名的文學家孫綽，因其精通玄學、儒學和佛學，又與名僧支道林深交，因而在其

《喻道論》中就提出「周孔即佛，佛即周孔，蓋外内名耳……周孔救極弊，佛教明其本」(《弘明集》卷三)，主張儒釋調和；謝靈運《辯宗論》也説「宗極微妙，理歸一極」；釋慧遠《沙門不敬王者論》亦云「内外之道，可合而明」。這些事實都表明了儒玄與佛玄合流的趨勢。到了梁代，梁武帝「少時學周孔」，「中復觀道書」，「晚年開釋卷」，他既雅好玄學，親講老子，著《尚書大義》、《中庸講疏》、《孔子正言》、《老子講疏》、《周易講疏》，還尊般若，自註大品，躬常講説，可謂三教兼通。他撰《會三教詩》會通三教於一源：「窮源無二聖，測善非三英。」揭橥三教同源説，可謂是當時時代潮流的集中代表。

(二)劉勰思想與時代思潮

研究一個作家的思想需要包舉一生盡可能收集他的生平事跡和作品。研究劉勰的生平和思想的最大困難在於缺乏資料。雖然在《梁書》和《南史》中劉勰皆有傳，但《梁書》本傳僅一千一百十六字，除去其中引述《文心雕龍·序志》七百七十七字，真正記述生平事跡僅三百三十九字；《南史》更少，全文三百六十七字，除引文一百十八字，記述事跡僅二百四十九字。據史載，劉勰生平著作頗豐，有《文心雕龍》、《文集》、《劉子》及諸多碑文，但《文集》和諸多碑文皆已亡佚，其後期重要著作《劉子》雖史有明録，但自南宋以後又「疑以傳疑」被打入僞書另册，這樣遺下的只有兩傳三百多字和《文心雕龍》一書及《滅惑論》、《梁建安王造剡山石城寺石像碑》兩篇文章了。劉勰所處時代動蕩，他個人經歷曲折，思想豐富，由於所遺史料匱乏，學術界對其生平和思想的見解也是衆説紛紜：有的以《文心雕龍·序志》兩夢和《徵聖》、《宗經》爲由認爲劉勰主導思想屬儒家；又有以劉勰論文本「自然之道」作據斷爲道家；也有以《滅惑論》證爲佛家；自然還有折衷諸家的。究竟應該怎麼看劉勰的主導思想？如本文開頭所説，筆者以爲在運用僅有的文本史料時，最好將之置於劉勰時代的歷史環境、學術思潮中加以分析，這樣才可能實事求是得出比較合理的結論。

上世紀六十年代，著名學者王元化先生發表過《〈滅惑論〉與劉勰的前後期思想變化》〔七〕，在分析劉勰後期思想時就是將《滅惑論》思想内容同梁武帝時期的主流思想玄風復闡、三教連衡的歷史環境相聯繫加以分析的。筆者贊同他的分析和結論。爲省篇幅，兹摘録其主要觀點如下：

⑴「《滅惑論》在佛學思想方面比較突出地表現了三個特點：一、文中多稱涅槃般若，似於釋典中特别重視涅槃般若之學，同時又不廢禪法。二、文中處處流露了玄言之風，帶有玄佛並用的濃厚色彩。三、文中凡述儒釋道三家關係時，悉本三教同源之説。這三個特點正與梁武帝的佛學思想宗旨同符，理趣合軌。」

⑵「正始以來，玄學家多從事於有無本末之辨，本無末有是玄學本體論立論的根本。道安時代，般若學有六家七宗，幾乎都以本無爲宗旨，所以後來論者稱本無幾爲般若學之異名。《滅惑論》遣有標無，實即以玄學本末有無之辨，會通般若性空之談。文中所用名相亦莫不與此有關。」

⑶「《滅惑論》帶有玄佛並用的濃厚色彩，這是一覽可知的。文中稱佛教爲『玄宗』，佛教之化則曰『玄化』。餘如『空玄』、『玄智』、『妙本』、『宗極』之類，莫不屬於玄佛並用的特殊用語。玄學貴虛無，在本體論上有本末（或言體用）之辨。本體虛無，超乎象外，在於有表，不可以形名得，引申在方法上則有言意之別。般若性空之談由玄入佛，亦並取二説，因而『得意忘言』之義每每見於佛家談空的著作之中……劉勰《滅惑論》在指責《三破論》不原大理唯字是求的時候，不僅肯定了『得意忘言』之旨，而且也提出了『棄跡求心』的説法。所謂『至理名言』或『棄跡求心』都是在言意之辨上主張言不盡意，認爲名言是末有，是假象，而空無乃是本體，是實相，從而使方法上的言意之別與本體論上的體用之辨完全趨於一致。」

從以上所引，可知王元化肯定：劉勰後期的主導思想與當時的儒道佛會通的玄學思潮是一致的。但是，作者在此文中又認爲：劉勰後期的思想（即《滅惑論》體現的思想），同前期的思想（即《文心雕龍》體現的思想）是不同的，前期的思想則是儒家思想爲主導。不過，到了二十世紀八十年代，具體説就是在一九九八年十一月在廣州召開的「《文心雕龍》國際研討會」上，作者又公開修正了自己的觀點。他説：

「在《序志篇》（按：《文心雕龍·序志》）里，劉勰也講道：『位理定名，彰乎《大易》之數，其爲文用，四十九篇而已。』《繫辭》稱：『大衍之數五十，其一不用。』爲什麼其一不用呢？因爲那個『一』代表本體。我認爲《原道篇》就是所謂『其一不用』的那個『一』。它是體，不是用。一切用的都是從這個本體（道）那裏派生的。劉勰這種觀點主要是來自王弼的《易》學，而不是鄭玄等漢儒的《易學》。（林按：王弼《大衍義》云：「演天地之數所賴者五十也。其用四十有九，則其一不用也。不用而用以之通，非數而數以之成，斯《易》之太極也。四十有九，數之極也，夫無不可以無明，必因於有，故常於有物之極，而必明其所由之宗也。」）

那麼，爲什麼劉勰在論及『道』時又提到『德』呢？《原道篇》開宗明義提出『文之爲德也大矣。』我認爲，這與老子思想有密切關係，劉勰的『道』本之老子，可從下面三個方面來講：一、老子認爲『道』先天地生，爲天下母，就是説「道」是天地萬物的根源。這個『道』相當於《原道篇》中的『太極』。二、老子所説的『道』是非意志的自然，是與人工相對待的。『自然』並非指自然界，而是指自然而然的意思，劉勰説的『自然之道』……它實際上是與老子的自然觀同義……三、老子認爲『道』是

『無爲無不爲』的。無爲是指它作爲本體而言，無不爲則是指這個本體又可以産生天地萬物而言。《原道篇》稱『人文之元，肇自太極』，並説日月、山川、動植之文（即天地人三才）皆來自『道』。這也與老子思想同旨合軌。

至於《原道篇》一開頭所説的『文之爲德也大矣』，其中涉及了『道』與『德』的關係。我認爲劉勰所説的『道』與『德』的關係，也同樣本之老子……文之得以爲文，就因爲它是從『道』中派生出來的。這樣《原道篇》未論『道』而先説『德』，其間『道』與『德』的關係也就聯繫在一起了。」〔八〕

王元化還説自己以前在「言意之辨」問題上，因「受到了《范註》的拘攣」，認爲劉勰是屬於「言盡意」一派的，但「近來我對《文心雕龍》中的言意問題，有了一些和過去不同的看法」，「何劭《荀粲傳》稱荀氏治《易》者頗多，均主舊學，而粲獨標新義，提出『象外之意，系表之言，固蘊而不出』之旨。玄學代表人物王弼在《周易略例·明象篇》中亦稱：『意以象盡，象以言著。故言者所以明象，得象而忘言；象者所以存意，得意而忘象。』荀、王二人無非是説，不可拘泥於文字的表面，而應探求其内在意蘊，以達到尋言以觀象，尋象以觀意。」〔九〕據此，王元化認爲：要研究劉勰的言意之辨引入文學領域的意義，「既要探其流源，找出它的根據；同時又不可拘於本義，按照原來的意蘊照搬到另一個領域中去」。所以他「過去由於拘攣於《范註》的訓釋來探討《文心雕龍》中的言意問題」，「曾援《文心雕龍》『皎日彗星，一言窮理，參差沃若，兩字窮形』、『物沿耳目，辭令管其樞機。樞機方通，則物無隱貌』、『意授於思，言授於意，密則無際，疏則千里』等作爲證明」，一直把劉勰歸於「言盡意」派。但是「《文心雕龍》還有另外一面，如其中所説的『思表纖旨，文外曲致，言所不追，筆固知止』、『物有盡而情有餘者，曉會通也』等等，這些話似乎又表示了語言並不能完全涵蓋思想的意思。我認爲，如果各執一端，就會作出一偏之解」。〔一〇〕

王元化在一九八三年《〈文心雕龍創作論〉第二版跋》中還引季羨林信提及陳寅恪文章關於天師道問題聯想「劉勰家世好像也信奉天師道。劉穆之、劉秀之，兩輩都用『之』字排行，與王羲之家及許多家相似」，認爲「天師道問題確實值得研究，它不僅關係到劉勰家世，而且也關係到劉勰的思想」。〔一一〕

根據以上所引，我們可以看到：王元化經過長達二十多年的研究，得出劉勰思想（包括前期和後期），特別是他的本體論（體用觀），與劉勰所處的時代的思潮，即玄學思潮，有密切的關係的結論。筆者認爲，這個結論是合乎實際的，是正確的。盡管劉勰在論及儒道佛時，在不同領域和場合或有所偏重，但在骨子裏是與三教融通以「道」爲本的玄學思潮是合拍同軌的。

(三)從時代思潮看《文心雕龍》和《劉子》體用觀的一致性

魏晉玄學追求玄遠,意在得道與道合一,以「道」、「自然」、「無」、「宗極」、「大化」爲體,與天地合德。「文」爲「道」之表現,「語言」究其極乃是表現「道」的工具,「文」、「語言」都不是「本」,都是「用」。所以王弼《周易略例·明象》章説:「夫象也,出意也;言者,明象也。盡意莫若象,盡象莫若言。言生於象,故可尋言以觀象;象生於意,故可尋象以觀意。意以象盡,象以言著……存言者非得象也,存象者非得意者也。象生於意而存象焉,則所存者乃得其意者也,忘言者乃得象者也。」王弼在這裏强調的是:言象爲工具,只用以得意,而非意本身,所以不能以工具爲目的而滯於言象反失本意。

在玄學哲理時代思潮主導下,魏晉南北朝在各個領域都受影響。觀人:專重神氣,以爲觀人眸子可以知人;繪畫:重在「傳神寫照」,故「顧愷之畫人或數年不點目睛」;音樂:要求合「天地之體」、「萬物之性」,以傳「天籟」;文學:效法聖人之至文法自然,發爲文章可通天地之性,盡善盡美。清人紀昀批點《文心雕龍·原道篇》云:「文以載道,明其當然;文原於道,明其本然;識其本乃不逐其末。首揭文體之尊,所以截斷衆流。」真可謂畫龍點睛,一語中的。所以《文心雕龍》能夠成爲我國第一部「體大慮周,籠罩羣言」,「標心萬古,送懷千載」的不朽文藝理論巨著,這不能不説首先乃時代潮流所賜。

二十年前,筆者校理《劉子》成《劉子集校》一書,並撰《〈劉子〉作者考辨》,考定《劉子》作者應屬劉勰。在《考辨》中,除據兩《唐書》、鄭樵《通志》以及五種敦煌書目遺書和唐釋慧琳《一切經音義》「《劉子》劉勰著」的著録史料外,還摘引了二十條《劉子》和《文心雕龍》思想雷同的段落加以比勘,説明兩書思想的一致性,但引起了争議。争議的焦點主要在於兩書思想是否相屬?論者認爲,比勘雷同的話不足爲據,應從宏觀處求,並具體指出:「劉勰《文心雕龍》宗儒傾向鮮明」,而《劉子》「歸心道教,與勰志趣迥殊」,「《文心》與《劉子》在基本思想傾向方面區別十分明顯」;進而更具體提出「二書志趣相同的對應點」《劉子·九流篇》與《文心·諸子篇》加以剖析,認爲《劉子》主張儒道互補而傾向於道。《文心》崇儒輕道,强調「經子異流」。《劉子·九流篇》説「九流之中,二化最早」(林按:引文「最早」誤,原文作「爲最」),承認儒道這兩個形成最早並且最有影響的流派。又説『今治世之賢,宜以禮教爲先,嘉遁之士,應以無爲是務,則操業俱遂,而聲名兩全也。』它認爲儒家是治世所需要,道家爲出世(「嘉遁」)所追求,兩者互相補充就可以兩全。它還説:『儒教雖非得真之説,然茲教可以導物;道家雖爲達情之論,而違禮復不可以救弊』;一個『非得真之説』,一個『爲達情之論』,一褒一貶,《劉子》的重道輕儒不是明顯嗎?」(一二)

以上詰難，筆者以爲如果我們把《文心雕龍》和《劉子》都置於劉勰生活時代玄學思想占主流的生活環境中加以辨析，那就會迎刃而解。本文前面已就魏晉玄學的本體論（體用觀）和劉勰思想與玄學思潮關係作了探討。對於劉勰後期思想的玄學表徵（儒玄、佛玄兼容）可能比較易於接近，關鍵是如何認識《文心雕龍》所體現的儒道佛關係問題，筆者想在此作些補充探索。

我們研究《文心雕龍》，往往囿於兩夢和徵聖、宗經的表面現象，因而獨標儒家，排斥道佛。可是，如果用當時社會主流思潮玄學的本體論（體用觀）和聖賢論，對形而上和形而下體用不二，既崇道又尊孔，並且以「體道應物」爲全，在理想人格上將孔子奉爲「聖人」，將老莊派爲「上賢亞聖」加以考察，那麽《文心雕龍》既以道家的「自然之道」爲本體，又尊孔子爲聖人，將儒家著作作爲經典，也就很自然的了。在玄學思潮支配的劉勰看來，道家提出的「道」是客觀存在的萬物本源，是不屬於任何一家的，無論是道家的「道」，佛家的「道」，儒家聖人所體的「道」，原來就是同一個東西。所以他說「至道宗極，理歸乎一；妙法真境，本固無二……但言萬象既生，假名遂立。梵言菩提，漢語曰道」，「尋柱史嘉遁，實惟大賢，著書論道，理歸静一，化本虚柔」。（劉勰《滅惑論》）

劉勰的人生觀「君子藏器，待時而動」，「摛文必在緯軍國，負重必在任棟梁」，當屬於當時懷璧待賈、存愿救世的「用世派」。他尊崇的聖賢，同玄學家的聖賢觀是一致的。劉勰在《文心雕龍・徵聖》中說：「夫作者曰聖，述者曰明。」阮元《經籍纂詁》訓：「作，爲也、用也、治也。聖，《禮記・樂記》『作者之謂聖』疏：『通明於事則爲聖人。』」《管子・乘馬》『聖人之所以爲聖人者』註：『聖，治世之名。』」「述」，《漢書・禮樂志》「述者之謂明」註：「明辯其義而循行」。「明」，《書・伊訓》「居上克明」疏：「明，謂所見博。」又「賢」：《説文》「賢，多才也」。《易象上傳》「養賢也」註：「次聖人者謂之賢人。』」可見劉勰心目中的「聖人」標準，就是玄學家主張的不僅能明道，而且更能體道應物，則天行化，體「自然」而用「名教」完全人格的「聖賢」標準。這樣，《文心雕龍》標舉「自然」把「原道」、「徵聖」、「宗經」三位一體作爲「文之樞紐」，這同玄學家將「自然」與「名教」統一起來完全是一致的。在劉勰看來，「道」是本體，「文」是「道」的外化，「辭之所以能鼓天下者乃道之文也」（《文心雕龍・原道》），聖人體道而爲文：「象天地，效鬼神，參物序，制人紀，洞性靈之奥區，極文章之骨髓也」（《文心雕龍・宗經》）。無論是人還是文，自然都是最高的楷模。「道」幽「文」顯，「聖人」是連接二者的橋梁，既崇道，又尊聖，理所當然。從形而上哲理而言，道、佛、儒有「深、淺」、「精、粗」之別；從理想人格而言，老莊孔子又有「偏、全」、「賢、聖」之分。所以劉勰在不同的領域和場合，應時强調的重點也有不同。《劉子・九流篇》分述道、儒、陰陽、名、法、墨、縱横、雜、農九家之後，得出結論：「道者玄化爲本，儒者德教爲宗；九流之中，二化爲最。夫道以無爲化世，儒以六藝濟俗；無爲以清虛爲心，六藝以禮教爲訓……儒教雖非得真之説，然茲教可以導物；道家雖爲達情之論，而違禮復不可以救弊。今治世之賢，宜以禮教爲先，嘉遁之士，應以無爲是務，則操業俱遂，而身名兩全也。」從體用觀的高度看，與《文心雕龍》的「原道」、「徵聖」、「宗經」並無二致。

劉勰出生在深受天師道影響的地區和家世，又處在學術思想「合異爲同」玄學思潮主導的時代，他自己在佛寺生活十多年之後走上仕途，先後從事過政治、經濟、軍事、文藝等方面的實踐，因而視野開闊，兼收並蓄，能夠認識到：「九家之學，雖理有深淺，辭有詳略，偝僪形反，流分乖隔，然皆同其妙理，俱會治道，跡雖有殊，歸趣無異。猶五行相滅，亦還相生；四氣相反，而共成歲；淄澠殊源，同歸於海；宮商異聲，俱會於樂；夷惠同操，齊蹤爲賢；三子殊行，等跡爲仁。」（《劉子·九流》）這種思想正是由分裂即將走向統一的南朝齊梁時期時代思潮的反映，也是劉勰人生實踐經驗的升華。如果没有那樣自由開放的魏晉南北朝時代精神熏陶，没有像劉勰那樣的豐富人生經歷，那是寫不出像《劉子》這樣「咀英吐華，成一家言，其大旨不謬於聖人」的書的。這恐怕也是《劉子》與《吕氏春秋》、《淮南鴻烈》一樣能夠流傳千古的根本原因。

《劉子》自南宋人轉引没有直證和佐證的兩條資料，否定兩《唐書》和敦煌遺書、《一切經音義》以及鄭樵《通志》「劉勰著」的著録開始，繼之又有人以《劉子》與《文心雕龍》「兩書思想不相屬」爲由，剥奪劉勰的著作權，把它打入「僞書」冷宫，這可説是文化史悲劇。北京電腦專家楊少俊教授接受林中明先生建議，用電子計算機檢索《劉子》與《文心》兩書用詞、辭源、句法類型，他得出初步的結論是傾向兩書同出於一個作者；並且他還以《劉子·命相篇》向著名印度學學者季羡林先生請教，季先生回答此篇思想與印度佛學有關。所以我想我們應該尊重歷史，尊重事實，不避煩難，細推原委，擺脱「疑以傳疑」先入爲主的思維慣勢。我深信，經過大家努力，總有一天會還歷史以真相，還劉勰以公道的。

參考文獻

〔一〕梁啟超：《論中國學術思想變遷之大勢》，上海古籍出版社，二〇〇六年出版，第三頁。
〔二〕〔三〕〔四〕〔五〕湯用彤：《魏晉玄學論稿》，上海古籍出版社，二〇〇五年出版，第八九頁；第一六四頁；第八八頁。
〔六〕參閲賴永海主編《中國佛教百科全書·歷史卷》，第三章，上海古籍出版社二〇〇〇年出版；蕭登福《道家道教與中土佛教初期經義發展》，第六章，上海古籍出版社二〇〇三年出版。
〔七〕〔八〕〔九〕〔一〇〕〔一一〕王元化：《文心雕龍講疏》，廣西師範大學出版社二〇〇四年出版，第三六、三八、三九——四〇頁；第三三一——三三二、第三三三——三三四頁。第三三四——三三五頁，第三四八頁。

〔一二〕程天祐：《〈劉子〉作者辨》。中國文心雕龍學會《文心雕龍學刊》第五期，齊魯書社一九九八出版。

（原載《許昌學院學報》二〇〇八年第四期；又收入臺灣文史哲出版社二〇〇八年八月印行的《二〇〇七〈文心雕龍〉國際學術研討會論文集》）

把「文心雕龍學」進一步推向世界——《文心雕龍》研究在海外的歷史、現狀與發展

林其錟

作爲我國第一部體大思精、有着完整體系的古代文藝理論著作——《文心雕龍》，在其問世時「未爲時流所稱」，得不到社會的重視。經過了近十五個世紀的流傳，它的巨大價值越來越被人們所認識，今天已經取得了「顯學」的地位：不僅在中國被廣泛地重視和研究，而且已經有了朝、日、英、意四種文字的全譯本（據説德文本也將出），而且有的（如日、朝）譯本還不止一種，可謂是真正走向了世界。據不完全的統計，截至一九九二年，國内外已經出版的研究專著超過了一百二十種；發表的論文也在一千五百篇以上。由於研究隊伍的擴大，研究範圍的廣泛和系統，研究成果的豐碩，一門新學科——「文心雕龍學」，已名符其實地成了客觀存在。爲了「文心雕龍學」的發展，回溯一下它走向世界的歷史，分析一下它在海外的現狀和面臨的問題，研究如何進一步推向世界，使之往更廣和更深的方向發展，這對於學科的建設是有好處的。

（一）《文心雕龍》是怎麽樣走向世界的？

從現有的史料考察，《文心雕龍》最早走出國門進入的國家是朝鮮還是日本，現在尚難肯定。據韓國啟明大學李鍾漢教授考證：早在新羅第四十八代景文王八年（公元八六八年，唐懿宗咸通九年）入唐的留學生崔致遠，於新羅第五十一代真聖女王四年（公元八九〇年，唐昭宗大順元年）奉王命撰寫的《無染和尚碑銘並序》和於新羅第五十二代孝恭王八年（公元九〇四年，唐昭宗天佑元年）撰寫的《大唐大薦福寺故寺主翻經大德法藏和尚傳》，都分別引用了《文心雕龍·論説》和《史傳》的文字。前者云：「上曰：『弟子不佞，少好屬文，嘗覽劉勰《文心》有語云：滯有守無，徒鋭偏解，欲詣真源，其般若之絶境。（按《文心》原文是「然滯有者全繫於形用，貴無者專守於寂寥，徒鋭偏解，莫詣正理。動極神源，其般若之絶境乎」。）則境之絶者，或所聞乎？大師對曰：境既絶矣，理亦無矣，斯印也，默行爾。」後者曰：「傍詰訶者引《文心》云：『舊史所無，我書則博，欲偉其事，此訛濫之本源，述遠之巨蠹也。』子無近之乎！雖多奚爲？以少是貴。」從這兩段文字看，引《文心》者非崔致遠，實新羅王（「上曰」）和「傍詰訶者」；崔致遠只是記述其語而已。由此可見：《文心雕龍》之傳入朝鮮，當在公元八九〇年之前，到了八九〇年崔致遠撰文之時，連新羅女王都熟知《文心》，並引用自如了。如果《文心雕龍》不在此之前流傳

並發生影響（至少在上層社會），何能至此？所以，至晚在九世紀末，《文心雕龍》已相當廣泛地在當時朝鮮的知識界流行了。

但是，我們還不能由此斷定朝鮮是《文心雕龍》走出國門第一個流傳的國家。因爲在今存的，成書於日本寬平年代（公元八八九——八九七年，唐昭宗的初期和中期）的《日本國見在書目》「雜家」和「總集」類，有《文心雕龍》的著録。而且，據日本京都大學興膳宏教授考證：公元七五一年（唐天寶十年）行世的《懷風藻》（漢詩選集）中，蟲麻吕作的《秋月於長王宅宴新羅客》五言詩序，即有受《文心雕龍·物色》影響的句子：「物色相召」、「山水助仁」。大約於公元八〇九——八二〇年成書的弘法大師空海的《文鏡秘府》「天卷」中，便有「吳人劉勰著《雕龍篇》」之語，並且引用了《聲律篇》的部分文字。在此書序的開頭即云：「夫文章之興，興自然起；宫商之律，共二儀生。是故奎星主其文書，日月焕乎其章，天籟自諧，地籟冥韻。」興膳宏認爲：這顯然是《文心雕龍·原道》的思想。他還認爲：於公元九〇五年成書的《古今和歌集》紀淑望的《後序》，也直接、間接受了《原道》、《物色》影響。這些史實表明：《文心雕龍》傳入日本，當在公元八九七年之前，至少同傳入朝鮮的時間不相上下。

《文心雕龍》傳入朝鮮和日本後近千年間的情況迄今不甚了了。在朝鮮未見刻本。在日本，寬永十六年（公元一六三九年，明崇禎六年）成書的《藤原惺窩集》序中，直接引用了《指瑕》、《定勢》、《才略》三段文字；今存十八世紀初享保年間刻的尚古堂活字本和享保十六年（公元一七三一年，清康熙九年）據尚古堂本加以訓點的岡白駒本。清黄叔琳輯註本於公元一七五四年（清乾隆十九年）傳入日本，對《文心雕龍》在日本的普及，起了巨大作用。

由於東西方文化的差異，語言的隔閡，《文心雕龍》在歐洲的傳播是十九世中葉以後的事。據意大利漢學家米蘭大學東方文化系珊德拉副教授的考證，最早介紹《文心雕龍》是法國的衛烈亞歷。一八六七年（清同治六年）在他的《漢籍解題》中首次介紹説：「《文心雕龍》是詩文評論的第一部著作，是劉勰在公元六世紀寫的，被認爲是體大思精的著作，但是目前的版本有缺點和很多錯誤，宋代出版的評論目前已丢失，清朝的黄叔琳以明朝的梅慶生的評論爲基礎，出版了《文心雕龍輯註》，是一個更完整的評論。」一九二六年蘇聯漢學家阿列克謝也夫在巴黎法蘭西學院作了有關中國文學的六個講座，在第一講座中，大部分談了劉勰的《文心雕龍》，稱劉勰爲「公元五世紀有名的詩學家」。一九三七年，出版了他的法文專著《中國文學》，首次把《文心雕龍·原道篇》譯成法文，還有《文心雕龍·辨騷》的譯評。一九五二年，巴黎大學北京漢學研究所出版了王利器的《文心雕龍新書》和《文心雕龍新書通檢》。在蘇聯，繼阿列克謝也夫之後，費德林、艾德林、索羅金等在他們的著述中也多次提及《文心雕龍》。其中最爲集中，影響最大的當屬波茲涅耶娃。她在莫斯科大學教科書《中世紀東方文學》寫的《中世紀初的中國文學》專章中，以長達十頁的篇幅，介紹『詩歌藝術理論』時，主要介紹了《文心雕龍》對文藝創作的本質、發展歷史、創作的民間來源、作品的内容與形式關係、文藝作品分類、體裁形式、藝術手法、作家評論與讀者關係以及《文心雕龍》對後世的影響等，並且作了系統的評述。

《文心雕龍》被介紹到美國始於五十年代。一九五一年，美國漢學家休斯首次把《文心雕龍·原道》譯成英文，附在英譯本《文賦》中。一九五三年，施友忠英文論文《劉勰〈文心雕龍〉中的宗經》在《亞洲研究》發表；他的英譯本《文心雕龍：中國文學思想與形式研究》(The Literary Mind and The Carving of Dragons: A Study of Thought and Pantern in Chinese Literature)，於一九五八年由紐約哥倫比亞大學出版社出版，並被列入『哥倫比亞大學文化史料叢書』，這是《文心雕龍》首次英譯全本。在這個譯本中，譯者隨譯文有註釋，書前撰有長篇《導言》，系統地介紹了劉勰前的中國文學理論發展概況、劉勰生平和宗經思想、《文心雕龍》主題以及基本内容，同時還將劉勰和他同時代的古羅馬詩人賀拉斯文學思想加以比較，最後簡略地介紹了歷代學者對《文心雕龍》的評價。此書在一九六九年由臺北敦煌書局有限公司再版。施譯《文心雕龍》是迄今唯一的英譯本，是西方學者研究《文心雕龍》的主要版本，影響很大。

意大利漢學家珊德拉，從一九八二年開始用意大利文翻譯《文心雕龍》，從一九八二——一九八四年在意大利《東方大學學刊》上，先後翻譯發表了《比興》、《序志》、《原道》、《徵聖》、《宗經》、《正緯》、《辨騷》等專篇，意文全譯本《文心雕龍》已付印，將在一九九三年在米蘭出版。

除了上述國家，《文心雕龍》在匈牙利和德國也有研究者。匈牙利漢學家弗倫斯·多奎的專著《中國三——六世紀理論流派》和另一漢學家鮑羅尼的論文《A Kinai tarsadlam holyi szevezetonek hygyomanYos elemei》，都較多地論及《文心雕龍》，在德國，有消息説：西德魯爾大學東亞系中國語言文學部教授李肇礎博士，近年正以德文翻譯《文心雕龍》並有論文發表。

（二）海外《文心雕龍》研究的現狀

綜覽世界「文心雕龍學」的發展，可以看到由於地緣和文化的差異，東西方的狀況十分懸殊：東方的研究在相當深入的基礎上已經進入解難「爬坡」階段；西方則仍處於翻譯、介紹、接受的發軔階段。

東方，主要是亞洲包括中國大陸、臺灣、香港和日本、韓國等國家和地區，經過古代的積累之後，在近一個世紀衆多學者的耕耘下，無論是版本校勘、註釋、翻譯、作者行狀，全書綜合研究、專題研究、比較研究以及資料匯集整理，都已經取得了豐碩的成果。前面提到的一百二十多種專著、二千五百多篇論文，百分之九十五都集中在東亞的幾個國家和地區。中國大陸因不在本文論列範圍姑且勿論，以臺灣而言，從一九四九年之後的近半個世紀時間裏，經過初期（五十年代）艱辛開拓，中期（六十年代）發展猛進，近期（七十年代）成果輝煌，進入了外表降温深入攀高的階段。臺灣較有代表性的研究成果是：劉勰身世研究有王更生的《梁劉彦和年譜稿》（一九七三年四月）、王金凌的《劉勰年譜》；校勘註釋有張立齋的《文心雕龍註訂》（一九六七年）、李景濚《文心雕龍新解》（一九六八年，是臺灣語體今譯的首部）、張立齋的《文心雕龍考異》（一九七四年）、王叔岷的《文心雕龍綴補》（一九七五年）、李曰剛的《文心雕龍校詮》上下册（一九八五年）、王更生的《文心雕龍讀本》（一九八五年）；全書研究有蔡宗陽的《劉勰〈文心雕龍〉與經學》（一九八九年，屬文原論）、徐復觀的《文心雕龍文體論》（一九五九年，論文，屬文體論）、李再添的《文心雕龍的文類論》（一九八二年，屬文體論）、黄春貴的《文心雕龍之創作論》（一九七三年，屬創作論）、沈謙的《文心雕龍與現代修辭學》（一九九〇年，屬創作論）和《文心雕龍批評論發微》（一九七七年，屬批評論）；黄錦鋐編譯的《文心雕龍論文集》（一九七九年，屬資料文集）、王更生主編《文心雕龍研究論文選粹》（一九八〇年，是首次兼收兩岸研究成果，屬資料文集）；王更生的《文心雕龍導讀》（一九七七年出版，一九八八修訂再版，屬普及讀物）。此外還有爲數衆多的論文。在香港地區雖不如臺灣，但成果亦頗可觀。較爲重要的成果有：饒宗頤等的《文心雕龍集釋》（一九六二）、潘重規的《唐寫文心雕龍合校》（一九七〇）、周康燮的《文心雕龍選註》（一九七〇）、饒宗頤《〈文心雕龍〉與佛教》（一九五二）、石壘的《〈文心雕龍〉與佛道義疏證》（一九七一），以及饒宗頤主編的《文心雕龍研究專號》、陳耀南的《文心雕龍論集》（一九八五）。此外還有鄧仕梁《〈易〉與〈文心雕龍〉》（一九六九）、《王充〈論衡〉與劉勰〈文心雕龍〉》、王汝洛的《〈文心〉、〈詩品〉對建安詩人的比較》（一九六七）等。以上説明港臺地區對《文心雕龍》的研究，在各個領域都獲得了可觀的成果。

新加坡是華人聚居的國家，華族人口佔全國人口的百分之七十六，他們對華夏傳統文化有深厚感情。雖然由於種種原因，華文教育未能被置於應有的地位，但《文心雕龍》的研究在那裏仍爲有識者所重視，因而其成果亦佔一席之地。比較有代表的如：許雲樵的《文心雕蟲》第一集（一九七三）、第二集（一九八〇），王忠林的《文心雕龍所述辭格析論》（一九七〇），王叔岷的《文心雕龍校記》（一九六四），吴元華的《文心雕龍騷、詩、樂府、賦文體理論的探討》（一九七三），吴元華的

《文心雕龍與文筆説》（一九七五），許雲樵的《文心雕龍註》（一九八四）等。

《文心雕龍》傳入日本已逾千年，但真正的研究始於本世紀的二十年代，奠基人是鈴木虎雄。鈴木虎雄當時在京都大學文學部講授《文心雕龍》，在一九一九——一九二〇年撰的《魏晉南北朝時代的文學論》中即有專章介紹《文心雕龍》，他還對内藤湖南從英國帶回的敦煌本《文心雕龍》進行研究，於一九二六年發表了《敦煌本〈文心雕龍〉校勘記》，繼之於一九二八年又發表了《黄叔琳本〈文心雕龍〉校勘記》。鈴木虎雄的研究不僅對日本影響巨大，對中國也發生了重大影響。五十年代以來，在日本比較重要的研究成果有斯波六郎的《文心雕龍范註補正》（一九五二）、《文心雕龍札記》（一九五三——一九五八）、吉川幸次郎的《對〈文心雕龍札記〉的評價》（一九五五）、岡村繁的《文心雕龍索引》（一九五〇年初版，一九八二年改訂版）、興膳宏譯《文心雕龍》（一九六八，全譯本）、目加田誠譯《文心雕龍》（一九七四，全譯本）、户田浩曉譯《文心雕龍》十八篇（一九七二）、户田浩曉譯《文心雕龍》上、下册（一九七四、一九七八，全譯本）、户田浩曉的《文心雕龍研究》（一九九二）。此外還有數十篇涉及各個方面的論文。總之，日本的「文心雕龍學」，可以説是由鈴木虎雄開其端，斯波六郎和吉川幸次郎等倡其後，經過半個多世紀，已形成了一支實力雄厚的由户田浩曉、岡村繁、興膳宏、高橋和己、林田慎之助、安東諒、門脅廣文、釜谷武治、甲斐勝二、清水凱夫、安藤信廣、向島成美等老、中、青學者組成的研究隊伍。從整個研究的趨勢看，校勘版本考證已漸減少，原理論、創作論以及《文心雕龍》同其他關係的研究正在增加。

與中國、日本緊鄰的韓國，自六十年代中期開始草創，車柱環教授於一九六六——一九六七年撰《文心雕龍疏證》以後，一九七五年由崔信浩教授譯註的韓文全譯本《文心雕龍》面世；一九八四年由韓國漢學學者李民樹翻譯的韓文全譯本《文心雕龍》也出版了。進入八十年代，研究隊伍擴大，興趣日高，陸續發表單篇論文和學位論文，涉及劉勰思想觀、文學觀和《文心雕龍》的文體論、創作論、批評論、風格論、文原論、理論體系論等等。一九九二年七月，由四十多位學者組成了「中國文學理論研究會」。另外以高麗大學爲中心，還成立了『文心雕龍談會』，他們還準備用兩年的時間，完成具有簡明題解、詳密註釋、文字易懂的更爲周備的新的韓文全譯本。

以上所列雖然很不完備，但可以看到：以中國大陸、臺灣、香港爲主體，東到日本，北至韓國，南及新加坡，「文心雕龍學」蓬蓬勃勃，陣容强大，成果豐碩，現在正朝着深入、提高的方向發展。

在西方，主要由於東西方文化的差異，文化心理、思維方式、價值觀念、審美意識不同，特别是語言隔閡，因而《文心雕龍》在他們那裏被接受和傳播要比在東亞困難得多。近半個世紀以來，特别是在六十年代以來，隨著東亞日本和「亞洲四小龍」(香港、臺灣、新加坡、韓國)經濟的崛起，多元文化觀念的確立，比較文學研究的發展，《文心雕龍》也正在歐美被越來越多的學者所認識並受到重視。在歐洲，除了前面已經提到的譯著外，一九七四年弗倫斯·多奎用法文譯出了《聲律篇》；朱麗安用法文譯出了《宗經》和《麗辭》。一九八二年以來，巴黎第八大學出版的《遠東遠西》雜志發表了大批中國古代文學評論，許多文章都涉及《文心雕龍》。一九八九年德國漢學家德邦在荷蘭出版了德文的《中國詩詞、歷史、結構、理論》一書，不僅把《文心雕龍》作爲辭目專門介紹，而且有三五條關於文體詞目引用《文心雕龍》，還譯了一些重要段落。在研究方面，他們特别注重將《文心雕龍》同西方的文論進行比較研究。例如：法國朱麗安將西方「藝術模仿自然」同《文心雕龍》的「自然之道」比較，西方「想象力的産生」同《文心雕龍》的「神思」比較。又如：美國吉伯斯(Gibbs)於一九七〇年完成的博士論文《文心雕龍的文學理論》中就借助艾布拉姆斯的《鏡與燈》理論(模擬論、實用論、表現論、客體論)來闡釋劉勰的觀點。另一位學者弗斯克的博士論文《中西文學理論的形色論題》，更是明確地進行中西文學理論比較研究。除了比較研究，還有綜合性的研究和介紹評價。比如近年在法國出版的J.平帕諾著的《中國文學史》，除了肯定《文心雕龍》的重要意義外，還對劉勰文藝思想基礎——儒家、道家思想作了闡述；一九九一年意大利漢學家馬西編輯的《中國文學一百名著内容》，也專篇介紹了《文心雕龍》；美國劉若愚的學生邵氏(Paul Yoog—Shing Shao)的博士論文《劉勰：理論家、批評學家、修辭學家》更是全面而系統地闡發了《文心雕龍》的思想。

特别值得重視也令人高興的是：西方學者對《文心雕龍》的研究，已開始擯棄傳統的歐洲中心論思維模式，强調「要從如何理解同本民族思維方法有重大差異的異族文學和文化的角度分析《文心雕龍》」。比如前蘇聯的李謝維奇在其專著《古代與中世紀之交的文學思想》就是持這一觀點的。李氏認爲：正是因爲民族思維方法重大差異而使歐洲人對中國精神文化及中國社會心理特點感到陌生、驚訝、無法理解，從而導致「門外文談」式無知的否定。李氏列舉了黑格爾斥中國《易經》八卦爲「膚淺」、斥道家「没有什麽教益」、説《論語》「最好不要翻譯」，以及法國讓·羅得公然否認中國人的思維中有牢固的因果聯繫等，説明這種「門外文談」式無知否定的危害。所以李謝維奇主張要從中國文學的獨特性來分析《文心雕龍》，才能真正理解《文心雕龍》。意大利的珊得拉也持類似的觀點。她認爲：「通過形象進行思維」是中國文學創作的一種基本和典型的因素，而「興」則是獨特的一種中國式的表達形式，因而「在許多情況下，不能用西方術語來翻譯中國獨特的文學作品，在很多情況下，不存在相應一致的詞句，而只是表面上相似，因此需要留下中國的詞匯而對西方讀者解釋主要的意思和不同的表達方式。」毫無疑問，歐洲中心論思維定勢的否定，承認民族文化的多元性，這對於彼此肯定不同民族文化的價值，從而進行平等地交流是一個前提。這對於《文心雕龍》在西方的傳播與研究，也掃除了心理障礙。

(三)進一步把「文心雕龍學」推向世界

《文心雕龍》在海外傳播的歷史和現狀表明：《文心雕龍》的確是已經走向了世界，無論從其傳播範圍、研究深廣度、研究隊伍和成果的豐碩來看，《文心雕龍》研究也的確已成爲一門獨立學科，因而「文心雕龍學」成了客觀的存在。但是，從世界範圍看，發展是極不平衡的，在東亞，特别是中國大陸、臺灣和日本，已經形成規模，進入了成熟期，香港、韓國也正方興未艾。而在西方，則尚處發軔的初期階段。因此，爲了進一步發展「文心雕龍學」這一門既古老又新興的學科，我們必須以實事求是的精神，從實際出發，針對差異和客觀需求，更有目的，更有針對性，更有組織，更加扎實地開展研究、交流工作，把「文心雕龍學」進一步推向世界。爲了達到這一目的，我以爲可以圍繞如下幾個方面進行：

(1)組織力量開展綜合研究，總結前人經驗，在廣泛吸取已有的成果基礎上，盡快地搞出一種比較完備的新版本，一種集大成的註釋本和一種比較準確和富於文采的今譯本。這不僅對推動海内外華語世界的普及和教學有重要意義，而且對其他語種的漢學家的翻譯、介紹有重大幫助。

(2)組織力量編纂一部較爲完整和準確的《文心雕龍學辭典》，有可能的話，同國外學者通力合作，編纂一部漢英對照的《文心雕龍學辭典》，這樣將對進一步把「文心雕龍學」推向世界起重大的作用。

(3)要着力培養「文心雕龍學」的三語人才，即既精通古漢語、現代漢語又精通外語的研究人才，從而能以外語直接撰述研究文章，擴大《文心雕龍》在非華語世界的影響，推動「文心雕龍學」在世界範圍的發展。

(4)大力開展古今、中外的比較研究，要結合現代文論、文學創作的思潮，深入研究和闡發《文心雕龍》的精髓，多做解構、轉化和再創造的研究，使《文心雕龍》的精髓富有時代氣息，溶入現代理論構架，對現實的文藝發揮實際的指導作用。

(5)在梳理過去研究成果的基礎上，繼續解決懸而未決的問題，使研究向縱深方向發展，把「文心雕龍學」推向更高的層次，研究切忌「各顧各」和「自説自話」，力避主題重複和没有新意，應該更加有針對性、目的性，才能避免「炒冷飯」，勞而無功。

(6)加强中國文心雕龍學會的核心作用，擴大對外學術聯繫，通過有組織的學術活動，進一步擴大對外交流，信息要靈，交往要廣，交流活動要多樣化。建議建立一個研究信息中心，切實地推動國内外交流工作。

注釋

本文資料來源和參考書：

（一）《文心雕龍學綜覽·各國（地區）研究綜述》，上海書店出版社一九九五年出版，第二九——五九頁。

（二）（臺）王更生：《龍學研究在臺灣》

（三）（臺）王更生：《臺灣「文心雕龍學」的研究與展望》

（四）（港）陳國球：《香港〈文心雕龍〉研究概況》

（五）（日）興膳宏：《〈文心雕龍〉在日本》

（六）（韓）李鍾漢：《韓國〈文心雕龍〉研究的歷史與現狀》

（七）李明濱：《〈文心雕龍〉在前蘇聯的釋介和研究》

（八）（意）珊德拉：《〈文心雕龍〉在歐洲》

（九）（港）黄維梁：《美國〈文心雕龍〉翻譯與研究》

（一〇）王麗娜、杜維沫：《國外對〈文心雕龍〉的翻譯和研究》

（一一）吳美蘭：《文心雕龍研究成果索引》

（原載：《文心雕龍研究》第一輯，北京大學出版社一九九五年七月出版）

附録三　承教録

其镇风屋同志：十月十五日函敬悉。属为敦煌遗书文心雕龙残卷集校题签，元化同志也谈过。这是你们又一部重要著作，应当祝贺。题签已遵嘱写就附上。字写的不好，只能这样了。你们提议将拙作"刘子集校值得一读"一文作为影印"刘子残卷"代序，我表示同意。"文艺报"发表时，其中引文有个别错字（如"休明之世"的"明"误为"朋"），请校改。编纂文心辞典，是个好主意，我赞成。我于十月上半月有济南、泰安、曲阜之行，回京后就参加中央召开的会议，现还在会议中。匆复，即候近安！

张光年 一九八七、十、廿二

張光年來函

关于《文心雕龙学综览》

一九八八年文心雕龙学会主办，在广州召开国际研讨会，由我倡议创办一份"文心雕龙年鉴"，由杨明照挂主编名，林其锬、甫华荣任副主编。编委由国内外二十二人组成（我是其中之一）。后因种种原因改为《文心雕龙综览》。在编委中因我是倡议者，负此书出版筹划经济等问题，并关心出版方面其他问题，所以对编辑过程，大大小小都是完全清楚的。我可以证明书的编辑出版几乎全由林其锬一人承担。杨明照远在四川，并年事已高，仅挂名而已。对书的内容、体例、撰稿审稿、编辑排版以及等都经林其锬的重大问题不能作任何过问，但从未的杨书答应其挂名意见。杨书任主编初，即在会上宣告只能挂名，副编务林其锬负责了。原来事实即是此。至于甫华荣同志书记务繁重，无法过问甚少。所以全书编成出版，主要应归功

第　页

王元化《關於文心雕龍綜覽》手迹一

出其钱。至于关于此书的学术评论，我认为是一部很有用的好书，是学术性和工具性的综合读物。此书出版后在海内外均获得一定好评。这些要从各报刊上发表的评介和评论就可以知道了。

王元化

一九九七年三月四日

第　　页

王元化《關於文心雕龍綜覽》手迹二

其錟
鳳金賢伉儷賜鑒：余多年前得潘師石禪「唐寫文心雕龍
殘本合校」，以為自鈴木虎雄與趙萬里以來所未有。近月林
安梧博士返自滬上，帶來
賢伉儷近期發行之「敦煌遺書文心雕龍殘卷集校」，展卷
閱覽，嘆為觀止。書中不僅廣採各家，整紛理亂，且將宋
本太平御覽所引文心四十三條，九千八百餘字，殿於書末。至此，
則唐鈔、宋槧彙為一編，足可使文心雕龍之研究再攀高
峯，功在學術，盛業千秋，欽敬之情，難以言宣，特書奉
聞，聊表寸衷。 肅此 敬請
儷安

王更生 敬叩

十一月六日 於台北

王更生來函

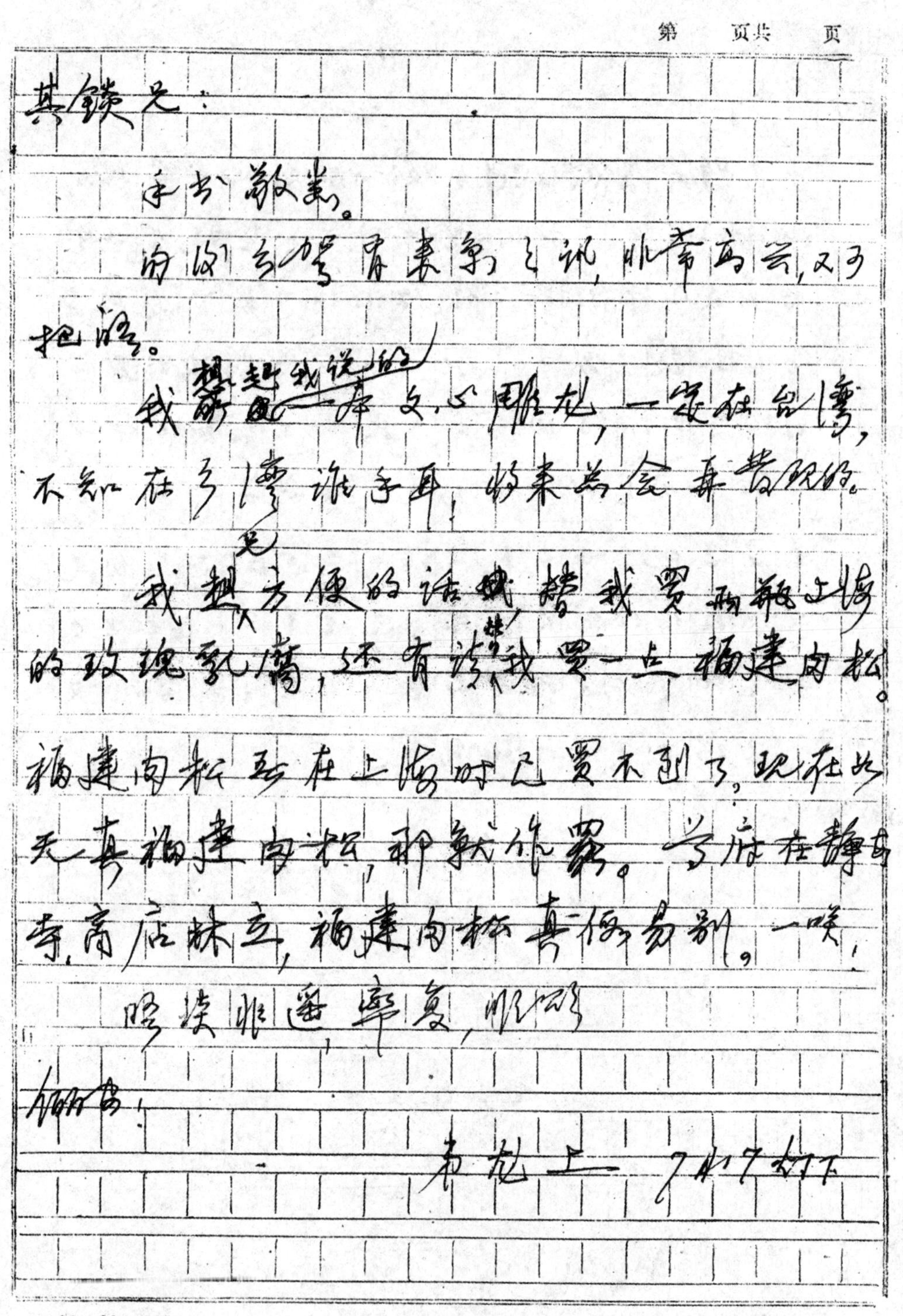

第　页共　页

其鋘兄：

手书敬悉。

闻你已从香港来京之讯，非常高兴，又可把晤。

我想起我送的一本文心雕龙，一定在台湾，不知在台湾谁手里，将来总会再发现的。

我想是方便的话，请替我买两瓶上海的玫瑰露酒，还有请替我买一点福建肉松。福建肉松我在上海时已买不到了，现在此无真福建肉松，种软作罢。当年在静安寺商店林立，福建肉松真假易别。一笑！

晤谈非遥，草复，顺颂

俪安！

廷龙上　7.17灯下

20×20＝400

顧廷龍來函

其锬
凤金 同志：

承惠赠大著《敦煌遗书文心雕龙残卷集校》，谢谢。前蒙还已指《御览》中引文心集校，最为完备。对文心的校勘工作，你们作了最完美最着力的校勘，至为可感。我文心的校勘注，校勘的时间最长，用力最勤的为杨先生。现在可以用你们的集校来校杨先生的文心本，定出一个最完美的文心本来。可惜《隐秀》篇的问题仍无法解决。但你们的工作已是在文心的校勘上大放光彩，集唐写残卷校勘之大全，至为可感。又承惠赠大著，专此致谢，即请

俪安

周振甫上 7/21

周振甫来函

林其鋑先生台鑒：

先生好麼？　一別以来、已經一年有半。平素の御無沙汰をお許しください。

さきに鄭重な玉函と共に《社会科学報》2000年4月20日号の貴稿、及び学会照影を恵贈いただきました上に、今般 俞慰慈君の上海帰郷に際しましては、先生の玉稿〈新校白文《文心雕龍》〉掲載の張光年先生譯述《駢体語譯文心雕龍》一本を恵贈くださいまして、毎々の懇情に鳴謝に堪えません。多謝!! 多謝!!

張光年先生は、1966年に老舎と共に日本の仙台を訪問された時、小生は歓迎委員会の事務局長として、張先生と歓談した楽しい追憶があります。

今次、林・陳兩先生の正確な校訂により、厳正な《文心雕龍》全篇の正文が完成、全幅の信頼をもって讀書ができるようになりまして、欣快に堪えません。

張先生の名譯、感歎久之。現代語をもって、これほど美しく正確な名譯は、未嘗見之。

お礼が遅延し、失礼お許しください。耑此恭頌

文祺

健康

岡村　繁　敬上

2001年8月25日

（日本）岡村　繁來函

一、張光年　十二通（則）

（一）

其鍨、鳳金同志：

十月十五日函敬悉。囑爲《敦煌遺書文心雕龍殘卷集校》題簽，元化同志也談過。這是你倆又一可貴勞作，應當祝賀。題簽已遵囑寫就附上，字寫的不好，只能這樣了。你倆提議將拙作《劉子集校值得一讀》一文作爲影印《劉子殘卷》代序，我表示同意。《文藝報》發表時，其中引文有個别錯字（如「休明之世」的「明」誤爲「陰」），請校改。編纂《文心辭典》是個好主意，我贊成。我於十月上半月有濟南、泰安、曲阜之行，回京後就參加中央召開的會議，現還在會議中。匆復，即候

近安！

張光年　一九八七、十、廿二。

（二）

其鍨同志：

頃接本月二十五日手書，前此兩函也早收悉。入夏以來，疏於動筆，遲復是歉！《敦煌遺書文心雕龍殘卷集校》得之不易，成書不易。成書而未能問世，可惜可嘆。需補貼三、五千元，我們來想辦法吧，但今年不行，明年適當時候，找熱心人贊助一下，大概可以辦到。

我身體還好，腦子也還管用，但近來每天只能翻閲雜書，不能集中精力研習寫作；寄希望於明年吧。我前兩天給元化同志發一信問好，勸他和張可同志找高明氣功師治療。此候

近安！

鳳金同志同此問好！

張光年　一九八九、九、廿八。

（三）

其鍨同志：

上月下旬及本月六日來函均悉。因爲候中華書局編輯、李一氓同志主要助手沈錫麟同志從南方回京、解決《敦煌遺書文心雕龍集校》出版補貼事，此刻才給你回信，請原諒。五中全會開會期間，我跟一氓同志談起，我擬同意從古籍小組補貼

《文心》學會款中支取五千元，補貼出版社（上海書店？），使集校本早日問世。一氓同志説：「當然可以，這正是古籍整理工作麽！」我隨後寫信給中華書局辦公室沈錫麟同志，告以原委，拜托他直接同你聯繫，將補貼款五千元逕匯給你，並説，補貼此書也許不需要五千，如能省下一、二千元，可在出版時由學會購書一批，分贈學會會員，此是研究文心學的工具書，會員都是需要的。我請通信員將信專送中華書局，得知沈錫麟同志南方出差去了。剛才得沈同志電話，他已回來並看到我的信。電話説他就按我的意見辦，即早同你直接聯繫，商洽匯款手續，要我和元化同志放心（因我剛在電話中提及元化同志將離滬去深圳，關心此事）。

事情就是這樣，剩下的事，由你與沈直接聯繫，我不管了。但我拜托你接信後向元化同志報告一下，並轉達我寫給他的短信，向他問好，免他窐（掛）念。謝謝你！偏勞了！

「文心雕龍學」可簡稱「文心學」，不宜簡爲「龍學」，此點我今春已與元化同志取得一致意見。文心學會，我和元化均有倦勤意，不想搞了，但改選也好，自然消亡也好，都得向全體理事和會員們作個交代，請你問問元化、中玉等同志意下如何。如楊老願接過去，掛靠於川大，也行。

寄來你倆在《文獻》第四期上的論文，已拜讀，很好！

爲廣州會議論文集及籌備《文心雕龍學年鑑》，你們做了大量工作，《年鑑》計劃甚好，我未加深考，提不（出）什麽意見。你代我寫的小傳（簡介），現改就，連同照片隨附上，請收。此候

近安！預祝新年好！

張光年　一九八九、十二、十一、午。

（四）

其鋑同志

你的身體近來好些嗎？

本月五日信早收到。因爲趕詩文稿（見致元化同志信），趕着複印發出，延誤了復信時間，請原諒！

文心研究《匯（薈）萃》《年鑑》二書，你和鳳金同志花費不少心力，現值出書難大關，上海書店希望補貼，這是合情合理的。問到我能否在北京籌措萬元，我目前卻是一籌莫展。一氓同志去世了；作協人事大變動，我没有地方商量了。讀信後我也很感不安。我想出兩點餿主意，請你找元化同志商量一下，看他意下如何？一是由元化和我具名致函黄菊同志，説

明原委，請上海市補貼二萬元。這個數目很少，書是在上海出的，總可以吧？我和黄菊只一面之緣（一九八八年我過上海時，他曾到旅館看望漫談），元化同他定是很熟的。二是在會員和會友中募捐集資。致函全體會員，説明原委，在會員中自願貢獻。假如每份以五十元計，還贈他《匯（薈）萃》《年鑑》加上敦煌本文心《集校》各一册，會員少則一份，多則若干份（自己出或在朋友中徵求贊助，例如我可出十份），集腋成裘。在限期内匯到上海書店。這樣可以考驗一下會員同志們的熱心程度，考驗一下這個學會的生命力。會員、會友都是窮人，但自己出或徵集贊助五十元總還可以。當然要在發函中説清：完全自願，不必勉强。——我不知道這種在學會内部集資的辦法，是否有違礙引起指責之處，要請教高明，例如書店老板。

區區一兩萬元就把我們綑住了？算了，學會可以收攤了。

附來新儒學討論材料看過了。我於新儒學採取懷疑態度。一氓同志則極反感。我以爲，作爲可資批判利用的思想資料是寶貴的。作爲繼承儒學傳統，説不過去。

你和鳳金同志都是很勤奮的，但也要注意身體。没有想到你有那麼多病，似可學一點簡易的保健氣功。我每晨作簡易的端坐式腹式逆呼吸二十分鐘，頸椎功等十分鐘，保證這一天的工作精力，自以爲是很有用的。

祝健好！

光年　一九九一、五、十五。

有關《年鑑》二書編輯工作，我没意見，你同元化同志商定就辦吧。附致元化同志函，便中請帶交給他。又及。

（五）

其鋑同志：

前接來信，説眼珠出血，喪失視力，不勝憂慮。稍後元化同志電話中告我，幸好並不那麼嚴重，甚慰。你是否眼勞過度；性子急，焦慮也影響眼疾？盼善自珍攝，遵從醫囑，也學點氣功，使大腦皮質松弛下來，會慢慢好起來。

《敦煌遺書文心雕龍殘卷集校》精裝本早收到了，勿念。聽説廣州文心國際討論會文集也已出版。此書的編纂出版，花費了你不少寶貴心力。想不日可收到。

因事未及復，請原諒。

順候鳳金同志好！

光年　一九九二、八、廿一。

（六）

其錟同志：

二月十九日來信敬悉。前一封也早收到。前些時忙些雜事，今天感到不能再拖了。於是找出些紙條，濡濕了筆頭，爲《文心雕龍學綜覽》題寫書名。久不用毛筆，不會寫了，連自己名字也没有把握。開頭寫壞兩張撕掉，留下的幾式也不行，附上供挑選，選不上不要勉强，另找别人寫爲好。明知不行還要寄上，表示受託事還是認真對待的。

你的眼病，一定要認真對待！滬上名醫不少，總可以得到妥善治療：是所祝禱！

鳳金同志健好！

張光年　一九九三、三、六。

（七）

其錟同志：

二月廿七日手書敬悉。你爲拙譯《文心》出書事分心關懷，感甚。我不是用韻文翻譯，而是以駢語譯駢文。前幾年譯出三十篇，很想集中精力，再花兩三月時間，將選譯稿完成。迄今尚騰不出手來，最近可能將雜事急事弄完，用四、五兩月時間逐篇逐句仔細推敲一過，盡可能搞好一點，六月中旬到上海交稿。荒廢太久，丟生了，信心不足，得請元化同志幫同斟酌。上海書店樂意出版，我很高興，請轉致謝意。

祝你腰背痊好，

鳳金同志好！

張光年　一九九九、三、廿五。

（八）

林其錟同志：

我於一九九九年六月體檢中發現右下肺有疑點。經住院檢查，專家會診，七月中在北京醫院接受胸外科手術，摘除肉芽腫（良性）。術後遵醫囑繼續治療、調養。現病情穩定。

承蒙關心，特此函告，以釋牽念。

祝合家康樂！

張光年　一九九九年九月六日。

(九)

其鋑同志：

你好！鳳金同志好！

爲《語譯文心雕龍》出書事，我們已經通過幾次電話了。現譯稿與《譯後記》各三十篇已由我的文秘石琳琳在作協複印，明日印出後，寄給你一份，請你和鳳金看看，挑挑毛病。我希望你倆的意見，連同在京張少康、蔡鍾翔、繆俊傑同志的修改意見，能在收閲後儘早(二十二日左右)告我，以便參酌定稿，月底將定稿及軟盤寄你轉上海書店。

關於版式、出簡體或繁體本等等，我不提具體要求，能早點出書就好。希望版面大方一點，定價不太高，價廉物美，使大學文科生買得起，印少數精裝本(我定購精、平裝各一百本贈友人)，全書選譯三十篇，分甲乙編，每篇一、譯文，二、原文(仿宋體)，三、譯後記——三者爲一組。甲、乙編各十五組。另加序言、跋語和附録四篇。

附録四篇初定是：一、《劉勰的生平》(摘自陸、牟《譯註》卷首《劉勰生平與思想》長文之前小半談生平部分)。二、《研究古代文論爲現代服務》。三、《〈劉子集校〉值得一讀》。四、《優秀文化是人類的共同財富》。後三篇均是發表並收入《惜春文談》，這次是否收入，躊躇未定，怕增加讀者負擔。其實也不超過一萬字，請你和俞子林同志酌定。

每篇譯文後所附原文，能用仿宋體以示區别當然好。三十年代開明書店版范文瀾《文心雕龍注》綫裝本(我這裏一函七册)，所用仿宋體很漂亮，可資參考(另用長仿宋也好看)，電話已談過了。

經過兩個多月的奮鬥，我此刻很感疲勞，别的事謹拜託你和鳳金同志，不勝感謝之至！

附俞子林同志信，請便中轉達。

張光年　二〇〇〇、五、十一、上午。

(一〇)

其鋑同志：

我和你、俞子林、元化同志都通過電話，主張在《語譯文心》附録《精(新)校文心雕龍白文》處署上你和鳳金名字，他倆都同意，此事大概已經解决了吧。這次精校本，你倆化了很大功夫，是一新貢獻，以後可考慮出單行本。

寄來《劉子》書影及附件，已收閲。我不知《語譯文心》是否付稿費(或者版税？)倘能以稿費補貼《劉子》出個簡裝本(附入你們的考證)，供學者們參證，我將感到欣慰。至於我那本《語譯文心》，看清樣，議合同，都謹此拜託了。我要訂購二百本，分贈友人。我和葉緑一行四人已定十七日上午飛去深圳，到達安定後跟你們通話。

鳳金同此問好！

張光年　二〇〇〇、七、十三。

（扉頁題詞）

謹以此書獻給新世紀的文學青年

我駕起一座龍紋橋（註），通向他中古的文心。他的文心寄託深遠啊，寄與龍飛鳳舞的後來人。

張光年　二〇〇〇、七、七於北京

此件請其錟同志帶交俞子林同志，用在《語釋文心》一書扉頁上。光年又及。

書名：「駢體語譯文心雕龍」　張光年譯述

註：「駕」字筆誤，書出版時已改正作「架」；後之「託」字亦改通行字「托」。

（一一）

其錟同志：

得鳳金及鍾翔同志電話，知你患病住院，望安心療養。我從深圳歸來後，腰酸背疼，經中醫治療，現已恢復工作。你八月下旬寄到深圳大澳灣的信，隔些時候才轉來北京。我長期不用毛筆，筆頭不聽指揮。現勉力題寫《文心雕龍集校合編》書名二式，不知是否能用。其中一個印章模胡（糊），只得在信紙上另蓋一式供剪貼。聽説《駢體語譯文心雕龍》年底才能出書，隨他去吧。你在病中，不宜多勞。請轉告書店，付印前將校樣或清樣寄來我處看看。

祝康復！

鳳金同志健好！

張光年　二〇〇〇、九、廿二。

（一二）

關於附録新校《文心雕龍》五十篇白文的説明

爲便於對照劉勰原文，現將林其錟、陳鳳金新校《文心雕龍》五十篇白文附録於譯文之後。這個新校白文本，以范文瀾《文心雕龍註》爲底本，兼收半個多世紀以來諸家文字校勘的成果。

已故范文瀾同志是我的良師益友。猶憶一九四六年十一月我在北平活動處境危難時，幸得范老從晉南解放區來電，邀我去晉冀魯豫邊區北方大學任教，負責籌辦並主持北方大學藝術學院。范老是校長兼黨組書記。相處兩年，多蒙推誠相待，談校務，談政治，談文藝，話題不少，獨不及《文心雕龍》。當時無暇及此，事後追悔不已，引爲終身憾事！范老的名著《文心雕龍註》，最早是他一九二二年在南開大學任教時的講義。一九二五年由天津新懋印書館印行，書名《文心雕龍講疏》。一九二九年北平文化學社印行，書名改定爲《文心雕龍註》。一九三六年由上海開明書店精印出版。范註在校勘、徵引、釋義等方面均有重要建樹，在國内外學術界産生重大影響。但由於成書較早，未能見到後來才發現的一些新資料。正如周振甫指出的：「范註功力極深，多有發前人所未發者；但以《文心》徵引之博，傳寫之誤，或有待於補正。」新校白文《文心雕龍》就是根據這種情況，在文字校勘上作了必要的補正。

林、陳賢伉儷在《文心雕龍》版本校勘工作上，花費過不少心力。這次的新校白文本，既吸收了、溶匯了許多前輩專家學者的研究成果，也作出了他倆專題科研的新貢獻，使這一新文本，成爲當代「文心學」上具有規範意義的新版本。這是可喜可賀的。現在屈居於我的這個駢體語譯本的附録，爲本書增光，也大大增加了這本書的重量。這不是客氣話，是我心裏要説的話啊。

二〇〇〇、六、廿六、北京。

（註：此則録自《駢體語譯文心雕龍·四十年的心願——駢體語譯〈文心雕龍〉序言》第六節。上海書店出版社二〇〇一年三月版第八至九頁）

二、王元化　一則

《關於〈文心雕龍學綜覽〉》

一九八八年文心雕龍學會主辦，在廣州召開國際研討會，由我倡議創辦一份《文心雕龍年鑑》，由楊明照掛主編名，林其錟爲執行副主編，蕭華榮任副主編。編委由國内外二十二人組成（我是其中之一）。在編委中因我是倡議者，爲此書出版籌劃經濟等問題，並關心出版方面其他問題，所以對編輯過程，從頭到尾是完全清楚的。我可證明書的編輯出版幾乎全由林其錟一人承擔。楊明照遠居四川，年事已高，僅掛名而已。對書的内容、體例、讀稿、審稿、編排版式等，雖經林其錟將重大問題函件匯報請示，但從來未得楊老隻言片語意見。楊老任主編初，即在會上宣告：只能掛名，只有偏勞林其錟同志了。後來事實亦如此。至於蕭華榮因教書任務繁重，亦過問甚少。所以全書編成出版，主要應歸功林其錟。至於關於此書的學術價值，我認爲是一部很有用的好書，是學術性和工具性的綜合讀物。書出版後在海内外均獲得一定影響。這只要從各報刊上發表的評介和評論就可以知道了。

王元化　一九九七年三月四日

三、楊明照　二通

（一）

其錟兄如晤：

惠書敬悉。爲《年鑑》多所操勞，無任銘感！岡白駒所刻《文心》既非善本，其《序》亦不甚高明，似不宜替换吉川。本人西蜀鯫生，教委評委會豈容我輩濫竽？一笑。

專此，即候

撰安

楊明照拜復　（一九九一年）三月二十八日。

（二）

其錟同志左右：

兩辱賜書及《綜録（覽）前言》、《目録》，均已拜讀。因事稽延裁復，希諒。編纂工作多方偏勞，今睹厥成，且感且愧。

《前言》簡要可觀，全書内容亦頗翔實，堪稱力作。如能順利出版以饗海内外讀者，則功德無量矣。餘不多瀆，順候

撰安。並向

華榮同志問好

楊明照　九三年二月六日。

四、顧廷龍　一通（附《顧廷龍談〈文心雕龍〉敦煌寫本》一則）

其錟兄：

手書敬悉。旬後台駕有來京之訊，非常高興，又可把晤。我想起我説的一本《文心雕龍》，一定在臺灣，不知在臺灣誰手耳！將來總會發現的。我想兄方便的話，替我買兩瓶上海的玫瑰乳腐，還有請替我買點福建肉鬆。福建肉鬆吾在上海時已買不到了。現在如無真福建肉鬆，那就作罷。尊府在静安寺，商店林立，福建肉鬆真假易别。一笑！

晤談非遥，率復，順頌

儷安

弟　龍上　（一九九五）七月十七燈下。

附：《顧廷龍談〈文心雕龍〉敦煌寫本》

林其錟

現在可見到的敦煌遺書《文心雕龍》殘卷，是藏於英國倫敦大英博物館原編目爲斯五四七八號（S. 5478），翟理斯（Giles）新編列爲七二八三號的唐寫本。這是於清光緒二十六年（一九〇〇年）在敦煌千佛洞第二八八石窟發現的。八年後被匈牙利人斯坦因盜劫，後爲倫敦大英博物館收藏。本世紀以來，國人能見此原件的極少，研究者只能憑借轉抄件進行研究。三十年代，有學者從倫敦攝回影片，藏於北京圖書館，但缺漏整整一頁，而且年久霉變，字跡已漫不可識。

一九八七年，友人王志平研究員受托，幾經周折，從倫敦大英博物館攝回原件縮微膠片，我們遂着手校理，乃有《敦煌遺書文心雕龍殘卷集校》問世，由上海書店於一九九一年出版。在校理此卷過程中，由於寫本字多異體和假借，我曾多次

向顧廷龍先生請教。有次，顧先生對我説：「我於解放以前從張菊生（元濟）處，見過一種《文心雕龍》敦煌寫本，好像同這一種（按：指倫敦藏本）字體不一樣，那一種字寫得端正，也比較大。」又有一次，大約是在一九八八年夏天，我的《敦煌遺書文心雕龍殘卷集校》初稿甫成，又思宋版《文心雕龍》早已亡佚，在《文心雕龍》版本流變中不免缺少一個環節，故擬從現存宋本《太平御覽》引文中加以集佚和校理，作爲書的附録出版。我又多次向顧先生請教。他又説：「我從張菊生那裏見到的《文心》卷子，也是手寫本，字體不是草書和行書（按：英藏本是行書，也有人認爲是章草），而是楷書，字比較大。我記得那是張菊生過八十歲生日，他爲避壽，攜帶這卷子來到合衆圖書館，並叫我校一下，所以我記得比較清楚。」由此，我更感到顧先生提到的另有一種敦煌寫本，爲此我還特地告訴了王元化先生。

去年十一月，我到北京參加中國古代管理思想第六次研討會並研究會成立十周年紀念會，會後特地到北苑顧先生的寓所看望。正好顧老寫好即將出版的《尚書文字合編前言（初稿）》，他出示並謙虚地徵求意見。我自知淺薄，除認真捧讀之外不敢應對。在談話中，他又一次提起《文心雕龍》敦煌寫本的事。我意識到顧先生前後三次對我提及此事的重要，因而急索紙作了談話記録：

「《文心雕龍》敦煌寫本肯定尚有一種。我清楚記得：一九四六年農曆九月二十八日，張元濟八十歲生日。當日下午，他爲避壽來到合衆圖書館，陪同來的是他女婿。他的女婿姓孫，名字記不得了，只知道他的祖父是大官，安徽壽州人。這個姓孫的女婿是在法院工作的，後來到臺灣去了。張元濟來時拿了一卷敦煌寫本，是黑底白字的複印件，是直接照書拍照的，是《文心雕龍》寫本，大約有幾張；還拿了一部《四部叢刊》本《文心雕龍》。他把兩種本子都交給我，並叫我校一下。我一看，那敦煌寫本是正楷寫的，所以校起來很快，一個晚上便校好了，到第二天上午就送走。這件事我在張元濟兒子主編的《張元濟年譜》徵求意見座談會上也談過。」他先是翻到《年譜》第五一七頁指給我看「一九四六年」的一條：「十月二十二日，先生八十壽辰，爲避壽赴合衆圖書館一天，帶敦煌本《文心雕龍》囑顧廷龍讀校。」接着，顧老又指着敦煌唐寫《尚書》影印件繼續説：「我見到的張元濟先生的那種《文心雕龍》寫本，字體大小同這個《尚書》本子一樣。」

現在的問題是：顧先生校讀過的，由張元濟所藏的敦煌寫本《文心雕龍》黑底白字的複印件現落在何處？更重要的由張元濟所持複印件的底本，又落在何處？我希望此信息公之於世，能引起海内外學術界重視，以便讓它重現人間。

（原載：《社會科學報》一九九五年三月十六日）

五、周振甫　六通(附二通)

(一)

其鍈、鳳金同志：

承惠贈大著《敦煌遺書文心雕龍殘卷集校》，謝謝。尊著還包括《御覽》中引文的集校，最爲完備。對《文心》的校勘工作，你們作了最完美極費力的校勘，至爲可感。就《文心》的校勘説，校勘的時間最長，用力極勤的當推楊先生。現在可以用你們的集校來校楊先生的《文心》本，定出一個最完美的《文心》來。可惜《隱秀》篇的問題仍無法作校。但你們的工作還是在《文心》的校勘上大放光彩，集唐宋殘卷校勘之大全，至爲可感。又承惠賜大著，專此致謝，即請

儷安

周振甫上　(一九九二)七、二十一。

(二)

林、陳賢伉儷尊鑒：

接上信後，振即擬一復信並你們來信掛號寄給中華，因振早退休，不去中華。振擬的復信：一、至正本缺字，補上小字，出校記。二、至正本錯字，加上括號[ ]，下註小的正字，出校記。三、用唐寫本、《御覽》本、楊明照先生本、詹鍈先生本校。校記只出一本，如用唐寫本校，只稱唐寫本，對於《御覽》本、楊本、詹本的是或非不提，據别本校的也一樣。四、至正本對的，别本錯的不校。同意十二月底交稿。接三十一日手書，今日去中華，中華説《文心雕龍辭典》歸孫通海同志負責，問孫，孫説振擬的約稿信已寄出，有改動。以後有事，可直接與孫聯繫。通訊處(略)。傅同志説，這書的稿子先由振看，振看後再送與孫，來稿仍寄振處。

又書中殘字可補者，即改正可也。字看不清楚的，即作爲缺字，補一小的正字。有疑難處，倘直接寄信給振，可以早些奉復。匆肅，即請

儷安

周振甫上　(一九九二)八、三。

(三)

林、陳賢伉儷先生尊鑒：

前承賜《敦煌本文心雕龍集校》本，甚感。於去中華時轉請中華總編傳璇琮先生一閱，擬請他決定請賢伉儷編一《文心雕龍》校記，因傳先生去外埠，未晤。今日再去晤傳先生，他同意請賢伉儷編一校記，用特函懇俯允爲感。

中華擬編《文心雕龍辭典》，難詞部分請清華大學趙先生編註，定八月底交稿。術語和近術語部分，由振編寫，定九月底交稿。作家作品部分請文研所劉躍進同志編寫，定十月底交稿。有關《文心雕龍》的論文著作及有關《文心雕龍》的争論問題，亦由劉同志編寫，約在十一月底交稿。《文心雕龍》校勘部分想請賢伉儷編寫。校勘要求：一、用元至正本作底本，請複製一份，加以剪貼，分段標點。在每篇末作校記。不全面校，凡至正本對的，别本錯的，不校。凡至正本錯的，或兩本皆可通而他本勝過至正本的也出校。用四種本子校，一、唐寫本；二、宋《太平御覽》本；三、楊明照先生本；四、詹鍈先生本。交稿日期請賢伉儷參照劉躍進交稿日期酌定。劉的最後交稿日期初定十一月，可能延至十二月，交稿後，先由振看一遍，再送中華編輯部，倘到十一月交稿，振便十二月送去；十二月交稿，振一月送去。賢伉儷如荷同意，交稿日期請酌定見告爲感。此信係振去中華回家後寫的，所以不打中華圖章。等賢伉儷回信確定交稿日期後，再請中華正式函約，由中華蓋章。專肅

即請

儷安

周振甫上（一九九二）八、十四。

（四）

林、陳賢伉儷尊鑒：

手教敬悉。至正本照你們剪貼，不必改爲横排，不用改簡化字，等大稿完成後寄振，振可請人抄一下，抄時改横行，改簡化字，抄寫費可由中華付。你們寫的校記，已經成直行，也可請人抄一下，没有寫的，可另紙寫成横行簡化字，不必抄了。至正本錯字用什麽符號標出，由您們決定。錯字後註小字，只要看得清就行。人名、地名號都不要。至正本序照樣保存，請分段加標點。

這本稿子不急，十二月交也可以。

至正本《諧讔》明人補文照舊要，加校記。總之，至正本有的，别本没有，照舊要，出校記。祝賢伉儷去西安，一切安好。

即請

大安

周振甫上　(一九九二)九、十一。

(五)

林、陳賢伉儷尊鑒：

手教並尊稿先後收到，非常感謝。尊稿是爲《文心雕龍辭典》中的校勘作的。振早退休，這部《辭典》，由中華孫通海君爲編輯。傅璇琮總編要振先看一遍，再交給孫君。振雖退休，每月仍拿原薪，所以傅要我看的。《辭典》由傅定，約清華陸先生、劉躍進及振三人。振負責寫術語及近術語釋，已於十月交孫君。陸負責難字詞語，尚未交稿；劉負責作家作品、《文心》論文、《文心》著書介紹、《文心》學術討論，尚未交稿，賢伉儷負責《文心》校勘，是第二交稿。囑振寫序，尊作《前言》寫得好，作爲《辭典》的一部分，有尊著《前言》已夠，不必再寫序了。《前言》中提到中華約寫已夠，提及賤名處已删去。

校記詳備是好的，但似乎煩點，可能要作些删節如款。如舊刻「巳」、「已」不分，似可逕改不出校。「益稷陳謀」，校記中提到「黃校」、「經史子集合纂類語」、「徐𤊹校」、「崔寔政論」，似都可不提。這樣要做不少删節爲歉，乞諒。即頌

儷安

周振甫上　(一九九二)十二、(北京郵戳：一九九二、十二、廿五。)

(六)

其錟伉儷均鑒：

中華孫通海編輯是《文心雕龍辭典》的編者，他把您們的元至正本校勘寄給你們，請作些删節。因爲校勘部分字數稍多。多多麻煩，非常抱歉。這部辭典(一)至正本校勘。(二)難字詞語釋(清華趙同志著)，他的解釋不是像字典音註難字，是把有難字的詞語引來作釋。因他的釋不結合《文心》，故請他點明在《文心》的意義退修。(三)術語和近術語(振寫，已交稿)。(四)作家作品介紹(文學研究所劉躍進，即可交來)。(五)專論及專著介紹(劉躍進)已交稿。(六)《文心》中争論問題介紹(劉躍進，已交稿)。(七)序跋和版本(即用楊、詹等著，劉躍進，未交稿)。中華要求在三月份發稿，未交部分，約在三月内交，交後振看一下，即交孫通海同志。山東教育出版社出的《辭典》，估計校勘部分必不如你們搞的，術語部分可能各有特點，專論專著和争論部分可能也各有特點。拙作《文心雕龍今譯》，去年八月第三次印一萬册，拙作跟别的今譯不

同，就在於有「詞語簡釋」，讀者對此可能有興趣，這次的術語近術語釋，與「詞語簡釋」有很大不同，加上你們的校勘，加上爭論的評解，或有它的特色。匆此致謝。即請

儷安

周振甫（一九九三）二、二十八。

附：中華書局孫通海二通

（一）

其錟先生：

惠書及修改稿均收悉，請放心。《前言》中有關周先生處，依囑復原。

順頌

大安

孫通海　一九九三、二、廿二。

（二）

其錟先生：

惠書敬悉。

大作《匯校》仍按原議收在《文心雕龍辭典》中，没有變動。該辭典今年已發排，有可能年底出書，估計明年出版可能性更大。耑此並頌

文安

孫通海　九四、五、十三。

六、詹　鍈　一通

其錟、鳳金二位同志：

接奉大作《文心雕龍殘卷集校》，不勝欽佩。

所不解者，尊著影印的殘卷膠片，每頁都有一大片黑，而我看到的潘重規《合校》本，則是經過處理的，字跡非常清楚。

爲什麽不用潘本影印，或者也像潘本那様經過處理後再上版呢？一九八八年廣州的會上即決定編《年鑑》，不知現在編成没有？何日可以出版？

再就是一九九〇在汕頭開《文心雕龍》會時，到的人較少，主要負責人多缺席（我也没去），聽説原訂本年在深圳開會，由深圳大學胡經之教授負責籌備，至今毫無音信，有的説是改到明年，有的説明年也開不成了，究竟怎麽辦？賢伉儷是《文心雕龍》會最積極的參加者，不知有所聞否？望能就近向元化先生進言，能早日開成此會，不要隨着牟先生的去世而夭折。

此請

儷安

詹　鍈　一九九二、九、十四。

七、祖保泉　一通

其鋏、鳳金兩先生：

惠賜《敦煌遺書文心雕龍殘卷集校》一書，收到，謝謝！先生辛勞，爲龍學研究作出貢獻，世有撰龍學研究史者，當大書一筆。

「校記」（見抽印本）早已拜讀，獲益良多；殘卷圖片精美，非此前《文心》諸書唐寫本插頁所可比，愚當珍視之！

數日後中秋節，遥祝節日康樂，並頌

著安！

祖保泉　一九九二、九、七上午。

八、敏　澤　一通

其鋏、鳳金同志：

寄來之《文心殘卷集校》收到了，謝謝！這在《文心》之版本研究上，可以説是填補一個空白——由唐至宋的空白，是令學人感到無限欽慰的事。多年來，關於版本校刊之學，越來越被忽視，能者不屑爲之，不能者偶一涉之，歧義百出，實在是一件令人憂慮之事，你們伉儷在這種情況下，甘於寂寞，不追逐時尚，同心協力，孜孜工作，向學界奉獻出了這一挺有意義之成果，謹表誠摯之祝賀並感謝。

其鋑所説《文心研究薈萃》一書，至今尚未收到，不知何故，請代爲催催。

即頌

撰祺

敏　澤　(一九九二)八、九。

九、王運熙　一通

其鋑、鳳金同志：

惠贈大著《敦煌遺書文心雕龍殘卷集校》，已於昨日從郵局取得，十分感謝。(敝寓因在大樓，掛號件須憑通知往郵局領取，因此往往稽延時日。)敦煌殘卷和《御覽》引文，對《文心雕龍》的文字校勘富有參考價值，你們又做了詳細的校勘記，更便學人參考，真是一件大好事。書的紙張、印刷、裝幀都較高級，亦頗難得。

特此函謝，順頌

撰安

王運熙　九二、九、六。

一〇、張少康　一通

其鋑同志：

您好！惠贈之《敦煌本文心雕龍殘卷集校》已收到，非常感謝！本書出版將爲「龍學」研究的深入發展産生重大影響，祝賀您與鳳金同志的成功！

我於四月中旬回到北京，在日本兩年，有幸了解到《文心雕龍》在海外研究的更多情況，去年暑假訪問美國夏威夷大學、韓國漢城大學、嶺南大學等等，得知《文心》在韓國還有韓文譯本。去年五月曾協助日本九洲中國學會會長町田先生在福岡九洲大學召開的九洲中國學會期間，邀請了與會的韓國、日本、臺灣、大陸的與會研究「龍學」學者參加，召開了《文心雕龍》國際學術研討會，會後出版了論文集，由臺北文史哲出版社在今年七月出版。海外「龍學」研究方興未艾，而國內研究亦有拓展。然目前學會的狀況則不佳，頃接馬白先生來信，説到他已退休，學會繼續掛靠汕頭大學已不可能，下次年會亦無着落，經費困難，學刊出版亦受影響。上周接元化同志來信，説到他已堅決不再顧問學會之事，光年同志亦不願再管。元化同志信中希望我來擔任學會的負責工作，但我實是一介書生，亦無活動能力，只能爲學會領導們做點具體工作，實無能力擔此大任。學會過去是慶甲、世金同志全力操辦的，他們是我的摯友，我希望他們所奮力經營的學會能繼續生存下去。據馬白同志説，湖北大學郁沅教授提出希望學會掛靠湖北大學，湖大校長同意每年資助四千元。郁沅教授畢業於北大，是原系主任楊晦先生學生，是我師弟。他對六朝文論及古代文論頗有研究，專攻文藝思想史，目前是湖北大學中國文藝思想史研究室主任。我同意馬白同志的意見，認爲目前的情況看，學會暫時掛靠湖北大學，由郁沅同志負責具體日常會務工作，是可以的，此情亦已函告元化同志。如學會掛靠問題能解決，則下屆年會可由湖北大學主持召開，郁沅同志亦已同意，認爲湖北大學十分支持，只要學會同意掛靠該校，則年會召開當無問題，他們計劃在宜昌開，亦可遊覽三峽。我想年會若能召開，則學會整頓及新的組織領導的調整，都是可以在年會上解決的。此種意見，八月在長春昭明《文選》會議期間，我曾與穆克宏、畢萬忱、劉文忠等同志談過，他們均表示同意。不知您以爲如何？元化同志去美國哈佛，待他回國後，再行和他商議。

《年鑑》均係您與上海方面同志化了巨大精力進行，名稱當與内容相符，改一下我想是可以的，我没有意見。「龍學」研究者介紹中，户田浩曉、岡村繁、目加田誠、興膳宏四位，係應蔡鍾翔同志要求，由我在日本請友人撰寫。其中户田先生介紹爲安東諒先生用日文所撰，又請九州大學助教明木先生翻譯。國外學者用中文寫，水平不太高，風格也不盡一致。我作過一點文字加工，但努力維持原貌。將來書出版後，希望能贈送他們一本，如贈書經費有困難，可由我來購買。

多年不見，想您和鳳金同志一切都好！如見蕭華榮同志，亦望代我問好。來信仍可寄北大中文系。我家電話（略），有事可聯繫。

順頌

秋安

弟　少康　（一九九二）九、五。

一一、穆克宏　一通

其鋑、鳳金同志：

大著《敦煌遺書文心雕龍殘卷集校》收到，十分感謝。我雖然研究《文心》多年，但是從未見過殘卷，今日得睹影印本，其快何如？寄贈拙著《文心雕龍研究》一部，盼查收。不知《文心雕龍研究年鑑》和《一九八八年〈文心雕龍〉國際研討會論文集》上海書局（店）何時方能出版？甚爲惦念。如二位返回榕城探親，歡迎來寒舍作客。匆匆奉復，即頌

儷安

穆克宏上　一九九二、九、八。

一二、郁　沅　一通

其鋑先生：

您好！

惠贈大著《文心雕龍殘卷集校》收到，謝謝。您作的工作對於《文心》研究是十分重要的基礎工作，受益非淺。王元化先生的序言，已把這項工作的意義與價值説的十分清楚。山東會議有幸與您結識，十分高興。幾乎與你給我寄書的同時，我也奉寄了一本拙著給您，然而前幾天忽然給退了回來，大吃一驚，説是「查無此人」。再對照地址，怪我一時粗心，竟然把您的地址「一五三七弄」寫成「南京西路五三七弄」，釀成大錯。只得再寄第二次，只是書給寄來退去，略微損舊了些，請您原諒。即頌

著祺

郁　沅　一九九三、六、十二。

一三、石家宜　一通

其錟、鳳金二先生：

多蒙見愛，惠贈《敦煌遺書文心雕龍殘卷集校》一册，年前已收到。謹向二位先生致誠摯的謝意。世金同志生前曾説過，有一些論家常引「唐寫本」據以爲説，但所引多有訛誤，故懷疑他們引的「唐寫本」乃是轉手貨，「其實並未見到真正的唐寫本」，這很可能的。自然也不排除未經校勘而以訛傳訛的可能。

現在《敦煌殘卷集校》的問世，終使世人得窺無價秘寶之真面，精校之功實不可没。復以宋本《太平御覽》引文輯校附後，更是錦上添花，給讀者以極大的翻檢之便。爲此，不禁又要向二位愨示由衷的敬意。《集校》問世，實乃龍學界之盛舉，日後吾將認真研讀，幸莫大焉。匆肅，即請

大安

石家宜　九二、九、六。

一四、李　淼　二通

（一）

其錟兄：

惠寄《綜覽》「前言」及「目録」和兄之手示，仔細拜讀，甚爲高興。我以爲兄之「前言」寫得全面、確當、精練，深表贊同。這本專書終於能面世，在我看來與兄之主持有力分不開，兄工作嚴謹細緻，辛勤有加，多方操勞，才有今日之成果。我想，縱使此書還有不少不盡人意之處，但它至少是對「龍學」研究第一次作了全面的系統的總結，其開創之意義就是極可貴的。我想，此書應是對「龍學」研究的新貢獻。今年要召開年會，極盼會前能印出，當然這還要靠兄再操勞。我今年力争參加年會，盼能與兄再聚會。順告兄，我的正研職稱，經過幾多周折，總算又補了名額，得到解決，但幾乎高興不起來，如兄所説，競争之激烈，比例之懸殊，不少同志未評上，所以評上以後，心情與兄極相近，總的是感到我們這一屆學人實在可悲。不再多説。望兄多寶重身體。並問尊夫人好。頌

春安

李　淼上　一九九二年二月廿六。

（二）

其鋑兄：

您好。惠賜大作《敦煌遺書文心雕龍殘卷集校》奉收，甚爲感謝。兩位先生認真辛苦做這樣的古籍校勘，確實是極爲難得可貴，這是對「龍學」研究的重要貢獻，深爲欽佩。

《文心雕龍年鑑》由兄親勞審處，想已付印，不知可能早日出書否？曾參與撰稿的好幾位同志都來信問我，大家都切盼此書能早日問世。便中望賜復告知一些情況。

謹祝

身體健康！

李　淼　一九九二、九、八。

一五、周勛初　二通

（一）

其鋑、鳳金先生：

大作《敦煌遺書文心雕龍殘卷集校》收到，謝謝。你倆以餘力治文論，而成績如此卓著，令人欽佩。敦煌遺書文心雕龍殘卷乃治龍學必備之書，然限於條件，大陸學者一直未能看到完整之本子，輾轉抄襲，承繆襲訛，問題不少。大作出版後，此類問題即可圓滿解決，有功學林匪淺，此書將得到大家的一致推崇。

《文心雕龍研究薈萃》迄今未收到，不知何故？拙文不知收入否？甚欲一觀。

耑此即頌

儷安

周勛初　九二、七、四。

（二）

其鋑兄如握：

合影一幀收到，謝謝。雪泥鴻爪，至有價值，亦是一段文章姻緣也。

《綜覽》出版，貴夫婦有大力，是爲《文心》功臣，於歷史上，將鑄上貴夫婦名字。再次祝賀成功。

匆匆即頌

文祺

周勛初　九五、八、十九。

一六、張文勛　二通

（一）

其錟同志：

大教拜讀。囑撰「綜述」，自知力薄，恐難勝任，既已受命，當盡力而爲。唯昆明地處邊隅，蒐集資料不易，望多協助。尤以解放以前之論文資料，尊處如見到者，請代複印一份。複印費請暫墊付，弟處有一筆科研經費，當如數奉還。

寄上「綜述」寫作計劃一份，想多聽取龍學專家指教。俟意見收齊，盼速告我，以便早日着手寫作。順頌

年禧

張文勛　（一九九〇）十二、廿五。

寄上拙著《儒道佛美學思想探索》一册，請多指正。

（二）

其錟兄：

來示奉悉。合影二張，甚有紀念意義，謹此致謝。此次《文心》盛會，盛況空前，受益良多。《綜覽》一書，使大會爲之增色，此書得以問世，吾兄立下汗馬功勞，衆皆稱謝。此書內容豐富，裝幀精美，在同類書籍中當屬佼佼者。此次會議海外學者不少，此書亦自然流傳國外，自會産生影響，亦可謂功夫不負苦心人也。

前年承賜贈《敦煌遺書文心雕龍殘卷集校》，早已收讀。彼時因俗務匆忙，未及時回信致謝，希諒！學校已開學，雜事較多，匆匆短復，即頌

秋祺

張文勛頓首　一九九五、八、三〇。

一七、劉文忠　一通

林其錟、陳鳳金先生：

你們好！記得我們初次見面是在屯溪，八八年又在廣州與其錟先生見了一面，現已四年矣。兩位先生繼《劉子集校》之後，又將唐書本《文心雕龍》的殘卷作了集校，這是對龍學界的一大貢獻，功德無量，甚佩！寄來的大著已收到，謝謝。

學會現面臨危急，馬白離休，秘書長要另找，靠掛的學校也要另找，經費也很困難。在京的幾位理事，正爲此事發愁。最近我們想到張光年同志家去一次，請示一下有關問題，據張少康説，他已與王元化先生去信徵詢意見。

即頌

撰安

文忠上　（一九九二）九、十五。

我手頭有幾本《敦煌變文集》，如二位無此書，可來信告知，我寄贈二位一部。《文心雕龍薈萃》尚未收到，如方便，請您打一電話告訴我通訊地址和郵編，我不知書店的郵編。有勞，謝謝。

一八、韓湖初　一通

林其錟、陳鳳金二同志：

承蒙惠賜《敦煌遺書文心雕龍殘卷集校》（含附録）一册，十分感謝。該書爲龍學瑰寶，今得惠贈，實本人之幸也。順告：《文心雕龍學刊》第七輯出版工作已進入尾聲（即出版社的最後校對階段），本人做了一些具體聯繫工作，故得知此事，並順告。又：《文心雕龍》學會的年會聽馬白同志説擬在明年上半年舉行，地點可能在湖北的宜昌。當然，這些還是一些打算（本想在深圳，但經費有困難），還不是最後的決定。（如有改變，弟當奉告。）

祝

安好

韓湖初

一九九二、九、十七。

再一次感謝，歡迎來穗光臨寒舍指教。

一九、劉淦　一通

其鍈、鳳金同志：

您好！惠贈之《文心集校》，收悉。向您們二位深表謝意！由於您們的勞動，使得大家得睹敦煌殘卷，您們又作了詳細校註，給予更大教益，我將好好學習。

今奉我最近責編的兩本書，請存讀、教正。您爲《年鑑》操心不少，謝謝！

祝您工作順利！生活幸福！順致

研禮！

劉淦　九二、九、廿八。

二〇、邱世友　二通

（一）

其鍈同志大鑒：

大札拜讀，拳拳之意感激無已！滬上臨別，數言警人，匪獨羊城珠島坦誠相處也。蘇聯及東歐龍學綜述，嘗與研究生談洽，以爲可行。第東歐所可述者，惟匈牙利耳。他國則未之聞見。蓋讀書少，不敢遽爾放言空議。其他專欄，既有同志負責，則不宜擾彼清思。惟《年鑑》每期之組織工作，於吾兄則厚望焉。冬寒，千萬珍攝。即頌

撰安

邱世友頓首（一九九〇年）一月七日

（二）

其鍈同志：

惠贈《文心》敦煌寫本校本並附函件，垂愛如斯，感激無任。合看《劉子》校本，不意歸來堂賭茶校帖之韻事，重睹於今茲，甚或遇之，羨而慕焉。惜天下夫婦生活之美如是者甚少也。敦煌殘本面世，一洗歷代疑案，會《文心》研究衢路通達。時功偉矣！《神思篇》「馴致以繹辭」，諸本「繹」作「懌」，作「懌」故衆説萌生，殘校本既作「繹」，「繹辭」則確而不容歧義矣。

舉是一例可以明之。惜乎其爲殘卷耳。《文心研究薈萃》猶未見書，支中同志亦云，候書遲覆。前聞尊體欠通，諒已全康復。弟以心律不齊又偶發房顫住院月餘，幸無他事。惟元化同志時在念中，得便爲我一問。即頌

伉儷體康才調

邱世友叩　九二、十、七

二二、蔡鍾翔　二通

（一）

其鋑兄：

上月接到來信，告以笠征先生的地址，非常感謝您。我的兒子、女兒都在日本，最近回國探親，我正好讓他們帶些書去送笠征。

咱們在屯溪、廣州兩度相遇，您的熱情奔放、精力充沛的特點給我留下深刻的印象。《文心雕龍年鑑》，大家推選您任副主編，我覺得是很合適的，元化同志亦十分贊成，因此事必須有一位熱心人來幹。但您的本行是經濟思想史，確實會因年鑑的編務而加重負擔。鄙見以爲您可上靠元化先生，中與華榮同志合作，是否可在華東師大物色一二位年青教師襄助，只要在經濟上能有些補貼，會有人樂意承接，這樣您可擺脱事務性工作。牟世金同志開始主持《文心雕龍學刊》，事無巨細都自己承擔，那是太累了，後來他也把編務分散給各地編委。我現在主編一套叢書，還要完成兩個「七五」規劃項目，亦覺負擔沉重，但又感到忙得很有意義。《文心年鑑》會有國際影響，更有意義，以兄之才能必能不負衆望。

今年秋古文論年會在上海舉行，當可與兄晤面。《年鑑》之事如需弟效力處，當竭盡綿薄。

即頌

文安

並向鳳金同志問好！

蔡鍾翔上　（一九八九年）元月四日

(二)

其鋑兄：

來書今悉。知寄稿已收到。

日本學者介紹之撰稿人爲京都女子大學文學部講師愛甲弘志先生，是我疏忽，未將署名加上。這位先生曾在北京大學進修，當時約請他，是考慮到如請著名學者，怕成稿後不好再要求修改。愛甲回到日本後，下了很大功夫，先寫日文稿，又自己翻譯成中文。最後將兩種文本以及參考書的複印件全部寄來。愛甲的撰稿始終由北大中文系講師盧永璘負責聯繫，本擬請盧翻譯，但愛甲自己翻了，小盧仍仔細閲讀了他的日文稿，和我一起再三斟酌，作了一些改動，並在文字上稍加疏通潤色。小盧很謙虚，不願意署名，但他付出了不少勞動，應該誌謝。他是張少康的研究生，可能你也認識。愛甲的稿子是否要請岡村繁、興膳宏審閲一下，請你定奪。

其他幾位撰稿人，你所熟悉的，如張伯偉、涂光社就不用介紹了。只説明一下：×××，是《長江日報》副刊編輯，劉永濟先生的研究生；×××，是四川大學中文系楊明照先生的博士生，我本來約曹順慶寫，他又轉約×××了。現在看來，這兩位的稿子寫得差一些。張伯偉、涂光社所寫，我覺得質量較高，涂寫的「范文瀾」，送給近代所的蔡美彪先生審閲，蔡没有提出缺點，還表示很佩服撰稿人。×××曾在信中提起，想請程千帆先生審閲，你看如時間來得及，是否需要寄一份複製件給程先生。滕咸惠所撰「牟世金」一條，複印件已寄您。我的意見是：該稿大體尚可，是否可以不必退修，由我們修改一下，再徵求他本人同意。或者與其他稿件一樣，由您和老蕭提出審讀意見後再修改。現底稿都存我處，複製也比較方便。

汕頭的《文心》會，本來不想去了，因爲没有經費，只能從國家項目資助中支，但支一點少一點，非常心痛。因忝居理事，似又不能不去，還有老兄的這檔事，更得去了。我也擬在漳州换乘汽車，這樣坐汽車的時間可短些。如在上海换車，很樂於與您同行，但要請您幫我買一張卧鋪票，不知是否有把握。我去上海可住在我姐姐家，地處愚園路（鎮寧路口），與貴府甚近，且有電話，聯繫甚方便。我可提前到上海，有些事可以商量。

我近來也很忙，除日常教學外，精力主要是用於一個國家社科基金資助項目：文學範疇研究，還要完成陳伯海約寫的一本書，明年上半年交稿。因此壓得有些喘不過氣來。即頌

秋安！

鍾翔（一九九〇年）九月廿一日。

二二、涂光社 一通

其錟、鳳金二位先生：

惠贈大作收到，謹致謝忱。

《薈萃》未到，大抵在郵程中吧！

《年鑑》編纂有年，何時面世，自然爲同仁所關切。九〇年汕頭龍學年會上議定今年在深圳一聚，然至今未有下文。上海係學術中心，切盼二位先生能轉達一些動態與訊息，使我們閉門造車的現狀有所改觀。

另奉上拙著《勢與中國藝術》，懇請賜教。

敬頌

秋安

光社 （一九九二年）九月七日。

二三、羅立乾 一通

其錟兄：

欣接大函、合影、名片，立即將托交郁沅的，寄給他了。黄釗的，也轉交了。

此次香港之行，多承關照，至爲感激，永銘心中。

我已在敝校檔案館，查到劉永濟先生所編《文心雕龍徵引文録》。此録成書於一九三三年，共二八一頁，鉛印線裝，作武大内部教材，未曾出版發行。徵引劉勰所評的文章、作品極爲繁富，如《詮賦》一篇就録有五十三家七十五篇。因書太厚，又是線裝的，不好複印，現只複印了它的《小引》寄上，供參考。

望今後多聯繫，若要在武漢辦的事，當鼎力相助。

順頌

撰祺

羅立乾 （一九九九年）左手寫於六月五日。

附：文心雕龍徵引文録・小引

新寧　劉永濟

昔摯虞撰《文章流別》，「志論」而外復有「集」四十一卷（《隋書・經籍志》註：「梁六十卷，志二卷，論二卷，摯虞撰。」）雖其書弗傳，大氐「志」以傳人，「論」以詮理，「集」者所撰録之篇章也。竊嘗歎其立體之精，包舉之大，而恨其散佚之早也。後有作者，類多偏主，今所存昭明《文選》，撰録之類也；《文心雕龍》，詮品之流也。然彥和《序志》自述，論文敘筆，約以四綱：一曰「原始以表末」，二曰「釋名以章義」，三曰「選文以定篇」，四曰「敷理以舉統」。今觀其書，《明詩》以下二十篇，每論一體，輒標舉篇章，用相衡鑒，則撰録雖無專書，苟就其所論列之文，撮録爲一編，亦猶《流別》之有集也。因以暇日，次録其目，凡所徵引，泛濫四部，篇章繁富，什倍蕭《選》。然後知古人之宏博爲不可及，蓋非讀破萬卷者未容輕易揚抑前修也。惜歷世久遠，舊籍散亡，及今採輯，泰半淪佚。茲編所録，殊不足以彌縫其闕，聊用省學者繙檢之勞，且以資研習劉書者考鏡云爾。

癸酉九月，永濟自識於落伽山易簡齋。

林按：書中縫：上署「《文心雕龍徵引文録》」，二横線下署「小引」；下標頁碼「一」，單横線下署「國立武漢大學印」。原文無標點，今加。

二四、周偉民、唐玲玲　二通

（一）

其錟同志：

你好！

欣聞賢伉儷整理、校點的《敦煌遺書文心雕龍殘卷集校》一書，由上海書店出版，不勝欽佩，賢伉儷爲中國學術作出一大貢獻，海外漢學界亦將於此獲益。

正如你所了解的，我處在這天老地蒼的天之涯、海之角，學術價值高的書十分難得，尊編是不可能在此間購得的。仰乞代爲購買乙册，掛號擲下，書款另郵寄奉（眼下還不知道書價，故未敢妄寄）。

去年，我應邀到新加坡參加「國際漢學研究的回顧與前瞻」學術會議。荆妻唐玲玲教授於今年六月應邀到臺灣參加

「中國文化與中國社會」學術研討會，會後又應朋友之邀作臺灣環島訪問，在臺灣逗留十七天。今年暑假，我與唐玲玲應吉林大學之邀在吉林松花湖開一小會，與上海社科院文學研究所陳伯海伉儷聚會，十分愉快。順及。

敬頌

儷祺

周偉民　一九九二、十二、二。

（二）

其鋑、鳳金賢伉儷：

新年好！

惠贈大作《敦煌遺書文心雕龍殘卷集校》並大札，敬收，十分感激！賢伉儷此舉，功及海内外漢學界。而賢伉儷做這種所謂「掃葉拂塵」的校勘工作，其精神，其功力，都影響後代，尤爲當代學術界所稱贊。

一九九一年六月，我應邀新加坡參加「漢學研究的回顧與前瞻」國際會議，會後，又在那裏逗留，到瓊州會館講「海南學」。我可能今年三月間再次到新加坡。其鋑兄前年九、十月間到新加坡，收獲一定很大。仰乞便中將東亞哲學研究所的人員告我一二，以便弟到時拜訪。又，兄所作的社會文化考察成果，亦請讓弟開眼界。兄所作的海外華人文化課題研究亦請垂示。

弟應邀於本月六日到福州轉泉州參加「東亞地區文化與經濟互動」國際學術研討會。唐玲玲去年五、六月間訪臺，在那兒逗留十七天，也頗有收獲。

隨信奉「海南學」的一部分資料複印件，請賢伉儷批評指正。

上月底，弟在此間主持召開「中國南海區域研究與開發」懇談會，海峽兩岸學者企業家見面懇談，十分高興。順及。

即請

儷祺

周偉民　唐玲玲同候　一九九三、元旦。

二五、傅　杰　二通

（一）

其鋑先生尊鑒：

我是杭州大學古籍研究所教師，早就拜讀過先生夫婦的《劉子集校》，敬佩不已。近欲撰近年《文心雕龍》的文獻學研究綜述，從元化先生的論文集裏看到了他爲您們的《敦煌殘卷集校》寫的序文，但我只在《中華文史論叢》上看到了尊著，不悉已單獨成書未？敬祈便中簡告。冒昧打攪，爲先生增了麻煩，敬祈見諒。

恭祝

先生及師母著祺

晚　傅　杰上　一九九一年十一月九日。

（二）

其鋑、鳳金先生尊鑒：

賜函並尊著均奉悉，心感無既，至謝至謝！尊著詳討博辯，後出轉精，誠爲嘉惠於當時必傳於後世之作也。拙文當在校勘部分與王氏《校證》、楊氏《校註拾遺》並爲介紹，一俟刊出，即上呈二先生審正。杰學植殊淺淺，日後還當常向二先生討教。謹此再爲在百忙中打擾先生表示深深的歉意與謝意。

耑此，敬頌

文祺

後學　傅　杰上　一九九一年十二月十一日。

二六、戚良德　一通

林先生：

您好！陳老師好！

大函奉讀數日，尊著《敦煌遺書文心雕龍殘卷集校》亦收有日，因近接新生班主任工作，瑣事應接不暇，故未及時作書，尚乞二位老師鑒諒！粗讀大著，深感二位先生用力之勤、搜羅之富、功力之深，不啻爲「龍學」工作做了一件大好事！以後定當仔細研讀。

近來既作班主任，又有較多課程，加之家務纏煩，故「索引」之補竟進展受阻，以致還不能交稿，深感有負先生重托。我將盡力擠時間搞出，儘快寄上。餘不煩言。敬頌

大安

後學　戚良德上　九二年十月十六日。

二七、蔣述卓　一通

林、陳二位先生：

你們好！

大著收到，謝謝。感謝你們爲《文心雕龍》研究做了這樣的大好事。上次我去信談到文心會議論文集征訂事，不知收到否？上海書店也無回音，我校預訂五十册。

專此，祝頌

時祺

後學　蔣述卓　九二、九、八。

二八、張可禮　一通

其鋑、鳳金二位先生：

惠寄的大作《敦煌遺書文心雕龍殘卷集校》收到了。二位先生的集校，對深入研究《文心雕龍》有重要意義。我能夠閱讀二位賜寄的大作，非常榮幸。在此謹致由衷的謝意。

敬頌

大安

張可禮　一九九二、九、十六。

二九、卓支中　一通

其錟先生、鳳金女士台鑒：

欣蒙賜寄巨著《敦煌遺書文心雕龍殘卷集校》（附録《宋本〈太平御覽〉引〈文心雕龍〉輯校》），謹致衷心感謝。《集校》精細嚴謹，創見迭出，極爲珍貴。附印《輯校》與書影，豐富了著作内容，增加了參考價值。先生女士爲《文心》研究，爲宏揚中華文化又立一功，可喜可賀！

上海書店出版之《文心雕龍研究薈萃》我尚未收到。林先生兩月前來函關於訂書之事，由饒芃子校長委托蔣述卓同志去信上海書店辦理。由於近期身體不適（冠心病比前加重），本學期我只負責帶研究生，本科課程暫停。

再致謝意，謹頌

秋禧

卓支中　九二、九、十。

三〇、吴林伯　一通

其錟教授道席：

日昨守庸先生見枉，獲讀大函，訢悉尊編《綜覽》面世有日，拙著亦荷著録，感媿殆無能名。兹遵囑敬奉《疏證》壹部，乃古人所謂「以文會友」之義也。「補入」不便，幸作罷論，先是，濟南出版社出版《文心雕龍辭典》，敝校出版社出版《湖北文藝家傳略》暨《武大社會科學研究概覽》，皆有伯條目，知注並聞。刻正依故本師熊十力大師《新唯識論》撰《新玄學論》，將以深化劉舍人書之探索，簡練揣摩，幾日不暇給。臨池草卒，餘不一一。暮秋漸寒，諸維珍攝。竱此布達，並頌

研安

吴林伯再拜稽首　一九九四年十月廿二日。

三一、蘇北海　一通

林教授：

五月四日及六月一日兩次來信及賜寄《敦煌遺書文心雕龍殘卷集校》大作連同照片均已收到，深致謝忱。知你治學根

底深厚，領域廣泛，對古今許多領域多有成就，還得向你和夫人多多學習，請常作指教，並代問你夫人好。

由於日本《亞洲國際報導》社專程來新疆爲我拍一部五十年來的科研電視片，帶往日本放映，所以我於五月中旬起即進入天山及其他地區，直至六月初才拍攝完畢。回家後才讀到你的來信及大作，遲復爲歉，請諒。敬祝

閤府安康

蘇北海敬書　一九九三年六月十日。

三二、李希泌　一通

其錟、鳳金同志伉儷：

月餘未通音問，無任繫念。在這期間，我想其錟可能去廣州參加《文心雕龍》國際學術討論會，會議情況如何，盼告一二。

上月惠函暨惠寄大作《敦煌遺書文心雕龍殘卷集校》二册，均已先後收到。信中所提《唐令》交稿宜儘快儘早，極是，現正全力以赴。大作遵囑分贈毛華軒君一册，投寄《文獻》大作，已告華軒儘早作安排。《敦煌遺書文心雕龍殘卷集校》，較之潘重規君校本，有過之而無不及也，潘君讀之，當亦折服。

我在上月中去懷柔參加《當代中國叢書》、《當代中國圖書館事業》定稿會議，歷時半月餘，月初始返京。開會地點在懷柔水庫之濱，爲北京市委招待所。該所現在爲某兩鉅公營造兩個四合院，每個四合院造價二百五十萬。當前各地壓縮樓臺館所，而此間別有天地，土木之功方興未艾，豈非咄咄怪事！

據悉美國華裔漢文教授倡議編世界漢文善本總目，請顧老任顧問，明春三月開會，請顧老參加，在會上可能遇上「中央圖書館」等政治問題。圖書館局之領導已提醒顧老出席該會時思想要有準備也。

老伴頸椎挫傷，經牽引一個療程（十天）後，頗見效，醫生教她自己鍛煉方法，須持之以恒，始能大見功效也。

匆此問候，順祝

儷福

椒華問候兩位

希泌上　（一九八八）十二月十二日。

三三、郭晉稀　一通

其鋑、鳳金同志：

大著收到，謝謝。廣州别後，時切思念。老病頹唐，無復舊態。然尚能噉飯讀書，幸釋錦注也。目前大開放，工商或見振興，然學術艱難，不復可問，可太息也。

悤悤不盡，敬叩

撰安

郭晉稀　（一九九二）九月九日。

三四、黄廣華　一通

林先生：

所寄《敦煌遺書文心雕龍殘卷集校》一書收到，謝謝，謝謝。我雖發了十來篇關於《文心》的短文，都是些表面文章，膚淺之作，故談不上什麼研究，雖爲學會會員，充數而已。不過尚喜讀書，尤愛《文心》，故對先生之惠贈，由衷感激。一九八六年春黄山會議，對先生集校《劉子》一書有討論。對此問題當時我未發言，但對該書是否劉勰之作，私下持否定態度，近來讀了點《劉子》，對以前觀點逐漸有轉變，頗疑該書真出自劉勰之手。《文心》係彦和對文藝的看法，而《劉子》則是他的社會、政治觀，兩書互不關涉，就如其《文心》與其佛教理論互不關涉一樣，談緇就不言白，說白便不涉黑，這是劉勰著述的基本指導思想和論證方法，此非學識淺薄者所能爲。

張（陳）先生似在學校任教，在此一並問候。祝您們夫婦幸福，生活愉快。

敬頌

時綏

黄廣華　一九九三年五月二十二日。

三五、王更生（中國臺灣） 一通

其錟、鳳金賢伉儷賜鑒：

余多年前得潘師石禪《唐寫文心雕龍殘本合校》，以爲自鈴木虎雄與趙萬里以來所未有。近月林安梧博士返自滬上，帶來賢伉儷近期發行之《敦煌遺書文心雕龍殘卷集校》，展卷閲覽，歎爲觀止。書中不僅廣採各家，整紛理亂，且將宋本《太平御覽》所引《文心》四十三條，九千八百餘字，殿於書末。至此，則唐鈔、宋槧彙爲一編，足可使《文心雕龍》之研究再攀高峯，功在學術，盛業千秋，欽敬之情，難以言宣，特書奉聞，用表寸衷。耑此，敬請

雙安

王更生敬叩　（一九九二年）十一月六日於臺北。

三六、張　錯（美國） 三通

（一）

其錟教授：

王世楨先生來函囑撰「《文心雕龍》研究學者條目——施友忠先生」，經已寫就，現附函寄上。王先生謂體例每條在二千——四千字，我已儘量濃縮在四千字内。此稿已曾經施先生過目並審閲，他唯一擔心者爲排印後出現之錯字，不知最後一校稿可否寄來我處一校，如時間倉促，亦可傳真至我處，號碼爲（略），不然航寄亦可。

我稍後有自我簡介，如不需要，請删掉。

我學校通訊地址爲此信箋之上、下處合併，家中地址（略）。

此祝

年禧

張　錯敬上　一月十四日，一九九二。

（二）

其錟教授：

二月六日大函奉悉，得知稿已收到並合用，至喜。適逢友忠老師九十嵩壽之喜，遂在壽宴中向施師提及，施師並請晚

代向您致謝。

關於爲《年鑒》提供索引之事，非不欲爲，實無能爲力也。蓋因我多年之研究領域，雖涵蓋面亦包括中國古典文學及批評方面，然並非專注「龍學」，則惟恐一旦從事此類索引收集，掛萬漏一，則罪大惡極矣。此類工作，實需中文系出身者如黄維樑兄等人多年之搜集，則一旦執筆，自是月圓花滿，水到渠成。他日如有關比較文學及其他文學批評方面，自當爲先生效勞。

此祝

新春吉祥

張　錯拜上　二月十七日，九二。

（三）

其錟先生：

今年一月十五日大函並附去歲一函均同收悉。當時想俟收到《綜覽》後覆信，結果一等數月餘，前日（三月十六日）始由郵差掛號送達。延遲見覆，至歉，並心中甚感。

先生誠信人也。本來我自施（友忠）老師處亦已閱及該《綜覽》，當年爲施師撰稿，本是弟子效勞之禮，不必掛齒也。然披閱《綜覽》之後，發覺條理清晰，分門别類，深具參考價值，則先生堅持將該書寄來給我，亦是我之福份。自後每當在美授《文心》時，當提供給學生參考之用。

施師耄耋已過，雖謂神清氣爽，然物競天擇，體力已日漸衰退，飯量亦不如前矣。幸好在外調養均有專人照料，思路仍清晰，仍可問中爲我解惑闡道。順告，並祝

春安

晚　張　錯敬上　三月十八日，一九九六。

三七、尚德拉（意大利）　五通

（一）

林其錟先生：

我很高興地收到了您的來信，並非常願意接受您所交給我的任務。我現在正在準備關於西歐地區《文心雕龍》研究情

況的報告。待報告寫好後，我將盡快給您寄去。

十分感謝您對我的信任。此致

敬意！

尚德拉　一九八九年十一月二十日。

（二）

林其錟先生：

您好！七月三日的來信已收悉。感謝您對我的贊美之詞，其實我遠不及您所説的那麽出衆，只是對中國文化略有所知而已。

六月份，我作爲意中友協主席團成員確實去了中國，但只到了北方，因而没有機會與您會面，深感遺憾。

關於撰寫《歐洲研究情况綜述》之事，感謝你們的寬容，我一定争取明年三月交稿，但願能不辜負大家對我的期望。

另外，我争取今年十一月份給您郵去一份我所能夠提供的《歐洲文心雕龍論述譯著目録索引》，僅供您參考。

此致

敬意

尚德拉　一九九〇、九、十　於米蘭。

（三）

林其錟先生：

您好！

一九九一年二月十二日來信收到了。最近我們米蘭大學教漢語的教員（只有三個人！）在實現教學現代化過程中，決定從加拿大進口一種處理漢字系統和設備，叫天馬，技術是很先進的，但是也令人頭疼的。現在我在學習這種新的寫法，可是心裏覺得很懷疑：一方面我很欣賞新技術，另一方面還怕將來漢字書法會忘了！比如，您用毛筆給我寫的信，多麽漂亮，多有藝術性，用電腦寫的話，肯定不會有同樣的藝術味道！

您寫的關於《文心雕龍》學會的消息使我很高興，希望盡早看您主編的寶貴的學術資料《文心雕龍年鑒》。不過，關於要我寫的「文心在歐洲」文章，由於工作的需要，到現在我還没能到英國、法國、荷蘭圖書館去授（搜）集最近出版的資料，因此，非常遺憾，不能接受您的邀請，寫不了文章。希望暑假時，乘機會去採訪北歐那些國家，才能寫出文章。

關於您信裏講的在海南島舉行的「儒家文化與現代化」國際學術討論會，麻煩您是否能寄給我一些資料？我準備今年底去中國，在北京呆兩個月，然後還去上海一段時間。具體的日期我一決定，就通知您。

謹致

珊德拉　米蘭　一九九一、三、十七。

（按：來信自署中文名字：「珊德拉」或「尚德拉」，今依原文刊出。）

（四）

尊敬的林其錟先生：

八月廿二日的來信收到了，十分感謝您對我寫的論文的肯定。

我深知我的文章較短。可是《文心雕龍》的研究在歐洲的確不是很普遍和廣泛，我理解這對於你們中國人來説似乎是很難理解，正像但丁的《神曲》在中國也很少有人研究一樣。《文心雕龍》至今只有一種正式譯本，這在我的文章中已經提到了，我本人的意大利文譯本明年可望出版。除了我信中提及的一些專著和書籍，的確没有發現别的更多的專題論文和著作，恕我直言相告。

我將於十一月中旬赴北京外國語學院講學一至兩個月。如果您有事要與我聯繫的話，請寫信至：北京外國語學院意大利語教研室轉 Sandna favagnimo 即可。

此致

敬祝，順祝秋安！

一九九一年十月九日於米蘭。

（五）

尊敬的林其錟先生：

您好！

寄上我寫的《龍學在西歐》一文，請您一閲。並請批評指正！您可以隨意改動和删減。多謝您的幫助，對我來説，這是一個很好的學習機會。

我將於五月十日陪同米蘭大學校長去北京，但還不知何時去上海。我一到北京即會與您電話聯繫。

敬頌

大安！

尚德拉 （一九九二年）三月廿六日。

三八、興膳　宏（日本）　三通

（一）

林其錟先生：

十月十八日大函已拜悉。先生對《文心雕龍年鑒》編輯工作十分費心，不勝敬佩。《年鑒》第一卷的編輯方針，基本上同意。關於個別具體撰寫項目，以後與安東諒先生等再商量，擬盡可能地答應編委會的要求。希望下一次更詳細地指示撰寫細目。

現在附寄上去年參加廣州《文心》研討會的報告文章，請多指教。請您把一份轉給王元化先生。匆匆，不悉。

一九八九年十一月二十六日　興膳　宏敬上。

（二）

林其錟先生台鑒：

十二月十日、一月十九日大札均已拜悉。另外，最近收到蔡鍾翔教授來信，關於已故學者介紹專欄一事有詢問。因敝校教學工作近日可忙，未能及時答復，望乞諒解。

先生囑我撰寫我國研究《文心雕龍》情況綜述，然正如您所知，我已發表一篇題作《日本對文心雕龍的接受和研究》的文章（《中華文史論叢》一九八五年第二輯），可寫的事盡已寫過，其他還没有什麼補敘的。以爲請岡村繁先生或安東諒先生撰寫爲妥當，不知您考慮如何？

關於已故學者介紹事，所惠示的我國漢學家四位之中，先師吉川幸次郎先生固然是鼎鼎大名的鴻儒，但竟無及著述《文心雕龍》的專論，據鄙意則可以省略。岡白駒對該書加以訓點，其貢獻當然居大，但他是江户時代人，生於一六九二年，死於一七六七年。若所謂「已故學者」之時代範圍限定於近代以後，未必提名。若擴大時代範圍，則如弘法大師空海（七七四——八三五），是人也值得介紹。未知先生如何處理？鈴木虎雄、斯波六郎兩位大師都是前後相踵開闢日本龍學研究道路的先覺，當然值得介紹。

專此　順頌

春安

興膳　宏謹上　一九九〇年二月二日。

（三）

林其錟先生大鑒：

九月十日大函敬悉。由大函知貴地的夏天今年特別熱，此地也很相似，炎熱又厲又長，真使人喪氣。最近刮來個大型台風後，才覺得稍微涼快。

關於介紹我國《文心雕龍》研究情況的文章，到九月底才完成草稿。依照尊意，這篇文章是以《中華文史論叢》一九八五年第二輯所載的前文爲基礎，補充了若干記述。相信再加以一些整理後，不久可以寄上。請再等一時爲盼。

本年十一月下旬擬赴南京去參加唐代文學國際學術討論會，但遺憾的是屆時日程很緊張，恐怕不能抽出時間拜訪您。向（同）王元化先生也好久未通信，若有機會請代我向他致意。

專此　即頌

文綏

興膳　宏謹上　一九九〇年十月一日。

三九、安東　諒（日本）　一通

您好！

偉著《敦煌遺書文心雕龍殘卷集校》，我已經收到了，感謝！在日本也，您著書已購有，購入讀了。參考資料豐富，考查精緻，有大益於研究者。以名參看，實在感謝。

祝林其錟、陳鳳金伉儷健康和研究進展。

再會

RS：住址變更了。

（按：信内未署發信者姓名及寫信之日期，但在信封署：日本國德島市川内町下别宫西安東　諒寄。日本郵戳日期：九三、一、十九。）

四〇、户田浩曉（日本）　一通

恭賀新年　癸酉歲端

大札和大著《文心雕龍殘卷集校》已經收到。大著是繼潘重規教授的《合校》後又一部進一步推進《文心》研究的高水平著作，值得學界熱烈慶賀。首先拜讀了王元化教授的《序》和你們二位的《前言》，對於《文心》研究的歷史回顧，感慨良多。

祝福筆健，萬事如意！

户田浩曉　（一九九三年）一月十五日。

（鄭土有譯）

四一、岡村　繁（日本）　一通

林其錟先生台鑒：

先生可好？一别以來，已經一年有半。久違問候，請多見諒。

先前，已收到附尊函寄送的《社會科學報》（二〇〇〇年四月二十日）上的貴文及學會的照片。此番，俞慰慈先生回上海時，將張光年先生《駢體語譯文心雕龍》譯著書中收録的先生《新校白文文心雕龍》賜予我，盛情好意，無以致謝。多謝！多謝！

張光年先生一九六六年與老舍訪問日本仙臺時，鄙人作爲歡迎委員會的事務局長，與張先生歡談的美好記憶猶在。

今番，因林先生、陳先生嚴格的校訂，《文心雕龍》全書標準文本得以完成。由此，能夠充分信賴地閲讀本書，不勝欣幸。

於張先生的譯本，感歎之情久之。今有現代語版本，亦未嘗見過比此版本更美、更準確的譯本了。禮數遲至，有失禮節，敬請諒解。耑此恭請

文祺

健康

岡村　繁敬上　二〇〇一年八月二十五日。

（鄭土有譯）

附録四　臺灣版後記與出版記言

臺灣版後記

唐、宋、元《文心雕龍集校合編》（以下簡稱《合編》），是在原《敦煌遺書〈文心雕龍〉殘卷集校》、《宋本〈太平御覽〉引〈文心雕龍〉輯校》和《元至正本〈文心雕龍〉滙校》的基礎上，比勘原著重加校理而成的。《合編》不僅更正了原校的漏校、錯判、誤植的一些差錯，同時在内容上也有較大的增删。首先，全部影印了倫敦大英博物館藏斯五四七八號（翟理斯新編列爲七二八三號）敦煌本唐寫《文心雕龍》殘卷、日本帝室圖書寮京都東福寺、東京岩崎氏静嘉堂文庫藏宋刊本《太平御覽》引《文心雕龍》、元至正乙未刊本《文心雕龍》；其次，增加了諸如鈴木虎雄《燉煌本文心雕龍校勘記》等的校對本。此外，還編製了《宋本〈太平御覽〉引〈文心雕龍〉索引》、《唐寫本、宋〈御覽〉、元刊本〈文心雕龍〉異文對照表》。

在此次《合編》的復校、編輯和出版過程中，得到了海内外師友的熱情鼓勵、支持和幫助。如年逾八旬的前輩張光年、王元化先生，他們爲本書題簽、作序，都是數易其稿，一絲不苟，治學風範堪爲楷模。臺灣師範大學王更生教授不僅欣然撰序，而且慷慨寄贈大正十五年（公元一九二六年）弘文堂刊行之鈴木虎雄《燉煌本文心雕龍校勘記》影印本，深情厚誼令人難忘。李景濚教授不辭辛苦，爲出版事務奔勞，對本書的出版竭盡全力，實在功不可没。在此，我們要向張光年、王元化、王更生、李景濚四位先生表示衷心的感謝！當然，這裏還要感謝的是林中明先生和美國「張敬國學基金」對出版經費的資助。

美國「張敬國學基金」是爲紀念已故臺灣大學張敬教授而設立的。張敬（公元一九一八～一九九七）字清徽，女，貴州安順人。早年畢業於北平女子文理學院並進修於北京大學文科研究所，先後任教於燕京、齊魯、金陵、臺灣、東吳等多所大學的國文系，以及美國密西根州立大學。先生幼承家學，氣稟才情，篤好詩詞，後又遇朱自清、俞平伯、范文瀾、吳宓等諸多名師指導，畢生致力於詞曲之教學與研究，在古典戲曲領域造詣尤深。著有《明傳奇導論》、《清徽學術論文集》以及《元明雜劇描寫技術的幾個特點》、《南北曲牌與唐宋大樂樂律淵源考》、《論李笠翁十種辭曲》等專著論文多種。先生生長於北京，對故國懷有摯愛情愫。一九九一年重返故鄉，撰有《還鄉曲三十韻》以述懷，中有「四十年來念兄弟，海峽中分限河梁；八日匆匆悵來去，相見茫茫别茫茫。」「沙鷗點點波濤上，棲身尚有崖穴藏；飄零海角餘生在，歸心何向問穹蒼？」足見先生赤子之心老而彌篤！公子林中斌、林中明兄弟，事母至孝，建「張敬國學基金」，繼承母志，弘揚潛德，本書蒙其資助得以順利出版，是特别應該誌謝的。

校理古籍，要在求真，看似容易，實際頗難；一句一字，一點一劃，稍有疏忽，便致訛誤。所以，掃葉拂塵，如履薄冰，深恐負古人，誤後人也。今書雖成，心仍惴惴，貽之知音君子，跂望不吝賜教焉。

二〇〇一年三月二十五日於滬上麗都閣

林其錟、陳鳳金記

臺灣版《唐宋元〈文心雕龍〉集校合編》出版記言

林其錟和陳鳳金賢伉儷校編的《唐宋元《文心雕龍》集校合編》，在三岸五地的「龍學」學者和中華文化志士多年的共同努力下，終於趕在世界紀元，第二個千禧年的第一年，由「張敬國學基金」資助，會同李景濼先生的暨南出版社，付梓面世。借用廿世紀國學大師陳寅恪在研究佛學内典和敦煌藏書時常講的一句話，這本書也可以説是「以一大事因緣，而出世間」。真是可賀，可敬，又復可思可憶，可興可喜。

説「三岸」，因爲這本書的出版，集合了在中國大陸、臺灣和美國三岸，三種文化的衝擊和融合，就像一千多年以前，歐、印、中三大文明在敦煌匯聚融合，有着時空交匯的歷史意義。説「五地」，從北京（張光年）、上海（林其錟、陳鳳金和王元化）到臺北（王更生）、臺南（李景濼）而加州矽谷，這五地正好是我個人成長學習所經過的路徑，像是一個大圓，終於首尾相應。岸雖有三，地雖有五，但是愛好《文心》和國學，和致力於中華文藝復興的志向和努力，則是有一而無二。我們選敦煌的五龍圖做爲封面，不僅象徵「文心」之「雕龍」，也有飛龍居中，四龍踞角，四方而五嶽的傳統意義。

「可賀」，因爲這是龍學前輩，學貫中西，重理性、貴氣節的王元化先生爲了保存傳續優秀的中國文化，多年鍥而不捨，從各方面收集寶貴資料，終於在新世紀之初，看到新手播下的種子，開花結果。

「可敬」之一，因爲林其錟夫婦不僅爲了這個「大事因緣」絞盡腦汁、嘔翻心血，而且其錟「兄」爲了趕進度，日夜奮戰，透支體力，直到中風倒地，仍然爲了「了無遺憾」的高品質，堅持不懈，奮而忘身，「不知老之將至」。

敬稱其錟「兄」，因爲他大有我們林家滅毒抗英前輩英雄林則徐「力微任重久神疲，再竭衰庸定不支；苟利國家生死以，豈因禍福避趨之」的遺風。而且就他提出的「五緣文化説」而言，在林姓的「親緣」和五地的「地緣」之外，我們都具有工程職業的「業緣」，和對敦煌遺物大有興趣的「物緣」。至於「神緣」，如果《文心雕龍》可以和《孫武兵經》同列「文曲星」和「武曲星」的尊位，那麼「崇拜」雅好《文心》《孫子》的「上智之緣」，也就接近其談「兄」所説的「(封)神(之)緣」。既然「五緣」並舉，故可以敬稱爲「兄」，兼且表彰他在治《文心雕龍》和《劉子集校》等學術研究之外有心、有情和有識的作爲。

「可敬」之二，因爲李景濚先生不顧「不逾矩之年」，和身體的不便，傾全力主持編輯、校對、印刷和出版的大小事務，再度發揮二十年前，一馬當先，率先出版六大册《昭明文選新解》時的無畏精神，企望對中華文化再度做出不可磨滅的貢獻。見義須不讓，捨我則其誰，説做就做，劍及履及，是爲可敬之二。

「可敬」之三，是首任龍學會長，張光年先生年近九旬，爲了封面題字的品質，揮毫鑒剔再三。甚至要求等北京暖氣開放之後，手暖指活，以達神韻。前輩學者，爲學爲字，概以獅子搏兔，一絲不苟。書，因文章内容傳世；字，以篤學敬業，風範啟人。

「可敬」之四，王更生先生，已逾孔子見麟喟嘆之年，爲了此書的出版盡善盡美，不僅居中策劃，而且奔走兩岸，上下南北，以中華文化的傳承和發揚爲己任。不愧劉勰「原道、徵聖、宗經」的傳人，和臺灣龍學界，學術、教育及精神、行動上的龍頭。

「張敬國學基金」，是我和家兄林中斌，爲了紀念母親一生獻身於國學的研究和教育而設立的獎助基金。母親是天生的詩人詞人，在大學時期就以詩詞見賞於父輩和師長。其書法雄厚婉轉，源出北碑卻自成一體。題款情致獨出，於千百幅中，雖遥見一字，亦一眼而知爲其手筆。晚歲自書詩畫條幅，雅灑蒼秀，三絶相應，文韻絶俗。其爲人也，心慈口快，喜諧趣，率性以爲道，戲言揶諷，尋亦悔之。見學生有難或臺大校務不公，則必挺身仗義，據理而争，有大丈夫風。

母親在北大讀研究所時，曾選修范文瀾的《文心雕龍》，成績居全班之冠，深得范公誇贊。她的後期研究興趣專於元、明、清的戲劇傳奇和昆曲，開展臺灣研究戲曲的新格局。她曾把《文心雕龍·諧讔篇》裏的理論和戲曲詩詞的實例，融匯探討，以己之諧心通古人諧趣，又開拓了以《文心》治戲劇傳奇的新天地。一九九五年，以八十二歲高齡弱體，回北平老家參加《文心》大會，兼做精簡的《談諧讔》評述；並與我的三姨，北大歷史系的張寄謙先生，和語言學院的張清常二舅，爲兒輩論文做品管和見證。她在會後，不僅又寫了七言長詩，記贊《文心》大會的成功，徧傳好友門生。並且極其欣慰看到北大中文系，新一代學者風度儒雅，待人接物，敬老尊賢，不遜當年沙灘紅樓。因此一再告訴我們以後要以餘力支持《文心》和國學，不墜先人之志。這就是「張敬國學基金」的緣起。記述三、五年前的親情往事，誠然可思、可憶。

陳寅恪和王國維都是二十世紀的國學大師。陳寅恪論王國維治學，稱其手段有三：（一）取地下之實物與紙上之遺文互相釋證；（二）取異族之故書與吾國之舊籍互相補正；（三）取外來之觀念與固有之材料互相參證。而這不僅也是陳寅恪自己治學的方法，其實也是我們今日重振國學，以求中華文藝復興的方法。

王元化先生搜尋《文心》的古存精本，林其錟先生的三朝善本精心集註，「取地下之實物與紙上之遺文互相釋證」，這也是陳、王治國學，在傳統解經釋字之外的第一步功夫。「取異族之故書」，從亞理斯多德的《詩論》《雄辯術》，到古印度大乘佛典和意大利文藝復興時期畫藝典籍，「與吾國之舊籍互相補正」，這是陳、王治學的第二步，也是我們這一代所致力處。「取外來之觀念」，從古希臘羅馬悲喜劇和元明傳奇的諧趣互比，把《文心雕龍》的文學理論和八大山人的六藝、人格相映，甚至於會通劉勰《文心》和《孫武兵經》的智術，和《文心》爲文及《園治》造園的思考，這些都是「與固有之材料互相參證」的新方法和新探討，也是新一代的努力。所謂「十年磨一劍，不負少年頭」。這些「站在前修和巨人肩膀上」的努力，也都可興、可喜。

其錟兄校稿完工，囑我爲他們賢伉儷的大作寫序。因爲兩輩龍學巨擘著序在前，大有「黄鶴樓上，崔、李題詩在前，遂絶千古後人之筆」的惶恐。但是想到母親曾在我們小學時代，掛在我們兄弟六尺見方，臥室兼書房牆上，桐城派大將曾國藩在光復南京題碑所云：「窮天下力，固此金湯，苦哉將士，來者毋忘」，所勉勵向學的拓片，於是覺得於公於私，都有責任以記言誌意。勉强下筆，不知所云。後之君子，或見其意焉。

林中明　辛巳年三月十八日

於加州太陽郡

跋

《增訂文心雕龍集校合編》是以二〇〇二年臺灣出版的《唐寫本宋〈御覽〉元刊本文心雕龍集校合編》爲基礎增補訂正而成的。增訂的主要内容有：(一)增補了明王惟儉《文心雕龍訓故》爲集校本；(二)以近人楊明照增訂《文心雕龍校註》、吴林伯《文心雕龍疏證》、《文心雕龍義疏》，臺灣陳拱《文心雕龍本義》等十一家舊著新書，進行了全面復核、標校，更正了原書因誤校、錯排而發生的訛、舛、衍、脱；(三)對敦煌遺書斯五四七八號唐寫殘卷影印技術作了改進，使之更加清晰；(四)增補了兩個附録，一爲筆者《文心雕龍》研究論文選録；二爲師友學術通訊《承教録》。《增訂文心雕龍集校合編》是筆者近半個世紀的漸積成果，如今能與《劉子集校合編》作爲姐妹書列入華東師範大學出版社的《歷代文史要籍註釋選刊》一起出版，令人感到欣慰。

筆者走近劉勰及其著作《文心雕龍》和《劉子》，對其發生濃厚興趣並結下畢生不解之緣，當溯源於二十世紀六十年代初在中國大陸展開的《文心雕龍》學術争鳴。那時以《光明日報》「文學遺産」專欄及全國報刊對《文心雕龍》的《原道》、《風骨》、《神思》、「批評論」、「創作論」、「風格論」以及劉勰的世界觀、美學思想等諸多方面展開了熱烈的討論，吸引了筆者並對其發生了濃厚的興趣。閲讀漸多，也萌發了投身研究的念頭。從上世紀六十年代初至七十年代末，筆者曾搜集並閲讀了當時主要報刊發表的一百五十多篇文章，作了近四十萬字的摘要筆記。在那「史無前例」的文革時期，在挨批挨鬥之餘，還偷偷研習《文心雕龍》，按事類摘録、製作了七百多張卡片，並分門别類分「起源論」、「文體論」、「文史論」、「創作論」、「批評論」、「作家論」，將卡片編輯成册，題爲《劉勰文心雕龍資料匯編》。本來還打算將一百五十多篇論文摘要近四十萬字的筆記，也分别分類製成卡片再編一册《文心雕龍争鳴資料匯編》，但由於粉碎「四人幫」之後另有工作而未能實現。在此二十多年的時間裏，在閲讀和整理資料的過程中，雖也産生了自己的一些想法，但始終感到《文心雕龍》博大精深，自己學力未逮，故而不敢造次，隻字未發，不過投身研究的決心益堅。這便是一九八〇年堅決請辭投奔上海社會科學院的主要原因。可是到了社科院，文學研究所尚未成立，衹好棲身於經濟研究所，幹了兩年刊物編輯，又幹了六年中國經濟思想史研究，後來又被調到亞洲太平洋研究所搞華僑華人社會經濟文化研究。因此，自己所要搞的《文心雕龍》研究，始終處在「非本業」、「規劃外」的「業餘」堅持之中。但是，在搞中國古代經濟思想史課題研究時，却意外與《劉子》遭遇，别開生面進入《劉子》研究領域，遂早於《文心雕龍》先後撰成並出版了《劉子集校（附作者考辨）》和《敦煌遺書劉子殘卷集録》，並且發表了十多篇論文。這大概也就是所謂「有心栽花花不發，無意插柳柳成蔭」了吧。不過《劉子》研究看似偶然，實際正如筆者《中國古代大同思想研究》一書的合撰者陳正炎教授所説：「是觸碰了長時間積累而生長起來的《文心雕龍》這根敏感神經所致。」

一九八五年《劉子集校（附作者考辨）》出版，承蒙李一氓、張光年、王元化諸前輩的關注，時任中國《文心雕龍》學會會長的張光年，在一九八六年三月還特地從北京到上海，會同王元化、茹志鵑找筆者和陳鳳金作了長時間的談話。張光年、王元化兩會長面邀我們參加同年四月在安徽屯溪召開的中國《文心雕龍》學會第二屆年會，還讓筆者在大會就《劉子集校》作了發言。這使我們真正進入了《文心雕龍》研究隊伍，從而有機會與許多有造詣的師友結緣，並向他們學習。

王元化先生是海内外公認的《文心雕龍》大家，他非常重視《文心雕龍》版本的考據和校勘。正如他在《文心雕龍創作論》第二版跋中所説：「用科學的文藝理論去清理並闡明我國古代文論，首先需要在前人取得的成果上進行，這裏特别指的是版本的考據和校勘，以及訓詁和註釋。」他於一九八四年十一月在上海舉辦「中日學者《文心雕龍》學術討論會」時，便主持影印出版了上海圖書館所藏今存最早的《文心雕龍》孤本元至正十五年刊本。他本來打算將唐寫《文心雕龍》殘卷斯五四七八號一並印出，祇因北京圖書館藏的膠片缺了一整頁而作罷。一九八六年上海社會科學院經濟研究所筆者的同事王志平研究員應邀赴英國牛津大學作訪問學者，筆者向王元化先生報告這一信息，王先生即委托他到倫敦大英博物館尋求斯五四七八號全本膠片。王志平研究員作了很大努力，只因他是中國大陸學者，未能獲允拍攝原件照片。幾經周折，最後通過他在牛津大學結交的英國學者，由英國學者出面，才從倫敦大英博物館東方圖書室攝得斯五四七八號，即翟理斯新編列七二八三號的原件膠片。王元化先生拿到後即將它交給我們校理，我們以它爲底本。用元至正刊本、清黄叔琳註本對校，同時本着「兼採諸家，擇善而從」的原則，集中了十家時賢的校勘成果，於一九八七年十月撰成《敦煌遺書文心雕龍殘卷集校》初稿，並在《中華文史論叢》一九八八年第一期發表，同時遵照王元化先生意見，將其印成抽印本，提供給同年十一月在廣州舉行的「《文心雕龍》國際研討會」，以便聽取意見再作修改。《敦煌遺書文心雕龍殘卷集校》發表後，得到了師友們的肯定，我們深受鼓舞。在繼續復校訂正的同時，我們又考慮：《文心雕龍》版本有了唐寫本，又有元刊本、明本和清本，唯缺中間環節的宋本。而宋刻大型類書《太平御覽》尚存，其中有大量《文心雕龍》的引文，如果從中集佚並加整理，豈不等於宋刊《文心雕龍》殘卷？於是我們又用了近半年時間，從中華書局重印商務印書館一九三五年根據南宋蜀刊殘本、日本静嘉堂文庫藏宋刻殘本影印的《太平御覽》中，輯得《文心雕龍》引文四十三則，共計九千八百餘字（還比唐寫本多一千多字），涉及《文心雕龍》二十二篇，整理撰成《宋本〈太平御覽〉引〈文心雕龍〉輯校》，並於一九九一年十月在上海書店作爲《敦煌遺書文心雕龍殘卷集校》的附録出版了。我們的工作得到王元化、張光年的支持和肯定，他們還爲此書寫序、題簽。王元化在序中肯定此書是「在前人成果的基礎上取得的收獲」，「可謂集大成之作」。二〇〇〇年江蘇鎮江市在鎮江南山風景區文苑公園建立「《文心雕龍》國際學術研討會紀念碑」，《敦煌遺書文心雕龍殘卷集校》有幸與元刊本《文心雕龍》一起被選作紀念碑的碑體。這一切都是對我們的極大鼓勵與鞭策。

在《敦煌遺書文心雕龍殘卷集校（附宋本〈太平御覽〉引〈文心雕龍〉輯校）》出版之後，我們又應中華書局周振甫先生之邀，校理元至正十五年刊《文心雕龍》。如果說我們在校理唐寫本、宋《御覽》引文時，着重於文本自身的比勘和文字訂正的話，在校理元至正本時，便有了儘可能周備地吸納前賢和時賢的校勘成果，整理出一部比較完善、可供研究使用的新校本的想法。所以我們費了一年多時間，通過重新校理，於一九九二年十二月，完成了《元至正本文心雕龍匯校》，作爲周振甫主編的《文心雕龍辭典》的組成部分，於一九九六年八月由中華書局在北京出版了。但是，限於辭典體制和篇幅的限制，校記在出版時被大量删節了。

二〇〇〇年，上海書店出版社計劃出版張光年延伸四十年經營的力作《駢體語譯文心雕龍》。此書譯作係以范文瀾註本爲底本。鑑於范註本出版年代較早，雖然「功力極深」，但仍「或有待於補正之處」，所以張光年希望能吸收范註出版後新校勘成果，對范註本有所補正的白文本，作爲該書的附録，以備讀者對照和考核。承蒙不棄，我們又應邀接受了這一任務，遂以范註本爲底本，比勘諸家校勘成果，對范註本補正了六百五十餘字，撰成《新校白文文心雕龍》，作爲《駢體語譯文心雕龍》的附録，於二〇〇一年三月，在上海書店出版社出版。

在完成了上述三個孤本和范註補正本之後，我們想將所得成果合併，單獨成書出版，以省讀者查找之煩。此一想法得到美國「張敬國學基金會」林中明博士的支持，他表示「張敬國學基金會」樂於資助，而臺灣暨南出版社李景濚先生也表示願意出版。於是我們又將唐、宋、元三孤本的集校重加校理，增補了日本弘文堂刊印的鈴木虎雄《燉煌本文心雕龍校勘記》校勘成果，恢復了《元至正本文心雕龍匯校》被删節的校記内容，新增了近出校勘成果並作了訂正，製作了《唐寫本、宋〈御覽〉、元刊本異文對照表》，編撰成《唐寫本宋〈御覽〉元刊本文心雕龍集校合編》，由王元化、王更生作序，張光年題簽，林中明博士也撰寫了《唐宋元文心雕龍集校合編出版記言》，於二〇〇二年六月在臺灣出版。

《唐寫本宋〈御覽〉元刊本文心雕龍集校合編》的出版，是筆者校理《文心雕龍》的一次總結，出版後受到師友同道的肯定和鼓勵。但是，正如清代著名校勘學家黄丕烈在明鈔本《劉子註·跋》中所説：「書之難校，『掃葉拂塵』，可謂至論。」回頭審視，仍然發現存在不少缺陷。例如：參校本中有唐、宋、元、清的版本，獨缺至爲重要的明代版本；在書中，仍有校勘誤判、誤寫，印刷誤排的訛、舛、衍、脱文字；特别是敦煌遺書斯五四七八號唐寫殘卷的影印失字頗多，需要在技術上重新加以處理，使之更加清晰；加之此書出版之時，兩岸尚未三通，未能在大陸公開發行，因此大陸讀者能得到者極少。華東師範大學出版社有出版《歷代文史要籍註釋選刊》計劃，而拙作敦煌西域九殘卷寶曆五卷本《劉子集校合編》正在該社出版，承李偉國、黃曙輝兩先生美意，建議本書加以增訂，與《劉子集校合編》作爲姐妹書列入《歷代文史要籍註釋選刊》，這樣也就有了《唐寫本宋〈御覽〉元刊本文心雕龍集校合編》（增訂本）的出版計劃。

在筆者從事《文心雕龍》研究生涯中，又不能不提及《文心雕龍學綜覽》的編纂。因爲在參與編纂這部事後被稱作「《文心雕龍》小百科」的過程中，筆者得到了極爲重要的歷練，而且有緣結識了《文心》學界國内外衆多的朋友而受益匪淺。

《文心雕龍學綜覽》的編纂，是在一九八八年廣州「《文心雕龍》國際研討會」召開前夕，張光年會長到上海住在衡山賓館與副會長王元化商量會議日程安排和起草開幕詞的過程中，由王元化倡議並同張光年商量之後定下的。筆者有幸參加他們商議並作文字記録和整理工作。當時王元化鑒於《文心雕龍》研究已走向世界，逐步形成了專門學科，而且國際影響漸大，研究成果日益繁富。爲了保存資料，促進交流，開拓思路，釐定課題，力避重複，所以倡議由中國《文心雕龍》學會編纂出版《文心雕龍年鑑》，得到會長張光年的贊同。於是由王元化授意，由筆者起草了《關於編輯出版〈文心雕龍年鑑〉的設想》，經王元化修改、張光年過目後定稿。王元化叫筆者代他在廣州「《文心雕龍》國際研討會」上宣讀，得到了國内外與會者的熱烈贊同。中國《文心雕龍》學會專門召開了與會的理事擴大會，正式決定出版《文心雕龍年鑑》，並由王元化提議，推選出由楊明照任主編，林其錟、蕭華榮任副主編，包括王元化、王運熙、牟世金、張少康、徐中玉、詹鍈、俞子林等十位組成的編委會，還聘請了香港、日本、瑞典、意大利和蘇聯的十一位學者爲特約編委。隨即於一九八八年十一月十四日召開了第一次編委會，討論並原則通過了《文心雕龍年鑑》編纂的原則和主要欄目。會後由筆者和蕭華榮教授共同擬訂了《〈文心雕龍年鑑〉第一卷編輯提綱》，經書面徵求意見並作了修改後，於一九八九年十一月七日在上海召開的第二次編委會上獲得通過，於是展開了實際的組稿編輯工作。前後歷經六年多，克服了諸多困難，在七個國家和地區七十多位學者的共同努力下，終在一九九五年六月，由上海書店出版社出版了十六開本、六十餘萬言的《文心雕龍學綜覽》。此書之所以更名，是由於編委會原定的，首卷年鑑從其特殊性出發，時間不拘於「年」，上限不受限制的原則進行組稿，至稿件到齊時才發現：原定書名與實際内容已名不符實。按照許多學者建議，遂改名爲《文心雕龍學綜覽》。

在《文心雕龍學綜覽》整個編纂過程中，王元化先生雖然自謙拒不擔任主編職務，但實際上他是真正的主編：無論是原則還是具體，他都給予熱心的指導；無論大小問題和困難，他都想方設法給予幫助解決。工作每一進程，我們除向主編楊明照先生及時匯報外，也就近向王元化先生匯報，因爲他不僅是編委，而且也是中國《文心雕龍》學會副會長，而他也時時關注着編纂工作的進展。舉一典型事例：在《文心雕龍學綜覽》全部完稿編輯成書之時，因爲缺乏兩萬元出版經費而不能發稿印刷，有人建議向國家教委申請課題，争取用課題費作爲出版補貼以求解決問題。按照規定：申請課題祇能由主編領銜，副主編没有資格。因此我們特地奉函請求主編楊明照先生領銜申請。不料楊先生復函以「本人西蜀鯫生，教委評委會豈容我輩濫竽」爲由婉辭了。筆者與蕭華榮、蔡鍾翔、李淼等幾位先生心急如焚，感到出不了書難以向國内外參與撰稿的七十多位學者交待。於是祇好向學會正、副會長張光年和王元化告急求助。張光年提出「在會員、會友中募捐集資」，「會員少則一份，多則若干份」，他自己表示帶頭「認捐十份」。王元化則認爲：會員多是教師，那時教師的工資都不高，如果發動募捐，勢必增加大家的壓力。後來他想出一個辦法：先叫筆者寫一情況報告，反映此書編纂情況和面臨困難，並且提出具體要求。接着利用由他主持的一個有上海市領導出席的會議，叫筆者和俞子林參加，並有意安排我們二人坐在他和市領導座位的後排。在會議當中，他有意與出席會議的中共上海市委分管宣傳文教工作的副書記「閒聊」，「順便」提起中國《文心雕龍》學會在上海組織國内外學者編纂《文心雕龍學綜覽》的事，説此書規模頗大，有衆多國内外知名學者參加，涉及面很廣，已經編輯成書，祇因缺少出版經費而擱淺，弄不好會在海内外産生負面影響等等。那位副書記聽了便説：「你叫他們寫個情況吧。」王先生馬上説：「主持書的編輯和出版單位的負責人今天也來了。」説着便轉身將我們兩個介紹給副書記。筆者連忙掏出原先準備好的情況報告遞給市委副書記，説：「情况和要求都寫在上面了。」她説：「我帶回去看看。」過了幾天，筆者接到王先生的電話，説「按照你們寫的報告，他們同意撥款兩萬元作爲出版補貼，你直接到宣傳部去辦。」得此消息，我們喜出望外，筆者立即趕去市委宣傳部。據説副書記確有批示，但具體由哪個部門撥款没有明確，他們又踢起皮球來了。没有辦法，只好又向王先生求助，他又打了好幾個電話，最後叫筆者找一副部長，最終總算落實了。宣傳部的撥款一到，出版社立即發稿開排印刷，《文心雕龍學綜覽》終於在一九九五年六月由上海書店出版社出版了。同年七月，學會主辦的「文心雕龍國際學術討論會」在北京舉行，學會決定以《文心雕龍學綜覽》作爲禮物贈送與會的國内外學者，又是王元化先生向上海作家協會文學基金會申請資助，才得以解決了購書款問題。筆者在參與編纂《文心雕龍學綜覽》五年多的時間裏，因工作關係同王元化先生有較多的接觸，他的人格力量、寬闊視野，精深學識，嚴謹學風給筆者以深刻教育，實在獲益匪淺。可以説，没有王元化先生的崇高威望及其在國内外的影響力，没有他的實際指導和幫助，就不會有《文心雕龍學綜覽》的問世。正是有幸參加此書的編纂工作，使筆者得到了較全面的學術歷練，提高了自己的研究能力和水平，也結交了國内外許多學術界朋友，這對推動筆者研究《文心雕龍》和《劉子》，完成如今正在出版的《增訂文心雕龍集校合編》和《劉子集校合編》都起着潛移默化的作用。

筆者因工作崗位的關係，研究《文心雕龍》和《劉子》，包括參與編纂《文心雕龍學綜覽》工作，基本上都是處在「非本業」、「規劃外」的境況，因而無論是在精神上、時間上，承受的壓力都很大。王元化先生對此很理解，也時常給予關懷。《文心雕龍學綜覽》出版得到了國内外學術界的好評，王先生還特地寫了《關於文心雕龍學綜覽》短文，要筆者帶回去交給上海社科院的領導。他寫得非常嚴肅、非常認真，不僅在文末簽上名，蓋上章，而且在短文五個改動的地方，都一一蓋上自己的私章。筆者還從未見到他這樣嚴肅頂真的親筆手稿。短文中記述了《文心雕龍學綜覽》編纂的始末，也多有對筆者的表揚之辭，接到後看了很感動。但是筆者没有遵照他的交代送給領導，而是留在身邊，並且一直對他隱瞞。因爲筆者不願讓人誤會藉名人以揚己，更覺得《綜覽》之成實賴衆力。反省自己雖然也作出努力，但工作中的過失也不少。例如：「學者介紹」欄目中，深受好評的「范文瀾」條目，是涂光社教授的力作，由於筆者的疏忽，却把作者名字給漏掉了。又如「李曰剛」條目的作者是臺灣著名《文心》學家王更生教授，出版社編輯在他稿件上曾留下一條批語：「本文對李《文心》研究，論述全無提及，實爲憾事。」在排印時也將此批語當作正文排出來了，也由于筆者的疏忽，看清樣時未能發現並加删除，照樣印出來了。這實在是對作者的不尊敬。類似訛誤尚有，白紙黑字，永留遺憾在書中。這些筆者都負有直接的責任。短文之事，是筆者同王元化先生二十多年交往中唯一一次未按王先生意見辦，並且對他進行隱瞞到底的事。此次接受朋友的建議在書中影印他的筆迹，是爲了永遠緬懷和紀念他。

《增訂文心雕龍集校合編》出版過程中，得到諸多先生的支持和幫助。好友涂光社教授認真通讀了臺灣版的《文心雕龍集校合編》，指出了書中的許多訛誤，並提出了具體修改意見，尤其在書名號等標點方面建言尤多。老友俞子林先生，在校對、圖版方面也付出了巨大的精力。李偉國先生、黃曙輝先生在出版過程中，對書的内容充實提出了寶貴建議，對圖版資料等以及文字編輯諸多方面也給了有力的支持和幫助。鄭土有教授還幫助翻譯了日文書信。陳志平博士在最後校對書稿時也出了很大的力。在當前出版學術著作，特别是古籍整理方面無利可圖的大環境中，華東師範大學出版社不計經濟得失，願意出版此書，這不僅是對作者的支持，也是對純學術基礎研究的支持。特别還要提及的是華寶齋蔣鳳君女士的大力支持。蔣鳳君乃華寶齋創始人蔣放年先生的女公子。筆者與蔣放年先生經王元化先生介紹而有緣相交，他還遵王元化先生建議，枉顧商討仿真複製敦煌遺書中《劉子》伯三五六二卷，不幸突然西遊而中輟，令人嘆惜不已。今蔣鳳君女士秉承父志，亦熱衷於古文獻出版事業，實在難能可貴。在此，筆者謹向以上各位女士、先生和單位，表示深深的謝意！

劉勰在《文心雕龍·序志》中説：「歲月飄忽，性靈不居」；又在《劉子·惜時》中説：「人之短生，猶如石火。」筆者與劉勰及其著作《文心雕龍》、《劉子》結下不解之緣，從肇始而迄於今，已近半個世紀。儘管主觀願望上也有所追求，在諸多師友鼓勵、支持和幫助下也做了努力，但天性愚鈍，學力不逮；雖然好書，未能洞入。所以《增訂文心雕龍集校合編》雖然是幾經增益積漸而成，但仍不免有疏失乖謬不盡如人意之處。因此誠懇期待知音君子、廣大讀者不吝賜教，給予批評匡正。

林其錟　謹識於透風漏月室

二〇一〇年三月三十日初稿，時年七十有五；

二〇一〇年五月十五日修改；

二〇一〇年十月十五日修定。